中国文库

哲学社会科学类

孙中山著作选编

（上）

魏新柏　选编

中国出版集团

中華書局

图书在版编目(CIP)数据

孙中山著作选编/魏新柏选编. －北京:中华书局,2011.9
(中国文库)
ISBN 978－7－101－07911－1

Ⅰ.①孙…　Ⅱ.①魏…　Ⅲ.①孙中山(1866～1925)－文集
Ⅳ.D693.0－53

中国版本图书馆CIP数据核字(2011)第054889号

责任编辑：张玉亮
整体设计：翁　涌　李　梅
责任印制：王铁生

孙中山著作选编
Sunzhongshan Zhuzuo Xuanbian
魏新柏 选编

中华书局 出版
http://www.zhbc.com.cn
E－mail:zhbc@zhbc.com.cn
北京市丰台区太平桥西里38号　邮编：100073
北京瑞古冠中印刷厂印刷　新华书店经销
2011年9月第1版　2011年9月第1次印刷
开本：880毫米×1230毫米　1/32　印张：29.625
字数：774千字　印数：1－4500
ISBN 978－7－101－07911－1
定价:68.00元(全三册)

孙中山

“中国文库”出版前言

“中国文库”主要收选20世纪以来我国出版的哲学社会科学研究、文学艺术创作、科学文化普及等方面的优秀著作。这些著作,对我国百余年来的政治、经济、文化和社会的发展产生过重大积极的影响,至今仍具有重要价值,是中国读者必读、必备的经典性、工具性名著。

大凡名著,均是每一时代震撼智慧的学论、启迪民智的典籍、打动心灵的作品,是时代和民族文化的瑰宝,均应功在当时、利在千秋、传之久远。“中国文库”收集百余年来的名著分类出版,便是以新世纪的历史视野和现实视角,对20世纪出版业绩的宏观回顾,对未来出版事业的积极开拓,为中国先进文化的建设,为实现中华民族伟大复兴做出贡献。

大凡名著,总是生命不老,且历久弥新、常温常新的好书。中国人有“万卷藏书宜子弟”的优良传统,更有当前建设学习型社会的时代要求,中华大地读书热潮空前高涨。“中国文库”选辑名著奉献广大读者,便是以新世纪出版人的社会责任心和历史使命感,帮助更多读者坐拥百城,与睿智的专家学者对话,以此获得丰富学养,实现人的全面发展。

为此,我们坚持以邓小平理论和“三个代表”重要思想为指导,深入贯彻落实科学发展观,坚持贯彻“百花齐放、百家争鸣”的方针,坚持按照“贴近实际、贴近生活、贴近群众”的要求,以登高望远、海纳百川的广阔视野,披沙拣金、露钞雪纂的刻苦精神,精益求精、探赜索隐的严谨态度,投入到这项规模宏大的出版工作中来。

“中国文库”所收书籍分列于6个类别,即:(1)哲学社会科学类

(哲学社会科学各门类学术著作);(2)史学类(通史及专史);(3)文学类(文学作品及文学理论著作);(4)艺术类(艺术作品及艺术理论著作);(5)科技文化类(科技史、科技人物传记、科普读物等);(6)综合·普及类(教育、大众文化、少儿读物和工具书等)。计划出版约1000种,分辑出版。自2004年以来,已先后出版四辑,每辑约100种,分精平装两类。2011年时值辛亥革命100周年,特将“中国文库”第五辑作为“纪念辛亥革命100周年”特辑推出,主要收选民国时期原创性人文社科类名著。

“中国文库”所收书籍,有少量品种因技术原因需要重新排版,版式有所调整,大多数品种则保留了原有版式。一套文库,千种书籍,庄谐雅俗有异,版式整齐划一未必合适。况且,版式设计也是书籍形态的审美对象之一,读者在摄取知识、欣赏作品的同时,还能看到各个出版机构不同时期版式设计的风格特色,也是留给读者们的一点乐趣。

“中国文库”由中国出版集团发起并组织实施。收选书目以中国出版集团所属出版机构出版的书籍为基础,并邀约其他数十家出版机构参与,共襄盛举。书目由“中国文库”编辑委员会审定,中国出版集团与各有关出版机构按照集约化的原则集中出版经营。编辑委员会特别邀请了我国出版界德高望重的老专家、领导同志担任顾问,以确保我们的事业继往开来,高质量地进行下去。

“中国文库”,顾名思义,所收书籍应当是能够代表中国出版业水平的精品。我们希望将所有可以代表中国出版业水平的精品尽收其中,但这需要全国出版业同行们的鼎立支持和编辑委员会自身的努力。这是中国出版人的一项共同事业。我们相信,只要我们志存高远且持之以恒,这项事业就一定能持续地进行下去,并将不断地发扬光大。

“中国文库”编辑委员会

“中国文库·第五辑”
编辑委员会

中国文库

(第五辑)

【哲学社科类】

孙中山著作选编　陈铮选编 …………………………… 中华书局
黄兴集　湖南省社会科学院编 ……………………… 中华书局
宋教仁集　陈旭麓主编 ………………………………… 中华书局
廖仲恺集　广东省社会科学院历史研究所编 ………… 中华书局
朱执信集　广东省哲学社会科学研究所历史研究室编 … 中华书局
中国政治思想史　陶希圣著 ……………… 中国大百科全书出版社
民国政制史　钱端升等著 ………………………… 上海人民出版社
民国政党史　谢彬撰　章伯锋整理 …………………… 中华书局
经学历史　皮锡瑞著　周予同注释 …………………… 中华书局
清代学术概论　梁启超著　朱维铮校订 ……………… 中华书局
新唯识论　熊十力著 ……………………………… 上海书店出版社
逻辑　金岳霖著 ………………………………… 中国人民大学出版社
科学与玄学　罗家伦著 …………………………………… 商务印书馆
中国古代经济史稿　李剑农著 ……………………… 武汉大学出版社
中国近代经济史　汪敬虞主编 ……………………………… 人民出版社
中国交通史　白寿彝著 …………………………………… 团结出版社
中国经济原论　王亚南著 ……………… 中国大百科全书出版社
中国经济思想史　唐庆增著 ……………………………… 商务印书馆
财政学　何廉、李锐著 …………………………………… 商务印书馆
货币与银行　杨端六著 ………………………………… 武汉大学出版社
刑法学　蔡枢衡著 …………………………… 中国民主法制出版社
乡土中国　费孝通著 ……………………………………… 人民出版社
文化人类学　林惠祥著 …………………………………… 商务印书馆
优生概论　潘光旦著 …………………………………… 北京大学出版社
西洋文化史纲要
　雷海宗撰　王敦书整理导读 ………………………… 上海古籍出版社
西学东渐记　容闳著　徐凤石　恽铁樵等译
　钟叔河导读、标点 ………………… 生活·读书·新知三联书店
中国现代语法　王力著 …………………………………… 商务印书馆
语言学史概要　岑麟祥编著　岑运强评注 …… 世界图书出版公司

蔡元培教育论著选　高平叔编 …………………… 人民教育出版社
陶行知教育论著选　董宝良主编 ………………… 人民教育出版社
中国报学史　戈公振著 ……………… 生活·读书·新知三联书店
陆费逵文选　陆费逵著 …………………………………… 中华书局
张元济论出版　张元济著　张人凤　宋丽荣选编 …… 商务印书馆
韬奋文录新编　邹韬奋著 …………… 生活·读书·新知三联书店

【史学类】

国故论衡　章太炎撰　庞俊　郭诚永疏证 ……………… 中华书局
国史大纲　钱穆著 ………………………………… 商务印书馆
通史新义　何炳松著 ……………………………… 商务印书馆
台湾通史　连横著 ………………… 生活·读书·新知三联书店
武昌革命史　曹亚伯著 ……………… 中国大百科全书出版社
辛亥革命与袁世凯　黎澍著 ………… 中国大百科全书出版社
北洋军阀史　来新夏等著 ………………………… 东方出版中心
中国国民党史稿　邹鲁编著 ……………………… 东方出版中心
中华民国外交史　张忠绂编著 ……………………… 华文出版社
西洋史　陈衡哲著 ………………… 中国大百科全书出版社
欧化东渐史　张星烺著 …………………………… 商务印书馆
清末立宪史　高放著 ……………………………… 华文出版社

【文学类】

秋瑾诗文选注　郭延礼　郭蓁编选 …………… 人民文学出版社
邹容集　张梅编注 ………………………………… 人民文学出版社
陈天华集　刘晴波　彭国兴编　饶怀民补订 …… 湖南人民出版社
于右任诗词选　杨中州选注 ……………………… 河南文艺出版社
南社诗选　林东海　宋红选注 …………………… 人民文学出版社
鸳鸯蝴蝶派作品选　范伯群编选 ………………… 人民文学出版社
文学研究会小说选　李葆琰编选 ………………… 人民文学出版社
创造社作品选　刘纳编选 ………………………… 人民文学出版社
太阳社小说选　李松睿　吴晓东编选 …………… 人民文学出版社
湖畔派诗选　刘纳编选 …………………………… 人民文学出版社
浅草－沉钟社作品选　张铁荣编选 ……………… 人民文学出版社
《语丝》作品选　张梁编选 ………………………… 人民文学出版社
未名社作品选　黄开发编选 ……………………… 人民文学出版社
新月派诗选　蓝棣之编选 ………………………… 人民文学出版社

象征派诗选　孙玉石编选 …………………… 人民文学出版社
新感觉派小说选　严家炎编选 ………………… 人民文学出版社
现代派诗选　蓝棣之编选 …………………… 人民文学出版社
论语派作品选　庄钟庆编选 ………………… 人民文学出版社
京派小说选　吴福辉编选 …………………… 人民文学出版社
东北作家群小说选　王培元编选 …………… 人民文学出版社
七月派作品选　吴子敏编选 ………………… 人民文学出版社
西南联大文学作品选　李光荣编选 ………… 人民文学出版社
九叶派诗选　蓝棣之编选 …………………… 人民文学出版社
荷花淀派小说选　冯健男编选 ……………… 人民文学出版社
山药蛋派作品选　高捷编选 ………………… 人民文学出版社
红楼梦辨　俞平伯著 ……………………………… 商务印书馆
中国诗史　陆侃如、冯沅君著 ……………… 百花文艺出版社
中国文学发展史　刘大杰著 ………………… 复旦大学出版社

【艺术类】

万木草堂论艺　康有为著 …………………… 荣宝斋出版社
中国绘画史　潘天寿著 ……………………………… 团结出版社
中国绘画理论　傅抱石著 …………………… 江苏教育出版社
中国雕塑艺术史　王子云著 ………………… 人民美术出版社
中国陶瓷史　吴仁敬　辛安潮著 ……………… 团结出版社
中国戏剧史　徐慕云著 ………………………… 东方出版中心
洪深戏剧论文集　洪深著 ……………………… 东方出版中心
焦菊隐戏剧论文集　焦菊隐著 ………………… 华文出版社
中国古代乐论选辑　吴钊　伊鸿书　赵宽仁　古宗智
　　吉联杭编 ……………………………………… 人民音乐出版社
素月楼联语　张伯驹编著 ……………………… 华文出版社
中国书法理论体系　熊秉明著 ……………… 人民美术出版社
夏衍电影论文集　夏衍著 ……………………… 东方出版中心
银幕形象塑造　赵丹著　赵青整理 …………… 东方出版中心

【科技文化类】

自然辩证法在中国　龚育之著 ……………… 北京大学出版社
科学家谈21世纪　李四光等著 ………… 中国大百科全书出版社
继承与叛逆——现代科学为何出现于西方
　　陈方正著 ………………………… 生活·读书·新知三联书店

中国医学史　陈邦贤著……………………………………团结出版社
化学史通考　丁绪贤著……………………中国大百科全书出版社
科学概论　王星拱著……………………………………武汉大学出版社
竺可桢科普创作选集　竺可桢著…………中国大百科全书出版社

【综合普及类】

书林清话　叶德辉著……………………………………华文出版社
文坛五十年　曹聚仁著………………生活·读书·新知三联书店
张菊生先生七十生日纪念论文集
　胡适　蔡元培　王云五等编……………………………商务印书馆
佛教常识问答　赵朴初著……………………………………华文出版社
词心笺评　邵祖平著……………………………………复旦大学出版社
西潮与新潮　蒋梦麟著……………………………………东方出版社

目　录

编者说明

一、编辑出版这部孙中山著作选集，意在纪念在我国历史上具有划时代意义的辛亥革命一百周年，纪念民主革命的先驱者孙中山先生为争取民族独立、人民民主、国家统一富强所作出的历史贡献。

二、孙中山先生生平留下数量繁多的论著。长期以来、特别是20世纪80年代以来，已经编辑出版了多种规模大小不同、名称各异的孙中山著作集，对孙中山和辛亥革命研究起了推动作用。本书仅精选孙中山重要的著作近八十种，按著述时间顺序编排，希冀方便一般读者阅读和有助于了解孙中山领导辛亥革命、推翻封建帝制、创立民国，并为拯救共和国、追求振兴中华而不屈不挠奋斗的历程，及其对后人的启示。本书选编参考、吸纳了以往孙中山著作出版的成果，特上申明，并表谢忱。

三、本书选编出版得到中国出版集团公司的指导、支持和帮助，谨表谢意。本书编辑时间仓促，不当之处在所难免，尚祈方家指正。

编　者

二〇一一年三月

致郑藻如书*

（一八九〇年）

窃维立身当推己以及人，行道贵由近而致远。某留心经济之学十有余年矣，远至欧洲时局之变迁，上至历朝制度之沿革，大则两间之天道人事，小则泰西之格致语言，多有旁及。方今国家风气大开，此材当不沦落。某之翘首以期用世者非一日矣，每欲上书总署，以陈时势之得失。第以所学虽有师承，而见闻半资典籍；运筹纵悉于胸中，而决策未尝施诸实事：则坐而言者，未必可起而行。此其力学十余年，而犹踌躇审慎，未敢遽求知于当道者，恐躬之不逮也。

某今年二十有四矣，生而贫，既不能学八股以博科名，又无力纳粟以登仕版，而得之于赋畀者；又不敢自弃于盛世。今欲以平时所学，小以试之一邑，以验其无谬，然后仿贾生之《至言》、杜牧之《罪言》，而别为孙某《策略》，质之当世，未为迟也。伏以台驾为一邑物望所归，闻于乡间，无善不举，兴蚕桑之利，除鸦片之害，俱著成效。倘从此推而广之，直可风行天下，利百世，岂惟一乡一邑之沾其利而已哉?!

呜呼！今天下农桑之不振，鸦片之为害，亦已甚矣！远者无论矣，试观吾邑东南一带之山，秃然不毛，本可植果以收利，蓄木以为

---

* 郑藻如曾任清朝津海关道和出使美国、日斯巴尼亚（西班牙）、秘鲁三国大臣等职，一八八六年后病休故里香山县濠头乡，当时孙中山是香港西医书院学生。据学者推断，此文为一八九〇年所作。

薪,而无人兴之。农民只知斩伐,而不知种植,此安得其不胜用耶?蚕桑则向无闻焉,询之老农,每谓土地薄,间见园中偶植一桑,未尝不滂勃而生,想亦无人为之倡者,而遂因之不广耳。不然,地之生物岂有异哉?纵无彼土之盛,亦可以人事培之。道在鼓励农民,如泰西兴农之会,为之先导。此实事之欲试者一。

古者圣人为民驱其虫蛇禽兽而处之中土,而民乃得安熙于无事。今夫鸦片,物非虫蛇,而为祸尤烈,举天下皆被其灾,此而不除,民奚以生?然议焚议辟,既无补于时艰;言禁言种,亦何益于国计。事机一错,贻祸无穷,未尝不咎当时主持之失计也。今英都人士倡禁鸦片贸易于中国,时贤兴敌烟会于内,印度教士又有遏种、遏卖、遏吸,俱有其人,想烟害之灭当不越于斯时矣。然而懦夫劣士,惯恋烟霞,虽禁令已申,犹不能一时折枪碎斗。此吾邑立会以劝戒,设局以助戒,当不容缓;推贵乡已获之效,仿沪上戒烟之规。此实事之欲试者二。

远观历代,横览九洲,人才之盛衰,风俗之淳靡,实关教化。教之有道,则人才济济,风俗丕丕,而国以强;否则反此。呜呼!今天下之失教亦已久矣,古之庠序无闻焉,综人数而核之,不识丁者十有七八,妇女识字者百中无一。此人才安得不乏,风俗安得不颓,国家安得不弱?此所谓弃天生之材而自安于弱,虽多置铁甲、广购军装,亦莫能强也!必也多设学校,使天下无不学之人,无不学之地。则智者不致失学而嬉;而愚者亦赖学以知理,不致流于颓悍;妇孺亦皆晓诗书。如是,则人才安得不盛,风俗安得不良,国家安得而不强哉!然则学校之设,遍周于一国则不易,而举之于一邑亦无难。先立一兴学之会,以总理其事。每户百家,设男女蒙馆各一所,其费随地筹之,不给则总会捐助。又于邑城设大学馆一所,选蒙馆聪颖子弟入之,其费通邑合筹。以吾富庶之众,筹此二款,当无难事。此实事之欲试者三。

之斯三者,有关于天下国家甚大,倘能举而行之,必有他邑起而效者。将见一倡百和,利以此兴,害以此除,而人才亦以此辈出,未始非吾邑之大幸，而吾国之大幸也。某甚望于台驾有以提倡之，台驾其有意乎？兹谨拟创办节略，另缮呈览，恳为斧裁而督教之，幸甚。

上李鸿章书

（一八九四年六月）

宫太傅爵中堂钧座：

敬禀者：窃文籍隶粤东，世居香邑，曾于香港考授英国医士。幼尝游学外洋，于泰西之语言文字，政治礼俗，与夫天算地舆之学，格物化学之理，皆略有所窥；而尤留心于其富国强兵之道，化民成俗之规；至于时局变迁之故，睦邻交际之宜，辄能洞其阃奥。当今风气日开，四方毕集，正值国家励精图治之时，朝廷勤求政理之日，每欲以管见所知，指陈时事，上诸当道，以备刍荛之采。嗣以人微言轻，未敢遽达。比见国家奋筹富强之术，月异日新，不遗余力，骎骎乎将与欧洲并驾矣。快舰、飞车、电邮、火械，昔日西人之所恃以凌我者，我今亦已有之，其他新法亦接踵举行。则凡所以安内攘外之大经，富国强兵之远略，在当局诸公已筹之稔矣。又有轺车四出，则外国之一举一动，亦无不周知。草野小民，生逢盛世，惟有逖听欢呼、闻风鼓舞而已，夫复何所指陈？然而犹有所言者，正欲于乘可为之时，以竭其愚夫之千虑，仰赞高深于万一也。

窃尝深维欧洲富强之本，不尽在于船坚炮利、垒固兵强，而在于人能尽其才，地能尽其利，物能尽其用，货能畅其流——此四事者，富强之大经，治国之大本也。我国家欲恢扩宏图，勤求远略，仿行西法以筹自强，而不急于此四者，徒惟坚船利炮之是务，是舍本而图末也。

所谓人能尽其才者，在教养有道，鼓励有方，任使得法也。

夫人不能生而知，必待学而后知，人不能皆好学，必待教而后学,故作之君,作之师,所以教养之也。自古教养之道,莫备于中华;惜日久废弛,庠序亦仅存其名而已。泰西诸邦崛起近世,深得三代之遗风,庠序学校遍布国中,人无贵贱皆奋于学。凡天地万物之理,人生日用之事,皆列于学之中,使通国之人童而习之,各就性质之所近而肆力焉。又各设有专师,津津启导,虽理至幽微,事至奥妙,皆能有法以晓喻之,有器以窥测之。其所学由浅而深,自简及繁,故人之灵明日廓,智慧日积也。质有愚智,非学无以别其才,才有全偏,非学无以成其用,有学校以陶冶之,则智者进焉,愚者止焉,偏才者专焉,全才者普焉。盖贤才之生,或千百里而见一,或千万人而有一,若非随地随人而施教之,则贤才亦以无学而自废,以至于湮没而不彰。泰西人才之众多者,有此教养之道也。

且人之才志不一,其上焉者,有不徒苟生于世之心,则虽处布衣而以天下为己任,此其人必能发奋为雄,卓异自立,无待乎勉勖也,所谓"豪杰之士不待文王而后兴也"。至中焉者,端赖乎鼓励以方,故泰西之士,虽一才一艺之微,而国家必宠以科名,是故人能自奋,士不虚生。逮至学成名立之余,出而用世,则又有学会以资其博,学报以进其益,萃全国学者之能,日稽考于古人之所已知,推求乎今人之所不逮,翻陈出新,开世人无限之灵机,阐天地无穷之奥理,则士处其间,岂复有孤陋寡闻者哉?又学者倘能穷一新理,创一新器,必邀国家之上赏,则其国之士,岂有不专心致志者哉?此泰西各种学问所以日新月异而岁不同,几于夺造化而疑鬼神者,有此鼓励之方也。

今使人于所习非所用,所用非所长,则虽智者无以称其职,而巧者易以饰其非。如此用人,必致野有遗贤,朝多倖进。泰西治国之规,大有唐虞之用意。其用人也,务取所长而久其职。故为文官者,其途必由仕学院,为武官者,其途必由武学堂,若其他,文学渊博者为士师,农学熟悉者为农长,工程达练者为监工,商情谙习者为商董,皆就少年所学而任其职。总之,凡学堂课此一业,则国家有此一官,幼而学者即壮之所行,其学而优者则能仕。且恒守一途,有升迁而无更调。夫久任则阅历深，习惯则智巧出，加之厚其养廉，永其俸禄，则无瞻顾之心，而能专一其志。此泰西之官无苟且、吏尽勤劳者，有此任使之法也。

故教养有道，则天无枉生之才；鼓励以方，则野无郁抑之士；任使得法，则朝无倖进之徒。斯三者不失其序，则人能尽其才矣；人既尽其才，则百事俱举；百事举矣，则富强不足谋也。秉国钧者，盍于此留意哉！

所谓地能尽其利者，在农政有官，农务有学，耕耨有器也。

夫地利者，生民之命脉。自后稷教民稼穑，我中国之农政古有专官。乃后世之为民牧者，以为三代以上民间养生之事未备，故能生民能养民者为善政；三代以下民间养生之事已备，故听民自生自养而不再扰之，便为善政——此中国今日农政之所以日就废弛也。农民只知恒守古法，不思变通，垦荒不力，水利不修，遂致劳多而获少，民食日艰。水道河渠，昔之所以利农田者，今转而为农田之害矣。如北之黄河固无论矣，即如广东之东、西、北三江，于古未尝有患，今则为患年甚一年；推之他省，亦比比如是。此由于无专责之农官以理之，农民虽患之而无如何，欲修之而力不逮，不得不付之于茫茫之定数而已。年中失时伤稼，通国计之，其数不知几千亿兆，此其耗于水者固如此其多矣。其他荒地之不辟，山泽之不治，每年遗利又不知凡几。所谓地有遗利，民有余力，生谷之土未尽垦，山泽之利未尽出也，如此而欲致富不亦难乎！泰西国家深明致富之大源，在于无遗地利，无失农时，故特设专官经略其事，凡有利于农田者无不兴，有害于农田者无不除。如印度之恒河，美国之密士，其昔泛滥之患亦不亚于黄河，而卒能平治之者，人事未始不可以补天工也。有国家者，可不急设农官以劝其民哉！

水患平矣，水利兴矣，荒土辟矣，而犹不能谓之地无遗利而生民养民之事备也，盖人民则日有加多，而土地不能以日广也。倘不日求进益，日出新法，则荒土既垦之后，人民之溢于地者，不将又有饥馑之患乎？是在急兴农学，讲求树畜，速其长植，倍其繁衍，以弥此憾也。顾天生人为万物之灵，故备万物为之用，而万物固无穷也，在人之灵能取之用之而已。夫人不能以土养，而土可生五谷百果以养人；人不能以草食，而草可长六畜以为人食。夫土也，草也，固取不尽而用不竭者也，是在人能考土性之所宜，别土质之美劣而已。倘若明其理法，则能反硗土为沃壤，化瘠土为良田，此农家之地学、化学也。别种类之生机，分结实之厚薄，察草木之性质，明六畜之生理，则繁衍可期而人事得操其权，此农家之植物学、动物学也。日光能助物之生长，电力能速物之成熟，此农家之格物学也。蠹蚀宜防，疫疠宜避，此又农家之医学也。农学既明，则能使同等之田产数倍之物，是无异将一亩之田变为数亩之用，即无异将一国之地广为数国之大也。如此，则民虽增数倍，可无饥馑之忧矣。此农政学堂所宜亟设也。

农官既设，农学既兴，则非有巧机无以节其劳，非有灵器无以速其事，此农器宜讲求也。自古深耕易耨，皆藉牛马之劳，乃近世制器日精，多以器代牛马之用，以其费力少而成功多也。如犁田，则一器能作数百牛马之工；起水，则一器能溉千顷之稻；收获，则一器能当数百人之刈。他如凿井浚河，非机无以济其事；垦荒伐木，有器易以收其功。机器之于农，其用亦大矣哉。故泰西创器之家，日竭灵思，孜孜不已，则异日农器之精，当又有过于此时者矣。我中国宜购其器而仿制之。

故农政有官则百姓勤，农务有学则树畜精，耕耨有器则人力省，此三者，我国所当仿行以收其地利者也。

所谓物能尽其用者，在穷理日精，机器日巧，不作无益以害有益也。

泰西之儒以格致为生民根本之务，舍此则无以兴物利民，由是孜孜然日以穷理致用为事。如化学精，则凡动植矿质之物，昔人已知其用者，固能广而用之，昔人未知其用者，今亦考出以为用。火油也，昔日弃置如遗，今为日用之要需，每年入口为洋货之一大宗。煤液也，昔日视为无用，今可炼为药品，炼为颜料。又煮沙以作玻器，化土以取矾精，煅石以为田料，诸如此类，不胜缕书。此皆从化学之理而得收物之用，年中不知裕几许财源，我国倘能推而仿之，亦致富之一大经也。格致之学明，则电风水火皆为我用。以风动轮而代人工，以水冲机而省煤力，压力相吸而升水，电性相感而生光，此犹其小焉者也。至于火作汽以运舟车，虽万马所不能及，风潮所不能当；电气传邮，顷刻万里，此其用为何如哉！然而物之用更有不止于此者，在人能穷求其理，理愈明而用愈广。如电，无形无质，似物非物，其气付于万物之中，运乎六合之内；其为用较万物为最广而又最灵，可以作烛，可以传邮，可以运机，可以毓物，可以开矿。顾作烛、传邮已大行于宇内，而运机之用近始知之，将来必尽弃其煤机而用电力也。毓物开矿之功，尚未大明，将来亦必有智者究其理，则生五谷，长万物，取五金，不待天工而由人事也。然而取电必资乎力，而发力必藉乎煤，近又有人想出新法，用瀑布之水力以生电，以器蓄之，可待不时之用，可供随地之需，此又取之无禁，用之不竭者也。由此而推，物用愈求则人力愈省，将来必至人只用心，不事劳人力而全役物力矣。此理有固然，事所必至也。

机器巧，则百艺兴，制作盛，上而军国要需，下而民生日用，皆能日就精良而省财力，故作人力所不作之工，成人事所不成之物。如五金之矿，有机器以开，则碎坚石如齑粉，透深井以吸泉，得以辟天地之宝藏矣。织造有机，则千万人所作之工，半日可就；至缫废丝，织绒呢，则化无用为有用矣。机器之大用不能遍举。我中国地大物博，无所不具，倘能推广机器之用，则开矿治河，易收成效，纺纱织布，有以裕民。不然，则大地之宝藏，全国之材物，多有废弃于无用者，每年之耗不知凡几。如是，而国安得不贫，而民安得不瘠哉！谋富国者，可不讲求机器之用欤。

物理讲矣，机器精矣，若不节惜物力，亦无以固国本而裕民生也。故泰西之民，鲜作无益。我中国之民，俗尚鬼神，年中迎神赛会之举，化帛烧纸之资，全国计之每年当在数千万。此以有用之财作无益之事，以有用之物作无用之施，此冥冥一大漏卮，其数较鸦片为尤甚,亦有国者所当并禁也。

夫物也者,有天生之物,有地产之物,有人成之物。天生之物如光、热、电者,各国之所共,在穷理之浅深以为取用之多少。地产者如五金、百谷,各国所自有,在能善取而善用之也。人成之物,则系于机器之灵笨与人力之勤惰。故穷理日精则物用呈,机器日巧则成物多,不作无益则物力节,是亦开财源节财流之一大端也。

所谓货能畅其流者,在关卡之无阻难,保商之有善法,多轮船铁道之载运也。

夫百货者,成之农工而运于商旅,以此地之赢余济彼方之不足,其功亦不亚于生物成物也。故泰西各国体恤商情,只抽海口之税,只设入国之关,货之为民生日用所不急者重其税,货之为民生日用所必需者轻其敛。入口抽税之外,则全国运行,无所阻滞,无再纳之征,无再过之卡。此其百货畅流,商贾云集,财源日裕,国势日强也。中国则不然。过省有关,越境有卡,海口完纳,又有补抽,处处敛征,节节阻滞。是奚异遍地风波,满天荆棘。商贾为之裹足,负贩从而怨嗟。如此而欲百货畅流也,岂不难乎?夫贩运者亦百姓生财之一大道也,百姓足,君孰与不足;百姓不足,君孰与足?以今日关卡之滥征,吏胥之多弊,商贾之怨毒,诚不能以此终古也。徒削平民之脂膏,于国计民生初无所裨。谋富强者,宜急为留意于斯,则天下幸甚!

夫商贾逐什一之利,别父母,离乡井,多为饥寒所驱,经商异地,情至苦,事至艰也。若国家不为体恤,不为保护,则小者无以觅蝇头微利,大者无以展鸿业远图。故泰西之民出外经商,国家必设兵船、领事为之护卫,而商亦自设保局银行,与相倚恃。国政与商政并兴,兵饷以商财为表里。故英之能倾印度,扼南洋,夺非洲,并澳土者,商力为之也。盖兵无饷则不行,饷非商则不集。西人之虎视寰区,凭凌中夏者,亦商为之也。是故商者,亦一国富强之所关也。我中国自与西人互市以来,利权皆为所夺者,其故何哉?以彼能保商,我不能保商,而反剥损遏抑之也。商不见保则货物不流,货物不流则财源不聚,是虽地大物博,无益也。以其以天生之材为废材,人成之物为废物,则更何贵于多也。数百年前,美洲之地犹今日之地,何以今富而昔贫?是贵有商焉为之经营,为之转运也;商之能转运者,有国家为之维持保护也。谋富强者,可不急于保商哉!

夫商务之能兴,又全恃舟车之利便。故西人于水,则轮船无所不通,五洋四海恍若户庭,万国九洲俨同阛阓。辟穷荒之绝岛以立商廛,求上国之名都以为租界,集殊方之货实,聚列国之商氓。此通商之埠所以贸易繁兴、财货山积者,有轮船为之运载也。于陆,则铁道纵横,四通八达,凡轮船所不至,有轮车以济之。其利较轮船为尤溥,以无波涛之险,无礁石之虞。数十年来,泰西各国虽山僻之区亦行铁轨,故其货物能转输利便,运接灵速;遇一方困乏,四境济之,虽有荒旱之灾,而无饥馑之患。故凡有铁路之邦,则全国四通八达,流行无滞;无铁路之国,动辄掣肘,比之瘫痪不仁。地球各邦今已视铁路为命脉矣,岂特便商贾之载运而已哉。今我国家亦恍然于轮船铁路之益矣,故沿海则设招商之轮船,于陆则兴官商之铁路。但轮船只行于沿海大江,虽足与西人颉颃而收我利权,然不多设于支河内港,亦不能畅我货流,便我商运也。铁路先通于关外,而不急于繁富之区,则无以收一时之利。而为后日推广之图,必也先设于繁富之区,如粤港、苏沪、津通等处,路一成而效立见,可以利转输,可以励富户,则继之以推广者,商股必多,而国家亦易为力。试观南洋英属诸埠,其筑路之资大半为华商集股,利之所在,人共趋之。华商何厚于英属而薄于宗邦?是在谋国者有以乘势而利导之而已。此招商兴路之扼要也。

故无关卡之阻难,则商贾愿出于其市;有保商之善法,则殷富亦乐于贸迁;多轮船铁路之载运,则货物之盘费轻。如此,而货有不畅其流者乎?货流既畅,则财源自足矣。筹富国者,当以商务收其效也。不然,徒以聚敛为工,捐纳为计,吾未见其能富也。

夫人能尽其才则百事兴,地能尽其利则民食足,物能尽其用则材力丰,货能畅其流则财源裕。故曰:此四者,富强之大经,治国之大本也。四者既得,然后修我政理,宏我规模,治我军实,保我藩邦,欧洲其能匹哉!

顾我中国仿效西法,于今已三十余年。育人才则有同文、方言各馆,水师、武备诸学堂;裕财源则辟煤金之矿,立纺织制造之局;兴商务则招商轮船、开平铁路,已后先辉映矣。而犹不能与欧洲颉颃者,其故何哉?以不能举此四大纲,而举国并行之也。间尝统筹全局,窃以中国之人民材力,而能步武泰西,参行新法,其时不过二十年,必能驾欧洲而上之,盖谓此也。试观日本一国,与西人通商后于我,仿效西方亦后于我,其维新之政为日几何,而今日成效已大有可观,以能举此四大纲而举国行之,而无一人阻之。夫天下之事,不患不能行,而患无行之之人。方今中国之不振,固患于能行之人少,而尤患于不知之人多。夫能行之人少,尚可借材异国以代为之行;不知之人多,则虽有人能代行,而不知之辈必竭力以阻挠。此昔日国家每举一事,非格于成例,辄阻于群议者。此中国之极大病源也。

窃尝闻之,昔我中堂经营乎海军、铁路也,尝唇为之焦,舌为之敝,苦心劳虑数十余年,然后成此北洋之一军、津关之一路。夫以中堂之勋名功业,任寄股肱,而又和易同众,行之尚如此其艰,其他可知矣。中国有此膏肓之病而不能除,则虽尧舜复生,禹皋佐治,无能为也,更何期其效于二十年哉?此志士之所以灰心,豪杰之所以扼腕,文昔日所以欲捐其学而匿迹于医术者,殆为此也。然而天道循环,无往不复,人事否泰,穷极则通,猛剂遽投,膏肓渐愈。逮乎法衅告平之后,士大夫多喜谈洋务矣,而拘迂自囿之辈亦颇欲驰域外之观,此风气之变革,亦强弱之转机。近年以来,一切新政次第施行,虽所谓四大之纲不能齐举,然而为之以渐,其发轫于斯乎?此文今日之所以望风而兴起也。

窃维我中堂自中兴而后,经略南北洋,孜孜然以培育人才为急务。建学堂,招俊秀,聘西师而督课之,费巨款而不惜。遇有一艺之成,一技之巧,则奖励倍加,如获异宝。诚以治国经邦,人才为急,心至苦而事至盛也。尝以无缘沾雨露之濡，叨桃李之植，深用为憾。顾文之生二十有八年矣，自成童就傅以至于今，未尝离学，虽未能为八股以博科名，工章句以邀时誉，然于圣贤六经之旨，国家治乱之源，生民根本之计，则无时不往复于胸中；于今之所谓西学者概已有所涉猎，而所谓专门之学亦已穷求其一矣。推中堂育才爱士之心，揆国家时势当务之急，如文者亦当在陶冶而收用之列，故不自知其驽下而敢求知于左右者，盖有慨乎大局，蒿目时艰，而不敢以岩穴自居也。所谓乘可为之时，以竭愚夫之千虑，用以仰赞高深，非欲徒撰空言以渎清听，自附于干谒者流，盖欲躬行而实践之，必求泽沛乎万民也。

窃维今日之急务，固无逾于此四大端，然而条目工夫不能造次，举措施布各有缓急。虽首在陶冶人才，而举国并兴学校非十年无以致其功，时势之危急恐不能少须。何也？盖今日之中国已大有人满之患矣，其势已岌岌不可终日。上则仕途壅塞，下则游手而嬉，嗷嗷之众，何以安此？明之闯贼，近之发匪，皆乘饥馑之余，因人满之势，遂至溃裂四出，为毒天下。方今伏莽时闻，灾荒频见，完善之地已形觅食之艰，凶祲之区难免流离之祸，是丰年不免于冻馁，而荒岁必至于死亡。由斯而往，其势必至日甚一日，不急挽救，岂能无忧？夫国以民为本，民以食为天，不足食胡以养民？不养民胡以立国？是在先养而后教，此农政之兴尤为今日之急务也。且农为我中国自古之大政，故天子有亲耕之典以劝万民，今欲振兴农务，亦不过广我故规，参行新法而已。民习于所知，虽有更革，必无倾骇，成效一见，争相乐从，虽举国遍行，为力尚易，为时亦速也。且令天下之人皆知新法之益，如此则踵行他政，必无挠格之虞，其益固不止一端也。

窃以我国家自欲行西法以来，惟农政一事未闻仿效，派往外洋肄业学生亦未闻有入农政学堂者，而所聘西儒亦未见有一农学之师，此亦筹富强之一憾事也。文游学之余，兼涉树艺，泰西农学之书间尝观览，于考地质、察物理之法略有所知。每与乡间老农谈论耕植，尝教之选种之理、粪溉之法，多有成效。文乡居香山之东，负山濒海，地多砂碛，土质硗劣，不宜于耕；故乡之人多游贾于四方，通商之后颇称富饶。近年以美洲逐客，檀岛禁工，各口茶商又多亏折，乡间景况大逊前时，觅食农民尤为不易。文思所以广其农利，欲去禾而树桑，迨为考核地质，知其颇不宜于种桑，而甚宜于波毕。近以愤于英人禁烟之议难成，遂劝农人栽鸦片，旧岁于农隙试之，其浆果与印度公土无异，每亩可获利数十金。现已群相仿效，户户欲栽，今冬农隙所种必广。此无碍于农田而有补于漏卮，亦一时权宜之计也。他日盛行，必能尽夺印烟之利，盖其气味较公土为尤佳，迥非川滇各土之可比。去冬所产数斤，凡嗜阿芙蓉之癖者争相购吸，以此决其能夺印烟之利也必矣。印烟之利既夺，英人可不勉而自禁，英人既禁，我可不栽，此时而申禁吸之令，则百年大患可崇朝而灭矣。劝种罂粟，实禁鸦片之权舆也。由栽烟一事观之，则知农民之见利必趋，群相仿效，到处皆然，是则农政之兴，甚易措手。其法先设农师学堂一所，选好学博物之士课之，三年有成，然后派往各省分设学堂，以课农家聪颖子弟。又每省设立农艺博览会一所，与学堂相表里，广集各方之物产，时与老农互相考证。此办法之纲领也，至其详细节目，当另著他编，条分缕晰，可以坐言而起行，所谓非欲徒托空言者此也。

文之先人躬耕数代，文于树艺牧畜诸端，耳濡目染，洞悉奥窔；泰西理法亦颇有心得。至各国土地之所宜，种类之佳劣，非遍历其境，未易周知。文今年拟有法国之行，从游其国之蚕学名家，考究蚕桑新法，医治蚕病，并拟顺道往游环球各邦，观其农事。如中堂有意以兴农政，则文于回华后可再行游历内地、新疆、关外等处，察看情形，何处宜耕，何处宜牧，何处宜蚕，详明利益，尽仿西法，招民开垦，集商举办，此于国计民生大有裨益。所谓欲躬行实践，必求泽之沾沛乎民人者此也，惟深望于我中堂有以玉成其志而已。

伏维我中堂佐治以来，无利不兴，无弊不革，艰巨险阻犹所不辞。如筹海军、铁路之难尚毅然而成之，况于农桑之大政，为生民命脉之所关，且无行之之难，又有行之之人，岂尚有不为者乎？用敢不辞冒昧，侃侃而谈，为生民请命，伏祈采择施行，天下幸甚。

肃此具禀，恭叩钧绥。伏维垂鉴。

文谨禀

香港兴中会章程

（一八九五年二月二十一日）

中国积弱，至今极矣！上则因循苟且，粉饰虚张；下则蒙昧无知，鲜能远虑。堂堂华国，不齿于列邦；济济衣冠，被轻于异族。有志之士，能不痛心！夫以四百兆人民之众，数万里土地之饶，本可发奋为雄，无敌于大下，乃以政治不修，纲维败坏，朝廷则鬻爵卖官，公行贿赂；官府则剥民刮地，暴过虎狼。盗贼横行，饥馑交集，哀鸿遍野，民不聊生。呜呼惨哉！方今强邻环列，虎视鹰瞵，久垂涎我中华五金之富、物产之繁。蚕食鲸吞，已效尤于踵接；瓜分豆剖，实堪虑于目前。呜呼危哉！有心人不禁大声疾呼，亟拯斯民于水火，切扶大厦之将倾，庶我子子孙孙，或免奴隶于他族。用特集志士以兴中，协贤豪而共济。仰诸同志，盍自勉旃！谨订章程，胪列如左：

一、会名宜正也　本会名曰兴中会，总会设在中国，分会散设各地。

二、本旨宜明也　本会之设，专为联络中外有志华人，讲求富强之学，以振兴中华、维持国体起见。盖中国今日政治日非，纲维日坏，强邻轻侮百姓，其原皆由众心不一，只图目前之私，不顾长久大局。不思中国一旦为人分裂，则子子孙孙世为奴隶，身家性命且不保乎！急莫急于此，私莫私于此，而举国愦愦，无人悟之，无人挽之，此祸岂能倖免？倘不及早维持，乘时发奋，则数千年声名文物之邦，累世代冠裳礼义之族，从此沦亡，由兹泯灭，是谁之咎？识时贤者，能无责乎？故特联结四方贤才志士，切实讲求当今富国强兵之学、化民成俗之经，力为推广，晓谕愚蒙。务使举国之人皆能通晓，联智愚为一心，合遐迩为一德，群策群力，投大遗艰。则中国虽危，无难救挽。所谓“民为邦本，本固邦宁”也。

三、志向宜定也　本会拟办之事，务须利国益民者方能行之。如设报馆以开风气，立学校以育人材，兴大利以厚民生，除积弊以培国脉等事，皆当惟力是视，逐渐举行。以期上匡国家以臻隆治，下维黎庶以绝苛残，必使吾中国四百兆生民各得其所，方为满志。倘有藉端舞弊，结党行私，或畛域互分，彼此歧视，皆非本会志向，宜痛绝之，以昭大公，而杜流弊。

四、人员宜得也　本会按年公举办理人员一次，务择品学兼优、才能通达者。推一人为总办，一人为帮办，一人为管库，一人为华文之案，一人为洋文之案，十人为董事，以司会中事务。凡举办一事，必齐集会员五人、董事十人，公议妥善，然后施行。

五、交友宜择也　本会收接会友，务要由旧会友二人荐引，经董事察其心地光明，确具忠义，有心爱戴中国，肯为其父母邦竭力，维持中国以臻强盛之地，然后由董事带之入会。必要当众自承其甘愿入会，一心一德，矢信矢忠，共挽中国危局；亲填名册，并即缴会底银五元，由总会发给凭照收执，以昭信守，是为会友。若各处支会，则由该处会员暂发收条，俟将会底银缴报总会，取到凭照，然后换交。

六、支会宜广也　四方有志之士，皆可仿照章程，随处自行立会。惟不能在一处地方分立两会，无论会友多至几何，皆须合而为一。又凡每处新立一会，至少须有会友十五人，方算成会。其成会之初，所有缴底、领照各事，必须托附近老会代为转达总会，待总会给照认妥，然后该支会方能与总会互通消息。

七、人材宜集也　本会需材孔亟，会友散处四方，自当随时随地，物色贤材。无论中外各国人士，倘有心益世，肯为中国尽力，皆得收入会中。待将来用人，各会可修书荐至总会，以资臂助。故今日广为搜集，乃各会之职司也。

八、款项宜筹也　本会所办各事，事体重大，需款浩繁，故特设银会以资巨集。用济公家之急，兼为股友生财捷径，一举两得，诚善举也。各会友好义急公,自能惟力是视,集腋成裘,以助一臂。兹将办法节略于后:每股科银十元,认一股至万股,皆随各便。所科股银,由各处总办、管库代收,发给收条为据。将银暂存银行,待总会收股时,即汇寄至总会收入,给发银会股票,由各处总办换交各友收存。开会之日,每股可收回本利百元。此于公私皆有裨益,各友咸具爱国之诚,当踊跃从事,比之捐顶子、买翎枝,有去无还,洵隔天壤。且十可报百,万可图亿,利莫大焉,机不可失也。

九、公所宜设也　各处支会当设一公所,为会员办公之处,及便各友时到叙谈,讲求兴中良法,讨论当今时事,考究各国政治,各抒己见,互勉进益。不得在此博弈游戏,暨行一切无益之事。其经费由会友按数捐支。

十、变通宜善也　以上各款,为本会开办之大纲,各处支会自当仿为办理。至于详细节目,各有所宜,各处支会可随地变通,别立规条,务臻妥善。

檀香山兴中会盟书

（一八九四年十一月二十四日）

联盟人某省某县人某某，驱除鞑虏，恢复中国，创立合众政府。倘有贰心，神明鉴察。

伦敦被难记

（一八九七年初）

序

近者，予被逮于伦敦中国公使馆，颇为当世所注意。予且因是结纳多数良友，泰西学子藉为法律问题之讨论者尤众。予若不以案中实情布告当世，则予之职为未尽。顾予于英文著述非所长，惟冀读者恕其谫陋，勿加督责。而遣辞达意尤得吾友匡助之力为多，使非然者，予万不敢贸然以著作自鸣也。

西历一千八百九十七年　孙文识于伦敦

第一章 原 因

时在西历一千八百九十二年，予卜居于珠江江口之澳门，以医为业，藐兹一身。初不料四年后竟被幽于伦敦中国使馆，更不料以是轰动政界，甚且由英政府出而为实地之干涉，以要求彼使馆之见释也。虽然，予之知有政治生涯，实始于是年；予之以奔走国事，而使姓名喧腾于英人之口，实始于是地。

当一千八百八十六年时，予学医于广州之英美传道会，主政者为戈尔医学博士(Dr. Kerr)。次年，闻香港创立医科大学，遂决计赴香港肄业。阅五年而毕业，得医学博士文凭。

澳门一埠，其隶属于葡萄牙者盖三百六十年矣。顾政柄虽属欧人，而居民多称华籍，即其自称为葡人者亦大半为本地之欧亚杂种也。

予既卜居于澳门，澳门中国医局之华董所以提携而嘘拂之者无所不至，除给予医室及病房外，更为予购置药材及器械于伦敦。

此事有大可注意者一端，则自中国有医局以来，其主事之官绅对于西医从未尝为正式之提倡，有之，自澳门始。予既任事于医局，求治者颇众，而尤以外科为繁。然亚东之闭塞，甫见开通，而欧西之妒焰已起而相迫。盖葡人定律，凡行医于葡境内者必须持有葡国文凭，澳门葡医以此相龁龁，始则禁阻予不得为葡人治病，继则饬令药房见有他国医生所定药方，不得为之配合。以是之故，而予医业之进行猝遭顿挫，虽极力运动，终归无效。顾予赴澳之初，并不料其有是，资本损失为数不少，旋即迁徙至广州焉。

予在澳门，始知有一种政治运动，其宗旨在改造中国，故可名之为少年中国党(按即兴中会)。其党有见于中国之政体不合于时势之所需，故欲以和平之手段、渐进之方法请愿于朝廷，俾倡行新政。

其最要者,则在改行立宪政体,以为专制及腐败政治之代。予当时不禁深表同情,而投身为彼党党员,盖自信固为国利民福计也。

至中国现行之政治,可以数语赅括之曰:无论为朝廷之事,为国民之事,甚至为地方之事,百姓均无发言或与闻之权;其身为民牧者,操有审判之全权,人民身受冤抑,无所吁诉。且官场一语等于法律,上下相蒙相结,有利则各饱其私囊,有害则各委其责任。婪索之风已成习惯,官以财得,政以贿成。间有一二被政府惩治或斥革者,皆其不善自谋者也。然经一番之惩治或斥革,而其弊害乃逾甚。至官场俸额之微,殆非英人所能梦见。彼两广总督所治区域,人口之众过于全英,然其一岁之俸禄,合诸英金不过六十磅而已。是则一行作吏,安得而不以婪索及枉法为事乎?就教育而言,士惟以科第为桀,姓名一登榜上,即有入官之望;于是纳贿当道,出而任事。彼既不能以官俸自养,而每年之贡献于上官者又至多,虽欲不贪安可得乎?况有政府以为其贪黩之后盾,自非痴骇,更安肯以清廉自矢?且囊橐既盈,则不数年又可斥其一分之资以谋高位,为计之便,无过于此。顾兹民贼,即后日最高级之上官,而一切社会、政治、刑律事件之所由取决者也。夫满政府既藉苞苴科敛、卖官鬻爵以自存,则正如粪土之壤,其存愈久而其秽愈甚;彼人民怨望之潮,又何怪其潜滋而暗长乎!至其涂饰人民之耳目,锢蔽人民之聪明,尤有可骇者。凡政治之书,多不得流览;报纸之行,尤悬为厉禁。是以除本国外,世界之大事若何,人民若何,均非其所知。国家之法律,非平民所能与闻。谈兵之书,不特为禁品之一,有研究者甚或不免于一死。至于新器之创造、新学之发明,人民以惕于死刑,罕敢从事。是故中国之人民,无一非被困于黑暗之中。即政府有时微透一二消息,然其所透者皆其足以自利者也。虽然,华人之被桎梏纵极酷烈,而其天生之性灵,深沉之智力,终不可磨灭。凡欧人之稔知华事者多如此评论,且谓其往往有超出欧人之处也。不幸中国之政,习尚专制,士人当束发受书之后,所诵习者不外于四书五经及其笺注之文字;然其中有不合于奉令承教、一味服从之义者,则且任意删节,或曲为解说，以养成其盲从之性。学者如此，平民可知。此所以中国之政治无论仁暴美恶，而国民对于现行之法律典章，惟有兢兢遵守而已。近者日本命将遣师，侵入吾土，除宅居战地之人民外，罕有知中日开衅之举者。彼内地之民，或并不知世界有日本国，即使微有风传，获闻一二，亦必曰是外夷之犯顺，而断不信其为敌国之相侵也。

中国睡梦之深，至于此极，以维新之机苟非发之自上，殆无可望。此兴中会之所由设也。此兴中会之所以偏重于请愿上书等方法，冀九重之或一垂听，政府之或一奋起也。且近年以来，北京当道诸人与各国外交团触接较近，其于外国宪政当必略有所知。以是吾党党员本利国利民之诚意，会合全体，联名上书。时则日本正以雄师进逼北京，在吾党固欲利用此时机；而在朝廷亦恐以惩治新党，失全国之心，遂寝阁不报。顾中日战事既息，和议告成，而朝廷即悍然下诏，不特对于上书请愿之人加以谴责，且谓此等陈请变法之条陈，以后概不得擅上云云。

吾党于是怃然长叹，知和平之法无可复施。然望治之心愈坚，要求之念愈切，积渐而知和平之手段不得不稍易以强迫。且同志之人所在而是，其上等社会多不满意于军界，盖海陆军人腐败贪黩，养成积习，外患既逼，则一败涂地矣。因此人民怨望之心愈推愈远，愈积愈深，多有慷慨自矢，徐图所以倾覆而变更之者。

兴中会之总部，设于上海。而会员用武之地，则定于广州。当一千八百九十五年北方战事既息之后，广州军队之被政府遣散者约居四分之三，此等军队多散而为流民、为盗贼。即其未解散者亦多愤懑不平，群谓欲解散则全体解散，欲留用则全体留用；然当事者充耳若弗闻也。吾党于是急起而运动之，冀收为己用。各军士皆欣然从命，愿效死力。由是而吾党之武力略具矣。

时适巡防肇事，弃其军服，四出劫掠。百姓愤甚，因起而合捕之，囚其为首者若干人于会馆。讵知巡防局员率众而出，扑攻会馆，既将被囚诸人一律释放，并将馆中所有劫掠一空。于是居民特开会议，议决以代表一千人赴诉于巡抚衙门。当事者斥为犯上作乱，下领袖代表于狱，余人悉被驱散。于是民怨日深，而投身入兴中会者益众。

时为两广总督者曰李瀚章，即李鸿章之兄也，在粤桂两省之内创行一种新例：凡官场之在任或新补缺者，均须纳定费若干于督署。是又一间接剥民之法也。官吏既多此额外之费，势不得不取偿于百姓。且中国官界，每逢生日，其所属必集资以献。时两广官场以值李督生日，醵金至一百万两以充贺礼；此一百万两者，无非以诱吓兼施、笑啼并作之法，取资于部民之较富者。而同时督署中，又有出卖科第、私通关节之事，每名定费三千两。以是而富者怨，学者亦怨。凡兹所述，皆足以增兴中会之势力，而促吾党之起事者也。

于是而兴中会起事之计划定矣。定计于广州突举义旗，据省城而有之，尽逐诸官吏；举事之际，不特须极秘密，使仓卒不及备，且须力主沉静，不以杀戮为能。因于汕头及西江沿岸募集两军，同时向广州进逼。盖以汕头及沿江之人与广州有主客之分，汕头在广州之北，虽相距仅一百八十英里，而语言之殊异，不啻英国之于意大利。所以用客军进取者，因其与土人不相习，无牵率之虑，可一意以争胜利；万一客军中途变计，相率溃散，则事后踪迹易显，断不能存身于广州。凡此皆所以逼其进取，而为韬略上不得已之作用也。

是两军者，期于西历一千八百九十五年十月某日，一由西南，一由东北，同时向广州进发。吾党筹备进行甚形惬意。兴中会会员且时时集议，所需军械药弹以及炸药之属，随时屯积于大本营者甚富。除汕头及西江两军外，又有四百人自香港驰至。迨会兵之期已届，各军与省城之距离，军行约四小时可达；又有卫队百名，身藏利器，巡行于兴中会之四周；复有急使三十人，奉会员命分赴各邑，令党人于翌晨同时起事。讵意会员部署略定，忽有密电驰至，谓西南、东北两军中途被阻。两军既不得进，则应援之势已孤，即起事之谋已败。然急使既遣，万难召回。一面又连接警报，谓两军万难进行，幸彼此各自为谋，未尽覆没。于是党员急起而消灭种种形迹，毁文籍，藏军械，且连电香港，令缓师。然香港党员接电之时，已在港军尽发之后。港军乘轮舟赴粤,并挈有大宗枪械,分储若干箱。党员接电后,非特不将港军暂行遣散,且追踪至粤。于是该党员及其部众尽投于罗网矣。至广州诸党魁,亦纷纷四散。予于奔避之际,遇险者数,后幸得达一小汽船,乘之以走澳门。在澳门留二十四小时,即赴香港,略访故人,并投康德黎君(Mr. James Cantlie)之门而求见焉。康德黎者,以一身而兼为予之师友也。康德黎君闻予出奔之故,即令予求见香港某律师,与商此后之行止。

第二章 被 诱

予所就教者为达尼思律师(Mr. Dennis)。达尼思询悉颠末,即令予走避他方,毋以逗留致祸。时予至香港已二日矣,闻律师言,不及与康德黎君握别,即匆匆乘日本汽船赴神户。居神户数日,又至横滨。在横滨购日本人所制之欧服,尽易旧装,留须割辫。一二日后,由横滨乘轮赴哈威夷群岛,就寓于火纳鲁鲁。火纳鲁鲁为予亲故及同志所在,相处甚欢。予生平每经一地,如日本,如火纳鲁鲁,如美利坚,与华侨相晋接,觉其中之聪明而有识者,殆无一不抱有维新之志愿,深望母国能革除专制,而创行代议政体也。

予在火纳鲁鲁时,偶于道上与康德黎君及其家属相邂逅;康盖率眷回英国,而道出火纳鲁鲁也。渠等见予不复相识,而其同行之日本乳媪,方以予为日本人而改易欧装者,遂以日本语与予相问答。此为予易服后数遇不鲜之事,盖日本人多以予为同乡,待启口而后始悟其非是也。

予于一千八百九十六年六月由火纳鲁鲁赴旧金山,旧金山之华人均与予一见如故,所以相遇者甚厚。阅一月,游历至美利坚。在美三月,乘轮船“麦竭斯的”号(S. S. Majestic)东行至英国之利物浦(Liverpool)。方予在纽约时,友人多来相告,谓中国驻美公使为满洲人，其与汉人本无感情，而恶新党尤甚，故令予兢兢致慎云。

一千八百九十六年十月一日，予始抵伦敦，投止于斯屈朗(Strand，伦敦路名)之赫胥旅馆。翌日，往访康德黎君。康德黎君夫妇相待极殷挚。康所居在波德兰(Portland Place，伦敦区名)覃文省街(Devonshire Street)之四十六号，因为予觅相近之舍馆曰葛兰旅店(Gray's Inn)，使徙止焉。予自是即小住伦敦，或游博物院，或访各处之遗迹。观其车马之盛，贸易之繁，而来往道途绝不如东方之喧哗纷扰，且警察敏活，人民和易，凡此均足使人怦怦向往也。

予无日不造访康德黎君。每至，辄入其书室，藉资消遣。一日，予于其家进中膳时，康德黎君戏谓中国使馆与伊家为邻，盍过访之，因相视而笑。康德黎夫人戒曰："子毋然，彼公使馆中人睹子之面，行当出而相捕，械送回国耳！"予闻夫人言，益相与大笑。初不料夫人之谈言微中，不久即见诸实事也。一夕，予饭于孟生医学博士(Dr. Manson)家。孟生君亦予香港旧识，曾授予医学者。君亦笑谓予曰："慎勿行近中国使馆，至堕虎口。"予以是于中国使馆之可畏，及其相距之不远，历经良友之告诫，非全措意者；然予至伦敦为日犹浅，途径未熟，彼良友之告诫于予初无所济也。

是年十月十一日，适值星期，予于上午十点半钟时，自葛兰旅店(葛兰旅店在伦敦霍尔庞 Holborn 之葛兰旅店街；霍尔庞，区名)赴覃文省街，欲随同康德黎君等赴礼拜堂祈祷。正踯躅间，一华人自予后潜步而至，操英语问予曰："君为日本人欤？抑中国人欤？"予答曰："予中国人也。"其人叩予以何省，予答以广东。其人仍操英语曰："然则我与君为同乡，我亦来自广州者也。"夫中国盛行不规则之英语，名曰"Pidgin"英语，意即商业英语也。华人虽同隶一国，而言语多相扞格，譬如汕头之与广州相距仅一百八十英里，视伦敦之与利物浦犹相近，然其商人之言语，乃彼此不相通，以是不得不藉商业英语通其郮，彼汕头人与广州人之商于香港者多以英语相晋接，此足以见中国言语之歧杂矣。虽文字之功用及于全国，初无二致，然中文之与日本文固亦大致相似者也。中日两国人相遇之时，即或言语不通，而彼此尽可画地为书或操纸笔以谈也。

予途遇之华人既稔予为粤人，始以粤语与予相酬答，且语且行，步履颇舒缓。俄而又有一华人来，与予辈交谈。于是予之左右，如有一人并行矣。是二人者，坚请予过其所居，谓当进雪茄，烹杯茗，略叙乡谊。予婉却之，遂相与伫立于道旁阶砌。未几，又有一华人至，其最先与予相遇者即迤逦而去。于是与予相共之二人，或推予，或挽予，必欲屈予过从，其意气若甚殷勤者。予是时已及于阶砌傍屋之侧，正趦趄间，忽闻邻近之屋门砉然而辟，予左右二人挟予而入，其形容笑貌又似谐谑，又似周旋，一纷扰间，而予已入，门已闭，键已下矣！然予未知此屋为谁之所居，故方寸间并无所疑惧。予之所以犹豫不即入者，以急欲往访康德黎君博士，冀同往礼拜堂，稍一迟回，不免过晏耳。迨予既入门，睹其急遽之状，且屋宇如彼其宽广，公服之华人如彼其众多，因陡然动念曰："是得非中国使馆乎？"又忆中国使馆在覃文省街之邻，意者予向时踯躅之所，即中国使馆左右之道途乎？

予入门后，被引至一室。室中有一二人与予接谈数语，又自相磋商数语，遂遣二人挟予登楼。既登楼，复入一室，令予坐候。未几而二人又至，更挟予登一楼，是为第二层楼。仍入一室中，其室有窗，护以铁栅，窗外即使馆之屋后也。未几，有一须发俱白之老人，施施然饶有官气，一入室即谓予曰："汝到此即到中国，此间即中国也。"

言已就坐，叩予之姓，予答曰："孙。"

其人曰："汝姓孙名文，予得驻美使臣来电，谓汝乘轮船'麦竭斯的号'游历至英，因令我捕汝于此。"

予问曰："捕予何意？"

其人曰："汝前尝上策于总理衙门，请其转奏朝廷；汝策良佳，惟今者总理衙门急欲得汝，因令余暂相羁留，以待朝廷之命。"

予曰："予被留于此，可使吾友知之乎？"

曰："否，是不能！惟旅馆中之行李，汝可驰一函，俾此间人为汝取之。”

予告以欲致书于孟生博士。其人乃命人给予纸笔。予书中大意,谓此身被禁于中国使馆,请转告康德黎君,俾取予行李畀予云云。其人阅竟,甚不以函中“被禁”字为然,因嘱予别缮一函。予乃缮曰:“顷予在中国使馆,乞告康德黎君,为予送行李至此。”云云。

是老人者,予初不稔为何许人,厥后而始知其即盛名鼎鼎之马凯尼(Sir Halliday Macartney)也。

马凯尼君忽又谓予可径函告旅馆,不必托友代取。予答以予所寓者并非旅馆,除康德黎君外无知予居处者。因以改缮之函授之。马凯尼唯唯,许为代寄。马凯尼之所以忽然转念者,盖欲藉是以搜予行箧,或能得吾党之姓名及往来之函牍耳。计亦狡矣!

第三章 被禁时之情形

马凯尼君既出,即阖予所居室之门,并下键焉。自是予遂遭幽禁矣。未几,闻门外有匠人施斧凿之声,则于原键外更增一键也。且特遣监守二人,一中一西,严视门外;有时或于二监者之外更添一人。当最初之二十四小时内,其中国监守二人,时或入予室,与予相语。其于予被禁之缘由虽无一语宣泄,予亦不之问,然曾告予以顷者相见之老人即马大爷,予审为马凯尼也。大爷者,官场通俗之尊称,犹当时驻英公使龚某[①]之称龚大人也。使臣与外人酬酢,不用真名,遂使外国人人称之曰大人。特不知与英政府公牍往还,亦称龚大人否耳。中国官场及外交礼节,往往有以一字之微而易尊重为侮慢者,西人欲稔知之,非于文学风俗殚心研究不可。彼外交官辄喜于晋接之间,以言语文字愚弄外国人,偶或占胜,即诩诩自得曰:“洋

① 龚某:龚照瑗。

鬼子被屈于我矣!”

予被禁后数小时,有监守者一人入,谓奉马凯尼君之命,搜检予身,因探取予钥匙、铅笔、小刀等物。然予另有一衣袋,藏有钞票数纸,彼不及检取,彼所挈以去者惟无关重要之文件数纸而已。监守者询予以饮食,予仅令取牛乳少许而已。

是日,有英国仆役二人入室燃火炉,除洒扫外,并置煤于室,以供燃火之用。予令先至之英仆为予寓书于覃文省街四十六号康德黎家,仆唯唯。迨后至之英仆来,予亦托之如前。此二仆者,厥后并称已将予信递寄,然所言殊未足信也。是晚,有一英国妇人入,为予设卧具。予并未与彼妇接谈。及夜,和衣而卧,然实彻旦未眠也。

翌晨,即礼拜一日,为十月十二号,二英仆又来予室,畀予以煤料、清水及食物。其一人曰:“君书已代递矣。”其一人名柯尔(Cole)者则曰:“予不能出公使馆,故尚未能为君寄书也。”

礼拜二日(即十月十三号),予又以寄书事询英仆。此仆为二人中之年齿较少者,非柯尔也。其答称确已代递,且已面晤康德黎君,康德黎君读竟后即遣去之曰:“是耳。”仆言之凿凿,且以天日自矢。予是时已无复余纸,遂裂所用手巾,急书数语,乞其再付康德黎君;并劳以小金钱一枚,谆诿至再,期勿相误。仆虽诺诺承命,而讵知其一出予室,即驰报于使馆中人,尽情吐露无遗也。

予被禁之第四日,有所谓唐[①]先生者来视予,是即诱予入使馆之人也。唐先生就坐,与予纵谈曰:“尔日与君相见,即挈君至此,乃公事公办,义不容辞。今日之来,则所以尽一己之私情。君不如直认为孙文,讳亦无益,盖所事均已定夺也。君在中国卓有声望,皇上及总理衙门均稔知汝为人,君姓名已震铄寰球,即死亦可以无憾。君在此间,实生死所关,君知之乎?”

予曰:“何也?此为英国,非中国,公等将何以处吾?按诸国际交犯之例,公等必先将予被逮事闻于英政府,予意英政府未必肯遽

---

① 唐:原文 Tang,应译作邓,即邓廷铿。下同。

从所请也。”

唐答曰：“吾侪不请于英政府，为正式之授受。今已事事停妥，轮舟亦既雇定。届时当箝君口，束君肢体，舁赴舟上。既登舟，即置君于严密之所，鼓轮而行。迨抵香港，当有中国炮舰泊于港口之外，即以君移交彼舰，载往广州听官司鞫审，并明正典刑焉。”

予告以此等举动未免冒险已甚，盖予在舟中，或得乘机与在舟英人通消息也。唐曰：“否否，君万不能出此。君既登舟，即有人严密看视，与在此无异。苟有可与外人通消息处，吾等当先事杜绝，决不使有丝毫间隙也。”予又曰：“舟中员司未必与使馆沆瀣一气，其中安知无矜悯予而为予援应者？”

唐曰：“是轮船公司与马凯尼君交谊甚深，该公司自当遵马君之命而行，决不虑其有所阻梗。”

唐又答予所问曰：“是轮船者属于格来公司（Glen），本星期内未必启程（按唐某与予谈话之日为十月十四号，即礼拜三日）。盖公使以惜费故，不欲专雇是船，因令其先载货物，而行旅之费则由使馆全认；迨次星期，则货物之装载既竟，而君亦须附载以行矣。”

予谓此等计划，欲见诸实行亦良难。唐曰：“予侪如不出此，则亦不妨戮汝于此，藉免周折。盖此间即中国，凡使馆中所为之事，无论谁何决不能干涉也。”

唐言已，又举高丽某志士事为予劝慰，并资启迪。盖某志士自高丽出奔至日本，被其同国人诱赴上海，戕毙于英租界内，由华人将志士遗骸运往高丽，高丽政府戮尸示惩，而其戕毙志士之凶徒则获重赏并擢高位焉。唐历述此事，津津若有余味，盖其意以为此次有捕予之功，中国政府亦当加以重赏、锡以高位也。

予问曰：“公等何残忍若是？”

唐曰：“此系皇上之命，凡有能生致汝或取汝死命者，皇上均当加以不次之赏。”予又进逼曰：“高丽志士之案即中日开衅之一因，今公等致予于此，或招起极大之交涉，未可知也。将来英政府对于使馆中人，或不免要求中国政府全数惩治。况君与予有桑梓之谊，吾党之在粤省者甚多,他日或出为予复仇,岂第君之一身可虑,甚或累及君之家族,亦意中事耳!”

唐某闻予言,其豪悍之口吻不觉顿变,遂曰:“凡我所为,皆公使之命,我此来不过为彼此私情计,俾君知前途之危险耳。”

第四章　幽　禁

是日,夜半后十二点钟时,唐又至予室与予谈。予曰:“君如真为予友,则将何以援予?”

唐答曰:“此即我之所以来也。我当竭尽绵力,冀脱君于厄。我今方令匠人密制二钥,一以启此室之门,一以启使馆之前门。我之所以出此者,以掌钥者为公使之亲随,乃其腹心所寄,决不肯出以相授也。”

予问以出险当在何时?唐答称:“必须俟诸次日,即礼拜五日(按是时已在礼拜三夜十二点钟以后,故应作为礼拜四日,而所谓次日者乃礼拜五日也)。礼拜五日清晨二点钟时,我或能蹈隙以来,俾君出兹罗网,未可知也。”

当唐兴辞时,又告予以“礼拜五清晨必来相援,汝可预为之备”云云。然唐去后,予仍取片纸,草数语,俟礼拜四日(即十月十五号)上午授之英仆,乞其密致康德黎君。及下午,唐复来,谓此纸已由英仆径呈使馆,马凯尼君睹之,即向唐某大肆诟詈,谓不应以使馆密谋告予。是在唐某虽有相救之心,而予此举实足破坏其计划,未免自误云云。

予乃叩以尚有一线生机否?唐曰:“生机正自未绝,特君必须遵我命而行,慎毋再误。”

唐乃劝予致书公使,乞其相宥。予从之。唐立命西仆柯尔将纸笔墨水至,予请易中国文具,盖上书公使宜用汉文,未便作西字也。

唐曰："否，英文良佳。盖此间大权均操诸马凯尼之手，公使不过坐拥虚名而已。君此书，宜畀马凯尼也。"

予问书中宜如何措辞？唐曰："君必须极力表明，谓身系良民，并非逆党，徒以华官诬陷，至被嫌疑，因亲诣使馆，意在吁求伸雪"云云。

予即在唐某之前，就其所授之意，缮成一长函。摺叠既竟，通例应于纸背标明受书人姓名，唐乃为予读马凯尼君姓名之缀法曰：Sir Halliday Macartney。盖是时予仅知其姓氏之音为马凯尼，而犹未稔其文字上之缀法也。既而授函于唐，唐怀之而去，自是不复睹斯人之面矣。

予此举实堕唐某之奸计，可谓其愚已甚。盖书中有亲诣公使馆吁求伸雪等语，是岂非授以口实，谓予之至使馆乃出自己愿，而非由诱劫耶？虽然，人当堕落深渊之际，苟有毫发可资凭藉，即不惜攀以登，更何暇从容审择耶？更何能辨其为愚弄否耶？

唐曾告予，凡予所缮各函，均由仆人出首于使馆，并未尝达于予友。是时，予想望已绝，惟有坐以待毙而已。

是一星期内，予苟觅得片纸，即以被难情形疾书其上，令英仆为予掷于窗外，冀有人拾得之，或生万一之望。予被禁之室虽有窗，并不临街，故不得不乞仆人代投。既而知仆之愚予也，遂拟自起而为之。因于所居室之窗内一再外掷，某次，幸及于邻家之铅檐。然纸团之力，所及不远，故始则裹之以铜币，铜竭则縢之以银；此钱币者，乃予密藏于身畔，幸未于搜检时被获者也。迨所掷之纸及于邻屋，窃意邻家或万一能拾视之矣。然同时别有一纸，掷出时误触绳，中道被阻，而径堕于予室之窗外，因命西仆往拾之。此西仆即二仆中之少者，非柯尔也，闻命后不往拾，而反告监守者。于是监守者往拾，并留心四顾，则铅檐上之纸团亦为所见；遂攀登邻屋，取之以归，呈之使馆。自是而予一线仅存之希望亦尽绝矣！

使馆之所以防予者，视前益密，窗上均加以螺钉，不复能启闭自如。藐藐我躬，真堕落于穷谷中矣！惟有一意祈祷，聊用自慰，当时之所以未成狂疾者，赖有是也。及礼拜五（即十月十六号）上午，予祈祷既竟，起立后觉方寸为之一舒，一若所祷者已上达帝听。因决计再尽人力，待英仆柯尔来，复向之衷恳，藉脱予厄。

予谓柯尔曰："子能为予尽力乎？"

柯尔反诘予曰："君何人也？"

予曰："中国之国事犯而出亡于外者。"

柯尔于国事犯之名称，若未能领会。予乃叩以生平于阿美尼亚人之历史，亦尝有所闻否？柯尔颔之。予遂迎机以导，告以中国皇帝之欲杀予，犹土耳其苏丹之欲杀阿美尼亚人；土耳其苏丹之所疾视者为阿美尼亚之基督教徒，故欲聚而歼之，中国皇帝之所疾视者为中国之基督教徒，故欲捕而斩之；予即中国基督教徒之一，且尝尽力以谋政治之改革者也。凡英国之人民无不表同情于阿美尼亚人者，故予之身世及予目前之情况苟为英国人所谂知，则其表同情于予亦不言而可决也。

柯尔谓不识英政府亦肯相助否？予曰："唯唯，英政府之乐于相助，又宁待言。否则中国使馆只须明告英政府，请其捕予而交与中国可矣，又何必幽禁予于斯，恐外人之或闻耶？"

予又进迫之曰："予之生死，实悬君手。君若能以此事闻于外，则予命获全；否则予惟有被宰割，受屠戮耳！君试思救人于死与致人于死，其善恶之相去若何？又试思吾人尽职于上帝为重要乎，抑尽职于雇主为重要乎？更试思保全正直之英政府为重要乎，抑袒助腐败之中国政府为重要乎？君其三思予言，乞于下次相见时以君之决心示予。"

翌晨柯尔以煤至，既投煤于炉，复以手微指煤篓。予见其所指者为一纸，不觉中心跳荡，予之生死固惟此片纸所书者是赖也。柯尔既出，急取而读之，其文曰：

某当为君递一书于君友。惟君缮书时，慎勿据案而坐，盖守者伺察甚严，得于钥孔中窥见所为也。君若伏于卧榻而缮之，则得矣。

予于是偃卧榻上，取名刺一纸，面壁而书；书系致予友康德黎君者也。亭午，柯尔复来，取予书去。予媵以二十镑为酬劳之费，顾自是而予囊亦告罄矣。既而柯尔复持煤篓至，以目示意。予待其去后，急搜煤篓，得一纸，读之，大喜逾望。文曰：

勉之，毋丧气！政府方为君尽力，不日即见释矣。

以是而予知祷告之诚，果上达于天也；以是而予知上帝，固默加呵护者也。予自被逮后，衣未尝解带，夜未尝安眠，至此始酣然一睡，及旦而醒。

予之所惴惴致惧者，生命事小，政见事大。万一果被递解至中国，彼政府必宣示通国，谓予之被逮回华，实由英政府正式移交，自后中国之国事犯决无在英国存身之地。吾党一闻此言，必且回忆金田军起义之后，政府实赖英人扶助之力，始得奏凯。吾国人又见予之被逮于英而被斩于华，必且以为迩来革命事业之失败，仍出英国相助之功。自是而吾华革命主义，永无告成之望矣！且予旅馆之中，行李而外尚有若干文件，设为中国使馆所得，则株连之祸实不知其所终极。幸康德黎夫人以一女子而能为予预料及此，毅然赴旅馆中尽取予书札文牍之属，捆载而归，付之一炬。是其识力之有造于吾党者，诚不鲜也。

予被幽使馆中，第觉饮食之可厌，而并未念及饮食之可以置毒，故尚日进乳茗少许，间或啖鸡卵一枚，得藉延残喘，以待予良友之营救。厥后接康德黎君来简，而食量之增与睡境并进矣。

第五章 良友营救

自礼拜五日（即十月十六号）后，英仆柯尔始为予效奔走，求解脱。柯尔之妻尤尽力。其于礼拜六日（即十月十七号）密白予友康德黎君之书，即出自柯尔妇之手笔。康德黎君接书，已在是日夜间十一点钟时。书曰：

> 君有友某自前礼拜日来，被禁于中国使馆中。使馆拟递解回国，处以死刑。君友遭此，情实堪怜，设非急起营救，恐将无及。某于此书虽不敢具名，然所言均属实情。君友之名，某知其为林行仙(Lin Yin Sen)。

康德黎君既得此书，其感情若何，可以不言而喻。时虽深夜，然恐营救无及之故，急起而检查马凯尼君之居址；居址既得，即匆匆出门，驰往求见。夫此等不名誉之举动，实以马凯尼为主谋，而予友不知，反驰往哈兰区(Harley Place)三号之屋，向之求助。时已礼拜六夜十一点一刻钟。予友既造其庐，则见重门紧闭，人声俱无。不得已出至场地外，则梅尔蓬路(Marylebone Road)中有一值夜之警察，警察目注予友，若甚疑者。据该警察谓此屋空闭，期以六阅月，居中人均往乡间云云。予友叩以何能详悉若是，则反唇以稽曰："三日前有盗夜破是屋，闻于警署，警署因是而查得屋中人之姓名及其现在之踪迹。所谓六阅月始回者，其言当不谬也。"康德黎君闻言，乃驱车至梅尔蓬巷(Marylebone Lane)警署，以予被拘事呈诉于值日警监。继复至苏格兰场警署，侦探长在私室接见，允其呈诉一切，以便存案。惟康德黎君所诉之事，颇出常情之外，殊难置信。侦探长静听既毕，即告以此事关系重大，非渠所能主持云云。迨康德黎君步出警署之门，已在夜半后一点钟，然所事则并未见有丝毫进步也。

翌日上午，康德黎君奔驰至甘星敦(Kensington)，就商于其友，意欲往见现寓伦敦之中国某税务司，乞其以私情晋谒中国公使，告以私捕人犯之事殊属非理，宜三思而行云云。

康德黎君之友颇不以此策为然。于是复往哈兰区三号屋，盖其意以为屋中人虽往乡间，必有一二守宅之人，或可访得马凯尼君之踪迹及其通信之地。讵知既抵其处，除于盗劫之事更闻一过及睹一二斧凿散弃地上外，更不能别获丝毫之消息，以踪迹彼同化东亚之外交家。

康德黎君乃往访孟生博士，既及门，见有一人趦趄于门外，则中国使馆之西仆柯尔也。盖柯尔是日决计躬往康德黎君之家，尽以中国使馆拘予之密史倾吐于予友。康德黎君家人告以予友已出访孟生博士，柯尔乃疾趋至孟生博士之门外，意欲俟康德黎君之来，而并谒孟生博士。

柯尔随康德黎君入，即授以予函，是函系予以名片二纸缮成者。康德黎君乃与孟生博士同阅之，文曰：

> 予于前礼拜日，被二华人始则诱骗，继则强挟入中国使馆。予今方在幽禁中。一二日后，将乘使馆特雇之船递解回国，回国后必被斩首。噫！予其已矣！

孟生博士既备闻斯情，即与康德黎君从事营救。康德黎君叹曰："设马凯尼君未下乡，则此事当无难措手；不幸马凯尼又他出，吾侪当于何处求之也？"

柯尔闻言，即告之曰："马凯尼君何尝远出？彼固无日不赴中国使馆。幽孙氏于其室中者，马凯尼也。以孙氏付于吾，令吾严密防守，勿使得逸者，亦马凯尼也。"

柯尔此言，实足使康、孟二君骇愕不已。且此事既由马凯尼主谋，则营救不免更难，措置益须加慎，设非就商于政府中之秉政者，恐未易为功矣。

柯尔经孟、康二君诘问后，又答称中国使馆诡称孙氏为疯汉，拟于二日后即下礼拜二日押解回国。至轮舟之名虽不得而知矣，然伦敦城中有名麦奇谷（McGregor）者，柯尔知其必尝与闻斯事也。又谓本星期内忽来中国兵三四名，止于使馆中，使馆向无此等人物，是则兵士之来当与孙氏之起解必有关系也。

柯尔临行时，康、孟二君各予以名刺一纸，俾转授于予。盖一则欲藉此以稍慰予心，一则证明柯尔之确已为予奔走也。孟、康二博士复往苏格兰场警署，拟再求警察出而干涉，或可有济于万一。值日之侦探长谓康德黎君曰："君于昨日夜半后十二点半钟时尝来此陈诉，乃时未久而君又来，此时实不及有所为也。"

孟、康二博士既出警署，又熟筹良策，于是决计赴外部姑为尝试。抵部后，部中人告以下午五点钟时复来，当令值日司员接见。如期复往，书记员招待甚有礼，而于二君陈诉之辞不能不疑信参半。既而谓本日适值星期，无可设法，当于翌日转达上官云云。二博士无如何，既思时期已极迫促，设中国使馆即于是夜实行其计划，将奈之何！况更有可虑者，彼使馆所雇者或系外国轮船，则英政府虽欲搜检，亦安从而搜检？盖人犯既已被解，轮舟既已开行，设为英国船，则不及搜索于伦敦，尚可截留于苏彝士河；若为外国船，则此望亦等诸泡幻矣。二君因毅然决计，先径往中国使馆，告以孙某被拘事已为外人所知，英政府及伦敦警署已知其拟将孙某递解处以死刑云云，俾中国使馆闻之，或将有所惕而不敢遽行。孟生博士以中国使馆稔知康德黎君与予相习，故决计只身前往。

于是孟生博士驰赴波德兰区四十九号，叩中国使馆之门，令门外守兵招一华人之能操英语者出见。俄而一中国通译员出接，其人即唐某，始则捕予于途，继则饵予于使馆者也。孟生博士启口第一语，即曰："某欲一见孙逸仙。"唐某面作踌躇之色，口中喃喃曰："孙……孙……"一若不知斯名之谁属者。既而答曰："是间并无此人。"孟生博士即告以孙某确在是间，无庸讳饰，今英国外务部已知此事，而苏格兰警署且已派员澈查云云。然唐某竭力剖辨，谓此种消息纯属谬妄。其言侃侃，其色肫肫。虽以旅居中华至二十二年、善操厦门方言其熟如流、而于华人之性情习俗又号称洞悉之孟生博士，亦不觉为所摇惑，几疑予被拘之事之全不足信也。若唐某者，洵不愧为中国之外交家，将来出其善作诳语之才力，何难取卿相、列台阁？孟生博士归为康德黎君言："当其辨白之时，形容极坦率，辞气极质直，甚且谓孙某被幽之信，或出孙某之自行捏造，冀以达其不可测度之目的焉。"

康、孟二君为予奔走营救，至是晚即礼拜日下午七点钟时始各分袂。然二君均以所谋无当,意殊不慊。且恐中国使馆既知英政府已有所闻,或即于是夜实行递解亦未可知,否则亦必将移禁他处。二君所虑,不为无见。幸当时之所谓曾侯(按即曾纪泽,龚使之前任也)者,甫自伦敦返国,已将居宅退赁,否则使馆中人必且以予改禁曾宅,而反请英政府赴使馆检查,以辟外间之流言,而示推诚相与之态度矣。虽然,改禁之计虽可无虑,而递解之期既定于礼拜二日,则承载之轮舟是时必已安泊于船坞可知。彼使馆或托词押解疯汉,在夜深人静后,藉免途人之属目,而因以纳予于船坞,又未可知。此予友之所以不能无惴惴也。

第六章 访求侦探

予友康德黎君以是不能释然于心,计惟有遣人密伺于中国使馆之外,借以侦察其行动。因急往访某友,某友告以"思兰德号"(Slater's Firm)之所在。"思兰德号"者,美国私家侦探设于伦敦本区(所谓伦敦本区者,盖伦敦全境分为若干区,而此则名伦敦城,即伦敦本区也)以待雇者也。顾是日为礼拜日,康德黎君既抵佩星和尔街(Basinghall Street),见有花刚石所建华屋,审为"思兰德号",即按其铃,挝其门,甚且大声以呼,而屋中阒然无应者,盖以礼拜日之故,循例休业。然则英国于礼拜日无应办之案乎?曰:非也。所谓礼拜星期者,不过借人为之力强分一月为若干部分,藉以取便于世俗而已。彼犯案者,何尝辨其为礼拜日与非礼拜日哉!

康德黎君不得已与在途巡警相商,且与御者互相讨论,此御者已知中国使馆之案,而颇欲尽力驰驱者也。既而定计往最近警署,康德黎君入见,具陈中国使馆之事。警官问曰:"君所欲侦察之地果何在乎?"

予友曰:"在西境之波德兰区。"

警官曰："嘻！君盍回西境谋之。若本署则属伦敦本区，与西境无涉也。"

康德黎君之意，固知东境与西境之警署同一无济，因复请曰："可由贵署遣一侦探往伺中国使馆否？"

警官曰："是不能，伦敦本区之警察实不能与闻西境之事。"

康德黎君曰："然则贵署亦有更事既久而今已退闲之警察，愿为予略尽微劳，以邀少许之酬谢者乎？"

警官曰："是或有之，当为君搜索也。"

警署中人互相商议，冀得一相当之人以充数，既而曰："得之矣，有某某者似可以膺斯任也。"

予友叩以其人之居址，则曰："斯人寓蓝藤斯敦(Leytonstone)，君今夜恐无从访得之；盖今为礼拜日，固君所知也。"

既而警署中人又聚议良久，始得一相当之人，其所居在伊士林敦(Islington)之吉勃斯屯场(Gibston Square)。既以其姓名居址见告，予友乃兴辞而出。

予友既出门，思先往报馆，以予被逮事告诸新闻记者，而后赴伊士林敦访侦探。即驱车至太晤士报馆谒其副主笔，馆人出会客启一纸，令予友声明请见之缘由。予友大书曰："中国使馆之诱捕案。"时已夜间九点钟矣。馆人约以十点钟时再往相见。

于是予友赴伊士林敦，访警署介绍之侦探。既抵其境，搜觅良久，始得吉勃斯屯场。其地殊幽暗，少灯火。既得吉勃斯屯场，复按户检查，始得警署所示之某号。予友叩户而入，所谓某侦探者固自不误。而其人以事不克承命，愿转荐一人，予友不得已诺之。特其所荐之人之居址，须求诸其人之名刺，于是倾筐倒箧，并破衣败絮之中亦复搜寻殆遍。既而见一纸，谓予友曰："得之矣。虽然，此人近方守护伦敦本区某旅馆，勿庸至其家访之也。"

予友踌躇者再，既见侦探室中有数童子拥挤一队，乃请于侦探，令速具一函，遣一童径送其人之家，予友复偕同侦探亲访其人于某旅馆，是两者必遇其一矣。部署既定，予友与侦探驱车至某旅馆。

馆在巴毕干(即古堡)邻近,顾探索良久,迄未见是人踪影。既而知旅馆须于十一点钟始闭门,则是人亦必于是时始至。康德黎君因令同行之侦探在旅馆外候其友,而己则驰赴太晤士报馆,尽以予被捕事告记者。记者以所言缮存一纸,而登载与否,则当听报馆之主裁。康德黎君是日回寓,已在夜间十一点半钟。及十二点钟,而拟雇之侦探尚未至。康德黎君虽甚焦闷,而热心豪气曾不稍减。计惟有亲赴中国使馆,躬自侦守于门外,果有潜解人犯事,可立起而干涉。因以此意告诸康德黎夫人,与夫人握手而出。

康德黎君甫出门,即与一人相值,审知为奉命而至之侦探,乃偕彼赴中国使馆。是时虽已十二点钟半,而使馆内灯火犹明,人影未息,是可知孟生博士昼间一言,实足致个中人之惊扰也。康德黎君令侦探伺于一亨生车内,车在渭墨街(Weymouth Street)街南屋宇下,介于波德兰区及波德兰路之间。是夜月明如水,中国使馆出入虽有二门,而车中人并可瞭见,万一予于深夜被押解出,则车中人得以驰逐于后,以踪迹予之所往,若步行则必有所不及也。

予友康德黎君归寝,已在二点钟时矣。此一日间所为之事,如禀诸政府,诉诸警署,告诸报馆,而终则密遣侦探伺察于使馆之外,予友一日之心力竭,而予命亦赖是以获全。

第七章 英政府之干涉

礼拜一日(即十月十九号),康德黎君复往"思兰德号",雇一侦探授以方略,令旦夕伺于中国使馆之外。及午,康德黎君以本国外部命,将此案始末缮成禀牍,上诸部。盖英外部之意,欲筹一非正式之办法,冀中国使馆就此释予,免致酿成国际上不堪收拾之交涉。况予之被逮纯出传闻,或得诸密诉,尚无确实之证据,故当事者谓不用正式交涉为宜。迨英政府质诸格来轮船公司,而知中国使馆确曾雇定船舱，于是始瞭然于不特私捕人犯为非虚，且实行递解亦在即。于是此案经由英政府办理，而予友之责任始宽。

英政府遣侦探六人密伺于中国使馆之外，并密饬附近警署加意防守。予有欧装小影一帧系游美时所摄写者，英政府发交警吏，借资辨认。盖外国人未尝赴华游历者，其视华人面目几于彼此相同，无甚识别，故予平时所摄之影殊不足资英警察之用；若此照则不特身服西装，且有短须，即额上发亦理成欧式也。吾华虽为早婚之国，而留须极迟，其有此资格者大抵已身为人父或为人祖父，若予当时则行年犹未三十也。

及礼拜四日（即十月二十二号），英政府缮就保护人权令，拟饬中国使馆或马凯尼将人犯交出审讯。嗣以中央刑事裁判所不允，遂未见实行。

是日（十月二十二号）下午，有《地球报》（Globe）特派访员造见康德黎君，询以中国使馆诱捕之某华人，其生平行事及本案情节。康君尽以所知相告，并称尝于五日前即礼拜日（即十月十八号）以孙某事告于太晤士报馆，继复于礼拜一日（即十月十九号）续往报告，故康德黎君之意，此案宜向《太晤士报》首先发表。即而康德黎君又谓《地球报》访员曰："虽然，君试以笔录者为吾一诵之，吾当为君正之也。"于是访员以所草之稿，向康德黎君诵毕，康德黎曰："甚是，君可即以此登报，惟稿中不可述康德黎之姓名。"

此案于未经刊布之前，知者已不乏人，当礼拜二日（即十月二十号）之晨至少已及二三百之数。然彼到处谘询、随事刺探之报馆访员，则至礼拜四日（即十月二十二号）之下午而始有所闻，亦可异也。迨报界风闻，则事难更隐。自《地球报》揭露此可惊可愕之异闻，而覃文省街四十六号之屋几乎户限为穿，予老友康德黎君遂觉应接不暇矣。

《地球报》发行后不及二小时，《中央新闻》及《每日邮报》各有访员一人登予友之门，咨访此事。予友虽力主缄默，然于本案大概情形，仍举一二以告。两访员兴辞后，径往中国使馆求晤孙某，其出接者即彼机变环生之唐先生。唐先生力称使馆并不知有孙某。于是访员示以《地球报》所刊新闻。唐大笑曰:“是皆欺人之谈,纯出凭空构造。”《中央新闻》访员乃正告之曰:“君无庸讳饰,彼孙某被幽于斯,若不立行释放,则明日之晨将见有数千百之市民围绕使馆,义愤所发,诚不知其所极耳!”唐某仍声色不动,且狡展更甚于前。

既而访员等四出以求马凯尼之踪迹,得诸米突兰旅馆(Midland Hotel)。其与访员问答之辞,详见英国各报纸,今转录如下:

中国使馆参赞马凯尼勋爵于昨日下午三点半钟赴外部,面陈一切。马凯尼答某报访员之问曰:“某甲被留于中国使馆一事,除报纸已载之消息外,我殊不能更有所陈述。”访员曰:“外部刊有布告,谓外部大臣萨里斯伯(Lord Salisbury)已照会中国公使,请其将拘留之人释放矣。”马凯尼曰:“诚然。”访员曰:“敢问此照会之结果若何?”马凯尼答曰:“某甲自当释放,然释放之时须力顾公使馆之权利,勿使稍受侵害。”

厥后又有某报访员晋谒马凯尼,马凯尼谓之曰:“彼拘留于本使馆之华人,并非孙逸仙。此人之果为谁某,及其既抵英国后之一举一动,本使馆洞悉靡遗。彼之赴使馆系出自己意,并非由使馆之引诱或强迫或拘捕。盖华人之来伦敦者,独居无俚,人地生疏,而至使馆问讯或与使馆中人聚语,固属常有之事。特此人之来,其形迹似有所窥伺,且自恃使馆中无识其人者,故敢为之而无忌。初时由使馆某员接见,既而介绍于我(马凯尼自谓),谈言酬酢之中,彼无意倾吐一二语,始疑及此人者殆即本使馆所伺其举动、稔其平昔之某某也。迨次日复来,而其人之为某某确已征实,遂拘留于此,俟中国政府训令既至,而后量为处置。”

马凯尼之论国际问题则曰:“某甲华人也,非英人也。中国之公使馆不啻为中国之领土,其有统治权者惟中国公使一人而已。华人之赴公使馆,既出自其人之本意,而公使馆以其有罪案嫌疑之故,即加以拘留,此在外人实无干涉之权。设其人而在公使馆之门外,则办法即从而大异。盖门外为英国之领土,公使馆非先请信票,即不能逮捕也。”

马凯尼又答曰:“某甲虽被拘留,然使馆并不视为囚犯,起居饮食均甚优待。外间所称某甲或受非刑,或遭虐迁等语,殊堪嗤笑。”马凯尼又谓英国外部已来函质问,公使馆拟即备文答复云云。

《中央新闻》曰:“马凯尼勋爵自外部回中国使馆后,即趋至龚大人之寝室,告以外部大臣萨里斯伯必欲将孙逸仙释出使馆之种种理由。”

马凯尼之所言所行是否正当,非予所欲言,直宜听诸公论,并质诸其一己之良心而已。在马凯尼之意,以为彼之举动亦自具有理由,然在头脑清醒者当不出此,而况马凯尼又身为使馆参赞,其职位至为重要乎!且不第身为参赞而已,彼唐先生不云乎:中国公使仅拥虚名,而使署大权则尽操诸其手也。

当时予友所以营救予者,几于无计不施,录新闻纸一则亦足以见其大概也:

现访得孙逸仙之友,曾筹备一勇悍之策,以为援救。后由外部及苏格兰警署向某等担保,谓孙某在中国使馆决不至受荼毒,其策因以作罢。盖孙君之友已请于包华斯谷子爵(Viscount Powerscourt),拟登家之屋顶,攀缘以达中国使馆,破孙君所居室之窗,挟之而出。子爵家在波德兰区五十一号,与中国使馆比邻。某等并将此计密达孙君。孙君虽被中国使馆加以桎梏,行动不得自由,然仍密报其友,谓如蒙相援,当于室内用力毁去窗棂,以期出险等语。其友辈并备一车,候于中国使馆侧,待孙君既出,即乘车疾驰至其友家。

报纸所载,虽不尽无因,然与事实略有异同。盖英仆柯尔于十月十九号遗书于予友康德黎君,谓某于今夕当有一绝妙机会,可使孙君攀缘至波德兰区邻屋之巅,借以出险;君如以此计为可行,则请商准邻屋主人，遣一人待于其室，借资援手，并望赐复以定进止云云。康德黎君既接此书，即持赴苏格兰场警署，乞遣一巡警与康德黎君偕往波德兰区，用相协助。惟警署中人，以为此等计划不免损失威严，殊非正办，故力劝予友勿行；并谓孙某必能于一二日后，由中国使馆正门徜徉以出云。

第八章 省 释

十月二十二号，柯尔携煤篓入，微示意于予。待其既出，就篓中检得一纸，则剪自《地球报》者。其载予被逮情形，颇称详尽，即观其标题已足骇人心目，如曰《可惊可愕之新闻》，曰《革命家之被诱于伦敦》，曰《公使馆之拘囚》。予急读一过，知英国报界既出干涉，则予之生命当可无害。当时予欣感之情，真不啻临刑者之忽逢大赦也！

礼拜五日（即十月二十三号）自朝至午，仍幽居一室中，未见有何发动。及傍晚四点半钟，彼监守予之使馆卫兵，一中一西，忽发键而入，谓予曰："马凯尼君在楼下待汝。"旋令予纳履戴冠，并加外褂，既毕，即导予至最下一层。予意英政府或将遣一人搜检，故若辈欲藏予于地窟中，未可知也。守兵虽告予省释在即，然予终未敢遽信。既而忽睹予友康德黎君，又见有与予友偕至者二人，予心始为之一舒，而知省释之言为非谬矣。

与予友偕至者，一为苏格兰场之侦探长，其一年事已老则英外部之使者也。马凯尼当诸人之前，将搜去各物一一还予，并对侦探长及外部使者为简短之说辞，曰："某今以此人交付君等。某之为此，期在使本公使馆之特别主权及外交权利两不受损。"云云。予当时方寸激扰，更不能深辨其言之趣味，然在今日观之，则其所云云，岂非毫无意旨，而又童騃之甚者哉！

既而马凯尼告予，谓予已恢复自由，遂与予侪一一握手，启使馆之侧门，肃予侪出。予侪于是出门下阶，由使馆屋后而入于渭墨街中矣。兹事虽微，然以英政府之代表而竟令从后门出，在中国外交家方且自诩其交涉之间又得一胜利，其为有意简亵，固无可讳言。彼马凯尼虽非华人，然固同化于华俗，而又于东方风气之中深得其江河日下之一部分者也。倘外人以此相责，则马凯尼又必有随机而发之诡辞，如谓使馆前厅既为报馆访员所占，而使馆大门之外又为千百市民所围绕，当时英国外部之意急欲将此案暗中了结，勿俾张扬，则使者之出虽由后户，而于英国当道之用心固不失为体贴尽致也。

英人观念与华人不同。在英人方以为外交之胜利，而中国使馆只须于省释时之举动间略加播弄，即不难一变而为中国外交之胜利。故予之省释，在英华两方面固各有其可慰者在也。

予省释之前，外部使者于衣囊中探一纸授马凯尼。马凯尼才一展阅，即毕稔其内容。是可知此纸所书，仅寥寥数语而已，然予之生死则固系于是矣。

既出使馆门，则渭墨街中之环而待者，亦至拥挤。彼报馆访员见予，即欲要予叙话。侦探长急拥予入一四轮车，与予友康德黎及外部使者同驱至苏格兰场。侦探长名乔佛斯，在车中危言正色向予诰诫，甚且呼予为顽童；谓此后务宜循规蹈矩，不可复入会党，从事革命。车抵白宫区某旅馆前，忽焉停轮，予辈自车中出，立于道旁。瞬息间，各报访员已绕予而立。予辈自波德兰区驰骋至此，已半英里有余，而各访员又何能突然出现于此？中有一人，予见其曾跃登御人之侧，与御人共坐而来。然此外尚有十余人，岂盘踞于予辈车顶而偕来者耶？各报访员虑予一入苏格兰场警署，或不免有稍久之盘桓，因要予于某旅馆前，俟予出，即拥予至旅馆之后屋，其为势之强，较诸唐某等曳予入使馆时为尤甚；而各访员等之渴欲探予消息，较诸中国使馆之渴欲得予头颅为尤剧也。予既入旅馆，被围于众人之中，有问即答，各访员随答随写，其疾如飞。予观其所书，心窃异之，盖予当时犹未知其所用者为速记书法也。予言既穷，无可复语，忽闻予友康德黎君呼曰:“诸君乎,时至矣!”予仍被拥簇入车,向苏格兰场进发。警署之视予,直同一无知少年,即观于侦探长乔佛斯可见。盖乔佛斯诚挚之容色,坦率之言辞,长者之对于卑幼则然也。予既入警署,即将前后所遭历述一过。警官录毕,向予宣读,读毕命予署名纸末。所历可一小时,乃偕予友康德黎君兴辞而出。

康德黎君挈予归,相见之悲喜,接待之殷挚,自无待言。康德黎君夫妇等,咸举杯为予头颅寿。是晚求见予者弗绝,至深夜始得就寝。此一宵睡梦之酣,实为予有生以来所罕觏。连睡至九小时,忽为楼上群儿跳号之声所警醒。第闻康德黎君之长子名坎思者,谓其弟妹曰:“柯林,汝扮作孙逸仙。柰儿,汝扮作马凯尼。我则为援救孙逸仙者。”未几,喧闹杂沓之声大作,马凯尼被扑于地矣,孙逸仙被援出险矣。于是鼓声咚咚,笛声呜呜,以示大赦罪之意;而合唱一歌,名曰《布列颠之前锋队》(*The British Grenadiers*)。

礼拜六日(即十月二十四号),来访者仍终日弗绝。予与康德黎君一一应答,几于舌敝唇焦。且来访者无不亟亟问讯,康德黎、孟生二博士何以能得此消息。设予侪漫应曰“赖使馆中人之密为传递”,则使馆中人之厚予者反不免因是而被嫌疑,遭摈斥,是大不可也。乃英仆柯尔自此案既白,即毅然辞退,不愿复役于中国使馆。是则以一身之去,免余人于嫌疑,而予侪亦可以道破实情,谓居间通信乃出于柯尔之力也。至外间谓予厚赂柯尔因得脱险,殊非事实。予以密信授柯尔,并以二十镑,固谓柯尔为予效奔走,不得不稍偿其劳;讵知柯尔即于得金之次日,转授于予友康德黎君,谓此为孙某之物,请予友代为收贮。及予既归,始知其事,乃以二十镑力追柯尔受之。予当时财力止此,故所赠亦止此,揆诸方寸,殊嫌未惬也。当十月十八号(即礼拜日)下午柯尔为予投书至康德黎家时,既已按铃入门,达于厅事,知予友已外出,乃请见康德黎夫人。仆闻言,入白夫人。柯尔独立厅事中,瞥见厅之一隅有一华人伫立而望,因大惊失色,自思此来必已为使馆所知,故遣人尾随至此。迨夫人出,柯尔以所疑告。夫人急慰解之,令其无恐。盖立于室隅者实一塑成之中国人形,其大小与人身相似,康德黎君在香港行道时赏其塑制之工,遂购归,设于厅事。骤见者往往怪诧,而柯尔心胆既虚,则惶恐尤甚也。

予当日遭逢,大略尽是。是时英议院尚未届召集之期,故不知议院云何。然予自出险之后,相识渐众,伦敦及伦敦以外之英人多以是谬相推爱,极一时宾朋酬酢之乐焉。

附　录

当时英国报纸关于此案之记载评论,谨择要附录于下。

其最先投函于伦敦《太晤士报》者,为荷兰学士 Professor Holland,文曰《孙逸仙案》:

记者足下:因孙逸仙案而发生之问题有二:(一)中国公使之拘留孙某,是否为违法举动?(二)设其为违法举动,而又不允释放,则宜用何种适当之方法,俾将孙某释出?

第一问题之答语,固无庸远求。盖自一千六百又三年法国苏尔黎(Sully)为驻英公使时,虽有将某随员判定死罪移请伦敦市尹正法之事,然自是厥后,凡为公使者罕或行使其国内裁判权,即对于使馆中人亦久不行用此权。惟一千六百四十二年,葡萄牙驻荷公使蓝陶氏(Leitao)以见欺于马贩某,将该马贩拘禁于使馆,终至激起荷人之暴动,将公使馆搜劫一空。当时荷人威克福氏(Wicquefort)对于蓝陶此举深致评驳,盖蓝陶氏固尝在大庭广众中演说万国公法,非不知法律者也。今孙逸仙既在英国,自当受英国法律之保护,乃公使馆骤加拘禁,是其侵犯吾英国之主权者大矣。

第二问题虽不若第一问题之简单,然解决之方,要亦无甚困难。中国公使如不允将孙某释出,则英国借此理由,已足请该公使退出英国。如以事机急迫,恐饬令该公使回国之举或不免涉于迟缓，则以本案情节而论，即令伦敦警察入搜使馆，亦不必疑其无正当理由也。或谓使馆应享有治外法权，此治外法权一语过于简括，实则其意义不过谓使馆之于驻在国，为某种缘由之故，间有非该驻在国平常法权所能及耳。然此等享有权历来相习成风，业已限制甚严，且证诸成案，而于通行之享有权外，实不能复有所增益也。证诸一千七百十七年裘伦保(Gyllenburg)之案，可见使臣驻节于他国，苟犯有潜谋不利于该国之嫌疑，则该国政府得拘捕其人，搜检其使馆。又证诸一千八百二十七年茄赖丁(Mr. Gallatin)之御人一案，只须驻在国之政府以和平有礼之通牒报告使馆之后，即可遣派警察赴该使馆拘逮犯案之仆役。又除西班牙及南美洲各共和国之外，凡使馆已不复能藏匿犯人，即政事犯亦不得借此为逋逃薮，是又各国所公许者也。至于公使馆而擅行逮捕人犯，私加羁禁，则驻在国之地方警察惟有斟酌情势所需，为实力之干涉，以资解决而已。

今孙逸仙坚称被中国公使馆诱劫于道途，且将舁赴轮舟，以便解送至中国，是中国官场对于此案所负之责任，固无庸深诘。中国官场悍然出此，岂尚能有辩护之余地乎？万一诱劫之情果属非虚，押解之谋见诸实责，则此案之情之严重，不言可知。而其出于公使馆僚属之急于见功，亦可洞见麦丁博士(Dr. Martin)在北京同文馆教授国际法有年，使臣在外应遵何道以行，中国政府岂犹茫然未之审也？——十月二十四日荷兰由奥克斯福发

楷文狄虚(Mr. Cavendish)者，生平于国际交犯之法律最极研究有素者也，其语某君之语曰：

孙逸仙一案，以予记忆所及，实无其他相同之例案可资引证。昔者桑西巴(Zanzibar，东非洲国名)谋篡君位之人犯，系自行走避于伦敦德国领事署，挟德政府相厚之情，冀为庇护；既而

国际法之问题起，德人不允交出，遂移往欧洲大陆之德属境内。此与本案截然不同。盖孙逸仙系中国之籍民，其所入者系本国之使馆，其逮捕者系本国之使臣，其罪名则系谋覆本国之政府，凡此所述如悉系事实，则只须由英国外务部出而为外交上之陈辞，而无须为法律上之办理，盖按诸法律实无可引之条也。

胡德氏（Mr. James G. Wood）为荷兰氏所建之议，亦投函《太晤士报》，为法律问题之讨论曰：

荷兰学士所拟第二问题，虽揆诸情势，幸已无甚重要。然此端实大有足供研究者在。窃谓该学士所拟之答语，殊不足令人满意也。

该学士论及中国公使万一不肯将人犯释放条下，有云“以本案情节而论，即令伦敦警察入搜使馆，亦不必疑其无正当理由”云云。该学士既曰不必疑，则必有其可疑者可知；至于可疑者究竟何在，则该学士未之释明也。以该学士之所答，并不能谓为解决问题，只可谓之猜测而得一解决法耳。公使馆即或违法而拘留人犯，然伦敦警察并无入公使馆释放人犯之职权；万一有入公使馆而为此举动者，公使馆尽可以强力拒敌之，揆诸法律无不合也。以吾所闻，公使馆果有私拘人犯之事，则揆诸法律所可以行用之手续，惟有颁发交犯审讯之谕（Habeas Corpus，即保护人权之令，若被捕后不即交审，可发此谕交由公堂讯判，如无罪则二十四小时后即应保释）而已。顾事有难焉者，则此谕将交诸公使乎？抑交诸公使馆中之员役乎？设交诸公使或员役，而彼乃置诸不问，则可施以藐视公堂之处断乎？以予所知，实无成案可以援引也。

荷兰学士又谓公使之所居应享有治外法权，其实公使馆与轮舟不同，彼享有此权者乃公使之本身而非公使馆也。相传公使之本身及其家属随员等，于民事诉讼得享有完全蠲免权，是以此等问题者，乃个人问题，而非居处问题；乃若者可施若者不可施诸公使及其家属随员等之问题，而非若者可施若者不可施诸公使馆之问题也。惟其然也，故予所拟颁布交犯审讯令之办法，似不免牵涉而有碍于邦交也。

至引用成案，谓警察得持信票入公使馆拘捕在他处犯有罪案之人犯，如荷兰学士所谓‘公使馆而擅行逮捕人犯，私加羁禁，则地方警察惟有为实力之干涉’云云。斯论也，实亦不足为万全之计，盖此等成案与孙逸仙案并无公同之点也。——十月二十七日胡德氏发

一千八百九十六年十二月三日香港《支那邮报》有论云：

孙逸仙者，即近日被逮于伦敦中国公使馆，拟置诸典刑，视同叛逆者也。顾此人他日似未必不为历史中之重大人物，然未经正当之法廷加以审讯，自不得谓为与会党有关，且不得谓该会党之举动确在倾覆中国朝廷也。彼以孙逸仙为叛逆者，仅出于伦敦中国使馆与夫广东官场之拟议耳。然孙君固非寻常人物，以开通之智识而目击中国数百兆人之流离困苦，彼一般华人之中，且有慨然动念、奋然思起者矣。据中国官场之宣告，谓此等华人曾于一千八百九十五年十月间起而图乱，其为之领袖者，则孙逸仙也。

中国之不免于变乱，夫人而能言之；而其变乱之期之迫于眉睫，则无论居于外国之外人不能知，即寓于远东之外人亦罕有能知之者也。迨广州之变既作，以事机不密，倏就倾覆，而当事者仍漠然不动于心，至堪齿冷。他日变起，其可危必更甚于昔之金田军；盖其组织之新颖，基础之文明，较金田军尤数倍过之也。总之，领袖诸人以事机未熟，故暂图偃伏，非以偶然失败之故而遂尽弃其革命之计划也。

至革命派之缘起，虽无由追溯，而其大致要由不慊于满清之行事。近中日一战，而此派遂崭然露其头角。孙逸仙博士辈之初意，原欲以和平之手段要求立宪政体之创行而已，迨至和

平无效，始不得不出于强力。然历观中国历史中之崛起陇亩、谋覆旧朝者，其精神意气大都豪悍不驯；而孙氏则独不然，秉其坚毅之心志，不特欲调和中国各党派，且将使华人与西人、中国与外国亦得于权利之间悉泯冲突焉。然而事有至难解决者，则一举之后必有种种继起之困难，而此等困难最足使任事者穷于应付也。孙氏岂不知有大兴作，不得不借外国之国家与个人为之援助，然而中华全国方无处不为排外之精神所贯彻，是则欲泯除而开导之，固不能不有需乎时日也。总之，此等事业，其性质至为宏硕，而其举措又至为艰难。惟孙氏则本其信心，谓他日欲救中国，势不能不出乎此；而目前则惟有黾勉以图，冀其终底于成功而已。

孙氏诞生于火纳鲁鲁，受有英国完美之教育，且于欧美二洲游历甚广，其造诣亦至深。昔尝学医于天津，继复执业于香港。其躯干适中，肌肤瘦挺，容貌敏锐而爽直，举动之间毫无矫矜，而言语又极恳挚；至其知觉之敏捷，处事之果毅，尤足使人油然生信仰之心，是诚不可谓非汉族中之杰出者也。中国今日正与各国在专制时代无异，凡主张创行新政、革除腐败者，概被以叛逆之名，故有志之士欲传播其主义，势不得出以慎密。孙氏于千八百九十五年之始著有政治性质之文字，发行于香港，而传播于中国南省。其于良政府与恶政府描述极为尽致，两两相较，自足使人知所去取。然而措辞至为留意，虽以彼狠若狼虎、善于吹求之中国官吏，亦复末从而指摘之。中国人士得读此书，无不慨然动念。未几，遂有秘密会社之发生，则孙氏与焉。

当中日战事未起以前，中国水陆两军，以上官之遏抑，已多怀怨望；即文官亦非无表同意者。况中国伏莽遍地，响应尤易。其初次起事之期定于本年三月间，时则火纳鲁鲁、新嘉坡、澳洲等处，纷纷输资回华。然人才尚形缺乏，军需亦未充足，遂改期至十月间。于时军械弹药陆续购备矣，香港之党人赴粤以攻广州矣，饷项亦甚形富足矣，外国之参谋官及军事家已延聘矣。日本政府虽无明白之答复，而党人则已请其援应矣。凡起事之谋，可谓应有尽有。不幸为奸人所算，泄其谋于当事，卒至全功尽覆。盖当时有侨寓香港之中国某富商，附和新党，知其集资购械等事可缘以为利，遂宛然以富商而为志士。既而知起事期迫，该商方为中日战事后某财政团之一，经营中国路矿等事，恐干戈一起则权利将受影响，遂不惜举党人之谋尽泄于粤官，而仍缘之以为利。党人之计既被所倾覆，孙氏即出奔于异国。此次以嫌疑被戮者凡四五十人，并悬赏以缉孙氏。

孙氏由香港至火纳鲁鲁，复由火纳鲁鲁至美国。驻美中国公使馆中人闻孙氏之绪论，颇有志于革新。既而赴伦敦，思欲以鼓吹驻美使馆者鼓吹驻英使馆。而不意美使馆有阳则赞成革命，阴则志香港富商之志，思缘以为利者，密白其事于驻英使馆。而孙逸仙被使馆诱劫之案，遂因以演成矣。此案虽由马凯尼一再辨护，而孙氏之始则被劫，继则羁禁，固已无可讳言。至孙氏之得脱于祸，实赖友人康德黎博士之力云。

当时英人士讨论此案，多集矢于马凯尼，《太晤士报》最先著论抨击之，文曰：

欧洲各国方以目前为邦交辑睦、彼此相安无事之时，而岂知伦敦中国公使馆突然发见一案，其以破坏法律及成例，而足以惹起国际之交涉者，关系固不浅哉！孙逸仙被幽于中国公使馆之中，幸其财力犹足以暗通消息，俾其英国友人得施营救之计。英警署既派遣侦探密伺于公使馆之外，俾该使馆无由将孙氏运解至船。而外务大臣萨里斯伯又要求该使馆期以立释。幸而此案早破，得以无事。否则孙氏既被递解，就刑戮于中国，英之外务部必且致责言于中国政府，而勒令将本案有关之人一一惩办，其损害于邦交固何如哉！孙氏既被诱劫入公使馆，即由马凯尼勋爵出见，旋即被锢一室，直至英外部出而干涉，始克见释。夫马凯尼，英人也，乃亦躬与于此案。此案之失败固可预料，即幸而获免，然他日与于此案者亦必同受巨创，马凯尼此举不亦可异乎？闻中国公使当释放孙氏之时，谓渠之释放此人，期无损于使臣应有之权利。噫！此等权利似决非文明国所欲享有者也，设竟或使用此等权利，则其为不可恕，又岂待言？昔者土耳其使臣在伦敦诱亚美尼亚人入使馆，意在絷其体，塞其口，而舁送登舟，递解回国，冀为土耳其皇之牺牲。孙氏之案，毋乃类是乎？

马凯尼睹是论，即复书该报曰：

贵报评论向极公正，乃本日社论中评某华人被诱于中国使馆一案，词连于予，殊失贵报公正之素旨。彼华人之自称姓名甚多，而孙逸仙其一也。贵报既历叙使馆与孙逸仙所述之案情，而对于予之行为则颇致微辞，是明明以孙逸仙之所言为可信，而以使馆之所言为不足据也。贵报引土耳其使臣在伦敦诱阿摩尼亚人事为佐证，殊不知本案并无所谓诱劫，彼原名孙文、伪名孙逸仙所供之辞，如谓被捕于道途、被挟入使馆等语，皆至不足信者也。孙逸仙之至使馆，系出己意，且为使馆中人所不料。其初次之来在礼拜六日，即十月十号。二次之来在礼拜日，即十月十一号。治国际法学者对于孙逸仙被使馆拘留一节，无论作何评论，抱何见解，然必先知本案并无所谓诱骗，即其入使馆时亦并未尝施以强力或欺诈，此为本案之事实，而亦至可凭信者也。

观马凯尼此书，其云孙逸仙姓名甚多，是明明将以此肆其污蔑，使外国知予非正人。而不知华人习俗，多有以一人而兼三、四名者，此在马凯尼要无不稔知之也。华人自有生以后，襁褓中父母所呼之名，一也；稍长从师，学塾中师长所授之名，二也；既而身入社会，则有所谓字者，有所谓号者，惟名字屡易，而姓则不变。彼马凯尼之在中国，有称为马大爷者，有称为马凯尼者，有称为马晋山者，以此例彼，其道一也。

一千八百九十六年十月三十一日《斯比克报》（*The Speaker*）亦刊有一论，其标题为《波德兰区之牢狱》，论曰：

马凯尼者，役于中国公使馆者也。此公使馆之受役者，以不慊于《太晤士报》之评斥，而投函更正，是亦犹土耳其大僚胡资氏（Woods Pasha）为土政府辨护之故，而现身于英国之报纸也。然此事出诸真正之东方人，则不特为情理所宜然，而亦足征其性质之特别；若出诸假托之东方人，则适足以供嘲笑而已。马凯尼之布告天下，谓孙逸仙医士之入公使馆，并非由于诱劫；然使孙逸仙当时稔知彼延接者、招待者为何如人，孙氏固肯步入彼波德兰区之牢狱（以公使馆在伦敦之波德兰区，故名）而绝无趦趄瑟缩乎？马凯尼于此语乃不置一答辞，何也？况马凯尼既睹孙氏被捕，而乃绝不设法以冀省释，直待外务部出而为坚毅之要求，始得出狱，又何故也？夫公使馆苟不欲解孙氏回国，何必系之于使馆中？马凯尼身在伦敦，且以迫于责任之故，遂不得不陷入此可怜之地位。若此剧而演于中国之广州，固不失为循法而行，至正至当也。马凯尼既遭失败，将使北京当道者病其无能，固应缄口结舌，自比于中国人之所为，而乃犹昂首伸眉，论列是非于伦敦《太晤士报》乎？且使此次被劫者而为德国人或法国人，则事之严重将不可问，幸而其人籍隶中国，闻者不过一笑置之。而报纸之对于此事，亦仅如闻李鸿章之忽焉而畀以相位，忽焉而以未奉召命擅自入宫，被太后之谴责而已。然而自今以往，凡过波德兰区之牢狱者，不得不竦然以惧、哑然以笑也。（下略）

予得释后，即投函各报馆，以谢英政府及英报纸相援之情，文曰：

予此次被幽于中国公使馆，赖英政府之力，得蒙省释。并承报界共表同情，及时援助。予于英人之尚公德、好正义，素所钦仰，身受其惠，益堪征信。且予从此益知立宪政体及文明国人之真价值，敢不益竭其愚，以谋吾祖国之进步，并谋所以开通吾横被压抑之亲爱同胞乎！爰驰寸简，敬鸣谢忱。　孙文缄于波德兰区覃文省街之四十六号

中国的现在和未来*

——革新党呼吁英国保持善意的中立

（一八九七年三月一日）

人们都承认中国的现况和未来的情势，是很难令人满意的。但是我敢于设想，欧洲人并没有充分认识到腐败势力所造成的中国在国际间的耻辱和危险的程度，也没有认识到中国潜在的恢复力量和她的自力更生的各种可能性。

我想引证一些事实。这些事实只有中国人才能充分知道和完全理解，这些事实的全部意义只有经过详细的描写才能明白。中国天然灾祸的发生，也是由于人为的原因。中国人对于开发广大的国内资源和制止外患，似乎是无能力或者是不愿意这样做；但这也并不是出于中国人的天性，而是由于人为的原因和人工导致的倾向引起的。革新党的存在，正是为了除去和反抗这些原因和倾向。

大家经常忘记了中国人和中国政府并不是同义语词。帝位和清朝的一切高级文武职位，都是外国人①占据着的。在对于中国人的行为和性格（这是满族统治者所造成的）作批评的时候，尤其是在估计到内部改良的机会的时候（假设我们革新党人所希望的根本改革政府是可能的话），便应当对于上面所说的事实给予应有的重视。这一点只是在这里提一提，但是在对于我所要描绘的中国官僚生活的性质加以考虑的时候是值得记住的。

---

* 原文是英文，由孙中山陈述事实和见解，英国人柯林斯整理。孙逸仙署名，发表于是日出版的伦敦《双周论坛》（*Fortnightly Review*）。

① 外国人：指满族统治者。

不完全打倒目前极其腐败的统治而建立一个贤良政府,由道地的中国人(一开始用欧洲人作顾问并在几年内取得欧洲人行政上的援助)来建立起纯洁的政治,那么,实现任何改进就完全不可能的。仅仅只是铁路,或是任何这类欧洲物质文明的应用品的输入(就是这种输入如那些相信李鸿章的人所想象的那样可行的话),就会使得事情越来越坏,因为这就为勒索、诈骗、盗用公款开辟了新的方便的门路。当我引用过去这样腐败的具体事件作为例子,并根据我个人的知识和经验,为了揭发这种骇人听闻的、几乎难以置信的事情的本质,用一些也许会引起人厌倦的详情细节来写出中国大众和官场的生活的时候,才会明白革新党的言论,对于这种情况是丝毫没有夸张。

由于中国的成文法还算好,同时绝大多数违法的事情都被曲解得符合于死的字眼,因此短时期住在中国的英国官员,既然他们大半只能用那些利于掩盖真实情况的人作为他们的通讯员,对于事情的真象只能得到极不完备的知识,就不足为怪了。的确,知道真象的英国人是有的,但是他们绝大部分实际上已经变成中国贪污官僚阶层的成员,象许多我能够指名道姓的说出来的人,他们与中国官僚一模一样,比起来还可能超过。至于我本人,在我决定学医以前,我早就和中国官僚阶层有密切的往还,我的朋友们也曾急于劝我捐个一官半职走入官场,就象在最近十年内我认识的很多人所做的一样,这就足够说明我具备了充分的机会和客观的条件来研究我正在写出的这些题目。

中国人民遭到四种巨大的长久的苦难:饥荒、水患、疫病、生命和财产的毫无保障。这已经是常识中的事了。说到这些困难,就是前三种,在很大的程度上都是完全可以预防的,即是就产生苦难说,它们本身也只是些次要的原因,这一点还有许多人不很清楚。其实,中国所有一切的灾难只有一个原因,那就是普遍的又是有系统的贪污。这种贪污是产生饥荒、水灾、疫病的主要原因,同时也是武装盗匪常年猖獗的主要原因。

官吏贪污和疫病、粮食缺乏、洪水横流等等自然灾害间的关系，可能不是明显的，但是它很实在，确有因果关系。这些事情决不是中国的自然状况或气候性质的产物，也不是群众懒惰和无知的后果。坚持这说法，绝不过分。这些事情主要是官吏贪污的结果。懒惰和无知也是促进这些事情的原因之一，但是，懒惰和无知本身在很大的程度上也是官吏贪污所造成的结果。

首先拿由于黄河泛滥引起的洪水一事来看。有个官叫做河道总督（黄河的管理人），他下面有一大群属员，他们的特定职务就是查看堤防是否适当和坚固，保护和修整两边堤岸，抓紧时间来防止灾难事故。但是实际上这些官吏没有薪金，并且曾经花了很大一笔钱买来他们的职位，因此他们必然要贪污。当河堤决口不得不修补的时候，就有许多搞钱的方法。这样洪汛水灾的到来，就是他们经常的心愿。他们不但不注意来防止这些可怕的、使得很多省份全部荒芜和数以千计的生命损失的灾难的来临，还有为了他们无情贪欲的需要，在自然灾害来慢了的时候，甚至不惜用人为的方法来造成洪水的灾害。当雨量还不够使河水多得冲决河堤的时候，他们会派遣一些人去损坏河堤，造成"一个不幸事件"，这是十分寻常的事。这就是各色各样谋利的方法中的一个法子。首先，为了修整河堤，他们会收到一笔费用，再从克扣工人的工资，使用比起定额的人数较少的人，骗取金钱。另外，还在材料的价值上作贪污的打算，等等。这样，稻田被破毁了，造成粮食缺乏，就导致了大面积的灾荒。这样，救济费就从政府和慈善人士两方面不断交来，救命钱绝不是用十足的数目到达渴求救济的老百姓手中的。最后，经常用"公务酬劳"的名义来一个提升，藉以奖励这些雇工修补了一段堤岸的官吏们。

从下文就可知道，几乎中国所有的官员都晓得最好是完全不支取他们那少量的薪金，只是让它存在政府里，作为抵销罚薪的用途。

这一切事情可能非常难于令人相信，但是在中国，这是人人都知道的。人民有这样的谣谚："治河有上计，防洪有绝策，那就是斩了治河官吏的头颅,让黄河自生自灭。”

就中国的灾难原因来说,既不可指责是由于人口过多,也不可说成是自然原因所引起的任何粮食恐慌;那是由于缺点很多与不适当的交通方法,再加上铁路、公路稀少,不完善的、阻塞的水道,更由于在这些上面还有额外地方税(厘金)无限榨取人民的结果。所有这些原因应当首先理解为都是由于贪污所造成,我们官僚生活中的乌烟瘴气犹如死海上的浓雾一样,唯有它那微弱的磷光才把笼罩在阴暗中的北京清廷衬托出来。

现在广西是荒年。过去广西是中国产米粮最多的省份,有些别的省份都从它那里得到支援。现在,这里产大米的田地已经变得不能耕种了。这样,因为租税过高,以致使得农民久已感到除了生产出他们自己实际需要的消费量和应付地方上的直接需要以外,再多产就不合算了。甚至连“自由贸易”,虽然只是局部的,而且是由外面加来的,在这种情况下,它的目的也被破坏了。因为在外国通商谈判,允许暹罗和安南大米免税进口以前,广东的米是完全由广西供给的。现在外米免税进口,而广西米必须要付出一笔巨额的厘金,它就在市场上站不住了,就造成了肥沃的土地荒芜到成为没有耕种的价值。实际上土产稻米的成本比洋米贱得多,那么,使得广西农民破产流离死亡的就是厘金。饥饿的原因应当也是厘金,不是别的。

再就是有一个地方发生了饥荒,可是离这里不远的地方粮食却丰收,这又是常有的事。就因为缺少铁路或适当的道路,饥民就得不到别的地方多余的食物来维持生命。虽然在下面另外一处我还要把这件事加以详细的讨论,但在这里我可以说,妨碍着铁路线应有的发展的,不是象一般人所设想那样,由于群众间有土生土长的迷信,实在的是由于官吏的贪污,以及清朝人怕革命,加上投资不安全,是大家都知道的。那么,为什么水道运输和交通上极其良好的天然有利条件并没有得到更多的改进,在实际上废置无用呢?这个原因可以从下面一些事情中来推论,下面我亲身经历的事只是一个典型例子吧了。

当我正在广东北江上韶关城里,要乘船到离城三十英里到四十英里的英德去,船费通常大约是五到六两银子(十五到十八先令),但是由于船夫们高明的预见,害怕水警强收贿赂、非法拘禁,无一例外地,全体船夫都不肯搭载我,纵使出到二十两银子(三镑)也是这样。要理解这一点,必须说明,一切船夫都有依法帮助政府沿河一镇又一镇地同警卫在一起解送囚人的义务,他们也受到等待囚人和押送者随时动身的约束。这种官司,经常是造成讹诈中最令人难于辩解的藉口。警察并不说要钱,他们只是来到港口命令船夫:"候着!因为有个囚犯要带回。"可是终究没有什么囚犯,但是这有什么要紧呢?除非船夫们为了得着允许开回去,那就要送上足够大的一笔贿赂,否则他们就会一直等候一月还多的时间,直到真有一个囚犯要送时为止。对于这种现象的害怕,是船夫们拒绝我的原因。还可以用这样的事实来证明:一经我说服他们,我是英德知县的亲信并且可以保证免于水警的勒索时,立即有只船,只要四两银子(十二先令)的微小船费就把我载去了。

有一些已经对海关行了贿赂的商人租用货船(海关下才是河警),他们是免了这种勒索的。但是他们不得不付出极高的关税和贿款,合起来的总负担,能够使一切贸易——对外来的和本地的——完全瘫痪。

依法定来看,税额并不太高,但是一想到同一制品必须要上很多次的税,每个税关都是一个繁杂的贿赂中心时,就不难想象在物品还没有到达消费者面前时,物价是怎样的增长了!在路程很近,例如从佛山到广州(大约十二英里)的两地中间,按规定有一个税关和至少有四个到五个搜查站。这样,除非付足贿款,否则在检查过程中货物会遭到故意的毁坏,而且会被延误拘留和受到难于忍受的指责,使得商人生活非常痛苦,赚钱的生意成为不可能。例如查到一个已经完税的盛着油的瓶子,若是税单上只提到油没有说瓶子,这个业主就要遭到"企图偷运玻璃器具"的责罚,并且认为欺骗海关，受到监禁，直到付足了贿赂为止。

河道商业和内地交通的这种干扰，不仅仅在中国国内带来灾难，就是对欧洲的贸易影响实在也是很大的。目前中国在她的海岸和扬子江通商口岸上多有商业，但这些商业仅仅及于这些口岸附近的狭小地带，外国货很少达到内地。倘若从伦敦到布来顿送货，不只是要上很多次税，而且拖累到这些商人有坐监牢的危险，并且在四五个中间站上还要受到各种非法的敲诈。试想一下，这对于英国贸易效果又是怎样呢？由于内地苛捐杂税制度的实行，对英国在中国商业所产生的影响，可以从广州到韶关距离大约二百哩地运送英国货物的遭遇来看。在进入广州以前，他们要上百分之五十的海关税，从广州出城以前不得不先给广州当局付出一笔厘金，在佛山（出城十二英里）他就必须纳税，再过去约三十里在西南（广东一地名）要上税，以后再过三十里或四十里进入北江的芦苞要纳税，再到达韶关又要纳税（落地税）。除了这五个为了搜集税款而设的正规站外，还有很多个“检查站”，有如上述，这些地方也要逼交贿赂的。自然，货物到达内地后，它的价格显然要超过百分之百，除了生活上绝对需要的工业制造品外，实在就是卖不出去，这也是自然的。

就是在这种情况下，中国还被看成是英国货物的好市场，设若这些过度的税收和贿赂制度一齐消灭了，这对于英国贸易的利益岂不是更好了吗？

如果说水患和饥荒都是人为的原因，而不是由于自然的原因，疫病也同样可以证明是人为的。近来中国疫病流行，不应当比任何其他地方更为普遍。中国气候是很合卫生的，无论如何，对本地人来说是这样，而且在乡村里人民一般地都是很健康的。疫病的发生只是在城镇里，由于这些城镇中完全缺乏卫生组织和官办的防疫组织所引起的。清帝国乡区的每一部分几乎都完全免于疫病流行，有的这些乡村的疫病，是从那些人烟过于稠密、污秽到极点、难以言语形容的污水供应的城市中传入的。

从水的供应的情况来说，很容易了解，官吏贪污对城镇这种不良的卫生条件是唯一的原因。按欧洲人用这个词的意义来讲,可以说在整个清帝国里就没有水的供应。例如在某些事情上比另外的地方较好些的广州和上海。沟内污水直接流入河里,而人民就从这些污水的河里提取他们的饮用水!十年以前广州要修水道,想用清洁的水来供应城市,曾经发起过一个中国人组织的公司,对于这样一个计划,至少应当得到当局的默许,但是官吏们的贪欲并没有因疫病的可怕而放松一点。一个著名的官员,在他允许开工以前要索很大一项贿赂,使得公司无力支付,不得不放弃了这项事业。几年以前广州本地商人又组织了另外一个公司,叫做"肥料公司",承包市内街道的打扫和清洁工作,把所得的渣子变成肥料。这个计划使得民众非常喜悦,他们召开了行业公会的会议,并且通过他们的代表表示愿意为倡议的清扫工作出资,公司也将要从销售肥料中赚得一笔利润,无疑地,这当是一项兴旺的事业了。但是在这里,官吏又出来干涉并且索取巨额贿赂,这样一来,这项事业又不得不停止了。

为公共卫生服务大于为股东利润服务而兴办的金融和工业企业,尚且还是要因为地方当局的贪污使得流产,纯商务性质的经营必然会遭到同样的命运,就不足为奇了。未来资本家们不愿冒险在这样的国家里把他们的金钱拿来投资,这也就更不足奇了。在这个国家里,财产和生命以及公共卫生同样是为行政当局所漠不关心的,但是这些正是应当受到这些当局的保障的。

通过上文提到的盗匪的产生,可以更直接地感觉到,在全国每个角落里贪污都使得生命财产毫无安全保障。这些盗匪大多数是解散了的士兵,武装着留下来,并且饥饿着,离他们的家常常是几千里。不错,政府是允许给每个兵一定的回家路费的,但是这项钱一般都由官吏来掌管,官吏们却把士兵解散了事,任其自行设法,自行设法便意味着对群众的掠夺。但是也有另外一种盗匪,如果一般只在县长治理境域以外去掠夺,就受到县长的保护。要是篇幅允许,我能举出若干奇怪的细节来作为这种情况的例证。但我不得不转到另外的事情上去,这里只要简单提一下:这些最坏的盗匪中有些人还是在皇家服现役的兵士,他们把军服翻转来干他们的掠夺的勾当,当其受到追捕的时候又把衣翻过一面,以便躲在制服内没有人敢于干涉他们。在城市,在乡村,有钱的人都自有护卫,同时大工厂和农庄的主人、客船等等不仅要对政府纳税,又要给匪首们缴纳一种例规年金,作掠夺的防御和保护的报酬。被认为从事警务工作的人员警察,甚至于那些城镇士兵,往往就是勇敢而广大的盗掠的组织者。

最近广州发生了这样一类事件:当时警察局长和他的属下抢劫了地方上的蚕丝制造厂,抢走了他们可以拿走的东西,在要求赔偿的时候,总督处罚了祸首,这祸首并不是匪首,就是向他提出请愿书的人。

这些罪恶的来源是贪污,而这种贪污又是根深蒂固遍及于全国的,所以除非在行政的体系中造成一个根本的改变,局部的和逐步的改革都是无望的。在现在的统治下,任何一个要想诚实的官吏,都不得不跟着那些不诚实的人的足印走,不然就得完全脱离官场的生活退休下来。他必须接受贿赂,才能支付他上级对他索取的贿赂,而且必然要纵容两种贪污:在他的下属们中间的,以及比他的职位或官阶更高的那些人中间的。

当我把进入官僚生活的道路以及升官的各种方法作一些介绍的时候,那就自然明白,这一切是怎样地不可避免的了。

在中国有四种进入官场和获得提升的途径:科场出身;兵弁出身;保荐贤才;捐班出身。

这些作官的道路,第一项是最古老的,而且无论如何也是最纯正和最好的。在多年以前,就是从清朝开国以来,科场考试都是老老实实地实行着的,而读书人在他学习终了考试成功以前总是不会开始他的贪污事业的。但是近年来即使在这些地方,贪污也偷偷地爬进去了。因此现在由有学问而诡诈的老师冒充"学生"下场顶替考试,已经全然不是什么不平常的事了。这些老师们在各色各样的化名下,一次又一次地去经过考试赚钱来生活。主考官们受贿的事也不少见。

当学生在本乡考上秀才(初级学位),每隔三年期间为了第二级和第三级学位,他必须到省会和首都受试。在给他第三级学位时,这个学生就成为一个候补的官员了。就在这个时候,行贿的行为每每就开始了。没有这种行为,就是最出色的应试生员,那怕是很卑贱的职位也得不到,只好当一个白丁闲在家里。得到了第三级学位后,还有一次考试在北京举行,这就是殿试。殿试的结果,清帝把应试员生分为三等:一是当翰林院学士,留在北京;二是给官职;三是清帝所不取的。这第三类人要是不退休回家生活,就得采取上面所指出的许多贿赂途径之一,才能去作官。在北京以外的地方行政长官和一切地方官吏,按照被录取的程度,都从第二类来抽调。这些人中每个人就立即送赴某一省的省会,接受知县的官职,还有资格得到省当局给他适合于他的任何委任。

一到省里,他们就得马上向省督抚以及他的僚属行贿,因为一次可以把若干的候补人送到同一个区域内,少数的官缺自然就只能给能出最高贿赂的人了。即使这里没有竞争职位的人,候补的人也必得要对巡抚行贿,因为只要他拒绝行贿,巡抚就无限期地把任用他的事情搁置起来。就是清帝的特令派他一个特殊的地区,也不能挽救他的命运。一个很有家庭声势的候补官虽然可以要求北京吏部提出抗议,但就是在这种情况下,巡抚只要回答“某某太年青”或“太无经验”,和“已经派员暂行代理(意即无完期的代理),以便该员对于官厅和行政事务多加学习”。要是他即刻赢得一个官职,到三年终了自然要升迁,那在每一省又有一连串的“功过考核””,这样就可能使刚上任一二年的人也有获得升迁的机会。这个三年一次的功过考核,对巡抚说来是很有利的差事。他领导下的官吏们有功与否,是要看他们给他行贿的多少来判定的。而任何一个拒绝对巡抚行贿的人,就注定会被判决为“不合连任”,受到解职处分,何况对巡抚的决定是没有诉愿反对权的。在这种情况之下,一个诚实的人鄙视官场的贪污,必然会引退;一个坏人就会用购买的办法再去作官,直接打开一个新的贪污门路。

在每次升任之前,官员必须受到清帝的召见,但这是一个费用很大的事。因为一个人奉召到京是先要去登记的,一直要等到他对守门人行了贿赂才能正式报到,才认为他已经到了北京,依照手续报了到。就是在李鸿章进京朝见时,他也不得不付出巨额的门包和贿赂,数逾百万两,这是大家都知道的事情。我用直接注意到的两件事例来说明,或者可以使英国的读者更深切地感到,贪污恶习是怎样冷酷地、无耻地公开着的。

一个江苏的巡抚,他是恭王的密友,凭藉他的巨大声势不给守门人的贿赂就进了北京城。当他见到他的皇族朋友时,恭王叫喊道:“什么时候你来了的?我不能承认你的来到,因为我不曾在崇文门报告上见有你的名字。”这样他就只好退回,并且照常例加倍给了守门人的贿赂,然后恭王才接见了他。更显著的是左宗棠的事情。他是清朝大将军中大的一个,他曾经在新疆镇压了回民武装暴动(就是战败了回族人民的反抗清朝的革命运动),他为清朝皇帝取得了约有中国一半大的土地。清帝对他很尊重,因此清帝要见他,就传下一道特诏,召他到北京进见。当他来到城区,守门的人要八万两银子的贿赂,他完全拒绝支付。就是他也因此便没有得到合法的通传。他在北京候召见,等了几个月过后,清帝传另外一道命令问他何以还没有来。左宗棠说明了这回事,并附带说,因为他把自己的财产和家财都充着兵费了,他实无法支付这笔贿款,他恳求皇帝大恩免除他的负担。在回文里,清帝说:“这个(门上的贿赂)是惯常古制,总督、大将军和其他员工一样必须服从。”后来因为左宗棠实在没有钱,他的朋友发起了一次认捐,清皇太后还也亲自捐出总额中的半数。

为了使读者可以更明白清帝对于贪污的态度,我想读者会原谅我这段冗长的插话的。

自然,从此就没有一个新升任的地方首长想到逃避支付这笔贿赂!这种贿赂是进见清帝的不二法门,对清廷大送门包和贿赂之后，他才会得到召见并且取得新的官职——例如道台和知府。每次提升，要取得委派的人，都必须通过和上文所述相似的过程，只有每一次比前一次都要付更大的代价，而这些委派实际上却是无薪给的。依法规，每个委任状都带有薪给，这是的确的事。但是这些薪给，不仅比维持公务所必需的支出要少得多，又为了种种理由也很少有人依照规定去领取，这些理由的有力也就不难体会了。任何官吏的薪金，在从省库支出以前，必须经过很多人的手，并且对每一个人都必须付一定的手续费，使得受领人只能收到原薪的百分之三十到四十。官吏受罚全年薪俸是十分平常的事，除非他能证明不曾领取薪金，还存在省库内，他就不得不十足支付罚款。因此每年可以收入百镑的官员，如罚薪一年，因为提取了他的薪给，就要损失百分之六十到七十的没有收入过的款项。

因此，虽然一切国家的官职，无论是文是武，都定有薪给和开支用款，这叫做“养廉金”。可以说，无一例外地，一切官吏所处的境况在某些程度上有点象英国饭店中的工作人员，他们慷慨地付出代价而且无偿地工作着，只是为了享有特权，可以收受小费。这样说丝毫不夸张。

不难理解，新道台一回到他的管理地区，必然开始压榨他管理下的所有人员，这不仅是为了弥补他自己的开销和生活费用，还要支助他的亲戚族人和下属，也要为了再过三年后他提升时付贿款的需要。

就是这些通过勤修苦炼，虽然似乎无用却是诚实钻研的科考，窄狭而比较还算干净的作官的道路的这部分人尚且如此，那么，那些通过其他不正当的门路而求得官职的人，所要花的费用多得就更不用说了。

由军功的提升也许是最快的。

李鸿章就是由这一条道路走上官位的。在他第三场考试及格后，他既不“外放”（地方官）也不“留京”（北京翰林院的成员），立即回家，凭着曾国藩的父亲的势力参加军队，在几个月中就提升作福建的道台，依提升的常法要达到这个位置须得六年的时间。他就连福建也始终没有去过，在大约不到一个月他又被提升了，这回是江苏的抚台（巡抚）。当他作曾国藩的军事顾问或秘书时，前江苏巡抚被杀了，李鸿章有了自荐候补的机会。曾国藩本是喜欢和赏识他的，发出了一封奏折到清帝那里去恳求任命他。但是一经考虑，曾国藩就认识到这样做未免过于偏私，因为他想，这意味着使一个道台直接提升到抚台，这个经历在平常情况下至少应当要九年时间。因此他派遣了第二个使者去抽回这封奏折，但是迟了，因为李鸿章早预见到有这种事情，先就注意关说第一个送文的人急速投交。

凭着戈登将军和其他外国人的帮助，李鸿章从太平天国的手中夺回了地盘。不久，他就被提升为总督。李曾经累积了怎样大量的财富是远近皆知的，就用不着在这里多提了。正在中日战争开始以前，我在天津，有很好的机会看到他发财致富的方法之一，就是各级文武官员从整个国家各部分成群而来请求任命，但是就在他们的呈文到达李鸿章以前，他们必须支付大量的贿赂给李的随员。

在军职分配以后，发出任命状，这是由衙门的书办掌握的，受任官员对于这个任命，必须要支出一笔价值和任命相当的款项。官员取得任命状，就立即开始对下属作出出卖委任状的勾当。但是在军队里，只有那些有某种军职的人才能收买委任状，但是我们立刻会看到，军职也能用很多奇怪的方法来取得。例如，一个平生从来没有参加过战争的提升为上校，是毫不罕见的。我要从我亲身观察到的一些事例中直接引证出一个来，作为这种迁升的可能性的最好的解释。

从我的家乡出来一个青年去投了军，凭着他的苦战和真正的功绩，升到了准将的职位。但是每次升迁，都有他的兄弟随他一道提升，我姑且称他的兄弟为X，这位兄弟和他已数年不见面，而且是在远远的一个鸦片窟里平平安安地充任着厨司的职务。事情是这样的：在每次有他立功的战役后，他报告了一些臆造的勇敢事迹，说是由这位兄弟完成的，而且他的报告被信以为真。有一天，这个从来没有见过一次战争的鸦片窟的厨司，从公报上读到他的名字，并且使他惊讶的是发现他已经在清帝国军队里得到了上校的军级。

从各方面看来，兵役对于官员是很有利的。他们召募任何他们喜爱的人，而且他们经常谎报比起实在在军队里的人要多得多的名额来吃缺额。就是在李鸿章的比较诚实的官员之下，也对于额定的在役人员抽提缺额，大约额定在役人员的百分之七十，才是各部队的实力平均数。而在别的地方，书面上号称百人的，往往意味着实际只有四十到五十个人。在检阅的日期里，军官们在白天雇用足数的闲人来充当，使得军队看起来完全是正常的。但是除了伪造士兵的办法以外，进款还有另外来源，就是这些活着的士兵必须穿着制服和吃饭食，而粮食和衣服都是由军官用扣克的方法供给的，以致于政府每月给每个士兵五两银子，人约只有一两五钱或者少于一两五钱送到士兵的荷包里。这一切都是关于“勇士”们的。他们在战争时只是受雇，在战斗时刻一过就遭到遗弃，不论他们在什么地方，而且几乎常常没有路费回家，这样就使得武装强盗的补充人员在整个清帝国中随处都是。至于在和平时候的常备军，除了满人守备队外，都是受着非常恶劣的待遇，所以他们的力量只存在于公文中。这些人入伍了，按常规取得他们的供给，大约是每月三先令，就和兵役没有任何更多的关系了。那几个在城上执行职务的兵士，是完全依靠贿赂为生的。另一方面，满人军队在满人的领导下给养是好的，但是这些军队却不作战，他们只是守护城市，防止中国人“反叛”（防止革命）。他们居住在从中国人住居的城市中分划出来的角落里，他们常常无故欺压这些中国人，因此在中国人和满人士兵之间，战斗是经常发生的。又因为这些满兵不受民律审判，他们的暴行就经常受不到惩罚。自然，驻防兵和道地的中国人之间是不和气的。

在中国军职的迁升，只意味着买官职和买肥缺，这大概已经是够明白的了。但是另外一件事情，还可以帮助我们把它弄得更清楚一些。中国军队里的将军们惯于讲到要提升大量士兵，但这些士兵只存在于他们的想象中。他们弄出一大批提升的名册，上面写着一些最通用的中国人的名字，但这些人实际上都是不存在的。文书里的伍长李四或兵卒张三，继续按规定晋级。所以将军就拥有一整套，具备各种军职、各种军阶的空头任命状，以备卖给新来谋事的人，假如他们的姓氏就是李或张，并且愿意照市价付款，这笔买卖就成功了。也有愿意得钱而不愿提升的兵卒，惯于改换他们的名字和出卖他们的任命状给市民，这些平民渴望取得军阶，于是就用收买和冒充的两种方法达到他们的目的。"兵役升迁"和第四种进入官场生活的途径（单纯购买），实际上并没有多大分别。

进入官场的第三个方法"保荐贤才"是更糟的了，几乎没有单独考虑的必要，因为"保荐贤才"必须要有官员的记录，这些官员是毫无例外地贪污，靠行贿收贿为生的。所以除了他们推荐他们自己的家属和族人外，他们只能从那些用黄金打开了他们的眼睛的人当中来挑选"贤才"。

第四个作官的道路，就是纯粹的购买，这是完全受到法律认可的，并且一年比一年更普及。即使如张某[①]前驻美公使那样地位的高官，也没有通过考试，而他的第一次官简直就是买到手的。在政府财政困难和为了特殊目的而需要资金的任何时候，就推行"捐例"，来出卖给那些捐了一定数额金钱的人一个官品。常常还有人组织专门为购买官职而支付贿赂和别的费用为目的的公司，这就是县官制造有限公司（或叫打屁股公司，这是指未来的官员们用以向老百姓榨取金钱的方法说的），它的成员之一取得了任命，其余的伙伴和他分享公务上的贪污战利品。另外一些不曾加入公司的未来的官员们，可以向公司借钱去买官，数年内还清本钱和利息。

要买通一条作中国文官的职务的路，比起从考试进身花费要更大得多，在其他方面这两类候补官员获得晋升的机会实际上是相等的。当某个知县品级以及委任状一经买成了便层层升迁，随着规定一样办理，正如上文已经叙述过的一样。

---

① 张某：张荫桓。

我努力说明白这件事情：贪污行贿，任用私人，以及毫不知耻地对于权势地位的买卖，在中国并不是偶然的个人贪欲、环境或诱惑所产生的结果，而是普遍的，是在目前政权下取得或保持文武公职的唯一的可能条件。在中国要作一个公务人员，无论官阶高低如何，就意味着不可救药的贪污，并且意味着放弃实际贪污就是完全放弃公务人员的生活。

因此把新血液注入官僚阶层并不能使情况好转，因为官僚存在的条件就是不要有诚实的可能性。也不能希望从普及教育着手来改良，因为人民无知，不仅是官僚阶层公认的利益，而且官僚自己也是绝对无知的。他们之中有些人甚且不能书写和阅读。即使是经过考场考试的，也是受到了一些毫无实益的"文学和文学上的文章格式"的训练的人，也完全没有世界情况的知识。他们甚至不知道他们自己国家的需要和希望；连由受到可怜待遇的书记用这些官员自己的名义执行的法规，他们也不知道。

由于上面已经说过，关于军队及军职任命和得官的情况，似乎无须解释就会明白。在土生土长的中国人中，并不缺少身强体壮、勇敢而忠心爱国的人，只是因为无可救药的贪污制度的风行，这个制度受到他们满人统治者的保护，使得中国变成任何国家毫不费力的战利品，并且给我们何以很容易地败于日本人的手中作了解释。我在这里可以略提一下在英国海军朗司令领导下，海军的重新建立受到打击一事。他失败的唯一原因，是由于中国海军中不能容忍一个不贪污的官吏存在，因他遭到了阴谋和一连串的侮辱，实际上逼迫他不能不辞去职位。从中日战争爆发以前不久发生的一件事中，可以看到官吏贪污是怎样地影响了中国抵御外侮的准备工作。一个青年海军军官，我的密友之一，他在不久气愤辞职了，告诉我说，他不得不签署一个几吨煤灰的受货单，是作为火药来付款和订约的！我可以补充一点说，炮舰的官员们实际上享有偷关越境的专利权，在这里面他们在作一个巨大而且有利的生意；又海军南方舰队是完全并且专门用来担任运送清朝官吏和他们的眷属的，他们要到什么地方就可以到什么地方,另外一个用途就是走私。

在英国,有人以为只要能说服李鸿章等人,使他们相信铁路,电话、欧洲陆军和海军组织等的效用,启发中国人民,并设法把整套文明机器输入中国,那么中国的新生就会开始,这真是和使吃人的野兽改用银制餐具,想藉此把它们改变成素食者是同样的荒唐!

两个具体的例子比起论证也许更能使人信服。

三十年来,欧洲的新发明创造品曾经输入中国。我们在天津、福州和上海,都有兵工厂和船码头的开设,在天津和南京有军事和海军专门学校,现在电报遍于全国,天津、山海关中间有铁路,在沿海和沿江都有属于官办和商办的汽船。但是从具备这些近代的设备中,没有得到一点进步的效果或是希望。在兵工厂里没有完成过实际工作,只是曾经产生了一大批派用人员和“散工”(临时工作人员)。各部门常设的专家首长、工程师等等待遇很不好,而且在他们通晓的工作的处理上,也绝对没有发言权,只是完全由上级官员统治着。这些官员不仅是完全无知,在他们迁调离开以前连学习的时间也没有,他们的职位就被别人来代替了。这些暂时的官员们发出矛盾的命令,熟练的工头必须遵守,以致于无论任何产品的制造和设计,唯一的结果只是浪费材料而已。但这还不是常有的事,因为武器和军火的输入可以使官吏们获利更厚,他们既可赚钱,又可以得手续费。

电报起初是由清政府允许商人经营,但是后来落入清政府手中,从那个时候起,一切地方局长的任命都是通过亲属关系或“势力”,而且从来也没有制过年终结算表。和河道的情况一样,藉口整修也是生意中很有利可图的一部分。但是当某一新站成立时,因为材料是由中央当局供应的,所以几乎没有利润可图。在这里有一个使外国人惊异的奇怪现象,在供应时虽然一切规格相同,但乡村电报杆要比城镇上的电报杆短矮得多。我曾亲眼看到过一个足以解释这个短矮电杆的事例:主管人在建立电线杆以前,就把每根电杆锯下几尺,并且把材料卖给地方上的木匠。有人想是土人的迷信和保守主义造成了铁路和电报企业的最大障碍,但是其实不是这样。当电报线路初次在湖南架设起时,电线杆和电线立刻被百姓拉倒。公开的报道说:人民群众的心情上过于排外,以致不能容忍这样一种革新。私下而真正的原因完全不是这样,主管人没有给够工人的钱就是一个原因,工人群众发动了叛变,毁坏他们没有受到报酬的工作成果。排外的人是官吏而不是群众,是清朝人而不是乡下的中国人;而且就是这些官吏,英国曾保护过他们不曾落在太平天国的手中,他们掮起了反基督教的叛乱和屠杀,事后把一切责任归罪于人民。周汉,著名的排外煽动家,是一个道台,在中国受着官府的重视有如伟大的英雄一般。天津铁路局是受人民重视的,并且运输量也很大,可是它破产了。因为它在任意胡行的官吏掌握之下,行政人员也争着去拿钱贪污,其结果自然是铁路局破产。并且中国的资本家,他们懂得其中的道理是怎样的,就不轻易对任何同类的经营投资了。既然目前计划中的铁道是完全由中俄联合投资的,就不难预见,那些偿付并控制这条路线的人将是哪国的人了!

招商局原来是著名商人唐廷枢(景星)建立的,起初没有让官吏参加。本来,业务好象有希望成功似的。但正如一切民间事业一样,在露出有利可图的苗头时,那清政府就要接收管理起来了。自然,这个招商局目前是和其他清政府部门一样地腐败了。而每位船长必得要购买他们的任命状。这样就证明了,用输入物质文明的方法不能改良中国,只有用根绝官吏贪污的办法才行。这种官吏贪污,越来越坏,十年以前被认为骇人听闻的事,目前是十分平常。在最近以前还没有为出卖官职而制定一个固定的价目表的事情,现在当局的大官变得这样无耻,就是前任总督李瀚章——李鸿章的兄弟——对于两广(广西、广东)的每个官职曾定下一个正规的价格表。

全体人民正准备着要迎接一个变革。有大多数的诚实的人们,准备着而且决心要进入公共民主的生活。军队是这样的腐败,即使不是大部分受到了同情革新党的感染,政府也不可能依靠它了。只有从清朝的士兵,或者从鼠目寸光的、自私自利的外国干涉者看来,革新党才会是任何可怕的东西。我写这篇文章的一个主要目的,实在就是要向英国人民证明,让我们成功,这也是为了欧洲的利益而特别是为了英国的利益;并且也说明,例如本论坛八月号Z君文中所建议的,保护现在政府的政策是完全错误的。该文作者说,英国应当保卫中国现有的政权,使其免受本国人和外国人的打击。可惜有件事情他没有认识到,那就是只有清朝和仰赖现有制度维持生活的官吏,是敌视其他种族的。并且他又没有认识到,如果是由真正的中国人自治,他们就会和外国人和平相处,并且也将和世界人民建立起友好关系。

要适当地写出革新党的目的和观点,单单这件事就需一篇专论文章。这里只须要说,目前我们所需要的援助仅是英帝国以及其他列强善意的中立,就可使得目前的制度让位于一个不贪污的制度了。纵使贸易暂时停顿,但不久也必会大有进展。同时,中国天然富源的开发,会增加整个世界的财富。中国政府的行政和军事的改革,会使它对于外来的打击(或是从帝俄来)成为不可战胜的力量。中国如能免于分裂,那么,象由于土耳其的分裂而引起的欧洲的严重纷扰,也就可以避免了。

与宫崎寅藏的谈话

（一八九七年八月至九月间）

宫崎：君之志在革命，仆曾知之，但未悉其详。愿君将革命之宗主与附属之方法及手段，明以教我。

孙：余以人群自治为政治之极则，故于政治之精神，执共和主义。夫共和主义岂平手而可得，余以此一事而直有革命之责任者也。况羁勒于异种之下，而并不止经过君民相争之一阶级者乎。清虏执政于兹三百年矣，以愚弄汉人为治世第一义，吸汉人之膏血，锢汉人之手足，为满奴升迁调补之符。认贼作父之既久，举世皆忘其本来，经满政府多方面之摧残笼络，致民间无一毫之反动力，以酿成今日之衰败。沃野好山，任人割取，灵苗智种，任人践蹈，此所以陷于悲境而无如何也。方今世界文明日益增进，国皆自主，人尽独立，独我汉种每况愈下，滨于死亡。于斯时也，苟非凉血部之动物，安忍坐圈此三等奴隶之狱以与终古？是以小子不自量力，欲乘变乱推翻逆胡，力图自主。徒以时机未至，横遭蹉跌，以至于是。

人或云共和政体不适支那之野蛮国，此不谅情势之言耳。共和者，我国治世之神髓，先哲之遗业也。我国民之论古者，莫不倾慕三代之治，不知三代之治实能得共和之神髓而行之者也。勿谓我国民无理想之资，勿谓我国民无进取之气，即此所以慕古之意，正富有理想之证据，亦大有进步之机兆也。试观僻地荒村，举无有浴清虏之恶德，而消灭此观念者，彼等皆自治之民也。敬尊长所以判曲直，置乡兵所以御盗贼，其他一切共通之利害，皆人民自议之而自理之，是非现今所谓共和之民者耶？苟有豪杰之士起而倒清虏之政府，代敷善政，约法三章，慰其饥渴，庶爱国之志可以奋兴，进取之气可以振起也。

且夫共和政治不仅为政体之极则，而适合于支那国民之故，而又有革命上之便利者也。观支那古来之历史，凡国经一次之扰乱，地方豪杰互争雄长，亘数十年不能统一，无辜之民为之受祸者不知几许。其所以然者，皆由于举事者无共和之思想，而为之盟主者亦绝无共和宪法之发布也。故各穷逞一己之兵力，非至并吞独一之势不止。因有此倾向，即盗贼胡虏，极其兵力之所至，居然可以为全国之共主。呜呼！吾同胞之受祸，岂偶然哉！今欲求避祸之道，惟有行此迅雷不及掩耳之革命之一法；而与革命同行者，又必在使英雄各充其野心。充其野心之方法，唯作联邦共和之名之下，其夙著声望者使为一部之长，以尽其材，然后建中央政府以驾驭之，而作联邦之枢纽。方今公理大明，吾既实行此主义，必不至如前此野蛮割据之纷扰，绵延数纪，而枭雄有非分之希望，以乘机窃发，殃及无辜。此所谓共和政治有革命之便利者也。

呜呼！今举我国土之大，人民之众，而为俎上之肉，饿虎取而食之，以振其蛮力，雄视世界。自热心家用之，以提挈人道，足以号令宇内。反掌之间，相去天壤。余为世界之一平民，而人道之拥护者，犹且不可恝然于此，况身生于其国土之中，尝直接而受其苦痛者哉！余短才浅智，不足以担任大事；而当此千钧一发之秋，不得不自进为革命之先驱，而以应时势之要求。若天兴吾党，有豪杰之士慨来相援，余即让渠独步，而自服犬马之劳；不然，则唯有自奋以任大事而已。余固信为支那苍生，为亚洲黄种，为世界人道，而兴起革命军，天必助之。君等之来缔交于吾党，是其证也。朕兆发于兹矣。夫吾党所以努力奋发，以期不负同胞之望；诸君又尽力于所以援吾党之道，欲以救支那四万万之苍生，雪亚东黄种之屈辱，恢复宇内之人道而拥护之者，惟有成就我国之革命，即为得之。此事成，其余之问题即迎刃而解矣。

支那保全分割合论

（一九〇三年九月二十一日）

今天下之大事，无过于支那之问题矣。东西洋政家筹东亚之策者，其所倡皆有保全、分割之二说。

西洋之倡分割者曰：支那人口繁盛，其数居人类三分之一。其人坚忍耐劳，勤工作，善经商，守律法，听号令。今其国衰弱至此，而其人民于生存争竞之场，犹非白种之所能及；若行新法、革旧蔽，发奋为雄，势必至凌白种而臣欧洲，则铁木真、汉拿比之祸，必复见于异日也。维持文明之福，防塞黄毒之祸，宜分割支那，隶之为列强殖民之地。倡保全者曰：支那为地球上最老之文明国，与巴比伦、加利地诸古国同时比美，而诸国者已成丘墟，只留残碑遗址为学古者考据之资；惟支那裒然独存经数千年，至今犹巍乎一大帝国，其文明道德自必有胜人者矣。且其人民为地球上最和平之种族，当最强盛之时亦鲜有穷兵黩武、逞威力以服人者，其附近小邦多感文德而向化。今虽积弱不振，难以自保，然皆清廷失措有以致之，其汉民之勤忍和平亘古如斯，未尝失德也。凡望世界和平、维持人道、奖进文明者，不可不保全此老大帝国。助之变法维新，为之开门户，辟宝藏，以通商而惠工，则地球列国岂不实蒙其福也哉。

东人之倡保全者曰：支那为日本辅车唇齿之邦，同种同文之国，若割裂而入于列强，则卧榻之侧他人鼾睡，将来列强各施其保护税法之政策，如佛之于安南，米之于飞岛①，必将今日自由争竞之极大

① 飞岛：飞猎宾（Philippines），今译非律宾、菲律宾。

商场尽行圈锁。日本位于亚东，环海而国，仿如英国之于欧西，已有地狭人稠之患，他日赖以立国者亦必如英国以工业商务为根本，设使支那分割，岂啻唇亡齿寒，是直锄吾根本、伤吾命脉，支那一裂，日本其必继之。为日本计，是宜保全支那，而保全支那即自保也。若他国有怀并吞之心、肆分割之志者，吾日本当出全力以抗之。倡分割者曰：清国政治颓败，官吏贪污，上下相蒙，人不爱国。故有数百万里之土地，四万万之人民，开禁通商数十年于兹，得接欧米文明先于日本，然犹不能取法自强，而独顽锢因循，虚张自大，至今一败再败，形见势绌。其国运如失柁之舟，其执政若丧家之狗，而其满朝举动则倒行逆施，弃地贿俄，投虎自甘。我虽欲保全之，而分割势成，祸由自取，虽有贤达莫如之何者也。今列强已尽划其国土为势力圈，分割之局已定，保全之机已去。为日本计，莫若因时顺势与俄结盟，让之东并满、蒙，西据伊、藏，我得北收朝鲜、南领闽浙，以扩我版图，张我国势，则大陆分割我犹获得一隅，病夫遗产我亦均沾一分。若暗于时机，昧夫形势，徒托保全之名，适见其迂远而无当也。

西洋政家之言，其得失是非，姑置勿辩，今请将东洋政家之说推而论之。二说各有所见：言保全者若衷于事理，言分割者似顺于时势。然以鄙意衡之，两无适可。今欲穷源竟委，推求其所以然，则不能不分别国势、民情两原因而详考之。就国势而论，无可保全之理也；就民情而论，无可分割之理也。何以言之？支那国制，自秦政灭六国，废封建而为郡县，焚书坑儒，务愚黔首，以行专制。历代因之，视国家为一人之产业，制度立法，多在防范人民，以保全此私产；而民生庶务，与一姓之存亡无关者，政府置而不问，人民亦从无监督政府之措施者。故国自为国，民自为民，国政庶事，俨分两途，大有风马牛不相及之别。政府与人民之交涉，只有收纳赋税之一事，如地主之于佃人，惟其租税无欠则两不过问矣。至满胡以异种入主中原，则政府与人民之隔膜尤甚。当入寇之初，屠戮动以全城，搜杀常称旬日，汉族蒙祸之大，自古未有若斯之酷也。山泽遗民，仍有余恨；复仇之念，至今未灰。而虏朝常图自保以安反侧，防民之法加密，汉满之界尤严。其施政之策，务以灭绝汉种爱国之心，涣散汉种合群之志，事事以刀锯绳忠义，以利禄诱奸邪。凡今汉人之所谓士大夫甘为虏朝之臣妾者，大都入此利禄之牢中，蹈于奸邪而不自觉者也。间有聪明才智之士，其识未尝不足以窥之，而犹死心于虏朝者，则其人必忘本性、昧天良者也。今之枢府重臣、封疆大吏殆其流亚，而支那爱国之士、忠义之民则多以汉奸目之者也。策保全支那者，若欲借此种忘本性、昧天良之汉奸而图之，是缘木求鱼也。而何以知其然哉？试观今日汉人之为封疆大吏如已死之刘、李[①]者，非所谓通达治体、力图自强者乎？然湖广总督治内土地十四万余哩，人民五千五百万有奇，两江总督治内土地十五万七千余哩，人民六千五百万有奇，两总督于治内有无限之权，税可自征，兵可自练，已俨然一专制之君主矣。且其土地人民已有为列强中多所不及者，而日本则以十四万哩之土地，四千三百万之人民，称雄于亚东矣。若以李、刘图强之心，凭江湖有为之具，固未尝不可以发奋为雄，齐驱列国；乃救亡防乱之不给，功业相反者抑又何也？以民心之不附，治效之无期也。刘、李固汉人大吏中之铮铮者，已如是矣；若今之以待就木者、乳臭未臟者，则更无足齿也。而谓汉人大吏中有可为保全之资者，其足信哉！

至于满人则更无望矣，非彼之不欲自全也，以其势有所必不能也。凡国之所以能存者，必朝野一心，上下一德，方可图治。而满人则曰："变法维新，汉人之利，满人之害。"又曰："宁赠之强邻，不愿失之家贼。"是犹曰支那土地宁奉之他人，不甘返于汉族也。满人忌汉人之深如此矣，又何能期之同心协力，以共济此时艰哉！况夫清廷屡下变法维新之诏矣，然审其言行，有符合者否？无有也。不察者徒见其小有举动，如遣数十学生而来游学，聘十余武员以为教习，便相庆以为清国之转机在此、变法在此。而殊不知二三十年以来，其遣学生、聘武员者不屡行之乎，其成效顾安在哉！而今又有此举者，

① 刘、李：刘坤一、李鸿章。

不过甫受再创之余，徒摭拾以为粉饰，是犹病瘫痪之人震之以电气，稍致其手足之辗动耳，断不能从此复原也。策亚东时局者，慎毋以此而惑其观世之智，而以虏朝尚有转圜之望也。况北京破后，和议告成，满洲一地已非韃靼之游牧场矣。虽日本出而抗争，露人佯为一时之迁就，然密约旋废旋立，将有抗不胜抗之时也。不观乎昔年东清铁道之密约乎？初传之日，天下莫不骇异，欲兴抗议者奚只一国。无何，露人旋变其手腕，而收旅顺、据大连，而列国则以为固然，无复有异议者矣。今之要求，何异于昔之密约？不独此也，将来露之收蒙古、举新疆，天下亦若视为固然矣。甘于弃地，日就削亡者，清国之趋势也。所谓以国势而论，无可保全之理者此也。

然则就支那民情而论，有无可分割之理者，此又何说？夫汉人失国二百六十年于兹矣，图恢复之举不止一次，最彰彰在人耳目者莫如洪秀全之事。洪以一介书生，贫无立锥，毫无势位，然一以除虏朝、复汉国提倡汉人，则登高一呼，万谷皆应，云集雾涌，裹粮竞从。一年之内，连举数省，破武昌，取金陵，雄据十余年。后以英人助满，为之供给军器，为之教领士卒，遂为所败。不然，则当时虏之为虏，未可知也。支那人民，自外人观之，似甚涣散之群，似无爱国之性，因其临阵则未战先逃，办事则互相推避，以为无可振作也；不知其处于虏朝之下则然耳。吾有一言断之曰：若非利禄之所使，势力之所迫，汉人断无有为虏朝出死力者。非止此也，特达之士多有以清廷兵败而喜者。往年日清之战，曾亲见有海陬父老，闻旅顺已失、奉天不保，雀跃欢呼者。问以其故，则曰："我汉人遭虏朝涂毒二百余年，无由一雪，今得日本为我大张挞伐，犁其庭扫其穴，老夫死得瞑目矣。"夫支那人爱国之心，忠义之气，固别有所在也，此父老之事即然矣，此岂外人之所能窥者哉！满朝以杀戮威汉人，至今此风不少息。各省定制，衙门之外又有所谓营务处者，可以不照刑律而杀人。又有所谓清积案之官，可以任意枉杀。屠戮之惨，波及妇孺；洗剿之广，常连数村。汉人含恨已深，敢怒不敢言，郁勃之气积久待伸。今正幸其削弱，恶迹昭彰，邻国离心，天下共弃。爱国之士，忠义之民，方当誓心天地，鼓武国人，磨励待时，以图恢复。则汉人者，失国二百余年，犹不忘恢复之心，思脱异种之厄；况今天下交通，文明渐启，光气大开，各国人民唱自由之义、讲民权之风以日而盛，而谓支那人独无观感奋发思图独立者乎！既如是矣，而谓其肯甘受列强之分割，再负他族之新轭而不出死力以抗者，恐无是理也！

且支那国土统一已数千年矣，中间虽有离析分崩之变，然为时不久复合为一。近世五六百年，十八省土地几如金瓯之固，从无分裂之虞。以其幅员之广，人口之多，只闽粤两省言语与中原有别，其余各地虽乡音稍异，大致相若，而文字俗尚则举国同风。往昔无外人交涉之时，则各省人民犹有畛域之见；今则此风渐灭，同情关切之感，国人兄弟之亲，以日加深。是支那民族有统一之形，无分割之势。若以一国逞盖世威武，托吊民罚罪之名，入而废易其朝主，厚抚其人民，并吞而独有之，以宪法而统治之，或有可行之理也；虽然，得失其能偿乎，于人道文明为有功乎，未敢言也。若要合列国分割此风俗齐一、性质相同之种族，是无异毁破人之家室，离散人之母子，不独有伤天和，实大拂乎支那人之性；吾知支那人虽柔弱不武，亦必以死抗之矣。何也？支那人民，为虏朝用命虽亦有之，然自卫其乡族，自保其身家，则必有出万死而不辞者矣。观于义和团民，以惑于莫须有之分割，致激成排外之心而出狂妄之举，已有视死如归以求倖中者矣。然彼等特愚蒙之质，不知铳炮之利用，而只持白刃以交锋。设使肯弃粗呆之器械，而易以精锐之快枪，则联军之功恐未能就效如是之速也。然义和团尚仅直隶一隅之民也，若其举国一心，则又岂义和团之可比哉！自保身家之谋，则支那人同仇敌忾之气，当有不让于杜国[①]人民也；然四万万之众，又非二十万人之可比也。分割之日，非将支那人屠戮过半，则恐列强无安枕之时矣。此势所必至、理有固然也，杜国、飞岛，可为殷鉴。所谓以民情而论，无可分割之理非以此哉！

---

① 杜国：杜兰斯哇（Transvaal），今译德兰士瓦，在南部非洲。

或曰:诚如卓论,以支那之现势而观,保全既无其道,分割又实难行,然则欲筹东亚治安之策以何而可? 曰:惟有听之支那国民,因其势顺其情而自立之,再造一新支那而已。其策维何? 则姑且秘之,吾党不尚空谈,以俟异时之见诸实事,子其少安待之!

与友人函

（一九〇三年十二月十七日）

□□先生足下：

九月初六日来书已照收到，读悉各节。

所询社会主义，乃弟所极思不能须臾忘者。弟所主张在于平均地权，此为吾国今日可以切实施行之事。近来欧美已有试行之者，然彼国势已为积重难返，其地主之权直与国家相埒，未易一蹴改革。若吾国，既未以机器施于地，作生财之力尚恃人功，而不尽操于业主之手，故贫富之悬隔，不似欧美之富者富可敌国，贫者贫无立锥，则我之措施当较彼为易也。夫欧美演此悬绝之惨境，他日必有大冲突，以图实剂于平。盖天下万事万物无不为平均而设，如教育所以平均知识，宫室衣服所以平均身体之热度，推之万事，莫不皆然。则欧美今日之不平均，他时必有大冲突，以趋剂于平均，可断言也。然则今日吾国言改革，何故不为贫富不均计，而留此一重罪业，以待他日更衍惨境乎？此固仁者所不忍出也。故弟欲于革命时一齐做起，吾誓词中已列此为四大事之一。今将誓词录鉴，以见一斑。

词曰："联盟革命人〇〇〇，当天发誓，同心协力，驱除建虏，恢复中华，创立国民，平均地权①。矢信矢忠，如有异心，任众罪罚。"

行誓之仪，发誓者举右手，向天当众宣读誓词；施誓之人，面发誓者立，亦举右手为仪。若发誓者不识字，则施誓者宣读誓词，而发誓者随之读。公等既为同志，自可不拘形式。但其余有志者，愿协

---

① "驱除建虏"，孙中山本作"驱除鞑虏"；"创立国民"，本作"创立民国"。

力相助,即请以此形式收为吾党。

弟今在檀香山,已将向时“党”字改为“军”字。今后同志当自称为军,所以记□□[①]之功也。今岁来檀时携有一书,此书感动皆捷,其功效真不可胜量。近者求索纷纷,而行箧已罄。欢迎如此,旅檀之人心可知。即昔日无国家种界观念者,亦因之而激动历史上民族之感慨矣。

顷保皇党出大阻力,以揾弟之行事。彼所用之术,不言保皇,乃言欲革命,名实乖舛,可为僇笑。惟彼辈头领,多施诈术以愚人,谓保皇不过借名,实亦革命,故深中康毒者多盲从之。弟今与彼辈在此作战,所持以为战具者,即用康之政见书以证其名实之离。康尚有坦白处,梁甚狡诈,彼见风潮已动,亦满口革命,故金山之保皇党俨然革命党,且以此竞称于人前。吁!真奇幻而莫测其端倪矣。弟以今日之计,必先破其戾谬,方有下手。梁闻弟在檀,即不敢过此,而于暗中授意此地之《新中国报》及金山《文兴日报》,以肆排击。但人一见,皆能明其隐慝,知其为妒弟而发。故弟于檀香山,四岛已肃清二岛,其余二岛不日亦当收服。书此,即候

大安

弟中山谨启　西历十二月十七日

---

① □□:指邹容。

敬告同乡书

（一九〇三年十二月）

同乡列公足下：

向者公等以为革命、保皇二事，名异而实同，谓保皇者不过藉名以行革命，此实误也。

天下事，名不正则言不顺，言不顺则事不成。夫常人置产立业，其约章契券犹不能假他人之名，况以康梁之智而谋军国大事、民族前途，岂有故为名实不符而犯先圣之遗训者乎？其创立保皇会者，所以报知己也。夫康梁，一以进士，一以举人，而蒙清帝载湉特达之知、非常之宠，千古君臣知遇之隆未有若此者也。百日维新，言听计从，事虽不成，而康梁从此大名已震动天下。此谁为之？孰令致之？非光绪之恩，曷克臻此！今二子之逋逃外国而倡保皇会也，其感恩图报之未遑，岂尚有他哉！若果有如公等所信，彼名保皇，实则革命，则康梁者尚得齿于人类乎？直禽兽不若也！故保皇无毫厘之假借，可无疑义矣。如其不信，则请读康有为所著之《最近政见书》。此书乃康有为劝南北美洲华商不可行革命，不可谈革命，不可思革命，只可死心踏地以图保皇立宪，而延长满洲人之国命，续长我汉人之身契。公等何不一察实情，而竟以己之心度人之心，以己之欲推人之欲，而诬妄康梁一至于是耶？

或曰：言借名保皇而行革命者，实明明出诸于梁启超之口，是何谓诬？曰然，然而不然也。梁之言果真诚无伪耶？而何以梁之门人之有革命思想者，皆视梁为公敌、为汉仇耶？梁为保皇会中之运动领袖，阅历颇深，世情寖熟，目击近日人心之趋向，风潮之急激，毅力不足,不觉为革命之气所动荡,偶尔失其初心,背其宗旨。其在《新民丛报》之忽言革命,忽言破坏,忽言爱同种之过于恩人光绪,忽言爱真理之过于其师康有为者,是犹乎病人之偶发呓语耳,非真有反清归汉、去暗投明之实心也。何以知其然哉?夫康梁同一鼻孔出气者也,康既刻心写腹以表白其保皇之非伪,而梁未与之决绝,未与之分离,则所言革命焉得有真乎?夫革命与保皇,理不相容,势不两立。今梁以一人而持二说,首鼠两端,其所言革命属真,则保皇之说必伪;而其所言保皇属真,则革命之说亦伪矣。

又如本埠保皇报之副主笔陈某[①]者,康趋亦趋,康步亦步,既当保皇报主笔,而又口谈革命,身入洪门,其混乱是非、颠倒黑白如此,无怪公等向以之为耳目者,混革命、保皇而为一也。此不可不辨也。今幸有一据可以证明彼虽口谈革命,身入洪门,而实为保皇之中坚,汉族之奸细。彼口谈革命者,欲笼络革命志士也;彼身入洪门者,欲利用洪门之人也。自弟有革命演说之后,彼之诈伪已无地可藏,图穷而匕首见矣。若彼果真有革命之心,必声应气求,两心相印,何致有攻击不留余地?始则于报上肆情诬谤,竭力訾毁,竟敢不顾报律,伤及名誉,若讼之公堂,彼必难逃国法。继则大露其满奴之本来面目,演说保皇立宪之旨,大张满人之毒焰,而痛骂汉人之无资格,不当享有民权。夫满洲以东北一游牧之野番贱种,亦可享有皇帝之权,吾汉人以四千年文明之种族,则民权尚不能享,此又何说?其尊外族、抑同种之心,有如此其甚者,可见彼辈所言保皇为真保皇,所言革命为假革命,已彰明较著矣!

由此观之,革命、保皇二事决分两途,如黑白之不能混淆,如东西之不能易位。革命者志在扑满而兴汉,保皇者志在扶满而臣清,事理相反,背道而驰,互相冲突,互相水火,非一日矣。如弟与任公私交虽密,一谈政事,则俨然敌国。然士各有志,不能相强。总之,划清界限,不使混淆,吾人革命,不说保皇,彼辈保皇,何必偏称革

① 保皇报之副主笔陈某:《新中国报》副主笔陈仪侃。

命？诚能如康有为之率直，明来反对，虽失身于异族，不愧为男子也。

古今来忘本性、昧天良、去同族而事异种、舍忠义而为汉奸者，不可胜计，非独康梁已也。满汉之间，忠奸之判，公等天良未昧，取舍从违，必能审定。如果以客帝为可保，甘为万劫不复之奴隶，则亦已矣。如冰山之难恃，满汉之不容，二百六十年亡国之可耻，四万万汉族之可兴，则宜大倡革命，毋惑保皇，庶汉族其有豸乎！

书不尽意，余详演说笔记中，容出版当另行呈政。此致，即候

大安不既

弟孙逸仙顿

驳保皇报书

(一九〇四年一月)

阳历十二月廿九日,檀埠保皇报刊有《敬告保皇会同志书》,此书出于该报主笔陈仪侃之手,而托他人之名,欲间接而驳仆日前之书也。书中所载,语无伦次,义相矛盾,可知作者于论理学(Logic)一无所知,于政治学(Political Science)更懵然罔觉。所言事实,多有不符;所引西事,牵强附会。本不欲推求详辨,然其似是而非之理最易惑人,故逐条驳之,以塞毒焰而辟谬论。

彼开口便曰"爱国",试问其所爱之国为大清国乎,抑中华国乎?若所爱之国为大清国,则不当有"今则驱除异族谓之光复"之一语自其口出。若彼所爱之国为中华国,则不当以保皇为爱国之政策。盖保异种而奴中华,非爱国也,实害国也。

彼又曰:"中国之瓜分在于旦夕,外人窥伺,乘间即发。各国指认之地,照会政府不得让与别人"云云。曾亦知瓜分之原因乎?政府无振作也,人民不奋发也。政府若有振作,则强横如俄罗斯,残暴如土耳其,外人不敢侧目也。人民能发奋,则微小如巴拿马,激烈如苏威亚,列强向之承认也。盖今日国际,惟有势力强权,不讲道德仁义也。满清政府今日已矣,要害之区尽失,发祥之地已亡,浸而日削百里,月失数城,终归于尽而已。尚有一线生机之可望者,惟人民之发奋耳。若人心日醒,发奋为雄,大举革命,一起而倒此残腐将死之满清政府,则列国方欲敬我之不暇,尚何有窥伺瓜分之事哉?既识引管子之"作内政以寄军令",何以偏阻汉人行革命而复祖邦?今日之作内政,从何下手?必先驱除客帝复我政权,始能免其今日签一约割山东、明日押一款卖两广也。彼满清政府不特签押约款以割我卖我也，且为外人平靖地方，然后送之也。广东之新安县、广州湾已然之事也，倘无满清之政府为之助桀为虐，吾民犹得便宜行事，可以拚一死殉吾之桑梓。彼外国知吾民之不易与，不能垂手而得吾尺寸之地，则彼虽贪欲无厌，犹有戒心也。今有满清政府为之鹰犬，则彼外国者欲取我土地，有予取予携之便矣。故欲免瓜分，非先倒满洲政府，别无挽救之法也。乃彼书生之见，畏葸存心，不识时势，不达事体，动辄恐逢人之怒。不知我愈畏缩，则彼愈窥伺；我能发奋，则彼反敬畏。岂有逢人之怒之理哉？如其不信，吾请陈仪侃日日向外人叩头，日日向外人乞怜，试能止外人之不照会清朝以索地否？清国帝后今日日媚外人矣，日日宴会公使及其夫人矣；媚外人之中又与俄国为最亲匿矣，然而据其发祥之地者则俄也。不逢人之怒，莫过于今日之清帝后，以仪侃之见解，则必能免于瓜分矣，信乎？否乎？

既知中华亡国二百六十年矣，不图恢复，犹竭力以阻人之言恢复、言革命，是诚何心哉？彼固甘心以殉清朝之节，清亡与亡，清奴与奴，洵大清之忠臣义士矣，其如汉族何？而犹嚣嚣然执“毋宁”二字以骂人为白奴，是真强辞夺理矣！

彼曰：“革命之说，原本大《易》。”又曰：“中国固始终不能免于革命。”其言是矣，乃何以又曰“中国今民智为萌芽时代”？夫大《易》者，中国最古之书。孔子系辞，称汤武革命，顺乎天也。岂由汤武至于今，经二十余朝之革命，而犹得谓之萌芽时代耶？

其所引法国三大革命曰：“经卢骚、达尔文、福禄特尔诸大哲提倡建设。”而不知达尔文乃英人，当法国第一次革命之时，彼尚未出世；当第二次革命之时，彼尚未成学；当第三次革命之时，彼尚未闻名于世。其第一次之著作名曰《生物本源》，出版在一千八百五十九年。当时英国博物家尚多非其说之不经，迨十余年后始见重于英之学者，又十余年后始见称于世人。今该主笔特大书曰：“达尔文有与提倡法国三次革命之功。”彼所指之达尔文，或是达尔文之前身乎？想该主笔必精通三世书矣，否则何以知之耶？又云：“法国死于革命者一千二百万人。"该主笔常讥吾人之革命不起于京师,想亦熟闻法国之三大革命皆发于巴黎矣。而巴黎之外,无死于革命者。试问巴黎当时人口几何,作者知之乎?且巴黎虽经三次之革命,而未遇扬州十日之事,无广州洗城之惨。就使巴黎全城之民皆死于革命,三次计之,亦不足此数。毋乃该主笔以一人转轮数十次计之乎?若此,则非吾所敢知。

彼既曰:"革命之结果,为民主政体也。"胡又曰:"有建设者谓之有意识之破坏,无建设者谓之无意识之破坏,彼等是否建设,吾不敢知"云云。夫革命者,破坏也;民主政体者,建设也。既明明于革命之先,定为民主政体矣,非意识为何?曰"政"曰"体",非建设为何?该主笔以一手之笔,一时之言,其矛盾有如是,斯亦奇矣!

彼又尝谓中国人无自由民权之性质,仆曾力斥其谬,引中国乡族之自治,如自行断讼、自行保卫、自行教育、自行修理道路等事,虽不及今日西政之美,然可证中国人禀有民权之性质也。又中国人民向来不受政府之干涉,来往自如,出入不问;婚姻生死,不报于官;户口门牌,鲜注于册;甚至两邻械斗,为所欲为:此本于自由之性质也。彼则反唇相稽曰:"此种野蛮之自由,非文明之自由也。"此又何待彼言?仆既云性质矣,夫天生自然谓之"性",纯朴不文谓之"质";有野蛮之自由,则便有自由之性质也,何得谓无?夫性质与事体异,发现于外谓之"事体",禀赋于中谓之"性质";中国民权自由之事体,未及西国之有条不紊,界限秩然,然何得谓之无自由民权之性质乎?惟中国今日富于此野蛮之自由,则他日容易变为文明之自由。倘无此性质,何由而变?是犹琢玉,必其石具有玉质,乃能琢之成玉器,若无其质,虽琢无成也。

彼又曰:"中国人富于服从权势之性质,而非富于服从法律之性质。"试问无权势可以行法律乎?今如檀岛,若政府无权势以拘禁处罚于犯法之人,其法律尚成为法律乎?夫法律者,治之体也,权势者,治之用也,体用相因,不相判也。今该主笔强别服从法律与服从权势而为二事,是可知彼于政治之学毫无所知也!

彼又曰:“立宪者,过渡之时代也;共和者,最后之结果也。”此又可见彼不知立宪为何物,而牵强附会也。夫立宪者,西语曰Constitution,乃一定不易之常经,非革命不能改也。过渡者,西语曰Transition,乃变更之谓也。此二名辞皆从西文译出,中国无此成语也。该主笔强不知以为知,而妄曰 Constitution 乃 Transition 时代,一何可笑也。推彼之意,必当先经立宪君主,而后可成立宪民主,乃合进化之次序也。而不知天下之事,其为破天荒者则然耳,若世间已有其事,且行之已收大效者,则我可以取法而为后来居上也。试观中国向未有火车,近日始兴建,皆取最新之式者。若照彼之意,则中国今日为火车萌芽之时代,当用英美数十年前之旧物,然后渐渐更换新物,至最终之结果乃可用今日之新式火车,方合进化之次序也。世上有如是之理乎?人间有如是之愚乎?今彼以君主立宪为过渡之时代,以民主立宪为最终之结果,是要行二次之破坏,而始得至于民主之域也。以其行二次,何如行一次之为便耶?夫破坏者,非得已之事也,一次已嫌其多矣,又何必故意以行二次?夫今日专制之时代也,必先破坏此专制,乃得行君主或民主之立宪也。既有力以破坏之,则君主民主随我所择。如过渡焉,以其滞乎中流,何不一棹而登彼岸,为一劳永逸之计也。使该主笔若不知民主为最终之结果,其倡君主立宪犹可说也;乃彼既知为美政,而又认为最终之结果,胡为如此矫强支离,多端辨难也?得毋以此事虽善,诚为救中国之良剂,但其始不倡于吾师,其终亦不成于吾手,天下上等之事必不让他人为之,故必竭力阻止,以致不成而后已,是重私心而忘公义也。

彼又曰:“会外人何以图羊城、谋惠州,而利用洪门之势力?”不知革命与洪门,志同道合,声应气求,合力举义,责有应尽,非同利用,如彼等欲暗改洪门之宗旨,而令洪门之人以助其保救大清皇帝也。

又仆前书指以满洲之野番,尚能享皇帝之权,而彼则曰“岂不见各国宪法”云云。仆所指乃当今清国专制之皇权,而彼引各国宪法以答,真强为比例,拟于不伦矣!

彼又曰:"所谓保皇者,自我保之,主权在我,非彼保我也,不得为满奴"云云。此真梦梦也。今光绪皇帝俨然在北京,日日诏见臣工,日日宴会公使,有时游颐和园,有时看西洋戏,何尝受彼之保?其言之离事实,何相远之甚也!

彼又曰:"今则驱除异族,谓之光复旧物,不得谓之革命。"此拾人之唾余,知其一不知其二者也。其书中最得力者,为托某氏之言曰:"弟前十年故为彼会中人,今已改入保皇会矣"云云。其是否属实,姑毋容辨,但据其所述誓词,则知彼非门外汉,亦升堂而索入于室也。不然岂有下乔木而入幽谷者哉?不观其他之入保皇会者乎,多以保皇为借名而误入者也。

该主笔又从而引申其说曰:"蒙古与满洲且不辨"云云。仆等虽目不识丁,而地舆之学,敢信尚不至此。惟见彼有"蒙满东三省诸地在俄人势力范围"云云,蒙者蒙古也,满者满洲也,岂于蒙满之外更有一东三省乎?该主笔自称深通于五洲大势,何以于彼大清国之形势,尚有此言也?可知其平日荒唐谬妄,强不知以为知,夜郎自大,目上无人,真不值识者一哂。

仆非文士,本不欲与八股书生争一日之长,兴笔墨之战;但以彼无根之学,以讹传讹,惑世诬民,遗害非浅,故不得已而驳斥之。倘彼具有天良,当知惭愧,早自悔悟,毋再现其丑也。又其人存心刻忍,观其所论《苏报》之案,落井下石,大有幸灾乐祸之心,毫无拯溺扶危之念,与保皇会友日前打电求救之意亦大相反背。其手段之酷,心地之毒,门户之见,胸度之狭,于此可见一斑。今特揭而出之,以质诸世之公论者。

中国问题的真解决

——向美国人民的呼吁

（一九〇四年八月三十一日）

全世界的注意力现在都集中在远东，这不仅是由于俄国与日本间正在进行着的战争，而且也由于这样的事实，即：中国终究要成为那些争夺亚洲霸权的国家之间的主要斗争场所。欧洲人在非洲的属地——迄今为止，这一直是欧洲列强之间斗争的焦点——现在大体上已经划定了，因而必须寻找一块新的地方，以供增大领土和扩展殖民地；长期以来被认为是“东亚病夫”的中国，自然而然地就成了这样一块用以满足欧洲野心的地方。美国在国际政治中虽然有其传统的孤立政策，但它在这方面绝不会漠不关心，虽则在方式上与其他各国多少有些不同。首先，菲律宾群岛转到美国的控制之下，就使美国成了中国最近的邻邦之一，因之它不可能对中国的情况闭目不理；其次，中国是美国货物的一个巨大市场，如果美国要把它的商业与工业活动扩展到世界其他各地，中国就是它必须注目的第一个国家。由此看来，所谓“远东问题”，对这个国家是具有特殊的重要性的。

这个问题是重要的，同时又不易解决，因为其中牵涉到许多互相冲突的利害关系。已经有很多人认为，此次俄日战争的最后结局，可能使这个问题得到解决。但是，从中国的立场看来，这次战争所引起的纠纷，要多于其所解决的纠纷；假如这次战争果真能解决任何问题的话，充其量它只能决定俄日两国之间的霸权问题。至于英、法、德、美等国的利益怎么样呢？对这些问题，这次战争是绝对无法解决的。

为了使整个问题得到满意的解决,我们必须找出所有这些纠纷的根源。即使对亚洲事务了解得最为肤浅的人,也会深信:这个根源乃在于满清政府的衰弱与腐败,它正是由于自身的衰弱,而有扰乱世界现存政治均衡局面之势。这种说法好像是说笑话,但不是没有根据的,我们只须指出这次俄日战争就可以作为一个例证。如果不是由于满清政府完全无力保持其在满洲的势力与主权,那么这次战争是可以避免的。然而,这次战争只不过是在中国问题上利害有关各国间势将发生的一系列冲突的开端而已。

我们说满清政府,而不说中国政府,这是有意识地这样说的。中国人现在并没有自己的政府,如果以"中国政府"一名来指中国现在的政府,那么这种称法是错误的。这也许会使那些对中国事务不熟悉的人感到惊异,但这乃是一个事实,是一个历史事实。为了使你们相信这一点,让我们向你们简单地叙述一下满清王朝建立的经过吧。

满洲人在与中国人发生接触以前,本是在黑龙江地区旷野中飘泊无定的游牧部落。他们时常沿着边界侵犯并抢劫和平的中国居民。明朝末叶,中国发生大内战,满洲人利用那个千载难逢的机会,用蛮族入侵罗马帝国的同一种方式突然袭来,占领了北京。这是一六四四年的事。中国人不甘心受外族的奴役,便向侵略者进行了最顽强的反抗。满洲久为要强迫中国人屈服,残酷地屠杀了数百万人民,其中有战斗人员与非战斗人员、青年与老人、妇女与儿童,焚烧了他们的住所,劫掠了他们的家室,并迫使他们采用满洲人的服饰。据估计,有数万人因不服从留发辫的命令而被杀戮。几经大规模流血与惨遭虐杀之后,中国人才终于屈服在满清的统治之下。

满洲人所采取的另一个措施,就是把所有涉及他们的对华关系与侵华事实的书籍文献加以焚烧销毁,藉以尽其可能地使被征服了的人民愚昧无知。他们又禁止人民结社集会以讨论公共事务。其目的乃是要扑灭中国人的爱国精神,从而使中国人经过一定时间之后,不再知道自己是处在异族的统治之下。现在,满洲人为数不过五百万,而中国人口则不下四万万,因此,他们经常害怕中国人有一天会奋起并恢复其祖国。为了防范这一点,已经采取了而且还正在采取着许多戒备手段。这一直是满洲人对中国人的政策。

西方人中有一种普遍的误会,以为中国人本性上是闭关自守的民族,不愿意与外界的人有所往来,只是在武力压迫之下,才在沿海开放了几个对外贸易的口岸。这种误会的主要原因,是由于对中国历史缺乏了解。历史可以提供充分的证据,证明从远古直到清朝的建立,中国人一直与邻国保有密切的关系,对于外国商人与教士从没有丝毫恶意歧视。西安府的景教碑提供我们一个绝妙的记录,说明早在公元第七世纪外国传教士在当地人民间所进行的传播福音的工作。再者,佛教乃是汉朝皇帝传入中国的,人民以很大的热情欢迎这个新宗教,此后它便日渐繁盛,现在已成为中国三大主要宗教中的一种。不仅教士,而且商人也被许可在帝国内部自由地纵横游历。甚至晚至明朝时,中国人中还没有丝毫排外精神的迹象,当时的大学士徐光启,其本人皈依了天主教,而他的密友、即在北京传教的耶稣会教士利玛窦,曾深得人民的尊敬。

随着满清王朝的建立,政策便逐渐改变:全国禁止对外贸易;驱除传教士;屠杀本国教民;不许中国人向国外移民,违者即予处死。这是什么缘故呢?这只是因为满洲人立意要由其管辖范围内将外国人排斥出去,并唆使中国人憎恨外国人,以免中国人因与外国人接触而受其启迪并唤醒自己的民族意识。满洲人所扶育起来的排外精神,终于在一九〇〇年的义和团骚动中达到最高峰。现在大家都知道了,义和团运动的首领不是别人,而正是皇室中的分子。由此就可以看出,中国的闭关自守政策,乃是满洲人自私自利的结果,并不能代表大多数中国人民的意志。在中国游历的外国人常可以看到这样的事实,即:凡受官方影响愈小的人民,比之那些受影响较大的人民,总是对外国人愈为友善。

自义和团战争以来,许多人为满清政府偶而发布的改革诏旨所迷惑,便相信那个政府已开始看到时代的征兆,其本身已开始改革以使国家进步。他们不知道,那些诏旨只不过是专门用以缓和民众骚动情绪的具文而已。由满洲人来将国家加以改革,那是绝对不可能的,因为改革意味着给他们以损害。实行改革,那他们就会被中国人民所吞没,就会丧失他们现在所享受的各种特权。若把官僚们的愚昧与腐化予以揭露出来,就会看到政府更为黑暗的一面。这些僵化了的、腐朽了的、毫无用处的官僚们,只知道怎样向满洲人谄媚行贿,藉以保全其地位去进行敲榨搜刮。下面就是一个非常显著的例证:中国驻华盛顿公使最近发布了一个布告,禁止住在这个国家之内的中国人与反满会党有任何往来,违者即将其在中国本土的家人及远族加以逮捕并处以格杀之重刑。像中国公使梁诚先生这样一个有教养的人所做的这种野蛮行为,除了可能认定他是想讨好政府以便保全其公使地位外,不能够有其他的解释。想由这样的政府及其官吏厉行改革,会有什么希望呢?

在满清二百六十年的统治之下,我们遭受到无数的虐待,举其主要者如下:

(一)满洲人的行政措施,都是为了他们的私利,并不是为了被统治者的利益。

(二)他们阻碍我们在智力方面和物质方面的发展。

(三)他们把我们作为被征服了的种族来对待,不给我们平等的权利与特权。

(四)他们侵犯我们不可让与的生存权、自由权和财产权。

(五)他们自己从事于、或纵容官场中的贪污与行贿。

(六)他们压制言论自由。

(七)他们禁止结社自由。

(八)他们不经我们的同意而向我们征收沉重的苛捐杂税。

(九)在审讯被指控为犯罪之人时,他们使用最野蛮的酷刑拷打,逼取口供。

(十)他们不依照适当的法律程序而剥夺我们的各种权利。

(十一)他们不能依责保护其管辖范围内所有居民的生命与

财产。

虽然有这样多的痛苦,但我们曾用了一切方法以求与他们和好相安,结果却是徒劳无效。在这种情况之下,我们中国人民为了解除自己的痛苦,为了普遍地奠定远东与世界和平,业已下定决心,采取适当的手段以求达到那些目标,“可用和平手段即用和平手段,必须用强力时即以强力临之”。

全国革命的时机,现已成熟。我们可以看到,一九〇〇年有惠州起义,一九〇二年在广州曾图谋举义,而广西的运动现在犹以日益增大的威力与勇气在进行着。中国的报纸与近来出版的书刊中也都充满着民主思想。再者,还有致公堂(中国的反满会党)的存在,这个国家内一般都称之为中国共济会,其宗旨乃是“反清(满洲)复明(中国)”。这个政治团体已存在了二百多年,有数千万会员散布在整个华南;侨居这个国家之内的中国人中,约有百分之八十都属于这个会党。所有抱着革命思想的中国人,约略可分为三类:第一类人数最多,包括那些因官吏的勒索敲榨而无力谋生的人;第二类为愤于种族偏见而反对满清的人;第三类则为具有崇高思想与高超见识的人。这三种人殊途同归,终将以日益增大的威力与速度,达到预期的结果。由此显然可以看到,满清政府的垮台只是一个时间问题而已。

有人时常提出这样一种在表面上似乎有道理的论调,他们说:中国拥有众多的人口与丰厚的资源,如果它觉醒起来并采用西方方式与思想,就会是对全世界的一个威胁;如果外国帮助中国人民提高和开明起来,则这些国家将由此而自食恶果;对其他各国来说,他们所应遵循的最明智的政策,就是尽其可能地压抑阻碍中国人。一言以蔽之,这种论调的实质就是所谓“黄祸”论。这种论调似乎很动听,然而一加考察就会发现,不论从任何观点去衡量,它都是站不住脚的。这个问题除了道德的一面,即一国是否应该希望另一国衰亡之外,还有其政治的一面。中国人的本性就是一个勤劳的、和平的、守法的民族,而绝不是好侵略的种族,如果他们确曾进行过战争,那只是为了自卫。只有当中国人被某一外国加以适当训练并被利用来作为满足该国本身野心的工具时,中国人才会成为对世界和平的威胁。如果中国人能够自主,他们即会证明是世界上最爱好和平的民族。再就经济的观点来看,中国的觉醒以及开明的政府之建立,不但对中国人、而且对全世界都有好处。全国即可开放对外贸易,铁路即可修建,天然资源即可开发,人民即可日渐富裕,他们的生活水准即可逐步提高,对外国货物的需求即可增多,而国际商务即可较现在增加百倍。能说这是灾祸吗?国家与国家的关系,正像个人与个人的关系。从经济上看,一个人有一个穷苦愚昧的邻居还能比他有一个富裕聪明的邻居合算吗?由此看来,上述的论调立即破产,我们可以确有把握地说:黄祸毕竟还可以变成黄福。

列强各国对中国有两种互相冲突的政策:一种是主张瓜分中国,开拓殖民地;另一种是拥护中国的完整与独立。对于固守前一种政策的人,我们无需乎去提醒他们那种政策是潜伏着危险与灾难的,俄国在满洲殖民的情况已表明了这一点。对于执行后一种政策的人,我们敢大胆预言:只要现政府存在,他们的目标便不可能实现。满清王朝可以比作一座即将倒塌的房屋,整个结构已从根本上彻底地腐朽了,难道有人只要用几根小柱子斜撑住外墙就能够使那座房屋免于倾倒吗?我们恐怕这种支撑行为的本身反要加速其颠覆。历史表明,在中国,朝代的生命正像个人的生命一样,有其诞生、长大、成熟、衰老和死亡;当前的满清统治自十九世纪初叶即已开始衰微,现在则正迅速地走向死亡。因此我们认为,即使是维护中国的完整与独立的善意与义侠行为,如果像我们所了解的那样是指对目前摇摇欲坠的满清王室的支持,那么注定是要失败的。

显而易见,要想解决这个紧急的问题,消除妨害世界和平的根源,必须以一个新的、开明的、进步的政府来代替旧政府。这样一来,中国不但会自力更生,而且也就能解除其他国家维护中国的独立与完整的麻烦。在中国人民中有许多极有教养的能干人物,他们能够担当起组织新政府的任务;把过时的满清君主政体改变为“中华民国”的计划,经慎重考虑之后,早就制订出来了。广大的人民群众也都甘愿接受新秩序,渴望着情况改善,把他们从现在悲惨的生活境遇中解救出来。中国现今正处在一次伟大的民族运动的前夕,只要星星之火就能在政治上造成燎原之势,将满洲鞑子从我们的国土上驱逐出去。我们的任务确实是巨大的,但并不是无法实现。一九〇〇年义和团战争时,联军只需为数不足两万的军队就能击溃满清的抵抗,进军北京并夺取北京城;我们以两倍或者三倍于这个数目的人力,毫无疑义地也可以做到这一点,而且我们能够轻而易举地从我们的爱国分子中征募百倍千倍的更多的人。从最近的经验中可清楚地看到,满清军队在任何战场上都不足与我们匹敌,目前爱国分子在广西的起义就是一个明显的例证。他们距海岸非常遥远,武器弹药的供应没有任何来源,他们得到这些物资的惟一方法乃是完全依靠于从敌人方面去俘获;即使如此,他们业已连续进行了三年的战斗,并且一再打败由全国各地调来的官军对他们的屡次征讨。他们既然有出奇的战斗力,那末,如果给以足够的供应,谁还能说他们无法从中国消灭满清的势力呢?一旦我们革新中国的伟大目标得以完成,不但在我们的美丽的国家将会出现新纪元的曙光,整个人类也将得以共享更为光明的前景。普遍和平必将随中国的新生接踵而至,一个从来也梦想不到的宏伟场所,将要向文明世界的社会经济活动而敞开。

拯救中国完完全全是我们自己的责任,但由于这个问题近来已涉及全世界的利害关系,因此,为了确保我们的成功、便利我们的运动、避免不必要的牺牲、防止列强各国的误解与干涉,我们必须普遍地向文明世界的人民、特别是向美国的人民呼吁,要求你们在道义上与物质上给以同情和支援。因为你们是西方文明在日本的开拓者,因为你们是基督教的民族,因为我们要仿照你们的政府而缔造我们的新政府,尤其因为你们是自由与民主的战士。我们希望能在你们中间找到许多的辣斐德。

在东京中国留学生欢迎大会上的演说

（一九〇五年八月十三日）

兄弟此次东来，蒙诸君如此热心欢迎，兄弟实感佩莫名。窃恐无以副诸君欢迎之盛意，然不得不献兄弟见闻所及，与诸君商定救国之方针，当亦诸君所乐闻者。兄弟由西至东，中间至米国圣路易斯观博览会，此会为新球开辟以来的一大会。后又由米至英、至德、至法，乃至日本。离东二年，论时不久，见东方一切事皆大变局，兄弟料不到如此，又料不到今日与诸君相会于此。近来我中国人的思想议论，都是大声疾呼，怕中国沦为非、澳。前两年还没有这等的风潮，从此看来，我们中国不是亡国了。这都由我国民文明的进步日进一日，民族的思想日长一日，所以有这样的影响。从此看来，我们中国一定没有沦亡的道理。

今日试就我历过各国的情形，与诸君言之。

日本与中国不同者有二件：第一件是日本的旧文明皆由中国输入。五十年前，维新诸豪杰沉醉于中国哲学大家王阳明知行合一的学说，故皆具有独立尚武的精神，以成此拯救四千五百万人于水火中之大功。我中国人则反抱其素养的实力，以赴媚异种，故中国的文明遂至落于日本之后。第二件如日本衣、食、住的文明乃由中国输入者，我中国已改从满制，则是我中国的文明已失之日本了。后来又有种种的文明由西洋输入。是中国文明的开化虽先于日本，究竟无大裨益于我同胞。

渡太平洋而东至米国，见米国之人物皆新。论米人不过由四百年前哥仑布开辟以来，世人渐知有米国；而于今的文明，即欧洲列强亦不能及。去年圣路易斯的博览会为世界最盛之会，盖自法人手中将圣路易斯买来之后，特以此会为纪念。米国从前乃一片洪荒之土，于今四十余州的盛况，皆非中国所能及。兄弟又由米至英、至法、至德，见各洲从前极文明者，如罗马、埃及、希腊、雅典等皆败，极野蛮者如条顿民族等皆兴。中国的文明已有数千年，西人不过数百年，中国人又不能由过代之文明变而为近世的文明；所以人皆说中国最守旧，其积弱的缘由也在于此。殊不知不然。不过我们中国现在的人物皆无用，将来取法西人的文明而用之，亦不难转弱为强，易旧为新。盖兄弟自至西方则见新物，至东方则见旧物，我们中国若能渐渐发明，则一切旧物又何难均变为新物。如英国伦敦，先无电车而用马车，百年后方用自行车而仍不用电车。日本去年尚无电车，至今而始盛。中国不过误了从前不变，若如现在的一切思想议论，其进步又何可思议！又皆说中国为幼稚时代，殊不知不然。中国盖实当老迈时代。中国从前之不变，因人皆不知改革之幸福，以为我中国的文明极盛，如斯已足，他何所求。于今因游学志士见各国种种的文明，渐觉得自己的太旧了，故改革的风潮日烈，思想日高，文明的进步日速。如此看来，将来我中国的国力能凌驾全球，也是不可预料的。所以各志士知道我们中国不得了，人家要瓜分中国，日日言救中国。倘若是中国人如此能将一切野蛮的法制改变起来，比米国还要强几分的。何以见之？米国无此好基础。虽西欧英、法、德、意皆不能及。我们试与诸君就各国与中国比较而言之：

日本不过我中国四川一省之大，至今一跃而为头等强国；

米国土地虽有清国版图之大，而人口不过八千万，于今米人极强，即欧人亦畏之；

英国不过区区海上三岛，其余都是星散的属地；

德、法、意诸国虽称强于欧西，土地人口均不如我中国；

俄现被挫于日本，土地虽大于我，人口终不如我。

则是中国土地人口，世界莫及。我们生在中国，实为幸福。各国贤豪皆羡慕此英雄用武之地，而不可得。我们生在中国，正是英雄用武之时。反都是沉沉默默，让异族儿据我上游，而不知利用此一片好山河，鼓吹民族主义，建一头等民主大共和国，以执全球的牛耳，实为可叹！

所以西人知中国不能利用此土地也，于是占旅顺、占大连、占九龙等处，谓中国人怕他。殊不知我们自己能立志恢复，他还是要怕我的。即现在中国与米国禁约的风潮起，不独米国人心惶恐，欧西各国亦莫不震惊。此不过我国民小举动耳，各国则震动若是，倘有什么大举动，则各国还了得吗？

所以现在中国要由我们四万万国民兴起。今天我们是最先兴起一日，从今后要用尽我们的力量，提起这件改革的事情来。我们放下精神说要中国兴，中国断断乎没有不兴的道理。

即如日本，当维新时代，志士很少，国民尚未大醒，他们人人担当国家义务，所以不到三十年，能把他的国家弄到为全球六大强国之一。若是我们人人担当国家义务，将中国强起来，虽地球上六个强国，我们比他还要大一倍。所以我们万不可存一点退志。日本维新须经营三十余年，我们中国不过二十年就可以。盖日本维新的时候，各国的文物，他们国人一点都不知道；我们中国此时，人家的好处人人皆知道，我们可以择而用之。他们不过是天然的进步，我们这方才是人力的进步。

又有说中国此时的政治幼稚、思想幼稚、学术幼稚，不能猝学极等文明。殊不知又不然。他们不过见中国此时器物皆旧，盖此等功夫，如欧洲著名各大家用数十余年之功发明一机器，而后世学者不过学数年即能造作，不能谓其躐等也。

又有说欧米共和的政治，我们中国此时尚不能合用的。盖由野蛮而专制，由专制而立宪，由立宪而共和，这是天然的顺序，不可躁进的；我们中国的改革最宜于君主立宪，万不能共和。殊不知此说大谬。我们中国的前途如修铁路，然此时若修铁路，还是用最初发明的汽车，还是用近日改良最利便之汽车，此虽妇孺亦明其利钝。所以君主立宪之不合用于中国，不待智者而后决。

又有说中国人民的程度,此时还不能共和。殊不知又不然。我们人民的程度比各国还要高些。兄弟由日本过太平洋到米国,路经檀香山,此地百年前不过一野蛮地方,有一英人至此,土人还要食他,后来与外人交通,由野蛮一跃而为共和。我们中国人的程度岂反比不上檀香山的土民吗?后至米国的南七省,此地因养黑奴,北米人心不服,势颇骚然,因而交战五六年,南败北胜,放黑奴二百万为自由民。我们中国人的程度又反不如米国的黑奴吗?我们清夜自思,不把我们中国造起一个二十世纪头等的共和国来,是将自己连檀香山的土民、南米的黑奴都看做不如了,这岂是我们同志诸君所期望的吗?!

所以我们决不能说我们同胞不能共和,如说不能,是不知世界的进步,不知世界的真文明,不知享这共和幸福的蠢动物了。

若使我们中国人人已能知此,大家已担承这个责任起来,我们这一份人还稍可以安乐。若今日之中国,我们是万不能安乐的,是一定要劳苦代我四万万同胞求这共和幸福的。

若创造这立宪共和二等的政体,不是在别的缘故上分判,总在志士的经营。百姓无所知,要在志士的提倡;志士的思想高,则百姓的程度高。所以我们为志士的,总要择地球上最文明的政治法律来救我们中国,最优等的人格来待我们四万万同胞。

若单说立宪,此时全国的大权都落在人家手里,我们要立宪,也是要从人家手里夺来。与其能夺来成立宪国,又何必不夺来成共和国呢?

又有人说,中国此时改革事事取法于人,自己无一点独立的学说,事先不能培养起国民独立的性根来,后来还望国民有独立的资格吗?此说诚然。但是此时异族政府禁端百出,又从何处发行这独立的学说?又从何处培养起国民独立的性根?盖一变则全国人心动摇,动摇则进化自速,不过十数年后,这"独立"两字自然印入国民的脑中。所以中国此时的改革,虽事事取法于人,将来他们各国定要在中国来取法的。如米国之文明仅百年耳,先皆由英国取法去的，于今为世界共和的祖国；倘是仍旧不变，于今能享这地球上最优的幸福不能呢？

若我们今日改革的思想不取法乎上，则不过徒救一时，是万不能永久太平的。盖这一变更是很不容易的。

我们中国先是误于说我中国四千年来的文明很好，不肯改革，于今也都晓得不能用，定要取法于人。若此时不取法他现世最文明的，还取法他那文明过渡时代以前的吗？我们决不要随天演的变更，定要为人事的变更，其进步方速。兄弟愿诸君救中国，要从高尚的下手，万莫取法乎中，以贻我四万万同胞子子孙孙的后祸。

中国同盟会总章*

（一九〇五年八月二十日）

第一条　本会定名为中国同盟会，设本部于东京，设支部于各地。

第二条　本会以驱除鞑虏、恢复中华、创立民国、平均地权为宗旨。

第三条　凡愿入本会者，须遵守本会定章，立盟书，缴入会捐一元，发给会员凭据。

第四条　凡各地会员盟书，均须交至本会收存。

第五条　凡国人所立各会党，其宗旨与本会相同、愿联为一体者，概认为同盟会会员。但各缴入会捐一元，一律发给会员凭据。

第六条　凡会员皆有实行本会宗旨、扩充势力、介绍同志之责任。

第七条　凡会员皆得选举、被选举为总理及议员及各地分会长，被指任为执行部职员及支部部长。

第八条　本会设总理一人，由全体会员投票公举。四年更选一次，但得连举连任。

第九条　总理对于会外有代表本会之权，对于会内有执行事务之权；节制执行部各员；得提议于议会，并批驳议案。

第十条　执行部设庶务、内务、外务、书记、会计、调查六科。庶

---

* 同盟会总章原由黄兴、陈天华等人起草，在是日孙中山主持的中国同盟会成立大会上讨论修改并通过。本文为次年五月十六日改订件。

务、内务、外务、会计每科职员各一人；书记科职员无定数；调查科设科长一人，科员无定数。各科职员均由总理指任，并分配其权限；但调查科员由总理与该科长指任。

第十一条　议事部议员由全体会员投票公举，以三十人为限。每年公举一次。

第十二条　议事部有议本会规则之权。

第十三条　凡选举总理及议员，以本部当地为选举区。

第十四条　凡在本部当地之会员，有担任本部经费之责。

第十五条　本部当地之会员得按省设立分会，公举会长；但须受本部之统辖。

第十六条　本会支部于国内分五部，国外分四部，皆直接受本部之统辖。其区划如左：

国内之部
- 西部：重庆——贵州、新疆、西藏、四川、甘肃
- 东部：上海——浙江、江苏、安徽
- 中部：汉口——河南、湖南、湖北、江西
- 南部：香港——云南、广东、广西、福建
- 北部：烟台——蒙古、直隶、东三省、陕西、山西、山东

国外之部
- 南洋：新嘉坡——英荷属地及缅甸、安南、暹罗
- 欧洲：比利时京城——欧洲各国
- 美洲：金山大埠——南北美洲
- 檀岛：檀山大埠——檀香山群岛

第十七条　各支部皆须遵守本部总章。其自定规则，须经本部议事部决议，总理批准，方得施行。

第十八条　各支部皆设部长一人，由总理指任。

第十九条　各支部当地会员有担任该支部经费之责。

第二十条　各支部每月须报告一次于本部。

第二十一条　各支部及其所属分会会员盟书及入会捐一元，皆由支部长缴交本部，换给会员凭据，转交本人收执。

第二十二条　各地分会皆直接受其支部之统辖。

第二十三条　各分会会长由该分会会员选举。

第二十四条　总章改良，须有会员五十人以上、或议员十人以上、或执行部提议于议事部，经议事部决议后，由总理开职员会修改之。

《民报》发刊词

（一九〇五年十月二十日）

近时杂志之作者亦夥矣。婞词以为美，嚣听而无所终，摘埴索涂不获，则反覆其词而自惑。求其斟时弊以立言，如古人所谓对症发药者，已不可见，而况夫孤怀宏识、远瞩将来者乎？夫缮群之道，与群俱进，而择别取舍，惟其最宜。此群之历史既与彼群殊，则所以掖而进之之阶级，不无后先进止之别。由之不贰，此所以为舆论之母也。

余维欧美之进化，凡以三大主义：曰民族，曰民权，曰民生。罗马之亡，民族主义兴，而欧洲各国以独立。洎自帝其国，威行专制，在下者不堪其苦，则民权主义起。十八世纪之末，十九世纪之初，专制仆而立宪政体殖焉。世界开化，人智益蒸，物质发舒，百年锐于千载，经济问题继政治问题之后，则民生主义跃跃然动，二十世纪不得不为民生主义之擅场时代也。是三大主义皆基本于民，递嬗变易，而欧美之人种胥冶化焉。其他旋维于小己大群之间而成为故说者，皆此三者之充满发挥而旁及者耳。

今者中国以千年专制之毒而不解，异种残之，外邦逼之，民族主义、民权主义殆不可以须臾缓。而民生主义，欧美所虑积重难返者，中国独受病未深，而去之易。是故或于人为既往之陈迹，或于我为方来之大患，要为缮吾群所有事，则不可不并时而弛张之。嗟夫！所陟卑者其所视不远，游五都之市，见美服而求之，忘其身之未称也，又但以当前者为至美。近时志士舌敝唇枯，惟企强中国以比欧美。然而欧美强矣，其民实困，观大同盟罢工与无政府党、社会党之日炽，社会革命其将不远。吾国纵能媲迹于欧美，犹不能免于第二次之革命，而况追逐于人已然之末轨者之终无成耶！夫欧美社会之祸，伏之数十年，及今而后发见之，又不能使之遽去。吾国治民生主义者，发达最先，睹其祸害于未萌，诚可举政治革命、社会革命毕其功于一役。还视欧美，彼且瞠乎后也。

翳我祖国，以最大之民族，聪明强力，超绝等伦，而沉梦不起，万事堕坏；幸为风潮所激，醒其渴睡，旦夕之间，奋发振强，励精不已，则半事倍功，良非夸嫚。惟夫一群之中，有少数最良之心理能策其群而进之，使最宜之治法适应于吾群，吾群之进步适应于世界，此先知先觉之天职，而吾《民报》所为作也。抑非常革新之学说，其理想输灌于人心而化为常识，则其去实行也近。吾于《民报》之出世觇之。

同盟会革命方略

（一九〇六年下半年）

军政府宣言

天运岁次　年　月　日，中华国民军　军都督　　奉军政府命，以军政府之宗旨及条理，布告国民。

今者国民军起，立军政府，涤二百六十年之膻腥，复四千年之祖国，谋四万万人之福祉，此不独军政府责无旁贷，凡我国民皆当引为己责者也。维我中国开国以来，以中国人治中国，虽间有异族篡据，我祖我宗常能驱除光复，以贻后人。今汉人倡率义师，殄除胡虏，此为上继先人遗烈，大义所在，凡我汉人当无不晓然。惟前代革命如有明及太平天国，只以驱除光复自任，此外无所转移。我等今日与前代殊，于驱除鞑虏、恢复中华之外，国体民生尚当与民变革，虽纬经万端，要其一贯之精神则为自由、平等、博爱。故前代为英雄革命，今日为国民革命。所谓国民革命者，一国之人皆有自由、平等、博爱之精神，即皆负革命之责任，军政府特为其枢机而已。自今已往，国民之责任即军政府之责任，军政府之功即国民之功，军政府与国民同心戮力，以尽责任。用特披露腹心，以今日革命之经纶暨将来治国之大本，布告天下：

一、驱除鞑虏　今之满洲，本塞外东胡。昔在明朝，屡为边患。

后乘中国多事,长驱入关,灭我中国,据我政府,迫我汉人为其奴隶,有不从者,杀戮亿万。我汉人为亡国之民者二百六十年于斯。满政府穷凶极恶,今已贯盈。义师所指,覆彼政府,还我主权。其满洲汉军人等,如悔悟来降者,免其罪;敢有抵抗,杀无赦!汉人有为满奴以作汉奸者,亦如之。

二、恢复中华　中国者,中国人之中国;中国之政治,中国人任之。驱除鞑虏之后,光复我民族的国家。敢有为石敬瑭、吴三桂之所为者,天下共击之!

三、建立民国　今者由平民革命以建国民政府,凡为国民皆平等以有参政权。大总统由国民公举。议会以国民公举之议员构成之。制定中华民国宪法,人人共守。敢有帝制自为者,天下共击之!

四、平均地权　文明之福祉,国民平等以享之。当改良社会经济组织,核定天下地价。其现有之地价,仍属原主所有;其革命后社会改良进步之增价,则归于国家,为国民所共享。肇造社会的国家,俾家给人足,四海之内无一夫不获其所。敢有垄断以制国民之生命者,与众弃之!

右四纲,其措施之次序则分三期:第一期为军法之治。义师既起,各地反正,土地人民新脱满洲之羁绊,其临敌者宜同仇敌忾,内辑族人,外御寇仇,军队与人民同受治于军法之下。军队为人民戮力破敌,人民供军队之需要及不妨其安宁。既破敌者及未破敌者,地方行政,军政府总摄之,以次扫除积弊。政治之害,如政府之压制、官吏之贪婪、差役之勒索、刑罚之残酷、抽捐之横暴、辫发之屈辱,与满洲势力同时斩绝。风俗之害,如奴婢之畜养、缠足之残忍、鸦片之流毒、风水之阻害,亦一切禁止。并施教育,修道路,设警察、卫生之制,兴起农工商实业之利源。每一县以三年为限,其未及三年已有成效者,皆解军法,布约法。第二期为约法之治。每一县既解军法之后,军政府以地方自治权归之其地之人民,地方议会议员及地方行政官皆由人民选举。凡军政府对于人民之权利义务,及人民对于军政府之权利义务,悉规定于约法,军政府与地方议会及人民各循守之，有违法者，负其责任。以天下平定后六年为限，始解约法，布宪法。第三期为宪法之治。全国行约法六年后，制定宪法，军政府解兵权、行政权，国民公举大总统及公举议员以组织国会。一国之政事，依于宪法以行之。此三期，第一期为军政府督率国民扫除旧污之时代；第二期为军政府授地方自治权于人民，而自总揽国事之时代；第三期为军政府解除权柄，宪法上国家机关分掌国事之时代。俾我国民循序以进，养成自由平等之资格，中华民国之根本胥于是乎在焉。

以上为纲有四，其序有三。军政府为国戮力，矢信矢忠，终始不渝。尤深信我国民必能踔厉坚忍，共成大业。汉族神灵，久焜耀于四海，比遭邦家多难，困苦百折，今际光复时代，其人人各发扬其精色。我汉人同为轩辕之子孙，国人相视，皆伯叔兄弟诸姑姊妹，一切平等，无有贵贱之差、贫富之别；休戚与共，患难相救，同心同德，以卫国保种自任。战士不爱其命，闾阎不惜其力，则革命可成，民政可立。愿我四万万人共勉之！

军政府与各处国民军之关系

一、各处国民军，每军立一都督，以起义之首领任之。

二、军都督有全权掌理军务，便宜行事。

三、关于重大之外交，军都督当受命于军政府。

四、关于国体之制定，军都督当受命于军政府。

五、国旗、军政府宣言、安民布告、对外宣言，军都督当依军政府所定，不得变更。

六、略地、因粮等规则，军都督当依军政府所定；惟参酌机宜，得变通办理。

七、以上各条，为军政府与军都督未交通前之关系条件；其既交通后,另设规则以处理之。

军队之编制

步　兵

一、以八人为一排。于八人中设排长一人,副排长一人,共八人。

二、以三排为一列。外列长一人,共二十五人。

三、以四列为一队。外队长一人,副队长二人,号旗手二人,号筒手二人,事务长一人,共一百零八人。

四、以四队为一营。外营长一人,副营长二人,鼓乐手八人,营旗手三人,主计一人,书记一人,共四百四十八人。挑夫、伙夫另计。

五、以四营为一标。外设标统一人,副标统二人,参谋六人,传令十二人,主计一人,书记二人,共一千八百一十六人。炮队一,工队一,辎重队一,医队一。

骑、炮、辎、医各队之编制,军政府未制定以前,标统定之。旅团以上,将来军政府制定之。

将官之等级

第一级　都督　第二级　副督　第三级　参督
第四级　都尉　第五级　副尉　第六级　参尉
第七级　都校　第八级　副校　第九级　参校

军饷(每月饷)

步兵	十元	营主计、书记	一百元
副排长	十五元	副营长	二百元
排长	二十元	营长	三百元
队号旗手、号筒手	十五元	标传令	三十元
列长	四十元	标主计、书记	二百元
队事务长	四十元	参谋	四百元
副队长	六十元	副标统	四百元
队长	一百元	标统	五百元
营鼓乐手、旗手	二十元		

骑、炮、工、辎、医各队及挑夫、伙夫等月饷,军政府未发布以前,由军标统自定。

旅团长以上之俸银,将来由军政府定之。

战士赏恤

第一　赏典

(一)记大功者:

甲、率先起义者,按其招集人数之多寡,以定次数。

乙、攻克城镇乡村者,按其占领地方之险夷广狭及户口之多寡,以定次数。

丙、剿破敌军者,按其破坏敌军武力之大小,以定次数。

丁、降伏城镇乡村及降伏敌军者,与乙、丙同。

戊、以城镇乡村军队反正来归者,与乙、丙同。

己、防守城镇乡村力却敌军者,与乙、丙同。

（二）记功者：

甲、杀敌数人，其功昭著者，按敌人之职分及数之多寡，以定次数。

乙、俘虏敌军者，与甲同。

丙、夺得敌军粮食、器械、马匹者，按其品质数量，以定次数。

丁、探报敌情冒险得实者，按其关系之轻重，以定次数。

戊、交战出力者。

己、救援本军将士出险者。

庚、在营一年能守纪律者，记功一次；每多一年，则多一次。

以上记大功及记功者，由军政府议定行赏。为鼓励战士起见，军都督有随时行赏之权。

（三）凡当兵者，至革命大功告成时，一律照本人现饷赏食长粮，养至终身。

第二　恤典

（一）凡交战受伤以致残疾不能任职者，其退伍后照本人现饷现俸赏给终身。

（二）凡在军身故者，无论将校兵士，均查明本人之父母妻子女，每月给养赡费。父母妻养至终身，子女养至二十岁。所给之费，兵士视其立功多寡，将校视其官职高下。

军　律

一、不听号令者杀。

二、反奸者杀。

三、降敌被获者杀。

四、私通军情于敌者杀。

五、泄漏军情者杀。

六、临阵退缩者杀。

七、临战逃溃者杀。

八、造谣者杀。

九、私逃者杀。

十、任意掳掠者杀。

十一、强奸妇女者杀。

十二、焚杀良民者杀。

十三、杀外国人、焚拆教堂者杀。

十四、勒索强买者，论情抵罪。

十五、私斗杀伤者，论情抵罪。

十六、遗失军械资粮者，论情抵罪。

十七、获敌军资粮军械，藏匿不报者罚。

十八、私入良民家宅者罚。

十九、盗窃者罚。

二十、赌博者罚。

二十一、吃鸦片者罚。

二十二、纵酒行凶者罚。

招军章程

第一条　凡有志愿充当国民军军人者，通常以十八岁以上、四十岁以下者为合格。

第二条　凡有当国民军军人者，于入营之始，要亲具誓表；宣誓之后，领回军约收执。于誓章及军约本人名字之下，皆要印取左手大指指模，以凭认别真伪。

第三条 凡有清朝兵勇来投降国民军者,除照招降条件处待之外,入营之始亦一概令填写誓表,领收军约,如上条办法。

附:誓表及军约款式

中华民国国民军誓表

入营充当中华民国国民军军人姓 名 ,当天发誓:

第一 遵守国民军宗旨,驱除鞑虏,恢复中华,创立民国,平均地权,矢信矢忠,有始有卒。

第二 服从国民军军律,如有违犯,甘受罪罚。

年岁 籍贯

天运 年 月 日 立(左大指模)

字队第 号

中华民国国民军军约

一、凡充当国民军军人者,所有赏典、恤典悉从《革命方略》施行。

一、月饷定额先由该军都督存记,按其当军之日起算计,俟军政府成立后,一概发给。

三、每兵饭食及其必需之衣物,由军中粮台供足。

天运 年 月 日 收执(左大指模)

招降清朝兵勇条件

中华民国国民军驱逐满清,光复中国,凡尔等当清朝兵勇者,须念身为汉人,当为中国立功,莫为满人替死。今奉军政府命,招降尔等,条件如左:

一、带军械来降者，记功一次，并照军械原价加四倍赏给（如原价二十五元，则赏给一百元），将来由军政府颁发。

二、投降后与义军一体看待，兵勇每月饷银十元，衣服饭食等另由军中供给。

三、立功者记功或记大功，由军政府论功行赏，升职加俸。

四、凡当兵者，至革命大功告成时，一律照本人现饷赏食长粮，养至终身。

五、投降之人，其年已老不能任职者，由军政府酌予体恤。

六、交战受伤以致残疾不能任职者，退伍后照本人现饷赏给终身。

七、在军身故者，查明本人父母妻子女，每月给赡养费。父母妻养至终身，子女养至二十岁。所给之费，视其立功大小为定。

八、不降者杀无赦。

略地规则

略地者，谓略定其地，上而省会，下而州县，凡前者满洲势力所及，使由此归属于我军政府权力之下也。

第一　略地之分别

其分别有三：（甲）就于我军攻取而得者；（乙）就于义民响应者；（丙）就于敌之文武官反正来附者。其略地之办法，稍有不同，分类说明如下。

第二　略地之办法

（甲）　就于我军攻取而得者：

一、升立国旗：就其所得之城镇营垒，升立国旗，宣扬军威。

二、暂禁居民来往：于入城镇之始，下令暂时禁止居民来往，派兵士守视通衢。俟一二日后安民局设立，按户发给执照后，始许通行。

（说明：此因入城之始人心未定，暂禁其来往，一以便军队行动布置，二以免奸民乘机抢掠也。）

三、缴收敌人军器粮食：所有清兵军器，概要缴交；其营中所积聚之粮食，亦要缴出，然后听凭我军安置之。

（说明：此时清兵已失战斗之力，然虑其藏匿军器粮食，仍然为患，故必严令缴出。）

四、收取官印文凭及其文书册籍，封府库官业：官印文书等，恐其散失，宜收取之，交安民局保存。其府库官业，则交因粮局收。

五、破监狱释囚徒：破监狱，尽释囚徒，谕以义师所至，满洲残刑峻法一切扫除。诸囚中有无辜被祸者，皆复其自由；其有罪者亦令自新，俾人民永不受苛法之苦。

六、设安民局：每县设一安民局，立局长一人、局员十人、顾问员十人。局员择用营中人或地方绅士，顾问员则皆以地方绅士充之，均听命于局长。局中得雇用巡查若干名，其人数视地方之大小定之。

安民局之事务，其急要者如下：

（一）发布告：印刷安民布告，分贴当众之地，使人民晓知我军队之大义。

（二）编门牌：循街之方向，由东至西、由北至南按门发牌，左单右双，每街分左右统计其户数。

（三）付通行照：每户发通行照一纸，每纸止许一人执用来往（夜出者必携街灯);其执某户之照出街,犯事为该户是问。

(四)查户口:由安民局派员偕同地方甲长、街正人等,清查户口,每户要实核其现在住居之人口,编载册籍。

(五)抚创痍:其居民有因兵事受伤损者,或破坏家屋物业者,赈恤之。

(六)定流亡:居民有因兵事流离失所者,设法安置之。

(七)诘奸宄:如查有为敌军作奸细及为妨害我军队之行为者,捕获送军前究办。查有强盗匪徒扰害居民者,捕获之后,重则送于军前,轻则由局究办。

(八)防火害:命巡查周视,以防火警。其有存贮惹火之物者,尤要注意。

七、设因粮局:另有因粮局规则参照。

八、分别处待官吏:凡军到即降之官吏,保护其身家。愿留营者,量才器使。愿还乡者,厚给资斧护送归家。其抗拒至力尽始降之官吏,则仅予免死。其不降者杀。

九、招集地方精壮编入军队:按照军队编制之法办理。

十、相机防守:察看地方险要,分别防守。

十一、通报军政府或就近大军:候派员接理,以布新政。

(乙) 就于义民响应者:

凡义民响应者,必将该处地方官诛戮或捕送至军队之前,始为响应之实据。

凡义民响应投到军队,即派兵随往,办理之法如下:

一、升立国旗:办法详上。

二、点收官印文凭及一切官业:办法详上。

三、设安民局:所有安民要务八项,悉如上办法。

四、设因粮局。

五、将义民编入军队:与义军一体优待。

六、相机防守:详上。

七、通报大营:详上。

（丙） 就于敌之文武官反正来附者：

凡反正之官，必将其官印文书及具有永远降服誓表送到军队之前，始为反正之确据。

凡有反正者，该文武官投到军队，即由军队派员与该地方官协同权理政事，以待军政府接收后，改布新政。

该反正之文武官照现任之廉俸倍给之，至于终身。如其才可用，另有任使者，其所得官俸不在此限。

因粮规则

第一 因粮局

一、每军设因粮局，专司因粮之事。

二、因粮局因粮之标准，须每日以十人养一兵。凡军行所至之地，因人民之多寡以定驻军之多少。

三、因粮局须设充公册、收买册、债券册、收捐册。除充公册外，皆须用三联单，分类处理。

第二 因粮之法

（甲） 充公：

一、一切官业。

二、反抗军政府之满洲官吏家产。

三、反抗军政府之人民家产。

四、以上三种，由因粮局立册，将所充公之物产之文契数量分类登记。

（乙） 收买：

一、将境内一切可应军用之货物，给价收买，贮存以备随时之用。

二、收买货物，若现银不足，可先给军中凭票，记载价额及给价日期,由因粮局支给。若过期不能支给,则从此起计五厘周息。

三、凡收买货物,物主不得抗违。

(丙) 借债及捐输:

一、凡军队所至,得与境内人民有家产者借用现银,以供军需。借款后,由因粮局发还债券,记载债主姓名、籍贯、住所及其数目,钤印为据,交借主收执。自给债券之日起,至迟以六个月由因粮局偿还。若满六个月限不偿还,则自满限之后起,给二厘周息。

二、凡境内人民家产过一万元以上者,由因粮局令捐十分之一,以供军需。五万元以上者,捐十分之二;十万元以上者,捐十分之三;五十万元以上者,捐十分之四;百万元以上者,捐十分之五;千万元以上者,与百万者同。

三、凡经因粮局认定当借债及捐输者,不得违抗,违抗处罚。

(丁) 军事用票:

一、设军事用票发行局,附属于因粮局。

二、每军得度其收入财产之数,拨归军事用票发行局作按,发行军事用票。

三、发行军事用票之数,以倍于作按之数为限。

(说明:例如军中收入财产共值银十万元,以之作按,发行军事用票二十万元,则军需可裕。所以发行之数限于二十万元者,因止有十万元作按;如发票过二十万元以上,则不足以代表实银,而票之信用失、价值跌,成为空头票。发行愈多,此弊愈大,军队非惟不能多得一钱之用,反将可以发行无弊之二十万元票亦失其用,而至于坐毙也。)

四、军事用票发行局设发行员五人以上,由军都督指任之。

五、军事用票发行局设监查员十人以上,以债主、捐主之负担最巨者任之。

六、发行员专管局中一切发行、对换之事。

七、发行军事用票之先,发行员须通知监查员开会决议。监查员须查明军事用票之数,是否照第三条之规定。如数相符,则要认可发行;如有违额滥发,不得认可。

(说明:滥发之弊,前既言之。然当军需孔亟时往往不免,故发行局制度不可不精密。发行员外更设监查员,此监查员须于本地方利害最有关系者,因军队之财取诸地方,而发行军事用票尤于地方财政有大关系也。债主、捐主皆曾负担军饷者,倘再遇滥发,则受累更甚,故择其负担最巨者十人为监查员;凡发行军事用票,必须得其许可。如票数只较作按之数加一倍,则尚足以资对换周转;滥发则军队、人民立受其害,故要阻止之。)

八、发行员未经监查员会之认可,不得发行军事用票。

九、凡经监查员开会决议,反对违额滥发军事用票者,军都督不得强行之。

十、军事用票每张银额,最多不得过百元,最少不得过一元。

十一、军事用票之形式如左:

十二、军事用票须照每张定额使用,不得跌价。

十三、发行军事用票之后,俟将来军政府与该军会合时,由军政府调查该局发行票数,如与第三条定额相符,军政府下令将发行之票对换收还。

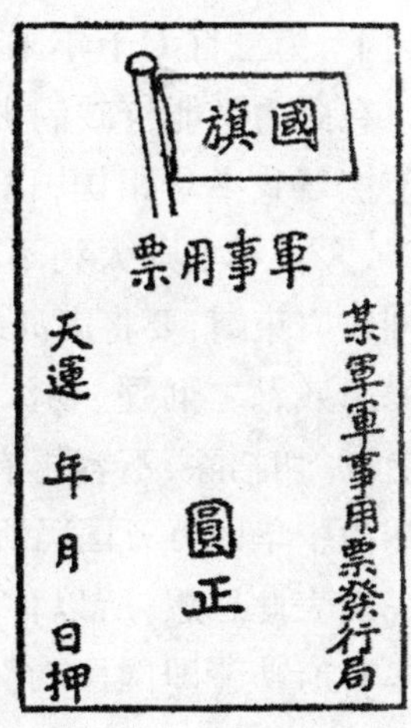

(说明:军事用票发行之后,流通市面与实银同一使用。然其本体无真价,不过代表实银,不能永久,必须有收还之法。惟军需浩繁,军事用票只能行用于军队权力所及之地,其与外国交涉仍须用实银,故颇难常储实银以备与人民对换,必俟与军政府会合之后,始由军政府之力以收回之也。惟必要所发之票不逾第三条之定额(即有十万元之作按,始发行二十万元之票),始能收还;否则军政府亦不能填滥发之壑。故滥发之弊,足使财政纷乱,不可不慎也。)

十四、军政府下令后,人民得凭军事用票换回相当之实银。其详细规则,军政府临时定之。

十五、军队所到之地,凡平日清政府所发行之纸币(银纸)概作为废纸。

十六、凡军中捐输,该捐主必须将军事用票缴交因粮局,不得以现银缴交。

(说明:军事用票欲其流通市面,必须设此法。例如捐主捐十万元,缴纳时如必须军事用票,则不得不将现银兑换军事用票,始能缴纳。是则军事用票有不能不流通之势,否则发行局自发行,人民自不使用,军事用票失其效力矣。)

安民布告

天运岁次　　年　　月　　日,中华国民军　　军都督　　奉军政府命,布告安民。

军政府今日始能与我国民伯叔兄弟诸姑姊妹相见于光天化日之下,为二百六十年来我汉人未有之快乐,未有之庆幸。军政府所以有此力量能打破满洲政府,悉由我汉族列祖列宗神灵默佑相助,使恢复我中华祖国,以有今日。军政府宗旨第一是"为民除害"四字,大害不去则大利不兴,故目前尤以除害为急务。我国民要脱满洲政府束缚,要将满洲政府所有压制人民之手段、专制不平之政治、暴虐残忍之刑罚、勒派加抽之苛捐与及满洲政府所纵容之虎狼官吏,一切扫除,不容再有膻腥余毒存留在我中华民国之内。此种思想为中华四万万国民所同具,军政府首先起义,效力驱除,以为我国民发表此思想,所以称中华国民军政府。国民责任即军政府责任,军政府功劳即国民功劳,军政府愿与国民同心协力,始终不变。故军政府行动一切俱有纪律,军队所过地方,对于国民决不侵害,我国民不必猜疑惊恐。为士者照常求学,为农者照常耕种,为工者照常作工，为商者照常买卖，老少男女照常安乐居家。如果军队中有不法之人侵害我国民，即为贼害同胞，受害之人民尽可控告到军队前，军政府必尽法惩治。如果国民中有不肖之人私通满洲，或作奸细，或作有害军队之行为，亦是贼害同胞，军政府查出实情，亦必尽法惩治。总之，军政府为同胞出力，断无损我国民之理。国民既明白军政府宗旨，亦当安堵无恐。今日为军政府与国民相见之始，为此布告我亲爱之同胞知之。

对外宣言

中华国民军奉命驱除异族专制政府，建立民国；同时对于友邦各国益敦睦谊，以期维持世界之平和，增进人类之福祉。所有国民军对外之行动，宣言如下：

一、所有中国前此与各国缔结之条约，皆继续有效。

二、偿款外债照旧担认，仍由各省洋关如数摊还。

三、所有外人之既得权利，一体保护。

四、保护外国居留军政府占领之域内人民财产。

五、所有清政府与各国所立条约、所许各国权利及与各国所借国债，其事件成立于此宣言之后者，军政府概不承认。

六、外人有加助清政府以妨害国民军政府者，概以敌视。

七、外人如有接济清政府以可为战争用之物品者，一概搜获没收。

招降满洲将士布告

天运　　年　　月　　日，中华国民军　　军都督　　奉军政府命，布告于我国民之为满洲政府逼迫以为其军之将校及兵士者。

我辈皆中国人也，今则一为中华国民军之将士，一为满洲政府之将士，论情谊则为兄弟，论地位则为仇雠，论心事则同是受满洲政府之压制，特一则奋激而起，一则隐忍未发，是我辈虽立于反对之地位，然情谊具在，心事又未尝不相合也！然则今日以后，或断兄弟之情谊而变为仇雠，或离仇雠之地位而复为兄弟，亦惟我国民之为满洲将士者自择之而已。

自国民军起，移檄天下，民族主义、国民主义炳如日月，凡为国民无不激昂慷慨、敌忾同仇。诚以国民军者以国民组织而成，发表国民之心理，肩荷国民之责任，以主义集合，非以私人号召，故民之归之如水之就下也。我国民之为满洲将士者，非其本欲，特为满洲所迫不得已而为之。此时满洲政府方又出其以汉人杀汉人之手段，驱之与国民军为敌。愿我国民思之：本中国人而当满洲兵，以杀中国人为职，抚心自问，宁能不动乎？我国民勿谓为满洲尽力乃所以报国也。中国亡于满洲已二百六十余年，我国民而有爱国心者，必当扑灭满洲以恢复祖国；倘反为满洲尽力，是甘事仇雠而与祖国为敌也。其身分为奴隶，其用心为枭獍，岂有人心者所忍为乎？我国民又勿谓既食满洲之禄当忠于所事也。须知中国者中国人之中国，及为满洲所夺，收中国人之财赋，以买中国人之死力。中国人效力满洲而食其禄者，譬如家财既为强盗所夺，复为强盗服役以求得佣值，境遇既惨，行为尤贱矣！是故我国民之为满洲将士者须以大义自持，知托身满洲政府之下，乃由一时之束缚，常怀脱离独立之志。际此国民军大起之日，正当倒戈以向满洲政府，而与我国民军合为一体,方不失国民之本分也。

彼满洲以五百万民族陵制四万万汉人,而能安卧至二百六十年者,岂彼之能力足以致之,徒以中国人不知大义、为之效力、自戕同种,故满洲人得以肆志耳!试观满洲入关以来,每遇汉人起义,辄用汉人剿平,杀人盈野,流血成河,皆汉人自相屠戮,而于满人无所损。举其大者,如嘉庆年间汉人王三槐等举义,四川、湖南、湖北、陕西诸省相继响应,满洲政府势垂危矣,八旗之兵望风奔溃,禁旅驻防皆不可用;乃重用绿营,招募乡勇,于是汉人杨遇春、杨芳等为之效力,屠戮同胞,死者亿万,川、湖、陕诸省遂复归于满洲主权之下。又如咸丰年间太平天国起自广西,东南诸省指顾而定,西北则张乐行等风驰云卷,天下已非满洲所有,其督师大臣赛尚阿、和春一败涂地,事无可为;及汉人曾国藩、胡林翼、左宗棠、李鸿章等练湘军、淮军以与太平天国相杀,前后十二年,汉人相屠殆尽,满人复安坐以有中国。凡此皆百年来事,我父老子弟耳熟能详者也。汉人不起义则已,苟其起义,必非满人所能敌,亦至明矣。

所最可恨者,同是汉人,同处满洲政府之下,同为亡国之民,乃不念国耻,为人爪牙,自残骨肉。彼杨、曾、胡、左、李诸人是何心肝,必欲使其祖国既将存而复亡,使其同胞既将自由而复为奴隶乎?自经诸役以后,满人习知以汉人杀汉人为最上策,故近来怵于革命之祸,日谋收天下之兵权,以满人任统御,以汉人供驱役;一旦有事,则披坚执锐、冒矢石、当前敌、断脰流血者皆汉人,而策殊勋、受上赏者则满洲人也。我国人之为满洲将士者,苟一念及身为中国之人,当知助异族杀同胞为天地所不容,可无待踌躇而断然决心者。

且我国民,苟助满洲,岂止为国家之罪人而已,即为一身计,亦无所利。盖满洲之待汉人,不过视同奴隶,即为之尽死,亦毫不爱惜。嘉庆年间川、湖、陕之役,绿营乡勇立功最多,事后八旗受上赏,绿营诸将仅沾余唾。至于乡勇解散之后,穷困无聊,半世当兵,战功尽为八旗所冒,口粮复为上官克扣。出营之后,工商诸业久已荒疏,无以谋衣食,穷而为盗,则被杀戮。于是蒲大芳等怨望作乱,杨芳、杨遇春念其战功,诱以甘言,使之降伏。而满洲政府震怒,黜杨芳,使率蒲大芳等远戍伊犁,其后密使人尽杀蒲大芳等数百人,无一得脱者。咸丰、同治间,湘军遍于十八行省,所至戮力破敌,敌军既尽,湘军解散,克扣口粮,饥寒不免。其至丰者,不过给三月口粮,不敷归家盘费,因此流离他省,父母妻子终身不复相见。而他省之人以其当兵杀人,畏之如蛇蝎,视之为仇雠,见其落拓,则又斥为流氓。穷无所归则相聚结会,以相依赖。而满洲政府恶其结党,捕拿杀戮不可数计。是故川、湖、陕之氛告尽,而乡勇失所;太平天国既覆,而湘军无归:乃知满洲政府之用汉人也,犹农夫之用牛也,既尽其力则杀而烹之,无一毫人心相待。此其故何也?盖以同胞杀同胞,实为天下至贱之事,不惟为万国所鄙笑、同胞所切齿,即满洲人亦未尝不轻贱之,以为汉人相杀乃其种性,宜其甘为奴隶,万劫不复。既存轻贱之心,故对待之手段,刻薄如此。即使身居重镇,屡立战功,而偶迕廷旨,缇骑立至。其他将校受文官呵叱驱使,甚于仆隶。至于兵士,所发口粮不敷糊口,而一有战事即责其死敌,是视之如虫蚁耳!

世人见满洲刻薄寡恩,不重军人,皆知叹息痛恨。岂知欧美日本各国所以尊重军人者,以其为国戮力,倚若长城,故军人之名誉、军人之身分皆为社会所矜式。至于满洲用中国人当兵,非以为国家之干城,不过专防家贼。故其军人以拥护仇雠为天职,以屠戮同种为立功,禽兽之行宜为世界所不齿。我国民之为满洲将士者,若犹有人心,当不待劝告,而决然倒戈反正惟恐不速也,何用迟徊审顾为?

意者或误会国民军之旨,以为国民军既与满洲政府为敌,则凡为满洲之将士者皆所不容,虽欲反正而无路可投乎?然同是汉人,地位虽殊,情谊固在;且国民军当未起义以前,屈于满洲政府之下,与我国民之为满洲将士者固无所差别也。宗国之亡久矣,举我同胞悉隶于异族之下,不能互相庇翼,而使寄食于仇雠,又不能速拯之出于水火,斯已大负国民矣,何忍复校量前眚,自相携贰乎?

为此布告天下,凡我国民之为满洲将士者,若能顾念大义,翻然来归,军政府必推诚相与,视为一体。其以城镇乡村或军旅反正者,及剪除敌军心腹将校来归者,暨以粮食器械来归者,皆为国立功之人,当受上赏。其军至即降者,亦予优待。此皆赏典、恤典、略地规则等所一一规定者。其各激发忠义,以涤旧污,以建新猷。若犹有包藏祸心,怙恶不悛,甘为国民军之蟊贼者,则是自绝于中国,罪不赦。方今民族主义、国民主义磅礴人心,举国之人皆知明理仗义,固非若昔日人心否塞之世。军政府提挈义师,肃将天讨,期与四百兆人平等,以尽国民之责,亦与昔之英雄割据有别。固将使禹域之内无复汉奸之迹,其满洲将士敢有奋其螳臂以相抵抗者,必尽剪除,毋俾漏网。特虑其中容有心怀反正而迟疑未决者,亦有身拥兵权、心怀助顺而观望取巧、思徐觇国民军之强弱以为进退者,凡此皆不胜其祸福之见,故就义不勇。今廾诚布公,明示是非顺逆之辨,其各自择,毋得徘徊!如律令檄。

附:条　件

一、以城镇乡村或军队反正来归者,除按赏典论功行赏外,并照现任廉俸加倍赏给,至于终身。如其才可用,另有任使者,其所得官俸不在此限。

二、军到即降者,保护其身家。愿留营者,量才器使。愿还乡者,厚给资斧,护送归乡。

三、力尽始降者,仅予免死,以俘虏处分之。

四、不降者杀无赦。

扫除满洲租税厘捐布告

天运　　年　　月　　日,中华国民军　　军都督　　奉军政府命,以扫除满洲租税厘捐之事布告国民。

自满洲篡国,生民无依,憔悴于虐政之下。虏朝知满汉不并立,犹水火不相容,故其倡言谓“汉人强则满洲亡,汉人疲则满洲肥”,处心积虑谋绝汉人之生计,以制汉人之死命。汉人皆贫,则满人可以独富;汉人皆死,则满人可以独生。于是横征暴敛,穷民之力,逼之以严刑峻法,使我汉人非惟无以为生,且无以逃死。

昔者康熙年间,曾定永不加赋之制,其名甚美,欲以愚弄汉人。然所谓永不加赋,不过专指正额,于正额之外悉收州县耗羡以为己有,而令州县恣取平余,其数五六倍于正额;且额外之征,罔知纪极。又于征粮之际,多立名目,每粮一石,加派之银至二三两。此外贪官污吏私自加派,狼差狗弁从中渔利者,不可胜数。故康熙年间廷臣已言:“私派过于官征,杂项浮于正额,分外诛求,民不堪命。”当时初行此制,弊已如此,何况后日?名为永不加赋,实则赋外加赋。其绝汉人生计者一也。

满洲入关之初,强占汉人土地,圈给满人,室庐坟墓在满人所圈地内者,悉为满人所有。汉人不惟失田丧业,无以餬口,且令祖宗暴骨,妻子流离。虏之凶德,从古所无!其绝汉人生计者二也。

八旗人众,计口给粮,不事营生,不纳租税,锦衣玉食皆取之汉人。我汉人无异为其牛马,辛苦所得者尽以输纳,犹以为未足;劳力既尽,生命随之。其绝汉人生计者三也。

既据北京,征固本京饷以为首丘之计。又岁括金银亿万密藏诸陵墓中,自顺治至今,为数无算。以四海有限之财,填诸虏无底之壑,致令货币不能流通,财政日匮。其绝汉人生计者四也。

自康熙朝定制永不加赋,其子孙托言恪守祖制,而于正赋之外,暴敛无算。乾隆朝纵容各省督抚恣为贪婪,殃民取财,剥肤吸髓,概置不问。伺其宦囊既富,则借事治罪,籍没家产,尽入内府,谓之“宰肥鸭”。遂贪诈成风,内自朝廷以至阉竖,外自督抚以至胥吏,皆以贪赃为能,以害民为事。乾隆末年,嬖臣和珅一人之家产至数万万,民穷财尽,四海骚然。其绝汉人生计者五也。

自太平天国起义东南,虏率其贼臣死相抵抗,军兴费无所出,遂创厘金之法。一物之微,莫不有税;商贾困惫,物价腾贵。当时宣言事平裁撤,乃事平之后非惟不撤,且益增加,政府视为利薮,官吏视为肥差,骚扰搜括,民无宁日,商务不振,交通阻隔。其绝汉人生计者六也。

自与万国交通以来,不知外交,屡召战祸,丧师辱国,于弃民割地之外,益以赔款。甲午之役,赔款连息四万万;庚子之役,赔款连息九万万。政府无力,则令各省摊赔。于是各省督抚借此为名,举行杂捐,剥民自肥,自柴米油盐以至糖酒诸杂项,皆科重税;居陆则有房捐,居水则有船捐。民不堪其苦,屡屡激变;则辄调兵勇,肆意焚杀,洗村铲地,以为立威之计。思之心伤,言之发指!其绝汉人生计者七也。

广借外债,浪费无纪,息浮于本,积重如山。犹不知警惧,任令疆臣各自募借,其所开销复无清算,收入愈多,亏空愈大。试观欧美日本各国何尝无国债,然经理得宜,利多弊少,未有若虏朝之紊乱者。循此以往,国力将敝。其绝汉人生计者八也。

罗掘之术既穷,遂不顾廉耻,公然欺骗,造昭信股票,诱民出资。既而勒令报效,不践前言。反覆无信,诈欺取财,行同无赖!其绝汉人生计者九也。

四海之内,人民流离失所,辗转沟壑;而深宫之内,穷奢极欲,日甚一日。据最近调查,报自乙未至庚子,颐和园续修工程每年三百余万,虏太后万年吉地工程每年百余万两;戊戌秋间虏太后欲往天津阅操,令荣禄兴修行宫,提昭信股票银六百余万两;辛丑回京费二千余万两;辛丑后兴修佛照楼五百万两;虏太后七旬庆典一千二百余万两,另各省大员报效一千三百万两。共计此数年之内,虏太后一人所用已盈九千余万两。辛丑至今又阅数年,其费用可比例而知。所饮食者汉人之脂血也,所寝处者汉人之皮革也。汉人家散人亡,老弱填沟壑、丁壮死桎梏者,皆断送在深宫歌舞中耳!其绝汉人生计者十也。

凡此十者,皆荦荦大端,人所共见;其他苛细及缘附而生者,尚不悉计。乃知虏之贪残无道,实为古今所未有。二百六十年中,异族陵践之惨，暴君专制之毒，令我汉人刻骨难忍，九世不忘。虏之待我汉人，无异豺虎食人，肉尽则咀其骨，必使无孑遗而后快。我汉人处于水深火热之中者，其可矜孰甚焉！

今军政府与我国民驱除鞑虏，恢复中华，大兵所至，举满洲政府不平等之政治，摧廓振荡，无俾遗孽。凡租税厘捐一切不便于民者，悉扫除之，俾我国民得怡然于光天化日之下。俟天下大定，当制定中华民国之宪法，与民共守。其与虏朝相异之处，可预为国民言之：在昔虏朝贵满而贱汉，满人坐食，汉人纳粮；民国则以四万万人一切平等，国民之权利义务无有贵贱之差、贫富之别，轻重厚薄，无稍不均。——是为国民平等之制。在昔虏朝行暴君专制之政，以国家为君主一人之私产，人民为其仆隶，身家性命悉在君主之手，故君主虽穷民之力，民不敢不从；民国则以国家为人民之公产，凡人民之事，人民公理之。由人民选举议员，以开国会，代表人民议定租税，编为法律。政府每年预算国用，须得国会许可，依之而行；复以决算布告国会，待其监查，以昭信实。如是则国家之财政实为国民所自理，国会代表人民之公意，而政府执行之。譬如家人，既理家事，必备家用，轻重缓急，参酌得宜。较之暴君专制，横征暴敛，民不堪命者，真有主仆之分，天壤之别。——是为国民参政之制。是故民国既立，则四万万人无一不得其所，非惟除满洲二百六十年之苛政，且举中国数千年来君主专制之治一扫空之。斯诚国家之光荣，人民之幸福也。愿我国民，各殚乃心，勉成大业！布告天下，俾咸知斯意。

在东京《民报》创刊周年庆祝大会上的演说

（一九〇六年十二月二日）

诸君：

今天诸君踊跃来此，兄弟想来，不是徒为高兴，定然有一番大用意。今天这会，是祝《民报》的纪元节。《民报》所讲的是中国民族前途的问题，诸君今天到来，一定是人人把中国民族前途的问题横在心上，要趁这会子大家研究的。兄弟想《民报》发刊以来已经一年，所讲的是三大主义：第一是民族主义，第二是民权主义，第三是民生主义。

那民族主义，却不必要什么研究才会晓得的。譬如一个人，见着父母总是认得，决不会把他当做路人，也决不会把路人当做父母；民族主义也是这样，这是从种性发出来，人人都是一样的。满洲入关到如今已有二百六十多年，我们汉人就是小孩子，见着满人也是认得，总不会把来当做汉人。这就是民族主义的根本。

但是有最要紧一层不可不知：民族主义，并非是遇着不同族的人便要排斥他，是不许那不同族的人来夺我民族的政权。因为我汉人有政权才是有国，假如政权被不同族的人所把持，那就虽是有国，却已经不是我汉人的国了。我们想一想，现在国在那里？政权在那里？我们已经成了亡国之民了！地球上人数不过一千几百兆，我们汉人有四百兆，占了四分之一，算得地球上最大的民族，且是地球上最老最文明的民族；到了今天，却成为亡国之民，这不是大可怪的吗？那非洲杜国不过二十多万人，英国去灭他，尚且相争至三年之久;非律宾岛不过数百万人,美国去灭他,尚且相持数岁;难道我们汉人,就甘心于亡国!想起我汉族亡国时代,我们祖宗是不肯服从满洲的。闭眼想想历史上我们祖宗流血成河、伏尸蔽野的光景,我们祖宗狠对得住子孙,所难过的,就是我们做子孙的人。再想想亡国以后满洲政府愚民时代,我们汉人面子上从他,心里还是不愿的,所以有几回的起义。到了今日,我们汉人民族革命的风潮,一日千丈。那满洲人也倡排汉主义,他们的口头话是说他的祖宗有团结力、有武力,故此制服汉人;他们要长保这力量,以便永居人上。他们这几句话本是不错,然而还有一个最大的原因,是汉人无团体。我们汉人有了团体,这力量定比他大几千万倍,民族革命的事不怕不成功。

惟是兄弟曾听见人说,民族革命是要尽灭满洲民族,这话大错。民族革命的原故,是不甘心满洲人灭我们的国,主我们的政,定要扑灭他的政府,光复我们民族的国家。这样看来,我们并不是恨满洲人,是恨害汉人的满洲人。假如我们实行革命的时候,那满洲人不来阻害我们,决无寻仇之理。他当初灭汉族的时候,攻城破了,还要大杀十日才肯封刀,这不是人类所为,我们决不如此。惟有他来阻害我们,那就尽力惩治,不能与他并立。照现在看起来,满洲政府要实行排汉主义,谋中央集权,拿宪法做愚民的器具。他的心事,真是一天毒一天。然而他所以死命把持政权的原故,未必不是怕我汉人要剿绝他,故此骑虎难下。所以我们总要把民族革命的目的认得清楚,如果满人始终执迷,仍然要把持政权,制驭汉族,那就汉族一日不死,一日不能坐视的!想来诸君亦同此意。

民族革命的大要如此。

至于民权主义,就是政治革命的根本。将来民族革命实行以后,现在的恶劣政治固然可以一扫而尽,却是还有那恶劣政治的根本,不可不去。中国数千年来都是君主专制政体,这种政体,不是平等自由的国民所堪受的。要去这政体,不是专靠民族革命可以成功。试想明太祖驱除蒙古,恢复中国,民族革命已经做成,他的政治却不过依然同汉、唐、宋相近。故此三百年后，复被外人侵入，这由政体不好的原故，不做政治革命是断断不行的。研究政治革命的工夫，煞费经营。至于着手的时候，却是同民族革命并行。我们推倒满洲政府，从驱除满人那一面说是民族革命，从颠覆君主政体那一面说是政治革命，并不是把来分作两次去做。讲到那政治革命的结果，是建立民主立宪政体。照现在这样的政治论起来，就算汉人为君主，也不能不革命。佛兰西大革命及俄罗斯革命，本没有种族问题，却纯是政治问题；佛兰西民主政体已经成立，俄罗斯虚无党也终要达这目的。中国革命之后，这种政体最为相宜，这也是人人晓得的。

惟尚有一层最要紧的话，因为凡是革命的人，如果存有一些皇帝思想，就会弄到亡国。因为中国从来当国家做私人的财产，所以凡有草昧英雄崛起，一定彼此相争，争不到手，宁可各据一方，定不相下，往往弄到分裂一二百年，还没有定局。今日中国，正是万国眈眈虎视的时候，如果革命家自己相争，四分五裂，岂不是自亡其国？近来志士都怕外人瓜分中国，兄弟的见解却是两样。外人断不能瓜分我中国，只怕中国人自己瓜分起来，那就不可救了！所以我们定要由平民革命，建国民政府。这不止是我们革命之目的，并且是我们革命的时候所万不可少的。

说到民生主义，因这里头千条万绪，成为一种科学，不是十分研究不得清楚。并且社会问题隐患在将来，不象民族、民权两问题是燃眉之急，所以少人去理会他。虽然如此，人的眼光要看得远。凡是大灾大祸没有发生的时候，要防止他是容易的；到了发生之后，要扑灭他却是极难。社会问题在欧美是积重难返，在中国却还在幼稚时代，但是将来总会发生的。到那时候收拾不来，又要弄成大革命了。革命的事情是万不得已才用，不可频频伤国民的元气。我们实行民族革命、政治革命的时候，须同时想法子改良社会经济组织，防止后来的社会革命，这真是最大的责任。

于今先说民生主义所以要发生的原故。这民生主义，是到十九世纪之下半期才盛行的。以前所以没有盛行民生主义的原因，总由于文明没有发达。文明越发达，社会问题越着紧。这个道理，狠觉费解，却可以拿浅近的事情来作譬喻。大凡文明进步，个人用体力的时候少，用天然力的时候多，那电力、汽力比起人的体力要快千倍。举一例来说，古代一人耕田，劳身焦思，所得谷米至多不过供数人之食。近世农学发达，一人所耕，千人食之不尽，因为他不是专用手足，是借机械的力去帮助人功，自然事半功倍。故此古代重农工，因他的生产刚够人的用度，故他不得不专注重生产。近代却是两样。农工所生产的物品，不愁不足，只愁有余，故此更重商业，要将货物输出别国，好谋利益，这是欧美各国大概一样的。照这样说来，似乎欧美各国应该家给人足，乐享幸福，古代所万不能及的。然而试看各国的现象，与刚才所说正是反比例。统计上，英国财富多于前代不止数千倍，人民的贫穷甚于前代也不止数千倍，并且富者极少，贫者极多。这是人力不能与资本力相抗的缘故。古代农工诸业都是靠人力去做成，现时天然力发达，人力万万不能追及，因此农工诸业都在资本家手里。资本越大，利用天然力越厚，贫民怎能同他相争，自然弄到无立足地了。社会党所以倡民生主义，就是因贫富不均，想要设法挽救；这种人日兴月盛，遂变为一种狠繁博的科学。其中流派极多，有主张废资本家归诸国有的，有主张均分于贫民的，有主张归诸公有的，议论纷纷。凡有识见的人，皆知道社会革命，欧美是决不能免的。

这真是前车可鉴，将来中国要到这步田地，才去讲民生主义，已经迟了。这种现象，中国现在虽还没有，但我们虽或者看不见，我们子孙总看得见的。与其将来弄到无可如何，才去想大破坏，不如今日预筹个防止的法子。况且中国今日如果实行民生主义，总较欧美易得许多。因为社会问题是文明进步所致，文明程度不高，那社会问题也就不大。举一例来说，今日中国贫民，还有砍柴割禾去谋生活的，欧美却早已绝迹。因一切谋生利益尽被资本家吸收，贫民虽有力量，却无权利去做，就算得些蝇头微利，也决不能生存。故此社会党常言,文明不利于贫民,不如复古。这也是矫枉过正的话。况且文明进步是自然所致,不能逃避的。文明有善果,也有恶果,须要取那善果,避那恶果。欧美各国,善果被富人享尽,贫民反食恶果,总由少数人把持文明幸福,故成此不平等的世界。我们这回革命,不但要做国民的国家,而且要做社会的国家,这决是欧美所不能及的。

欧美为甚不能解决社会问题?因为没有解决土地问题。大凡文明进步,地价日涨。譬如英国一百年前,人数已有一千余万,本地之粮供给有余;到了今日,人数不过加三倍,粮米已不够二月之用,民食专靠外国之粟。故英国要注重海军,保护海权,防粮运不继。因英国富人把耕地改做牧地,或变猎场,所获较丰,且征收容易,故农业渐废,并非土地不足。贫民无田可耕,都靠做工餬口,工业却全归资本家所握,工厂偶然停歇,贫民立时饥饿。只就伦敦一城算计,每年冬间工人失业的常有六七十万人,全国更可知。英国大地主威斯敏士打公爵有封地在伦敦西偏,后来因扩张伦敦城,把那地统圈进去,他一家的地租占伦敦地租四分之一,富与国家相等。贫富不均竟到这地步,"平等"二字已成口头空话了!

大凡社会现象,总不能全听其自然,好象树木由他自然生长,定然支蔓,社会问题亦是如此。中国现在资本家还没有出世,所以几千年地价从来没有加增,这是与各国不同的。但是革命之后,却不能照前一样。比方现在香港、上海地价比内地高至数百倍,因为文明发达,交通便利,故此涨到这样。假如他日全国改良,那地价一定是跟着文明日日涨高的。到那时候,以前值一万银子的地,必涨至数十万、数百万。上海五十年前,黄浦滩边的地本无甚价值,近来竟加至每亩百数十万元,这就是最显明的证据了。就这样看来,将来富者日富,贫者日贫,十年之后,社会问题便一天紧似一天了。这种流弊,想也是人人知道的,不过眼前还没有这现象,所以容易忽略过去。然而眼前忽略,到日后却不可收拾。故此,今日要筹个解决的法子,这是我们同志应该留意的。

闻得有人说，民生主义是要杀四万万人之半，夺富人之田为己有；这是他未知其中道理，随口说去，那不必去管他。解决的法子，社会学者所见不一，兄弟所最信的是定地价的法。比方地主有地价值一千元，可定价为一千，或多至二千；就算那地将来因交通发达价涨至一万，地主应得二千，已属有益无损；赢利八千，当归国家。这于国计民生，皆有大益。少数富人把持垄断的弊窦自然永绝，这是最简便易行之法。欧美各国地价已涨至极点，就算要定地价，苦于没有标准，故此难行。至于地价未涨的地方，恰好急行此法，所以德国在胶州湾、荷兰在爪哇已有实效。中国内地文明没有进步，地价没有增长，倘若仿行起来，一定容易。兄弟刚才所说社会革命，在外国难，在中国易，就是为此。行了这法之后，文明越进，国家越富，一切财政问题断不至难办。现今苛捐尽数蠲除，物价也渐便宜了，人民也渐富足了。把几千年捐输的弊政永远断绝，漫说中国从前所没有，就欧美日本虽说富强，究竟人民负担租税未免太重。中国行了社会革命之后，私人永远不用纳税，但收地租一项，已成地球上最富的国。这社会的国家，决非他国所能及的。我们做事，要在人前，不要落人后。这社会革命的事业，定为文明各国将来所取法的了。

总之，我们革命的目的是为众生谋幸福，因不愿少数满洲人专利，故要民族革命；不愿君主一人专利，故要政治革命；不愿少数富人专利，故要社会革命。这三样有一样做不到，也不是我们的本意。达了这三样目的之后，我们中国当成为至完美的国家。

尚有一问题，我们应要研究的，就是将来中华民国的宪法。“宪法”二字，近时人人乐道，便是满洲政府也晓得派些奴才出洋考察政治，弄些预备立宪的上谕，自惊自扰。那中华民国的宪法，更是要讲求的，不用说了。兄弟历观各国的宪法，有文宪法是美国最好，无文宪法是英国最好。英是不能学的，美是不必学的。英的宪法所谓三权分立，行政权、立法权、裁判权各不相统，这是从六七百年前由渐而生，成了习惯，但界限还没有清楚。后来法国孟德斯鸠将英国制度作为根本，参合自己的理想，成为一家之学。美国宪法又将孟氏学说作为根本，把那三权界限更分得清楚，在一百年前算是最完美的了。一百二十年以来，虽数次修改，那大体仍然是未变的。但是这百余年间，美国文明日日进步，土地财产也是增加不已，当时的宪法现在已经是不适用的了。兄弟的意思，将来中华民国的宪法是要创一种新主义，叫做“五权分立”。

那五权除刚才所说三权之外，尚有两权。一是考选权。平等自由原是国民的权利，但官吏却是国民公仆。美国官吏有由选举得来的，有由委任得来的。从前本无考试的制度，所以无论是选举、是委任，皆有狠大的流弊。就选举上说，那些略有口才的人，便去巴结国民，运动选举；那些学问思想高尚的人，反都因讷于口才，没有人去物色他。所以美国代表院中，往往有愚蠢无知的人夹杂在内，那历史实在可笑。就委任上说，凡是委任官都是跟着大统领进退。美国共和党、民主党向来是迭相兴废，遇着换了大统领，由内阁至邮政局长不下六七万人，同时俱换。所以美国政治腐败散漫，是各国所没有的。这样看来，都是考选制度不发达的原故。考选本是中国始创的，可惜那制度不好，却被外国学去，改良之后成了美制。英国首先仿行考选制度，美国也渐取法，大凡下级官吏，必要考试合格，方得委任。自从行了此制，美国政治方有起色。但是他只能用于下级官吏，并且考选之权仍然在行政部之下，虽少有补救，也是不完全的。所以将来中华民国宪法，必要设独立机关，专掌考选权。大小官吏必须考试，定了他的资格，无论那官吏是由选举的抑或由委任的，必须合格之人，方得有效。这法可以除却盲从滥举及任用私人的流弊。中国向来铨选，最重资格，这本是美意，但是在君主专制国中，黜陟人才悉凭君主一人的喜怒，所以虽讲资格，也是虚文。至于社会共和的政体，这资格的法子正是合用。因为那官吏不是君主的私人，是国民的公仆，必须十分称职，方可任用。但是这考选权如果属于行政部，那权限未免太广，流弊反多，所以必须成了独立机关才得妥当。

一为纠察权，专管监督弹劾的事。这机关是无论何国皆必有的，其理为人所易晓。但是中华民国宪法，这机关定要独立。中国从古以来，本有御史台主持风宪，然亦不过君主的奴仆，没有中用的道理。就是现在立宪各国，没有不是立法机关兼有监督的权限，那权限虽然有强有弱，总是不能独立，因此生出无数弊病。比方美国纠察权归议院掌握，往往擅用此权，挟制行政机关，使他不得不频首总命，因此常常成为议院专制；除非有雄才大略的大总统，如林肯、麦坚尼、罗斯威[①]等，才能达行政独立之目的。况且照正理上说，裁判人民的机关已经独立，裁判官吏的机关却仍在别的机关之下，这也是论理上说不去的，故此这机关也要独立。

合上四权，共成为五权分立。这不但是各国制度上所未有，便是学说上也不多见，可谓破天荒的政体。兄弟如今发明这基础，至于那详细的条理、完全的结构，要望大众同志尽力研究，匡所不逮，以成将来中华民国的宪法。这便是民族的国家、国民的国家、社会的国家皆得完全无缺的治理，这是我汉族四万万人最大的幸福了。想诸君必肯担任，共成此举，是兄弟所最希望的。

---

① 麦坚尼、罗斯威：今译麦金莱、罗斯福。

在旧金山丽蝉戏院的演说

（一九一〇年二月二十八日）

今日所欲与诸君研究者，为革命问题。“革命”二字，近日已成为普通名词，第恐诸君以为革命为不切于一己之事而忽略之，而不知革命为吾人今日保身家、救性命之唯一法门。诸君今日之在美者，曾备受凌虐之苦，故人人愤激，前有抵制美货之举，今有争烟治埃仑之事[①]，皆欲挽我利权、图我幸福耳。而不知一种族与他种族之争，必有国力为之后援，乃能有济。我中国已被灭于满洲二百六十余年，我华人今日乃亡国遗民，无国家之保护，到处受人苛待。同胞之在南洋荷属者，受荷人之苛待，比诸君在此之受美人苛待尤甚百倍。故今日欲保身家性命，非实行革命，废灭鞑虏清朝，光复我中华祖国，建立一汉人民族的国家不可也。故曰革命为吾人今日保身家性命之唯一法门，而最关切于人人一己之事也。

乃在美华侨多有不解革命之义者，动以“革命”二字为不美之名称，口不敢道之，耳不敢闻之，而不知革命者乃圣人之事业也。孔子曰：“汤武革命，顺乎天而应乎人。”此其证也。某英人博士曰：“中国人数千年来惯受专制君主之治，其人民无参政权，无立法权，只有革命权。他国人民遇有不善之政，可由议院立法改良之；中国人民遇有不善之政，则必以革命更易之。”由此观之，革命者乃神圣之事业、

---

① 烟治埃仑：英文 Angel Island 音译，又译作安琪岛、天使岛、仙人岛，位于旧金山海湾内。1909 年起美国当局在该岛设立“移民检疫站”，作为迫害入境华人的拘留所，引起了旅美华侨的愤慨和抗议。

天赋之人权,而最美之名辞也!

中国今日何以必需乎革命?因中国今日已为满洲人所据,而满清之政治腐败已极,遂至中国之国势亦危险已极,瓜分之祸已岌岌不可终日,非革命无以救重亡,非革命无以图光复也。

然有卑劣无耻、甘为人奴隶之徒,犹欲倚满洲为冰山,排革命为职志,倡为邪说,曰"保皇可以救国",曰"立宪可以图强"。数年前诸君多有为其所惑者,幸今已大醒悟。惟于根本问题尚未见到,故仍以满洲政府为可靠,而欲枝枝节节以补救之,曰"倡教育"、"兴实业",以为此亦救国图强之一道。而不知于光复之先而言此,则所救为非我之国,所图者乃他族之强也。况以满洲政体之腐败已成不可救药,正如破屋漏舟,必难补治,必当破除而从新建设也。

所以今日之热心革命者,多在官场及陆军中人,以其日日亲见满洲政府之种种腐败,而确知其无可救药,故身虽食虏朝之禄,而心则不忍见神明种族与虏皆亡也。其已见于事实者,则有徐锡麟、熊成基,其隐而未发者在在皆是。惜乎美洲华侨去国太远,不知祖国之近情,故犹以为革命不过为小人之思想,而不知实为全国之风潮也。

又有明知革命乃应为之事,惟畏其难,故不敢言者。此真苟且偷安之凉血动物,而非人也!若人者,必不畏难者也。如诸君之来美,所志则在发财也,然则天下之事,更有何事难过于发财乎?然诸君无所畏也,不远数万里,离乡别井而来此地,必求目的之达而后已。今试以革命之难与发财之难而比较之,便知发财之难,必难过于革命者数千万倍也。何以言之?以立志来美发财者,前后不下百数十万人也,然其真能发财者有几人乎?在美发财过百万者,至今尚无一人也。而立志革命之民族,近百余年来如美、如法、如意大利、希腊、土耳其、波斯并无数之小国,皆无不一一成功。如是,凡一民族立志革命者则无不成功,而凡一人立志发财则未必成功,是故曰革命易而发财难也。又一民族立志革命,则一民族之革命成功,而千万人立志发财,则几无一人能达发财之目的,故曰发财之难过于革命者有千万倍也。以有千万倍之难之发财，而诸君尚不畏，今何独畏革命之难哉！

今日有志革命而尚未成功者，只有俄罗斯耳。然此亦不过一迟早问题，其卒必能抵于成，则不待智者始知也。今又以俄国革命之难，与中国革命之难而比较之：俄帝为本种之人，无民族问题之分；且俄帝为希腊教之教主，故尚多奴隶于专制、迷信于宗教者，奉之为帝天。又俄国政府有练军五百万为之护卫，此革命党未易与之抗衡也。俄民之志于革命者，只苦专制之毒耳。中国今日受满政府之专制甚于俄，而清政之腐败甚于俄，国势之弱甚于俄，此其易于俄者一。清帝为异种，汉人一明种族之辨，必无认贼作父之理，此其易于俄者二。中国人向薄于宗教之迷信心，清帝不能以其佛爷、拉麻[①]等名词而系中国人之信仰，此其易于俄者三。又无军力之护卫，此其易于俄者四。俄人革命虽有种种之难，然俄国志士决百折不回之志，欲以百年之时期而摧倒俄国之专制政体，而达政治、社会两革命之目的；中国之革命有此种种之易，革命直一反掌之事耳。惟惜中国人民尚未有此思想，尚未发此志愿。是中国革命之难，不在清政府之强，而在吾人之志未决。望诸君速立志以实行革命，则中国可救，身家性命可保矣！

---

① 拉麻：今称喇嘛。

与伦敦《滨海杂志》记者的谈话*

（一九一一年十一月中旬）

到一八八五年我十八岁时为止，我一直过着象我那个社会阶层一般中国青年所过的那种生活。不同的只是，由于我父亲皈依基督教并任职于伦敦布道会，我有较多的机会和广州的英美传教士接触。有一位英国女士对我发生兴趣，我终于学会了讲英语。英美布道会的嘉约翰（Kerr）博士为我找到一份工作，并且让我学得了不少医学知识。我很喜欢这门学科，相信我将会有一个为我的同胞行医的有益的职业。当我一听到香港要开办一所医学院的消息，就立刻去见教务长康德黎博士，并且注册入学。

我在那里渡过一生中欢乐的五年。一八九二年，我得到了一张准许以内外科医生行医的文凭。我多方设法寻找一个可以开业的地点，最后，决定到珠江口的葡萄牙殖民地澳门去碰碰运气。直到这个时候，还不能说我对政治有过什么特殊的兴趣。但是，正当我在澳门为开业而奋斗，而我的奋斗又由于葡萄牙医生的歧视而四处碰壁的时候，一天晚上，有一个岁数和我差不多的年轻商人来访，问我是否听到北京传来的消息，说日本人就要打进来了。我说我只听英国人谈过，并不很清楚。我又说："我们都被蒙在鼓里，太遗憾了。皇帝应该对人民有点信任才行。"

"天命无常。"我的朋友说。

---

* 此文为《滨海杂志》（*The Strand Magazine*）记者在伦敦访问孙中山谈话的英文记录。经该杂志整理，孙中山核阅并签名，以《我的回忆》（*My Reminiscences*）为题发表。

“对,”我表示同意,并且引述一句帝舜的话:“天听自我民听。”

那一晚我加入了少年中国党(Young China Party)。全世界现在都已知道困扰中国如此之久的弊端所在。但是,使我们受苦的主要祸根是愚昧。不让我们知道发生的任何情况,更不必说参加政府了。对我来说,由于经常和欧洲人交往,尝过他们那种自由的滋味,对这种状况就更加难以忍受。这时,我在澳门为谋求开业生涯而作出种种努力之后,不得不取下招牌,迁到了广州。接着是一八九四年中国败在日本手下,蒙受了奇耻大辱。我在广州建立一个哥老会的分支组织,并投身于会务工作。很快就有一批申请入会的徒众集合在我的周围。一天,有一名官员来找我,对我说:

“孙,你是个受注意的人物啦。”

“怎么?”我问。

“你的名声传到北京去了。还是小心点好。”

后来只因发生一个情况,才使我转危为安。传来的消息说,光绪皇帝已从梦中醒悟,不顾慈禧太后态度如何,有心赞助我们的革新。我立即草拟了一份请愿书,征集到数以百计的签名后,把它呈送到北京。

有一段时间,请愿书的命运和我们自身全都祸福未卜。随后发生了一件事,使朝廷把注意力集中到我们身上来。那就是,为进行对日战争而募集的广州兵勇被遣散了,他们并没有重操旧业,却跑来和我们在一起。此外,在广州的一帮巡勇中还出现了骚动不安,他们由于领不到薪饷而开始在市区劫掠财物。居民为此举行了一个群众大会,公推五百多人作为代表,前往巡抚衙门提出申诉。

“这是造反!”巡抚吼叫着,并立即下令逮捕为首分子。我逃脱了。这是我第一次脱逃,后来我又有多次类似的险遇。逃过了当局的毒手以后,我就急着去营救那些运气比我差的伙伴。我们拟订了一项大胆的计划,实行的时机似乎已经成熟。简单说来,就是要攻占广州城,并且坚持到我们的请愿被接纳,我们的冤情得到昭雪,新征的捐税被取消掉。而要做到这一点,就必须得到一大批汕头地方士兵的帮助，他们也是对现状不满的。我们的革新委员会(Reform-committee)天天开会，并积聚了大批武器弹药，其中包括有炸药。一切都准备好了，完全取决于汕头士兵能否越野行军一百五十多哩前来和我们会合，从香港来的一支特遣队又能否及时赶到。在规定的时间，我和朋友们聚集在一所房子里，外面有成百名武装人员把守。同时派了三四十个传令人员潜赴市区各处，通知我们的朋友们务必于次日凌晨准备就绪。一切似乎都在顺利进行，却突然来了一声晴天霹雳。这是汕头方面领导人拍给我的一份电报：

"官军戒备，无法前进。"

现在该怎么办？我们所依靠的正是汕头军队。我们试着召回我们的侦察人员，又给香港发了电报。但是来不及了，一支四百多人的特遣队已经带着十箱左轮手枪乘轮船出发。我们的同谋者惊慌了，接着就开始出现一阵混乱，大家都想在风暴到来之前逃走。我们焚毁了所有的文件，贮藏好军械弹药。我潜逃到珠江三角洲海盗经常出没的河网地区，躲藏了几昼夜，终于登上一艘熟人的小汽艇。刚一抵达澳门，我就荣幸地看到了一份悬赏一万两银子通缉孙汶(即本人)的告示，而且听人说，一股巡勇截获那艘香港轮船，并立即逮捕了船上所有的人。一八九五年广州之役就这样结束了。

我在澳门只停留几个小时，在那里碰到了我的老相识，他对我说："怎么，孙，你现在真干起来了。"

我答道："不错，我已开始在干。你该记得你曾说过——'天命无常'。"

在香港，我的安全并不更有保障。听从康德黎博士的建议，我去请教一位律师达尼思先生。他告诉我，最有效的安全措施是马上远走高飞。

"北京的臂膀虽然弱，但仍然是长的，"他说。"不论你走到世界哪个角落，都必须留心总理衙门的耳目。"

幸亏我有朋友们的资助。我必须在此提及这些朋友们的坚定和忠诚，他们衷诚祝愿我多年来努力倡导的伟大事业能获得成功。

他们从不曾使我失望。幸亏我除了旅行所需外,别无奢求。我常常一连好几个星期只靠少量水泡饭过日子,也作过好几百哩的徒步旅行。但有的时候,却有一大笔盛情难却的捐款交给我随意支配,因为在美国,有些侨胞很富裕、慷慨而且爱国。

我从香港逃到神户以后,采取了一个重大步骤,把我从小蓄留的辫子剪掉了。有好几天不刮脸,在上嘴唇顶边留起了胡髭。随后又到服装店买了一身新式的日本和服。当我穿戴好了,往镜里一照,只见面目全变,不禁吃了一惊,但也为此而感到放心。我得天独厚,比大多数中国人的肤色黑一些,这是我的母亲遗传给我的特征,因为我父亲更接近于常见的类型。有人说我有马来血统,也有人说我出生在火奴鲁鲁,这两种说法都不确实。就我所知,我是纯粹的中国人。但在中日甲午战后,日本人开始比以往更加受人尊重,而我只要留起头发和胡髭,就会轻易地被当作是日本人。我得承认,这种情况使我受惠不浅,不然的话,在许多危险关头我是难以逃脱的。即使是日本人,也常常把我看成是他们的同胞。有一次,正当我在一处公共场所被钉上梢时,有两个横滨人走过来和我说话,遗憾的是我连一句日语也不懂,但我在好几分钟中装出一副懂得日语的样子,以便把跟踪的密探摆脱掉。

离开日本以后,我在火奴鲁鲁渡过了六个月。在那里,我也有过类似的经历。那里的侨胞很多,他们都张开双臂欢迎我。他们知道我的所有事迹,也知道清政府正悬重赏购求那个臭名昭著的"孙汶"的首级。在火奴鲁鲁时,我每天访客盈门,并且收到我的朋友们、革新党(Reform Party)党员及哥老会的信函和报告。随后我到了旧金山,并在美国各地进行一种凯旋式的旅行,间或听到消息说,驻华盛顿的中国公使正千方百计地要绑架我,将我解回中国。我深知,回国后将会有怎样的命运落到我的身上:首先他们将用老虎钳把我的踝骨夹紧,再用铁锤敲碎;接着是割掉我的眼皮;最后把我剁成碎块,使任何人都无法认出我的尸体。中国的旧刑律,对政治煽动者是从不心慈手软的。

一八九六年九月,我渡海赴英国。次月十一日,在中国使臣的指使下,我在伦敦波德兰区的中国公使馆被绑架。那次绑架事件已为举世所知,这里只须简单说几句就够了。我在严密的监视下被关在一个房间里达十二天之久,就等着把我当作精神病患者用船运回中国。如果我的良师益友康德黎博士当时不在伦敦,我是根本不可能脱险的。经过多次失败的尝试,我设法让他知道了我的情况。他把这一消息通知各家报纸,警方和沙利斯堡勋爵终于在最后时刻出面干预,并且下令将我释放。

我在伦敦和巴黎作了一段时间的游历和研究之后,觉得该是回国的时候了。我认为,我的国家正需要我。当我回到国内,发现一切都处于扰攘不安的状态。现在全世界都已知道义和团所引起的乱子。在那段可怖的日子里,我经常发表谈话、写文章和演讲,比以往任何时候都更加坚信,没有任何东西能够阻挡这一场不可避免的革命。我每天提心吊胆地过日子,因为有一些极端分子开始与我为敌,这些人憎恨欧洲人和欧洲文明,一心要把"洋鬼子"赶出中国。

那时我又碰到另外一件重要的事情。有一次,我正向一群追随我的同伴演说,看到了一个身材瘦小的年青人,他身高不够五呎,年龄和我相仿,脸色苍白,显得体格纤弱。事后他来找我,对我说:

"我愿意和你共同奋斗,我愿意帮助你。我相信你的宣传一定能够成功。"

从他的口音,我听出他是个美国人。他伸出手来,我紧紧握着向他道谢。但不知道他到底是什么样的人,我猜想他也许是个传教士或学者。我没有猜错。在他走后,我问一位朋友:

"那驼背的小个子是谁?"

"噢,"他说,"那是咸马里上校,当今世界上出色的军事天才之一——不,也许就是最出色的一个。他精通现代战争的战略战术。"

我吃惊得几乎合不拢嘴。

"正是他刚刚表示愿意和我共同奋斗。"

第二天早晨,我拜访了咸马里,现在他是将军,而且是《无知之勇》一书的著名作者。我告诉他,一旦我的革命获得成功,而我的同胞又授权于我,我将聘请他为首席军事顾问。

"不必等到你当上中国总统,"他说。"在那以前你就会需要我。没有军队,你既不可能建立也无法维持一个政权。我确信,中国人经过适当的训练就可以组成出色的军队。"

大多数经过欧式战术训练的新军,都是爱国而有志于革新,但在他们占领汉阳军火库之前,他们不会有弹药。因为发给他们的,向来都是些没有弹头和未经装药的空弹壳。

有些朋友经常为我的安全担心。而我本人,也许由于中国的宿命论还残留在我心上的原故,却把这类问题置之度外。我的死期临近时,总是要到来的。一天凌晨,当时我正在"南京"轮船上,一个人走进我的舱房。

"孙,"他说,"我是一个穷人,我有妻子儿女。"

"我明白了。你的意思是,有人出一百块大洋让你出卖我?"

"还要多些,"他说。

"那么,一千?"

"五千,孙。你只是一个人,孙,而慈禧可以要许多人的命。她恨你,她决心要砍掉你的脑袋,那时候你的头对任何人都不会有什么好处。如果你现在把它给我,就可以使我们全家富裕和幸福。"

"的确如此,"我说。"我的头对于我一文不值,但是,他对于你难道就很值钱吗?因为如果你把我出卖了,官员们不仅会从你那里把那笔钱统统夺走,而且你的孩子、还有别家的孩子会继续穷困下去,千百年如此,永远没有尽头。金(Jin),听着,我现在是你的了。我的头就是你的头。你愿意拿你自己的头去换五千大洋吗?'天命无常'。只管去报告你的主子,我就在这船上,决不会走开。"

他跪倒在我的脚下,求我宽恕。但是第二天我听说那人投水自尽了,心里非常难过。因为他说过,他为他有过想要把我出卖给敌人的可耻念头,而感到无地自容。

我能够讲出许多有关悬赏我的首级的故事。说来令人感慨,在所有谋算我的人们中间,竟再没有人象上面所说的那一位。有些人千方百计想要得到这笔赏金,但总是我的朋友们救了我。有一次,我被藏在一间屋子里,有六个星期不曾离开房门一步。又有一次,我在广州郊区的一间小屋里和一个渔民住在一起,人家告诉我,有两名士兵奉命埋伏在附近的小树林里,只要一看见我就开枪射击。他们要我小心,让我在小屋里躲了两天。后来,听说那两个士兵自己被打死了。

但是我最不寻常的经历,也许要算在广州有两名年青官吏亲自来捕捉我的那一次。在一个夜晚,我只穿一件衬衣,在屋子里阅读文件。那两人推门进来,让带来的十几名士兵留在外边。当我见到他们时,就镇定地拿起一本经书,高声朗读起来。他们静听片刻,其中一人便开口问我一个问题,我回答后,他们又问了些别的。接着是一场长时间的争论,我将我的观点以及成千上万想法与我相同的人们的观点,不厌其烦地加以阐明。两小时以后,那两人走了。我听得他们在街上说:"这不是我们所要抓的人。他是一个好人,致力于行医。"

据我估计,索购我的首级的赏格曾提高到七十万两(即十万英磅)。在这种情况下,有人问我为什么竟然在伦敦随意走动而不加戒备。我的回答是,我的生命现已无足轻重,因为已经有许多人可以接替我的位置。十年前,如果我被暗杀,或者被解回中国处决,事业就会遭到危害。但现在,我付出多年努力所缔造的组织已经很完善了。

拳乱结束时,我回到美国。当时我急需一种比军队和武器更为重要的东西,没有它,这两者都不会有,那就是钱。不是指我曾从各处得到的只那么多的款项,而是至少要有五十万英磅。没有这么多的钱,就会失败。于是我开始扮演一个新角色,即政治基金的募集人。我为此到过美国各埠,并访问了欧洲所有的第一流银行家。我又派遣代表前往世界各地。而有些人声称为我活动,其实是以我的名义行骗。我不愿多谈这些,尽管有一个人已被大家指责为革命的叛徒,因为他侵吞了一笔付托给他保管的巨款。他将自食其果。

全世界尤其在美国,盛传中国人自私而唯利是图,这对于一个民族是莫大的侮辱。有许多人,将他们的全部财产交给我。费城的一个洗衣工人,在一次集会后来到我住的旅馆,塞给我一个麻袋,一声没吭就走了,袋里装着他二十年的全部积蓄。

当时,我密切注视着中国,以及国内发生的各种事件。慈禧太后死后,我意识到,命运之神是在做有利于袁世凯的事情。不久,他将成为我们国家命运的主宰。不过我也知道,要是没有我,他将一事无成。

欧洲人认为,中国人不愿意与外国人往来,只有刺刀尖才能迫使中国港口向外商开放。这是完全错误的。历史已用许多事实证明,在满洲人入主中国之前,中国人曾和邻国保有密切的关系,还表明他们并不厌恶外国商人和传教士。外国商人可以在全国各地自由游历。在明代,排外意识是不存在的。

满洲人到来以后,改变了传统的宽容政策。闭关锁国,不与外人通商。驱逐传教士,杀戮中国教民。禁止中国人移居海外,违者处死。这是什么缘故呢?只不过因为满洲人立意要排斥外国人,希望中国人民憎恨他们,以免因受外国人的启迪而唤醒了自己的民族意识。由满洲人所培植起来的排外精神,在一九〇〇年的拳乱中达到了高峰。谁又是那次运动的首领呢?不是别人,正是皇室中的成员。在中国游历的外国人常常说,人民对待他们,比之官吏要更为友善。

我要在这里再次列举二百六十年来鞑虏统治期间,我们所身受的主要虐政:

一、满洲人的统治是为其本族的私利,而不是为了全体国民。

二、他们反对我们在智力方面和物质方面的进步。

三、他们把我们作为被统治民族对待,否认我们各种平等的权利和特权。

四、他们侵犯我们不可让与的生存权、自由权和财产权。

五、他们纵容和鼓励贪污行贿。

六、他们压制言论自由。

七、他们未经我们的同意,不公平地向我们征收重税。

八、他们实行最野蛮的酷刑。

九、他们不经法律而剥夺我们的各种权利。

十、他们不能履行职责,以保障其辖区内居民的生命和财产。

虽然我们有理由憎恨满洲人,我们仍试图与他们和好相安,但却是徒劳的。因此,我们中国人民已经下定决心,尽可能采取和平措施,必要时诉诸暴力,以争取公平的待遇,并奠定远东和世界和平。我们将把已经开始的事业进行到底,不管会流多少血。

一个新的、开明而进步的政府必定要取代旧政府。当这一目标实现以后,中国将不仅能使自己摆脱困境,而且还有可能解救其他国家,维护其独立和领土完整。在中国人中间,有高度文化素养的大不乏人,我们相信,他们必能承担组织一个新政府的重任,为了把旧的中国君主政体改变为共和政体,思虑精到的计划早已制订出来了。

人民群众已经为迎接一个新型政权作好准备。他们希望改变政治和社会处境,以摆脱目前普遍存在的可悲的生活状况。国家正处于紧张状态,恰似一座干燥树木的丛林,只需星星之火,就能使它燃烧起来。人民已为驱除鞑虏作好准备,一旦革命势力在华南取得立足点,他们就会闻风响应。北京附近的七个镇,是袁世凯所一手建立的。由于他的被贬黜,这些军队效忠北京政府的坚定性已经大大削弱。

虽然他们与我们之间并没有作出任何安排,但我们确信,他们并不愿为满洲政府作战。而在满洲另有一个镇,是由革命将领统率的,一旦时机成熟,我们可以指望他们与我们合作,共同反对北京。

至于海军,虽然也没有为取得他们的支持而进行任何接触,但只要有足够的金钱可供使用,取得某种谅解是不困难的。中国海军只有四艘可用的巡洋舰,最大的一艘约有四千吨,其余三艘各为两千九百吨。舰上官兵许多都是革命者。

我要再说一句，整个华南全面起义的条件已经具备。除了华南所有人民都准备响应外，广东、广西、湖南等省革命志士已招募到善战的部队。这些省份，从来就是中国优秀军人的出生地。

迄今为止的发展，一切如我所料，只是事机来得稍快一点。我原以为袁世凯会坚持得更久些。我当初过分相信这种推测，以致一年前袁派人来请我时，我不敢轻信来使。我认为他在要花招，其实他是有诚意的。他希望取消对我的通缉，并公开和我一致行动。而我却对他的使者说：

“请回禀贵主人，我艰苦奋斗十五载，历尽险阻，不是为了轻易受骗。请转告他阁下，我可以等待。‘天命无常’。”

如果我相信了袁的使者，革命就会爆发得更早些，而我现在当已在北京。因为我能够倚仗我的千百万追随者。由于他们早已信从我的主义，他们将会追随我而至死不渝。

革命运动取得最大的发展，是在我们领受已故光绪帝的恩典的时期。在他未遭慈禧太后幽禁之前，曾有好几千名中国青年获准出国，周游世界，考察欧洲的制度习俗。在他们当中，有九成人感染了革命思想。无论我去到哪里，都会遇到许多这样的人。他们对我并不陌生，都急于要和我交换意见。当他们回国以后，不久就开始在全国各地发挥了酵母作用。

不论我将成为全中国名义上的元首，还是与别人或那个袁世凯合作，对我都无关紧要。我已做成了我的工作，启蒙和进步的浪潮业已成为不可阻挡的。中国，由于它的人民性格勤劳和驯良，是全世界最适宜建立共和政体的国家。在短期间内，它将跻身于世界上文明和爱好自由国家的行列。

孙逸仙（中英文签名）

在欧洲的演说

（一九一一年十一月中下旬）

中国现时除北京及直隶一省外，均在革命军势力之下。但须联为一气，则满洲皇室早无望矣。袁世凯之君主立宪办法，决不为人民所允许。诚以君主立宪实一分别满汉之标记，汉族讵愿再留此标记乎？不特不愿再有此标记也，甚愿洗尽所有极秽恶之记念，则组织联邦共和政体尤为一定不易之理。彼将取欧美之民主以为模范，同时仍取数千年前旧有文化而融贯之。语言仍用官话，此乃统一中国之精神，无庸稍变。汉文每字一义，至为简洁，亦当保存；惟于科学研究须另有一种文字以为补助，则采用英文足矣。

武汉起事以来，各省响应，均能维持秩序，保护外人之生命财产。其在满廷一面，或欲利用暴动引起列强干涉，阻汉族之独立。若共和党，则惟利于与列强相亲，决不利于与列强相仇也。即以民间反对借款而论，亦系不信任恶政府之故，并非真与外资为难。共和成立之后，当将中国内地全行开放，对于外人不加限制，任其到中国兴办实业；但于海关税则须有自行管理之权柄，盖此乃所以保其本国实业之发达，当视中国之利益为本位。总之，新政府之政策在令中国大富。凡此以上办法，自当设法不与以前各国在中国所已得之利益相冲突也。中国人民号称四百兆，物产丰盛甲于全球，外资输入自如水之就壑，吾等当首先利用，以振兴其工商业；俟信用大著后，则投资更为稳固，外资更当大集于中国。加以中国内地，深藏固闭，其数亦决不少，倘国家能有信用，则前此藏闭之资本均将流通全国，固不虞其匮乏矣。中国共和政府定能致力平和，对于日俄亦当尊敬其已得之条约及权利。共和政府之精神,决无帝国派之野心,决不扩张军备,但欲保其独立及领土完全而已。倘此二者被侵,彼并无须军备,但以最近拒用外货办法,仅暂时牺牲其商务及经济之利益,列强无论何国早望风而靡矣!

与西蒙的谈话*

（一九一一年十一月二十三日）

一、借款问题与革命展望

孙：阁下能否立即或在最短期间内，贷款予革命临时政府？

西：不行，至少目前无法立刻照办。四国银行团对此态度完全一致。银行团和他们政府决定就财政观点方面严格采取中立，在目前情况下既不发行贷款，也不预付款额。他们不仅无法予临时政府以财政援助，即清廷也同样不会获得任何支援。相反的，一旦民军建立一个为全国所接受、为列强所承认之正规政府时，他们对于在财政上之帮助革命党，将不表反对。

阁下对我肯定表示，民党必可获得最后胜利。惟湖北一省所举共和义旗，是否同样为其他各省所追随响应？各省之间的歧见，是否会导致全国的分崩离析？

孙：不必担心这个可能性。由全国各地革命势力的蓬勃发展及其响应的快速看来，可以显示这不是一种局部性的叛乱，而为一种事先经过长期准备，且有完善组织，旨在建立一联邦式共和国的起义。成功是可以确定的。袁世凯的狡猾善变虽可能迟滞革命行动，但决无法阻止革命的胜利。再者，正因袁世凯手腕表现太过灵活，

---

* 西蒙（S. Simon）是法国东方汇理银行总裁。谈话用英语。

反而自损清望。他在革命开头的犹豫,他的坚持想维系清廷于不坠,即使削弱自己的权利至于有名无实的地步亦在所不惜,凡此均使他与中国的开明精神乖离。

二、庚款问题

孙:阁下是否同意谈判一项借款,藉使中国偿还庚子赔款?因为赔款的偿付,除了使我们蒙受兑率的损失外,又令我们回想起一段早想抹掉的屈辱历史!

西:我看不出从这样的运用,你们将会得到何种实质上的好处。但无论如何,关于这一点,我们毫无异议愿给你们以满足。当然,问题在于所提供的借款抵押条件必须完全满意!

孙:阁下本人或贵国政府是否反对以其他相当的保证,来取代目前做为借款抵押的关税?

西:你所指者是否为最近用以抵押借款的厘金?

孙:不是,我们想取消厘金。对于抵押保证的更换,以使我们的债权人充分满足这一点,我并不认为有何困难!但我要提的是海关。为俯顺全国舆情的要求,我们想重新掌握海关及其税收,并拟以其他抵押品例如矿权、土地税等取代关税。

西:这一点绝对不可能!即使有约关系之银行团和他们的政府同意遵照临时政府的办法,但大众认购债票时系基于某种契约承诺,此项承诺任何人不得随意更改。将来一旦中国的信用稳固建立,足可进行一次与其债务问题有关的谈判,届时为了偿还前述之借款或可贷予新借款,并改用关税以外的东西为抵押品,甚而呼吁大众仅以中国全国预算作为一般性抵押。但截至目前为止,对于现正进行的贷款条件,实不便做任何修正。

西蒙补充指出,孙先生对此一表示极感失望。

三、日俄同盟问题

孙：假使我能和你们政府中的阁员之一取得连系，并请你充当翻译，我将请求贵国政府尽其一切影响力，劝阻盟友俄国不与日本沆瀣一气。我们对这两个国家之结为亲密同盟深具戒心！相反的，我们深信日本目前不会找中国的麻烦。关于这一点，我们也已获得美国某种承诺。我们深信，当我们一旦与日本有纠葛时，我们可以信赖此种保证。而如果美国所面对的是一个与俄国结盟的日本，我们就无从获得类似之保证了。为此，我们希望法国的行动能够对俄国产生影响，于中国有益。我们也希望与俄人在充分了解下保持友好关系。

西：关于这点，我无法做任何答复。这完全是一件绝对超越我能力范围的问题。依个人所知，俄人由于在满洲和蒙古曾耗费大批人力与物力，目前宜于在此两地区维持现状。

孙：对此，我们不表任何异议。问题在于，俄人之野心不得逾越目前所已取得之地区。

西：在此情况下，你们非得让俄人深信，你们并无意收回俄人已取得之地位。而我也不懂阁下有何理由，可以怀疑俄人的诚意。

四、列强与中国财政

最后，中山先生表示，渠与朋友们均对未来中国借款谈判所可能引起的危险深表关注。他们担心在各国政府支持下，又出现一个如同四国银行团那样强而有力的财团，而此一财团的目的，只不过想强迫中国接受某一种已议定的财政政策，而与中国的真正利益相冲突，且可能演变成为控制中国财政和债务的工具。

西蒙回答指出，今后中国为求改善装备与整理善后所需款额，为数将甚可观，而需各国相助之处亦大；将来进行的不再是小型借款，而是规模甚大的大借款。为此，各国政府事先成立一个集团，分摊其重要性，将不足为奇。

孙中山先生听此解释，始稍释怀。临别并向西蒙表示，希望法国政府当局能撤销渠在法属安南居留的禁令。

临时大总统宣言书

（一九一二年一月一日）

中华民国缔造之始，而文以不德，膺临时大总统之任，夙夜戒惧，虑无以副国民之望。夫中国专制政治之毒，至二百余年来而滋甚，一旦以国民之力踣而去之，起事不过数旬，光复已十余行省，自有历史以来，成功未有如是之速也。国民以为于内无统一之机关，于外无对待之主体，建设之事，更不容缓，于是以组织临时政府之责相属。自推功让能之观念以言，文所不敢任也；自服务尽责之观念以言，则文所不敢辞也。是用黾勉从国民之后，能尽扫专制之流毒，确定共和，以达革命之宗旨，完国民之志愿，端在今日。敢披沥肝胆，为国民告：

国家之本，在于人民。合汉、满、蒙、回、藏诸地为一国，即合汉、满、蒙、回、藏诸族为一人。是曰民族之统一。

武汉首义，十数行省先后独立。所谓独立，对于清廷为脱离，对于各省为联合，蒙古、西藏意亦同此。行动既一，决无歧趋，枢机成于中央，斯经纬周于四至。是曰领土之统一。

血钟一鸣，义旗四起，拥甲带戈之士遍于十余行省。虽编制或不一，号令或不齐，而目的所在则无不同。由共同之目的，以为共同之行动，整齐画一，夫岂其难。是曰军政之统一。

国家幅员辽阔，各省自有其风气所宜。前此清廷强以中央集权之法行之，遂其伪立宪之术。今者各省联合，互谋自治，此后行政期于中央政府与各省之关系，调剂得宜，大纲既挈，条目自举。是曰内治之统一。

满清时代藉立宪之名,行敛财之实,杂捐苛细,民不聊生。此后国家经费,取给于民,必期合于理财学理,而尤在改良社会经济组织,使人民知有生之乐。是曰财政之统一。

以上数者,为政务之方针,持此进行,庶无大过。若夫革命主义,为吾侪所昌言,万国所同喻。前此虽屡起屡踬,外人无不鉴其用心。八月以来,义旗飙发,诸友邦对之抱和平之望,持中立之态,而报纸及舆论尤每表其同情,邻谊之笃,良足深谢。临时政府成立以后,当尽文明国应尽之义务,以期享文明国应享之权利。满清时代辱国之举措与排外之心理,务一洗而去之;与我友邦益增睦谊,持和平主义,将使中国见重于国际社会,且将使世界渐趋于大同。循序以进,不为倖获。对外方针,实在于是。

夫民国新建,外交内政,百绪繁生。文自顾何人,而克胜此!然而临时之政府,革命时代之政府也。十余年来,从事于革命者,皆以诚挚纯洁之精神,战胜所遇之艰难。即使后此之艰难远逾于前日,而吾人惟保此革命之精神,一往而莫之能阻。必使中华民国之基础确定于大地,然后临时政府之职务始尽,而吾人始可告无罪于国民也。今以与我国民初相见之日,披布腹心,惟我四万万之同胞共鉴之。

大中华民国元年元旦

临时大总统对外宣言书*

（一九一二年一月五日）

溯自满洲入主，据无上之威权，施非理之抑勒，裁制民权，抗违公意。我中华民国之智识上、道德上、生计上种种之进步，坐是迟缓不前。识者谓非实行革命，不足以荡涤旧污，振作新机。今幸义旗轩举，大局垂定，吾中华民国全体，用敢以推倒满清专制政府、建设共和民国，布告于我诸友邦。

易君主政体以共和，此非吾人徒逞一朝之忿也。天赋自由，萦想已夙，祈悠久之幸福，扫前途之障蔽，怀此微忱，久而莫达。今日之事，盖自然发生之结果，亦即吾民国公意所由正式发表者也。

盖吾中华民族和平守法，根于天性，非出于自卫之不得已，决不肯轻启战争。故自满清盗窃中夏，于今二百六十有八年，其间虐政，罄竹难书，吾民族惟有隐忍受之。以倒悬之待解，求自由而企进步，亦尝为改革之要求，而终勉求所以和平解决之道，初不欲见流血之惨也。屡起屡蹶，卒难达吾人之目的，至于今日，实已忍无能忍。吾人鉴于天赋人权之万难放弃，神圣义务之不容不尽，是用诉之武力，冀脱吾人及世世子孙于万重羁轭。盖吾人之匍匐呻吟于此万重羁轭之下者，匪伊朝夕。今日之日，始于吾古国历史中，展光明灿烂之一页，自由幸福，照耀寰宇，不可谓非千载难得之盛会也。

满清政府之政策，质言之，一嫉视异种，自私自便，百折不变之虐政而已。吾人受之既久，迫而出于革命，亦固其所。所为摧陷旧

---

* 原文为英文，由伍廷芳奉孙中山命用英文电报通告各国。

制，建立新国，诚有所不得不然，谨为世界诸自由民族缕晰陈之。

当满清未窃神器之先，诸夏文明之邦，实许世界各国以交通往来，及宣布教旨之自由。马阁[①]之著述，大秦景教碑之纪载，斑斑可考也。有明失政，满夷入主，本其狭隘之心胸，自私之僻见，设为种种政令，固闭自封，不令中土文明与世界各邦相接触，遂使神明之裔，日趋僿野，天赋知能，艰于发展，愚民自锢，此不独人道之魔障，抑亦文明各国之公敌，岂非罪大恶极，万死莫赎者欤！

不特此也，满清政府欲使多数汉人，永远屈伏于其专制之下，而彼得以拥有财富，封殖蕃育于其间。遂不恤贼害吾民，以图自利，宗支近系，时拥特权，多数平民，听其支配。且即民风习尚，满汉之间，亦必严至峻之障，用示区别，逆施倒行，以迄于今。又复征苛细不法之赋税，任意取求，迹邻掳劫。商埠而外，不许邻国以通商，常税不足，更敛厘金以取益，阻国内商务之发展，妨殖产工业之繁兴。呜呼！中土繁庶之邦，谁令天然富源迟迟不发，则满洲政府不知奖护实业之过也。

至于用人行政，更无大公不易之常规。严刑峻制，惨无人理。任法吏之妄为，丝毫不加限制，人命呼吸，悬于法官之意旨；问其有罪无罪也，不依法律正当之行为，侵犯吾人神圣之权利。卖官鬻爵，政以贿成。凡此种种，更仆难数。任官授职，不问其才能之何若，而问其权势之有无。以此当政事之大任，几何其不误国哉！

近年以还，人民不胜专制之苦，亦时有改革政治之要求。满政府坚执锢见，一再不许，即万不得已而暂允所请，亦仅为违心之举，初非有令出必行之意。朝颁诏旨，夕即背之，玩弄吾民，已非一次。其于本国光荣，视同秦越，未尝有丝毫为国尽力之意。是以历年种种之挠败，不足激其羞耻之心，坐令吾国吾民遭世界之轻视，而彼殆无动于衷焉。

吾人今欲湔除上述种种之罪恶，俾吾中华民国得世界各邦敦平等之睦谊，故不恤捐弃生命，以与是恶政府战，而别建一良好者以代

---

① 马阁：今译马可波罗。

之。犹恐世界各邦或昧于吾民睦邻之真旨，故将下列各条，披沥陈于各邦之前，我各邦尚垂鉴之。

（一）凡革命以前所有满政府与各国缔结之条约，民国均认为有效，至于条约期满而止。其缔结于革命起事以后者，则否。

（二）革命以前，满政府所借之外债及所承认之赔款，民国亦承认偿还之责，不变更其条件。其在革命军兴以后者，则否。其前经订借、事后过付者亦否认。

（三）凡革命以前满政府所让与各国国家或各国个人种种之权利，民国政府亦照旧尊重之。其在革命军兴以后者，则否。

（四）凡各国人民之生命财产，在共和政府法权所及之域内，民国当一律尊重而保护之。

（五）吾人当竭尽心力，定为一定不易之宗旨，期建吾国家于坚定永久基础之上，务求适合于国力之发展。

（六）吾人必求所以增长国民之程度，保持其秩序，当立法之际，一以国民多数幸福为标准。

（七）凡满人安居乐业于民国法权之内者，民国当一视同仁，予以保护。

（八）吾人当更张法律，改订民、刑、商法及采矿规则；改良财政，蠲除工商各业种种之限制；并许国人以信教之自由。

抑吾人更有进者，民国与世界各国政府人民之交际，此后必益求辑睦。深望各国既表同意于先，更笃友谊于后，提携亲爱，视前有加；当民国改建、一切未备之时，务守镇静之态，以俟其成，且协助吾人，俾种种大计，终得底定。盖此改建之大业，固诸友邦当日所劝告吾民，而满政府未之能用者也。

吾中华民国全体，今布此和平善意之宣言书于世界，更深望吾国得列入公法所认国家团体之内，不徒享有种种之利益与特权，亦且与各国交相提挈，勉进世界文明于无穷。盖当世最高最大之任务，实无过于此也。

中华民国临时大总统孙文（签名）

中国同盟会总章

（一九一二年三月三日）

第一章 总 则

第一条 本会定名中国同盟会。

第二条 本会以巩固中华民国,实行民生主义为宗旨。

第三条 本会政纲分列如下：

一、完成行政统一,促进地方自治。

二、实行种族同化。

三、采用国家社会政策。

四、普及义务教育。

五、主张男女平权。

六、励行征兵制度。

七、整理财政,厘定税则。

八、力谋国际平等。

九、注重移民垦殖事业。

第四条 本会暂设本部于首都,设支部于各要地。

第二章　会　员

第五条　凡中国人已经成年，具普通智识，赞同本会宗旨，由会员二人以上之绍介，经本部及支部干事认可者，得为本会会员。

第六条　会员须遵守本会章程及政纲。

第七条　入会会员应纳入会费一元，常年费二元。

第八条　会员得绍介同志入会。

第九条　会员得选举本会职员，及被选举或委任为本会职员。

第十条　凡已入本会者，同时不得入他政党。

第十一条　会员得五人以上之同意，对于本部或支部可提出意见书，陈请评议。

第十二条　会员欲出会须提出理由，经本部或支部之评议部许可。

第十三条　会员一年以上未缴常年费，且不通告理由者，宣告除名。

第十四条　会员有违犯规则、败坏名誉者，经评议部议决，由总理宣告除名。

第十五条　会员因会事受损害者，由评议部议决，得受特别保护及抚恤。

第十六条　会员于入会日领受会员徽志，为开大会时入场之证。

第三章　职　员

第十七条　本会设总理一人，协理二人，由全体大会选举。

第十八条　总理代表本会总揽一切事务。

第十九条　协理襄助总理，遇总理有事故不能理会务时，得代理其职权。

第二十条　干事部分为五：曰总务部、交际部、政事部、理财部、文事部，每部设主任干事一人。

第二十一条　主任干事由全体会员投票选举十人，呈总理选任。每部分设数科，科员若干人，由该部主任干事荐任。

第二十二条　干事部之职权及分科，另章规定，其要领列下：

总务部　辅助总、协理指挥本会一切事务，图谋各部事务之调和，联络本部与支部之关系，并掌理不属他部之事务。

交际部　掌理本会与他团体或个人交涉之事务。

政事部　研究政治上一切问题，联络在议院及政府任职各会员，以谋党见之统一。

理财部　筹划本会经费，管理一切收支，及本会经营之农工商业。

文事部　掌理本会一切文件，及出版事项。

第二十三条　各部干事每年改选一次，但得连举连任。

第二十四条　本部设评议部，评议员由本部会员选举，每省以一人以上四人以下为限，任期一年。

第二十五条　评议部决议本会章程及一切临时发生事项。其章程另定。

第四章　经　费

第二十六条　本会经费，以会员入会费、常年费及特别捐充之。

第二十七条　每岁收入支出，于年终由理财部造册，经评议检查后，登报报告全体会员。

第五章 会 期

第二十八条 本会会期，分为全体大会、常会、临时会，皆由总理召集。全体大会每年开一次，各支部皆派代表莅会；常会每季开一次，只限于本部会员；临时会遇有重大事件方开，无定期，视会之性质如何，以定召集支部代表与否。

第六章 支 部

第二十九条 各支部得依据支部通则，自定章程，但不得违背本会之宗旨及政纲。

第三十条 各支部长须按季将支部会员名册及会务情状，报告本部。

第三十一条 各支部得随时建议于本部。

第三十二条 各支部之会员入会费须按季寄交本部。

第七章 附 则

第三十三条 本总章自发布之日施行。

第三十四条 本总章有职员五人以上，或会员十人以上之提议，经评议部三分之二可决，得修改之。

中华民国临时约法

（一九一二年三月十一日）

兹准参议院咨送议决临时约法前来，合行公布。

孙文。印。

中华民国元年三月十一日

中华民国临时约法

第一章　总　纲

第一条　中华民国由中华人民组织之。

第二条　中华民国之主权属于国民全体。

第三条　中华民国领土为二十二行省、内外蒙古、西藏、青海。

第四条　中华民国以参议院、临时大总统、国务员、法院行使其统治权。

第二章　人　民

第五条　中华民国人民一律平等，无种族、阶级、宗教之区别。

第六条　人民得享有左列各项之自由权：

一、人民之身体，非依法律不得逮捕、拘禁、审问、处罚；

二、人民之家宅，非依法律不得侵入或搜索；

三、人民有保有财产及营业之自由；

四、人民有言论、著作、刊行及集会、结社之自由；

五、人民有书信秘密之自由；

六、人民有居住、迁徙之自由；

七、人民有信教之自由。

第七条　人民有请愿于议会之权。

第八条　人民有陈诉于行政官署之权。

第九条　人民有诉讼于法院受其审判之权。

第十条　人民对于官吏违法损害权利之行为，有陈诉于平政院之权。

第十一条　人民有应任官考试之权。

第十二条　人民有选举及被选举之权。

第十三条　人民依法律有纳税之义务。

第十四条　人民依法律有服兵役之义务。

第十五条　本章所载人民之权利，有认为增进公益、维持治安，或非常紧急必要时，得依法律限制之。

第三章　参议院

第十六条　中华民国之立法权，以参议院行之。

第十七条　参议院以第十八条所定各地方选派之参议员组织之。

第十八条　参议员每行省、内蒙古、外蒙古、西藏各选派五人，青海选派一人，其选派方法由各地方自定之。

参议院会议时，每参议员有一表决权。

第十九条　参议院之职权如左：

一、议决一切法律案；

二、议决临时政府之预算、决算；

三、议决全国之税法、币制及度量衡之准则；

四、议决公债之募集及国库有负担之契约；

五、承诺第三十四条、三十五条、四十条事件；

六、答复临时政府谘询事件；

七、受理人民之请愿；

八、得以关于法律及其他事件之意见建议于政府；

九、得提出质问书于国务员并要求其出席答复；

十、得咨请临时政府查办官吏纳贿、违法事件；

十一、参议院对于临时大总统认为有谋叛行为时，得以总员五分四以上之出席，出席员四分三以上之可决弹劾之；

十二、参议院对于国务员认为失职或违法时，得以总员四分三以上之出席，出席员三分二以上之可决弹劾之。

第二十条　参议院得自行集会、开会、闭会。

第二十一条　参议院之会议须公开之，但有国务员之要求，或出席参议员过半数之可决者，得秘密之。

第二十二条　参议院议决事件，咨由临时大总统公布施行。

第二十三条　临时大总统对于参议院议决事件如否认时，得于咨达后十日内声明理由咨院复议。但参议院对于复议事件如有到会参议员三分二以上仍执前议时，仍照第二十二条办理。

第二十四条　参议院议长由参议员用记名投票法互选之，以得票满投票总数之半者为当选。

第二十五条　参议院参议员于院内之言论及表决，对于院外不负责任。

第二十六条　参议院参议员除现行犯，及关于内乱外患之犯罪外，会期中非得本院许可，不得逮捕。

第二十七条　参议院法由参议院自定之。

第二十八条　参议院以国会成立之日解散，其职权由国会行之。

第四章 临时大总统副总统

第二十九条 临时大总统、副总统由参议院选举之,以总员四分三以上出席,得票满投票总数三分二以上者为当选。

第三十条 临时大总统代表临时政府,总揽政务,公布法律。

第三十一条 临时大总统为执行法律,或基于法律之委任,得发布命令,并得使发布之。

第三十二条 临时大总统统帅全国海陆军队。

第三十三条 临时大总统得制定官制、官规,但须提交参议院议决。

第三十四条 临时大总统任免文武职员,但任命国务员及外交大使、公使,须得参议院之同意。

第三十五条 临时大总统经参议院之同意,得宣战、媾和及缔结条约。

第三十六条 临时大总统得依法律宣告戒严。

第三十七条 临时大总统代表全国接受外国之大使、公使。

第三十八条 临时大总统得提出法律案于参议院。

第三十九条 临时大总统得颁给勋章并其他荣典。

第四十条 临时大总统得宣告大赦、特赦、减刑、复权,但大赦须经参议院之同意。

第四十一条 临时大总统受参议院弹劾后,由最高法院全院审判官互选九人组织特别法庭审判之。

第四十二条 临时副总统于临时大总统因故去职,或不能视事时,得代行其职权。

第五章 国务员

第四十三条 国务总理及各部总长,均称为国务员。

第四十四条 国务员辅佐临时大总统负其责任。

第四十五条　国务员于临时大总统提出法律案、公布法律，及发布命令时，须副署之。

第四十六条　国务员及其委员，得于参议院出席及发言。

第四十七条　国务员受参议院弹劾后，临时大总统应免其职，但得交参议院复议一次。

第六章　法　院

第四十八条　法院以临时大总统及司法总长分别任命之法官组织之。

法院之编制及法官之资格以法律定之。

第四十九条　法院依法律审判民事诉讼及刑事诉讼。

但关于行政诉讼及其他特别诉讼，别以法律定之。

第五十条　法院之审判须公开之，但有认为妨害安宁秩序者得秘密之。

第五十一条　法官独立审判，不受上级官厅之干涉。

第五十二条　法官在任中不得减俸或转职，非依法律受刑罚宣告或应免职之惩戒处分，不得解职，惩戒条规以法律定之。

第七章　附　则

第五十三条　本约法施行后限十个月内，由临时大总统召集国会，其国会之组织及选举法由参议院定之。

第五十四条　中华民国之宪法由国会制定，宪法未施行以前，本约法之效力与宪法等。

第五十五条　本约法由参议院参议员三分二以上，或临时大总统之提议，经参议员五分四以上之出席，出席员四分三之可决，得增修之。

第五十六条　本约法自公布之日施行。

临时政府组织大纲于本约法施行之日废止。

在南京同盟会会员饯别会上的演说

（一九一二年三月三十一日）

诸君：

今日同盟会会员开饯别会，得一最好机会，大家相见，诚一幸事。今日中华民国成立，兄弟解临时总统之职。解职不是不理事，解职以后，尚有比政治紧要的事待着手。自二百七十年前，中国亡于满洲，中国图光复之举，不知凡几。各处会党偏布，皆是欲实行民族主义的。五十年前，太平天国即纯为民族革命的代表。但只是民族革命，革命后仍不免为专制，此等革命，不能算成功。八九年前，少数同志在日本发起同盟会，定三大主义：一、民族主义，二、民权主义，三、民生主义。今日满清退位、中华民国成立，民族、民权两主义俱达到，唯有民生主义尚未着手，今后吾人所当致力的即在此事。社会革命为全球所提倡，中国多数人尚未曾见到，即今日许多人以为改造中国，不过想将中国弄成一个极强大的国，与欧美诸国并驾齐驱罢了。其实不然。今日最富强的莫过英、美，最文明的莫过法国。英是君主立宪，法、美皆民主共和，政体已是极美的了，但是贫富堦级相隔太远，仍不免有许多社会党要想革命。盖未经社会革命一层，人民不能全数安乐，享幸福的只有少数资本家，受痛苦的尚有多数工人，自然不能相安无事。中国民族、民权两层已达到，只民生还未做到。即本会中人亦有说种族革命、政治革命皆甚易，唯社会革命最难。因为种族革命，只要将异族除去便了，政治革命，只要将机关改良便了，唯有社会革命，必须人民有最高程度才能实行。中国虽然将民族、民权两革命成功了，社会革命只好留以有待。这句话又不然。英美诸国因文明已进步,工商已发达,故社会革命难。中国文明未进步,工商未发达,故社会革命易。英美诸国资本家已出,障碍物已多,排而去之故难。中国资本家未出,障碍物未生,因而行之故易。然行之之法如何?今试设一问,社会革命尚须用武力乎?兄弟敢断然答曰:英美诸国社会革命,或须用武力,而中国社会革命,则不必用武力。所以刚才说,英美诸国社会革命难,中国社会革命易,亦是为此。中国原是个穷国,自经此次革命,更成民穷财尽,中人之家已不可多得,如外国之资本家,更是没有。所以行社会革命是不觉痛楚的,但因此时害犹未见,便将社会革命搁置,是不可的。譬如一人医病,与其医于已发,不如防于未然。吾人眼光不可不放远大一点,当看至数十年、数百年以后,及于全世界各国方可。如以为中国资本家未出,便不理会社会革命,及至人民程度高时,贫富阶级已成,然后图之,失之晚矣。英美各国从前未尝着意此处,近来正在吃这个苦。去冬英国煤矿罢工一事,就是证据。然罢工的事,不得说是革命,不过一种暴动罢了。因英国人欲行社会革命而不能,不得已而出于暴动。然社会革命,今日虽然难行,将来总要实行。不过实行之时,用何等激烈手段,呈何等危险现象,则难于预言。吾人当此民族、民权革命成功之时,若不思患预防,后来资本家出现,其压制手段恐怕比专制君主还要甚些,那时杀人流血去争,岂不重罹其祸么!

本会从前主义,有平均地权一层。若能将平均地权做到,那么社会革命已成七八分了。推行平均地权之法,当将此主义普及全国,方可无碍。但有一事此时尤当注意者,现在旧政府已去,新政府方成,民政尚未开办。开办之时,必将各地主契约换过,此实历代鼎革时应有之事。主张社会革命,则可于换契约时少加变改,已足收效无穷。从前人民所有土地,照面积纳税,分上中下三等。以后应改一法,照价收税。因地之不同,不止三等。以南京土地较上海黄浦滩土地,其价相去不知几何,但分三等,必不能得其平。不如照价征税,贵地收税多,贱地收税少。贵地必在繁盛之处,其地多为富人所有,多取之而不为虐。贱地必在穷乡僻壤,多为贫人所有,故非轻取不可。三等之外,则无此等差别。譬如黄浦滩一亩纳税数元,乡中农民有一亩地亦纳税数元,此最不平等也。若照地价完税,则无此病。以后工商发达,土地腾贵,势所必至。上海今日之地价,与百年前相较,至少亦贵至万倍。中国五十年后,应造成数十上海。上年在英京,见一地不过略为繁盛,而其价每亩约值六百万元。中国后来亦不免到此地步。此等重利,皆为地主所得。比如在乡间有田十亩,用人耕作,不过足养一人。如发达后,可值六千万,则成一大富翁。此家资从何得来,则大抵为铁道及地业发达所坐致,而非由己力之作成。数十年之后,有田地者,皆得坐享此优先莫大之权,据地以收人民之税,就是地权不平均的说话了。求平均之法,有主张土地国有的。但由国家收买全国土地,恐无此等力量,最善者莫如完地价税一法。如地价一百元时完一元之税者,至一千万元则当完一十万元。此在富人视之仍不为重。此种地价税法,英国现已行之,经解散议会数次,始得通过。而英属地如澳洲等处,则早已通行。因其法甚美,又无他力阻碍故也。然只此一条件,不过使富人多纳数元租税而已。必须有第二条件,国家在地契之中,应批明国家当需地时,随时可照地契之价收买,方能无弊。如人民料国家将买此地,故高其价,然使国家竟不买之,年年须纳最高之税,则已负累不堪,必不敢。即欲故低其价以求少税,则又恐国家从而买收,亦必不敢。所以有此两法互相表里,则不必定价而价自定矣。在国家一方面言之,无论收税买地,皆有大益之事。中国近来患贫极了,补救之法,不但收地税,尚当收印契税。从前广东印契税,每百两取九两,今宜令全国一律改换地契,定一平价,每百两取三两至五两,逾年不换新契者,按年而递加之,则人民无敢故延。加以此后地价日昂,国家收入益多,尚何贫之足患。地为生产之原素,平均地权后,社会主义则易行。如国家欲修一铁路,人民不能抬价,则收买土地自易。于是将论资本问题矣。

国家欲兴大实业,而苦无资本,则不能不借外债。借外债以兴实业,实内外所同赞成的。前日闻唐少川先生言:京奉铁路借债,本可早还,以英人不欲收,故移此款以修京张。此可见投资实业,是外人所希望的。至中国一言及外债,便畏之如酖毒,不知借外债以营不生产之事则有害,借外债以营生产之事则有利。美洲之发达,南美、阿金滩[①]、日本等国之勃兴,皆得外债之力。吾国借债修路之利,如京奉以三年收入,已可还筑路之本,此后每年所进皆为纯利。如不借债,即无此项进款。美国铁道收入,岁可得七万万美金,其他附属之利,尚可养数百万工人,输送各处土货。如不早日开办,迟一年即少数万万收入。西人所谓时间即金钱,吾国人不知顾惜,殊为可叹!昔张之洞议筑芦汉铁道,不特畏借外债,且畏购用外国材料。设立汉阳铁厂,原是想自造铁轨的,孰知汉阳铁厂屡经失败,又贴了许多钱,终归盛宣怀手里,铁道又造不成功。迟了二十余年,仍由比国造成,一切材料,仍是在外国买的。即使汉阳铁厂成功,已迟二十余年,所失不知几何?中国知金钱而不知时间,顾小失大,大都如是。中国各处生产未发达,民人无工可作,即如广东一省,每年约有三十万"猪仔"输出,为人作牛马。若能输入外资,大兴工作,则华人不用出外佣工,而国中生产又不知增几倍。余旧岁经加拿大,见中国人在煤矿用机器采挖,每人日可挖十余吨,人得工资七八元,而资本家所入,至少犹可得百数十元。中国内地煤矿工人,每日所挖不足一吨,其生产力甚少。若用机器,至少可加十数倍。生产加十数倍,则财富亦加十数倍,岂不成一最富之国。能开发其生产力则富,不能开发其生产力则贫。从前为清政府所制,欲开发而不能。今日共和告成,措施自由,产业勃兴,盖可预卜。然不可不防一种流弊,则资本家将从此以出是也。

如有一工厂,佣工数百人,人可生二百元之利,而工资所得不过五元,养家餬口,犹恐不足,以此不平,遂激为罢工之事,此生产增加所不可免之阶级。故一面图国家富强,一面当防资本家垄断之流

---

① 阿金滩:今译阿根廷。

弊。此防弊之政策，无外社会主义。本会政纲中，所以采用国家社会主义政策，亦即此事。现今德国即用此等政策。国家一切大实业，如铁道、电气、水道等事务皆归国有，不使一私人独享其利。英美初未用此政策，弊害今已大见。美国现时欲收铁道为国有，但其收入过巨，买收则无此财力，已成根深不拔之势。唯德国后起，故能思患预防，全国铁道皆为国有。中国当取法于德，能令铁道延长至二十万里，则岁当可收入十万万。只此一款，已足为全国之公用而有余。尚有一层，为中国优于他国之处。英国土地多为贵族所有，美国已垦之地，大抵归人民，惟未垦者，尚未尽属私有。中国除田土房地之外，一切矿产山林，多为国有。英国矿租甚昂，每年所得甚巨，皆入于地主之手。中国矿山属官，何不可租与人民开采以求利？使中国行国家社会政策，则地税一项，可比现在收入加数十倍。至铁道收入，三十年后，归国家收回，准美国约得十四万万，矿山租款约十万万。即此三项，共为国家收入，则岁用必大有余裕。此时政府所患已不在贫。国家岁用不足，是可忧的。收入有余而无所用之，亦是可虑的。此时预筹开销之法，则莫妙于用作教育费。法定男子五六岁入小学堂，以后由国家教之养之，至二十岁为止，视为中国国民之一种权利。学校之中，备各种学问，务令学成以后，可独立为一国民，可有参政、自由、平等诸权。二十以后，自食其力，幸者为望人、为富翁，可不须他人之照顾。设有不幸者，半途蹉跎，则五十以后，由国家给予养老金。此制英国亦已行之，人约年给七八百元。中国则可给数千元。如生子多，凡无力养之者，亦可由国家资养。此时家给人乐，中国之文明，不止与欧美并驾齐驱而已。凡此所云，将来必有达此期望之日，而其事则在思患预防。采用国家社会政策，使社会不受经济阶级压迫之痛苦，而随自然必至之趋势，以为适宜之进步。所谓国利民福，莫不逾此，吾愿与我国民共勉之。

临时大总统解职辞

（一九一二年四月一日）

本总统自中华民国正月初一日，至南京受职，今日四月初一日，至贵院宣布解职。自正月初一日至四月初一日，为期适三阅月。在此三月中，均为中华民国草创之时代。当中华民国未成立以前，纯然为革命时代。

中国为何而发起革命？盖吾辈革命党之用心，以连合中国四万万人，推倒恶劣政府，造成国利民福为宗旨。自革命初起，南北界限尚未化除，不得已而有用兵之事。三月以来，南北统一，战事告终，造成完全无缺之中华民国，此皆中国国民及全国军人之力所致。在本总统受职之初，亦不料有此种之好结果，亦不料以极短之时期，而能建立如此之大事业。

今日中华民国，南北统一，五族一家，本总统已在一个月前，提辞职书于参议院，当时因统一政府未成，故辞职之后，仍由本总统代理。现在国务员已均由国务总理唐君发表，政府已宣告成立，本总统自当辞职，今日特莅贵院宣布。但趁此时间，本总统尚有数语宣告，以供贵参议员之听闻。

中华民国成立之后，凡中华民国之国民，均有国民之天职。何谓天职？即是促进世界的和平。此促进世界的和平，即是中华民国前途之目的。依此种目的而进行，即是巩固中华民国之基础。又凡政治、法律、风俗、民智种种之事业，均须改良进步，始能与世界各国竞争。凡此种种之改良进步，均是中华民国国民之责任。人人能尽职任，人人能尽义务，凡四万万人无不如此，则中华民国之进步必速。中国人民居地球四分之一,则凡有四人之地,即有一中国人民。况交通既便,世界大同,已有中外一家之势。中华民国国民,均须知现今世界之文明程度。当民国初立时,人民颇有不知民国之为何义,文明进步之为何义,凡吾辈先知先觉之人,即须用从前革命时代之真挚心,努力进行,而后中华民国之基础始固,世界之文明始有进步,况中国人民本甚和平。现在世界上立国百有数十,雄强相处,难保不有战争发生。惟中国数千年来,即知和平为世界之真理。人人均抱有此种思想,故数千年来之中国,纯向和平以进行。中华民国有此民数,有此民习,何难登世界舞台之上与各国交际。以希望世界之和平,即是中华民国国民之天职。本总统与全国国民同此心理。用心研究,将人民之知识习俗,以及一切事业,切实进行,力谋善果,即为吾中华民国国民之本分。

本总统解职之后,即为中华民国之一国民。政府不过一极小之机关,其力量不过国民极小之一部分。其大部分之力量,则全在吾中华民国之国民。本总统今日解职,并非功成身退,实欲以中华民国国民之地位,与各国民之力量,与四万万人协力造成中华民国之巩固基础,以冀世界之和平。望贵院各位参议员与将来政府,勉励人民,同尽天职,使中华民国从今而后,得享文明之进行,使世界舞台从今而后得享和平之幸福。

在湖北军政界代表欢迎会上的演说

（一九一二年四月十日）

此次革命，乃国民的革命，乃为国民多数造幸福。凡事以人民为重，军人与官吏，不过为国家一种机关，为全国人民办事。自光复以来，共和与自由之声，甚嚣尘上，实则其中误解甚多。盖共和与自由，专为人民说法，万非为少数之军人与官吏说法。倘军人与官吏，借口于共和与自由，破坏纪律，则国家机关万不能统一。机关不统一，则执事者无专责，势如一盘散沙，又何能为国民办事。是故所贵夫机关者，全在服从纪律，如机械然，百轮相错，一丝不乱，而机械之行动，乃臻圆满。此在有形之机关为然，在无形之机关，亦何莫不然。盖在政治机关，凡百执事，按级供职，必纪律严明，然后能收身使臂、臂使指之效。必收此效，然后可以保全人民领土，与列强相竞争。由斯而谭，闻者或以为与平日所信之共和与自由主义大相冲突。其实不然。仆前言之矣，共和与自由，全为人民全体而讲。至于官吏，则不过为国民公仆，受人民供应，又安能自由！盖人民终岁勤动，以谋其生，而官吏则为人民所养，不必谋生。是人民实共出其所有之一部，供养少数人，代彼办事。于是在办事期内，此少数人者，当停止其自由，为民尽职，以答人民之供奉。是人民之供奉，实不啻为购取少数人自由之代价。倘此少数人而欲自由，非退为人民不可。自由之范围本宽，而在勤务期间则甚狭。仆为总统时，殊不能自由。今日来鄂，与诸君相见，实以国民的资格，而非以总统的资格。故仆今日所享之自由，最为完全，其所以完全者，以为国民的自由也。

仆此次解职，外间颇谓仆功成身退，此实不然，身退诚有之，功成则未也。仆之解职，有两原因：一在速享国民的自由，一在尽瘁社会上事业。吾国种族革命、政治革命俱已成功，惟社会革命尚未着手。故社会事业，在今日非常紧要。今试即中国四万万人析之，居政界者多不过五万人，居军界者多不过百万人，余者皆普通人民，是着眼于人数，已觉社会事业万万不能缓办。未统一以前，政事、军事皆极重要，而统一以后，则重心又移在社会问题。前者乃牺牲自由之事，后者乃扩张自由之事，二者并行而不悖。仆此次解职，即愿为一人民事业之发起人。盖吾人为自由民，而自由民之事业甚多。且吾人困顿于专制政体之下，人格之丧失已久，从而规复之，需力绝钜，为时亦必多。仆不敏，请担任之。同时有一语奉告诸君，则诸君如欲得完全自由，非退为人民不可。当未退为人民，而在职为军人或官吏时，则非牺牲自由、绝对服从纪律万万不可。在尽力革命诸君，必且发问曰："吾辈以血泪购得之自由，军人胡乃不得享受之？"须知军人之数少，人民之数多，吾辈服务之时短，为普通人民之时长。朝作总统，夕可解职，朝为军长，夕可归田。完全自由，吾辈自可随时享之。故人民之自由，即不啻军人之自由，此语最须牢记，惟在服务期间，则不可与普通人民一律，此其异点耳。

在广州岭南学堂的演说

（一九一二年五月七日）

仆今日得贵校诸君开会欢迎，不胜欣谢！

诸君在此，莘莘济济，有缘同学，今我见之，顿触少年时事。忆吾幼年，从学村塾，仅识之无。不数年得至檀香山，就傅西校，见其教法之善，远胜吾乡。故每课暇，辄与同国同学诸人，相谈衷曲，而改良祖国，拯救同群之愿，于是乎生。当时所怀，一若必使我国人人皆免苦难，皆享福乐而后快者。又数年即回祖国，就学于本城之博济医院，与贵校廖得山同学。仅一年，又转香港雅利士医院，凡五年，以医亦救人苦难术。然继思医术救人，所济有限，其他慈善亦然。若夫最大权力者，无如政治。政治之势力，可为大善，亦能为大恶，吾国人民之艰苦，皆不良之政治为之。若欲救国救人，非锄去此恶劣政府必不可，而革命思潮遂时时涌现于心中。惜当时附和者少，前后数年，得同心同行者不过十人。得此十人，即日日筹划，日日进行。甲午中东之役后，政学各界人人愤恚，弟等趁此潮流，遂谋举事于广州，失败后居外经营，屡蹶屡起，直至去年八月在武汉起事，不半载而大功告成。此固天之不欲绝吾中国也。然则，功既成矣，吾从前之志愿，岂遂达乎？非也，千未得一也。今日所成，只推倒一恶劣政府之障碍物而已。以后建设，万端待理。负责何人，则学生是也。

凡国强弱，以学生程度为差。仆从前以致力革命，无暇向学读书。行医日只一两时，而事革命者实七八时，而学业遂荒。沿至于今，岁不我与。今见学生，令人健羡，益见非学问无以建设也。譬诸除道，仆则披荆斩棘也，诸君则驾梁砌石者也。是诸君责任，尤重于仆也。肩责之道若何，无他，勉术学问，琢磨道德，以引进人群，愚者明之，弱者强之，苦者乐之而已。物竞争存之义，已成旧说，今则人类进化，非相匡相助，无以自存。倘诸君如有志而力行之，则仆之初志赖诸君而达，共和新国亦赖诸君而成。是则仆所厚望于诸君者。

在北京全国铁路协会欢迎会上的演说

（一九一二年八月二十九日）

现在中华民国成立，得达共和目的，人人皆志愿已足。愚则以为未也，必使中华民国立于地球上为莫大之强国而后快。特今日中国既贫且弱，曷克臻此，故欲能自立于地球上，莫如富强。富强之道，莫如扩张实行交通政策。世人皆知农、工、商、矿为富国之要图，不知无交通机关以运输之，则着着皆失败。譬如香山县，由县城至敝乡，不过五十里，舟车不通，人以肩负物，每百斤脚价约一元，以每吨计之，不下七元。若由美国经数万里运货至中国，每吨不过二元五毛。以中西同一货物，价值五元，加以水脚计之，在美来不过七元五毛，而中国自运则十二元矣。人情喜便宜，断不能舍贱而买贵，则交通不便，实业必不能发达，可以断然。前时在安南、广西，曾见农家烧毁陈谷，询之，因运道不通，无处可藏，故毁弃之，可为旁证。故今日欲谋富国之策，非扩充铁路不可。

愚见拟于十年建筑二十万里铁路，在旁人乍听之，以为诧异。若以最浅近、最简单之法言之，则人人共晓。譬如以十人一年工作筑造路工一里，以此推之则二十万人一年可筑二万里，二百万人一年可筑二十万里矣。以中国四万万人计之，能当路工者，岂止二百万人乎？特一人驾驭二百万人或不易，或以各小团分办，则规画自易。期以十年，则范围更宽，其成功可操券也。惟是此项预算，必须六十万万元。以美国铁路每年收入七万万计之，合中国币不下十五万万元。将收除支，大约盈余准在六七万万元，以十年计之，尽可还本。将来每年增加十数万万，比现在中国每年收入三万万算之，多出四倍。则民间负担之力,可以锐减,兴办各事,不必患贫矣。而鄙人尤以缩短时间为最要。以今日草创伊始,以为路之速成与否,似无关得失。由其后路溢利之日,回首当初,其时间岂止一刻千金,至为宝贵。即如美国收入十五万万,平均计之,每日四百万,若迟筑十日,则四千万矣。延误光阴,坐弃巨款,岂不可惜!故鄙人尤以迅速为要。至于藉此筑路,运输农工商之实业,其中直接间接官民受益,岂止倍蓰!故今日欲言富国,必以此始,亦舍此别无良策也。

至强国一节,譬如中国有二百万兵,分布二十余省,平均不过十万耳,人以三十万兵,可以制胜而有余。盖人以三十万兵敌十万,非敌二百万也,其制胜可断然矣。其故皆由交通不便,运兵运饷,非数月不能到,及其到时,则大事已去矣。则名为二百万兵,与无兵同。今若铁路交通,不过百万兵已足。盖运输便利,不过数日可到,分之虽少,合之则多。以百万兵敌三十万,加以主客异势,蔑不胜矣。故鄙人以为欲谋强国,亦必自扩充铁路始也。

以上各节,仅就愚见所及,布臆于诸君,祈诸君有以教之。如果诸君不河汉斯言,各出其经验及专长以经营之,鄙人可决中华民国为最富最强之国,亦可决中华民国为地球上最有名、最富强之国。民国幸甚。

在上海报界公会欢迎会上的演说

（一九一二年十月十二日）

（一）悲观之心理为民国最危险之事

革命成功，全仗报界鼓吹之力。今民国成立，尤赖报界有言责诸君，示政府以建设之方针，促国民一致之进行，而建设始可收美满之效果。故当革命时代，报界鼓吹不可少，当建设时代，报界鼓吹更不可少，是以今日有言责诸君所荷之责任甚重。惟以仆观察社会之心理，多不免抱一种悲观，于报界尤甚。此悲观之由来，则因恐怖而起。以为民国今日外患之日逼，财政之艰困，各省秩序之不恢复，在在陷民国于极危险地位，觉大祸之将至，瓜分之不免。此悲观心理，遂酿成全国悲惨之气象。简单言之，即病在一怕字。余以为人人心理中，这一怕字，当先除去，然后才可有为。盖事事存一怕字观念，则无事能行，而建设之业，必永无进步。故吾以为外患之日逼，财政之艰困，皆不足危险，惟此人心中之悲观，最为危险。若人心中之悲观不去，则即无外患等等之危险，而民国亦必不免于灭亡。然欲全国人人心中无极端悲观之心理，首望我报界诸君先祛此足以致亡之悲观，然后始足及于全国之人心。今余有一不足存悲观心理之论据，即以革命发难、民国成立一事，即足为最强之佐证。

革命起义之时，人人心中有勇猛进取之精神，而无一丝怕念存于其间，故成功得若是之迅且速也。当革命未起之时，人人心中俱抱一极大之悲观，以为一革命，则外人必起而干涉，乘机瓜分，故虽明知满洲政府之腐败，不革命必不足巩固国基而谋自存，然以怕故，而不敢为也。幸有少数不怕者倡始，而多数怕者始恍然知不足惧，大功遂得于数日之间告成，而民国亦纵安然成立。设当时无一人能打破其心中怕之一念，则谓今日仍受制于满清专制政府之下，亦可也。故可知怕字最不足成事，欲谋进行，非去怕不可。盖最危险时期，无过于革命军起义、南京政府未成立之时。今民国已完全成立，危险之量已较曩昔锐减。吾人当革命时，有一副勇猛进取之精神，不畏不惧之气概，何至于革命底成，民国草创之后，反致消灭此种精神气概之理？故可必其不然。余深望报界诸君，将悲观之心理打除，生出一极大之希望，造成一进取之乐观，唤起国民勇猛真诚之志气，则于民国建设前途，实有莫大之利。而使全国俱焕发一种新气象，厥维报界诸君是赖！

（二）建设大业以交通政策为重要

夫人人心中既无无谓之恐慌，则建设各事，庶可依次进行。而建设之大计，当远测于十百年后，始能立国基于永久。建设最要之一件，则为交通。以今日之国势，交通最要者，则为铁路。无交通，则国家无灵活运动之机械，则建设之事，千端万绪，皆不克举。故国家之有交通，如人之有手足四肢。人有手足始可以行动，始可以作事；国家有交通，始可以收政治运用敏活之效。否则，国家有广大之土地，丰富之物产，高尚思想之人民，而无交通以贯输之，联络之，则亦有等于无。譬之人而无手足，不能行动，不能发挥，即有聪明才力，亦归无用。是以人而无手足，是为废人；国而无交通，是为废国。余现以全力筹划铁道，即为国家谋自存之策，然一言借款筑路，则反对群起，盖非自今日始矣。

人之反对借款筑路者，未必全有理由。而占反对地位者，四万万人中几有三万万五千万人。而大原因，则以未能明了其中利害关系之故。大率以筑铁路，则有碍于风水，或不利于小工。然其所凭据不坚，苟与之详言铁路种种之利益，即可恍然饮悟，而三万万五千万人之反对者，不难尽为赞成。惟于明白事理，知铁路于国有益之人，而亦反对，则其反对为有理由，于此欲使之晓然于利害之真际，颇不易能。然须知国家以交通便利而强者，随在可证。世界最小之国家，其幅圆只及中国一府之大，而强盛愈于吾者，盖以彼有交通机关，而吾无交通机关。故吾人今日亦知铁路之有益矣。知其益而不敢行者，则中于恐慌之心理。以为中国今日果兴筑铁路，必借外国资本，外国必乘以侵略中国，瓜分中国。此实大误。余谓民国苟不兴筑铁路，便利交通，虽有五百万之强兵，数百万吨斗舰，亦不能立国于此三、四十年之内。盖有铁路，则尚足以图存。而其关于国之危亡者，则纯系于兵力强弱问题，初不能与兴筑铁路并为一谈，而谓铁路之不宜筑也。外人果欲瓜分中国，则虽无铁路亦可为；外人果欲保全中国，则虽有铁路亦何害。且使中国于今后不兴筑铁路，而第扩张武备，民智不启，实业不兴，政治不能收敏活之效用，国家精神不备，亦决其难以长久而不敝。一有不幸，亦终归于覆亡之运耳。如中国昔日，亦曾有海军，且有强有力之大战斗舰，过于日本，而甲午日本海一役，乃致败挫。自此而后，益复不振。则可知国家只有强兵利舰，亦不足恃。

余主张筑二十万里铁路，为民国立国永久之计划。而筑铁路以利用外资为宜。盖瓜分之说，列国倡之有年，而未遽实行者，则以各国在中国利益，不忍破弃于一旦之故。今使彼输入中国有六万万之大资本，于兴筑铁路之上，彼欲保此资本之安全，则有投鼠忌器之思，而不甘破坏平和，是乃断然之事。反之，若全用本国资本筑路，则一年筹一千万，亦须六十年，始达六万万之数，而已精疲力尽。一切流通资本，悉归之铁路建筑之上，金融机关必全停止。则铁路告成之日，即为国家灭亡之时。且不待是，而各国羡吾以巨大之母财将筑铁路，必起而为攘夺之谋，分割之祸，必于此起，是即所谓慢藏诲盗也。盖吾国若有武力，即外资所筑之路，遇紧急时，亦可据为己有。若无兵力，本国资本所筑之路，遇紧急时，外人仍得占据。此关于武力问题，不问其属于本国资本及外国资本也。明乎此，则恐慌之念,亦可以释然矣。

(三)开放门户政策利于保障主权

利用外资,可以得外资之益,故余主张开放门户,吸收外国资本,以筑铁路、开矿山。吾国今日,若以外资筑铁路,反对者尚少,若以外资开矿山,则举国无一不持反对之议者,以为利权为外人所夺。细思之,尚不尽然。譬如外人以一千万资本开掘一矿,则必以五百万购买机器及其他器具,其余五百万,必尽分配于工人,则是采矿之成败未可知,而已散其半于中国之工人也。使其开掘亏本,彼必弃其机械而去。盖运费甚巨,彼不愿为,或只出于竞卖。则吾人于斯时,或以数十万金钱而得其值五百万之机器。如是,则吾人承其后,成本既轻,收效自较易。若外人开矿竟至获利,然经种种消费,已复不资,而资本家所净得之赢余,为数未必过巨。若每矿以一千万资本为标准,则十矿即有一万万,而中国工人得占其五千万之巨额。社会上有此五千万之流动资本,金融机关必形活泼,直接有利于民,间接有利于国。此盖较之借款为善者也。今人犹持昔日之闭关主义,实于时势不合。

现世界各国通商,吾人正宜迎此潮流,行开放门户政策,以振兴工商业。如日本即采门户开放主义者。或以为吾国贫弱,不能与日本同日语,则请以弱小于吾国者为例。如暹罗介于英、法两大之间,而能保其独立国之资格,即以行开放门户政策故。而外人以得商业之经营,亦不过事侵略。此可见开放门户,足以保障主权。前清以闭关为事,而上海租界及青岛,我无主权,是皆外人强我开放,故有此结果。若济南商场,由我自行开放,即有完全主权。此亦自行开放门户无损主权之一证。亚洲有二完全独立国,强于中国者为日本,弱于中国者为暹罗,而中国则为半独立国,尚不得与完全独立国之列也。盖以中国现在尚未收回领事裁判权也。中国欲收回领事裁判权,若以实行门户开放为交换条件,则庶几得进于完全独立国耳。

(四)借款筑路与批给外人筑路利害之比较

今欲筑路,必用外资,用外资非全无害也。两害相权,当取其轻。故吾人欲用外资,当择一利多害少之方法实行。以愚见则批给外人包办,较之抵押借款为有利。然自余主张批给外人,而报纸反对者,以为此事丧权失利,而以抵押借款筑路办法为然。其实未明于兹二者利害之分量若何耳。余为外人言及批给办法,外人多持反对之说,而无不乐从借款抵押之办法。可见借款抵押之方法,外人所得之利多,批给包办之方法,外人所得之利少也。不利于外人,必利于吾,何以吾人亦如外人之反对乎?今请就借外款自办,与批给外人包办二法,一比较其利害,以供诸君之研究。

中国昔日铁路,多为借外款自办者,如沪宁等路是也。借款自办害处,在受种种亏损,如当借款交付时之回扣,包购种种材料,亦有回扣。而此借款,每年出五厘息。次则如铁路亏耗,则全由政府担任,至期满,其借款全额,尚须清还。故外人视此为绝良之营业。而经手此事者,多为商业性质之洋行。彼于铁路学一无所知,只求得经手回扣及购料回扣及政府担保为已足,而将来铁路之盛衰,皆非所问也。铁路修筑事宜,委之于工程师,工程师之聘定,大率五年期限,或八年期限不等。彼第于职务期中,日作其所应为之事,而不负完全之责任。则欲工事之精良,消费之节省,盖不可能之事也。如沪宁一路,其受害为最著矣。使余铁路政策,而用借款自修方法,则二十万里,须款六十万万,以最轻九五扣计算,当扣为五十七万万。常年以五厘息计算,则每年三万万,十年则三十万万,四十年则一百二十万万,至期尚须偿还原本六十万万。材料回扣,其数必巨,历年亏折,又复不资。则兴筑铁路,不待十年,而中国已有破产之祸矣。故熟思审虑,惟有批给外人承办一法,为害少而利多。较之借款自办,可免五害:一无交款回扣之害,二无购料回扣之害,三无按年出息之害,四无亏耗津贴之害,五无至期偿还原本之害。既免五害,且有二利焉:即工程坚固,筑建合法是也。

铁路批给外人包办,大约四十年可以收回,时或逾之,然终未有出六十年外者。按中国富庶状况,则四十年期限,即足抵外国六十年期限。此四十年之内,赢亏皆非我责,一俟期满,吾人可不名一钱,得二十万里铁路。盖铁路于十年之内,大概不能获利,且不免有亏赔焉,惟极迟至三十年后,亦必可以获利也。至于批给外人合同,拟由铁路公司出面协定签字。由公司购定地皮,划定路线,交外人修筑。其合同中,尚须附带条件:其一条件,此纯为商业性质,不稍含政治意味;其二条件,公司有随时监察之权;其三条件,中国可不俟期满,得备价赎回。如是,可一一按必要情形,加入条件,则不致过于失利。若路之繁盛,或关于军事重要者,得视国力之何如,付外人以代价,酌量收回,于吾人亦不算吃亏。此两善之法也。总之,批办一法,利多而害少;借款一法,利少而害多。两两相较,盖可择别矣。此愿与诸君一研究而讨论之者也。

(五)圜法之改良

至今日关于国家建设之数事,亦望报界有言责诸君,一致鼓吹。而其一,则为圜法。中国圜法之不善,不待智者而知。中国之币制,实无可言,金融界之屡屡恐慌,亦多本此原因而起。若银币,非价格之不一,即流通之不普遍。银币有市价,因地有变迁,因时而亦有变迁。甚至一地而洋价各有不同,且或此省而不能通用于他省,民间遂受种种之亏蚀,而小民蒙其害矣。其次则无汇兑机关。如以银一万,由上海汇至北京,必经外国银行之手,至北京收取此款,已不能如数。若由京、沪间往返将此款汇兑至十数次,则此款即可耗蚀净尽。此其受害为何如?外国银行在中国获大利者,即操我汇兑机关故也。至于金价、银价之高低,外人复操纵自如,任意抑扬,而吸收我之大利,我之因此为彼所侵蚀者,复不知其几何数矣。有如此次英伦一千万英镑新借款成功,六国银行团大肆破坏,将现银垄断,使麦加利金镑无从购换现银,以供中国急需。若至赔款期限,则又抑勒银价，高抬金价，故中国受金镑亏折，实以圜法不善之所致。则改良圜法，厘订金本位，实为今日不可缓之要图。设不然，则将来六十万万外资输入，何堪复受此无穷之亏耗乎？此盼望报界诸君，督促政府进行者也。

（六）地价之厘定

圜法而外，则有地价。中国地价，尚未有划一之厘定，而今日最便实行，过此则难。余对于地价之主张，在北方亦尝发表，而一般多不解其意义，致生疑虑。其实依余主张实行，于有地者绝不受损。平均地价，即厘定地价之高下，为一定准则，地主本之纳税，而国家得随时照其原价收买。今民国成立，前清土地契约，当然作废，可由政府下令各省及各府州县，令民间更易新契，并令其于易契时，报明该地现时值价若干，一一登记，收什一之税。至地价之高低，则一任民间之所报。若多报于原值，则是先负重税，且不知国家何时收买；若少报于原值，则固可减省税量，然一俟国家收买，则必受亏折。如是，以此两种心理自衡，则必能报一如原值公平之价额。国家既得地价之真数，则收买时不患民间有故意高抬价额之事。可因将来交通之便利，于其集中繁盛之区，一一收土地为国有。则将来市场发达，地租涨高，皆国家共有之利，可免为少数地棍所把持。如纽约一埠，其地租皆为美政府所有，每年收入有八万万元。例之中国，全国岁入不过仅有三万万之数。若将来交通便利，以中国之大，苟能造成如纽约者三、四处之繁盛市场，则政府收入，即地租一项，已足供支拨而有余。则民间他项税则，皆可蠲免矣。此非利国福民之大者乎？鄙意所见如是，深望诸君竭力鼓吹，俾底于成，则非第兄弟一人之幸也。

在上海中国社会党的演说

（一九一二年十月十四至十六日）

社会主义之名词，发于十九世纪之初，其概说既广，其定义自难。特此种主义，本我人类脑中应具之思想。不满意于现社会种种之组织，而思有以改良，于是乎社会主义之潮流，得应时顺势，而趋向于我人之脑海，种种社会主义之学理，得附社会主义之名词，而供我人之研究讨论矣。尝考欧西最初社会主义之学说，即为"均产派"，主张合贫富各有之资财而均分之。贫富激战之风潮既烈，政府取缔之手续亦严；政府取缔之手续既严，党人反抗之主张益厉。无政府主义之学说，得以逞于当时，而真正纯粹之社会主义，遂湮没于云雾之中，缥缈而不可以迹。厥后有德国麦克司[①]者出，苦心孤诣，研究资本问题，垂三十年之久，著为《资本论》一书，发阐真理，不遗余力，而无条理之学说，遂成为有统系之学理。研究社会主义者，咸知所本，不复专迎合一般粗浅激烈之言论矣。惟现社会主义，尚未若数理、天文等学成为完全科学，故现在进行，尚无一定标准，将来苟能成为科学一种，则研究措施更易着手。

社会系对待个人而言，社会主义亦系对待个人主义而言。英国尊重个人，主张极端的自由。德国以国家为本位，个人为国家分子，又宁牺牲而不惜也。此则以其国家政体之不同，故其主义亦因之而有异。主张个人主义者，莫不反对社会主义；主张社会主义者，又莫不反对个人主义。聚讼纷纷，莫衷一是。然而个人、社会，本大我、

① 麦克司：即马克思。

小我之不同，其理可互相发明，而未可以是非之也。

社会学与社会主义固自有别，其研究社会之起原及社会之变迁种种之状态现象，皆属于社会学之范围。至若社会主义，一言以蔽之，曰社会生计而已矣。其主张激烈，均分富人之资财者，于事理上既未能行，于主义上亦未尽合。故欲主张平均社会生计，必另作和平完善之解决，以达此社会主义之希望。考诸历史，我国固素主张社会主义者。井田之制，即均产主义之滥觞；而累世同居，又共产主义之嚆矢。足见我国人民之脑际，久蕴蓄社会主义之精神，宜其进行之速，有一日千里之势也。

欧洲社会党系完全政党性质，近年以来尤占政治上之势力，若法、若德、若比，其政府议院中人，社会党员居其多数。英则四、五年前，社会党人始占议席，然而同时被选，即有数十人之众，且有位于度支大臣者矣。美之社会党虽未发达，然其党人居政治上重要位置者，实繁有徒。中国社会党发生于民主政体之下。夫民主政体之政治，一人民政治也。社会党既集民主政体下之人民，尤不应无政治上之活动，则今日社会党亟宜组成强有力之政党，握政治上之势力，而实行其社会主义之政策者，实鄙人所深望也。

社会主义不独为国家政策之一种，其影响于人类世界者，既重且大。循进化之理，由天演而至人为，社会主义实为之关键。动物之强弱，植物之荣衰，皆归之于物竞天择、优胜劣败。进化学者遂举此例，以例人类国家，凡国家强弱之战争，人民贫富之悬殊，皆视为天演淘汰之公例。故达尔文之主张，谓世界仅有强权而无公理，后起学者随声附和，绝对以强权为世界唯一之真理。我人诉诸良知，自觉未敢赞同，诚以强权虽合于天演之进化，而公理实难泯于天赋之良知。故天演淘汰为野蛮物质之进化，公理良知实道德文明之进化也。社会组织之不善，虽限于天演，而改良社会之组织，或者人为之力尚可及乎？社会主义所以尽人所能，以挽救天演界之缺憾也。其所主张，原欲推翻弱肉强食、优胜劣败之学说，而以和平慈善，消灭贫富之阶级于无形。其主张均分富人之资财，表面似合于均产之旨，实则一时之均，而非永久之均也。故欲永弭贫富之阶级，似不得不舍此而另作他图矣。社会主义学说，近日发明者至赜且夥，法、德、比各政府多采用而履行之。即反对社会党若日本，亦未尝不采用社会政策。而其反对社会党人者，实以其主张激烈，妨碍秩序，为法律所不许耳。我国社会主义流行伊始，尤望党人持和平之态度，与政府连络，共图进行。缘社会主义本与专制政体极不相能，故不能存于专制政体之下。今我国社会党发生于民主政体成立时，此诚不易得之机也。得此良好之机，而不得循序渐进，造福前途，讵不大可惜乎！此鼓吹运动者，不得不稍注意也。

尝考社会主义之派别为：一、共产社会主义，二、集产社会主义，三、国家社会主义，四、无政府社会主义。在英、德，又有所谓宗教社会主义、世界社会主义。其以宗教、世界而范围社会主义者，皆未适当。自予观之，则所谓社会主义者仅可区为二派：一即集产社会主义，一即共产社会主义。盖以国家社会主义本丽于集产社会主义之中，而无政府社会主义又属于共产社会主义者也。夫所谓集产云者，凡生利各事业，若土地、铁路、邮政、电气、矿产、森林皆为国有。共产云者，即人在社会之中，各尽所能，各取所需。如父子昆弟同处一家，各尽其生利之能，各取其衣食所需，不相妨害，不相竞争，郅治之极，政府遂处于无为之地位，而归于消灭之一途。两相比较，共产主义本为社会主义之上乘。然今日一般国民道德之程度未能达于极端，尽其所能以求所需者尚居少数，任取所需而未尝稍尽所能者，随在皆是。于是尽所能者，其所尽未必充分之能，而取所需者，其所取恐又为过量之需矣。狡猾诚实之不同，其勤惰苦乐亦因之而不同，其与真正之社会主义反相抵触。说者谓可行于道德智识完美之后，然斯时人民，道德智识既较我人为高，自有实行之力，何必我人之穷思竭虑，筹划于数千年之前乎！我人既为今日之人民，则对于今日有应负之责任，似未可放弃今日我人应负之责任，而为数千年后之人民负责任也。故我人处今日之社会，即应改良今日社会之组织，以尽我人之本分。则主张集产社会主义，实为今日唯一之要图。

凡属于生利之土地、铁路收归国有，不为一、二资本家所垄断渔利，而失业小民，务使各得其所，自食其力，既可补救天演之缺憾，又深合于公理之平允。斯则社会主义之精神，而和平解决贫富之激战矣。

我人所抱之唯一宗旨，不过平其不平，使不平者底于平而已矣。满清以少数人压制我多数汉人，故种族革命以起；专制政体以一帝王压制我多数人民，故政治革命以起。至社会革命，原起于少数大资本家之压制多数平民耳。在各国贫富之阶级，相差甚远，遂酿成社会革命，有不革不了之势。在我国之大资本家尚未发生，似可无庸言及社会革命。然而物质文明，正企业家纵横筹展之时，将来资本大家之富，必有过于煤油、钢铁大王者。与其至于已成之势而思社会革命，何如防微杜渐而弭此贫富战争之祸于未然乎？譬诸欧西各国，疾已缠身，不得不投以猛剂，我国尚未染疾，尤宜注意于卫生之道。社会主义者，谓为疗疾之药石可也，谓为卫生之方法亦可也。惟我国与各国社会之状态不同，则社会主义施展之政策，遂亦因之而有激烈、和平之不同矣。各国尚多反对社会主义之政府，我国则极赞成采用社会主义者也。然则我国主张社会主义之学子，当如何斟酌国家社会之情形，而鼓吹一种和平完善之学理，以供政府之采择乎。

社会主义者，人道主义也。人道主义，主张博爱、平等、自由，社会主义之真髓，亦不外此三者，实为人类之福音。我国古代若尧、舜之博施济众，孔丘尚仁，墨翟兼爱，有近似博爱也者，然皆狭义之博爱，其爱不能普及于人人。社会主义之博爱，广义之博爱也。社会主义为人类谋幸福，普遍普及，地尽五洲，时历万世，蒸蒸芸芸，莫不被其泽惠。此社会主义之博爱，所以得博爱之精神也。

然为人类谋幸福，其着手之方法将何自乎？自不得不溯人类致苦之原因。人类之在社会，有疾苦幸福之不同，生计实为其主动力。盖人类之生活，亦莫不为生计所限制，是故生计完备，始可以存，生计断绝，终归于淘汰。社会主义既欲谋人类之幸福，当先谋人类生存;既欲谋人类之生存,当研究社会之经济。故社会主义者,一人类经济主义也。经济学者专从经济一方面着想,其学说已成为完全之科学,社会主义系从社会经济方面着想,欲从经济学之根本解决,以补救社会上之疾苦耳。

按经济学,本滥觞于我国。管子者,经济家也,兴盐鱼之利,治齐而致富强,特当时无经济学之名词,且无条理,故未能成为科学。厥后经济之原理,成为有统系之学说,或以富国学名,或以理财学名,皆不足以赅其义,惟经济二字,似稍近之。经济学之概说,千端万绪,分类周详,要不外乎生产、分配二事。生产即物产及人工制品,而分配者,即以所产之物,支配而供人之需也。骤视之,其理似不高明深渊,熟审之,则社会之万象,莫不包罗于其中也。

生产之原素三:一、土地,二、人工,三、资本。土地,为人类所依附而存者也,故无土地无人类。经济学所谓之土地,不仅指陆地而言,凡海洋空气,占有空间面积者,莫不为土地也。然以经济学原理言之,仅有土地而无人工、资本,则物产仍不能成,故经济学者累千万言,犹未毕其说也。我人对于土地与人工之界说,尚易明了,惟资本与人工之界说,最难区别。此即社会主义家与经济学者相争之点,至今犹未解决者也。

经济学家谓资本非金钱一项可尽其义,其人工造成之物产,消费之余,以之补助发达物产,无在不为资本。第所余之物产,不以之为生产事业,似与残物无异,则不得谓为资本矣。例如租人以屋,而收其租金。雇人以车,而受其雇资。此屋,此车,皆为资本。屋而自居,车而自乘,则车与屋皆不能谓为资本,以其自居自乘,不能生利故也。

世界文明进步,社会之组织日益复杂,事业之发生日益繁多。凡物产或金钱以之生产者,可皆谓之资本。盖资本既所以生产,而人工者又所以生资本也。我人既知资本为人工之出,则有人工已足,又何再需资本乎?殊不知生产必赖资料,无资料以供给生产者之费用,以待其生产之结果,其生产终无所出矣。鲁滨孙之漂流海岛，苟无斧以供其刈薪营室，无粮以供其果腹充饥，我知其不数日已为荒岛之饿鬼，尚何能待植谷之熟，荒地之辟耶？故斧与粮，供其生产之费用，其作用与资本同，谓之为资本，固未尝不可也。尝考资本之来源，多由于文明祖传，以供吾人今日之生产，欲穷其始，则未易知。综上观之，则资本与人工之关系，可略知其崖岸。而土地、人工、资本之同为生产要素，又缺一而不可也。

分配云者，即以土地、人工、资本所生之产物，按土地、人口、资本之分量配成定例。此定例之原理，为人类以来所固有，得经济学者昌明之，遂成铁案。而各种科学，均根据经济学之原则而定矣。英国斯密亚丹（Adam Smith）[①]氏出，始著经济学，文极有条理，其主脑以自由竞争为前提。其英人之功利派，遂根据此而倡个人主义，求合于达尔文进化之理。

百年前英国社会经一变更，即实业革命是也。曩日工业皆为人工制造，自科学发明，机器以兴，实业革命即以机器代人工也。曩之个人所恃为竞争之具者，至此遂失其作用之效力，于是工人遂受一种之大痛苦矣。盖是时英国航业发达，工商亦随之发达，物产之多，为全世界物品出产所，遂致富强。及世界取需既繁，英国之人工制造品不足以敷其用，故机器得继而代人工之烦，于是生产既多，则国益富裕。虽然人工与人工之比较，其生产力之差，不过二倍乃至十倍，机器与人工之比较，其生产力之差竟有至百倍者。既机器之生产力较人工之生产力为大，则用机器以生产者，亦较用人工以生产者为多，于是工人多失其业。即机器生产所需之人工，又仅寥寥无几，而工人之拥挤求业者鳞次栉比，不特所得之工资与所造之物产，不能成正比例，而殷殷求雇，不惜自贬其工价。其失业者固沦落而受天演之淘汰，即有业者亦以工价之贱，几几不能生存于社会矣！资本家既利用机械而增加产额，又以贱价雇用良工，坐享利益之丰，对于工人饥寒死亡之痛楚，漠然视之，以为天演淘汰之公例应如此

① 斯密亚丹：今译亚当·斯密。

者。按斯密亚丹经济学生产之分配，地主占一部分，资本家占一部分，工人占一部分，遂谓其深合于经济学之原理。殊不知此全额之生产，皆为人工血汗所成，地主与资本家坐享其全额三分之二之利，而工人所享三分之一之利，又析与多数之工人，则每一工人所得，较资本家所得者，其相去不亦远乎？宜乎富者愈富，贫者愈贫，经费阶级愈趋愈远，平民生计遂尽为资本家所夺矣。慈善家目击心伤，而思有以救济，于是社会主义遂放大光明于世界也。英社会主义家阿浑(Owen)[①]者，深痛工人之困苦，遂出己资，创设一极大之工厂，优待工人，为社会主义之实行试验场。旋以编制未善，底于失败，去而赴美，欲竟其志，又遭失败。其主义遂不果行。同时有佛利耳(Fourier)[②]、卜南克(Blang)[③]者，法之社会主义家也，亦曾开社会主义之工厂，以受现社会习惯之影响，均未能达其苦心孤诣之希望。而反对派遂以成败之见，论社会主义之不善。一般学者，本无定见，亦相率而诟病社会主义矣。

是时英格物家马耳国[④]者，著有《人类物产统计表》一书，其主脑谓物产之产额，有一定之限制，而人类之蕃息，为级数之增加，据二十五年一倍之说，推之将来，必有人多地少之患。生众食寡，天降疫疠，国际战争，皆所以减少人口之众，防止孳生之害，而合于世界演进之原理。于是乎国家殖民政策缘此发生，弱肉强食，劣败优胜，死于刀兵者，固属甚多，其受强族之蹂躏，沦落而至于种族灭绝者，又比比皆是也。

社会主义家又起而反对，主张人道，扶持公理。当时一般政治经济学者，莫不目之为颠狂。唯下流社会中之工人贫民，因社会主义能救己之疾苦，遂崇之信之，而就社会党之范围。特压制究不能敌反抗，伪说终不能胜真理，曩之经济学、统计学、天演论，亦浸浸现其不合公理之破绽，社会主义之学说遂得排经济学、统计学、天演论

---

① 阿浑：今译欧文。

② 佛利耳：今译傅立叶。

③ 卜南克：今译路易·布朗。

④ 马耳国：今译马尔萨斯。

种种之科学，巍然独标一帜，而受社会之欢迎矣！

社会主义虽为救拯社会疾苦之学说，其希望见诸实行，仍必根据经济学之分配问题而研究也。美人有卓尔基亨利（Henry George）[①]者，一商轮水手也，赴旧金山淘金而致富，创一日报，吹鼓其生平所抱之主义，曾著一书，名为《进步与贫困》。其意以为，世界愈文明，人类愈贫困。盖于经济学均分之不当，主张土地公有。其说风行一时，为各国学者所赞同。其发阐地税法之理由，尤为精确，遂发生单税社会主义之一说。

原夫土地公有，实为精确不磨之论。人类发生以前，土地已自然存在，人类消灭以后，土地必长此存留。可见土地实为社会所有，人于其间又恶得而私之耶？或谓地主之有土地，本以资本购来，然试叩其第一占有土地之人，又何自购乎？故卓尔基亨利之学说，深合于社会主义之主张，而欲求生产分配之平匀，亦必先将土地收回公有，而后始可谋社会永远之幸福也。

土地公有之说，渐被于英之时，正英人恐慌之日。英国土地本为贵族大资本家所占有，因工商发达，业农者少，致所出谷食不够供给人民之食料，外粮之输入，价值反较本国为贱。英之土地生产力失其效用，其地主有不事耕耘而事畜牧，其佃人颠沛流离，被逐而谋生于美国。一般学者，深痛地主之为富不仁，对于土地公税之说，遂视为救世之福音而欢迎赞同，遂成单税之一派，主张土地之分配归公，国家由地价中抽什之一，他之苛税皆可减轻，而资本家于是不能肆恶也矣。

亨氏与麦氏二家之说，表面上似稍有不同之点，实则互相发明，当并存者也。世界地面本属有限，所有者垄断其租税，取生产三分之一之利，而坐享其成，与工作者同享同等之利益，不平之事，孰有过于此者？人工一分，既劳心力，自应得其报酬。土地本为天造，并非人工所造，故其分配不应如斯密亚丹之说也。故土地之一部分，据社会主义之经济学理，不应为个人所有，当为公有，盖无疑矣。亨

---

① 卓尔基亨利：今译乔治·亨利。

氏之说如是。麦氏之说则专论资本,谓资本亦为人造,亦应属于公有。主张虽各不同,而其为社会大多数谋幸福者一也。

麦克司之《资本论》,主张资本公有。将来之资本为机器,遂有机器公有之说。发明铁道者为司的文生(Stephenson)[1],发明机器者为华特[2]。经济学者谓铁道、机器既为二氏所发明,则铁道、机器二者之益,应归二氏所专有。殊不知机器虽为个人所发明,然所以能发明者,其智识岂尽出于天赋乎?以受社会种种之教养,始为发明机械之知力,及发明机械之机会。使生司的文生、华特于荒岛僻地,其智慧将何自启乎?即其天资极顶聪明,则耕而食,织而衣,以足供其一生之工作,尚何暇从事于机械之发明哉?由此可知:铁道、机械虽二氏发明,实二氏代社会发明也。社会之教养,原为社会谋幸福之代价,二氏既藉社会之力发明机械,则机械即不能私有其利益,其利益即应公之于社会。社会对于发明机械之人,以其劳心劳力,按社会经济分配之原理,予以相当之报酬可矣。即发明无线电之莫科里(Maconi)[3],亦不过得劳心之报酬而已,而无线电之生利资本,应归公有。此麦克司学说之所由来也。

综二氏之学说,一则土地归为公有,一则资本归为公有。于是经济学上分配,惟人工所得生产分配之利益,为其私人赡养之需。而土地资本所得一分之利,足供公共之用费,人民皆得享其一份子之利益,而资本不得垄断,以夺平民之利。斯即社会主义本经济分配法之原理,而从根本上以解决也。

现之所谓经济学者,恒分二派:一、旧经济学派,如斯密亚丹派是;二、新经济学派,如麦克司派是。各国学校教育多应用旧经济学,故一般学者深受旧经济学之影响,反对社会主义,主张斯密亚丹之分配法,纵资本家之垄断而压抑工人。实则误信旧经济学说之过

---

① 司的文生:今译司蒂芬孙。

② 华特:今译瓦特(Watt)。

③ 莫科里:今译马可尼。

当，其对于新经济之真理，盖未研究之耳。社会主义家则莫不主张亨、麦二氏之学说，而为多数工人谋其生存之幸福也。

诸君既略知经济学之纲领，与实业革命之理由，进以审鉴，则旧经济学中所为生产三种之分配，似未得其平允。缘机器未发明以前，工作皆为人工，生产力亦甚薄弱，所谓资本者，不过工人之生活资料已耳。准经济学三种之分配，其未平允之处，尚未易见。实业革命以后，工作所需人工既渐减少，而生产力又较前加增，资本家以机器为资本，垄断利源，工人劳动所生之产，皆为资本家所坐享，不平之迹，遂为一般学者瞩及。于是昌言经济学分配之法，有未尽合于经济学之学理者矣。我国古代学说谓："生之者众，食之者寡，则财恒足。"又谓："工之家一，用器之家六；农之家一，食粟之家六。"则社会经济必起恐慌之现象。诚以人工所成之物产有限，劳动者少而消耗者之多，则所生之产有不足供给之势，财货因之匮乏，经济因之恐慌。欧美旧经济学者亦多主张此说。在实业未革命以前则然耳，社会既经实业革命，机器继以代人工之烦，生产力之大，较人工且至万倍，所生产之物品，销路不广，反有停积之忧。处今日而言社会经济，不患生之者不众，而患食之者不众，曩之主张工多用少，与今之主张工少用多者，适成一反比例矣。此皆旧学说不适用于现社会之证也。

我国未经实业革命，向主张闭关主义。后受外人之挟迫，不得已开海禁，惴惴自恐，以为货物外溢，物价必昂，思有以防范之者，遂有轻入口税重出口税之一法。殊不知外人之意，在畅销该国洋货，不在购买。我国种种防止之手段，反为外人所利用。洋货充塞，土货停滞，经济学上受其莫大之影响，实由于我国人民不知经济学之原理所致也。

我人知社会贫困，当求生产发达，何生产既多而社会反致贫困乎？其中原因，实由于生产分配之不适当耳。工人之所得不过其一小部分，地主与资本家所得反居多数，复以余利作资本，营业演进，货物充塞，竞销夺利，社会经济受其莫大影响。故根本解决，有不能不从分配上着手也。

当全用人工时代，其生产之结果，按经济学旧说以分配，土地、人工、资本各得一分，尚不觉其弊害。机器发明之后，犹仍按其例，此最不适当之法也。劳动者多，而机器厂所雇之工人少，生产物多，而工人所得之酬报少，人工贱而土地资本贵矣。贫富阶级日趋日远，社会主义学者遂欲研究分配平均之善法以救其害，以为现世界人类贫富苦乐之不同，社会上因之而少安宁之幸福。社会主义之主张，实欲使世界人类同立于平等之地位，富则同富，乐则同乐，不宜与贫富苦乐之不同，而陷社会于竞争悲苦之境。

自实业革命之后，社会主义发生，一般学者始悟旧经济分配之不当，主张人工宜得多数生产之余利，地主、资本家则按其土地、资本生产之应得之利息可矣。其分配人工酬报之多寡，应视其劳心劳力之多寡；其劳动大，则酬报多，其劳动小，则酬报亦小。余利公之于社会，以兴社会各种之事业。凡为社会之分子，莫不享其余利一分子之利益，斯即分配最平允之方法，而社会主义学者所深主张者也。

欧美近日仍据旧经济学以分配，地主、资本家既占优胜之地位，工人遂处于劣败之地位矣。法律上又保护资本家与地主之专利，故地主益垄断其地权，资本家益垄断其利权，而多数之工人虽尽其劳动之能力，反不能生存于社会。阶级悬殊，固难怪不平者之主张均产主义也。

英国伦敦最富之区也，人口之众约六、七百万，每年冬季因工厂停歇，致失业饥民尝达百万之数。以富庶之区，人民尚不免有饥寒，此非生产之不足供应，实分配之未能平允故也。按英国人口有四千四百万之众，统男女老少平均计之，每年每人所入息，应约三千余元。如五口之家，即应得一万五千余元。但实际上则有大不然者，以英国普通佣值计之，每年每人不过五、六百元耳。工人五口之家，全赖此数以为活，若在中国经济程度未高之时，尚足赡养，在经济程度既高之英国，实有不能生活之概。又以英国全国入息通算，每人均分年中应有三千余元计之，除女子老少不能工作外，生产工人实不过四分之一，而每人年中生产，实四倍于三千余元——即万余元也——而所得报酬之佣值，不过五、六百元，是人工所得不及百分之十，而地租、利息则百分之九十余也。此分配之不当，按以旧经济学之三原素分配亦不符也。故有生利之工人，则恒受饥寒，而分利之大地主及资本家，反优游自在，享社会无上之幸福，岂非不平之甚耶！

社会主义学者睹此不平，其激烈派遂倡均产之说。盖最初之思想甚属简单，固未尝为事实上计也。厥后学说精进，方法稳健，咸知根本之解决当在经济问题，有是亨氏之土地公有，麦氏之资本公有，其学说得社会主义之真髓。今日中国地主、资本家眼光尚浅，知保守而不知进取，野山荒地尚多无主之物，一般平民间亦有自由使用之权。即如樵采游牧，并无禁止之例。若在欧洲，则山野荒地皆为资本家所领有，他人不能樵采游牧于其间也。社会党因地主、资本家之专横，有支配全国经济之势力，故极端反抗。资本家、地主屹然不稍摇动，以受国家法律之保护，现社会党人之反抗，实不异星火之一扑即灭也。激烈派遂有消极的主张，欲毁去机器厂及铁道，破坏其营业之资本，使无利之可生，然卒受法律之干涉，终不得根本之解决。

资本家与社会党愈接愈厉，首蒙其害者为一般之工人。一般工人莫不赞同社会主义而为社会党人，同心设法抵制资本家之专制。我人处旁观之地位，当知世界一切之产物，莫不为工人血汗所构成，故工人者，不特为发达资本之功臣，亦即人类世界之功臣也。以世界人类之功臣，而受强有力者之蹂躏虐待，我人已为不平，况有功于资本家而反受资本家之戕贼乎？工人受资本家之苛遇而思反抗，此不能为工人咎也。当时工人有工党之组织，要求增加工价，遂起同盟罢工之风潮。

罢工之事，工人之不得已也，世界上最惨最苦之事也。工人罢工虽欲谋增加工价，此现在工作之资，有不得不牺牲者也。工人非富于资者，其衣食全将恃乎每日之工价，一旦罢工，有甚至日不一餐，其苦状为何如耶？资本家以其无业不能生活，罢工必不能久，泰然处之，不稍为动。工人至饥寒交迫之时，不得不饮恨吞声，重就资本家之范围。资本家虽因一时罢工，稍有损失，然有资本以供养生活之需，究不至若工人困苦，而所损失者又终有补救之一日也。

社会主义学者知罢工要挟，决非根本之解决，当于经济学上求分配平均之法。而分配平均之法，又须先解决资本问题。顾资本之消长，有种种之原因。若美国铁路公司，对于人民输运农产，取费极廉，另设转运公司以贱价就地收买，人民以其可免运费，皆愿贱售与之。转运公司原附于铁路公司而发生者也，输运之费，自较他人为轻，运费既廉，资本亦少，再以贱售与人，以夺商人之业，于是商农皆归失败。小商既受淘汰，公司遂高其价，小商以价高，有利可图，于是复振旧业。公司见小商之又起也，再贱其价，小商以资本之微，不能持久，复归消灭，公司遂独享其利。不特此农产转运公司已也，如煤油、钢铁，皆莫不效尤，故意操纵，肆力吞并。小商知力之不敌，惟有拱手退让，所有生产厚利，皆为大资本垄断。于是托拉斯一出，几几有左右全世界经济之势力，而煤油、钢铁咸有大王之称，兼并多数人民之资财，而成一己之富矣。

实业未革命以前，人皆奉斯密亚丹之说为圭臬，一致主张自由竞争。及机器既出，犹仍旧法演进，其结果卒酿成社会上贫富激战之害。工人在实业未革命以前，勤劳俭朴，逐渐可以致富。自机器发明，利源尽为资本家垄断，工人劳动终身所生之利，尽为资本家所享有，在一己所得之工值，赡养尚不能敷，况储蓄乎？目击欧美近日经济之现状，万无工人可致富之理。在中国今日机器工厂尚未十分发达，利源亦未十分开辟，故贫民犹有致富之机，然再演进，亦将与欧美同一概矣。

社会主义学者尝谓物极必反，专制若达于极点，推翻即易如反掌。将来社会革命，首在美洲。缘美国大资本家擅经济界之特权，牛马农工，奴隶负贩，专制既甚，反抗必力，伏流潜势，有一发而不可抑者。盖资本家之专制与政府之专制一也。政府有推翻之日,资本家亦有推翻之日。

各国社会主义学者鉴于将来社会革命之祸,岌岌提倡麦克司之学说,主张分配平均,求根本和平之解决,以免激烈派之实行均产主义,而肇攘夺变乱之祸。故收回土地、公有资本之二说,为谋国是者所赞许,而劳动应得相当酬报之说,又为全世界学者所赞同也。

我国提倡社会主义,人皆斥为无病之呻吟,此未知社会主义之作用也。处今日中国而言社会主义,即预防大资本家之发生可矣。此非无病之呻吟,正未病之防卫也。不必全法欧美之激烈对待,而根本学理,和平防止可矣。欧美以资本家之势已成,土地、资本收归国有之时,社会党之对待资本家,将若革命之对待满清皇室,其手段不得不出诸激烈恐吓,逼之退让。至我国资本家,有资财数千万者,国内实鲜其人。即稍有资本,又大半窖金,守之而已。变乱之际,甚有存储外国银行而纳保险费者。可知我国资本家,固不善利用资本以经营生产者也。至经济极高之时代,我国资本家其至富者,亦不过中人产耳,又奚必其退让哉。

资本原非专指金钱而言,机器、土地莫不皆是。就今日世界现状观之,其资本生资最巨者,莫如铁道。美国铁道之资本金约一百八十万万,每年全国收入总数约十五万万,十二年之收入,即可收回成本,则十二年后之收入,尽为赢余,其利之厚,鲜有过于此者。鄙人对于铁道政策研究有年,今拟筹集资本金六十万万,建筑铁道二十万里,其资本较美仅三分之一,可保四、五十年之久,每年可获利六万万。美国铁道全公司所有,即为少数资本家所有,故利皆为私人垄断。我国铁道应提倡归为公有,则公家于铁道一项,每年顿增六万万之收入。再以之兴办生产事业,利仍归公,则大公司大资本尽为公有之社会事业,可免为少数资本家所垄断专制矣。准国家社会主义,公有即为国有,国为民国,国有何异于民有!国家以所生之利,举便民之事,我民即共享其利。易言之,国家之行政经费,地方经费,非出自我民之担负乎?公共之利兴,府库之藏足,我民即间接减轻租税之担负矣。

铁道以及各种生产事业，其利既大，工人之佣值，即可按照社会生活程度渐次增加，务使生计宽裕，享受平均，则工人亦安于工作，不至再演同盟罢工之苦剧矣。以上所言，即为资本问题之解决。进而解决土地问题，尤属易事。兹为诸君言之：

欲解决土地问题，我国今日正一极佳时期也。趁此资本未发达，地价未加增之时，先行解决，较之欧美，其难易有未可同日以语。然欲解决此项土地问题，须先知土地价值之变迁。就上海土地言之，未开商埠以前，一亩之地不过五两，今则三、四十万者有焉。反观内地，则满、蒙、陕、甘、西藏、新疆，其土地之价值，与昔日之上海正相等耳。英大马路自黄浦滩至静安寺一路之地价，与贵州全省地价已相颉颃。由此可知今日之上海，与今日之内地，同一其土地，而不同一其价值。即今日之上海与昔日之上海，亦同一其土地而不同其价值。其价值之所以不同一者，非限于天然，实社会进化有以影响之也。上海地价之贵，此已成之势也。将来工商发达，交通便利，内地地价，亦必有如上海之一日。

社会之进化，土地再经过二、三十年后，其值可增至万倍。此万倍之利，将属诸何人乎？地主是矣。外人皆知此理，其出资托名以购地者，不知凡几。我国以广大之土地，若无良法支配，而废弃此社会生产之物，将必为外人所乘，而夺此土地生产之权矣。我人研究土地支配方法，即可得社会主义之神髓。

土地价值之增加，咸知受社会进化之影响，试问社会之进化，果彼地主之力乎？若非地主之力，则随社会及增加之地价，又岂应为地主所享有乎？可知将来增加之地价，应归社会公有，庶合于社会经济之真理，傥不收为社会公有，而归地主私有，则将来大地主必为大资本家，三十年后，又将酿成欧洲革命流血之惨剧。故今日之主张社会主义，实为子孙造福计也。

我国今日而言社会主义，主张土地公有，则规定地价及征收地价税之二法，实为社会主义之政策。即调查地主所有之土地，使定其价，自由呈报，国家按其地价，征收地价百一之税。地主报价欲昂，则纳税不得不重，纳税欲轻，则报价不得不贱。两而相权，所报之价，遂不得不出之于平。国家据其地价，载在户籍，所报之价即为规定之价。此后地价之增加，咸为公家所有，私人不能享有其利，地主虽欲垄断，其将何辞之可藉哉？（此法广东已提出议案交省议会议决）

美国纽约一城，地租收入每年至八万万之巨，惜均为地主所私有，若归公有，则社会经济上必蒙其益，此不过纽约一郡之地也。我国土地之大，物产之富，甲于全球，将来工商发达，交通便利，地租之收入，较纽约不啻几十万倍，则国家之富，可以立致，讵若今日之民穷财尽，非向外人借款不能立国者乎。

鄙人对于社会主义，实欢迎其利国福民之神圣，本社会之真理，集种种生产之物产，归为公有，而收其利。实行社会主义之日，即我民幼有所教，老有所养，分业操作，各得其所。我中华民国之国家，一变而为社会主义之国家矣。予言至此，极抱乐观。理想一社会主义之国家，而以其种种设施，再略言之。

社会主义之国家，一真自由、平等、博爱之境域也。国家有铁路、矿业、森林、航路之收入及人民地租、地税之完纳，府库之充，有取之不竭用之不尽之势。社会主义学者遂可进为经理，以供国家经费之余，以谋社会种种之幸福。

（一）教育　圆颅方趾，同为社会之人，生于富贵之家即能受教育，生于贫贱之家即不能受教育，此不平之甚也。社会主义学者主张教育平等，凡为社会之人，无论贫贱，皆可入公共学校，不特不取学膳等费，即衣履书籍，公家任其费用。尽其聪明才力，各分专科，即资质不能受高等教育者，亦按其性之所近，授以农、工、商技艺，使有独立谋生之材。卒业以后，分送各处服务，以尽所能。庶几教育之惠，不偏为富人所独取，其贫困不能造就者，亦可以免其憾矣。

（二）养老　社会之人，为社会劳心劳力辛苦数十年，而至衰老，筋力残弱，不能事事。社会主义学者谓其有功社会，垂暮之年，社会当有供养之责。遂设公共养老院,收养老人,供给丰美,俾之愉快,而终其天年,则可补贫穷者家庭之缺憾。

(三)病院　人类之尽忠社会,不慎而偶染疾病,富者固有医药之资,贫者以无余资,终不免沦落至死,此亦不平之事也。社会主义学者遂主张设公共病院以医治之,不收医治之费,而待遇与富人纳资者等,则社会可少屈死之人矣。

其他如聋哑残废院,以济天造之穷,如公共花园,以供暇时之戏。人民平等,虽有劳心劳力之不同,然其为劳动则同也。即官吏与工人,不过以分业之关系,各执一业,并无尊卑贵贱之差也。社会主义之国家,人民既不存尊卑贵贱之见,则尊卑贵贱之阶级,自无形而归于消灭。农以生之,工以成之,商以通之,士以治之,各尽其事,各执其业,幸福不平而自平,权利不等而自等,自此演进,不难致大同之世。

鄙人演讲三日,发挥社会主义尚未详尽,望诸君共相研究,一致进行,是即鄙人区区之意也。

敦促袁世凯辞职电

（一九一三年七月二十二日）

北京大总统鉴：文于去年北上，与公握手言欢，闻公谆谆以国家与人民为念，以一日在职为苦。文谓国民属望于公，不仅在临时政府而已，十年以内大总统非公莫属。此语非弟对公言之，且对国民言之。自是以来，虽激昂之士于公时有责言，文之初衷未尝少易。何图"宋案"发生，证据宣布，愕然出诸意外，不料公言与行违至于如此，既愤且懑。而公更违法借款，以作战费；无故调兵，以速战祸。异己既去，兵衅仍挑，以致东南军民荷戈而起，众口一辞，集于公之一身。意公此时必以平乱为言，姑无论东南军民未叛国家，未扰秩序，不得云乱，即使云乱，而酿乱者谁？公于天下后世亦无以自解。公之左右陷公于不义，致有今日，此时必且劝公乘此一逞，树威雪忿。此但自为计，固未为民国计，亦未为公计也。清帝辞位，公举其谋，清帝不忍人民涂炭，公宁忍之？公果欲一战成事，宜用于效忠清帝之时，不宜用于此时也。说者谓公虽欲引退，而部下牵掣，终不能决。然人各有所难。文当日辞职，推荐公于国民，固有人责言，谓文知徇北军之意，而不知顾十七省人民之付托。文于彼时讫不为动。人之进退绰有余裕，若谓为人牵掣不能自由，苟非托辞，即为自表无能，公必不尔也。为公仆者受国民反对，犹当引退，况于国民以死相拚；杀一不辜以得天下，犹不可为，况流天下之血以从一己之欲。公今日舍辞职外决无他策。昔日为任天下之重而来，今日为息天下之祸而去，出处光明，于公何憾。公能行此，文必力劝东南军民，易恶感为善意，不使公怀骑虎之虑。若公必欲残民以逞,善言不入,文不忍东南人民久困兵革,必以前此反对君主专制之决心反对公之一人。义无反顾。谨为最后之忠告,惟裁鉴之。孙文。

讨袁檄文

（一九一四年五月）

壬子之二月，国民悯搆兵之惨，许清室旧臣自新，竭诚志以临时政府付袁世凯，四海之内，莫不走相告曰：息兵安民，以事建设，是大仁大义举也。吾民既竭诚以望袁，今袁所报民者何如哉？辛亥之役，流血万里，人尽好生，何为而然？若知袁之暴戾更甚于清，则又何苦膏血万户，以博一人皇帝之雄哉！所以宁死而不悔者，誓与共和相始长耳。

今袁背弃前盟，暴行帝制，解散自治会，而闾阎无安民矣；解散国会，而国家无正论矣；滥用公款，谋杀人才，而陷国家于危险之地位矣；假民党狱，而良懦多为无辜矣。有此四者，国无不亡！国亡则民奴，独袁与二三附从之奸，尚可执挺衔璧以保富贵耳。呜呼！吾民何不幸，而委此国家生命于袁氏哉！自袁为总统，野有饿莩，而都下之笙歌不彻；国多忧患，而郊祀之典礼未忘。万户涕泪，一人冠冕，其心尚有“共和”二字存耶？既忘共和，即称民贼。吾侪昔以大仁大义铸此巨错，又焉敢不犯难，誓死戮此民贼，以拯吾民。

今长江大河，万里以内，武汉京津，扼要诸军，皆已暗受旗帜，磨剑以待。一旦义旗起，呼声动天地。当以秦陇一军，出关北指；川楚一军，规画中原；闽粤旌旗横海，合齐鲁以捣京左。三军既兴，我将与诸君子扼扬子江口，定苏浙，以树东南之威。犁庭扫穴，共戮国贼，期可指日待焉。书曰：“民惟邦本，本固邦宁。”又曰：“纣有臣亿万，惟亿万心。予有臣三千，惟一心。”正义所至，何坚不破？愿与爱国之豪俊共图之！

孙文檄文。印。

中华革命党总章

（一九一四年七月八日）

第一条　本党名曰中华革命党。

第二条　本党以实行民权、民生两主义为宗旨。

第三条　本党以扫除专制政治、建设完全民国为目的。

第四条　本党进行秩序分作三时期：

一、军政时期

此期以积极武力，扫除一切障碍，而奠定民国基础。

二、训政时期

此期以文明治理，督率国民，建设地方自治。

三、宪政时期

此期俟地方自治完备之后，乃由国民选举代表，组织宪法委员会，创制宪法；宪法颁布之日，即为革命成功之时。

第五条　自革命军起义之日至宪法颁布之时，名曰革命时期；在此时期之内，一切军国庶政，悉归本党负完全责任，力为其难，为同胞造无穷之幸福。

第六条　凡中国同胞皆有进本党之权利义务。

第七条　凡进本党者必须以牺牲一己之身命、自由、权利而图革命之成功为条件，立约宣誓，永久遵守。

第八条　凡党员须纳入党费十元，每年捐一元于本部；惟前时曾致力于革命及现在为革命奔走者悉免。其有额外义捐巨资者，照事前筹饷章程办理。

第九条　每党员至少须介绍新进一人，方完义务。其有于革命军起义之前介绍新进百人者，记功一次；千人者记大功一次，照酬勋章程办理。

第十条　凡党员有背党行为，除处罚本人之外，介绍人应负过失之责。

第十一条　凡于革命军未起义之前进党者，名为首义党员；凡于革命军起义之后、革命政府成立以前进党者，名为协助党员；凡于革命政府成立之后进党者，名曰普通党员。

第十二条　革命成功之日，首义党员悉隶为元勋公民，得一切参政、执政之优先权利；协助党员得隶为有功公民，能得选举及被选权利；普通党员得隶为先进公民，享有选举权利。

第十三条　凡非党员在革命时期之内，不得有公民资格。必待宪法颁布之后，始能从宪法而获得之；宪法颁布以后，国民一律平等。

第十四条　凡有功于本党或曾在本党人员之麾下服务　年者，虽未照第七条之手续进党，若得党员十人之保证，可补立誓约，请本部追认为首义党员，得享元勋公民之权利。

第十五条　本党公举总理一人，协理一人。

第十六条　总理有全权组织本部为革命军之策源；协理辅助之或代理之。

第十七条　本部各部长、职员悉由总理委任。

第十八条　各地支部长由各地党员推荐，总理委任。

第十九条　本部之组织如左：

一、总务部；

二、党务部；

三、财政部；

四、军事部；

五、政治部。

第二十条　每部任部长一人，副部长一人，职务长若干人，职务员若干人。

第二十一条　总务部之职务如左：

一、总务部庶务；

二、接洽内地支部；

三、接洽海外支部；

四、制管公文符印；

五、交涉党外事宜；

六、办理不属他部之事。

第二十二条　党务部之职务如左：

一、主盟新进；

二、存管誓章册籍；

三、调查党员履历；

四、招待外宾；

五、传布宗旨。

第二十三条　财政部之职务如左：

一、管理党中度支；

二、接收支部党费义捐；

三、筹集事前款项；

四、规定因粮方法；

五、计划事后财政。

第二十四条　军事部之职务如左：

一、物色并培育将才；

二、调查各省敌情；

三、计划作战；

四、运动敌军；

五、调查并购制武器；

六、筹备军政。

第二十五条　政治部之职务如左：

一、物色并培育政才；

二、筹备中央政府；

三、规划地方自治；

四、审定建设规模。

第二十六条　凡属党员，皆有赞助总理及所在地支部长进行党事之责，故统名之曰协赞会，分为四院，与本部并立为五；使人人得

以资其经验,备为五权宪法之张本。其组织如左:

一、立法院;

二、司法院;

三、监督院;

四、考试院。

第二十七条　协赞会会长一人,副会长一人,由总理委任;各院院长,由党员选举,但对于会长负责任。

(说明)所以由总理委任会长、副会长者,为统一党务起见;若成立政府时,当取消正副会长,则四院各成独立之机关,与行政部平行,成为五权并立。是之谓五权宪法也。

第二十八条　立法院之职务如左:

一、创制各部规则;

二、提议修改总章;

三、批准支部章程;

四、筹备国会组织。

第二十九条　司法院之职务如左:

一、裁判各部或职员之冲突;

二、裁判党员之争执及处罚事宜,

三、裁判各支部、分部之冲突;

四、筹备司法院之组织。

第三十条　监督院之职务如左:

一、监察党务进行;

二、责备党员服务;

三、察视党员行为;

四、稽查党中账目;

五、筹备监督院之组织。

第三十一条　考试院之职务如左:

一、考验党员才干而定其任事资格;

二、调查职员事功而定其勋绩;

三、筹备考试院之组织。

第三十二条　支部为各地之自治团体,得自行议立章程,请本部批准,并推荐支部长,请本部总理委任。

第三十三条　支部长得便宜行事,派委人员在其附近地方设立分部,而直接统辖之。

第三十四条　分部发达至万人以上者,能自立为支部,直接受本部统辖。

第三十五条　凡国内及海外各种政治组合及爱国团体,人数过万,有欲归属本党者,须照章写立誓约,缴入党捐,便得为本党支部。

第三十六条　国内支部,专事实行;海外支部,专事筹款。所事虽异而成效无别,故于革命成功之日,国内、海外各支部同一享参政之权利。

第三十七条　革命政府成立之后,每支部得举代表之人以参预政事,组织国会,并各种补助机关,以助政府之进行。

第三十八条　各支部皆有权推荐人才,政府当量才从优器使。

第三十九条　本党总章之修改,须由立法院之提议,得本部职员及协赞会职员三分二之决可,乃得修改之。

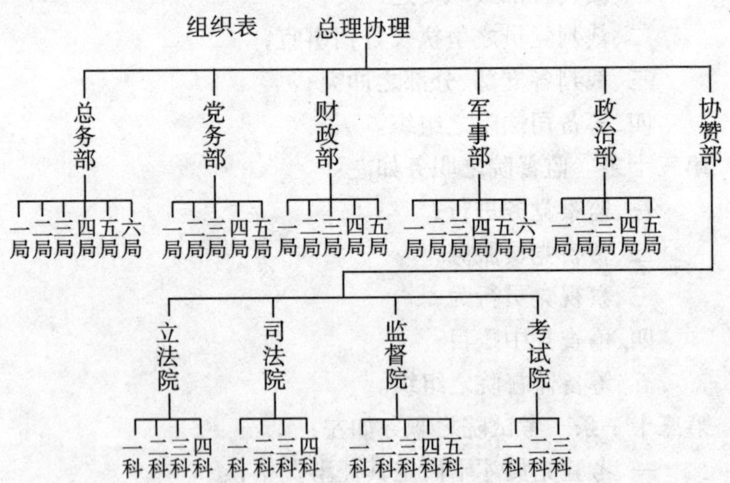

中华革命党成立通告

（一九一四年九月一日）

吾党自一次革命，国体与政体变更后，即以巩固共和，实行民权、民生两主义为己任。乃以“宋案”、借款之故，促起二次革命；不幸精神溃散，相继败走，扶桑三岛，遂为亡命客集中之地矣。谈及将来事业，意见纷歧，或缄口不谈革命，或期革命以十年，种种灰心，互相诟谇，二丨年来之革命精神与革命团体，几于一蹶不振，言之不胜慨叹！

惟文主张急进，约束前人，激励后继，重新发起中华革命党，海内外同志立约宣誓，争先恐后。夏六月，开总理选举会，到者十八省，文当选为总理。七月八日，在日本筑地精养轩开本党成立会，文于是就总理之职，当众宣誓，公布中华革命党总章。自是之后，着意进行，本部组织于焉成立。用特通告海内外同志，自中华革命党成立之日，凡在国内所有之国民党本部、支部、交通部、分部被袁氏解散者，不能存在无论矣；所有海外之国民党，除在日本东京已宣告解散外，其余美洲、南洋各地未经解散者，希即一律改组为中华革命党，（党为秘密团体，与政党性质不同，凡在外国侨居者，仍可用国民党名义，内容、组织则更张之，即希注意。）均以履行总章第七条之手续书写誓约者，认为本党党员，协力同心，共图三次革命，迄于革命成功，宪法颁布，国基确定之际，皆由吾党负完全责任。

此次办法，务在正本清源：（一）屏斥官僚；（二）淘汰伪革命党。以收完全统一之效，不致如第一次革命时代，异党入据，以伪乱真。国内无论矣，即海外人士，亦须严加审别。非由我中华革命党支部、交通部特别选派及其承认介绍者，政府概不收纳，畀以政事，使保皇败类计无所施。

现在全欧战云密布，各国自顾不暇，无力及我。且世界金融机关已经紊乱，袁贼之财源既竭，饷糈自空。英雄有用武之地，正吾党努力建功之时。凡我同志务望担负责任，切实进行，黄龙痛饮，为日有期。

惟近有不写誓约，非中华革命党员，假国民党名义，蛊惑我真正热心同志，借端滋扰，日有所见，非力加调查而甄别之，则不足以固党基而定国是。此本部同人拳拳之意也。

中华革命党总理　孙　文
总　务　部　长　陈其美
党　务　部　长　居　正
军　务　部　长　许崇智
政　治　部　长　胡汉民

中华民国三年九月　　日

通讯处：日本东京市芝区南佐久间町一丁目三番地民国社。

英文通讯处：TO MIN KOH SHI No. 3 Minamisakumacho. Shibaku Tokio. Japan.

中华革命军大元帅檄

（一九一四年秋）

袁贼苦吾国民久矣！世界自有共和国以来，殆未有此万恶政府危亡祸乱至于此极者也。

清之末造，贼实媚之，以杀吾国人。及其亡而拥兵徼利，至乃要窃总统以和。军府不忍战争之绵延，以为贼本汉族，人情必思宗国，而总统复非帝王万世之比，俯与迁就，冀其自新；亦以民国初立，旧污未殄，首行揖让，风示天下，树之楷模。孰意贼性凶顽，谲诈成习，背誓乱常，妄希非分，假中央集权之名，行奸雄窃国之实。骄兵悍将，骚扰于闾阎；宵小佥壬，比周于左右。甚乃贿收报馆，赂遗议员，清议销沉，监督溺职，而嗾杀元勋、滥借外债之祸作矣。

赣、宁酿变，皖、沪、闽、粤、湘、蜀继之。义师败衄，贼焰愈张，自是以还，几于不国。贼兵所至，焚掠为墟，幼女贞孀，供其淫媟。犹复恣意株连，籍没罔恤，偶涉嫌疑，遽膏锋刃。人民丧其乐生之心，而贼于此时方论功行赏，以庆太平，盖自以为帝业之成，而天下莫予毒矣。卒以非法攘攫正式总统，而祭天祀孔，议及冕旒，司马之心，路人皆见。又其甚者：改毁约法，解除国会，停罢自治，裁并司法，生杀由己，予夺唯私；侦谍密布于交衢，盗匪纵横于邑都；头会箕敛，欲壑靡穷，朋坐族诛，淫刑以逞；矿产鬻而国财空，民党戮而元气尽。

军府艰难缔造之共和，以是坏灭无余，而贼恶盈矣！殉国烈士饮恨于九原，首义勋贤投荒于海外，而觇国者遂以为自由幸福非吾中华国民所应享，此真天下之大耻奇辱也。而吾国民亦偷生视息，莫之敢指。驯此以往，亡国灭种，匪伊异人，国交之危，其见端耳。

袁贼妄称天威神武之日，即吾民降作奴隶牛马之时，此仁人志士所为仰天椎心，虽肝胆涂疆场、膏血润原野而不辞也。

军府痛宗国之陆沉，愤独夫之肆虐，爰率义旅，誓殄元凶，再奠新邦，期与吾国民更始。中原豪俊，望旆来归；草泽英贤，闻风斯起。诸袁将吏士卒反正及降者，不次擢赏，勿有所问。若其弃顺效逆，执迷不复，大兵既至，诛罚必申，虽欲悔之，晚无及也！

布告天下，咸使闻知。檄到如律令。

孙文(印)

中华民国　　年　　月　　日

(说明：檄文后应由大元帅亲自署名、盖印。但在革命军举义之时，大元帅不在任地，司令长官得代用印宣布。)

讨袁宣言

（一九一六年五月九日）

文自癸丑讨逆之师失败以还，不获亲承我父老昆弟之教诲者，于今三年矣。奸人窃柄，国论混淆，文于是时亦殊不乐以空言与国人相见。今海内喁喁有望治声矣，文虽不敏，固尝为父老昆弟所属役，复自颠沛不忘祖国者，则请继今一二为国人谈也。

文持三民主义廿有余年，先后与国人号呼奔走，期以达厥志。辛亥武昌首义，举国应之，五族共和，遂深注于四亿同胞之心目。文适被举为一时公仆，军书旁午，万端草创，文所靖献于国民者，固甚恨不能罄其悃忱。然国号改建，纪元维新，且本之真正民意，以颁布我民国约法，其基础不可谓不已大定。故清帝退位，南北统一，文乃辞职，介举袁氏于参议院。盖信其能服从大多数之民心，听义师之要求，以赞共和，则必能效忠民国，践履约法，而昭守其信誓也。当南北两方情志未孚时，文尝任调和，躬至北京，并有"愿袁氏十年为总统"之宣言。何期袁氏逆谋终不自掩，残杀善良，弁髦法律，坏社会之道德，夺人民之生计。文故主兴讨贼之师，所以维国法而伸正义，成败利钝所不计也。袁氏既挟金钱势力，肆用诈术，而逆迹未彰，国人鲜悟，以致五省挠败，而袁氏之恶乃益逞矣。

文虽蛰居海外，而忧国之志未尝少衰。以为袁氏若存，国将不保；吾人既主讨贼，而一蹶不振，非只暴弃，其于谋国亦至不忠。故亟图积极进行之计，辄与诸同志谋之。顾败丧之余，群思持重，缓进之说，十人而五。还视国中，则犹有信赖袁氏而策其后效者；有以为其锋不可犯，势惟与之委蛇而徐图补救者；有但倖目前之和平，而不欲有决裂之举者。文以为此皆有所执持，而其心理上之弱点，则袁氏皆得而利用之，以逞其欲，此文期期所不敢认以为适道者也。袁氏果于是时解散国会，公然破毁我神圣庄严之约法，诸民权制度随以俱尽。文谓袁氏已有推翻民国、及身为帝之谋，而莫之敢信。而亏节堕行、为伥为侦之败类，且稍稍出矣。文于是痛心疾首，决以一身奋斗报我国家，乃遂组织中华革命党，为最严格之约束；将尽扫政治上、社会上之恶毒瑕秽，而后复纳之约宪之治。两年以来，已集合多数之同志，其入内地经营进行者，皆屡仆屡起，不惮举其个人之自由权利、生命财产而牺牲之，以冀奠我区夏。孤行其自信力，而不敢求知于人人，犹之辛亥以前之中国同盟会也。欧战既起，袁氏以为有隙可乘，不惜暴其逆谋，托始于筹安会，伪造民意，强迫劝进，一人称帝，天下骚然。志士仁人汗喘相告，而吾同志益愈奋励，冒死以进。滇、黔独立，文意豁然。至乃昔所不知，今皆竞义，德邻之乐，讵复可已。频年主持，益审非谬。

顾独居深念，以为袁氏怙恶，不俟其帝制之昭揭；保持民国，不徒以去袁为毕事。讨贼美举，尤当视其职志之究竟为何，其所表示尊重者为何，其策诸方来与建设根本者为何，而后乃有牺牲代价之可言，民国前途，始有攸赖。今独立诸省通电，皆已揭櫫民国约法以为前提，而海内有志后援、研求国是者，亦皆以约法为衡量，文殊庆幸此尊重约法之表示，足证义军之举，为出于保卫民国之诚。袁氏破坏民国，自破坏约法始；义军维持民国，固当自维持约法始。是非顺逆，区以别矣。夫约法者，民国开创时国民真意之所发表，而实赖前此优秀之士，出无量代价以购得之者也。文与袁氏，无私人之怨，违反约法，则愿与国民共弃之。与独立诸省及反袁诸君子，无私人之惠，尊重约法，则愿与国民共助之。我国民亦既一致自爱其宝，而不为独夫民贼之所左右，则除恶务尽，对于袁氏必无有所姑息。以袁氏之诈力绝人，犹不能不与帝制同尽，则天下当不复有袭用其故智之人。

至袁氏今日，势已穷蹙，而犹徘徊观望，不肯自归于司败，此固由其素性贪利怙权,至死不悟。然见乎倡义者之有派别可寻,窃疑党争未弭,觊觎其猜忌自纷,而不能用全力以讨贼。殊不知阋墙御侮,浅人审其重轻,而况昔之政争已成陈迹。今主义既合,目的不殊,本其爱国之精神,相提携于事实,见仇者虽欲有所快,无能倖也。今日为众谋救国之日,决非群雄逐鹿之时,故除以武力取彼凶残外,凡百可本之约法以为解决。共和之原,甚非野心妄人所得假借者也。文始意以为既已负完全破坏之责,故同时当负完全建设之责。今兹异情,则张皇补苴,收拾时局,当世固多贤者。苟其人依约法被举,而不由暴力诈术以攫取之,则固与国民所共承者也。民国元首,只有服务负责之可言,而非有安富尊荣之可慕,国民当共喻斯义。文之所持,凡皆以祈响真正之和平,故虽尝以身当天下之冲,而不自惜也。

文自束发受书,知忧国家,抱持民族、民权、民生三大主义,终始不替;所与游者,亦类为守死善道之士。民国成立,五族共和,方幸其目的之达。乃袁氏推翻民国,以一姓之尊而奴视五族,此所以认为公敌,义不反兵。今是非已大白于天下之人心,自宜猛厉进行,无遗一日纵敌之患,国贼既去,民国始可图安。若夫今后敷设之方,则当其事者所宜一切根据正确之民意,乃克有济。文自审立身行事,早为天下共见,末俗争夺权利之念,殆不待戒而已除。惟忠于所信之主义,则初不为生死祸福而少有屈挠。袁氏未去,当与国民共任讨贼之事;袁氏既去,当与国民共荷监督之责,决不肯使谋危民国者复生于国内。唯父老昆弟察之。

通告段祺瑞乱国盗权罪通令

（一九一七年十月三日）

大元帅令

洪惟我中华民国之成立，实成立于南京临时政府成立之日。而临时约法，则为临时政府成立之根据。循是以进，由临时政府而成为正式政府，其重要关键，则在由参议院而进于正式国会。故我友邦之承认，实自正式国会成立之日始。诚以正式国会成立之后，民国之主权已确定属于人民全体，而革命乃告厥成功，即国体始能卓立。于国际之地位，而莫可摇动。更由是而求政治上之美善，则必由约法而进于宪法，且可由初次制定之宪法，而进于逐渐修正之宪法。苟循法治国进化之一定轨道，则民国六年以来，宪法早经公布，全国之安宁幸福，已可人人共享之矣！

孰意往者，袁世凯包藏祸心，既经本大元帅辞临时大总统之职，而被选为继任之人，乃敢蔑视立法机关，嗾使北京兵变，强参议院迁地以就之意，谓政权受之于亡清之授与，而非受之于我全国人民之委托。故虽号称共和，而心实不承认人民为主权者，无非自恃兵力，以为主权不难盗窃而得，卒敢叛国称帝，而身竟不旋踵而灭，主权之不可幸干，进化之不可抑遏。宜若全国晓然，而人心亦可悔祸矣！

乃段祺瑞阴贼险狠又过于袁世凯，以为除称帝外，无一不可师袁世凯之故智，而使主权潜移于一己者。故虽阳托反对帝制，而阴行反对约法。

自袁世凯死，黎大总统依法继任后，约法、国会为段祺瑞所弃绝而不得恢复者。行且一月，犹复嗾使法妖之徒，持约法不应恢复之说，其私心无非觊觎新任大总统之位，而欲以兵力劫持国民之选举。幸赖我海军将士之宣言，而其心始为之慑，谋始为之破，然其不承认人民主权自若也。故计段祺瑞自为国务总理，以迄于免职之日，无往而非倒行逆施，终欲借外交问题，以压倒国民，而行其武力专制之计划。呜呼！我中华民国一厄于袁世凯，再厄于段祺瑞，遂致完全成为武人专横之时代。

而唐末潘镇连兵之祸，再见于今日，民不聊生，国无宁岁，思之实堪痛心。谁实为之？皆彼武人不承认人民主权之一念为之也。须知国是既定，不容反抗。

昔在帝制专重君权，今改共和专尊民意。民意之不可抗，犹过于君权之莫敢违。皇皇国会，为全国人民之代表。国会曰可，即主权者之所可；国会曰否，即主权者之所否。行政机关及一般军人，惟有绝对服从，断无非法干涉之余地。

乃自袁世凯始作俑，而段祺瑞继其后，终致多数叛逆军人，动辄以约法国会不良为借口，其邪说由少数奸人，若梁启超、汤化龙辈为之谋，而其野心，则由不认人民主权阶之祸。

须知宪法非不可修正，必依制宪手续修正之；国会非不可解散，必依宪法规定解散之；新国会非不可召集，必于旧国会终了后召集之。夫如是，乃为遵循法治轨道之行为，国本安致动摇，政治得由退化耶！

不谓段祺瑞既以嗾使督军团，非法要求解散国会而被免职，志不获逞，通电煽乱。于是倪嗣冲首先倡逆称兵，以致群逆暴起，迫散国会。张勋因缘僭谋复辟，段祺瑞利用时机，逐张勋而自为总理，以恢复共和欺全国人。犹是武力专制之故态，而非法之伪政府，遂公然盘踞北京。两刺黎大总统以劫持之，使不得复位。呜呼！民国不亡，赖有我始终拥护约法，拥护国会，即拥护真共和之各省人民及海陆军耳。

我国民迫于救亡，因国会议员之被妨阻，不得已踵他国之成规，开国会非常会议于广州，组织军政府，文不佞被举为大元帅。自顾首建共和，忝从厥后，不忍视民国之夭亡，曾于就职之日宣布誓词，此志谅已大白于全国。惟有以讨灭奸凶自矢，无事多言。

乃者伪政府忽有组织新国会及重开参议院之举，其悖谬殆无待深辩。试问此六年间，全国之讨灭帝制者凡三见，国是之定于共和，主权之属于人民，已不难家喻而户晓矣！乃伪政府犹复曰立法未善，又复一再以依约法为言，颠倒是非，狐埋狐搰，莫此为甚。借曰立法未善，不既有前者宪法会议，制定宪法以改善之乎！借曰国会分子未善，不既有将来第二次国会以改善之乎！凡此皆有宪法之成规，而为国会之所有事，乃伪政府对于未终了之国会，则遏抑之；对于已废止之参议院，则重开之。姑无论其是非如何，试问孰授之权，而敢于如是之僭妄！利于一己者，则曰约法应遵，不利于一己者，则曰立法未善。等法律于弁髦，视国事如儿戏，未有甚于此者也。推原其故，无非不认人民主权之结果。共和其名，专制其实。彼伪政府之言，直一帝制自为之口吻耳。张勋复辟之祸，是非不难立辨。而此辈阳托共和，阴行专制，且复口称约法者，真有莠言乱政之患，实为共和之蟊贼，人民之大憝，此而不讨，国何以存？此而不辩，义何由正？除自国会解散后，伪政府之一切命令概认为无效，已经国会非常会议宣言外，本大元帅特明正伪政府之罪，通令全国，并将数年来祸患之原，为我国人反覆垂涕而言之。彼伪政府苟知大义难容，束身待罪，则委诸国法之审判，全国庶无糜烂，而厥罪或免加重。倘犹一意孤行，执迷反抗，则义师所指，誓当歼厥渠魁，不留余孽。我全国人民亦当共起，而拥护已完全享有之主权，人人以讨逆救国之义务自任。孰谓民国将亡，而约法、国会竟不复耶！

至于文者，除以讨灭伪政府，还我约法，还我国会，即还我人民主权为职志外，一俟奸凶殄灭，即当辞大元帅之职。惟上帝式临，此志不渝，谨以哀痛之言，告我全国邦人兄弟，实式图之。此令。

大元帅（印）

中华民国六年十月三日

讨逆护法令

（一九一七年十一月十八日）

大元帅令

共和政治，以法律为纲。维民国军人，以护法为天职。故民国成立以后，至约法公布，国会成立，而国基始确定。即全国将士，亦知非拥护约法、国会，则国本动摇，险象立见。是以袁世凯蹂躏约法，毁弃国会，则国内将士群起讨之。诸叛督迫威总统，解散国会；伪政府背反约法，组织非法参议院，则国内将士又群起讨之。举凡癸丑、乙卯以逮今兹之役，转战千里，伏尸相望，前仆后继，百死不悔者，何一非为护约法护国会而战。盖以国本苟摇，则危亡可竢。军人职在卫国护法，虽蒙大难赴锋镝，而义有所不忍避也。

此次叛督肇变，迫胁解散国会，继之以总统迁废，民国国统于此斩焉中绝。是以西南将士扶义而起，海军舰队援袍而兴，以为非恢复约法、国会，则有死无贰，誓不解兵。议员诸君，见义帜之飞翻，知民气之可用，乃相率南来，集合国会非常会议，组织军政府。于约法效力未完全恢复以前，由大元帅执行民国之行政权。

文以衰迈，膺兹艰巨，甚惧力弗能胜。然一念及我义军将士，拥卫约法、国会之热忱，不得不暂统治国权，以完未尽之责。受任之始，即以攘除奸凶，恢复约法自矢。苟约法国会一日不恢复，奸宄一日不扫清，则文之任务一日未尽。

我义军将士，苟知军政府受国会之委托，于民国绝续之交，负维持国统之巨任，则尤不可不与军政府僇力同心，共靖国难。矧治军之道，力合则强，势涣则衰。苟当此艰难绝续之交，无同力一致之效，则号令不齐，部曲散殊，何恃以驱叛众清逆焰，而收折冲御侮之效耶！

今伪政府自知罪不容于民国，方百出其诡谋，冀死力抗义师，为万一之徼倖。若彼以其整，我以其散，或分树异军，矫别名号，欲自外于军政府，此则所谓欲强其支，而不惜弱其干，其极非至于自弱自杀而不已。是乃伪政府所闻之而快心，然甚非我义军将士，护约法国会之初志也。须知当此逆党方张，协以谋我之际，我义军责职未尽，艰危方殷。诸将士与军政府为同舟共济之时，非党同伐异之日，所望猛悟自觉互相告诫。军政府方与诸将士以诚信相见，共负靖国之责。

自今伊始，其各一德一心，合力讨逆，以克竟军政府与诸将士拥卫约法国会之大责。其犹有忘逞私图负固不率者，则是显逆义军讨逆护法之公意。军政府职权所在，亦惟有不得已垂涕征诛，与众弃之，国法所在，愿相诫以毋犯。谆谆之意，其共勉焉。此令。

大元帅（印）

中华民国六年十一月十八日

护法宣言

（一九一九年五月二十八日）

南北交战已过二年，将士劳苦，人民涂炭。今者，两方将领已各有以救国为先之表示，无必以战争贯彻主张之意，而人民犹受因战争牺牲生命财产之苦。夫战争以求达目的，因致殃民，不得已也；无意于以战达目的，而徒以不和殃民，则大不可！今日为求救国，人民无不希望速得合法永久之和平，职是故也。而至今和议不成者，罪在不求之于国家组织之根本，而求之于个人权利之关系。

须知国内纷争，皆由大法不立。在法律，国会本不能解散。若不使国会复得完全自由行使其职权，则法律已失其力，根本先摇，枝叶何由救正？内乱何由永绝？况国家以外患而致艰危，一切有损主权危及国脉之条约，其订立本未经国会之同意，故亦惟恢复国会完全自由行使职权，始能解除之。盖订约、解约之权本在国会，擅订固属违法，不以未经国会同意为基础而言解约，亦无可解之理由。故和议初开，文即以恢复国会完全自由行使职权为唯一条件，必令此后南北两方蔑视合法国会之行动一切遏绝，凡与合法国会不相容之机关组织悉归消灭，则和平立谈可致，外患内忧皆不足虑也。国民对我主张，多数赞许，乃不幸议和数月，竟无结果。今虽日言续议，理固无由可成，抑且外法律以言和平，其和平岂能永久，外患又何由可息哉？今日言和平救国之法，惟有恢复国会完全自由行使职权一途。

诸君虽处境不同，置籍于中华民国则一，栋折榱崩，岂能无惧。希以中华民国国民之资格，受此忠言，一致通电主张，共谋救国之业。苟使国会得恢复完全自由行使职权,永久合法之和平于焉可得,则文之至愿也。若有沮格此议以便其私者,则和平破坏之责,自有所归。尤望诸公以救国之本怀,捐弃猜嫌,与文共达此重新改造中华民国之目的。国步方艰,时不待人,苟且迁延,为厉滋大。诸公爱国,幸速图之!

孙　文

答日本《朝日新闻》记者问*

（一九一九年六月二十四日）

兹承贵记者问：中国人何以恨日本之深，及有何法以调和两国感情？

予当竭诚以答，并以此告吾日本之故友。予向为主张中日亲善之最力者。乃近年以日本政府每助吾国官僚，而挫民党，不禁痛之。夫中国民党者，即五十年前日本维新之志士也。日本本东方一弱国，幸得有维新之志士，始能发奋为雄，变弱而为强；吾党之士，亦欲步日本志士之后尘，而改造中国，予之主张与日本亲善者以此也。乃不图日本武人，逞其帝国主义之野心，忘其维新志士之怀抱，以中国为最少抵抗力之方向，而向之以发展其侵略政策焉，此中国与日本之立国方针，根本上不能相容者也。

乃日本人之见解则曰，中国向受列强之侵略矣，而日本较之列强无以加也，而何以独恨于日本尤深也？呜呼，是何异以少弟而与强盗为伍，以劫其长兄之家，而犹对之曰：兄不当恨乃弟过于恨强盗，以吾二人本同血气也。此今日日本人同种同文之口调也。更有甚者：即日本对德宣战，于攻克青岛之时，则对列强宣言以青岛还我。乃于我参加欧战之日，则反与列强缔结密约，要以承继德国在山东之权利。夫中国之参战也，日本亦为劝诱者之一也，是显然故欲以中国服劳，而日本坐享其利也。此事以中国人眼光观之，为何

---

* 第一次世界大战期间，日本对德宣战，出兵攻占了我国山东青岛等地。大战结束后，日本通过巴黎和会承继了德国在山东的权利。本文系孙中山就要求收回青岛和山东权利等问题答《朝日新闻》记者问。

等之事乎？即粤语所谓“卖猪仔”也。何谓“卖猪仔”？即往时秘鲁、智利、古巴等地，垦荒乏人，外洋资本家利用中国人之勤劳而佣值廉也，遂向中国招工。乃当时海禁未开，中国政府禁工出洋，西洋人只得从澳门招工，每年由澳门出洋者，以十数万计。此等工人，皆拐自内地，饵以甘言厚利，诱以发财希望，而工人一旦受欺入于澳门之猪仔馆，终身无从逃脱矣。而猪仔头（即拐卖工人者）则以高价售之洋人，转运出洋，以作苦工。工人终世辛劳，且备受种种痛苦，鞭挞残杀，视为寻常，是无异乳猪之受人宰食，故名此等被人拐卖之工人曰“猪仔”。曩者日本之劝中国参战，而同时又攫取山东权利，是何异卖中国为猪仔也。夫猪仔之地位，固比家奴为尤下也。家奴虽贱，倘服务勤劳，奉命惟谨，犹望得主人之怜顾而温饱无忧也，而猪仔则异是。是故当时澳门之为猪仔头者，无论如何贪利，断不忍卖其家奴为猪仔也；必拐诱休戚不相关之人，而卖为猪仔也。以中国视之，则日本今日尚不忍使台湾、高丽服他人之务，而已坐享其利也，是日本已处中国于台湾、高丽之下矣。是可忍孰不可忍？倘以此为先例，此后世界凡有战争，日本必使中国参加，而坐收其利矣，此直以猪仔待中国耳。尤有甚者，昔澳门之猪仔头，亦不过卖人为猪仔，而取其利于洋人而已。日本今回之令中国参战也，既以此获南洋三群岛以为酬偿矣，乃犹以为未足，而更取山东之权利，是既以中国为猪仔矣，而犹向猪仔之本身割取一脔肥肉以自享也，天下忍心害理之事，尚有过此者乎？中国人此回所以痛恨日本深入骨髓者，即在此等之行为也。而日本人有为己辩护者，则曰日本之取山东权利，乃以战胜攻取而得者也。果尔，则日本何不堂堂正正，向列强要求承继山东权利于攻克青岛之时，而乃鬼鬼祟祟于中国参加欧战之日，始向列强要求为酬偿之具也。夫中国尚未隶属于日本也，而日本政府竟已对中国擅行其决否之权，而且以行此权而得到列强酬偿矣，此非卖中国之行为而何？

夫此回欧战固分为两方面，旗帜甚为鲜明者也：其一即德、奥，土、布，乃以侵略为目的者；其一英、法、美、俄，乃以反对侵略为目的者。故英、美之军在欧洲战场战胜攻取，由德国夺回名城大邑，不啻百倍于青岛也，且其牺牲，亦万千倍于日本也，而英、美所攻克之城地，皆一一归回原主也。日本为加入反对侵略之方面者也，何得以战胜攻取而要求承继山东德国之权利耶？若日本之本意，本为侵略，则当时不应加入协商国方面，而当加入德、奥方面也。或又谓中国于参战，并未立何等功绩，不得贪日本之功也。而不知此次为反对德、奥之侵略主义而战，则百数十年为德国侵略所得之领土，皆一一归回原主也。彼波兰、捷克二族亦无赫赫之功也，而其故土皆已恢复矣；我中国之山东青岛何独不然？且丹麦犹是中立国也，于战更无可言功，而德国六十年前所夺彼之领土，今亦归还原主矣。是中国以参加战团而望得还青岛，亦固其所也。乃日本人士日倡同种同文之亲善，而其待中国则远不如欧美。是何怪中国人之恨日本而亲欧美也。

日本政府军阀以其所为，求其所欲，而犹望中国人之不生反动，举国一致，以采远交近攻之策，与尔偕亡者，何可得也？是日本今日之承继德国山东权利者，即为他年承继德国败亡之先兆而已。东邻志士，其果有同文同种之谊，宜促日本政府早日猛省，变易日本之立国方针，不向中国方面为侵略，则东亚庶有豸乎。

孙　文

中国国民党通告及规约

（一九一九年十月十日）

通　告

启者：

本党规约及海外总支部通则、海外支部通则，为时势变迁，由本部提出改正案，经长时间审议，多数可决，业于民国八年十月十日公布施行。颁寄各总支部、各支部、各分部，务祈各按照新章组织。从前所有中华革命党总章及各支部通则，一律废止。所有印章、图记，一律照本规约所定，改用中国国民党名义，以昭统一，而便进行。除由本部赶制颁发外，特此通告。

中国国民党规约

第一章　总纲

第一条　本党以巩固共和、实行三民主义为宗旨。

第二章　党员

第二条　凡中华民国成年男女，与本党宗旨相同者，由党员二人介绍，并具愿书于本党，由本党发给证书，始得为本党党员。

第三条　党员入党时，须纳党金十元。

第四条　凡中华革命党党员，皆得为本党党员，以中华革命党证书，领取本党证书，免入党金。

第五条　凡党员须遵守本党宗旨及一切规则。

第六条　党员得被选为本党职员。

第七条　党员得依本党各项规则，享有各项权利。

第八条　党员不得兼入他党。欲脱党时，须提出理由书于本党，并交还党员证书。

第九条　党员如有改变宗旨、违背规约，或以个人行为妨害本党名誉者，经干事会公议后，由本党宣告除名。

第三章　机关

第十条　本党设本部于上海，总理全党事务。

第十一条　本党设总支部、支部、分部于国内及海外华侨所在地；其总支部之应设地点，由本部定之。

第四章　职员

第十二条　本党设总理一人，代表本党，综揽党务。

第十四条[①]　本党本部设各部如左：

一、总务部；

---

① 第十四条似为第十三条之误，以下类此记误。

二、党务部；

三、财政部；

四、其他各部于必要时得增加之。

第十五条　各部设主任干事一人，总理各该事务；副主任干事一人，辅助主任干事处理各该部事务，主任干事有事故时，得代理其职；干事若干人，由主任荐任，管理各该部事务。

第十六条　总务部之职务如左：

一、掌理本部机要；

二、管理本部庶务；

三、接洽海外总支部、支部、分部；

四、办理不属他部之事。

第十七条　党务部之职务：

一、主管党员入党事务；

二、保管党员愿书及册籍；

三、调查党员履历；

四、招待来宾；

五、传布主义。

第十八条　财政部之职务如左：

一、管理本党度支；

二、接收总支部、支部、分部党捐及义捐。

第五章　职员之选举及任期

第十九条　总理由大会选举之。

第二十条　各部主任干事及副主任干事，由总理任定，任期二年。

第六章 会议

第二十一条 本党每年开大会一次;其有临时特别重大事件,由总理征集临时大会决之。

第二十二条 大会之议决权,依左列之规定,其选举权数,与议决权同:

一、海外各分部不满五百人者,有一议决权;

二、海外各分部过五百人者,有二议决权;

三、海外总支部及各支部不满二千人者,有三议决权;

四、海外总支部及各支部过二千人不满三千人者,有四议决权。

依此递推,每增一千人增一议决权;但一部分不得过十议决权。

第二十三条 本部为保持事务统一,得由总务主任干事随时征集各部干事或各部主任干事会。

第七章 党费

第二十四条 本党党费,以左列各款充之:

一、党员入党金;

二、党员常年捐;

三、党员特别捐;

四、借债。

第二十五条 党员入党金作为本党基本金,非于本党必需时,由总理支拨,不得使用。

第二十六条 党员常年捐一元。

第二十七条 本党遇有特别应办事件,得由总理向各党员募集特别捐;但不愿募者听便。

第二十八条　本党如急需巨款或党费不敷时，得由总理以本党所有财产作抵，或由党员作保，借款充用。

第二十九条　本党财产应按月由财政主任干事造具清册，汇齐报告大会及海外各支分部。

第八章　附则

第三十条　本部与各总支部、支部、分部之关系，另以规则定之。

第三十一条　本规约经职员二十人以上或党员四十人以上之提议，大会半数之可决，得修改之。

第三十二条　本规约自公布之日施行。

中国实业如何能发展

（一九一九年十月十日）

吾国今日之困难，莫不知为实业不振，商战失败。二三十年以来，外货之入口超于土货之出口，每年常在二万万以上。此为中国之最大漏卮，无法弥补，遂至民穷财尽，举国枯涸，号为病夫。爱国之士，悚然忧之，莫不以发展实业为挽救之方矣。然实业当如何发展？鲜能探其本源，握其要领者。

美国之实业大王骆基化罗[①]曰："发展实业之要素有四：曰劳力也、资本也、经营之才能也、主顾之社会也。"我中国地大物博与美同，而吾国农产之富，矿质之丰，比之美国有过之无不及。彼实业大王所举之发展四要素，劳力之人工，我即四倍于美国；主顾之社会，我亦四倍于美国；我国所欠缺者，资本也、才能也。倘我能得此两要素，则我之实业发达，不特可与美国并驾，且当四倍于美国。然则欲图中国实业之发展者，所当注重之问题，即资本与人才而已。

何为资本？世人多以为金钱即资本也。此实大谬不然。夫资本者，乃助人力以生产之机器也。今日所谓实业者，实机器毕生之事业而已。是故资本即机器，机器即资本，名异而实同也。倘金钱果为资本，则中国富室所藏之金块，与市面流用之银元，较之外国所有实不相下也，而何以尚有资本缺乏之忧耶？且此次欧战，英、法二国多输送金钱于美以易武器，国内悉用纸币，市上无一金钱，然英、法两国之资本仍多于我也。以彼生产之机器犹存也。由此观之，迷

① 骆基化罗：今译洛克菲勒。

信金钱为资本者,可以返矣。倘能知此,则欲解决资本之问题,易如反掌矣。其法为何?曰欢迎外资而已,亦即欢迎机器而已。此回欧战各国以制造战用品而扩张之机器至千百倍于前时。今战争停止,其所扩张之机器已多投闲置散,无所用之。若我欢迎此种制造之利器,以发展中国之实业,正出欧美望外之喜,各国必乐成其事,此资本问题之容易解决者。

至于人才问题之解决,则有二法焉:一为多开学堂,多派留学生到各国之科学专门校肄业,毕业而后,再入各种工厂练习数年,必使所学能升堂入室,回国能独当一面以经营实业,斯为上着。然此非十余年后不能成功,而当此青黄不接之秋,急者须治标,故二为广罗各国之实业人才为我经营创造也。此种人才,经此回欧战之后,多无用武之地者,在我能罗致而善用之耳。然资本人才皆有解决之道矣,则尤有重要问题者,即在我有统筹全局之计划,以应付此战后之良机,利用交战国之所生资本,熟悉人才,以开发我之宏大实业也。此予于《建国方略》中,特先草就发展实业计划一门。我有计划,则我始能用人,而可免为人所用也。此计划已先后载于《建设》杂志第一、二、三期中,且将继续刊之,以供国人之研究。

予之计划,首先注重于铁路、道路之建筑,运河、水道之修治,商港、市街之建设。盖此皆为实业之利器,非先有此种交通、运输、屯集之利器,则虽全其发展实业之要素,而亦无由发展也。其次则注重于移民垦荒、冶铁炼钢。盖农矿二业,实为其他种种事业之母也。农、矿一兴,则凡百事业由之而兴矣。且钢铁者,实为一切实业之体质也。凡观一国之实业发达与否?观其钢铁出产之多少可知也。美国为今日世界实业最发达之国,而其所炼之钢,每年四千余万吨,所冶之铁,每年亦四千余万吨,共计所产钢铁八九千万吨。以我国较之,所产钢铁不过二十余万吨,相差远矣。我国实业欲与美国之实业并驾,实非有如现在汉冶萍之铁厂三四百所不为功。然汉冶萍一厂,成本已千余万矣,今欲多建三四百厂,非有资本三四十万万不可。如此巨资,我国万难自集,则非借之外人不可,或有疑外人又安得如许之资本？不知所谓资本者机器也。我欲设大规模之钢铁厂，所需者皆机器与建筑之物料而已。我有所需，则外国机器厂加工造作而已。如战时所需之物料每日数万万，而各国之机器厂亦能供之，如是，则我国若以战时工作以开发我国实业，所需资本材料，无论至何程度，各国之机器厂无不足以给之也。且我所需者全在机器，我只先得一批之大炼钢铸铁机器，聘就相当之人才，以人才而运用机器，则我之机器亦可以生出无量之资本也。此所谓有者益有，其机器发达国之谓欤！吾国既具有天然之富源，无量之工人，极大之市场，倘能借此时会，而利用欧美战后之机器与人才，则数年之后，吾国实业之发达，必能并驾欧美矣。

惟所防者，则私人之垄断，渐变成资本之专制，致生出社会之阶级、贫富之不均耳。防之之道为何？即凡天然之富源，如煤铁、水力、矿油等，及社会之恩惠，如城市之土地、交通之要点等，与夫一切垄断性质之事业，悉当归国家经营，以所获利益，归之国家公用。如是，则凡现行之种种苛捐杂税，概当免除。而实业陆续发达，收益日多，则教育、养老，救灾、治疗，及夫改良社会，励进文明，皆由实业发展之利益举办。以国家实业所获之利，归之国民所享，庶不致再蹈欧美今日之覆辙，甫经实业发达，即孕育社会革命也。此即吾党所主张民生主义之实业政策也。凡欲达真正国利民福之目的者，非行此不可也。

重申护法救国宣言

（一九二〇年七月二十八日）

北京徐菊人先生、萨鼎铭先生，云南褚慧僧议长、转参、众两院诸公，各省省议会、督军、省长鉴：

西南义师之起，原以护法救国为职志。故无论南北，苟与护法救国主义相容者，友之；苟与护法救国主义相反者，仇之。此文等所以有六月三日之宣言，冀国民与友邦了然于是非邪正之所在也。宣言书发表后，北方通电赞成者，只有段祺瑞及其部曲等。而段祺瑞漾日答复宣言之电，悔祸之心，露于言表。文等本以护法救国为标，故和议条件，注重于取消中日二十一条，及宣布民国六年六月十二日非法命令之无效；在和议未赓续前，须先宣布废止中日军事协定以示决心，始有和之可言。于是北京边防处，遂有决定废止中日军事协定之寒电；而对于二十一条之废止，亦有承认之表示。由是言之，彼方既有改变外交政策、不计后此利害之决心，则和议当然有续开之期。乃北方内讧，由是而起，合法和议，为之顿挫。

文等持本国民公意，用再宣言：无论北方内讧如何结束，无论当局者为何派何人，惟我西南护法救国主张，必始终贯彻。北方果有希望统一诚意，必须首先废止中日军事协定，并有宣布废止中日二十一条之表示，然后和议乃可赓续，而国本乃不至动摇。倘有违背护法救国主张，复假借名义以谋个人权利者，不问南北、不问派别，当与国民共讨之！特此宣言。

孙文 唐绍仪 伍廷芳 唐继尧 俭

在上海中国国民党本部会议上的演说

（一九二〇年十一月四日）

本部章程是在日本东京定的。当时才经讨袁失败，大家灰心，以为革命党势力已尽，一时再难振兴了。但是我觉得事业虽然失败，一般同志依然存在，尽可再接再厉。我很怕大家冷淡下去，就要涣散了。所以我急急设法团结起来，发起这中华革命党；不过那时候都在海外亡命，和在内地办党的情形不同，所以当时章程只准着海外情形来定的。现在我们既已能够在国内立脚，打算在国内进行党务，那章程自然有多少要修改的地方。

我们要国事和党事分开来办。国事无论怎么样，这总是要办的。我们要晓得党是什么一件东西？这党的目的是要怎样的？我们造一个党，是因为要把我们的主义和目的贯彻到底。当初创造同盟会，我也就抱着三民主义。不过当时同志鼓吹革命，全凭着一腔热血，未曾计划革命成功以后怎样的继续进行，怎样的完全达到我们的目的和主义。所以武昌起义成功以后，同盟会的同志就不能再往前做去，以致失败。武昌革命成功的快，原来也是出人意外的。一般同志都匆卒跑到政界去了，所以这革命的进行就未免半途而废。距武昌革命不到三个月，我到上海，就听得一种舆论。那舆论，也就是革命党同附和革命党的人发出来的，说是："革命军起，革命党消"。我当时听了很觉奇怪，怎么革命军起，革命党就要消呢？实在不懂他们所说的意义。现在看起来，我们的失败就在这个地方。那时革命党就没有继续下去，到后来统一告成，便有许多的党纷纷起来争握政权；只有革命党迟之又久，才改做了政党，然因一时拼命去罗致人才，以致内部十分复杂，中坚人物又冷了心，原来的革命党都退缩出来，所以结果就大大的失败了！后来，我鉴于这个失败，所以就另行组织中华革命党，以便实行我们所抱负的主义。

中华革命党有几个条件，当时老同盟会中人觉得不好，很有许多反对的；卒之至于分道扬镳，不肯加入。其实他们很不了解，因为党与国原有不同之处，最要分得清楚。党所重的是有一定的主义；为要行一定的主义，就不能不重在人。本来旧国家的政治也是重人，现代新国家乃重在法。但法从何来？须要我们人去造成他。所以党的作用，也就不能不重人。党本来是人治，不是法治。我们要造法治国家，只靠我们同党人的心理。党之能够团结发达，必要有二个作用：一是感情作用，二是主义作用；至于法治作用，其效力甚小。明白这个道理，方知道我要设置那些条件的道理。譬如我有一个要服从我革命的信条，大家觉得不对。其实我要求这个条件，也有理由，请一考究第二次失败的病根，那就明白了。本来第二次革命的时候，我们这方面较袁氏地大力充，财足兵多，何以竟至失败？这个缘故，就是袁氏统一，民党不统一。要救这个弊病，自然只有也用统一的法子，所以我就要要求这一个服从的信条。但当时同志多不赞成，后来过了五六年之经验，乃知道这办法很对的。还有我党的三民主义，当初同盟会还只明白民族主义，拚命去做；至于民权、民生两主义，不很透彻，其实民族主义也还没有做完。至于我主张的五权宪法，那时不懂的更多。原来美国的三权宪法，乃是模仿英国的。当初英国没有政党，政治习惯上好象三权分立，美国模仿，乃规定在宪法上，分晰清楚。英国也有人主张四权的，但我觉得非分为五权不可。我所说的五权，也非我杜撰的，就是将三权再分出弹劾及考试两权。所谓三权者，就是将君权之行政、立法、裁判，独立起来。但中国自唐、宋以来，便有脱出君权而独立之两权：即弹劾、考试是也。现在我们主张五权，本来即是现时所说的三权，不过三权是把考试权附在行政部分、弹劾权附在立法部分。我们现将外国的规制和中国本有的规制融和起来,较为周备。外国无考试,只有英国有文官考试。英国明白说过,考试是取法中国,足见这考试制是最好。一九〇四年,我和王宠惠在纽约曾谈到五权宪法,他自赞成。后来他到耶耳大学专攻法律,反疑惑起来,说:“这五权分立,各国的法律都没有这样办法,恐怕不行。”这也奇怪,中国固有的法制,他倒抛荒了。他起初很赞成,后来学了法律反不赞成,足见他的思想为一方面所锢蔽。能融通瞭悟的,实在难得;现在已十余年了,还是没有什么人懂得。但我们如实行起来,后来必博法律家大大的赞成。譬如英国的政治,到了孟德斯鸠出来,才赞成他。所以我的主张,必定要做到五权宪法。否则,无论如何总要革命。这就是我党一定的目的。

民族主义,当初用以破坏满洲专制。这主义也不是新潮流才有的。向来我们要扩充起来,融化我们中国所有各族,成个中华民族。若单是做到推倒满族的专制,还是未曾完成。至于民权,现在也未做到。即使单单做到民权,不实行民生主义,也就不能使人民享受福利。象美洲等国,可谓民权发达,怎么还有革命的事发生呢?只为人民的生活太难,贫富的阶级相去太远,那社会革命的事自然就免不了。所以中国纵使做到美国民权发达的地步,也还是要革命的。不过象中国现在的情状,旧潮流还没有弄清,那新潮流更是无人注意。我们最好是把他来一次解决,以免祸乱叠生。有人说:“各国百年前,只是民权革命,直到现在,乃有社会革命。我们也要分开步骤才好。”不知他们那时候还没有这个状况,到了现在,经济发达,资本制的流毒已经弥满世界,中国也感受这种恶潮。请看上海,房租日高,地价奇贵,工钱稍稍加点,贫民生活反不如从前的容易。据此看来,这恶潮不是已经到了吗?怎么还可把百年前外国的状况来比呢?所以,我们的三民主义应该一贯做去,扫除一切不平的事。如民族主义,即是扫除种族之不平;民权主义,即是扫除政治之不平;民生主义,即是扫除社会之不平。这种种的不平,既然都在眼前,所以我们同时就要解决,免得枝枝节节,而且不如是,就永远不能适应世界的潮流了。所以我党就要以三民主义为宗旨、五权宪法为目的,合拢这两条来做革命。

我们有个最好的同志,就是朱执信。他的学问是很好的,对于革命事业又非常热心。他尝问我:"革命何以要服从个人?"我说:"这容易解释,就是服从我的主义便了。譬如道统,也是把个人来做代表的,如说孔子之道;又如宗教亦然,如说耶苏教、佛教之类。学说也是这样,如进化学叫做达尔文学说;我中国讲良知的,也叫做阳明学。又如一种政策,也可以个人代表,如孟禄主义,即是代表防备欧洲政策的。以上都是以个人来代表的。我这三民主义、五权宪法,也可以叫做孙文革命;所以服从我,就是服从我所主张的革命;服从我的革命,自然应该服从我。"本来民国不是三民主义行不过去,只因推倒帝制以后,革命党就已消灭,没有人切实去做。所以我趁着亡命之后,把这些同志约束起来。当时许多的人反对我把个人做主义去办党,不知党本是人治,不象国家的法治。这话前头已经说过了。综而言之,党用人治的长处很多,人治力量乃大。

我们革命失败,全是日本捣鬼:起初助袁世凯以摧残民党,后来经民党多方运动,不助袁氏,乃又偏偏要抬出岑春煊来扶植官僚势力。无奈讨袁之后,我们党已解散,没有势力抵抗他。现在我们又渐渐恢复了。我们就赶紧在国内扩张起来,实行这三民主义、五权宪法。现在为便利起见,把从前的章程,大家来参酌修改。

我还将民族主义发挥一遍。有人说:"清室推翻以后,民族主义可以不要。"这话实在错了。即如我们所住的租界,外国人就要把治外法权来压制中国人,这还是前清造的恶因。现在清室虽不能压制我们,但各国还是要压制的,所以我们还要积极的抵制。我看,暹罗在国际上比中国地位还高,所以我们定要积极的将我四万万民族地位抬高起来,发扬光大。现在说五族共和,实在这五族的名词很不切当。我们国内何止五族呢?我的意思,应该把我们中国所有各民族融成一个中华民族(如美国,本是欧洲许多民族合起来的,现在却只成了美国一个民族,为世界上最有光荣的民族);并且要把中华民族造成很文明的民族,然后民族主义乃为完了。现在实还没有做到,所以我们还是三民主义缺一不可。这是确定不能改易的。所有章程,大家可以商量修改。

中国国民党总章

（一九二〇年十一月九日修正）

第一条　本党以三民主义为宗旨。

第二条　本党以创立五权宪法为目的。

第三条　本党进行分二时期：

（一）军政时期　此期以积极武力，扫除一切障碍，奠定民国基础；同时由政府训政，以文明治理督率国民建设地方自治。

（二）宪政时期　地方自治完成，乃由国民选举代表，组织宪法委员会，创制五权宪法。

第四条　自革命起义之日至宪法颁布之日，总名曰革命时期。在此时期内，一切军国庶政，悉由本党负完全责任。

第五条　凡中华民国人民成年男女，皆有进本党之权利义务。

第六条　凡进本党者，必须立约宣誓，永远遵守本党信条。

第七条　凡党员，须纳入党金十元，每年年捐一元；但曾效力于革命及现在为革命奔走者，得由本部认可，免纳入党金。

第八条　本党组织本部，置各部如左：

一、总务部；

二、党务部；

三、财政部；

四、宣传部。

第九条　本部总理一人，每部部长一人，副部长一人，干事长及干事若干人。

第十条　总理有全权总揽本党一切事务。

第十一条　各部长、副部长、干事长、干事，悉由总理委任，执行各该部主管事务。

第十二条　本党规约及本部、各部之各种规则，另定之。

第十三条　本党设支分部于国内各省区、各县，及国外之华侨所在地。

第十四条　各地支部长，由各地党员推荐，总理委任。

第十五条　各地支部长得派人创设分部于其所属地方而指挥监督之。

第十六条　本党由总理召集大会及组织各种会议。大会及各种会议规则另定之。

第十七条　本总章之修改，须由本部职员过半数或支部长十人以上之提议，得开大会修改之。

第十八条　本总章自议决之日施行。

在中国国民党本部特设驻粤办事处的演说

（一九二一年三月六日）

列位同志！

今天是中国国民党特设办事处开成立会，兄弟先有一个感想，就是我们底中国国民党到底是个什么东西？我可说一说。回想从前我们推翻满清，建设共和，组织了一个国民党。这个国民党关系中国底前途很大，自从国民党横被解散，中国就乱，且乱过不了。可知历年底祸乱，民不聊生，都是国民党解散底反响。我们民党虽时时与那些国贼奋斗，然而北方底各省到现在还没有完全入我们范围，南方亦只有广东一片干净土成立了支部。诸君第一要明白这个中国国民党不是政党，是一种纯粹的革命党。当民国二年国民党解散，我们同志出亡海外，即由海外同志组织中华革命党继续革命。今日用的这个中国国民党，实在就是中华革命党。但是无论名目如何，实质总是一样的。

共和建设虽已十年，基础未固，不能算为成功，就是本党底责任并未终了，仍须努力奋斗的，必待共和基础十分巩固，才算成功。且我们中国国民党，与其他底种种政党大不相同，就如明末清初底时候，有些明朝底遗老组织天地会，亦叫做洪门，在我们中国南部亦叫做三点会，长江一带又叫做哥老会。他的宗旨在反清复明，光复汉族，本来也是一个革命党，不过他们只主张民族的革命，所以不同。我们底革命党，乃主张三民主义、五权宪法的革命党。

三民主义，什么叫三民主义呢？就是民族、民权、民生。那个时候满虏正盘踞中原，革命家只致力于民族主义，而于民权、民生二主义都未置意。五权宪法，关系开国的建设方针极大。在未光复以前，党人一般底心理，以为一经光复，就可达到国利民福底目的。于今乃知不然，这个都是当日同志仅知注重在民族主义，而轻视民权、民生二主义之过，亦即是我们本党底责任未了之处。要知道民权、民生两个主义不贯彻，民族主义虽达目的，亦不能稳固，何况今日民族主义还没有完全达目的呢？

一、民族主义　何以说民族主义还没有完全达到目的呢？自从满洲来到中国，我们汉族被他征服二百几十年之久。今日满虏虽被推翻，光复汉业，但是吾民族尚未能自由独立。这个原因，就是本党只做了消极的功夫，没做积极的功夫。自欧战告终，世界局面一变，潮流所趋，都注重到民族自决。我中国尤为世界民族中底最大问题。在东亚底国家严格讲起来，不过一个暹逻，一个日本，可称是完全底独立国。中国幅员广大，人民众多，比较他们两国何止数十倍。但是幅员虽大，人民虽众，只可称个半独立国罢了。这是什么原故呢？就是吾党之错误。自光复之后，就有世袭底官僚，顽固底旧党，复辟底宗社党，凑合一起，叫做五族共和。岂知根本错误就在这个地方。讲到五族底人数，藏人不过四五百万，蒙古人不到百万，满人只数百万，回教虽众，大都汉人。讲到他们底形势，满洲既处日人势力之下，蒙古向为俄范围，西藏亦几成英国底囊中物，足见他们皆无自卫底能力，我们汉族应帮助他才是。汉族号称四万万，或尚不止此数，而不能真正独立组一完全汉族底国家，实是我们汉族莫大底羞耻，这就是本党底民族主义没有成功。

由此可知，本党尚须在民族主义上做功夫，务使满、蒙、回、藏同化于我汉族，成一大民族主义的国家。试看彼美国，在今日号称世界最强、最富底民族国家。他底民族结合，有黑种，有白种，几不下数十百种，为世界中民族最多底集合体。自美国国家成立，有英国人、荷兰人、德国人、法国人，参加入他底组织中。美国全部人口一万万，德国人种在美国的约有二千万，实占他底人口总数五分之一；

其他英、荷、法各种人在美国的数也不少。何以美国不称英、荷、法、德、美，而称美利坚呢？要知美利坚底新民族，乃合英、荷、法、德种人同化于美而成底名词，亦适成其为美利坚民族，为美利坚民族，乃有今日光华灿烂底美国。看看民族底作用伟大不伟大？美国底民族主义，乃积极底民族主义。本党应以美国为榜样。今日我们讲民族主义，不能笼统讲五族，应该讲汉族底民族主义。或有人说五族共和揭櫫已久，此时单讲汉族，不虑满、蒙、回、藏不愿意吗？此层兄弟以为可以不虑。彼满洲之附日，蒙古之附俄，西藏之附英，即无自卫能力底表征。然提撕振拔他们，仍赖我们汉族。兄弟现在想得一个调和的方法，即拿汉族来做个中心，使之同化于我，并且为其他民族加入我们组织建国底机会。仿美利坚民族底规模，将汉族改为中华民族，组成一个完全底民族国家，与美国同为东西半球二大民族主义的国家。

民族主义国家，必有种种底关系因果，有历史底关系，有地球底关系。如瑞士国，他那国家已成了一个完全的民族主义的国家。瑞士位于欧洲底中部，他底国界，一面与法接壤，一面与德接壤，又一面与意大利接壤。但国土无论与何国交界，或与法国交界，或与德国交界，或与意国交界，其人民底语文、种族皆与相同，而又能组成一完全底瑞士民族的国家，是真难得。且瑞士为行使直接民权底国家，法国则为间接民权国家。全世界中行使直接底民权，以瑞士为第一，民权发达已臻极则，国内底政治及民族底结合，与美国大致相同，真是我们一极好底先例。故将来无论何种民族参加于我中国，务令同化于我汉族。本党所持底民族主义，乃积极底民族主义。诸君不要忘记。

我们抱三民主义的革命党，又与各国的革命党不同。各国的革命党，只有抱一个主义，或是两个主义的，向来没有抱三个主义的。有，就算我们国民党是第一了。查美国既离英国独立，完全是为民权主义，不是民族主义。法国大革命，却又是抱民权主义合民生主义的。他们两国的民权革命，业已成功。但法国的民生主义，却是失败。所以他们两国，目前完全是要讲民生主义了。美、法底民族、民权两个主义可称成功，而社会问题没有解决，亦就在此伏着个革命底导火线。回头再看我们中国底现状，又是一个什么样子？我们党人革命数十年，只可说达到半个民族主义。他人底民族、民权均达目的，我们则尚须在民族主义上做功夫，这个即是与美、法不同之点。又如俄国底劳农政府，或曰苏维埃政府，乃注重民生主义，而无民族主义的意味；至民权一层，乃其附属品而已，此亦与吾人不同。兄弟底三民主义，是集合中外底学说，应世界底潮流所得的。就是美国前总统林肯底主义，也有与兄弟底三民主义符合底地方，原其文为 The government of the people，by the people，for the people，这话苦没有适当底译文，兄弟把他译作"民有"、"民治"、"民享"。of the people 就是民有，by the people 就是民治，for the people 就是民享。他这"民有"、"民治"、"民享"主义，就是兄弟底"民族"、"民权"、"民生"主义。由是可知，美国有今日底富强，都是先哲底主义所赐。而兄弟底三民主义，在彼海外底伟人已有先得我心的。兄弟回想从前在海外底时候，外人不知什么叫三民主义，常来问我的，兄弟当时苦无适当底译语回答他，只好援引林肯底主义告诉他，外人然后才了解我底主义。由此可知，兄弟底三民主义，不但是有来历，而且迎合现代底潮流。

二、民权主义　现在请讲民权主义。瑞士为民权最发达底国家，前已说过。现在应声明那代议制不是真正民权，直接民权才是真正民权。美、法、英虽主张民权主义，仍不是直接民权。兄弟底民权主义，系采瑞士底民权主义，即直接底民权主义。然间接民权，已非容易可得，不知流了多少碧血以作代价，始能得之。从这里看起来，直接民权，更是可贵，但是却一定要有很大的代价。直接民权，一是"选举权"。人民既得直接民权底选举权，尤必有"罢官权"。选之在民，罢之亦在民。又如立法部任立一法，人民因其不便，亦可起而废之。此种废法权，谓之"复决权"，言人民可再以公意决定之。又人民应有"创制权"，即人民可以公意创制一种法律。直接民权凡四种：一选举权，一复决权，一创制权，一罢官权。此为具体底民权，乃真正底民权主义。

三、民生主义　再讲民生主义。民生主义即时下底社会主义。诸君想想，兄弟提倡民生主义是在什么时候？今日国人才出来讲社会主义，已嫌迟了。但是社会主义底学说输入中国未久，兄弟将"社会主义"原文译为"民生主义"较为允当。然国人往往误解民生主义真谛。资本家开一工厂，佣数千工人作工，每人每日给工资几许，资本家复夸于众曰：我讲民生主义。我这是讲民生主义，诸君试想此资本家讲底民生主义，同真正底民生主义相差多远！资本家凭借他金钱魔力，牢笼工人替他个人出死力，工人出血汗赚得少许工资。这种工厂底组合，在西籍中谓之"血汗店"，真是不差。时人谈民生主义的离题尚远，不啻坠入五里雾中，此亦国人不求甚解之过。兄弟底民生主义，固有具体底办法，非彼好奇底人，徒托空谈，以快一时。办法维何？即归宿到"土地"和"资本"两样。现在留心世道底人，多说中国目下没有资本家，用不着讲社会主义，或又说待有资本家产生，再讲社会主义，此亦太不得要领。以如此底人而讲社会主义，难怪他看着社会主义，前路茫茫，正不知从那里下手。且社会主义底真旨，不是专靠几十本书，或几百本、几千本书可以看得出来的。要有机敏底会心，确实底心得。我常说中国人读书，越读越糊涂，大约就是这种人。

三民主义底大旨已经说过了，唯今日世界大势如彼，国人底需要三民主义又如此。兄弟敢断言一句，吾党同志对于三民主义，没有讨论的余地，只有实行的，故不厌重复道之。一、民族主义：自推倒满洲，民族主义已算达到一消极之目的，而向未做积极的功夫。吾人应为汉族发扬光大，令彼与我共同建国之各民族同化于我，而于东亚大陆建一中华民族底国家，使汉族威名遍扬寰宇。二、民权主义：欲达到真正民权目的，应实行四种直接民权，即（一）选举权，（二）复决权，（三）创制权，（四）罢官权。三是民生主义：关于这个主义，兄弟已定有办法，就是实行"平均地权"。从前中华民国政府在南京成立时,兄弟即倡议平均地权,试行本党底民生政策,吾同志中有不表赞同的,兄弟问他们道:君等不曾宣誓不违背党义的吗?

所谓要实行民生主义,缘因于贫富不均。何以说贫富不均?古代虽有贫富阶级之分,然无如今日之甚。今则贫富悬殊,不可方物,富者敌国,贫者无立锥。其所以养成此种贫富不均底现象,由于古今底生产力不同。如古时木工,所有器械,不过是斧、凿、锯子罢了。故古人言工欲善其事,必先利其器。今则工业发达,可用机器以代人力,所得结果,事半功倍。例如耘田,最初底时候仅用腕力,自用犁及牛马代手,而速率倍增,成功亦易。前之专靠手力,费数天之功耕一亩,今则日耕一亩而有余。迄欧、美改用汽力、电力,日可耕千亩,此千与一之比例,岂非很惊人底成绩吗?又如运输,徒恃人力的,一人负百斤,日行百里,不可谓非苦事。自有火车、轮船以供运输,较专恃人力的,其速率何止千倍!此为生产及分配与昔不同的。大致生产不同属有限的,分配不同乃无限的。彼外国谈民生的,今日只有资本及工人两个问题。工人无工可做,即无面包可得。富的愈富,贫的愈贫,其现状又与我们不同。中国今日情形在上下交困,大家都穷,无甚差别。由此可知,外国患不均,中国患贫,此又中外不同之点。或曰中国无大资本家,此语诚然,以吾国之地大物博,资本千万之人,统计全国不及百人,尚何资本之足云?若曰中国可不讲社会主义,此语大错。须知前车之覆,后车之鉴。彼欧美今日之患不均,即予吾人良好底教训。故兄弟提倡民生主义而归宿于“土地”及“资本”两样。

我们请先言“土地”。土地制度在欧美诸国都不同。英国底土地乃封建制,美国则由资本家出资所购得的。兄弟底民生主义主张“平均地权”,亦是杜渐防微底意思。况今日已见其端倪吗?就眼前而论,广州自马路开通,长堤一带及其他繁盛地方底地价,日贵一日,今已索值数万元一亩的。此在中国内地之市场,洵属罕见之事。若在伦敦或纽约,其地价之昂,较之吾国,固不可以道里计,有数十万、数百万元一亩之地。吾国古时,常有井田之制,与平均地权,用意正同。本党底民生主义,以国利民福为指归,平均地权,即其最大关键。及今速图,犹未为晚。美为资本主义的国家,美之大多数人民并无幸福可享,彼享幸福的乃资本家。善观人国者不可徒观其表,美国有个哲学家名轩利佐治(Henry George),说现代文明如尖锥入社会之中,在尖锥上的社会,却升之使高,在尖锥下的社会,却压之使下。所以近代文明,有发财愈发财,贫穷愈贫穷的趋势。今国人既讲到社会问题,即要讲本党底民生主义。我们底民生主义,是有办法的。其办法为何?即"定地价"。按关于地价一层,前英国办此事有定地价底衙门,又有不服所定地价之控诉衙门。此为英国规定地价大体办法,中国可以不必仿行。中国人怕兴讼,怕到衙门,倘定一地价而要两度到衙门,必觉得不堪其扰,这是人人不愿意的。兄弟底办法,极简单而又极公平,即令人民自己报价,政府则律以两种条件:其一、按所报的地价照值百抽一而收税;其二、则照价收买。此可使他不敢隐瞒公家,不敢以多报少,或以少报多,其法至善。何以说不敢以多报少?譬如人民将自己所有之地报价后,公家就随时可照价收买其地,想瞒税的,反要受报价的亏损;彼以少报多者以为其计甚得;设公家不收买,则又须照其所报之价纳税。报价多纳税亦重,此希冀收买而以少报多的一方面可以毋虑;但是报少价的虽可减轻税银,若果公家照值收买其地,彼必亏本,此希冀减税而以多报少的一方面可以毋虑。所以那些地主想来想去,报多报少,皆有危险,结果不如报一折中底实价为愈。如此办法,公家不甚费力可坐收税银,而在地主方面亦甚有利。法之至善,无逾于此。就广州市政言,设再筑一马路直达黄埔,假定此时购入之地价,每亩以二百元计,再加十倍之数,即可造成马路。待马路告成,地价亦必腾贵,将来恐尚不止如长堤值五万元一亩之数。土地问题既如上述,彼穷人又当如何?故求幸免于欧、美贫者愈贫、富者愈富的恶例,非讲民生主义不可。讲民生主义,又非用前同盟会所定的平均地权方法不可。今日革命事业并未成功,想革命成功,当先解决土地问题。

我们请再说资本。资本问题,是今天世界上最大的问题,也是最难解决的问题。凡是资本发达的国家，业已没有办法。中国幸而资本尚未发达，我们应该未雨绸缪，赶紧设法，免得再蹈覆辙。对于这个问题的解决，兄弟有《实业计划》一书，主张以外资从事建设生利事业，开辟市场，兴建工厂，建筑铁路，修治运河，开发矿产，举凡一切天然物产皆归公有，各种新事业之利润悉归公家。如北京借外资修筑底铁路，如京汉、京徐、津浦，都很赚钱。现在中国底铁路线，不过五六千迈，核其每年收入约七八千万元，实比全国地丁尤巨。全国中底各项收入，以铁路收入为第一，如将铁路线延长至五六万迈，岂不更赚钱吗？以外资开矿，亦是很有利底事业。开矿本无蚀本之理，间有蚀本的，实办理不善所致。但兄弟所谓借外资，乃借外人掌器械，从事于生利事业。又如京奉铁路筑成后，利息甚厚，外人不肯予赎，乃以其余款复筑京张，今且一直达到绥远城了。总之，外资非不可借，借外资应办生利的事，不可做消耗的事。

但是兄弟还有要说的，那英、美两国的政治虽称完善，却是他们鼓动社会革命是常常有的。这是为着甚么原因呢？就是民生主义未贯彻的原故。须知社会革命的惨痛，比政治革命流血更多。吾党自排满革命后，民族主义虽告一部分成功，而民权、民生未收丝毫效果。现在不但是要实行民权、民生两个主义，并且要迎合现代底潮流。自从欧洲大战停止后，美国威尔逊总统鉴于世界潮流，大倡民族自决。这民族自决，就是本党底民族主义。到了巴黎和平会议完了，欧洲中部就成立了许多新独立底民族国家，如捷克斯拉夫等是最著名的。诸君可以见得现代底民族思潮了。

现在本党底最大目的，要把“民族”、“民权”、“民生”三种功夫同时做完，这就是本党底主义，这才是国利民福，人民才可享真正的幸福。实行党义，还要希望诸君努力的，更要希望诸君宣传的。我们今日要实行本党主义，固有绝好底机会，因为广东已在我们同志的手中。广东有三千万人民，必将这个主义宣传到广东全体底人民，使人人脑中了解我们底主义。我们现在若不从速宣传，或将来广西绿林有反攻底举动，我们就没有时机从事宣传底功夫了。十余年前,余草革命方略,在地方自治,主张县长民选。现在广东陈竞存总司令已决议实行县长民选,积极提倡民治。诸君试想,广东人民有没有这个程度?在兄弟看来,恐怕他们没有这个程度;既没有这个程度而又要实行,是不是要闹乱子?但是民治主义是我们党里本来底主张,当然不容怀疑的。想将来不要闹乱子,实现我们底主张,就在宣传底功夫了。

最近兄弟有一个感想,彼英、美政治虽如此发达,却是政权不在普通人民手里。究竟在什么人手里呢?老实说,就是在知识阶级的手里。这就叫做政党政治。我记得,我们这次刚回广东底时候,香港有一家报纸说我们此番回来,并不是粤人治粤,是"党人治粤"。兄弟想,这句话在彼说的固别有用意,但是我们也甚愿意承认"党人治粤",因为英、美已有这个先例的。果能实行本党底主义,也是我们粤人莫大之幸。我们此刻应即下手结合团体,操练本党党员,宣传本党主义。诸君对于三民主义,倘有未明了之处,尽可随时来问兄弟,兄弟必一一详细解答。所谓先知先觉,必自觉才能觉人;未有自未觉而能觉人的。现在广州已成立中国国民党本部特设办事处,这个就是我们操练宣传底总机关。由此推行,前途无限。将来广东全省为本党实行党义底试验场,民治主义底发源地。由广东推行到全国,长江、黄河都要为本党底主义所浸润。诸君须知本党底主义,所以急于要操练、要宣传的,因为民国虽然成立了十年,一般人民并未了解共和是个什么东西,他们自视也不是国民,乃是遗民,他们正待真命天子出现,预备好做太平臣子百姓哩!诸君试想这个样子,如何能够县长民选?我们要想将来不要偾事,惟有积极操练三民主义,就以"党人治粤"。凡事尚要依赖我们党人努力去做,三民主义操练精熟。其次就要积极实行五权宪法。三民主义和五权宪法,即是本党底精神,从此由广东发扬传播到全国。

在广东省第五次教育大会闭幕式的演说

（一九二一年六月三十日）

今日行闭会式，兄弟承汪先生相邀到来谈话。吾人试想教育家对于今日中国建设的问题，实负有重大的力量，用力得其当，则中国进步加速甚多。

在今日，教育家所宜用为引导国民者，果以何为最要乎？以何者为标准乎？以世界何事为最有力量之标准乎？吾以为凡足以助世界进化、改变人生观者为最要；所当用力以赴之者，亦以此为最多。

诸君乃教育家，须知教育者，乃引导人群进化者也。然能令人群进化最速者果何力乎？则政治的力量是也。政治是促人群进化之唯一工具，故教育家当为政治的教育家。盖自民国成立十年于兹，考厥成绩，仅能推翻满洲政府而已。然满洲政治之旧势力尚未能除，故所去者只一皇帝，而官僚武人之毒焰犹未息也。所以现今之最重要者，为建设新政治，以代满洲腐败的旧政治。

政治的力量，足以改造人心、改造社会，为用至弘，成效至著。然每闻教育家之言曰"以不谈政治为高"。此种谬说，不知其何所据而云然？中国最大之教育家厥为孔子。我国人视孔子为圣人、为宗教家。以世界学者的眼光观察之，则孔子为政治家，为政治教育家。试读孔氏书，其教旨于诚意正心修身，以及齐家、治国、平天下三致意焉。所谓齐家、治国、平天下，非政治教育而何？孔子且以政治为第一要务，而今之教育家辄舍政治而不谈，何也？

揆之吾国旧道统、旧国粹，观诸孔子所言，则不谈政治固已不是;况当今民权发达时代,人人负国民责任,人人负政治责任,而曰不谈政治,尤为大谬。民国与帝国不同,帝国政治,君主一人负责任;民国政治,国民均负责任。既曰国民负责矣,而教育家乃曰不谈政治,何太失自己本来之责任与人民希望之甚也。

考此种谬说之所由生,盖亦有故,积渐亦已久。满清专制,习用愚民,及满清既除,武人犹在,其思想习惯无异于满清,彼方执政,压制民权,反对共和,使人民而谈政治,则彼无以肆其大欲而得其私利,乃发为一种议论,以不谈政治相尚。不知此乃削夺诸君之所有权,与诸君之本来责任相反。诸君贸然从之,亦以不谈政治相尚,无乃坠其术中乎!然有许多教育家畏当道势力而不敢违反其意,但豺狼当道,畏之不无可原,故半年前诸君不谈政治,是明哲保身之一法;但今日在民治的广东,民治的政府之下,而犹以不谈政治相戒,则非政府所希望于诸君者矣。

诸君乃教育家,处先知先觉的地位,以不谈政治相号召,人民更不敢谈。人人都不理政治,将来更有何人负此责任?岂总统一人能负之乎?从今后,本大总统要诸君谈政治。

考"不谈政治"之谬说,乃由两种原因而生:(一)专制官僚成之,前已言之矣。(二)西洋留学生成之。有许多留学生未返中国已有学生不谈政治之说,归国后亦以为言。眩于其博士、硕士之头衔,以其所言为可信。于是以为征之旧官派之言,固曰不谈政治,新博士之言亦云然,则皆曰不谈政治,宜哉?不知此乃以盲导盲者也!

欧美留学生对于不谈政治之一点,实大错误,实误会之极。盖英文 Politics 有三解:一解为国事;一解为党争;凡无聊自私之政客结党营私,亦以政治名词称之。与我国所谓政治,专指国事而言者不同。故英文上政治之名词虽一样,然须看上下文,乃能得其正意。英文更有家庭政治 Family Politics'之名目。所谓家庭政治者,即播弄是非之谓。故英文政治一名词含有数意,其上者为国事,次为党争,下为是非,其普通习用语常曰不谈政治,其意专谓不说是非耳,非真正国事亦不谈也。中国留学生居其国数年,习闻其语,而不察其意,亦乐用之,归国而不改其谬误,可笑一至于此。国人既惑于专制官僚,再惑于留学生,误解此种不谈政治之舆论,乃入于人心,牢不可破,岂知其以盲导盲者哉!

设使诸君不谈政治,学生不谈政治,为农者亦不谈政治,为工为商者亦不谈政治,试问中华民国是谁之国?而人人不负责任,尚可以为国乎?教育家应指导人民谈政治,若仍以不谈为高,为害匪浅。民国十年一事不成,人人归咎于革命党,不知披荆斩棘,革命党已为此至难之事,从容布置,国民应共为之。乃国民程度低浅,稍有变革,手足无措。国民程度不足之咎,谁实尸之?教育家对此,乃不能辞其责。盖十年来,政治教育家曾无出一言、立一说以瀹斯民,而于不谈政治之谬说,乃独倡之,民国有今日之现象,无足怪也。苟犹持斯言而不悟,再历十年,民国亦不得有进步。

教育进步,以政治为基础。试观日本教育比中国进步甚多,考其故,则以日本政治良好。故中国今日政治尚未改良,所以无论如何提倡教育亦不为功。近日北京政治腐败,教育乃日坏,学校经费不给,教员薪米不继。北京教育经费区区不过数十万元,政府靳而不与,一督军入京索费用至千万元,而政府则慷慨予之。政治不良,教育不能发展,观北京政治可以为证矣。所以兄弟今日到此谈话,欲诸君知道中国政治之急宜改良及如何改良。对诸君一说改良中国政治,头绪纷繁,非一二小时所能说,仅将兄弟改造中国的目的约略言之。

当革命之初,吾党有志用十年时间改造中国,使中国为世界第一。诸君以为可达此目的乎?诸君亦有此志否?诸君如有此志,则可以为教育家!如无此志,则不如及早改业!欲使中国教育居世界第一等位置,必当使全国人民无不识字,有一百数十万的专门学者,有一万几千的发明家,必如此乃可以为世界第一等教育。然教育随政治为转移,欲于十年内令中国教育进世界第一地位,必政治已先达世界第一地位方可。顾此事可能乎?否乎?

吾必曰可能。请证明之。考近日新兴之国,究其强国之方可知也。日本五十年前其国势不如今日中国,其人民不过如四川一省之众,土地不过如四川一省之广,五十年内进为世界第一等国。以中国与之较:人则十倍之,地则二十倍之,聪明才力又不亚于彼,而中国国际地位较日本何如乎?果何故也?又试观暹罗,昔为我属国,诸君之所知也,人口七百万,且半属中国子孙,地大仅如四川耳。以中国与之较又何如?然暹罗有裁判外人权,关税独立。回视中国关税握之于外人,领事裁判权不能收回,外人所到之处即其领土,官吏不敢管,警察不敢诘,中国领土、中国主权丧失已久矣。当外人初入中国,士大夫之言曰:"法令不行于境,中国之耻也。"今国人已习而不知耻矣。中国不能称为独立国,只可称为半独立国!亚洲之独立国惟日本与暹罗,虽日本强而暹罗稍弱,然暹罗国际地位已高于中国。中国在世界上以人口计则第一,以地域计则第四,而国际地位计则在三十名以下,又穷又弱,海关受制,工商业受夺,经济日困,情势如此,何教育之能言?所以以改造政治为第一要件。

日本初为穷弱国也,暹罗初亦最贫国也,而一则五十年,一则二十年成为强国。以中国挟如此土地人民而不能乎?今者中国国权已落于日本人之手,视我为属国,支配之、宰制之;其国中教育家定有计划处分中国,小学生则教以勤远略。我国教育家有立志谋处分日本者乎?中国有富强之资料,而不能富强,逊于日本,无他,日本重政治教育,而中国不然,此皆诸君之咎!盖诸君提倡不谈政治一语误之也。所谓一言丧邦,此之谓欤!从今以后诸君须觉悟,一改前时积习,教育家须谈政治、理政治,引导人民谈政治。古人有言:"天下兴亡,匹夫有责。"专制时代已能言之,况乃民国时代乎!中国今日贫弱极矣,丧亡可虑。盖世界不进则退,自欧美势力侵入中国百有余年,中国日弱一日,今犹不进,十年以后仍是如斯,受人淘汰必矣。故今日实为中国存亡之交,幸而满清已倒,武人势力可望日渐削除,有广东一片干净土为发展根基,谋改良政治。故甚望诸君提倡谈政治,引导人民理政治,同心协力改造中国。

改造之方法已有预备，兹为诸君言之。余于三年前曾发行一书曰《孙文学说》，先改造中国人心理。昨年发行《中国实业计划》一书，谋改造中国物质，兴工商之业。盖中国宝藏至富，甲于世界，开发振兴，中国必强。此书为英文本，风行欧美，彼方专门学者，皆许以为可行。现在广东翻印中文本，不日可出版。

第三种计划为改造社会。第四种为改造政治。合改造心理、物质、社会、政治四种一书，名曰《建设方略》。将来出版可以相送，协力研究之，提倡之，则十年兴国，可望成功。

中国人有一种心理，不知之事便不肯做，必知之已真，然后为之。此种心理谓为好亦得，谓为坏亦得。何也？盖天下事有不可知者甚多，若必深知而后行，则所成者甚寡。如教育界教人知者也。人生须受教育，由小学以至于大学至少十六年，稍懒者二十年以至三十年；使教育普及如今日俄国，人民悉由国家教育之，补助一切费用，设人人受三十年教育，三十年已半世矣，费半世功夫求知后乃行其所知，人民程度进此，乃可言不知不行，不然，事事先问知而后行，则无一事可行。

建设国家乃无人能知之者，日本五十年成为强国，其当时有预算计划以为强国之本否？无之也！建造房屋，材木砖瓦可得而算，建国则不能以计算之也。不能计算即不可知。

世界文明国多矣，中国可步趋之以臻富强。然而不能者，非不知所以步趋之也，半知而不全知之故也。请彼推翻旧政治行新政治，彼必不肯，彼不知，更且不谈也。

希腊先哲之言曰："人者，政治动物也。"有政治思想、政治行为、政治能力，乃为人类。人之所以异于他动物者以此，故不谈政治非人也。盖人不能离国家，即不能离政治。中国人非不能建造好国家、好政治，试观历史唐虞三代之隆，称为至盛，在几千年前之祖宗，已有此种能力。近者日本五十年亦能改造好国家。远考吾祖宗，近徵诸日本，其所以有此能力，皆在不知之中。夫不知安能为之，无乃诬乎？然试思唐虞三代，学问知识能知之而后为之乎？日本五十年前亦能知有今日强盛乎？可见其进行皆在不识之中也，明矣。

中国人得半知不能全知，半知不敢为，又无全知，必欲待全知，然后为之。此中国所以停滞不进也。夫学三十年乃得全知，中国之得学者仅少数，而存不知不行之见，政治尚有改良之日耶？日本当初一时受刺激，一二志士振臂狂呼救国，全国响应，人人阖目相从，故有今日强盛。暹罗一二王子提倡于上，鼓励其国民举从之，今亦渐盛，皆于不识不知得之。盖建屋可计算而知之，建国则不能预知之也。

兄弟几十年前提倡改造中国。破坏已成功，于是欲人民建设，因多问建设方法于予；告以计划，则必曰君之计划可行，特知之耳。知之非艰，行之惟艰，卒误于此心理，而无一成。行之惟艰，一言误中亦不浅者也。

教育家须记提倡政治，实行改良政治。使四万万国民同心协力改良政治，诸君当负责任！又须知国强不能预知，只实行做去便得；若必想知清楚然后做，天下断无此理者。比如电灯照耀光明，人人享其利，然电学精微，人之知之者甚少，若必待人人均知电学而后用电灯，可乎？政治也犹是也！可信赖政治家做去，十年定有功效可睹。如欲知之，可读《建国方略》，但无须此一级工夫。

中国今日不必人民去求知，但望其有一种十年可强中国之信仰足矣，有强中国之志足矣。教育家宜提倡民志，则政治自易改良，政治良好，则教育不成问题矣。能达俄国今日教育情状亦不难者，唯总要诸君教育家不忘政治！

在桂林对滇赣粤军的演说

（一九二一年十二月十日）

第一课 精神教育

今日集诸君于一堂，讲授军人精神教育，乃欲使诸君得有充分之军人精神，而共任前途非常之大业也。诸君本属军人，固曾受军人教育，亦曾受军人之精神教育。惟诸君前此所受者，不过寻常军人之教育，而非非常军人之教育也。今在诸君之目前，有非常之事业，必待非常之军人以成之，诸君欲身任非常之事业，则必受非常之教育乃可。此非常之教育为何？即军人之革命精神教育是也。此次诸君远涉桂林，渡长江而北，直捣幽燕，所为者何事？率直言之，革命而已。革命云者，扫除中国一切政治上、社会上旧染之污，而再造一庄严华丽之新民国，为民所有、为民所治、为民所享者也。此为今日顺天应人之事，志士仁人不可不勉。吾辈生在中国，丁此时艰，种族存亡，人人有责，亟应同负革命责任，以成此非常大业。惟负此责任，非有革命精神不为功。革命事业，在十年以前，虽已推倒满清，成立中华民国，然以言成功，则犹未也。武昌革命而后，所谓中华民国者，仅有其名，而无其实，一切政权，仍在腐败官僚、专横武人之手，益以兵灾、水、旱，迄无宁岁，人民痛苦，且加甚焉！此即革命未竟全功，因而难收良果也。此次革命，将以补足前此未完成之事业,继续为之。故本总统此行,即与诸将士同心协力,应革命时机,建革命事业,声威所至,无不争先响应,裹粮景从,洵不待两方交绥,已可决胜,此必然之势,无可怀疑者也。诸君不信,可观各国历史及现今时势,则知革命为世界潮流,亦即为顺天应人事业,其成功之左券,有可预操者。各国中如美、如法皆为革命先河,最近如俄,其劳农政府,亦由革命造成,是其例也。

我国革命,已及十年,虽未著成效,然风气日开,民智日进,而时下之奸雄强暴,亦必假托民意,始得生存于国中,此足见潮流之猛烈,非人力可以当之者,故此时有顺天应人之必要。则当以革命事业为己任,质言之,即能负责任与否之问题也。解决此问题,先问有无革命精神,有革命精神,成功必矣!但革命精神,何自来耶?是在精神教育。诸君之所以为军人,非为有军人资格乎?非为曾受军事教育乎?否则,执途人而目之曰:"军人!军人!"如何其可?今兹所述之精神教育,即欲诸君灌输此精神于脑中,须臾弗离,虽至造次颠沛之间,守而勿失,夫然后可以为军人,可以言革命,可以卜成功。反是则否。

今日之革命,与古代之革命不同。在中国古代,固已有行之者,如汤武革命,为帝王革命。今之革命,则为人民革命,此种革命,乃本总统三十年前所提倡者。此种革命主义,即三民主义:(一)民族主义,(二)民权主义,(三)民生主义。第一之主义,为种族革命,谓排除他种民族,发扬自己民族,组织一完全独立之民族国家也。第二之主义,为政治革命,谓人民直接参与政权,简言之,即如选举权、罢官权、复决权、创制权等,由人民直接行之,非代议制度下之民权也(参看本总统所著之《三民主义》及《五权宪法》)。第三之主义,为社会革命,亦即经济革命,谓社会上之财产,须平均分配,不为一般资本家所垄断也。三种主义,大要如此。若论种族革命,前此满清专制时代,四万万人民,受其压抑,莫敢谁何。苟且偷安者流,复不知民族主义,甘心俯首,乐为臣仆而不辞。自经本总统提倡革命以后,稍有知识者,虽亦知汉族不宜受治于满人,然终不免迟疑却顾,以为满人已占居优势地位,根深蒂固,论土地则有二十行省,论兵力则有海、陆各军。以身无尺土,手无寸铁之一人,纵使鼓吹革命,将操何术以胜之?是直螳臂挡车,多见其不知自量。故当时有笑余为疯汉者,谓此事绝对不可能。余则深信革命乃顺天应人之事业,其不成功者,不为也,非不能也。彼满清之于中国,以少数人之压制多数人,以野蛮人压制文明人,在理在势,均所不可,吾何惴焉?因有此决心,遂能贯彻主张,使革命思潮,渐次膨胀,终乃有武昌起义之事,民族革命,始能实现,此则由革命党人以革命精神铸成之。所惜者,推翻满清之后,革命党人以为已奏凯歌,踌躇满志,不于政治上、社会上,同时加意改良,故直至今日,建设事业尚未完成也。

今所述者,为精神教育。欲知精神教育,当先知精神为何物?欲知精神之为何,当先下定义。定义云者,就于一种事物,以简单之说明,能确知其为何事何物之谓也。比如,人在世界,究为何物?从哲学上解释,要确知人之所以为人的真义若何,始为圆满答复。若云人就是人,不得谓之定义。依余所见,古人固已有言,“人为万物之灵”。然则万物之灵,即为人之定义。至于精神定义若何?欲求精确之界限,固亦非易,然简括言之,第知凡非物质者,即为精神可矣。

精神之为何?须从哲学上研究之。旷观六合之内,一切现象,蠢然毕陈,种类至为繁夥。今先就其近者小者言之,一室之内,一案之上,茶杯也、木头也、手表也,奔赴吾之眼中者,吾皆能缕指其名,以其有质象可求也。再由一室一案推而至于桂林一省,地大物博,种类更多,或有为吾所不能知,所不能名者。再由桂林推而至于各省,或全国,或世界,则形形色色,虽集多数博物家,不能考求其万一。物类之繁,概可知已。然总括宇宙现象,要不外物质与精神二者。精神虽为物质之对,然实相辅为用。考从前科学未发达时代,往往以精神与物质为绝对分离,而不知二者本合为一。在中国学者,亦恒言有体有用。何谓体?即物质。何谓用?即精神。譬如人之一身,五官百骸皆为体,属于物质;其能言语动作者,即为用,由人之精神为之。二者相辅,不可分离,若猝然丧失精神,官骸虽具,不能言语,不能动作,用既失,而体亦即成为死物矣。由是观之,世界上仅有物质之体,而无精神之用者,必非人类,人类而失精神,则必非完全独立之人。虽现今科学进步,机器发明,或亦有制造之人,比生成之人,毫发无异者,然人之精神不能创造,终不得直谓之为人。人者有精神之用,非专恃物质之体也。我既为人,则当发扬我之精神,亦即所以发扬为人之精神,故革命在乎精神。革命精神者,革命事业之所由产出也。

精神与物质相辅为用既如前述,故全无物质亦不能表现精神,但专恃物质,则不可也。今人心理往往偏重物质方面,若言北伐,非曰枪枝务求一律,则曰子弹必须补充,此外种种武器,亦宜精良完备,一若不如是,则不能作战者。自余观之,武器为物质,能使用此武器者,全恃人之精神。两相比较,精神能力实居其九,物质能力仅得其一。何以知其然也?试以武昌革命为例:当日满清之武器,与革命党人之武器,以物质能力论,何啻千与一之比较。革命党人独不虑以卵敌石,乃敢毅然为之者,因其时汉口革命机关业已破露,党人名册亦被搜获,兵士之入党者,均为查悉,悉数调往四川,仅有炮兵、工兵两营留驻武汉,其中同志尚多。有熊秉坤者,新军中一排长耳,见事机已迫,正在大索党人,若我不先发制人,终必为人所制,置于死地而后生,等死耳,不如速发难。因将此意,告诸同志,佥以无子弹对,后由熊秉坤向其友之已退伍者,借得两盒子弹,分授同志,革命之武器所恃者,仅有此数。枪声一响,炮兵营首先响应,瑞澂、张彪相继逃窜,武汉遂入革命党人之手。彼满清方面军队非不多也,枪弹非不备也,当革命风声传播之时,瑞澂且商诸某国领事,谓若湖北有事,请其拨兵舰相助。布置如此周密,兵力如此雄厚,乃被革命党人以两盒子弹打破之。诸君试想,两盒子弹,至多不过五十颗,即使一一命中,杀敌不过五十人,能打破武昌乎?余以为打破武昌者,革命党人之精神为之。兵法云,先声夺人。所谓先声,即精神也。准是以观,物质之力量小,精神之力量大,可于武昌一役决之。

此第就本国而言，已有此先例。试再言外国。前此意大利人，有加利波利地者，为一有名之革命家，彼亦非有如何武器能力，当其渡海攻城也，以一千人与三万人敌，相持四五日，卒由他路抄袭入城。此在战略上、战术上，无论如何，均不能取胜，而事实之相悬若此，将谓以少胜众乎？直乃精神胜物质耳！又如日俄战争，俄国兵力多于日本数倍，未战之先，咸以为日本之于俄国，不啻驱羊豕以膏虎吻，必无幸也。何以战争结果，卒以俄败而日胜？此无他，俄之败，败于无精神，日之胜，胜在有精神而已。

诸君不观夫牛与童子乎？牛之力量大于童子，人皆知之，而童子能以一绳引牛，东则东，西则西，牛乃不能奋其一角一蹄，以与童子抗，且甘心俯首，惟命是听者，是则何耶？童子有精神，牛无精神，故童子之力量虽不如牛，而能以精神制驭之，此尤显而易见之例也。

依上面各例，则知此次北伐，亦唯恃有精神，即能制胜。可勿问敌人子弹多少，我之子弹多少，但问我之精神如何？若无精神，子弹虽多，适以资敌；一旦临战，委而弃之，非为敌人运输战利品乎？故两国交战，能扑灭敌国之战斗力者，即在扑灭敌人之精神，而使失其战斗能力。兵法有言："攻心为上，攻城次之。"攻心者务先打破敌人之精神，取得城池，犹其后也。去年粤军回粤，既下惠州，桂军闻风破胆，先自逃窜，我乃兵不血刃，长歌而入广州城矣。此足见物质之不可恃。所谓"固国不以山溪之险，威天下不以兵革之利"者，其道何在？精神为之也！

诸君皆曾受军事教育者，自必富于军人之精神。惟现今之为军人，与前不同，须具有特别之精神，造成革命军人，方能出国家于危险。以现势论，瓜分中国之说，表面上似甚冷静，实则不然。其在以前，此种论调颇高，吾国人士尚抱有亡国亡种之痛，思所以挽救之。自武昌革命而后，乃渐归沉寂，以为外国不复言瓜分，中国遂亦相与忘之，此乃大误！现时之中国，前途险象，较前尤甚。南北分立之局，扰攘数年未能统一。北方内部且复各树私帜，如张作霖、曹锟、吴佩孚等，割据地盘，拥兵自卫，政治之坏，过于满清，人民转徙流离，如在水深火热之中，待援孔亟。援之之法维何？须用革命之手段。用革命之手段，则须负革命之责任。革命之责任者，救国救民之责任也。诸君既为军人，又为革命时代之军人，倘不能负此责任，坐视国家之因内扰而召外患，驯至于国亡种灭，其咎将谁尸耶？

诸君在此听讲，有为滇军者，滇人必知滇事，且必愿闻滇事。夫与滇省接壤者，非有缅甸乎？非有安南乎？缅甸则征服于英国矣！安南则并吞于法国矣！试以安南言之，法国对于安南，专用一种愚民政策，诸君试思安南人，所读何书？则犹是从前之八股文也！凡关于新教育之知识，毫不使之闻知，且禁绝之。前此有三十余人，自安南潜渡日本留学，事为法国政府所闻，向日本政府要求，将其悉数解回。日本碍于邦交，遂允其请，送回之后，即不知此三十余人之生命如何矣。英国对于缅甸，亦用此种政策。盖恐其知识增进，思想发达，将脱离而独立也。如缅甸、安南者，实为吾国前车之鉴。倘不及时振奋，仍复自私自利，酿成四分五裂之局，中国前途，何堪设想！诸君再观英国所用政策，便当觉悟，彼非以西藏之兵来攻打箭炉耶？西藏为中华民国五族之一，固明明中国人也；中国人而可以攻中国，中国人而可以为外国人效力来攻中国，此其例即如满清咸丰时代，英、法联军因鸦片事件与中国构衅，英国即招中国广东潮州人为兵，号称潮勇者，使之攻大沽、攻天津、攻北京，焚圆明园。凡此诸役，皆潮勇为之。以中国人攻中国人，以中国人为外国人效力攻中国，可痛孰甚！现时国势至此，民穷财尽，已达极点。凡为中国人，而又为此时之中国军人，倘尚不思救国救民，纵使外国不复瓜分，中国亦将束手待毙。诸君固皆曾受军事教育者，当知军人之职志，在防御外患，在保卫国家。今先问中华民国是否为完全独立之国家，不受外国之箝制？以余观之，固犹未完全成立也。国会虽选出本总统，而内乱尚未戡定，各省之在北方势力范围者，尚居多数。北方已丧失对外之资格，而正式政府又未经各国承认。当此危亡绝续之交，非先平内乱，而以革命救国不可；以革命救国，非有革命精神不可！无革命精神，则为法属之安南，终受势力屈伏；有革命精神，则为英属之爱尔伦,终得蹶起自治。此外再征印度及高丽,益知革命精神之必要。印度久受英国压迫,近亦引起反动,其革命思想,与前不同。观最近英文报所载,印度人之革命而被英国政府逮捕者,为数达六百余人,可见印度之革命精神,颇有进步,未必终为英国所屈也。高丽亦然,日本之待高丽,异常苛酷。高丽人本富有革命精神,不甘受制,处心积虑,为独立之运动者已久。日本虽防之綦严,然若高丽人始终坚持,则必有能达目的之一日也。若论中国领土,如安南、如高丽、如缅甸、如西藏、如台湾等,或为中国属国,或为中国属地。要而言之,前此皆中国领土也,今乃已入外国版图,中国对于各土地之主权,亦同时随之丧失矣。诸君经过各通商口岸地方,最目击伤心者,为外国人管理海关一事。海关乃中国政治机关,质言之,中国之金库也。金库锁钥,操诸外国人手,国安得而不危?救危之法,御外侮先自平内乱始。故在今日而言救国救民,必要革命。革命须有精神,此精神即为现在军人之精神。但所谓精神,非泛泛言之,智、仁、勇三者,即为军人精神之要素。能发扬这三种精神,始可以救民,始可以救国。以下试再分别述之。

第二课 智

军人之精神,为智、仁、勇三者。今先言智。智之云者,有聪明,有见识之谓,是即为智之定义。凡遇一事,以我之聪明,我之见识,能明白了解,即时有应付方法,而根本上又须合乎道义,非以尔诈我虞为智也。智之范围甚广,宇宙之范围,皆为智之范围,故能知过去未来者,亦谓之智。吾人之在世界,其知识要随事物之增加,而同时进步,否则渐即于老朽颓唐,灵明日锢。是以智之反面,则为蠢、为愚。

智何自生?有其来源,约言之,厥有三种:一、由于天生者,二、由于力学者，三、由于经验者。中国古时学者，亦有生而知之，学而知之，困而知之之说，与此略同。凡人之聪明，唯各因其得天之厚薄不同，稍生差别，得多者为大聪明，得少者为小聪明，其为智则一，此由于天生也。若由学问上致力，则能集合多数人之聪明，以为聪明，不特取法现代，抑且尚友古人，有时较天生之智为胜。例如甲乙二人，甲聪明而不好学，乙聪明虽不如甲，而好学过之，其结果乙之所得，必多于甲。此则由于力学也。此外亦有不由天生，不由力学，而由经验得来者。谚云："不经一事，不长一智。"故所历之事既多，智识遂亦增长，所谓增益其所不能者，此由于经验也。要而言之，智之来源，不外此三者而已。

军人之智：

一、别是非，

二、明利害，

三、识时势，

四、知彼已。

诸君皆为军人，须知军人之智为军人精神之一种，尤须知军人之智，在乎别是非，明利害，识时势，知彼已。试再分述如下。

何言乎别是非也？凡为军人，要先知自己所处之地位，与所负之责任如何？军人者，为社会分工，有保卫国家及人民之责任也。何谓分工？社会上之事业，非一人所能独任，如农业、如工业、如商业等，在乎吾人自审所长，各执其业，此之谓分工。试再举例以明之：若使以吾一人漂流孤岛，造饭也、打鱼也、摘果也，既无他人可以分任，非若住居城市，惟意所适，造饭则有司爨，即至打鱼、摘果，亦皆有各司其事者。故一人之世界，与有社会之世界不同，欲求一饱，须兼数役，其困难可知。又不独饮食为然，如欲避风雨，御寒暑，则须自造房屋，自为木工；非若在市镇地方，欲建高楼大厦，但解囊出资，便可集事，不须自执工人之役也。由此观之，一人之单独生活，较众人之共同生活，难易有别。倘同时漂流孤岛者，其数能及十人，则举凡做饭、打鱼、摘果、建屋诸事，不必集于一身，可以分功为之，如此则劳苦减少，而所得效果亦多。社会者，即分工之最大场所也。合农、工、商等之各种组织，而始成一大社会。故社会之事业，愈分愈多，则愈形活动。诸君之为军人，亦不过为社会分工之一而已。彼为农、为工、为商者，因各有所事，不能躬执干戈，故有待于军人之保护。而军人之生活，则皆取给于彼，衣、食、住、行四者，皆不须自为，而有人代为之。然则军人所为何事？对于社会所担任之职务何在？是在乎保护人民与保卫国家，凡军人分所应为之事，亦即在此。但如何而始能尽此卫国卫民之职务乎？其最先、最要者，为别是非。是非于何别之？军人所以卫民，利于民则为是，不利于民则为非；军人所以卫国，利于国则为是，不利于国则为非。是非不明，则已无军人之精神，何能卫民？何能卫国？以余观之，现时军人，虽非无能明是非者，但亦有利令智昏之辈，往往只顾目前，以为我有枪在，对于人民何求不得。于是军人之名誉扫地，应尽之军人责任，亦全然抛弃，不能保民，反以害民。社会何贵有此军人？国家亦何赖有此军人？诸君既为军人，则当思为社会分工，为人民为国家负责。而所以能分工能负责者，即在别是非；是非之别，即在合乎道不合乎道，惟诸君自择之。

何言乎明利害也？利害之与是非，本相因而至。譬如军队所过地方，真能秋毫无犯。则民必争先恐后，壶浆箪食以迎之。故利民者，民亦有利于我；其恃强骚扰，则民皆望望然去之，如避虎狼。观去年桂军与粤军开战时，往往桂军正在前方攻击，而后方人民出其不意，用种种方法破坏之，或截留械弹，或不供食品，此则因桂军平日虐待人民，故人民以此报之。可见害人者，适以自害。利害之间，在乎自审。但以利害务求其远者、大者，勿贪其近者小者。何谓远者大者？军人以卫国卫民为己责，其利亦即在此。但因吾国现时之国势，故曰利害之与是非相因而至。是则为利，利可为也；非则为害，害不可为也。明乎此，始可谓智，始可为军人，始可为革命之军人。

何言乎识时势也？诸君此次远来桂林，更须渡长江而捣北京，志在统一中国，造成完全独立之新国家。试问此事，为何等事业？为此事者，果有如何把握乎？是在审时度势而已。古人有言："虽有智慧，不知乘势，虽有镃基，不如待时。"则知识时势之必要，固非独军人为然，而在军人尤甚。何谓时？即时机成熟与否之问题。成熟则可为，且为之也易。不成熟则不可为，且为之也难。例如种果，果已熟矣，摘而食之，味必甘美，反是则否。种稻亦然，未至收成之期，虽欲助长，不可得也。何谓势？即势力之顺逆，与难易之比较是也。如同一石也，推之下山则势顺，而用力易，若欲移石于山上，则势逆，而用力难。时势之宜审度若此。此次北伐，以义师而推倒北方之军阀官僚，直如摘已熟之果，获已熟之稻，既至其时，应手而落。又如由高山推石，使之下坠，乘势利便，毫不费力也。现时北方人民，对于北方之腐败政府，厌恶已极，日望南方之援手，俾得早出陷阱之中。大军一临，势如破竹，此即若推石下山之例，顺而且易，只问推之与否，推则未有不下者。或以为北方之军队，枪械较我完备，北伐岂能必胜？而不知时势既已至此，事半功倍，取之甚易。我则得道多助，彼则众叛亲离，军队虽多，犹市人也；枪械虽足，犹外府也。故曰：乘时与势，无不成功。诸君犹以为国家尚未完全造成，故军人之希望甚为微薄，且渺不可知。造成此完全之国家，即全在军人，有完全之国家，斯有远大之利益，请以英、美各国待遇军人之方法，与诸君言之。英、美之待军人，凡服兵役至一定之年限而退伍者，给以全粮，国家且为择相当之业务；所生子女，由国家给养。又有其子方服兵役，而父母无以为养者，亦由国家扶助之。其在阵战死亡者，子女扶养，须至一定之年限，即子能成立，女已出嫁之谓；父母则给养终身，妻不嫁者，亦如之。彼英、美各国优待军人如此，故军人亦争出死力以卫国家。吾国军人，则以未有完全国家，前途如何，希望如何，皆难预揣。或者今日入伍，明日解散，亦不可知。以滇军论，不特无完全国家，且远离本省，转战多年，其苦尤甚。此后欲求自己之远大利益，则当乘此革命时机，用革命手段，造出新国家，亦如英、美各国之军人，退伍则给予全粮，即父母妻子，亦皆有所资以为养，斯则为军人之利之远且大者。若不此之为，徒贪近利小利，今日抢一商店，明日掠一富家，甚至借拉夫之名，施行劫之实，所获无几，而怨谤之积，乃如邱山，此不特无利可言，且为大害。所以观去年桂军受广东人民后方之扰，卒至一败而不可收拾者，是其例也。军人者，有救国救民之责任，宜思建设新国家，以为吾终身及子孙之倚赖。且其利不独在军人，四万万人民咸受其赐，其远大为何如耶？倘仅贪目前之近利小利，实则害也，非利也。利害不明，已不能自卫其身，又安能卫国？又安能卫民？时机未至耶？实则十年以前，已早成熟。倘武昌革命之时，乘势打破北京，摧陷而廓清之，北伐之事，不必迟至今日。此即若种果、种稻，已至成熟之期，不摘不获，终亦腐烂而已。时不可失，一误岂容再误，愿诸君勉之！

何言乎知彼已也？古人云："知已知彼，百战百胜。"彼即敌人也。现在北方军队，其内容极形复杂，约可分为三大部分：一为奉系之张作霖；二为直系之曹锟及吴佩孚；三为皖系之段派军队，如浙卢、闽李、陕陈皆是。此三派者，兵力相等，同床异梦，相争而莫敢先动，则成相持之势。独吴佩孚跳梁其间，而为奉皖所同忌。吴一穷酸秀才耳，既为旅长之后，骗取南方金钱，扩张军队，屡发通电，以赞成共和，建设民治为言，一时人士，受其欺蒙，北方伪政府，亦倚之如长城。彼固宣言不为督军者，今则已受伪命之两湖巡阅使；彼固矢口拥护民治者，此次入寇湖南，乃有决堤淹军之举。湘鄂人民，惨遭荼毒，争欲食其肉而寝其皮，其名誉已扫地矣。即彼之内部，亦颇不稳固，如某某旧部之某某等，亦倾向我军，派人前来接洽。吴佩孚自知天怒人怨，恐不能当北伐之师，近且派遣代表来粤，其用意如何，殊不可测，将来能倒戈以抗徐世昌与否，亦尚难知。以现势言，彼与张作霖，尤为势不两立，故时有后顾之忧。更握要言之，则此三派之人，固已无一愿效忠尽力于北庭者。以上所述，为彼方之情形。至若自己之情形，则如何耶？两粤固无问题，云南、贵州、四川均属一致，湘南亦准备对鄂反攻。此外，散布北方军队，其中同情于我者尚多。只须同负革命责任，发扬革命精神，以此制敌，何敌不摧？以此攻城，何城不克？此则由于南方有主义，北方无主义；南方为公，北方为私故也。以有主义与无主义战，以为公者与为私者战，胜败之数，奚待蓍龟？但观此次本大总统来桂，人民欢迎之诚意，即可窥见一斑矣！

军人之智，如前述之别是非、明利害、识时势、知彼己四者，固无疑义。但望诸君之为军人者，无论官长士兵，对于人民宜以仁义为重。须知人民与我为一体，利害与共，不过分功任事而已。

我为军人，不耕而食，不织而衣；彼乃为农、为工、为商，以供我之衣食者，即有待于我之保护。倘不能保护，而反残害之，彼若相率裹足，无复敢为农、为工、为商者，军人之衣食将谁供乎？是其受害，仍在自己。故军人之智，须以合于道义为准。诸君既各有天生之聪明，曾受军事教育，而滇军又皆身经百战，富有军事上之经验，于智之来源，固已兼备。诚能发奋其精神而光大之，何患夫北伐，又何患夫北伐之不成功耶？

第三课　仁

仁与智不同，于何见之？所贵乎智者，在能明利害，故明哲保身，谓之智。仁则不问利害如何，有杀身以成仁，无求生以害仁。求仁得仁，斯无怨矣。仁与智之差别若此，定义即由之而生。中国古来学者，言仁者不一而足。据余所见，仁之定义，诚如唐韩愈所云"博爱之谓仁"，敢云适当。博爱云者，为公爱而非私爱，即如"天下有饥者，由己饥之；天下有溺者，由己溺之"之意，与夫爱父母妻子者有别。以其所爱在大，非妇人之仁可比，故谓之博爱。能博爱，即可谓之仁。

仁之种类：

一、救世之仁，

二、救人之仁，

三、救国之仁。

仁之种类，有救世、救人、救国三者，其性质则皆为博爱。何谓救世？即宗教家之仁，如佛教、如耶稣教，皆以牺牲为主义，救济众生。当佛教初来中国时，辟佛教者颇多，而佛教教徒，乃能始终坚持，以宣传其主义，占有强大势力。耶教亦然，不独前在中国传教者，教堂被毁，教士被害，时有所闻；即在外国，新教亦迭遭反对。然其信徒，则皆置而不顾，仍复毅然为之，到处宣传，不稍退缩。盖其心以为感化众人，乃其本职，因此而死，乃至光荣。此所谓舍身以救世，宗教家之仁也。何谓救人？即慈善家之仁。此乃以乐善好施为事，如寒者解衣衣之，饥者推食食之，抱定济众宗旨，无所吝惜。居于乡，而乡称仁；居于邑，而邑称仁。此谓舍财以救人，慈善家之仁也。何谓救国？即志士爱国之仁，与宗教家、慈善家同其心术，而异其目的，专为国家出死力，牺牲生命，在所不计。故爱国心重者，其国必强，反是则弱。试以日本为例，初本弱小，自战胜俄后，乃一跃而与列强并峙，其故安在？即在于日本人之爱国心。爱国心于何见之？当旅顺之役，日本欲封锁海口，阻遏俄兵出路，须炸沉多少船艕，然此为九死一生之事，故日本之司令官，不欲以命令行之，而欲征求诸将士之志愿，有敢死之士数百人即可。而其结果报名者，竟达数千，乃用拈筹之法，以定取舍。传闻当时有筹数雷同之甲乙二人，互争前往，其不得往者，竟至蹈海而死，以表决心，由是军心大为感动，日终胜俄。此所谓舍生以救国，志士之仁也。

军人之仁，果如何耶？其目的在于救国，故自有军人以来，无不曰为国尽力。但专制国之军人，与共和国之军人，又有不同。专制国家乃君主个人之私产，认定君主即为国家，故在此专制国之军人，只可谓忠于一人一姓，为君主出死力，非为人民而牺牲也。若在共和国，则国家属于全体人民，而牺牲者，即同时为国家尽力也。专制国与共和国之军人，相异之点若此。然国家之本质如何？为军人者，亦不可不知。据德国政治学者之说，彼则谓国家以三种之要素而成立:第一为领土。国无论大小,必有一定之土地为其根据,此土地,即为领土。领土云者,谓在此土地之范围,为国家之权力所能及也。第二为人民。国家者,一最大之团体也,人民即为其团体员,无人民而仅有土地,则国家亦不能构成。第三为主权。有土地矣,有人民矣,无统治之权力,仍不能成国。此统治权力,在专制国,则属于君主一人,在共和国,则属于国民全体也。

现今之中华民国,虽为共和国家,尚非完全真正之民主国。因武昌革命以后,仍为官僚政治,武人政治,一切政权,悉操其手,彼固不知共和主义为何物,国利民福为何事,救国报民为何等责任也。我南方军人,不思救国救民则已,不负此救国救民之责任则已,负此责任,则非徒托空言,须有一定之主义,始可以成仁,始可以成功。观前此革命先烈,前仆后起,视死如归,即为主义而牺牲也。主义维何?三民主义是也。三民主义,已于第一课略述,兹再分析说明如下。

三民主义中,第一为民族主义。欲言此主义,当回溯武昌革命以前,其时汉族受治于满人,土地全被占据,二百余年中,尊鞑子为皇帝。鞑子者即满洲人也,或亦称为鞑虏。初入关时,亦多有起而与抗者,卒以绌于实力,遂至失败。扬州十日之惨杀,真痛史也!自是而后,满人日施其压制手段,愚民政策,人民乃渐忘亡国之痛,甘心服从。自余提倡革命以来,人心稍稍感动,民族主义,渐次膨胀,一般志士,遇害颇多,杀一人复生十人,杀十人复生百人,由是革命思潮,震荡全国。直至武昌起义,始将满人推翻,光复汉族。然则时至今日,民族主义可以不言乎?未也。前者满人以他民族入主中国,僭称帝号,故吾人群起革命。今则满族虽去,而中华民国国家,尚不免成为半独立国,所谓五族共和者,直欺人之语!盖藏、蒙、回、满,皆无自卫能力。发扬光大民族主义,而使藏、蒙、回、满,同化于我汉族,建设一最大之民族国家者,是在汉人之自决。若不及今振拔,将来恐将流为他国奴隶。而振拔之责任,尤为军人是赖。军人者,拥护国家者。故须将中华民国国家臻进于独立之地位,然后民族主义，始为圆满解决。否则满族虽已排斥，代满族而起者，虎视耽耽，正复繁多，其结果将如缅甸之征服于英国，安南之吞并于法国，是则大可忧也！

吾国今日所以堕落于半独立国之地位者，追原祸首，其咎在满人。彼满人固最富于民族思想者，种种政策，无非压抑汉人，因汉人之文明智识，皆在其上，深恐汉人果占优胜，必为其害。满人中有端方者常言："宁可送与朋友，不可给与家奴。"彼盖以朋友比外国，以家奴比汉人。故在满清时代，凡割让土地，丧失国权之事，甘心为之，绝无顾忌。直至革命以后，满清虽已推倒，而已失之国权与土地，仍操诸外国，未能收回。以言国权，如海关则归其掌握，条约则受其束缚，领事裁判则犹未撤销；以言土地，威海卫入于英，旅顺入于日，青岛入于德。德国败后，而山东问题尚复受制于日本，至今不能归还。由此现象观之，中华民国固未可谓为完全独立国家也！吾人若以救国为己任，则仍当坚持民族主义，实行收回已失之土地与国权，始能与日本、暹罗同为东亚之独立国。勿谓满清已倒，种族革命已告成功，民族主义即可束诸高阁也。

次言民权主义。前此帝制时代，以天下奉一人，皇帝之于国家，直视为自己之私产。且谓皇帝为天生者，如天子受命于天，及天睿聪明诸说，皆假此欺人，以证皇帝之至尊无上。甚或托诸神话鬼语，坚人民之信仰，中国历史上固多有之。现今民智发达，君权国已难存在，且受革命思潮之影响，大多数倾向民权政治，敢断言将来世界上无君主立足之地。其在欧洲各国中，则以英国为先觉，革命最早，造成立宪国家，一切政权在于国会，君主权力须受法律上之制限。此外如法国，亦几经革命而始成今日之民权国。欧战以后，德国、俄国乃亦一变而成为民权国。夫德国固素以德意志帝国主义自雄者，不图反对帝制之革命，一鼓成功。俄国亦号称极端专制，而政治革命与社会革命乃竟同时并举，遂有劳农政府之建设。此征诸外国民权主义之发达与倾向，已有明证。即言吾国，满清既倒而后，或尚以为帝制死灰可以复燃，故袁世凯称帝时代，上劝进之表者，颇不乏人，然前后八十日间，终归泡影。此后张勋复辟，率兵入京，乃亦不旋踵而败。足见君权之不能战胜民权，为世界潮流，为古今公例，不可强而致也。

君权国者，为君主独治之国家，故亦曰独头政治。民权国者，为人民共治之国家，故亦曰众民政治（但如代议制之民权国，非由人民直接参与政权者，尚不得谓纯粹之众民政治）。试以经营商业为例，有东家生意，与公司生意二种。东家生意者，由东家一人主持之，公司生意者，由股东多数人主持之。君权国即如东家生意，权在君主一人。民权国即如公司生意，权在股东多数人。今日之中华民国国家，固一民权国也，既曰民权国，则宜为四万万人民共治之国家。治之之法，即在予人民以完全之政治上权力，可分为四：一、选举权，凡为中华民国人民，皆有此选举权，亦曰被选权。由人民选出官吏，担任国家或地方之立法行政机关各事务，此官吏即为公仆。二、罢官权，人民对于官吏有选举之权，亦须有罢免之权，如公司中之董事，由股东选任，亦可由股东废除也。三、创制权，由人民以公意创制一种法律，此则异于专制时代，非天子不议礼，不制度也。四、复决权，此即废法权，法律有不便者，人民以公意废止，或修改之。以上四种为直接民权。有此直接民权，始可谓之行民治。彼北方之吴佩孚，亦尝云赞成民治矣，而近来行为，适得其反。彼固非真知民治者，不过假冒名义，以资号召，为自己保势力固地盘之兑换券耳。夫民权者，谓政治上之权力完全在民，非操诸少数武人或官僚之手。吾国久受专制余毒，武昌革命以后，由帝治而移于官治，民气仍遭抑压，现虽高揭民治标帜，而一般人民，尚不知直接民权为何物，是在吾人竭力提倡，务使民权日益发达，然后民治乃可实行也。

民族与民权主义，既如前述，兹再就民生主义言之。此三种主义，皆为平等、自由主义，其效力本属相通，故主义虽各分立，仍须同时提倡。民族主义者，打破种族上不平等之阶级也。如满清专政，彼为主而我为奴，以他民族压制我民族，不平孰甚？故种族革命因之而起。民权主义者，打破政治上不平等之阶级也。此为对内，而非对外,与民族主义不同之点,即在乎是。如君主政治、贵族政治,皆为独裁政治,人民无与焉。是则以一人(君主)或少数人(贵族)压制多数人,故常因反动之发生,遂成政治革命。若夫民生主义,则为打破社会上不平等之阶级也。此阶级为贫富阶级,如大富豪、大资本家,在社会上垄断权利,一般人民日受其束缚驰骤,陷于痛苦。故常有富者田连阡陌,而贫者地无立锥之叹,社会革命,势不能免。以中国论,现时虽尚无大资本家专制之弊,然将来实业发达,则亦必有社会革命问题发生。或谓中国既无资本家,何必提倡民生主义,岂非无病呻吟欤?不知其于中国民族主义,与民权主义,皆因治病而求艾;民生主义,则为思患而预防。及今不图,后将为患。故卫生之与疗病,自亦不同,一则防之于未然,一则治之于已发也。中国今日虽无大资本家,然其见端固已有之。试以上海、广州二处为例,上海之黄浦滩,前时一亩之地,不过价银二十两,现时地价则不知涨高几倍。广州之长堤,当未辟马路以前,每一亩地仅值五六百元,今则有一亩而索价三四万元者矣。将来此种土地,尽入资本家之手,一般贫民之痛苦,即因之以生。盖资本家必先以贱价收置贫民之土地,迨全行收置之后,复以高价租赁于一般贫民,贫民无如何也。衣食亦然,若俱为资本家所垄断,生活与工价不能相应,遂致富者愈富,贫者愈贫,如美国工人工钱虽多,而生活仍难维持,已陷于此种之困境,即其明证。再举一例,以桂林论,固素称山水甲天下者,然非独千岩竞秀,徒为美观而已,实则桂林之大富源,即藏于此。试观桂林周围之石山,即洋灰之好原料也,将来实业发达,将此石头造成洋灰,即所谓士敏土。洋灰之销路甚多,用途甚广,开发此石山之资本家,其所得利益,将不可以数量计,犹如美国之煤油大王亦可称为石头大王矣。由是观之,中国实业发达以后,资本家之以资本能力压制人民,固必然之势,若不预防,则必踏英、美之覆辙也。欧洲当二百年前,为种族革命时期,近一百年以来,为政治革命时期,现今则为社会革命时期。此三者,一线相承,故须同时唱导三民主义。但观英、美今日之社会问题,便当自觉,因彼于政治革命成功后,不复计及社会革命,故有此弊。若俄国现时之新政府,则有鉴于此,乃以政治革命与社会革命同时并举。所谓劳农政府者,直乃农工兵政府,即以为农、为工、为兵者组织而成之政府也。彼之新政府,不独推翻君主专制,且实行打破资本家专制,是即所谓社会革命,亦即所谓民生问题。各国深恐此主义传播其国内,人民受此影响,势将起而效尤,故互相联合,以与俄国战。迄今四年,仍不能战胜俄国,此则俄国之以主义胜也。

中国今日民穷财尽,所患在贫。而各国之所患,则在不均。以余观之,贫富问题,即分配不均问题。欲谋救贫之法,同时须先将不均问题,详加研究,故民生主义,必不容缓,否则三十年后,产出多数资本家,其害殊非浅鲜!第就吾国现势而论,此民生主义为预防政策,但须研究对于将来之资本家加以如何之限制,而不必遽学各国将资本家悉数扫除。因吾国现时尚鲜大富豪,将来纵或有之,果使先事预防其弊,亦不如欧、美之甚。预防之法维何?依余所见,不外土地问题与资本问题。对于土地,宜先平均地权,此与中国古时之井田同其意,而异其法。法之大要有二:一为照价纳税,一为照价收买。照价纳税者,即为值百抽一法。例如每亩值二十元,纳税二毫,累进以至于每亩值二十万元者,纳税二千元。如是则地税之输纳,胥得其平矣。但照价纳税,必先自规定地价始。英国尝有估价局之设,且尚虑估计不平,人民有不服者,许其伸诉,因复有控诉衙门。然此法势不能行于中国,恐徒滋扰。不如由人人自行估价呈报,即照其呈报之价抽税,较为简便可行。所虑者,即为希图少纳地税,抑价蒙报之一点。实则可勿虑也。苟同时规定照价收买之法,即可免此弊,例如有地一亩,价值千元,年应纳税十元;若彼以图减税额之故,只报每亩值百元,而每年税额仅纳一元已足,是诚于彼有利,然一经照价收买,则原报价值百元者,国家得以百元收买之,其受损不益甚乎?如是则地主以豫防他日之收买故,必不敢抑价蒙报,此土地问题之解决方法也。至若解决资本问题,必先振兴实业。中国现正患贫,岂有资力兴办?余则主张借外债,以从事生利事业,不可以供消耗之用,如北庭剜肉医疮之所为。宜以之开辟市场、工厂及一切矿山、铁路,定为国有。中华民国国家者,为四万万人民共有之国家,此种事业,既为国家所有,即为四万万人民所共有,不至操纵于少数资本家之手,始可谓之国利民福也。

以上三种主义,为军人之精神所由表现,亦即为军人之仁所由表现。军人者,以救国救民为目的,有救国救民之责任。国与民弱且贫矣,不思有以救之,不可也;救之而不得其道,仍不可也。道何在？即实行三民主义,以成救国救民之仁而已。

第四课　勇

军人之精神,为智、仁、勇三者。既有智与仁矣,无勇以济之,仍未完备。兹述军人之勇,须先知勇之定义如何。古来之言勇者,不一其说。一往无前,谓之勇;临事不避,谓之勇。余以为最流通之用语"不怕"二字,实即勇之定义,最简括而最确切者。孔子有言"勇者不惧"。可见不惧即为勇之特征。孟施舍古之勇士,其言曰:"舍岂能为必胜哉？能无惧而已矣。"由是以观,不怕即勇之定义,决无可疑。但军人之勇,须为有主义、有目的、有知识之勇始可。否则逞一时之意气,勇于私斗,而怯于公战,误用其勇,害乃滋甚。今再就勇之种类,分别言之。

勇之种类不一,有发狂之勇,所谓"一朝之忿,亡其身,以及其亲"者是也。有血气之勇,所谓"思以一毫挫于人,若挞之于市朝"者是也。有无知之勇,所谓"奋螳臂以挡车轮"者是也。凡此数者,皆为小勇,而非大勇。而军人之勇,是在夫成仁取义,为世界上之大勇。古人有言:"遇小敌怯,遇大敌勇。"即恐轻用其勇,误用大勇,徒成为游勇之勇。彼桂军多系游勇出身,此次粤军援桂,桂军一遇粤军,辄即溃败,其故何耶？则以无主义、无目的、无知识故,虽有小勇，于事奚济？诸君试观沈鸿英军队，在桂军中颇以善战名，自去年自广东败窜回桂，复由桂败窜而走湖南，转入江西，残部仅二三千人，所过地方，如入无人之境，似具勇气者。然终系强盗性质，不得为真正军人之勇。以赣军与沈军比，赣军固真正军人也，乃沈军先至江西，而赣军尚在桂林，江西宜为赣军范围，竟被沈军侵入，此时为赣军者，正当发愤为雄，实行回赣，以雪此耻。且赣军回赣，与滇军回滇，情形不同，因赣省尚属北方地盘，滇省已为西南团体，故滇军不必回滇，赣军必要回赣。明乎此，则为有主义、有目的、有知识之大勇，所以异乎游勇之勇，而为真正军人之勇也。

军人之勇：

一、长技能，

二、明生死。

军人之勇，第一必要者为技能。诸君皆曾受军事教育，于现今各国之新战术、新武器，自必耳熟能详，无庸赘述。但武器与战术，固有关系者。以中国论，昔用弓箭，而今用枪炮，武器不同，战术亦随之而异。自海禁既开之后，与英战、与法战、与日战、与联军战，未有不败者，非无枪炮，不谙战术故也。苟谙战术，则昔日安南中之黑旗，法国患之；南非洲杜国之农民，英国患之。彼之所用战术，皆为游勇战术，最能制胜。余亦主张此战术颇适用于中国，若与北方交战，尤为相宜。约言之，有五种技能，为游勇战术中最可采取者：一曰命中，二曰隐伏，三曰耐劳，四曰走路，五曰吃粗。以下试再分别述之。

何谓能命中？军队之有无战斗力，以能杀敌与否为断，故命中为第一要件。但以命中论，即外国军队亦未必擅长。此次欧战发生，每一日中所用子弹，实不知几万万也。其在激烈战斗时，每日所用，有至十数万万者。然以其效力计之，则非万弹以上，不能中一人也。因彼之战术，乃以子弹遮拦敌人，使不得前进，故多在二千密达以外用之。若在八千密达以外，至几万密达时，则须用重炮，亦如用步枪然，多在以弹遮拦敌人之前进。此外空中以飞机战，水底以潜艇战,类皆愈出愈奇。尚有露天地洞,与闭天地洞,为炮弹所不能及者。两方兵士相遇,则以徒手搏击,甚有开战时,阒若无人,不知其战斗地点在于何处者。推其所耗子弹极多,以吨数计,总在几千几百吨以上(每一吨合中国十六担八)。此种战术,中国决不能学,因彼之制造子弹有加无已,且发弹系以机器,不费人力。现有最新式机关枪,一分钟可发一千五百颗子弹者,以一百颗为一盒,计算每一分钟可发十五盒。彼固不求一一命中,务在多发子弹,堵截敌人而已。若游勇战术则与之相反,彼视子弹如生命,非必中者不轻施放,而有五十颗子弹,便已十分满足。以现在军队论,每一兵士,至少有二百颗以上子弹,何以一言北伐,犹以为少?岂命中之技,尚不及游勇耶?诸君须知子弹之接济与补充,有在后方者,有在前方者,游勇之重视子弹,因其子弹只有此数,非遇敌人,则无补充之机会,故不在后方接济,而在取诸前方。此不独游勇为然,即如粤军自援闽以至回粤,其子弹皆取自敌人为多,而不专恃后方接济,其明征也。若在无枪炮,而用弓箭之时代,射箭比放枪更难。而古时有百步穿杨者,即在于能命中。否则临阵之际,最多随带三四十枝箭矢,若无命中能力,即不啻无的而发矢,只须数分钟间,矢尽而已亦就擒,又焉能战?枪炮亦然,不能命中,则子弹之消耗多,而杀敌之效力微。前者北京天坛之战,段祺瑞军队耗去三百万子弹,而张勋之兵死伤合计不过一百七十余人,此则由于不能命中之故。由是观之,子弹之有效,在能命中,若不能命中者,子弹虽多,皆为赘物。近时兵士,往往轻于放枪,不问命中与否,放枪时,甚有高抬两手,或紧闭眼睛者,此何异于无的而发矢!须知子弹至为宝贵,中国既无若干大兵工厂,不宜学欧洲战术,以子弹为遮障,宜学游勇战术,视子弹如生命。但平时须练习射击,务求命中,不使虚发。此为军人之勇,有恃无恐之第一要件也。

何谓能隐伏?即避弹方法。但此种避弹,非如义和团之用符咒,乃系利用地形,为人身之屏蔽。余在安南时,常以此询诸一般游勇,彼云:“人立地上,靶子颇大,敌人一望即知,故须藉地形以为埋伏之所，或藏在石头后，仅露其首，以使靶子缩小，敌人无标的可寻，我尚可从容窥探其举动，即在子弹如雨之际，尤宜深自闭藏，勿庸惊窜，因此时前后左右必无敌人踪迹也。”游勇之所述者如此，彼盖得诸经验，而与操典中所谓利用地形或地物者，却相暗合（地形属于天然的，如石头是；地物属于人工的，如一切建筑物是），故隐伏亦为技能之一。

何谓能耐劳？此与隐伏相关联者。我亦尝闻诸游勇，彼谓：隐伏秘诀只是“不动”二字，至少须能耐十二小时之劳，直至夜深始可潜行。因子弹之速力，异常快捷，人虽有追风之绝足，必不能过于子弹。走避易为所中，不如耐心隐伏，较为安全也。此尚有实例可征，前此黄克强在钦廉起事时，有一次仅剩四人逃在山上，敌人之围攻者，约六百人，然彼实不知仅有四人也，来攻时，皆用三十人为前锋。而此四人者，如何抵御？据其事后所述，敌人未来时，则隐伏不动，俟彼来袭近，在五十步左右，始行开枪。每开一排，必死二三人，连开三四排，敌人之死者十余人，卒以脱险。此一役也，即全在有命中、隐伏与耐劳之技能，否则以四人敌六百人，宁有幸耶？

何谓能走路？现时中国尚未有完全铁道，行军之际，专恃走路。练习之法，只须日行二十里，十日以后，每日递加五里，如此则不觉劳顿，而脚力自健。彼游勇战术，亦即以善走称。尚有实例可征，北军一到南方，每以山岭崎岖为苦，南军则如履平地，快捷异常，是为我之所长，敌之所短。故曰走路一端，亦为技能之必要，不可不注意也。

何谓能吃粗？游勇所恃之粮食，即此炒米一种，每人携带十斤，可支六七日，不至苦饥。遇有作战时，且无须费做饭时间。此亦为游勇之特长，胜于正式军队者。去年湖南援鄂之役，其始占据地方不少，卒因后路补充缺乏，乃至于败。粮食亦为补充之一，倘能如游勇之吃粗，则于行军极为简便，既免飞刍轮粟之苦，而给养亦不患烦难也。

军人之勇，于技能以外，更有明生死之必要，不明生死，则不能发扬勇气。所谓勇，即“不怕”二字。然暴虎冯河，人之所能独至于死，则未有不怕者，以欲生恶死，人之常情也。研究此问题，为哲学上问题，人生不过百年，百年而后，尚能生存否耶？无论如何，莫不有一死，死既终不可避，则当乘此时机，建设革命事业。若仅贪图俄顷之富贵，苟且偷活，于世何裨？故死有重于泰山，有轻于鸿毛者，死得其所则重，不得其所则轻。吾人生今日之世界，为革命世界，可谓生得其时，予我以建功立名之良好机会。夫汤武革命，孔子且艳称之，彼不过帝王革命，英雄革命。而我则为人民革命，平民革命，乃前不及见、后不再来之神圣事业。先我而生者，既不及见，后我而生者，亦必深自恨晚，且不知若何羡慕。故今日之我，其生也，为革命而生我；其死也，为革命而死我，死得其所，未有善于此时者！诸君试观黄花岗烈士，从容就义，杀身以成其仁，当日虽为革命而牺牲，至今浩气常存，极历史上之光荣，名且不朽，然犹曰为革命失败而死也。若此次革命乃必成之功业，又何惮而不为，又何死之可怕？今日集此一堂者，大半皆在二十岁以上，至多更有八十年之寿命，终不免一死，死于牖下，与死于疆场，孰为荣誉？是在明生死之辨！如孟子所谓“所欲有甚于生者，舍生而取义也”。故为革命而死者，为成仁，为取义，非若庸庸碌碌之辈，终日醉生梦死，无所表见，又非若匹夫、匹妇之为谅，自经于湍渎，而莫知之也。诸君既为军人，不宜畏死，畏死则勿为军人。须知军人之为国家效死，死重于泰山。我死则国生，我生则国死，生死之间，在乎自择！明生死，则能鼓其勇气，以从事于革命事业，为革命军人，革命成功，可立而待，将来之幸福，且无穷极。以吾人数十年必死之生命，立国家亿万年不死之根基，其价值之重可知。诸君幸共勉之！

第五课 决心

（一）成功。

（二）成仁。

军人生在今日,有改造国家之责任。改造国家者,质言之,即造成新世界,于破坏之后,加以建设之谓。负此责任,全在吾人之决心。决心于何见之?在夫精神。精神者,革命成功之证券及担保也。军人精神,前已言之。第一之要素为智,能别是非,明利害,识时务,知彼已,然后左右逢源,无不如志。第二之要素为仁,而所以行仁之方法,则在实行三民主义。此三民主义,亦即与美国总统林肯所言民有、民治、民享之说相通。第三之要素为勇,军人须具有技能,始足应敌,而又须明于生死之辨,乃不至临事依违,有所顾忌。此三者,为军人精神之要素,欲使之发扬光大,非有决心,不能实现。但所谓决心者,须多数人决心,合群力群策而为之,非少数人所能集事。诸君要知此次出发桂林,尚须奋勇前进。虽曰桂林山水甲天下,非以此为安居乐业之地,将欲改造新世界,以求一劳永逸始可。因此所生之结果有二:一曰成功,二曰成仁。所谓成功成仁者,乃惊天动地之革命事业!吾人何为而革命?务在造成安乐之新世界,期其成功。不成功,毋宁死,死即成仁之谓,古之志士有求之而不可得者。此次诸君随本总统出发,从事革命事业,非成功,即成仁,二者而已。成功则造出庄严华丽之国家,共享幸福。不成功,则同拚一死,以殉吾党之光辉主义,亦不失为杀身成仁之志士。虽然均一死也,有泰山、鸿毛之别。若因革命而死,因改造新世界而死,则为死重于泰山,其价值乃无量之价值,其光荣乃无上之光荣,惟诸君图之!吾人生在恶浊世界中,欲打破此旧世界,铲除一切烦恼,以求新世界之出现,则必有高尚思想,与强毅能力以为之先。在吾国数千年前,孔子有言曰:“大道之行也,天下为公。”如此,则人人不独亲其亲,人人不独子其子,是为大同世界。大同世界即所谓“天下为公”。要使老者有所养,壮者有所营,幼者有所教。孔子之理想世界,真能实现,然后不见可欲,则民不争,甲兵亦可以不用矣。今日惟俄国新创设之政府,颇与此相似,凡有老者、幼者、废疾者,皆由政府给养,故谓之劳农政府。其主义在打破贵族及资本家之专制,因而俄国革命党,乃被各国合攻。然迄今数年,仍不能胜,此即因俄国新政府具有决心,始能贯彻其主义。否则为俄国之敌者,王党势力极强大,哥萨克兵力亦不薄弱,此外尚有欧、美诸国恐其新主义传播,将不利己,因之群起与抗。有此种种阻力,俄国若稍有顾忌,则必不能成功,其卒能成功者,决心而已。

吾人若欲建设新世界,则亦必思如何始能建设,非可托诸空谈也。今日之世界,乃自私自利之恶浊世界。在此世界中之人类,既无保障,又无希望,且陷于极端痛苦,于是有生厌世思想者。若论军人地位,吾国常有"好男不当兵,好铁不打钉"之俗谚,意若其人必为身无职业,以当兵为生活之末路者,此虽由中国轻视军人之故,亦以实际上无何等希望,故有此语。以余观之,不特军人为然,即一般社会前途,亦复非常惨淡,在诸君之为军人者,无论为官为兵,虽有薪水火食,仅足自活,而父母妻子,尚不能无所资以为扶养。故在此旧世界,实无一人能脱烦恼者。

今日国人多羡慕侨商矣,诸君必以为彼有多金,宜可高枕无忧,而抑知不然。华侨之初往外洋也,实乃被卖为奴,广东语谓之猪仔。从前有古巴招工,南洋招工,在澳门等处以此买卖为业者,谓之猪仔馆。其被卖出洋之辈,率皆中国人之穷无聊赖者,始肯出此。诸君但观其今日之富,而不知其当日之苦。且总计一年中出洋者不下数十万人,其能致富回国者,为数复极寥寥。余因此忆及余友尝为余言,彼前在南洋时,一日与外国人同行路,经华侨开设之矿场及树胶园,彼外国人者,指以告余友曰:"此皆尔中国人之鸿图,而收吸吾欧人领土精华之成绩也。"余友无以应之。适复前行过一大坟场,余友乃以问外国人:"此累累者何耶?"外国人曰:"坟场耳。"余友曰:"尔谓中国人出洋致富,尔尚未知中国人之因出洋而死于是间如此冢中之髑髅者,不知凡几也!"由是以观,南洋华侨之状况,大略如此。尚有美洲华侨,其生计虽较南洋华侨稍胜,然一生幸福,亦复有限。大率美洲华侨,二十五岁出洋,为人佣工,在外十年,稍有余资,至三十五岁时,回国娶妻,娶妻之后,不及半载,余资已罄矣,又须出洋十年。直至四十五岁回国,稍得余资,乃建家宅,宅成而金又尽,仍不克宁居。迨第三次出洋以后,始能得资,以略置田亩,然至此已五十五岁矣。远适异国,昔人所悲,彼美洲华侨者,三十年中,家居之日,不及两载,亦未见其能安乐矣。

余于此,尚有实例为诸君言之。诸君今日未有一千万财产,必以为果有一千万者,其愉快何若!以余所眼见之例证,则适相反。余前此由香港赴南洋时,同舟者有一华侨富翁,家产约二千万,余与彼同在一等客舱,常相晤谈,彼乃日日诉苦,似欲余为之分忧者。余始甚诧异。迨舟行日久,颇厌恶之,因自往大舱中,视彼出洋之工人(即被卖出洋之猪仔)。私自忖度,彼工人之愁苦,定较富翁为甚。而抑知不然。工人杂坐一团,其状至乐,有闲谈者,有唱歌者。此时余又大诧,何以富翁之多财而忧,尚不若工人之能乐其乐也?迨折回自己舱位时,所谓富翁者,诉苦仍复如前。余因告以适往大舱,彼出洋之工人,却甚欢乐,而子已积产二千万,以重有忧者,抑何不近人情之甚耶?富翁聆余言,蹶然而起曰:“我在三十年前,亦工人也,亦如彼出洋之工人,固至乐也。今虽有二千万财产,不惟不乐,且忧甚。诚思儿女成行,娶者、嫁者,皆仰给于我。我子复多不肖,长者耗我数百万,次者所耗亦百余万。此后子复生孙,孙复生子,仅恃此二千万财产,何以维持?又安得而不忧耶?”准是以观,财产虽多,仍不免于愁苦。诸君试于一身之外,计及妻儿,则亦不能不作此感想也。尚有一例:香港、澳门,从前恒有积产之家,恐其子孙浪费,而以家产托之善堂管理,将其入息半数,捐入善堂,留其半以遗子孙,以为如此,可以长久可存。不知此法初尚可行,今则善堂中人,亦多半假慈善名目,骗取金钱,故广东善堂,人有目之为善棍者。依以上二例,可见在现今世界,不论有无财产,几无一人不在痛苦之中,非独军人为然。即以军人论,能如李纯、王占元者,有几人乎?以彼之刻剥人民,积产至数千万,亦云位尊金多矣,乃一则不得其死,一则不安于位,下此者更无论。盖在现世界之社会,生活必无良果,须决心改造新世界,始有安乐可言也。安乐之新世界,果如何改造耶?此时中国人皆自以为民穷财尽,其患在贫,而外国人乃垂涎中国之富源，且欲瓜分之，则中国之不贫可知。以桂林言，所有石山皆可制成洋灰，即所谓士敏土，将来科学进步，机器发明，名为石山，实乃黄金，只此一端，已足致富。此外广西之矿产甚多，各省亦皆如是，外国人常有欲开采者。中国产煤，为各国冠，倘完全开发，可供全世界数千年之用。不过中国不自开发，货弃于地，犹如珍宝藏在铁柜，若无钥匙，终亦死藏而已。广东俗语有所谓"失匙夹万"者（夹万就铁柜之类），中国之贫，正坐此病。倘能用其聪明智识，从事开发，则吾人自身之幸福，与子孙之幸福，实无涯涘。改造安乐之新世界，即在乎此。

新世界国家，与以前国家不同，通常国家仅能保民，而不能教民、养民。真能教民、养民者，莫如三代。其时井田、学校，皆有定制，教养之责，在于国家。后世则不然，所谓国家，无论政治若何修明，如汉之文、景，唐之贞观，能保民斯为善矣。今日所抱改造新世界之希望，则非徒保民而已，举凡教民养民，亦当引为国家之责任。试观俄国新政府，彼之革命发生，尚在我后，其成绩较我为优。因其目的不在谋一人生活与一家生活，而在谋公众生活。如牛乳等精良食品，先给幼者，老病者次之，军人又次之，再后始及于普通人。又如贫民之无力入学者，国家须设法扶助，使得入学。此即所谓人人不独亲其亲，人人不独子其子，以教以养，责在国家。大同世界，所以异于小康者，俄国新政府之计划，庶几近之。由俄国而反观吾国，其情况之比较如何耶？俄国之革命，为打破政治之不平等，同时打破资产之不平等。而吾国今日则尚无大资本家产出，只须用预防政策，较俄国更易为力。彼俄国之新政府，名为劳农政府，实即农工兵政府。其军人皆有主义、有目的，故能与农工联合而改造新国家。吾国今日之军人，倘亦具有主义及目的，决心改造新中国，其效果必在俄国上。何以知其然也？俄国在寒带，而中国在温带；俄国有资本家，而中国无资本家，无论天然的方面，而人为的方面，均较俄国为胜。将来倘能成立新国家，另有新组织，则必不似旧世界之痛苦。预料此次革命成功后，将我祖宗数千年遗留之宝藏，次第开发，所有人民之衣、食、住、行四大需要,国家皆有一定之经营,为公众谋幸福。至于此时,幼者有所教,壮者有所用,老者有所养,孔子之理想的大同世界,真能实现,造成庄严华丽之新中华民国,且将驾欧美而上之。诸君思此无量幸福,视彼南洋之富翁何若?视彼李纯、王占元又何若耶?而所以博此幸福者,则全在此次之革命,与此次之革命军人。此次革命为顺天应人之事业,必能成功,前已言之。设若不成功,则如何耶?古有人云:"济则国家之灵,不济则以死继之。"死者,即成仁是也。成仁而死,极有伟大之价值,纵使前仆后继,牺牲多数人之生命,而能博得真正共和,即亦无所吝惜。是在立定决心,从事革命,成功而后,匪独公众之福,抑亦私人之利。试举一例:舟在大洋,触石将沉,乘舟者若不协力救助,独自点检行李,试问舟果沉,行李尚能独存乎?吾人对于国家,亦即如是,坐视其亡,将无立身之地。救亡之责,端赖军人。今者,诸君将由桂林出发,其所取之途径,即不外成功与成仁二者。一言以蔽之曰,决心而已。决心则能发扬军人之精神,造成光辉之革命,中华民国国家实利赖之。诸君勉乎哉!

在桂林学界欢迎会上的演说

（一九二二年一月二十二日）

学界诸君：

今天蒙诸君在此开这个盛大的欢迎会，本大总统是很感谢的，是很欢喜的。本大总统藉此能够与桂林学界诸君谈话，是个很难得的机会，故把平日对于学求的意见，贡献到诸君。

诸君是学界中人，要知道人类为甚么原故要求学呢？求学的意思便是求知识。因为世界上有很多的事情，很多的道理，都是我们不知道的。又因为世界的文明，要有知识才有进步；有了知识，那个进步才得快。我们人类是求文明进步的，所以人类便要求知识。

诸君都知道，世界上文明的发达，是在近来二百多年，最快的是近来五六十年。以后人类知识越发多，文明的进步便越发快。中国两千多年以前，都有很好的文化，从前文化的进步是很快的。近二千多年以来，没有甚么文化，现在的文化不如唐虞，不如秦汉，近人的知识，不如古人的知识。所以中国人崇拜古人的心思，比那一国人都要利害些。

为甚么近来二千多年没有进步呢？推究这个原因，详细的说，可分作两项：

一是政治关系。从前政府做事，是很宽大的，譬如“公天下”的时候，尧把天下让到舜，舜把天下让到禹；政府把天下的政权都可以让到别人，其余对于人民的事情，该是何等宽宏大量。就是“家天下”的时候，汤武革命，“顺乎天应乎人”，“吊民伐罪”，也都是求人民的幸福。所以人民便有自由去发展思想，便有思想去求文化的进步。到了后来,政府一天专制一天,不是焚书坑儒,便是文字狱,想种种办法去束缚人民的思想,人民那里能够自由去求文化的进步呢?

二是古今人求进步的方法不同。二三千年以前,求进步的方法,专靠实行。古人知道宇宙以内的事情,应该去做,便实行去做;所谓见义勇为,到了成功,复再去做,所以更进步。譬如后稷知道人民饥饿,非有适用的农业方法产生五谷不可,便亲自去教民稼穑。禹见到人民受洪水的痛苦,非有相当的水利方法泄去低地之水不可,便亲自去疏通九河。其余若燧人氏发明火,试问他不去钻木,怎么能取出火来呢?神农发明医药,试问他不去尝百草,怎么能知道药的性质呢?到了后来,不是好读书不求甚解,便是述而不作,坐而论道,把古人言行的文字,死读死记,另外来解释一次,或把古人的解释,再来解释一次。你一解释过去,我一解释过来,好象炒陈饭一样,怎么能够有进步呢?

照这两个理由看来,古人进步最大的理由是在能实行。能实行使能知,到了能知,便能进步。从前中国人因为能实行,所以进化的文学、哲理、道德等,不但是现在中国人不知道,就是外国人也有不知道的。当东西大交通之初,外国人看不起中国人,以为中国人是与非洲、南洋等处的土人一样的,没有一点儿文化,但是现在都渐渐明白了,有很多佩服中国的,也有要学中国的,并且知道中国的文化,有许多地方,现在外国还有不如的。外国的文化,是自罗马发源的,后来罗马被欧洲野蛮人征服了,因之他们以后的文化便有退步。到了元朝,有一个外国人,叫做马哥波罗来做中国底官;后来把中国的文化著了一本书,告诉他们外国人,说中国的文化好的了不得。别底不讲,单就烧火而论,中国人烧火不用柴,不用油,只用一种黑石头。外国人便不相信,便很以为奇怪。那种黑石头就是煤,在近来外国工业极发达底国家,是最少不得底东西。他们当元朝底时候,说到中国人烧黑石头,便很以为奇怪。可见那个时候以前,他们还不知道煤。我们元朝底时候,便早烧了煤,可见中国底工业,那个时候便已不坏。从前中国人到外国留过学,回到国内,说外国人可在数百里或数千里以外通消息,中国人也不相信,也很以为奇怪。这种通消息底东西,就是电报、电话。现在中国无论那一个大城市都已有了。照这样说来,有时候中国不信外国,外国不信中国,因为各有各的文明。

诸君听到这地,知道中国现在底文明,一不如外国,二不如古人。中国古时底文明进步很快。外国近来底文明,进步很快。那种进步为甚么能快?这就是我们学者应该要留心的。从前中国人说:“士为四民之首。”学者底力量在社会上很大。详细说,学者是先觉先知,一举一动能够转移社会上风气底。社会对于学者也是很尊敬的,如果学者有了主张,社会上都是要服从。所以学者对于社会,对于国家,负担有一种责任。现在学者底责任,是在要中国进步。(鼓掌)

欧美底文明,不过是二百多年底事,最好底文明,尤在近来几十年。再拿日本来说,五十年以前,他们底文明是很黑暗的,近来四五十年便进步得很快。又拿暹罗来说,近二十年来文明的进步,也是中国不及的。中国的文明,古时进步很快。欧美的文明,近来进步很快。日本和暹罗的文明,也是近来进步很快。推求这个进步很快的原因都是一样的,都是因为有正当的学术,有正当的思想。中国近两千多年文明不进步的原因,便是在学术的思想不正当。不正当的地方,简单的说,便是大家以为行是很难的,知是很易的。这种思想便误了中国,便误了学者。

就中国近来的情形说,一般学者在家读书的时候,十年窗下,辛辛苦苦,便觉得艰难的了不得。到了有点成功,出而应世,去实行的时候,遇到社会上的人,都说“知是容易的,行是艰难的”。这两句话,真是误了学者不浅!何以误了学者不浅呢?因为求学的时候,十年窗下,费尽脑力,耗尽心血,所求的学问是很不容易成功的。若是有一点儿成功,出去实行,便有人说:“哼!你求学的时候难,实行的时候更难呢!”大家听到这句话便吓怕了,便不敢去行。不去行,便无法可以证明所求的学问是对与不对;不去行,于是所求的学问没有用处。到了以为学问没有用处,试问那一个还再情愿去求学呢?就中国从前的情形说,周朝以前的进步是很快的,到了周朝之后,文化便很老大,由于老大的结果,便生出怕事的心理。怕事是好是不好的呢?从好的一方面讲,是老成持重;从不好的一方面讲,是志行薄弱。总而言之,人到了怕事,便遇事畏难,不去做艰难的事,只找容易的事去做;好象倒一盆水到地下,总是向没有抵抗力的低下部分去流,是一样的道理。人到了畏难,就不敢轻于尝试,试问文化上怎么能够有进步呢?推究这个原因,根本上的错处,便是在"知之非艰,行之维艰"。以难的为不难,以不难的为难,这个便是大错。我们要除去这个大错,归到正面,便应该说"知是难的,行是不难的"。我们中国人的心理,偏偏反其道而行之,以为行是难的,知是不难的。把极容易做的事,视为畏途,不去实行,求一点实际的结果,把极难知的事,看到太容易,不去探求。所以二千多年来,对于一切人情物理,都不能登峰造极。至于科学知识极普遍的欧美人,便没有这个心理。譬如本大总统从前和朋友正在研究"知难行易"的时候,有一个美国工学博士进到房内,他说他在美国学校的时候,一天,有一个美国先生告诉他,说知是很难的,行是不难的。这位工学博士是中国人,早有中国学说之"知易行难"的老成见在心,便很带怀疑,和美国先生辩论起来。那位美国先生说:"你不要和我争,我告诉你一段故事自然可以明白。我从前知道有一个人家的自来水管坏了,那个人家的主人,请一个工人去修理,那工人稍为动一动手,就修好了。主人便问工人:'你要多少钱呢?'工人说:'五十元零几毫。'主人说:'你稍为动一动手,便修好了,象这样容易的工,何以要许多钱呢?且你不要五十元或者五十一元,何以单要五十元零几毫呢?这个工价数目,真是奇怪的很!'工人对主人说:'你看到我修好了之后,这个工作是很容易的。但是从前何以不自己去修理呢?你从前自已不去修理,要请我来修理,自然是由于你不晓得怎样修理的原故。我晓得怎么样修理,所以一动手便修好了。这那晓得怎么样修理的知识,是很难的,所以我多要一点价值,那五十元便是知识的价值;至于动手去实行修理是很容易的,所以我少要一点工钱,那几毫便是我动手的工钱。'主人听了这番话之后,便一面点头,一面对工人说:'你所讲的话很有道理呀!我给你五十元零几毫罢。'"照这件故事看来,就可证明知是很难的,行是容易的。中国人的思想就错在这里,所以中国的文化,几千年都不进步。这里不进步的错处,可以说是南辕北辙,所以中国人的错,便是走错了路。

诸君今天欢迎本大总统,要欢迎本大总统的性质。(鼓掌)本大总统的性质,生平是爱革命。(鼓掌)诸君要欢迎本大总统革命的性质。(鼓掌)本大总统想要中国进步,不但是对于政治,主张要革命,就是对于学问,也主张要革命;(鼓掌)要把全中国人几千年走错了的路,都来改正,所以主张学问和思想都要经过一番革命。(鼓掌)就中国革命的历史说,汤武是主张革命最早的,人人都说是"顺乎天应乎人"。本大总统从前主张革命的时候,人人都说是"造反"。说到学问思想上,要去推翻他,就是要把思想反过来。(鼓掌)所以古人说:"知之非艰,行之维艰。"本大总统便要说:"行之非艰,知之维艰。"(鼓掌)诸君如果赞成本大总统学理上的革命,都应该说"知之维艰,行之非艰"。(鼓掌)

就知和行的难易之先后说,凡百事情,知了之后才去行,是很容易的。如果不知也要去行,当中必走许多"之"字路,经过很多的错误,是很艰难的。为甚么不避去那种错误的艰难?因为知是很难的。如果要等到知了才行,那么行的时候,便非在几百年、几千年之后不可,恐怕没有定期了。所以我们人类,有时候不知也要去行。譬如点灯的电,传电报的电,说电话的电,我们中国人现在有几个能知道它是甚么东西呢?但是我们中国的大城市,现在没有那一家不用它的。这个用它便是行,可见行是容易的。又如中国的指南针也有电的道理,用过了的时代和数目,不知有多少了。这个东西,有的说是黄帝发明的,有的说是周公发明的。无论是那一个发明的,都是在外国人发明电之先,外国人向来没有的,中国便早早的行了。

试问中国人究竟知不知道电呢？学者为四民导师，中国的社会是很崇拜的，人有不知道的事情，要告诉他们去行才好。

诸君现在都知道“知难行易”的学说了，这个学说究竟是怎么应用呢？主席刚才说，桂林学界现在遇有困难，不能开学。我们对于这个困难，应该怎么去解决呢？我们要解决这个问题，第一层要知道这个困难的原因；第二层要知道开学的重要和方法。如果把这两层道理都知得很清楚，这个问题便容易解决了。

本大总统这次经过桂林的目的是在北伐，扫除政治上的障碍，统一中国。因为这个原因，所以带了许多的军队在此地，把你们的学校占住了许多。就第一层道理说，你们不能开学的最大困难，或者是这个原因。诸君要晓得中国的现状是四分五裂，乱的了不得。一般腐败官僚武人，搜括钱财，占据学校，不能开学的事实，不是你们桂林一处。譬如北京自大学以下，所有的学校，今年一整年之中，都没有开过一次的好学。武昌的高等师范也是不能开学，安徽的学校，不但是不开，并且打死学生。本大总统看他们北方学界，都是在这样苦海之中，所以想要去超度他们。这个扫除政治上的障碍，超度北方学界的痛苦，便可谓之拨乱反治。诸君要知道拨乱反治，是很大的责任，是要大家担负的。（鼓掌）诸君要除去因为军队不能开学的困难，便要大家担负责任，人民与军队一体，同心协力，让军队赶快出发。（鼓掌）

讲到第二层道理，开学的重要和方法，浅近一点说，便是要教育少年。那班少年受了教育，十多年之后，便成有用的人才，可以继续你们前辈去办事。如果他们失了教育，你们以后的人才，便新旧不相接，以后的事业便没有人办。加深一点说，便是建设广西最要紧的一件事。因为民国的人民，人人都是主人翁，人人都要替国家做事的，所以建设一个新地方，首在办教育。要办普及的教育，令普通人民都可以得到教育，然后人人才知道替国家去做事。就桂林的现状说，恐怕没有受教育的人很多，而民国的教育，又要普及，所以本大总统希望诸君令桂林周围的人民，无论贫富，凡在十岁以下底儿童,都要给教育到底。(鼓掌)至于详细底办法,你们现在求学的人,都要改变从前底旧行为;无论是先生或学生,各尽各底能力,担负责任来,同心协力去调查四乡底户口,多办义务学校,让一般没有钱底人都可以去读书。(鼓掌)首先从桂林起,再推广到各县各乡。先办幼稚园,次办小学,再办中学,然后才可以办大学。本大总统这次到桂林之后,有许多同志都说桂林现在应该办一个大学,这是很不容易做到的。因为此地现在没有很多的好先生,就令有了好先生,试问到那里去找那些合格的学生呢?现在中国是民国,是要人人都有教育的。要人人都有教育,你们广西有几百万人,不是数人能够教得成的,也不是空口说空话可以算得事的。必要人人各尽各的力量,有一分能力去做一分事情,大家都去实行。(鼓掌)如果照这样做去,让人人都能读书,才可说是普及教育制度;若是不然,便是贵族制度,便是资本制度。

诸君既是知道了教育的重要和办法,那末,现在的学校,虽然被军队占住了,不能开学,不能在学校内教书、读书,便容易另外想简单的方法教书、读书。譬如从前北京大学,政府不给钱,到他们开学,他们的先生和学生在学校外,或者是办义务学校,或者是办露天学校,当街演讲,是不是在学校内教书、读书呢?再就广西现在不开学的原因讲,在桂林城内的人说,是在没有学校;在各县各乡的人说,学校是有的,是在没有钱。从前本大总统说中国的旧学问思想,要请诸君打破,这个没有钱的观念,也要请诸君打破。譬如我们最初革命的时候,那里有钱呢?我们奔走二三十年,设尽种种方法,努力奋斗,终之把有钱的满清政府还是推翻。可见有方法,能奋斗,甚么事都可以。(鼓掌)

就钱的外观说,现在广西人所用的,完全是商务印书馆印的纸,不是钱。本大总统这次到广西来,带了许多银,自梧州到桂林,沿途用的时候,乡下人都不要。究竟那种钱有没有力呢?你们广西银行发行的纸,听说陆荣廷尚有八百万存在上海商务印书馆,预备运到广西来用。如果你们还要用他的纸,岂不是还要供奉陆荣廷?广东人要用银,所以银行发行纸,必要有基本金,预备人民随时可以兑换现银。外国人要用金,如英国用金镑,美国用金元。你们广西人现在爱用纸,是已经打破了金银的观念,如果再进一步,打破纸的观念,岂不是脱离人类普通金钱的束缚么?换一句话说,现在广西人已经出了金钱的苦海,为甚么不再超度一步,连纸的苦海也脱离去呢?

就钱的本质说,学问家都说是货物,用来通有无的。可见货高过钱;如果有钱没有货物,钱还是没有用的。譬如这次欧战,各国每日用的战费,都是几千万,象英国每日是八千多万。如果各国都要用金钱,试问那里得到那些金属呢?所以不能不用纸。但是用的数目,越出越多,纸的价值便越减越少。好比德国的马克,从前中国半元可值一马克,现在一元可值七八十马克。照这样说来,钱纸便不值钱。广西银行的纸,从前每元值银一元,现在只值五毫。这种纸是陆荣廷所发行,用来吸收你们现金的。原来的增数是二千万,后来奸商又假造了二千万,前后共四千万。这四千万中,有一半是假的,人民不能分别,政府不能不收用,所以把原来的价值,更减低了一半。现在陆荣廷还有八百万,存在上海商务印书馆,将来运到广西来,你们纸的价值更要减低。诸君要防备这种危险,应该赶快打电报到上海商务印书馆去反对!(鼓掌)如果不然,陆荣廷在上海,便源源不绝把那种纸运到广西来用,他便是永远做你们的督军。

就钱的外观情形和他的本质道理合起来说,钱可以说是一种筹码,用来记货物价值之数的。譬如赌钱人,不必用钱去赌,用瓜子作筹码,可以代表钱;用火柴作筹码,也可以代表钱。简单的说,钱不过是货物的代表,所以钱不是万能的。货物的能力是更大的,如果货物不能流通,钱的价值便要低。好比德国当欧战的时候,被各国封锁了,他便国内的货物减少,所以马克便不值钱。钱既是代表货物的,究竟货物是甚么呢?是人工做出来的。譬如这个讲台上的纸花,是人工做的;这个讲台,也是人工做的。纸花是一种货物,讲台也是一种货物。照这样讲,可以说是人工生货物,货物生金钱;好比父生子,子生孙的道理是一样的。我们推求孙的来脉,便应该有父子二代的关系;推求钱的来源,也应该有人工与货物两步的关系。我们现在只说钱,便是忘记了钱是代表货物的,货物是代表人工的两步关系。因为这个原故,一般普通人便不知道钱的道理,便为钱所束缚。要打破他的束缚,便要多有货物;要多有货物,就在要我们多做工。(鼓掌)

再就货物说,古人没有发明钱的时候,彼此来通货物的有无,都是“日中为市,交易而退,各得其所”。这种交易的情形,好象你们广西现在的大城小圩,每月中三、六、九或二、五、八的“圩日”一样。因为货物是由人工做成的,货物有大小、长短、轻重的不同,所费的人工便有多少的不同;要恰恰报酬那种人工的多少,因之货物的价值,便应该有多少的分别。当那个时候,各人“以其所有,易其所无”。而货物的价值,有多有少,不能彼此恰恰相等,彼此来交易,必然生出许多争论,许多麻烦。譬如木匠去卖桌子和椅子,他的桌子每张是值二元,椅子每把是值五毫;裁缝去卖衣裳,每件不是值八毫的,便是值一元七毫的。裁缝不能不要桌子和椅子用,木匠不能不要衣裳穿;所以木匠和裁缝,彼此便不能不交易。但是他们的货物之价值,都不是恰恰相等,而彼此又一定要去交易,必然有一个人,不能恰恰满足他的货物之价值。所以那个木匠和裁缝,彼此说价交换货物的时候,该是怎么困难呢?后来有个聪明人,发明钱的这个东西出来。就学术上的文话说,作百货的“中准”;就浅近的俗话说,作交易的“媒介”。于是万难俱善,所有从前因为货物做成的时候,所费人工的多少不同,生出来的价值高低的分别,彼此交易不能恰恰报酬、满足各人的欲望,有无谓的纷争计算,种种困难,都可一扫而除之。照这样看来,钱不过是用作交易货物的媒介,货又是人工的结果,货物价值的高低,又是报酬人工之多少的。所以把钱、货物、人工三项东西的能力比较起来,实在可说,货物的能力大过钱,人工的能力大过货物。

我们要革命的缘故,因为是知道了种族的束缚,政权的束缚,经济的束缚,种种不好的道理,所以要拼死命去打破他们。诸君既是知道了钱的道理,请赞成本大总统革命的意思,把钱的束缚也来打破他。如果能够打破钱的束缚,便可尽义务不要钱。若是不能打破,便要钱,便不能不多发纸币。现在广西的纸币,已经是多的了不得,如果还要再发,你们将来怎么负担得起?诸君是学者,为广西四民之首,应该想一个极好的法则,赶快去补救。(鼓掌)若是能打破钱的束缚,不要钱去办学。从前北京没有钱办学,各校学生到各处露天演讲,便是一个极好的榜样。诸君拿出义务心来担负责任,到各城各圩去讲演,把兴利除害的事对一般平民说,也是一桩大好事。

凡百事业不能做的缘故,都是由于不知。如果知了,是很容易行的。譬如你们广西人叫苦连天,说没有钱,不知道钱是货物来的。广西省有没有货物呢?就本大总统这次出巡,从前到南宁,现在到桂林,沿途考察而得的,地面下的金属矿和煤矿,到处皆有;地面上的土壤,肥沃的了不得,无论甚么植物都可以生长的。别的不说,单就你们桂林讲,周围的石山,该有多少?成这种石山的石头该有多少?这种石头,可以做士敏土的,如果做成了士敏土,每桶可值大洋五六元。换一句话说,就是每担可值大洋一元多。你们桂林的石头,该有多少万万担,就是你们桂林的钱,该有多少万万元。又如现在的农业出品,象甘蔗糖、花生、马蹄、生果、五谷等等,每年该有多少?如果有好道路的交通,运到广东去卖,都是很值钱的。但是现在没有便利交通,不能运出去卖,只能在本地卖,所以虽然有货,还是不值钱。你们有这样多的石头、五金、煤等货物,不能换钱的原因,都是由于你们不知道他的用处和开采力。所以你们有几百万的人工,都不能制造货物,都没有用处。你们这样多的农产货物,不能多换钱的原因,都是由于没有好的交通,所以你们已经做了的工,换少了钱。要你们的人工,都有用处,都能够制造矿产的货物,必要有知识,要有知识,就要有教育。要你们用人工制造的矿产货物和天然生成的农产货物,都能够运出去卖,换很多的钱,必要有便利的交通;要有便利的交通,就在要有好道路。所以诸君今天欢迎本大总统,本大总统来贡献到诸君的,第一要普及教育,(鼓掌)第二要修筑道路。(鼓掌)这两件事,就是本大总统要求你们去做的。(鼓掌)如果诸君做到了这两件事,就是功德无量。(鼓掌)本大总统的贡献。就是以功德无量的事来要求诸君。(鼓掌)诸君把功德无量的事要实行出来,那才不负今天这个盛大的欢迎会。(鼓掌)

出师北伐紧急通告

（一九二二年三月十一日）

照得民国肇造，十有一年，内治不修，外患日亟，政变纷乘，民生凋敝。徐逆窃权僭号，国人尤所痛心；近且引用帝孽，互相狼狈，卖国鬻路，甘丧主权，驱人民于水深火热之中，置国家于累卵覆巢之地。全国志士，引为深忧。

本大元帅上体国势，下察舆情，非扫除元凶，不足于清障碍，非发扬民治，不足于应潮流。是以数月于兹，筹定方略，搜讨军实；本百折不回之志，作一劳永逸之图，业经成立大本营分处办事，各专责成。其兵站一部，及所管征发夫役输送事项，尤赖地方官绅互相为理。动员在即，筹备宜先，行将自桂出发，取道长岳，会师武汉，直抵幽燕。凡所经县境地方官厅，对于兵站所需夫役、品物等项，务宜联合绅耆，协同妥办，毋得稍存诿卸，致碍进行。各该部队，则向兵站处核实领给，照章支配，勿许再向民间搜求，致兹纷扰。

本大元帅负国民付托之重，尽拨乱反正之责，誓达统一之目的，期奠国基于巩固。期尔百官人民，共体此意，戮力同心，其在事出力有劳足录者，得予从优叙奖；其临事规避或竟抗违者，查明分别惩罚。除将夫役征发令另案公布外，尔地方官人民等，各宜激发热诚，分担义务。本大元帅有厚望焉。

十一日

中国文库
哲学社会科学类

孙中山著作选编

（中）

魏新柏　选编

中国出版集团
中華書局

建国方略*

（一九二二年合编）

建国方略之一

孙文学说——行易知难（心理建设）

（一九一九年）

自 序

文奔走国事三十余年，毕生学力，尽萃于斯，精诚无间，百折不回，满清之威力所不能屈，穷途之困苦所不能挠。吾志所向，一往无前，愈挫愈奋，再接再励，用能鼓动风潮，造成时势。卒赖全国人心之倾向，仁人志士之赞襄，乃得推覆专制，创建共和。本可从此继进，实行革命党所抱持之三民主义、五权宪法，与夫《革命方略》所规定之种种建设宏模，则必能乘时一跃而登中国于富强之域，跻斯民于安乐之天也。不图革命初成，党人即起异议，谓予所主张者理想太高，不适中国之用；众口铄金，一时风靡，同志之士亦悉惑焉。是以予为民国总统时之主张，反不若为革命领袖时之有效而见之施行矣。此革命之建设所以无成，而破坏之后，国事更因之以日非也。夫去一满洲之专制，转生出无数强盗之专制，其为毒之烈，较前尤

---

* 此件由《民权初步》、《实业计划》和《孙文学说》三篇汇集而成。《民权初步》原名《会议通则》，出版于一九一七年；《实业计划》用英文写成，最先发表于一九一九年《远东时报》六月号，一九二一年十月由上海民智书局出版中文本；《孙文学说（卷一行易知难）》出版于一九一九年春夏间。今据一九二二年上海民智书局再版的时间编次。

甚。于是而民愈不聊生矣！溯夫吾党革命之初心，本以救国救种为志，欲出斯民于水火之中，而登之衽席之上也。今乃反令之陷水益深，蹈火益热，与革命初衷大相违背者，此固予之德薄无以化格同侪，予之能鲜不足驾驭群众，有以致之也。然而吾党之士，于革命宗旨、革命方略亦难免有信仰不笃、奉行不力之咎也，而其所以然者，非尽关乎功成利达而移心，实多以思想错误而懈志也。

此思想之错误为何？即"知之非艰，行之惟艰"之说也。此说始于傅说对武丁之言，由是数千年来，深中于中国之人心，已成牢不可破矣。故予之建设计划，一一皆为此说所打消也。呜呼！此说者予生平之最大敌也，其威力当万倍于满清。夫满清之威力，不过只能杀吾人之身耳，而不能夺吾人之志也。乃此敌之威力，则不惟能夺吾人之志，且足以迷亿兆人之心也。是故当满清之世，予之主张革命也，犹能日起有功，进行不已；惟自民国成立之日，则予之主张建设，反致半筹莫展，一败涂地。吾三十年来精诚无间之心，几为之冰消瓦解，百折不回之志，几为之槁木死灰者，此也。可畏哉此敌！可恨哉此敌！兵法有云："攻心为上"。是吾党之建国计划，即受此心中之打击者也。

夫国者人之积也，人者心之器也，而国事者一人群心理之现象也。是故政治之隆污，系乎人心之振靡。吾心信其可行，则移山填海之难，终有成功之日；吾心信其不可行，则反掌折枝之易，亦无收效之期也。心之为用大矣哉！夫心也者，万事之本源也。满清之颠覆者，此心成之也；民国之建设者，此心败之也。夫革命党之心理，于成功之始，则被"知之非艰，行之惟艰"之说所奴，而视吾策为空言，遂放弃建设之责任。如是则以后之建设责任，非革命党所得而专也。迨夫民国成立之后，则建设之责任当为国民所共负矣，然七年以来，犹未睹建设事业之进行，而国事则日形纠纷，人民则日增痛苦。午夜思维，不胜痛心疾首！夫民国之建设事业，实不容一刻视为缓图者也。

国民！国民！究成何心？不能乎？不行乎？不知乎？吾知其

非不能也,不行也;亦非不行也,不知也。倘能知之,则建设事业亦不过如反掌折枝耳。回顾当年,予所耳提面命而传授于革命党员,而被河汉为理想空言者,至今观之,适为世界潮流之需要,而亦当为民国建设之资材也。乃拟笔之于书,名日《建国方略》,以为国民所取法焉。然尚有躇踌审顾者,则恐今日国人社会心理,犹是七年前之党人社会心理也,依然有此"知之非艰,行之惟艰"之大敌横梗于其中,则其以吾之计划为理想空言而见拒也,亦若是而已矣。故先作学说,以破此心理之大敌,而出国人之思想于迷津,庶几吾之建国方略,或不致再被国人视为理想空谈也。夫如是,乃能万众一心,急起直追,以我五千年文明优秀之民族,应世界之潮流,而建设一政治最修明、人民最安乐之国家,为民所有、为民所治、为民所享者也。则其成功,必较革命之破坏事业为尤速、尤易也。

时民国七年十二月三十日

孙文自序于上海

第一章　以饮食为证

当革命破坏告成之际,建设发端之始,予乃不禁兴高采烈,欲以予生平之抱负与积年研究之所得,定为建国计划,举而行之,以冀一跃而登中国于富强隆盛之地焉。乃有难予者日:"先生之志高矣、远矣,先生之策闳矣、深矣,其奈'知之非艰,行之惟艰'何?"予初闻是言也,为之惶然若失。盖"行之惟艰"一说,吾心亦信而无疑,以为古人不我欺也。继思有以打破此难关,以达吾建设之目的,于是以阳明"知行合一"之说,以励同人。惟久而久之,终觉奋勉之气,不胜畏难之心,举国趋势皆如是也。予乃废然而返,专从事于"知易行难"一问题,以研求其究竟。几费年月,始恍然悟于古人之所传、今人之所信者,实似是而非也。乃为之豁然有得,欣然而喜,知中国事向来之不振者，非坐于不能行也，实坐于不能知也；及其既知之而又不行者，则误于以知为易、以行为难也。倘能证明知非易而行非难也，使中国人无所畏而乐于行，则中国之事大有可为矣。于是以予构思所得之十事，以证明行之非艰，而知之惟艰，以供学者之研究，而破世人之迷惑焉。

夫"知之非艰，行之惟艰"一语，传之数千年，习之遍全国，四万万人心理中，久已认为天经地义而不可移易者矣。今一旦对之曰"此为似是而非之说，实与真理相背驰"，则人必难遽信。无已，请以一至寻常、至易行之事以证明之。

夫饮食者，至寻常、至易行之事也，亦人生至重要之事而不可一日或缺者也。凡一切人类、物类皆能行之，婴孩一出母胎则能之，雏鸡一脱蛋壳则能之，无待于教者也。然吾人试以饮食一事，反躬自问，究能知其底蕴者乎？不独普通一般人不能知之，即近代之科学已大有发明，而专门之生理学家、医药学家、卫生学家、物理家、化学家，有专心致志以研究于饮食一道者，至今已数百年来，亦尚未能穷其究竟者也。

我中国近代文明进化，事事皆落人之后，惟饮食一道之进步，至今尚为文明各国所不及。中国所发明之食物，固大盛于欧美；而中国烹调法之精良，又非欧美所可并驾。至于中国人饮食之习尚，则比之今日欧美最高明之医学卫生家所发明最新之学理，亦不过如是而已。何以言之？夫中国食品之发明，如古所称之"八珍"，非日用寻常所需，固无论矣。即如日用寻常之品，如金针、木耳、豆腐、豆芽等品，实素食之良者，而欧美各国并不知其为食品者也，至于肉食，六畜之脏腑，中国人以为美味，而英美人往时不之食也，而近年亦以美味视之矣。吾往在粤垣，曾见有西人鄙中国人食猪血，以为粗恶野蛮者。而今经医学卫生家所研究而得者，则猪血涵铁质独多，为补身之无上品。凡病后、产后及一切血薄症之人，往时多以化炼之铁剂治之者，今皆用猪血以治之矣。盖猪血所涵之铁，为有机体之铁，较之无机体之炼化铁剂，尤为适宜于人之身体。故猪血之为食品,有病之人食之固可以补身,而无病之人食之亦可以益体。而中国人食之,不特不为粗恶野蛮,且极合于科学卫生也。此不过食品之一耳,其余种种食物,中国自古有之,而西人所未知者不可胜数也。如鱼翅、燕窝,中国人以为上品,而西人见华人食之,则以为奇怪之事也。

夫悦目之画,悦耳之音,皆为美术;而悦口之味,何独不然?是烹调者,亦美术之一道也。西国烹调之术莫善于法国,而西国文明亦莫高于法国。是烹调之术本于文明而生,非深孕乎文明之种族,则辨味不精;辨味不精,则烹调之术不妙。中国烹调之妙,亦足表文明进化之深也。昔者中西未通市以前,西人只知烹调一道,法国为世界之冠;及一尝中国之味,莫不以中国为冠矣。近代西人之游中国内地者以赫氏为最先,当清季道光年间,彼曾潜行各省而达西藏,彼所著之游记,称道中国之文明者不一端,而尤以中国调味为世界之冠。近年华侨所到之地,则中国饮食之风盛传。在美国纽约一城,中国菜馆多至数百家。凡美国城市,几无一无中国菜馆者。美人之嗜中国味者,举国若狂。遂至令土人之操同业者,大生妒忌,于是造出谣言,谓中国人所用之酱油涵有毒质,伤害卫生,致的他睐[①]市政厅有议禁止华人用酱油之事。后经医学卫生家严为考验,所得结果,即酱油不独不涵毒物,且多涵肉精,其质与牛肉汁无异,不独无碍乎卫生,且大有益于身体,于是禁令乃止。中国烹调之术不独遍传于美洲,而欧洲各国之大都会亦渐有中国菜馆矣。日本自维新以后,习尚多采西风,而独于烹调一道犹嗜中国之味,故东京中国菜馆亦林立焉。是知口之于味,人所同也。

中国不独食品发明之多,烹调方法之美,为各国所不及;而中国人之饮食习尚暗合于科学卫生,尤为各国一般人所望尘不及也。中国常人所饮者为清茶,所食者为淡饭,而加以菜蔬豆腐。此等之食料,为今日卫生家所考得为最有益于养生者也。故中国穷乡僻壤之

---

① 致的他睐:今译底特律。

人,饮食不及酒肉者,常多上寿。又中国人口之繁昌,与夫中国人拒疾疫之力常大者,亦未尝非饮食之暗合卫生有以致之也。倘能再从科学卫生上再做工夫,以求其知,而改良进步,则中国人种之强,必更驾乎今日也。西人之倡素食者,本于科学卫生之知识,以求延年益寿之功夫。然其素食之品无中国之美备,其调味之方无中国之精巧,故其热心素食家多有太过于菜蔬之食,而致滋养料之不足,反致伤生者。如此,则素食之风断难普遍全国也。中国素食者必食豆腐。夫豆腐者,实植物中之肉料也,此物有肉料之功,而无肉料之毒。故中国全国皆素食,已习惯为常,而不待学者之提倡矣。欧美之人所饮者浊酒,所食者腥膻,亦相习成风。故虽在前有科学之提倡,在后有重法之厉禁,如近时俄美等国之厉行酒禁,而一时亦不能转移之也。单就饮食一道论之,中国之习尚,当超乎各国之上。此人生最重之事,而中国人已无待于利诱势迫,而能习之成自然,实为一大幸事。吾人当保守之而勿失,以为世界人类之师导也可。

古人有言,"人为一小天地",良有以也。然而以之为一小天地,无宁谓之为一小国家也。盖体内各脏腑分司全体之功用,无异于国家各职司分理全国之政事;惟人身之各机关,其组织之完备,运用之灵巧,迥非今世国家之组织所能及。而人身之奥妙,尚非人类今日知识所能穷也。据最近科学家所考得者,则造成人类及动植物者,乃生物之元子为之也。生物之元子,学者多译之为"细胞",而作者今特创名之曰"生元",盖取生物元始之意也。生元者何物也?曰:其为物也,精矣、微矣、神矣、妙矣,不可思议者矣!按今日科学所能窥者,则生元之为物也,乃有知觉灵明者也,乃有动作思为者也,乃有主意计划者也。人身结构之精妙神奇者,生元为之也;人性之聪明知觉者,生元发之也;动植物状态之奇奇怪怪不可思议者,生元之构造物也。生元之构造人类及万物也,亦犹乎人类之构造屋宇、舟车、城市、桥梁等物也;空中之飞鸟,即生元所造之飞行机也;水中之鳞介,即生元所造之潜航艇也。孟子所谓"良知良能"者非他,即生元之知、生元之能而已。自圭哇里氏发明"生元有知"之理而后,则前时之哲学家所不能明者,科学家所不能解者,进化论所不能通者,心理学所不能道者,今皆可由此而豁然贯通,另辟一新天地为学问之试验场矣。人身既为生元所构造之国家,则身内之饮食机关,直为生元之粮食制造厂耳;人所饮食之物品,即生元之供养料及需用料也。生元之依人身为生活,犹人类之依地球为生活,生元之结聚于人身各部,犹人之居住于各城市也。

人之生活以温饱为先,而生元亦然。故其需要以燃料为最急,而材料次之。吾人所食之物,八九成为用之于燃料,一二成乃用之于材料。燃料之用有二:其一为煖体,是犹人之升火以御寒;二为工作,是犹工厂之烧煤以发力也。是以作工之人,需燃料多而食量大;不作工之人,需燃料少,食量亦少。倘食物足以供身内之燃料而有余,而其所余者乃化成脂肪而蓄之体内,以备不时之需。倘不足以供身内之燃料,则生元必取身内所蓄之脂肪,以供燃料;脂肪既尽,则取及肌肉。故饮食不充之人,立形消瘦者此也。材料乃生元之供养料及身体之建筑料,材料若有多余,则悉化为燃料,而不蓄留于体内。此犹之城市之内,建筑之材木过多,反成无用,而以之代薪也。故材料不可过多,过多则费体内机关之力以化之为燃料。而其质若不适为燃料,则燃后所遗渣滓于体中,又须费肾脏多少工夫,将渣滓清除,则司其事之脏腑有过劳之患,而损害随之,非所宜也。食物之用,分为两种:一为燃料,素食为多;一为材料,肉食为多。材料过多,可变为燃料之用,而燃料过多,材料欠缺,则燃料不能变为材料之用。是故材料不能欠缺,倘有欠缺,必立损元气;材料又不可过多,倘过多则有伤脏腑。世之人倘能知此理,则养生益寿之道,思过半矣。

近年生理学家之言食物分量者,不言其物质之多少,而言其所生热力之多少以为准。其法用器测量,以物质燃化后,能令一格廉[①](中国二分六厘)水热至百度表一度为一热率,故称"食物有多少热

① 格廉:即英文 gram(克)之音译。

率”,或谓“人当食多少热率”等语。此已成为生理学之一通用术语矣,以后当用此以言食量也。食物之重要种类有三,即淡气类、炭轻类、脂肪类;此外更有水、盐、铁、磷、铱、锰各质并生机质(此质化学家尚未考确为何元素),皆为人生所不可少也。淡气类一格廉有四零一热率,炭轻类一格廉有四零一热率,脂肪类一格廉有九零三热率。淡气质以蛋白为最纯,而各种畜肉及鱼类皆涵大部分淡气,植物中亦涵有淡气质,而以黄豆、青豆为最多。每人每日养身材料之多少,生理学家之主张各有不同,有以需蛋白质一百格廉为度者,有主张五十格廉便足者。至于所用热率多少,奥国那典氏所考得凡人身之重,每一基罗①(中国二十四两)轻工作时当需三十四至四十热率,重工作时当需四十至六十热率。如是其人为七十基罗重者,于轻工作时当需食料二千八百热率,于重工作时当需食料三千五百至四千热率。但有奥国学者佛列查氏曾亲自试验彼身重八十六基罗,而每日所食蛋白质四十五格廉(中国一两一钱七分)、燃料一千六百热率,其后体质虽减少十三基罗有奇,然其康健较前尤胜;后再减少食料至三十八格廉蛋白、一千五百八十热率,而其身体健康继续如常。各生理学家为饮食度量之试验者多矣,而其为身体材料所需之淡气质,总不外由五十格廉至一百格廉,即中国衡一两三钱至二两六钱之蛋白质也。其为身体之燃料所需者,不外三四千热率之间耳。其间有极重之工作,有需热率至五六千者,此则不常见也。

人间之疾病,多半从饮食不节而来。所有动物皆顺其自然之性,即纯听生元之节制,故于饮食之量一足其度,则断不多食。而上古之人与今之野蛮人种,文化未开,天性未漓,饮食亦多顺其自然,故少受饮食过量之病。今日进化之人,文明程度愈高,则去自然亦愈远,而自作之孽亦多。如酒也、烟也、鸦片也、鹄肩也,种种戕生之物,日出日繁,而人之嗜好邪僻亦以文明进化而加增,则近代文明人类受饮食之患者,实不可胜量也。

---

① 基罗:即英文 kilogram(千克)之音译。

作者曾得饮食之病，即胃不消化之症。原起甚微，尝以事忙忽略，渐成重症，于是自行医治稍愈，仍复从事奔走而忽略之。如是者数次。其后则药石无灵，只得慎讲卫生，凡坚硬难化之物皆不入口，所食不出牛奶、粥糜、肉汁等物。初颇觉效，继而食之至半年以后，则此等食物亦归无效，而病则日甚，胃痛频来，几无法可治。乃变方法施以外治，用按摩手术以助胃之消化。此法初施，亦生奇效，而数月后旧病仍发，每发一次，比前更重。于是更觅按摩手术而兼明医学者，乃得东京高野太吉先生。先生之手术固超越寻常，而又著有《抵抗养生论》一书，其饮食之法与寻常迥异。寻常西医饮食之方，皆令病者食易消化之物，而戒坚硬之质。而高野先生之方，则令病者戒除一切肉类及溶化流动之物，如粥糜、牛奶、鸡蛋、肉汁等，而食坚硬之蔬菜、鲜果，务取筋多难化者，以抵抗肠胃，使自发力，以复其自然之本能。吾初不之信，乃继思吾之服粥糜、牛奶等物已一连半年，而病终不愈，乃有一试其法之意。又见高野先生之手术，已能愈我顽病，意更决焉。而先生则曰："手术者乃一时之治法，若欲病根断绝，长享康健，非遵我抵抗养生之法不可。"遂从之而行，果得奇效。惟愈后数月，偶一食肉或牛奶、鸡蛋、汤水、茶、酒等物，病又复发。始以为或有他因，不独关于所食也。其后三四次皆如此，于是不得不如高野先生之法，戒除一切肉类、牛奶、鸡蛋、汤水、茶、酒，与夫一切辛辣之品；而每日所食，则硬饭与蔬菜及少许鱼类，而以鲜果代茶水。从此旧病若失，至今两年，食量有加，身体康健胜常，食后不觉积滞，而觉畅快。此则十年以来所未有，而近两年始复见之者。余曩时曾肄业医科，于生理卫生之学，自谓颇有心得，乃反于一己之饮食养生，则忽于微渐，遂生胃病，几于不治。幸得高野先生之抵抗养生术，而积年旧症一旦消除，是实医道中之一大革命也。于此可见饮食一事之难知有如此。

且人之禀赋各有不同，故饮食之物宜于此者不尽宜于彼，治饮食之病亦各异其术，不能一概论也。惟通常饮食养生之大要，则不外乎有节而已，不为过量之食即为养生第一要诀也。又肉食本为构成身体之材料及补充身体之材料，元气所赖以存，为物至要，而不可稍为亏缺者也；然其所需之量，与身体之大小有一定之比例。如上所述者，所食不可过多，多则损多益少。故食肉过量而伤生者，独多于他病也。夫肉食之度，老少当有不同，青年待长之人肉食可以稍多，壮年生长已定之人肉食宜减，老年之人则更宜大减。夫素食为延年益寿之妙术，已为今日科学家、卫生家、生理学家、医学家所共认矣。而中国人之素食，尤为适宜。惟豆腐一物，当与肉食同视，不宜过于身体所需材料之量，则于卫生之道其庶几矣。

虽然，饮食之物审择精矣，而其分量亦适合乎身体之需要矣，而于饮食之奥义，犹未能谓为知也。饮食入口之后，作如何变化？及既消化之，而由肠胃收吸入血之后，又如何变化？其奥妙，比之未入口之物品更为难知也。食物入口之后，首经舌官试验之，若其不适于胃肠之物，即立吐而出之；若其适合于胃肠之消化也，舌官则滋其味而欢纳之。由是牙齿咀嚼之，口津调和溶化之，粉质之物则化之为糖，其他之物则牙齿磨碎之，舌尖卷而送之以入食管，食管申舒而送之下胃脏。食物入胃之后，则胃之下口立即紧闭，而收蓄食物于胃中，至足度之时，则胃之生元报告于脑，而脑则发令止食，而吾人觉之，名之曰饱。此胃脏作用之一，所以定全体每度所应需物料之多寡也。食饱之后，当立停止，如再多食则伤生矣。食物蓄满于胃之后，胃津则和化肉质，如口津之化粉质焉。而胃肌则伸缩摇磨，将食物化为细糜，始开下口而送之入于小肠。到小肠上部时，则细糜与甜肉汁和合，凡口津、胃津所不能化之物，而甜肉汁可以补而化之，令之悉成为糜浆。而经过二十余尺之小肠，辗转回旋，而为小肠之机关收吸之，由回管而入于肝。其适于养生之料，则由肝管而导入心脏，由心脏鼓之而出脉管，以分配于百体，为生元之养料及燃料也。其不适于身体之物，则由肝脏淘汰之，不使入血，而导之入胆囊，再由胆管导之出小肠，而为利大便之津液。其小肠所吸余之物，则为渣滓而入于大肠，在大肠时，仍有收吸机关补吸小肠所遗余之养料，遂由大肠而推入直肠，则纯为渣滓不适于身体之用矣。直肠积满渣滓之后，则送之出肛门，而为大便。此饮食之终始也。

惟食物既入血之后，尚多种种之变化，此非专从事于生理学者则不能知之；而虽从事于生理学者，亦不能尽知之也。此饮食之事之关于体内之组织者，为天然之性，吾人本属难知；则就饮食之未入人身之前之各种问题，如粮食之生产、粮食之运输、粮食之分配及饥馑之防备等问题纯属人为者，亦正不易知之也。

近代国家之行民生政策者，以德国之组织为最进步。而此次欧战一开，则德国海面被英封禁，粮食时虞竭乏，社会忽起恐慌，人民备受种种之痛苦。至两年以后，乃始任巴特基氏为全国粮食总监。巴氏乃用科学之法以经理粮食，而竭乏之事始得无虞，恐慌之事渐息，而人民之痛苦亦渐减。由是德国乃能再支持二年之久，否则，早已绝粮而降服矣。按巴氏未经理粮食之前，民间之买食物者常千百候于店门之外，须费多少警察之约束，始能维持秩序。店伙按序分配，先到者先得，及至卖尽，则后至者常至空手而回矣。故欲得食物者，多有通宵不睡，先一夕而至，候于粮食店之门外，以待黎明买物者。当时德国有医学博士讽之云："使买油之妇在家多睡六小时，则身体中所涵蓄之油，较之彼从油店所买得者多矣。"此可想见其当时困苦情形也。而巴氏之法，亦不外乎平均节用而已。考德国未战以前，其自产之粮食可足全国八成以上之用，其输入之粮食不过二成左右耳。然而民家厨中及饭店厨中，每日所虚耗者已不止二成；而个人所食不需要于养生之品及过食需要之品，亦不止二成。故巴氏于厨中则止绝虚耗，于个人则限口给粮，而每人以若干热率为准。如是一出入之间，粮不加多，而食则绰有余矣。其后更从事于推广生产，凡园庭、花圃、游场与及一切余地荒土，悉垦为农田，并多制各种之化学田料，从此粮食无竭矣。前此两年之久，人民备受多少之痛苦，视为无可挽救者；而巴氏之法一行，则能使家给人足，贫而能均，各取所需，无人向隅者，非行之艰，实知之艰也。

括而言之，食物入口之后，其消化工夫、收吸工夫、淘汰工夫、建筑工夫、燃烧工夫，种种作为，谁实为之？譬有人见原料之入工厂，经机器之动作，而变成精美之货物以供世用者，谓为机器为之，可乎？不可也。盖必有人工以司理机器，而精美之货物乃可成也。身内饮食机关有如此之妙用者，亦非机关自为之也，乃身内之生元为之司理者也。由此观之，身内饮食之事，人人行之，而终身不知其道者，既如此；而身外食货问题，人人习之，而全国不明其理者，又如彼。此足以证明行之非艰，知之实惟艰也。

或曰："饮食之事，乃天性使然，故有终身行之而不知其道者。至于其他人为之事，则非可与此同日而语也。"今作者更请以人为之事于下章证之。

第二章　以用钱为证

今再以用钱一事，为"行易知难"之证。

夫人生用钱一事，非先天之良能，乃后天之习尚；凡文明之人，自少行之以至终身，而无日或间者也。饮食也，非用钱不可；衣服也，非用钱不可；居家也，非用钱不可；行路也，非用钱不可。吾人日日行之，视为自然，惟知有钱用，则事事如意，左右逢源；无钱用则万般棘手，进退维谷。故莫不孜孜然惟钱是求，惟钱是赖矣。社会愈文明，工商愈发达，则用钱之事愈多，用钱之途愈广，人之生、死、祸、福、悲、喜、忧、乐，几悉为钱所裁制；于是金钱万能之观念，深中乎人心矣。人之于钱也，既如此其切要，人之用钱也，又如此其惯熟。然则钱究为何物？究属何用？世能知之者，有几人乎？吾今欲与读者先从金钱之为物而研究之。

古人有言："钱币者，所以易货物、通有无者也。"泰西之经济学家亦曰："钱币者，亦货物之属，而具有二种重要功用：一能为百货交易之中介，二能为百货价格之标准者也。"作者统此两用，而名之曰"中准"，故为一简明之定义曰："钱币者，百货之中准也。"中国上古之钱币,初以龟、贝、布、帛、珠、玉为之,继以金、银、铜、锡为之。今日文化未开之种族,其钱币多有与我上古初期相同者。而游牧之国,有以牛、羊为钱币者;渔猎之乡,有以皮、贝为钱币者;耕种之民,有以果、粟为钱币者;今之蒙古、西藏,亦尚有以盐、茶为钱币者。要之能为钱币者,固不止一物,而各种族则就其利便之物,而采之为钱币而已。专门之钱币学者论之曰:"凡物能为百货之'中准'者,尤贵有七种重要之性质,方适为钱币之上选:其一、适用而值价者,其二,便于携带者,其三、不能毁灭者,其四,体质纯净者,其五、价值有定者,其六、容易分开者,其七、容易识别者。凡物具此七种之性质者,乃为优良之钱币也。"周制以黄金为上币,白金为中币,赤金为下币。秦併天下,统一币制,以金镒铜钱为币,而废珠玉、龟贝、布帛、银锡之属,不以为币。周、秦而后,虽屡有变更,然总不外乎金、银、铜三种之物以为币。而今文明各国,亦采用此三金为钱币:有以黄金为正币,而银、铜为辅币者;有以银为正币而铜为辅币者。古今中外,皆采用金银铜为钱币者,以其物适于为百货之"中准"也。

然则凡物适合于为百货"中准"者,皆可为钱币,而金钱亦不过货物中之一耳,何以今日独具此万能之作用也?曰:金钱本无能力,金钱之能力乃由货物之买卖而生也。倘无货物,则金钱等于泥沙矣。倘有货物,而无买卖之事,则金钱亦无力量矣。今举两事以明之。数十年前,山、陕两省大饥,人相食,死者千余万。夫此两省,古称"沃野千里,天府之国"也,物产丰富,金钱至多。各省为钱业票号者,皆山、陕人也,无不获厚利;年年运各省之金钱归家而藏之者,不可胜数也。乃连年大旱,五谷不登,物产日竭,百货耗尽,惟其金钱仍无减也。而饥死者之中,家资千百万者,比比皆是;乃以万金易斗粟而不可得,卒至同归于尽也。盖无货物,则金钱之能力全失矣。又读者有曾读《罗滨逊克鲁梳漂流记》[1]者乎?试拟设身其地,而携有多金,漂流至无人之岛。挟金登陆,寻见岛中风光明媚,花鸟可

① 《罗滨逊克鲁梳漂流记》:今译《鲁滨逊飘流记》。

人,林中果实,石上清泉,皆可飡可掬。此时岛中之百物,惟彼所有,岛中之货财,惟彼所需,可以取之无禁,用之不竭矣。然而其饥也,必须自行摘果以充饥;其渴也,必须自行汲泉以止渴;事事无不自食其力,乃能生活。在此孤岛,货物繁殖矣,而无买卖之事,则金钱亦等于无用耳。而其人之依以生活者,非彼金钱也,乃一己之劳力耳。此时此境,金钱万能乎?劳力万能乎?然则金钱在文明社会中,能生如此万能之效力者,其源委可得而穷求矣。

吾今欲与读者再从金钱之为用而研究之。夫金钱之力,虽赖买卖而宏,而买卖之事,原由金钱而起,故金钱未出之前,则世固无买卖之事也。然当此之时,何物为金钱之先河,何事为买卖之导线,不可不详求确凿,方能得金钱为用之奥蕴也。欲知金钱之先河、买卖之导线者,必当从人文进化之起源着眼观察,乃有所得也。按今日未开化之种族,大都各成小部落,居于深山穷谷之中,自耕而食,自织而衣,鸡犬相闻,老死不相往来。其风气与吾古籍所记载世质民淳者相若。其稍开化者,则居于河流原野之间,土地肥沃,物产丰富,交通利便,于是部落与部落始有交易之事矣。由今以证古,可知古代未开化之时,其人无不各成部落,自耕而食,自织而衣,足以自给,无待外求者也。及其稍开化也,则无不从事于交易,虽守古如许行者,亦不能不以粟易冠,以粟易器矣。是交易者,实为买卖之导线也。或曰:"交易与买卖有何分别?"曰:交易者,以货易货也;买卖者,以钱易货也。钱币未发生以前,世间只有交易之事耳。盖自耕而食,自织而衣,以一人或一部落而兼数业者,其必有害于耕,有害于织,断不若通工分劳之为利大也。即耕者专耕,而织者专织,既无费时失事之虞,又有事半功倍之效,由是则生产增加,而各以有余而交易也。此交易之所以较自耕自织为进化也。

惟自交易既兴之后,人渐可免为兼工,而仍不免于兼商也。何以言之?即耕者有余粟,不得不携其粟出而求交易也,织者有余布,亦不得不携其布出而求交易也。由此类推,则为渔、为猎、为牧、为樵、为工、为冶者,皆不得不各自携其有余,出而求交易也。否则,其有余者,必有货弃于地之虞,而不足者,必无由取得也。以一人而兼农、工两业,其妨碍固大,然而农、工仍各不免于兼商,其缺憾亦非少也。且交易之事,困难殊多,近年倭理思氏之《南洋游记》有云:彼到未开化之乡,常有终日不得一食者。盖土番既无买卖,不识用钱,而彼所备之交易品,间有不适其地之需者,则不能易食物矣。古人与野番所受之困难,常有如下所述之事者:即耕者有余粟,而欲得布,携之以就有余布者以求交易,无如有余布者,不欲得粟而欲得羊,则有余粟者困矣。有余布者,携其布以向牧者易羊,而有余羊者,不欲得布而欲得器,则有余布者又困矣。有余羊者,牵其羊以向工者求易器,而工者不欲得羊而欲得粟,则有余羊者又困矣。有余器者,携其器以向耕者求易粟,乃耕者不欲得器而欲得布,则有余器者亦困矣。此四人者,各有所余,皆为其余三人中一人所需者,而以所需所有不相当,则四者皆受其困矣。此皆由古人、野番无交易之机关,所以劳多而获少,而文化不能进步者也。

神农氏有见于此,所以有教民日中为市,致天下之民,聚天下之货,交易而退,各得其所也。有此日中为市之制,则交易之困难可以悉免矣。如上所述之四人者,可以同时赴市,集合一地,各出所余,以求所需,彼此转接,错综交易,而各得其所矣。此利用时间空间,为交易之机关者也。自有日中为市为交易之机关,于是易货物,通有无,乃能畅行无阻矣,其为物虽异乎钱币,而功效则同也。故作者于此创言曰:"日中为市之制者,实今日金钱之先河也。"乃世之经济学家,多以为金钱之先天即交易也,不知交易时代之有中介机关,亦犹乎买卖时代之有中介机关也。买卖时代以金钱为百货之中介,而交易时代则以日中为市,为百货之中介也。人类用之者,则能受交易而退、各得其所之利;不用之者,则必受种种之困难也。未有金钱之前,则其便利于人类之交易者,无过于日中为市矣。故曰:日中为市者,金钱之先河也。

自日中为市之制兴,则交易通而百货出,人类之劳力渐省,故其欲望亦渐开。于是前之只交易需要之物者,今渐进而交易非需要之文饰玩好等物矣。渐而好之者愈多,成为普通之风尚,则凡有货物以交易者,必先易之,而后以之易他货物。如是则此等文饰玩好之物,如龟、贝、珠、玉者,转成为百货之“中准”矣。此钱币之起源也。是故钱币者,初本不急之物也,惟渐变交易而为买卖之后,则钱币之为用大矣。自有钱币以易货物、通有无,则凡以有余而求不足者,只就专业之商贾以买卖而已,不必人人为商矣。是钱币之出世,更减少人之劳力,而增益人之生产,较之日中为市之利更大百十倍矣。人类自得钱币之利用,则进步加速,文明发达,物质繁昌,骎骎乎有一日千里之势矣。

考中国钱币之兴,当在神农日中为市之后,而至于成周,则文物之盛已称大备矣。前后不过二千年耳,而文化不特超越前古,且为我国后代所不及,此实为钱币发生后之一大进步也。由此观之,钱币者,文明之一重要利器也。世界人类自有钱币之后,乃能由野蛮一跃而进文明也。

钱币发生数千年而后,乃始有近代机器之发明。自机器发明后,人文之进步更高更速,而物质之发达更超越于前矣。盖机器者,羁勒天地自然之力以代人工,前时人力所不能为之事,机器皆能优为之。任重也,一指可当万人之负;致远也,一日可达数千里之程。以之耕,则一人可获数百人之食;以之织,则一人可成千人之衣。经此一进步也,工业为之革命,天地为之更新,而金钱之力至此已失其效矣。何以言之?夫机器未出以前,世界之生产全赖人工为之,则买卖之量,亦无出乎金钱范围以外者。今日世界之生产,则合人工与自然力为之,其出量加至万千倍,而买卖之量亦加至万千倍,则今日之商业,已出乎金钱范围之外矣。所以大宗买卖,多不用金钱,而用契券矣。譬如有川商运货百万元至沪,分十起而售之,每起获其十一之利,而得十一万元,皆收现钱。以银元计之,每起已四千九百五十斤,一一收之藏之,而后往市以求他货而买之,又分十起而买入,则运货往来之外,又须运钱往来。若一人分十起售其货,又当分十起而收其钱,继又买入他货十宗,又分十起以付钱,其费时费力,已不胜其烦矣。倘同时所到之商不止一路，则合数十百人而各有货百数十万以买卖，每人皆需数日之时间以执行其事，则每人所过手之金钱，一人百数十万元，十人千数百万元，百入万数千万元，则一市中之金钱断无此数，故大宗买卖早非金钱之力所能为矣。金钱之力有所穷，则不期然而然渐流入于用契券以代金钱，而人类且不之觉也。

契券之用为何？此非商贾中人，自不能一闻则了解也。如上述之川客，贩货百万元至沪，分十起售之，获其十一之利，每起所收十一万元，惟此十一万元非四千九百五十斤之银元，乃一张之字纸，列有此数目耳。此等字纸，或为银行之支票，或为钱庄之庄票，或为货客本店之期单，或为约束之欠据者是也。售十起之货，则彼此授受十张之字纸而已，交收货物之外，再不用交收银元矣。川客在沪所采买之货，亦以此等字纸兑换之。如是一买一卖，其百余万元之货物，已省却主客彼此交收四万九千五百斤银元四次运送之劳矣，且免却运送时之种种盗窃、遗失、意外等危险矣。其节时省事，并得安全无虞，为利之大，以一人计已如此矣，若以社会而言，则其为利实有不可思议者矣。

是以在今日之文明社会中，实非用契券为买卖不可矣，“金钱万能”云乎哉？而世人犹迷信之者，是无异周末之时，犹有许行之徒守自耕而食、自织而衣之旧习者也。不知自日中为市之制兴，则自耕而食、自织而衣之兼业可以废；至金钱出，则日中为市之制可以废；至契券出，而金钱之用亦可以废矣。乃民国元年时，作者曾提议废金银，行钞券，以纾国困而振工商，而闻者哗然，以为必不可能之事。乃今次大战，世界各国多废金钱而行纸币，悉如作者七年前所主张之法。盖行之得其法，则纸币与金钱等耳。或曰：“元明两朝皆发行钞票，乃渐致民穷国困，而卒至于亡者，美国南北战争之时，亦发行纸币，而亦受纸币之害者，何也？”曰：以其发之无度，遂至纸币多而货物少故也。又曰：“北京去年发不兑现之令，岂非废金钱行纸票乎？何以不见其效，而反生出市面恐慌、人民困苦也？”曰：北京政府之效人颦，而发不兑现之令也，只学人一半而违其半。夫人之不兑现，同时亦不收现也，而北京政府之不兑现，同时又收现，此非废金钱而行纸币，乃直以空头票而骗金钱耳。此北京政府之所以失败也。英国之不兑现也，同时亦不收现，凡政府之赋税、借债种种收入，皆非纸币不收。是以其战费之支出，每日六七千万元，皆给发纸票，而市面流通无滞，人人之乐为用者，何也？以政府每数月必发行一次公债，每次所募之额，在数十万万元者，亦皆悉收纸币，不收现金。有现金之人，或买货、或纳税者，必须将其金钱向银行换成纸票，乃能通用，否则其金钱等于废物耳。此英国不兑现之法也。而北京则政府自发之纸票亦不收，是何异自行宣告其破产乎？天下岂有不自信用之券，而能令他人信用之者乎？奸商市侩尚且不为此，而堂堂政府为之，其愚孰甚！此皆不知钱之为用之过也。

世之能用钱而不知钱之为用者，古今中外，比比皆是。昔汉兴，承秦之敝，丈夫从军旅，老弱转粮饷，作业剧而财匮。初以为钱少而困也，乃令民铸钱。后钱多而又困也，乃禁民铸钱。皆不得其当也。夫国之贫富，不在钱之多少，而在货之多少，并货之流通耳。汉初则以货少而困，其后则以货不能流通而又困。于是桑弘羊起而行均输、平准之法，尽笼天下之货，卖贵买贱，以均民用，而利国家，卒收国饶民足之效。若弘羊者，可谓知金钱之为用者也。惜弘羊而后，其法不行，遂至中国今日受金钱之困较昔尤甚也。方当欧战大作，举国从军，生产停滞，金钱低落，而交战各国之政府乃悉收全国工商事业而经营之，以益军资，而均民用。德奥行之于先，各国效之于后。此亦弘羊之遗意也。

欧美学者有言："人类之生活程度分为三级：其一曰需要程度，在此级所用之货物若有欠缺，则不能生活也。其二曰安适程度，在此级所用之货物若有欠缺，则不得安适也。其三曰繁华程度，在此级所用之货物乃可有可无者，有之则加其快乐，无之亦不碍于安适也。"然以同时之人类而论，则此等程度实属极无界限者也。有此一人以为需要者，彼一人或以为安适，而他一人或以为快乐者也。惟以时代论之,则其界限颇属分明矣。作者故曰:钱币未发生之前,可称为需要时代,盖当时之人,最大之欲望无过饱暖而已,此外无所求,亦不能求也。钱币既发生之后,可称为安适时代,盖此时人类之欲望始生,亦此时而人类始得有致安适之具也。自机器发明之后,可称为繁华时代,盖此时始有生产过剩,不患贫而患不均者,工业发达之国有汲汲推广市场输货于外之政策,而文明社会亦有以奢侈为利世之谬见矣。由此三时期之进化,可以知货物"中准"之变迁也。故曰:需要时代,以日中为市为金钱也;安适时代,以金钱为金钱也;繁华时代,以契券为金钱也。此三时代之交易"中准",各于其时皆能为人类造最大之幸福,非用之不可也。然同时又非绝不可用其他之制度也。如日中为市既行之后,自耕而食,自织而衣,亦有行之者。而金钱出世之后,日中为市,亦有相并而行者,我国城厢之外,今之三日一趁墟者是也。且未至繁华之时代,世界人类已有先之而用契券者矣,如唐之飞券、钞引,宋之交子、会子是也。但在今日,则非用契券,工商事业必不能活动也。而同时兼用金钱亦无不可也,不过不如用契券之便而利大耳。此又用钱者所当知也。

我中国今日之生活程度尚在第二级,盖我农工事业,犹赖人力以生产,而尚未普用机器以羁勒自然力,如蒸气、电气、煤气、水力等以助人工也。故开港通商之后,我商业则立见失败者,非洋商之金钱胜于我也,实外洋入口之货物,多于我出口者每年在二万万元以上也。即中国金钱出口,亦当在二万万以上。一年二万万,十年则二十万万矣。若长此终古,则虽有铜山金穴,亦难抵此漏卮,而必有民穷财尽之日也。必也我亦用机器以生产,方能有济也。按工业发达之国,其年中出息,以全国人口通计,每年每人可得七八百元。而吾国纯用人工以生产,按全国人口男女老少通计,每年每人出息当不过七八元耳。倘我国能知用机器以助生产,当亦能收同等之效,则今日每人出息七八元者,可加至七八百元,即富力加于今日百倍矣。如是则我亦可立进于繁华之程度矣。

近世欧美各国之工业革命,物质发达,突如其来,生活程度遂忽由安适地位而骤进至繁华地位。社会之受其影响者，诚有如佐治亨利氏之《进步与贫乏》一书所云："现代之文明进步，仿如以一尖锥从社会上下阶级之间，突然插进。其在尖锥之上者，即资本家极少数人，则由尖锥推之上升。其在尖锥之下者，即劳动者大多数人，则由尖锥推之下降。此所以有富者愈富，贫者愈贫也。"是工业革命之结果，其施福惠于人群者为极少之数，而加痛苦于人群者为极大多数也。所以一经工业革命之后，则社会革命之风潮，因之大作矣。盖不平则鸣，大多数人不能长为极少数人之牺牲者，公理之自然也。人群所以受此极大之痛苦者，即不知变计以应时势之故也。因在人工生产之时代，所以制豪强之垄断者，莫善于放任商人，使之自由竞争，而人民因以受其利也。此事已行之于世数千年矣。乃自斯密亚当始发明其理，遂从而鼓吹之。当十八世纪之季，其《富国》[①]一书出世，举世惊倒，奉之为圣经明训。盖其事既为世所通行，又为人所习而不察者，乃忽由斯密氏所道破，是直言人之所欲言，而言人之所不能言者，宜其为世所欢迎，至今犹有奉为神圣者也。不料斯密氏之书出世不满百年，而工业革命作矣。经此革命之后，世界已用机器以生产，而有机器者，其财力足以鞭笞天下，宰制四海矣。是时而犹守自由竞争之训者，是无异以跛足而与自动车竞走也，容有幸乎？此丕士麦克[②]之所以行国家社会主义于德意志，而各国先后效法者也。如丕士麦克者，可谓知金钱之为用矣，其殆近代之桑弘羊乎？

由此观之，非综览人文之进化，详考财货之源流，不能知金钱之为用也。又非研究经济之学，详考工商历史、银行制度、币制沿革，不能知金钱之现状也。要之，今日欧美普通之人，其所知于金钱者，亦不过如中国人士只识金钱万能而已，他无所知也。其经济学者仅知金钱本于货物，而社会主义家（作者名之曰民生学者）乃始知金钱实本于人工也（此统指劳心劳力者言也）。是以万能者人工也，非金

① 《富国》：今译《国民财富的性质和原因之研究》。

② 丕士麦克：今译俾斯麦，下同。

钱也。故曰:世人只能用钱,而不能知钱者也。此足为"行之非艰,知之惟艰"之一证也。

第三章 以作文为证

今更以中国人之作文为"行易知难"之证。

中国数千年来,以文为尚,上自帝王,下逮黎庶,乃至山贼海盗,无不羡仰文艺。其弊也,乃至以能文为万能。多数才俊之士,废弃百艺,惟文是务。此国势所以弱,而民事所以不进也。然以其文论,终不能不谓为富丽殊绝。夫自庖羲画卦,以迄于今,文字递进,逾五千年。今日中国人口四万万众,其间虽不尽能读能书,而率受中国文字直接间接之陶冶。外至日本、高丽、安南、交趾之族,亦皆号曰"同文"。以文字实用久远言,则远胜于巴比伦、埃及、希腊、罗马之死语。以文字传布流用言,则虽以今日之英语号称流布最广,而用之者不过二万万人,曾未及用中国文字者之半也。盖一民族之进化,至能有文字,良非易事;而其文字之势力,能旁及邻圉,吸收而同化之。所以五千年前,不过黄河流域之小区,今乃进展成兹世界无两之巨国。虽以积弱,屡遭异族吞灭,而侵入之族不特不能同化中华民族,反为中国所同化,则文字之功为伟矣。虽今日新学之士,间有倡废中国文字之议,而以作者观之,则中国文字决不当废也。

夫前章所述机器与钱币之用,在物质文明方面,所以使人类安适繁华,而文字之用,则以助人类心性文明之发达。实际则物质文明与心性文明相待,而后能进步。中国近代物质文明不进步,因之心性文明之进步亦为之稽迟。顾古来之研究,非可埋没。持中国近代之文明以比欧美,在物质方面不逮固甚远,其在心性方面,虽不如彼者亦多,而能与彼颉颃者正不少,即胜彼者亦间有之。彼于中国文明一概抹杀者,殆未之思耳。且中国人之心性理想无非古人所模铸,欲图进步改良,亦须从远祖之心性理想,究其源流,考其利病,始知补偏救弊之方。夫文字为思想传授之中介,与钱币为货物交换之中介,其用正相类。必废去中国文字,又何由得古代思想而研究之?抑自人类有史以来,能纪四五千年之事翔实无间断者,亦惟中国文字所独有;则在学者正当宝贵此资料,思所以利用之。如能用古人而不为古人所惑,能役古人而不为古人所奴,则载籍皆似为我调查,而使古人为我书记,多多益善矣。彼欧美学者于埃及、巴比伦之文字,国亡种灭,久不适于用者,犹不惮搜求破碎,复其旧观,亦以古人之思想足资今人学问故耳。而我中国文字,讵反可废去乎?

但中国文言殊非一致。文字之源本出于言语,而言语每随时代以变迁。至于为文,虽体制亦有古今之殊,要不能随言语而俱化。故在三代以前,文字初成,文化限于黄河流域一区,其时言语与文字当然一致,可无疑也。至于周代,文化四播,则黄河流域以外之民,巴、庸、荆、楚、吴、越、江、淮之族,受中国之文字所感化,而各习之以方言,于是言文始分。及乎周衰,戎狄四侵,外来言语羼入中原;降及五胡,乃至五代、辽、夏、金、元,各以其力蚕食中国,其言语亦不无遗留于朔北,而文字语言益以殊矣。汉后文字,踵事增华,而言语则各随所便,于是始所歧者甚仅,而分道各驰,久且相距愈远。顾言语有变迁而无进化,而文字则虽仍古昔,其使用之技术实日见精研。所以中国言语为世界中之粗劣者,往往文字可达之意,言语不得而传。是则中国人非不善为文,而拙于用语者也。亦惟文字可传久远,故古人所作,模仿匪难。至于言语,非无杰出之士妙于修辞,而流风余韵无所寄托,随时代而俱湮,故学者无所继承。然则文字有进化,而言语转见退步者,非无故矣。抑欧洲文字基于音韵,音韵即表言语,言语有变,文字即可随之。中华制字,以象形、会意为主,所以言语虽殊,而文字不能与之俱变。要之,此不过为言语之不进步,而中国人民非有所阙于文字。历代能文之士,其所创作突过外人,则公论所归也。盖中国文字成为一种美术,能文者直美术专门名家,既有天才,复以其终身之精力赴之,其造诣自不易及。惟举全国人士而范以一种美术,变本加厉,废绝他途,如上所述,斯其弊为世诟病耳。

然虽以中国文字势力之大,与历代能文之士之多,试一问此超越欧美之中国文学家中,果有能心知作文之法则而后含毫命简者乎?则将应之曰:否。中国自古以来,无文法、文理之学。为文者穷年揣摩,久而忽通,暗合于文法则有之;能自解析文章,穷其字句之所当然,与用此字句之所以然者,未之见也。至其穷无所遁,乃以"神而明之,存乎其人"自解,谓非无学而何?夫学者贵知其当然与所以然,若偶能然,不得谓为学也。欲知文章之所当然,则必自文法之学始;欲知其所以然,则必自文理之学始。文法之学为何?即西人之"葛郎玛"[①]也,教人分字类词,联词造句,以成言文而达意志者也。泰西各国皆有文法之学,各以本国言语文字而成书,为初学必由之径。故西国学童至十岁左右者,多已通晓文法,而能运用其所识之字以为浅显之文矣。放学童之造就无论深浅,而执笔为文,则深者能深,浅者能浅,无不达意,鲜有不通之弊也。中国向无文法之学,故学作文者非多用功于咿唔呫哔,熟读前人之文章,而尽得其格调,不能下笔为文也。故通者则全通,而不通者虽十年窗下,仍有不能联词造句以成文,殆无造就深浅之别也。若只教学童日识十字,而悉解其训诂,年识三千余字,而欲其能运用之,而作成浅显之文章者,盖无有也。以无文法之学,故不能率由捷径以达速成,此犹渡水之无津梁舟楫,必当绕百十倍之道路也。中国之文人,亦良苦矣!

自《马氏文通》出后,中国学者乃始知有是学。马氏[②]自称积十余年勤求探讨之功,而后成此书。然审其为用,不过证明中国古人之文章无不暗合于文法,而文法之学为中国学者求速成、图进步不可少者而已;虽足为通文者之参考印证,而不能为初学者之津梁也。

---

① "葛郎玛":即英文 grammar 音译。

② 马氏:即马建忠。

继马氏之后所出之文法书，虽为初学而作，惜作者于此多犹未窥三昧，讹误不免，且全引古人文章为证，而不及今时通用语言，仍非通晓作文者不能领略也。然既通晓作文，又何所用乎文法？是犹已绕道而渡水矣，更何事乎津梁？所贵乎津梁者，在未渡之前也。故所需乎文法者，多在十龄以下之幼童及不能执笔为文之人耳。所望吾国好学深思之士，广搜各国最近文法之书，择取精义，为一中国文法，以演明今日通用之言语，而改良之也。夫有文法以规正言语，使全国习为普通知识，则由言语以知文法，由文法而进窥古人之文章，则升堂入室，有如反掌，而言文一致，亦可由此而恢复也。

文理为何？即西人之逻辑也。作者于此姑偶用“文理”二字以翻逻辑者，非以此为适当也，乃以逻辑之施用于文章者，即为文理而已。近人有以此学用于推论特多，故有翻为“论理学”者，有翻为“辨学”者，有翻为“名学”者，皆未得其至当也。夫推论者，乃逻辑之一部；而辨者，又不过推论之一端，而其范围尤小，更不足以括逻辑矣。至于严又陵[①]氏所翻之《名学》，则更为辽东白豕也。夫名学者，乃“那曼尼利森”[②]也，而非“逻辑”[③]也。此学为欧洲中世纪时理学二大思潮之一，其他之一名曰“实学”。此两大思潮，当十一世纪时大起争论，至十二世纪之中叶乃止，从此名学之传习亦因之而息。近代间有复倡斯学者，穆勒氏即其健将也。然穆勒氏亦不过以名理而演逻辑耳，而未尝名其书为“名学”也。其书之原名为《逻辑之统系》[④]。严又陵氏翻之为《名学》者，无乃以穆氏之书言名理之事独多，遂以名学而统逻辑乎？夫名学者，亦为逻辑之一端耳。凡以“论

---

① 严又陵：即严复。

② “那曼尼利森”：即英文 nominalism 音译，今译唯名论。下面提到的“实学”，今译唯实论。

③ 逻辑：英文 logic 音译。

④ 《逻辑之统系》：即英文“System of Logics”。

理学”、“辨学”、“名学”而译逻辑者,皆如华侨之称西斑雅[①]为吕宋也。夫吕宋者,南洋群岛之一也,与中国最接近,千数百年以来,中国航海之客常有至其地者,故华人习知其名。而近代吕宋为西斑雅所占领,其后华侨至其地者,则称西斑雅人为吕宋人。后至墨西哥、比鲁[②]、芝利[③]等国,所见多西斑雅人为政,亦呼之为吕宋人。寻而知所谓吕宋者,尚有其所来之祖国,于是呼西斑雅为大吕宋,而南洋群岛之本吕宋为小吕宋,至今因之。夫以学者之眼光观之,则言西斑雅以括吕宋可也,而言吕宋以括西斑雅不可也。乃华侨初不知有西斑雅,而只知有吕宋,故以称之。今之译逻辑以一偏之名者,无乃类是乎?

然则逻辑究为何物?当译以何名而后妥?作者于此,盖欲有所商榷也。凡稍涉猎乎逻辑者,莫不知此为诸学诸事之规则,为思想行为之门径也。人类由之而不知其道者众矣,而中国则至今尚未有其名。吾以为当译之为“理则”者也。夫斯学至今尚未大为发明,故专治此学者,所持之说,亦莫衷一是。而此外学者之对于理则之学,则大都如陶渊明之读书,不求甚解而已。惟人类之禀赋,其方寸自具有理则之感觉,故能文之士,研精构思,而作成不朽之文章,则无不暗合于理则者;而叩其造诣之道,则彼亦不自知其何由也。

是故不知文法之学者,不能知文章之所当然也。如曾国藩者,晚清之宿学文豪也,彼之与人论文,有“春风风人,夏雨雨人,解衣衣我,推食食我”,“入其门而无人门焉者,入其闺而无人闺焉者”。其于风风、雨雨、衣衣、食食、门门、闺闺等叠用之字,而解之以上一字为实字实用,下一字为实字虚用,则以为发前人所未发,而探得千古文章之秘奥矣。然以文法解之,则上一字为名词,下一字为动词也,此文义当然之事,而宿学文豪有所不知,故强而解之为实字虚用也。又不知理则之学者,不能知文章之所以然也。如近人所著《文法要

---

① 西斑雅:今译西班牙,下同。

② 比鲁:今译秘鲁,下同。

③ 芝利:今译智利。

略》,其第三章第二节曰:

> 本名字者,人物独有之名称,而非其他所公有。如侯方域《王猛论》曰:"亮始终心乎汉者也;猛始终心乎晋者也。"孔稚圭《北山移文》曰:"蕙帐空兮夜鹄怨,山人去兮晓猨惊。"亮与猛虽同为人类,鹄虽同为鸟类,猨虽同为兽类,曰亮、曰猛、曰鹄、曰猨,即为本名;不能人人皆谓之亮、猛,亦不能见鸟即谓之鹄,见兽即谓之猨也,故曰本名字。

此以亮、猛、鹄、猨视同一律,不待曾涉猎理则学之书者,一见而知其谬。即稍留意于理则之感觉者,亦能知其不当也。世界古今人类,只有一亮一猛其人者耳,而世界古今之鸟兽,岂独一鹄一猨耶?此不待辨而明也。然著书者何以有此大错?则以中国向来未有理则学之书,而人未惯用其理则之感觉故也。夫中国之文章富矣丽矣,中国之文人多矣能矣,其所为文,诚有如扬雄所云"深者入黄泉,高者出苍天,大者含元气,细者入无间"者矣。然而数千年以来,中国文人只能作文章,而不能知文章,所以无人发明文法之学与理则之学,必待外人输来,而乃始知吾文学向来之缺憾。此足证明行之非艰,而知之惟艰也。

第四章　以七事为证

前三章所引以为"知难行易"之证者,其一为饮食,则人类全部行之者;其二为用钱,则人类之文明部分行之者;其三为作文,则文明部分中之士人行之者。此三事也,人类之行之不为不久矣,不为不习矣,然考其实,则只能行之,而不能知之。而间有好学深思之士,专从事于研求其理者,每毕生穷年累月,亦有所不能知。是则行之非艰,而知之实艰,以此三事证之,已成为铁案不移矣。或曰:"此三事则然矣,而其他之事未必皆然也。”今更举建屋、造船、筑城、开河、电学、化学、进化等事为证,以观其然否。

夫人类能造屋宇以安居,不知几何年代,而后始有建筑之学。中国则至今犹未有其学。故中国之屋宇多不本于建筑学以造成,是行而不知者也。而外国今日之屋宇,则无不本于建筑学,先绘图设计,而后从事于建筑,是知而后行者也。上海租界之洋房,其绘图设计者为外国之工师,而结垣架栋者为中国之苦力。是知之者为外国工师,而行之者为中国苦力,此知行分任而造成一屋者也。至表面观之,设计者指摇笔画,而施工者胼手胝足,似乎工师易而苦力难矣,然而细考其详,则大有天壤之别。设有人欲以万金而建一家宅,以其所好及其所需种种内容,就工师以请设计。而工师从而进行,则必先以万金为范围,算其能购置何种与若干之材料,此实践之经济学所必需知也。次则计其面积之广狭,立体之高低,地基之压力如何,梁架之支持几重,务要求得精确,此实验之物理学所必需知也。再而家宅之形式如何结构,使之勾心斗角,以适观瞻,此应用之美术学所必需知也。又再而宅内之光线如何引接,空气如何流通,寒暑如何防御,秽浊如何去除,此居住之卫生学所必需知也。终而客厅如何陈设,饭堂如何布置,书房如何间格,寝室如何安排,方适时流之好尚,此社会心理学所必需知也。工师者,必根据于以上各科学而设计,方得称为建筑学之名家也。今上海新建之崇楼高阁,与及洋房家宅,其设计多出于有此种知识之工师也,而实行建筑者皆华工也。由此观之,知之易乎?行之易乎?此建筑事业可为“知难行易”之铁证者四也。

民国七年十月,上海有华厂造成一艘三千吨大之汽船下水,西报大为之称扬,谓从来华人所造之船,其大以此为首屈一指。然华厂之造此船也,乃效法泰西,借近代科学知识,用外国机器而成之也。按近日在上海、香港及南洋各地之外人船厂,其工匠几尽数华人,只一二工师及督理为西人耳。所造之船,其大至万数千吨者,不可胜数也。要之在东方西人各船厂所造之船,皆谓之华人所造者,亦无不可,盖其施工建造悉属华人也。作者往尝游观数厂,每向华匠叩以造船之道。皆答以施工建造,并不为难,所难者绘图设计耳;倘计划既定,按图施工,则成效可指日而待矣。去年美国与德宣战,其第一之需要者为船只之补充,于是不得不为破天荒之计划以扩张造船厂,期一年造成四百万吨之船。此说一出,举世为之惊倒。若在平时有为此说者,莫不目之为狂妄。乃自计划既定之后,则美厂有数十日而造成一艘一万吨以上之船者。全国船厂百数十,其大者同时落造数十船,小者同时落造十余船。如是各厂一致施工,万弩齐发,及时所成,则结果已过于期望之上。近日日本川崎船厂,竟有以二十三日造成一艘九千吨之船者,其迅速为世界第一也。此皆为科学大明之后,本所知以定进行,其成效既如此矣。今就科学未发达以前,举一同等之事业与之比较,一观知行之难易也。当明初之世,成祖以搜索建文,命太监郑和七下西洋。其第一次自永乐三年六月始受命巡洋,至永乐五年九月而返中国。此二十八个月之间,已航巡南洋各地,至三佛齐而止。计其往返水程以及沿途留驻之时日,当非十余个月不办;今姑为之折半,则郑和自奉命以至启程之日,不过十四个月耳。在此十四个月中,为彼筹备二万八千余人之粮食、武器及各种需要,而又同时造成六十四艘之大海舶。据《明史》所载,其长四十四丈,宽十八丈,吃水深浅未明,然以意推之,当在一丈以上,如是则其积量总在四五千吨,其长度则等于今日外国头等之邮船矣。当时无科学知识以助计划也,无外国机器以代人工也,而郑和又非专门之造船学家也,当时世界亦无如此巨大之海舶也。乃郑和竟能于十四个月之中,而造成六十四艘之大舶,载运二万八千人巡游南洋,示威海外,为中国超前轶后之奇举;至今南洋土人犹有怀想当年三保之雄风遗烈者,可谓壮矣。然今之中国人借科学之知识、外国之机器,而造成一艘三千吨之船,则以为难能,其视郑和之成绩为何如?此"行之非艰,知之惟艰",造船事业可为铁证者五也。

中国最有名之陆地工程者,万里长城也。秦始皇令蒙恬北筑长城,以御匈奴。东起辽沈,西迄临洮,陵山越谷五千余里,工程之大,古无其匹,为世界独一之奇观。当秦之时代,科学未发明也,机器未创造也,人工无今日之多也,物力无今日之宏也,工程之学不及今日之深造也,然竟能成此伟大之建筑者,其道安在?曰:为需要所迫不得不行而已。西谚有云:“需要者,创造之母也。”秦始皇虽以一世之雄,并吞六国,统一中原;然彼自度扫大漠而灭匈奴,有所未能也,而设边戍以防飘忽无定之游骑,又有不胜其烦也,为一劳永逸之计,莫善于设长城以御之。始皇虽无道,而长城之有功于后世,实与大禹之治水等。由今观之,倘无长城之捍卫,则中国之亡于北狄,不待宋明而在楚汉之时代矣。如是则中国民族必无汉唐之发展昌大而同化南方之种族也。及我民族同化力强固之后,虽一亡于蒙古,而蒙古为我所同化;再亡于满洲,而满洲亦为我所同化。其初能保存孳大此同化之力,不为北狄之侵凌夭折者,长城之功为不少也。而当时之筑长城者,只为保其一姓之私、子孙帝皇万世之业耳,而未尝知其收效之广且远也。彼迫于需要,只有毅然力行以成之耳,初固不计其工程之大、费力之多也,殆亦行之而不知其道也。而今日科学虽明,机器虽备,人工物力亦超越往昔,工程之学皆远驾当时矣,然试就一积学经验之工师,叩以万里长城之计划:材料几何?人工几何?所需经费若干?时间若干可以造成?吾思彼之所答,必曰:“此非易知之事也。”即使有不惮烦之工师费数年之力,为一详细测量而定有精确计划,而呈之今之人,今之人必曰:“知之非艰,行之惟艰。”今欲效秦始皇而再筑一万里长城,为必不可能之事也。吾今欲请学者一观近日欧洲之战场。当德军第一次攻巴黎之失败也,立即反攻为守,为需要所迫,数月之间筑就长壕,由北海之滨至于瑞士山麓,长一千五百余里。有第一、第二、第三线各重之防御,每重之工程,有阴沟,有地窖,有甬道,有栈房。工程之巩固繁复,每线每里比较,当过于万里长城之工程也。三线合计,长约不下五千余里。而英法联军方面所筑长壕亦如之。二者合计,长约万余里。比之中国之长城,其长倍之。此万余里之工程,其初并未预定计划,皆要临时随地施工,而其工程之大,成立之速,真所谓鬼斧神工、不可思议者也。而欧洲东方之战线,由波罗的海横亘欧洲大陆,而至于黑海,长约三倍于西方战场,彼此各筑长壕以抵御亦若西方,其工程时间皆相等。此等浩大迅速之工程,倘无事实当前,则言之殊难见信。然欧洲东西两战场合计约有四万里之战壕,今已成为历史之陈迹矣。而专门之工程家,恐亦尚难测其涯略也。由此观之,“行之非艰,知之惟艰”,始皇之长城、欧洲之战壕可为铁证者六也。

中国更有一浩大工程,可与长城相伯仲者,运河是也。运河南起杭州,贯江苏、山东、直隶三省,经长江、大河、白河而至通州,长三千余里,为世界第一长之运河,成南北交通之要道,其利于国计民生,有不可胜量也。自中西通市之后,汽船出现,海运大通,则漕河日就淤塞,渐成水患。近有议修浚江淮一节以兴水利者,聘请洋匠测量计划,已觉工程之大,为我财力所不能办,而必谋借洋债,方敢从事。夫修浚必较创凿为易也,一节必较全河为易也,而今人于筹谋设计之始,已觉不胜其难,多有闻而生畏,乃古人则竟有举三千里之长河疏凿而贯通之,若行所无事者,何也?曰:其难不在进行之后,而在筹划之初也。古人无今人之学问知识,凡兴大工、举大事,多不事筹划,只图进行。为需要所迫,莫之为而为,莫之致而致,其成功多出于不觉。是中国运河开凿之初,原无预定之计划也。近代世界新成之运河,不一而足,其最著而为吾国人耳熟能详者,为苏伊士与巴拿马是也。苏伊士地颈处于红海、地中海之间,隔绝东西洋海道之交通,自古以来,已尝有人议开运河于此矣。当一千七百九十八年,拿破伦占领埃及,已立意开苏伊士运河,命工师实行测量其地,而结果之报告,为地中海与红海高低之差约二十九英尺,因而停止。至五十余年再有法人从事测量,知前所谓高低差异为不确,其后地拉涉氏乃提倡创立公司以开之。当时世人多以为难,而英人则举国非之,以为万不可能之事。而地拉涉氏苦心孤诣,费多年之唇舌,乃得法国资本家及埃及总督之赞助,遂于一千八百五十八年成立公司,翌年开凿,至一千八百六十九年告厥成功。英人乃大为震惊。于是英相地士剌厘[①]用千方百计,而收买埃及总督之股票归于英政府,后且将埃及并为英国领土,盖所以保运河以握东西洋之咽喉,而连络印度之交通也。地拉涉开凿苏伊士既告成功之后,声名大著,为世所重,乃更进而提倡开凿巴拿马运河,以联络大西洋与太平洋之交通,而招股集资,咄嗟立办。遂于一千八百八十二年动工,至八十九年则一败涂地,而地拉涉氏竟至破产被刑,末路穷途,情殊可悯。其所以致此之原因,半由预算过差,半由疾疫流行,死亡过众,难以施工。夫预算过差,尚可挽也;疾疫流行,不可救也。盖当时科学无今日之进步,多以为地气恶厉,非人事所能为力,而不留意卫生。乃近年科学进步,始知一切疾疫皆由微生物所致,而巴拿马之黄热疫则由蚊子所传染。其后美国政府决议继续开凿巴拿马运河也,由千九百零四年起,先从事于除灭蚊子,改良卫生。此事既竣,由千九百零七年起始行施工,至千九百十五年则完全告成,而大西洋、太平洋之联络通矣。由此观之,地拉涉氏失败之大原因者,在不知蚊子之为害而忽略之也;美国政府之成功者,在知蚊子之为害而先除灭之也。此"行之非艰,知之惟艰",中外运河之工程可为铁证者七也。

自古制器尚象,开物成务,中国实在各国之先。而创作之物,大有助于世界文明之进步者,不一而足。如印版也,火药也,瓷器也,丝茶也,皆为人类所需要者也。更有一物,实开今日世界交通之盛运,成今日环球一家之局者,厥为罗经。古籍所载指南车,有谓创于黄帝者,有谓创于周公者,莫衷一是。然中国发明磁石性质而制为指南针,由来甚古,可无疑义。后西人仿而用之,航海事业于以发达。倘无罗经以定方向,则汪洋巨浸,水天一色,四顾无涯,谁敢冒险远离海岸,深蹈迷途,而赴不可知之地哉?若无罗经为航海之指导,则航业无由发达,而世界文明必不能臻于今日之地位。罗经之为用,诚大矣哉!然则罗经者,何物也?曰:是一简单之电机也。人

① 地士剌厘:今译迪斯雷利(B. Disraeli)。

类之用电气者,以指南针为始也。自指南针用后,人类乃从而注意于研究磁针之指南、磁石之引铁,经千百年之时间,竭无穷之心思学力,而后发明电气之理。乃知电者,无质之物也,其性与光热通,可互相变易者也。其为物弥漫六合,无所不入,无所不包;而其运行于地面也,有一定之方向,自南而北,磁铁受电之感,遂成为南北向之性。如定风针之为风所感,而从风向之所之者,同一理也。往昔电学不明之时,人类视雷电为神明而敬拜之者,今则视之若牛马而役使之矣。今日人类之文明,已进于电气时代矣,从此人之于电,将有不可须臾离者矣。观于通都大邑之地,其用电之事以日加增,点灯也用电,行路也用电,讲话也用电,传信也用电,作工也用电,治病也用电,炊爨也用电,御寒也用电。以后电学更明,则用电之事更多矣。以今日而论,世界用电之人已不为少,然能知电者,有几人乎?每遇新创制一电机,则举世从而用之,如最近之大发明为无线电报,不数年则已风行全世。然当研究之时代,费百十年之工夫,竭无数学者之才智,各贡一知,而后得成全此无线电之知识。及其知识真确,学理充满,而乃本之以制器,则无所难矣。器成而以之施用,则更无难矣。是今日用无线电以通信者,人人能之也。而司无线电之机生,以应人之通信者,亦不费苦学而能也。至于制无线电机之工匠,亦不过按图配置,无所难也。其最难能可贵者,则为研求无线电知识之人。学识之难关一过,则其他之进行,有如反掌矣。以用电一事观之,人类毫无电学知识之时,已能用磁针而制罗经,为航海指南之用;而及其电学知识一发达,则本此知识而制出奇奇怪怪层出不穷之电机,以为世界百业之用。此"行之非艰,知之惟艰",电学可为铁证者八也。

近世科学之发达,非一学之造诣,必同时众学皆有进步,互相资助,彼此乃得以发明。与电学最有密切之关系者为化学,倘化学不进步,则电学必难以发达;亦惟有电学之发明,而化学乃能进步也。然为化学之元祖者,即道家之烧炼术也。古人欲得不死之药,于是方士创烧炼之术以求之。虽不死之药不能骤得,而种种之化学工业则由之以兴,如制造朱砂、火药、瓷器、豆腐等事业其最著者;其他之工业,与化学有关系,由烧炼之术而致者,不可胜数也。中国之有化学制造事业,已数千年于兹,然行之而不知其道,并不知其名,比比皆是也。吾国学者今多震惊于泰西之科学矣。而科学之最神奇奥妙者,莫化学若;而化学之最难研究者,又莫有机体之物质若;有机体之物质之最重要者,莫粮食若。近日泰西生理学家,考出六畜之肉中涵有伤生之物甚多,故食肉之人,多有因之而伤生促寿者。然人身所需之滋养料以肉食为最多,若舍肉食而他求滋养之料,则苦无其道。此食料之卫生问题,为泰西学士所欲解决者非一日矣。近年生物科学进步甚速,法国化学家多伟大之发明,如裴在辂氏创有机化学,以化合之法制有机之质,且有以化学制养料之理想;巴斯德氏发明微生物学,以成生物化学;高第业氏以生物化学研究食品,明肉食之毒质,定素食之优长。吾友李石曾留学法国,并游于巴氏、高氏之门,以研究农学而注意大豆,以与开"万国乳会"而主张豆乳,由豆乳代牛乳之推广而主张以豆食代肉食,远引化学诸家之理,近应素食卫生之需,此巴黎豆腐公司之所由起也。夫中国人之食豆腐尚矣,中国人之造豆腐多矣,甚至穷乡僻壤三家村中亦必有一豆腐店,吾人无不以末技微业视之,岂知此即为最奇妙之有机体化学制造耶?岂知此即为最合卫生、最适经济之食料耶?又岂知此等末技微业,即为泰西今日最著名科学家之所苦心孤诣研求而不可得者耶?又夫陶器之制造,由来甚古。巴比伦、埃及则有以瓦为书,以瓦为郭;而墨西哥、比鲁等地,于西人未发见美洲以前,亦已有陶器。而近代文明之国,其先祖皆各能自造陶器。是知烧土成器,凡人类文明一进至火食时代则能为之。惟瓷器一物,则独为中国之创制,而至今亦犹以中国为最精。当一千五百四十年之时,有法人白里思者,见法贵族中有中国瓷器,视为异宝,而决志仿制之,务使民间家家皆能享此异宝。于是苦心孤诣,从事于研究,费十六年之心思,始制出一种似瓷之陶器。此为欧洲仿制中国瓷器之始。至近代泰西化学大明,各种工业从而发达,而其制瓷事业亦本化学之知识而施工,始能与中国之瓷质相伯仲。惟如明朝之景泰、永乐,清朝之康熙、乾隆等时代所制之各种美术瓷器,其彩色质地,则至今仍不能仿效也。夫近时化学之进步,可谓登峰造极矣,其神妙固非吾古代烧炼之术可比,则二十年前之化学家亦梦想所不到也。前者之化学,有有机体与无机体之分,今则已无界限之可别,因化学之技术已能使无机体变为有机体矣。又前之所谓元素、所谓元子者,今亦推翻矣。因至镭质发明之后,则知前之所谓元素者,更有元素以成之;元子者,更有元子以成之。从此化学界当另辟一新天地也。西人之仿造中国瓷器,专赖化学以分析,而瓷之体质、瓷之色料一以化学验之,无微不释。然其烧炼之技术,则属夫人工与物理之关系,此等技术今已失传,遂成为绝艺,故仿效无由。此欧美各国所以贵中国明清两代之瓷,有出数十万金而求一器者。今藏于法、英、美等国之博物院中者,则直视为希世之异宝也。然当时吾国工匠之制是物者,并不知物理、化学为何物者也。此"行之非艰,知之惟艰",化学可为铁证者九也。

进化论乃十九世纪后半期,达文[①]氏之《物种来由》[②]出现而后始大发明者也,由是乃知世界万物皆由进化而成。然而古今来聪明睿知之士,欲穷天地万物何由而成者众矣,而卒莫能知其道也。二千年前,希腊之哲奄比多加利氏及地摩忌里特氏[③],已有见及天地万物当由进化而成者。无如继述无人,至梳格底、巴列多[④]二氏之学兴后,则进化之说反因之而晦。至欧洲维新以后,思想渐复自由,而德之哲学家史宾那沙氏及礼尼诗氏[⑤]二人,穷理格物,再开进化论之阶梯;达文之祖则宗述礼尼诗者也。嗣后科学日昌,学者多有发明,其最著者,于天文学则有拉巴剌氏,于地质学则有利里氏,于动物学则

---

① 达文:今译达尔文。

② 《物种来由》:今译《物种起源》。

③ 比多加利氏、地摩忌里特氏:今译毕达哥拉斯、德谟克利特。

④ 梳格底、巴列多:今译苏格拉底、柏拉图。

⑤ 史宾那沙氏、礼尼诗氏:今译斯宾诺莎、莱布尼茨,下同。

有拉麦氏，此皆各从其学而推得进化之理者，洵可称为进化论之先河也。至达文氏则从事于动物之实察，费二十年勤求探讨之功，而始成其《物种来由》一书，以发明物竞天择之理。自达文之书出后，则进化之学，一旦豁然开朗，大放光明，而世界思想为之一变，从此各种学术皆依归于进化矣。夫进化者，自然之道也。而物竞天择，适者生存，不适者淘汰，此物种进化之原则也。此种原则，人类自石器时代以来，已能用之以改良物种，如化野草为五谷，化野兽为家畜，以利用厚生者是也。然用之万千年，而莫由知其道，必待至科学昌明之世，达文氏二十年苦心孤诣之功而始知之。其难也如此。夫进化者，时间之作用也，故自达文氏发明物种进化之理，而学者多称之为时间之大发明，与奈端[①]氏之摄力为空间之大发明相媲美。

而作者则以为进化之时期有三：其一为物质进化之时期，其二为物种进化之时期，其三则为人类进化之时期。元始之时，太极（此用以译西名"伊太"[②]也）动而生电子，电子凝而成元素，元素合而成物质，物质聚而成地球，此世界进化之第一时期也。今太空诸天体多尚在此期进化之中。而物质之进化，以成地球为目的。吾人之地球，其进化几何年代而始成，不可得而知也。地球成后以至于今，按科学家据地层之变动而推算，已有二千万年矣。由生元之始生而至于成人，则为第二期之进化。物种由微而显，由简而繁，本物竞天择之原则，经几许优胜劣败，生存淘汰，新陈代谢，千百万年，而人类乃成。人类初出之时，亦与禽兽无异；再经几许万年之进化，而始长成人性。而人类之进化，于是乎起源。此期之进化原则，则与物种之进化原则不同：物种以竞争为原则，人类则以互助为原则。社会国家者，互助之体也；道德仁义者，互助之用也。人类顺此原则则昌，不顺此原则则亡。此原则行之于人类当已数十万年矣。然而人类今日犹未能尽守此原则者，则以人类本从物种而来，其入于第三期

---

① 奈端：今译牛顿。

② "伊太"：今译"以太"。

之进化为时尚浅,而一切物种遗传之性尚未能悉行化除也。然而人类自入文明之后,则天性所趋,已莫之为而为,莫之致而致,向于互助之原则,以求达人类进化之目的矣。人类进化之目的为何? 即孔子所谓"大道之行也,天下为公",耶稣所谓"尔旨得成,在地若天",此人类所希望,化现在之痛苦世界而为极乐之天堂者是也。近代文明进步,以日加速,最后之百年已胜于以前之千年,而最后之十年又胜已往之百年,如此递推,太平之世当在不远。乃至达文氏发明物种进化之物竞天择原则后,而学者多以为仁义道德皆属虚无,而争竞生存乃为实际,几欲以物种之原则而施之于人类之进化,而不知此为人类已过之阶级,而人类今日之进化已超出物种原则之上矣。此"行之非艰,而知之惟艰",进化论可为铁证者十也。

倘仍有不信吾"行易知难"之说者,请细味孔子"民可使由之,不可使知之",此"可"字当作"能"解。可知古之圣人亦尝见及,惜其语焉不详,故后人忽之,遂致渐入迷途,一往不返,深信"知之非艰,行之惟艰"之说,其流毒之烈,有致亡国灭种者,可不惧哉! 中国、印度、安南、高丽等国之人,即信此说最笃者也。日本人亦信之,惟尚未深,故犹能维新改制而致富强也。欧美之人,则吾向未闻有信此说者。当此书第一版付梓之夕,适杜威博士至沪,予特以此质证之。博士曰:"吾欧美之人,只知'知之为难'耳,未闻'行之为难'也。"又有某工学博士为予言曰,彼初进工学校,有教师引一事实以教"知难行易",谓有某家水管偶生窒碍,家主即雇工匠为之修理。工匠一至,不过举手之劳,而水管即复回原状。而家主叩以工值几何,工匠曰:"五十元零四角。"家主曰:"此举手之劳,我亦能为之,何索值之奢而零星也? 何以不五十元,不五十一元,而独五十元零四角,何为者?"工匠曰:"五十元者,我知识之值也;四角者,我劳力之值也。如君今欲自为之,我可取消我劳力之值,而只索知识之值耳。"家主哑然失笑,而照索给之。此足见"行易知难",欧美已成为常识矣。

第五章 知行总论

总而论之,有此十证以为“行易知难”之铁案,则“知之非艰,行之惟艰”之古说,与阳明“知行合一”之格言,皆可从根本上而推翻之矣。

或曰:“行易知难之十证,于事功上诚无间言,而于心性上之知行,恐非尽然也。”吾于此请以孟子之说证之。《孟子》“尽心”章曰:“行之而不著焉,习矣而不察焉,终身由之而不知其道者,众也。”此正指心性而言也。由是而知“行易知难”,实为宇宙间之真理,施之于事功,施之于心性,莫不皆然也。若夫阳明“知行合一”之说,即所以勉人为善者也。推其意,彼亦以为“知之非艰”,而“行之惟艰”也;惟以人之上进,必当努力实行,虽难有所不畏,既知之则当行之,故勉人以为其难。遂倡为“知行合一”之说曰:“即知即行,知而不行,是为不知。”其勉人为善之心,诚为良苦。无如其说与真理背驰,以难为易,以易为难;勉人以难,实与人性相反。是前之能“行之而不著焉,习矣而不察焉,终身由之而不知其道者”,今反为此说所误,而顿生畏难之心,而不敢行矣。此阳明之说,虽为学者传诵一时,而究无补于世道人心也。

或曰:“日本维新之业,全得阳明学说之功,而东邦人士咸信为然,故推尊阳明极为隆重。”不知日本维新之前,犹是封建时代,其俗去古未远,朝气尚存;忽遇外患凭凌,幕府无措,有志之士激于义愤,于是倡尊王攘夷之说以鼓动国人。是犹义和团之倡扶清灭洋,同一步调也。所异者,则时势有幸有不幸耳。及其攘夷不就,则转而师夷,而维新之业乃全得师夷之功。是日本之维新,皆成于行之而不知其道者,与阳明“知行合一’”之说实风马牛之不相及也。倘“知行合一”之说果有功于日本之维新,则亦必能救中国之积弱,何以中国学者同是尊重阳明，而效果异趣也。此由于中国习俗去古已远，暮气太深，顾虑之念，畏难之心，较新进文明之人为尤甚。故日本之维新，不求知而便行。中国之变法，则非先知而不肯行，及其既知也，而犹畏难而不敢行，盖误于以行之较知之为尤难故也。夫维新变法，国之大事也，多有不能前知者，必待行之成之而后乃能知之也。是故日本之维新，多赖冒险精神，不先求知而行之；及其成功也，乃名之曰维新而已。中国之变法，必先求知而后行，而知永不能得，则行永无其期也。由是观之，阳明"知行合一"之说，不过不能阻朝气方新之日本耳，未尝有以助之也；而施之暮气既深之中国，则适足以害之矣。夫"知行合一"之说，若于科学既发明之世，指一时代一事业而言，则甚为适当；然阳明乃合知行于一人之身，则殊不通于今日矣。以科学愈明，则一人之知行相去愈远，不独知者不必自行，行者不必自知，即同为一知一行，而以经济学分工专职之理施之，亦有分知分行者也。然则阳明"知行合一"之说，不合于实践之科学也。

予之所以不惮其烦，连篇累牍以求发明"行易知难"之理者，盖以此为救中国必由之道也。夫中国近代之积弱不振、奄奄待毙者，实为"知之非艰，行之惟艰"一说误之也。此说深中于学者之心理，由学者而传于群众，则以难为易，以易为难。遂使暮气畏难之中国，畏其所不当畏，而不畏其所当畏。由是易者则避而远之，而难者又趋而近之。始则欲求知而后行，及其知之不可得也，则惟有望洋兴叹，而放去一切而已。间有不屈不挠之士，费尽生平之力以求得一知者，而又以行之尤为难，则虽知之而仍不敢行之。如是不知固不欲行，而知之又不敢行，则天下事无可为者矣。此中国积弱衰败之原因也。夫畏难本无害也，正以有畏难之心，乃适足导人于节劳省事，以取效呈功。此为经济之原理，亦人生之利便也。惟有难易倒置，使欲趋避者无所适从，斯为害矣。旷观中国有史以来，文明发达之迹，其事昭然若揭也。唐虞三代，甫由草昧而入文明；乃至成周，则文物已臻盛轨，其时之政治制度、道德文章、学术工艺几与近代之欧美并驾齐驱，其进步之速大非秦汉以后所能望尘追迹也。中国由草昧初开之世以至于今,可分为两时期:周以前为一进步时期,周以后为一退步时期。夫人类之进化,当然踵事增华,变本加厉,而后来居上也。乃中国之历史,适与此例相反者,其故何也?此实"知之非艰,行之惟艰"一说有以致之也。三代以前,人类混混噩噩,不识不知,行之而不知其道,是以日起有功,而卒底于成周之治化,此所谓不知而行之时期也。由周而后,人类之觉悟渐生,知识日长,于是渐进而入于欲知而后行之时期矣。适于此时也,"知之非艰,行之惟艰"之说渐中于人心,而中国人几尽忘其远祖所得之知识皆从冒险猛进而来,其始则不知而行之,其继则行之而后知之,其终则因已知而更进于行。古人之得其知也,初或费千百年之时间以行之,而后乃能知之;或费千万人之苦心孤诣,经历试验而后知之。而后人之受之前人也,似于无意中得之。故有以知为易,而以行为难,此直不思而已矣。当此欲知而后行之时代,适中于"知易行难"之说,遂不复以行而求知,因知以进行。此三代而后,中国文化之所以有退无进也。

夫以今人之眼光,以考世界人类之进化,当分为三时期:第一由草昧进文明,为不知而行之时期;第二由文明再进文明,为行而后知之时期;第三自科学发明而后,为知而后行之时期。欧美幸而无"知易行难"之说为其文明之障碍,故能由草昧而进文明,由文明而进于科学。其近代之进化也,不知固行之,而知之更乐行之,此其进行不息,所以得有今日突飞之进步也。当元代时有意大利人马可波罗者,曾游仕中国,致仕后回国,著书述中国当时社会之文明,工商之发达,艺术之进步,欧人见之尚惊为奇绝,以为世界未必有如此文明进化之国也。是犹中国人士于三十年前见张德彝之《四述奇》一书,所志欧洲文明景象,而以为荒唐无稽者同一例也。是知欧洲六百年前之文物,尚不及中国当时远甚。而彼近一二百年来之进步,其突飞速率,有非我梦想所能及也。日本自维新以后五十年来,其社会之文明,学术之发达,工商之进步,不独超过于彼数千年前之进化,且较之欧洲为尤速,此皆科学为之也。自科学发明之后,人类乃始能有具以求其知，故始能进于知而后行之第三时期之进化也。

夫科学者，统系之学也，条理之学也。凡真知特识，必从科学而来也。舍科学而外之所谓知识者，多非真知识也。如中国之习闻，有谓天圆而地方、天动而地静者，此数千年来之思想见识，习为自然，无复有知其非者，然若以科学按之以考其实，则有大谬不然者矣。又吾俗呼养子为螟蛉，盖有取于蜾蠃变螟蛉之义。古籍所传，螟蛉桑虫也，蜾蠃蜂虫也，蜂虫无子，取桑虫蔽而殪之，幽而养之，祝曰"类我，类我"，久则化而成蜂虫云。吾人以肉眼骤察之，亦必得同等之判决也。惟以科学之统系考之，物类之变化未有若是其突然者也。若加以理则之视察，将蜾蠃之"取螟蛉，蔽而殪之，幽而养之"之事，集其数起，别其日数，而同时考验之。又以其一起分日考验之，以观其变态。则知蜾蠃之取螟蛉，蔽而殪之是也，幽而养之非也。蔽而殪之之后，蜾蠃则生卵于螟蛉之体中，及蜾蠃之子长，则以螟蛉之体为粮。所谓幽而养之者，即幽螟蛉以养蜾蠃之子也。是蜾蠃并未变螟蛉为已子也，不过以螟蛉之肉，为已子之粮耳。由此事之发明，令吾人证明一医学之妙术，为蜾蠃行之在人类之先，即用蒙药是也。夫蜾蠃之蔽螟蛉于泥窝之中，即用其蜂螫以灌其毒于螟蛉之脑髓而蒙之，使之醉而不死，活而不动也。若螟蛉立死，则其体即成腐败，不适于为粮矣。若尚生而能动，则必破泥窝而出，而蜾蠃之卵亦必因而破坏，难以保存以待长矣。是故为蜾蠃者，为需要所迫，而创蒙药之术以施之于螟蛉。夫蒙药之术，西医用之以治病者尚不满百年，而不期蜾蠃之用之，已不知几何年代矣。由此观之，凡为需要所迫，不独人类能应运而出，创造发明，即物类亦有此良能也。是行之易，知之难，人类有之，物类亦然。惟人类则终有觉悟之希望，而物类则永无能知之期也。吾国人所谓"知之非艰"，其所知者大都类于天圆地方、天动地静、螟蛉为子之事耳。

夫人群之进化，以时考之，则分为三时期，如上所述：曰不知而行之时期，曰行而后知之时期，曰知而后行之时期。而以人言之，则有三系焉：其一先知先觉者，为创造发明；其二后知后觉者，为仿效推行;其三不知不觉者,为竭力乐成。有此三系人相需为用,则大禹之九河可疏,秦皇之长城能筑也。乃后世之人,误于“知之非艰”之说,虽有先知先觉者之发明,而后知后觉者每以为知之易而忽略之,不独不为之仿效推行,且目之为理想难行,于是不知不觉者则无由为之竭力乐成矣。所以秦汉以后之事功,无一能比于大禹之九河与始皇之长城者,此也。岂不可慨哉!

方今革命造端之始,开吾国数千年来未有之局,又适为科学昌明之时,知之则必能行之,知之则更易行之。以我四万万优秀文明之民族,据有四百二十七万方咪之土地(较之日本前有土地不过十四万余方咪,今有土地亦不过二十六万方咪耳),为世界独一广大之富源,正所谓以有为之人,据有为之地,而遇有为之时者也。倘使我国之后知后觉者,能毅然打破“知之非艰,行之惟艰”之迷信,而奋起以仿效,推行革命之三民主义、五权宪法,而建设一世界最文明进步之中华民国,诚有如反掌之易也。如有河汉予言者,即请以美国之革命与日本之维新以证之。

夫美国之革命,以三百万人据大西洋沿岸十三州之地,与英国苦战八年,乃得脱英之羁厄而独立。其地为蛮荒大陆,内有红番之抵拒,外有强敌之侵凌,荜路蓝缕,开始经营,其时科学尚未大明。其地位,其时机,则万不如我今日之优美也。其建国之资,可为之具,又万不如我今日之丰富也。其人数,则不及我今日百分之一也。然其三百万之众,皆具冒险之精神,远大之壮志,奋发有为,积极猛进。故自一千七百七十六年七月四日宣布独立,至今民国八年,为时不过一百四十三年耳,而美国已成为世界第一富强之国矣。日本维新之初,人口不及我十分之一,其土地则不及我四川一省之大,其当时之知识学问尚远不如我之今日也。然能翻然觉悟,知锁国之非计,立变攘夷为师夷,聘用各国人才,采取欧美良法,力图改革。美国需百余年而达于强盛之地位者,日本不过五十年,直三分之一时间耳。准此以推,中国欲达于富强之地位,不过十年已足矣。

或犹不信者,请观于暹罗之维新。暹罗向本中国藩属之一,土地约等于四川一省,人口不过八百万,其中为华侨子孙者约二三百万,余皆半开化之蛮族耳。论其人民之知识,则万不及中国,其全国之工商事业悉操于华侨之手。论其国势,则界于英法两强领土之间,疆土日削,二十年前几岌岌可危,朝不保夕。其王室亲近,乃骤然发奋为雄,仿日本之维新,聘用外才,采行西法,至今不过十余年,则全国景象为之一新,文化蒸蒸日上。今则居然亚东一完全独立国,而国际之地位竟驾乎中国之上矣。今日亚东之独立国只有日本与暹罗耳,中国尚未得称为完全之独立国也,只得谓之为半独立国而已。盖吾国之境内尚有他国之租界,有他国之治权,吾之海关犹握于外人之手,日本、暹罗则完全脱离此羁厄也。是知暹罗之维新,比之日本更速;暹罗能之,则中国更无不能矣。道在行之而已。

学者至此,想当了然于行之易而知之难矣。故天下事惟患于不能知耳,倘能由科学之理则以求得其真知,则行之决无所难,此已十数回翻覆证明,无可疑义矣。然则行之之道为何?即全在后知后觉者之不自惑以惑人而已。上所谓文明之进化,成于三系之人:其一、先知先觉者即发明家也,其二、后知后觉者即鼓吹家也,其三、不知不觉者即实行家也。由此观之,中国不患无实行家,盖林林总总者皆是也。乃吾党之士有言曰:某也理想家也,某也实行家也。其以二三人可为改革国事之实行家,真谬误之甚也。不观今之外人在上海所建设之宏大工厂、繁盛市街、崇伟楼阁,其实行家皆中国之工人也,而外人不过为理想家、计划家而已,并未有躬亲实行其建设之事也。故为一国之经营建设所难得者,非实行家也,乃理想家、计划家也。而中国之后知后觉者,皆重实行而轻理想矣。是犹治化学,而崇拜三家村之豆腐公,而忽于裴在辂、巴斯德等宿学也。是犹治医学,而崇拜蜂虫之蜾蠃,而忽于发明蒙药之名医也。盖豆腐公为生物化学之实行家,蜾蠃为蒙药之实行家也,有是理乎?乃今之后知后觉者,悉中此病,所以不能鼓吹舆论、倡导文明,而反足混乱是非、阻碍进化也。是故革命以来,而建设事业不能进行者,此也。予于是乎不得不彻底详辟,欲使后知后觉者了然于向来之迷误,而翻然改图,不再为似是而非之说以惑世,而阻挠吾林林总总之实行家,则建设前途大有希望矣。

第六章 能知必能行

当今科学昌明之世,凡造作事物者,必先求知而后乃敢从事于行。所以然者,盖欲免错误而防费时失事,以冀收事半功倍之效也。是故凡能从知识而构成意像,从意像而生出条理,本条理而筹备计划,按计划而用工夫,则无论其事物如何精妙、工程如何浩大,无不指日可以乐成者也。近日之无线电、飞行机,事物之至精妙者也,美国之一百二十余万里铁路(当一千九百十六年十二月三十一日美国收其全国铁路归政府管理时,其路线共长三十九万七千零十四英里,成本一百九十六万万余元美金,合中国洋银三百九十二万万元)与夫苏伊士、巴拿马两运河,工程之至浩大者也,然于科学之原理既知,四周之情势皆悉,由工师筹定计划,则按计划而实行之,已为无难之事矣。此事实俱在,彰彰可考,吾国人当可一按而知也。

予之于革命建设也,本世界进化之潮流,循各国已行之先例,鉴其利弊得失,思之稔熟,筹之有素,而后订为革命方略,规定革命进行之时期为三:第一、军政时期,第二、训政时期,第三、宪政时期。第一为破坏时期,拟在此时期内施行军法,以革命军担任打破满清之专制、扫除官僚之腐败、改革风俗之恶习、解脱奴婢之不平、洗净鸦片之流毒、破灭风水之迷信、废去厘卡之阻碍等事。第二为过渡时期,拟在此时期内施行约法(非现行者),建设地方自治,促进民权发达。以一县为自治单位,县之下再分为乡村区域,而统于县。每县于敌兵驱除、战事停止之日,立颁布约法,以之规定人民之权利义务与革命政府之统治权。以三年为限,三年期满,则由人民选举其县官。或于三年之内,该县自治局已能将其县之积弊扫除如上所述者，及能得过半数人民能了解三民主义而归顺民国者，能将人口清查、户籍厘定、警察、卫生、教育、道路各事照约法所定之低限程度而充分办就者，亦可立行自选其县官，而成完全之自治团体。革命政府之对于此自治团体，只能照约法所规定而行其训政之权。俟全国平定之后六年，各县之已达完全自治者，皆得选举代表一人，组织国民大会，以制定五权宪法。以五院制为中央政府：一曰行政院，二曰立法院，三曰司法院，四曰考试院，五曰监察院。宪行制定之后，由各县人民投票选举总统以组织行政院，选举代议士以组织立法院，其余三院之院长由总统得立法院之同意而委任之，但不对总统、立法院负责，而五院皆对于国民大会负责。各院人员失职，由监察院向国民大会弹劾之；而监察院人员失职，则国民大会自行弹劾而罢黜之。国民大会职权，专司宪法之修改，及制裁公仆之失职。国民大会及五院职员，与夫全国大小官吏，其资格皆由考试院定之。此五权宪法也。宪法制定，总统、议员举出后，革命政府当归政于民选之总统，而训政时期于以告终。第三为建设完成时期，拟在此时期始施行宪政，此时一县之自治团体，当实行直接民权。人民对于本县之政治，当有普通选举之权、创制之权、复决之权、罢官之权，而对于一国政治除选举权之外，其余之同等权则付托于国民大会之代表以行之。此宪政时期，即建设告竣之时，而革命收功之日。此革命方略之大要也。

乃于民国建元之初，予则极力主张施行革命方略，以达革命建设之目的，实行三民主义，而吾党之士多期期以为不可。经予晓喻再三，辩论再四，卒无成效，莫不以为予之理想太高，“知之非艰，行之惟艰”也。呜呼！是岂予之理想太高哉？毋乃当时党人之知识太低耶？予于是乎不禁为之心灰意冷矣！夫革命之有破坏，与革命之有建设，固相因而至、相辅而行者也。今于革命破坏之后，而不开革命建设之始，是无革命之建设矣；既无革命之建设，又安用革命之总统为？此予之所以萌退志，而于南京政府成立之后，仍继续停战、重开和议也。至今事过情迁，则多有怪予于民国建元之后，不当再允和议、甘让总统者。然假使予仍为总统,而党员于破坏成功之后,已多不守革命之信誓,不从领袖之主张,纵能以革命党而统一中国,亦不能行革命之建设,其效果不过以新官僚而代旧官僚而已。其于国家治化之源,生民根本之计,毫无所补,是亦以暴易暴而已。夫如是,则予无为总统之必要也。

或者不察,有以为予当时之势力不及袁世凯,故不得不与之议和,苟且了事者;甚有诬为受袁世凯百万之贿,遂以总统让之者。事至今日,已可不待辩而明矣。苟予果贪也,则必不以百万而去总统之位矣。不观今日一督军一年之聚敛几何,一师长一年之侵吞几何,诬者果视予贪而且愚一至此耶!至谓于民国建元之后,予之势力不及袁世凯,则更拟于不伦也。夫当时民国已有十五省,而山东、河南民党亦蜂起,直隶则军队且内应,稍迟数月,当可全国一律光复,断无疑义也。且舍当时情势不计,而以前后之事较之,当明予非畏袁世凯之势力而议和者。夫革命成功以前,予曾经十次之失败,而奋斗之气犹不少衰。民国二年,袁世凯已统一全国,而予已不问政治而从事实业矣,乃以暗杀宋教仁故,予时虽手无寸兵,而犹不畏之,而倡议讨袁。惜南方同志持重,不敢先发制人,致遭失败。讨袁军败后,同人皆颓丧不振,无敢主张再行革命者,予知袁氏必将帝制自为,乃组织中华革命党以为之备,散布党员于各省,提倡反对帝制。是故袁氏之帝制未成,而反对之人心已备,帝制一发,全国即起而扑灭之也。由此观之,则予非由畏势力而去总统,乃以不能行革命之建设而去总统,当可以了然于国人之心目中矣。夫如是,然后能明予之志,而领会于予革命建设之微意也。

何谓革命之建设?革命之建设者,非常之建设也,亦速成之建设也。夫建设固有寻常者,即随社会趋势之自然,因势利导而为之,此异乎革命之建设者也。革命有非常之破坏,如帝统为之斩绝,专制为之推翻;有此非常之破坏,则不可无非常之建设。是革命之破坏与革命之建设必相辅而行,犹人之两足、鸟之双翼也。惟民国开创以来,既经非常之破坏,而无非常之建设以继之。此所以祸乱相寻，江流日下，武人专横，政客捣乱，而无法收拾也。盖际此非常之时，必须非常之建设，乃足以使人民之耳目一新，与国更始也。此革命方略之所以为必要也。

试观民国以前之大革命，其最轰轰烈烈者为美与法。美国一经革命而后，所定之国体，至今百余年而不变。其国除黑奴问题生出国内南北战争一次而外，余无大变乱，诚可谓一经革命而后，其国体则一成不变，长治久安，文明进步，经济发达，为世界之冠。而法国一经革命之后，则大乱相寻，国体五更，两帝制而三共和；至八十年后，穷兵黩武之帝为外敌所败，身为降虏，而共和之局乃定。较之美国，其治乱得失，差若天壤者，其故何也？说者多称华盛顿有仁让之风，所以开国之初，有黄袍之拒；而拿破仑野心勃勃，有鲸吞天下之志，所以起共和而终帝制。而不知一国之趋势，为万众之心理所造成，若其势已成，则断非一二因利乘便之人之智力所可转移也。夫华、拿二人之于美、法之革命，皆非原动者。美之十三州既发难抗英而后，乃延华盛顿出为之指挥，法则革命起后，乃拔拿破仑于偏裨之间，苟使二人易地而处，想亦皆然。是故华、拿之异趣，不关乎个人之贤否，而在其全国之习尚也。

美国土地向为蛮荒大陆，英人移居于其地者，不过二百余年。英人素富于冒险精神、自治能力，至美而后即建设自治团体，随成为十三州。虽归英王统治之下，然鞭长莫及，无异海外扶余，英国对之不过羁縻而已。及一旦征税稍苛，十三州则联合以抵抗。此革命之所由起也。血战八年而得独立，遂创立亚美利加之联邦为共和国。其未独立以前，十三州已各自为政，而地方自治已极发达；故其立国之后，政治蒸蒸日上，以其政治之基础全恃地方自治之发达也。其余中美、南美之各拉丁人种之殖民地，百十年来亦先后仿美国，而脱离其母国以改建共和。然其政治进步之不如美国而变乱常见者，则全系乎其地方自治之基础不巩固也。然其一脱母国统治而建共和之后，大小十九国，除墨西哥为外兵侵入、强改帝制外，无一推翻共和者。此皆得立国于新天地之赐，故能洗除旧染之污，而永远脱离君政之治也。法国则不然。法虽为欧洲先进文化之邦,人民聪明奋厉,且于革命之前曾受百十年哲理民权之鼓吹,又模范美国之先例,犹不能由革命一跃而几于共和宪政之治者,其故何也?以彼之国体向为君主专制,而其政治向为中央集权,无新天地为之地盘,无自治为之基础也。

我中国缺憾之点悉与法同,而吾人民之知识、政治之能力更远不如法国,而予犹欲由革命一跃而几于共和宪政之治者,其道何由?此予所以创一过渡时期为之补救也。在此时期,行约法之治,以训导人民,实行地方自治。惜当时同志不明其故,不行予所主张,而只采予约法之名,以定临时宪法,以为共和之治可不由其道而一跃可几。当时众人之所期者实为妄想,顾反以予之方略计划为难行,抑何不思之甚也!

当予鼓吹革命之时,拟创建共和于中国,欧美学者亦多以为不可,彼等盖有鉴于百年来之历史,而重乎其言之也。民国建元前一年,予过伦敦。有英国名士加尔根者,曾遍游中土,深悉吾国风土人情,著书言中国事甚多,其《中国变化》一书尤为中肯。彼闻予提倡改中国为共和,怀疑满腹,以为万不可能之事,特来旅馆与予辩论者,数日不能释焉。迨予示以革命方略之三时期,彼乃涣然冰释,欣然折服,喟然而叹曰:"有如此计划,当然可免武人专制、政客捣乱于民权青黄不接之际也。而今而后,吾当助予鼓吹。"故于武昌起义之后,东方之各西文报,皆盛传吾于民国建设之计划,满盘筹备,成竹在胸,不日当可见之施行,凡同情于中国之良友当拭目以观其成也云云。此皆加尔根氏在伦敦各报为吾游扬之言论也。惜予就总统职后,此种计划,为同志所格而不行,遂致欧美同情之士亦大失所望。而此后欧美学界之知吾计划者,亦不敢再为游扬吾说;而不知者,则多以中国人民知识程度不足,断不能行共和之治矣。此所以美国著名之宪法学者古德诺氏,有劝袁世凯帝制之举也。

中国人对于古德诺氏劝袁帝制一事,颇为诧异,以为彼乃共和国之一学者,何以不右共和而扬帝制?多有不明其故者。予廉得其情,惟彼为共和国人,斯有共和国之经验,而美国人尤饱尝知识程度不足之人民之害也。美国之外来人民,一入美境数年,即享民权;美国之黑奴,一释放后,立享民权。而美国政客,利用此两种人之民权而捣出滔天之乱,为正人佳士所恼煞者。不知若干年,始定有不识字之人不得享国民权利之禁例,以防止此等捣乱。是以彼中学者,一闻知识程度不足之人民欲建设共和,则几有痛心疾首,期期以为不可者,此亦古德诺氏之心理也。

夫中国人民知识程度之不足,固无可隐讳者也。且加以数千年专制之毒,深中乎人心,诚有比于美国之黑奴及外来人民知识尤为低下也。然则何为而可?袁世凯之流,必以为中国人民知识程度如此,必不能共和。曲学之士亦曰,非专制不可也。呜呼!牛也尚能教之耕,马也尚能教之乘,而况于人乎?今使有见幼童将欲入塾读书者,而语其父兄曰:"此童子不识字,不可使之入塾读书也。"于理通乎?惟其不识字,故须急于读书也。况今世界人类,已达于进化童年之运,所以自由平等之思想日渐发达,所谓世界潮流不可复压者也。故中国今日之当共和,犹幼童之当入塾读书也。然入塾必要有良师益友以教之,而中国人民今日初进共和之治,亦当有先知先觉之革命政府以教之。此训政之时期,所以为专制入共和之过渡所必要也,非此则必流于乱也。

然当同盟会成立之初,则有会员疑革命方略之难行者,谓"清朝伪立宪许人民以预备九年,今吾党之方略定以军政三年、训政六年,岂不与清朝九年相等耶?吾等望治甚急,故投身革命,若于革命成功之后,犹须九年始得宪政之治,未免太久也"云云。予答以"非此则无望造成完全之民国"。今民国改元已八年于兹矣,不独宪政之治不能期,而欲求如清朝苟且偷生犹不可得,尚何望九年之有完全民国出现耶?或又疑训政六年,得毋同于曲学者所倡之开明专制耶?曰:开明专制者,即以专制为目的;而训政者,乃以共和为目的;此所以有天壤之别也。譬如今次之世界大战争,凡参加此战争之国,无论共和、君主,皆一律停止宪政,行军政;向来人民之行动自由、言论自由、集会自由皆削夺之，甚且饮食营业皆归政府支配，而举国无有异议，且献其身命为国家作牺牲，以其目的在战胜而图存也。人之已行宪政犹且停之，况我宪政尚未发生，方欲由革命之战争以求之，岂可于开战之初即施行宪政耶？此诚幼稚无伦之思想也。今民国成立已八年矣，吾党之士，于此八年间应得无量之经验、多少之知识，若能回忆予十数年前之训诲主张，当能恍然大悟，而不再河汉予言，以为理想难行矣。

夫以中国数千年专制、退化而被征服亡国之民族，一旦革命光复，而欲成立一共和宪治之国家，舍训政一道，断无由速达也。美国之欲扶助菲岛人民以独立也，乃先从训政着手，以造就其地方自治为基础。至今不过二十年，而已不变一半开化之蛮种，以成为文明进化之民族。今菲岛之地方自治已极发达，全岛官吏，除总督尚为美人，余多为土人所充任，不日必能完全独立。将来其政治之进步，民智之发达，当不亚于世界文明之国。此即训政之效果也。美国对于菲岛何以不即许其独立，而必经一度训政之时期？此殆有鉴于当年黑奴释放后之纷扰，故行此策也。我中国人民久处于专制之下，奴性已深，牢不可破，不有一度之训政时期以洗除其旧染之污，奚能享民国主人之权利？此袁氏帝制之时而劝进者之所以多也。夫中华民国者，人民之国也。君政时代则大权独揽于一人，今则主权属于国民之全体，是四万万人民即今之皇帝也。国中之百官，上而总统，下而巡差，皆人民之公仆也。而中国四万万之人民，由远祖初生以来，素为专制君主之奴隶，向来多有不识为主人、不敢为主人、不能为主人者，而今皆当为主人矣。其忽而跻于此地位者，谁为为之？孰令致之？是革命成功而破坏专制之结果也。此为我国有史以来所未有之变局，吾民破天荒之创举也。是故民国之主人者，实等于初生之婴儿耳，革命党者即产此婴儿之母也。既产之矣，则当保养之，教育之，方尽革命之责也。此革命方略之所以有训政时期者，为保养、教育此主人成年而后还之政也。在昔专制之世，犹有伊尹、周公者，于其国主太甲、成王不能为政之时，已有训政之事。专制时代之臣仆尚且如此，况为开中国未有之基之革命党，不尤当负伊尹、周公之责，使民国之主人长成，国基巩固耶？惜乎当时之革命党，多不知此为必要之事，遂放弃责任，失却天职，致使革命事业只能收破坏之功，而不能成建设之业，故其结果不过仅得一“中华民国”之名也。悲乎！

夫破坏之革命成功，而建设之革命失败，其故何也？是知与不知之故也。予之于破坏革命也，曾十起而十败者，以当时大多数之中国人，犹不知彼为满洲之所征服，故醉生梦死，而视革命为大逆不道。其后革命风潮渐盛，人多觉悟，知满清之当革，汉族之当复，遂能一举而覆满清，易如反掌。惟对于建设之革命，一般人民固未知之，而革命党亦莫名其妙也。夫革命事业，莫难于破坏，而莫易于建设，今难者既成功，而易者反失败，其故又何也？惟其容易也，故人多不知其必要而忽略之，此其所以败也。何以谓之容易？因破坏已成，而阻力悉灭，阻力一灭，则吾人无所不可，来往自由，较之谋破坏时，稍一不慎则不测随之之际，何啻天渊。然吾人知革命排满为救国之必要，则犯难冒险而为之，及夫破坏既成，则以容易安全之建设，可以多途出之，而不必由革命之手续矣，此建设事业之所以坠也。

今以一浅显易行之事证之。吾人之立同盟会以担任革命也，先从事于鼓吹，而后集其有志于天下国家之任者，共立信誓，以实行三民主义为精神，以创立中华民国为目的。其不信仰此信条当众正式宣誓者，吾不承认其为革命党也。其初，一般之志士莫不视吾党宣誓仪文，为形式上之事，以为无补于进行。乃数年之间，革命党之势力膨胀，团体固结，卒能推倒满清者，则全赖有此宣誓之仪文，以成一党心理之结合也。一党尚如此，其况一国乎！

常人有言，中国四万万人实等于一片散沙，今欲聚此四万万散沙，而成为一机体结合之法治国家，其道为何？则必从宣誓以发其正心诚意之端，而后修、齐、治、平之望可几也。今世文明法治之国，莫不以宣誓为法治之根本手续也。故其对于入籍归化之民，则必要其宣誓表示诚心，尊崇其国体，恪守其宪章，竭力于义务，而后乃得认为国民；否则终身居其国，仍以外人相视，而不得同享国民之权利也。其对于本国之官吏、议员，亦必先行宣誓，乃得受职。若遇有国体之改革，则新国家之政府，必要全国之人民一一宣誓，以表赞同，否则且以敌人相待，而立逐出境也。此近世文明法治之通例也。请观今回战后，欧洲之新成国家、革命国家，其有能早行其国民之宣誓者，则其国必治；如有不能行此、不知行此者，则其国必大乱不止也。中国之有今日者，此也。

夫吾人之组织革命党也，乃以之为先天之国家者也，后果由革命党而造成民国。当建元之始，予首为宣誓而就总统之职，乃令从此凡文武官吏军士人民，当一律宣誓，表示归顺民国，而尽其忠勤。而吾党同志悉以此为不急之务，期期不可，极端反对，予亦莫可如何，姑作罢论。后袁世凯继予总统任，予于此点特为注重，而同人则多漠视。予以有我之先例在，决不能稍事迁就，而袁氏亦以此为不关紧要之事也，故姑惟予命是听，于是乃有宣誓服膺共和、永绝帝制之表示也。其后不幸袁氏果有背盟称帝之举，而以有此一宣誓之故，俾吾人有极大之理由以讨伐之；而各友邦亦直我而曲彼，于是乃有劝告取消之举。袁氏帝制之所以失败者，取消帝制为其极大之原因也。盖以帝制之取消，则凡为袁氏爪牙各具王侯之望者，亦悉成为空想，而斗志全消矣。此陈宧所以独立于四川，而袁氏即以此气绝也。帝制之所以不得不取消者，以列强之劝告也。列强之所以劝告者，以民党之抵抗袁氏有极充分之理由也。而理由之具体，而可执以为凭，表示于中外者，即袁氏之背誓也。倘当时袁氏无此信誓，则其称帝之日，民党虽有抵抗，而列强视之，必以民党愚而多事，而必无劝告之事；而帝制必不取消，袁氏或不致失败。何也？盖袁氏向为君主之臣仆，而不主张共和者也；而民党昧然让总统于袁，已自甘于牺牲共和矣。既甘放弃于前，而反争之于后，非愚而多事乎？惟有此信誓也，则不然矣。故得列强之主张公道，而维持中国之共和也。由是观之，信誓岂不重哉！

乃吾党之士,于民国建设之始,则以信誓为不急之务而请罢之,且以予主张为理想者,则多属乎此等浅近易行之事也。夫吾人于结党之时,已遵行宣誓之仪矣,乃于开国之初,与民更始之日,则罢此法治根本之宣誓典礼,此建设失败之一大原因也。倘革命党当时不河汉予言,则后天民国之进行,亦如先天组党之手续,凡归顺之官吏、新进之国民必当对于民国为正心诚意之宣誓,以表示其拥护民国,扶植民权,励进民生;必照行其宣誓之典礼者,乃得享民国国民之权利,否则仍视为清朝之臣民。其既宣誓而后,有违背民国之行为者,乃得科以叛逆之罪,于法律上始有根据也。如今之中华民国者,若以法律按之,则只有少数之革命党及袁世凯一人曾立有拥护民国之誓,于良心上、法律上皆不得背叛民国,而其余之四万万人原不负何等良心法律之责任也。而昔日捕戮革命党之清吏,焚杀革命党之武人,与夫反对革命党之虎伥,今则靦然为民国政府之总长、总理、总统,而毫无良心之自责、法律之制裁,此何怪于八年之间而数易国体也!

夫国者,人之积也。人者,心之器也。国家政治者,一人群心理之现象也。是以建国之基,当发端于心理。故由清朝臣民而归顺民国者,当先表示正心诚意,此宣誓之大典所以为必要也。乃革命党于结党时行之,于建国时则不行之,是以为党人时有奋厉无前之宏愿魄力,卒能成破坏之功,而建国后则失此能力,遂致建设无成,此行与不行之效果也。所以不行者,非不能也,坐于不知其为必要也。故曰能知必能行也,理想云乎哉?革命党既以予所主张建设民国之计划为理想太高,而不知按照施行,所以由革命而造成此有破坏、无建设之局,致使中国人民受此八年之痛苦矣。然而民国之建设一日不完全,则人民之痛苦一日不息,而国治民福永无可达之期也。故今后建设之责,不得独委之于革命党,而先知先觉之国民,当当仁不让而自负之也。夫革命先烈既舍身流血,而为其极艰极险之破坏事业于前矣,我国民宜奋勇继进,以完成此容易安全之建设事业于后也。国民!国民!当急起直追,万众一心,先奠国基于方寸之地,为去旧更新之始，以成良心上之建设也。予请率先行之。誓曰：

孙文正心诚意，当众宣誓：从此去旧更新，自立为国民；尽忠竭力，拥护中华民国，实行三民主义，采用五权宪法；务使政治修明，人民安乐，措国基于永固，维世界之和平。此誓！

中华民国八年正月十二日 孙文立誓

此宣誓典礼，本由政府执行之，然今日民国政府之自身尚未有此资格，则不得执行此典礼也。望有志之士，各于其本县组织一地方自治会，发起者互相照式宣誓；会成而后，由会中各员向全县人民执行之，必亲笔签名于誓章，举右手向众宣读之。其誓章藏之自治会，而发给凭照，必使普及于全县之成年男女。一县告竣，当助他县成立自治会以推行之。凡行此宣誓之典礼者，问良心，按法律，始得无憾而称为中华民国之国民，否则仍为清朝之遗民而已。民国之能成立与否，则全视吾国人之乐否行此归顺民国之典礼也。爱国之士，其率先行之。

附录 陈英士致黄克强书

克强我兄足下：

美猥以菲材，从诸公后，奔走国事，于兹有年。每怀德音，谊逾骨肉。去夏征骢东发，美正羖瘸在院，满拟力疾走别，握手倾愫，乃莫获我心。足下行期定矣，复以事先日就道，卒无从一面商榷区区之意于足下，缘何慳也！日者晤日友宫崎[①]君，述及近状，益眷眷国事，弥令美动“榛苓彼美”、“风雨君子”之思矣。

① 宫崎：即宫崎寅藏。

溯自辛亥以前，二三同志如谭、宋[①]辈过沪上时，谈及吾党健者，必交推足下；以为孙氏理想，黄氏实行。夫谓足下为革命实行家，则海内无贤无愚莫不异口同声，于足下无所增损。惟谓中山先生倾于理想，此语一入吾人脑际，遂使中山先生一切政见不易见诸施行，迨至今日犹有持此言以反对中山先生者也。然而征诸过去之事实，则吾党重大之失败，果由中山先生之理想误之耶？抑认中山先生之理想为误而反对之致于失败耶？惟其前日认中山先生之理想为误，皆致失败；则于今日中山先生之所主张，不宜轻以为理想而不从，再贻他日之悔。此美所以追怀往事而欲痛涤吾非者也。爰胪昔日反对中山先生其历致失败之点之有负中山先生者数事以告，足下其亦乐闻之否耶？

当中山先生之就职总统也，海内风云，扰攘未已，中山先生政见一未实行，而经济支绌更足以掣其肘。俄国借款，经临时参议院之极端反对，海内士夫更借口丧失利权，引为诟病。究其实，实交九七，年息五厘，即有担保，利权不碍；视后日袁氏五国财团借款之实交八二，盐税作抵，不足复益以四省地丁，且予以监督财政全权者，孰利孰害，孰得孰失，岂可同年语耶！乃群焉不察，终受经济影响，致妨政府行动。中山先生既束手无策，国家更濒于阽危。固执偏见，贻误大局，有负于中山先生者，此其一。

及南北议和以后，袁氏当选临时总统。中山先生当时最要之主张，约有三事：一则袁氏须就职南京也。中山先生意谓南北声气未见调和，双方举动时生误会，于共和民国统一前途深恐多生障故，除此障故，非袁氏就职南京不为功。盖所以联络南北感情，以坚袁氏对于民党之信用，而祛民党对于袁氏之嫌疑也。二则民国须迁都南京也。北京为两代所都，帝王痴梦，自由之钟所不能醒；官僚遗毒，江河之水所不能湔。必使失所凭借，方足铲锄专制遗孽；迁地为良，庶可荡涤一般瑕秽耳。三则不能以清帝退位之诏全权授袁氏组织

---

① 谭、宋：即谭人凤、宋教仁。

共和政府也。夫中华民国乃根据临时约法、取决人民代表之公意而后构成,非清帝、袁氏所得私相授受也。袁氏之临时总统乃得国民所公选之参议院议员推举之,非清帝所得任意取以予之也。故中山先生于此尤再三加之意焉。此三事者,皆中山先生当日最为适法之主张,而不惜以死力争之者也。乃竟听袁氏食其就职南京取决人民公意之前言,以演成弁髦约法、推翻共和之后患者,则非中山先生当日主张政见格而不行有以致之耶?试问中山先生主张政见之所以格而不行,情形虽复杂,而其重要原因,非由党人当日识未及此,不表同意有以致之耶?有负于中山先生者,此其二。

其后中山先生退职矣,欲率同志为纯粹在野党,专从事扩张教育,振兴实业,以立民国国家百年根本之大计,而尽让政权于袁氏。吾人又以为空涉理想而反对之,且时有干涉政府用人行政之态度。卒至朝野冰炭,政党水火,既惹袁氏之忌,更起天下之疑。而中山先生谋国之苦衷,经世之硕划,转不能表白于天下而一收其效。有负于中山先生者,此其三。

然以上之事,犹可曰一般党人之无识,非美与足下之过也。独在宋案发生,中山先生其时适归沪上,知袁氏将拨专制之死灰而负民国之付托也,于是誓必去之。所定计划,厥有两端:一曰联日。联日之举,盖所以孤袁氏之援,而厚吾党之势也。"日国亚东,于我为邻,亲与善邻,乃我之福。日助我则我胜,日助袁则袁胜。"此中山先生之言也。在中山先生认联日为重要问题,决意亲往接洽,而我等竟漠然视之,力尼其行,若深怪其轻身者。卒使袁氏伸其腕臂,孙宝琦、李盛铎东使,胥不出中山先生所料,我则失所与矣。(文按:民党向主联日者,以彼能发奋为雄,变弱小而为强大,我当亲之师之,以图中国之富强也。不图彼国政府目光如豆,深忌中国之强,尤畏民党得志,而碍其蚕食之谋。故屡助官僚以抑民党,必期中国永久愚弱,以遂彼野心。彼武人政策,其横暴可恨,其愚昧亦可悯也。倘长此不改,则亚东永无宁日,而日本亦终无以幸免矣。东邻志士,其有感于世运起而正之者乎?)二曰速战。中山先生以为袁氏手握大权,发号施令,遣兵调将,行动极称自由。在我惟有出其不意,攻其无备,迅雷不及掩耳,先发始足制人。且谓“宋案证据既已确凿,人心激昂,民气愤张,正可及时利用,否则时机一纵即逝,后悔终嗟无及”。此亦中山先生之言也。乃吾人迟钝,又不之信,必欲静待法律之解决,不为宣战之预备。岂知当断不断,反受其乱,法律以迁延而失效,人心以积久而灰冷。时机坐失,计划不成,事欲求全,适得其反。设吾人初料及此,何致自贻伊戚耶?有负于中山先生者,此其四。

无何,刺宋之案牵于袁、赵[①]之蔑视国法,迟迟未结;五国借款又不经国会承认,违法成立。斯时反对之声,举国若狂。乃吾人又以为有国会在,有法律在,有各省都督之力争在,袁氏终当屈服于此数者而取消之。在中山先生则以为国会乃口舌之争,法律无抵抗之力,各省都督又多仰袁鼻息,莫敢坚持,均不足以戢予智自雄、拥兵自卫之野心家;欲求解决之方,惟有诉诸武力而已矣。其主张办法,一方面速兴问罪之师,一方面表示全国人民不承认借款之公意于五国财团。五国财团经中山先生之忠告,已允于二星期内停止付款矣。中山先生乃电令广东独立,而广东不听;欲躬亲赴粤主持其事,吾人又力尼之,亦不之听;不得已令美先以上海独立,吾人又以上海弹丸地,难与之抗,更不听之。当此之时,海军尚来接洽,自愿宣告独立,中山先生力赞其成,吾人以坚持海陆军同时并起之说,不欲为海军先发之计。寻而北军来沪,美拟邀击海上,不使登陆,中山先生以为然矣,足下又以为非计。其后海军奉袁之命开赴烟台,中山先生闻而欲止之,曰:“海军助我则我胜,海军助袁则袁胜。欲为我助,则宜留之。开赴烟台,恐将生变。”美与足下则以海军既表同意于先,断不中变于后,均不听之。海军北上,入袁氏牢笼矣。嗣又有吴淞炮台炮击兵舰之举,以生其疑而激之变,于是海军全部遂不为我用矣。且中山先生当时屡促南京独立,某等犹以下级军官未能一致

① 赵:即赵秉钧,当时任国务总理。

诿。及运动成熟,中山先生决拟亲赴南京宣告独立,二三同志咸以军旅之事乃足下所长,于是足下遂有南京之役。夫中山先生此次主张政见,皆为破坏借款、推倒袁氏计也,乃迁延时日,逡巡不进,坐误时机,卒鲜寸效。公理见屈于武力,胜算卒败于金钱,信用不孚于外人,国法不加于袁氏。袁氏乃借欺人之语,举二千五百万镑之外债,不用之为善后政费,而用之为购军械、充兵饷、买议员、赏奸细,以蹂躏南方、屠戮民党、攫取总统之资矣。设当日能信中山先生之言,即时独立,胜负之数尚未可知也。盖其时联军十万,拥地数省,李纯未至江西,芝贵不闻南下,率我锐师,鼓其朝气以之声讨国贼,争衡天下无难矣。惜乎粤、湘诸省不独立于借款成立之初,李、柏[①]诸公不发难于都督取消之际,逮借款成立,外人助袁,都督变更,北兵四布,始起而讨之,盖亦晚矣!有负于中山先生者,此其五。

夫以中山先生之知识,遇事烛照无遗,先几洞若观火,而美于其时贸贸然反对之;而于足下主张政见,则赞成之惟恐不及。非美之感情故分厚薄于其间,亦以识不过人,智闇虑物,泥于孙氏理想一语之成见而已。盖以中山先生所提议者,胥不免远于事实,故怀挟成见,自与足下为近。岂知拘守尺寸,动失寻丈,贻误国事,罔不由此乎!虽然,"前事不忘,后事之师";"前车已覆,来轸方遒";"亡羊补牢,时犹未晚";"见兔顾犬,机尚不失"。美之所见如此,未悉足下以为何如?自今而后,窃愿与足下共勉之耳。夫人之才识,与时并进,知昨非而今未必是,能取善斯不厌从人。鄙见以为理想者,事实之母也。中山先生之提倡革命播因于二十年前,当时反对之者,举国士夫殆将一致,乃经二十年后卒能见诸实行者,理想之结果也。使吾人于二十年前即赞成其说,安见所悬理想,必迟至二十年之久始得收效?抑使吾人于二十年后犹反对之,则中山先生之理想,不知何时始克形诸事实,或且终不成效果,至于靡有穷期者,亦难逆料也。故中山先生之理想能否证实,全在吾人之视察能否了解、能否

---

① 李、柏:指江西都督李烈钧、安徽都督柏文蔚。

赞同，以奉行不悖是已。夫“观于既往，可验将来”，此就中山先生言之也；“东隅之失，桑榆之收”，此就美等言之也。足下明敏，胜美万万，当鉴及此，何待美之喋喋？

然美更有不容已于言者：中山先生之意，谓革命事业旦暮可期，必不远待五年以后者，诚以民困之不苏，匪乱之不靖，军队之骄横，执政之荒淫，有一于此足以乱国，兼而有之，其何能淑？剥极必复，否极必泰，循环之理，不间毫发。乘机而起，积极进行，拨乱反正，殆如运掌。美虽愚闇，愿竭棉薄，庶乎中山先生之理想即见实行，不至如推倒满清之必待二十年以后。故中华革命党之组织，亦时势有以迫之也。

顾自斯党成立以来，旧日同志颇滋訾议，以为多事变更，予人瑕隙，计之左者。不知同盟结会于秘密时代，辛亥以后一变而为国民党，自形式上言之，范围日见扩张，势力固徵膨胀。而自精神上言之，面目全非，分子复杂，薰莸同器，良莠不齐。腐败官僚，既朝秦而暮楚；龌龊败类，更覆雨而翻云。发言盈庭，谁执其咎；操戈同室，人则何尤？是故欲免败群，须去害马；欲事更张，必贵改弦。二三同志，亦有以谅中山先生惨澹经营、机关改组之苦衷否耶？

至于所定誓约有“附从先生，服从命令”等语，此中山先生深有鉴于前此致败之故，多由于少数无识党人误会平等自由之真意。盖自辛亥光复以后，国民未享受平等自由之幸福；临于其上者，个人先有缅规越矩之行为。权利则狺狺以争，义务则望望以去。彼此不相统摄，何能收臂指相使之功；上下自为从违，更难达精神一贯之旨。所谓“既不能令，又不受命”者，是耶非耶？故中山先生于此，欲相率同志纳于轨物，庶以统一事权；非强制同志尸厥官肢，尽失自由行动。美以为此后欲达革命目的，当重视中山先生主张，必如众星之拱北辰，而后星躔不乱其度数；必如江汉之宗东海，而后流派不至于纷歧。悬目的以为之赴，而视力乃不分；有指车以示之方，而航程得其向。不然，苟有党员如吾人昔日之反对中山先生者，以反对于将来，则中山先生之政见，又将误于毫厘千里之差、一国三公之手。故遵守誓约,服从命令,美认为当然天职而绝无疑义者。足下其许为同志而降心相从否耶?

窃维美与足下,共负大局安危之责,实为多年患难之交,意见稍或差池,宗旨务求一贯。惟以情睽地隔,传闻不无异词;缓进急行,举动辄多误会。相析疑义,道故班荆,望足下之重来,有如望岁。迢迢水阔,怀人思长;嘤嘤鸟鸣,求友声切。务祈足下克日命驾言旋,共肩艰巨。岁寒松柏,至老弥坚;天半云霞,萦情独苦。阴霾四塞,相期携手同仇;沧海横流,端赖和衷共济。呜呼!长蛇封豕,列强方逞荐食之谋;社鼠城狐,内贼愈肆穿墉之技。飘摇予室,绸缪不忘未雨之思;邪许同舟,慷慨应击中流之楫。望风怀想,不尽依依。敬掬微忱,耑求指示。寒气尚重,诸维为国珍摄。言不罄意。

陈其美顿首

(按:此民国四年春之书也。)

第七章　不知亦能行

或曰:"诚如先生所言,今日文明已进于科学时代,凡有兴作,必先求知而后从事于行,则中国富强事业,非先从事于普及教育,使全国人民皆有科学知识不可。按以先生之新发明'行之非艰,知之惟艰',又按之古人之言'十年树木,百年树人',则教育之普及,非百十年不为功。乃先生之论,有一跃而能致中国于富强隆盛之地者,其道何由?"曰:子徒知知之而后能行,而不知不知亦能行也。当科学未发明之前,固全属不知而行,及行之而犹有不知者。故凡事无不委之于天数气运,而不敢以人力为之转移也。迨人类渐起觉悟,始有由行而后知者,乃甫有欲尽人事者矣,然亦不能不听之于天也。至今科学昌明,始知人事可以胜天,凡所谓天数气运者,皆心理之作用也。然而科学虽明，惟人类之事仍不能悉先知之而后行之也，其不知而行之事，仍较于知而后行者为尤多也。且人类之进步，皆发轫于不知而行者也，此自然之理则，而不以科学之发明为之变易者也。故人类之进化，以不知而行者为必要之门径也。夫习练也，试验也，探索也，冒险也，之四事者，乃文明之动机也。生徒之习练也，即行其所不知以达其欲能也。科学家之试验也，即行其所不知以致其所知也。探索家之探索也，即行其所不知以求其发见也。伟人杰士之冒险也，即行其所不知以建其功业也。由是观之，行其所不知者，于人类则促进文明，于国家则图致富强也。是故不知而行者，不独为人类所皆能，亦为人类所当行，而尤为人类之欲生存发达者之所必要也。有志国家富强者，宜黾勉力行也。

夫古今来一跃而致隆盛者，不可胜数，即近代之列强，亦多有跻于强盛而后乃从事于教育者。夫以中国现在之地位，现有之知识，已良足一跃而致隆盛，比肩于今世之列强矣。所以不能者，究非在于不知不行也。而向来之积弱退化有如江流日下者，其原因实在政府官吏之腐败，倒行逆施，积极作恶也。其大者，则有欲图一己之私，而至于牺牲国家而不恤；其次者，则以一督军一师长而年中聚敛，动至数百万数十万；又其次者，则种种之作弊，无一不为斵丧国家之元气，伤残人民之命脉。比之他国之政策务在保民而治，奖士、劝农、励工、惠商以图富强者，则我无一不与之相反也。由此观之，若政府官吏能无为而治，不倒行逆施，不积极作恶以害国害民，则中国之强盛已自然可致，而不待于发奋思为。是今日图治之道，兴利尚可缓，而除害尤宜急；倘能除害，则自然之进化，已足登中国于强盛之地矣。何以言之？夫国之贫弱，必有一定之由也，有以地小而贫者，有以地瘠而贫者，有以民少而弱者，有以民愚而弱者，此贫弱之四大原因也。乃中国之土地则四百余万方咪之广，居世界之第四，尚在美国之上。而物产之丰、宝藏之富，实居世界之第一。至于人民之数则有四万万，亦为世界之第一。而人民之聪明才智自古无匹，承五千年之文化，为世界所未有，千百年前已尝为世界之雄矣。

四大贫弱之原因,我曾无一焉。然则何为而贫弱至是也?曰:官吏贪污、政治腐败之为害也。倘此害一除,则致中国之富强,实头头是道也。在昔异族专制之时,官吏为君主之鹰犬,高居民上,可任意为恶,民无可如何也。今经革命之后,专制已覆,人民为一国之主,官吏不过为人民之仆,当受人民之监督制裁也。其循良者吾民当任用之,其酷劣者当淘汰之而已。为人民者,只知除害足矣,为此需要,不必待于普通教育科学知识,而凡人有切身利害,皆能知能行也。国害一除,则国利自兴,而富强之基于是乎立。是中国今日欲富强则富强矣,几有不待一跃之功也。

中国为世界最古之国,承数千年文化,为东方首出之邦。未与欧美通市以前,中国在亚洲之地位,向无有与之匹敌者。即间被外族入寇,如元清两代之僭主中国,然亦不能不奉中国之礼法。而其他四邻之国,或入贡称藩,或来朝亲善,莫不羡慕中国之文化,而以中国为上邦也。中国亦素自尊大,目无他国,习惯自然,遂成为孤立之性。故从来若欲有所改革,其采法惟有本国,其取资亦尽于本国而已,其外则无可取材借助之处也。是犹孤人之处于荒岛,其所需要皆一人为之,不独自耕而食,自织而衣,亦必自爨而后得食,自缝而后得衣,其劳苦繁难,不可思议,然其人亦习惯自然,而不知有社会互助之便利,人类交通之广益也。倘时移势变,此荒岛一旦成为世界航路之中枢,海客接踵而至,有悯此孤人之劳苦者,劝之曰:“君不必事事躬亲,只从所长专于一业足矣,其他当有人为君效劳也。”其人必不之信,盖以为一己之才力所不能致者,则为必不可能之事也。此犹今日中国之人,不信中国之富强可坐而致者,同一例也。盖中国之孤立自大,由来已久,而向未知国际互助之益,故不能取人之长,以补己之短。中国所不知所不能者,则以为必无由以致之也。虽闭关自守之局为外力所打破者已六七十年,而思想则犹是闭关时代荒岛孤人之思想,故尚不能利用外资、利用外才以图中国之富强也。夫今日立国于世界之上,犹乎人处于社会之中,相资为用、互助以成者也。中国之为国,拥有广大之土地、无量之富源、众多之人力,是无异一富家翁享有广大之田园、盈仓之财宝、众多之子孙,而乃不善治家,田园则任其荒芜,财宝则封锁不用,子孙则日事游荡,而举家则饥寒交迫,朝不保夕,此实中国今日之景象也。呜呼!谁为为之?孰令致之?吾国人果知天下兴亡,匹夫有责,则人人当自奋矣!

夫以中国之人处中国之地,际当今之时,而欲致中国于富强之境,其道固多矣。今试陈其一:即利用今回世界大战争各国新设之制造厂,为开发我富源之利器是也。夫此等工厂专为供给战品而设,今大战已息,此等工厂将成为废物矣。其佣于此等工厂之千百万工人,亦将失业矣。其投于此等工厂之数十万万资本,将无从取偿矣。此为欧美战后问题之一大烦难,而彼中政治家尚无解决之方也。倘我中国人能利用此机会,借彼将废之工厂以开发我无穷之富源,则必为各国所乐许也。此所谓天与之机。语曰:"天与不取,必受其祸。"倘我失此不图,则三五年后,欧美工业悉复原状,则其发达必十倍于前,而商战起矣。吾中国之手工之工业,必不能与彼之新机械大规模之工业竞争,如此则我工商之失败必将见于十年之内矣。及今图之,则数年之间,我之机器工业亦可发达,则此祸可免。此以实业救国之道也,国人其注意之。

今之美国,吾人知其为世界最富最强之国也,然其所以致富强者,实业发达也。当其发展实业之初也,资本则悉借之欧洲,人才亦多聘之欧洲,而工人且有招之中国。其进行则多由冒险试验,而少出于计划统筹,且向未遇各国有投闲置散之全备工厂,为彼取材之机会如我之今日也。而其富源尚不及我之丰盛。然其实业之发达,今已为世界冠矣。试以其钢、铁、炭、油之出产而观其成绩。美国一千九百十六年所产铁四千万吨,钢四千三百四十八万吨。而我国每年所产之钢铁不过二十余万吨,较之美国不过四百分之一耳。美国同年所产煤炭五万八千七百四十七万吨,等于九千八百万匹马力;所产燃油二万九千二百三十万桶,等于一千九百七十五万匹马力;所产自然汽约三百万匹马力;所发展水力电约六百万匹马力。夫钢铁者,实业之体也;炭、油、汽、电者,实业之用也。统计美国所发展之自然力约一万六千六百七十五万匹马力,以一马力等八人力计之,则美国约有一十三万万有奇之人力以助之生产。其人口一万万,除人力作工之外,每人尚有十三人之机器力为之助,而此十三人之机力乃夜以继日,连作二十四时之工而不歇者,而人之作工每日八时耳,机力则每日多作三倍之工,是一机力无异三人也,而十三人之机力则等于三十九人矣。《大学》曰:"生之者众,食之者寡,为之者疾,用之者舒,则财恒足矣。"此美国之所以富也。我中国人口四万万,除老少而外,能作工者不过二万万人。然因工业不发达,虽能作工者亦恒无工可作,流为游手好闲而寄食于人者或亦半之。如是有工可作者,不过一万万人耳。且此一万万人之中,又不尽作生利之工,而半为消耗之业,其为生产之事业者实不过五千万人而已。由此观之,中国八人中不过一人生产耳。此国之所以贫,尚过于韩愈所云:"农之家一而食粟之家六,工之家一而用器家六,贾之家一而资焉之家六,奈之何民不穷且盗也!"较之美国人口一万万,而当有五千万人有工可作,而每人更有三十九人之机器力以助之,即三十九人有半作工以给一人,此其所以不患贫反忧生产之过剩,供过于求,而岌岌向外以觅市场为尾闾之疏泄也。此贫弱富强之所由分,亦商战胜败之所由决也。

然则今日欲求迅速之法,以发展中国之财源,而立救贫弱者,其道为何?倘以中国而言,则本无其法,更无迅速之法也。若欲中国之实业于十年之间,而发达至美国现在之程度,则中国人不独不能知,不能行,且为梦想所不能及也。是犹望荒岛之孤人,以一人之力而发展其荒岛,使之田园尽辟,道路悉修,港湾深浚,市场繁盛,楼宇林立,公园宏伟,居宅丽都,生活优逸,如此,虽延长其寿命至万年,彼必无由以成此等之事业也。然若荒岛之孤人,肯出其岩穴所埋藏累累之金块明珠,以与海客谋,将其荒岛发展成为繁盛华丽之海市,而许酬以相当之金块明珠,则必有人焉,为之经营,为之筹划,为之招集人才,为之搜罗资料,不期年而诸事可以毕集矣。荒岛孤人,直可从心所欲，坐享其成耳。中国之欲发展其工商事业，其道亦犹是也。故其问题已不在能知不能知、能行不能行也，而直在欲不欲耳。

夫以中国之地位，中国之富源，处今日之时会，倘吾国人民能举国一致，欢迎外资，欢迎外才，以发展我之生产事业，则十年之内吾实业之发达必能并驾欧美矣。如其不信，请观美国工业发达之速率，可以知矣。当十余年前，美国之议继凿巴拿马运河也，初拟以二十年为期，以达成功，及后实行施工，不过八年而毕厥事。是比其数年前所知之工程，已加速二倍半矣。及美国对德宣战而后，其战时之工业进步更令人不可思议。往时非数十年所不能成者，而今则一年可成之矣。如造船也，昔需一两年而造成一艘者，今则二十余日可成矣。倘以战时大规模、大组织之工程，施之于建筑巴拿马运河，则一个月间便可成一运河矣。有此非常速率之工程，若吾国人能晓然于互助之利，交换之益，用人所长，补我所短，则数年之间，即可将中国之实业造成如美国今日矣。

中国实业之发达，固不仅中国一国之益也，而世界亦必同沾其利。故世界之专门名家，无不乐为中国效力，如海客之欲为荒岛孤人效力者一也。予近日致各国政府《国际共同发展中国实业计划》一书[①]，已得美国大表赞同，想其他之国当必惟美国之马首是瞻也。果尔，则此后只须中国人民之欲之而已。倘知此为兴国之要图，为救亡之急务，而能万众一心，举国一致，而欢迎列国之雄厚资本，博大规模，宿学人才，精练技术，为我筹划，为我组织，为我经营，为我训练，则十年之内，我国之大事业必能林立于国中，我实业之人才亦同时并起。十年之后，则外资可以陆续偿还，人才可以陆续成就，则我可以独立经营矣。若必俟我教育之普及、知识之完备而后始行，则河清无日，坐失良机，殊可惜也。必也治本为先，救穷宜急，“衣食足而知礼节，仓廪实而知荣辱”，实业发达，民生畅遂，此时普及教育乃可实行矣。今者宜乘欧战告终之机，利用其战时工业之大规模，

---

① 此书原附录于本章末后，因与《建国方略之二·实业计划》所载重复，故删去。

以发展我中国之实业,诚有如反掌之易也。故曰不知亦能行者,此也。

第八章 有志竟成

夫事有顺乎天理,应乎人情,适乎世界之潮流,合乎人群之需要,而为先知先觉者所决志行之,则断无不成者也,此古今之革命维新、兴邦建国等事业是也。予之提倡共和革命于中国也,幸已达破坏之成功,而建设事业虽未就绪,然希望日佳,予敢信终必能达完全之目的也。故追述革命原起,以励来者,且以自勉焉。

夫自民国建元以来,各国文人学士之对于中国革命之著作,不下千数百种,类多道听途说之辞,鲜能知革命之事实。而于革命之原起,更无从追述,故多有本于予之《伦敦被难记》第一章之革命事由。该章所述本甚简略,且于二十余年之前,革命之成否尚为问题,而当时虽在英京,然亦事多忌讳,故尚未敢自承兴中会为予所创设者,又未敢表示兴中会之本旨为倾覆满清者。今于此特修正之,以辅事实也。

兹篇所述,皆就予三十年来所记忆之事实而追述之。由立志之日起至同盟会成立之时,几为予一人之革命也,故事甚简单,而于赞襄之要人,皆能一一录之无遗。自同盟会成立以后,则事体日繁,附和日众,而海外热心华侨、内地忠烈志士、各重要人物,不能一一毕录于兹篇,当俟之修革命党史时,乃能全为补录也。

予自乙酉中法战败之年,始决倾覆清廷、创建民国之志。由是以学堂为鼓吹之地,借医术为入世之媒,十年如一日。当予肄业于广州博济医学校也,于同学中物识有郑士良号弼臣者,其为人豪侠尚义,广交游,所结纳皆江湖之士,同学中无有类之者。予一见则奇之,稍与相习,则与之谈革命。士良一闻而悦服,并告以彼曾投入会党，如他日有事，彼可为我罗致会党以听指挥云。予在广州学医甫一年，闻香港有英文医校开设，予以其学课较优，而地较自由，可以鼓吹革命，故投香港学校肄业。数年之间，每于学课余暇，皆致力于革命之鼓吹，常往来于香港、澳门之间，大放厥辞，无所忌讳。时闻而附和者，在香港只陈少白、尤少纨①、杨鹤龄三人，而上海归客则陆皓东而已。若其他之交游，闻吾言者，不以为大逆不道而避之，则以为中风病狂相视也。予与陈、尤、杨三人常住香港，昕夕往还，所谈者莫不为革命之言论，所怀者莫不为革命之思想，所研究者莫不为革命之问题。四人相依甚密，非谈革命则无以为欢，数年如一日。故港澳间之戚友交游，皆呼予等为“四大寇”。此为予革命言论之时代也。

及予卒业之后，悬壶于澳门、羊城两地以问世，而实则为革命运动之开始也。时郑士良则结纳会党、联络防营，门径既通，端倪略备。予乃与陆皓东北游京津，以窥清廷之虚实；深入武汉，以观长江之形势。至甲午中东战起，以为时机可乘，乃赴檀岛、美洲，创立兴中会，欲纠合海外华侨以收臂助。不图风气未开，人心锢塞，在檀鼓吹数月，应者寥寥，仅得邓荫南与胞兄德彰②二人愿倾家相助，及其他亲友数十人之赞同而已。时适清兵屡败，高丽既失，旅、威③继陷，京津亦岌岌可危，清廷之腐败尽露，人心愤激。上海同志宋跃如乃函促归国，美洲之行因而中止。遂与邓荫南及三五同志返国，以策进行，欲袭取广州以为根据。遂开乾亨行于香港为干部，设农学会于羊城为机关。当时赞襄干部事务者，有邓荫南、杨衢云、黄咏商、陈少白等；而助运筹于羊城机关者，则陆皓东、郑士良并欧美技师及将校数人也。予则常往来广州、香港之间。惨淡经营，已过半载，筹备甚周，声势颇众，本可一击而生绝大之影响。乃以运械不慎，致海

---

① 尤少纨：即尤列。

② 德彰：即孙眉。

③ 旅、威：即旅顺、威海卫。

关搜获手枪六百余杆，事机乃泄，而吾党健将陆皓东殉焉。此为中国有史以来为共和革命而牺牲者之第一人也。同时被株连而死者，则有丘四、朱贵全二人。被捕者七十余人，而广东水师统带程奎光与焉，后竟病死狱中。其余之人或囚或释。此乙未九月九日，为予第一次革命之失败也。

败后三日，予尚在广州城内。十余日后，乃得由间道脱险出至香港。随与郑士良、陈少白同渡日本，略住横滨。时予以返国无期，乃断发改装，重游檀岛。而士良则归国收拾余众，布置一切，以谋卷土重来。少白则独留日本，以考察东邦国情。予乃介绍之于日友菅原传，此友为往日在檀所识者。后少白由彼介绍于曾根俊虎，由俊虎而识宫崎弥藏，即宫崎寅藏之兄也。此为革命党与日本人士相交之始也。

予到檀岛后，复集合同志以推广兴中会，然已有旧同志以失败而灰心者，亦有新闻道而赴义者，惟卒以风气未开，进行迟滞。以久留檀岛无大可为，遂决计赴美，以联络彼地华侨，盖其众比檀岛多数倍也。行有日矣，一日散步市外，忽有驰车迎面而来者，乃吾师康德黎与其夫人也。吾遂一跃登车，彼夫妇不胜诧异，几疑为暴客，盖吾已改装易服，彼不认识也。予乃曰："我孙逸仙也。"遂相笑握手。问以何为而至此，曰："回国道经此地，舟停而登岸流览风光也。"予乃乘车同游，为之指导。游毕登舟，予乃告以予将作环绕地球之游，不日将由此赴美，随将到英，相见不远也。遂欢握而别。

美洲华侨之风气蔽塞，较檀岛尤甚。故予由太平洋东岸之三藩市登陆，横过美洲大陆，至大西洋西岸之纽约市，沿途所过多处，或留数日，或十数日。所至皆说以祖国危亡，清政腐败，非从民族根本改革无以救亡，而改革之任人人有责。然而劝者谆谆，听者终归藐藐，其欢迎革命主义者，每埠不过数人或十余人而已。

然美洲各地华侨多立有洪门会馆。洪门者，创设于明朝遗老，起于康熙时代。盖康熙以前，明朝之忠臣烈士多欲力图恢复，誓不臣清，舍生赴义，屡起屡蹶，与虏拚命，然卒不救明朝之亡。迨至康熙之世，清势已盛，而明朝之忠烈亦死亡殆尽。二三遗老见大势已去，无可挽回，乃欲以民族主义之根苗流传后代，故以“反清复明”之宗旨结为团体，以待后有起者，可借为资助也。此殆洪门创设之本意也。然其事必当极为秘密，乃可防政府之察觉也。夫政府之爪牙为官吏，而官吏之耳目为士绅，故凡所谓士大夫之类，皆所当忌而须严为杜绝者，然后其根株乃能保存，而潜滋暗长于异族专制政府之下。以此条件而立会，将以何道而后可？必也以最合群众心理之事迹，而传民族国家之思想。故洪门之拜会，则以演戏为之，盖此最易动群众之视听也。其传布思想，则以不平之心、复仇之事导之，此最易发常人之感情也。其口号暗语，则以鄙俚粗俗之言以表之，此最易使士大夫闻而生厌、远而避之者也。其固结团体，则以博爱施之，使彼此手足相顾，患难相扶，此最合夫江湖旅客、无家游子之需要也。而最终乃传以民族主义，以期达其反清复明之目的焉。国内之会党常有与官吏冲突，故犹不忘其与清政府居于反对之地位，而反清复明之口头语尚多了解其义者；而海外之会党多处于他国自由政府之下，其结会之需要，不过为手足患难之联络而已，政治之意味殆全失矣，故反清复明之口语亦多有不知其义者。当予之在美洲鼓吹革命也，洪门之人初亦不明吾旨，予乃反而叩之反清复明何为者，彼众多不能答也。后由在美之革命同志鼓吹数年，而洪门之众乃始知彼等原为民族老革命党也。然当时予之游美洲也，不过为初期之播种，实无大影响于革命前途也，然已大触清廷之忌矣。故于甫抵伦敦之时，即遭使馆之陷，几致不测。幸得吾师康德黎竭力营救，始能脱险。此则檀岛之邂逅，真有天幸存焉。否则吾尚无由知彼之归国，彼亦无由知吾之来伦敦也。

伦敦脱险后，则暂留欧洲，以实行考察其政治风俗，并结交其朝野贤豪。两年之中，所见所闻，殊多心得。始知徒致国家富强、民权发达如欧洲列强者，犹未能登斯民于极乐之乡也；是以欧洲志士，犹有社会革命之运动也。予欲为一劳永逸之计，乃采取民生主义，以与民族、民权问题同时解决。此三民主义之主张所由完成也。时欧洲尚无留学生,又鲜华侨,虽欲为革命之鼓吹,其道无由。然吾生平所志,以革命为唯一之天职,故不欲久处欧洲,旷废革命之时日,遂往日本,以其地与中国相近,消息易通,便于筹划也。

抵日本后,其民党领袖犬养毅遣官崎寅藏、平山周二人来横滨欢迎,乃引至东京相会。一见如旧识,抵掌谈天下事,甚痛快也。时日本民党初握政权,大限①为外相,犬养为之运筹,能左右之。后由犬养介绍,曾一见大限、大石、尾崎②等。此为予与日本政界人物交际之始也。随而识副岛种臣及其在野之志士如头山、平冈、秋山、中野、铃木③等,后又识安川、犬冢、久原④等。各志士之对于中国革命事业,先后多有资助,尤以久原、犬冢为最。其为革命奔走始终不懈者,则有山田兄弟、宫崎兄弟、菊池、萱野⑤等。其为革命尽力者,则有副岛、寺尾⑥两博士。此就其直接于予者而略记之,以志不忘耳。其他间接为中国革命党奔走尽力者尚多,不能于此一一悉记,当俟之革命党史也。

日本有华侨万余人,然其风气之锢塞、闻革命而生畏者,则与他处华侨无异也。吾党同人有往返于横滨、神户之间鼓吹革命主义者,数年之中而慕义来归者,不过百数十人而已。以日本华侨之数较之,不及百分之一也。向海外华侨之传播革命主义也,其难固已如此,而欲向内地以传布,其难更可知矣。内地之人,其闻革命排满之言而不以为怪者,只有会党中人耳。然彼众皆知识薄弱,团体散漫,凭借全无,只能望之为响应,而不能用为原动力也。由乙未初败以至于庚子,此五年之间,实为革命进行最艰难困苦之时代也。盖

---

① 大限:即大限重信。

② 大石、尾崎:即大石正巳、尾崎行雄。

③ 头山、平冈、秋山、中野、铃木:即头山满、平冈浩太郎、秋山定辅、中野德次郎、铃木五郎。

④ 安川、犬冢、久原:即安川敬一郎、犬冢信太郎、久原房之助。

⑤ 山田兄弟、官崎兄弟、菊池、萱野:即山田良政、山田纯三郎、富崎弥藏、富崎寅藏、菊池良一、萱野长知。

⑥ 副岛、寺尾:即副岛种臣、寺尾亨。

予既遭失败，则国内之根据、个人之事业、活动之地位与夫十余年来所建立之革命基础，皆全完消灭，而海外之鼓吹，又毫无效果。适于其时有保皇党发生，为虎作伥，其反对革命、反对共和比之清廷为尤甚。当此之时，革命前途，黑暗无似，希望几绝，而同志尚不尽灰心者，盖正朝气初发时代也。

时予乃命陈少白回香港，创办《中国日报》以鼓吹革命；命史坚如入长江，以联络会党；命郑士良在香港设立机关，招待会党。于是乃有长江会党及两广、福建会党并合于兴中会之事也。旋遇清廷有排外之举，假拳党以自卫，有杀洋人、围使馆之事发生，因而八国联军之祸起矣。予以为时机不可失，乃命郑士良入惠州，招集同志以谋发动；而命史坚如入羊城，招集同志以谋响应。筹备将竣，予乃与外国军官数人绕道至香港，希图从此潜入内地，亲率健儿，组织一有秩序之革命军以救危亡也。不期中途为奸人告密，船一抵港即被香港政府监视，不得登岸。遂致原定计划不得施行。乃将惠州发动之责委之郑士良，而命杨衢云、李纪堂、陈少白等在香港为之接济。予则折回日本，转渡台湾，拟由台湾设法潜渡内地。时台湾总督儿玉[1]颇赞中国之革命，以北方已陷于无政府之状态也，乃饬民政长官后藤[2]与予接洽，许以起事之后，可以相助。予于是一面扩充原有计划，就地加聘军官，盖当时民党尚无新知识之军人也。而一面令士良即日发动，并改原定计划，不直逼省城，而先占领沿海一带地点，多集党众，以候予来乃进行攻取。士良得令，即日入内地，亲率已集合于三洲田之众，出而攻扑新安、深圳之清兵，尽夺其械。随而转战于龙冈、淡水、永湖、梁化、白芒花、三多祝等处，所向皆捷，清兵无敢当其锋者。遂占领新安、大鹏至惠州、平海一带沿海之地，以待予与干部人员之入，及武器之接济。不图惠州义师发动旬日，而日本政

① 儿玉：即儿玉源太郎。
② 后藤：即后藤新平。

府忽而更换,新内阁总理伊藤氏[①]对中国方针,与前内阁大异,乃禁制台湾总督不许与中国革命党接洽,又禁武器出口,及禁日本军官投效革命军者。而予潜渡之计划,乃为破坏。遂遣山田良政与同志数人,往郑营报告一切情形,并令之相机便宜行事。山田等到郑士良军中时,已在起事之后三十余日矣。士良连战月余,弹药已尽,而合集之众足有万余人,渴望干部、军官及武器之至甚切,而忽得山田所报消息,遂立令解散,而率其原有之数百人间道出香港。山田后以失路为清兵所擒被害。惜哉!此为外国义士为中国共和牺牲者之第一人也。当郑士良之在惠州苦战也,史坚如在广州屡谋响应,皆不得当,遂决意自行用炸药攻毁两广总督德寿之署而歼之。炸发不中,而史坚如被擒遇害。是为共和殉难之第二健将也。坚如聪明好学、真挚恳诚与陆皓东相若,其才貌英姿亦与皓东相若,而二人皆能诗能画亦相若。皓东沉勇,坚如果毅,皆命世之英才,惜皆以事败而牺牲。元良沮丧,国士沦亡,诚革命前途之大不幸也!而二人死节之烈,浩气英风,实足为后死者之模范。每一念及,仰止无穷。二公虽死,其精灵之萦绕吾怀者,无日或间也。庚子之役,为予第二次革命之失败也。

经此失败而后,回顾中国之人心,已觉与前有别矣。当初次之失败也,举国舆论莫不目予辈为乱臣贼子、大逆不道,咒诅谩骂之声,不绝于耳;吾人足迹所到,凡认识者,几视为毒蛇猛兽,而莫敢与吾人交游也。惟庚子失败之后,则鲜闻一般人之恶声相加,而有识之士且多为吾人扼腕叹惜,恨其事之不成矣。前后相较,差若天渊。吾人睹此情形,中心快慰,不可言状,知国人之迷梦已有渐醒之兆。加以八国联军之破北京,清后、帝之出走,议和之赔款九万万两而后,则清廷之威信已扫地无余,而人民之生计从此日蹙。国势危急,岌岌不可终日。有志之士,多起救国之思,而革命风潮自此萌芽矣。

时适各省派留学生至日本之初,而赴东求学之士,类多头脑新

---

① 伊藤:即伊藤博文。

洁，志气不凡，对于革命理想感受极速，转瞬成为风气。故其时东京留学界之思想言论，皆集中于革命问题。刘成禺在学生新年会大演说革命排满，被清公使逐出学校。而戢元丞、沈虬斋、张溥泉[①]等则发起《国民报》，以鼓吹革命。留东学生提倡于先，内地学生附和于后，各省风潮从此渐作。在上海则有章太炎、吴稚晖、邹容等借《苏报》以鼓吹革命，为清廷所控，太炎、邹容被拘囚租界监狱，吴亡命欧洲。此案涉及清帝个人，为朝廷与人民聚讼之始，清朝以来所未有也。清廷虽讼胜，而章、邹不过仅得囚禁两年而已。于是民气为之大壮。邹容著有《革命军》一书，为排满最激烈之言论，华侨极为欢迎；其开导华侨风气，为力甚大。此则革命风潮初盛时代也。

壬寅、癸卯之交，安南总督韬美氏托东京法公使屡次招予往见，以事未能成行。后以河内开博览会，因往一行。到安南时，适韬美已离任回国，嘱其秘书长哈德安招待甚殷。在河内时，识有华商黄龙生、甄吉亭、甄壁、杨寿彭、曾齐等，后结为同志，于钦廉、河口等役尽力甚多。河内博览会告终之后，予再作环球漫游，取道日本、檀岛而赴美欧。过日本时，有廖仲恺夫妇、马君武、胡毅生、黎仲实等多人来会，表示赞成革命。予乃托以在东物识有志学生，结为团体，以任国事，后同盟会之成立多有力焉。自惠州失败以至同盟会成立之间，其受革命风潮所感，兴起而图举义者，在粤则有李纪堂、洪全福之事，在湘则有黄克强、马福益之事，其事虽不成，人多壮之。海外华侨亦渐受东京留学界及内地革命风潮之影响。故予此次漫游所到，凡有华侨之处，莫不表示欢迎，较之往昔大不同矣。

乙巳春间，予重至欧洲，则其地之留学生已多数赞成革命。盖彼辈皆新从内地或日本来欧，近一二年已深受革命思潮之陶冶，已渐由言论而达至实行矣。予于是乃揭橥吾生平所怀抱之三民主义、五权宪法以号召之，而组织革命团体焉。于是开第一会于比京，加盟者三十余人；开第二会于柏林，加盟者二十余人；开第三会于巴

---

① 戢元丞、沈虬斋、张溥泉：即戢翼翚、沈翔云、张继。

黎,加盟者亦十余人。开第四会于东京,加盟者数百人,中国十七省之人皆与焉,惟甘肃尚无留学生到日本,故阙之也。此为革命同盟会成立之始。因当时尚多讳言“革命”二字,故只以同盟会见称,后亦以此名著焉。自革命同盟会成立之后,予之希望则为之开一新纪元。盖前此虽身当百难之冲,为举世所非笑唾骂,一败再败,而犹冒险猛进者,仍未敢望革命排满事业能及吾身而成者也;其所以百折不回者,不过欲有以振起既死之人心,昭苏将尽之国魂,期有继我而起者成之耳。及乙巳之秋,集合全国之英俊而成立革命同盟会于东京之日,吾始信革命大业可及身而成矣。于是乃敢定立“中华民国”之名称而公布于党员,使之各回本省,鼓吹革命主义,而传布中华民国之思想焉。不期年而加盟者已逾万人,支部则亦先后成立于各省。从此革命风潮一日千丈,其进步之速,有出人意表者矣!

当时外国政府之对于中国革命党,亦多刮目相看。一日予从南洋往日本,船泊吴淞,有法国武官布加卑者,奉其陆军大臣之命来见,传达彼政府有赞助中国革命事业之好意,叩予革命之势力如何。予略告以实情。又叩以:“各省军队之联络如何?若已成熟,则吾国政府立可相助。”予答以未有把握。遂请彼派员相助,以办调查联络之事。彼乃于驻扎天津之参谋部派定武官七人,归予调遣。予命廖仲恺往天津设立机关,命黎仲实与某武官调查两广,命胡毅生与某武官调查川滇,命乔宜斋[①]与某武官往南京、武汉。时南京、武昌两处新军皆大欢迎。在南京有赵伯先[②]接洽,约同营长以上各官相见,秘密会议,策划进行。而武昌则有刘家运接洽,约同同志之军人在教会之日知会开会,到会者甚众,闻新军镇统张彪亦改装潜入。开会时各人演说,大倡革命,而法国武官亦演说赞成,事遂不能秘密。而湖广总督张之洞乃派洋关员某国人尾法武官之行踪,途上与之订交,亦伪为表同情于中国革命者也。法武官以彼亦西人,不之疑也,

① 乔宜斋:即乔义生。
② 赵伯先:即赵声。

故内容多为彼探悉。张之洞遂奏报其事于清廷,其中所言革命党之计划,或确或否。清廷得报,乃大与法使交涉。法使本不知情也,乃请命法政府何以处分布加卑等。政府饬彼勿问,清廷亦无如之何。未几法国政府变更,而新内阁不赞成是举,遂将布加卑等撤退回国。后刘家运等则以关于此事被逮而牺牲也。此革命运动之起国际交涉者也。

同盟会成立未久,发刊《民报》鼓吹三民主义,遂使革命思潮弥漫全国,自有杂志以来可谓成功最著者。其时慕义之士,闻风兴起,当仁不让,独树一帜以建义者,踵相接也。其最著者,如徐锡麟、熊成基、秋瑾等是也。丙午萍醴之役,则同盟会会员自动之义师也。当萍醴革命军与清兵苦战之时,东京之会员莫不激昂慷慨,怒发冲冠,亟思飞渡内地,身临前敌,与虏拚命,每日到机关部请命投军者甚众。稍有缓却,则多痛哭流泪,以为求死所而不可得,苦莫甚焉。其雄心义愤,良足嘉尚。独惜萍乡一举为会员之自动,本部于事前一无所知,故临时无所备。然而会员之纷纷回国从军者,已相望于道矣。寻而萍醴之师败,而禹之谟、刘道一、宁调元、胡瑛等竟被清吏拿获,或囚或杀者多人。此为革命同盟会会员第一次之流血也。

由此而后,则革命风潮之鼓荡全国者,更为从前所未有,而同盟会本部之在东,亦不能久为沉默矣。时清廷亦大起恐慌,屡向日本政府交涉,将予逐出日本境外。予乃离日本,而与汉民、精卫二人同行而之安南,设机关部于河内,以筹划进行。旋发动潮州黄冈之师,不得利,此为予第三次之失败也。继又命邓子瑜发难于惠州,亦不利,此为予第四次之失败也。

时适钦、廉两府有抗捐之事发生,清吏派郭人漳、赵伯先二人各带新军三四千人往平之。予乃命黄克强随郭人漳营,命胡毅生随赵伯先营,而游说之以赞成革命。二人皆首肯,许以若有堂堂正正之革命军起,彼等必反戈相应。于是一面派人往约钦廉各属绅士乡团为一致行动,一面派萱野长知带款回日本购械,并在安南招集同志,并聘就法国退伍军官多人,拟器械一到,则占据防城至东兴一带沿海之地,为组织军队之用。东兴与法属之芒街,仅隔一河,有桥可达,交通甚为利便也。满拟武器一到,则吾党可成正式军队二千余人,然后集合钦州各乡团勇六七千人,而后要约郭人漳、赵伯先二人所带之新军约六千余人,便可成一声势甚大之军队。再加以训练,当成精锐,则两广可收入掌握之中。而后出长江以合南京、武昌之新军,则破竹之势可成,而革命可收完全之效果矣。乃不期东京本部之党员忽起风潮,而武器购买运输之计划为之破坏。至时防城已破,武器不来,予不特失信于接收军火之同志,并失信于团绅矣。而攻防城之同志至时不见武器之来,乃转而逼钦州,冀郭军之响应。郭见我军之薄弱,加以他军为之制,故不敢来。我军遂进围灵山,冀赵军之响应。赵见郭尚未来,彼亦不敢来。我军以力薄难进,遂退入十万大山。此为予第五次之失败也。

钦廉计划不成之后,予乃亲率黄克强、胡汉民并法国军官与安南同志百数十人,袭取镇南关,占领三要塞,收其降卒。拟由此集合十万大山之众,而会攻龙州。不图十万大山之众以道远不能至,遂以百余众握据三炮台,而与龙济光、陆荣廷等数千之众连战七昼夜,乃退入安南。予过谅山时为清侦探所察悉,报告清吏。后清廷与法国政府交涉,将予放逐出安南。此为予第六次之失败也。

予于离河内之际,一面令黄克强筹备再入钦廉,以图集合该地同志;一面令黄明堂窥取河口,以图进取云南,以为吾党根据之地。后克强乃以二百余人出安南,横行于钦、廉、上思一带。转战数月,所向无前,敌人闻而生畏,克强之威名因以大著。后以弹尽援绝而退出。此为予第七次之失败也。

予抵星洲数月之后,黄明堂乃以百数十人袭得河口,诛边防督办,收其降众千有余人,守之以待干部人员前往指挥。时予远在南洋,又不能再过法境,故难以亲临前敌以指挥之,乃电令黄克强前往指挥。不期克强行至半途,被法官疑为日本人,遂截留之而送之回河内;为清吏所悉,与法政府交涉,乃解之出境。而河口之众,以指挥无人,失机进取,否则,蒙自必为我有,而云南府亦必无抵抗之力。

观当时云贵总督锡良求救之电,其仓皇失措可知也。黄明堂守候月余,人自为战,散漫无纪;而虏四集,其数约十倍于我新集之众,河口遂不守。而明堂率众六百余人退入安南。此为予第八次之失败也。

后党人由法政府遣送出境,而往英属星加坡。到埠之日,为英官阻难,不准登岸。驻星法领事乃与星督交涉,称此六百余众乃在河口战败而退入法境之革命军,法属政府以彼等自愿来星,故送之至此云云。星督答以中国人民而与其本国政府作战,而未得他国承认为交战团体者,本政府不能视为国事犯,而只视为乱民;乱民入境,有违本政府之禁例,故不准登岸。而法国邮船停泊岸边两日。后由法属政府表白:当河口革命战争之际,法政府对于两方曾取中立态度,在事实上直等于承认革命党之交战团体也,故送来星加坡之党人,不能作乱民看待等语。星政府乃准登岸。此革命失败之后所发生之国际问题也。

由黄冈至河口等役,乃同盟会干部由予直接发动,先后六次失败。经此六次之失败,精卫颇为失望,遂约合同志数人入北京与虏酋拚命,一击不中,与黄复生同时被执系狱,至武昌起义后乃释之。

同盟会成立之前,其出资以助义军者,不过予之亲友中少数人耳,此外则无人敢助,亦无人肯助也。自同盟会成立后,始有向外筹资之举矣。当时出资最勇而多者张静江也,倾其巴黎之店所得六七万元尽以助饷。其出资勇而挚者,安南堤岸之黄景南也,倾其一生之蓄积数千元,尽献之军用,诚难能可贵也。其他则有安南西贡之巨商李卓峰、曾锡周、马培生等三人,曾各出资数万,亦当时之未易多见者。

予自连遭失败之后,安南、日本、香港等地与中国密迩者皆不能自由居处,则予对于中国之活动地盘已完全失却矣。于是将国内一切计划委托于黄克强、胡汉民二人,而予乃再作漫游,专任筹款,以接济革命之进行。后克强、汉民回香港设南方统筹机关,与赵伯先、倪映典、朱执信、陈炯明、姚雨平等谋,以广州新军举事,运动既熟,拟于庚戌年正月某日发难。乃新军中有热度过甚之士,先一日因小事生起风潮，于是倪映典仓卒入营，亲率一部分从沙河进攻省城，至横枝冈，为敌截击。映典中弹被擒死，军中无主，遂以溃散。此吾党第九次之失败也。

时予适从美东行，至三藩市，闻败而后，则取道檀岛、日本而回东方。过日本时，曾潜行登陆，随为警察探悉，不准留居。遂由横滨渡槟榔屿，约伯先、克强、汉民等来会，以商卷土重来之计划。时各同志以新败之余，破坏最精锐之机关，失却最利便之地盘；加之新军同志亡命南来者实繁有徒，招待安插，为力已穷；而吾人住食行动之资，将虞不继。举目前途，众有忧色。询及将来计划，莫不唏嘘太息，相视无言。予乃慰以："一败何足馁？吾曩之失败，几为举世所弃，比之今日，其困难实百倍。今日吾辈虽穷，而革命之风潮已盛，华侨之思想已开，从今而后，只虑吾人之无计划、无勇气耳！如果众志不衰，则财用一层，予当力任设法。"时各人亲见槟城同志之穷，吾等亡命境地之困，日常之费每有不给，顾安得余资以为活动。予再三言必可设法。伯先乃言："如果欲再举，必当立速遣人携资数千金回国，以接济某处之同志，免彼散去。然后图集合，而再设机关以谋进行。吾等亦当继续回香港与各方接洽。如是日内即需川资五千元；如事有可为，则又非数十万大款不可。"予乃招集当地华侨同志会议，勖以大义，一夕之间，则醵资八千有奇。再令各同志担任到各埠分头劝募，数日之内，已达五六万元，而远地更所不计。既有头批的款，已可分头进行。计划既定，予本拟遍游南洋英荷各属，乃荷属则拒绝不许予往，而英属及暹逻亦先后逐予出境。如是则东亚大陆之广，南洋岛屿之多，竟无一寸为予立足之地，予遂不得不远赴欧美矣。到美之日，遍游各地，劝华侨捐资以助革命，则多有乐从者矣。于是乃有辛亥三月二十九广州之举。是役也，集各省革命党之精英，与彼虏为最后之一搏。事虽不成，而黄花冈七十二烈士轰轰烈烈之概已震动全球，而国内革命之时势实以之造成矣。此为吾党第十次之失败也。

先是陈英士、宋钝初、谭石屏、居觉生等既受香港军事机关之约束,谋为广州应援;广州既一败再败,乃转谋武汉。武汉新军自予派法国武官联络之后,革命思想日日进步,早已成熟。无如清吏防范亦日以加严。而端方调兵入川,湖广总督瑞澂则以最富于革命思想之一部分交端方调遣。所以然者,盖欲弭患于未然也。然自广州一役之后,各省已风声鹤唳,草木皆兵,而清吏皆尽入恐慌之地,而尤以武昌为甚。故瑞澂先与某国领事相约,请彼调兵船入武汉,倘有革命党起事,则开炮轰击。时已一日数惊,而孙武、刘公等积极进行,而军中亦跃跃欲动。忽而机关破坏,拿获三十余人。时胡瑛尚在武昌狱中,闻耗,即设法止陈英士等勿来。而炮兵与工程等营兵士已多投入革命党者,闻彼等名册已被搜获,明日则必拿人等语。于是迫不及待,为自存计,熊秉坤首先开枪发难,而蔡济民等率众进攻,开炮轰击督署。瑞澂闻炮,立逃汉口,请某领事如约开炮攻击。以庚子条约,一国不能自由行动,乃开领事团会议。初意欲得多数表决,即行开炮攻击以平之。各国领事对于此事皆无成见,惟法国领事罗氏乃予旧交,深悉革命内容;时武昌之起事第一日则揭橥吾名,称予命令而发难者。法领事于会议席上乃力言孙逸仙派之革命党,乃以改良政治为目的,决非无意识之暴举,不能以义和拳一例看待而加干涉也。时领袖领事为俄国,俄领事与法领事同取一致之态度,于是各国多赞成之。乃决定不加干涉,而并出宣布中立之布告。瑞澂见某领事失约,无所倚恃,乃逃上海。总督一逃,而张彪亦走,清朝方面已失其统驭之权,秩序大乱矣。然革命党方面,孙武以造炸药误伤未愈,刘公谦让未遑,上海人员又不能到;于是同盟会会员蔡济民、张振武等,乃迫黎元洪出而担任湖北都督,然后秩序渐复。厥后黄克强等乃到。此时湘鄂之见已萌,而号令已不能统一矣。按武昌之成功,乃成于意外,其主因则在瑞澂一逃;倘瑞澂不逃,则张彪断不走,而彼之统驭必不失,秩序必不乱也。以当时武昌之新军,其赞成革命者之大部分已由端方调往四川,其尚留武昌者只炮兵及工程营之小部分耳,其他留武昌之新军尚属毫无成见者也。乃此小部分以机关破坏而自危,决冒险以图功,成败在所不计,初不意一击而中也。此殆天心助汉而亡胡者欤!

武昌既稍能久支,则所欲救武汉而促革命之成功者,不在武汉之一着,而在各省之响应也。吾党之士皆能见及此,故不约而同,各自为战,不数月而十五省皆光复矣。时响应之最有力而影响于全国最大者,厥为上海。陈英士在此积极进行,故汉口一失,英士则能取上海以抵之,由上海乃能窥取南京。后汉阳一失,吾党又得南京以抵之,革命之大局因以益振。则上海英士一木之支者,较他着尤多也。

武昌起义之次夕,予适行抵美国哥罗拉多省之典华城①。十余日前,在途中已接到黄克强在香港发来一电,因行李先运送至此地,而密电码则置于其中,故途上无由译之。是夕抵埠,乃由行李检出密码,而译克强之电。其文曰:“居正从武昌到港,报告新军必动,请速汇款应急”等语。时予在典华,思无法可得款,随欲拟电覆之,令勿动。惟时已入夜,予终日在车中体倦神疲,思虑纷乱,乃止。欲于明朝睡醒精神清爽时,再详思审度而后覆之。乃一睡至翌日午前十一时,起后觉饥,先至饭堂用膳,道经回廊报馆,便购一报携入饭堂阅看。坐下一展报纸,则见电报一段曰:“武昌为革命党占领。”如是我心中踌躇未决之覆电,已为之冰释矣。乃拟电致克强,申说覆电延迟之由,及予以后之行踪。遂起程赴美东。

时予本可由太平洋潜回,则二十余日可到上海,亲与革命之战,以快生平。乃以此时吾当尽力于革命事业者,不在疆场之上,而在樽俎之间,所得效力为更大也。故决意先从外交方面致力,俟此问题解决而后回国。按当时各国情形,美国政府对于中国则取门户开放、机会均等、领土保全,而对于革命则尚无成见,而美国舆论则大表同情于我。法国则政府、民间之对于革命皆有好意。英国则民间多表同情,而政府之对中国政策,则惟日本之马首是瞻。德、俄两国当时之趋势,则多倾向于清政府;而吾党之与彼政府民间皆向少交

① 哥罗拉多省、典华城:今译科罗拉多(Colorado)州、丹佛(Denver)市。

际,故其政策无法转移。惟日本则与中国最密切,而其民间志士不独表同情于我,且尚有舍身出力以助革命者。惟其政府之方针实在不可测,按之往事,彼曾一次逐予出境,一次拒我之登陆,则其对于中国之革命事业可知;但以庚子条约之后,彼一国不能在中国单独自由行动。要而言之,列强之与中国最有关系者有六焉:美、法二国,则当表同情革命者也;德、俄二国,则当反对革命者也;日本则民间表同情,而其政府反对者也;英国则民间同情,而其政府未定者也。是故吾之外交关键,可以举足轻重为我成败存亡所系者,厥为英国;倘英国右我,则日本不能为患矣。

予于是乃起程赴纽约,觅船渡英。道过圣路易城时,购报读之,则有"武昌革命军为奉孙逸仙命令而起者,拟建共和国体,其首任总统当属之孙逸仙"云云。予得此报,于途中格外慎密,避却一切报馆访员,盖恶虚声而图实际也。过芝加古[①]时,则带同志朱卓文一同赴英。抵纽约时,闻粤中同志图粤急,城将下。予以欲免流血计,乃致电两广总督张鸣岐,劝之献城归降,而命同志全其性命。后此目的果达。到英国时,由美人同志咸马里代约四国银行团主任会谈,磋商停止清廷借款之事。先清廷与四国银行团结约,订有川汉铁路借款一万万元,又币制借款一万万元。此两宗借款,一则已发行债票,收款存备待付者;一则已签约而未发行债票者。予之意则欲银行团于已备之款停止交付,于未备之款停止发行债票。乃银行主干答以对于中国借款之进止,悉由外务大臣主持,此事本主干当惟外务大臣之命是听,不能自由作主也云云。予于是乃委托维加炮厂总理为予代表,往与外务大臣磋商,向英政府要求三事:一、止绝清廷一切借款;二、制止日本援助清廷;三、取消各处英属政府之放逐令,以便予取道回国。三事皆得英政府允许。予乃再与银行团主任开商革命政府借款之事。该主干曰:"我政府既允君之请而停止吾人借款清廷,则此后银行团借款与中国,只有与新政府交涉耳。然必君回

① 芝加古:今译芝加哥。

中国成立正式政府之后乃能开议也。本团今拟派某行长与君同行归国,如正式政府成立之日,就近与之磋商可也。”时以予在英国个人所能尽之义务已尽于此矣,乃取道法国而东归。过巴黎,曾往见其朝野之士,皆极表同情于我,而尤以现任首相格利门梳为最恳挚。

予离法国三十余日,始达上海。时南北和议已开,国体犹尚未定也。当予未到上海之前,中外各报皆多传布谓予带有巨款回国,以助革命军。予甫抵上海之日,同志之所望我者以此,中外各报馆访员之所问者亦以此。予答之曰:“予不名一钱也,所带回者,革命之精神耳!革命之目的不达,无和议之可言也。”于是各省代表乃开选举会于南京,选举予为临时总统。予于基督降生一千九百十二年正月一日就职。乃申令颁布定国号为中华民国,改元为中华民国元年,采用阳历。于是予三十年如一日之恢复中华、创立民国之志,于斯竟成。

建国方略之二

实业计划(物质建设)

(一九一九年)

序

世界大战宣告停止之日,余即从事研究国际共同发展中国实业,而次第成此六种计划。余之所以如是其亟亟者,盖欲倾竭绵薄,利用此绝无仅有之机会,以谋世界永久和平之实现也。

夫以中国幅员之广,达四百二十八万九千平方英里;人口之众,号四万万;益以埋藏地下之无量数矿产与夫广大雄厚之各种农产,乃不能雄飞独立,与世界各国互相提携,共同开发;而反以谩藏诲盗,致成列强政治、经济侵略之俎上肉,斯诚不独中国之耻,抑亦世界各国之忧也。

不观夫巴尔干之往事乎?暴徒之弹朝发,世界之战夕起。今后中国问题,其严重殆十倍于巴尔干,此问题一日不解决,则世界第二次大战之危机一日不能消除;且其战区之扩大及战斗之猛烈,尤非第一次所可比拟。吾人试闭目一思,当有不寒而慄者矣。顾欲解决此问题,其道果安在乎?余以为舍国际共同发展中国实业外,殆无他策。此政策果能实现,则大而世界,小而中国,无不受其利益。余理想中之结果,至少可以打破现在之所谓列强势力范围,可以消灭现在之国际商业战争与资本竞争,最后且可以消除今后最大问题之劳资阶级斗争。如是则关于中国问题之世界祸根可以永远消灭,而世界人类生活之需要,亦可得一绝大之供给源流,销兵气为日月之光,化凶厉于祯祥之域,顾不懿欤!

余之所为计划,材料单薄,不足为具体之根据,不过就鄙见所及,贡其粗疏之大略而已;增损而变更之,非待专门家加以科学之考查与实测,不可遽臻实用也。比如余所计划之北方大港,将出现于青河、滦河之间者,在余之意见,以为港口必须设于东面,乃一经工程师实行测量之后,则港口应在西方。举此一例,可以证明余之粗疏。弥缝补苴,使成尽美尽善之伟大计划,是所望于未来之专门家矣。

余书著成后,助予校阅稿本者为蒋梦麟博士、余日章先生、朱友渔博士、顾子仁先生、李耀邦博士,例应于此致谢。

中华民国十年四月二十五日　孙文序于广州

自　序

欧战甫完之夕,作者始从事于研究国际共同发展中国实业,而成此六种计划。盖欲利用战时宏大规模之机器,及完全组织之人工,以助长中国实业之发达,而成我国民一突飞之进步;且以助各国战后工人问题之解决。无如各国人民久苦战争,朝闻和议,夕则懈志,立欲复战前原状,不独战地兵员陆续解散,而后路工厂亦同时休息。大势所趋,无可如何。故虽有三数之明达政治家,欲赞成吾之计划,亦无从保留其战时之工业,以为中国效劳也。我固失一速进之良机,而彼则竟陷于经济之恐慌,至今未已。其所受痛苦,较之战时尤甚。将来各国欲恢复其战前经济之原状,尤非发展中国之富源,以补救各国之穷困不可也。然则中国富源之发展,已成为今日世界人类之至大问题,不独为中国之利害而已也。惟发展之权,操之在我则存,操之在人则亡,此后中国存亡之关键,则在此实业发展之一事也。吾欲操此发展之权,则非有此知识不可。吾国人欲有此知识,则当读此书,尤当熟读此书。从此触类旁通,举一反三,以推求众理。庶几操纵在我,不致因噎废食,方能泛应曲当,驰骤于今日世界经济之场,以化彼族竞争之性,而达我大同之治也。

此书为实业计划之大方针,为国家经济之大政策而已。至其实施之细密计划,必当再经一度专门名家之调查,科学实验之审定,乃可从事。放所举之计划,当有种种之变更改良,读者幸毋以此书为一成不易之论,庶乎可。

此书原稿为英文,其篇首及第二、第三计划及第四之大部分为朱执信所译,其第一计划为廖仲恺所译,其第四之一部分及第六计划及结论为林云陔所译,其第五计划为马君武所译。特此志之。

民国十年十月十日　孙文序于粤京

篇 首[1]

世界大战最后之一年中,各国战费每日须美金二万四千万元。此中以极俭计,必有一半费于药弹及其他直接供给战争之品,此已当美金一万二千万元矣。如以商业眼光观察此种战争用品,则此新工业乃以战场为其销场,以兵士为其消费者,改变种种现存之他种实业,以为此供给,而又新建以益之。各交战国民,乃至各中立国民,日夕缩减其生活所需至于极度,而储其向日所费诸繁华及安适者,以增加生产此种战争货品之力。今者战事告终,诚可为人道庆。顾此战争用品之销场同时闭锁,吾人当图善后之策。故首当谋各交战国之再造,次则恢复其繁华与安适。此两项事业,若以日费六千万元计之,只占此战争市场所生余剩之半额,而所余者每日仍有六千万元,尚无所用之地。且此千数百万军人,向从事于消费者,今又一转而事生产,则其结果必致生产过多。不特此也,各国自推行工业统一与国有后,其生产力大增,与前此易手工用机器之工业革命相较,其影响更深。吾人欲命以第二工业革命之名,似甚正确。若以其增加生产力而言,此次革命之结果,实较前增加数倍。然则以世界战争而成此工业统一与国有之现象者,于战后之整理,必多纠纷。今夫一日六千万,则一年二百一十九万万也,贸易如是其巨也,以战争而起者,乃忽以和平而止。试问欧美于此世界中,将向何处觅销场,以消纳战争时储节所赢之如许物产乎?

如当整理战后工业之际,无处可容此一年二百一十九万万之贸易,则其工业必停,而投于是之资本乃等于虚掷,其结果不惟有损此

---

① 此篇曾于一九一八年单独发表,原为英文,中译名为《国际共同发展中国实业计划书——补助世界战后整顿实业之方法》。此处"篇首"二字为整理者所加。

诸生产国之经济状况，即于世界所失亦已多矣。凡商业国，无不觅中国市场，以为消纳各国余货之地。然战前贸易状态，太不利于中国，输入超过输出，年逾美金一万万。循此以往，中国市场不久将不复能销容大宗外货，以其金钱、货物俱已枯竭，无复可持与外国市易也。所幸中国天然财源极富，如能有相当开发，则可成为世界中无尽藏之市场；即使不能全消费此一年二百十九万万之战争生产剩余，亦必能消费其大半无疑。

中国今尚用手工为生产，未入工业革命之第一步，比之欧美已临第二革命者有殊。故于中国两种革命必须同时并举，既废手工采机器，又统一而国有之。于斯际中国正需机器，以营其巨大之农业，以出其丰富之矿产，以建其无数之工厂，以扩张其运输，以发展其公用事业。然而消纳机器之市场，又正战后贸易之要者也。造巨炮之机器厂，可以改制蒸汽辘压，以治中国之道路；制装甲自动车之厂，可制货车以输送中国各地之生货；凡诸战争机器，一一可变成平和器具，以开发中国潜在地中之富。此种开辟利源之办法，如不令官吏从中舞弊，则中外利益均沾，中国人民必欢迎之。

欧美人或有未之深思者，恐以战争时之机器、战争时之组织、与熟练之技工开辟中国利源，将更引起外国工业之竞争。故余今陈一策，可使中国开一新市场，既以销其自产之货，又能销外国所产，两不相妨。其策如下：

（甲）交通之开发。

子　铁道一十万英里。

丑　碎石路一百万英里。

寅　修浚现有运河：

（一）杭州、天津间运河。

（二）西江、扬子江间运河。

卯　新开运河：

（一）辽河、松花江间运河。

（二）其他运河。

辰 治河：

(一)扬子江筑堤浚水路，起汉口，迄于海，以便航洋船直达该港，无间冬、夏。

(二)黄河筑堤，浚水路，以免洪水。

(三)导西江。

(四)导淮。

(五)导其他河流。

巳 增设电报线路、电话及无线电等，使遍布于全国。

(乙)商港之开辟。

子 于中国中部、北部、南部各建一大洋港口，如纽约港者。

丑 沿海岸建种种之商业港及渔业港。

寅 于通航河流沿岸建商场船埠。

(丙)铁路中心及终点并商港地设新式市街，各具公用设备。

(丁)水力之发展。

(戊)设冶铁、制钢并造士敏土之大工厂，以供上列各项之需。

(己)矿业之发展。

(庚)农业之发展。

(辛)蒙古、新疆之灌溉。

(壬)于中国北部及中部建造森林。

(癸)移民于东三省、蒙古、新疆、青海、西藏。

如使上述规划果能逐渐举行，则中国不特可为各国余货消纳之地，实可为吸收经济之大洋海，凡诸工业国其资本有余者，中国能尽数吸收之。不论在中国抑在全世界，所谓竞争、所谓商战者，可永不复见矣。

近时世界战争，已证明人类之于战争不论或胜或负，均受其殃，而始祸者受害弥重。此理于以武力战者固真，于以贸易争者尤确也。威尔逊总统今既以国际同盟防止将来之武力战争，吾更欲以国际共助中国之发展，以免将来之贸易战争。则将来战争之最大原因,庶可从根本绝去矣。

自美国工商发达以来,世界已大受其益。此四万万人之中国一旦发达工商,以经济的眼光视之,何啻新辟一世界?而参与此开发之役者,亦必获超越寻常之利益,可无疑也。且此种国际协助,可使人类博爱之情益加巩固,而国际同盟亦得借此以巩固其基础,此又予所确信者也。

欲使此计划举行顺利,余以为必分三步以进:第一,投资之各政府,务须共同行动,统一政策。组成一国际团,用其战争时任组织、管理等人材及种种熟练之技师,令其设计有统系,用物有准度,以免浪费,以便作工。第二,必须设法得中国人民之信仰,使其热心匡助此举。如使上述两层,已经办到,则第三步,即为与中国政府开正式会议,以议此计划之最后契约。而此种契约,吾以为应取法于曩者吾与伦敦波令公司所立建筑广州重庆铁路合同,以其为于两方最得宜,而于向来中国与外国所结契约中为人民所最欢迎者也。吾人更有不能不预为戒告者,即往日盛宣怀铁路国有之覆辙,不可复蹈也。当时外国银行家不顾中国之民意,以为但与中国政府商妥,即无事不可为;及后乃始悔其以贿成之契约,终受阻于人民也。假使外国银行先遵正当之途,得中国人民之信仰,然后与政府订契约,则事易行,岂复有留滞之忧?然则于此国际计划,吾人不可不重视民意也。

如资本团以吾说为然,吾更当继此有所详说。

第一计划

中国实业之开发应分两路进行,(一)个人企业、(二)国家经营是也。凡夫事物之可以委诸个人,或其较国家经营为适宜者,应任个人为之,由国家奖励,而以法律保护之。今欲利便个人企业之发达于中国，则从来所行之自杀的税制应即废止，紊乱之货币立需改良，而各种官吏的障碍必当排去；尤须辅之以利便交通。至其不能委诸个人及有独占性质者，应由国家经营之。今兹所论，后者之事属焉。此类国家经营之事业，必待外资之吸集、外人之熟练而有组织才具者之雇佣、宏大计划之建设，然后能举。以其财产属之国有，而为全国人民利益计以经理之。关于事业之建设运用，其在母财、子利尚未完付期前，应由中华民国国家所雇专门练达之外人任经营监督之责；而其条件，必以教授训练中国之佐役，俾能将来继承其乏，为受雇于中国之外人必尽义务之一。及乎本利清偿而后，中华民国政府对于所雇外人当可随意用舍矣。于详议国家经营事业开发计划之先，有四原则必当留意：

(一)必选最有利之途以吸外资。

(二)必应国民之所最需要。

(三)必期抵抗之至少。

(四)必择地位之适宜。

今据上列之原则，举其计划如下：

(一)筑北方大港于直隶湾。

(二)建铁路统系，起北方大港，迄中国西北极端。

(三)殖民蒙古、新疆。

(四)开浚运河，以联络中国北部、中部通渠及北方大港。

(五)开发山西煤铁矿源，设立制铁、炼钢工厂。

上列五部，为一计划，盖彼此互相关联，举其一有以利其余也。北方大港之筑，用为国际发展实业计划之策源地；中国与世界交通运输之关键，亦系夫此。此为中枢，其余四事旁属焉。

第一部　北方大港

兹拟建筑不封冻之深水大港于直隶湾中。中国该部必需此港，国人宿昔感之，无时或忘。向者屡经设计浚渫大沽口沙，又议筑港于岐河口。秦皇岛港已见小规模的实行，而葫芦岛港亦经筹商兴筑。今余所策，皆在上举诸地以外。盖前两者距深水线过远而淡水过近，隆冬即行结冰，不堪作深水不冻商港用；后两者与户口集中地辽隔，用为商港，不能见利。兹所计划之港，为大沽口、秦皇岛两地之中途，青河、滦河两口之间，沿大沽口、秦皇岛间海岸岬角上。该地为直隶湾中最近深水之一点，若将青河、滦河两淡水远引他去，免就近结冰，使为深水不冻大港，绝非至难之事。此处与天津相去，方诸天津、秦皇岛间少差七八十咪。且此港能借运河以与北部、中部内地水路相连，而秦皇、葫芦两岛则否。以商港论，现时直隶湾中唯一不冻之港，惟有秦皇岛耳。而此港则远胜秦皇、葫芦两岛矣。

由营业上观察，此港筑成，立可获利，以地居中国最大产盐区域之中央故也。在此地所产至廉价之盐，只以日曝法产出；倘能加以近代制盐新法，且可利用附近廉价之煤，则其产额必将大增，而产费必将大减，如此中华全国所用之盐价可更廉。今以本计划遂行之始，仅能成中等商港计之，只此一项实业，已足支持此港而有余。此外直接附近地域，尚有中国现时已开最大之煤矿（开滦矿务公司），计其产额，年约四百万吨。该公司现用自有之港（秦皇岛），借为输出之路。顾吾人所计划之港，距其矿场较近，倘能以运河与矿区相联，则其运费，方诸陆运至秦皇岛者廉省多矣。不特此也，兹港将来必畅销开滦产煤，则该公司势必仰资此港为其运输出口之所。今天津一处在北方为最大商业之中枢，既无深水海港可言，每岁冬期，封冻数月，亦必全赖此港以为世界贸易之通路。此虽局部需要，然仅以此计，已足为此港之利矣。

顾吾人之理想，将欲于有限时期中发达此港，使与纽约等大。试观此港所襟带控负之地，即足证明吾人之理想能否实现矣。此地西南为直隶、山西两省与夫黄河流域，人口之众约一万万。西北为热河特别区域及蒙古游牧之原，土旷人稀，急待开发。夫以直隶生齿之繁，山西矿源之富，必赖此港为其唯一输出之途。倘将来多伦诺尔、库伦间铁路完成,以与西伯利亚铁路联络,则中央西伯利亚一带皆视此为最近之海港。由是言之,其供给分配区域,当较纽约为大。穷其究竟,必成将来欧亚路线之确实终点,而两大陆于以连为一气。今余所计划之地,现时毫无价值可言。假令于此选地二三百方咪置诸国有,以为建筑将来都市之用,而四十年后,发达程度即令不如纽约,仅等于美国费府,吾敢信地值所涨,已足偿所投建筑资金矣。

中国该部地方,必需如是海港,自不待论。盖直隶、山西、山东西部、河南北部、奉天之一半、陕甘两省之泰半,约一万万之人口,皆未尝有此种海港。蒙古、新疆与夫煤铁至富之山西,亦将全恃直隶海岸,为其出海通衢。若乎沿海、沿江各地稠聚人民,必需移实蒙古、天山一带从事垦殖者,此港实为最近门户,且以由此行旅为最廉矣。

兹港所在,距深水至近,去大河至远,而无河流滞淤,填积港口,有如黄河口、扬子江口时需浚渫之患。自然之障碍,于焉可免。又为干燥平原,民居极鲜,人为障碍丝毫不存,建筑工事,尽堪如我所欲。至于海港都市,两者之工程预算,当有待于专门技士之测勘,而后详细计划可定。(参观第一图,并观详图一、二)

(详图之说明:自第一计划寄到北京公使馆之后,美使芮恩诗博士即派专门技师,往作者所指定之北方大港地点实行测量,果发见此地确为直隶沿海最适宜于建筑一世界港之地。惟其不同之点,只有港口当位于西边耳。因作者当时无精确之图也。读者一观此两详细图,便可一目了然矣。)

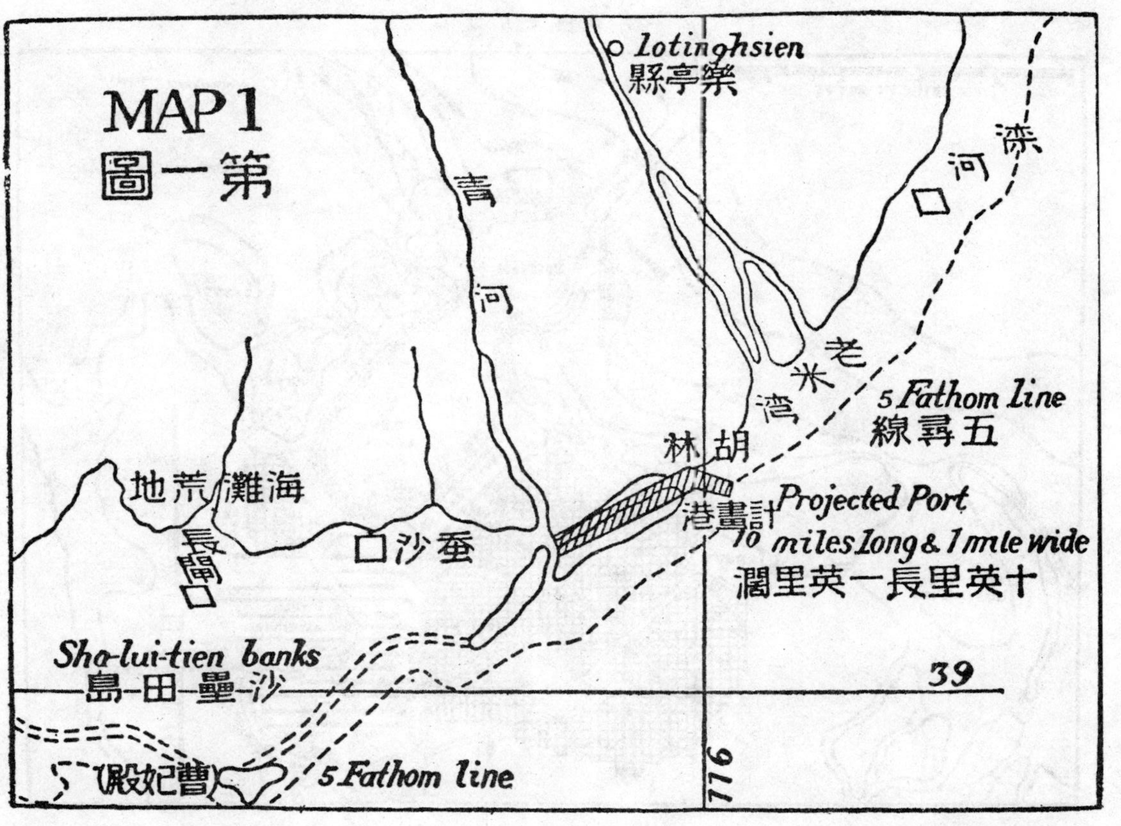
MAP 1
圖一第
Lotinghsien
縣亭樂
青
河
灤
河
口
老
米
湾
胡
林
5 Fathom line
線尋五
Projected Port
港畫計
10 miles long & 1 mile wide
十英里長一英里濶
地荒灘海
長
閘
口
垂沙口
Sha-lui-tien banks
島田壘沙
39
116
曹妃殿
5 Fathom line

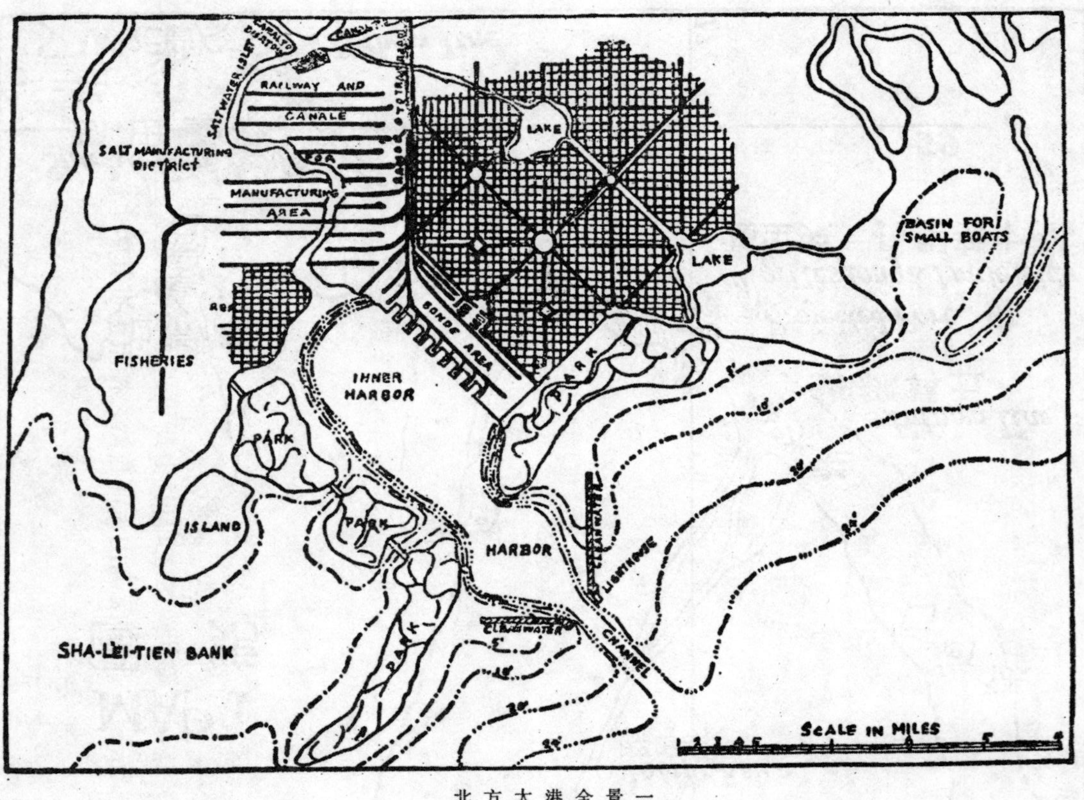

RAILWAY AND
CANALE
SALT MANUFACTURING
DISTRICT
SALTWATER ISLET
MANUFACTURING
AREA
LAKE
BASIN FOR
SMALL BOATS
LAKE
BONDE AREA
PARK
FISHERIES
INNER
HARBOR
PARK
ISLAND
PARK
HARBOR
CLEARWATER
LIGHTHOUSE
CLEARWATER
CHANNEL
PARK
SHA-LEI-TIEN BANK
SCALE IN MILES

北方大港全景一

第二部　西北铁路系统

吾人所计划之铁路，由北方大港起，经滦河谷地，以达多伦诺尔，凡三百咪。经始之初，即筑双轨，以海港为出发点，以多伦诺尔为门户，以吸收广漠平原之物产，而由多伦诺尔进展于西北。第一线，向北偏东北走，与兴安岭山脉平行，经海拉尔，以赴漠河。漠河者，产金区域，而黑龙江右岸地也。计其延长，约八百咪。第二线，向北偏西北走，经克鲁伦，以达中俄边境，以与赤塔城附近之西伯利亚铁路相接，长约六百咪。第三线，以一干线向西北，转正西，又转西南，沿沙漠北境，以至国境西端之迪化城，长约一千六百咪。地皆平坦，无崇山峻岭。第四线，由迪化迤西以达伊犁，约四百咪。第五线，由迪化东南，超出天山山峡，以入戈壁边境，转而西南走，经天山以南沼地与戈壁沙漠北偏之间一带腴沃之地，以至喀什噶尔；由是更转而东南走，经帕米尔高原以东，昆仑以北，与沙漠南边之间一带沃土，以至于阗，即克里雅河岸。延长约一千二百咪，地亦平坦。第六线，于多伦诺尔、迪化间干线，开一支线，由甲接合点出发，经库伦，以至恰克图，约长三百五十咪。第七线，由干线乙接合点出发，经乌里雅苏台，倾北偏西北走，以至边境，约六百咪。第八线，由干线丙接合点出发，西北走，达边境，约四百咪。（参观第二图）

兹所计划之铁路，证以"抵抗至少"之原则，实为最与理想相符合者。盖以七千余咪之路线为吾人计划所定者，皆在坦途。例如多伦诺尔至喀什噶尔之间，且由斯更进之路线，延袤三千余咪，所经均肥沃之平野，并无高山大河自然之梗阻横贯其中也。

以"地位适宜"之原则言之，则此种铁路，实居支配世界的重要位置。盖将为欧亚铁路系统之主干，而中、欧两陆人口之中心，因以联结。由太平洋岸前往欧洲者，以经此路线为最近；而由伊犁发出之支线，将与未来之印度、欧洲线路（即行经伯达，以通达马斯加斯

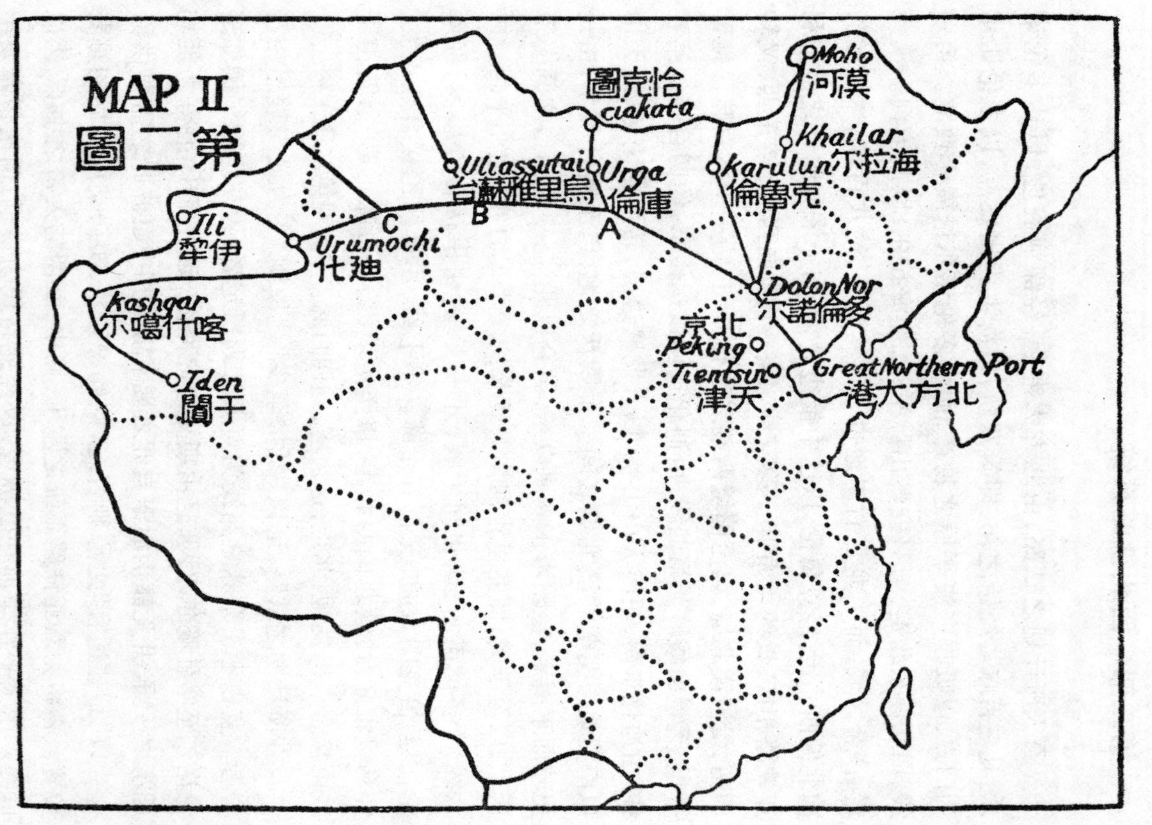
MAP II
第二圖
Moho
漠河
Khailar
海拉爾
恰克圖
ciakata
Uliassutai
烏里雅蘇台
Urga
庫倫
karulun
克魯倫
Ili
伊犁
Urumochi
迪化
kashgar
喀什噶爾
Iden
于闐
A
B
C
Dolon Nor
多倫諾爾
北京
Peking
Tientsin
天津
Great Northern Port
北方大港

及海楼府[1]者)联络,成一连锁。将来由吾人所计划之港,可以直达好望角城。综观现在铁路,于世界位置上无较此重要者矣。

以"国民需要"之原则言之,此为第一需要之铁路。盖所经地方,较诸本部十八行省尤为广阔。现以交通运输机关缺乏之故,丰富地域,委为荒壤,而沿海沿江烟户稠密省分,麕聚之贫民无所操作,其弃自然之惠泽而耗人力于无为者,果何如乎?倘有铁路与此等地方相通,则稠密省区无业之游民,可资以开发此等富足之地。此不仅有利于中国,且有以利世界商业于无穷也。故中国西北部之铁路系统,由政治上经济上言之,皆于中国今日为必要而刻不容缓者也。

吾人所以置"必选有利之途"之第一原则而未涉及者,非遗弃之也,盖将详为论列,使读者三致意焉耳。今夫铁路之设,间于人口繁盛之区者其利大,间于民居疏散之地者其利微,此为普通资本家、铁路家所恒信;今以线路横亘于荒僻无人之境,如吾人所计划者,必将久延岁月,而后有利可图。北美合众国政府于五十年前,所以给与无垠之土地于铁路公司,诱其建筑横跨大陆干路,以达太平洋岸者,职是之故。余每与外国铁路家、资本家言兴筑蒙古、新疆铁路,彼辈恒有不愿。彼将以为兹路之设,所过皆人迹稀罕,只基于政治上军事上理由,有如西伯利亚铁路之例,而不知铁路之所布置,由人口至多以达人口至少之地者,其利较两端皆人口至多之地为大。兹之事实,盖为彼辈所未曾闻。请详言其理。夫铁路两端人口至多之所,彼此经济情况大相仿佛,不如一方人口至多、他方人口至少者,彼此相差之远。在两端皆人口至多者,舍特种物产此方仰赖彼方之供给而外,两处居民大都生活于自足经济情况之中,而彼此之需要供给不大,贸迁交易,不能得巨利。至于一方人口多而他方人口少者,彼此经济情况,大相径庭。新开土地从事劳动之人民,除富有粮食及原料品,以待人口多处之所需求而外,一切货物,皆赖他方之繁盛区

---

① 伯达、达马斯加斯、海楼府:今译巴格达、大马士革、开罗。

域供给，以故两方贸易必臻鼎盛。不特此也，筑于两端皆人口至多之铁路，对于人民之多数无大影响，所受益者惟少数富户及商人而已；其在一方人口多而他方人口少者，每筑铁路一咪开始输运，人口多处之众必随之而合群移住于新地，是则此路建筑之始，将充其量以载行客。京奉、京汉两路比较，其明证也。

京汉路线之延长八百有余咪，由北京直达中国商业聚中之腹地，铁路两端之所包括，皆户集人稠之所；京奉路线长仅六百咪耳，然由人口多处之京、津，开赴人口少处之满洲。前者虽有收益，则不若后者所得之大。以较短之京奉线，方诸较长之京汉线，每年纯利所赢，其超过之数有至三四百万者矣。

故自理则上言之，从利益之点观察，人口众多之处之铁路，远胜于人口稀少者之铁路。然由人口众多之处筑至人口稀少之处之铁路，其利尤大。此为铁路经济上之原则，而铁路家、资本家所未尝发明者也。

据此铁路经济上之新原则，而断吾人所计划之铁路，斯为有利中之最有利者。盖一方联接吾人所计划之港，以通吾国沿海沿江户口至多省分；又以现存之京汉、津浦两路，为此港暨多伦诺尔路线之给养，他方联接大逾中国本部之饶富未开之地。世界他处，欲求似此广漠腴沃之地，而邻近于四万万人口之中心者，真不可得矣。

第三部　蒙古、新疆之殖民

殖民蒙古、新疆，实为铁路计划之补助，盖彼此互相依倚，以为发达者也。顾殖民政策，除有益于铁路以外，其本身又为最有利之事业。例如北美合众国、加拿大、澳洲及阿尔然丁[①]等国所行之结果，其成绩至为昭彰。至若吾人之所计划，不过取中国废弃之人力，与夫外国之机械，施对沃壤，以图利益昭著之生产。即以满洲现时

① 阿尔然丁：今译阿根廷。

殖民言之，虽于杂乱无章之中，虚耗人工地力，不知凡几，然且奇盛；假能以科学上方法行吾人之殖民政策，则其收效，将无伦比。以此之故，予议于国家机关之下，佐以外国练达之士及有军事上组织才者，用系统的方法指导其事，以特惠移民，而普利全国。

土地应由国家买收，以防专占投机之家置土地于无用，而遗毒害于社会。国家所得土地，应均为农庄，长期贷诸移民。而经始之资本、种子、器具、屋宇应由国家供给，依实在所费本钱，现款取偿，或分年摊还。而兴办此事，必当组织数大机关，行战时工场制度，以为移民运输居处衣食之备。第一年不取现值，以信用贷借法行之。

一区之移民为数已足时，应授以自治特权。每一移民，应施以训练，俾能以民主政治的精神，经营其个人局部之事业。

假定十年之内，移民之数为一千万，由人满之省徙于西北，垦发自然之富源，其普遍于商业世界之利，当极浩大。靡论所投资本庞大若何，计必能于短时期中，子偿其母。故以“有利”之原则论，别无疑问也。

以“国民需要”之原则衡之，则移民实为今日急需中之至大者。夫中国现时应裁之兵，数过百万；生齿之众，需地以养。殖民政策于斯两者，固最善之解决方法也。兵之裁也，必须给以数月恩饷，综计解散经费，必达一万万元之巨。此等散兵无以安之，非流为饿莩，则化为盗贼，穷其结果，宁可忍言。此弊不可不防，尤不可使防之无效。移民实荒，此其至善者矣。予深望友好之外国资本家，以中国福利为怀者，对于将来中国政府请求贷款以资建设，必将坚持此旨，使所借款项第一先用于裁兵之途；其不然者，则所供金钱，反以致祸于中国矣。对于被裁百余万之兵，只以北方大港与多伦诺尔间辽阔之地区，已足以安置之。此地矿源富而户口少，倘有铁路由该港出发以达多伦诺尔，则此等散兵可供利用，以为筑港、建路及开发长城以外沿线地方之先驱者。而多伦诺尔将为发展极北殖民政策之基矣。

第四部 开浚运河以联络中国北部、中部通渠及北方大港

此计划包含整理黄河及其支流、陕西之渭河、山西之汾河暨相连诸运河。黄河出口，应事浚渫，以畅其流，俾能驱淤积以出洋海。以此目的故，当筑长堤，远出深海，如美国密西悉比河口然。堤之两岸，须成平行线，以保河辐之划一，而均河流之速度，且防积淤于河底。加以堰闸之功用，此河可供航运，以达甘肃之兰州。同时，水力工业亦可发展。渭河、汾河亦可以同一方法处理之，使于山、陕两省中，为可航之河道。诚能如是，则甘肃与山、陕两省，当能循水道与所计划直隶湾中之商港联络，而前此偏僻三省之矿材物产，均得廉价之运输矣。修理黄河费用或极浩大，以获利计，亦难动人。顾防止水灾，斯为全国至重大之一事。黄河之水，实中国数千年愁苦之所寄。水决堤溃，数百万生灵、数十万万财货为之破弃净尽。旷古以来，中国政治家靡不引为深患者。以故一劳永逸之策，不可不立，用费虽巨，亦何所惜，此全国人民应有之担负也。浚渫河口，整理堤防，建筑石坝，仅防灾工事之半而已；他半工事，则植林于全河流域倾斜之地，以防河流之漂卸土壤是也。

千百年来，为中国南北交通枢纽之古大运河，其一部分现在改筑中者，应由首至尾全体整理，使北方、长江间之内地航运得以复通。此河之改筑整理，实为大利所在。盖由天津至杭州，运河所经皆富庶之区也。

另应筑一新运河，由吾人所计划之港，直达天津，以为内地诸河及新港之连锁。此河必深而且广，约与白河相类，俾供国内沿岸及浅水航船之用，如今日冬期以外之所利赖于白河者也。河之两岸，应备地以建工厂，则生利者不止运输一事，而土地价格之所得，亦其一端也。

至于建筑之计划预算，斯则专门家之责，兹付阙如。

第五部　开发直隶、山西煤铁矿源，设立制铁炼钢工厂

本计划所举诸业，如筑北方大港，建铁路统系由北方大港以达中国西北极端，殖民蒙古、新疆，与夫开浚运河、改良水道以联络北方大港，之四者所需物料当极浩大。夫煤铁矿源，在各实业国中累岁锐减，而各国亟思所以保存天惠，以遗子孙。如使为开发中国故，凡夫物料所需，取给各国，则将竭彼自为之富源，贻彼后代患。且以欧洲战后，各国再造所费，于实业界能供给之煤铁，行将吸收以尽。故开发新富源，以应中国之特别需求者，势则然也。

直隶、山西无尽藏之煤铁，应以大规模采取之。今假以五万万或十万万元资本，投诸此事业。当中国一般的开发计划进行之始，钢铁销场立即扩大，殊非现时实业界所能供给。试思铁路、都市、商港等之建筑，与夫各种机械器具之应用，所需果当何若。质而言之，则中国开发，即所以启各种物品之新需要，而同时不得不就附近原料，谋相当之供给。故制铁、炼钢工厂者，实国家之急需，亦厚利之实业也。

此第一计划，皆依据前此所述之四原则而成。果如世论所云，"一需要即以发生更新之需要，一利益即以增进较多之利益"，则此第一计划，可视为其他更大发展中国计划之先导，后当继续论之。

第二计划

东方大港之为第二计划中心，犹之北方大港之为第一计划中心也。故第二计划，亦定为五部，即：

（一）东方大港。

（二）整治扬子江水路及河岸。

（三）建设内河商埠。

(四)改良扬子江之现存水路及运河。

(五)创建大士敏土厂。

第一部 东方大港

上海现在虽已成为全中国最大之商港,而苟长此不变,则无以适合于将来为世界商港之需用与要求。故今日在华外国商人有一运动,欲于上海建一世界商港。现经有种种计划提出,即如将现在之布置更加改良,堵塞黄浦江口及上游以建一泊船坞,于黄浦口外扬子江右岸建一锁口商港,于上海东方凿一船池,并浚一运河到杭州湾;而预算欲使上海成为一头等商港,必须费去洋银一万万元以上然后可。据第一计划中吾所举之四原则,则上海之为中国东方世界商港也,实不可谓居于理想的位置。而此种商港最良之位置,当在杭州湾中乍浦正南之地。依上述四原则以为观察,论其为东方商港,则此地位远胜上海。是以吾等于下文将呼之为计划港,以别于现在中国东方已成之商港即上海也。

甲 计划港

计划港当位于乍浦岬与澉浦岬之间,此两点相距约十五英里。应自此岬至彼岬建一海堤,而于乍浦一端离山数百尺之处,开一缺口,以为港之正门。此种海堤可分为五段,每段各长三英里。因现在先筑一段,长三英里,阔一英里半,已得三四方英里之港面,足供用矣。至于商务长进,则可以逐段加筑,以应其需用。前面海堤,应以石块或士敏土坚结筑之。其横于海堤与陆地间之堤,则可用沙及柴席垒成,作为暂时建造,以备扩张港面时之移动。此港一经作成,永无须为将来浚渫之计。盖此港近旁,并无挟泥之水日后能填满此港面及其通路者也。在杭州湾中,此港正门为最深之部分,由此正门出至公海,平均低潮水深三十六尺至四十二尺,故最大之航洋船,可以随时进出口。故以此计划港作为中国中部一等海港,远胜上海也。(参观第三图)

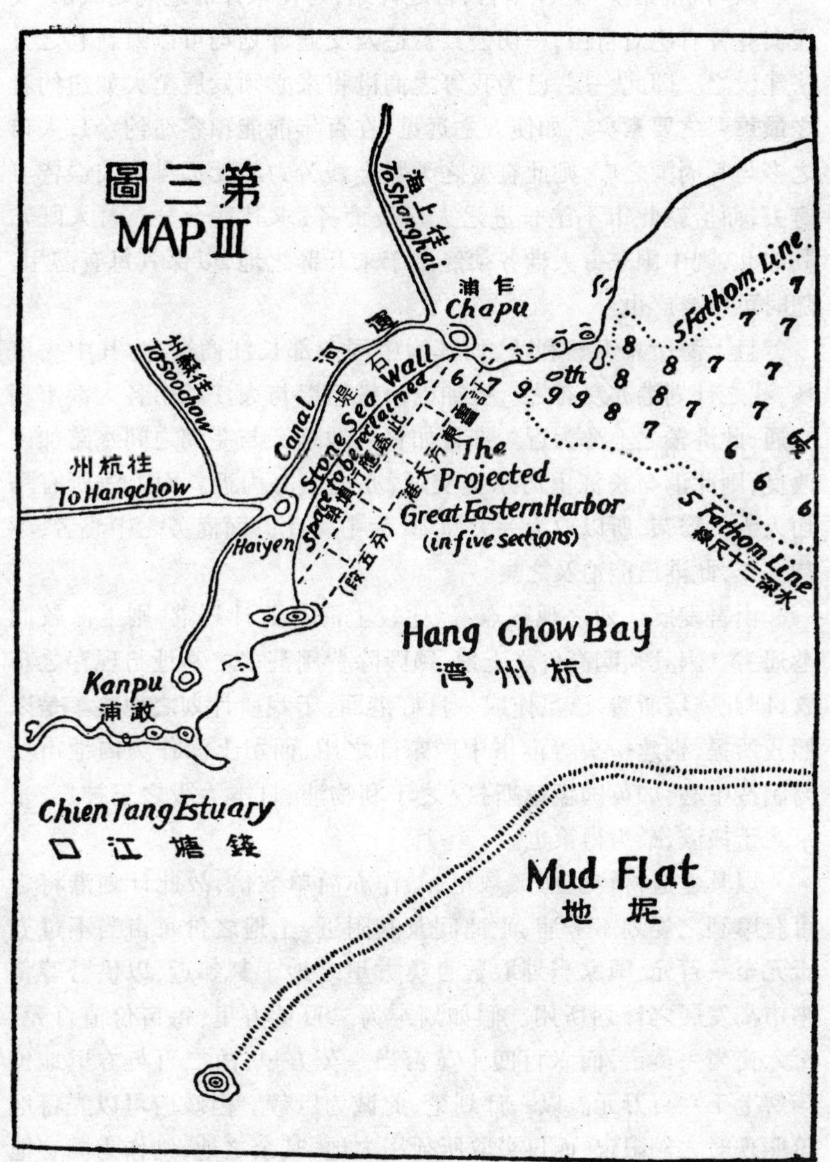

第三圖
MAP III
往上海
To Shanghai
乍浦
Chapu
往蘇州
To Soochow
運河
Canal
石堤
Stone Sea Wall
往杭州
To Hangchow
Haiyen
Space to be reclaimed
The Projected Great Eastern Harbor (in five sections)
(分五段)
5 Fathom Line
5 Fathom Line
水深三十尺線
Hang Chow Bay
杭州湾
Kanpu
澉浦
Chien Tang Estuary
錢塘江口
Mud Flat
泥地

以“抵抗最少”之原则言，吾之计划，乃在未开辟地规划城市、发展实业皆有绝对自由，一切公共营造及交通计划均可以最新利之方法建设之。即此一层，已为我等之商港将来必须发展至大如纽约者之最重要之要素矣。如使人之远见，在百年前能预察纽约今日人口之多与其周围之广，则此空费之无数金钱劳力与无远见之失误皆可避去，而恰就此市不绝长进之人口及商务，求其适合矣。吾人既知其如此，则中国东方大港务须经始于未开辟之地，以保其每有需用，随时可以推广也。

且上海所有天然利益，如其为中国东部长江商港，为其中央市场，我之计划港亦复有之。更加以由铁路以与大江以南各大都市相交通，此港较之上海为近。抑且如将该地近旁与芜湖之间水路加以改良，则此港与长江上游水上交通，亦比上海为近。而上海所有一切人为的繁荣，所以成为一大商埠，为中国此方面商务之中心者，不待多年，此港已能追及之矣。

由吾发展计划之观察点，以比较上海与此计划港，则上海较此港遥劣。因其须购高价之土地，须毁除费用甚多之基址与现存之布置，即此一层所费，已足作成一良好港面，于我所计划之地矣。是以照我所提，别建一头等港供中国东部之用，而留上海作为内地市场与制造中心，如英国孟遮斯打[①]之于利物浦、日本大阪之于神户、东京之于横滨，最为得策也。

以其建造将较上海廉数倍，工作亦简单数倍，故此计划港将为可获厚利之规划。乍浦、澉浦间及其附近，土地之价每亩当不过五十元至一百元，国家当划取数百英方里之地于其邻近，以供吾等将来市街发展之计划所用。假如划定为二百英方里，每亩价值百元，每六亩当一英亩，而六百四十英亩当一英方里，故二百英方里地价当费七千六百万元。以一计划论，此诚为巨额。但政府可以先将地价照现时之额限定，而仅买取所须用之地，其余之地，则作为国有地

① 孟遮斯打：今译曼彻斯特。

未给价者留于原主手中,任其使用,但不许转卖耳。如此,国家但于发展计划中需用若干地,即随时取若干地,而其取之,则有永远不变之定价,而其支付地价可以徐徐,国家将来即能以其所增之利益,还付地价。如此,惟第一次所用地区之价须以资本金支付之,其余则可以其本身将来价值付之而已足。至港面第一段完成以后,此港发达,斯时地价急速腾贵,十年之内,在其市街界内地价将起自千元一亩至十万元一亩之高价,故土地自体已发生利益矣,而又益之以计划本来之港面及市街之利益。因其所挟卓越之地位,此港实有种种与纽约媲美之可能。而在扬子江流域,控有倍于美国之二万万人口之一地区,恐当以此为唯一之深水海港也。此种都市长进之率,将与实行此发展计划全部之率为正比例。如使用战时工作之伟大规模、完密组织之方法,以助长此港面与市街之建造,则此时将有东方纽约崛起于极短时间之中。于是无须更虑其过度扩展与资本之误投,因有无限之富源与至大之人口,正待此港而用之也。

乙 以上海为东方大港

如使我之计划,惟欲以一深水港面,供中国此部分将来商务之用,则必取前之计划港,而舍上海无疑。任从何点观察,上海皆为殭死之港,然而在我之中国发展计划,上海有特殊地位。由此审度之,于上海仍可求得一种救济法也。扬子江之砂泥,每年填塞上海通路,迅速异常,此实阻上海为将来商务之世界港之噩神也。据黄浦江浚渫局技师长方希典斯坦君所推算,此种沙泥每年计有一万万吨,此数足以铺积满四十英方里之地面,至十英尺之厚。必首先解决此沙泥问题,然后可视上海为能永成为一世界商港者也。幸而在吾计划中,本有整治扬子江水道及河岸一部,将有助于上海通路之解决。故常以此计划置诸心中,即可将沙泥问题作为已解决者,而将整治长江入海口一事让之次部。现在先商上海港面改良一事。

现有诸专门家提出种种计划,以图上海港面改良,如前所述。其中有欲将十二年来黄浦江浚渫局用一千一百万两所作之工程,尽行毁弃者。是以吾欲献一常人之规划,以供专门家及一般公众之研讨。我之设世界港于上海之计划，即仍留存现在自黄浦江口起至江心沙上游高桥河合流点止已成之布置，如此则浚渫局十二年来所作之工程均不虚耗。于是依我计划，当更延长浚渫局所已开成之水道，又扩张黄浦江右岸之湾曲部，由高桥河合流点开一新河，直贯浦东，在龙华铁路接轨处上流第二转湾复与黄浦江正流会。如此，则由此点直到斜对杨树浦之一点，江流直几如绳，由此更以缓曲线达于吴淞。此新河将约三十英方里之地圈入，作为市宅中心，且作成一新黄浦滩；而现在上海前面缭绕潆洄之黄浦江，则填塞之以作广马路及商店地也。此所填塞之地，当然为国家所有，固不待言；且由此线以迄新开河中间之地，暨其附近，亦均当由国家收用，而授诸国际开发之机关所支配。如此，然后上海可以追及前述之计划港，其建造能为经济的，可以引致外国资本也。关于改良上海以为将来世界商港（参观第四图），在杨树浦下游，吾主张建一泊船坞。此坞应就现在黄浦江左岸自杨树浦角起，至江心沙上流转湾处止，跨旧黄浦江面及新开地，而邻于新开河之左岸以建之。坞之面积应有约六英方里，并应于江心沙上游之处建一水闸以通船坞，而坞当凿至四十尺深。新开河之深，亦当以河流之冲刷，而使之至四十尺。惟此冲刷之水，非如专门家所提议于江阴设一长江、太湖间之闭锁运河而引致之，乃由我计划所定之改良此部分地方与芜湖间之水道而引致之，如此乃能得较猛之水力也。我辈既已见及现在之黄浦江，须由龙华接轨处上面第二转湾起，填至杨树浦角，以供市街规划，则如何处分苏州河之问题，又须解决。吾意当导此小河，沿黄浦江故道右岸，直注泊船坞之上端，然后合于新开之河；于此小河与泊船坞之间，当设一水闸，所以便于由苏州及内地之水运系统直接与船坞联络也。

在我计划，以获利为第一原则，故凡所规划皆当严守之。故创造市宅中心于浦东，又沿新开河左岸建一新黄浦滩，以增加其由此计划圈入上海之新地之价值，皆须特为注意者也。盖惟如此办去，而后上海始值得建为深水海港。亦惟为此垂死之港，新造出有价值

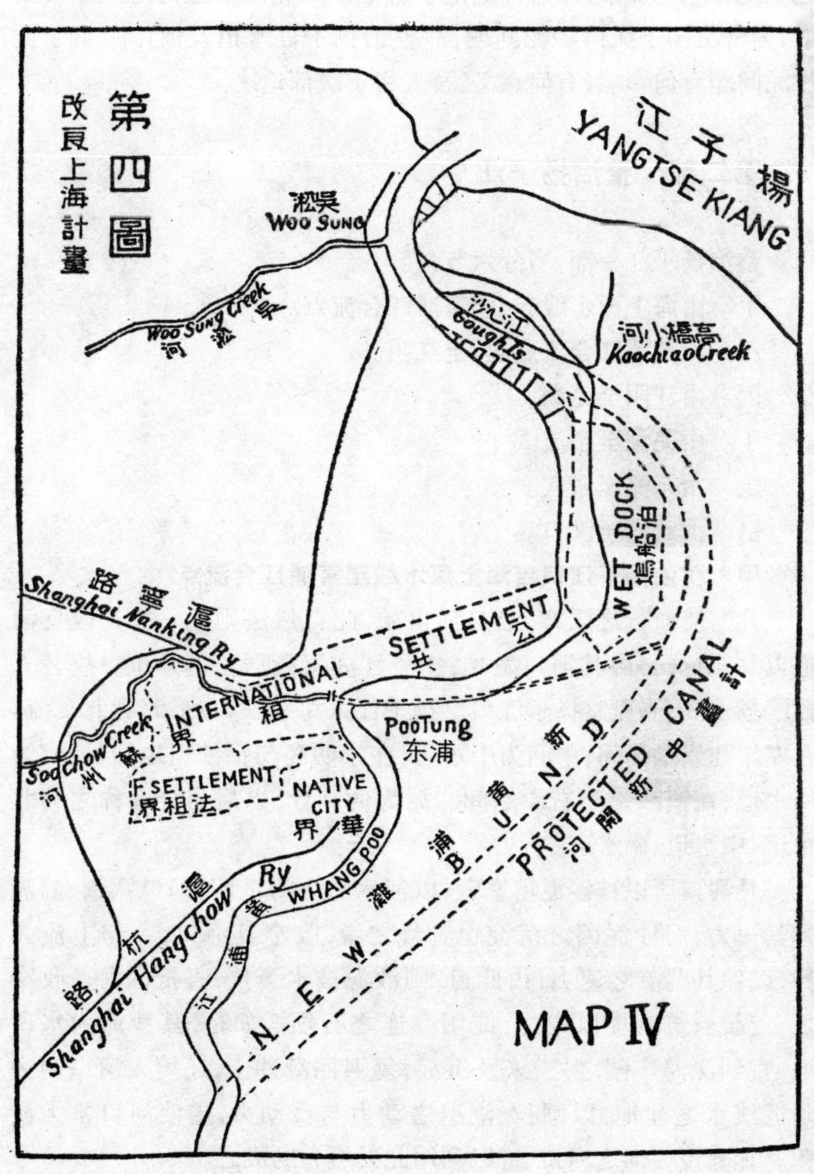
第四圖
改良上海計畫
揚子江
YANGTSE KIANG
吳淞
WOO SUNG
吳淞河
Woo Sung Creek
沙心江
Cough Is
高橋小河
Kaochiao Creek
泊船塢
WET DOCK
滬寧路
Shanghai Nanking Ry
公共租界
INTERNATIONAL SETTLEMENT
蘇州河
Soochow Creek
浦东
PooTung
法租界
F. SETTLEMENT
華界
NATIVE CITY
新黃浦灘
NEW BUND
計畫中新閘河
PROTECTED CANAL
黃浦江
WHANG POO
滬杭路
Shanghai Hangchow Ry
MAP IV

之土地，然后上海可以与计划港争胜也。究竟救济上海之最重要要素，为解决扬子江口沙泥问题，故整治扬子江水道及河岸一事于此沙泥问题有何影响、有何意义，吾人将于次部论之。

第二部　整治扬子江

整治扬子江一部，当分六节：

甲　由海上深水线起，至黄浦江合流点。

乙　由黄浦江合流点起，至江阴。

丙　由江阴至芜湖。

丁　由芜湖至东流。

戊　由东流至武穴。

己　由武穴至汉口。

甲　整治扬子江口自海上深水线至黄浦江合流点

凡河流航行之阻塞，必自河口始，此自然法则也。故凡改良河道以利航行，必由其河口发端，扬子江亦不能居于例外也。故吾人欲治扬子江，当先察扬子江口。扬子江入海有三口：最北为北支流，在左岸与崇明岛间；中间为中水道，在崇明岛与铜沙坦之间；最南为南水道，在铜沙坦与右岸之间。故为便利计，以后当分别称之为北水道、中水道、南水道。

凡河口所以被沙泥填塞者，以河水将入海汇流，河口宽阔，湍流减其速力，而沙泥因之沉淀也。救之者，收窄其河口，令与上流无异，以保其湍流之速力；由此道，则沙泥被水裹挟，直抵深海。收窄之工程，当筑海堤以成之，或用一连之石坝。如是，其沙泥为水所混，直到深海广阔之处，未及沉淀，复遇回潮冲击，还填入河口两旁附近浅水之洼地，以潮长、潮退之动力与反动力，遂使河口常无淤积。凡疏浚一河之河口，皆以利用此天然力助成之。

欲治扬子江口，吾辈须将构成其口之三水道一一研究，又择出其一道以为入海之口。在方希典斯坦君所提议改良上海港面通路策，列有二案：其一，闭塞北、中两水道，独留南水道，以为扬子江口；其二，独修浚南水道，而置余两水道不理。现在彼意以为用第二案已足，此或因经济上目的而然。顾惟修浚南水道，则上海通路将常见不绝提心吊胆之情形，仍如方希典斯坦君暨其他专门家现所忧虑者；因扬子江水流之大部，随时可以改灌入他两水道，而令南水道淤塞也。故为使上海通路永久安全、一劳永逸计，必须于三水道之中，闭塞其二，独留一股，以为上海通路。此又整治扬子江口惟一可得实行之路也。

在我整治扬子江口之计划，本应选用北水道，而闭塞中南二水道。因北水道为入深海最短之线，又用之以为惟一之扬子江口，则其两旁有更多之沙坦洼地，正待沙泥填堵也。故其费用为较少，而收效为较多。但此本不为上海作计故然耳。如其统筹全局，必须以一箭双雕之法行之，而采中水道以为河口，则于治河与筑港两得其便。盖专谋治扬子江口与单谋上海之通路者，各有所志，其考察自有不同也。在我治扬子江口之计划，所取者有两端：其一，则求深水道以达海洋；其二，则多收其沙泥，以填海为田，惟力所及。中水道具有三堆积场，以受沙泥而成新陆地，即海门坦、崇明坦、铜沙坦是也。此外尚有渟水洼地千数百英方里，循现在之势以往，不过十年至二十年便成陆地。以我之第一原则为获利故，每一举足，不可忘之。即令二十年不能成地，姑倍之为四十年，而所填筑者有约一千英方里之多，其于利益，已不菲矣。以至贱计之，填积之地值二十元一亩，如使十年之后，五百英方里之地可备耕作之用，其所得之利已为三千八百四十万元。如使由南水道以通上海，则接受沙泥之地面只在一偏，即惟有铜沙坦在其左方，而右方则为深水之杭州湾，非数百年不能填满，在此数百年间沙泥之半数归于无用矣。夫以上海为海港，故沙泥为之噩神；至于低地，正欢迎沙泥，而以福星视之也。

此种企业，既有填筑上述海坦洼地为田之利，我等自可建一双石堤，自长江入海之处起，直达深海，至离岸四十英里之沙尾山为止。以舟山列岛附近有花冈石岛，廉价之石，不难运致。故筑一石堤，高六英尺至三十英尺，使刚与低潮面平，其平均所需，当不过每一英里费二十万元；石堤每边长四十英里，统共八十英里，其所费约在一千六百万元左右。而在海门坦、崇明坦暨铜沙坦有二三百英方里地，转瞬之间，可变为农田计之，则建此石堤，已非不值矣。况其建此石堤，实足以为上海世界港得一永久通路，又为扬子江得一深水出路也耶！（参观第五图）

右边之石堤，应从黄浦江合流点起，延长其右边石坝，画一缓曲线，到南水道深处，然后转向对岸，横截鸭窝沙，以至中水道，又折向东方，直筑至沙尾山东南水深三十尺处。左边之堤，由崇宝沙起，直至崇明角，与右堤平行，两堤中间相距约两英里。此堤当在崇明之饮水角附近，稍作曲线，然后直达深海三十尺深之线，恰在沙尾山南端经过。试一览附图，当知将来上海通路当何如，扬子江出路当何如矣。此一双水底石堤，断不容高过低潮面，以使潮涨时水流自由通过堤面，如此则潮涨时可将沙泥夹带回两堤之旁，于是填塞两堤旁所括之低地，更迅速矣。现在南水道在黄浦江外面，已有四五十英尺之深，而新水道以两平行石堤夹成，料必比南水道更深，因其聚三水道入于一流，其水流速力必较现在者为多也，而河身之深亦将较现在为确定，且一律。在石堤，虽止于水深三十英尺处，而水流不于是遽停，必过此一点更突入较深之外海而后止。则上海通路常开，与扬子江口无阻之两目的，可得同时俱达矣。

乙　由黄浦江合流点起至江阴

扬子江水道中，此一部分为最不规则，又最转变无常者。其江流广处，在十英里以上；至其狭处，才得四分英里之三，即江阴窄路是也。在此广阔之处，河深不过三十英尺至六十英尺；至于江阴窄路，实有一百二十尺之深。由江阴窄路之水深以判断之，必须有一英里半阔之河身，以缓和此地方湍流之速力，令全河流速始终如一。于是在黄浦口之二英里阔河身，在江阴应阔一英里半。（参观第六图）

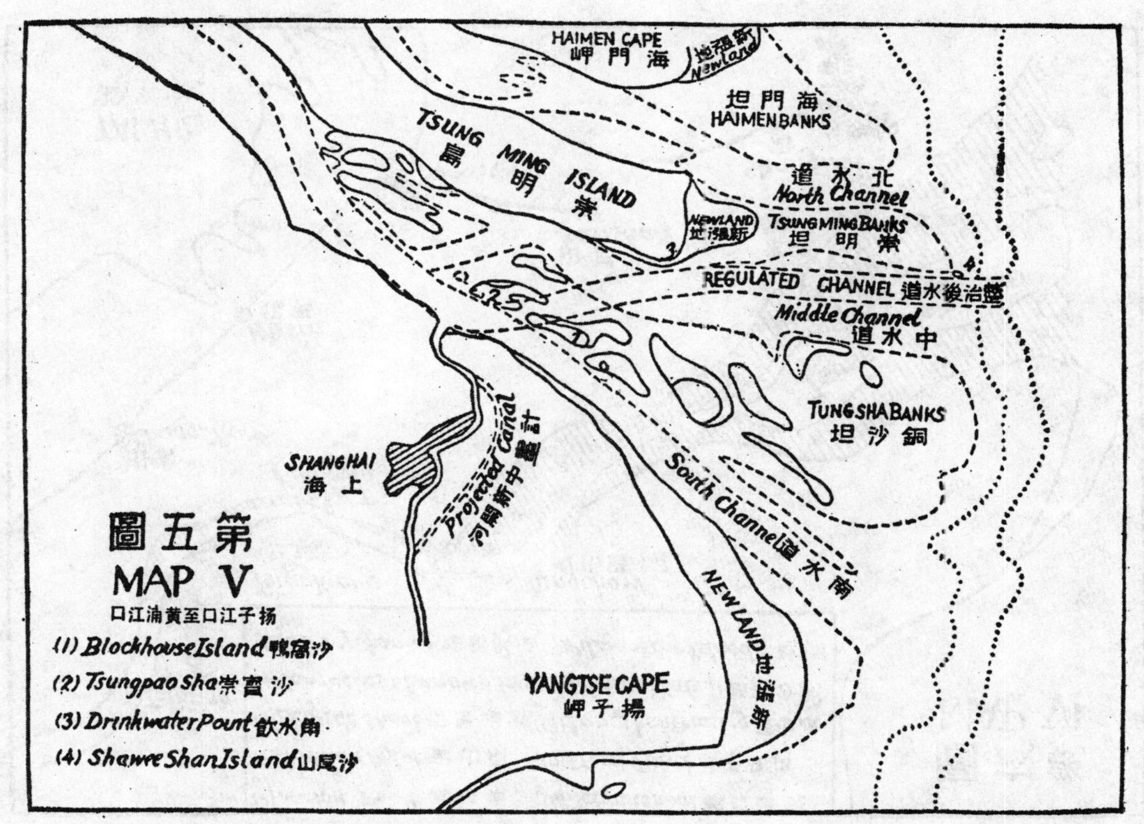
HAIMEN CAPE
岬門海
地涨新
New land
坦門海
HAIMEN BANKS
TSUNG MING ISLAND
島明崇
道水北
North Channel
NEW LAND
地涨新
TSUNG MING BANKS
坦明崇
REGULATED CHANNEL 道水後治整
Middle Channel
道水中
TUNG SHA BANKS
坦沙銅
South Channel 道水南
NEW LAND 地涨新
SHANGHAI
海上
Projected Canal
河開新中計
YANGTSE CAPE
岬子揚
圖五第
MAP V
口江浦黃至口江子扬
(1) Blockhouse Island 鴨窩沙
(2) Tsungpao Sha 崇寶沙
(3) Drinkwater Pount 飲水角
(4) Shawe Shan Island 山尾沙

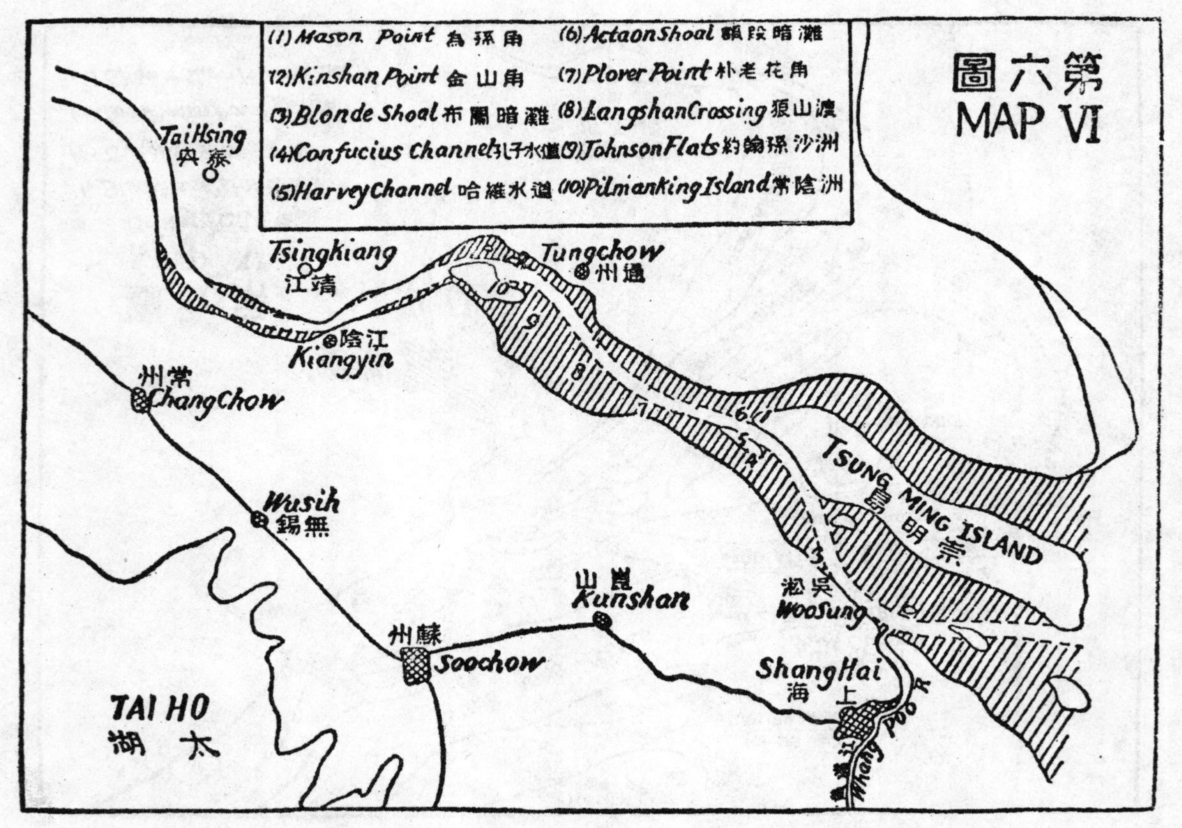

第六圖
MAP VI
(1) Mason Point 為孫角
(2) Kinshan Point 金山角
(3) Blonde Shoal 布關暗灘
(4) Confucius Channel 孔子水道
(5) Harvey Channel 哈維水道
(6) Actaon Shoal 顛段暗灘
(7) Plover Point 朴老花角
(8) Langshan Crossing 狼山渡
(9) Johnson Flats 約翰孫沙洲
(10) Pilmanking Island 常陰洲
Tai Hsing
Tsingkiang 靖江
Tungchow 通州
Kiangyin 江陰
Chang Chow 常州
Wusih 無錫
Soochow 蘇州
Kunshan 崑山
Woosung 吳淞
Shang Hai 上海
Whang Poo R.
TSUNG MING ISLAND 崇明島
TAI HO 太湖

此段左岸即北岸筑河堤，起自崇宝沙，与海堤相连，作一凸曲线，以至崇明岛，在崇明城西北约六英里处，接于滩边。然后沿崇明滩边，直至马孙角（译音），然后转而横过北水道，离北岸约三四英里，作一平行线，直抵金山角（译音）。在此处截断近年新成之深水道，向西南，以与靖江县城东北河岸相接。沿此岸再筑七八英里，又挖开陆地，以增河身之阔。令其自江阴炮台脚下起，算至对岸，常有一英里半之距离。此自崇宝沙至江阴对面之靖江，河堤共长约一百英里。

在崇明岛迤南，此河堤之一部及海堤，共围有浅滩约一百六十英方里，可以填为实地。其河堤之他一部，自崇明岛上头马孙角起，至靖江河岸止，另围有浅滩一百三十英方里。

右边河堤，自黄浦江口石坝尽处起，循宝山岸边，过布兰暗滩，直至深处，横过"孔夫子水道"，穿入额段暗滩（译音），随哈维水道（译音）右边，泝流筑至朴老花角（译音）。再在狼山渡，横截深水道，穿过约翰孙沙洲（译音），与常阴洲相接续。再循此岸，直筑至江阴炮台山脚下。此段河堤围有浅滩两处，一在朴老花角上游，他一则在其下游，共约有一百六十英方里。此两边河堤之所围浅滩，共约四百五十英方里，其中大部分已成陆地，亦有一部已于低潮时露出。此等地方，若令不与湍流相遇，则其填塞之进行更速。所以谓二十年之内，此四百五十英方里之地，当完全填成实地，可供耕作，亦非奢望也。如使此种新地每亩仅值二十元，则此新填地所生利益，已约有二千九百七十六万元矣。而此近三千万之利益，固从新地而生。此新地之利益，自起工以后，则每年增长，直至其填塞完成而后已者也。

以后此二十年间可得三千万元利益而论，此种提案，自可采供讨议。今先计须投资本若干，然后我填筑之全计划可以完成。将欲填此四百五十英方里之地，须筑二百英里之河堤。此所计划之河堤，有一部分为沿河岸线者，而大部分须在中流，更有一小部分须筑在深水道之中。沿河岸线者，惟有在凹曲线面之一部须以石建，或用士敏土坚结，以保护堤面，此外无须费力。在中流者，须用石叠起，至离低潮水面下不及十尺为止，适足以抵抗下层水流，令不轶出正路之外。如此则大股流水，将循此抵抗最少之线，以其自力，从其初级河堤所诱导，开一水道。此种初级河堤所费，比之海堤较廉，而海堤所费，依吾前计算为二十万元一英里而已。惟有在马孙角、北水道分流点一处，须将该水道完全闭塞，其费已经专门家估算，当在百万元以外，方能填筑此二三英里之堤。是故由新填地所生利益，必足以回复其所筑河堤所费。可知即此填新地一节，已足令自海口到江阴两段导江工程不致亏本，而又有改良扬子江航路之益也。

丙　自江阴至芜湖

此段河流，性质与江阴以下全异。其水道较为巩固，惟有三数处现出急曲线，河流蚀入凹曲线方面之陆地，因此时时于两岸另开新水道而已。此段长约一百八十英里。(参观第七图)

此处整治之工，比之江阴以下更为困难。盖其泛滥之地，应填筑者，仍与长江下游景况正同。其急曲线须修之使直，旁支水道应行闭塞，中流小岛应行削去，窄隘水路应行浚广，令全河上下游一律。然而此部分原有河堤，大抵可以听其自然，惟其河岸凹曲线面，有数处应用石或士敏土坚结以保护之耳。以力求省费之故，此段水道及河堤整治工程，可以一面用人为之工作，一面助以自然之力。此一段河流工程全部所费，不能于测量未竣以前精密计出，但粗为计算，则四十万一英里之数，总相去不远。故全段一百八十英里，应费七千二百万元。此外尚有开阔南京、浦口中间河面之费，未计在内；此处有多数高价之产业须全毁去，其费颇多也。

瓜洲开凿一事，所以令镇江前面及上下游三处急曲线改为一处，使河流较直也。此处沿江北岸约二英里半陆地，正对镇江，必须凿开，令成新水道，阔一英里有余。其旧道在镇江前面及上下游者，则须填塞之。所填之地，即成为镇江城外沿江市街，估其价值，优足以偿购取瓜洲陆地，及开凿工程之费。故此一部分，至少总可认为不亏本之提案。

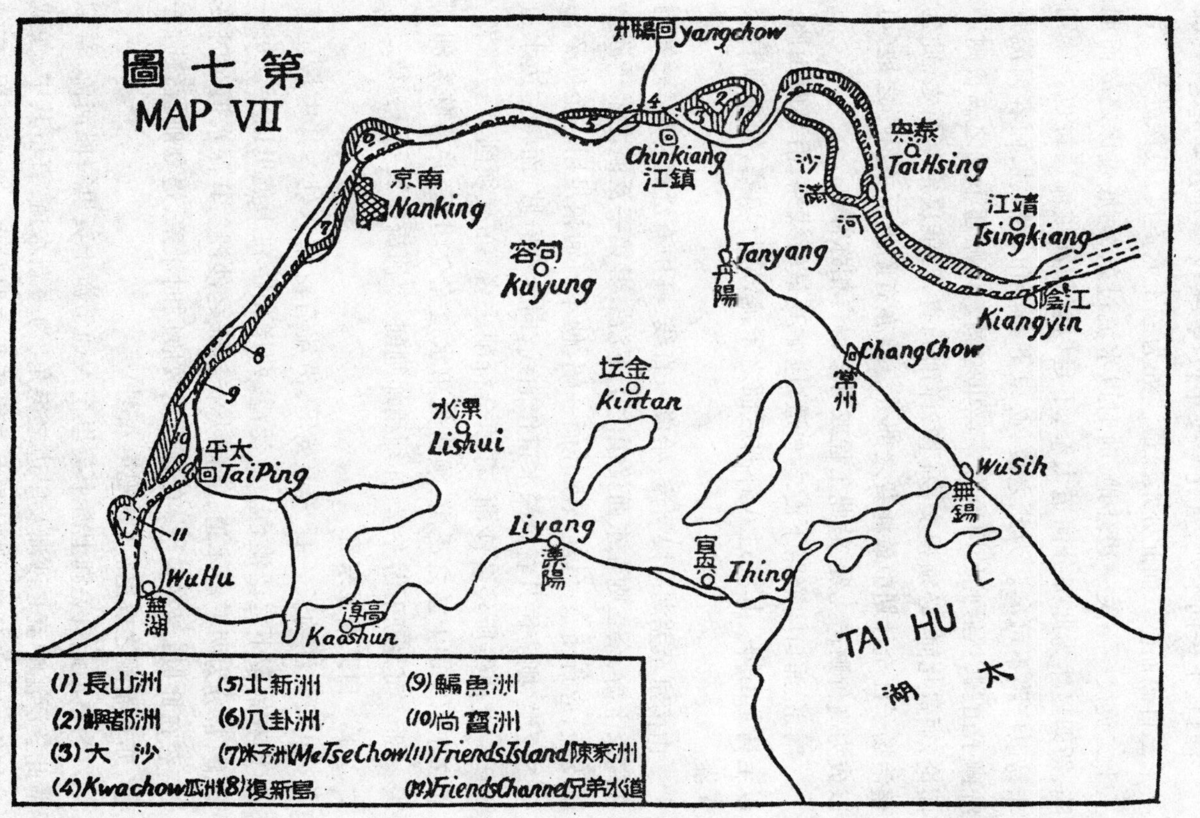

第七圖
MAP VII
揚州 Yangchow
鎮江 Chinkiang
南京 Nanking
泰興 TaiHsing
靖江 Tsingkiang
江陰 Kiangyin
丹陽 Tanyang
句容 Kuyung
常州 ChangChow
金壇 Kintan
溧水 Lishui
太平 TaiPing
無錫 WuSih
溧陽 Liyang
宜興 Ihing
蕪湖 WuHu
高淳 Kaoshun
TAI HU 太湖
(1)長山洲
(3)大 沙
(4)Kwachow瓜洲
(5)北新洲
(6)八卦洲
(7)米子洲MeTseChow
(8)復新島
(9)鯿魚洲
(11)FriendsIsland陳家洲
FriendsChannel兄弟水道

浦口、下关间窄处，自此码头至彼码头，仅得五分英里之三，即一千二百码而已。而此处水深最浅处为三十六英尺，最深处为一百三十二英尺。下关一边陆地，时时以水流过急、河底过深之故而崩陷，斯即显然为此部分河道太窄，不足以容长江洪流通过也。然则非易以广路不可矣。为此之故，必以下关全市为牺牲，而容河流直洗狮子山脚，然后此处河流有一英里之阔。以赔还下关之高价财产而论，须费几何，必须提交专门家详细调查，乃能决定。要之，此为整治扬子江全计划中最耗费之部分。但亦有附近下关沿岸之地，可以成为高价财产无疑，故此工程或可望得自相弥补也。

南京、浦口间窄路下游之水道，应循其最短线路，沿幕府山脚，以至乌龙山脚。其绕过八卦洲后面之干流，应行填塞，俾水流直下无滞。

由南京至芜湖一段河流，殆成一直线，其中有泛滥三处，一处刚在南京上游，余二则在东西梁山之上下游。其第一泛滥之米子洲上游支流，应行闭塞，另割该洲外面一幅，使本流河幅足用。至欲整治余二泛滥，则应循其右岸深水道作曲线，向太平府城，而将左边水道锁闭。此曲线所经各沙洲，有须全行削去者，亦有须削其一部者。而在东西梁山上游之泛滥，须将兄弟水道完全闭塞，并将陈家洲削去一部。而芜湖下游左岸，亦须稍加割削，令河流广狭上下一律。

丁　自芜湖至东流

此段大江约长一百三十英里，沿流有泛滥六处。其中最显著者，即在铜陵下之泛滥也。此泛滥，两岸相距在十英里以上。每一泛滥，常分为两三股水道，其间夹有新涨之沙洲。其深水道时时变迁，忽在此股，忽在彼股，有时竟至数股同时淤塞，逼令航行暂时停止，亦非希觏之事也。（参观第八图）

为整治此自芜湖上游十英里至大通下游十英里一段河流，吾拟凿此三泛滥中流之沙洲及岸边之突角，为一新水道，直贯其中，使成一较短较直之河身，即附图中点线所示之路是也。此项费用，亦须详细测量之后，始能算定。但若两边河堤筑定之后，则浚渫工程之

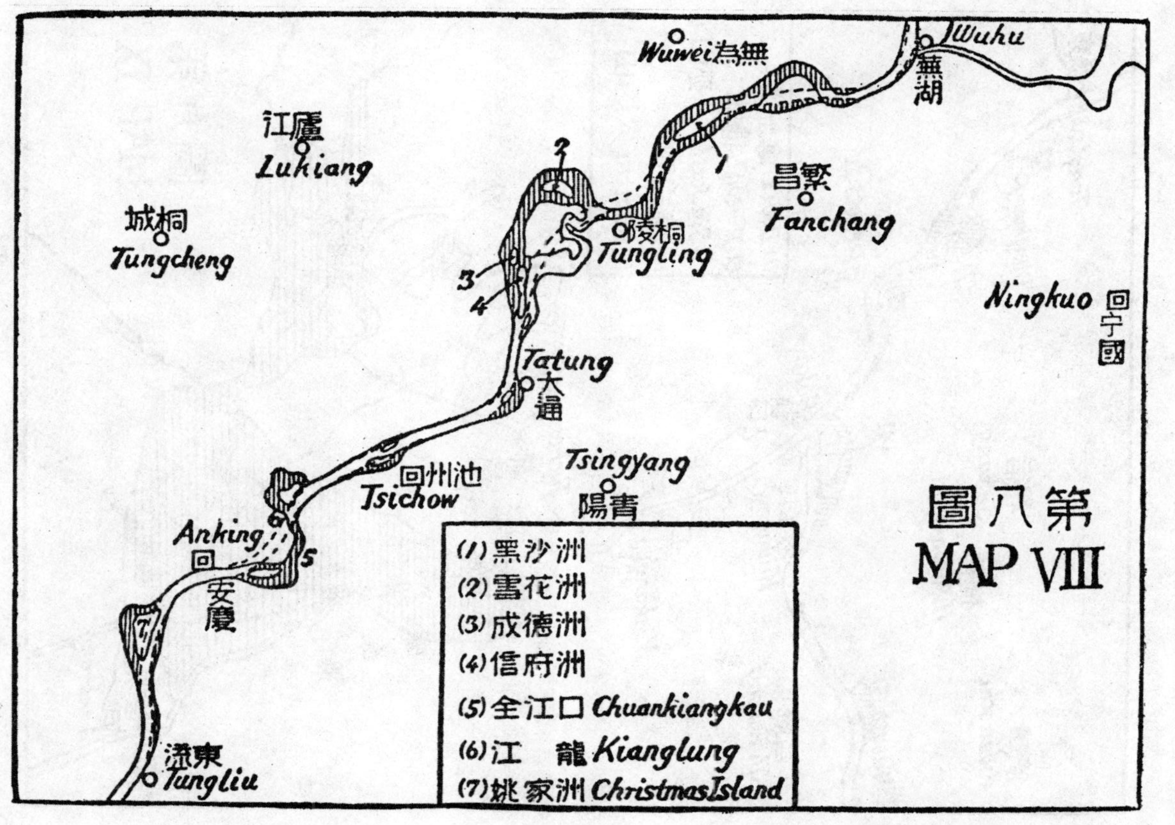

Wuwei 無為
Wuhu 蕪湖
廬江 Lukiang
桐城 Tungcheng
繁昌 Fanchang
銅陵 Tungling
Ningkuo 寧國
Tatung 大通
池州 Tsichow
Tsingyang 青陽
Anking 安慶
東流 Tungliu
1
2
3
4
5
6
7
(1) 黑沙洲
(2) 雪花洲
(3) 成德洲
(4) 信府洲
(5) 全江口 Chuankiangkau
(6) 江　龍 Kianglung
(7) 姚家洲 Christmas Island
第八圖
MAP VIII

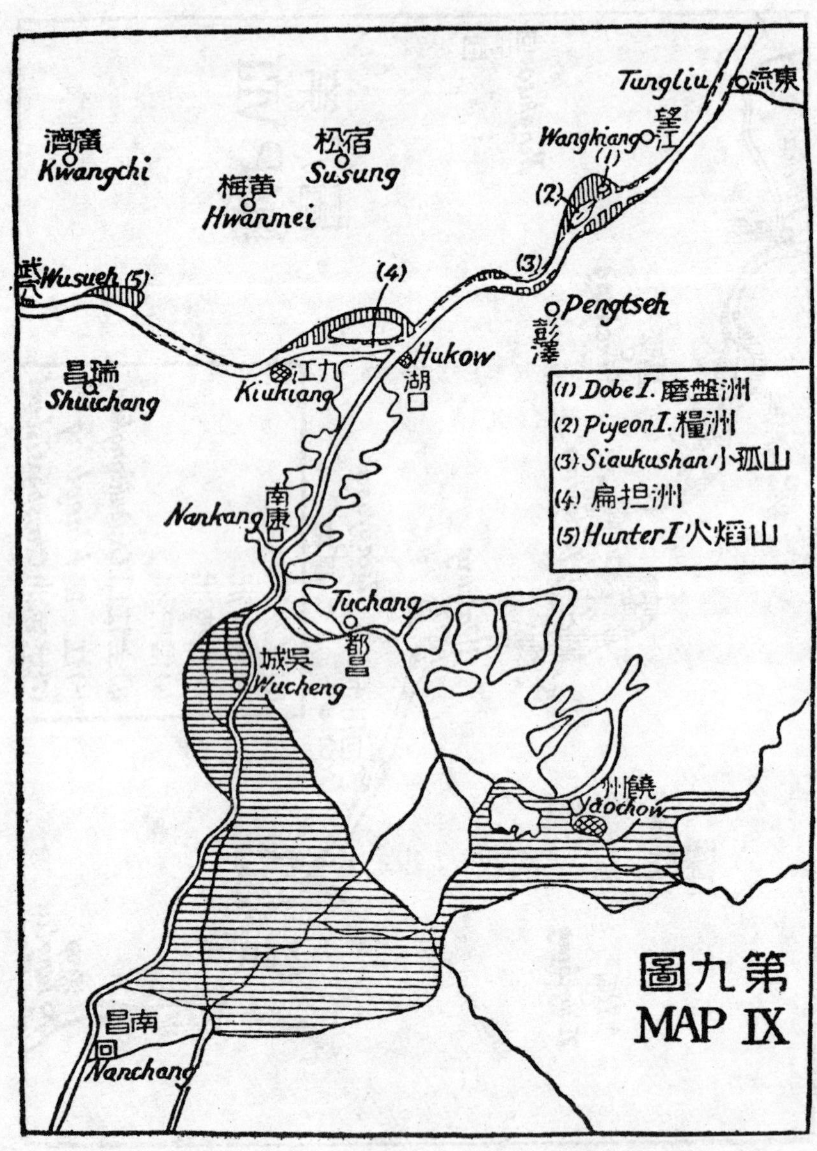

Tungliu 東流
Wangkiang 望江
(1)
(2)
(3)
(4)
(5)
廣濟 Kwangchi
宿松 Susung
黃梅 Hwanmei
武穴 Wusueh
Pengtseh 彭澤
瑞昌 Shuichang
九江 Kiukiang
Hukow 湖口
南康 Nankang
Tuchang 都昌
吳城 Wucheng
饒州 Yaochow
南昌 Nanchang
(1) Dobe I. 磨盤洲
(2) Piyeon I. 糧洲
(3) Siaukushan 小孤山
(4) 扁担洲
(5) Hunter I 火焰山

第九圖
MAP IX

大部分，将以河流之自然势力行之，故开凿新河之费，必较寻常大为减少。大通以上，左岸有急度弯曲两处，须行凿开。第一处即大通上游十二英里，现设塔灯水标处之左岸，此处左岸陆地有二三英里，须略加刊削。次一处则应在安庆下游，凿至江龙塔灯水标，计长六英里左右。既凿此河，则免去全江口急度之转湾矣。此项开凿工程，比之下游叠石为堤之费更多。其旁支水路，虽能填为耕地，究不能补其开凿所费。是以此一部分整治之工程，不免为亏本，但以其通长江航道，与保护两岸陆地，又防止将来洪水为患，则此种工程必为有益明也。

戊　自东流至武穴

此段长约八十英里，沿右岸皆山地，左岸则大抵低地也。沿流有泛滥四处，此中有三处，以水流之蚀及左岸，成一支流，复至下游，与正流相会，其会合处殆成直角。在此等地方，河岸殊不巩固，而此泛滥各股水道之间，正在堆积，将成沙洲矣。（参观第九图）

此段整治工程，比之下游各段，施工较易。此三处成半圆形时时转变之支流，应从其分支口施以闭塞，仍留其下游会流之口，任令洪水季节之沙泥随水泛入，自然填塞之。其他一处泛滥，则须于两边筑坝，束而窄之。更有数处须行削截，而小孤山上游及粮洲两处尤为重要。江心沙洲有一部分须削去，而河幅阔处亦有须填窄者。总令水道始终一律，期于全航道常有三十六英尺以上之水深也。

己　自武穴至汉口

此段约长一百英里，自武穴而上，夹岸皆山地，河幅常为半英里内外。水深自三十尺至七十二尺，有数处尚在七十二尺以上。（参观第十图）

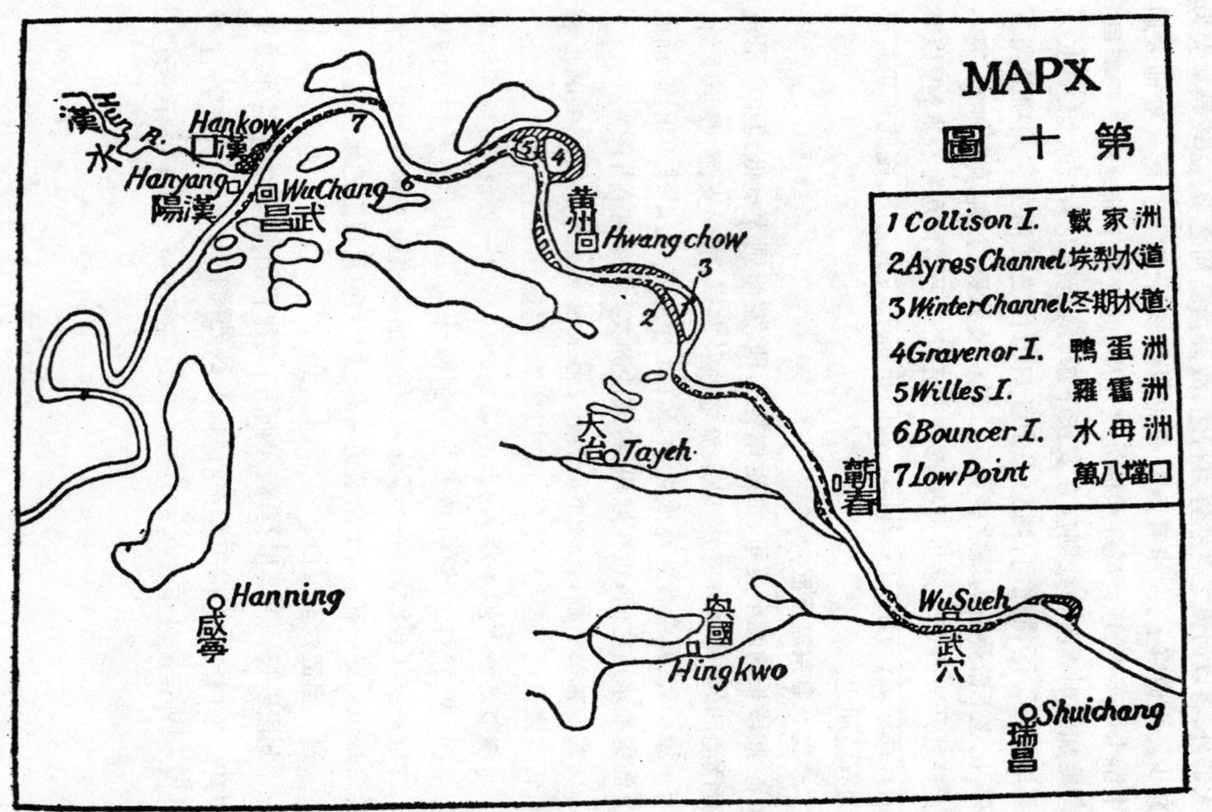

MAP X
第十圖
1 Collison I. 戴家洲
2 Ayres Channel 埃梨水道
3 Winter Channel 冬期水道
4 Gravenor I. 鴨蛋洲
5 Willes I. 羅霍洲
6 Bouncer I. 水母洲
7 Low Point 萬八壋口
Hen R.
漢水
Hankow
漢口
Hanyang
漢陽
WuChang
武昌
Hwangchow
黄州
大冶
Tayeh
蘄春
Hanning
咸寧
興國
Hingkwo
WuSueh
武穴
Shuichang
瑞昌
1
2
3
4
5
6
7

整理此段，须填塞其宽广之河面三数处。令水道整齐，有三四处支流须行闭塞。如此，然后冬季节俱有三十六尺至四十八尺水深之水道，可得而成也。在戴家洲一段河流，应将埃梨水道（译音）闭塞，独留冬季水道，则此岛上游下游曲线均较缓徐。在鸭蛋洲及罗霍洲之处，其大弯曲水道及两岛间水道均应闭塞，而另开一新水道，穿过罗霍洲以成为较短之曲线。在水母洲，其南水道务须闭塞，而此洲之上万八垱口曲处，亦须挖成较缓徐之曲线。由此处以至汉口，则须先填右岸，收窄河身，至与右岸向西南曲处相接而止。再从对面左岸填起，直过汉口租界面前，以至汉水口。则汉口堤岸面前，可以常得三十六英尺至四十八英尺深之水道矣。

总计自海中至汉口，治河长约六百三十英里，河堤之长当得其二倍，即一千二百六十英里也。在江口之堤，吾尝约计每英里费二十万元，两堤四十万。此项数目，自深海以迄江阴一百四十英里，均可适用，充足有余。因此部分惟须建两堤，此堤亦惟须于水中堆石，令其坚足以约束河流，使从其所导而行，斯已足矣。此两岸列石既成之后，水道可因于自然之力以成，所以此部工程尚为简单。

然而在上游有数处为困难，其中有五六十英里之实地，水面上有一二十英尺之高，水面下尚有三四十英尺之深，须行削去，以使河身改直。此凿开及削去之工程，有若干须用人工，有若干可借天然之力，仍须待专门家预算。除此不计外，工程全部每一英里所费不过四十万元。故自海面至汉口，相距六百三十英里，所费当不过二万五千二百万元。今姑假定整治扬子江全盘计划并未知之部分算在其内，须费三万万元。由此计划，吾人辟一通路深入内地六百英里，容航洋巨船驶至住居二万万人口之大陆中心，而此中有一万万人住居于此最大水路通衢之两旁。以工程之利益而论，此计划比之苏彝士、巴拿马两河更可获利。

虽在江阴以上各段，吾人不能发见不亏本之方法，不如江阴下游各段可以新填之地补其所费，但在竣工之后，仍可在沿江建立商埠，由之以得利益也。此建设商埠之计划，将于次部论之。

结　论

当结论此二部，吾更须申言关于筑港及整治扬子江之工程数目，仅为粗略之预算，盖事势上自然如此也。关于在长江出海口及诸泛滥地建筑初步河堤之预算，或者有太低之迹，但吾所据之资料以为计算根源者，在下列各层：第一、为吾所亲见在广东河汊环吾本村筑堤填地之私人企业；第二、为廉价之石，可求之于舟山列岛者；第三、为海关沿岸视察员泰罗君之计算。在崇明岛上端闭塞北水道所费，该水道以此处为最狭，约计有三英里，而泰罗君谓所费约须一百万两有余，然则约五十万元一英里也；比之吾所计算，已为两倍有半，此其差异可得比较而知。盖此崇明岛上端三英里之水道，平均水深二十英尺，而我所计划之海堤江堤建于水中者，平均比此段少三分之二，且闭塞北水道之工程完全与河流成为直角，则其所费较之建此初步河堤与水流成平行线者，纵使长短相同，所差亦应数倍。而五十万元可以建横截深二十尺之河，而闭塞之之一英里工程，则其五分之二之经费，亦必足以供吾所规划之工程之用矣。当吾草此文之际，《芝加高[①]铁路批评》五月十七日所出之报，适有一论文道及此事。彼谓用钢铁骨架以筑河堤及坝，于浊泥河流，如吾辈今所欲治者，比之用石及用其他材料较佳，而又较廉。然则若采此新法，吾等可以用吾前此未知之更廉材料，以建河堤矣。所以吾前所计算或者不免稍低，而仍离正确之数目不远，决不如骤见所觉之过低也。

第三部　建设内河商埠

在扬子江此一部建设内河商埠，将为此发展计划中最有利之部分，因此部分在中国为农矿产最富之区，而居民又极稠密也。以整

---

① 芝加高：今译芝加哥。

治长江工程完成之后,水路运送,所费极廉,则此水路通衢两旁,定成为实业荟萃之点,而又有此两岸之廉价劳工附翼之。则即谓将来沿江两岸,转瞬之间变为两行相连之市镇,东起海边、西达汉口者,非甚奇异之事也。此际应先选最适宜者数点,以为获利的都市发展。依此目的,吾人将从下游起,泝江逐港论之如下:

甲 镇江及其北岸。

乙 南京及浦口。

丙 芜湖。

丁 安庆及其南岸。

戊 鄱阳港。

己 武汉。

甲 镇江

镇江位于运河与江会之点,在汽机未用以前,为南北内地河运中心重要之地。而若将旧日内地运河浚复,且增浚新运河,则此地必能恢复其昔日之伟观,且更加重要。因镇江为挈合黄河流域与长江流域中间之联锁,而又以运河之南端直通中国最富饶之钱塘江流域。所以此镇江一市,将来欲不成为商业中心,亦不可得也。

依吾整治长江计划,则在镇江前面,吾人既以大幅余地,在六英方里以上者,加入镇江。此项大江南面新填之余地,当利用以为吾人新镇江之都市计划。而江北沿岸之地,亦当由国家收用,以再建一都市。盖以黄河流域全部,欲以水路与江通,惟恃此一口,故江北此一市当然超越江南之市也。镇江、扬州之间,须建船坞,以便内地船舶;又当加最新设备,以便内地船只与航洋船之间,盘运货物之用。此港既用以为东海岸食盐收集之中心,同时又为其分销之中心,如此则可用新式方法,以省运输之费。江之两岸须以石或士敏土坚结筑成堤岸,而更筑应潮高下之火车渡头,以便联络南北两岸铁路客车、货车之往来。至于商业发达之后,又需建桥梁于江上,且凿地道于江下,以便两岸货物来往。街道须令宽阔,以适合现代之要求。其临江街道及其附近,应预定为工商业所用。此区之后面,即为住宅,各种新式公共营造均应具备。至于此市镇计划详细之点,吾则让之专门家。

乙 南京、浦口

南京为中国古都,在北京之前,而其位置乃在一美善之地区。其地有高山,有深水,有平原,此三种天工,钟毓一处,在世界中之大都市诚难觅如此佳境也。而又恰居长江下游两岸最丰富区域之中心,虽现在已残破荒凉,人口仍有一百万之四分一以上。且曾为多种工业之原产地,其中丝绸特著,即在今日,最上等之绫及天鹅绒尚在此制出。当夫长江流域东区富源得有正当开发之时,南京将来之发达,未可限量也。

在整治扬子江计划内,吾尝提议削去下关全市,如是则南京码头当移至米子洲与南京外郭之间,而米子洲后面水道自应闭塞,如是则可以作成一泊船坞,以容航洋巨舶。此处比之下关,离南京市宅区域更近;而在此计划之泊船坞与南京城间旷地,又可以新设一工商业总汇之区,大于下关数倍。即在米子洲,当商业兴隆之后,亦能成为城市用地,且为商业总汇之区。此城市界内界外之土地,当照吾前在乍浦计划港所述方法,以现在价格收为国有,以备南京将来之发展。

南京对岸之浦口,将来为大计划中长江以北一切铁路之大终点。在山西、河南煤铁最富之地,以此地为与长江下游地区交通之最近商埠,即其与海交通亦然。故浦口不能不为长江与北省间铁路载货之大中心,犹之镇江不能不为一内地河运中心也。且彼横贯大陆直达海滨之干线,不论其以上海为终点,抑以我计划港为终点,总须经过浦口。所以当建市之时,同时在长江下面穿一隧道以铁路联结此双联之市,决非躁急之计。如此,则上海、北京间直通之车,立可见矣。

现在浦口上下游之河岸,应以石建或用士敏土坚结,成为河堤,每边各数英里。河堤之内,应划分为新式街道,以备种种目的建筑所需。江之此一岸陆地,应由国家收用,一如前法,以为此国际发展计划中公共之用。

丙 芜湖

芜湖为有居民十二万之市镇，且为长江下游米粮市易之中心，故吾择取此点为引水冲刷上海黄浦江底之接水口，而此口亦为通上海或乍浦之运河之上口。在整治长江工程之内，青弋河合流点上面之凹曲部分应行填塞，而对岸突出之点则应削去。此所计划之运河，起于鲁港合流点下游约一英里之处。此运河应向北东走，至芜湖城东南角，与山脚中间一点，与青弋河相合；更于濮家店，循此河之支流以行。如此，则芜湖东南循此运河左岸，得一临水之地。运河两旁，应建新堤，一如长江两岸。且建船坞于运河通大江之处，以容内地来往船只，加以近代之机械，供盘运货物过船之用。自江岸起，向内地，循运河之方向，规划广阔之街道，其近江者留以供商业之需，其沿运河者则留为制造厂用地。芜湖居丰富铁矿区之中心，此铁矿既得相当开发之时，芜湖必能成为工业中心也。芜湖有廉价材料、廉价人工、廉价食物，且极丰裕，专待现世之学术与机器，变之以为更有价值之财物，以益人类耳。

丁 安庆及南岸

安庆者，安徽之省城，自从经太平天国战争破坏之后，昔日之盛不可复睹矣。现在人口仅有四万。其直接邻近之处，农产、矿产均富。若铁路既成，则六安大产茶区，与河南省之东南角矿区，均当以安庆为其货物出入之港。在治江工程中，安庆城前面及西边之江流曲处，应行填筑。此填筑之地，即为推扩安庆城建新市街之用。所有现代运输机械，均应于此处建之。

在安庆城对面上游江岸最突出之地角，应行削去，使江流曲度更为和缓，而全河之广亦得一律。新市街即当在此处建造，因皖南、浙西之大产茶区，将于此处指挥掌握之也。如以徽州之内地富饶市镇，又有产出极盛之乡土环绕之，则必求此地以为其载货出入之中站明矣。以芜湖为米市中心言，则此安庆之双联市将为茶市中心，而此双联市之介在丰富煤铁矿区中心，又恰与芜湖相等。此又所以助兹港使于短期之间成为重要工业中心者也。故在长江此部建此双联市，必为大有利益之企业。

戊 鄱阳港

吾欲于长江与鄱阳湖之间，建设一鄱阳港，此港将成为江西富省之惟一商埠矣。江西省每县均有自然水路联络之，若更加以改良，则必成宏伟之水路运输系统。江西有人民三千万，矿源最富，如有一新式商埠以为之工商业中心，以发展此富源饶裕之省分，则必为吾计划中最获利之一部分矣。

此港位置，应在鄱阳湖入口西端，长江右岸之处。此港应为新地之上所建之新市，其中一部之地，须由填筑湖边低地成之。在鄱阳湖水道整治工程之中，应建一范堤，起自大姑塘山脚，迄于湖口石钟山对面之低沙角。此范堤之内，应建造一有闸船坞，以便内河船舶寄泊。而此港市街则应设在长江右岸、鄱阳湖左侧、庐山山麓，合成之三角地。此三角地，每边约有十英里，以供市街发展，优良已极。景德镇磁器工业应移建之于此地。盖以运输便利缺乏之故，景德之磁常因之大受损坏，而出口换船之际，尤常使制成之磁器碰损也。此地应采用最新大规模之设备，以便一面制造最精良之磁器，一面复制廉价之用具。盖此地收集材料，比之在景德镇更为便宜也。以各种制造业集中于一便利之中心，其结果不特使我计划之港长成迅速，且于所以奉给人者亦可更佳良。但以江西一省观之，鄱阳湖已必为世界商业制造之大中心。鄱阳湖非特长江中一泊船港，又为中国南北铁路之一中心。所以从经济上观之，以大规模发展此港者，全然非不合宜者也。

己 武汉

武汉者，指武昌、汉阳、汉口三市而言。此点实吾人沟通大洋计划之顶水点，中国本部铁路系统之中心，而中国最重要之商业中心也。三市居民数过百万，如其稍有改进，则二三倍之，决非难事。现在汉阳已有中国最大之铁厂，而汉口亦有多数新式工业，武昌则有大纱厂。而此外，汉口更为中国中部、西部之贸易中心，又为中国茶之大市场。湖北、湖南、四川、贵州四省,及河南、陕西、甘肃三省之各一部,均恃汉口以为与世界交通唯一之港。至于中国铁路既经开发之日,则武汉将更形重要,确为世界最大都市中之一矣。所以为武汉将来立计划,必须定一规模,略如纽约、伦敦之大。

在整治长江堤岸,吾人须填筑汉口前面,由汉水合流点龙王庙渡头起,迄于长江向东曲折之左岸一点。此所填之地,平均约阔五百码至六百码。如是,所以收窄此部分之河,全河身一律有五六链(每链为一海里十分之一)之阔,又令汉口租界得一长条之高价土地于其临江之处也。此部之价,可以偿还建市所费之一部分。汉水将入江处之急激曲折,应行改直,于是以缓徐曲线绕龙王庙角,且使江汉流水,于其会合处向同一方面流下。汉阳河岸应密接现在之河边,沿岸建筑,毋突过于铁厂渡头之外。武昌上游广阔之空处,当圈为有闸船坞,以供内河外洋船舶之用。武昌下游应建一大堤,与左岸平行,则将来此市可远扩至于现在市之下面。在京汉铁路线,于长江边第一转弯处,应穿一隧道过江底,以联络两岸。更于汉水口以桥或隧道,联络武昌、汉口、汉阳三城为一市。至将来此市扩大,则更有数点可以建桥,或穿隧道。凡此三联市外围之地,均当依上述大海港之办法收归国有,然后私人独占土地与土地之投机赌博,可以预防。如是则不劳而获之利,即自然之土地增价,利可尽归之公家,而以之偿还此国际发展计划所求之外债本息也。

第四部 改良现存水路及运河

兹将现存水路运河、扬子江相联络者,列举如下:

甲 北运河。

乙 淮河。

丙 江南水路系统。

丁 鄱阳水路系统。

戊 汉水。

己 洞庭系统。

庚 扬子江上游。

甲 北运河

北运河在镇江对岸一点与扬子江联络,北走直至天津,其长逾六百英里。在江北之一部运河,现已著手为详细之测量,改良工事不久可以起工,此吾人所共知者也。在吾计划,吾将以淮水注江之一段,代江北一段运河之用。

乙 淮河

淮河出河南省西北隅,东南流,又折而东流,至安徽、江苏两省之北部。其通海之口近年已经淤塞,故其水郁积于洪泽湖,全恃蒸发以为消水之路,于是一入大雨期,洪水泛滥于沿湖广大区域,人民受其荼毒者以百万计。所以修浚淮河,为中国今日刻不容缓之问题。近年迭经调查,屡有改良之提案。美国红十字会技师长詹美生君,曾献议为淮河开两出口,其一循黄河旧槽以达海,其一经宝应、高邮两湖以达扬子江。在此计划,吾赞成詹君通海、通江之方法,但于用黄河旧槽及其经过扬州西面一节,有所商榷。在其出海之口,即淮河北支已达黄河旧槽之后,吾将导以横行入于盐河,循盐河而下,至其北折一处,复离盐河过河边狭地,直入灌河,以取入深海最近之路,此可以大省开凿黄河旧路之烦也。其在南支在扬州入江之处,吾意当使运河经过扬州城东,以代詹君经城西入江之计划。盖如此则淮河流水,刚在镇江下面新曲线,以同一方向与大江会流矣。

淮河此两支,至少均须得二十英尺深之水流,则沿岸商船自北方赴长江各地,可免绕道经由江口以入,所省航程近三百英里。而两支既各有二十英尺之深,则洪泽与淮河之水流宣畅;而今日高于海面十六英尺之湖底,即时可以变作农田。则以洪泽合之其旁诸湖,依詹美生君之计算,六百万亩之地,咄嗟可致也。如此以二十元为其一亩之价,则此纯粹地价已足一万二千万元,此政府之直接收入也。而又有一万七千英方里地,向苦水潦之灾者,今既无忧,所以昔日五年而仅两获者,今一年而可再获,是一万七千英里者,得一千零八十八万英亩(七千余万中亩),各得五倍其收获也。假如总生产额一英亩所值为五十元,则此地所产总额原得五万四千四百万元者,今为二十七万二千万元也。其在国家,岂非超越寻常之利益乎!

丙 江南水路系统

此项系统包含南运河与黄浦江、与太湖、及其与为联络之水路而言。此中吾所欲为最重要之改良,乃在浚广浚深芜湖、宜兴间之水路,以联长江与太湖,而又贯通太湖浚一深水道,以达南运河苏州、嘉兴间之一点。其在嘉兴歧为两支,一支循嘉兴、松江之运河,以达黄浦江;他一支则至乍浦之计划港。此项长江、黄浦间水路,当其未达上海之前,应先行浚令广深至其极限,使能载足流水。一面以洗涤上海港面,不容淤积;一面亦使内河船舶来往于江海之间者经此,人减其路程也。而此水路又可为挟土壤俱来之用,太湖暨其旁诸湖沿水路之各区,将来均可因其填塞,成为耕地。故于建此水路之大目的以外,又有此种填筑计划及本地载货之利益可收,于是其获利之性质,可以加倍确实。现在太湖暨其他诸湖沼地之精确测量尚无可征,则能填筑为田者当有几亩,今亦未可遽言,但以粗略算之,则填筑江南诸湖所得之地,吾意其亩数必不在江北之田以下。

丁 鄱阳水路系统

此一系统,为江西全省排水之用。每县、每城乃至每一重要市镇,均可由水路达到。全省交通,惟恃水路,此乃未有铁路前,中国东南各省所同者也。江西下游水路系统受不规则之害与长江同,皆以其为低地之故,然则其整治之工亦应与长江相同。鄱阳湖应按各水入湖之路,分为多数水道,然后逐渐汇流,卒至渚溪附近乃合而为一。度此湖狭隘之部,而与长江合于湖口。此深水道两旁应各叠水底石堤为一线,使刚与湖中浅处同高,以是其水道可以于排水之外并作航行之用也。水道以外之浅处,将来于相当时间可填为耕地。于是整治鄱阳湖各水道之计划,可以其填筑而得充足之报酬矣。

戊 汉水

此水以小舟溯其正流,可达陕西西南隅之汉中;又循其旁流,可达河南西南隅之南阳及赊旗店。此可航之水流,支配甚大之分水区域:自襄阳以上,皆为山国;其下以至沙洋,则为广大开豁之谷地;由沙洋以降,则流注湖北沼地之间,以达于江。

改良此水,应在襄阳上游设水闸。此一面可以利用水力,一面又使巨船可以通航于现在惟通小舟之处也。襄阳以下,河身广而浅,须用木桩或叠石作为初级河堤,以约束其水道,又以自然水力填筑两岸洼地也。及至沼地一节,须将河身改直浚深。其在沙市,须新开一运河,沟通江汉,使由汉口赴沙市以上各地得一捷径。此运河经过沼地之际,对于沿岸各湖,均任其通流,所以使洪水季节挟泥之水溢入渚湖,益速其填塞也。

己 洞庭系统

此项水路系统,为湖南全省及其上游排水之用。此中最重要之两支流,为湘江与沅江。湘江纵贯湖南全省,其源远在广西之东北隅,有一运河在桂林附近,与西江系统相联络。沅江通布湖南西部,而上流则跨在贵州省之东。两江均可改良,以供大船舶航行。其湘江、西江分水界上之运河,更须改造。于此运河及湘江、西江各节,均须设新式水闸,如是则吃水十尺之巨舶,可以自由来往于长江、西江之间。洞庭湖则须照鄱阳湖例,疏为深水道,而依自然之力,以填筑其浅地为田。

庚 长江上游

自汉口至宜昌一段,吾亦括之入于长江上游一语之中。因在汉口为航洋船之终点,而内河航运则自兹始,故说长江上游之改良,吾将发轫于汉口。现在以浅水船航行长江上游,可抵嘉定,此地离汉口约一千一百英里。如使改良更进,则浅水船可以直抵四川首府之成都。斯乃中华西部最富之平原之中心,在岷江之上游,离嘉定仅约六十英里耳。

改良自汉口至岳州一段,其工程大类下游各部。当筑初步河堤,以整齐其水道。而急弯曲之凹岸,当护以石堤,或用士敏土坚结。中流洲屿,均应削去。金口上游大湾,所谓簰州曲者,应于簰州地颈开一新河以通航。至后金关之突出地角，则应削除，使河形之曲折较为缓徐。

洞庭之北、长江屈曲之部，自荆河口起以至石首一节，吾意当加闭塞。由石首开新道，通洞庭湖，再由岳州水道归入本流。此所以使河身径直，抑亦缩短航程不少。自石首以至宜昌，中间有泛滥处，当以木石为堤约束之；其河岸有突出点数处，须行削去，而后河形之曲折可更缓也。

自宜昌而上，入峡行，约一百英里而达四川之低地，即地学家所谓红盆地也。此宜昌以上迄于江源一部分河流，两岸岩石束江，使窄且深，平均深有六寻（三十六英尺），最深有至三十寻者。急流与滩石，沿流皆是。

改良此上游一段，当以水闸堰其水，使舟得泝流以行，而又可资其水力。其滩石应行爆开除去。于是水深十尺之航路，下起汉口，上达重庆，可得而致。而内地直通水路运输，可自重庆北走直达北京，南走直至广东，乃至全国通航之港无不可达。由此之道，则在中华西部商业中心，运输之费当可减至百分之十也。其所以益人民者何等巨大，而其鼓舞商业何等有力耶！

第五部　创建大士敏土厂

钢铁与士敏土为现代建筑之基，且为今兹物质文明之最重要分子。在吾发展计划之种种设计，所需钢铁与士敏土不可胜计，即合世界以制造著名之各国所产，犹恐不足供此所求。所以在吾第一计划，吾提议建一大炼钢厂于煤铁最富之山西、直隶。则在此第二计划，吾拟欲沿扬子江岸建无数士敏土厂。长江谷地特富于士敏土原料，自镇江而上可航之水道，夹岸皆有灰石及煤，是以即为其本地所需要，还于其地得有供给也。今日已有制士敏土之厂在黄石港上游不远之石灰窑，其位置刚在深水码头与灰石山之间。其山既若是近，故直可由山上以锹锄起石，直移之窑中，无须转运。而在汉口、九江之间，与此相类之便利，尚复多有。九江以下，马当、黄石矶以及九江、安庆间诸地，又有极多之便利相同之灰石山。其安庆以下至南京之间，多为极有利于制士敏土之地区，即如大通、荻港、采石矶，均有丰裕之灰石及煤铁矿，夹江相望也。

筑港、建市街、起江河堤岸诸大工程同时并举，士敏土市场既如斯巨大，则应投一二万万之资本，以供给此士敏土厂矣。而此业之进行，即与全盘其他计划相为关连，徐徐俱进，则以一规划奖进其他规划，各无忧于生产过剩与资本误投，而各计划俱能自致其为一有利事业矣。

第三计划

第三计划主要之点，为建设一南方大港，以完成国际发展计划篇首所称中国之三头等海港。吾人之南方大港，当然为广州。广州不仅中国南部之商业中心，亦为通中国最大之都市。迄于近世，广州实太平洋岸最大都市也，亚洲之商业中心也。中国而得开发者，广州将必恢复其昔时之重要矣。吾以此都会为中心，制定第三计划如下：

（一）改良广州为一世界港。

（二）改良广州水路系统。

（三）建设中国西南铁路系统。

（四）建设沿海商埠及渔业港。

（五）创立造船厂。

第一部　改良广州为一世界港

广州之海港地位，自鸦片战争结果，香港归英领后，已为所夺。

然香港虽有深水港面之利益,有技术之改良,又加以英国政治的优势,而广州尚自不失为中国南方商业中心也。其所以失海港之位置也,全由中国人民之无识,未尝合力以改善一地之公共利益,而又益之以满洲朝代之腐败政府及官僚耳。自民国建立以来,人民忽然觉醒,于是提议使广州成为海港之计划甚多。以此亿兆中国人民之觉醒,使香港政府大为警戒。该地当局,用其全力以阻止一切使广州成为海港之运动;凡诸计划,稍有萌芽,即摧折之。夫广州诚成为一世界港,则香港之为泊船载货站头之一切用处,自然均将归于无有矣。但以此既开发之广州与既繁荣之中国论,必有他途为香港之利,而比之现在仅为一退化贫穷之中国之独占海港,利必百倍可知。试征之英领哥伦比亚域多利港①之例,彼固尝为西坎拿大②与美国西北区之唯一海港矣。然而即使有独占之性质,而当时腹地贫穷,未经开发,其为利益,实乃甚小。及至一方有温哥华起于同国方面,他方美国又有些路与打金麻③并起为其竞争港,此诸港之距域多利远近恰与香港之距广州相似,而以其腹地开发之故,即使其俱为海港,竞争之切有如是,仍各繁荣非常。所以吾人知竞争海港,有如温哥华、些路、打金麻者,不惟不如短见者所尝推测,以域多利埠置之死地,且又使之繁荣有加于昔。然则何疑于既开发之广东、既繁荣之中国,不能以与此相同之结果与香港耶!实则此本自然之结果而已,不必有虑于广东之开发、中国之繁荣,伤及香港之为自由港矣。如是,香港当局正当以其全力,鼓励此改良广州以为海港一事,不应复如向日以其全力阻止之矣。抑且广州与中国南方之发展,在于商业上所以益英国全体者,不止百倍于香港今日所以益之者。即使此直辖殖民地之地方当局,无此远见以实行之,吾信今日寰球最强之帝国之各大政治家、各实业首领必能见及于此。吾既怀此信念,故

---

① 域多利港:今译维多利亚港(Victoria Punta)。

② 西坎拿大:加拿大西部。

③ 些路、打金麻:今译西雅图(Seattle)、塔科马(Tacoma)。

吾以为以我国际共同发展广州以为中国南方世界大港之计划，布之公众，绝无碍也。

广州位于广州河汊之顶，此河汊由西江、北江、东江三河流会合而成，全面积有三千英方里，而为在中国最肥饶之冲积土壤。此地每年有三次收获，二次为米作，一次为杂粮，如马铃薯或甜菜之类。其在蚕丝每年有八次之收成。此河汊又产最美味之果实多种。在中国，此为住民最密之区域，广东全省人口过半住于此河汊及其附近。此所以纵有河汊沃壤所产出巨额产物，犹须求多数之食料于邻近之地与外国也。在机器时代以前，广州以东亚实业中心著名者几百年矣。其人民之工作手艺，至今在世界中仍有多处不能与匹。若在吾国际共同发展实业计划之下，使用机器，助其工业，则广州不久必复其昔日为大制造中心之繁盛都会矣。

以世界海港论，广州实居于最利便之地位。既已位于此可容航行之三江会流一点，又在海洋航运之起点，所以既为中国南方内河水运之中轴，又为海洋交通之枢纽也。如使西南铁路系统完成，则以其运输便利论，广州之重要将与中国北方、东方两大港相侔矣。广州通大洋之水路大概甚深，惟有二处较浅，而此二处又甚易范之以堤，且浚渫之，使现代航海最大之船可以随时出入无碍也。海洋深水线，直到零丁岛边，该处水深自八寻至十寻。自零丁以上，水道稍浅（其深约三四寻），以达于虎门，凡十五英里。自虎门起，水乃复深，自六寻至十寻。直至莲花山脚之第二闩洲，其长二十英里；在第二闩洲处，仅有数百码水深自十八英尺至二十英尺而已。过第二闩洲后，其水又深，平均得三十英尺者约十英里，以至于第一闩洲，此即吾人所欲定为将来广州港面水界之处也。将改良此通广州之通海路，吾意须在广东河口零丁岛上游左边建两水底范堤：其一，由海岸筑至东新坦头，他一则由该坦尾起筑至零丁坦顶上。此第一范堤之顶，应在水面下三四英尺，约与该坦同高。第二范堤一端低于水面四英尺，一端低十六英尺，各按所联之坦之高低（参照第十一图之1及3），此堤须横断两坦间深二十四英尺之水道。合此两堤与此四

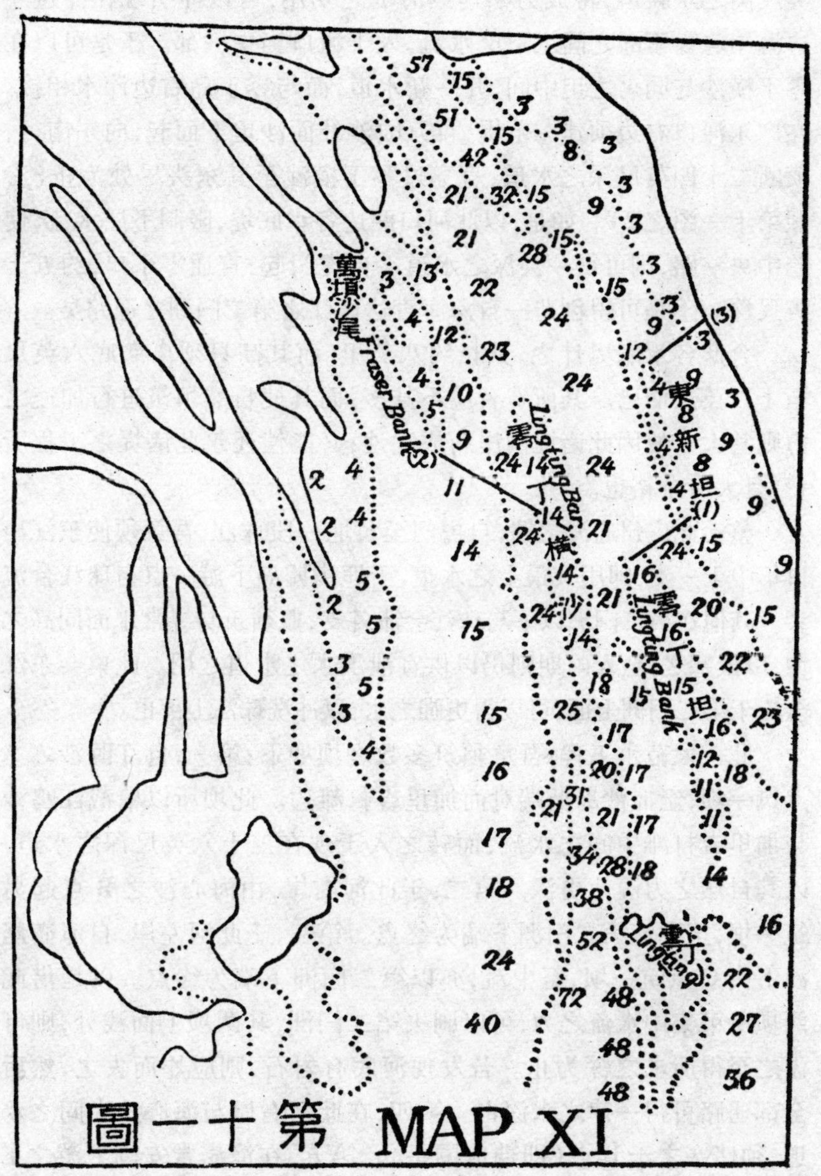

第十一圖 MAP XI

萬頃沙尾
Fraser Bank
零丁橫沙
Lingting Bar
東新坦
零丁坦
Lingting Bank
零丁
Lingting

英尺高之东新坦，将成为一连续海堤之功用，可以导引现在冲过左边海岸与零丁岛之间之下层水流，入于河口当中一部。于是可以在零丁横沙与同名之坦中间，开一新水道，而与零丁岛右边深水相接。在广东河口右边须建一范堤，自万顷沙外面沙坦下面起，向东南行，横断二十四英尺深之水道，直穿过零丁横沙至其东头尽处为止（参照第十一图之2）。如是，以此河口两边各水底堤，限制下层水流，使趋中央一路，则可得一甚深之水道。自虎门起，直通零丁口，约五十英尺深。于是可得创造一自深海直达珠江之第二闩洲之通路矣。

合此各水底堤计之，其长约八英里，而其高只须离海底六英尺至十二英尺而已。其所费者应不甚多，而其使自然填筑进行加速之力则甚大。故因此诸堤两岸新成之地，必能偿还筑此诸堤之工程所费，且大有余裕也。

整治此广州通海之路，自虎门至黄埔一段珠江，吾意须使东江出口集中于一支，即用其最上之水道，于鹿步墟岛下游一点与珠江合流者。其他在第二闩洲以下与珠江会流各支，概须筑与寻常水面同高之堰，以截塞之，至入雨期则仍以供宣泄洪水之水道之用。此集会东江全流于第二闩洲上面，可以得更强之水，以冲洗珠江上部也。

此一段范水工程，吾意须筑多数之坝如下：第一，自江鸥沙之 A 点筑一坝，至擸沙岛低端对面加里吉打滩边。此坝所以堵截江鸥沙与加里吉打滩中间之水流，而转之入于现在三十六英尺深之水道，以其自然之力浚使更深。第二，于此河右岸，由海心沙之 B 点起另筑一坝，至中流第二闩洲下端为终点。第三，于此河左岸，自漳澎尾沙下头 C 点筑一坝，至中流，亦以第二闩洲下端为终点。以是借此两坝所束集中水流之力，可以刷去第二闩洲，其两坝上面浅处，则可浚之至得所求之深为止。若发现河底有岩石，则应炸而去之，然后全部通路可得一律之水深也。第四，在此河右岸与海心沙中间之水道，须堵塞之于 D 点（即瑞成围头）。第五，在漳澎常安围上游之 E 点起筑一坝，至第二闩洲坦之上端中流。如是，则此河左边水流截断，而中央水道之流速可以增加也。第六，在右岸长洲岛与第二闩洲之间适中之处F点起筑一坝，至中流滩之顶上，以截断此河右边之水流。第七，于鹿步墟岛下端G点起筑一坝，至中流，与前述之F坝相对。此EG两坝所以集中珠江上段水流，而G坝同时又导引东江，使其流向与珠江同一也（参照第十二图）。

以此七坝，自黄埔以迄虎门之水流可得有条理，而冲刷河底可致四十英尺以上之深，如是则为航洋巨舶开一通路，自公海直通至广州城矣。合此诸坝，其长当不过五英里，而又大半建于浅水处。自建坝以后，水道两旁各坝之间，以其自然之力，新填地出现必极速。单以所填之地而论，必足以偿还筑坝所费。况又有整治珠江与为海洋运输开一深水道之两大目的，可由此而实现乎！

吾人既为广州通海水路作计，则可次及改良广州城以为世界商港一事矣。广州港面水界应至第一闩洲为止。由此处起，港面应循甘布列治水道（乌涌与大吉沙之间），经长洲、黄埔两岛之间，以入亚美利根水道（深井与仑头之间）。于是凿土华、小洲之间，开一新路，以达于河南岛之南端，复循依里阿水道（沥滘、下滘之间），以至大尾岛（三山对面）。于是循佛山旧水道，更凿一新水道，直向西南方，与潭洲水道会流。如是，由第一闩渊起以达潭洲水道，成一新水路矣，其长当有二十五英里。此水路将为北江之主要出口，又以与西江相通连。一面又作为广州港面，以北江水量全部及西江水量一部，经此水路以注于海。故其水流之强，将必足以刷洗此港面，令有四十英尺以上之深也（参观第十三图）。

新建之广州市，应跨有黄埔与佛山，而界之以车卖炮台及沙面水路。此水以东一段地方，应发展之以为商业地段；其西一段，则以为工厂地段。此工厂一区，又应开小运河以与花地及佛山水道通连，则每一工厂均可得有廉价运送之便利也。在商业地段，应副之以应潮高下之码头，与现代设备及仓库，而筑一堤岸。自第一闩洲起，沿新水路北边及河南岛西边，与沙面堤岸联为一起。又另自花地上游起筑一堤岸，沿花地岛东边，至大尾乃转向西南，沿新水路左岸筑之。其现在省城与河南岛中间之水道，所谓省河者，应行填塞。

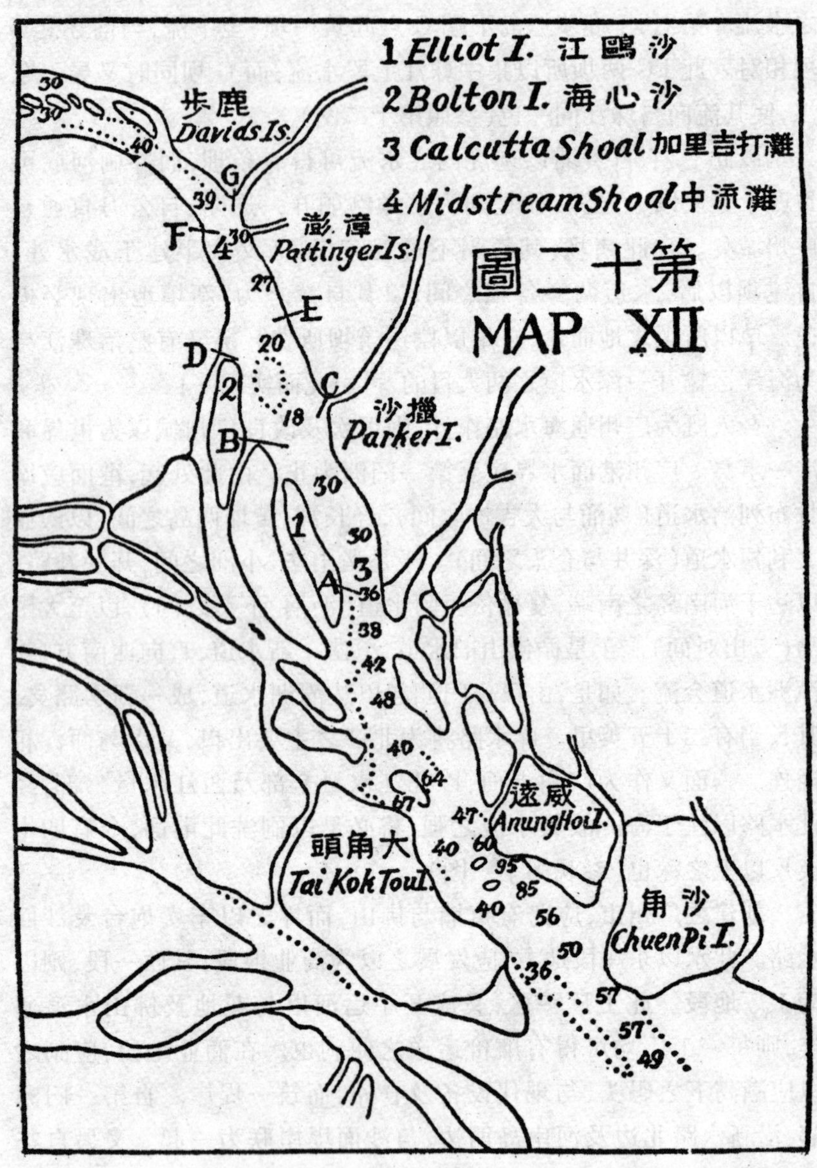
1 Elliot I. 江鷗沙
2 Bolton I. 海心沙
3 Calcutta Shoal 加里吉打灘
4 Midstream Shoal 中流灘
第十二圖
MAP XII
鹿步
Davids Is.
漳澎
Pattinger Is.
欖沙
Parker I.
大角頭
Tai Kok Tou I.
威遠
Anunghoi I.
沙角
Chuen Pi I.
A
B
C
D
E
F
G

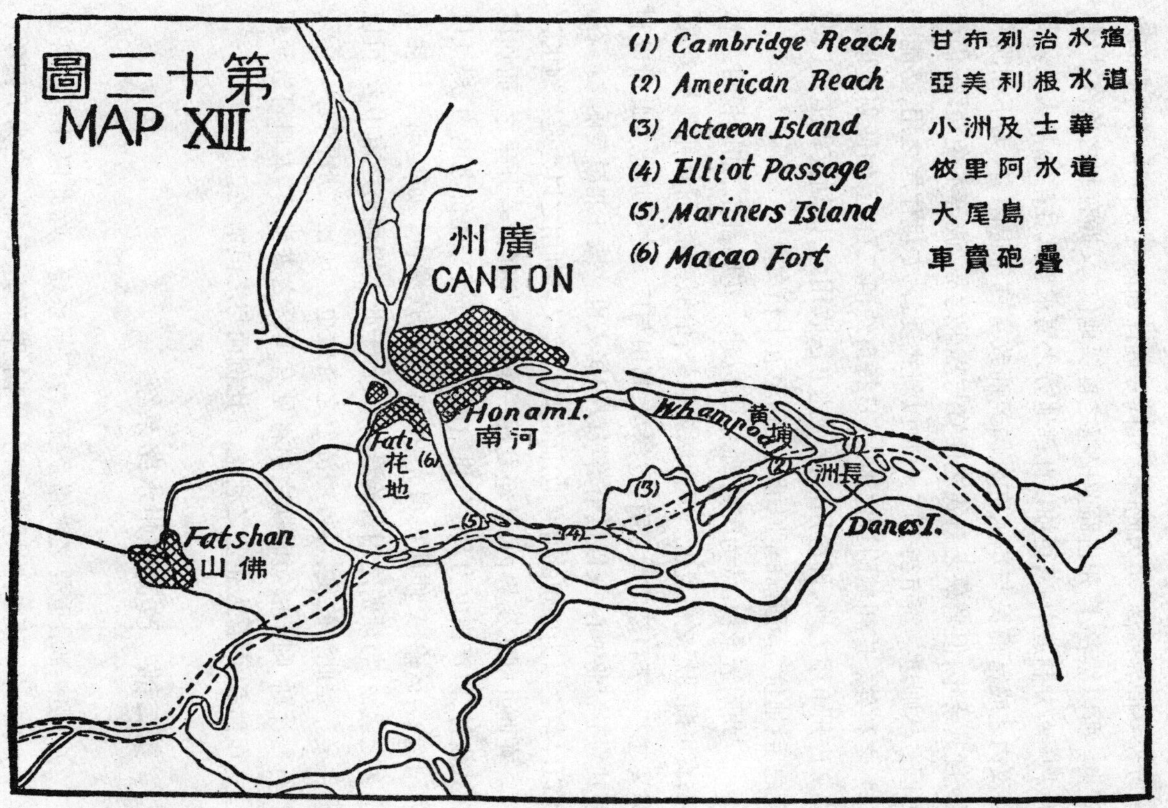

圖三十第
MAP XIII
(1) Cambridge Reach 甘布列治水道
(2) American Reach 亞美利根水道
(3) Actaeon Island 小洲及士華
(4) Elliot Passage 依里阿水道
(5). Mariners Island 大尾島
(6) Macao Fort 車賣砲疊
州廣
CANTON
Honam I.
南河
Whampoa
黃埔
洲長
Danes I.
Fati
花地
Fatshan
山佛

自河南头填起，直至黄埔岛，以供市街之用。从利益问题论之，开发广州以为一世界商港，实为此国际共同发展计划内三大港中最有利润之企业。所以然者，广州占商业中枢之首要地位，又握有利之条件，恰称为中国南方制造中心，更加以此部地方之要求新式住宅地甚大也。此河汉内之殷富商民与华人在外国经商致富暮年退隐者，无不切盼归乡，度其余年；但坐缺乏新式之便宜与享乐之故，彼等不免踌躇，仍留外国。然则建一新市街于广州，加以新式设备，专供住居之用，必能获非常之利矣。广州城附近之地，今日每亩约值二百元，如使划定以为将来广州市用之地，即应用前此所述方法收用之，则划定街道加以改良之后，地价立可升高至原价之十倍至五十倍矣。

广州附近景物，特为美丽动人，若以建一花园都市，加以悦目之林囿，真可谓理想之位置也。广州城之地势，恰似南京，而其伟观与美景，抑又过之。夫自然之原素有三：深水、高山与广大之平地也。此所以利便其为工商业中心，又以供给美景以娱居人也。珠江北岸美丽之陵谷，可以经营之以为理想的避寒地，而高岭之巅又可利用之以为避暑地也。

在西北隅市街界内，已经发现一丰富之煤矿。若开采之，而加以新式设计，以产出电力及煤气供给市中，则可资其廉价之电力、煤气以为制造、为运输，又使居民得光、得热、得以炊爨也。如是则今日耗费至多之运输，与烦费之用薪炊爨制造，行于此人烟稠密之市中者，可以悉免矣。是此种改良，可得经济上之奇效也。现在广州居民一百万，若行吾计划，则于极短时期之中将见有飞跃之进步，其人口将进至超过一切都市，而吾人企业之利益，亦比例而与之俱增矣。

第二部　改良广州水路系统

中国南部最重要之水路系统，为广州系统。除此以外皆不甚重要，将于论各商埠时附述之。论广州水路系统，吾将分之为下四项：

甲　广州河汉。

乙　西江。

丙 北江。

丁 东江。

甲 广州河汉

吾人论广州河汉之改良,须从三观察点以立议:第一,防止水灾问题;第二,航行问题;第三,填筑新地问题。每一问题皆能加影响于他二者,故解决其一,即亦有裨于其他也。

第一 防止水灾问题 近年水灾频频发生,于广州附近人民实为巨害,其丧失生命以千计,财产以百万计。受害最甚者,为广州与芦包间,其地恰在广州河汉之直北。吾以为此不幸之点,实因西南下游北江正流之淤塞而成。以此之故,北江须经由三水之短河道,以入西江,借为出路;同时又经由两小溪流,一自西南,一自芦包,以得出路。此二溪者,一向东南行,一向东北行,而再合流于官窑。自官窑起,复东北流,至于金利,又折而东南流,经过广州之西关。自北江在西南下游淤塞之后,其淤塞点之上游一段,亦逐年变浅;现在三水县城上游之处,亦仅深四五英尺。当北江水涨之时,常借冈根河(即思贤滘)以泄其水于西江。但若西江同时水涨,则北江之水无从得其出路,惟有停积,至高过芦包上下游之基围而后已。如是,自然基围有数处被水冲决,水即横流,而基围所护之地域全区均受水灾矣。欲治北江,须重开西南下面之北江正流,而将自清远至海一段,一律浚深。幸而吾人改良广州河汉之航行时,亦正有事于此项浚深,故一举而可两得也。

救治西江,须于其入海处横琴与三灶两岛之间两岸,各筑一堤,左长右短以范之。如是则将水流集中,以割此河床,使成深二十英尺以上之水道;如是则水深之齐一,可得而致。盖自磨刀门以上,通沿广州河汉之一段,西江平均有二十英尺至三十英尺之深也。如有全段一律之水深,以达于海,则下层水流将愈速,而洪水时泄去其水更速矣。除此浚深之工程以外,两岸务须改归齐整,令全河得一律之河阔;中流之暗礁及沙洲,均应除去。东江流域之受水灾,不如西、北二江之深重。则整治此河,以供航行,即可得其救治,留俟该项论之。

第二　航行问题　广州河汊之航行问题，与三江相连，论此问题，须自西江始。往日西江流域与广州间往来载货，常经由三水与佛山，此路全长三十五英里。但自佛山水道由西南下游起淤塞之后，载货船只须为大迂回：沿珠江而下以至虎门，转向西北以入沙湾水道，又转向东南入于潭洲水道，西入于大良水路，又南入于黄色水道（自合成围至莺哥嘴）及马宁水路，于此始入西江。西北泝江以至三水西北江合流之处，此路全长九十五英里，比之旧路多六十英里。而广州与西江流域之来往船只，其数甚多，现在广州与近县来往之小火轮有数千艘，其中有大半为载货往来西江者。夫使广州、三水间水道得其改良，则今之每船一往复须行九十五英里者，忽减而为三十五英里也，其所益之大，为何如哉！

在吾改良广州通海路及港面之计划，吾曾提议浚一深水道，自海至于黄埔，又由黄埔以至潭洲水道。今吾人更须将此水道延长，自潭洲水道合流点起，以至三水与西江合流之处。此水道至少须有二十英尺水深，以与西江在三水上游深水处相接。而北江自身，亦须保有与此同一之水深，至于三水上游若干里之处，所以便于该河上流既经改良之后大舶之航行也。为广州河汊之航行以改良东江，吾人应将其出口之水流，集中于鹿步墟岛上面之处与珠江合流之最右之一水道。此所以使水道加深，又使异日上流既经改良之日，广州与东江地区路程更短也。

为航行计，广州河汊更须有一改良，即开一直运河于广州与江门之间，此所以使省城与四邑间之运输得一捷径也。此运河应先将陈村小河改直，达于紫泥，于是横过潭洲水道，以入于顺德小河。循此小河，以直角入于顺德支流。由此处须凿新运河一段，直至大良水道近容奇曲处（竹林）。又循此水道，通过黄水道，至汇流路（南沙、小榄之间起莺哥嘴至冈美之对岸）为止。于此处须更凿一段新运河，以通海洲小河，循古镇水道，以达西江正流，横过之以入于江门支流。此即为广州、江门间直达之运河矣。欲更清晰了解广州河汊之改良，可观附图第十四、第十五。

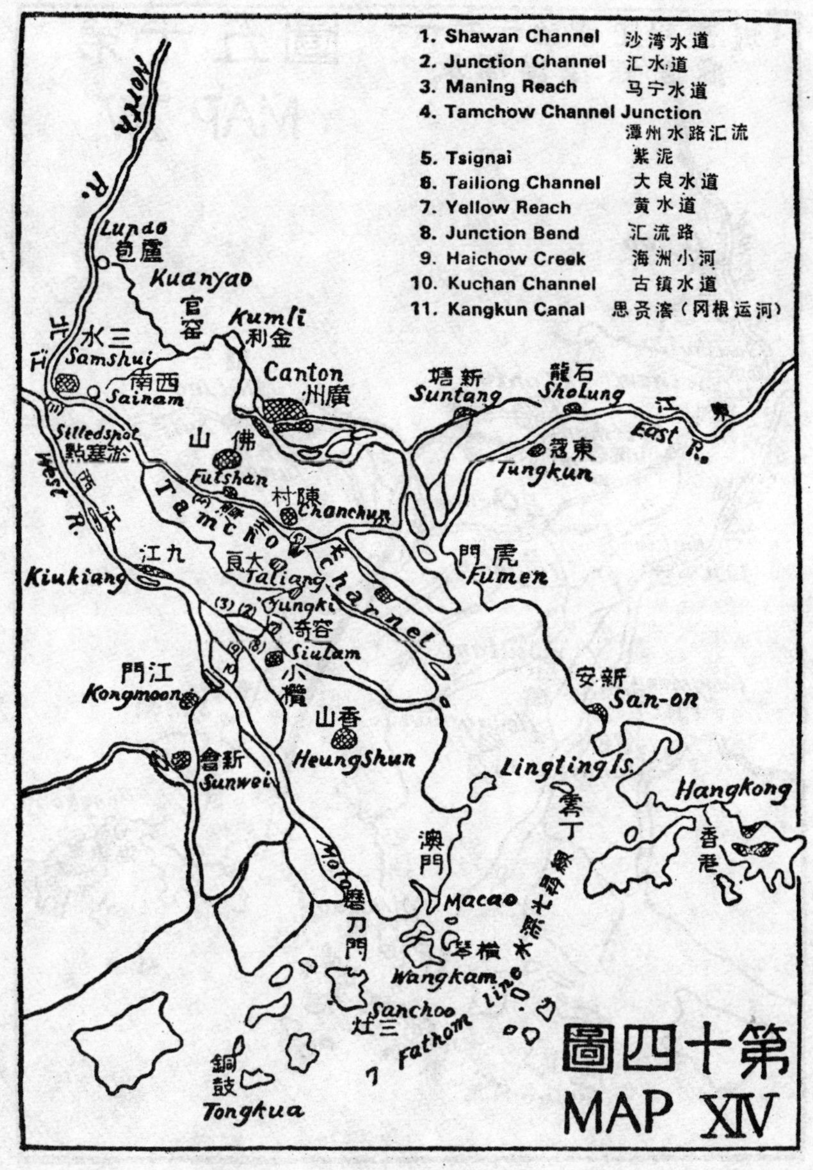

第十四圖

MAP XIV

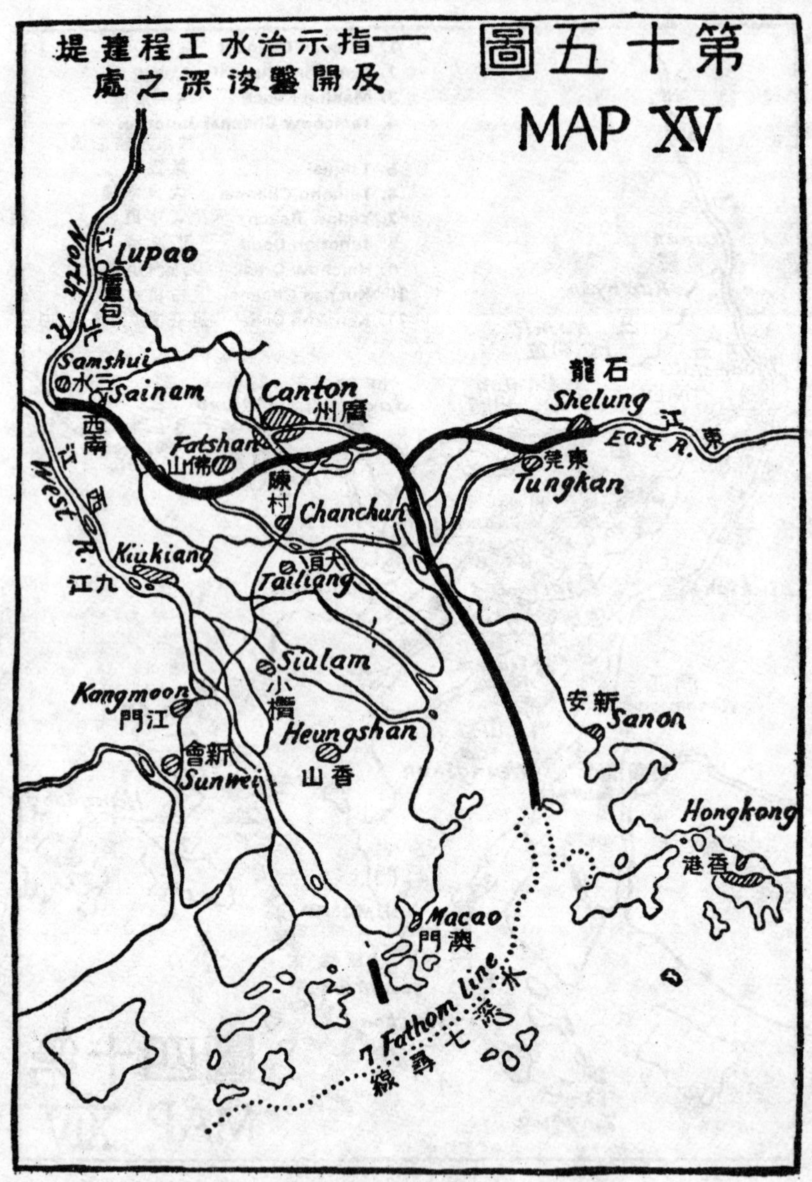

第十五圖
MAP XV
指示治水工程建堤及開濬浚深之處
North R.
北江
Lupao
蘆包
Samshui
三水
Sainam
西南
West R.
西江
Canton
廣州
Fatshan
佛山
陳村
Chanchun
大良
Tailiang
Kiukiang
九江
Siulam
小欖
Kongmoon
江門
新會
Sunwei
Heungshan
香山
石龍
Shelung
East R.
東江
東莞
Tungkan
新安
Sanon
Hongkong
香港
Macao
澳門
7 Fathom line
七尋深水線

第三　填筑新地问题　在广州河汊，最有利之企业，为填筑新地。此项进行，已兆始于数百年前。于是其所增新地供农作之用者，岁逾百十顷。但前此所有填筑，仅由私人尽力经营，非有矩矱。于是有时私人经营，有阻塞航路、诱致洪水等等事情，危及公安；如在磨刀岛上游之填筑工事，闭塞西江正流水路过半，其最著者也。论整治西江，吾意须将此新坦削去。为保护公安计，此河汊之填筑工作，必须归之国家。而其利益，则须以偿因航行及防水灾而改良此水路系统之所费。现在可徐徐填筑之地区，面积极广。在广州河口左岸，可用之地有四十英方里，其右岸有一百四十英方里；在西江河口，东起澳门，西至铜鼓洲，可用之地约二百英方里。此三百八十英方里之中，四分一可于十年之内填筑成为新坦，即十年之内有九十五英方里之地可以填筑，变为耕地也。以一英方里当六百四十英亩、而一英亩当六亩计，九十五英方里将等于三十六万四千八百亩。而中国此方可耕之地，通常不止值五十元一亩，假以平均五十元一亩算，则此三十六万四千八百亩，已值一千八百二十四万元矣。此大有助于偿还此河汊为航行及防水灾所为改良水路之费也。

乙　西江

现在西江之航行，较大之航河汽船可至距广州二百二十英里之梧州，而较小之汽船则可达距广州五百里之南宁，无间冬夏。至于小船，则可通航于各支流，西至云南边界，北至贵州边界，东北则以兴安运河通于湖南以及长江流域。

为航行计，改良西江，吾将以其工程细分为四：

一　自三水至梧州。

二　自梧州至柳江口。

三　桂江（即西江之北支）由梧州起，溯流至桂林以上。

四　南支自浔州至南宁。

一　自三水至梧州　西江此段，水道常深，除三数处外，为吃水十英尺以下之船航行计，不须多加改良。其中流岩石须行爆去，其沙质之岸及泛滥之部分应以水底堤范之，使水深一律，而流速亦随之。于是有一确实航路，终年保持不替矣。西江所运货载之多，固尽足以偿还吾今所提议改良之一切费用也。

二　自梧州至柳江口　在柳江口应建一商埠，以联红水江及柳江之浅水航运，与通海之航运。此两江实渗入广西之西北部与贵州之东南部丰富之矿产地区者也。此商埠应设于离浔州五十英里之处，浔州即此江与南宁一支合流处也。是故在此项改良，所须着力之处只有五十英里，因梧州至浔州一段，为南宁商埠计划所包括也。为使吃水十英尺以上之船可以航行，必须筑堰，且设水闸于此一部分。而此所设之堰，又同时可借以发生水电也。

三　桂江（即西江之北支）由梧州起溯流至桂林以上　桂江较小较浅，而沿江水流又较速，故其改良，比之其他水路更觉困难。然而，此实南方水路规划中，极有利益之案。因此江不特足供此富饶地区运输之目的而已也，又以供扬子江流域与西江流域载货来往孔道之用。此项改良，应自梧州分歧点起，以迄桂林，由此再溯流至兴安运河，顺流至湘江，因之以达长江。于此当建多数之堰及水闸，使船得升至分水界之运河；他方又须建多数之堰闸，以便其降下。此建堰闸所须之费，非经详细调查，不能为预算也。然而吾有所确信者，则此计划为不亏本之计划也。

四　由浔州至南宁　此右江一部分，上至南宁，可通小轮船。南宁者，广西南部之商业中心也。自南宁起，由右江用小船可通至云南东界，由左江可通至越南东京之北界。如使改良水道，以迄南宁，则南宁将为中国西南隅——云南全省、贵州大半省、广西半省矿产丰富之全地区之最近深水商埠矣。南宁之直接附近又多产锑、锡、煤、铁等矿物，而同时亦富于农产。则经营南宁，以为深水交通系统之顶点，必不失为有利之计划也。改良迄南宁之水道，沿河稍须设堰及水闸，使吃水十英尺之船可以通航，并资之以生电力。此项工程所费，亦非经详细测量不能预算，但比之改良自梧州至兴安运河一节桂江所费，当必大减矣。

丙 北江

北江自三水至韶州，约长一百四十英里，全河中有大部分为山地所夹。但自出清远峡以后，河流入于广豁之区，其地与广州平原相联，此处危险之水灾常见。自西南下游水道淤塞之后，自峡至西南一段河身逐年变浅，左岸靠平原之基围时时崩决，致广州以上之平原大受水灾。所以整治一部分河流，有二事须加考察：第一，防止洪水；第二，航运改良。关于第一事，无有逾于浚深河身一法者。在改良广州通海路及港面并广州河汊时，吾人应开一深水水路，从深海起，直达西南。在改良北江下段时，吾人只须将此工程加长，溯流直至清远峡，拟使有水深自十五尺至二十尺之深水道。其浚此水道，或用人工，或兼用自然之力。既已浚深此河底矣，则即以今日基围之高言，亦足以防卫此平原不使其遭水患矣。论及此第二事，则既为防止水灾，将西南至清远峡一节之北江浚深，即航行问题同时解决矣。然则今所须商及者，只此上段一部而已。吾欲提议将此北江韶州以下一段改良，令可航行。韶州者，广东省北部之商业中心也，又其煤铁矿之中心也。欲改良此峡上一部令可航行，则须先建堰与水闸于一二处，然后十英尺吃水之船可以航行无碍，直至韶州。虽此江与粤汉铁路平行，然而若此地矿山得有相当开发之后，此等煤铁重货仍须有廉值之运输以达之于海，即此水路为不可缺矣。然则于此河中设堰以生水电，设水闸以利航行，固不失为一有利之企业也，况又为发展此一部分地方之必要条件也。

丁 东江

东江以浅水船航行可达于老龙市，此地离黄埔附近鹿步墟岛东江总出口处约一百七十英里。沿此江上段，所在皆有煤铁矿田。铁矿之开采于此地也，实在于久远之往昔，记忆所不及之年代。在今日全省所用各种铁器之中，实有一大部分，为用此地所出之铁制造之者。是故浚一可航行之深水道，直上至于煤铁矿区中心者，必非无利之业也。

改良此东江，一面以防止其水害，一面又便利其航行。吾意欲从鹿步墟岛下游之处着手，于前论广州通海路已述之矣。由此点起，须浚一深水道，上至新塘。自新塘上游约一英里之处，应凿一新水道直达东莞城，而以此悉联东江左边在东莞与新塘间之各支流为一。以此新水道为界，所有自此新水道左岸以迄珠江，中间上述各支流之旧路，悉行闭塞。其闭塞处之高，须约与通常水平相同，而以此已涸之河身，供异日雨期洪水宣流之用。如是，东江之他出口已被一律封闭，则所有之水将汇成强力之水流，此水流即能浚河身使加深，又使全河水深能保其恒久不变也。河身须沿流加以改削，令有一律之河幅，上至潮水能达之处；自此处起，则应按河流之量多寡，以定河身之广狭。如是，则东江将以其自力浚深惠州城以下一段矣。石龙镇南边之铁路桥，应改建为开合铁桥，使大轮船可以往来于其间。东江有急激转弯数处，应改以为缓徐曲线，并将中流沙洲除去。惠州以上一部江流，应加堰与水闸，令吃水十尺之船，可以上溯至极近于此东江流域煤铁矿田而后已。

第三部　建设中国西南铁路系统

中国西南一部，所包含者：四川，中国本部最大且最富之省分也；云南，次大之省也；广西、贵州，皆矿产最丰之地也；而又有广东、湖南两省之一部。此区面积有六十万英方里，人口过一万万。除由老街至云南府约二百九十英里法国所经营之窄轨铁路外，中国广地众民之此一部，殆全不与铁路相接触也。

于此一地区，大有开发铁路之机会。应由广州起，向各重要城市、矿产地引铁路线，成为扇形之铁路网，使各与南方大港相联结。在中国此部建设铁路者，非特为发展广州所必要，抑亦于西南各省全部之繁荣为最有用者也。以建设此项铁路之故，种种丰富之矿产可以开发，而城镇亦可于沿途建之。其既开之地，价尚甚廉，至于未开地及含有矿产之区，虽非现归国有，其价之贱，去不费一钱可得者亦仅一间耳。所以若将来市街用地及矿产地，预由政府收用，然后开始建筑铁路，则其获利必极丰厚。然则不论建筑铁路投资多至若干，可保其偿还本息，必充足有余矣。又况开发广州以为世界大港，亦全赖此铁路系统，如使缺此纵横联属西南广袤之一部之铁路网，则广州亦不能有如吾人所预期之发达矣。

西南地方，除广州及成都两平原地各有三四千英方里之面积外，地皆险峻。此诸地者，非山即谷，其间处处留有多少之隙地。在此区东部，山岳之高，鲜逾三千英尺；至其西部与西藏交界之处，平均高至一万英尺以上。故建此诸铁路之工程上困难，比之西北平原铁路系统，乃至数倍。多数之隧道与凿山路，须行开凿，故建筑之费，此诸路当为中国各路之冠。

吾提议以广州为此铁路系统终点，以建下列之七路：

甲　广州重庆线，经由湖南。

乙　广州重庆线，经由湖南、贵州。

丙　广州成都线，经由桂林、泸州。

丁　广州成都线，经由梧州、叙府。

戊　广州云南大理腾越线，至缅甸边界为止。

己　广州思茅线。

庚　广州钦州线，至安南界东兴为止。

甲　广州重庆线经由湖南

此线应由广州出发，与粤汉线同方向，直至连江与北江会流之处。自此点起，本路折向连江流域，循连江岸上至连州以上，于此横过连江与道江之分水界，进至湖南之道州。于是随道江以至永州、宝庆、新化、辰州，溯酉水过川、湘之界入于酉阳，又循乌江流域至扬子江边之涪州，循扬子江右岸，上至重庆。此路全长有九百英里，经过富饶之矿区与农区。在广东之北连州之地，已发见丰富之煤矿、铁矿、锑矿、钨矿；于湖南之西南隅，则有锡、锑、煤、铁、铜、银；于四川之酉阳，则有锑与水银。其在沿线之农产物，则吾可举砂糖、花生、大麻、桐油、茶叶、棉花、烟叶、生丝、谷物等等；又复多有竹材、木材及其他一切森林产物。

乙 广州重庆线经由湖南、贵州

此线约长八百英里。但自广州至道州一段即走于甲线之上，凡二百五十英里，故只有五百五十英里计入此线。所以实际从湖南道州起筑，横过广西省东北突出一段，于全州再入湖南西南境，过城步及靖州。于是入贵州界，经三江及清江两地，横过山脉，以至镇远。此线由镇远须横过沅江、乌江之分水界，以至遵义。由遵义则循商人通路，直至綦江，以达重庆。此铁路所经，皆为产出木材、矿物极富之区域。

丙 广州成都线经由桂林、泸州

此线长约一千英里。由广东西行，直至三水在此处之绥江口地点，渡过北江。循绥江流域，经过四会、广宁，次于怀集入广西。经过贺县及平乐，由此处循桂江水流，上达桂林。于是广东、广西两省省城之间，各煤铁矿田可得而开凿矣。自桂林起，路转而西，至于永宁，又循柳江流域，上至贵州边界。越界至古州，由古州过都江及八寨，仍循此河谷而上，逾一段连山至平越。由平越横渡沅江分水界，于瓮安及岳四城，入乌江流域。自岳四城循商人通路逾雷边山至仁怀、赤水、纳溪。于是渡扬子江，以至泸州。自泸州起，经过隆昌、内江、资州、资阳、简州，以达成都。此路最后之一段，横过所谓“四川省之红盆地”，有名富庶之区也。其在桂林、泸州之间，此路中段则富于矿产，为将来开发希望最大者。此路将为其两端人口最密之区，开一土旷人稀之域，以收容之者也。

丁 广州成都线经由梧州与叙府

此线长约一千二百英里。自丙线渡北江之三水铁路桥之西端起，循西江之左岸，以入于肇庆峡，至肇庆城。即循此岸，上至德庆、梧州、大湟。在大湟，河身转而走西南，路转而走西北，至象州，渡柳江，至柳州及庆远。于是进至思恩，过桂、黔边界，入贵州，至独山及都匀。自都匀起，此路再折偏西走，至贵州省城之贵阳，次进至黔西及大定。离贵州界于毕节，于镇雄入云南界。北转而至乐新渡，过四川界，入叙府。自叙府起，循岷江而上，至嘉定，渡江，入于成都平原,以至成都。此路起自富庶之区域,迄于富庶之区域,中间经过宽幅之旷土未经开发、人口极稀之地。沿线富有煤、铁矿田,又有银、锡、锑等等贵金属矿。

戊 广州云南大理腾越线

此线长约一千三百英里。起自广州,迄于云南、缅甸边界之腾越。其首段三百英里,自广州至大湟,与丁线相同。自大湟江口分支至武宣,循红水江常道,经迁江及东兰。于是经兴义县,横过贵州省之西南隅入云南省,至罗平,从陆凉一路以至云南省城。自省城经过楚雄,以至大理。于是折而西南,至永昌,遂至腾越,终于缅甸边界。

在广西之东兰、近贵州边界处,此路应引一支线,约长四百英里。此线应循北盘江流域,上至可渡河与威宁,于昭通入云南,在河口过扬子江。即于此处入四川,横截大凉山,至于宁远。此路所以开昭通、宁远间有名铜矿地之障碍,此项铜矿为中国全国最丰之矿区也。

此路本线,自东至西,贯通桂、滇两省,将来在国际上必见重要。因在此线缅甸界上,当与缅甸铁路系统之仰光、八莫一线相接,将来此即自印度至中国最捷之路也。以此路故,此两人口稠密之大邦,必比现在更为接近。今日由海路,此两地交通须数礼拜者,异时由此新路,则数日而足矣。

己 广州思茅线

此线至缅甸界止,约长一千一百英里。起自广州市西南隅,经佛山、官山,由太平墟渡过西江,至对岸之三洲墟。于是进入高明、新兴、罗定。既过罗定,入广西界,至平河,进至容县。于是西向,渡左江,至于贵县,即循左江之北岸以达南宁。在南宁应设一支线,约长一百二十英里,循上左江水路以至龙州,折而南,至镇南关、安南东京界上止,与法国铁路相接。其本线,由南宁循上右江而上,至于百色。于是过省界入云南,至剥隘,经巴门、高甘、东都、普子塘一路,至阿迷州,截老街、云南铁路而过。由阿迷州进至临安府、石屏、元江。于是渡过元江，通过他郎、普洱及思茅，至缅甸边界近澜沧江处为止。此线穿入云南、广西之南部锡、银、锑三种矿产最富之地，同时沿线又有煤铁矿田至多，复有多地产出金、铜、水银、铅。论其农产，则米与花生均极丰饶，加以樟脑、桂油、蔗糖、烟叶，各种果类。

庚 广州钦州线

此线从西江铁路桥西首起算，约长四百英里。自广州起，西行至于太平墟之西江铁路，与己线同轨。过江始分支，向开平、恩平，经阳春，至高州及化州。于化州须引一支线，至遂溪、雷州，达于琼州海峡之海安，约长一百英里。于海安再以渡船与琼州岛联络。其本线，仍自化州西行，过石城、廉州、钦州，达于与安南交界之东兴为止。东兴对面芒街至海防之间，将来有法国铁路可与相接。此线全在广东省范围之内，经过人口多、物产富之区域，线路两旁皆有煤铁矿，有数处产金及锑，农产则有蔗糖、生丝、樟脑、苎麻、靛青、花生及种种果类。

此系统内各线，如上所述，约六千七百英里。此外须加以联络成都、重庆之两线。又须另设一线，起自乙线遵义之东，向南行至瓮安，与丙线接；又一线自丙线之平越起，至丁线之都匀；又一线由丁线贵州界上一点，经南丹、那地，以至戊线之东兰，再经泗城，以至己线之百色。此联络各线，全长约六百英里。故总计应有七千三百英里。

此系统将于下文所举三线经济上大有关系：

一 法国经营之老街、云南府已成线，及云南府、重庆计划线。此线与己线交于阿迷州，与戊线交于威宁，与丁线交于叙府，与丙线交于泸州，而与甲乙两线会于重庆。

二 英国经营之沙市、兴义计划线。此线与甲线交于辰州，与乙线交于镇远，与丙线交于平越，与丁线交于贵阳，而与戊线之支线交于永定西方之一点。

三 美国经营之株州、钦州计划线。此线与甲线交于永州，乙线交于全州，丙线交于桂林，丁线交于柳州，戊线交于迁江，己线交于南宁,而与庚线会于钦州。

所以此法、英、美三线,与本系统各线,一律完成之后,中国西南各省之铁道交通可无缺乏矣。

此诸线皆经过广大且长之矿产地,其地有世界上有用且高价之多种金属。世界中无有如此地含有丰富之稀有金属者,如钨、如锡、如锑、如银、如金、如白金等等;同时又有虽甚普通而尤有用之金属,如铜、如铁、如铅。抑且每一区之中,均有丰裕之煤。南方俗语有云:"无煤不立城。"盖谓预计城被围时,能于地中取炭,不事薪采,此可见其随在有煤产出也。四川省又有石油矿及自然煤气(火井),极为丰裕。

是故吾人得知,以西南铁路系统开发西南山地之矿产利源,正与以西北铁路系统开发蒙古、新疆大平原之农产利源,同其重要。此两铁路系统,于中国人民为最必要,而于外国投资者又为最有利之事业也。论两系统之长短,大略相同,约七千英里。此西南系统,每英里所费平均须在彼系统两倍以上,但以其开发矿产利源之利益言,又视开发农产利源之利益更多数倍也。(参照第十六图)

第四部　建设沿海商埠及渔业港

既于中国海岸为此三世界大港之计划,今则已至进而说及发展二三等海港及渔业港于沿中国全海岸,以完成中国之海港系统之机会矣。近日以吾北方大港计划为直隶省人民所热心容纳,于是省议会赞同此计划,而决定作为省营事业立即举办,以此目的,经已票决募债四千万元。此为一种猛进之征兆。而其他规划,亦必或早或晚,或由省营,或由国营,随于民心感其必要,次第采用。吾意则须建四个二等海港、九个三等海港及十五个渔业港。

此四个二等海港,应以下列之情形配置之,即一在北极端,一在南极端,其他之港则间在此三世界大港之间。

此项港口,按其将来重要之程度排列之如下:

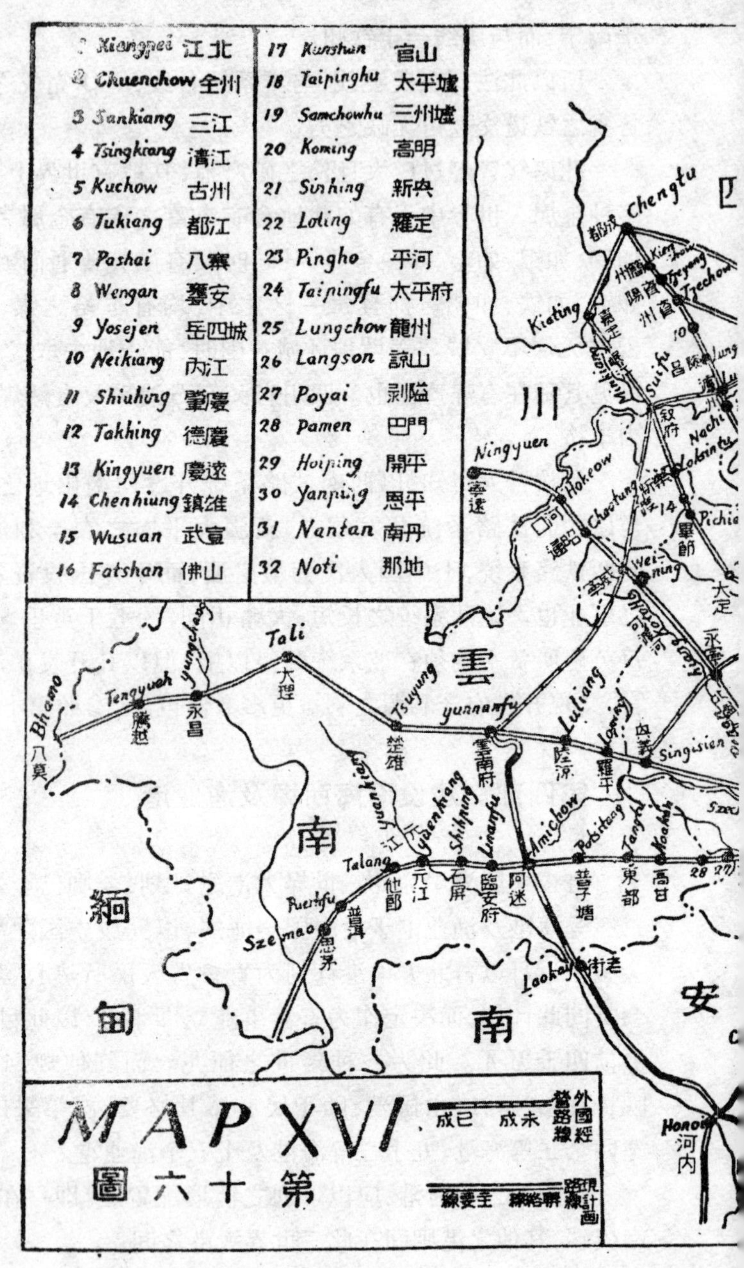

1 Kiangpei 江北
2 Chuenchow 全州
3 Sankiang 三江
4 Tsingkiang 清江
5 Kuchow 古州
6 Tukiang 都江
7 Pashai 八寨
8 Wengan 甕安
9 Yosejen 岳四城
10 Neikiang 內江
11 Shiuhing 肇慶
12 Takhing 德慶
13 Kingyuen 慶遠
14 Chenhiung 鎮雄
15 Wusuan 武宣
16 Fatshan 佛山
17 Kunshan 官山
18 Taipinghu 太平墟
19 Samchowhu 三州墟
20 Koming 高明
21 Sinhing 新興
22 Loting 羅定
23 Pingho 平河
24 Taipingfu 太平府
25 Lungchow 龍州
26 Langson 諒山
27 Poyai 剝隘
28 Pamen 巴門
29 Hoiping 開平
30 Yanping 恩平
31 Nantan 南丹
32 Noti 那地
四川
雲南
緬甸
安南
Chengtu
Kiating 嘉定
Suifu 叙府
Ningyuen 寧遠
Hokeow 河口
Chaotung 昭通
Weining 威寧
Tali 大理
Tengyueh 騰越
Yungchang 永昌
Bhamo 八莫
Tsuyung 楚雄
Yunnanfu 雲南府
Luliang 陸涼
Loping 羅平
Singisien
Amichow 阿迷
Linanfu 臨安府
Shihping 石屏
Yuenkiang 元江
Talang 他郎
Puerhfu 普洱
Szemao 思茅
Lookay 老街
Hanoi 河內
MAP XVI
第十六圖
外國經營路線 已成 未成
現計畫路線 主要線 聯絡線

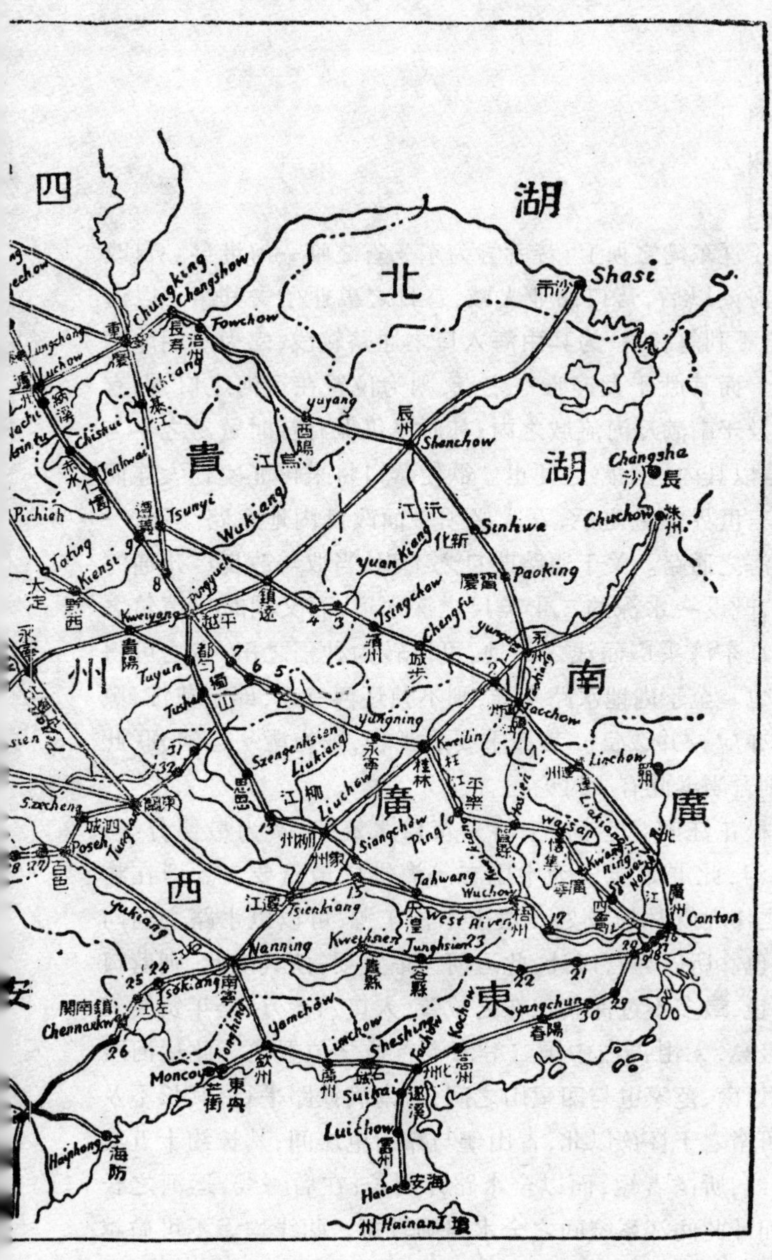

四
湖
北
Shasi
沙市
Chungking
Changshow
Fowchow
重慶
長寿
涪州
Lungchang
Luchow
Kikiang
綦江
Chishui
Jenhwai
yuyang
酉陽
長州
Shenchow
貴
江烏
Wukiang
Tsunyi
遵義
Pichieh
Tating
Kiensi
大定
黔西
湖
Changsha
長沙
Chuchow
株州
沅江
Sinhwa
新化
yuan Kiang
Paoking
寶慶
Kweiyang
貴陽
平越
鎮遠
Tsingchow
靖州
Chengfu
城步
州
Tuyun
都勻
獨山
南
Taochow
yungning
永寧
Kweilin
桂林
Szengenhsien
Liukiang
Liuchow
柳州
Linchow
廣
Siangchow
象州
Pinglo
平樂
廣
Szecheng
Poseh
百色
西
Tahwang
Wuchow
梧州
West River
Tsienkiang
Canton
廣州
Nanning
南寧
Kweihsien
貴縣
Junghsien
容縣
東
yangchun
陽春
Tsokiang
Chennankwan
Moncay
芒街
東興
Tonghing
Yamchow
欽州
Limchow
廉州
Sheshing
石城
Kochow
高州
Suikai
遂溪
Luichow
雷州
Haian
海安
Haiphong
海防
瓊州 Hainan I

甲 营口。

乙 海州。

丙 福州。

丁 钦州。

甲 营口

营口位于辽东湾之顶上,昔者尝为东三省之唯一海港矣。自改建大连为一海港以后,营口商业大减,昔日之事业殆失其半。以海港论,营口之不利有二:一为其由海入口之通路较浅,二为冬期冰锢至数月之久。而其胜于大连唯一之点,则为位置在辽河之口,拥有内地交通遍及于南满辽河流域之内;其所以仍保有昔时贸易之半与大连抗者,全以其内地水路之便也。欲使营口将来再能凌驾大连而肩随于前言三世界大港之后,吾人必须一面改良内地水路交通,一面浚深其达海之通路。关于通路改良之工程,当取与改良广州通海路相同之法,既设一水深约二十英尺之深水道,而又同时行填筑之工程。盖以辽东湾头广而浅之沼地,可以转为种稻之田,借之可得甚丰之利润也。至于内地水路交通,则不独辽河一系,即松花江、黑龙江两系统亦应一并改良。其最重要之工程,则为凿一运河,联此各系统,此则吾当继此有所讨论。

辽河与松花江间之运河,于将来营口之繁荣,实为最要分子。惟有由此运河,此港始能成为中国二等海港中最重要者。而在将来,此北满之伟大森林地及处女壤土丰富矿源,可以以水路交通与营口相衔接也。所以为营口计,此运河为最重要,使其缺此,则营口之为一海港也,最多不过保其现在之位置,人口六七万,全年贸易三四千万元,极矣,无由再占中国二等海港首位之位置矣。此运河可凿之于怀德以南,范家屯与四童山之间,与南满铁路平行,其长不及十英里;亦可凿之于怀德以北,青山堡与靠山屯之间,其长约十五英里。在前一线,所凿者短,而以全水路计则长;在后一线,运河之长几倍前者,而计此两江系统间之全水路则较短。两线均无不可逾越之物质的障碍,二者俱在平原,但其中一线高出海面上之度或较他一线为多,则将来择用于二者间唯一之取决点也。若此运河既经开竣,则吉林、黑龙江两富省及外蒙古之一部,皆将因此与中国本部可以水路交通相接,然则此运河不特营口之为海港大有需要焉也,又与中国全国国民政治上经济上亦大有关系。辽河、松花江运河完成以后,营口将为全满洲与东北、蒙古内地水路系统之大终点。而通海之路既经浚深以后,彼又将为重要仅亚于三大港之海港矣。

乙 海州

海州位于中国中部平原东陲,此平原者,世界中最广大肥沃之地区之一也。海州以为海港,则刚在北方大港与东方大港二大世界港之间,今已定为东西横贯中国中部大干线海兰铁路之终点。海州又有内地水运交通之利便,如使改良大运河其他水路系统已毕,则将北通黄河流域,南通西江流域,中通扬子江流域。海州之通海深水路,可称较善。在沿江北境二百五十英里海岸之中,只此一点,可以容航洋巨舶逼近岸边数英里内而已。欲使海州成为吃水二十英尺之船之海港,须先浚深其通路至离河口数英里外,然后可得四寻深之水。海州之比营口,少去结冰,大为优越;然仍不能不甘居营口之下者,以其所控腹地不如营口之宏大,亦不如彼在内地水运上有独占之位置也。

丙 福州

福建省城在吾二等海港中居第三位。福州今日已为一大城市,其人口近一百万,位于闽江之下游,离海约三十英里。此港之腹地,以闽江流域为范围,面积约三万方英里。至于此流域以外之地区,将归他内河商埠或他海港所管,故此港所管地区又狭于海州。所以以顺位言,二等海港之中,此港应居第三位。福州通海之路,自外闩洲以至金牌口,水甚浅;自金牌口而上,两岸高山夹之,既窄且深,直至于罗星塔下。

吾拟建此新港于南台岛之下游一部,以此地地价较贱,而施最新改良之余地甚多也。容船舶之锁口水塘,应建设于南台岛下端,近罗星塔处。闽江左边一支,在福州城上游处应行闭塞,以集中水流，为冲刷南台岛南边港面之用。其所闭故道，绕南台岛北边者，应留待自然填塞，或遇有必要，改作蓄潮水塘（收容潮涨时之水，俟潮退时放出，以助冲洗港内浮沙），以冲洗罗星塔以下一节水道。闽江上段，应加改良，人力所能至之处为止，以供内地水运之用。其下一段，自罗星塔以至于海，必须范围整治之，以求一深三十英尺以上之水道，达于公海。于是福州可为两世界大港间航洋汽船之一寄港地矣。

丁　钦州

钦州位于东京湾之顶，中国海岸之最南端。此城在广州即南方大港之西四百英里。凡在钦州以西之地，将择此港以出于海，则比经广州可减四百英里。通常皆知海运比之铁路运价廉二十倍，然则节省四百英里者，在四川、贵州、云南及广西之一部言之，其经济上受益为不小矣。虽其北亦有南宁以为内河商埠，比之钦州更近腹地，然不能有海港之用。所以直接输出入贸易，仍以钦州为最省俭之积载地也。

改良钦州以为海港，须先整治龙门江，以得一深水道直达钦州城。其河口当浚深之，且范之以堤，令此港得一良好通路。此港已选定为通过湘、桂入粤之株钦铁路之终点。虽其腹地较之福州为大，而吾尚置之次位者，以其所管地区，同时又为广州世界港、南宁内河港所管，所以一切国内贸易及间接输出入贸易皆将为他二港所占，惟有直接贸易始利用钦州耳。是以腹地虽广，于将来二等港中，欲凌福州而上，恐或不可能也。

此三个世界大港、四个二等港之外，吾拟于中国沿海，建九个三等港，自北至南如下：

甲　葫芦岛。

乙　黄河港。

丙　芝罘。

丁　宁波。

戊　温州。

己 厦门。

庚 汕头。

辛 电白。

壬 海口。

甲 葫芦岛

此岛为不冻深水港，位于辽东湾顶西侧，离营口约六十英里。论东三省之冬期港，此港位置远胜大连，以其到海所经铁路较彼短二百英里，又在丰富煤田之边沿也。当此煤田及其附近矿产既开发之际，葫芦岛将为三等港中之首出者，为热河及东蒙古之良好出路。此港又可计划之，以为东蒙古及满洲全部之商港，以代营口，但须建一运河以与辽河相连耳。将来惟有由内地水路交通可以成一重要商港，而葫芦岛恰亦与之相同，所以葫芦岛若得内地水路交通，自然可代营口而兴。如使确知于此凿长距离运河，以通葫芦岛于辽河，比之建一深水港面于营口，经济上更为廉价，则葫芦岛港面应置之于此半岛之西北边，不如今之计划置之半岛之西南。盖今日之位置，不足以多容船舶碇泊，除非建一广大之防波堤直入深海中，此工程所费又甚多也。且此狭隘之半岛，又不足以容都市规划，若其在他一边，则市街可建于本陆，有无限之空隙容其发展也。

吾意须自连山湾之北角起，筑一海堤，至于葫芦岛之北端，以闭塞连山湾，使成为锁口港面。在葫芦岛之颈部，开一口，向南方深水处；此闭塞港面，应有十英方里之广。但此中现在只有一部分须浚至所求之深。在此港面北方，须另留一出口，介于海堤、海岸之间，以通其邻近海湾。并须另建一防波堤，横过第二海湾。由该处起，应建一运河，或凿之于海岸线内，或建一海堤与海岸线平行，至与易凿之低地连接为止。再由该地开凿运河，与辽河相连。如能为葫芦岛凿此运河，则此岛立能取营口而代之，居二等港首位矣。

乙　黄河港

此港将位于黄河河口北直隶湾之南边，离吾人之北方大港约八十英里。当整治黄河工程已完成之日，此河口将得为航洋汽船所经由，自然有一海港萌芽于是。以是所管北方平原在直隶、山东、河南各省有相当之部分，而又益以内地水运交通，所以此港欲不成为重要三等海港，亦不可得矣。

丙　芝罘

芝罘为老条约港，位于山东半岛之北侧，尝为全中国北部之惟一不冻港矣。自其北方有大连开发，南方又有青岛兴起，其贸易遂与之俱减。以海港论，如使山东半岛之铁路得其开发，而筑港之工程又已完毕，则此港自有其所长。

丁　宁波

宁波亦一老条约港也，位于浙江省之东方，甬江一小河之口。此地有极良通海路，深水直达此河之口。此港极易改良，只须范之以堤，改直其沿流两曲处，直抵城边。宁波所管腹地极小，然而极富；其人善企业，其以工作手工知名，肩随于广州。中国之于实业上得发展者，宁波固当为一制造之城市也。但以东方大港过近之故，宁波与外国直接之出入口贸易未必能多，此种贸易多数归东方大港。故以宁波计，有一相当港面以为本地及沿岸载货之用，亦已足矣。

戊　温州

温州在浙江省之南，瓯江之口。此港比之宁波，其腹地较广，其周围之地区皆为生产甚富者，如使铁路发展，必管有相当之地方贸易无疑。现在港面极浅，中等沿岸商船已不能进出。吾意须于盘石卫即温州岛之北（温州岛者，瓯江口之小岛，非温州城）建筑新港。由此目的，须建一堰于北岸与温州岛北端之间，使此岛北之河流完全闭塞，单留一闭锁之入口。至于瓯江，应引之循南水道，经温州岛，使其填塞附近浅地之大区，而又以范上段水流也。其自虎头岛南边以至此港之通路，应行浚深。在此通路右，应于温州岛与尾妖岛之间浅处，及尾妖岛与三盘岛各浅处之间建堤。于是成一连堤，可以防瓯江沙泥不令侵入此通路。如此，然后温州新港可以得一恒常深水道也。

己 厦门

此亦一老条约港也，在于思明岛。厦门有深广且良好之港面，管有相当之腹地，跨福建、江西两省之南部，富于煤铁矿产。此港经营对马来群岛及南亚细亚半岛之频繁贸易，所有南洋诸岛、安南、缅甸、暹罗、马来各邦之华侨大抵来自厦门附近，故厦门与南洋之间载客之业极盛。如使铁路已经发展，穿入腹地煤铁矿区，则厦门必开发而为比现在更大之海港。吾意须于此港面之西方建新式商埠，以为江西、福建南部丰富矿区之一出口。此港应施以新式设备，使能联陆海两面之运输以为一气。

庚 汕头

汕头在韩江口，广东省极东之处。以移民海外之关系，汕头与厦门极相类似，以其亦供大量之移民于东南亚细亚及马来群岛也。故其与南洋来往船客之频繁，亦不亚厦门。以海港论，汕头大不如厦门，以其入口通路之浅也。然以内地水运论，则汕头为较胜，以用浅水船则韩江可航行者数百英里也。围汕头之地，农产极盛，在南方海岸能追随广州河汊者，独此地耳。韩江上一段，煤铁矿极富。汕头通海之路，只须少加范围浚渫之功，易成为一地方良港也。

辛 电白

此港在广东省海岸、西江河口与海南岛间当中之点。其周围地区富于农产、矿田，则此地必须有一商港，以供船运之用矣。如使以堤全围绕电白湾之西边，另于湾之东南半岛颈地开一新出入口，以达深海，则电白可成一佳港面，而良好通路亦可获得矣。港面本甚宽阔，但有一部须加浚渫，以容巨船，其余空隙则留供渔船及其他浅水船之用。

壬 海口

此港位于海南岛之北端，琼州海峡之边，与雷州半岛之海安相对。海口与厦门、汕头俱为条约港，巨额之移民赴南洋者，皆由此出。而海南固又甚富而未开发之地也。已耕作者仅有沿海一带地方，其中央犹为茂密之森林，黎人所居，其藏矿最富。如使全岛悉已开发，则海口一港，将为出入口货辐辏之区。海口港面极浅，即行小船，犹须下锚于数英里外之泊船地，此于载客、载货均大不便。所以海口港面必须改良。况此港面，又以供异日本陆及此岛铁路完成之后，两地往来接驳货儎之联络船码头之用也。

于渔业港一层，吾前所述之头二三等海港均须兼为便利适合渔业之设备，即三个头等港、四个二等港、九个三等港皆同时为渔业港也。然除此十六港以外，中国沿岸仍有多建渔业港之余地，抑且有其必要。故吾意在北方奉天、直隶、山东三省海岸，应设五渔业港如下：

(1)安　东　在高丽交界之鸭绿江。

(2)海洋岛　在鸭绿湾辽东半岛之南。

(3)秦皇岛　在直隶海岸辽东湾与直隶湾之间，现在直隶省之独一不冻港也。

(4)龙　口　在山东半岛之西北方。

(5)石岛湾　在山东半岛之东南角。

东部江苏、浙江、福建三省之海岸，应建六渔业港如下。

(6)新洋港　在江苏省东陲，旧黄河口南方。

(7)吕四港　在扬子江口北边一点。

(8)长涂港　在舟山列岛之中央。

(9)石　浦　浙江之东，三门湾之北。

(10)福　宁　在福建之东，介于福州与温州之间。

(11)湄州港　福州与厦门之间，湄州岛之北方。

南部广东省及海南岛海岸，应建四渔业港如下：

(12)汕　尾　在广东之东海岸，香港、汕头之间。

(13)西江口　此港应建于横琴岛之北侧。西江口既经整治以后，横琴岛将借海堤以与本陆相连，而有一良好港面地区出现矣。

(14)海　安　此港位于雷州半岛之末端,隔琼州海峡与海南岛之海口相对。

(15)榆林港　海南岛南端之一良好天然港面也。

以此十五渔业港,合之前述各较大之港,总三十有一。可以连合中国全海岸线,起于高丽界之安东,止于近越南界之钦州。平均每海岸线百英里,而得一港。吾之中国海港及渔业港计划,于是始完。

瞥见之下,当有致疑于一国而须如是之多海港与渔业港者。然读者须记此中国一国之大与欧洲等,其人则较欧洲为多。如使吾人取西欧海岸线与中国等长之一节计之,则知欧洲海港之多,远过中国。欧洲海岸线之长过中国数倍,而以每百英里计,尚不止有一与此相当型式之港。例如荷兰,其全地域不较大于吾人三等港中汕头一港之腹地,而尚有安斯得坦与洛得坦①两头等海港,又有多数之小渔业港附随之。又使与北美合众国较其海港,美国人口仅得中国四分之一,而单就其大西洋沿岸海港而论,已数倍于吾计划中所举之数。所以此项海港之数,不过仅敷中国将来必要之用而已。且吾亦仅择其自始有利可图者言之,以坚守第一计划中所标定之"必选有利之途"一原则也。(参照第十七图)

第五部　创立造船厂

当中国既经按吾计划发展无缺之际,其急要者,当有一航行海外之商船队,亦要多数沿岸及内地之浅水运船,并须有无数之渔船。当此次世界大战未开之际,全世界海船吨数为四千五百万吨;使中国在实业上,按其人口比例,有相等之发达,则至少须有航行海外及沿岸商船一千万吨,然后可敷运输之用。建造此项商船,必须在吾发展实业计划中占一位置。以中国有廉价之劳工与材料,固当比外

① 安斯得坦、洛得坦:今译阿姆斯特丹(Amsterdam)、鹿特丹(Rotterdam)。

MAP XVII 圖七十第
First Class Port
頭等港
Second Class Port
二等港
Third class Port
三等港
Fishing Port
漁業港
Foreign Ocaipied Port
外國占領港
(1) Antang 安東
(2) Haiyangtao 海洋島
(3) Chihwangtao 秦皇島
(4) Lungkau 龍口
(5) Shitauwan 石島湾
(6) Sinyangkang 新洋港
(7) Luszekang 呂四港
(8) Changtukang 長塗港
(9) Shipu 石浦
(10) Funing 福寧
(11) Meichow 湄州
(12) Sanmei 汕尾
(13) Sikiang Mouth 四江口
(14) Haian 海安
(15) Yulinkiang 榆林港
島蘆葫
Hulutao
口營
Yingkow
港大方北
Great Northern P.
大連
Talien
罘芝
Che Foo
口河黃
HoangHo
Tsingtau
島青
州海
Haichow
港大方東
Great Eastern P.
波寧
Ningpo
州溫
Wenchow
州福
Foochow
港大方南
Great Southern P.
Amoy
門厦
Swatow
頭汕
Yamchow
Tunpak
白電
Hongkong 港香
欽州
Hoihou 口海

国为吾人所建所费较廉。且除航海船队以外,吾人尚须建造大队内河浅水船及渔船,以船载此等小船远涉重洋,实际不易,故外国船厂不能为吾建造此等船只,则中国于此际必须自设备其船厂,自建其浅水船渔船船队矣。然则建立造船厂者,必要之企业,又自始为有利之企业也。此造船厂应建于内河及海岸商埠,便于得材料人工之处。所有船厂应归一处管理,而投大资本于此计划,至年可造各种船只二百万吨之限为止。一切船舶当以其设计及其设备定有基准,所有旧式内河浅水船及渔船,当以新式效力大之设计代之。内河浅水船当以一定之吃水基准为基础设计之,如二英尺级、五英尺级、十英尺级之类。鱼拖船(船旁拖网者)应以行一日、行五日、行十日分级为基准。沿海船可分为二千吨级、四千吨级、六千吨级。而驶赴海外之船,则当设定一万二千吨级、二万四千吨级、三万六千吨级为基准。于是今日以万计之内河船及渔艇来往中国各江、各湖、各海岸者,将为基准划一,可使费少、功多、较新、较廉之船只所代矣。

第四计划

在吾第一、第三两计划,吾已详写吾西南铁路系统、西北铁路系统两规划矣。前者以移民于蒙古、新疆之广大无人境地,消纳长江及沿海充盈之人口为目的,而又以开发北方大港;后者则所以开中国西南部之矿产富源,又以开发广州之南方大港也。此外仍须有铁路多条,以使全国得相当之开发。故于此第四计划,吾将于《国际共同发展计划》绪论中所拟十万英里之铁路细加说明,其目如下:

(一)中央铁路系统。

(二)东南铁路系统。

(三)东北铁路系统。

(四)扩张西北铁路系统。

（五）高原铁路系统。

（六）创立机关车、客货车制造厂。

第一部 中央铁路系统

此系统将为中国铁路系统中最重要者，其效能所及之地区，遍包长江以北之中国本部，及蒙古、新疆之一部。论此广大地域之经济的性质，则其东南一部人口甚密，西北则疏；东南大有矿产之富，而西北则有潜在地中之农业富源。所以此系统中每一线，皆能保其能有利如京奉路也。

以此北方、东方两大港为此系统诸路之终点故，吾拟除本区现有及已计划各线之外，建筑下列各线，合而成为中央铁路系统：

天 东方大港塔城线。

地 东方大港库伦线。

玄 东方大港乌里雅苏台线。

黄 南京洛阳线。

宇 南京汉口线。

宙 西安大同线。

洪 西安宁夏线。

荒 西安汉口线。

日 西安重庆线。

月 兰州重庆线。

盈 安西州于阗线。

昃 婼羌库尔勒线。

辰 北方大港哈密线。

宿 北方大港西安线。

列 北方大港汉口线。

张 黄河港汉口线。

寒 芝罘汉口线。

来　海州济南线。

暑　海州汉口线。

往　海州南京线。

秋　新洋港汉口线。

收　吕四港南京线。

冬　海岸线。

藏　霍山嘉兴线。

天　东方大港塔城线

此线起自东方大港之海边,向西北直走,至与俄国交界之塔城为止,全长约三千英里。如使以上海为东方大港,则沪宁铁路即成为此路之首一段。但若择用乍浦,则此线应沿太湖之西南岸,经湖州、长兴、溧阳,以至南京。于是在南京之南,渡长江,至全椒及定远。此时线转而西,经寿州及颍上,于新蔡入河南界。在确山,横截京汉线后,过泌阳、唐县、邓州,转而西北,至淅川及荆紫关,入陕西界。溯丹江谷地而上,通过龙驹寨及商州,度蓝关至蓝田及西安。西安者,陕西之省城,中国之古都也。由西安循渭河而西行,过盩厔、郿县、宝鸡,于三岔入甘肃界。进向秦州、巩昌、狄道,及于甘肃省城之兰州。自兰州从昔日通路,以至凉州、甘州、肃州、玉门及安西州。由此西北行,横绝沙漠以至哈密。自哈密转而西,达土鲁番。在土鲁番,与西北铁路系统之线会,即用其线路轨,以至迪化及绥来。自绥来与该线分离,直向边界上之塔城,途中切断齐尔山而过。此线自中国之一端至于他一端,全长三千英里,仅经过四山脉。而此四山脉皆非不可逾越者,由其自未有历史以前已成为亚洲贸易路一事,可以知之矣。

地　东方大港库伦线

此线自东方大港起,即用天线路轨迄于定远。定远即在南京渡江后第二城也。自定远起,始自建其路轨,进向西北,达于淮河上之怀远。于是历蒙城、涡阳及亳州,更转移北,过安徽界,入河南,经归德,又出河南界,入山东界。于是经曹县、定陶、曹州,渡黄河,入直隶界。通过开州，再入河南，至于彰德。自彰德循清漳河谷地西北走，出河南界，入山西界。于是本线通过山西省大煤铁矿田之东北隅矣。既入山西，仍遵此谷地，至辽州及仪城，越分水界，入洞涡水谷地，至榆次及太原。自太原西北进，入山西省之别一煤铁矿区，至于岢岚。又转而西，至保德，于此渡黄河，至府谷，陕西省之东北隅也。此线自府谷北行，截开万里长城，入绥远区，再渡黄河，至萨拉齐。由萨拉齐起西北行，截过此大平原，至西北干路之甲接合点。在此处与多伦诺尔、库伦间之公线合，以至库伦。此线自中国中部人口最密之地，通至中部蒙古土沃人稀之广大地域。其自定远至甲接合点之间，约长一千三百英里。

玄　东方大港乌里雅苏台线

自东方大港，因用天线路轨，至于定远；再用地线路轨，至于亳州。由亳州起，分支自筑路轨，西向行越安徽省界，至河南之鹿邑。自此处转向西北，逾太康、通许，以及中牟。在中牟与海兰线相会，并行至于郑州、荥阳、汜水。在汜水渡过黄河，至温县。又在怀庆出河南界，入山西界。于是乃过阳城、沁水、浮山，以至平阳。在平阳渡汾水，至蒲县、大宁。转而西，至省界，再渡黄河，入陕西境。于是进至延长，遵延水流域，以至于延安、小关、靖边，然后循长城之南边，以入甘肃。又渡黄河，至宁夏。自宁夏而西北，过贺兰山脉，至沙漠缘端之定远营。于此取一直线向西北走，直至西北铁路系统之乙接合点，与此系统合一线以至乌里雅苏台。此线所经之沙漠及草地之部分，均可以以灌溉工事改善之。其自亳州至乙接合点之距离，为一千八百英里。

黄　南京洛阳线

此线走于中国两古都之间，通过烟户极稠、地质极肥之乡落，又于洛阳一端触及极丰富之矿田。此线自南京起，走于天、地两线公共路轨之上，自怀远起始分支西行，至太和。既过太和，乃逾安徽界，入河南界。又沿大沙河之左岸，至周家口，此一大商业市镇也。自周家口进至于临颍，与京汉线交。更进至襄城、禹州，则河南省大煤矿田所在地也。自禹州而往,过嵩山分水界,以逮洛阳,与自东徂西之海兰线相会。此线自怀远至洛阳,凡三百英里。

宇　南京汉口线

此线应循扬子江左岸而行,以一支线与九江联络。自南京对岸起西南行,至和州、无为州及安庆。安庆者,安徽省城也。自安庆起,仍循同一方向至宿松、黄梅。自黄梅别开一支线,至小池口,渡扬子江,以达九江。本线则自黄梅转而西至广济,又转而西北至蕲水,卒西向以至汉口,距离约三百五十英里,而所走之路平坦较多。

宙　西安大同线

此线自西安起,北行至于三原、耀州、同官、宜君、中部、甘泉,以至延安,与东方大港乌里雅苏台线相会。自延安起转而东北,至于绥德、米脂及黄河右岸之葭州,即循此岸而行,至蔚汾河与黄河汇流处(在对岸)。渡黄河至蔚汾河谷地,循之以至兴县、岢岚,在岢岚与东方大港库伦线相交。过岢岚,至五寨及羊房。在羊房截长城而过,至朔州,乃至大同,与京绥线相会。此线约长六百英里。经过陕西有名之煤油矿,又过山西西北煤田之北境,其在终点大同与京绥线合。借大同至张家口一段之助,可与将来西北系统中联络张家口与多伦诺尔之一线相属。

洪　西安宁夏线

此线应自西安起,西北向行,至泾阳县、淳化、三水(今改称栒邑)。过三水后,出陕西界,入甘肃界,于正宁转而西,至宁州。自宁州始入环河谷地,循其左岸,上至庆阳府及环县。乃离河岸,经清平、平远后,与环河相会。仍循该谷地,上至分水界。过分水界后,至灵州,渡黄河至宁夏。此线长约四百英里,经过矿产及石油最富之地区。

荒　西安汉口线

此线联络黄河流域最富饶一部与中部长江流域最富饶一部之一重要线路。此线自西安起,用天线路轨,过秦岭,进至丹江谷地。直至淅川,始分线南行,过省界,至湖北。循汉水左岸,经老河口,以至襄阳对岸之樊城。由樊城仍循此岸以至安陆，由此以一直线东南至汉川及汉口。全线约长三百英里。

日　西安重庆线

此线自西安起，直向南行，度秦岭，入汉水谷地。经宁陕、石泉、紫阳，进入任河谷地，逾陕西之南界，于大竹河入四川界。于是逾大巴山之分水界，以入太平河谷地。循此谷地而下，至绥定及渠县，乃转入此谷地之左边，至于邻水。又循商路，以至江北及重庆。此线全长约四百五十英里，经由极多产物之地区及富于材木之地。

月　兰州重庆线

此线从兰州起西南行，用天线之线路，直至狄道为止。由此分支进入洮河谷地，过岷山分水界，入黑水谷地沿之而下，至于阶州及碧口。自碧口而降，出甘肃界，入四川界，进逮昭化黑水河，即在昭化与嘉陵江合。自昭化起，即顺嘉陵江，降至保宁、顺庆、合州以及重庆。此线约长六百英里，经过物产极多、矿山极富之地区。

盈　安西州于阗线

此线贯通于戈壁沙漠与阿勒腾塔格岭中间一带肥沃之地。虽此一带地方，本为无数山间小河所灌溉，润泽无缺，而人口尚极萧条，则交通方法缺乏之所致也。此线完成之后，此一带地方必为中国殖民最有价值之处。此线起自安西州，西行至敦煌，循罗布泊沼地之南缘端，以至婼羌。自婼羌仍用同一方向，经车城，以至于阗，与西北系统线之终点相接。借此系统之助，得一东方大港与中国极西端之喀什噶尔直接相通之线。自安西州以至于阗，长约八百英里。

昃　婼羌库尔勒线

此线沿塔里木河之下游，截过沙漠，其线路两旁之地给水丰足，铁路一旦完成，即为殖民上最有价值之地。本线长约二百五十英里，与走于沙漠北缘端之线相联属。沙漠两边肥饶土地之间，此为捷径。

辰 北方大港哈密线

此线自北方大港西北行，经宝坻、香河，以至北京。由北京起即用京张路轨，以至张家口，由此以进入蒙古高原。于是循用商队通路，向西北行，以至陈台、布鲁台、哲斯、托里布拉克。自托里布拉克向西，取一直线，横度内外蒙古之平原及沙漠，以至哈密，以与东方大港塔城线相联络。而该线则直通于西方新疆首府之迪化。故此线，即为迪化城与北京及北方大港之直通线。此线长约一千五百英里，其中有大部分走于可耕地之上。然则其完成之后，必为殖民上最有价值之铁路矣。

宿 北方大港西安线

此线自北方大港西行，至于天津。由该处西行，经过静海、大城，以至河间。由河间更偏西行，至于深泽、无极，又与京汉线交于正定，即于此处与正太线相接。自正定起，即用正太线路。但该线之窄轨，应重新建筑，改为标准轨阔，此所以便于太原以往之通车也。自太原起，此线向西南行，经交城、文水、汾州、隰州，以至大宁。由大宁转而西行，渡黄河。又西南行，至宜川、洛川、中部。在中部，与西安大同线相会，即用其路线以达西安。此线长约七百英里。其所经者，则农产物极多之地区，又煤、铁、石油丰富广大之矿田也。

列 北方大港汉口线

此线自北方大港起，循海岸而行，至北塘、大沽、岐口，又至盐山，出直隶界，入山东界于乐陵。自乐陵而往，经德平、临邑，至禹城，与津浦线相交，进至东昌、范县，于是渡黄河，至曹州。既过曹州，出山东界，入河南界，与海兰线相交，至睢州。由此进至太康，与玄线相交，经陈州及周家口，与黄线相交，又至项城、新蔡、光州及光山。既过光山，逾分界岭，入湖北境，经黄安，至汉口。此线长约七百英里，自北方大港以至中国中部之商业中心。

张 黄河港汉口线

此线自黄河港起，西南行，至于博兴、新城、长山。乃与胶济线相交，至博山。上至分水界，入于汶河谷地，至泰安。与津浦线相交,又至宁阳及济宁。自济宁而进,以一直线向西南,至安徽之亳州、河南之新蔡。自新蔡起,与北方大港汉口线合,以至汉口。自黄河港至新蔡,约四百英里。

寒 芝罘汉口线

此线起于山东半岛北边之芝罘,即横断此半岛,经过莱阳、金家口,以至于其南边之即墨。由即墨起,向西南,过胶州湾顶之洼泥地,作一直线,至于诸城。既过诸城,越分水界以入沭河谷地,至莒州及沂州,进至徐州,与津浦海兰线相会。自徐州起,即用津浦路轨,直至安徽之宿州。乃分路至蒙城、颍州,过省界,入河南光州,即于此处与北方大港汉口线相会,由之以至汉口。此线自芝罘至光州,长约五百五十英里。

来 海州济南线

此线发海州,循临洪河至欢墩埠,转西向,至临沂。由临沂始转北向,次西北向,经蒙阴、新泰,至泰安。在泰安与津浦线会合,取同一轨道,而至济南。此线自海州至泰安,长约一百一十英里,经过山东南部之煤铁矿场。

暑 海州汉口线

此线自海州出发,西南行,至沭阳与宿迁,或与现在海兰线之预定线路相同。自宿迁而往,经泗州、怀远,与东方大港库伦线及乌里雅苏台线相交。既过怀远,乃向寿州及正阳关,即循同一方向,横过河南省之东南角及湖北之分界岭,过麻城,至汉口。长约四百英里。

往 海州南京线

此线从海州向南至安东,稍南至淮安。既过淮安,渡宝应湖(此湖应按第二计划第四部整治淮河,施以填筑),经天长、六合,以至南京。全长一百八十英里。

秋 新洋港汉口线

此线自新洋港而起,至于盐城,过大纵湖(此亦应填筑),至淮安。自淮安转向西南,渡过洪泽湖之东南角(此湖仍应填筑),至安徽之盱眙。既过盱眙,在明光附近与津浦线相交,又至定远,与地、玄两线相会。过定远后,进至六安、霍山,逾湖北之分界岭,过罗田,以至汉口。全长约四百二十英里。

收 吕四港南京线

此线由吕四港而起。吕四港者,将来于扬子江口北端尽处应建之渔业港也。自吕四港起西行,至于通州。转西北行,至如皋。又西行至泰州、扬州、六合、南京。全长约二百英里。

冬 海岸线

此线自北方大港起,循北方大港汉口线,至于岐口。始自开线路,密接海岸以行,过直隶界,至山东之黄河港,进至于莱州。自莱州离海岸,画一直线,至招远及芝罘,以避烟潍铁路之计划线。由芝罘转而东南,经过宁海及文登。自文登引一支线至荣城,又一线至石岛,其本线转而西南,至海阳及金家口,与芝罘汉口线合。循之直至于胶州湾之西端,折而南至灵山卫。自灵山卫转而西南,循海岸至日照,过山东界,入江苏省,经赣榆,至海州。于是向西南,进至盐城、东台、通州、海门,以达于崇明岛。此岛以扬子江之治水堤之故,将与大陆联为一气矣。其自崇明赴上海,可用渡船载列车而过。此自岐口迄崇明之线,约长一千英里。

藏 霍山芜湖苏州嘉兴线

此线自霍山起,至舒城及无为,乃过扬子江,至芜湖。又过高淳、溧阳、宜兴,过太湖之北端(将来填筑),至苏州,与沪宁线会。过苏州后,转而南,至沪杭线上之嘉兴。此线走过皖、苏两省富庶之区,长三百英里,将成为上海、汉口间之直接路线之大部分。

中央铁路系统各线,全长统共约一万六千六百英里。

第二部 东南铁路系统

本系统纵横布列于一不规则三角形之上。此三角形以东方大港与广州间之海岸线为底,以扬子江重庆至上海一段为一边,更以经由湖南之广州重庆甲线为第二边,而以重庆为之顶点。此三角形全包有浙江、福建、江西三省，并及江苏、安徽、湖北、湖南、广东之各一部。此地富有农矿物产，而煤铁尤多，随在有之，且全区人口甚密，故其建铁路，必获大利。

以东方大港、南方大港及其间之二三等港，为此铁路之终点，可建筑下列之各线：

天　东方大港重庆线。

地　东方大港广州线。

玄　福州镇江线。

黄　福州武昌线。

宇　福州桂林线。

宙　温州辰州线。

洪　厦门建昌线。

荒　厦门广州线。

日　汕头常德线。

月　南京韶州线。

盈　南京嘉应线。

昃　东方南方两大港间海岸线。

辰　建昌沅州线。

天　东方大港重庆线

此线越扬子江以南，殆以一直线联结中国西方商业中心之重庆与东方大港。此线起于东方大港，至杭州，经临安、昌化，以至安徽省之徽州（歙县）。由徽州进至休宁、祁门，于是越省界，入江西境，过湖口，至九江。自九江起，循扬子江右岸，越湖北界，至兴国州，又进至通山、崇阳。在崇阳逾界至湖南岳州。自岳州起，取一直线，贯洞庭湖（此湖将来进行填塞）至于常德。由常德溯溇水谷地而上，过慈利，再逾省界，入湖北之鹤峰，于是及于施南与利川。在施南应开一支线，向东北界走，至宜昌；在利川应另开一支线，西北行至万县。此宜昌、万县两地，均在长江左岸。自利川而后，入四川界，过石砫，至涪州。遂过乌江，循扬子江右岸而上，至与广州重庆乙线会而后已。此后以同一之桥渡江,至对岸之重庆。连支线,长约一千二百英里。

地 东方大港广州线

此线由一头等海港,以一直线,至他头等海港。自东方大港起,至杭州。折而西南行,遵钱塘江左岸,过富阳、桐庐,至严州及衢州。更进过浙、赣省界,至广信(上饶)。由广信起,经上清、金溪,至建昌,然后进至南丰、广昌、宁都。由宁都而往,至雩都、信丰、龙南。过赣、粤界岭,至长宁(新丰)。于是经从化,以至广州。长约九百英里。

玄 福州镇江线

此线起自福州,经罗源、宁德,以至福安。于是进而逾闽、浙边界,以至泰顺、景宁、云和、处州。于是进经武义、义乌、诸暨,以达杭州。杭州以后经德清及湖州,逾浙江省界,以入江苏,循宜兴、金坛、丹阳之路而进,以至镇江。此线长五百五十英里。

黄 福州武昌线

此线自福州起,沿闽江左岸,过水口及延平,至于邵武。邵武以后过福建界,入于江西,经建昌及抚州,以至省城南昌。由南昌而入湖北之兴国,过之,以至湖北省城武昌。全长约五百五十英里。

宇 福州桂林线

此线自福州起,渡过闽江,进而取永福(永泰)、大田、宁洋、连城一路,以至汀州(长汀)。于是过闽、赣省界,入于瑞金。由瑞金进至雩都、赣州,又进至上犹及崇义。崇义以后,过赣、湘边界,至桂东县(汝城)及郴州,与粤汉线交于郴州,遂至桂阳州。又进至于新田、宁远、道州,与广州重庆甲乙两线相遇。道州以后,转而南,循道江谷地而上,至广西边界,过界直至桂林。此线长约七百五十英里。

宙 温州辰州线

此线由温州新港起,循瓯江左岸而上,至于青田。由青田进向处州及宣平,转而西出浙江省界,入江西之玉山。自玉山经过德兴、乐平,乃沿鄱阳湖之南岸,经余干,至于南昌。由南昌经过瑞州(高安)、上高、万载,逾江西省界,入湖南之浏阳,遂至长沙。由长沙经宁乡、安化,以至辰州,与广州重庆甲线及沙市兴义线会合。长约八百五十英里。

洪　厦门建昌线

此线自厦门新港起,至长泰。溯九龙江而上,至漳平、宁洋、清流及建宁县。自建宁以后,过省界,至江西之建昌,与东方大港广州线、福州武昌线、建昌沅州线相会。此线长约二百五十英里。

荒　厦门广州线

此线自厦门新港起,进至漳州、南靖、下洋。于此出福建界,至广东之大埔。由大埔过松口、嘉应、兴宁、五华。于五华,过韩江及东江之分水界,至龙川。乃遵东江而下,至河源。又过一分水界,至于龙门、增城,以至广州。长约四百英里。

日　汕头常德线

此线自汕头起,进至潮州、嘉应,出广东界,至江西之长宁(寻邬)。自长宁越分水界,入贡江谷地,循之以下,至于会昌、赣州。由赣州以至龙泉(遂川)、永宁(宁冈)、莲花。在莲花逾江西界,入湖南,于是进至株州及长沙。由长沙经过宁乡、益阳,终于常德,与东方大港重庆线及沙市兴义线相会。此线长约六百五十英里。

月　南京韶州线

此线自南京起,循扬子江右岸而上,至于太平、芜湖、铜陵、池州、东流以后,出安徽界,入江西之彭泽,遂至湖口。在湖口与东方大港重庆线会,即用该线之桥,以至鄱阳港。于是沿鄱阳湖之西岸,经过南康(星子)、吴城,以至南昌,与温州辰州线及福州武昌线会于南昌。由南昌溯赣江谷地而上,由临江(江渡)至吉安,与建昌沅州之计划线交于吉安。由吉安至于赣州,复与福州桂林线交焉。于是进向南康县,及南安。南安以后,过大庾岭分界处,入广东之南雄。于是经始兴,至韶州,与粤汉线会。此线长约八百英里。

盈　南京嘉应线

此线自南京起,进至溧水、高淳。于是出江苏界,入安徽之宣城。自宣城进至宁国及徽州(歙县)。徽州以后,出安徽界,入浙江界,经开化、常山及江山。出浙江界,入福建之浦城。自浦城,由建宁(建瓯)以至延平,与福州武昌线交,更过沙县、永安以至宁洋,与福州桂林线及厦门建昌线会。自宁洋复进至龙岩、永定,至松口与厦门广州线合,迄嘉应而止。所经之路约七百五十英里。

昃 东方南方两大港间海岸线

此线自南方大港广州起,与广九铁路采同一方向,行至石龙,乃自择路线,取东江沿岸一路,以至惠州。由惠州经三多祝、海丰、陆丰,转东北行,至揭阳及潮州。潮州以后,经饶平出广东界,入福建之诏安。自诏安经云霄、漳浦、漳州,以及厦门。由厦门,历泉州、兴化,而至福州省城。自福州以后,用与福州镇江线同一之方向抵福安,乃转而东,至福宁,又转而北,至福鼎。过福鼎后,出福建界,入浙江界,经平阳,至温州。于温州渡瓯江,进至乐清、黄岩、台州。又进历宁海,至于宁波,以为终点。即用杭甬铁路,经杭州,以与东方大港相接。此线自广州至宁波,长约一千一百英里。

辰 建昌沅州线

此线自建昌起,行经宜黄、乐安、永丰、吉水,以至吉安,即于该地与南京韶州线相交。由吉安进而及永新、莲花,与汕头常德线会。于是出江西界,入湖南之茶陵,乃经安仁,至衡州,遇粤汉线。于是由衡州更进至宝庆,则与广州重庆甲线交焉。由是西行,至于终点沅州(芷江),与沙市兴义线相遇。此线长约五百五十英里。

东南铁路系统各线,全长统共约九千英里。

第三部 东北铁路系统

此系统包括满洲之全部,与蒙古及直隶省之各一部分,占有面积约五十万英方里,人口约二千五百万。其地域三面为山所围绕,独于南部则开放,直达至辽东海湾。在此三山脉之中,低落成为一广浩肥美之平原,并为三河流所贯注,嫩江位于北,松花江位于东北，辽河位于南。此之境界，中国前时视之，等于荒漠，但自中东铁路成立后，始知其为中国最肥沃之地。此地能以其所产大豆，供给日本全国与中国一部分为食料之用。此种大豆为奇美物品，在植物中含有最富蛋白质之物，早为中国人所发明；经用以代肉品，不下数千年。由此种大豆可以提出一种豆浆，其质等于牛奶，复由此种豆奶制成各种食品，此种食品为近代化学家所证明，其涵肉质比肉类尤为丰富；而中国人与日本人用之以当肉与奶用者，已不知其始自何时矣。近来欧美各国政府之粮食管理官，对于此项用以代肉之物品，甚为注意。所以此种大豆之输出于欧美者，亦日见增加。由此观之，满洲平原确可称为世界供给大豆之产地。除此大豆以外，此平原并产各种谷类极多，就麦一类言之，已足供西伯利亚东部需用。至于满洲之山岭，森林、矿产素称最富，金矿之发见于各地者亦称最旺。

敷设铁路于此境域，经已证明其为最有利益之事业。现已成立之铁路贯通于此富饶区域者，已有三干线。如京奉线，为在中国之最旺铁路；日本之南满铁路，亦为获利最厚路线；中东铁路，又为西伯利亚系统之最旺部分。除此以外，尚有数线为日本人所计划经营。如欲依次发展此之富庶区域，即应敷设一网式铁路，乃足敷用也。

在未论及此网式铁路之各支线以前，吾意以为当先设立一铁路中区，犹蜘蛛巢之于蜘蛛网也。吾且名此铁路中区曰“东镇”。此东镇当设立于嫩江与松花江合流处之西南，约距哈尔滨之西南偏一百英里，将来必成为一最有利益之位置。此之新镇，不独可为铁路系统之中心，至当辽河、松花江间之运河成立后，且可成为水陆交通之要地。

既以此计划之新市镇“东镇”为中区，吾拟建筑如下之各线：

天　东镇葫芦岛线。

地　东镇北方大港线。

玄　东镇多伦线。

黄　东镇克鲁伦线。

宇　东镇漠河线。

宙　东镇科尔芬线。

洪　东镇饶河线。

荒　东镇延吉线。

日　东镇长白线。

月　葫芦岛热河北京线。

盈　葫芦岛克鲁伦线。

昃　葫芦岛呼伦线。

辰　葫芦岛安东线。

宿　漠河绥远线。

列　呼玛室韦线。

张　乌苏里图们鸭绿沿海线。

寒　临江多伦线。

来　节克多博依兰线。

暑　依兰吉林线。

往　吉林多伦线。

天　东镇葫芦岛线

此是由计划中之满洲铁路中区分出之第一线。比较其他直达辽东半岛之不冰口岸之二线为短，路线与南满铁路平行。在两线之北部末尾，相距约八十英里。依据与俄前政府所订原约，不能在南满铁路百里以内建筑并行路线，但当施行国际发展计划，为共同利益起见，此等约束必须废除。此线起自东镇，向南延进，经过满洲大平原，由长岭、双山、辽源、康平而至新民，成为一直线，约有二百七十英里之长。过新民后，即与京奉铁路合轨，约行一百三十英里之长，即至葫芦岛。

地 东镇北方大港线

此是由铁路中区直达不冰之深水港之第二线。起自东镇，向西南方延进，经过广安于东镇与西辽河间之中道。在未到西辽河以前，先须经过无数小村落。当经过辽河之后，即进入热河区域之多山境界。经过一谷地至阜新县城，再经过分水界，进入大凌河谷地。当经过大凌河谷地之后，此线即由此河之支流，再经一分水界而入于滦河谷地。然后通过万里长城，取道永平与乐亭，而至北方大港。此线共长约五百五十英里，前半截所经过者是平地，后半截所经过者是山区。

玄 东镇多伦线

此是由铁路中区分出之第三线。向西方直走，经过平原，至洮南。由此横过日本之计划瑷珲热河线，并与长春洮南及郑家屯洮南两计划路线之终点相合。经过洮南后，此线即沿大兴安岭山脉东南方之山脚转向南走，在此一带山脉，发见有最丰盛之森林与富饶之矿产。然后经过上辽河谷地，此谷地即由在北之大兴安岭与在南之热河山所成。再通过林西与经棚等市镇，至多伦，于是由此处与西北铁路系统之干线相合。此线长约有四百八十英里，大半皆在平地。

黄 东镇克鲁伦线

此由东镇铁路中区分出之第四线。向西北方走，几与中东路之哈尔滨满洲里线平行。两线相隔之距离，由一百英里至一百三十英里不等。此线由嫩江与松花江合流处之东镇北部起，复向西渡嫩江，至大赉，转西北向，横过平原，进入奎勒河之北支流谷地。当进入此谷地后，即沿此河流直上至河源处，然后横过大兴安岭分水界，进入蒙古平原。于是从哈尔哈河之右岸至贝尔池北之末端，由彼处转向西走，至克鲁伦河，即循克鲁伦河南岸至克鲁伦。此线约共长六百三十英里。

宇 东镇漠河线

此是由铁路中区发出之第五线。起自嫩江与松花江合流处之北部,向西北行,横过满洲平原之北端,至齐齐哈尔。在齐齐哈尔与计划之锦瑷线相会,同向西北方,沿嫩江左岸走,至嫩江,而后彼此分路。于是再向西北走,进入嫩江上流谷地,至发源处再横过大兴安岭山脉之北部末尾处至漠河,在漠河与多伦漠河线之末站相会。此线约长六百英里。全线首之四分一行经平原,其次之四分一沿嫩江下流走。第三之四分一行经上流谷地。第四之四分一截经山岭,是为金矿产地,但天然险阻亦意中事也。

宙 东镇科尔芬线

此是由铁路中区分出之第六线。起至嫩江与松花江合流处之北边,向平原前行,经肇东、青冈等城镇。到青冈后,渡通肯河,至海伦。然后上通肯河谷地,横过小兴安岭分水界,由此即向下进入科尔芬谷地。经车陆前行,至科尔分,即黑龙江之右岸也。此线共长约三百五十英里,三分二为平地,三分一为山地。此为由东镇至黑龙江之最短线,黑龙江之对岸即俄境也。

洪 东镇饶河线

此是由铁路中区分出之第七线。起自嫩江、松花江合流处之北边,经肇州,绕松花江左岸行经平原,而后再横过中东铁路,渡呼兰河,而至呼兰。过呼兰后,向巴彦、木兰、通河等地方前进,再渡松花江至三姓,即今名依兰地方也。于是向前进入倭肯河谷地,过分水界,经七星碣子与大锅盖等地方,进入饶河谷地。于是沿此河边经过无数村落市镇,始至饶河县,以饶河与乌苏里江合流处为终点。此线之距离约有五百英里,所经之处皆为肥美土地。

荒 东镇延吉线

此是第八线,由铁路中区分出。起自嫩江、松花江会流处之东边,循松花江右岸,向东南方前行,至扶余(又名伯都讷),并经过此江边之镇甚多。至横过哈尔滨大连铁路后,即转向东行,至榆树与五常等地方。到五常后,此线转偏南行,向丰德栈前进,而后依同一方向至额穆。于是由额穆渡牡丹江,然后向凉水泉与石头河前行,至此即与日本会宁吉林线合轨,直达于延吉。此线约共长三百三十英里，经过各农产与矿产极丰富之地方。

日 东镇长白线

此是由铁路中区分出之第九线。起自嫩江、松花江相会处之南部，向东南方走，横过平原，至农安。渡伊通河，相继向同一方进行，经过此河之各支流，至九台站。复由此与长春吉林线合轨，直行至吉林。迨至吉林后，则由其本路循松花江右岸，向东南行至拉法河合流处。即沿松花江河岸转南行，至桦甸。即再由此溯流而上，至头道沟，直达抚松。即转东南行，进入松香河谷地。再溯流前行，经长白山分水界，绕天池湖边南部，然后转向循暖江至长白，即近高丽边界地方也。此线之距离约共三百三十英里。最后之一部分，当经过长白分水界时，须历许多困难崎岖之地。

月 葫芦岛热河北京线

由此吾将从而另为计划东北铁路系统之一新组，此组以辽东半岛之不冰口岸葫芦岛为总站。此第一线起自葫芦岛，向西方走进沙河谷地，至新台边门。于是行过海亭、犊牛营子、三十家子之多山境界，至平泉。复依同一方向直达热河（又名承德）。到热河后，由旧官路至滦平，然后转西南向至古北口，通过万里长城，由彼处循通路经密云与顺义，至北京。此线之距离约有二百七十英里。

盈 葫芦岛克鲁伦线

此是由葫芦岛分出之第二线。起自葫芦岛口岸，向北直走，经建平与赤峰。行过热河之多山地域后，此线循通道而行，过辽河谷地上部，至间场、西图、大金沟与林西等地方。到林西即进至陆家窝谷地，即由甘珠庙、右府迹，经过大兴安岭极南之分水界。然后再进至巴原布拉克、乌尼克特及欢布库列，由此即与多伦克鲁伦线合轨，直达克鲁伦。此线以达至欢布库列计之，约长四百五十英里，经过丰富之矿产、木材、农业等地方。

昃 葫芦岛呼伦线

此是由葫芦岛分出之第三线。取道锦州，循大凌河右边直走至义州，由此渡大凌河，至清河边门与阜新。到阜新后，此线即向北直行至绥东，由此渡西辽河至开鲁，再由大鱼湖与小鱼湖之间直达合板与突泉。然后横过大兴安岭，进入阿满谷地，沿河流直达呼伦。此线长约六百英里，所经过地方皆富于矿产与农业，并有未开发之森林。

辰　葫芦岛安东线

此第四线，自葫芦岛起，向东北方走，循计划中之辽河葫芦岛运河边直上，而后转东南行至牛庄与海城，由此再转东南行至析木城，于是与安东奉天线合轨，直达近高丽境界之安东。此线约长二百二十英里。此线与葫芦岛热河北京线连合，则成为一由安东以外之高丽至北京之至直捷之线矣。

宿　漠河绥远线

此是别一组铁路系统中之第一线，吾且进而论之。此等为环形线，以东镇中区为轴，成二半圆形，一内一外。此之漠河绥远线，起自漠河，沿黑龙江边前进至乌苏里、额木尔苹果、奎库堪、安罗、倭西们等地。过彼处后，此后转折南流，故此线亦循之至安干、察哈颜、望安达、呼玛等处。于是再由呼玛前行，至锡尔根奇、奇拉、满洲屯、黑河、瑷珲，在瑷珲乃与锦瑷线之终点相会。过瑷珲后，此线即渐转而东向，直达霍尔木勒津、奇克勒与科尔芬等处，在科尔芬与东镇科尔芬线相会。然后由彼处再进至乌云、佛山与萝北，由萝北直至同江，此即黑龙江与松花江会流之点也。此线即由此处渡松花江，抵同江。再由此向街津口额图前行，至绥远，即黑龙江与乌苏里河之合流处也。此线长约有九百英里，至所经之地方，皆系金矿产地。

列　呼玛室韦线

此本是漠河绥远线之支线。起自呼玛，循库玛尔河，经过大砬子与瓦巴拉沟等金矿。然后溯库玛尔而上，向西行，又西南偏至此河之北源。遂由彼处过分水界，进入哈拉尔谷地，于是由此谷地上达室韦。此线约长三百二十英里，经过极丰富之金矿地方。

张　乌苏里图们鸭绿沿海线

此是外半圆形之第二线。由绥远起与第一线相续，沿乌苏里江前行，经过高兰、富有、民康等处，至饶河，于是此线与东镇饶河线之末站相会。由饶河起南行，则与在乌苏里江东边之俄乌铁路成平行线，直达虎林而止。到虎林后即离俄罗斯线，转向西方，循穆陵河至兴凯湖之西北角之密山县。由此再至平安镇，转南向，循国界在小绥芬车站横过哈尔滨、海参崴线，直至东宁。到东宁后相继南向，循国界而行，至五道沟与四道沟间之交点。然后转而西行，至珲春，再西北走至延吉，于是与日本之会宁吉林线相会。由延吉循日本线至和龙，离日本线由图们江左岸向西南走，经过分水界，进入鸭绿谷地，即在此处与东镇长白线相会。过长白后即转西向，又西北偏，沿鸭绿江右岸至临江。彼时又复西南偏，仍沿鸭绿江右岸前行，至辑安县。再相继依同一方向，沿鸭绿江右岸直达安东，由此即与安东奉天铁路相会。过安东后，向鸭绿江口之大东沟前走，循此海岸线至大孤山与庄河等处。然后转而西向，经平西屯、房店，至吴家屯，与南满铁路相会。此线之距离约有一千一百英里，自头至尾皆依满洲东南之国界而行也。

寒　临江多伦线

此是东镇铁路中区外半圆之第三线，与在中区南部分出之支线相接。此线起自临江，即鸭绿江之西南转弯处也。由此处向多山地域前进，经过通化、兴京与抚顺等地方，至奉天，横过南满铁路。于是此线由奉天与京奉线合轨，直达新民。由此横过东镇葫芦岛线，转向西北走，经过新立屯，至阜新。过阜新后，此线进入辽河谷地上部之山地，直向赤峰前行，经过无数小村落与帐幕地，皆大牧场也。此线由赤峰再前行，经三座店、公主陵、大碾子等处，通过银河谷地至发木谷，然后循吐根河至多伦诺尔。此线长五百英里。

来　节克多博依兰线

此是内半圆形之第一线，与东镇铁路中区之东北方所分出之各支线相连。起自黑龙江上游之节克多博，向东前行，又东南偏，经过大兴安岭山脉之谷地、山地数处，即至嫩江。过嫩江后，渐转南向至克山，由彼处再至海伦，然后渡松花江至三姓，即依兰也。此线长约七百英里，经过农业与金矿地方。

暑　依兰吉林线

此是内半圆之第二线。起自依兰，向西南方，沿牡丹江右岸前行，经过头站、二站、三站、四站，至城子，即由此处横过哈尔滨、海参崴线。于是由牡丹江右岸渡至左岸，直往宁古塔。过宁古塔后，复向西方前行，经过瓮城、蓝旗站、搭拉站与凤凰店，至额穆。于此与日本之会宁吉林线相合，向西前行，至吉林。此线所行之长度约二百英里，经过牡丹江之肥美谷地。

往　吉林多伦线

此是在东镇铁路系统中内半圆形之第三线。起自吉林，循旧通路西行至长春，于是在此与中东铁路北来之线及日本南满铁路南来之线之两末站相会。过长春后，即横过平原，至双山，又在此与东镇葫芦岛线及日本之四平街郑家屯洮南线相会。再由双山渡辽河，至辽源，复由彼处行经一大平原，经过东镇北方大港线，直达绥东，与葫芦岛呼伦线相会。过绥东后，循辽河谷地上行，先横过葫芦岛克鲁伦线，然后过分水界至多伦，是为终站。此线所经之远度约有五百英里。

由以上所举，方能完成吾计划中东北铁路之蜘蛛网系统。就全系统路线之长言之，其总数约有九千英里。

第四部　扩张西北铁路系统

西北铁路系统包有蒙古、新疆与甘肃一部分之地域，面积约有一百七十万英方里。此幅土地，大于阿根廷共和国约六十万英方里。阿根廷为供给世界肉类之最大出产地，而蒙古牧场尚未开发，以运输之不便利也。以阿根廷既可代美国而以肉类供给世界，如蒙古地方能得铁路利便，又能以科学之方法改良畜牧，将来必可取阿根廷之地位而代之。此所以在此最大食物之生产地方建筑铁路为最要之图，亦可以救济世界食物之竭乏也。在国际共同发展中国之第一计划中，吾曾提议须敷设七千英里铁路于此境域，以为建筑北方大港之目的，而复可以将中国东南部过密之人民逐渐迁移。但此七千英里之铁路不过为一开拓者，如欲从实际上发展此丰富之境域，铁路必须增筑。故在此扩张西北铁路系统之计划中，吾提议建筑下列之各线：

天　多伦恰克图线。

地　张家口库伦乌梁海线。

玄　绥远乌里雅苏台科布多线。

黄　靖边乌梁海线。

宇　肃州科布多线。

宙　西北边界线。

洪　迪化乌兰固穆线。

荒　戛什温乌梁海线。

日　乌里雅苏台恰克图线。

月　镇西库伦线。

盈　肃州库伦线。

昃　沙漠联站克鲁伦线。

辰　格合克鲁伦节克多博线。

宿　五原洮南线。

列　五原多伦线。

张　焉耆伊犁线。

寒　伊犁和阗线。

来　镇西喀什噶尔线。

天　多伦恰克图线

此线起自多伦，向西北方前行，循驿路横过大牧场，至喀特尔呼、阔多、苏叠图等处。过苏叠图后，此线即横过界线至外蒙古，依同一路线至霍申屯、鲁库车鲁、杨图等地方。由彼处渡克鲁伦河，至额都根、霍勒阔，进入山地。于是即横过克鲁伦河分水界与赤奎河分水界，克鲁伦分水界之水则流入黑龙江而至太平洋，赤奎河分水界之水则流入贝加尔湖，再由彼处至北冰洋。过克奎河分水界后，此路即循赤奎河之支派，至恰克图。其线长约八百英里。

地　张家口库伦乌梁海线

此线起自万里长城之张家口，向西北前进高原，横过山脉，进入蒙古大草场，走向明安、博罗里治、乌得与格合，即横过多伦迪化干线。过格合后，此线前行经过穆布伦之广大肥沃牧场，然后依直线再前行，经穆克图、那赖哈、库伦。由库伦此线即进入山地，横过色楞格谷地，至一地点，在库苏古尔泊南部末端之对面。然后再转北向，横过山脉，从库苏古尔之南岸之哈特呼尔。过哈特呼尔后，此线绕库苏古尔泊边走约一短距离，即再转西北向，又西偏循乌鲁克穆河岸，至近国界之出口点。复转西南向，直上克穆赤克谷地，至其发源处，通过巴阔洼，直达中俄国境交界处而止。此线之距离约有一千七百英里。

玄　绥远乌里雅苏台科布多线

此线起自绥远，近于山西省之西北角地方，向西北方前进，经过山地进入蒙古牧场托里布拉克，于是横过北方大港哈密线与北方大港库伦线。过托里布拉克后，此线由同一方向依直线前行，通过匝门苏治，至土谢图省会。由彼处仍依直线向西北走，至霍勒特，再循商路至郭里得果勒。此线即转西向，再西北向前行，通过河流、谷地数处与小市镇，即至乌里雅苏台，于是在乌里雅苏台横过北方大港与乌鲁木齐线之第二联站边界支线。过乌里雅苏台后，此线即依商路向西方前行，通过呼都克卒尔、巴尔淖尔与匝哈布鲁等处，至科布多。彼时此线转西北向，至欢戛喀图与列盖等处，即复西走至别留，以国界为终点。此线约长一千五百英里。

黄　靖边乌梁海线

此线起自靖边，即在陕西北界与万里长城相接地方也。此线向鄂尔多斯乡落前行，经波罗波勒格孙、鄂托、臣浊等处，然后过黄河至三道河。由三道河再前行，过哈那那林、乌拉岭，即进入在西北方之蒙古大草场，直至古尔斑、昔哈特，在此即经过北京哈密线。然后至乌尼格图、恩京，由恩京即经过北方大港乌鲁木齐线。过恩京后，此线进入谷地与分水界地，向北前行，至西库伦。于是再转西北行，经过色楞格河流域之各支流与谷地，即抵沙布克台与粗里庙等处。至粗里庙后，再向同一方向前行，渡色楞格河，沿其支流帖里吉尔穆连河，至发源处，经过流入帖里淖尔湖之分水界。然后沿此湖之出口，至乌鲁克穆河，即与张家口库伦乌梁海线相合，此即终点也。此线之长约有一千二百英里。

宇　肃州科布多线

此线起自肃州，向西北方走，在尖牛贯通万里长城，向煤矿地方前行，即离肃州二百五十里地方也。由彼处即往哈毕尔罕布鲁克与伊哈托里。离伊哈托里不远，此线即经过北京哈密线，然后前行至伯勒台。过此处后，经过一小块沙漠，即至底门赤鲁。当进此多山与下隰之乡落，再前行至戛什温，即横过北方大港乌鲁木齐干线。过戛什温，向倭伦呼都克、塔巴腾与塔普图，即由塔普图与古城科布多通道相合。于是循此路经伯多滚台、苏台，前行至科布多，即此线之末站。约共长七百英里。

宙　西北边界线

此线起自伊犁，循乌鲁木齐伊犁线，至三台，即赛里木湖之东边也。此线由此处向东北自行，沿艾比湖西方，至土斯赛。过土斯赛后，向托里前行，横过中央干线，即北方大港塔城线也。由彼处，此线即往纳木果台与斯托罗盖台，经过最大之森林与最富之煤矿地方。再由斯托罗盖台依通道前行，至承化寺，是阿尔泰省之省会。于是由彼处横过山脉，经乌尔霍盖图山口入至科布多谷地，循科布多河河源至别留，由此与绥远科布多线直达乌列盖。由乌列盖依其本路取道乌松阔勒与乌兰固穆，行至塔布图，于是与他线再合，同行至在唐努乌梁海境内之乌鲁克穆河。然后转东向，沿河流而上，至别开穆与乌鲁河之合流处。即再前行，沿前流依东北方溯源直上至境界，是为终点。此线所经之距离约九百英里。

洪　迪化(又名乌鲁木齐)乌兰固穆线

此线起自迪化,依多伦迪化干线至阜康。然后循其本路向北前进,经自辟川,至霍尔楚台。由此转东北走,经过山地,至开车。然后至土尔扈特,于是横过北方大港乌鲁木齐线之支线第三交点。过土尔扈特后,转北行,经巴戛宁格力谷地,至斯和硕特。然后过帖列克特山口,由彼处即转东北向前行,经过一新耕种地方,即至科布多。再前行经过一肥沃草场,渡数河流,沿经数湖,即至乌兰固穆,在此即与西北边界线相会。此线长约五百五十英里。

荒　戛什温乌梁海线

此线起自戛什温,向东北前行,横过多山与隰地境界,经哈同呼图克与达兰趣律、博尔努鲁。经博尔努鲁后,此线通过匝盆谷地,经呼志尔图与博尔霍,至乌里雅苏台,在此与绥远科布多线及北方大港乌里雅苏台线相会。于是此线向北方前行于一新境地,先经过色楞格河之正源,然后经过帖斯河之正源,当在帖斯河谷地中,此线经过一极大未辟之森林。过此森林后,即转向西北走,经过分水界,进入在唐努乌梁海地方之乌鲁克穆谷地,与西北边界线相会,是为末站。此线共长六百五十英里。

日　乌里雅苏台恰克图线

此线起自乌里雅苏台,依戛什温乌梁海线前行,至色楞格河支流之鄂叠尔河止。然后转而东向,由其本线循鄂叠尔河流域前行而下,横过靖边乌梁海线,至鄂叠尔河与色楞格河合流处而止。于是与张家口库伦乌梁海线合轨,向东方前行颇远,待至彼线转东南向而止。当此线转东北向时,即循色楞格河下至恰克图。此线包有之距离约五百五十英里,经过一肥美谷地。

月　镇西库伦线

此线起自镇西,向东北前行,横过一种植地域,道经图塔古,至苓尔格斜特。于是由乌尔格科特行过肃州科布多线,然后行经戈壁沙漠北边之大草场,至苏治与达阑图鲁。由彼处再向北走,横过北方大港乌里雅苏台线与多伦诺尔乌里雅苏台线,至塔顺呼图克。过此处后,此线即在鄂罗盖地方横过绥远乌里雅苏台线,前行过分水界,进入色楞格河谷地。于是在沙布克台行过靖边乌梁海线,从此即转东向,经过一多山水之境域,至库伦。此线所经之距离约八百英里。

盈　肃州库伦线

此线起自肃州,前行经金塔,至毛目。于是随道河(又名额经纳河)而行,此河可以之灌注沙漠中之沃地。然后乃沿河流域而至一湖,复由彼处行经戈壁沙漠,即与北京哈密线及北方大港乌里雅苏台线之相交处相会,成为一共同联站。过此以后,此线向沙漠与草场前行,经过别一铁路交点,此铁路之交点即由绥远科布多线与靖边乌梁海线所成。于是此线在此处亦成为共同联站。由彼处前行,进入一大草地,经过哈藤与图里克,至三音达赖,于此即横过多伦诺尔乌鲁木齐线。过三音达赖后,此线前行经乌兰和硕与许多市镇营寨,即至库伦。此线包有之距离约七百英里,三分一路经过沙漠,其余三分之二经过低湿草地。

昃　沙漠联站克鲁伦线

此线起自沙漠联站,向东方前行,至一大草地。于是在鄂兰淖尔湖南方横过靖边乌梁海线,由彼处前行,至土谢图汗都会,于此经过绥远科布多线。过土谢图汗都会后,行经大草场,至第一联站。由第一联站即前行至乌兰呼图克与尖顶车,然后横过张家口乌梁海线,至车臣汗。由车臣汗此线向东北循河流域而下,直达克鲁伦城,于此即横过多伦克鲁伦线并与克鲁伦东镇线相会。此线长约八百英里。

辰　格合克鲁伦节克多博线

此线起自格合,此即多伦诺尔乌鲁木齐与张家口库伦乌梁海二线之交点也。由彼处向东北前行,经过大草场,至霍申屯,于是横过多伦恰克图线。过霍申屯后,依同一方向前行,又经过一大草场,至克鲁伦,即由此横过呼伦克鲁伦线。然后依克鲁伦河右岸前行,再渡左岸,经过呼伦池之西北边。过呼伦池后,此线横过中东铁路,渡额尔古纳河。然后沿此河右岸直达节克多博，于是与多伦诺尔漠河与节克多博依兰二线相会，此即此线之末站也。此线包有之距离约六百英里，上半截经过旱地，下半经过湿地。

宿　五原洮南线

此线起自黄河西北边之五原地方，向东北前行，横过晒田、乌拉山与大草地，即抵托里布拉克，于是与北京哈密线、绥远科布多线及北方大港库伦线之三路交点相会。由托里布拉克此线再向同一方向前行，经过草地场，至格合，在此即与多伦乌鲁木齐与北京库伦二线相会，亦即格合克鲁伦线之首站也。过格合后，此线渐转东向，横过多伦恰克图线之中部，至欢布库里，于是在此横过多伦克鲁伦与葫芦岛克鲁伦之二线。由欢布库里此线行经界线之南，即循之行至达克木苏马，于是与多伦漠河线相会。由彼处行向东方，横过兴安岭，至突泉，然后转东南向，至洮南，此即终站也。此线长约九百英里。

列　五原多伦线

此线起自五原，向东北前行，横过晒田、乌拉岭，至茂名安旗，即在此经过北方大港库伦线。然后向一大草场前行，经过绥远科布多线，至邦博图，经过北京哈密线。过邦博图后，此线转而东向前行，经过张家口库伦乌梁海线。然后至多伦，与多伦奉天临江线相合为终站。此线由黄河上游谷地，成一直接路线至肥美之辽河谷地，包有距离约五百英里。

张　焉耆伊犁线

此线起自焉耆（又名喀喇沙），向西北前行，横过山岭，进入伊犁谷地。然后循崆吉斯河向西下行，绕极肥美谷地，至伊宁与绥定（即伊犁城）等，此皆在伊犁地方、近俄罗斯边境之主要城镇也。于是在伊犁与伊犁乌鲁木齐线相合。此线长约四百英里。

寒　伊犁和阗线

此线起自伊犁，向南前行，渡伊犁河，然后东向沿此河左岸而行。初向东南，继向南，行至博尔台。由此即转西南向，进入帖克斯谷地。然后溯帖克斯河而上，至天桥，再上山道。过此山道后，此线转东南向行，绕过一极大煤矿地方，然后再转西南，至札木台，于此即经过吐鲁番喀什噶尔线。由札木台即转南向，行过塔里木谷地北边之最肥美区域，至巴斯团搭格拉克。再向西南行，至和阗。此路经过无数小部落，皆在和阗河之肥沃区域中，此河即流入沙漠。此线在和阗与喀什噶尔于阗线相会。过和阗后，即向此城南方上行至高原，以国界为终站。此线包有距离约七百英里。

来　镇西喀什噶尔线与其支线

此线起自镇西，向西南行，循天山草场，经延安堡、薛家陇与陶赖子，至七个井。然后循天山森林，经过桐窝西盐池与阿朗，至鄯善，由此即经过中央干线。过鄯善后，即循塔里木沙漠北边而行，经鲁克沁与石泉，至河拉，于此横过车城库尔勒线。由河拉前行，循塔里木河流域，经过无数新村落肥美地方与未开发之森林，即至巴斯团塔格拉克。在此横过伊犁和阗线，行经巴楚，至喀什噶尔，在此与乌鲁木齐于阗线相会。过喀什噶尔后，此线即向西北前行至国界，是为终站。至与此线有连续关系者，约有二支线：第一支线，由河拉西南方前行，经沙漠中沃地数处至车城；第二支线，则由巴楚西南方，循叶尔羌河至莎车，然后西南至蒲犁，即近国界地方也。此线与其各支线合计之，约共长一千六百英里。如就此系统全部言之，约共长一万六千英里。

第五部　高原铁路系统

此是吾铁路计划之最后部分，其工程极为繁难，其费用亦甚巨大，而以之比较其他在中国之一切铁路事业，其报酬亦为至微。故此铁路之工程，当他部分铁路未完全成立后，不能兴筑。但待至他部分铁路完全成立，然后兴筑此高原境域之铁路，即使其工程浩大，亦当有良好报酬也。

此之高原境域包括西藏、青海、新疆之一部，与甘肃、四川、云南等地方,面积约一百万英方里。附近之土地,皆有最富之农产与最美之牧场。但此伟大之境域,外国多有未之知者。而中国人则目西藏为西方宝藏,盖因除金产丰富外,尚有他种金属,黄铜尤其特产;故以宝藏之名,加于此世人罕知之境域,洵确当也。当世界贵金属行将用尽时,吾等可于此广大之矿域中求之。故为开矿而建设铁路,为必要之图。吾拟下之各线:

天 拉萨兰州线。

地 拉萨成都线。

玄 拉萨大理车里线。

黄 拉萨提郎宗线。

宇 拉萨亚东线。

宙 拉萨来吉雅令及其支线。

洪 拉萨诺和线。

荒 拉萨于阗线。

日 兰州婼羌线。

月 成都宗札萨克线。

盈 宁远车尔城线。

昃 成都门公线。

辰 成都沅江线。

宿 叙府大理线。

列 叙府孟定线。

张 于阗噶尔渡线。

天 拉萨兰州线

此线与西藏都会相连,为彼境域之中央干线,足称为此系统中之重要路线。沿此线之起点与终点,现已有少数居民,将来可成为一大殖民地,故即当开办之始,或可成为一有价值之路线也。此线起自拉萨,循旧官路向北前行,经达隆,至雅尔,即腾格里池之东南方也。过雅尔后,此线暂转东向,由藏布谷地过分水界,经双竹山口,至潞江谷地。然后转而东向,渡潞江正源,经过数处谷地、河流及山岭，而至扬子江。于是渡扬子江上流正源之金沙江，过苦苦赛尔桥。过此桥后转东南向，又东向通过扬子江谷地，进入黄河谷地。于是由此经过数小村落与帐幕地，进至札陵湖与鄂陵湖间之星宿海。然后东北向，过柴塔木之东南谷地，再转入黄河谷地，即前进经过喀拉普及数小市镇，至丹噶尔（今名湟源，界于甘肃与青海之间）。过丹噶尔后，此线即转东南，循西宁河流之肥美谷地下行，经过西宁、碾伯与数百小市镇、小村落，至兰州。此线行经之距离约一千一百英里。

地　拉萨成都线

此线起自拉萨，东北向，依旧官路前行，经德庆、南摩，至墨竹工卡。然后转东南向，又东北向，至江达。于是由江达转北向，又转东北向前行，经过托拉山，至拉里。过拉里后，此线向东行，经边坝硕督与数小市镇，至洛龙宗。然后由嘉裕桥渡潞江，即转东北向，至恩达与察木多。过察木多后，此线不循东南之官路至巴塘，乃向东北，而循别一商路前行，至四川省西北角之巴戎。由此前行过桥渡金沙江，即札武三土司附近地方也。于是此线转东南向，进入依杵谷地，沿鸦龙江下行，至甘孜。再前进经长葛、英沟，至大金川之倍田，并至小金川之望安。过望安后，此线即横过斑烂山，至灌县，进入成都平原，即由郫县至成都。此线行经之距离约一千英里。

玄　拉萨大理车里线

此线起自拉萨，与拉萨成都线同轨，直行至江达。于是由江达循其本路路轨西南向，沿藏布江支流，至油鲁，即其河支流与正流会合之点也。过油鲁后，即沿藏布江口左岸，经公布什噶城，至底穆昭。由底穆昭离藏布江向东前行，至底穆宗城、遗贡、巴谷、刷宗城。过刷宗城后，此线转东南行至力马，再东行至潞江之门公。于是由门公转南向前行，沿潞江右岸，经菖蒲桶，至丹郛。然后渡潞江，由崖瓦村谷地过分水界，至澜沧江（又名美江），乃渡江至小维西。过小维西后，即沿河边至诚心铜厂。然后离河前行，经河西、洱源、邓州、上关，至大理。由大理南行至下关、凤仪、蒙化，再行至保甸，与澜沧江再会。于是南行,沿江之左岸至车里,为此线之终点。其路线之长约九百英里。

黄　拉萨提郎宗线

此线起自拉萨,向南行,道经德庆,至藏布江。再由藏布江转东向,沿河之左岸,至札噶尔总。渡藏布江至泽当,即南向前行,经吹夹坡郎、满楚纳、塔旺,至提郎宗。再接续前行,至印度之亚三①边界。此线长约二百英里。

宇　拉萨亚东线

此线起自拉萨,西南向,由札什循旧官路,经僵里,至曲水。由曲水过末力桥,渡藏布江南之查戛木,然后至塔马隆、白地、达布隆与浪噶子等地方。过浪噶子后,此线转西向,至翁古、拉萨、沙加等地。于是由沙加离官路再转向西南行,道经孤拉,至亚东,是哲孟雄②边界。此线约长二百五十英里。

宙　拉萨来吉雅令及其支线

此线起自拉萨,向西北行,由札什循旧官路前行,至小德庆。再西行至桑驼骆池,转西南行至那马陵与当多汛,即在拉古地方渡藏布江。过拉古后,此线即转西向,至日喀则城,是为西藏之第二重要市镇。由此依同一方向,向沿藏布江边右岸前行,经过札什冈、朋错岭与拉子等地方。于是由拉子分一支线向西南行,取道胁噶尔、定日,至尼泊尔边界之聂拉木。但其干线则横过藏布江之右边,循官路行,取道那布林格喀,至大屯。由此再分一支线向西南行,至尼泊尔边界。而其干线仍接续西北行,取道塔木札卓山,至噶尔渡。然后向西前行,至萨特来得河之来吉雅令,以印度边界为终点。此线与其二支线合计之,约共长八百五十英里。

洪　拉萨诺和线

此线起自拉萨,与宙线同轨,行至桑驼骆池,始循其本线向西北

---

① 亚三:今译阿萨姆(Assam)。

② 哲孟雄:即今锡金。

前行，至得贞、桑札宗及塔克东。于是由此处进入西藏之金矿最富地方，再经过翁波、都拉克巴、光贵与于喀尔，至诺和，为此线之终点。其距离约长七百英里。

荒　拉萨于阗线

此线起自拉萨，循宙、洪两线之轨道，至腾格里池之西南角。于是由其本轨向西北前行，经隆马绒、特布克托罗海与四、五处小地方，至萨里。过萨里后，此线即通过一大幅无人居之地，至巴喀尔与苏格特。横过山岭，遂由高原而下，经索尔克，至塔里木河流域之雅苏勒公，在此与西北铁路系统之车尔城于阗线合轨，前行至于阗。此线共长约七百英里。

日　兰州婼羌线

此线起自兰州，循拉萨札州线轨道同行，至青海之东南角。于是由其本轨绕青海南岸，至都兰奇特，即由此转西南走，至宗札萨克。由宗札萨克依柴达木低洼地之南边，向西南行，经过屯月、哈罗里与各尔莫，至哈自格尔。过哈自格尔后，此线即转西北向，经拜把水泉、那林租哈，至阿尔善特水泉。然后暂转北向前行，横过山脉，至婼羌，即与安西于阗线及婼羌库尔勒线联合，是为终站。此线约长七百英里。

月　成都宗札萨克线

此线起自成都，循拉萨成都线轨道前行，至灌县。然后由其本轨向北前行，经汶川，至茂州。于是循岷江河流向西北前行，至松潘。过松潘后，即入岷山谷地，经过东丕，至上勒凹。即由此处横过扬子江与黄河间之分水界，再接续前行，至鄂尔吉库舍里。于是由黄河支源西北转至其正流，沿河右边，取道察汉津，至布勒拉察布。渡黄河至旧官路，西北转，与拉萨兰州线合轨前行，直达拉尼巴尔。再转西北向，循其本轨前行，至宗札萨克，与兰州婼羌线相会，是为终站。此线行经之距离约六百五十英里。

盈　宁远车尔城线

此线起自宁远，向西北行，取道怀远镇，至雅江。横过江之右岸,循旧驿路前行,至西俄落,即离江边循驿路至里塘。由里塘仍依同一方向,从别路前行至金沙江左岸之冈沱。再沿此河边前行,至札武三土司,横过拉萨成都线。过札武三土司后,此线仍依同一方向前行,沿金沙江边,取道图登贡巴,至苦苦赛尔桥,即在此横过拉萨兰州线。再循金沙江之北支源至其发源处,过分水界,循骆驼路前行,经沁司坎、阿洛共,至车尔城,是为终站。其距离约长一千三百五十英里,此线为此系统之最长路线。

昃 成都门公线

此线起自成都,向西南行,经双流、新津、名山,至雅州。转西北向,前行至天全。复转西行,至打箭炉、东俄落、里塘等地方。过里塘后,此线向西南行,经过巴塘、宴尔喀罗,至门公①。约共长四百英里,所经过地方皆系山岭。

辰 成都沅江线

此线起自成都,循成都门公线路轨,前行至雅州。然后由其本轨依同一方向,取道荣经,至清溪。过清溪后,此线向南行,经越嶲,至宁远,即于此与宁远车城线之首站相会。过宁远后,即至会理,然后渡金沙江至云南府,与广州大理线相会。于是由云南府循昆明池西边至昆阳,经过新兴、嶍峨,至沅江,与广州思茅线相会,是为终站。其距离约六百英里。

宿 叙府大理线

此线起自叙府,沿扬子江左岸,前行至屏山、雷波。过雷波后,即离此河向西南行,过大梁山,至宁远,即于此横过成都宁远线,并与广州宁远线及宁远车尔城线之首站相会。于是再接续依同一方向前行,横过雅砻江,至盐源、永北。过永北后,此线暂转南向,渡金沙江至宾川,然后至大理,与广州大理线及拉萨大理线相会,是为终站。共长约四百英里。

---

① 门公:即今芒康。

列 叙府孟定线

此线起自叙府,循叙府大理线路轨,直行至雷波。即由扬子江上流名曰金沙江横过,沿此江之上流左岸,至其湾南处,即横过成都沅江线,至元谋。复由元谋前行,至楚雄。横过广州大理线,至景东。复向西南前行,横过澜沧江,至云州。然后转西南向,循潞江支脉至孟定,以边界为终站。此线共长约五百英里。

张 于阗噶尔渡线

此线起自于阗,沿克利雅河,向南行,至波鲁。由波鲁复转西南行,取道阿拉什东郎,至诺和,即与拉萨诺和线之终站相会。过诺和后,即绕诺和湖之东边,至罗多克。复向西南行,沿印度河至碟木绰克。复由碟木绰克东南向,沿印度河上行,至噶尔渡,即于此与拉萨来吉雅令线相会,是为终站。此线长约一千五百英里。

此高原铁路系统,全部共长一万一千英里。

第六部 设机关车、客货车制造厂

上部第四计划所预定之路线,约共长六万二千英里。至第一、第三计划所预定者,约一万四千英里。除此以外,并有多数干线当设双轨,故合数计划路线计之,至少当有十万英里。若以此十万英里之铁路,在十年内建筑之,机关车与客货车之需要必当大增。现当此战后改造时期,世界之制造厂将难以供应。此所以在中国建设机关车、客货车之制造厂以应建筑铁路之需,为必要之图,且其为有利事业尤不可不注意也。中国有无限之原料与低廉之人工,是为建设此等制造厂之基础。但举办此种事业所必需者,为外国资本与专门家耳。至此项之计划应用资本若干,吾当留为对于此种工程有经验者定之。

第五计划

前四种计划既专论关键及根本工业之发达方法，今则讲述工业本部之须外力扶助发达者。所谓工业本部者，乃以个人及家族生活所必需，且生活安适所由得。当关键及根本工业既发达，其他多种工业皆自然于全国在甚短时期内同时发生，欧美工业革命之后，既已如是。关键及根本工业发达，人民有许多工事可为，而工资及生活程度皆增高；工资既增多，生活必要品及安适品之价格亦增加。故发达本部工业之目的，乃当中国国际发展进行之时，使多数人民既得较高工资，又得许多生活必要品、安适品而减少其生活费也。世人尝以中国为生活最廉之国，其错误因为寻常见解以金钱之价值衡量百物；若以工作之价值衡量生活费用，则中国为工人生活最贵之国。中国一寻常劳工，每日须工作十四至十六小时，仅能维持其生活。商店之司书，村乡之学究，每年所得恒在百元以下。农人既以所生产价还地租及交换少数必要品之后，所余已无几何。工力多而廉，惟食物及生活货品，虽在寻常丰年亦仅足敷四万万人之用，若值荒年则多数将陷于穷乏死亡。中国平民所以有此悲惨境遇者，由于国内一切事业皆不发达，生产方法不良，工力失去甚多。凡此一切之根本救治，为用外国资本及专门家发达工业以图全国民之福利。欧美二洲之工业发达早于中国百年，今欲于甚短时期内追及之，须用其资本、用其机器。若外国资本不可得，至少亦须用其专门家、发明家，以为吾国制造机器。无论如何，必须用机器以辅助中国巨大之人工，以发达中国无限之富源也。

据近世文明言，生活之物质原件共有五种，即食、衣、住、行及印刷是也。吾故定此种计划如下：

(一)粮食工业。

(二)衣服工业。

(三)居室工业。

(四)行动工业。

(五)印刷工业。

第一部　粮食工业

粮食工业又分类如下：

甲　食物之生产。

乙　食物之贮藏及运输。

丙　食物之制造及保存。

丁　食物之分配及输出。

甲　食物之生产

人类食物得自三种来源，即陆地、海水、空气三者。其中最重要、最多量者为空气食物，譬如养气为此中有力元素，惟自然界本具此甚多，除飞行家及潜艇乘员闲时须特备外，不须人工以为生产，故此种食物人人可自由得之，于此不须详论。吾前此论捕鱼海港之建设及捕鱼船舶之构造，已涉及海水食物，故于此亦不更述。惟陆地食物生产之事须国际扶助者，此下论之。

中国为农业国，其人数过半皆为食物生产之工作。中国农人颇长于深耕农业，能使土地生产至最多量。虽然，人口甚密之区，依诸种原因，仍有可耕之地流为荒废，或则缺水，或则水多，或则因地主投机求得高租善价，故不肯放出也。

中国十八省之土地，现乃无以养四万万人。如将废地耕种，且将已耕之地依近世机器及科学方法改良，则此同面积之土地，可使其出产更多，故尽有发达之余地。惟须有自由农业法以保护、奖励农民，使其获得己力之结果。

就国际发展食物生产计划言之，须为同时有利益之下列二事：

(一)测量农地。

(二)设立农器制造厂。

(一)测量农地　中国土地向未经科学测量制图,土地管理、征税皆混乱不清,贫家之乡人及农夫皆受其害。故无论如何,农地测量为政府应尽之第一种义务。然因公款及专门家缺乏之故,此事亦须有外力扶助。故吾以为是当以国际机关行之,由此机关募集公债以供给其费用,雇用专门家及诸种设备以实行其工事。测量费用几何,所需时间几何,机关之大小如何,以飞行机测量亦适用于工事否,是须专门家决定之。

地质探验,当与地图测量并行,以省费用。测量工事既毕,各省荒废未耕之地,或宜种植,或宜放牧,或宜造林,或宜开矿,由是可估得其价值,以备使用者租佃,为最合宜之生产。耕地既增加之租税,及荒地新增之租税,将足以偿还外债之本息。除十八省外,满洲、蒙古、新疆有农地牧地极广,西藏、青海有牧地极广,可依移民计划如吾第一计划所述者,以粗广耕作法开发之。

(二)设立农器制造厂　欲开放废地,改良农地,以闲力归于农事,则农器之需要必甚多。中国工价甚廉,煤铁亦富,故须自制造一切农器,不必由外国输入。此需资本甚多。此工场直设于煤铁矿所在之邻地,即工力及物料易得之所。

乙　食物之贮藏及运输

此所言当贮藏及运输之重要食物,即谷类。现在中国贮藏谷类之方法不良,若所藏之量过多,每不免为虫类所蛀损、气候所伤害;故其量甚少,且须非常注意,乃能于一定时期内保存之。又谷类之运输,大半皆以人力,故费用甚巨。及谷类已达水道,则船舶往来,运输漫无定制。若将谷类贮藏及运输方法改良,必省费不少。吾意当由国际开发机关于全国内设谷类运转器,且沿河设特别运船。此事所需资本几何,且谷类运转器当设于何处,应由专门家调查之。

丙　食物之制造及保存

前此中国之食物制造,几全赖手工,而以少数简单器具助之;至于食物保存,则以食盐或日光制造之,至机器及罐头方法,为前此所不知。吾意扬子江及南部中国诸大城镇以米为主食者,当设许多磨米机房;扬子江以北以小麦、燕麦及米以外之他谷类为主食者,其诸大城镇当设许多磨麦机房。此种机房,当由中央一处管理,以得最省费之结果。是所需资本几何,当俟详细调查。

食物果类、肉类、鱼类之保存,或用锡铁罐,或用冰冷法。若锡铁罐工业发达,则锡铁片之需要必大增,故锡铁片工场之建设为必要,且有利益。此种工场当设于铁矿之近处。中国南部有许多地方皆发见有锡、铁、煤三种,如欲建筑工场,材料最为完备。锡铁片工场及罐工场当合同经营,以得最良之节省结果。

丁　食物之分配及输出

在寻常丰年,中国向不缺乏食物,故中国有常言云:"一年耕,则足三年之食。"国内较富部分之人民,大概有三、四年食物之积储以对付荒年。若中国既发达,有生计组织,则当预储一年之食物以为地方人民之用,其余运至工业中枢。食物之分配及运出,亦由中央机关管理,与其贮藏及运输无异。每一县余出之谷类,送至近城贮藏;每一城镇须有一年食物之贮积。经理部当按人数依实价售主要食物于其民,更有所余,乃以售之于外国需此宗食物且可得最高价者。以隶中央经理部之输出部司之。于是乃不如前此禁止输出法之下,食物多所废坏。输出所得巨资,以之偿还外债本息,固有余也。

于叙论食物工业之部,不能不特论茶叶及黄豆二种工业,以毕所说。茶为文明国所既知已用之一种饮料,科学家及食物管理部今复初认黄豆为一种重要食料。就茶言之,是为最合卫生、最优美之人类饮料,中国实产出之,其种植及制造,为中国最重要工业之一。前此中国曾为以茶叶供给全世界之唯一国家,今则中国茶叶商业已为印度、日本所夺。惟中国茶叶之品质,仍非其他各国所能及。印度茶含有丹宁酸太多,日本茶无中国茶所具之香味。最良之茶,惟可自产茶之母国即中国得之。中国之所以失去茶叶商业者,因其生产费过高。生产费过高之故，在厘金及出口税，又在种植及制造方法太旧。若除厘金及出口税，采用新法，则中国之茶叶商业仍易复旧。在国际发展计划中，吾意当于产茶区域，设立制茶新式工场，以机器代手工，而生产费可大减，品质亦可改良。世界对于茶叶之需要日增，美国又方禁酒，倘能以更廉、更良之茶叶供给之，是诚有利益之一种计划也。

以黄豆代肉类，是中国人之发明。中国人、日本人用为主要食料，既历数千年。现今食肉诸国，大患肉类缺乏，是必须有解决方法。故吾意国际发展计划中，当以黄豆所制之肉乳油酪输入欧美，于诸国大城市设立黄豆制品工场，以较廉之蛋白质食料供给西方人民。又于中国设立新式工场，以代手工生产之古法，而其结果可使价值较廉，出品亦较佳矣。

第二部 衣服工业

衣服之主要原料为丝、麻、棉、羊毛、兽皮五种，今分论如下：

甲 丝工业。

乙 麻工业。

丙 棉工业。

丁 毛工业。

戊 皮工业。

己 制衣机器工业。

甲 蚕丝工业

蚕丝为中国所发明，西历纪元前数千年已用为制衣原料，为中国重要工业之一，直至近日，中国为以蚕丝供给全世界之唯一国家。惟现今日本、意大利、法兰西诸国，已起而与中国争此商业，因此诸国已应用科学方法于养蚕制丝之事，而中国固守数千年以来之同样旧法也。世界对于蚕丝之需要既逐日增加，则养蚕，制丝之改良，将为甚有利益之事。吾意国际发展计划，应于每一养蚕之县设立科学局所，指导农民，以无病蚕子供给之。此等局所，当受中央机关监督，同时司买收蚕茧之事，使农民可得善价。次乃于适宜地方设缫丝所，采用新式机器，以备国内国外之消费。最后乃设制绸工场，以应国内国外之需求。缫丝及制丝工场皆同受一国家机关之监督，借用外资，受专门家之指挥，而其结果可使该物价廉省，品物亦较良较贱矣。

乙　麻工业

是亦为中国之古工业。惟中国所产苎麻，与欧美所产之亚麻异，若以新法及机器制之，其细滑与蚕丝无异。然中国至今尚无以新法及机器制麻者，有名之中国麻布皆依旧法及手工织造。中国南部之麻原料甚富，人工亦廉，故于此区域宜设立许多新式工场也。

丙　棉工业

棉花本外国产物，其输入中国在数百年前，在手工纺织时代，是为中国一种甚重要之工业。然自外国棉货输入中国之后，此种本国手工业殆渐归灭绝，于是以许多棉花输出，以许多棉货输入。试思中国工力既多且廉，乃不能产出棉货，岂非大可怪之事。近今乃有少数纺纱、织布厂设于通商诸埠，获利极巨。或谓最近二三年内，上海纺织厂分红百分之百至百分之二百。皆因中国对于棉货之需要，远过于供给，故中国须设纺织厂甚多。吾意国际发展计划，当于产棉区域设诸大纺织厂，而由中国立中央机关监督之，于是最良节省之结果可得，而可以较廉之棉货供给人民也。

丁　羊毛工业

中国西北部占全国面积三分之二用为牧地，而羊毛工业则从未见发达，每年由中国输出羊毛甚多，制为毛货，又复输入中国。自羊毛商业输出、输入观之，可知发达羊毛工业，为在中国甚有利之事。吾意当以科学方法养羊、剪毛，以改良其制品，增加其数量。于中国西北全部设立工场以制造一切羊毛货物，原料及工价甚廉，市场复大至无限。此工业之发达，须有外国资本及专门家，是为国际发展计划中最有报酬者，因是属一种新工业，无其他私人竞争也。

戊 皮工业

通商诸埠虽有多少制皮工场,是实为中国之新工业。生皮之输出,熟皮之输入,每年皆有增加。故设立制皮工场,及设立制造皮货及靴、鞋类工场,甚为有利益之事。

己 制衣机器工业

中国需要各种制衣机器甚多。或谓中国在欧美所定购纺织机器,须此后三年内乃能交清。若依予计划发展中国,则所需机器当较多于现在数倍,欧美且不足供给之。故设立制造制衣机器为必要,且有利之事。此种工场,当设于附近钢铁工场之处,以省粗重原料运输之费。此事所需资本几何,当由专门家决定之。

第三部 居室工业

中国四万万人中,贫者仍居茅屋陋室,北方有居土穴者。而中国上等社会之居室,乃有类于庙宇。除通商口岸有少数居室依西式外,中国一切居室,皆可谓为庙宇式。中国人建筑居室,所以为死者计过于为生者计,屋主先谋祖先神龛之所,是以安置于屋室中央,其他一切部分皆不及。于是重要居室非以图安适,而以合于所谓红白事者。红事者,即家族中任何人嫁娶及其他喜庆之事;白事者,即丧葬之事。除祖先神龛之外,尚须安设许多家神之龛位。凡此一切神事,皆较人事为更重要,须先谋及之。故旧中国之居室,殆无一为人类之安适及方便计者。今于国际发展计划中,为居室工业计划,必须谋及全中国之居室。或谓为四万万人建屋,乃不可能。吾亦认此事过巨。但中国若弃其最近三千年愚蒙之古说及无用之习惯,而适用近世文明,如予国际发展计划之所引导,则改建一切居室以合于近世安适方便之式,乃势所必至。或因社会进化于无意识中达到,或因人工建设于有意识中达到,西方民族达到近世文明,殆全由于无意识的进步,因社会经济科学乃最近发明也。但一切人类进步,皆多少以知识即科学计划为基础,依吾所定国际发展计划,则中国一切居室将于五十年内依近世安适方便新式改造，是予所能预言者。以预定科学计划建筑中国一切居室，必较之毫无计划更佳更廉。若同时建筑居室千间，必较之建筑一间者价廉十倍。建筑愈多，价值愈廉，是为生计学定律。生计学唯一之危险，为生产过多，一切大规模之生产皆受此种阻碍。自欧美工业进化以来，世界之大战争前所有财政恐慌，皆生产过多之所致。就中国之居室工业论，雇主乃有四万万人，未来五十年中至少需新居室者有五千万，每年造屋一百万间，乃普通所需要也。

居室为文明一因子，人类由是所得之快乐，较之衣食更多。人类之工业过半数，皆以应居室需要者。故居室工业，为国际计划中之最大企业，且为其最有利益之一部分。吾所定发展居室计划，乃为群众预备廉价居室。通商诸埠所筑之屋，今需万元者，可以千元以下得之，建屋者且有利益可获。为是之故，当谋建筑材料之生产、运输、分配，建屋既毕，尚须谋屋中之家具装置，是皆包括于居室工业之内。今定其分类如下：

甲 建筑材料之生产及运输。

乙 居室之建筑。

丙 家具之制造。

丁 家用物之供给。

甲 建筑材料之生产及运输

建筑材料为砖、瓦、木材、铁架、石、塞门土、三合土等，其每一种皆须制造，或与其他原料分离。如制造砖瓦则须建窑，木材须建锯木工场，铁架须建制铁工场，此外须设石工场、塞门土工场、三合土工场等。须择适宜之地，材料与市场相近者为之。且一切须在中央机关监督之下，使材料之制出与需要成比例。材料既制成，则水路用舟，陆路用车，以运至需要之地，务设法减省一切费用。造船部、造车部于此则造特别之舟、车以应之。

乙 居室之建筑

此项建筑事业，包括一切公私屋宇。公众建筑，以公款为之，以应公有,无利可图,由政府设专部以司其事。其私人居室,为国际发展计划所建筑者,乃以低廉居室供给人民,而司建筑者仍须有利可获。此类居室之建筑,须依一定模范。在城市中所建屋,分为二类:一为一家之居室,一为多家同居室。前者分为八房间、十房间、十二房间诸种;后者分为十家、百家、千家同居者诸种,每家有四房间至六房间。乡村中之居室,依人民之营业而异,为农民所居者当附属谷仓、乳房之类。一切居室设计,皆务使居人得其安适,故须设特别建筑部以考察人民习惯、营业需要,随处加以改良。建造工事,务须以节省人力之机器为之,于是工事可加速、费用可节省也。

丙 家具之制造

中国所有居室既须改造,则一切家具亦须改用新式者,以图国人之安适,而应其需要。食堂、书室、客厅、卧室、厨房、浴室、便所所用家具,皆须制造。每种皆以特别工场制造之,立于国际发展机关管理之下。

丁 家用物之供给

家用物为水、光、燃料、电话等。(一)除通商口岸之外,中国诸城市中无自来水,即通商口岸亦多不具此者。许多大城市所食水为河水,而污水皆流至河中,故中国大城市中所食水皆不合卫生。今须于一切大城市中设供给自来水之工场,以应急需。(二)于中国一切大城市供给灯光,设立制造机器发光工场。(三)设立电工场、煤气工场、蒸气工场,以供给暖热。(四)厨用燃料在中国为日用者,最贫乡村之人,每费年工十分之一以采集柴薪。城市之人,买柴薪之费占其生活费十分之二。故柴薪问题,为国民最大耗费。今当使乡村中以煤炭代木草,城市用煤气或电力。然欲用煤炭、煤气、电力等,皆须有特别设备,即由国际发展机关设制造煤气、电力火炉诸工场。(五)无论城乡各家,皆宜有电话。故当于中国设立制造电话器具工场,以使其价甚廉。

第四部 行动工业

中国人为凝滞民族，自古以来，安居于家，仅烦虑近事者，多为人所赞称。与孔子同时之老子有言曰："邻国相望，鸡犬之声相闻，民至老死不相往来。"中国人民每述此为黄金时代。惟据近世文明，此种状态已全变。人生时期内，行动最多，各人之有行动，故文明得以进步。中国欲得近时文明，必须行动。个人之行动为国民之重要部分，每人必须随时随地行动，甚易甚速。惟中国现在尚无法使个人行动容易，因古时大道既已废毁，内地尚不识自动车即摩托为何物。自动车为近时所发明，乃急速行动所必要。吾侪欲行动敏捷，作工较多，必须以自动车为行具。但欲用自动车，必先建造大路。吾于国际发展计划，提前一部已提议造大路一百万英里。是须按每县人口之比率，以定造路之里数。中国本部十八省约有县二千，若中国全国设县制，将共有四千县，每县平均造路二百五十英里。惟县内人民多少不同，若以大路一百万英里除四万万人数，则四百人乃得大路一英里。以四百人造一英里之大路，决非难事。若用予计划，以造路为允许地方自治条件，则一百万英里之大路将于至短时期内制成矣。

中国人民既决定建造大路，国际发展机关即可设立制造自动车之工场。最初用小规模，后乃逐渐扩张，以供给四万万人之需要。所造之车当合于各种用途，为农用车、工用车、商用车、旅行用车、运输用车等。此一切车以大规模制造，实可较今更廉，欲用者皆可得之。

除供给廉价车之外，尚须供给廉价燃料，否则人民不能用之。故于发展自动车工业之后，即须开发中国所有之煤、油矿，是当于矿工业中详论之。

第五部 印刷工业

此项工业为以知识供给人民,是为近世社会一种需要,人类非此无由进步。一切人类大事皆以印刷纪述之,一切人类知识以印刷蓄积之,故此为文明一大因子。世界诸民族文明之进步,每以其每年出版物之多少衡量之。中国民族虽为发明印刷术者,而印刷工业之发达,反甚迟缓。吾所定国际发展计划,亦须兼及印刷工业。若中国依予实业计划发达,则四万万人所需印刷物必甚多。须于一切大城乡中设立大印刷所,印刷一切自报纸以至百科全书。各国所出新书,以中文翻译,廉价售出,以应中国公众之所需。一切书市,由一公设机关管理,结果乃廉。

欲印刷事业低廉,尚须同时设立其他辅助工业。其最重要者为纸工业。现今中国报纸所用纸张,皆自外国输入。中国所有制纸原料不少,如西北部之天然森林,扬子江附近之芦苇,皆可制为最良之纸料。除纸工场之外,如墨胶工场、印模工场、印刷机工场等,皆须次第设立,归中央管理,产出印刷工业所需诸物。

第六计划

矿业与农业为工业上供给原料之主要源泉也。矿业产原料以供机器,犹农业产食物以供人类。故机器者实为近代工业之树,而矿业者又为工业之根。如无矿业,则机器无从成立;如无机器,则近代工业之足以转移人类经济之状况者,亦无从发达。总而言之,矿业者为物质文明与经济进步之极大主因也。在吾第一计划之第五部中,曾倡议开采直隶、山西两省之煤铁矿田,为发展北方大港之补助计划;但矿业为近代之重要事业,有不可不另设专部以研究之者。

中国矿业尚属幼稚，惟经营之权素归国有，几成习惯。此所以发展中国实业，当由政府总其成，庶足称为有生气之经济政策。彼通常人对于矿业多以为危险事业，并谓借外资以为开采者亦非得计，其所见或未到也。故在此之矿业计划中，择其决为有利者先行举办，兹分别列于下之各种：

（一）铁矿。

（二）煤矿。

（三）油矿。

（四）铜矿。

（五）特种矿之采取。

（六）矿业机器之制造。

（七）冶矿机厂之设立。

第一部　铁　矿

在近代工业中，称为最重要之原质者，是为钢铁。钢铁产生于各地者，多见丰富，且易开采。故为国家谋公共利益计，开采铁矿之权，当属之国有。中国除直隶、山西两省经拟开采之铁矿外，其余各地铁矿亦须次第开采。中国内地沿扬子江一带与西北各省皆以铁矿见称丰富，新疆、蒙古、青海、西藏各地亦以铁矿著名。所可惜者，中国经营钢铁事业，现只有汉阳铁厂与南满洲之本溪湖铁厂，其资本又多为日本人所占有，虽云近来获利甚厚，亦不免有利权外溢之叹矣。广州将开为南方大港，应设立一铁厂。其他如四川、云南等地方之铁矿，亦可次第开采。而后多设钢铁工厂于各处内地，使之便利经营钢铁事业者之需要。至增设之铁厂，应用资本若干，可留为有经验者另行察夺。但以吾之见，因发展中国实业之结果，需铁孔亟，即以相等或加倍于直隶、山西铁厂所用之资本经营之，亦不为多也。

第二部 煤 矿

中国煤矿素称丰富,而煤田之开掘者,不过仅采及皮毛而已。北美合众国每年所采取之煤约六万万吨,如中国能用同一方法采取之,并依其人口之比例以为衡,则产出之煤应四倍于美国。此当为中国将来煤矿之产额,而国际发展实业机关宜注意经营者也。夫煤矿之产于中国各地既多所发见,而其产额亦可以预定,故开采者不特无失败之虞,而利益之厚可断言者。但煤为文明民族之必需品,为近代工业之主要物,故其采取之目的,不徒纯为利益计,而在供给人类之用。由此言之,开采煤矿之办法,除摊派借用外资之利息外,其次当为矿工增加工资,又其次当使煤价低落,便利人民,而后各种工业易于发展也。吾以为当煤矿开采之始,除为钢铁工厂使用外,开始计划当以产出二万万吨备为他项事业之用。沿海岸、河岸各矿,交通既便,宜先开采,内地次之。况欧洲各国现思取煤于中国,故吾所定煤之产额,虽当开采之始,亦无过多之虑。待至数年后,当中国工业愈加发达,需煤之数必渐增多,可无疑者。至开采需用之资本若干,与何处矿田应先开采,须留以待专门家用科学之眼光考察之。除煤矿以外,其他一切因煤而产出之工业,可用同一方法经理之。此之新工业,既无人与之竞争,且在中国又有无限之市场,故资本之投放,其利益之大可断言者。

第三部 油 矿

世界中营业公司之最富者,以纽约三达煤油公司[①]为著,世界中人之最富者,以该公司之创建者乐极非路[②]为最著,于此可以证明开

---

① 三达煤油公司:今译美孚石油公司(Standard Oil Co.)

② 乐极非路:今译洛克菲勒。

采煤油矿为最有利益之事业。中国亦以富于煤油出产国见称也，四川、甘肃、新疆、陕西等省已发见有油源，虽其分量之多寡，尚未能确实调查。而中国有此种矿产，不能开采以为自用，以至由外国入口之煤油、汽油等年年增加，未免可惜。如待至中国将来汽车盛行之时，煤汽之需用或增至千倍。当此欧美各国煤油正在日渐减缩，由外国输入之煤油、煤气，断不足以供中国之需要，此所以在中国以开采油矿为必要之图也。此种事业，须由国际发展实业机关为政府经营之。但当经营之始，规模亦当远大。如煤油区域、稠密民居、工业中心以及河岸、海港等地方，皆宜用油管办法互相联络，以使其输送与分配于各地者，更为便利。如此之筹划，须用资本若干方能开办，可留为对于此事业有经验者察夺之。

第四部　铜　矿

中国铜矿亦如铁矿之丰富，经已发见者，已有多处。至其矿产之分量，在未开以前均可预计，故办理可无危险。但开采之权，须依中国惯例，属之国有，而后由国际发展实业机关投资代为经营。四川、云南与扬子江一带，皆中国铜产最盛之区。由政府开采之铜矿在于云南北角之昭通者，经已数世纪之久矣。中国向来通用之钱币，几乎全赖云南铜矿以制造之，现今钱币需用之铜，仍称大宗。但因云南之铜，输运艰难，价格过高，故多购自外国。非中国缺此种金属，是中国对于此种金属之采取未能发达故也。况铜之为物，除用作钱币外，需用为他种目的者尚多。当中国将来之工业发达，用铜之途必增至百倍。故此种金属，即在中国市场，将必成为需要之大宗。此吾之所以为开采铜矿不可不适用近代机器，而冀其有大宗之出产也。此之事业，应投资若干以为之经营，可留为专门家察夺之。

第五部 特种矿之采取

国际发展实业机关对于各色特种之矿,有可以经营之者。如云南箇旧之锡矿,黑龙江之漠河金矿,新疆之和阗玉矿,皆用人力采取,经已数世纪之久矣。此种之矿产皆以丰厚见称,现已开采者不过是矿中之上层,其余大部分因无法排除泉水,尚多埋藏地中。但向来对于此等特种矿产,有为人民采取者,有为政府采取者。如能行用近代机器,并由政府经营,是为最经济之办法也。其他多有已弃置之矿产。如此类者,须通行考察,如以为实有利益,即须依国际发展计划,再行开采。至于将来一切矿业,除既为政府经营外,应准租与私人立约办理,当期限既满,并知为确有利益者,政府有收回办理之权。如此办法,一切有利益之矿可以从渐收为社会公有,而通国人民亦可以均沾其利益矣。

第六部 矿业机械之制造

各种金属之埋藏于独一地域者,不过一小部分,而散产于各地者,广狭亦各有不同。故对于各种矿业之经营,有为政府不能自办,当留为私人办之。譬如农业,私人经营者利益常丰,矿业亦如是也。如欲望矿务之发展,国家必须采用宽大之矿律。政府所雇用之专门技师,应自由予以指导与报告。公司银行应予以经济之帮助。此国际发展机关对于普通矿业,只当为之制造各种矿业器具与机械,以供给业矿者之使用。至此器具与机械之出售者,无论其为现金,或为赊借,必须定以最低廉之价,而后能使之遍为分配于中国之多余工人,矿业自日臻发达。矿业既日臻发达,器具与机械之需要必日多。若依此办理,即制造矿业器具机械之利益,已无可限量矣。但此等工厂,在开始时期只宜从小经营,待至矿业日臻发达而后从渐推广。故吾以为此种之第一工厂须设立于广州,盖因广州为西南矿区之口岸,获取原料、延请技师亦较他处为便易也。至其他之工厂,应设立于汉口与北方大港各地。

第七部 冶矿厂之设立

各种金属之冶铸机厂,应遍设于各矿区,使之便于各种金属之化炼。此等冶铸机厂,应仿合作制度组织之。当其始也,生矿之收集,价格必廉。迨后金属之出售,无论其在中国或外国市场,而此种冶铸工夫,可以分享其一分之利益,用以抵偿各种费用、利息与冗费。其他之剩余利益,应按各种工人之工资并各资本家所供给于铸炉之生矿之多寡比例分配之。如此办法,对于私人之经营矿业者,既可以资鼓励,而工业之基础亦可因之以成立。但机厂之设立须依各区之需要,由专门家以定其规模之大小,而设中央机关以管理之。

结 论

世界有三大问题,即国际战争、商业战争与阶级战争是也。在此国际发展实业计划中,吾敢为此世界三大问题而贡一实行之解决;即如后达文而起之哲学家之所发明人类进化之主动力,在于互助,不在于竞争,如其他之动物焉。故斗争之性,乃动物性根之遗传于人类者,此种兽性当以早除之为妙也。

国际战争者,无他,纯然一简直有组织之大强盗行为耳。对此种强盗行为,凡有心人莫不深疾痛恨之。当美国之参加欧战也,遂变欧战而为世界之大战争。美国人民举国一致,皆欲以此战而终结将来之战,为一劳永逸之计焉。世界爱和平之民族之希望,莫不为之兴起,而中国人民为尤甚,一时几咸信大同之世至矣。惜乎美国在战场上所获之大胜利,竟被议席间之失败而完全推翻之。遂至世界再回复欧战以前之状况，为土地而争、为食物而争、为原料而争将再出见。因此之故，前之提倡弭兵者，今则联军列强又增加海军，以预备再次之战争。中国为世界最多人口之国，将来当见有最大之代价也。

十余年前，列强曾倡瓜分中国，俄罗斯帝国且实行殖民满洲，后因激动日本之义愤，与俄战争，得以救中国之亡。今则日本之军国政策，又欲以独力并吞中国。如中国不能脱离列强包围，即不为列国瓜分，亦为一国兼并。今日世界之潮流，似有转机矣。中国人经受数世纪之压迫，现已醒觉，将起而随世界之进步，现已在行程中矣。其将为战争而结合乎？抑为和平而结合乎？如前者之说，是吾中国军国主义者与反动者之主张，行将以日本化中国。如其然也，待时之至，拳匪之变或将再见于文明世界。但中华民国之创造者，其目的本为和平，故吾敢证言曰：为和平而利用吾笔作此计划，其效力当比吾利用兵器以推倒满清为更大也。

吾现所著之《实业计划》，经已登载各报、各杂志流传于中国者不止一次，几于无处无人不欢迎之，并未闻有发言不赞成之者。但彼等所虑者，谓吾所提议之计划过于伟大，难得如此一大宗巨款，以实行之耳。所幸者，当吾计划弁首之部寄到各国政府与欧洲和会之后，巴黎遂有新银行团之成立，思欲协助中国发展天然物产。闻此举之发起人出自美国政府，故吾等即当开办之始，亦不患资本之无着也。

在列强之行动如系真实协力为共同之利益计，而彼之主张军国主义者，欲为物质向中国而战争者，自无所施其伎俩，此无他，盖为互助而获之利益，当比因竞争而获之利益更为丰厚也。彼日本之武力派，尚以战争为民族进取之利器，彼参谋本部当时计划十年作一战争。一八九四年以一最短期之中日战争，获最丰之报酬，于是因之而长其欲。一九零四年日俄之役，获大胜利，所得利益亦非轻小。最后以一九一四年之大战争，复加入联军以拒德国，而日本以出力最微，费财至少，竟获一领土大如未战前之罗马尼亚，人口众如法国之山东。由此观之，在近三十年间，日本于每一战争之结局即获最厚之报酬，无怪乎日本之军阀以战争为最有利益之事业也。

试以此次欧战最后之结果证之，适得其反。野心之德国，几尽丧其资本与利益与其他难于计算之物。法国虽以战胜称，实亦无所得。今中国已醒觉，日本即欲实行其侵略政策，中国人亦必出而拒绝之。即不幸中国为日本所占领，不论何时何处，亦断非日本所能统治有利。故以吾之见，日本之财政家当比日本之军阀派较有先见之明，此可以满洲、蒙古范围地之争持证之。以财政家得最后之胜利，如是日本即舍弃其垄断蒙古之政策，而与列强相合成立新银团。若此新银团能实行其现所提倡之主义，吾中国人素欲以和平改造中国者，必当诚意欢迎之。故为万国互助者当能实现，为个人或一民族之私利者自当消灭于无形矣。

商业战争，亦战争之一种，是资本家与资本家之战争也。此种战争，无民族之区分，无国界之限制，常不顾人道，互相战斗。而其战斗之方法即减价倾轧，致弱者倒败，而强者则随而垄断市场，占领销路，直至达其能力所及之期限而止。故商业战争之结果，其损失、其残酷亦不亚于铁血竞争之以强力压迫也。此种之战争，自采用机器生产之后，已日见剧烈。彼司密亚丹派之经济学者，谓竞争为最有利益之主因，为有生气之经济组织；而近代之经济学者，则谓其为浪费，为损害之经济组织。然所可确证者，近代经济之趋势，适造成相反之方向，即以经济集中代自由竞争是也。美国自有大公司出现，即有限制大公司法律，而民意亦以设法限制为然。盖大公司能节省浪费，能产出最廉价物品，非私人所能及。不论何时何地，当有大公司成立，即将其他小制造业扫除净尽，而以廉价物品供给社会，此固为社会之便利。但所不幸者，大公司多属私有，其目的在多获利益，待至一切小制造业皆为其所压倒之后，因无竞争，而后将各物之价值增高，社会上实受无形之压迫也。大公司之出现，系经济进化之结果，非人力所能屈服。如欲救其弊，只有将一切大公司组织归诸通国人民公有之一法。故在吾之国际发展实业计划，拟将一概工业组成一极大公司,归诸中国人民公有,但须得国际资本家为共同经济利益之协助。若依此办法,商业战争之在于世界市场中者,自可消灭于无形矣。

阶级战争,即工人与资本家之战争也。此种之战争现已发现于各工业国家者,极形剧烈。在工人则自以为得最后之胜利,在资本家则决意以为最苦之压迫。故此种之战争,何时可以终局,如何可以解决,无人敢预言之者。中国因工业进步之迟缓,故就形式上观之,尚未流入阶级战争之中。吾国之所谓工人者,通称为"苦力",而其生活只以手为饭碗,不论何资本家若能成一小工店予他等以工作者,将必欢迎之。况资本家之在中国,寥若晨星,亦仅见于通商口岸耳。

发展中国工业,不论如何,必须进行。但其进行之方,将随西方文明之旧路径而行乎？然此之旧路径,不啻如哥伦布初由欧至美之海程。考其时之海程,由欧洲起向西南方,经加拿利岛至巴哈马群岛之圣沙路华打①,绕程极远;与现行之航线取一直捷方向,路程短于前时数倍者,不可同日而语矣。彼西方文明之路径,是一未辟之路径,即不啻如哥伦布初往美国之海程,犹人行黑夜之景况。中国如一后至之人,可依西方已辟之路径而行之,此所以吾等从大西洋西向而行,皆预知其彼岸为美洲新大陆而非印度矣。经济界之趋势,亦如是也。夫物质文明之标的,非私人之利益,乃公共之利益。而其最直捷之途径,不在竞争,而在互助。故在吾之国际发展计划中,提议以工业发展所生之利益,其一须摊还借用外资之利息,二为增加工人之工资,三为改良与推广机器之生产,除此数种外,其余利益须留存以为节省各种物品及公用事业之价值。如此,人民将一律享受近代文明之乐矣。前之六大计划,为吾欲建设新中国之总计划之一部分耳。简括言之,此乃吾之意见,盖欲使外国之资本主义以造成中国之社会主义,而调和此人类进化之两种经济能力,使之互

① 圣沙路华打:今译圣萨尔瓦多(San Salvador)岛,又名华特林岛。

相为用,以促进将来世界之文明也。

附录一

关于广州至重庆与兰州支线之借款与建筑契约草案

此之契约,经于中华民国二年七月四日即西历一九一三年七月四日成立于上海。关于此契约之双方当事人,一为中国国家铁路公司,一为波令有限公司(Pauling and Company,Limited)中国国家铁路公司经于中华民国元年九月九日即西历一九一二年九月九日由总统命令委任,并于中华民国二年三月三十一日即西历一九一三年三月三十一日经大总统公布公司章程在案,故即以公司定名。波令有限公司现设立于伦敦城维多利亚街第二号,为立契约人等,现经双方当事人同意,议定契约条文如下:

第一条 立契约人承诺借巨款与中华民国,年息五厘,专为兴筑广州至重庆之铁路费用。其总额若干,须经双方预为议定。此借款开始所发行之债券,名曰"一九一三年中国国办广州重庆铁路五厘公债券"。

第二条 此借款之用途,专为由广州至重庆铁路之建筑与器具之费用。至其必要之用具,再详细开列于第十七条之详细契约中。

第三条 对于借款之摊还与利息之交付,则由中华民国政府并以广州重庆铁路之监察权为之担保。

此之监察权,为契约人对于该路为其债券所有者之援助应享有之第一抵押品。此之抵押品,即如当建筑铁路之时,各种费用与铁路材料、车料与屋宇等之买卖是。

如利息应偿还款项之全数或一部分,不能如所订之期限交付时,立契约人为其债券所有者援助计,有权将该项权利加入于特别抵押品内。

第四条 当铁路尚在建筑时期，凡债券与借款之利息经立契约人订定者，应由借款项下支付。凡由借款所加入之利息，若当建筑时期尚未支出者，与铁路公司已成立之一部分铁路之收入，须移用为补偿应摊还利息之总数。若再有不足，则由借款补足。

当铁路全部建筑完工后，其债券之利息可由该铁路公司之铁路入息或其他项收入支付。但对于此项办法之详细契约，另详于此契约之第十七条。

不论何时，若铁路之收入与借入之存款合计之，尚不足偿还债券之利息与载在详细契约中所借入期单应偿还之资本，中华民国政府为保证此契约起见，应正式承认将此借款之欠负与载在第十七条详细契约所偿还之利息，一并交付。

第五条 发行之债券，即作为中华民国政府之债券。

第六条 债券应分为二次或二次以上发售。第一次所发出之总额，须在金镑一百万至二百万之间，惟须当此契约第十七条之详细契约双方签名之后，即刻实行。此债券之发行价格，应由铁路公司与立契约人协同依同样债券为基础，以议定市面价格。此之价格，因包含债券发行于各国所需用之印花，故比其原定价格略低。此种债券至少须百分之五十在英伦发行，百分之四为立契约人抽收，即每一百金镑可照债券之发行之价抽收四镑。

当十七条详细契约既定、债券亦将发行时候，立契约人须先存贮五万金镑于银行，入为广州重庆铁路公司数目。此之总数，若经铁路总理之命令并总会计与总工程师之签名，可以随时提取作为测量及各种必需之费用。至此五万金镑之总数，订定每年利息五厘，将来由借款项下拨出归还。

第七条 借款须存贮于银行，由立契约人声明并担保作为广州重庆铁路数目。如此办法，可再由第十七条之详细契约中商酌办理。

当建筑工程经已开始，一相等于在中国足充六个月用度之数额，须交付存贮于设立在中国之银行，入为广州重庆铁路数目，并可由该铁路公司支用。但须得总会计与总工程师会签方为有效。此六个月用度之总额，可接续依月递交，存贮于中国之银行。

第八条　当详细契约签押之后，此铁路公司即须于广东省城另设一广州重庆铁路事务所。此之事务所，应设中国总理一人，由铁路公司派委；英国总工程师及英国总会计各一人，由铁路公司与立契约人协同择定，而后由铁路公司任命。但所雇用英国职员，若得铁路公司与立契约人之同意，并可以革除。

此项职工应尽之义务，在增进铁路公司与债券所有者之共同利益，故每当有问题发生，必须有铁路公司与立契约人共同秉公处理。英国总工程师与总会计之薪金及期限，由铁路公司与立契约人订定，即由铁路数目项下支出。

凡关于管理铁路之重要人员，如有有经验、有技能之欧洲人与有能干之中国人，均须一体并用。如此等一切之任用与其权限之规定，须由总理与总工程师会商办理，呈请铁路公司核准。至雇用于总会计部之欧人，均须依同一方法办理。如欧洲职员有失德行为或不称职时，总理与总工程师会商呈请公司核准，可将该职员革除。至雇用欧洲职员所订之契约，须与普通所用者相同。

凡在总会计部之收入数目及铁路建筑与管理之支出数目，须用中英两国文字。总会计须依此办法办理报告，分呈于总理与代表债券所有者之立契约人。但此项数目之收入与支出，必须经总会计承认，并总理核准。

当铁路建筑完工之后，凡关于铁路之通常应办事宜，须由总理与总工程师会商办理，并须随时报告于铁路公司。

总工程师之责任，在使铁路办理妥善，节省经费；至普通事宜，须会商总理进行。副工程师当建筑时期，其责任如何，再详示于本契约中第十七条之详细契约。

总工程师须遵奉铁路公司意思与命令。惟此项意思与命令，不论其为直接授予或经总理转达，均须一体照办。并须对于铁路之建筑与维持随时留心料理。

为养成中国铁路人才起见,总理若得铁路公司之核准,可设一铁路专门学校。

第九条　立契约人担认建造与完成此铁路,并得由该铁路所用之建筑物与器具之确实所值价格抽取百分七之数量。“器具”二字之意思,包含铁路用以驾驶之一切器用,如车料、车头为驾驶而用者皆是。

“器具”之名词,若明白解释之,凡对于铁路已建筑完全、经已购器使用之后,所购入之各物不包含在内。更为详明解释之,凡因建筑铁路买入之地价,与总理、总会计、总工程师及各办事人员之薪俸,不能列入建筑与器用之名词之意思内。

立契约人有权依章建筑支路至甘肃省之兰州。如或得双方之同意,并可建筑同长铁路至中国之他部地方。此种之权限,在由铁路兴工之始七年内有效。

其余一切关于建筑铁路与购办器具之事宜,遵照本契约第十七条之详细契约办理。

第十条　一切沿铁路边旁之田地,经测量指定,系依详细计划用为旁路、车站、修理店与车房之用者,可由公司依确定之价值收买,并须由借款内照给。

第十一条　立契约人依照详细契约所规定,须将每段已完工之铁路交出铁路公司,以备使用。

第十二条　立契约人须派董事为债券所有者之代表。至其应领取之薪金,别以详细契约定之。

第十三条　中华民国政府对于现建筑或已驶行之铁路,与属于铁路之一切财产,并将雇用中国或外国人员,皆须饬各地方官极力保护。铁路得设立警察队与警察官,其薪金与费用须由铁路建筑费用项下支给。若铁路遇有事故,须要政府兵力时,须由铁路公司呈明,迅速派人驻守。但此等兵队,须由政府供给费用。

第十四条　凡用以建筑铁路之各种材料,无论其由外国购办抑由本省采取,若为铁路使用,且在免税限内者,须一律免除厘金与关税。凡债券、票据与铁路之入息,须由中华民国政府免除各种征抽。

第十五条 为奖励中国工业起见,若中国材料之价值与物质均称适宜,须一体劝用。英国制造货物与由他国运来之货物比较,若系同物质并同价值者,英国货物有优先权。

第十六条 立契约人得铁路公司之核准与承诺,可将全部或一部之利益、权利与事权转让与承受人或授予人。

第十七条 当此契约经已划押,即须送呈中华民国政府核夺。若经中华民国政府批准,然后将此契约由双方协定,另订详细契约。

第十八条 此契约既经批准与承诺,中华民国政府须将此事实照会驻京英国公使。但此之批准,必须将第十七条之详细契约统括之。

第十九条 此之契约须按照英中两国文字缮写四张,一送呈于中华民国政府,一送呈于驻京英国公使,一留存于立契约人。若对于此契约之解释有疑义发生时,英文底本即作为标准。

中华民国二年七月四日即一九一三年

关于契约双方当事人划押于上海

附录二

驻京美国公使芮恩施复函译文

孙先生大鉴:

来函经于二月一日收到。函内手著《国际共同发展中国实业计划》,拜读之余,良深钦佩。先生对于此重要问题,能以宏伟精深之政策运用之,可喜可贺。尊意以为发展中国实业,须联合国际共同办理,凡命为中国朋友者,应当竭力赞助。前者列强每当战争告终,即施其所谓势力范围与割让、租借等手段,是不幸事,人皆知之。尊意以为革除彼向来恶习为必要之图,故提倡用一联合政策,由国际机关与中国共同发展中国之实业,所见甚是。若依此办法,中国应享之权利无不可保矣。

吾甚望中国情形有所变更,一切中国人民将利用其钱财为生利之事业,而共襄助此伟大之经营也。吾甚望中国政府奖励其本国工业,使以其本国无限之资本用为生产,其日不远。盖因政府有建设之政策,信用自生也。

若先生许吾进言,吾欲将先生之伟大计划为之介绍,或可使世界原料与资本生一密切之关系。吾人皆知现残余之欧洲亟需资以恢复,而他国又以发展伟大计划而求资,如此之发展中国实业计划,必须认定其最急迫最密切之需要,而后共同联合整顿输运,使在如此之计划中占一永久位置。故为目前计,五万英里之铁路似可最敷需用。如此,可使中国西北部之丰富无人境域,交通利便,移民居住,既可以救济沿海岸一带人居过密之各省不至受经济之压迫,亦可以使中国西、北两部之丰富区域能与中国各部及世界各国有通商之机会也。

中国对于煤铁矿之发展,尤为要图。煤与铁,近代工业主义之两大原料也。如中国欲发展此两项工业,应设法利用外资,为之援助。但不可不注意者:一面当留存煤铁,为其本国之需;一面当阻止中国之钢铁事业抵押于外人。如此而后不至危及中国此项伟大之事业。币制之改良与内地税率管理之改良,亦对于中国经济与工业之发展有大关系之大问题也。现在最大出产之土地,而又为中国急迫之需要者,是为农业。此无他,农产,一国之所赖以供养也。就现时计之,中国之人口几百分之八十为农业。中国之大问题在使人民衣食丰足,故改良农业、开辟新地、整顿灌溉与保护工人、奖励畜牧、发展棉业、改良丝茶及改良中国种子等事业,尚须注意者甚多。若从此开始,亦可导中国于繁盛,或可使其国人民投资于各项事业。若舍此不顾,欲保证实业之发达,盖亦难矣。

就现时言之,吾之所切望者,注重于改良输运、币制、税则、煤铁、农工等事业。然在先生大计划中所包括者,亦不外上列之各种具体办法也。

试就此发展实业计划言之,吾信以为吾等所应留意者,不在讨论新国家,而在讨论一社会秩序极错综而又为以农工商业立国久有经验之国家。在吾之意,至要者为工业。但工业变用新法不可过急,只可将旧艺术、旧习惯由渐改进。如制造丝与磁等工业之艺术技能,须设法保存,不可以省工廉价求售。如食物出口,若非确知为生产之剩余者,即须禁止。不然,若食物价格之在中国,起而与世界市场之食物价格相等,中国将必大受恐慌,可无疑者。近代机关之组织,中国人有不可不知者,是对于一公司办事员应用何权限,并该公司与股东有何关系是也。若中国人不知适用公司,国债机关之设立亦断无效果。兹更有进者,中国人素以诚实见称,尤不可因改用新法以经营事业,遂弃置其原有性质也。吾上所述之各点,亦不过欲使中国成一更良善之组织,前日之好习惯固当保全,而社会之秩序亦不至因急速改革而受搅扰也。

先生欲整顿中国,因而利用一最适时宜办法,成一国际共同发展实业计划。高言伟论,当为道贺。此亦足见今日为中国人民领袖之心理,已日渐趋重于国家建设之事业。若奋其能力以成此事业,将来中外人民日相亲密,使将来之发展得与世界之发展共同提携,此为最可喜者也。

先生发展实业计划有更详明者,请赐一纸,不胜铭感。

一九一九年三月十七日

芮恩施敬上于北京

附录三

美国商务总长复函一通

孙逸仙大人阁下：

得奉三月十七日赐函，内附《国际共同发展中国计划》，披阅之下，兴味不穷。而阁下之所谓中国之经济发展将为人类全体最大利益，不特中国人食赐，尤所赞成也。以阁下所提计划如此复杂，如此溥徧，即令将其备细之点规划完竣，亦须数年。阁下亦明知书案中一小部分尚须数十万万金元，而其中多数在初期若干年间，不能偿其所投之利息与经费。是故，其必要之债所需利息如何清付，实为第一须决之问题。以中华民国收入负担现在国债，利息太重，难保新增之息必能清付。则今日似必要将此发展计划限制，以期显有利益足引至私人资本者为度。

合众国政府一致努力以表示无私之友谊于中国人民，并愿由各种正当之途径，以参与增进华人最上利益之计划也。

远承赐教，感谢无已，敬颂勋祺。

商务总长刘飞尔谨启

一九一九年五月十二日于华盛顿

附录四

意大利陆军大臣嘉域利亚将军复函

敬启者：蒙惠赐以关于如何以国际共同组织使用战时所产洋溢之制造能力，而开发中国最大宝藏之有兴味之计划，不胜感谢。虽在此计划亦有与相附丽之实际困难，稍须顾虑，而以其所造之深与其带有现代精神之活气，使我不禁为最高之评价也。

为人道之利益，为贵国之进步，吾愿阁下此计划之完全成功。专此布达悃诚。

嘉域利亚一九一九年五月十七日于罗马

附录五

北京交通部顾问之铁路专门家碧格君投函

孙逸仙先生阁下：

敬启者，得读《远东时报》六月号所载尊著论文，敢以一铁路专门家之资格，敬表喜忭之忱。在阁下所选定路线，仆在此时虽难遽言赞成、反对，但以一铁路联结广大之农业腹地与人口稠密之海岸之理想，感我实深。窃谓阁下于此已于铁路经济理论上致一具体之贡献。即此路线自身，已能蠲解滞积，开辟一生产区，使食料价可较贱，以职业授巨额之退伍兵卒，又能使大量之硬币得有流转，而通货之位置将循之以为于正也。在仆尤有庆者，则大著正以此时发表，而仆适亦应《横贯太平洋杂志》社主之求，曾草一论，恰亦触及此种思想径路。此论非至七月不能发表，则阁下之意见，对于现在此点着想，使怀疑我者大足以开悟之矣。

冒昧致书，惟冀鉴原。又信阁下此种启沃思想敏妙之作，必将有继此而宣于世者也。专此敬颂勋祺。

碧格谨启　一九一九年六月十七日于北京

附录六

美国名士寓居罗马以世界中都计划著名之安得生君复函

逸仙先生足下：

六月十九日赐书，已由罗马敝事务所转到此处，甚谢，甚谢。并承瑰伟之补助战后整顿实业之案与《国际共同发展中国计划》相贻，尤感。

奉读尊著计划，旁擘附图而及于先生所与理则的且有力的论据，觉其兴味深永。谨此布庆悦之忱。

吾完全确信先生之高尚理想必将实现，非惟以为中国国家人民之福利而已，又以为世界各人种之利益与繁荣计也。

以饶富之贵国，粮食、矿产、煤铁等等天然富源素称丰富，从前虽为各国所忽略，今则不然矣。而先生之活动发展计划与其展开培成，在使此全未触及之广大处女地，以最经济最实用之方法运其产物于世界市场之前。是先生绝无私心，专为人道求其利益，是为稀有之人，且明晰显出先生深重之国际同情也。

夫发展中国富源者，不特于贵国实业商务与之新刺激、新能力，且为贵国之人民谋其不可胜计之利路而已，又以不可否认且无限之利益付与一切国家之一切人民。此所以政府及外国财政家，对于先生之计划与以最深细之考查及援助，而襄同先生以实现此最大之人道的计划，不应更有所踌躇也。凡此在北直隶建筑北方大港，由此港直通中国西北边陲，建一铁路系统，又浚一运河，构成中国北部、中部与此港联络之内地水路统系，且开发山西煤铁矿区，不仅其所需以作制铁炼钢工程者使贵国数百万人得其职役，抑且广开门户，随之以利益，以容多数国家组织完美之无数实业也。

先生于我世界交通中心之计划辱予赞助，且将以先生所经营之《建设》杂志绍介此思想于贵国人民，使我益加奋厉矣。

此都市如建立于中立地区，则立可以应国际联盟之必然的需要，作为其实际之骨干，而能成为受治于国际司法法庭之下最庄严之行政中心矣。

吾已将此世界中都之图及案送与各国之政府及主权者，并拟于十月一日起赴华盛顿，以展览各图原本，并亲自由纯然实际经济的观察点说明此种计划于各国代表之前。此等代表拟于此处集合，以助国际联盟之组织也。

吾又尝致函威尔逊总统，彼接吾图案之后，答吾谓彼视此计划之价值甚高。吾望此世界交通中心之计划，不久能为实现之中都，将以各国最高自然产物与最重要之实业成功致之于集中点，且使之确定意义，显出此种贡献，乃向于友谊的社会及经济关系为最初决定之一步，而建立此种联合之实用无可批难者也。

将纪念于此海上、空中、陆地战场，为求公道之战胜，为人道扫除榛秽以进于和平，为将来不受暴君压迫之自由而抛其生命之数百万人之英雄奋斗与高尚的牺牲，诸国应各有所献纳，共建造维持此和平都市，以为国际之为丰碑也。

对于先生高尚之计划，吾抱有最深厚之同情；而于先生对于我计划有此深切之兴味，尤吾所引以为庆者也。专布悃忱，藉申敬意。

一九一九年八月三十日

轩特力·安得生启于萨丁诺①

---

① 萨丁诺：今译撒丁(Sardinia)。

建国方略之三
民权初步(社会建设)

(一九一七年)

序

中华民族,世界之至大者也,亦世界之至优者也。中华土地,世界之至广者也,亦世界之至富者也。然而以此至大至优之民族,据此至广至富之土地,会此世运进化之时、人文发达之际,犹未能先我东邻而改造一富强之国家者,其故何也?人心涣散,民力不凝结也。

中国四万万之众等于一盘散沙,此岂天生而然耶?实异族之专制有以致之也。在满清之世,集会有禁,文字成狱,偶语弃市,是人民之集会自由、出版自由、思想自由皆已削夺净尽,至二百六十余年之久。种族不至灭绝亦云幸矣,岂复能期其人心固结、群力发扬耶!

乃天不弃此优秀众人之民族。其始也,得欧风美雨之吹沐;其继也,得东邻维新之唤起;其终也,得革命风潮之震荡。遂一举而推覆异族之专制,光复祖宗之故业,又能循世界进化之潮流,而创立中华民国。无如国体初建,民权未张,是以野心家竟欲覆民政而复帝制,民国五年已变为洪宪元年矣!所幸革命之元气未消,新旧两派皆争相反对帝制自为者,而民国乃得中兴。今后民国前途之安危若何,则全视民权之发达如何耳。

何为民国?美国总统林肯氏有言曰:“民之所有,民之所治,民之所享。”此之谓民国也。何谓民权?即近来瑞士国所行之制:民有选举官吏之权,民有罢免官吏之权,民有创制法案之权,民有复决法案之权,此之谓四大民权也。必具有此四大民权,方得谓为纯粹之民国也。革命党之誓约曰:“恢复中华,创立民国。”盖欲以此世界至大至优之民族,而造一世界至进步、至庄严、至富强、至安乐之国家,而为民所有、为民所治、为民所享者也。

今民国之名已定矣。名正则言顺，言顺则事成，而革命之功亦以之而毕矣。此后顾名思义，循名课实，以完成革命志士之志，而造成一纯粹民国者，则国民之责也。盖国民为一国之主，为统治权之所出；而实行其权者，则发端于选举代议士。倘能按部就班，以渐而进，由幼稚而强壮，民权发达，则纯粹之民国可指日而待也。

民权何由而发达？则从固结人心、纠合群力始。而欲固结人心、纠合群力，又非从集会不为功。是集会者，实为民权发达之第一步。然中国人受集会之厉禁，数百年于兹，合群之天性殆失，是以集会之原则、集会之条理、集会之习惯、集会之经验，皆阙然无有。以一盘散沙之民众，忽而登彼于民国主人之位，宜乎其手足无措，不知所从，所谓集会则乌合而已。是中国之国民，今日实未能行民权之第一步也。

然则何为而可？吾知野心家必曰“非帝政不可”，曲学者必曰“非专制不可”。不知国犹人也，人之初生，不能一日而举步，而国之初造，岂能一时而突飞？孩提之举步也，必有保母教之，今国民之学步亦当如是。此《民权初步》一书之所由作，而以教国民行民权之第一步也。

自西学之东来也，玄妙如宗教、哲学，奥衍如天、算、理、化，资治如政治、经济，寿世如医药、卫生，实用如农、工、商、兵，博雅如历史、文艺，无不各有专书，而独于浅近需要之议学则尚阙如，诚为吾国人群社会之一大缺憾也。夫议事之学，西人童而习之，至中学程度则已成为第二之天性矣，所以西人合群团体之力常超吾人之上也。

西国议学之书不知其几千百家也，而其流行常见者亦不下百数十种，然皆陈陈相因，大同小异。此书所取材者，不过数种，而尤以沙德氏之书为最多，以其显浅易明，便于初学，而适于吾国人也。此书条分缕析，应有尽有，已全括议学之妙用矣。自合议制度始于英国，而流布于欧美各国，以至于今，数百年来之经验习惯，可于此书一朝而得之矣。

此书譬之兵家之操典，化学之公式，非流览诵读之书，乃习练演试之书也。若以流览诵读而治此书,则必味如嚼蜡,终无所得。若以习练演试而治此书,则将如啖蔗,渐入佳境。一旦贯通,则会议之妙用,可全然领略矣。

凡欲负国民之责任者,不可不习此书。凡欲固结吾国之人心、纠合吾国之民力者,不可不熟习此书。而遍传之于国人,使成为一普通之常识。家族也、社会也、学校也、农团也、工党也、商会也、公司也、国会也、省会也、县会也、国务会议也、军事会议也,皆当以此为法则。

此书为教吾国人行民权第一步之方法也。倘此第一步能行,行之能稳,则逐步前进,民权之发达必有登峰造极之一日。语曰:"行远自迩,登高自卑。"吾国人既知民权为人类进化之极则,而民国为世界最高尚之国体,而定之以为制度矣,则行第一步之工夫万不可忽略也。苟人人熟习此书,则人心自结,民力自固。如是,以我四万万众优秀文明之民族,而握有世界最良美之土地、最博大之富源,若一心一德,以图富强,吾决十年之后,必能驾欧美而上之也。四万万同胞行哉勉之!

民国六年二月二十一日　孙文序于上海

卷一　结　会

第一章　临时集会之组织法

一节　会议之定义　凡研究事理而为之解决,一人谓之独思,二人谓之对话,三人以上而循有一定规则者则谓之会议。无论其为国会立法,乡党修睦,学社讲文,工商筹业,与夫一切临时聚众征求群策、纠合群力以应付非常之事者,皆其类也。

二节　会议之规则　尝见邦人之所谓会议者,不过聚众于一堂,每乏组织,职责缺如,遇事随便发言,彼此交谈按语,全无秩序。

如此之会议，吾国社会殆成习惯。其于事体容或有可达到目的之时，然误会之端、冲突之事在所不免，此直谓之为不正式、不完备、不规则之会议可也。有规则之会议，则异于是，其组织必有举定之职员，以专责成；其行事必按一定之秩序，有条不紊。如提议一案也，必先请于主座以讨地位，得地位而后发言；既提之案，必当按次讨论，而后依法表决。一言一动，秩序井然，雍容有度。如是，乃能收集思广益之功，使与会者亦得练习其经验，加增其智能也。

三节 会议之种类 会议有三种：其一、临时集会，为应付特别事件而生者；其二、委员会，乃受高级团体之命令而成，以审查所指定之事，而为之解决或为之筹备者；其三、永久社会，为有定目的而设者。此三者之分别，则如一、二两种为暂时之会，其三为永久之会。又其一、其三为独立之团体，而委员会则为附属之团体。至于组织之不同，则临时集会必当有主座、书记，各专其责；而委员会之书记虽有用之者，然非必要，而主座常可兼之。但永久社会之组织，略同于二者之外，更加以须有正式举定之职员及一切之章程规则，并有定期之会议、标揭之意志、规定之人数。

四节 召集之通式 凡有同声相应、同气相求者，皆可召来会议。其法有以口传，有用帖请，有登广告于报上，有标长红于通衢。其式如下：

> 敬启者：兹值民国中兴，宜张庆典。谨择于十月二十五日，在新都成功大道民乐园开筹备会。凡我同志，届期务乞光临指示一切。此布。
>
> 民国五年十月初十日 发起人甲乙丙丁同启

五节 开会之秩序 届时群贤毕至，少长咸集。而丁君先将议堂预备妥当，设主座于堂上，堂前陈列一案，案前横列众椅。到者随意择座，互道寒暄。少顷，发起人甲君敲案作声，要众注意，遂起而言曰：“诸君……开会之时间已至，请众就秩序！”（外国习尚，临开会时只高声号曰：“秩序！ 秩序！！”众则肃然就范矣。）俟众就秩序之后,乃再曰:"请诸君指名若人为候选主座!"仍立候众人之指名。

六节 主座之选举 有己君起而对甲君言曰:"我指名乙君当主座。"(己君对于甲君发言而不称曰主座者,因彼尚未得为正式主座,不过权行其事耳,故不称也。)己君既坐,庚君即起而言曰:"我附和之。"遂亦坐。甲君尚立待,乃曰:"乙君已被指名为候选主座,又得附和矣,尚有其他指名者否?"稍待,又曰:"尚有言否?"仍立待,乃再曰:"如无别意,则乐举乙君为吾人主座者,请曰'可'!"(众人之赞成者,则答曰"可"。)"其反对者,请曰'否'!"(众人之反对者,则答曰"否"。)若"可"者多于"否",甲君当宣布曰:"选举主座之案已得通过:乙君当选为本会之主座。"遂坐。

倘答"否"者多于"可",则其案为否决,而甲君当再请众指名以备选。会中当照前法指名其他之人。

七节 被指名者多人 倘有于乙君之外另指名他人当主座者,当起而言曰:"我指名戊君。"又有指名丙君、指名甲君,如是者数人。甲君立待,俟指名者各尽其所喜,而后按次先由乙君起,一一表决之,至得当选之人为止。甲君自身之被指名,亦提出己名于众以表决,一如他人焉。因甲君之职务,为会众之代理,以办选举主座之事,而待其本身亦如待他会员也。若用投票选举,则于指名既齐之后,乃能投票。投票法后再详。

八节 指名之附和 指名宜有附和,为一妥善办法,盖足见被指名者非只一人之乐意也。倘同时有指名多人,则附和一法非所必要;但其事以何为妥便,代行主座者可酌量变通办理。

九节 选举书记等 乙君既被选为主座,起而就座,立于案后,对众人(或敲案要众注意)言曰:"现在第一件事为选举书记,请众指名!"仍立而待。戊君起而言曰:"主座先生!"(此之谓称呼主座所以讨地位也。)主座答曰:"戊先生。"(此之谓承认其发言之地位也)。戊君既得地位,乃进而言曰:"我指名己君当书记之选。"遂坐。辛君即起而言曰:"主座先生,我附和之。"亦坐。主座略待,或问众曰:"更有指名否?"少顷,乃进而照前选举主座之法以表决之。己君当选为书记,即就案坐于主座之傍(案上当先准备文房器具),预备将所经之事、随来之事,一一照实记之;不必记众人之所言,但须全录已行之事或表决之案,而不得下一批评。

此时主座则将开会之目的宣布,为一长短适宜之演说,大略如下曰:“今日之会,为筹备庆典而设。诸君当知民国开基,甫经四载,则被移于大盗,几至沦亡。所幸人心不死,义师起于西南,志士应于东北,举国一致,大盗伏诛,天日得以重光,主权依然还我,中华民国从此中兴,四亿同胞永绥福乐。当兹幸运,理合申祝,故拟举行庆典,以表欢忱。诸君对于筹备之事当有指陈,此时则在发言秩序之中,本主座望各畅所欲言,备众采择,俾得速定办法,幸甚!”言毕乃坐。惟一旦有人称呼“主座”,彼当再起立承认之。当人发言时,彼可坐,但于接述动议、呈出表决及详言事实时,当起立。又凡有关于会中秩序及仪式所必要之时,亦当起立。

以上各节,为临时会议组织完备、着手进行之模范也。

十节　委员会　委员会之组织与上同,惟书记一职,可以省之耳。若高级团体委任委员之时已选定其主座,则开会时不必再选,否则于开第一会时,当由委员会中自选举之。就事实上而论,先受委之人未必即为委员长,但第一会当由彼召集其他之委员耳。委员会进行规则,后再详之。

第二章　永久社会之成立法

十一节　立会　发起永久社会之第一回集会,其组织方法与临时集会相同,但须订立章程规则及选举长任职员。

(演明式)譬如庆典会告终之后,与会者兴趣未消,感情愈结,均欲成立一会,以助政治改良,而导社会进步。于是再集同人,从新发起,其进行程序一如临时之会焉。

乙君被选为临时主席，己君为临时书记。主座既宣布开会宗旨之后，在会者各随意评谈，有赞成、有反对此计划者。甲君于是起而称呼主座，及得承认，乃曰："我动议发起一'地方自治励行会'，而在此会中即须从事进行。"主座接述其动议，遂即正式讨论，各尽所言，然后呈出表决。若得多数表决赞成，则为通过，而主座即宣布曰："发起一地方自治励行会之动议，已得可决矣。"斯时也，按法言之虽为临时集会，实则变为永久之团体矣。从此凡与会者，既尽共同所约束之义务，则当然为会员。

主座既将表决之结果宣布之后，乃继而问曰："本会今当如何进行，使团体之组织臻于完备？"庚君如法讨得地位，乃动议委任委员三人，以草立章程规则。此动议既接述，经讨论，乃呈众表决。若得通过，主座当问曰："用何法委任，由众选抑由主座委？"壬君讨得地位动议，或曰："由主座委任"，或曰："由众指名。"若为前之动议，如法呈众通过后，主座乃委任在会之三人，曰："本主座今委任戊先生、壬先生、己先生为起草委员。"若为后之动议，呈众如前通过后，主座乃请众指名，而接之以呈众表决，一如选举主座之法焉。

选举职员亦如前法，可动议交委员审定，备造职员名册，或动议由众指名候选。若交委员审定，则被委者或即退于别室，详细审定，而即报告；或俟下会然后报告；更或饬令将职员名册抄录，或印刷多分，备为选票之用。

至于章程规则之起草委员，必待下会而后报告也。

以上各事，为发起一会之所必要，而不能稍为忽略者。如是暂成组织随而逐步进为永久之团体。第一会当决定下会之开会时间、地位，乃散会。

十二节 章程及规则 第一次会议所委任之起草委员，自行集会，将章程规则草就誊正，准备报告。于下期开会时认可记录之后，第一件事则为起草委员之报告。主座要请之，而委员长宣读之。先读全文，俾会员知主旨之总意，后乃分条而读之。每条当详细讨论，或加修正。第一条议定之后，主座则曰："今开议第二条。"每条皆如是云云，至尽而止。主座随曰："现在问题，在采用此章程为本会之章程，赞成者……"云云（如前之表决法）。规则表决式同此。

有《模范章程规则》一份，载于附录，可为各种团体之张本。章程规则之要点，当包涵会名及其目的，职员及常务委员之数及其职务，会员之条件，取法之议则，法定之额数，修改之条例，与夫会中一切之要义。

十三节　职员　重要之职员，为会长、副会长及记录书记。若有会费，则加理财、核数二职。如事繁则当有通信书记及副书记。倘其事件为集会时所不能办者，则当举董事办之。至若小团体，而目的在互相资益而不勤外务者，则一切事务当以全体会员办之，于集会时讨论表决其大要，而细务乃授之委员。又此等资益会，其职员宜轮流充当，使各得练习其才干。如是则全体会员皆得与闻会事，于是感情益密，结力弥坚，而平等公正之精神亦油然而生矣。

十四节　职员之选举　第一回会议所委之职员，指名委员自行开会审定，乃列单预备报告。于第二回开会时章程规则既采用之后，主座则着指名委员报告。该委员长起而言曰："主座先生，本委员等谨报告如下：'当主座者壬先生，当副主座者丙先生，当记录书记者已先生，当通信书记者戊先生，常理财者乙先生，当核数者甲先生'"云云（以至章程中应有职员，尽仿此开列）。读毕，将人名单交与主座，遂坐。

会中规则，各有不同：有规定于指名委员报告之后，同时选举者；有规定于接报告之后，下期始选举者。倘为下期开会始选举者，主座于收接指名报告之时，当申言曰："诸君已闻委员报告候选职员之姓名矣，选举之期在于下会某某日，倘有不合意者，此时可另为指名，以备下会附入正式指名者之后而当候选也。"倘为同时选举者，主座当曰："诸君已聆委员报告，意见如何?"云云。此种报告，不必另有动议以收接或采用也。此时在指名秩序中，倘有他指名者，适可行之（详下节）。

选举时至，主座发言曰："今当选检查员。"辛君随而讨得地位，曰:“我动议检查员由主座委派。”此动议即呈众表决。得通过,主座即委癸先生及子先生为检查员。彼等受命后,即分派候选人之名单,以作票用,或空白条纸亦可。会员各将票准备,勾去不合意之名,而加入其所喜者。检查员以箱或他器收之,退而数之,记其结果。此事既毕,主座当搁置他事,曰:“检查员已准备报告矣。”癸君于是将投票之结果宣读如下:

所投之票总数二十一票

当选必要之数为十一票

会长票　辛先生得一票

　　　　壬先生得二十票,理合当选

副会长票　子先生得一票

　　　　庚先生得一票

　　　　丙先生得十九票,理合当选

读毕,将单交与主座。主座曰:“下开各位已得大多数票,当选为本会职员。”彼再宣读职员及被选者之名。经此宣读,则成为决议,而书记即记录其案,此案不能复议。

十五节　其他之选举　倘指名委员须即时报告,则无暇准备名单,而用白票,按职分选会员,随所喜而书名,然后收而按名数之。或用复选之法,初选作为指名,其法如下:一、凡得票皆作被指名者;二、以二三得最多票为被指名者;三、以限得若干票以上皆为被指名者。三者之中,采用何法,须先表决。复选之法,最为公允,但略费时耳。

十六节　无人当选　若各职之候选者,无人能得所投票之大多数,则谓之无人当选。如是必须再选,至得有当选者为止。则如选举会长,所投票共得十九:壬君得票十,丙君得票七,乙君得票二。此为壬君得大多数为当选。倘壬君所得少于十票,则为不当选,必当再投票。于是主座当曰:“候选会长皆无人能得大多数,本会当再投票。”

十七节　大多数与较多数　大多数者,即过半数也;较多数者,即半数以下之最多数也。若只得二份票，或二候补员之竞争，即大多数与较多数实无所别；若过二数以上则大异矣。如所投票为十九数，壬君得九票，丙君得七票，乙君得三票，如是则壬君所得票为较多数，非大多数也。因十票乃为十九票之大多数也。较多数亦有得选者，如此则必于投票之先，已经表决乃可。但一切社会之职员选举，最少须有一票过半乃能当选，庶几合大多数之常例。惟在人民选举官吏，则反乎此者乃为常例。因用大多数法，往往生出不便之事也，故有经验之国家多不行之。

十八节　团体之成立　恒久职员选妥之后，当于下会就职。临时可申言感谢会中之信任，并许尽其能力以服务，且当注意于会员之权利及利益，而平等承认之、尊重之。自此彼称为“会长”或“主座”。职员选妥，章程规则订妥，则其会即为成立，而可着手办事矣。此时职员当就职，各司其事。倘无论何时，有当开会时而正式职员全然缺席者，则当宣布秩序时，无论何人皆可将秩序宣布，而使会中另举代理主座并书记以摄行会事，此则犹胜于使会众及演说者久待也。

临时会与永久会皆各有常规，以定其程序。其前者则多尚普通习惯，其后者则采自专家。各商团及公司会议皆当循会议规则，而无论何家所定之法，适于各社会，皆适于各商团、公司也。

第三章　议事之秩序并额数

十九节　循行之事　开场议事，有三件必要之形式：一为唱秩序，二为宣读及认可前会之记录，三为散会。此外更有常务委员之报告，皆可称为循行之事。此等事由全体许可，便可不用动议及表决之形式而施行之。但此等非公式之举动，切不宜施之于此外之事，因虽于循行之事中，亦常容人反对非公式之举动者。当开会之时,会长起立,稍静待,或敲案而后言,曰:“时间已到,请众就秩序而听前会记录之宣读。”乃坐。书记于是起而称主座,然后宣读记录,读毕亦坐。主座再起而言曰:“诸君听悉前会之记录矣,有觉何等错误或遗漏者否?”略待,乃曰:“如其无之,此记录当作认可。今当序开议之事为如此如此”云云。倘有人察觉记录之错误,当起而改正之。发言如下,曰:“主座,我记得所决行某案之事乃如此如此。”倘书记以为所改正者合,而又无人反对,书记当照录之,而主座乃曰:“此记录及修正案,当作认可成案。”倘有异议,或书记执持原案,任人皆可动议,曰:“照所拟议以修正记录”,或删去或加入何字。此动议经讨论及表决,而案之修正与否,当从大多数之可决、否决而定之。主座于是曰:“记录如议修正,作为成案。”

二十节 议事之公式秩序 凡社会或会长宜采用议事之一种秩序,以为集会之标准;但其式可作通常用,非一成不变者也。其式如下:

一 请就秩序

二 宣读记录及认可之

三 宣布要旨

四 特务委员之报告

五 常务委员之报告

六 选举

七 前会指定之事

八 前会未完之事

九 新生事件

十 本日计划之事

十一 散会

以上秩序,各会可随其利便及方法以变通之。会长每次当定一日录,书明各件于秩序之下,以备开会时按序提出。次及新生事件之时,会长当问曰:“今日有无新生事件?”如其有之,当提出表决之,或临时结束之,然后着手于本日之演说或其他之计划事件。倘本日计划定有一定时间者,到时而诸事尚未完结,除得多数投票表决"继续进行"外,当作默许,立将诸事延搁至下期会议。总之,议事之秩序,一经认可记录之后,便可由动议及表决随时停止或变更之,以议特别事件也。

二十一节 额数定义 额数乃会议办事之必需人数。在临时集会,则额数问题不发生,无论到会者多少,皆可开会。在委员会,必得过半数乃成额。在长久社会,必当以法定其何数乃成额。如未有规定者,则必以大多数为成额。开会时必得过半数而后乃能办事,不足额则只有散会以待下期而已。

在立法院,其事为公共性质,其人员到会为当然之职务。而法院,又有强迫到会之能力,则额数以多为允当。至于寻常社会,则以少为宜,因其目的在事之能办,所以当定少额,以备开会时必能达足额之数。如社友之数由五十人至百人者,其额数以九人为妙;若更少之会,则五人为额;若数百人以上之社会,亦不过十五人至十七人为额足矣。至于所定人数,又当注意于社会之种类。有种社会其社员非服务者,则人数虽多,而额仍以少为宜也。其要义即在凡会员皆有到会之权利之机会,故无论雨晴皆到者,当然得办事之权利,以偿其劳;而疏忽不到会之会员,当不得更有异议也。

二十二节 额数为开会前之必要 凡一团体既定有额数,则此额为开会办事之必要条件。到开会之时,会长当数到会者几人,连已能足额否。苟缺一人,则不能唱序开会,须待到足方可。倘待过时尚无足额,众可定散会之时,时到则散。下期之会亦如是,则到会者只能谈论事件,而不能动议,不能表决,而无事在秩序之列,此与不开会等。会员或可催请到来以成额,然不能使之必来也。委员会之开会,亦与此同例。

二十三节 开会后缺额之效力 以足额而开会,开会后会员逐渐离席,以至于缺额,则事仍照前进行。此其意盖以为既得足额而开会,则开会后仍为足额也。当此情景,所办之事可视为正当,且可进行至散会之时而止。会长无注意于缺额之必要,而可继续进行。

但若有人无论主座或会员欲提出缺额问题,则进行立止。主座可曰:"本主座要众注意于缺额之事,而待动议。"或一会员起曰:"主座,我提出缺额之问题。"此时各事当停止,而数在场人数,倘有不足,即行散会。

二十四节 数额数之法 若额数为少数人,其出席、缺席,由主座及书记一数便明,众人亦容易察悉。若额过大,当由检查员或用唱名而数之,登记在场者之多少,便可立即解决额数问题矣。

立法会之议长(其会之额为大多数之议员,或多数之额数),可否由彼一人数在场之人数,尚属一问题。此专断之法,或为程序所规定之政党团体所必要。但在寻常团体,则用唱名之先例,以定人员出席、缺席为最允当之法。

无论何事,可发生机会致会长有自然之趋势,而成其专断之能力者,宁为限制,而不当奖励之也。

第四章 会员之权利义务

二十五节 会长之义务 会长为全体之公仆,非为一部分或一人而服务,是故彼虽为一会之长,而非一会之主人翁也。彼以事体之秩序,而纠率会众,使一切皆循公正平等而行。彼维持秩序及额数,如遇秩序紊乱之时,当立呼"秩序!"及议则错误,当立起纠正之。彼凭议则及会章以率众,引导之而不驱策之,至达目的而已。会长之义务,当严正无偏,务使大多数之意趣得以施行,而同时又能尊重少数人之权利,俾事件得迅速公当之处分,而讨论得自由不偏之待遇。贤能之会长当具三种特质:一、果毅之力,二、诚恳之意,三、体顺之情。

至于详细之节,主座当行其最宜于维持秩序之时,及适当于处分事件之事。彼于办事,如接述动议,呈问动议,及表决动议时当起立，但讨论时可坐。彼发言时，称本会长或本主座。彼对于会员，当承认应得地位之会员，当接述合序之动议，而使之得机以讨论。对于开会时当候至足额，乃能进行。当依时开会，依时散会。彼当知何时为委员报告，而到时命之报告。彼当注意于特别指定之事，而于适合之时提出之。所有需要事件，必当了结之，或正式延搁之，而后乃能散会。

二十六节　会长之权利　会长为社中或议场中人员之一，故当有发言及投票之权。但除关于必要之事外，此种权利常多放弃者。主座可遇事加以说明，并述布事实而已。至于亲行讨论，则当退让主座曰："请某君代主座"而暂为一纯素会员，乃从事于讨论。彼不必离其坐位，但当以他人为主座，如他之会员先称呼主座而后发言者。言毕，乃复其主座之职。

主座有权以处决谁为应得地位者，并有权以处决秩序之争点，但如有不服者，则二事皆可诉之公决也。彼可不待动议，而将正式事件提出。又倘无人反对，可将循例之案，不待表决而宣布通过。且到时可由彼宣布散会。彼又可使会员将动议缮写成文，又可随意打消不合秩序之动议。

主座非受特别委任，无权参加于委员会，而委员亦无与磋商之必要。彼非受特别委任，亦无监督之权，而此等权亦以不授之为妙。主座之权，乃指导会众，而使之能自治，而不在治之也。

二十七节　会员之权利义务　会员之义务，在能以竭助会长维持秩序。而维持之道，则当从自己始。如在会场，须戒出声，戒旁语，戒走动，并戒一切之能扰乱会场而阻人言听者。会员当依正式而动议，当持友恭而讨论，当惟多数之是从。会员地位，彼此皆一体平等。表决之投票乃会员之权利，而投票当本之主张亦会员之义务也。会员讨论之权利义务，第七章另行详之。

二十八节　副会长并书记之权利义务　副会长乃备以若遇会长缺座或失能而代之者。彼之职务，与会长同，故当知会中之目的、之办法与夫一切议事之行为。最妙得会长常请彼帮理一切事务，以资练习,庶不致使之成为废职。

记录书记之职务,乃记录当场之事,不必记录当场之言,除非有特别命意乃录言;随后当将临场记录缮就正式议案。所有表决票数,须照当时结果抄录,不容稍为更易。所有否决之动议,亦必录之。凡有记录,则作为案据,日后有所争持,悉以记录为准,而不以个人之记忆或主张为准也。故凡前会之记录,必当复读于下会,由众动议,或投票,或默许,以表决认可,然后方能成为正式议案。书记有通告委员被委事之责,并管理各种搁置及延期案件。简而言之,则帮助会长料理一切事务。倘书记于记录中有错误之处,而记录已为众所认可者,则正误之人,必要指出其错点为众所满意者乃可。盖以议案一经认可则成立正式案据,故必先修改错误,方许认可,是为极要之事。记录经认可之后,书记当签押于记录之后,如下:书记某某。书记记录之时,宜书之于册,则不必再抄。若有改正之处,可于行间加入。如所有表决之事,非得全体所许,不能删之。其他职员之义务,当由各会之需要,而从会则规定之各职员,当尽本职之义务;彼不当干涉他人,亦不容他人之干涉也。总而言之,记录书记之义务,为专司记录;通信书记之义务,为专理文牍。与夫凡属其类者,各从而司之。若其他之事件,亦得指委其一以司之;或其务内之事件,亦可由投票或特别规定而分治之。会长当监督一切,但除纠正程序之外,不当干涉之。书记固不当授以重权,然而彼亦当自慎用其应有之权,而毋越分可也。

二十九节 全体之权限并缺席、废置、特别会等之规定 夫一会之权力:第一为章程并规则,第二为各种之表决之专条与章程规则无抵触者,第三为采定之议则,第四为议会之习惯。以上各条,以先后为施行秩序。

职员缺席 倘于会期内职员有缺席者,当早为另选新员以补之。如遇散会期内有缺席者,可待至开会时乃选补之,或于规则中定有专条以处理之。至于董事会之缺席,宜否由董事团中自行选补,殊属疑问。但委员会有缺席,则常可自行选补,因其为临时之团体也。所有缺席职员,宜以他员暂代其职,以待新员之选举,而新员一经选出之时,代员即立终止其职务。

职员废置　职员有放弃责任或有陨越贻羞于一会者,可以多数表决,而废置斯职。其废置之法,当出于有附和之动议,而由投票以表决之如下:"动议宣布某某事务之职从此废置"云云。此等废置之事,独关于是非利害之极端者乃行之,其他当待其职务之届期告终为妙。

三十节　特务会议　在永久社会之会员,当知常期会开会之时及集会之地,故通告可以不必。但特务会则异是,必当照会中表决之规定。每会员发给正式通告,此规必当励行。在常期会得足额人数,则各种表决无抵触于章程规则及前时之表决者,皆可施行。惟特务会则反是,所表决之事,必先登录于传单;传单所无之事,则不能提议。特务会对于修改之事,较常期会格外谨严,而其程序与常会同。若有疑问发生,当就谨严之途以采决。特务会为应非常而设,当以少开为宜。

卷二　动　议

第五章　动　议

三十一节　动议　议场每行一事,其手续有三:其一、动议,其二、讨论,其三、表决。此三手续,乃一线而来,无论如何复杂之程序,皆以此贯之。动议者,为对于事体处分之提案也。欲在议场发生合法之提案,必当行正式之动议;倘随意谈话或随意拟议而得一般之同意者,不得收约束之效力也。如命行一事,必有正式动议,正式表决,始足责成受命者之遵行也。凡随意谈话,只足当动议之先导,而不能代动议之功能。故动议者,实为事体之始基也。

三十二节　处事之手续　以动议及表决而处事,重要之步调有

六,其秩序如下:

一　会员起立而称呼主座。

二　主座起立而承认会员。

三　会员发动议而坐。

四　主座接述其动议。

五　主座畀机会以讨论,随而问曰:“诸君准备处分此问题否?”

六　呈动议以表决,并宣布表决之结果。

倘动议有附和,则附和之步调在第三步之后。此步调未括于内者,以此非重要如他也。

三十三节　动议之措词　动议之词,以能达言者之意为主,各种词句皆可用也。但动议当要简明,而限定一题目。此书各章所演明动议之形式,不必强作模范,盖此不过指导动议当如何发耳。发言者之开始当曰:“我动议如此如此。”主座呈其动议于众,当复述其言,一如动议者为是。但彼可要求动议者,将动议誊诸翰墨,或可令其再言,以期确正。倘动议者有词不达意之处,主座接述之时,可为之修饰,但只能改其词句,而不能稍变其本意;倘主座有变其本意,则动议者当复述原语以纠正之。

三十四节　何时可发动议　各种普通动议,皆可于无他动议待决时发之。惟有特别之议术动议,则虽于他动议待决中,亦可随时而发。此种动议,十四章详之。惟当投票时,或当会员得讨论地位时,则无论何种动议皆不能发。在动议打消之后,则各事复回动议未发前之原来秩序。

三十五节　手续之演明式　设使地方自治励行会适在进行之中,而会长循序开会,记录既宣读及认可之后,照办事秩序以次及新事件矣。

辛君欲在会发起公开演说之议,乃起而言曰:“会长先生!”仍立而待承认。主座遂起而承认之,曰:“辛先生!”辛君由此得地位,进而言曰:“我动议‘本会公开一演说会’。”遂坐。主座乃曰:“诸君已听着辛先生之动议为‘本会当公开一演说会’,此事当待诸君讨论。”

仍立而待众之讨论。如久无人起，主座当请之，仍不应，再勉促之以讨论。当讨论时，主座可坐。讨论既竟，各尽所言，主座再起，曰："诸君已预备处分此问题否?"倘无人再起讨论，彼即将动议呈众表决如后，曰："动议为本会公开一演说会，诸君之赞成此动议者，请曰'可'(赞成者应曰"可")，诸君之反对此议者，请曰'否'(反对者应曰"否")。"若赞成者为大多数，主座曰："可者得之。"或曰："动议已通过。"若否者为大多数，主座曰："否者得之。"或曰："动议已否决。"除有疑点及复议之外，则主座此一宣布便成决案；书记录之，以为后日会中行事可作案据也。至其他之动议，如于何时何地开演说会，何人当演说员等等，皆同式发之，同式决之。略而言之，所有动议皆照此手续而行。惟属于议术之动议，则有免却或限制讨论之事。

三十六节　附和动议　附和动议之习惯，常有视之过重。每有于动议尚不能正式发之及正式呈之，而亦力持动议之必需附和而后得付讨论者，此乃以形式小事视为太重也。且近有立法院，如美国国会及马斯朱雪省[①]省会，皆不用附和，于此可见附和之事，渐失其用矣。经验老练之团体，已觉免却附和一事较为利便，盖可减省时间，且适于平等之理，使人人在会中能同享发言之权也。

由此观之，虽向来会议法家多主张附和为当务之事，而吾人则主张除关于不能讨论之案、非正式之案及偏僻之案外，则不必太为拘守此旧习，但假权宜与主座，由彼定附和之需否，而后将动议呈之于众也。

按以习惯，无论何人皆可随意附和动议，但附和非属必要之务。如无人附和，主座可以请人附和。除特别之案，主座可不待附和，而直呈动议于众者。又主座觉于事有益，亦可自行附和动议者，此可免于请众附和之烦也。在坚持必需附和之团体，其动议未得附和者，便作打消论。是故公正之主座，往往宁自行附和一正式之动议，

① 马斯朱雪省：今译马萨诸塞州(Massachusetts State)，下同。

而不愿任其打消也。

三十七节 附和之形式 附和动议者,必待动议发后乃从而附和之。附和之事,固有正式行之,即起而称主座,得彼承认,而后言曰:“我附和动议。”但附和本非重要之事,则每多以非公式行之,由坐而言曰:“附和动议。”主座遂曰:“某动议既发,并得附和”云云。如动议为主座自行附和者,则彼所用之言词与上同;或曰:“动议为如此如此。”若在无需附和之时,主座当曰:“动议已发”,或“某某君动议如此如此”。若主座欲得场上之附和,当曰:“有人附和此动议否?”在坚持有附和之社会,则凡有此动议,议员当立时附和,而不必待主座之请求。此可省时,而免主座之再三复问也。

三十八节 极端之当避 常有两极端为公正之主座所当避者:其一为打消无附和之动议,其二为过促将动议呈众表决,而不假机以讨论。

如第一章所言,职员指名之举,当以有附和为善,其故因指名之事,向无讨论也。对于附和规则,欲规定其良善者只属此耳。附和此事,在常务当不必坚持;所可坚持者,则在指名之案,在不能讨论之动议,并在申诉之事件。而在此书之演明式中,附和一事免而不用。各种社会,如有以此书为法则者,可任意采择附和之去取也。

第六章 离奇之动议并地位之释义

三十九节 收回动议之公例 动议既发,而未经主座接述者,本人可以随意收回。若既经主座接述之后,则非全体一致,断不能收回也。盖既经主座接述之后,则动议当属之全体,而不属之本人也。且以全体一致而决会众之意旨,实为最直捷了当之法;若不用全体一致,而用大多数以解决此问题,则既决之后,任一人皆可再发同一之动议也。如此倒而复起,徒为费时失事耳。又动议既经修正之后,则虽全体一致,亦不能收回。盖此既经他种手续,则自有他种之作用也。倘动议既经附和时,附和亦必要收回。动议既收回,则不必纪录之,以其与未发无异也。

四十节 收回之演明式 事件有至于讨论之际,乃使动议者觉其提案之非要且属无谓,而悔其所为者,于是彼可以收回之。其法如下:彼起称呼主座而得承认,乃言曰:"我欲收回我之动议。"主座随而接述之曰:"某先生欲收回其动议,有反对者否?"略待回答,倘无反对,即宣布曰:"动议已收回。"倘有反对者,其人当起而言曰:"主座先生,我反对之。"主座遂曰:"已有人反对,动议不能收回,仍在诸君之前,请从而讨论之。"

四十一节 例外之事 上节所述动议,未经主座接述之前,则动议仍为个人所属,发者可任意收回。然动议者皆有故而发,断未有即发即收者。但间有为事实所关或时势使然之事,为动议者所未知,而主座或他人转主座示意,使动议者知其动议之无谓或不合时宜,倘动议者以为然,可乘时收回动议,而免生后悔。

四十二节 分开动议 一动议具有数段意思者,可于每段分作一动议,而一一呈出以表决。其分开之事可由主座为之,如无反对,则不必表决。或由会员发动议,将动议分开,此案呈出表决,与他动议无异。譬有发动议为"由主座委全权委员三人,以审查公开演说会之问题"。此动议可分为四,如下:其一、委员以审查公开演说会事,其二、委员为三人,其三、委员由主座派委,其四、委员授以全权。

此可假机会以便逐段讨论、逐段修正,较之一起而处分一全部之复杂动议,尤能得迅速公平之效果。在级序之列,则分开与修正同等,见一一六节。若主座决意不用动议而行分开事,则可将动议之显明段落一一分之,而呈出表决便是。分开事之动议法,不过如下,曰:"我动议将此动议分开",而不必详其分法也。若此议通过,主座则随而分之,如上所述。

四十三节 对等动议 对等动议者,即两动议同时有背驰效力之谓也。如否决此动议,便是可决彼动议,二者出入于否决、可决之间,毫无疑义,于是表决其一,即是表决其他也。(演明之式见五十一节。)

四十四节 地位释义 地位者,发言之权也。因言者必先起立,故西人议场习惯通称地位。此书亦沿之以为一术语,专为议场上有发言之权而说。凡议会办事,必由动议以开其端,而动议者必先得地位而后能发言。本此秩序以集会,虽聚千百人于一堂,各尽所怀,自由畅议,无论事体如何纷纭,问题如何复杂,皆能迎刃而解,泛应曲当,决无阻滞难行、衖堂捣乱之事也。

四十五节 地位之讨得 地位既为议事轨道之初步,则动议者必先向主座以讨地位,得地位之后乃能发言。是故地位者,对众交通之枢纽也。握此枢纽者,主座也。是犹乎一城市内之电话机关也,握其枢纽者为中央电话局,凡欲用电话以通消息者,必先向中央电话局以接其枢纽,始能有达言之效。议员之欲发言者,亦犹乎城市内之一家,欲通其消息于他处,必先联络中央电话局之枢纽,而向主座讨其地位也。既得地位,而后对众发言乃为有效,否则视为闲谈,可置不理也。此地位之为用如此,而发言者有讨得之必要也。(演明式见三十五节。)

第七章 讨 论

四十六节 讨论之权利 一动议既发,及为主座接述之后,会众便可讨论。此时主座之义务,当使之能得完满及公平之讨论,又使会员各得同等讨论权利;而一面又须有以护卫全体,毋使一二会员之讨论时间有侵及全会时间。是以欲维持一适中之准则,一面可防止冗赘或捣乱之讨论,而一面又可防止疏略之处分,则会中对于讨论一事当立专规以指导而调护之。

四十七节 讨论之定义 以狭义言之,讨论即对于一问题,具有成见,意趣不同,表决背驰,而下反对之驳议也。但以广义言之,即包括对于问题一切之评论,无论其为反对与赞同也。凡会员于讨得地位后,对于当前之动议有所发抒,而其所言皆当就题论事,不能说及个人。(倘对于动议者有为莫须有之讽刺,或下诛心之论调,便为违反秩序矣。)又为当场之议论,而非作备之文章,方得谓之讨论也。

四十八节 何时为讨论之秩序 当前有正式动议,即为讨论之秩序;若无动议,而作非公式之谈话,不得谓之为讨论。而正式之讨论,即动议之讨论也。动议既发,一得接述,则讨论开始。反之,动议一旦呈决,则讨论立止。如主座问曰:"诸君预备处分此问题否?"若无人起言,则动议便可由讨论之秩序而进于呈决之秩序矣。此时则不能再有讨论也,除非得公众之许可,而由口头或起立或举手表决之,然后乃能回复讨论于呈决之后也。若讨论既经回复,则结尾投票,当分两面而重复投之。若两面已经投票表决之后,则无论如何不得复行讨论。倘于宣布表决之后,再有异议则为无效,盖事已表决也。若有专条,则讨论当为所范。又若停止讨论之令已布,则虽全体一致,亦不能复行讨论矣。

四十九节 讨论法演明式 譬如当地方自治励行会开会时,有人动议"公开一演说会"。此动议已接述于众前,适次讨论之秩序,而主座请众讨论曰:"此动议今在诸君之前,本主座望各将所见详言之。"寅君起称主座,被承认得地位,乃进而言其赞成公开演说之意。所言当严限于本题范围之内,而表出良美之理由。彼当避用模棱两可之词,并防止重复冗滞之语。又当注意于讨论之词势,当先从宽处,然后步步迫紧,不可由紧而放宽也。至于无经验之发言者,虽不能美满以达意,而主座当勉励之,使之尽意。盖意思为重,而言词为轻。言者不必以言词之拙劣而向众道歉,所发何言,由之可也。若发言者于讨论中偶要说及他会员,则不当提其名,但说:"在我左或右之会员”，或曰：“我等之书记”，或曰：“其他之发言者”，或曰：“我之反对者”，或其他不属个人之代名词，以指出所说之人便可。西人议场习尚，会员彼此讨论向不直称姓名，如有称之，视为不合会议规则。发言者言毕，即止而坐。倘无人即行继起发言，主座当请之，曰：“此问题当详加讨论，诸君之有所见者，幸勿推宕，宜尽所欲言为望！”主座对于会员，亦宜以不呼姓名为妙，除非有特别之人为专长于此问题者。盖呼名之习惯一生，则有不被请者不敢发言，而欲发言者又必待于请。如是则自然流露之发挥为讨论之价值者，为之阻碍矣。由此观之，为主座者，倘遇人声沉寂之顷，宁为稍待，以候会众精神之活动，而不宜强人讨论，而指定谁当言者。久而久之，会员必有鼓其勇气，起而发言者。由是相习成风，则必能各从其赞成、反对两方面畅所欲言，全各尽其词而已。及地位已空，主座乃问曰：“诸君准备处决此问题否？”倘仍无人起，便可呈出表决矣。

五十节 限制冗论之例 由上节观之，讨论之事似属毫无限制，各人可随时发言，而言之长短又各随其所欲。此等办法，若为专对于结束之事件及对于会员多不愿发言之会，则诚为尽善尽美，且为一普通办法也。公正贤良之会长，当能引人入胜，而使素来怯驽之人亦敢于讨论。如是则限制之例，可以不必也。

但在于习讨论为目的之会，而会员又属有经验者，或于特别之会期，时间为有限，而指定所讨论之事又为众所悦意者，则讨论之时间宜有所限制，免一二人专揽讨论之地位。其限制之规则，或用之临时，或用之久远，俱随所择。此等规则，当严限言者之时间并秩序。其简单规则，而为讨论会所常用者如下：

（一）非待所有会员轮流讲毕之后，一人不能讲二回。

（二）一人所讲，不能过五分钟之久。

（三）讨论领袖，于开端时可讲十分钟，结尾时可讲五分钟。

所定之时，可长可短。而结尾之论，不必定为领袖发之，如时间太短则虽不用结论亦可。

此数条规则，已足为通常所需，主座当实行之。如有言过其时者，主座当起立敲案或摇铃，且曰：“言者之时间已过”，以止之。倘言者仍不止，则以乱秩序视之。每值一人讲完之后，主座当曰：“尚有发言者否？”

延长讨论时间之习尚，非有异常之事，不宜频行，以其与规则本意冲突也。倘欲延长讨论时间，当有人起讨地位而动议曰：“请将言者之时间延长。”若得通过，则讨论者可继续进行。总之，延长时间之事，既为势所不免，则不如加采一例如下：

（一）独得全体一致之表决，乃可延长讨论者之时间。

五十一节　演明式　地方自治励行会已进步至非公式之谈话时，遂决意再进一步至正式之讨论会。于是委一会员或数会员订备有趣之论题，如建筑道路、统一圜法、收回租界等论题为议案；而议案又须从正面主张，不可从反面主张，如“当主张建筑道路为有利”，非“主张建筑道路为无利”，方免乱论者及听者之意，而使之有所适从也。论题定后，须选讨论领袖二人至四人，或由众指名，或由主座委任，办法如下：第一正面、第一反面、第二正面、第二反面等。并当注意，使之各知其主讨论之何面为要；又宜先行表决，以前节之条例为讨论之准绳。

到时，主座曰：“今夕之计划讨论问题，为‘主张以收回租界为救国之要图’，而寅先生为第一之正面讨论领袖，请先发言！”于是寅君起而称主座，得承认，乃进而讨论，至主座示以时间已完为止。而主座又曰：“戊先生为第一之反面讨论领袖，请继发言。”于是戊君步寅君之后尘，讨论至时终而止。而第二之正面领袖辛君继之，第二之反面领袖再继之。各领袖讨论完毕之后，主座再曰：“今为会员讨论之时，每人以五分钟为限。”于是各尽所言。倘有领袖为收束之讨论，则当取他会员之时间而为之。如其无之，则各人讲完之后，便为讨论告终之时也。此外，即时间已至及停止讨论之动议，在秩序中亦皆为讨论告终之时也。讨论既终，主座即呈案表决如下，曰：“凡赞成‘以收回租界为救国之要图’者请起立！”待数完为止。（赞成者即起立，而书记乃逐一数之，并记其人数。）又曰：“凡反对者请起立!”待数完为止。(反对者即起立,数之如前。书记遂将记录交与主座。)主座宣布曰:“三十五人投赞成票,而二十人投反对票,此议通过。”

五十二节 驳论言辞 凡讨论者,对于问题当注重多闻博识、考察无遗,而论点当以诚实、适当、简明为主。发言时当力扬本面主张之优良,而用公平之道,以发露对面主张之过失、之无当、之不公等等,方为妙论。

西人讨论会中,常有表决问题之优良,兼而表决言辞之工妙者;亦有只表决言辞之工妙,而不计问题为如何者。如是则投票者不计意之异已,只审其发言之工妙耳。但此种习尚究非所宜,盖以其为专奖辞华,而不重诚实也。

五十三节 竞争地位 前已言之,会员为主座所承认者为得地位,有发言权。在所定时间之内,若循序而言,无人能阻止之。但常有两人齐起,同时称呼主座。遇有此事,除非其一退让,曰:“主座,我让与某先生”,遂坐,否则主座当裁决之。其法即呼先起者,或言者之名便是。若主座有所疑,彼宁承认离座最远者,或未曾发言者,或向鲜发言者,而舍其他也。若二人中,其一已起而称主座,其一不过甫起,或甫发言,则前者当得地位也。

倘未承认者,自信彼为应得地位之人,彼可坚持留立而言曰:“主座先生,我信我先称呼主座。”或同效力之语。主座乃随而言曰:“某先生(指承认者)肯让位于某先生(指未承认者)否?”倘不肯让,则主座当呈出表决,曰:“问题为此两会员中谁为先起者,众赞成某先生(指承认者)得地位,请曰:‘可!’”若得可决,则未承认之会员当复坐。若得否决,则彼得地位,而承认之会员复坐。此可不必再行表决,因表决其一,即表决其他,毫无疑义也。此为“对等动议”之模范。

若竞争者过于二人以上,则表决之次数,必至得可决而后止。此等动作,名之曰“竞争地位”,常见于立法院,而鲜见于一般社会也。寻常社会之会员,常惯顺从主座之决断,或彼此相让。但此节之规则，对于不公平之主座以及言者之有急要原因，则甚有用处。

五十四节　逊让地位　在有趣之讨论中，常有会员思欲间止言者，以“问一句话”之语。此容有出于诚意者；然常遇之事，则为指出言者之失处。诸如此类者，或允，或不允。此等问话之间断，倘言者允而“逊让地位”以应之，而问之者倘欲连续发言，则彼失却地位矣。如欲复之，必当由正式再讨得乃可。例如寅君正在讨论中，而卯君欲问一事，乃起而言曰：“主座，发言者允我问一话否？”主座起而言曰：“寅先生允让地位，俾问一话否？”寅君如允，可曰：“允之。”仍立而听之，或答或不答，俱可随意。而卯君坐后，彼可再言。或寅君不欲其语论为人所间断，可曰：“主座，我言毕之后，我当乐答所问。”遂进行发言如初，而卯君复坐。倘彼允人问话，彼有失却地位之虑，又有失却思潮之虑，而于事体之决断亦虑为卯君意见所摇动；倘彼之意见与己相左，尤不宜于此时允之也。在问话时，卯君可出下式：“我欲经由主座而一问发言者如此如此……。”彼可乘时继进，而自答其问题，而又为驳议，而不理寅君之仍立而待也。

卒之，倘卯君言之不已，寅君不耐而坐，则失其地位矣；而欲复之，只从正式讨之，或得一致之许可乃能也。此实为一严厉之习尚，然以既属议规，当慎防之为妙。间断之事，实属骚扰，言者听者两皆不便，故不宜奖励也。至于地位，非由自由逊让，乃为权宜问题及秩序问题停止之者，则仍属之其人，而不失却也；倘该题解决之后，仍得复之。见一百五十一节。

五十五节　讨论之友恭　友恭一事，当常在注意之列，然不可施之太过，以致有碍于一己之权利。不逊让地位，非不友恭也，只要以友恭之态而却之耳。受人之让，而据其地位，亦非不友恭也，只求由公道而得之耳。

在美国国会有一习惯，允特种议员有优先权，如委员长、发案人等，于讨论时皆假以超众之机会、超众之时间。此于国会或有所必要之处，而在通常社会则大非所宜。假以特别优权于任一会员，而使之凌驾其他会员，则讨论之自由已为之失，而讨论之安全亦为之碍矣。

五十六节 一致许可 有许多程序,本非公式,而由一致许可,得以进行者。如循行之事得以施行,秩外之讨论得以允许,与夫一切非公式之事得以通过(本书随处皆有引之),诸如此类,倘有一人反对则不能行矣,事件常有赖此全体一致而收其利便者。但此种习惯必须谨防,无使妄用也。又有特别手续非得全体一致不能行者,如收回动议及删除记录等事,凡此等事,其全体一致必当以确凿得之,而不能擅行武断也。主座当进如四十节,或尤善者即曰:"此事须全体一致,以表决其赞成者"云云。倘有一人反对,便属不行也。

第八章 停止讨论之动议

五十七节 停止讨论动议之用法 停止讨论之动议,是否属正式程序之一部分,尚无定论。又除各尽所言之外,讨论宜否停止,亦久成一未决问题。在大会场中,此停止讨论之动议,视为不可少之件,盖非此则无以防止缠绵之讨论也。倘有用之非宜,亦易为大多数所打消。在小会场中,此动议以少用为宜,倘有常用之而致生讨论之障碍者,或防止少数人之发挥意见者,宜定条例以限制之。若无专条以限制之,则用之者固视为议场所应尔也。凡社会欲立限制之条件,宜以三分之二表决为妙,此可防范仅仅之大多数以阻止讨论也。美国国会之元老院、纽约省会之元老院及马士朱雪省会之元老院,皆不用停止讨论之动议,但其内之各附属会用之。凡有社会不喜用此动议者,可规定特别条例如下:"本会禁用停止讨论之动议。"

五十八节 停止讨论动议之效力 前已言之,若无条例以限制讨论,则讨论必继续至各尽所言,或至时间已届,而主座发问:"诸君准备处分此问题否?"之后,方可自然停止。若欲随时停止讨论而行表决,其法当用停止之动议。此动议既发,及经接述之后,虽未得表决,而本题之讨论当立即停止。若停止讨论之动议为表决所打消,则本题之讨论可再复。若得可决，则本题当立呈表决。此动议有当注意之要点二：其一、为一简单之停止讨论动议而已。其二、此动议一发，议场即当立为表决两动议：甲、独立之动议（即讨论中之本题），乙、附属动议（即停止讨论动议）。两动议当各为表决，先行表决停止动议，倘得通过，再行表决本题动议。要之凡能讨论之动议，皆受停止讨论动议之规限。

五十九节　停止讨论动议之讨论　停止讨论之动议，自身亦可讨论，但限以时间，常以十分钟为度。或立例以规定之，为不讨论之列。讨论此动议，无可多说，不过指明理由，何以本题不可立时表决而已，此可顷刻说毕也。倘言者讨论此动议之时，而支吾入于本题之议论，则为逸出秩序，主座当立止之。

六十节　停止讨论之演明式　地方自治励行会当讨论公开演说会时，己君以为讨论过久而欲速行表决之，适寅君言毕而坐，己君循例讨得地位而言曰："我动议停止讨论。"主座曰："停止讨论之议已提出矣，可否呈出本题？"若无异议，彼当继曰："赞成者……"云云。如有讨论，则讨论亦甚简略，只限于本题之应否即行表决之理由耳。如十分钟已至，或讨论告终，主座当曰："讨论之限已过，今当表决，赞成者请曰'可'！反对者请曰'否'！"云云。随宣布曰："案已通过，停止讨论，当在秩序。"彼随而呈出本题以表决，曰："诸君赞成本会公开演说会之动议，请曰'可！'"云云。如是则事件告竣矣。倘有人于停止讨论秩序之后，仍思讨论，便为犯秩序矣。盖会中已决即行表决本题，则不容再有阻止之者。

若动议否决，主座当曰："此案否决，讨论当继续进行。"讨论于是复续，至再有停止动议，或至互相许可，或至散会，或至别种动议致本题立当处决而后止。

六十一节　停止动议与本题动议之别　当一动议在讨论之中，遇有发停止讨论动议者，即谓之为"附属动议"。此动议当先行表决，如得通过，立即当呈本题以表决。此两表决相续而行，不容有他事为之间断也。

六十二节 停止动议对于他动议之效力 停止动议既发并接述后,尚有可行者为以下之事:可提起权宜问题或秩序问题之关于本题者,可动议散会,可动议休息,可动议定时开下期之会,可动议搁置本题,及可动议各种有关于本题之修正及表决方法。但停止讨论动议既呈决之后,除不足额问题及表决法问题外,则无可阻挠本题之立决者,而各种问题皆须即行表决,不得再事讨论也。

若有延期动议或付委动议在待决之时,而停止动议通过,则两动议为之打消。其故因会众表决停止讨论之时,则必欲即行表决本题,而延期及付委皆与此意抵触也。惟修正案则不能打消,因此为成全本题也;但皆不得讨论,亦不得增加。其对于复议之效力,七十八、八十二两节详之。

六十三节 停止动议对于本题一部分之效力 停止讨论之动议,能否施之于本题之一部分,向为会议学说之一争点。有一说谓停止动议一提,则全部须为之停止,是以不能独施于一部分也。但属于事所必需,则停止动议,当能施之于可讨论者,而重要可讨论之附属动议,为延期、付委、修正及无期延期等附属动议。若对于本题一部分而发停止讨论,则必须明白说出,其式如下:"我动议停止修正问题之讨论,或付委问题之讨论。"如得通过,则此一部分当立呈表决,而后再从事以讨论他部分也。

六十四节 定时停止讨论 停止讨论动议之外,更有动议以定未来时间之停止讨论也。此动议与他动议同,惟所异者,虽在他议待决中亦可发耳。时间动议,最妙能发于开始之前,其用处一面在防止缠绵之讨论,而同时又使能得适度之讨论。此动议之方式如下:"我动议限此动议之讨论,至四点钟为止。"其时间之长短,可以讨论而修正之,乃呈表决。倘得可决,则届时讨论须停止,而即行表决本题。此时倘大多数尚欲继续讨论,则此案可以复议如他种动议焉。

第九章 表 决

六十五节 表决方式 表决与动议原不能分离者也，故第五章所述动议，已连带论之矣。今更重复详之。讨论告终之后，主座起而复述动议，呈之表决如下，曰："动议为本会公开一演说会，诸君赞成者，请曰'可'！（可者应之。）反对者，请曰'否'！（否者应之。）"如可者为大多数，彼曰："此案通过。"或曰："此案可决。"或曰："可者得之。"如否者为大多数，彼曰："此案否决。"或曰："此案失败。"或曰："否者得之。"主座最后之言，即为宣布表决，而议案于以成立。此谓之"口头表决法"，或曰"用声表决"。如两方皆无人出声，即为默许通过，盖不反对则公认为赞成也。

六十六节 举手并起立 用声表决之法，为最简便。但须数人数，则当用举右手或起立之法为当。主座曰："诸君赞成者请举右手！"或曰："请起立！"待至数毕，赞成者当如法应之。书记乃数之，而报其数于主座。对于反对方面，亦与同法处之。于是主座宣布曰："十五人表决赞成，而二十五人表决反对，此案失败。"独依法表决者，乃数之，不举手、不起立者阙之。

六十七节 采法宜定 以上之表决各法，为普通集会所常用者，然开会时当采定其一，不宜同时并用数种，免致混乱耳目也。虽在永久社会中，会员惯用一法，而会长亦当先为指定何法，而后行其表决。若在临时会议及复杂集团，则先事声明用何法以表决，更为不可少之事，否则会众无所适从也。

六十八节 拍掌不宜用以表决 我国集会向有厉禁，故人民无会议之经验之习惯。近年西化东渐，吾人始有集会之举，然行之不久，习未成风，讹误多所不免，则如以拍掌为表决，是其一端也。拍掌为赞扬称道之谓，中西习尚皆同也。乃吾国集会，多用之以为表决,此则西俗所无也。夫既用之为赞扬,而又用之以表决,则每易混乱耳目,使会众无所适从,故稍有经验之议会,洵不宜用拍掌以表决也。

六十九节 两面俱呈 表决必两面俱呈,而主座又宣布结果,乃云决定。若只呈之可决,而未呈之否决,或两面皆已呈,而主座未宣布结果,则不得谓之完妥,不能生合法之效力也。其无经验之主座,常忽略之,而呈表决如下:“诸君之赞成者请曰‘可’! 诸君之反对者请曰‘否’!”而已,随而忽略于宣布,此皆谓之不合法也。其合法之表决秩序如下:一、主座呈问可决者,二、可决者应之,三、主座呈问否决者,四、否决者应之,五、主座宣布其结果。

七十节 表决疑问 用声表决,赞成与反对两者之数相差不远,结果难辨,则成疑问。若于两者既应之后,而主座不能定何方为大多数,彼则曰:“本主座有疑,请赞成者起立!”待至数毕,其手续悉如六十六节。又如有会员不以主座之宣布为然,彼可生疑问,演明如下:一动议既呈表决,而主座以为可者多于否者,既而宣布曰:“已得可决。”乃有戊君以为不然,于是起而不待承认,言曰:“主座,我疑表决之数。”遂坐。主座从而言曰:“表决之数已见疑,赞成之者请起立!”待至数毕,云云,悉如六十六节。主座可用举手以代起立,但起立则错误较少也。若在大会场中,则常有令表决者分为两部,一往右边,一往左边。惟此种烦难之法,只宜用之于不得已之时,及临时之会耳。在永久社会之大会,会员皆列入名册,如有见疑时,当按册点名,各随名以应可否。他法倘生疑点,则此为最适当也。

倘用声表决,当时不生疑问,则主座所宣布,便作成案。盖以会员不即起疑问,便作承服主座之决断也。

七十一节 同数 当表决可者与表决否者之数相同,则谓之曰:“同数”。此案赞成与反对两适相抵,故动议则为之打消。其理由为动议之通过必要得大多数,今只得同数,乃大多数之欠一,是以不能通过也。此法有一例外,见一五六节。

七十二节 主座之特权 若遇同数之表决,则为主座行使特权之候。彼可随意左右袒,或加多一数,使案通过,或由之使自打消。倘彼为赞成其案者,当宣布如下,曰:"二十人赞成,二十人反对,本主座加入赞成方面,案得可决。"倘彼反对,则曰:"二十人赞成,二十人反对,而案打消。"

主座又可加入少数以成同数,以打消动议。倘表决为二十人赞成,十九人反对,而主座欲打消其案,则宣布如下曰:"二十人赞成,十九人反对,本主座亦加入反对,而案打消。"

七十三节 主座有表决之权利 主座亦为会员之一,有同等表决之权利。但此权利除遇同数时之外,鲜有用之者,惟其存在则一也。而其惟一之例外,则为主座非属会员之一,如美国副总统为元老院之议长,则除同数之外,本无表决之权;但元老院代理议长,本为元老之一,则有表决权也。

若用点名以表决,则主座之名亦按次与会员同时点之,而主座应名与否听之。倘彼既应名,而得同数之表决,则彼不能左右袒矣,盖每会员只得一次之表决权也。倘彼尚未应名,而遇有同数,则彼宣布时可随所喜而加表决也。

七十四节 点名表决 用声表决,起立表决、举手表决及分两部表决,上已论之矣。而点名表决则与各法不同,盖此法非由主座自行采择,乃由动议及表决而定。若遇特种法案欲得记名,以便知谁为赞成谁为反对者,则点名表决为不可少者也。但点名表决,恐难得大多数之赞成者,故宜立例以规定少数(五分一)人有要求之权利。此等条例,凡有集会多采用之,而永久社会亦当采用之。

到表决之时,或表决之前,如有会员欲记名表决,当照常讨地位,动议"用点名表决"。此动议不讨论,而呈表决,若得在场五分之一赞成,主座当宣布曰:"已得五分之一赞成用点名表决,则点名为刻下秩序矣。"书记遂起执名册,逐名高唱;若不见应,则再唱之;但不三唱。每会员名字唱出之时,即应曰:"可"或"否"。书记按名而记之:可者作一号于其名之右,否者作一号于其名之左;唱毕,将可否各名数之,而交主座宣布之。

七十五节　投票表决　若欲秘密，则当投票表决，其法已详于十四节。此为烦缓手续，多用于选举职员、委员及代表或收接会员等，及用之于关于个人而不便公然讨论、不便公然表决之问题。投票表决之动议，其发起及呈表决，由大多数以决定，一如平常之动议焉。

七十六节　由少数或多于大多数以取决　寻常通例，赞成、反对之表决皆定于大多数，此除少数特别事件之外莫不皆然也。在用点名表决，只需在场者五分之一。在改章程、修宪法及罢免会员等事，当需三分二之数。而停止条例，当需一致之表决。及其他之事件，由仅仅大多数通过而致大不便者，须立以需更大多数之例以防范之，庶为万全也。

第十章　表决之复议

七十七节　复议之定义　按之常例，凡动议一经表决之后，或通过，或打消，则事已归了结矣。惟预料议员中过后或有变更意见，遂欲改其表决者，故议会习惯，有许可"复议之动议"，即推翻表决而复行开议也。其作用，则所以救正草率之表决及不当之行为也。

七十八节　复议动议之效力　此动议若得胜，则其效力有打消表决，而使案复回于未表决前之状况，以得再从事于种种之讨论，然后再行表决也。此动议若失败，则其效力为确定前之表决，而不许再有异议也。盖会议公例，每一表决，在一会年内非全体一致，不得有二次之复议也。

七十九节　何时可发复议动议　此动议只可发于同时，或于下会，若过两会期之后则不能再发矣。若发于同时者，可以立即开议，又可由动议及表决延至下期开议。若发于下期者，必当立时开议。但两者皆无立时决断之必要。倘此动议得胜，亦不过重开讨论耳，而其受延期及他种行动之影响,则与他议案同也。倘此动议失败,则表决案便得最终之确定矣。

八十节 何人可发复议动议 复议动议有一重要点,与他动议不同者:即他动议在场之人皆可发之,而此奇特动议只有得胜方面之人乃可提出。其限制之理由,则以事既经表决之后,则失败者固欲复议,而得多一次之表决以挽救其失败,故常乘间抵隙,俟得胜方面人数减少之时提出复议,如是则对于得胜方面殊欠公平也。故为公平起见,当加限制于一方,诚为良法美意也。倘表决果有不当,则失败方面之人,自易说托得胜方面之人,以提出复议也。

凡一问题既经圆满之讨论、公平之表决,则一次已足矣;独遇有特别重大之理由,乃有提出复议之事。故为之限制者,所以防止不时之复议也。此等限制,立法院及大会场多采之,以其属乎公平适当也。倘有社会不欲用之,当订立专条,规定凡有会员皆可提出复议动议也。

八十一节 折衷办法 于二法之中,求一折衷之道,可望解决此奇特问题者。其法如下:“复议动议,若发于表决之同日,则两方面之人皆可发之。如发于表决之下期,则只得胜方面之人可发之。”如是乃可防止下期为失败党出其不意之推翻表决案,而于同日又不碍失败方面之人发挥新义也。凡社会之欲折衷办法者,可采此法以为专条也。

八十二节 讨论复议 复议动议之讨论,与停止讨论动议之讨论同,皆限以时间。以此种讨论,除说明因何有复议之必要,则无可再说也。倘此讨论费时太多,致有障碍于本题者,会众便可请主座维持秩序而停止之矣。又停止讨论之动议,亦可施之于复议动议,如他之独立动议焉。如此即立将各种讨论终止。若事已至此,则便知大多数之人已表示其不愿再听,而决意不欲复议矣。

八十三节 得胜方面之释义 得胜方面,非必为可决方面及大多数方面也,若一动议或一问题被打消者,即否决方面之人为得胜者也。若须三分二之数以通过一案,而其案被打消者,即得胜方面乃少数之人也。若两造同数,而最后之人加一否决者,即此否决者为独一之得胜人也。又若须全体一致以通过一事者,而一人梗之,此一人即为得胜方面,倘须复议则只此一人乃能提之也。

八十四节 复议之演明式 设使地方自治励行会已通过之案为"本会公开一演说会",曾经正式表决而记录在案,则其事当然归于结束矣。乃有甲君以为其事决于仓卒,或欲表示其不合时宜之理由,故于同时或下议期讨得地位而言曰:"主座,我动议复议本会表决'公开一演说会'之案。"言毕遂坐。而主席乃曰:"复议动议只可由得胜者发之,倘甲君为表决是案之得胜者,其动议方为有效,而在秩序之中。否则非是。"是时书记当翻记录,如为点名表决者,则"可"、"否"必识于名下,一看便知甲君属于何方。若无记名之表决,甲君当答曰:"我表决于得胜方面。"或曰:"我非表决于得胜方面。"随其所行而言之。若彼不属得胜方面,则彼之动议不入秩序;除有得胜方面会员出于友谊,为之再提其动议,而主座当不为之接述也。最妙莫如甲君于动议时则提明如下,曰:"主座,我对于某某案乃表决于得胜方面者,今动议复议其表决。"

若甲君为表决于得胜方面者,主座当曰:"有提复议'本会公开演说会'之表决案,诸君准备处分之否?(随或为一有限之讨论,各仅将其应否复开讨论之理由陈之而已。)赞成复议者请曰'可'!反对者请曰'否'!"若得通过,则曰:"复议得通过,请诸君将案复行讨论。"若否者为大多数,主座则曰:"否者得之。"或曰:"复议之案失败,公开演说会之表决,仍然确立。"

八十五节 不能复议之案 以下各案之表决,或通过,或否决,皆不能复议者,为散会之表决、搁置之表决、停止讨论之表决、付委之表决(而委员已着手行事者)、复议之表决,及申诉之表决、选举之表决、投票之表决等是也。又表决案之已着手执行者,皆当然不得复议。

八十六节 复议动议宜慎用 复议之动议始自美国,其用处乃以应非常之事。如他法之能力已穷,而仍不能达目的者,然后始用之,方可谓为适当。要之,最善莫若先尽一切必要之讨论,详而议之,使无遗义,然后从事于表决,庶不致会众有所借口于复议也。总而言之,此奇特之动议务宜审慎少用为佳,故只限于得胜方面也。

八十七节 取消动议 取消动议与复议动议甚相似,而两名目常有混用之者,其实大有不同。复议动议,欲将表决之案再加详细之讨论,而后再行表决之。取消动议,乃直将表决之案取消,不复再议。又复议动议,当受限制,如前所述;倘得通过,则再将问题讨论,而再行表决,如是则受两度之表决。而取消动议,为独立之动议,不受限制,人人能发之;倘得通过,则直打消全案,而无再行表决之事。简而言之,其前者则将问题复呈于众,其后者则将全案打消。

八十八节 两动议之功效 复议动议之限制条例,不能假取消动议以免除之,其理甚显也,否则其条例之维持作用全然失却矣。且若借此免除,亦殊欠公允。故事件一过复议期限之后,则不能以取消动议施之矣。惟向无一成不易之例,是以社会习惯以一年为一会期,今年会期所定之事,明年可以取消之。又由全体一致,则复议动议或取消动议皆可随时发之,非此所能限制也。复议之本题,无论由大多数或大多数以下所通过者,而复议动议之表决,则必以大多数为定;而取消动议之表决,必要与本题之表决数相同乃可。取消之方式如下:动议者曰:"我动议将某某案打消。"随当讨论,而后表决。倘得通过,即取消其案。若得否决,则其案得重行确定于今年之会期矣。

卷三 修正案

第十一章 修正之性质与效力

八十九节 修正之性质 以前所论皆单纯动议,始终一成不变,而以原议为表决者也。然动议可随意更改,或增加,或全变为一异式者。其改变方式或意义之手续,名曰"修正"。修正之作用,则以改良所议之事件。然所谓良者,人心各有不同,而修正之实习,乃任意改之。故所改之议案,虽与动议者之本旨及用意相反者,亦常有也。复杂动议之进行程序,与单纯者无异,其提出、接述、呈众、收回、讨论等,皆与单纯动议同一办法也。

九十节 修正案须有关系 修正案只有一限制,即所拟改易必须与本题有关系。所修正者,无论如何冲突,若与本题有关系,则不能不许也。倘另立题目则属无关系,主座可行使维持秩序之权而制止之,会员亦可请主座维持秩序而令之停止。又修正案不得过为琐碎或近乎痴愚也。演明式如下:地方自治励行会正在讨论一动议,为"委理财员往调查本城各会堂之价值,以备得一地址,为本会永久集会之所"。乙君动议修止,为删去"理财员"之句,而加入"会长"之句;或修正为"会堂"之后加入"房屋";或删改为删去"委理财员往"以后各句,而加"租一会堂为永久集会之所"。以上各句,虽有变易本题用意,然皆与本题有关,故谓之为有关系之修正案。但若使乙君之提议修正案,为删去"为本会永久集会之所",而加入"为应酬之地",此则与本题不相类,可以"无关系,不入秩序"打消之,因彼为纯然别一问题也。主座当曰:"乙君之修正案,为加入'应酬之地'以代'永久集会之所',乃轶出秩序之外。盖所拟修正案,与所议之本题无关系。本题乃觅一地为正式集会之所,而非为应酬之地也。"

再若乙君动议为"本城"之后当加以"新都",此当以"琐碎,不入秩序"而打消之。对于修正案之普通习惯,美国国会代表院有简明之规定条例,曰:"凡动议及问题与议中之本题判然两物者,则不容有托辞修正而加入也。"

九十一节 修正案之效力 修正案之效力,乃呈两动议于会众:一为修正之动议,一为本题。因一问题当结构完备,乃呈出表决。故当先议修正案而表决之,然后乃从事于修正之本题也。

(演明式)如八十九节,尚在议中,而寅君讨得地位而言曰:"我动议修正为'会堂'之后加入'及房屋'三字。"主座曰:"诸君听之,动议为‘会堂’二字之后加入‘及房屋’三字。”于是动议之读法当如下：“委理财员往调查各会堂及房屋之价。”讨论随之，而只及于修正案，遂付表决，如他案焉。倘得采取，则“及房屋”三字成为本题之一部分矣。而最终之付表决，主座当曰：“现在之所事，为修正之本题，其案如下（彼复述所修正之本题，而后呈之表决）。”

九十二节　第一及第二之修正案　一修正案之外，更有修正案之修正案，即将修正之案再加以修正，如修正之对于本题焉。如是则前之修正案谓为“第一修正案”，后之修正案谓为“第二修正案”。前者为对于本题之修正案，后者为对于修正案之修正案也，由此而及于本题焉。其解决之级序，当先从事于第二修正案，因第二之修正案为结构第一之修正案，而使之完备。凡案必先完备，方呈表决也。故此案有三重表决如下：其一、表决第二之修正案，其二、表决第一之修正案，其三、表决本题。

此为修正案之极端，不能再有“修正案之修正案”之修正案矣。有之，必生纷乱之结果。但一修正案表决之后，无论其为通过或打消，则其他之修正案可再提出，如是连接不已，此对于第一、第二修正案皆然也。其理由则因修正案既表决之后，只余一动议（如为第二之修正，则余二动议）于议场，而修正案之限制，本只容三动议同时并立：即一为本题，二为第一修正案，三为第二修正案。其原则为一修正案既通过之后，则便并合于所关系之动议而为一体，此动议则成为一新方式，而新方式则可作本题观也。是以第二修正案既已表决，则其他之第二修正案便可提出。第一修正案既已表决，其他第一修正案亦可提出。如是者屡，以至于原动议结构完备，为大多数所满意者，始呈出表决也。

九十三节　第一第二修正案之演明式　地方自治励行会在议之案，为“本会设一图书杂志库为会员之用”。主座已呈此案于众讨论，而戊君欲提出修正案，其进行手续如下：

戊君起而言曰：“会长先生！”

主座起答曰：“戊先生！”

戊君曰:“我动议修正此案,加‘新闻’二字于‘杂志’之后。”遂坐。

主座曰:“诸君听着,戊君之动议为加‘新闻’二字于‘杂志’之后。如是,则此动议读为‘本会设一图书杂志新闻库’。大众准备处分此问题否?”

寅君起而言曰:“会长先生!”

主座曰:“寅先生!”

寅君曰:“我动议修正此修正案,加‘每周’二字于‘新闻’之前。”

主座曰:“寅君动议加‘每周’二字于‘新闻’之前,大众准备否?”(随而讨论加入“每周”二字。)

主座曰:“第一问题,为表决加入‘每周’之修正修正案。诸君赞成者,请曰‘可’! 反对者请曰‘否’!”遂宣布曰:“案已通过。其次之问题,为修正案加入‘每周新闻’四字于‘杂志’之后,诸君准备否?(随而讨论修正案。)赞成者请曰‘可’! 反对者请曰‘否’!”又宣布曰:“已得通过。今之问题为修正之原案,即‘本会设一图书杂志每周新闻库以便会员之用’。尚有修正否?(若有之,则照前法提出。)若无之,则赞成所修正之动议者,请曰‘可’!”

学者须知,修正之讨论皆限于当前之问题,但此限制,间有出入之处。即如修正案或修正之修正案,其关系与本题甚切者,则讨论时每有申论至全题之必要,如是虽议长可限止,然鲜如此苛求者;但两题若判然有别,则议长当立行制止也。

九十四节 同时多过一个之修正案 在有经验之团体习惯,常许同时多过一个之修正案,各关于本题之不同部分。但无经验之社会,则莫善于照普通习惯,一时只许一修正案,俟解决其一,再从事其他。会议学家有言:“一修正案在解决中,则不能接受他修正案,除非后起之案为修正之修正案也。”

(演明式)如上九十三节所引之案,戊君动议修正加“新闻”二字,而此动议当前待众解决;而己君动议修正删去“会员”二字,而加入“公众”二字等语。主座对于此事，当曰：“同时只能开议一修正案，己君之动议此时不合秩序。现在之问题，乃戊君之动议必当先行解决者也。且己君之动议引出一新问题，而此问题又非修正之修正案，是为不合秩序。”

九十五节　先事声明　倘有欲为修正之案，而时不当秩序，彼可先事声明，待机而动，此为准备其动议之路径，而会众得此声明，先知其意，则于表决当前之事当更有酌量也。

（演明式）己君既动议如九十四节所云，而主座以违秩序打消之，但己君可进而言曰：“若是，则我欲先事声明，到适可之时，我当动议加入‘公众’二字，以代‘会员’二字。”言毕，乃坐。戊君之议案于是进行，至表决之后，己君乃讨得地位，而提其修正之案，因此时已无障碍也。

此先事声明之法，有特殊之妙用。如有第一、第二修正案已发，若再有人欲发其他，非待其前者表决则不能，故先事声明，常可使表决者之意为之一变也。假如己君欲以“每日”二字加入，以代“每周”于“新闻”之前，但彼不能发此动议，因有第一、第二两修正案尚在议中也。但彼可先事声明曰：“我欲先事声明，倘加入‘每周’两字之案被打消，我当动议加入‘每日’二字。”如是则先示意于欲取“每日”者，使之于表决时可打消“每周”也。

九十六节　接纳修正案　处分修正案之最简便者，莫如本案之原动者接纳所拟之修正案。但倘有人反对，则修正案不能接纳，因主座接纳之后，其案便成为公共之所有。倘无人反对，而修正案得接纳之后，则成为本案之一部分，一若本案提出者之原议，不必分开以表决焉。但原动者只接纳彼所同意之修正案耳。倘彼不同意，则当缄默不言，听其正式解决，如他种之问题其得失任之本体之优劣可也。主座无庸问修正案之接纳与否，凡修正案不得接纳，并非失败，不过另呈正式之表决耳。

（演明式）对于图书杂志库之议案（见九十三节），乙君动议修正案加“新闻”二字于“杂志”之后，正在讨论中，卯君动议修正修正案加入“每周”二字于“新闻”二字之前。乙君若赞成此修正案,可起而言曰:“主座,我接纳此修正案。”若无人反对,则其修正案成为与“修正加入每周新闻”等,主座遂接述而表决之也。更有一限制,则凡一案或其案之修正案,若已受变更之后,则不能接纳矣。譬如乙君之修正案加入“新闻”已再被修正,加入“小册”,则乙君不能接纳卯君之动议加入“每周”二字也。

第十二章　修正案之方法

九十七节　修正之三法　修正有三法:一、加入字句,二、删除字句,三、删除一分而加入他分以代之。

(演明式)其一、加入式:“本会设一图书杂志库为会员之用”之动议,正在讨论中,酉君动议修正加入“轮贷”二字于“库”字之前,或修正加“及其友”三字于“会员”之后,或修正加入“报纸”二字于“杂志”二字之后,是也。其二、删除式:同前案丙君动议修正删除“杂志”二字,或修正删去“为会员之用”五字,是也。其三、删除及加入式:寅君动议修正删去“会员”二字、加入“公众”二字,或修正删去“图书及杂志”而加入“期刊新闻”,是也。以上各条,皆为第一修正案,而每条可再加修正。

九十八节　宣述修正案之方式　主座呈修正案于表决,不独复述修正案,且当述修正后之本案为如何也。三式之修正案,其宣述如下:(一)兹有动议修正加入某某字于某某之后,于是修正后之本案,读为如此如此。(二)兹有修正删去某某下之某某字,于是修正后之本案,读为如此如此。(三)兹有修正删去某某字,而加入某某字,于是修正后之本案,读为如此如此。

九十九节　加入方法　一切语句与本题有关系者,皆可由大多数表决而加入。既加入矣,则以后该语句或一部分之语句,除由复议外，不能删去，盖议例凡同一之事件不能加以两次动作也。惟其语句加入之后，若再受修正，而加入他语句于其间，则全部可由再一修正案以删去之。

（演明式）其案为“本会设一图书杂志库为会员之用”，正在会议中，而以下之动作生焉。寅君讨地位后，曰：“我动议加入‘轮贷’二字于‘图书库’之前。”主座接述曰：“诸君听着，寅君之动议加入‘轮贷’二字于‘图书库’之前，于是其案读为‘本会设一轮贷图书库为会员之用’。”遂曰：“诸君准备否？”继曰：“赞成者请曰‘可’！反对者请曰‘否’！”宣布曰：“已得可决，尚有修正案否？”

戊君讨地位后，曰：“我动议加入‘免费’二字于‘轮贷’二字之前。如是则读为‘免费轮贷图书库为会员之用’。”

主座曰：“诸君听着，动议修正案为加入‘免费’句，如是则案读为如此如此，赞成者……”云云。遂曰：“此案通过。”

戊君曰：“我今动议删去‘免费轮贷’四字于图书之前。”主座乃复述之，而呈之表决。

戊君发两动议之目的，乃在使寅君之加入“轮贷”二字之修正案，再得一次之表决，而意在打消之也。盖修正案一旦通过之后，除复议外则不能再行表决，而复议之结果或无把握，故戊君动议加入“免费”二字，以取得多一次之表决；随得通过，则戊君动议删去全部。如是戊君乃得两次之讨论，而行两次之表决，而使彼所反对之案，得两次之机会以打消之。但寅君之动议，则殊无成见于中也。

其理由以何而见许此重复行动，则因“免费”两新字既采入于修正案之内，则其案已变成一异式问题，故作新案观，而修正之限制不能加之也。

一百节　加入案之否决效力　反之，前节如拟加入之修正案得否决，则同式字句或一部以后，不得再行加入。但既打消之字句，若以其他字句而成不同之案，则可加入。如在议之案，寅君既动议加入“报纸”二字而其案已被打消，彼随后可再提出加入“宗教报纸”，或“地方自治之汇报”；此虽属于否决之修正案，而今则另含有他语，为新问题,而成一不同之案也。

一百零一节 改变意思之必要 最当注意者,所加入之字,必变易其打消案之意义或其界限,方得成为一新问题,从事讨论。若只改换其语句,而不变其性质,则不成为一新问题。而原有之事件既经打消,不能再从事于动作也。寅君不能动议加入“每日新闻”,因此等之字虽口语不同,而实与“报纸”无异,而此既已打消矣。但关于“地方自治之期报”或“法政宗教报”等件异于报纸,而会众当乐于表决此等有界限之件,而反对泛泛之件也。

一百零二节 删除之法 删除之修正动议,与加入之修正动议甚相切合,故从事其一,则必牵动其他,二者皆为一法所范围。任何语句,皆可删去,但同一事件或其一部分若已删去,则不能再行加入,除非复议乃可。而已删去之语句或其一部,若有他字混合而成一异种问题者,便可加入也。

(演明式)同问题在讨论中,丙君动议修正删去“及杂志”三字。主座接述之,付之表决,而得通过。此三字于是被删去,除复议外,不得再加入矣。但有己君反对删去,而欲再行加入,彼可动议修正加入“小册及期报之关系吾人之事者”各句。此中包有杂志,但非纯为加入杂志之句,是以有别于已经处分之件也。

一百零三节 删去修正案否决之效力 反之,前节若一删去之修正案被打消,则所拟删去之各字得以确立,而为原案之一部,除复议外,不能加以处分。但如牵入他语,则此部或其一分,可再动议修正删去,盖此为一新问题故也。在一百零二节之演明式,如丙君之修正案,删去“杂志”二字已被打消,其后彼可动议修正删去“图书及杂志”,因此句虽含有打消之案,其实为一不同之问题也。

一百零四节 删去案呈决之方式 主座于呈动议以表决时,多照述动议者之言而已。乃顾兴氏之《议事规则》则异于是,其式如下:主座呈动议以表决曰:“动议为由‘书’字之后删去‘及杂志’三字。今请问诸君‘及杂志’一句,可否成立为动议之一部分?”此其效力乃与常例相反,常例可者可之。此之可者,乃适以否决删去案也。

顾氏之法,无甚理由,且易惑初学者之耳目,故多为他家所不主张。而本书所采用之法如下:

主座曰:"修正案为删去'设'字后之'图书及杂志'五字,此句可否删去?赞成者……"云云。宣布曰:"已得可决,删去'图书及杂志'五字。"

一百零五节 所弃之字可加入他处 既经由删去案而得可决,或由加入案而得否决,所弃之字有时可加入于本题之他处,惟必于本题另经修正,改变性质及其意义而成一新问题之后乃可。

一百零六节 不字 一修正案加入删去"不"字,而使动议之意义适成正反对者,乃不能许可之事。如有为之者,则当以违序而制止之。由此而推,则凡有相反之字,使正义成为负义者,则不许加入也。若欲否决一案,当于处分时表决之而已。

一百零七节 删去而加入之法 任何字皆可由一动议删去,而任何字有关系者皆可补入其位。既已加入,则必照一百零二节所释之条件,始可删除。其动议"删去并补入"乃为一案。申而言之,则为动议删去,并动议加入,相合而成者也。如删去甲字,补入乙字,则不能分为两案(一删去甲字案,一补入乙字案),既以一案提出,亦当以一案呈表决。其理由则动议者有一表决,以补其字于删去之字之位也。

若此案可分而为二,则删去其字之后,其地位已空白,若他字非动议者之所欲,若加入之,则与动议者之用意相左矣。是故"删去而补入"之案不得分而为二也。

(演明式)"设立一图书杂志库为会员之用"之案,正在讨论中,子君讨得地位而言曰:"我动议修正删去'会员'二字,而加入'公众'二字。"主座曰:"诸君听着,子君之动议,删去'会员'二字,而加入'公众'二字,于是其案读为'设立一图书杂志库为公众之用',众人准备处分此问题否?"云云。"赞成删去'会员'二字而加入'公众'二字者,请曰'可'!"云云。若得通过,则"公众"代却"会员"二字,而为原案之一部分矣。若有人欲删去"公众"二字,则必当提出复议,或用一百零二节之手续乃可。

一百零八节 删去而加入修正案否决之效力 若删去某语而加入他语之案被打消后,则除复议外,原语必当确立。但如有他事加入于原语,使之成为一别种问题,则间接可再受修正之行动。

一百零九节 替代 一新动议,如与在场之议案有相关者,可全部替代之。此简而言之,即为删去全案,而加入他案也。

(演明式)设书库之议,正在讨论中,酉君起而言曰:“我动议修正,将现在议案改为‘委会长调查建设书库需费若干,并办理劝捐此费’。”主座曰:“已有人动议将议案改为……”云云。

现在问题,以为一动议代他动议,所拟之替代题不过一修正案耳。此案可加以修正,又可分之为二,以其含有两问题也。当经过讨论,如他案焉,然后乃呈表决:先表决修正案,后表决所修正之本题。此两表决呈出如下:其一,“诸君赞成将案替代者,请曰‘可’!”随宣布曰:“已得通过。”其二,“诸君赞成所修正之本题者,请曰‘可’!”宣布曰:“案已通过。”

第十三章 修正案之例外事件

一百一十节 款项及时间之空白 对于两度之修正案不能再加修正之例,有例外之事件:即如数目问题,凡有拟改者,不限于两度。各会员皆得随意提议,悉当接纳,而一一表决之。而第二修正案当在第一修正案之前以表决之例,亦不施于此。

数目问题,多属乎款项及时间。若有一动议含有此两种数目者,遇有他动议改易之,不作为修正案,而作为填补数目字之空位论。故所有提出数目者,主座或书记当一一记录之,而后逐一表决;从最大之款项或从最长之时间起,而至表决其一为止。

(演明式)有动议“以两点钟为本会开会之时”。

主座既呈此案于会众，寅君得地位而动议："以三点钟为开会之时。"（此非修正删去两字，而加入三字也。）故主座仍进行接受其他之动议，以填空位焉。

卯君曰："我动议'以两点半钟为开会时'。"

乙君曰："我动议'以三点半为开会时'。"

癸君曰："我动议'以四点为开会时'。"

主座曰："今所议为本会开会之时间，已有动议以两点、三点、两点半、三点半、四点各案者。请诸君讨论之！"

主座曰："诸君准备处分此问题否？赞成四点钟者，请曰'可'！"宣布曰："此案失败。赞成三点半钟者，请曰'可'！"宣布曰："此案失败。赞成三点钟者，请曰'可'！"宣布曰："此案失败。赞成两点半钟者，请曰：'可'！"宣布曰："此案通过。"于是填写两点半钟入空位。再曰："今赞成此案'以两点半钟为本会开会之时者'请曰'可'，反对者请曰'否'！"宣布曰："已得通过。本会开会之时间为两点半。"

骤观之"两点半钟"一句，得二度之表决，似乎不必。但第一度之表决，为修正案之表决，如一百零九节所释之义，且表决于"两点半钟"者，非必随而表决于本题也。又或有会员不欲限定开会时间者，亦未可定也。

更有显而易见者，即如收费问题：会员中有赞成此项，而不赞成彼项者。设有动议捐十元为某事经费者，有议捐二十元、十五元及五元者，主座一一呈之表决。先从最大之数，既而曰："十五元得通过，可补入空位。有赞成修正之原案，以捐十五元为某事经费者，请曰'可'！"如是则会员之反对捐款者，可有机会以表决打消原案也。其例第一表决，乃为填空位（即一种之修正案）而设也；而第二之表决，乃为原案而设也。

一百十一节 人名 若有数人之名，皆受指名为同一之职务，此非照修正案之法办理，乃照前节所详对于款项及时间之法办理。各名照指名之秩序一一呈之表决，先从原案或报告中所列之名起。

（演明式见第一章。）

一百十二节 不受修正之动议 有数种之动议不得加以修正者，其要者如下：一、散会，一、搁置，一、抽出，一、停止讨论，一、无期延期。其例凡案皆可加以修正，惟修正致改变性质者则不得加以修正也。譬如“停止讨论”之案，则不能再以修正为“停止讨论于指定之时”也。

一百十三节 复议案 若一案已得通过之后，而欲复议此案之修正案表决，则必先复议本案之表决，而后乃能导入于修正案之表决也。

一百十四节 修正之秩序 前已论之，若同时有数起第一修正案加于一问题，则当照提出之先后而处分之。若有第一修正案及第二修正案，则先表决第二修正案，而后乃从事于第一也。若为连续之问题合成于一者，如一会之规则等，则宜逐节详议，按序修正，不宜逐条表决，因此有妨碍会众重复再议也。若只逐节修正，而暂置之，则于全部规则表决之前，可随时再加修正，此常有必要者也。俟各节之修正已齐妥，而会众已准备，乃将全部之规则呈之表决，则必得完满之结果也。

卷四 动议之顺序

第十四章 附属动议之顺序

一百十五节 顺序之定义 在此之“顺序”二字，乃指处分动议之秩序而言。照公例凡动议之顺序，当以提出之先后为定。其先提出者，得先讨议，得先表决。但有一种之动议出此例外，因其性质之异，其顺序则在当前动议之先。而此种例外之动议，其中顺序，亦自有等级。

一百十六节 独立动议附属动议 动议之不关连于他动议，其效果为呈一新问题于议场者,则谓之独立动议。凡独立动议之顺序,当循公例之范围,即一独立动议只能提出于无动议当前之议场,而一独立动议解决之后,他动议方能入秩序。

附属动议,可提出于他案正在议中而未解决之时。此乃附属于独立动议之下,而使之改变方式,或改变情状。修正案及停止讨论案,即附属动议之张本也。附属动议必当就于其所关连之独立动议上施其效力。附属动议中亦自有顺序定例,有此先于彼者。其当先者,虽提出于后,亦能超出前者而得处分也。

一百十七节　七种附属动议及其顺序等级　附属之动议有七,为议场中所常有者。凡学议者必当熟习之。此中二者已论之于其所属之部:其一,为修正议,乃最要而最常者,第三卷专论之。其二,为停止讨论之议,则关于讨论之案,第八章论之。其余五者,为散会议、搁置议、暂延期议、付委议及无期延期议,其先后之顺序等级如下:

(一)散会议

(二)搁置议

(三)停止讨论议

(四)延期议

(五)付委议

(六)修正议

(七)无期延期议

凡此附属动议顺序,皆在本题之前。即如当本题在议之时,有提出以上动议之一者,即当间断本题,先从事于讨论附属动议而表决之,然后再从事于所变动之本题焉(见一百五十八节)。在于一问题讨议中,若有两人先后各提出七种附属动议之一,其后所提出者若顺序等级在前,便可即行讨议;若顺序等级在先提出者之后,则不许之。即如有一独立动议正在讨议中,突有提出延期议者,既而此议在讨论之时,其能再提出之议为散会议、搁置议及停止讨论议,其不能提之议为付委议、修正议及无期延期议。其动议顺序列在当议中之附属动议上者,则在超之之阶级;其在当议中之动议下者,则在被超之之阶级。若独立动议,即本题与及数修正案俱在当议中,则除第七动议之外,各动议皆可提出。倘各皆就秩序提出,则当一一按顺序以表决,而本题则暂为放下,俟各附属动议解决之后,乃再从事也。

一百十八节　议案顺序之演明式　有动议"使地方自治励行会速行筹备注册"者。

戊君(略去讨地位式,余仿此)曰:"我动议修正加入'在暑假期'句于'备'字之后。"

主座曰:"诸君听着,修正案加入字句,如是则议案当读如下:'使地方自治励行会速行筹备在暑假期注册。'诸君准备否?"(此案可讨论。)

癸君曰:"我动议付委筹办。"

主座曰:"已有动议将案付委筹办,此议顺序在修正议之前,诸君准备为付委之表决否?"(可讨论。)

寅君曰:"我动议将此事延期一星期。"

主座曰:"有动议延期矣。"(可讨论。)

乙君曰:"我动议停止讨论。"

主座曰:"停止讨论动议已经提出,可否即行表决本题?"(可为限制之讨论。)

甲君曰:"我动议搁置。"(不能讨论。)

主座曰:"搁置之议已提出,赞成者请……"云云。

卯君:(间断之)曰:"主座!"

主座曰:"搁置之议为不能讨论者。"

卯君曰:"主座!我非欲讨论,乃动议散会也。"

主座即改正曰:"散会之议,今已在秩序。此议顺序驾乎各议之上,今当先行表决散会之议,赞成者请曰'可'!"云云。宣布曰:"此案失败。今表决搁置之议,赞成者请曰'可'!"云云。宣布曰:"此案失败。今次及停止讨论(即表决本题如得通过,则延期之议及付委之议皆无形失败，而即从事于本题及修正案），赞成者请曰‘可’！”云云。宣布曰：“已失败矣。诸君准备处分延期一星期之议否？赞成者请曰‘可’！”云云。宣布曰：“已失败。”

己君曰：“我动议无期延期。”

主座曰：“付委及修正两议尚在场中，无期延期之议未到秩序，诸君准备表决付委之议否？赞成者请曰‘可’！”云云。宣布曰：“此案失败。今之问题，为戊君之修正议加入‘在暑假期’，诸君准备否？赞成者……”云云。宣布曰：“此案通过。今赞成修正之本案者，请……”

己君（间断）曰：“我今动议无期延期。”

主座曰：“此议今已到序。诸君欲打消议案者，请曰‘可’！”宣布曰：“打消案失败。赞成修正之本案，即‘地方自治励行会速行筹备在暑假期注册’者，请曰‘可’！”宣布曰：“已得通过。”

以上之演明式，乃表示附属动议，除修正案外，各皆失败时之效果也。其各皆通过之效果之演明式，后三章详之。若有提出其中任一，而因有他案当前不合秩序者，则对付之法，一如己君之无期延期案也。各附属动议既经一次失败，随后可再行提出，惟当间以他事也。例如搁置动议，可再提出于一动议之后，或于两动议之间。所有附属案，皆受顺序之范围，而讨论则只就附属动议之本身从事，不牵涉入本题也。

所提之动议，其顺序若在他案之前者，则他案不过暂搁，以俟超级之动议解决而已。若得否决，则其他当照秩序施行，如演明式焉。

一百十九节 七种附属动议之目的 其中三种（散会议、搁置议、延期议）之目的为缓迟行动，其中一种（停止讨论）乃催促行动，其中之二（付委议、修正议）乃整备或改变其事体，其余一种为最终之废置。而停止讨论之对于他附属动议之效力，见于六十二、六十三两节。

一百二十节 定秩序之理由 此种秩序乃由经验得来，实为最适合于办事原则，而使之公平迅速也。不能讨论之案，居于能讨论案之前,所以防阻滞也;本题之临时变动,先得机会以处分,所以速结束也;讨论适序,可以停止,所以避生厌也;至于求全备议延期,皆所以免造次也;最后则压止,所以打消积案也。以上秩序,议法家间有出入者,亦有不守者。若社会有不欲采择,可立专条规定其所弃者。总之,此为最简便易行之法,故吾人主张之。凡领率议场者,当识之于心,或书之座右,以作津梁可也。

第十五章 散会与搁置动议

一百二十一节 散会动议 附属动议,其在秩序之首者,为散会议,其处分顺序超乎各动议之先。所以如是者,因会众凭大多数之意,则有权随时终结议期也。此议一出,当立即决断,不得讨论,并不得修正,不得搁置,不得付委,不得延期,不得压止,不得复议,只有表决而已。

一百二十二节 独立之散会动议 散会动议为附属动议之外,有时亦为独立动议。其在各事完结之时或在无事之间而提出者,则为独立动议也。但其受限制与附属动议同,当得全体一致,乃可讨论其因何不宜散会之理由。常有于会期终结之时,照例提出散会议者。但如有人提出权宜问题,指出尚有当议之事,则提者当即收回也。

一百二十三节 散会议之限制 通常有言:“散会动议,无时不在秩序。”其实不然也。散会议有不能提出之时如下:一、在会员得有地位之时,二、在进行表决之时,三、在表决停止讨论之时,四、在一散会动议才否决之后而无他事相间之时。此四条件,所以防止少数人之捣乱也。更有权宜问题及秩序问题,因具急要性质,故虽于散会议提出之时行之,亦合秩序。

除以上之限制外,则散会议当常在秩序之首也。

一百二十四节 散会之效果 一会员照常例讨得地位而言曰:“我动议散会。”主座曰:“散会之议已提出,赞成者请曰‘可’”云云。宣布曰:“已得通过,本会散会至某日再集。”表决如有可疑,可提出疑问,如他案焉。

若散会之议失败,则间断之事再行继续。若得通过,则间断之事,下会当接续办之。倘无下会,则散会之议即为打消在议之事也。若有一定之办事秩序,一定之散会时间,则散会所间断之事,下会可按次以未完件提出之;而提出之时,当就其间断之点以开议。

一百二十五节 有定时间 在团体之规定散会时间者,届时主座当止绝各事而言曰:“散会之时间已到。”随而稍候(与机会使提议“延长时间”或提议“散会”),再曰:“本会散会。”若欲连续继议,则当提出独立动议以延长时间(至有限定或无限定),呈表决而按之以施行也。

若无规定散会时间者,则当提议“本会于几点钟散会”。此动议与其他独立动议无异,并无优先顺序也。

与散会动议并列者,为定期开下会之议。其有规定开会曰期之团体,则不须此;其无规定者,则为不可少之事。故有谓定下期开会之议,应在散会顺序之前。但此既属可讨论可修正之议,则当不然也。若散会之议既提出,而无下次开会之期者,主座当唤醒提议者,以下次会期尚未曾定,而提议者当自收回其议,俾有提议下次开会期之机会,而留回其优先权以再提散会之议可也。倘彼不肯收回散会之议,则必当立呈表决;若非会众不愿再有下会者,即必否决之也。此动议之方式如下:“我动议散会,至下星期二日午后三点钟再开会。”

一百二十六节 搁置动议 第二级之附属动议,为搁置议。此议所以延迟最后之动作,而假以再加审察之时也。此议不得讨论,不得修正,不得付委,不得延期,不得打消,不得复议,而只让步于散会之议,并权宜问题及秩序问题而已。若遇失败,可以散会议之同一条件而再提出之。

一百二十七节 搁置议之效力 搁置之议,乃将所议之原案及其附属各动议一齐搁置之。此议不能施于案之一部分;若加于一部分,则当然加于全案也。倘此议得胜,则全案及其所属之修正案,乃至所属之附属动议,皆从而搁置之,而另从事于他事也。

一百二十八节 抽出之动议 抽出之议,可于搁置之后立时提出,或可于稍后之同期提出,或下期提出。抽出之动议,并非附属动议,是以无顺序优先之权利,而与一般之动议同列。此议亦不能讨论,其效力则恢复原案于间断之点。若搁置之案,以后无提议以抽出之,则当然打消。又搁置之案,适遇会期告终,或至会年之末,亦终归打消也。

(演明式)如一百十八节之案正在讨议中,其附属动议付委延期及停止讨论已经提出,而最后甲君曰:“我提出搁置议。”主座曰:“搁置之议已经提出,赞成者……”云云。宣布曰:“已得通过,而本会筹备注册之问题当搁置。今者会众之意欲为何事?”(中有他事告竣)于是场中适无别案,甲君讨得地位而言曰:“我提议抽出‘本会筹备注册’案。”主座接述其议,若得通过,则曰:“此案复在众前,而第一问题为停止讨论之动议。”彼乃进而表决之。若归失败,则其他之附议动议如延期、如付委、如修正,皆一一付之表决,最后则处分本题也。

主座于表决搁置动议,宜唤醒会员,以搁置问题非特搁置本题,而更搁置所附属之动议也。

第十六章 延期动议

一百二十九节 有定时之延期 此动议列在顺序之第四,其前者为散会动议、搁置动议、停止讨论动议。当延期议在议中,如有提出本题停止讨论动议者,则延期议便作截断,而非暂搁。惟若提出散会议或搁置议,则适成相反,盖此不过暂搁而已,而于本题再出现之时,此附属动议当与之复现也。延期动议,其时间可得讨论,并得修正,但不得付委、不得搁置、不得压止并不得延期,除即时之外不得复议。此动议之目的,乃将事件延至所定之时,而使之得完满之讨议也。其对本题之效力,见六十三节。

一百三十节 其效力 此议与搁置之议同,皆搁起问题之动作也;惟搁置议则搁起无定期,此则搁起至一定之期而已。延期案至再提出之时,名之曰“特别指定事件”。延期一议,乃将全案延期,而不得延期一部分也。若延期议失败,则隔一事之后可以再提出。

若延期议通过,则书记将所延期之事,收管至指定之日。到时则无论于何事在场,此指定之件皆为当序,主座当间断他事而提出之。若主座忘之,则书记或他会员当为之提出也。

(演明式)今设同案在讨议中,如一百十八节,已提出修正及付委矣。寅君讨得地位而言曰:“我动议将案由今日起,延期至下星期二日午后三时再议。”主座遂曰:“此案已提出延期至下星期二日午后三时。”此议可以讨论,可以修正其日时,然后如常而呈之表决。倘得通过(而非如一百十八节之被打消),则主座曰:“延期案已得通过,本会讨论注册之动议,当延期至下星期二日午后三时。”至下星期二日届期之时,主座当停起他事而言曰:“指定讨议本会注册之案之时期已至。此事适当特别之秩序,请诸君讨论之!”若有欲将他事先行完结者,则当动议:“将特别事件搁置。”若此议得胜,则指定事件搁置,以俟再提。若指定事件不受搁置(或再提出),则主座乃继续曰:“此案之第一问题为付委之议。”(因此议正在讨议中,而本题乃延期也。)彼遂进而以付委之议呈表决,及处决其他之附属动议,而后乃及于本题也。

若主座到时忘却提出指定之事件,则任一会员皆可起而言曰:“主座,特别指定事件之时间非已到乎?”若指定之件只有日期,而无时间,则统归本日指定事件之列。

为指定事件所间断之事,则不待有动议而暂置之。俟指定事件了结之后,乃复讨议,或归入下期,作未完事件办理。

一百三十一节 此议之限制 定时延期之议,只可作时间之修正,而不能为他种之修正。而有定时之延期议,不能改为无期之延期议,又不能定一非会期之日而为延期,盖此则等于无期之延期动议故也。

一百三十二节 无期延期 质而言之,此动议非延期也,实一打消或压止之动议耳。其作用乃以之为直捷了当处决本题者,而其顺序列于最末,只于无附属动议在前,乃能当序。此议可以讨论,但不能修正,不能延期,不能付委,不能搁置。若遇否决,则对于同一本题,不能再行提出。

一百三十三节 此议之效力 若此议胜,则直打消其本题耳,其效力等于本题之呈表决而得否决者也。又如以反例以表决一问题,其式如下:"诸君之不赞成者,请曰'是'!"此以是决之用于反对者,而以否决用于赞成者也。此动议常用之以试反对者之势力如何,若反对者实为大多数,则此为打消议案之捷径。以效力言之,则此议之别名可谓为"打消议"也。

(演明式)一百十八节已演明提出此议之方式矣。若已君之动议不被打消,而得通过,则主座当曰:"已得通过,而本会注册之问题当延期至无定期。"此除复议外,便为了结其事矣。凡遇此而打消之问题,若欲再提出之,必当于下年开会方可为之也。

第十七章 付委动议

一百三十四节 付委 付委即付事件于委员以筹备或审查也。此动议之作用,乃欲将事件措置裕如,或将事件考求详尽者也。其顺序居附属动议之五,只在修正动议及打消动议之前而已。其受前列附属动议之影响,同于一百二十九节之所陈,即为停止讨论动议断绝，而为他附属动议所暂搁耳。此付委之议，可以讨论，但不能延期，不能打消，不能搁置，而更不能复付委也。其单纯付委之动议，不能修正。但有训令之付委，或指出人数之委员，及如何委任之动议，则可修正。此议之复议只可立即行之；若委员已定，而开始办事，则决不能复议矣。若付委之动议失败，则隔一事之后，可以再行提出也。其受停止讨论动议之影响，同于六十三节。

有同于付委之动议，则以“全体会员为委员”之动议是也。此乃以全体改为委员会，而对于所议之事作一度公式之谈话也。若欲全体为委员之时，当提出动议“以全体为委员会”。若得通过，则主座请他会员为委员主座，而彼则下场为一委员。于是，委员主座请众就秩序，而开议付委之问题焉。在寻常社会，鲜有用全体委员之机会。全体委员会事另详于一百四十节。

一百三十五节 付委议之效力 当事件在议中，而有“付委议”提出，若得通过，则其效力为以在讨议之全案暂由议场抽出，而付托于委员之手。于是而成立委员会及授训令与之，为必要之事矣。委员即接受其事，依训令而行，酌量办理，为各种之准备，而后乃报告于下次之会。至于付委之时，若有修正之议当前，而为付委议所收束者，则此修正议委员当照办理，而并报告之。若得赞成，则加入本题，否则删之。若为压止之议，则委员当除去之。此外则无他种之附属议矣。盖其余之四者，当必先行处决，而后方次及于付委之议也。

（演明式）筹备注册之议，正在讨论中（如一百十八节），癸君讨地位而发言曰：“我动议付委。”或：“将事付托与委员。”主座曰：“已动议付委矣”，诸君准备处分此问题否？赞成者请曰：“……”云云。宣布曰：“已得通过矣。本会筹备注册之议已付委员筹办矣。但委员会应用几人？”

戊君曰：“我动议以五人为率。”众乃从而讨论之。若有他数提出，则照一百零十节式而投票表决之。主座遂曰：“委员如何委任，由主座委之，抑由会众委之？”会员于是动议曰：“由主座委任！”或曰:“由会众指名!”随呈表决。若为前者,则主座当于立时或稍间而委任五人为委员,其首名则为临时主座。至委员会集,乃选举其主座。若由众指名之议得胜,则照六节与十五节所详之手续办理。此时委员当授以各种训令,或假以全权。例如有动议如下:其一,“令委员与律师商酌本会注册之事,而下期报告之”。此授训令者也。其二,“委员当授以全权,以筹备本会注册之事”。此付全权者也。(参看一百四十一节)

若有问题当付于常务委员者,其正式之动议为“将问题付某种常务委员”。如此若得通过,则其事归于此种委员。盖付常务委员之议,其顺序在特务委员之议之先也。

对于单纯付委之议,有以定限付委之议代之者。即如“以事件付之于主座所委五人之委员会”,此可以一动议而提出之。但有以之分为三动议(参观四十二节),而每议单独提出之为更妥者。定限动议之提出式及其效力,皆与单纯付委动议无异,而受同一法例之约束,而其讨论与修正可分段行之。

一百三十六节 带训令之付委议 若有提出之付委动议而带有特种训令于委员者,此等训令,不能由动议内分开,而必须与付委动议同呈表决。若欲除去训令,即为无训令之付委,则当动议“修正删去训令”。设使有动议“将事件付之主座所委之五委员,而训令赴律师请教”。此动议不能分为四段,只可分作三段:一、动议付委而训令之使赴律师请教;二、委员之数为五人;三、委员由主座委任。而第一动议,可提议“修正删去训令”,如是则成为一单纯付委议,而此后其他之训令随便可加或不加也。总之,带有训令之付委议不能分开,实为成例也。

一百三十七节 问题之一部分 问题内之任何一部分,皆可付委,其他部分同时仍可继续进行。但最终之处决,当待至付委之部分报告回答之后乃可。

一百三十八节 委选之事宜 向有流行之成见,以为提出议案者为同案之委员,则必当委之为委员长。但近来遵此成见者少,而不遵者恒多,盖以其有碍于自由平等之则,故渐渐不用也。无论由主座委任或由众指名,皆当就会员之留意其事者,或就才干之适于其事者,而兼委一二新手以与有经验者同办事,为最适宜也。若提案者为一适宜之人,固当选为委员,而但不必定为之长。前曾言之,首名委员,除召集第一会外,不必定为委员之长。而委员人数,当以奇零为妙,以免表决之同数也。受委之人若不在场,当由书记通知。所有被委之人,当由首名委员通告召集第一会。

所有付委之案,暂时当停止进行,而会中决从事其他问题。委员报告手续,下章另详之。

一百三十九节 独立之付委议 除凡关于各本题之附属动议之外,当无他案再议之时,随就任何时而提出付委之议,此为独立之付委议,而不享受顺序之优先权,且更受各附属动议方法动作之约束,以其自身为一本题也。

第十八章 委员及其报告

一百四十节 委员之性质 委员会为附属团体,只就其训令之范围内行事,而受节制于委之之会。委员既受委任之后,则会集而组织其团体,如四、五、九各节所详者。

委员会之集议,照会议之常规,但可省略各种起立、发言及按序复坐之仪式。所议之事件,可以谈话行之。惟一切动作,当以正式之动议及表决而处分之,当由书记存记作一合式之纪录;若无书记,则委员长当笔记所有表决之事。只有受委之委员,方能与于讨议之列。会长及各职员倘未被委,亦不得参加于其列。而会长无监督委员之权,若彼欲于委员会试其运动或劝诱,则当拒绝之。委员会以大多数为额数。

全数之委员会,即以会员之全体而作一委员之会议而已。其会议之规则，即搁起正式之会期，畅行讨论，不许提出停止动议，与夫委员会所常用之非公式行动，皆准行之而已。至会议告终之时，则全体委员退席，即行事之性质一变耳。会长复其座位，而再令众就秩序。委员长则行正式报告于众；而众之处理此种报告，悉如其处理少数人之委员会之报告焉。

一百四十一节　委员之权限　委员既受训令，其权限只在令行之事范围之内。若付委之事件不带训令者，则委员审查其案之体裁，加入已通过之修正案，并贡献所得，而适于会众之讨论及表决者。委员只能照委托所事而行，当小心谨慎，毋得稍出其权限也。

若委员受有全权，则其行事有若一独立之团体焉。会中已表决之事，而欲使此事之成全，则委委员以全权执行之，以竟其功。或在两可之问题，而付委员使以全权处决之，则此处决作为最终之定论。

（演明式）“本会筹备注册”之议在讨论中，有单纯付委之议，已得通过。于是委任委员，而将事托之。委员讨议如何注册之方法，而调查应办之事宜。到时由委员长报告“本会应要注册”（或不必注册），详其理由及办法。若其议为“将事付委而令委员向律师请教”，委员则照训令而行往与律师商酌，然后将律师所言报告于众。同时或呈献已意，听众采择。

若动议为“将本会注册之事付之委员全权办理”，如此则委员当将注册各种手续进行办理，而事竣之后，乃报告其效果于众。或审查之后，而以注册之事为不适宜，而报告于众曰：“本会注册之事为不适宜。”若会中必欲注册，则先表决本会注册之事，而后委委员以全权执行之。若如此，则委员惟有进而执行将本会注册而已。

一百四十二节　报告　当委员之事务告竣，其主座或其他之受命者，当准备一报告，将审查之点各并委员之判断详录之。倘委员中有少数不同意者，亦可另作一报告，谓之“少数之报告”，包括彼等之判断。报告当用简单明白之言辞，有时须陈己见者，则统结以献替之语。即如有委员承命“到街上调查会堂之租价及款式”者，当准备其报告如下：“本委员查得本市之各会堂租价如下：民乐会堂每日租价十元,崇德会堂每日租价十二元,自由厅每日租价八元”云云。遂继而曰:“本委员谨以第一会堂之价格及地位最为适当也。委员某某谨报。”又委员未带训令而审查一问题者,当报告如下:“本委员建议此案之语句,应如以下方式……”云云,或“本委员建议此议不当采用(详其理由)”,并如上为结断之语。

至带训令而行事之委员,其报告如下:“本委员已照所训而完其责,租得崇德会堂为本会集会之所。”

一百四十三节 报告之呈递 委员或有训令,使之报告于一定期之日者,则到期之时次及报告秩序,主座当令之报告。若无如此之训令,则委员准备报告之时,承委报告之员在无议案当前之时,则讨地位而言曰:“主座,某某事件,委员之报告已经准备矣。”主座曰:“今可否接收某某事件委员之报告?赞成者……”云云。若得否决,则委员当俟之迟日,而仍照同一手续以讨地位而后行之。若得通过,则委员之代表曰:“承办某事之委员谨呈报如下……”彼乃宣读报告。

报告读后,则委员之事毕矣,并不用表决以解其职,盖其职与呈递报告而俱完结也。从此则委员对于其事,亦犹乎他委员之不相涉也。倘再委之以续行办理,则为另外一委员而已。

委员之报告,当缮就成文;报告之后,则将报告文呈交主座。而所报告事件之新方式,则为当秩序而受会众之处分者也。

一百四十四节 要求报告 若到报告之时,而主座及委员俱忽略其事,则会员可动议:“请某某事件之委员此时报告。”倘此议通过,则委员必当报告;如不报告,自当详说理由。若委员准备未完,当可请求宽限,如是则当有动议:“宽限委员之报告期,而令之于某某日报告。”若委员欲取消其职务,亦当有动议:“取消某某事件委员之职务。”而得表决通过乃可。

一百四十五节 少数之报告 此为不同意者之报告,读于正式报告之后,而不能与正式报告同效力,会众可以不理者也。但若其确有见地,则可以之代多数之报告耳。此即与修正报告无异,而当以修正案顺序行之。

一百四十六节 报告之演明式 本会注册之问题，经已付委办理，而委员会集讨议准备报告。至值期开会，次及“委员报告”，主座曰：“今日有无委员报告？”

辰君曰：“主座，本委员之注册事，已经准备报告矣。”

主座曰：“前令注册委员今日报告，请诸君听之！”

辰君遂读报告曰：“本委员承命审查本会注册事宜，兹报告如下：所有注册事宜虽复杂，然有熟悉此事之人乐为相助，则进行亦易。而本委员详审各情，注册确于本会大有利便，诚如某会员所言。故献议将本会从速注册也。辰某谨报告。”

主座既接辰君报告之后，乃曰：“诸君已听着委员报告及其献议，对于‘本会即行注册之问题’已表示极为赞成。诸君之意如何？”此时为讨论秩序，于是各讨论本会宜否即行注册事宜。

一百四十七节 复付委 若委员之报告有不满众意者，并若重新讨论之后生出新问题，则事件当复行付委于委员或其他之委员也。“复付委”之动议，与“付委”同受一例之约束。

卷五 权宜及秩序问题

第十九章 权宜问题

一百四十八节 权宜问题之性质 第五章曾经论及，凡议场循规举动，当由正式动议出之。但有时事件发生，有不能待新动议秩序之至者。如遇有破坏议则之事、发生错误之事与夫一切急要之事，必当立刻应付，而应付之方，则谓之为权宜问题及秩序问题。此等问题不属动议，而超夫各动议顺序之前，无时不在秩序之中，能间断一切事件，并暂夺去言者地位。须待此问题解决后，当议事件方能复原。而事件复原之时，当由间断之点继续再议。权宜问题之顺序，驾乎秩序问题之前。

此等问题，如非遇事即发，则其后不准追发也。然若就事而发，则当散会动议之中，亦准发之。凡权宜问题，若非急要者，则提出者既述明之后，主座可以打消之，如是即可减省其烦难也。至于秩序问题，必当就关于当议之事而发，方能准之(参观一百五十二节及一百五十四节)。此问题对于散会动议，除动议者有犯四规则之一，如详于一百二十三节者，则不能间断之也。是故举秩序问题者，乃改正动议者之错误也。

一百四十九节　权宜问题之定义　权宜问题，乃有关于在场之额外事件问题也。此问题之起，乃常起于关乎全会自身之权利，或个人自身之权利；其问题甚罕发生，而亦容易解决者也。十数年前，在美国元老院发生一好先例：当秘密会议之时，疑有报馆访员藏于院阁之旁听座，此为侵犯元老院秘密会议之权利者也；于是一元老提出权宜问题，而设法驱逐犯者出外。其他之例，如忽而灯光熄灭，或空气不通，或有人扰乱会场秩序，或有会员即有远行而欲速于言事，或报告而求优先权利者是也。又或有会员受不平之事者，或反对职员报告不确者。总之，凡意外之事，须即时应付者皆是。但起立为事体之说明则不入权宜问题之列。会员常得许可占有地位而为说明者，非权利之应尔，不过友谊之通融而已。若有反对，则假时以便说明之事，当呈众表决，而取大多数之同意，盖说明不能间断他事也。

一百五十节　效力　此突起之问题，判其是否确为权宜问题，则主座之特权也。会员欲举此问题者，不必如发动议之先讨地位而后发言，但起而言曰："主座我提出权宜问题。"主座当请提者述之，述后主座立即判决是否确为权宜问题。若主座以为否，而提者不服，可诉之于众；若以为是，则随有动议，将事提出于众，以备讨论；或属于特别事件，则不待动议，而主座自行将事处分之。此种动议，须即时讨论，但非必即时表决，盖亦犹乎他种动议可以搁置、可以延期也。当此问题发生时，诸般事件当停止进行，待此解决之后乃得复议,而会员之被间断者亦得复其地位也。

一百五十一节 演明式 适寅君正在讨论一事,而午君起而间断之,曰:"主座,我提出权宜问题。"

主座起曰:"请该会员述彼权宜问题。"(此时寅君当复坐)

午君曰:"我雅不欲言之。但我等之坐在堂后者,实不能闻言者之声,因有人交头接语扰乱会场也。"

主座曰:"此当然视为一确正权宜问题,盖本会之第一权利,则为畅听所言之权利也。倘吾人有所欲言,请于得地位之时乃畅而言之,则无此烦扰也。本主座请该委员等保守秩序,而归安静。请寅君继续再言!"

甲君起而间断之,曰:"主座,我提出权宜问题。"

主座曰:"请述之。"

甲君曰:"外间有狂烈敲击之声,可否使守门者或他人一往察之?"

主座曰:"本主座当接受关于此事之动议。"

甲君曰:"我动议着守门者往察此扰声之来由。"(此议呈之表决,而守门者受训而行,将事回报,或自处决之。无论继有如何行动,而当处分之中,诸事为之搁起。)

癸君曰:"我提出权宜问题。"

主座曰:"请癸君述之。"

癸君曰:"我刻有要务他行,我已空候甚久,欲得机缘以一询训令,为我等书库委员之办法也。此事不能再候矣。"

主座曰:"此问题起之适当,诸君之意见如何?"

己君曰:"我动议当使癸君得尽其言。"(此议呈众表决,而行动随之。待事竣之后,则前所间断之事复其进行。)

第二十章 秩序问题

一百五十二节 秩序问题之定义 秩序问题与权宜问题之别者，在直接关系当议之事件，而有所改正，或完备其进行之手续者。如言语离题，或动议不当其序，或论及个人，或破坏议法，皆其类也。主座亦有出乎范围者，如接其所不当接之事，或不接其所当接之事。以上各种破坏秩序之端，所以常因而生出秩序问题也。此问题除权宜问题之外，超出各顺序之前。

一百五十三节 主座之职务 维持秩序及议额，为主座第一之职务。此非独指全体之风纪而已，各会员有破坏秩序及违背议法者，皆当纠正之。若主座于此稍有忽略，则会员当提出秩序问题。

一百五十四节 秩序问题之效力 当秩序问题发生时，在议之各事皆为之间断，至解决之后乃再复原。若会员在发言中而被搁止，则问题解决之后，彼仍复其位；除非彼自身亦受决而为秩序范围之外者，如此若有反对之者，则彼不能再事进行矣。

秩序问题进行之道，一如权宜问题焉。当时机之至，会员不待正式请得地位，可直起而发言曰："会长先生，我提出秩序问题。"遂被请述之，述毕则坐。主座当酌断其问题为适当与否，曰："本主座以为此秩序问题发之适当（或发之不适当）。"此宣布谓之为主座之判决，而问题以之为定。如有不服者，可以申诉。惟此问题初不付讨论，不呈表决，此其所以异于动议者也。

因秩序问题为直接关于当议之事者，是故必须立提出于其事发生之时；倘事过情迁之后，则不能再提矣。

一百五十五节 申诉 若会员有不服主座之判决者，可起而申诉曰："我将主座判决申诉于众。"此申诉须有附和，如其无之，则主座可以不理。若有人起曰："我附和之。"则此问题由主座之判决，而移归于众人之表决矣。其呈此问题之方式如下:"主座之判决,可否即为本会之定论?"讨论随之。对于此之讨论,主座有优先权。彼可不必离座而发言,详陈其判决之理由等等而后呈之表决,而宣布之曰:"主座之判决成立。"或曰:"主座之判决打消。"随事而异。此表决即为最终之决议而不能复议矣。由此观之,一切事件,最终决议之权则在会众,而不在主座也。信乎议法家华氏之言曰:"申诉之权,为一切团体自由行动不可少之物。"必如此,则会长乃会场之公仆而不为主宰也。

一百五十六节 申诉表决之同数票 前一成例,动议之表决得同数票者,则动议为之打消。但在申诉之案,得表决之同数票者,则效力适为相反,此乃维持之而非打消之也。如是则主座之判决,更因之而得成立。其理由为主座之判决,若无推翻之者则作为成立,而同数之表决票实为无效,则不能推翻主座之判决也。如此,则主座不必(多有不欲者)自行投票,以维持其判决之成立者。兹定此为例如下:"对于申诉案之表决同数票,乃成全'主座之判决可否成立'之问题"。

一百五十七节 顺序 今复统括附属动议之顺序,列之如下:

(一)权宜问题

(二)秩序问题

(三)散会动议

(四)搁置动议

(五)停止讨论动议

(六)延期动议

(七)付委动议

(八)修正动议

(九)无期延期动议

除此之外,更有他种事件,可于独立动议在议中而提出者,其重要者如下:收回动议及分开议题之动议;举发不足额之问题,规定表决法之动议;限制或申长讨论时间之动议;定时停止讨论之动议;定时散会及定时开会之动议；搁起规则之动议；暂作休息之动议。以上各动议，若发于需要之时，皆为合秩序，其顺序在当前之独立动议之前。

一百五十八节　秩序问题及申诉之演明式　地方自治励行会适会议之际，序及于新事件，随生如下之行动：

乙君曰："会长先生！"

主座曰："乙先生！"

乙君曰："我动议于会期告终之日，本会举一午餐会，以联吾人友谊，想诸君必乐从也。"

主座曰："诸君听着，有动议本会举一午餐会于会期告终之日。"

己君曰："会长先生！"

主座曰："己先生！"

己君曰："何不称之为早膳？我动议修正删去'午餐'二字，而加入'早膳'二字。"

主座曰："诸君听着……"

乙君曰："会长先生，我欢纳此议，我总求其有耳，如何称谓所不计也。"

主座曰："修正案已得接纳，而今之问题为当举一早膳为会期之结束。"

甲君曰："会长先生！"

主座曰："甲先生！"

甲君曰："我反对此议，因将必多所破费，我知会友中多有力不能胜者，愿本会为城中独一不以饮食为题之会！试观彼之好古会、诗人会、棋客会等常设晚餐会，我知彼等之所欲矣！"

主座起而言曰："请该会员进归秩序。彼之所言，出乎题目之外，盖批评他会之行为非在秩序之中也。"

甲君曰："甚善甚善，会长先生。我当勉而进于秩序，但我绝对反对此议！"

丙君曰："会长先生！"

主座曰:“丙先生!”

丙君曰:“我绝对赞成之! 吾人总需多少交际性质之物,乃可联络会友感情,使之亲切如一家焉。盖把盏言欢,每生同气之感,舍此则结会鲜有成功者也。”

辛君曰:“会长先生!”

主座曰:“辛先生!”

辛君曰:“我提议将此问题搁置案上。我个人以为……”

主座曰:“搁置之议,为不能讨论者,是故该会员为越出秩序矣! 诸君准备否?”

寅君曰:“会长先生!”

主座曰:“请君言之!”

寅君曰:“主座既言搁置之议不能讨论,又问吾人准备否,按此则为请人讨论矣!”

主座曰:“此足见我会员大为省觉,但出之不甚妥贴耳。本主座所问‘诸君准备否’,乃以机缘使散会动议或他秩序问题,顺序在搁置动议之前者,可以提出耳! 诸君准备否? 诸君之赞成搁置动议者,请曰‘可’!”续而宣布曰:“此议打消。”

戊君曰:“会长先生!”

主座曰:“戊先生!”

戊君曰:“我提议延期此案之讨议至一星期。”

主座曰:“已有提议延期一星期,诸君准备否?”

癸君曰:“会长先生!”

主座曰:“癸先生!”

癸君曰:“我提议将此事付委。其委员会由……”

戊君曰:“会长先生! 我起秩序问题。付委之议此时不在秩序,因延期之案尚在议中也。”

主座曰:“此举出之甚当。付委之议此时不在秩序,以延期之议之顺序在前也。诸君准备表决延期之议否? 赞成者……”云云。宣布曰:“此议打消。”

癸君曰:“会长先生!”

主座曰:“癸先生!”

癸君曰:“我今再提出付委动议,其委员会由会长、理财、书记三人组织之。”

主座曰:“诸君听着,此动议,本主座当从而分开之。先呈付委动议,诸君预备否?”

子君坐而言曰:“我以为吾人当在会中结束此事。”

未君曰:“我起秩序问题。”

主座曰:“请未先生述其问题。”

未君曰:“最后之发言者未曾起立而称呼主座!”

主座曰:“本主座为之断定此点举得甚当。务望一切讨论,必当以正式出之。”

子君曰:“我起而就正之!会长先生,我反对付委案,因过于假权与少数人也。”

主座曰:“会众当可训其委员于被委之后。诸君预备否?”

戊君寅君同时并起曰:“会长先生!”

主座曰:“戊先生!”

戊君曰:“我提议……”

申君曰:“我起秩序问题。”

主座曰:“请述其秩序之点。”

申君曰:“会长先生!寅先生先戊先生而起,或以彼坐位太远,而主座不之觉也。彼岂不应先于戊君而得地位乎?”

主座曰:“本主座当断定此秩序之点提之不适当。本主座见两会员同时并起,而已以地位与戊先生;今除非戊先生退让耳!”

戊君曰:“我既得地位,则不欲让之!会长先生,我动议……”

申君曰:“我将主座之判决诉之于众。”

主座曰:“申先生诉主座之判决,今之问题,为主座之判决可否成立为会中之定论。(讨论可随之)诸君赞成主座之判决者请曰‘可’!”宣布曰:“已得可决!主座之判决,成为确立。戊先生请复发言！所议问题为付委动议。”

戊君曰："我动议本会此时散会。"

主座曰："散会之议已提出。诸君赞成者……"云云。宣布曰："此议打消。诸君赞成付委动议者……"云云。宣布曰："此议打消。今本会欲再办何事？"

酉君曰："会长先生！我见得本会有等会员专图打消彼所不乐之议案，而毫不假以讨论之余地，有一发言者为达此目的几于无所不至也。"

戌君曰："我起秩序问题。"

主座曰："请详之！"

戌君曰："最后之发言者，侈言个人之事，殊出范围！"

主座曰："此秩序之点，举之适当。请酉先生就本题范围！"

酉君曰："会长先生！我诉此判决！我已慎重不提名字，则并未有毫厘违及秩序也。"

主座曰："申诉提出矣。主座之判决能成立否？赞成者……"云云。宣布曰："不成立。酉先生已得表决为合秩序，可继续言之。"

酉君曰："我只欲重要问题能得公平之讨论，而我以为……"

亥君曰："会长先生！"

主座曰："亥先生！"

亥君曰："我动议散会。"

主座曰："有动议……"

寅君曰："我起秩序问题。"

主座曰："请详之！"

寅君曰："会员发言之地位，不能由散会动议夺去也。"

主座曰："本主座断定此点提出甚当，而散会之议为违反秩序。酉先生请复言！"

酉君曰："我动议将全案由今天起延期两星期。"

卯君曰："会长先生！我起秩序问题。吾人岂非已经表决不延期乎？岂第二之延期议在秩序乎？"

主座曰："新事件已中间之矣。第二延期议当合秩序也。诸君预备否？赞成者……"云云。宣布曰："此议通过。而举一早膳会之问题，延期作为两星期开会日之指定事件。本主座望各会员到时当黾勉齐集，以得详为讨论为是。兹已次及散会时矣。"

酉君曰："我提出散会。"

主座曰："赞成者请曰'可'！"宣布曰："本会散会。至下星期此日午后二时半再开。"

结 论

以上各章所详论之原理方式，足为领率议场者作指南之用矣。然欲为良议员者，徒诵读之、研究之犹未足臻其巧妙也，必须习练成熟，而后乃能左右逢源，泛应曲当也。欲议场之步调整齐，秩序不紊，则非常时开会演习议法不可。其演习之道，有假设议场以专行练习者，然不若乘开会之期而兼习练之，则更为一举两得也。凡社会其事由少数董事或委员办理者，则会员鲜有机会以习练；倘另行随时开执行会，使全体会员在场，而将事件提出加之讨论与修正，而后处以最终之动作，则会员一年之所得，必胜于五年之研究及演习也。此书可备为个人研究及会场参考之用，且可备为同好者常时集合玩索而习练之。一社会中，其会员人人有言论表决权于大小各事，则知识能力必日加，而结合日固，其发达进步实不可限量也。

凡团体欲以此书为津梁者，可于其规则加定一条如下："本会集议规则以《民权初步》为准。"如是则有疑点，皆以此书为折衷也。若有团体不欲全照本书所定之规则，便可另立专条，规定其会所欲行者，如是则关于此种事件可不必照此书所定也。此等专条，不必包括于规则之内，一记录之表决案亦已足矣。譬如一会已采择本书之规定为例，而又欲以动议须有附和，或以复议动议不当加以限制为适宜者,便可立例如下:“本会定以所有动议,须得附和,而后能接述之。”或:“本会定以凡会员皆能提出复议动议。”但凡欲成为一纯粹议范之社会,则不当舍去普通认定之议事规则也。

凡社会采定一书为范围者,则凡于未规定之事,皆当遵守之。而其为专条所规定之事,则皆以专条为定衡。各会对于其所事或方法,当采专条以规定之。此等专条,或具于规则中,或立特别条例均可。惟须注意:切不可订立条例与通行议场公例抵触者,方为妥善。

更有一事当为各社会之忠告者:则切不可因一时情面或他种理由,而设一先例,以致将来有碍一会之自由行动者。而于选举职员更宜留意,庶免蹈此弊。如有不觉中陷于此等之恶习,则速改为佳。盖先例非一成不变者也,其效力只行于未得良法之前而已;如一旦得更良之法,则当以代之也。

再者,若一社会察觉其前时所行之事有不合通则者,则尽可由之,而不必追加改正,只宜慎重不必行之于下次足矣。盖当时既无人反对其事,则当视为正当,所谓“遂事不谏,既往不究”也。

附录　章程并规则之模范

章　程

第一条　会名　本会名为地方自治励行会。

第二条　职员　本会举会长一人,副会长一人,记录书记一人,通信书记一人,理财员一人,核数员一人,董事若干人,　演说委员若干人。每年选举一次,如规则所定。

第三条　会议　本会每年三月某某日开周年大会一次,每月某某日开常期会议一次。会中一切要务,当在常期会议决之。除规则所定者之外,只有会员方能到场会议。议场额数,至少七人。凡常期会,当由某某报登广告通知。而特别会议,可由会员五人申请,会长即得召集，但每会员当专牒通知。

第四条　经费　每年某月某日起为预算年期，会员经费每人若干元，限入会或预算期一月之内交足。如得过期，通告犹不交者，则停止会员资格。

第五条　会员　凡入会者，须得满一年资格之会员二人介绍，于常期会议时报名。待一星期后，乃按名投票，如不过三票之反对者，则为当选。如有落选之人，则本年之内不得再报名。本会会员以若干名为限。

规　则

第一条　职员之义务：

一节　会长副会长　会长当主持一切会议，并领率会员就事体之正式秩序，当担任周年大会之演说，并办理属于其职务之各事。若遇会长有事不能到会，则副会长代理其职务。而副会长须随时助会长办理各事。

二节　书记　记录书记办理开会事宜，并记录所议决各事，作一议事录。通信书记当收会中各信，开会时向众读之；并答复一切信函，保存会中文件，通知会员得被举者，函催会员欠费，署名给发会员凭票，编掌会员名册居址，并管理一切关于会员事件及文件。到周年大会之期，彼当将一年所经过之事及现在情形作一详细报告，向众宣读。以上各事，亦可责成记录书记分任之。议事录及文件，可随时与会众察阅。如会中有与他会及团体常通书信者，可多设一交际书记，专理与他团体交际之事。

三节　理财员　理财员当接收、催收、管理、出支一切会中银钱，并当将所有收支银钱开列详细数目，作一报告，呈报于周年大会之期。

四节　核数员　核数员当查核一切单据及理财员之帐目符合否，作一报告，呈报于周年大会之期。（若有董事会者则董事规则列于此）

五节 演说员 演说员分三部,每部设一演说员长。第一部,各国地方自治之历史规模;第二部,关于地方自治之科学及经济学;第三部,中国地方自治应办事宜。某月某日为第一部之期,某月某日为第二部之期,某月某日为第三部之期。各演说员长当将其部一年之经过作一报告,呈报于年会之期。

六节 选举 在某月之常任会期,会长当于职员之外,委派委员三人为指名委员,将来年职员指名造册。指名委员当通告被指名者,如有辞却,则当另指名以代之。于后三期会议,当将完备指名册呈报于众。至周年大会之期,当行投票选举。倘有被指名而不得选者,当另选至职员满数而止。凡入会不满一年者,无被选资格。

七节 任期 除书记及理财两职外,其他任期不得连任两年,而一人不得同时兼两职。惟隔任期一年之后,则可再得复其被选之资格。所有职员任期,至周年大会之日为满。

第二条 会员 凡被选为会员者,签名于章程并缴会费之后,则可领受本会之凭票而为会员,得享本会一切之权利,至年期末为止。此后再纳年费,便可继续为会员。每期会议,会员须当呈票,方得入场。

名誉会员可由会中酌量选择。旧会员居于远方者,可得为通信会员;倘来本城欲与会议者,可纳临时费便得入场。

凡会员欲除名会籍者,当致书通告通信书记便可。

第三条 来宾 凡会员可领朋友同来会议,但须纳临时费若干,而每会员每次会议只得许领二人。演说员每人给免票六条,不收临时费。

第四条 会议法则 地方自治励行会一切会议,皆以《民权初步》为法则。书记之外,非有本会特别命令,不得将本会会议报告发印。

第五条 本会章程及规则,在正式常务会议可以到场会员三分之二之表决而修改之。但至少须于一会期前将欲修改之条正式通告,使众周知方可。

第六条　搁起条例　本会之章程、规则内之条例,其可暂时停止者,遇有需要时可由全体一致而临时搁起之,以便他事之进行;但不能搁起过于一会期以上。

议事表

(说明)有、无者,有可、无可之谓也。如申诉,有可讨论、无可分开是也。数目者,例外之符号也。符号之说明,另列于表下。

议案／动作	权宜问题一	秩序问题一	申诉	散会	搁置及抽出	停止讨论	延期	付委	修正	无期延期	收回动议	分开议题	表决法问题	复议	休息	搁起规则	独立动议
讨论	无	无二	有	无四	无	无五	有	有	有	有	无	无	无	有	无	无	有
分开	无	无	无	无	无	无	无	有七	有十	无	无	无	无	无	无	无	有
搁置	无	无	无三	无	无	无	无	无	无	无	无	无	无	有十二	无	无	有
停止讨论	无	无	有	无	无	无	有	有	有	有	无	无	无	有	无	无	有
延期	无	无	无三	无	无	无	无	无	无	无	无	无	无	有	无	无	有
付委	无	无	无三	无	无	无	无	无	无十一	无	无	无	无	无	无	无	有
修正	无	无	无	无	无	无	有六	无八	有	无	无	有	有	无	有	无	有
无期延期	无	无	无	无	无	无	无	无	无	无	无	无	有	有	无	无	有
复议	无	无	有	无	无	有	有	有九	有	有	无	有	有	无	无	无	有

符号之说明：

一、凡出此两问题外所发生之急要动议，则处分之动作与独立动议同。

二、得主座之许可可作评议，但除申诉事外，不能有讨论之权利。

三、申诉问题之自身，无可付委、无可延期、无可搁置者也。惟可随申诉之本题，一同受此三种之动作。

四、若在不定下会开会之期而散会等于终止者，则此议有可讨论。

五、得为有限时之讨论，而其讨论只范围于停止讨论之自身，不能牵入于本题。

六、只有属于时日者，乃有可修正。

七、只有属于有附训令之付委，为无可分开者也。

八、只有属于有训令之付委及委员之人数，有可修正者也。

九、委员已开始进行，则无可复议。

十、只有删去而加入之修正案，为无可分开。

十一、有种修正案，其本题尚悬而未决者，有可付委者也。

十二、复议已受搁置者，不能抽出其问题作为终结。

广州兵变始末

（一九二二年八月十五日）

六年以来，国内战事，为护法与非法之争。文不忍艰难创造之民国，隳于非法者之手，倡率同志，奋斗不息。中间变故迭起，护法事业，蹉跎数载，未有成就，而民国政府，遂以虚悬。国会知非行权无以济变，故开非常会议，以建立政府之大任，属之于文。文为贯彻护法计，受而不辞。就职以来，激厉将士，出师北向，以与非法者战。最近数月，赣中告捷，军势远振，而北军将士，复于此时为尊重护法之表示。文以为北军将士，有此表示，则可使分崩离析之局，归于统一，故有六月六日之宣言，愿与北军将士提携，以谋统一之进行。

不图六月十六日护法首都，突遭兵变，政府毁于炮火，国会遂以流离，出征诸君，远在赣中。文仅率军舰仓卒应变，而陆地尽为变兵所据，四面环攻，益以炮垒水雷，进袭不已。文受国会付托之重，护法责任，系于一身，决不屈于暴力，以失所守。故冒险犯难，孤力坚持，至于两月之久，变兵卒不得逞。而军舰力竭，株守省河，于事无济。故以靖乱之任，付之各处援师，而自来上海，与国人共谋统一之进行。

回念两月以来，文武将佐，相从患难，伤亡枕藉。故外交总长伍廷芳，为国元老，忧劳之余，竟以身殉，尤深怆恻！文之不德，统驭无方，以至变生肘腋，咎无可辞。自兵变以后，已不能行使职权，当向国会辞职，而国会流离颠沛之余，未能集会，无从提出。

至于此次兵变，文实不知其所由起。据兵变主谋陈炯明及诸从乱者所称说，其辞皆支离不可究诘。谓护法告成，文当下野耶？六月六日,文对于统一计划,已有宣言,为天下所共见。文受国会付托之重,虽北军将士有尊重护法之表示,犹必当审察其是非与诚伪,为国家谋长治久安之道,岂有率尔弃职而去之理?陈炯明于政府中为内务总长、陆军总长,至兵变时,犹为陆军总长,果有请文下野之意,何妨建议,建议无效,与文脱离,犹将谅之。乃兵变以前,默无所言,事后始为此说,其为饰辞,肝肺如见。按当日事实,陈炯明于六月十五日已出次石龙,嗾使第二师于昏夜发难,枪击不已,继以发炮,继以纵火,务使政府成为煨烬,而置文于死地。盖第二师士兵皆为湘籍,其所深疾,果使谋杀事成,即将归罪,以自掩其谋而兼去其患。乃文能出险,不如所期,始造为请文下野之言。观其于文在军舰时,所上手书,称大总统如故,可证其欲盖弥彰已!谓陈炯明以免职而修怨,叶举等以饬回防地而谋生变耶?无论以怨望而谋不轨,皆为法所不容。即以事实言之,文于昨年十月率师次于桂林,属陈炯明以后方接济之任,陈炯明不惟断绝接济,且从而阻挠。文待至四月之杪,始不得已改道出师,于陈炯明呈请辞职之时,犹念其前劳,不忍暴其罪状,仍留陆军总长之任,慰勉有加,待之岂云过苛?叶举等所部,已指定肇、阳、罗、高、雷、钦、廉、梧州、郁林一带为其防地,乃辄率所部,进驻省垣,骚扰万状,前敌军心,因以动摇,饬之回防,讵云激变?可知凡此种种,亦非本怀。徒以平日处心积虑,惟知割据,以便私图,于国事非其所恤,故始而阻挠出师,终而阴谋盘踞,不惜倒行逆施,以求一逞。诚所谓苟患失之,无所不至者。

且即使陈炯明之对于文积不能平,至于倒戈,则所欲得而甘心者,文一人之生命而已,与人民何与?乃自六月十六日以后,纵兵淫掠,使广州省会人民之生命财产,悉受蹂躏,至今不戢。且纵其凶锋,及于北江各处,近省各县,所至洗劫一空,人民何辜,遭此荼毒!言之痛心!向来不法军队,于攻城得地之后,为暴于一时,已犯天下之大不韪。今则肆虐亘于两月,护法以来,各省虽有因不幸而遭兵燹,未有如广东今日所处之酷者。北军之加兵于西南,军纪虽弛,有时犹识忌惮。龙济光、陆荣廷驻军广东,虽尝以骚扰失民心,犹未敢公然纵掠。而此次变兵,则悍然为之。闻其致此之由,以主谋者诱兵为变时,兵怵于乱贼之名,惮不敢应。主谋者窘迫无术,乃以事成纵掠为条件,兵始从之为乱。似此煽扬凶德,汩没人道,文偶闻野蛮部落,为此等事,犹深恶而痛绝之;不图为此者即出于同国之人,且出于所统率之军队,可胜愤慨!文夙以陈炯明久附同志,愿为国事驰驱,故以军事全权付托。今者甘心作乱,纵兵殃民,一至于此,文之任用非人,诚不能辞国人之责备者也。此次兵变,主谋及诸从乱者所为,不惟自绝于同国,且自绝于人类,为国法计,固当诛此罪人;为人道计,亦当去此蟊贼。凡有血气,当群起以攻,绝其本根,勿使滋蔓。否则流毒所播,效尤踵起,国事愈不可为矣!

以上所述,为广州兵变始末。至于国事,则护法问题,当以合法国会自由集会,行使职权,为达到目的。如此,则非常之局自当收束,继此以往,当为民国谋长治久安之道。文于六月六日宣言中所陈工兵计划,自信为救时良药。其他如国民经济问题,则当发展实业,以厚民生,务使家给人足,俾得休养生息于竞争之世。如政治问题,则当尊重自治,以发舒民力。惟自治者全国人民有共治、共享之谓,非军阀托自治之名,阴行割据所得而藉口。凡此荦荦诸端,皆建国之最大方略,文当悉其能力,以求贯彻。自维奔走革命三十余年,创立民国,实所躬亲。今当本此资格,以为民国尽力,凡忠于民国者则引为友,不忠于民国者则引为敌。义之所在,并力以赴,危难非所顾,威力非所畏,务完成中华民国之建设,俾国民皆蒙福利,责任始尽。耿耿此诚,惟国人共鉴之!

孙文　民国十一年八月十五日

中国文库
哲学社会科学类

孙中山著作选编

（下）

魏新柏　选编

中国出版集团
中華書局

对外宣言

（一九二二年八月十七日）

自一九一七年国会遭非法解散，政局纷扰，统一发生问题。护法同人，均以国会不恢复，统一即难实现。五年以来，此项主张，屡为北方军阀所反对；但彼等卒因此而失败，又因失败而始采纳护法之主义，以谋统一。本年六月六日，余以彼等既有觉悟，改变态度，特发出宣言，表示欢迎，并与伍廷芳商议之后，又多请北方军界要人，交换恢复统一意见。

正值护法政府与北政府双方着手正式会议统一之时，陈炯明突于六月十六日（离我发表宣言仅十日）袭攻广州，蹂躏政府，致陷政局于不可收拾。伍博士卒因统一无望，致以身殉，诚可哀也！陈炯明何以当吾辈正与北京商议统一之际，竟谋叛乱？余实不能作充分之答复。在余对国人宣言之中，陈炯明此项举动，余已极力表示之矣。陈炯明知余此番与北京会议，六年之争执可望解决，统一亦可实现，又知伍博士被召为北京政府总理，实为南北统一之先声。倘统一实现，于其恢复广州地位之前，则其夺取广东与破坏统一之计划，决难实现。其欲以广东为封建区域，即为其此番变乱之目的。余观其长粤政策，即知其欲将广东建设小邦，推而行于他省，以贯彻其封建主义。余以广东为广东人之广东，非陈炯明个人之广东，颇不直其所为，故不得已始有本年四月免其官职之举，今更证明余昔日之观察毫无错误也。

陈炯明此次变乱之结果，致使余与北方领袖两月来不能进行统一之会商。余明知粤局不能解决，即不能北上商议国是，故以先解决粤局为余之天职。但余现已来沪，实因上海为全国中心，与各方面领袖接洽统一，比较广东颇为便利，此为余来沪之目的也。但余认统一而不和平，其危机更大。今国会恢复，政治上可谓统一矣，而今回复和平与幸福，则又必有保障焉。

今举余对于和平统一之计划如下：

（一）凡共和国公民，均当服从国会。即余个人亦当按照余在宪法上之地位，应行尊重国会之决议。

（二）中国军阀须根本推倒，如督军兵权不能解除，与余在六月六日宣言中所主张之工兵计划，不能实行，则全国和平，终难达到。

（三）发展文明，非仅关于财富一方面（即物质文明），并负谋人民之幸福与安全（精神文明）。所谓世界大国其福民往往多于富民，余信欲到此项目的，非发展中国实业不可，此节已详见余之《中国国际发展》著作中。

（四）改造中国政治制度，以各区域为平民政府单位之一基础。此层虽近似革命，然乡村政治，古时已发现于中国。余之目的，即将来为一区域内之乡村组织，成为地方自治之单位。此点已有人反对，盖彼等欲主张以一省为地方自治单位，各省政府均采联省主义。余信联省制度，可以推倒中央集权，分为许多小邦，亦为改造中国之一法。

中国国民党宣言*

（一九二三年一月一日）

中国之所以革命，与革命之所以成功，原因虽繁，约而言之，不外历史之留遗与时代之进化而已。盖以言民族，有史以来，其始以一民族成一国家，其继乃与他民族糅合搏聚以成一大民族。民族之种类愈多，国家之版图亦随以愈广。以言民权，则民为邦本之义，深入于人心，四千余年残贼之独夫，鲜能逃民众之斧钺。以言民生，则不患寡而患不均之说，由学理演为事实，求治者以摧抑豪强为能事，以杜绝兼并为盛德，贫富之隔，未甚悬殊。凡此三者，历史之留遗，所以浸渍而繁滋者，至丰且厚，此吾人所以能自立于世界者也。然民族无平等之结合，民权无确立之制度，民生无均衡之组织，故革命战争循环不已，盛衰起伏，视为固然，而末由睹长治久安之效。近世以来，革命思潮，磅礴于欧，渐渍于美，波荡于东亚。所谓民族主义、民权主义、民生主义，乃由磨砻而愈进于光明，由增益而愈趋于完美。此世界所同，而非一隅所能外者。我国当此，亦不能不激励奋发，于革命史上开一新纪元矣。

本党总理孙先生文，内审中国之情势，外察世界之潮流，兼收众长，益以新创，乃以三民主义为立国之本原，五权宪法为制度之纲领，俾民治臻于极轨，国基安于磐石；且以跻于有进而无退，一治而不复乱之域焉。夫革命之内容既异于前代，革命之手段亦因以不

* 一九二二年九月，孙中山在上海召开改进国民党的会议，随后指定有共产党人在内的九人改进案起草委员会，推定宣言起草人。孙中山审定。此即为改进国民党而发。

同。前代革命虽起于民众,及其成功,则取独夫而代之,不复与民众为伍。今日革命则立于民众之地位,而为之向导,所关切者民众之利害,所发抒者民众之情感。于民众之未喻,则劳心焦思,瘏口哓音,以申儆之;且不恤排万难,冒万险,以身为之先。及其既喻,则相与戮力,锲而不舍,务蕲于成而后已。故革命事业由民众发之,亦由民众成之。本此宗旨,爰有兴中会之组织,事业非常,顿遭挫折。继以时势之推移,人心之感动,志于革命者,乃如水之随地而涌,于是更扩而为同盟会。党员遍于各省,而漭漫于海外;主义之宣传与实行,前仆后继,枕藉相望,党员为主义而流之血,殆足以涤尽赤县之腥膻矣。清廷既覆,民国肇兴,以为破坏已终,建设方始,宪政实施,宜有政党,故国民党因以成立。中更癸丑之变,痛邦基未固,国难方殷,复有中华革命党之改组,集合同志,努力与卖国称帝者为敌。及帝制既踣,革命之进行于以停止。既而武人毁法倡乱,国内汹汹,连兵数载,未获宁息。同人感于主义之未贯彻,责任之无旁贷,乃更组织中国国民党,以与全国人士共谋完成民国建设之大业,而期无负初衷焉。盖吾党名称虽有因革,规则虽有损益,而主义则始终一贯,无或稍改。

溯自兴中会以至于今,垂三十年。吾党为国致力,虽稍稍有所成就,而挫折亦至多。顾所成就者,为主义之成就;而所挫折者,则非主义之挫折,特进行之偶然颠踬而已。民国以前,吾党本主义以建立民国;民国以后,则本主义以捍卫民国。前此数年,为民国与非民国之争;最近数年,为法与非法之争。反对者所挟持之力非不甚强,然卒于一蹶而不能复振。盖其所施为者,违反国情,悖逆时势,有以使然也。然亦惟反对者之梗阻与中立者之观望,遂致民国之建设事业,进行迟滞,三民主义尚未能完全实现,五权宪法亦未得制定施行,此吾党所为旁皇不可终日者。抚已有之成效,既不敢不自勉,思现存之缺憾,又不敢不自奋,则惟有夙夜黾勉,前进不已,以求最后之成功已耳!所谓成功者,非一人一党之谓,乃中华民国由阽危而巩固、而发扬光大之谓也。本党同人爰据斯旨,依三民、五权之原则,对国家建设计划及现所采用之政策,谨依次陈述于国民之前。

一、前清专制,持其"宁赠朋友,不与家奴"之政策,屡牺牲我民族之权利,与各国立不平等之条约。至今清廷虽覆,而我竟陷于为列强殖民地之地位矣。故吾党所持之民族主义,消极的为除去民族间之不平等,积极的为团结国内各民族,完成一大中华民族。欧战以还,民族自决之义,日愈昌明,吾人当仍本此精神,内以促全国民族之进化,外以谋世界民族之平等。其大要如左:

甲、励行教育普及,增进全国民族之文化。

乙、力图改正条约,恢复我国国际上自由平等之地位。

二、现行代议制度已成民权之弩末,阶级选举易为少数所操纵。欲践民权之真义,爰有下列之主张:

甲、实行普选制度,废除以资产为标准之阶级选举。

乙、以人民集会或总投票之方式,直接行使创制、复决、罢免各权。

丙、确定人民有集会、结社、言论、出版、居住、信仰之绝对自由权。

三、欧美经济之患在不均,不均则争;中国之患在贫,贫则宜开发富源以富之。惟富而不均,则仍不免于争,故思患预防,宜以欧美为鉴,力谋社会经济之均等发展,及关于社会经济一切问题,同时图适当之解决。其纲领如左:

甲、由国家规定土地法、使用土地法及地价税法。在一定时期以后,私人之土地所有权,不得超过法定限度。私人所有土地,由地主估报价值于国家,国家就价征税,并于必要时,得依报价收买之。

乙、铁路、矿山、森林、水利及其他大规模之工商业,应属于全民者,由国家设立机关经营管理之,并得由工人参与一部分之管理权。

丙、清查户口,整理耕地,调整粮食之产销,以谋民食之均足。

丁、改良币制,以实货为交易之中准,并订定税法,整理国债,以保全国经济之安宁。

戊、制定工人保护法,以改良劳动者之生活状况,徐谋劳资间地位之平等。

己、确认妇女与男子地位之平等，并扶助其均等的发展。

庚、改良农村组织，增进农人生活，徐谋地主佃户间地位之平等。

同人所计虑，尚有不止于是者。右所陈述，特其厓略，其余国家重大事项，将依本党规程，就专任委员研究之结果，继续就商于邦人君子。谨此宣言。

中国国民党本部

中华民国十二年正月一日

在上海中国国民党改进大会上的演说

（一九二三年一月二日）

现在总章已通过了，我们便要照着实行，但实行还要得人。我们对于时局，要分几方面进行；我们的人材，要照几方面来分配。我们进行的方法，大要是三种：一、政治进行；二、军事进行；三、党务进行。我们的政治进行，现有许多人在北京，还有许多人散在各省，分头担任。我们党里的军人，就多在南方做军事活动。现在本党修改新章，就要觅一班人才来担任党务的进行。

政治进行是靠不住的，随时可以失败。军事进行，现在也有了多年，靠着他来改造国家，还说不定成功与否。所以政、军两种进行，成败都未可必。只有党务进行，是确有把握的，有胜无败的。我们革命党自发起至今，已有三十年，我党主义，是只有进步无退步的。大约十年前比二十年前进步，现在比十年前又进步。照此类推，再过十年，这进步必更胜于今。所以说党务进行是有胜无败的，是一定可靠的。

但是，我们自革命成功以来、民国成立以后，我们的党务反不如前，几成了一盘散沙，把从前革命的精神都无形丧失了。这就是由于成功之后，大家都不注重党事，只看重政、军两种进行，所以就大遭失败。现在要从党务进行，就是要恢复以前革命党的精神，发挥十几年前吾党先烈的精神。这样做来，成功一定可靠。

党的进行，当以宣传为重。宣传的结果，便是要招致许多好人来和本党做事。宣传的效力，大抵比军队还大。古人说："攻心为上，攻城为下。"宣传便是攻心。又说："得其民者，得其心也。"我们能够宣传,使中国四万万人的心都倾向我党,那便是大成功了。我们从前本手无寸铁,何以会革命成功呢?就由于宣传得力。革命以后,大家有了军队,有了政权,以为事在实行,不必注意宣传。岂知革命成功,就只有宣传一道,可惜大家都忘记了,现在我们要反省才好。

俄国五六年来,革命成功,也就是宣传得力。他的力量不但及于国内,并且推及国外。前回英国与俄国订约,约内有一条订明不准在英国内宣传,足见宣传之力无可抵制,只好订为条件。英国军力、财力皆可对付俄国有余,只有宣传无法对付,足见宣传这种武器比军队还强。

今天我们把本党再改进、再扩张起来,对于中国是很有办法的。现在比从前自由很多,从前是不准革命党随处昌言的,现在尽可随便传布。各界的人心,倾向我党的也很多。只可惜宣传工夫少了,我党党员也没有十分宣传的训练,所以党务还没有最大发达。我们要晓得宣传这种武器,折服一人便算得了一人,传入一地便算有了一地。不比军队夺了城池,取了土地,还是可被人推翻的,还是很靠不住的,所以我们要对宣传切实来下番工夫。不如此,这目的就难以达到。不过要做宣传,就要有一个最便利的机关、最巩固的机关。这机关是什么呢?就是个党。所以我们要切实把党务来改良、来扩张,使一日一日的进步才好。所以今天很希望大家照此新章来商量组织,请大家从长讨论。

【当时讨论结果,须先组织干部。总理提议】干部职员太多,依总章,现在代表会未成立以前,都由总理任命。但我一人那能想出这多适当人材,只好请大家不拘方式,任意推荐,以备参考。

【众赞成。复次,张秋白起问,宣言有"殖民地"三字,可否改为共治地,总理答词为下】此句是我加的。因为中国地位,在国际间实在比亡国不上,比高丽、安南对于他的上国所保有的权利还少。单说海关一事,现在还是值百抽五。诸君要晓得,这五还是七十年前价格的五,不是现在的五。现在虽说了增加税率,费了许多运动,却闻意大利人还没答应,可见艰难之极了。高丽人如果逢着大灾,饿死的满地,日本人为体面起见,定要去救济他。若是中国有灾,外国人随意捐助几元便了不起。外国人只在中国所得中国权利比高丽、安南还多还很。若论起义务来,却没有对待他属国的热心,这不是殖民地是什么?

这些不平的情状,总以说穿为好,不要怕侮辱了国体。从前梁启超因要打销汉人排满的义愤,便说满清入关,中国不算亡国。因为满清曾受过中国龙虎上将的封号,所以也是中国的臣民代替了明朝。当时我们驳他:如受过封便算中国臣民,那吗赫德是中国的户部,戈登是中国的将军,若是得了中国,也就不算亡国了。他们说这种话,无非要压抑国民的反动。我们正望国民有觉悟、知痛苦、知奋发,那便非说穿不可,何必自瞒自呢?实在外国人对中国不起的地方,外国人原来明白,他的良心上也十分过不去,所以有华盛顿会议的发起,原想把中国提平一点;可惜中国人自己不懂,畏首畏尾,只争到几条有名无实的原则。最吃亏的青岛,可算花了一笔代价得回来了。但是还有许多地方,何以又不通统退还呢?可见青岛是在近的事,大家叫得声浪很大,故有效力。其余地方吃亏久了的,便咽在肚里不说,以致帮忙的也就无可帮忙。这就是中国人外交失败之处呀!

和平统一宣言

（一九二三年一月二十六日）

北京黎宋卿先生，张敬舆先生，冯焕章先生，天津段芝泉先生，奉天张雨亭先生，保定曹仲珊先生，洛阳吴子玉先生，南京齐抚万先生，杭州卢子嘉先生[①]，并各省农工商学各界及各报馆转全国国民公鉴：

文于往年八月十五日发表宣言，对于国事，主张使护法问题完全解决，以和平方法促成统一；对于粤事，主张讨伐叛国祸粤之陈炯明，以申国法而靖粤难。今者，讨贼诸军已逐去陈逆而戡定粤局，则障碍既除，建设斯易。文于抚辑将士及绥靖地方外，当竭尽心力以敦促和平统一之进行，并务以求达护法事业之圆满结束。如是，庶几六年以来之血战，卒得导民国于法治之途，凡诸为国牺牲者，可得代价而少慰，而此分崩离析之局，亦卒得归于统一，文始获与国人雍容讨论以图治。

惟旷观全国，以北京政府尚未纯践合法之涂辙，故犹多独立自主省分，北京命令不能逮及，统一之业仍属无期。回忆年来南北纷争，兵灾迭见，市廛骚扰，闾里为墟，盗匪乘隙，纵横靡忌，百业凋残，老弱转徙，人民颠连困苦之情状，怵目恫心。文窃以为谋国之道，苟非变出非常，万不获已，不宜轻假兵戎，重为民困。前者西南起义，特因护法之故，不得已而用兵。至于今日，则各方渐有觉悟，信使往

① 指北京政府总统黎元洪、署理国务总理兼陆军总长张绍曾、陆军检阅使冯玉祥、前国务总理段祺瑞、奉天督军张作霖、直隶督军曹锟、两湖巡阅使吴佩孚、江苏督军齐燮元、浙江督军卢永祥。

来，力求谅解，较之昔时已为进步。曩者法统之复，亦可为时局一大转捩，诚得西南护法诸省监护匡助，以底于成，此时之中国当已入于法治之轨。徒以陈逆叛变，护法政府中断，而北京政府所为，遂致任情而未及彻底。且以毁法之徒，谬托于恢复法统，国会纠纷，及今未解。而于人民所渴望之裁兵、废督诸大端，反言行相违，不复稍应其求，而增兵备战之息，乃嚣然尘上。不知兵日益增，政日益弊，长此不悛，匪特求治无期，助乱速祸，实未知所止。

今之大病，固在执政柄兵者未有尊重法律之诚心，而国中实力诸派利害不同，莫相调剂，亦其致此之缘故。试举今日国内势力彼此不相摄属者，姑较计之，可别为四：一日直系，二曰奉系，三曰皖系，四曰西南护法诸省。此四派之实际利害，果以何冲突，亦自难言。然使四派互相提携，互相了解，开诚布公，使卒归一致，而皆以守法奉公引为天职，则统一之实不难立见。文今为救国危亡计，拟以和平之方法，图统一之效果，期与四派相周旋，以调节其利害。在统一未成以前，四派暂时划疆自守，各不相侵，内部之事，各不干涉，先守和平之约，以企统一之成。倘蒙各派领袖谅解斯言，文当誓竭绵薄，尽其力所能及，必使和平统一期于实现。而和平之要，首在裁兵；未有张皇武力，滥行招募，而可讼言和平以饰人者。诚知兵多之足以乱国祸民，则减之惟恐不速，不容借端推诿，以黩武之私衷，为强国之瞀论。各派首领不乏明达，见义勇为，当仁不让，其间当大有人在也。

当世谬说，有谓须俟统一后始可议及裁兵者。此未免为怙乱之谈。何者？兵不裁则无和平，无和平则难统一。盖拥兵以言政而政紊，拥兵以言法而法歕。强权盛则公理衰，武力张则文治弛。此必至之期，国人所身受而语焉能详者也。不裁兵而言和平，犹挟刃以谈揖让；不和平而言统一，犹视斗争为求友好。愚者且窃然嗤之，而况并世之贤豪，岂复昧此，而谓国人可欺耶！然此非徒责难之谈、堕空之论，其裁兵办法，可以坐言起行者，文筹之已审，其纲要有三：一、本化兵为工之旨，先裁全国现有兵数之半。二、各派首领赞成后,全体签名,敦请一友邦为佐理,筹划裁兵方法及经费。三、裁兵借款,其用途除法定监督机关外,另由债权人并全国农工商学报各团体各举一人监督之。其详细条目,则由专员妥订,诸公朝赞,则夕可见诸施行。此在诸公一转念间,而国民将咸拜嘉赐;文亦当率西南诸将,敬从诸公之后,不敢有避。

统一成而后一切兴革乃有可言,财政、实业、教育诸端始获次第为理,国民意志方与以自由发舒,而不为强力所蔽障。其为统一,则永久而非一时,精神而非形式,国人同奋于法律范围之内,而无特殊势力之可虞。盖兵者所以防国,而非私卫及假以窃权之具也。能如是,乃真民治,重符共和盛轨,以与列强共跻于平等之域,百世实利赖之。不然者,民岩可畏,不戢自焚。文爱国若命,将不忍坐视沦胥,弗图拯救。诸公之明,当不复令至此。语曰:“人之好善,孰不如我。”诸公当代人贤,谋国有素,其一聆鄙言而决然许之、毅然行之乎?此实诚悃之忠言,期代人民呼吁,而冀诸公相与为实践,以矫虚与委蛇之失,而塞河清难俟之讥也。敬布区区,愿闻明教!

孙文　民国十二年一月二十六日发于上海

孙文越飞联合宣言

（一九二三年一月二十六日）

孙逸仙博士与苏俄派至中国特命全权大使越飞授权发表下记宣言。在越君留上海时，与孙逸仙博士为数度之谈话，关于中俄间关系，披沥其许多意见，对以下各点，尤为注意。

一、孙逸仙博士以为共产组织，甚至苏维埃制度，事实均不能引用于中国。因中国并无使此项共产制度或苏维埃制度可以成功之情况也。此项见解，越飞君完全同感。且以为中国最要最急之问题，乃在民国的统一之成功，与完全国家的独立之获得。关于此项大事业，越飞君并确告孙博士，中国当得俄国国民最挚热之同情，且可以俄国援助为依赖也。

二、为明了此等地位起见，孙逸仙博士要求越飞君再度切实声明一九二〇年九月二十七日俄国对中国通牒列举之原则。越飞君比向孙博士重行宣言，即俄国政府准备且愿意根据俄国抛弃帝政时代中俄条约（连同中东铁路等合同在内）之基础，另行开始中俄交涉。

三、因承认全部中东铁路问题，只能于适当之中俄会议解决，故孙逸仙博士以为现在中东铁路之管理，事实上现在只能维持现况；且与越飞同意，现行铁路管理法，只能由中俄两政府不加成见，以双方实际之利益与权利，权时改组。同时，孙逸仙博士以为此点应与张作霖将军商洽。

四、越飞君正式向孙博士宣称（此点孙自以为满意）：俄国现政府决无亦从无意思与目的，在外蒙古实施帝国主义之政策，或使其与中国分立，孙博士因此以为俄国军队不必立时由外蒙撤退，缘为中国实际利益与必要计，中国北京现政府无力防止因俄兵撤退后白俄反对赤俄阴谋与抵抗行为之发生，以及酿成较现在尤为严重之局面。

越飞君与孙博士以最亲挚有礼之情形相别，彼将于离日本之际，再来中国南部，然后赴北京。

一九二三年一月二十六日

孙逸仙　越飞签字于上海

在广州滇桂军欢迎宴会上的演说

（一九二三年二月二十一日）

杨总司令、刘总司令，各将领和同志诸君：

今天蒙杨总司令、刘总司令来欢迎，本大总统是很感谢的。

本大总统向来是在广东的，为什么今天再回广东呢？因为去年六月陈炯明造反，粤军叛乱，本大总统在广东不能行使职权，至八月离开乱地，北往上海。到了今年正月，得滇、桂联军和各附义诸军队的力量，赶走了叛贼陈炯明，所以今天再回广东。滇、桂联军为大义讨贼，刚才恢复广州，但是各军队进城之后，非常复杂，不幸而有主军和客军的猜疑。惟现在大敌当前，如今日报纸已载陈家军曾和东路讨贼军宣战，这项猜疑是万不可有的。本来各军同为大义讨贼，原是没有主客之分的。如果说到主客之分，粤军是主，滇、桂军是客，去年威迫本大总统走的，就是主军；今日欢迎本大总统来的，还是客军。现在东江叛乱的粤军，一定是要讨伐的，万不能说革命的军队可以任意叛乱，如果有叛乱的便要诛灭。不但是叛乱的粤军要诛灭，就是各省的反叛军队，都是要诛灭的。本大总统是中华民国的大总统，要中华民国成统一的国家，从此就要打破各省的界限。本大总统这次回广东来，是要统一滇桂粤诸军，造成统一的中华民国的。

我们中国本来是统一的，但是自辛亥年革命以来，革命的事业还没有成功，这个病根便在于调和。调和的意思，本来是大公无私，求和平统一的。无奈一般腐败的官僚和军阀，发起反对共和。譬如袁世凯称帝、张勋复辟、督军团造反同割据的联省自治，把一个国家弄到四分五裂，所以中华民国便不统一。这个不统一，便是革命没有成功。这回滇、桂诸军收复广州，功劳是很大的，责任是很重的，但是以后的责任还要更重大。这个重大的责任，便是在整顿内部，以广东为模范，统一西南；以西南为模范，统一中国。至于统一的方法，有舆论和武力两种，本大总统这次回粤，是主张和平统一的，因为现在全国人心实在厌乱，是有舆论做我们的后援，又有诸君的武力做基础。有了武力和舆论，这次革命是一定成功的。原来革命本是发源于南方，但是北方的共和程度也是很高的。譬如辛亥年武昌发起革命，北方便有许多省份赞成，不久便成了一个统一的中华民国。我们现在如果要再创造一个统一的共和国家，只要先除去西南的盗贼和反叛，再用武力和舆论，北方一定是赞成的。就中国现在情形而论，就有力量的，东北方有奉天的张雨亭，东方有浙江的卢子嘉，其次有段祺瑞的皖系和西南革命发源的各省。但是卢子嘉属于皖系，所以可简单分之为奉、皖和西南三系。这三系已经携手了。但是北方还有一系，表面似乎是很强的，就是盘据直隶、山东、河南、湖北几省的直系。这一系管辖北方政府，无恶不作，好象古人说“挟天子以令诸侯”一样，主张纯用武力统一中国。反对这项主张的有三派，就是刚才所说的奉、皖和西南三系。这三派都已联合，主张和平统一。直系主张武力统一，譬如调孙传芳征闽，利用杨森征川，他若两广和云贵也被他们干涉。他们武力虽然很大，然而只能及于北方，不能及于南方。譬如去年吴佩孚想干涉南方，便用计谋联络陈炯明造反。所以滇军这次打败陈炯明，便是打败吴佩孚，便是吴佩孚已经失败。本大总统这次回来，专在整理广东。近来西南为什么打仗，因为反对共和的叛徒没有除尽。这次已经除去陈炯明，但是他的余毒尚盘据潮、梅、惠州一带。这一带地方是很大的，几乎占广东全省之半。如果不扫清这个余毒，便不能安享太平。这个余毒尚存，便是大患当前，所以还要请诸君担负责任。除清这个大患，方可稍事休息，再来整理民事，为人民谋幸福。发展西南富源，从前没有机会的原故，因为有明为革命而暗为叛逆的，所以不能成功。其他各省也是如此,不过力量不如陈炯明之大罢了。现在陈炯明已经赶走了,如果用广东的大力量做根本,扫清内乱,成功的机会,当较大于前。譬如本大总统这次经过香港,觉得有一个很大的机会。香港政府的态度,从前是很赞成吴佩孚的,譬如香港报纸,便极力代吴佩孚宣传。到了陈炯明造反之后,数月内中国不但不能统一,而且广东的军队奸淫抢劫,无所不为;政治腐败,日甚一日。香港的外人看见,知道吴佩孚真不能有为,觉悟他们从前的主张大错,所以这次便根本改变方针,竭力和真正民党亲善,我们现得了一个和门户极接近的帮助,便是成功的大机会。

革命的成功与否,就古今中外的历史看起来,一靠武力,一靠外交力。外交力帮助武力,好象左手帮助右手一样。从前美国独立,革英国的命,所以成功的原因,一半固然由于本国武力的血战,但一半可说是由于法国外交力的帮助。如果专靠武力,决计是难于成功的。譬如洪秀全革命,由广西打过湖南、湖北,以至建都南京,而终不能成功的原因,大半是由于外交失败,没有外交力的帮助。所以革命的成功与否,外交的关系是很重大的。我们现在既得了香港外交力的帮助,又有诸君武力的基础,以后要想革命成功,统一很快,便要取和平的态度,以取得舆论的后援。所以本大总统这次回粤,便主张第一和平统一,第二扫清叛乱军队,第三化兵为工,第四精练一部分军队。如果不想法则安插过量的军队,便和四川一样,兵士太多,长年的打仗。从前有主军与客军相打,现在内部相打。目前两广兵多为患,真是和四川相同。要消灭这个祸患,应该赶快设法安插不良之兵。

本大总统前在上海宣言,主张化兵为工,奉、皖两系是很赞成的,只有直系不赞成。我们主张是先裁兵后统一,直系主张先统一后裁兵。诸君要晓得裁兵便是统一的方法,先裁兵后统一,那才算是真统一,如果先统一后裁兵,便是假统一。譬如袁世凯从前不裁兵,借统一的招牌,便借了很多的外债,打败我们民党。又如两个民家械斗,要想和平解决,便先要停止器械的战争。佛家所说"放下屠刀,立地成佛",我们要想成佛,必先要放下屠刀才好呀!这个道理是很容易明白的。至于本大总统主张裁兵，是在化兵为工，并不是把所有的兵完全裁去。就现在兵士的情形而论，在广东的饷项每月只发六七元，有时伙食都领不到手，另外每日还有早操、午操、晚操，总共约有七八小时之多，一旦有了战事，还要去拼死命，这项情形是很苦的，是很可怜的。不但广东的兵士是如此，就是各省的也是一样。到了化兵为工之后，每日做工不过六小时，在劳动一方面是很舒服的；饷项除原饷之外，另加工钱一倍。简言之，便是可以得双饷。至于做工的种类，或是开辟道路，或是办极大工厂，所做的工是永远的，不是临时的。象这样讲来，在没有化兵为工之先，兵士的饷项既少，操练又辛苦，生命又危险；在已经化兵为工之后，兵士的饷项加倍，劳动合度，生命又安全，他们一定是情愿去做工的。所以这次欧洲大战之后，欧美联军一共有几千万的兵，不到一二年之后，大半可以裁去的道理，便是用这个安插的方法。本大总统这次回粤，化兵为工，便是利用欧战后各国裁兵的方法，整顿西南的交通，发展一切的实业。诸君要晓得我们革命，是要做什么事呢？是替人民谋幸福的。革命的责任是爱民的，不是害民的。本大总统自明日起，就想一个办法，整理内部，令西南可以成为一个模范，让东北各省看见了，诚心向我，自可不用武力统一全国。如果各省明白了西南的革命是为大义的，就是到不得已的时候，要用武力，自然是"东面而征西夷怨，南面而征北狄怨"，所谓"仁者无敌于天下"，不必要用大武力，各省是很欢迎的。到了各省欢迎，所用的武力是很小的。我们自今晚起，要把这个责任担负起来，大家向前奋斗，另外造成一个新局面。这次得滇、桂诸军的援助，赶走叛贼陈炯明，本大总统是很感谢的，特为公敬一杯。

在广州全国学生评议会上的演说

（一九二三年八月十五日）

今日学生联合会总会到此地来开会，是学生已懂得将国事引为己任联合团体来研究的方法了。各国改革精神，多半由学生首先提倡，即以我们推倒满洲、挂起中华民国招牌而论，学生的力量最多。我们的招牌算是挂起来了，但是十二年来变乱不止，人民痛苦甚于在清朝为奴为仆的时候。现在的政治、教育、实业，多半不及清朝的好。因此多数人民都以为在清朝可享太平之福，现在民国不如从前了。既是多数的人民想念清朝，以后再发生复辟，也说不定。现在学生联合团体，担任国事，或可挽回这种多数人的意念。这种心思和行事，深可嘉尚！

但是方法应该怎样？应该在此地切实研究。为什么十二年来人民都以为祸乱是革命产生出来的？中国大多数人的心理"宁为太平犬，不作乱离王"。这种心理不改变，中国是永不能太平的。因为有这种心理，所以样样敷衍苟安，枝枝节节，不求一彻底痛快的解决，要晓得这样是不行的。你不承认十二年的祸乱是革命党造成的么？民意大多数却承认是这样的。若以大多数人解决问题，那只好从他们的希望实行复辟了。我们有时到乡下去，高年父老都向我们说："现在真命天子不出，中国决不能太平。"要是中国统计学发达，将真正民意综起来分析一下，一定复辟的人占三万万九千万多。我们果然要尊崇民意，三四十年前只好不提革命了。因为在那时，多数人要詈我们乱臣贼子，是叛贼，人人可得而诛之的。你们要实行自己的宗旨，不要处处迁就民意，甚至与民意相反，也是势所不恤的。学生是读书明理的人,是指导社会的,若不能以先知觉后知,以先觉觉后觉,而苟且从俗,随波逐流,那就无贵乎有学生了。

世界上的学问,是少数人发明的,古今中外,多数人总是不知不觉的。但是世界进化,都是不知不觉做成的。近二百年来科学发达,才逐渐的将几千年来的不知不觉,加上新的有知有觉。不知不觉是天然的进化,是自然的;有知有觉是人为的进化,是非自然的。前者进化慢,而后者进化快。以进化快者补进化慢者,这是我们的责任。学生做先知先觉,要发明真理,以引导人群、引导社会,决不可随波逐流,毫无振作。今你们各位集会于此,要将中国十二年来的乱源细心研究。本来十二年来的变乱,不是革命党造成的,但也可说是他们制成的。就前者说,因革命并没有成功,所以纷乱不是革命党人的过错;但就后者说,为什么既发动了而不将它完成呢?所以真正原因,还是革命未成功之过。我们举历史为证,举一二百年来的历史为证:比如美国革命,脱离英国羁绊,血战八年以后,永无战争发生。中间虽然经过南北之战,但这次战役,是为人道权利而战的,所以美国到现在最富强,因为伊的革命成功;法国革命乱了七八十年,然后安定,安定以后,永无内乱,人民乐业。其余各国革命皆如此。因为革命思潮在某种民族内有人发起,一定是蓬蓬勃勃、不可压抑,每每出始倡导的人首受牺牲;但是革命思潮,却逐渐传播,终必达到目的。中国革命还没有成功,所以革命要一直下去,到成功然后止,因为革命力量是不能压抑的。譬如高山顶上有块大石,若不动他,就千万年也不会动。但是有人稍为拨动之后,他由山顶跌下,非到地不止。要是有人在半山腰想截住他,这人一定是笨呆的了。中国革命非达到三民主义实现、五权宪法颁行,决不能止。中国官僚富人都求眼前的太平,每次总想将革命扑灭,以便过苟且偷安的日子。好象从前拥护袁世凯,拥护军阀,以压抑革命,这正如半山腰抵抗顽石,不使下坠,暂时或者有效,但是终久顽石非到地不可。法国革命就是一个好的榜样。这种反革命的心理,就是我们中国的乱源。今日学生集会讨论补救国家的方法,希望注意此点。

照今天众君的言论和所发的宣言看来，大概注重外交、内政两方面，所谓外抗列强，内倒军阀。我看这两种问题，不可相提并论。我们中国四万万人占地球人种数目四分之一，有四千多年的文明，如此还怕外人欺负么？要防制外人，不是空言去抵货所能奏功的。外交纯恃内政，内政要是好，外交简直不成问题。诸君想想，乱国怎能有外交？比如二十一条，若我们革命成功，何难取消！日本比起中国来，真是小国了，受他的欺负，只能自怪。比如一个硕大且长的人，被四五岁小孩欺负了，跑向旁人的面前哭诉，成何体统？所以抵制日货是可耻的。诸君的精神要全用在革命的进程上，早早想法自强。强了以后，怕外国人不趋承恐后么？我记得二三十年前初到日本，她国的父老对我极其恭维，说我是大国的人民，现在这一班老年人都死了。古时我们中国有一种善德，说是：人骂而当面还咀的人是庸夫。要回家细想，人家为什么要骂我？其度量之大如此。我们切不可失掉堂堂大国之风。民国以来，我们算是很弱了，前二三十年进贡的国还很多。即在元年，尼泊尔国还有贡使到成都，以后因西藏路塞，不丹、尼泊尔二国才没有进贡。诸君知道尼泊尔版图并不小于日本，他们的民族名曰廓尔喀，人种极强，英国守印度的卫兵都恃这种人，但是他们还向我们进贡。要是他们知道我们因受日本的欺负而排货，一定会惊咤不已，怎么大国也受日本的欺负了？这不是失掉他们的信仰么？你们研究根本问题，切不可枝枝节节为之。根本问题就是革命未成功，学生应该担负这种责任，竟未成之功。我想你们对于革命的主义和精神，怕不大明白，恐怕革命的认识与历史也不大明白哩。比如五色旗，你们刚才向伊三鞠躬，我就不，你们一定以为我不敬国旗了。那里晓得五色旗是清朝一品官的旗，我们革了皇帝的龙旗，却崇拜官僚的五色旗，成什么话！诸君要就弃去五色旗，要就用我们从前革命的旗帜，现在海军用的青天白日旗。再如《卿云歌》，你们说他是国歌。我想一定是官僚颁布的，有何意义？其实这些形式，顶好现在不讲，等我们革命成功后，广延硕彦，大集群贤，再制礼作乐未迟。

我们说说辛亥革命的事实。在武昌起义前数天，革命党干部被捉去三十余人，杀了许多，所有党籍的册子都被搜去。当时炮兵营工程营的兵士列名党籍的很多，怕的了不得，大家悄悄的聚议，与其明天捉去杀头，不如我们先下手拚个死活。但是有炮无步枪，是不中用的。步枪的子弹，前几天早一一缴呈上官了，这怎么办呢？幸而有一位熊秉坤，他有一个朋友刚退伍，手上还有二盒子弹共二百颗，一齐借来，每人发三四颗，藉以发难。以后推大炮进城攻总督府，将瑞澂吓跑了。但是当时本城干部既遭难，上海干部又匆遽未到，要找领袖人物才好。当时黎元洪一标人守中立，黎本人听见大乱，早躲入床下了。张振武、方维一班人，以为他人还忠厚，可以推为形式上的首领，于是强勉将他从床下拉出来，以手枪逼迫，非做都督不可。他那时只顾惜眼前的性命，也不管以后所虑的灭族了。干了一二月，看见各省风起云涌，群揭义旗，黎视以为这种可以干咧，野心因之勃发。以后杀张、方，是报他们轻视他之仇。民国坏到这种地步，黎元洪勾结袁世凯之罪不能辞！再说我几十年前提倡革命的事。当时我在日本发起革命，除了少数英俊外，大家都掩耳疾走，以为乱臣贼子又生了。就是少数英俊，也不敢自信自命革命党，所以当时名目叫做同盟会，这个名目真是不求甚解了。

今天诸君研究的，在确定革命主旨，使全国学生皆集于革命旗帜之下，努力进行，果然能够百折不回，则革命成功，自可如志，外交自然不成问题。数十年前我亡命时，遇见暹罗外交次长，我告以中国要革命的理由。他说要是中国革命成功，暹罗愿为中国之一省。外交次长对亡命客所言如此，暹罗现今成为独立了。前几十年伊还在进贡，后因贡船在广州洋面被劫才止。可见中国若强，高丽、安南，一定会要求我们准伊们加入中国，到那时日本也不欺负我们了。大家知道日本强了，我们为什么不能强呢？学生诸君，切勿自馁！我们是黄帝的子孙，要素强大，行乎强大。二三十年前，有一派人说中国决不能倡革命，要革命准会遭瓜分的，因为列强虎视眈眈，其欲逐逐。“瓜分”二字，到现在影也无了。但是在当时，却是反对革命的人的强固理由，如梁启超一派，就是这种主张。他们又讲革命不是好干的。我们驳他们说，中国几千年来的朝代兴革，都不是革命么？不过在那时是一姓一朝的改革，现在却因民权自由的思潮，要做人民的革命罢了。现在共管之说，同三十年前瓜分之说一样利害，我们也随着大嚷特嚷，我觉得太失大国之风了。他们要共管，就来共管罢了，怕他什么？倡共管之说的，是无世界知识的人。其实欧洲战争之后，各国百孔千疮，只有美国同日本还保持战前的地位，别的国差不多是病夫了。病夫能管我们么？那么除非我们也是病夫。我们不要太相信那些在中国的无聊的外国记者和商人的话。我记得当龙济光做广东将军的时候，从香港来了二个外国人，说要拜会他。龙氏赶忙带同翻译，招待外国人到花厅，设盛馔相待。闹了半天，翻译问他有什么事要同将军商量？他嗫嚅道：我来想替将军量衣服，我是裁缝。

学生宜顾大体，宜努力革命。我不能多讲话，只就形式方面说，不要再用官僚的旗、官僚的歌。就精神方面说，我们是革命党。三民主义、五权宪法，学生诸君大半知道。只就民权一项说，我们要争回领土，要争回主权。刚才你们的宣言上说：中国是“半独立国”，其实错了。中国那里是半独立国？简直是殖民地罢了。安南是法国人的，高丽是日本人的，但是伊们都只服侍一个主人。我们主人多着哩。凡是从前订有约的，都是我们的主人，我们是伊们的奴隶。这只怪满清，伊因为痛恨革命党，所以宁以主权给外人，不给家奴。凡此种种，在我们革命成功后，自然是要论到的。其实日本大蠢，不要二十一条，只凭着条约，藉口利益均沾主义即可。再如美国去年帮助我们，有“华府会议”之召集。但国事只靠我们自己努力，不关外人帮助不帮助。学生做事，宜从有意识方面做起。五十年前的日本，二十年前的暹罗，还不及我们哩。从今天起，如果大家同心协力，十年以内，中国可以为世界最强的国家。但是大家不相信这句话，我们同志也不相信这句话。广东人说我是“大炮”，“孙大炮”！诸君若信我的话，以日本为例，前三十年日本人只三千万，非常之愚味。但是上从天皇,下至庶民,人人虚心,种种庶政机关几乎尽用外国人。外国人坏的也有,可是好的真不少,做事极有功效。暹罗在二十年前,我到时刚用外人,现在他们两国统共是完全独立国了。其实暹罗人口只七百余万,中有四百万人是中国子孙,地方还小于广州一府哩。我们中国改革,不必学他们尽用洋人,我们中国的人才也许够用了。只因我们失却自信力,故效果少见。

诸君提起个人自信力,努力宣传,先从全国学生起,担当革命的重任。从前世界上有两个病夫,一是近东的土耳其,一是远东的中国。现在近东的病夫,因国民党革命奋斗之力,已脱却病态,攘臂入于诸列强之林了。远东病夫或从此脱却病症,成为健夫,或从此日就衰弱,竟至不起,这里责任全在诸君的身上!

在广州岭南学生欢迎会上的演说

(一九二三年十二月二十一日)

诸君:

兄弟今日得来此地,对岭南大学学生会,有机会和诸君相见,我是很喜欢的。因为诸君是中华民国后起之秀,将来继续建设民国的责任,我对于诸君是很有希望的。中华民国自开创以至今日,已经有了十二年。这十二年内,无日不是在纷乱之中。从前有南北的分裂,现在有各省和各部分的分裂,干戈相见,糜烂不堪。这个原因是承满清政府之后,对于旧国家破坏的事业,还未成功,所以新国家便无从建设。将来破坏成功之后,继续建设成一个新民国,还要希望后起的诸君,担负那个大责任。

今天对诸君,如果专讲国家大事,那么,千头万绪,不是一两点钟可以说得完的。惟就我今天到岭南大学来,看见这个学校之内,规模宏大,条理整齐,便生有很大的感触。现在就拿这个感触,和诸君谈谈。岭南大学是在广东省,诸君在此用功,知道这个学校的规模宏大,条理整齐,教育良善,和其余的学校比较起来,不但是在广东可以说是第一,就是在中国西南各省,也可算是独一无二。为什么广东只有一个好岭南大学,没有别的好学校呢?就是西南各省,也没有第二个学校和岭南大学一样呢?因为这个大学是美国人经营的,诸君在此所受的教育,是美国的教育;诸君住在这个学校之内,和在美国本国的学校没有分别。我们推测为什么美国有这样好的学校,中国没有呢?中国何以不能自己创办呢?因为欧美的文明,近二百多年来非常发达,美国近几十年来尤其进步。他们国内的情形,不但是教育办得好,就是工业、商业和一切社会事业,都比中国进步的多。中国的一切事业,到了今日,可说是腐败到了极点。腐败的原因,是在人民过于堕落。就历史上陈迹看起来,中国向来是不是都不如外国呢?从前有几朝,中国都是比外国好的,所以这个堕落的现象,不过是近来才有的。再就中国现在青年受教育的情形说,全国之内到处用兵,普通人民救死之不暇,有几多人还能够有力量送子弟去读书呢?就是青年在学校读书的,又有几多人能够象诸君有这样好的机会,在这样好的学校,受高等外国教育呢?单就广东的户口讲,人数号称三千万,如果提十分之一,也有三百万青年,应该像诸君都有受这种教育的机会。而现在只有诸君的一千几百人,才有这个机会。诸君想想,自己的机会,该是何等好呢?现在民国,人民受教育,是大家都要有平等机会的。就今日情形看来。他们不能受高等教育的,是没有平等的机会。诸君现在受这样高等教育,是诸君机会比他们好。诸君现在所享的幸福,比他们也好。将来学成之后,应该有一种贡献,改良社会,让他们以后能够得到平等的机会才对。

诸君现在受教育的时候,预想将来学成之后,有一种贡献到社会上,究竟应该做些什么事呢?诸君现在还未毕业,知识不大发达,学问没有成就,自然不能责备诸君,一定要做些什么事,但是在没有做事之先,应该有什么预备呢?应该要注意些什么事呢?依我看来,在这个时期之内,第一件是要立志。立志是读书人最要紧的一件事。中国人读书的思想,都以为士为四民之首,比农、工、商贾几种人都要高一些。二三十年以前的学生,他们有一种立志,就是在闭户自读的时候,总想入学、中举、点翰林。以后还要做大官。我今天希望诸君的,不是那种旧思想的立志,是比那入学、中举、点翰林、做大官的志还要更大。中国几千年以来,有志的人本不少,但是他们那种立志的旧思想,专注重发达个人,为个人谋幸福,和近代的思想大不相合。近代人类立志的思想,是注重发达人群,为大家谋幸福。用事实说,我们中国青年应该有的志愿,是在什么地方呢?是要把中华民国重新建设起来，让将来民国的文明，和各国并驾齐驱。我们现在的文明，都是从外国输入进来的，全靠外人提倡，这是几千年以来从古没有的大耻辱。如果我们立志，改良国家，万众一心，协力奋斗做去，还是可以追踪欧美。若是不然，中国便事事落在人尾，永远不能自己发达，永远没有进步。推其极端，中国便非沦于灭亡不可。所以现在的青年，便应该以国家为己任，把建设将来社会事业的责任担负起来。这种志愿究竟是如何立法呢？我读古今中外的历史，知道世界极有名的人，不全是从政治事业一方面做成功的；有在政权上一时极有势力的人，后来并不知名的；有极知名的人，完全是在政治范围之外的。简单的说，古今人物之名望的高大，不是在他所做的官大，是在他所做的事业成功。如果一件事业能够成功，便能够享大名。所以我劝诸君立志，是要做大事，不可要做大官。

什么是叫做大事呢？大概的说，无论那一件事，只要从头至尾，彻底做成功，便是大事。譬如从前有个法国人叫做柏斯多，专用心力考察人眼所不能见的东西，那种东西极微妙，极无用处，为通常人目力之所不及。在普通人看起来，必以为算不得一回什么事，何以枉费工夫去研究他呢？但是柏斯多把他的构造性质和对于别种东西的关系，自头至尾研究出来，成一种有系统的结果，把这种东西便叫做微生物。由研究这种微生物，便发明微生物对于各种动植物的妨害极大，必须要把他扑灭才好。现在世界人类受知道扑灭这种微生物的益处，不知道有多少。譬如从前的人，不知道蚕有受病的，所以常常有许多蚕吐丝不多，所获的利益极微。现在知道蚕也有受病的，蚕受了病，便不能吐丝。考察他受病的原因，是由于有一种微生物；消灭这种微生物，便可医好蚕的病，乃可多吐丝。现在广东每年所出丝加多几千万，但许多还有不知道医蚕病的，如果都知道消灭害蚕的微生物，更可增加无限的收入，那种利益该是何等大呢？现在全世界上由于知道消灭害蚕的微生物，所得的总利益，又是何等大呢？但是当柏斯多立志研究微生物的时候，他也不知道有这样大的利益。用这件故事证明的意思,便是说微生物本是极微妙极小的东西。但是研究他关系于动植物的利害,有一种具体结果,贡献到人类,便是一件很大的事。柏斯多立志研究的东西,虽然说是很小,但是他彻底得了结果,便是成了大事,所以他在历史上便享大名。我们中国从前的人,都不知道象柏斯多这样的立志,只知道立志要入学、中举、点状元、做宰相,并且还有要做皇帝的。譬如秦始皇出游的时候,刘邦、项羽都看见了,便各自叹气,表示自己的志愿。项羽说:"彼可取而代之。"刘邦说:"大丈夫当如是也。"他两个人的口气虽然不同,但是他们的志愿,毫没有分别。换句话说,都是想做皇帝。这种思想,久而久之,便传播到普通人群中,所以从此以后,中国人都想做皇帝,便不想做别的事。自民国成立以来,不是象袁世凯想做皇帝,便是象一般军阀想做督军、巡阅使,那也是错了。因为要达到那种地位是很不容易的,障碍物是很多的。因为他们立志一定要达到那种地位,所以弄到杀人放火,残贼人类,亦所不惜。诸君想想:那志愿是好是不好呢?一定是不好的,所以我们必须要消灭那种志愿。至于学生立志,注重之点,万不可想要达到什么地位,必须要想做成一件什么事。因为地位是关系于个人的。达到了什么地位,只能为个人谋幸福。事业是关系于群众的,做成了什么事,便能为大家谋幸福。近代人类的思想,是注重谋大家的幸福,我从前已经说过了。大家又知道,许多做大事成功的人,不尽是在学校读过了书的。也有向来没有进过学校,能够做成大事业的。不过那种人是天生的长处。普通人要所做的事不错,必要取法古人的长处才好。所以我们要进学校读书,取古今中外人的知识才学,来帮助我做一件大事,然后那件大事,便容易成功。

诸君又勿谓现在进农科,学耕田的学问,将来学成之后,只是一个农夫。不知道耕田也是一件大事,从前后稷教民稼穑,树艺五谷。因为稼穑是一件很有益于人民的事,他不怕劳动,去教导百姓,后来百姓感恩戴德,他便做了皇帝;说起出身来,后稷还是一个耕田佬呀!那个耕田佬也做过了皇帝呀!古时做过皇帝的人,该有多少呢？现在世人都把他们的姓名忘记了，只有后稷做过耕田佬，所以世人至今还不忘记他。现在科学进步，外国新发明的农科器具，比旧时好的多，事半功倍，只用一人之耕，可得几千人之食。诸君现在学农科的，学到成功之后，就是象外国的农夫，能够一人耕而有几千人之食，也不可以为到了止境。必要再用更新的科学道理，改良耕田的方法，以至用一人耕，能够有几万人食，或几百万人食，那才算是有志之士。总而言之，诸君现在学校求学，无论是那一门科学，象文学、理化学、农学，只要是自己性之所近，便拿那一门来反复研究。把其余关系于那一门的科学，也去过细参考，借用他们的道理和方法，来帮助那一门科学的发展，彻底考察，以求一个成功的结果。那么，就是象中国的后稷教民耕田，法国柏斯多发明微生物对于动植物的利害，都是功德无量的大事。

我再举一件故事说：从前有个英国人叫做达尔文，他始初专拿蚂蚁和许多小虫来玩，后来便考察一切动物，过细推测，便推出进化的道理。现在扩充这个道理，不但是一切动物变化的道理包括在内，就是社会、政治、教育、伦理等种种哲理，都不能逃出他的范围之外。所以达尔文的功劳，比世界上许多皇帝的功劳还要大些。世界上的皇帝该有多少呢？诸君多有不知道他们姓名的，现在诸君总没有一个人不知道达尔文的。所以达尔文的功，实在是驾乎皇帝之上。由这样讲来，无论什么事，只要能够彻底做成功，便算是大事。所以由考察微生物得来的道理是大事，由玩蚂蚁得来的道理，也是大事。不过我们读书的时候，必须用自己的本能做去才好。甚么是本能呢？就是自己喜欢要做的事；就自己喜欢所做的事彻底做去，以求最后的成功，中途不要喜新厌旧，见异思迁，那便是立志。立志不可有今日立一种甚么志，明日便要到一个什么地位。从前做皇帝的思想，是过去的陈迹，要根本的打破他。立志是拿一件事，彻底做成功，为世界上的新发明。如果有了新发明，世界上的地位多得很，诸君不愁不能自占一席。

我们立志，还要合乎中国国情。象四十多年前，中国派许多学生到外国去留学，尤其以派到美国的为最早。他们到了美国之后，不管中国为什么要派留学生，学成了以后，究竟以中国有什么用处，以为到了美国，只要学成美国人一样便够了。所以他们在外国的时候，便自称为什么“佐治”、“维廉”、“查理”，连中国的姓名也不要。回国之后，不徒是和中国的饮食起居，不能合宜，就是中国的话也不会讲。所以住不许久，便厌弃中国，仍然回到美国。当中也有立志稍为高尚一点的，回到美国之后，仍然有继续研究学问的。不过那一种学生，对于中国的饮食起居和人情物理，一点儿也不知，所有的思想行为和美国人丝毫没有分别。所以他们不能说是中国人，只可说是美国人。至于下一等的，回到美国，便每日游手好闲，无所事事。因为不是学生，取消了官费或家庭接济，弄到后来，甚至个人的生活都不能维持；于是为非作歹，无所不做，便完全变成一种无赖的地痞。以中国的留学生，不回来做中国的国民，偏要去做美国的地痞，那是有什么好处呢？甚至有在美国的时候，连中国人住的地方，都不敢去；逢人说起国籍来，总不承认是中国人。试问这种学生，究竟是何居心呢？这种学生，可以说是无志，只知道学人，不知道学成了想自己来做事。

诸君现在岭南大学，受美国人的教育多，受中国人的教育少。环顾学校之内，四围有花草树木的风景，洋房马路的建筑，这一种繁华文明的气象，比较学校以外，象大塘、康乐等处的荒野景象，真是有天壤之别呀。我们中国人现在的痛苦，每日生活，至少总有三万万人，朝不保夕，愁了早餐愁晚餐，所以中国是世界上最穷弱的国家。诸君享这样的安乐幸福，想到国民同胞的痛苦，应该有一种恻隐怜爱之心。孟子所说：“无恻隐之心非人也。”这是诸君所固有的良知。诸君应该立志，想一种什么方法来救贫救弱，这种志愿，是人人应该要立的。要大家担负救贫救弱的责任，去超渡同胞。如果大家都有这种志愿，将来的中国，便可转弱为强，化贫为富。

许多外国留学生回来，都说外国现在有这样文明的原故，是由于他们有一种特长。说这样话的人，是自己甘居下流，没有读过中国历史，不知道中国几千年都是文物之邦，从前总是富强，现在才是贫弱。就这项观念，和外国比较起来，现在的中国，不但是最贫弱的国家，并且是最愚蠢的国家。事事都要派人到外国去学，这还不是件耻辱的大事吗？中国派学生到外国去留学，最先的是到美国，次是到欧洲各国，最多的是在日本。极盛的时候，人数有三万多。因为世界上无论那一国，没有在同时候派往到一国的学生，有这样多的人数，我当时便很以为奇怪。因为这个问题，遂考查以往的历史，于无意中查得唐朝建都西安的时候，京城内的外国留学生，也同时有三万多人。这三万多人中，日本派了一万多人，其余有波斯人、罗马人、印度人、阿拉伯人及其他欧洲人。由此可见唐朝的时候，世界上以中国人为最有智识，所以各国都派人到中国来留学。日本人学了之后，把自己国内的制度都改成中国制度，就是现在的宫室、衣服和一切典章、文物、制度，和中国的还没有分别，那都是唐朝的旧制度。那时候中国的领土，差不多统一亚洲大陆，西边到了里海。由这样讲来，我们的祖宗是很富强的。为什么现在贫弱一至于此呢？为什么没有方法变成象外国一样的富强呢？推究这个原因，是由于现在的人不能振作。不能振作便是堕落，堕落是很不好的性质，我们必要消灭他才好。至于说到中国人固有的聪明才智，现在留学美国的学生，都是和美国人同班，在全美国之内，无论那个学校内的那一班学生，每学期成绩平均的分数，中国的学生，都是比美国的学生还要更好些，这是美国人共同承认的。用历史证明，中国是富强的时候多，贫弱的时候少；用民族的性格证明，中国人实在是比外国人优。弄到现在国势象这样的衰微，自然不能不归咎于我们的堕落，因为堕落所以便不能振作。

怎么样去图国家的富强？我们要图国家富强，必须要自己振作精神，大家团结起来，公同向前去奋斗。万不可自私自利，只知道要自己到什么地位，不知道国家到什么地位。我们有了这项志气，便是国民志气。中国二百多年以前，亡国过一次，被满洲人征服了，统治二百多年，事事压制，摧残民气，弄到全国人民俯首下心，不敢振作。我们近来堕落的原因,根本上就在乎此。十二年以前,我们革命党才把满人的政府推翻,不受满人的束缚,但是还受许多外国人的束缚。因为当满清政府的末年,他们知道自己不能有为,恐怕天下失到汉人的手内,所以他们主张“宁赠朋友,不送家奴”。把中国的领土主权,都送到许多外国人。我们汉族光复之后,本可以成独立国,但是因为满清政府送领土、主权到外国人手内的契约,还没有拿回来,所以至今还不能独立。大家知道高丽亡到日本,安南亡到法国。高丽、安南都是亡国,高丽人、安南人都是很痛苦的。我们中国的地位是怎么样呢?简直比高丽、安南的地位还要低。因为高丽只做日本的奴隶,安南只做法国的奴隶。他们虽然亡了国,但只做一国的奴隶。我们领土主权的契约,现在都押在各国人的手内,被各国人所束缚,我们此刻实在是做各国人的奴隶。请问诸君,是做一人的奴隶痛苦些呀?还是做众人的奴隶痛苦些呢?当然是做众人的奴隶痛苦些。因为做一人的奴隶,只要摇尾乞怜,顺承意旨,便可得主人的欢心。做众人的奴隶,便有俗话说“顺得姑来失嫂意”的困难。你们看如何应付一切呢?所以我们的地位,比高丽人的、安南人的还要低。如果高丽、安南有了水旱天灾,日本、法国去救济他们,视为义务上应该做的。好象从前美国南方几省,蓄黑奴的制度,黑奴有应该受主人衣、食、居三种的好处。现在中国如果有了水旱天灾,外国人捐到二三百万,他们不以为是应尽的义务,还以为是极大的慈善。日本、法国待高丽、安南,他们不以为是慈善呀。所以我们现在做许多外国人的奴隶,只有奉承他们的义务,不能享他们的权利。

现在白鹅潭到了十几只外国兵船,他们的来意,完全是对于我们示威的。这种大耻辱,我们祖宗向来没有受过的。今日兵临城下,诸君是学者,为四民之首,是先觉先知,担负国家责任,应该有一种什么办法,可以雪此大耻辱呢?可以挽救中国呢?诸君现在求学时代,应该从学问着手,拿学问来救中国。究竟要用什么方法呢?诸君现在学美国的学问,考美国历史。美国之所以兴,是由于革命而来。美国当脱离英国的时候,人民只有四百万,土地只有十三省,完全为荒野之地。就人数说,不过中国现在的百分之一。中国现在有四万万人,土地有二十二行省,物产非常丰富。如果能步美国革命的后尘,美国用那样小的根本,尚能成今日的大功业。中国人多物富,将来的结果,当然比美国更好。美国用百分之一的人数,开辟荒土,寻到国家富强,经过了一百多年。用比例的通理说来,我们用百倍的人数,整顿已经开辟的土地,要国家富强,只要十年。我们要达到这个目的,就要诸君立国家的大志,学美国从前革命时候的人一样,大家同心协力去奋斗。但是诸君学美国,切不可象从前的美国留学生,只要自己变成美国人,不管国家;必须利用美国的学问,把中国化成美国。因为国家的大事,不是一个人单独能够做成功的,必须要有很多的人才,大家同心做去,那才容易。要有很多的人才,那么,造就人才的好学校,不可只有一个岭南大学。广东省必要几十个岭南大学,中国必要几百个岭南大学,造成几十万或几百万好学生,那才于中国有大利益。如果只要自己学成美国人,便心满意足,不管国家是怎样,我们走到外国,他们还是笑我们是卑劣的中国人呀。因为专就个人而论,中国人面黄,美国人面白,无论诸君怎么学法,我们的面怎么样可以变颜色呢?诸君又再有什么方法去学呢?我们要好,须要全国的人大众都好,只要把国家变成富强,是世界上的头等国,那么,我们面色虽然是黄的,走到外国,自己承认是中国人,还不失为头等国民的尊荣。

诸君今天欢迎我来演讲,我贡献诸君的,就是要诸君立志,要有国民的大志气,专心做一件事,帮助国家变成富强。这个要中国富强的事务,就是诸君的责任;要诸君担负这个责任,便是我的希望。

中国国民党第一次全国代表大会开幕词

（一九二四年一月二十日）

各位同志代表诸君：

今天在此开中国国民党全国代表大会，这是本党自有民国以来的第一次，也是自有革命党以来的第一次。我们革命党用了三十年功夫，流了许多热烈的心血，牺牲无数的聪明才力，才推翻满清，变更国体。但是在这三十年中，我们在国内从没有机会开全国国民党大会，所以今天这个盛会，是本党开大会的第一次，也是中华民国的新纪元。

革命党推翻满清，第一次成功是在武昌，那天的日期是双十日。今天是民国十三年的一月双十日，所以这个会期，同武昌起义的日期，都是民国很大的纪念。从前革命党虽然推翻满清，变更国体，但是十三年以来，革命主义还没有实行，这就是革命还没有成功。此中最大的原因，是当时革命党外面见到外国富强，中国衰弱，被人凌辱；内面又受满清专制，做人奴隶，几几乎有亡国灭种之忧，一时发于天良，要想救国保种，只知道非革命不可；但不知道革命何时可以成功，并不想到成功以后究竟用一个甚么通盘计画去建设国家，只由各人的良心所驱使，不管成败，各凭各的力量去为国奋斗，推翻满清。这种奋斗，所谓各自为战，没有集合，没有纪律。故满清虽然推翻，到了十三年以来还没有结果，这就是我们的革命仍然算失败。

我们现在得了广州一片干净土，集会各省同志聚会一堂，是一个很难得的机会。从前我们没有想到要开这种大会，没有想到我们的党务究竟是如何进行，是因为受了满清官僚的欺骗。我们受了满清官僚甚么欺骗呢？因为一般同志头脑太简单，见得武昌起义以后，各省一致赞成革命，从前反对革命的官僚也赞成革命，由此，少数的革命党就被多数的官僚包围。那般官僚说："革命军起，革命党销。"当时的革命党也赞成这种言论，于是大家同声附和，弄到现在只有军阀的世界，没有革命的成绩，所以革命党至今仍失败。这就是我们失败的大原因。今天大家都觉悟了，知道这话不对，应该要说："革命军起，革命党成。"所以从今天起，要把以前的革命精神恢复起来，把国民党改组。这都是由于我们知道要改造国家，非有很大力量的政党，是做不成功的；非有很正确共同的目标，不能够改造得好的。我从前见得中国太纷乱，民智太幼稚，国民没有正确的政治思想，所以便主张"以党治国"。但到今天想想，我觉得这句话还是太早。此刻的国家还是大乱，社会还是退步，所以现在革命党的责任还是要先建国，尚未到治国。从前革命党推翻满清，不过推倒了清朝的大皇帝。但大皇帝推倒之后，便生出了无数小皇帝，这些小皇帝仍旧专制，比较从前的大皇帝还要暴虐无道。故中国现在还不能象英国、美国以党治国。今日民国的国基还没有巩固，我们必要另做一番工夫，把国家再造一次，然后民国的国基才能巩固。这个要国基巩固的事，便是我们今天的任务。此次各位同志来此开这个大会，和寻常的集会不同。今天这个大会，不是普通恳亲会，不是平常讨论会，也不是采集各地问题的会。这是一个什么会呢？我们自十三年以来，在政治上得了种种经验，发明了种种方法，看到中国国家虽然不好，国势虽然比从前退步，但知道中国还有办法，还可以建设得好。革命党三十年来为良心所驱使，不论成败去革命，革命成功了，对于国家不知道用甚么方法去建设。至于现在，我们已经得到了办法，所以此次召集各省的同志来广州开这个大会，就是把这个方法公诸大家来采纳。在没有开这个大会之先，已经组织了一个临时中央执行委员会，在那个委员会中，筹备了许久的时候。自今日起，想要把这个筹备的方法，逐日提出来，请大家来研究，要大家赞成这些方法。诸君得了这些新方法，要带回各地方去实行。至于这些新方法的来源,是本总理把先进的革命国家和后进的革命国家,在革命未成功之前、已经成功之后所得的种种革命方法,用来参考比较,细心斟酌,才定出来的。当中不完备的地方,在所不免,所以还要开这个大会,请大家来研究研究。以后便要请大家赞成,到各地方去实行,同心协力,建设国家。此次国民党改组,有两件事:第一件是改组国民党,要把国民党再来组织成一个有力量有具体的政党。第二件就是用政党的力量去改造国家。所以这次国民党改组,第一件是改组国民党的问题,第二件是改造国家的问题。这次大会,只有十天,十天的时期很短少,我希望大家要爱惜光阴,明白这个大会的宗旨。如果大家有更好的意见,当讨论之时,便贡献出来,参加在内。但是大家要知道会期是很短的,必须爱惜光阴。当研究问题之时,必须各人虚心,不可以无意识的问题来挑拨意见。如果生出无谓的争论,会中的大问题,就恐怕十天解决不了,我们这个会的成绩便不好,所以我们要提防,要警戒。

我们对于改组党和改造国家两件事以外,另外有一件事要大家注意:就是从前本党不能巩固的地方,不是有甚么敌人用大力量来打破我们,完全是由于我们自己破坏自己,是由于我们同志的思想见识过于幼稚,常生出无谓的误解。所以全党的团结力便非常涣散,革命常因此失败。我们以后便要团结一致,都要把自己的聪明才力贡献到党内来,自己的聪明才力不可归个人所用,要归党内所用。大家团结起来,为党为国,同一目标,同一步骤,象这样做去,才可以成功。政党中最要紧的事是各位党员有一种精神结合。要各位党员能够精神上结合:第一要牺牲自由,第二要贡献能力。如果个人能够牺牲自由,然后全党方能得自由。如果个人能贡献能力,然后全党才能有能力。等到全党有了自由,有了能力,然后才能担负革命的大事业,才能够改造国家。本党以前的失败,是各位党员有自由,全党无自由;各位党员有能力,全党无能力。中国国民党之所以失败,就是这个原因。我们今日改组便先要除去这个毛病。

本党今日开全国代表大会,我希望各位代表要把自己的能力和各地方的能力都贡献到党内来,合成一个大力量。用这个大力量去改造国家,那是一定可以成功,一定在今年之内可以成功。今天这个大会,是中华民国开国以来的第一次,这是中华民国将来国史中的大光荣。我希望诸君努力,在这十天之内,把应该做的事,完全达到目的。

中国之现状及国民党改组问题*

（一九二四年一月二十日）

现在的问题，是国民党改组问题。我们自办同盟会以来，有很大的力量表现出来，就是把满洲政府推倒。但推倒之后，官僚之流毒日益加甚，破坏虽成功，建设上却一点没有尽力。这十三年来，政治上、社会上种种黑暗腐败比前清更甚，人民困苦日甚一日。故多数反革命派即以此为口实而攻击革命党，谓只有破坏能力，而无建设能力。此种话我们革命党虽不肯承认，然事实上确是如此。这都是因为我们破坏后没有机会来建设，我们秉政时的南京政府只得三个月。到了北京政府的时候，政权都归于反革命党手内，此后革命党在政治上就没有建设的机会。不仅如此，且至于逃亡海外，在自己领土之内不能立足。自民国成立后，政权皆操之反革命派手内，故虽革命党对于政治上、社会上做了种种的破坏，而苦于无机会以建设。故从各方面看来，中国自革命后并无进步，反为退步。但此并非革命党之初心，今人民皆以此归咎于革命党，我党亦不能不受。在满洲未倒、革命未成功以前，革命党之奋斗，在宣传其主义于全国之人民，故人民均急希望革命之能成功，视革命二字为神圣；成功后不能如其所期，顿使失望。此种事实，谁负其责？革命党不能不负其责。人民以各种痛苦归咎于我们，我们实难辞其责，要皆由于所用方法不对。

今回想革命未成功以前，党人牺牲性命，为国效力，艰难冒险，

---

* 此件系孙中山在中国国民党第一次全国代表大会上的演讲。

努力奋斗,故能成功。武昌起义,全国响应,民国以成。而反对革命之人,均变为赞成革命之人。此辈之数目,多于革命党何啻数十倍,故其力量大于革命党。乃此辈反革命派——即旧官僚——一方参加革命党,一方反破坏革命党,故把革命事业弄坏,实因我们方法不善。若有办法、有团体来防范之,用对待满清之方法对待之,则反革命派当无所施其伎俩。俄国有个革命同志曾对我言,谓中国反革命派之聪明本事,俄国反革命派实望尘莫及。俄之反革命派之为官僚与知识阶级,当革命党发难时,均相率逃诸外国,故俄国革命党能成功。而中国的反革命派聪明绝顶,不仅不逃避,反来加入,卒至破坏革命事业。而革命党人流离转徙,几至消灭,到了今日,只西南数省为一片干净土,余均为反革命派所得。由此观之,革命党有力量推倒满清,使反对者投于革命党之旗帜下,然何以革命不能成功?皆由于方法未善之过,使反革命派能乘隙以入,施其破坏而不觉,虽至失败,尚不知其所以失败的缘由。若当时有办法、有团体,先事防范,继续努力奋斗下去,建设起来,则只需三年之时期,其效果已颇有可观,决不至如今日之一无成绩。中国革命六年后,俄国才有革命。俄国革命党不仅把世界最大威权之帝国主义推翻,且进而解决世界经济政治诸问题。这种革命,真是彻底的成功,皆因其方法良好之故。方才俄国朋友对我所说的话,乃是旁观者清,当局的人尚设想不到。但俄之反革命派,并非真正不如中国反革命派之聪明厉害,且百倍过之;特俄国之革命党之聪明厉害,又百倍过于彼辈耳。中国之革命党经验不多,遂令反对派得尽其技,没有俄国那种好方法以防范反革命派,使其不能从中破坏。故俄国虽迟我六年革命而已成功,我虽早六年革命而仍失败。

此次改组,就是从今天起,重新做过。古人有言:“以前种种譬如昨日死,以后种种譬如今日生。”由今日起,将十三年前种种可宝贵最难得的教训和经验来办以后的事,以前有种种力量来创设民国,以后便有种种力量改造政府。由今天起,按照办法条理,合全国而为一,群策群力,努力而行,则将来成功必定更大。此即为今后之第一大希望。此次改组,即本此意。改组之能成功与否,全凭各同志之能否负责联络与努力奋斗而定之。若能如此,则中国事业大有可为。我国人民身受十三年的痛苦,吾党此次应在最短时期内解放之,将国家障碍完全消灭。此次改组,各种办法已由临时中央执行委员会筹备许久,今提出《中国国民党宣言案》,请秘书长将原文朗读。

这个宣言,系此次大会之精神生命。此宣言发表后,应大家同负责任。诸君系本党各省代表,宣言通过后,须要负责回各省报告宣传。此宣言将国民党之精神、主义、政纲完全发表,并应使之实现。此宣言今后即可管束吾人之一切举动,故须详细审慎研究。大家通过后,不能随意改变,都应遵守,完全达到目的,才算大功告成。

关于民生主义之说明

（一九二四年一月二十一日）

此次开会所定本党全国代表大会宣言，关系于本党改组前途者至为重要。由宣言审查委员会所审查之结果，对于民生主义一项尚有问题，故今日不能即时讨论，即付表决。在未表决宣言之前，尚有一重大问题为本党之基础问题，必须彻底了解，然后宣言便易表决，此重大问题即为民生主义。本党多数同志对于此重要主义，向不甚留心研究，故近日因此主义而生误会，因误会而生怀疑，因怀疑而生暗潮，刻既有此现象，恐兆将来分裂，发生不良结果。故本总理对于此主义，必须再行剖解，庶几本党同志因此主义所发生之误会、怀疑、暗潮，可以完全打破，而成一最有力量之国民党。本总理现在十分信任本党党员，每百人中决无一人不服从本总理者。惟各位党员对于本党主义，尚不无多少怀疑。须知政党以主义而成立，党中主义，无论是总理与党员，均须绝对服从，不能稍有一点怀疑。本党全体同志现在思想可分两种：一属于老同志，一属于新同志。老同志为稳健思想，新同志为猛进思想；稳健者可说是不及，猛进者可说是太过。其实过与不及之两种思想，均未明白民生主义之真谛。

本总理前闻北京一班新青年非常崇拜新思想。及闻俄国共产之主义，便以此为世界极新鲜之主义，遂派代表往俄，拟与之联合，并代俄宣传主义，认定“共产主义”与“民生主义”为不同之二种主义。我们老同志亦认定“民生”与“共产”为绝对不同之二种主义，于是群起排斥，暗潮便因之而生。然揆诸民生主义之真谛，双方均属误解。譬如在新青年一方面者，各代表抵俄后，俄人对之，便极力称赞国民党新主张之三民主义，故彼党遂悉心研究三民主义，认定救国大计，非此不可，于是诚心悦服本党三民主义，改共产党员为国民党员。本党旧同志骤闻共产党员纷纷加入本党消息，顿起怀疑。盖恐本党名义被彼利用也。对于此事，怀疑尤甚者为海外同志。本总理曾接到海外华侨数次函电，询问此次改组，是否改国民党为共产党？如为改成共产党，则华侨同志决不赞成。盖华侨处于帝国主义政府管辖之下，深受帝国主义国家宣传破坏俄国革命论调之毒，故发生种种怀疑，不能自释。世界上从前对于俄国革命之怀疑，本不独华侨为然，即各国人士亦莫不皆然。不过彼一时也，此又一时也。多数华侨不谙外国文字，不能依外国舆论之进步为转移，三四年前传于外国人士者，至今犹以为是。不知外国人士之舆论亦依俄国内政之进步而变迁。近来俄国内政进步之神速，与前大不相同，故英、美、法、日等国之国会，均欲提议承认新俄罗斯。至于意大利则已议决承认，其他各国在此一二年后亦必相继承认。俄国既为各国所承认，故就利害而言，本党与之联合，将来必能得中俄互助之益，决无大害，此为海外同志所宜放心者也。即就是非而言，本党既服从民生主义，则所谓“社会主义”、“共产主义”与“集产主义”，均包括其中。兹将各主义连带关系与范围用图示之：

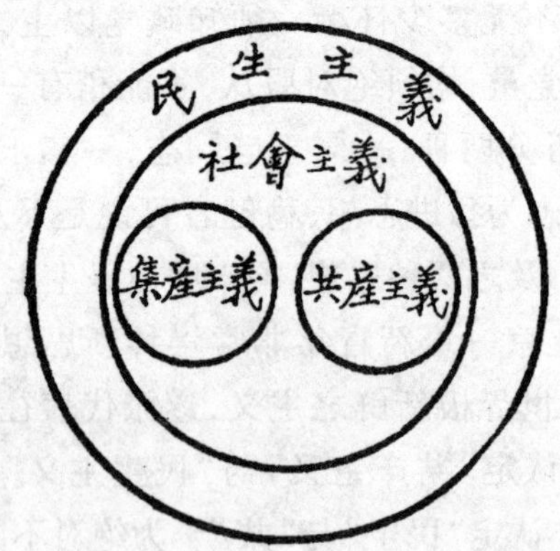

“民生”二字，为数千年已有之名词。至用之于政治经济上，则本总理始，非独中国向无所闻，即在外国亦属罕见。数年前，有一服

从马克思主义之学者,研究社会问题,发现社会上之生计问题,与马克思学说有不符合之点,于是提出疑义,逐条并举,征求同党解答,历时一年之久,而应征者无一人,乃将其著作公之于世,名之曰《历史之社会观》。其要点之大意有云:“在今日社会进化中,其经济问题之生产与分配,悉当以解决民生问题为依归”云云。由此可见本总理所创民生主义之名词,至今已有学者赞同矣。由此亦可知“民生”二字,实已包括一切经济主义。

至共产主义之实行,并非创自俄国,我国数十年前,洪秀全在太平天国已经实行,且其功效较俄国尤大;后为英国戈登所破坏,故今日无从考证。若俄国今日所行之政策,实非纯粹共产主义,不过为解决民生问题之政策而已。本党同志于此便可十分了解共产主义与民生主义毫无冲突,不过范围有大小耳。诸君既能明白民生主义生之真义,则新旧同志因误会、怀疑而生之暗潮,从此便可打消。

民生主义尚须慎重审查,现指派宣言审查委员会委员、临时中央执行委员会委员及原起草员共同再行审查,俟详细审查之后,明日再付议表决。此刻时间已晚,宣告散会。

中国国民党第一次全国代表大会宣言

（一九二四年一月二十三日）

一　中国之现状

中国之革命，发轫于甲午以后，盛于庚子，而成于辛亥，卒颠覆君政。夫革命非能突然发生也。自满洲入据中国以来，民族间不平之气，抑郁已久。海禁既开，列强之帝国主义如怒潮骤至，武力的掠夺与经济的压迫，使中国丧失独立，陷于半殖民地之地位。满洲政府既无力以御外侮，而钤制家奴之政策，且行之益厉，适足以侧媚列强。吾党之士，追随本党总理孙先生之后，知非颠覆满洲，无由改造中国，乃奋然而起，为国民前驱；激进不已，以至于辛亥，然后颠覆满洲之举始告厥成。故知革命之目的，非仅仅在于颠覆满洲而已，乃在于满洲颠覆以后，得从事于改造中国。依当时之趋向，民族方面，由一民族之专横宰制过渡于诸民族之平等结合；政治方面，由专制制度过渡于民权制度；经济方面，由手工业的生产过渡于资本制度的生产。循是以进，必能使半殖民地的中国，变而为独立的中国，以屹然于世界。

然而当时之实际，乃适不如所期，革命虽号成功，而革命政府所能实际表现者，仅仅为民族解放主义。曾几何时，已为情势所迫，不得已而与反革命的专制阶级谋妥协。此种妥协，实间接与帝国主义相调和,遂为革命第一次失败之根源。夫当时代表反革命的专制阶级者实为袁世凯,其所挟持之势力初非甚强,而革命党人乃不能胜之者,则为当时欲竭力避免国内战争之延长,且尚未能获一有组织、有纪律、能了解本身之职任与目的之政党故也。使当时而有此政党,则必能抵制袁世凯之阴谋,以取得胜利,而必不致为其所乘。夫袁世凯者,北洋军阀之首领,时与列强相勾结,一切反革命的专制阶级如武人官僚辈,皆依附之以求生存;而革命党人乃以政权让渡于彼,其致失败,又何待言!

袁世凯既死,革命之事业仍屡遭失败,其结果使国内军阀暴戾恣睢,自为刀俎,而以人民为鱼肉,一切政治上民权主义之建设,皆无可言。不特此也,军阀本身与人民利害相反,不足以自存,故凡为军阀者,莫不与列强之帝国主义发生关系。所谓民国政府,已为军阀所控制,军阀即利用之结欢于列强,以求自固。而列强亦即利用之,资以大借款,充其军费,使中国内乱纠纷不已,以攫取利权,各占势力范围。由此点观测,可知中国内乱,实有造于列强;列强在中国利益相冲突,乃假手于军阀,杀吾民以求逞。不特此也,内乱又足以阻滞中国实业之发展,使国内市场充斥外货。坐是之故,中国之实业即在中国境内,犹不能与外国资本竞争。其为祸之酷,不止吾国人政治上之生命为之剥夺,即经济上之生命亦为之剥夺无余矣。环顾国内,自革命失败以来,中等阶级频经激变,尤为困苦;小企业家渐趋破产,小手工业者渐致失业,沦为游氓,流为兵匪;农民无力以营本业,至以其土地廉价售人,生活日以昂,租税日以重。如此惨状,触目皆是,犹得不谓已濒绝境乎?

由是言之,自辛亥革命以后,以迄于今,中国之情况不但无进步可言,且有江河日下之势。军阀之专横,列强之侵蚀,日益加厉,令中国深入半殖民地之泥犁地狱。此全国人民所为疾首蹙额,而有识者所以徬徨日夜,急欲为全国人民求一生路者也。

然所谓生路者果如何乎?国内各党派以至于个人暨外国人多有拟议及此者,试简单归纳各种拟议,以一评骘其当否,而分述于下：

一曰立宪派。此派之拟议，以为今日中国之大患在于无法，苟能借宪法以谋统一，则分崩离析之局庶可收拾。曾不思宪法之所以能有效力，全恃民众之拥护，假使只有白纸黑字之宪法，决不能保证民权，俾不受军阀之摧残。元年以来尝有约法矣，然专制余孽、军阀官僚僭窃擅权，无恶不作，此辈一日不去，宪法即一日不生效力，无异废纸，何补民权？迩者曹锟以非法行贿，尸位北京，亦尝借所谓宪法以为文饰之具矣，而其所为，乃与宪法若风马牛不相及。故知推行宪法之先决问题，首在民众之能拥护宪法与否。舍本求末，无有是处。不特此也，民众果无组织，虽有宪法，即民众自身亦不能运用之，纵无军阀之摧残，其为具文自若也。故立宪派只知求宪法，而绝不顾及将何以拥护宪法，何以运用宪法，即可知其无组织、无方法、无勇气以真为宪法而奋斗。宪法之成立，唯在列强及军阀之势力颠覆之后耳。

二曰联省自治派。此派之拟议，以为造成中国今日之乱象，由于中央政府权力过重，故当分其权力于各省；各省自治已成，则中央政府权力日削，无所恃以为恶也。曾不思今日北京政府权力初非法律所赋予、人民所承认，乃由大军阀攘夺而得之。大军阀既挟持暴力以把持中央政府，复利用中央政府以扩充其暴力。吾人不谋所以毁灭大军阀之暴力，使不得挟持中央政府以为恶，乃反欲借各省小军阀之力，以谋削减中央政府之权能，是何为耶？推其结果，不过分裂中国，使小军阀各占一省，自谋利益，以与挟持中央政府之大军阀相安于无事而已，何自治之足云！夫真正的自治，诚为至当，亦诚适合吾民族之需要与精神；然此等真正的自治，必待中国全体独立之后，始能有成。中国全体尚未能获得自由，而欲一部分先能获得自由，岂可能耶？故知争回自治之运动，决不能与争回民族独立之运动分道而行。自由之中国以内，始能有自由之省。一省以内所有经济问题、政治问题、社会问题，惟有于全国之规模中始能解决。则各省真正自治之实现，必在全国国民革命胜利之后，亦已显然，愿国人一思之也。

三曰和平会议派。国内苦战争久矣,和平会议之说,应之而生。提倡而赞和者,中国人有然,外国人亦有然。果能循此道而得和平,宁非国人之所望,无如其不可能也。何则?构成中国之战祸者,实为互相角立之军阀,此互相角立之军阀各顾其利益,矛盾至于极端,已无调和之可能。即使可能,亦不过各军阀间之利益得以调和而已,于民众之利益固无与也。此仅军阀之联合,尚不得谓为国家之统一也,民众果何需于此乎?此等和平会议之结果,必无以异于欧战议和所得之结果。列强利益相冲突,使欧洲各小国不得和平统一;中国之不能统一,亦此数国之利益为之梗也。至于知调和之不可能,而惟冀各派之势力保持均衡,使不相冲突,以苟安于一时者,则更为梦想。何则?盖事实上不能禁军阀中之一派不对于他派而施以攻击,且凡属军阀莫不拥有雇佣军队,推其结果,不能不出于争战,出于掠夺。盖掠夺于邻省,较之掠夺于本省为尤易也。

四曰商人政府派。为此说者,盖鉴于今日之祸由军阀官僚所造成,故欲以资本家起而代之也。虽然,军阀官僚所以为民众厌恶者,以其不能代表民众也;商人独能代表民众利益乎?此当知者一也。军阀政府托命于外人,而其恶益著,民众之恶之亦益深;商人政府若亦托命于外人,则亦一丘之貉而已。此所当知者二也。故吾人虽不反对商人政府,而吾人之要求则在于全体平民自己组织政府,以代表全体平民之利益,不限于商界。且其政府必为独立的不求助于外人,而惟恃全体平民自己之意力。

如上所述,足知各种拟议,虽或出于救国之诚意,然终为空谈;其甚者则本无诚意,而徒出于恶意的讥评而已。

吾国民党则夙以国民革命、实行三民主义为中国唯一生路。兹综观中国之现状,益知进行国民革命之不可懈。故再详阐主义,发布政纲,以宣告全国。

二 国民党之主义

国民党之主义维何？即孙先生所提倡之三民主义是已。本此主义以立政纲，吾人以为救国之道，舍此末由。国民革命之逐步进行，皆当循此原则。此次毅然改组，于组织及纪律特加之意，即期于使党员各尽所能，努力奋斗，以求主义之贯彻。去年十一月二十五日孙先生之演说，及此次大会孙先生对于中国现状及国民党改组问题之演述，言之綦详。兹综合之，对于三民主义为郑重之阐明。盖必了然于此主义之真释，然后对于中国之现状而谋救济之方策，始得有所依据也。

（一）民族主义　国民党之民族主义，有两方面之意义：一则中国民族自求解放；二则中国境内各民族一律平等。

第一方面：国民党之民族主义，其目的在使中国民族得自由独立于世界。辛亥以前，满洲以一民族宰制于上，而列强之帝国主义复从而包围之，故当时民族主义之运动，其作用在脱离满洲之宰制政策与列强之瓜分政策。辛亥以后，满洲之宰制政策已为国民运动所摧毁，而列强之帝国主义则包围如故，瓜分之说变为共管，易言之，武力之掠夺变为经济的压迫而已，其结果足使中国民族失其独立与自由则一也。国内之军阀既与帝国主义相勾结，而资产阶级亦耽耽然欲起而分其馂余，故中国民族政治上、经济上皆日即于憔悴。国民党人因不得不继续努力，以求中国民族之解放。其所恃为后盾者，实为多数之民众，若知识阶级、若农夫、若工人、若商人是已。盖民族主义对于任何阶级，其意义皆不外免除帝国主义之侵略。其在实业界，苟无民族主义，则列强之经济的压迫，自国生产永无发展之可能。其在劳动界，苟无民族主义，则依附帝国主义而生存之军阀及国内外之资本家，足以蚀其生命而有余。故民族解放之斗争，对于多数之民众,其目标皆不外反帝国主义而已。帝国主义受民族主义运动之打击而有所削弱,则此多数之民众,即能因而发展其组织,且从而巩固之,以备继续之斗争,此则国民党能于事实上证明之者。吾人欲证实民族主义实为健全之反帝国主义,则当努力于赞助国内各种平民阶级之组织,以发扬国民之能力。盖惟国民党与民众深切结合之后,中国民族之真正自由与独立始有可望也。

第二方面:辛亥以前,满洲以一民族宰制于上,具如上述。辛亥以后,满洲宰制政策既已摧毁无余,则国内诸民族宜可得平等之结合,国民党之民族主义所要求者即在于此。然不幸而中国之政府乃为专制余孽之军阀所盘据,中国旧日之帝国主义死灰不免复燃,于是国内诸民族因以有杌陧不安之象,遂使少数民族疑国民党之主张亦非诚意。故今后国民党为求民族主义之贯彻,当得国内诸民族之谅解,时时晓示其在中国国民革命运动中之共同利益。今国民党在宣传主义之时,正欲积集其势力,自当随国内革命势力之伸张,而渐与诸民族为有组织的联络,及讲求种种具体的解决民族问题之方法矣。国民党敢郑重宣言,承认中国以内各民族之自决权,于反对帝国主义及军阀之革命获得胜利以后,当组织自由统一的(各民族自由联合的)中华民国。

(二)民权主义　国民党之民权主义,于间接民权之外,复行直接民权,即为国民者不但有选举权,且兼有创制、复决、罢官诸权也。民权运动之方式,规定于宪法,以孙先生所创之五权分立为之原则,即立法、司法、行政、考试、监察五权分立是已。凡此既以济代议政治之穷,亦以矫选举制度之弊。近世各国所谓民权制度,往往为资产阶级所专有,适成为压迫平民之工具。若国民党之民权主义,则为一般平民所共有,非少数者所得而私也。于此有当知者:国民党之民权主义,与所谓"天赋人权"者殊科,而唯求所以适合于现在中国革命之需要。盖民国之民权,唯民国之国民乃能享之,必不轻授此权于反对民国之人,使得借以破坏民国。详言之,则凡真正反对帝国主义之个人及团体,均得享有一切自由及权利;而凡卖国罔民以效忠于帝国主义及军阀者，无论其为团体或个人，皆不得享有此等自由及权利。

（三）民生主义　国民党之民生主义，其最要之原则不外二者：一曰平均地权；二曰节制资本。盖酿成经济组织之不平均者，莫大于土地权之为少数人所操纵。故当由国家规定土地法、土地使用法、土地征收法及地价税法。私人所有土地，由地主估价呈报政府，国家就价征税，并于必要时依报价收买之，此则平均地权之要旨也。凡本国人及外国人之企业，或有独占的性质，或规模过大为私人之力所不能办者，如银行、铁道、航路之属，由国家经营管理之，使私有资本制度不能操纵国民之生计，此则节制资本之要旨也。举此二者，则民生主义之进行，可期得良好之基础。于此犹有当为农民告者：中国以农立国，而全国各阶级所受痛苦，以农民为尤甚。国民党之主张，则以为农民之缺乏田地沦为佃户者，国家当给以土地，资其耕作，并为之整顿水利，移殖荒徼，以均地力。农民之缺乏资本至于高利借贷以负债终身者，国家为之筹设调剂机关，如农民银行等，供其匮乏，然后农民得享人生应有之乐。又有当为工人告者：中国工人之生活绝无保障，国民党之主张，则以为工人之失业者，国家当为之谋救济之道，尤当为之制定劳工法，以改良工人之生活。此外如养老之制、育儿之制、周恤废疾者之制、普及教育之制，有相辅而行之性质者，皆当努力以求其实现。凡此皆民生主义所有事也。

中国以内，自北至南，自通商都会以至于穷乡僻壤，贫乏之农夫，劳苦之工人，所在皆是。因其所处之地位与所感之痛苦，类皆相同，其要求解放之情至为迫切，则其反抗帝国主义之意亦必至为强烈。故国民革命之运动，必恃全国农夫、工人之参加，然后可以决胜，盖无可疑者。国民党于此，一方面当对于农夫、工人之运动，以全力助其开展，辅助其经济组织，使日趋于发达，以期增进国民革命运动之实力；一方面又当对于农夫、工人要求参加国民党，相与为不断之努力，以促国民革命运动之进行。盖国民党现正从事于反抗帝国主义与军阀，反抗不利于农夫、工人之特殊阶级，以谋农夫、工人之解放。质言之,即为农夫、工人而奋斗,亦即农夫、工人为自身而奋斗也。

中国为农业的国家,故军队多由农民征集补充而成,乃不为民利捍卫,又不助人民抵抗帝国主义,而反为帝国主义所操纵之军阀,以戕贼人民之利益;国民党于此,认为有史以来莫大之矛盾。其所以然之故,在于中国经济落后,农民穷苦,不得已而受佣于军阀,以图几微之生存。其结果,乃至更增贫困,加人民以压迫,使流为土匪而不顾。欲除此种矛盾,使军队中农民真实之利益与其现在所争之利益无相妨之弊,国民党将于一般士兵及下级军官中极力宣传运动,使知真利所在,立成革命的军队,为人民利益而奋斗。

凡助国民党奋斗以驱除民贼、建设自卫的革命政府之革命军,国民对之当有特殊待遇。每革命军人于革命完全成功之后,愿意归农,革命政府行将给以广田,俾能自给而赡家族。

国民党之三民主义,其真释具如此。自本党改组后,以严格之规律的精神,树立本党组织之基础,对于本党党员,用各种适当方法施以教育及训练,使成为能宣传主义、运动群众、组织政治之革命的人才。同时以本党全力,对于全国国民为普遍的宣传,使加入革命运动,取得政权,克服民敌。至于既取得政权树立政府之时,为制止国内反革命运动及各国帝国主义压制吾国民众胜利之阴谋,芟除实行国民党主义之一切障碍,更应以党为掌握政权之中枢。盖惟有组织、有权威之党,乃为革命的民众之本据,能为全国人民尽此忠实之义务故耳。

三　国民党之政纲

吾人于党纲固悉力以求贯彻,顾以道途之远,工程之巨,诚未敢谓咄嗟有成;而中国之现状危迫已甚,不能不立谋救济。故吾人所以刻刻不忘者，尤在准备实行政纲，为第一步之救济方法。谨列举具体的要求作为政纲，凡中国以内，有能认国家利益高出于一人或一派之利益者，幸相与明辨而公行之。

甲　对外政策

（一）一切不平等条约，如外人租借地、领事裁判权、外人管理关税权以及外人在中国境内行使一切政治的权力侵害中国主权者，皆当取消，重订双方平等、互尊主权之条约。

（二）凡自愿放弃一切特权之国家，及愿废止破坏中国主权之条约者，中国皆将认为最惠国。

（三）中国与列强所订其他条约有损中国之利益者，须重新审定，务以不害双方主权为原则。

（四）中国所借外债，当在使中国政治上、实业上不受损失之范围内，保证并偿还之。

（五）庚子赔款，当完全划作教育经费。

（六）中国境内不负责任之政府，如贿选、僭窃之北京政府，其所借外债，非以增进人民之幸福，乃为维持军阀之地位，俾得行使贿买，侵吞盗用。此等债款，中国人民不负偿还之责任。

（七）召集各省职业团体（银行界、商会等）、社会团体（教育机关等）组织会议，筹备偿还外债之方法，以求脱离因困顿于债务而陷于国际的半殖民地之地位。

乙　对内政策

（一）关于中央及地方之权限，采均权主义。凡事务有全国一致之性质者，划归中央；有因地制宜之性质者，划归地方。不偏于中央集权制或地方分权制。

（二）各省人民得自定宪法，自举省长；但省宪不得与国宪相抵触。省长一方面为本省自治之监督，一方面受中央指挥，以处理国家行政事务。

（三）确定县为自治单位。自治之县，其人民有直接选举及罢免官吏之权，有直接创制及复决法律之权。

土地之税收，地价之增益，公地之生产，山林川泽之息，矿产水力之利，皆为地方政府之所有，用以经营地方人民之事业，及应育幼、养老、济贫、救灾、卫生等各种公共之需要。

各县之天然富源及大规模之工商事业，本县资力不能发展兴办者，国家当加以协助。其所获纯利，国家与地方均之。

各县对于国家之负担，当以县岁入百分之几为国家之收入，其限度不得少于百分之十，不得超过于百分之五十。

（四）实行普通选举制，废除以资产为标准之阶级选举。

（五）厘订各种考试制度，以救选举制度之穷。

（六）确定人民有集会、结社、言论、出版、居住、信仰之完全自由权。

（七）将现时募兵制度渐改为征兵制度。同时注意改善下级军官及兵士之经济状况，并增进其法律地位。施行军队中之农业教育及职业教育，严定军官之资格，改革任免军官之方法。

（八）政府当设法安置土匪游民，使为社会有益之工作。而其所以达此目的之一法，计可以租界交还中国国民后所得之收入充此用途。此之所谓租界，乃指设有领事裁判权之特别地区，发生“国中有国”之特别现象者而言。此种“国中有国”之现象，当在清除之列。至关于外人在租界内住居及营业者，其权利当由国民政府按照中国与外国特行缔结之条约规定之。

（九）严定田赋地税之法定额，禁止一切额外征收，如厘金等类当一切废绝之。

（十）清查户口，整理耕地，调正粮食之产销，以谋民食之均足。

（十一）改良农村组织，增进农人生活。

（十二）制定劳工法，改良劳动者之生活状况，保障劳工团体，并扶助其发展。

（十三）于法律上、经济上、教育上、社会上确认男女平等之原则，助进女权之发展。

（十四）励行教育普及，以全力发展儿童本位之教育。整理学制系统，增高教育经费，并保障其独立。

（十五）由国家规定土地法、土地使用法、土地征收法及地价税法。私人所有土地，由地主估价呈报政府，国家就价征税，并于必要时依报价收买之。

（十六）企业之有独占的性质者，及为私人之力所不能办者，如铁道、航路等，当由国家经营管理之。

以上所举细目，皆吾人所认为党纲之最小限度，目前救济中国之第一步方法。

国民政府建国大纲

（一九二四年一月二十三日）

一　国民政府本革命之三民主义、五权宪法，以建设中华民国。

二　建设之首要在民生。故对于全国人民之食衣住行四大需要，政府当与人民协力，共谋农业之发展，以足民食；共谋织造之发展，以裕民衣；建筑大计划之各式屋舍，以乐民居；修治道路、运河，以利民行。

三　其次为民权。故对于人民之政治知识能力，政府当训导之，以行使其选举权，行使其罢官权，行使其创制权，行使其复决权。

四　其三为民族。故对于国内之弱小民族，政府当扶植之，使之能自决自治。对于国外之侵略强权，政府当抵御之；并同时修改各国条约，以恢复我国际平等、国家独立。

五　建设之程序分为三期：一曰军政时期；二曰训政时期；三曰宪政时期。

六　在军政时期，一切制度悉隶于军政之下。政府一面用兵力以扫除国内之障碍，一面宣传主义以开化全国之人心，而促进国家之统一。

七　凡一省完全底定之日，则为训政开始之时，而军政停止之日。

八　在训政时期，政府当派曾经训练考试合格之员，到各县协助人民筹备自治。其程度以全县人口调查清楚，全县土地测量完竣，全县警卫办理妥善，四境纵横之道路修筑成功，而其人民曾受四权使用之训练，而完毕其国民之义务，誓行革命之主义者，得选举县官以执行一县之政事，得选举议员以议立一县之法律，始成为一完全自治之县。

九　一完全自治之县，其国民有直接选举官员之权，有直接罢免官员之权，有直接创制法律之权，有直接复决法律之权。

十　每县开创自治之时，必须先规定全县私有土地之价，其法由地主自报之，地方政府则照价征税，并可随时照价收买。自此次报价之后，若土地因政治之改良、社会之进步而增价者，则其利益当为全县人民所共享，而原主不得而私之。

十一　土地之岁收，地价之增益，公地之生产，山林川泽之息，矿产水力之利，皆为地方政府之所有，而用以经营地方人民之事业，及育幼、养老、济贫、救灾、医病与夫种种公共之需。

十二　各县之天然富源与及大规模之工商事业，本县之资力不能发展与兴办，而须外资乃能经营者，当由中央政府为之协助；而所获之纯利，中央与地方政府各占其半。

十三　各县对于中央政府之负担，当以每县之岁收百分之几为中央岁费，每年由国民代表定之；其限度不得少于百分之十，不得加于百分之五十。

十四　每县地方自治政府成立之后，得选国民代表一员，以组织代表会，参预中央政事。

十五　凡候选及任命官员，无论中央与地方，皆须经中央考试铨定资格者乃可。

十六　凡一省全数之县皆达完全自治者，则为宪政开始时期。国民代表会得选举省长，为本省自治之监督；至于该省内之国家行政，则省长受中央之指挥。

十七　在此时期，中央与省之权限采均权制度。凡事务有全国一致之性质者，划归中央；有因地制宜之性质者，划归地方。不偏于中央集权或地方分权。

十八　县为自治之单位，省立于中央与县之间，以收联络之效。

十九　在宪政开始时期，中央政府当完成设立五院，以试行五权之治。其序列如下:曰行政院;曰立法院;曰司法院;曰考试院;曰监察院。

二十　行政院暂设如下各部:一、内政部;二、外交部;三、军政部;四、财政部;五、农矿部;六、工商部;七、教育部;八、交通部。

二十一　宪法未颁布以前,各院长皆归总统任免而督率之。

二十二　宪法草案当本于建国大纲及训政、宪政两时期之成绩,由立法院议订,随时宣传于民众,以备到时采择施行。

二十三　全国有过半数省份达至宪政开始时期,即全省之地方自治完全成立时期,则开国民大会,决定宪法而颁布之。

二十四　宪法颁布之后,中央统治权则归于国民大会行使之,即国民大会对于中央政府官员有选举权、有罢免权,对于中央法律有创制权、有复决权。

二十五　宪法颁布之日,即为宪政告成之时,而全国国民则依宪法行全国大选举。国民政府则于选举完毕之后三个月解职,而授政于民选之政府,是为建国之大功告成。

民国十三年四月十二日　孙文书(印)

在中国国民党第一次全国代表大会上关于列宁逝世的演说

（一九二四年一月二十五日）

方才得俄代表报告，俄国行政首领列宁先生已于前日去世。国民党的同志们当然非常哀悼，应该乘此次大会时，正式表决去一电报，以表哀忱。未表决之前，有几句话与诸君先说一下。

大家都知道，俄国革命在中国之后，而成功却在中国之前，其奇功伟绩，真是世界革命史上前所未有。其所以能至此的缘故，实全由其首领列宁先生个人之奋斗，及条理与组织之完善。故其为人，由革命观察点看起来，是一个革命之大成功者，是一个革命中之圣人，是一个革命中最好的模范。彼今已逝世，我们对之有何种感想和何种教训？我觉得于中国的革命党有很大的教训。什么教训呢？就是大家应把党基巩固起来，成为一有组织的、有力量的机关，和俄国的革命党一样。此次大会之目的也是在此。现在俄国的首领列宁先生去世了，于俄国和国际上会生出什么影响来，我相信是决没有的。因为列宁先生之思想魄力、奋斗精神，一生的工夫全结晶在党中。他的身体虽不在，他的精神却仍在。此即为我们最大之教训。

本总理为三民主义之首创人，亦即中国革命党之发起人。我们的革命虽有几次成功，但均是军事奋斗的成功，革命事业并没有完成，就是因为党之本身不巩固的缘故。所以党中的党员，均不守党中的命令，各自为政，既没有盲从一致信服的旧道德，又没有活泼于自由中的新思想。二次失败，逃亡至日本的时候，我就想设法改组，但未成功。因为那时各同志均极灰心，以为我们已得政权尚且归于失败,此后中国实不能再讲革命。我费了很多的时间和唇舌,其结果亦只是“中国即要革命,亦应在二十年以后”。那时我没有法子,只得我一个人肩起这革命的担子,从新组织一个中华革命党。凡入党的人,须完全服从我一个人,其理由即是鉴于前次失败,也是因为当时国内的新思想尚未发达,非由我一人督率起来,不易为力。到现在已经十年了,诸同志都已习惯了,有人以此次由总理制改为委员制,觉得不大妥当。但须知彼一时,此一时。当前回大家灰心的时候,我没有法子,只得一人起来担负革命的责任。现在有很多有新思想的青年出来了,人民的程度也增高起来了,没有人觉得中国的革命应在二十年以后了。我们从事革命的事业,国民只以为太慢,不以为太快了。故此次改组,即把本党团结起来,使力量加大,使革命容易成功,以迎合全国国民的心理。

从前在日本虽想改组,未能成功,就是因为没有办法。现在有俄国的方法以为模范,虽不能完全仿效其办法,也应仿效其精神,才能学得其成功。本党此次改组,就是本总理把个人负担的革命重大责任,分之众人,希望大家起来奋斗,使本党不要因为本总理个人而有所兴废,如列宁先生之于俄国革命党一样。这是本总理的最大希望。

现在提出用本大会名义致电莫斯科,对列宁先生之死表示哀忱案,请大家表决。至于各行政机关,已由政府通令下旗三日。本会亦应休会三日。此三日内,每日下午本总理均在此演述民族主义。此讲题,从前曾对高师学生演过一次,再有两三次,即可从大体讲之。若详细的讲演,非长久时间不可。今乘此机会,尽三天之内摘要把他讲完,诸位回去后,即可以之为宣传的资料。其余民权主义与民生主义,目前没有时间来讲,将来讲后再刊为单行本寄与诸位。

现在请俄国代表鲍尔登先生讲列宁先生之为人,请伍朝枢君翻译。俟讲完后,我们再来表决本问题。

中国国民党总章

（一九二四年一月二十八日）

中国国民党第一次全国代表大会为促进三民主义之实现，五权宪法之创立，特制定中国国民党总章如左。

第一章　党员

第一条　中国国民党不分性别，凡志愿接收本党党纲，实行本党议决，加入本党所辖之党部，依时缴纳党费者，均得为本党党员。

第二条　党员入党时，须有本党党员二人以上之介绍，填具入党志愿书，经向所请求之区分部党员大会之通过，区党部执行委员会之认可，方得为本党党员。

第三条　凡本党党员须在所属党部领取党员证书；其证书由中央执行委员会制定之。

第四条　党员移居时，须即时在原住地方区分部报告，向所到地方之区分部登记，同时即为所到地方之党员。

第二章　党部组织

第五条　范围包括一个地方之党部，为上级机关；范围包括该地方一部分之党部，为下级机关。

第六条　各党部以全国代表大会、地方代表大会、地方党员大会为各该党部之高级机关。

第七条　地方党员大会、地方代表大会及全国代表大会须各选出执行委员，组织执行委员会，执行党务。

第八条　本党党部之组织系统如下：

（甲）全国　全国代表大会——中央执行委员会。

（乙）全省　全省代表大会——全省执行委员会。

（丙）全县　全县代表大会——全县执行委员会。

（丁）全区　全区党员大会或代表大会——全区执行委员会。

（戊）区分部　区分部党员大会区分部执行委员会——区分部为本党基本组织。

第九条　本党之权力机关如下：

（甲）全国代表大会；但闭会期间为中央执行委员会。

（乙）全省代表大会；但闭会期间为全省执行委员会。

（丙）全县代表大会；但闭会期间为全县执行委员会。

（丁）全区党员大会或代表大会；但闭会期间为全区执行委员会。

（戊）区分部党员大会；但闭会期间为区分部执行委员会。

各权力机关对于其上级机关应执行党之纪律及决议，但得提出抗议。

第十条　中央执行委员会得分设各部，执行本党之通常或非常党务。各部受中央执行委员会之管理。各部之职务及组织法，由中央执行委员会决定之。省及等于省之党部应设各部,由中央执行委员会决定之。

第十一条 各下级党部执行委员会须受上级党部执行委员会管辖。

第十二条 各下级党部之成立、启用印信,须经上级机关之核准。

第三章 特别地方党部组织

第十三条 热河、察哈尔、绥远三特别行政区域及蒙古、西藏、青海等处之党部组织与省同。

第十四条 各地关于党务有设置特别区之必要者,由最高党部决定之。

第十五条 特别区党部之组织,与省党部同等,直接受最高党部之指挥监督。

第十六条 重要市镇党部之组织,与县党部同等,直接受省党部之指挥监督。

第十七条 重要市镇党部之设置,由各该省党部开具计划,经中央执行委员会之许可,方得设立。

第十八条 国外党部组织,总支部等于省,支部等于县,分部等于区,通讯处等于区分部。

第四章 总 理

第十九条 本党以创行三民主义、五权宪法之孙先生为总理。

第二十条　党员须从总理之指导,以努力于主义之进行。

第二十一条　总理为全国代表大会之主席。

第二十二条　总理为中央执行委员会之主席。

第二十三条　总理对于全国代表大会之议决,有交复议之权。

第二十四条　总理对于中央执行委员会之议决,有最后决定之权。

第五章　最高党部

第二十五条　本党最高机关为全国代表大会,常会每年举行一次;但中央执行委员会认为必要,或有省及等于省三分之一以上请求时,得召集临时全国代表大会。

第二十六条　全国代表大会常会开会日期,重要议题,须于两个月前通告各党员。

第二十七条　全国代表大会之组织法及选举法,及各地方应派代表之人数,得由中央执行委员会规定之。

第二十八条　全国代表大会之职权如下:

(甲)接纳及采行中央执行委员会及其他中央各部之报告。

(乙)修改本党政纲及章程。

(丙)决定对于时事问题应取之政策及政略。

(丁)选举中央执行委员、候补执行委员与监察委员、候补监察委员。

第二十九条　中央执行委员及监察委员之人数,由全国代表大会决定之。

第三十条　中央执行委员会委员遇故离任时,由候补委员依次充任。

第三十一条　中央执行委员会之职权如下;

（甲）代表本党对外关系。

（乙）组织各地方党部并指挥之。

（丙）委任本党中央机关报人员。

（丁）组织本党之中央机关各部。

（戊）支配本党党费及财政。

第三十二条　在政府机关、俱乐部、会社、工会、商会、市议会、县议会、省议会、国议会等内部特别组织之国民党党团，中央执行委员会得指挥之。

第三十三条　中央执行委员会每两星期至少开会一次；候补委员得列席会议，但只有发言权。

第三十四条　中央执行委员会互选常务委员三人，组织秘书处，执行日常党务。

第三十五条　全国代表大会闭会期间，中央执行委员会应召集各省执行委员会及其他直辖党部之代表，开全国会议一次。

第三十六条　中央执行委员会须将其活动经过情形，通告各省执行委员会及其他直辖党部，每月一次。

第三十七条　中央执行委员会得派遣中央执行委员于指定地点，组织执行部；其组织及职权，由中央执行委员会另定之。

第三十八条　中央监察委员会之职权如下：

（甲）稽核中央执行委员会财政之出入。

（乙）审查党务之进行情形及部员之勤惰；训令下级党部，审核财政与党务。

（丙）稽核在党中央政府任职之党员，其施政之方针及政绩是否根据本党政纲及本党制定之政策。

第六章 省党部

第三十九条 全省代表大会六个月举行一次;但遇中央执行委员会训令、或县执行委员会三分之一以上请求时,得召集临时全省代表大会。

第四十条 省执行委员会认为必要、或全省党员半数请求时,亦得召集临时全省代表大会。

第四十一条 全省代表大会组织法、选举法及人数,由省执行委员会规定之。

第四十二条 全省代表大会接纳及采行省执行委员会及本党省机关各部之报告,决定本省党务进行之方策,选出执行委员并监察委员。

第四十三条 省执行委员会之职权如下:

(甲)互选常务委员三人,组织秘书处。

(乙)设立全省各地方党部,并指挥其活动。

(丙)任命该省党机关报人员。

(丁)组织本省机关各部。

(戊)支配党费及财政。

第四十四条 省执行委员会每月须将其活动经过情形,报告中央执行委员会一次。

第四十五条 省执行委员会每星期至少开会一次;候补委员得列席会议,但只有发言权。

第四十六条 省执行委员会委员遇故离任时,由候补委员依次充任之。

第四十七条 省监察委员会稽核省执行委员会财政之收支;及审查省执行委员会之党务及部员之勤惰;稽核在党省政府任职之党

员，其施政方针及政绩是否根据本党政纲及本党制定之政策。

第七章 县党部

第四十八条 县代表大会每三个月举行一次；若遇省执行委员会训令及各区执行委员会三分之一请求时，得召集临时全县代表大会。

第四十九条 县执行委员会认为必要、或有该县党员半数请求时，亦得召集临时全县代表大会。

第五十条 县代表大会之组织法、选举法及人数，由县执行委员会审定后，经省执行委员会核准决定之。

第五十一条 县代表大会接纳及采行县执行委员会及其他本党县机关各部之报告，决定本县党务进行之方策，选举县执行委员、候补委员及监察委员。

第五十二条 县执行委员会选举常务委员一人，执行日常党务。

第五十三条 县执行委员会设立全县各地方党部而指挥其活动；任命该县党部机关报职员，但须经省执行委员会之核准；组织全县性质之事务各部；支配县内党费及财政。

第五十四条 县执行委员会须每两星期将其活动经过情形，报告省执行委员会一次。

第五十五条 县执行委员会每星期会议一次；候补委员得列席会议，但只有发言权。

第五十六条 县执行委员会委员遇故离任时，由候补委员依次充任之。

第五十七条 县监察委员稽核县执行委员会财政之收支及审查县执行委员会之党务，稽核在党县政府任职党员之政绩。

第八章 区党部

第五十八条 区之高级机关为全区党员大会或代表大会。区以下为乡、为村。全区党员大会包括乡村党员在内;但因乡村离市区太远或党员太多,不能召集党员时,得召集全区代表大会,此全区代表大会即作为该区高级权力机关;但于可能时,须召集全区党员大会。

第五十九条 区党员大会或代表大会每月举行一次,讨论党务,其范围如下:

(甲)接纳及采行区执行委员会之报告。

(乙)代表大会之代表及党员大会之党员,在会议内报告区内党务之进行,解决党务之困难,及发表关于政治经济之意见。

(丙)训练党员问题、党员补习教育问题。

(丁)征求党费问题、讨论县执行委员会决议案之实行方法。

(戊)选举该区执行委员会委员。

第六十条 区执行委员会之职权如左:

(甲)指挥区内各区分部或其下各特别党务机关之活动事宜。

(乙)召集全区党员大会或全区代表大会。

(丙)组织区分部;但须得县执行委员会核准。

(丁)支配党费及财政。

第六十一条 区执行委员会互选常务委员一人执行日常党务,每两星期须将活动经过情形,报告县执行委员会。

第九章　区分部

第六十二条　区分部为本党之基本组织,由区执行委员会或其他代理机关组织之、或自组织之;但须经县执行委员会之核准。区分部人数无定,但须在五人以上。

第六十三条　区分部作用,为党员间或党员与本党主要机关间之联络;但在只有区分部成立之地方,区分部可作为主要机关。其职务如下:

(甲)执行党之决议。

(乙)征求党费。

(丙)帮助区执行委员会进行党务。

(丁)分配本党宣传品。

(戊)收集党捐、分售本党印花、本党纪念相片、本党表记等。

(己)选派出席区大会、县大会之代表及初选省大会、全国大会之代表。

(庚)执行上级机关之命令。

第六十四条　区分部党员大会,至少两星期开会一次。

第六十五条　区分部须选举执行委员三人,组织区分部执行委员会,由执行委员会中互选常务委员一人,执行日常党务。每两星期须将其活动经过情形,报告区执行委员会一次。

第十章　任期

第六十六条　代表于会期终了时,其任务即为终了;但须向新代表之党部，报告大会之经过及结果。

第六十七条 中央执行委员、省执行委员、县执行委员、区执行委员任期定为一年；区分部执行委员任期定为六个月。

第六十八条 中央及各省各县监察委员任期定为一年。

第六十九条 各省、各区、各县执行委员人数，与各省、各县监察委员人数，由中央执行委员会规定之。

第七十条 党部执行委员、监察委员不得兼任其他党部执行委员、监察委员。

第十一章 纪律

第七十一条 凡党员须恪守纪律，入党后即须遵守党章，服从党义；其在本党执政地方及在军事时期，尤须严行遵守。党内各问题，各得自由讨论；但一经决议定后，即须一致进行。

（注意）本党为历史的使命而奋斗，我国领土之完全自由及和平，全赖本党奋斗之成功；欲求此次成功，必赖纪律之森严。党之成败，全系于此，望共勉之。

第七十二条 凡不执行本党决议者、破坏本党章程者、违反本党党义及党德者，须受以下处分：党内惩戒；或公开惩戒并在党报上详细登出原委；及暂时或永久开除党籍。已开除党籍之党员，不得在本党执政地方之政府机关服务。如地方全部有上述行动者，须受以下处分；

（甲）全部党员再行登记，分别去取。

（乙）全部解散，并在党报上登出源委。

第七十三条 凡党员个人或全部被弹劾时，须由该部监察委员会详细审查后，由该部执行委员会判决处分。对于执行委员会之处分，如认为不当时，得上控于上级执行委员会以及全国代表大会；但未得全国代表大会表示意见以前，此处分仍须执行。全国代表大会得判决个人或全部恢复党籍；但中央执行委员会尚未执行时，此判决仍不发生效力。

第十二章　经费

第七十四条　本党党费由党员所纳之党费、党之高级机关之补助及其他收入充之。

第七十五条　党费每月每人应缴银二角。党员遇失业、疾病等事故时，经在所属党部登记后，得免缴党费；但该部须将此情由，报告上级执行委员会。

第七十六条　党员未得允许而不缴纳党费至三个月者，即停止其党员资格。

第十三章　国民党党团

第七十七条　在秘密、公开或半公开之非党团体，如工会、俱乐部、会社、商会、学校、市议会、县议会、省议会、国议会之内，本党党员须组成国民党党团，在非党中扩大本党势力，并指挥其活动。

第七十八条　在非党团体中本党党团之行动，由中央执行委员会详细规定之。

第七十九条　党团须受所属党部执行委员会之指挥及管辖；例如省议会内之党团，受该省党部执行委员会之指挥及管辖；国议会内之党团，受中央执行委员会之指挥及管辖；俱乐部等团体内之党团，受该地党部执行委员会之指挥及管辖。

第八十条 执行委员会各党团间意见有不合时,须开联合会议解决之;不能解决时,得报告上级委员会决定;未得上级委员会决定时,党团须执行所属党部执行委员会之议决。

第八十一条 党团内党员个人得党团允许时,得于所在活动之团体内受职,并得调任他职。国会内党团之委员受委阁员时,必须先得所属党团及中央执行委员会之允许。

第八十二条 党团内须选举职员,组织干部,执行党务。

第八十三条 所在活动之团体一切议题,须本本党政策政略,先在党团内讨论,以决定对各问题应取之方法。所定方法,并在该团体议场上一致主张及表决。党团在所在活动之团体内,须有一致及严密之组织,各种意见,可在党团秘密会议中发表;但对外须有一致之意见行动;如违反时,即作为违反党之纪律,须受党之处分。

第八十四条 党员在议会者,须先自具向议会辞职书,贮在所属党部执行委员会处;如与党之纪律大有违反时,其辞职书即在党报上发表,并且须本人脱离该议会。

附 则

第八十五条 本章程解释之权在最高党部。

第八十六条 本章程由全国代表大会议决,及公布之日起,发生效力。

三民主义

（一九二四年一月至八月）

民族主义

自　序

自《建国方略》之《心理建设》、《物质建设》、《社会建设》三书出版之后，予乃从事于草作《国家建设》，以完成此帙。《国家建设》一书，较前三书为独大，内涵有《民族主义》、《民权主义》、《民生主义》、《五权宪法》、《地方政府》、《中央政府》、《外交政策》、《国防计划》八册。而《民族主义》一册已经脱稿，《民权主义》、《民生主义》二册亦草就大部。其他各册，于思想之线索、研究之门径亦大略规划就绪，俟有余暇，便可执笔直书，无待思索。方拟全书告竣，乃出而问世。不期十一年六月十六陈炯明叛变，炮击观音山，竟将数年心血所成之各种草稿，并备参考之西籍数百种，悉被毁去，殊可痛恨！

兹值国民党改组，同志决心从事攻心之奋斗，亟需三民主义之奥义、五权宪法之要旨为宣传之资，故于每星期演讲一次，由黄昌谷君笔记之，由邹鲁君读校之。今民族主义适已讲完，特先印单行本，以饷同志。惟此次演讲既无暇晷以预备，又无书籍为参考，只于登坛之后随意发言，较之前稿，遗忘实多。虽于付梓之先，复加删补，然于本题之精义与叙论之条理及印证之事实,都觉远不如前。尚望同志读者,本此基础,触类引伸,匡补阙遗,更正条理,使成为一完善之书,以作宣传之课本,则其造福于吾民族、吾国家诚无可限量也。
民国十三年三月三十日

孙文序于广州大本营
(大元帅章)(孙文之印)

第一讲
(一月二十七日)

诸君:

今天来同大家讲三民主义。什么是三民主义呢?用最简单的定义说,三民主义就是救国主义。什么是主义呢?主义就是一种思想、一种信仰和一种力量。大凡人类对于一件事,研究当中的道理,最先发生思想;思想贯通以后,便起信仰,有了信仰,就生出力量。所以主义是先由思想再到信仰,次由信仰生出力量,然后完全成立。何以说三民主义就是救国主义呢?因为三民主义系促进中国之国际地位平等、政治地位平等、经济地位平等,使中国永久适存于世界。所以说三民主义就是救国主义。三民主义既是救国主义,试问我们今日中国是不是应该要救呢?如果是认定应该要救,那么便应信仰三民主义。信仰三民主义便能发生出极大势力,这种极大势力便可以救中国。

今天先讲民族主义。这次国民党改组所用救国方法,是注重宣传,要对国人做普遍的宣传,最要的是演明主义。中国近十余年来,有思想的人对于三民主义都听惯了,但是要透彻了解他,许多人还做不到。所以今天先把民族主义来同大家详细的讲一讲。

什么是民族主义呢？按中国历史上社会习惯诸情形讲，我可以用一句简单话说，民族主义就是国族主义。中国人最崇拜的是家族主义和宗族主义，所以中国只有家族主义和宗族主义，没有国族主义。外国旁观的人说中国人是一片散沙，这个原因是在什么地方呢？就是因为一般人民只有家族主义和宗族主义，没有国族主义。中国人对于家族和宗族的团结力非常强大，往往因为保护宗族起见，宁肯牺牲身家性命。象广东两姓械斗，两族的人无论牺牲多少生命财产，总是不肯罢休，这都是因为宗族观念太深的缘故。因为这种主义深入人心，所以便能替他牺牲。至于说到对于国家，从没有一次具极大精神去牺牲的。所以中国人的团结力，只能及于宗族而止，还没有扩张到国族。

我说民族主义就是国族主义，在中国是适当的，在外国便不适当。外国人说民族和国家便有分别。英文中民族的名词是“哪逊”。“哪逊”这一个字有两种解释：一是民族，一是国家。这一个字虽然有两个意思，但是他的解释非常清楚，不容混乱。在中国文中，一个字有两个解释的很多。即如“社会”两个字，就有两个用法：一个是指一般人群而言，一个是指一种有组织之团体而言。本来民族与国家相互的关系很多，不容易分开，但是当中实在有一定界限，我们必须分开什么是国家，什么是民族。我说民族就是国族，何以在中国是适当，在外国便不适当呢？因为中国自秦汉而后，都是一个民族造成一个国家。外国有一个民族造成几个国家的，有一个国家之内有几个民族的。象英国是现在世界上顶强的国家，他们国内的民族是用白人为本位，结合棕人、黑人等民族，才成“大不列颠帝国”。所以在英国说民族就是国族，这一句话便不适当。再象香港，是英国的领土，其中的民族有几十万人是中国的汉人参加在内，如果说香港的英国国族就是民族，便不适当。又象印度，现在也是英国的领土，说到英国国族起来，当中便有三万万五千万印度人。如果说印度的英国国族就是民族，也是不适当。大家都知道英国的基本民族是盎格鲁撒逊人。但是盎格鲁撒逊人不只英国有这种民族，就是美国也有很多盎格鲁撒逊人。所以在外国便不能说民族就是国族。但民族和国家是有一定界限的,我们要把他来分别清楚有什么方法呢?最适当的方法,是民族和国家根本上是用什么力造成的。用中国的政治历史来证明,中国人说王道是顺乎自然,换一句话说,自然力便是王道。用王道造成的团体,便是民族。武力就是霸道,用霸道造成的团体,便是国家。象造成香港的原因,并不是几十万香港人欢迎英国人而成的,是英国人用武力割据得来的。因为从前中国和英国打仗,中国打败了,把香港人民和土地割归到英国,久而久之,才造成现在的香港。又象英国造成今日的印度,经过的情形也是同香港一样。英国现在的领土扩张到全世界,所以英国人有一句俗话说"英国无日落"。换一句话说,就是每日昼夜,日光所照之地,都有英国领土。譬如我们在东半球的人,由日出算起,最先照到纽丝兰[①]、澳洲、香港、星加坡,西斜照到锡兰、印度,再西到阿颠、马儿打[②],更西便照到本国。再轮到西半球,便有加拿大,而循环到香港、星加坡。故每日夜二十四点钟,日光所射之时,必有英国领土。象英国这样大的领土,没有一处不是用霸道造成的。自古及今,造成国家没有不是用霸道的。至于造成民族便不相同,完全是由于自然,毫不能加以勉强。象香港的几十万中国人,团结成一个民族,是自然而然的。无论英国用什么霸道,都是不能改变的。所以一个团体,由于王道自然力结合而成的是民族,由于霸道人为力结合而成的便是国家,这便是国家和民族的分别。

再讲民族的起源。世界人类本是一种动物,但和普通的飞禽走兽不同。人为万物之灵。人类的分别,第一级是人种,有白色、黑色、红色、黄色、棕色五种之分。更由种细分,便有许多族。象亚洲的民族,著名的有蒙古族、巫来族[③]、日本族、满族、汉族。造成这种

① 纽丝兰:今译新西兰,下同。
② 阿颠、马儿打:今译亚丁、马耳他。
③ 巫来族:今译马来族。

种民族的原因,概括的说是自然力,分析起来便很复杂。当中最大的力是“血统”。中国人黄色的原因,是由于根源黄色血统而成。祖先是什么血统,便永远遗传成一族的人民,所以血统的力是很大的。次大的力是“生活”。谋生的方法不同,所结成的民族也不同。象蒙古人逐水草而居,以游牧为生活,什么地方有水草,便游牧到甚么地方,移居到什么地方。由这种迁居的习惯,也可结合成一个民族。蒙古能够忽然强盛,就本于此。当蒙古族最强盛的时候,元朝的兵力,西边征服中央亚细亚、阿刺伯及欧洲之一部分,东边统一中国,几几乎征服日本,统一欧亚。其他民族最强盛的象汉族,当汉唐武力最大的时候,西边才到里海。象罗马民族武力最大的时候,东边才到黑海。从没有那一个民族的武力,能够及乎欧亚两洲,象元朝的蒙古民族那样强盛。蒙古民族之所以能够那样强盛的原因,是由于他们人民的生活是游牧,平日的习惯便有行路不怕远的长处。第三大的力是“语言”。如果外来民族得了我们的语言,便容易被我们感化,久而久之,遂同化成一个民族。再反过来,若是我们知道外国语言,也容易被外国人同化。如果人民的血统相同,语言也同,那么同化的效力便更容易。所以语言也是世界上造成民族很大的力。第四个力是“宗教”。大凡人类奉拜相同的神,或信仰相同的祖宗,也可结合成一个民族。宗教在造成民族的力量中,也很雄大。象阿刺伯和犹太两国已经亡了许久,但是阿刺伯人和犹太人至今还是存在。他们国家虽亡,而民族之所以能够存在的道理,就是因为各有各的宗教。大家都知道现在的犹太人散在各国的极多,世界上极有名的学问家象马克思,象爱因斯坦,都是犹太人。再象现在英美各国的资本势力,也是被犹太人操纵。犹太民族的天质是很聪明的,加以宗教之信仰,故虽流离迁徙于各国,犹能维持其民族于长久。阿刺伯人所以能够存在的道理,也是因为他们有谟罕墨德的宗教。其他信仰佛教极深的民族象印度,国家虽然亡到英国,种族还是永远不能消灭。第五个力是“风俗习惯”。如果人类中有一种特别相同的风俗习惯,久而久之,也可自行结合成一个民族。我们研究许多不相同的人种,所以能结合成种种相同民族的道理,自然不能不归功于血统、生活、语言、宗教和风俗习惯这五种力。这五种力,是天然进化而成的,不是用武力征服得来的。所以用这五种力和武力比较,便可以分别民族和国家。

我们鉴于古今民族生存的道理,要救中国,想中国民族永远存在,必要提倡民族主义。要提倡民族主义,必要先把这种主义完全了解,然后才能发挥光大,去救国家。就中国的民族说,总数是四万万人,当中参杂的不过是几百万蒙古人,百多万满洲人,几百万西藏人,百几十万回教之突厥人。外来的总数不过一千万人。所以就大多数说,四万万中国人可以说完全是汉人。同一血统、同一言语文字、同一宗教、同一习惯,完全是一个民族。我们这种民族,处现在世界上是什么地位呢?用世界上各民族的人数比较起来,我们人数最多,民族最大,文明教化有四千多年,也应该和欧美各国并驾齐驱。但是中国的人只有家族和宗族的团体,没有民族的精神,所以虽有四万万人结合成一个中国,实在是一片散沙,弄到今日,是世界上最贫弱的国家,处国际中最低下的地位。人为刀俎,我为鱼肉,我们的地位在此时最为危险。如果再不留心提倡民族主义,结合四万万人成一个坚固的民族,中国便有亡国灭种之忧。我们要挽救这种危亡,便要提倡民族主义,用民族精神来救国。

我们要提倡民族主义来挽救中国危亡,便先要知道我们民族的危险是在什么地方。要知道这种危险的情形,最好是拿中国人和列强的人民比较,那便更易清楚。欧战以前,世界上号称列强的有七八国,最大的有英国,最强的有德国、奥国、俄国,最富的有美国,新起的有日本和意大利。欧战以后,倒了三国,现在所剩的头等强国,只有英国、美国、法国、日本和意大利。英国、法国、俄国、美国都是以民族立国。英国发达,所用民族的本位是盎格鲁撒逊人,所用地方的本位是英格兰和威尔斯,人数只有三千八百万,可以叫做纯粹英国的民族。这种民族在现在世界上是最强盛的民族,所造成的国家是世界上最强盛的国家。推到百年以前,人数只有一千二百万,现在才有三千八百万，在此百年之内便加多三倍。

我们东方有个岛国，可以说是东方的英国，这个国家就是日本。日本国也是一个民族造成的，他们的民族叫做大和民族。自开国到现在，没有受过外力的吞并，虽然以元朝蒙古的强盛，还没有征服过他。他们现在的人口，除了高丽、台湾以外，是五千六百万。百年以前人口的确数，很难稽考，但以近来人口增加率之比例计算，当系增加三倍。故百年以前的日本人口，约计在二千万上下。这种大和民族的精神，至今还没有丧失。所以乘欧化东渐，在欧风美雨中，利用科学新法发展国家，维新五十年，便成现在亚洲最强盛的国家，和欧美各国并驾齐驱，欧美人不敢轻视。我们中国的人口比那一国都要多，至今被人轻视的原故，就是一则有民族主义，一则无民族主义。日本未维新之前，国势也是很衰微，所有的领土不过四川一省大，所有的人口不及四川一省多，也受过外国压制的耻辱。因为他们有民族主义的精神，所以便能发奋为雄，当中经过不及五十年，便由衰微的国家变成强盛的国家。我们要中国强盛，日本便是一个好模范。

用亚洲人和欧洲人比，从前以为世界上有聪明才智的只有白人，无论什么事都被白人垄断。我们亚洲人因为一时无法可以得到他们的长处，怎样把国家变成富强？所以对于要国家富强的心思，不但中国人失望，就是亚洲各民族的人都失望。到了近来忽然兴起一个日本，变成世界上头等富强的国家。因为日本能够富强，故亚洲各国便生出无穷的希望，觉得日本从前的国势也是和现在的安南、缅甸一样，现在的安南、缅甸便比不上日本。因为日本人能学欧洲，所以维新之后便赶上欧洲。当欧战停止之后，列强在华赛尔[①]讨论世界和平，日本的国际地位列在五大强国之一。提起关于亚洲的事情，列强都是听日本主持，惟日本马首是瞻。由此便可知，白人所能做的事，日本人也可以做。世界上的人种虽然有颜色不同，但是讲到聪明才智，便不能说有什么分别。亚洲今日因为有了强盛的日

---

① 华赛尔：今译凡尔赛，下同。

本,故世界上的白种人不但是不敢轻视日本人,并且不敢轻视亚洲人。所以日本强盛之后,不但是大和民族可以享头等民族的尊荣,就是其他亚洲人也可抬高国际的地位。从前以为欧洲人能够做的事,我们不能够做。现在日本人能够学欧洲,便知我们能够学日本。我们可以学到象日本,也可知将来可以学到象欧洲。

俄国在欧战的时候,发生革命,打破帝制,现在成了一个新国家,是社会主义的国家,和从前大不相同。他们的民族叫做斯拉夫,百年以前的人口是四千万,现在有一万万六千万,比从前加多四倍,国力也比从前加大四倍。近百年以来,俄国是世界上顶强的国家,不但是亚洲的日本、中国怕他侵入,就是欧洲的英国、德国也怕他侵入。他们在帝国时代,专持侵略政策,想扩张领土。现在俄国的疆土占欧洲一半,占亚洲也到一半,领土跨占欧亚两洲;他们这样大的领土,都是从侵略欧亚两洲而来。当日俄之战时,各国人都怕俄国侵略中国的领土;他们所以怕俄国侵占中国领土的原故,是恐怕中国被俄国侵占之后,又再去侵略世界各国,各国都要被俄国侵占。俄国人本有并吞世界的志气,所以世界各国便想法来抵制,英日联盟就是为抵制这项政策。日俄战后,日本把俄国赶出高丽、南满以外,遂推翻俄国侵略世界的政策,保持东亚的领土,世界上便生出一个大变化。自欧战以后,俄国人自己推翻帝国主义,把帝国主义的国家变成新社会主义的国家,世界上又生出一个更大的变化。这种变化,成功不过六年。他们在这六年之中,改组内部,把从前用武力的旧政策,改成用和平的新政策。这种新政策,不但是没有侵略各国的野心,并且抑强扶弱,主持公道。于是世界各国又来怕俄国,现在各国怕俄国的心理,比从前还要厉害。因为那种和平新政策,不但是打破俄国的帝国主义,并且是打破世界的帝国主义;不但是打破世界的帝国主义,并且打破世界的资本主义。因为现在各国表面上的政权,虽由政府作主,但是实在由资本家从中把持。俄国的新政策要打破这种把持,故世界上的资本家便大恐慌,所以世界上从此便生出一个很大的变动。因为这个大变动,此后世界上的潮流也随之改变。

就欧洲战争的历史说，从前常发生国际战争，最后的欧战是德、奥、土、布[①]诸同盟国和英、法、俄、日、意、美诸协商国两方战争，经过四年的大战，始筋疲力尽，双方停止。经过这次大战之后，世界上先知先觉的人，逆料将来欧洲没有烧点可以引起别种国际战争，所不能免的或者是一场人种的战争，象黄人和白人战争之例。但自俄国新变动发生之后，就我个人观察已往的大势，逆料将来的潮流，国际间大战是免不了的。但是那种战争，不是起于不同种之间，是起于同种之间，白种与白种分开来战，黄种同黄种分开来战。那种战争是阶级战争，是被压迫者和横暴者的战争，是公理和强权的战争。俄国革命以后，斯拉夫民族生出了什么思想呢？他们主张抑强扶弱，压富济贫，是专为世界上伸张公道打不平的。这种思想宣传到欧洲，各种弱小民族都很欢迎，现在最欢迎的是土耳其。土耳其在欧战之前，最贫最弱，不能振作，欧洲人都叫他做“近东病夫”，应该要消灭。到了欧战，加入德国方面，被协商国打败了，各国更想把他瓜分，土耳其几乎不能自存。后来俄国出来打不平，助他赶走希腊，修改一切不平等的条约。到了现在，土耳其虽然不能成世界上的头等强国，但是已经成了欧洲的二三等国。这是靠什么力量呢？是全靠俄国人的帮助。由此推论出来，将来的趋势，一定是无论那一个民族或那一个国家，只要被压迫的或委曲的，必联合一致，去抵抗强权。那些国家是被压迫的呢？当欧战前，英国、法国要打破德意志的帝国主义，俄国也加入他们一方面，后来不知道牺牲了多少生命财产，中途还要回师，宣布革命。这是什么原故呢？是因为俄国人受压迫太甚，所以要去革命，实行他们的社会主义，反抗强权。当时欧洲列强都反对这种主义，所以共同出兵去打他，幸而俄国有斯拉夫民族的精神，故终能打破列强。至今列强对于俄国，武力上不能

① 布：今译保，指保加利亚。

反对,便不承认他是国家,以为消极的抵制(现在英国已正式承认俄国)[1]。欧洲各国何以反对俄国的新主义呢?因为欧洲各国人是主张侵略,有强权,无公理。俄国的新主义,是主张以公理扑灭强权的。因为这种主张和列强相反,所以列强至今还想消灭他。俄国在没有革命之前,也主张有强权无公理,是一个很顽固的国家,现在便反对这项主张。各国因俄国反对这项主张,便一齐出兵去打俄国。因为这个原故,所以说以后战争是强权和公理的战争。今日德国是欧洲受压迫的国家;亚洲除日本以外,所有的弱小民族都是被强暴的压制,受种种痛苦,他们同病相怜,将来一定联合起来去抵抗强暴的国家。那些被压迫的国家联合,一定去和那些强暴的国家拚命一战。推到全世界,将来白人主张公理的和黄人主张公理的一定是联合起来,白人主张强权的和黄人主张强权的也一定是联合起来。有了这两种联合,便免不了一场大战,这便是世界将来战争之趋势。

德国在一百年前,人口有二千四百万,经过欧战之后,虽然减少了许多,但现在还有六千万。这一百年内增加了两倍半。他们的人民叫做条顿民族,这种民族和英国人相近,是很聪明的,所以他们的国家便很强盛。经过欧战以后,武力失败,自然要主张公理,不能主张强权。

美国人口,一百年前不过九百万,现在有一万万以上。他们的增加率极大,这百年之内加多十倍。他们这些增加的人口,多半是由欧洲移民而来,不是在本国生育的。欧洲各国的人民,因为近几十年来,欧洲地狭人稠,在本国没有生活,所以便搬到美国来谋生活。因为这个原故,美国人口便增加得非常快。各国人口的增加多是由于生育,美国人口的增加多是由于容纳。美国人的种族比那一国都要复杂,各洲各国的移民都有,到了美国之后就熔化起来,所谓合一炉而冶之,自成一种民族。这种民族,既不是原来的英国人、法国人、德国人,又不是意大利人和其他南欧洲人,另外是一种新民

---

① 英国宣布承认苏联是一九二四年二月一日,八月两国才正式建立外交关系。

族，可以叫做美利坚民族。美国因为有独立的民族，所以便成世界上独立的国家。

法国人是拉丁民族。拉丁民族散在欧洲的国家有西班牙、葡萄牙、意大利，移到美洲的国家有墨西哥、比鲁、芝利、哥仑比亚[①]、巴西、阿根廷和其他中美洲诸小国。因为南美洲诸国的民族都是拉丁人，所以美国人都把他们叫做拉丁美利坚。法国人口增加很慢，百年之前有三千万，现在有三千九百万，一百年内不过增加四分之一。

我们现在把世界人口的增加率，拿来比较一比较。近百年之内，在美国增加十倍，英国增加三倍，日本也是三倍，俄国是四倍，德国是两倍半，法国是四分之一。这百年之内人口增加许多的原故，是由科学昌明，医学发达，卫生的设备一年比一年完全，所以减少死亡，增加生育。他们人口有了这样增加的迅速，和中国有什么关系呢？用各国人口的增加数和中国的人口来比较，我觉得毛骨耸然！譬如美国人口百年前不过九百万，现在便有一万万多，再过一百年，仍然照旧增加，当有十万万多。中国人时常自夸，说我们人口多，不容易被人消灭。在元朝入主中国以后，蒙古民族不但不能消灭中国人，反被中国人同化。中国不但不亡，并且吸收蒙古人。满洲人征服中国，统治二百六十多年，满洲民族也没有消灭中国人，反为汉族所同化，变成汉人，象现在许多满人都加汉姓。因为这个原故，许多学者便以为纵让日本人或白人来征服中国，中国人只有吸收日本人或白种人的，中国人可以安心罢。殊不知百年之后，美国人口可加到十万万，多过我们人口两倍半。从前满洲人不能征服中国民族，是因为他们只有一百几十万人，和中国的人口比较起来，数目太少，当然被中国人吸收。如果美国人来征服中国，那么百年之后，十个美国人中只参杂四个中国人，中国人便要被美国人所同化。诸君知道，中国四万万人是什么时候调查得来的呢？是满清乾隆时候调查得来的。乾隆以后没有调查，自乾隆到现在将及二百年，还是四万

---

① 比鲁、艺利、哥仑比亚：今译秘鲁、智利、哥伦比亚。

万人。百年之前是四万万,百年之后当然也是四万万。法国因为人口太少,奖励生育,如果一个人生三子的便有奖,生四五子的便有大奖,如果生双胎的更格外有奖。男子到了三十岁不娶,和女子到了二十岁不嫁的,使有罚。还是法国奖励生育的方法。至于法国人口,并不减少,不过他们的增加率没有别国那一样大罢了。且法国以农业立国,国家富庶,人民家给户足,每日都讲究快乐。百年前有一个英国学者,叫做马尔赛斯①,他因为忧世界上的人口太多,供给的物产有限,主张减少人口。曾创立一种学说,谓:"人口增加是几何级数,物产增加是数学级数。"法国人因为讲究快乐,刚合他们的心理,便极欢迎马氏的学说,主张男子不负家累,女子不要生育。他们所用减少人口的方法,不但是用这种种自然方法,并且用许多人为的方法。法国在百年以前的人口比各国都要多,因为马尔赛斯的学说宣传到法国之后很被人欢迎,人民都实行减少人口。所以弄到今日,受人少的痛苦,都是因为中了马尔赛斯学说的毒。中国现在的新青年,也有被马尔赛斯学说所染,主张减少人口的。殊不知法国已经知道了减少人口的痛苦,现在施行新政策,是提倡增加人口,保存民族,想法国的民族和世界上的民族永久并存。

我们的人口到今日究竟有多少呢?增加的人数虽然不及英国、日本,但自乾隆时算起,至少也应该有五万万。从前有一位美国公使叫做乐克里耳,到中国各处调查,说中国的人口最多不过三万万。我们的人口到底有多少呢?在乾隆的时候已经有了四万万,若照美国公使的调查,则已减少四分之一。就说是现在还是四万万,以此类推,则百年之后恐怕仍是四万万。

日本人口现在有了六千万,百年之后,应该有二万万四千万。因为在本国不能生活,所以现在便向各国诉冤,说岛国人口太多,不能不向外发展。向东走到美国,加利佛尼亚省便闭门不纳;向南走到澳洲,英国人说:"澳洲是白色人的澳洲,别色人种不许侵人。"日

① 马尔赛斯:今译马尔萨斯,下同。

本人因为到处被人拒绝，所以便向各国说情，说日本人无路可走，所以不能不经营满洲、高丽。各国也明白日本人的意思，便容纳他们的要求，以为日本殖民到中国于他们本国没有关系。

一百年之后，全世界人口一定要增加好几倍。象德国、法国因为经过此次大战之后，死亡太多，想恢复战前状态，奖励人口生育，一定要增加两三倍。就现在全世界的土地与人口比较，已经有了人满之患。象这次欧洲大战，便有人说是"打太阳"的地位。因为欧洲列强多半近于寒带，所以起战争的原故，都是由于互争赤道和温带的土地，可以说是要争太阳之光。中国是全世界气候最温和的地方，物产顶丰富的地方，各国人所以一时不能来吞并的原因，是由他们的人口和中国的人口比较还是太少。到一百年以后，如果我们的人口不增加，他们的人口增加到很多，他们使用多数来征服少数，一定要并吞中国。到了那个时候，中国不但是失去主权，要亡国，中国人并且要被他们民族所消化，还要灭种。象从前蒙古、满洲征服中国，是用少数征服多数，想利用多数的中国人做他们的奴隶。如果列强将来征服中国，是用多数征服少数，他们便不要我们做奴隶，我们中国人到那个时候连奴隶也做不成了！

第二讲

（二月三日）

自古以来，民族之所以兴亡，是由于人口增减的原因很多，此为天然淘汰。人类因为遇到了天然淘汰力，不能抵抗，所以古时有很多的民族和很有名的民族，在现在人类中都已经绝迹了。我们中国的民族也很古，从有稽考以来的历史讲，已经有了四千多年。故推究我们的民族，自开始至今，至少必有五六千年。当中受过了许多天然力的影响，遗传到今日，天不但不来消灭我们，并且还要令我们繁盛,生长了四万万人。和世界的民族比较,我们还是最多最大的,是我们民族所受的天惠,比较别种民族独厚。故经过天时人事种种变更,自有历史四千多年以来,只见文明进步,不见民族衰微。代代相传,到了今天,还是世界最优秀的民族。所以一般乐观的人,以为中国民族,从前不知经过了多少灾害,至今都没有灭亡,以后无论经过若何灾害,是决不至灭亡的。这种论调,这种希望,依我看来,是不对的。因为就天然淘汰力说,我们民族或者可以生存,但是世界中的进化力,不止一种天然力,是天然力和人为力凑合而成。人为的力量,可以巧夺天工,所谓人事胜天。这种人为的力,最大的有两种,一种是政治力,一种是经济力,这两种力关系于民族兴亡,比较天然力还要大。我们民族处在今日世界潮流之中,不但是受这两种力的压迫,并且深中这两种力的祸害了。

中国几千年以来,受过了政治力的压迫以至于完全亡国,已有了两次,一次是元朝,一次是清朝。但是这两次亡国,都是亡于少数民族,不是亡于多数民族。那些少数民族,总被我们多数民族所同化。所以中国在政权上,虽然亡过了两次,但是民族还没有受过大损失。至于现在列强民族的情形,便和从前大不相同。一百年以来,列强人口增加到很多,上次已经比较过了。象英国、俄国的人口增加三四倍,美国增加十倍。照已往一百年内的增加,推测以后一百年的增加,我们民族在一百年以后,无论所受的天惠怎么样深厚,就很难和列强的民族并存于世界。比如美国的人口,百年前不过九百万,现在便有一万万以上,再过一百年就有十万万以上。英、德、俄、日的人口,都是要增加好几倍。由此推测,到百年之后,我们的人口便变成了少数,列强人口便变成了多数。那时候中国民族纵然没有政治力和经济力的压迫,单以天然进化力来推论,中国人口便可以灭亡。况且在一百年以后,我们不但是要受天然力的淘汰,并且要受政治力和经济力的压迫,此两种力比较天然力还要快而且烈。天然力虽然很慢,也可以消灭很大的民族。在百年前,有一个先例可以用来证明的,是南北美洲的红番民族。美洲在二三百年前完全为红番之地，他们的人数很多，到处皆有；但从白人搬到美洲之后，红番人口就逐渐减少，传到现在，几乎尽被消灭。由此便可见天然淘汰力，也可以消灭很大的民族。政治力和经济力比较天然淘汰力还要更快，更容易消灭很大的民族。此后中国民族如果单受天然力的淘汰，还可以支持一百年，如果兼受了政治力和经济力的压迫，就很难渡过十年。故在这十年之内，就是中国民族的生死关头。如果在这十年以内有方法可以解脱政治力和经济力的压迫，我们民族还可以和列强的民族并存。如果政治力和经济力的压迫，我们没有方法去解脱，我们的民族便要被列强的民族所消灭，纵使不至于全数灭亡，也要被天然力慢慢去淘汰。故此后中国的民族，同时受天然力、政治力和经济力的三种压迫，便见得中国民族生存的地位非常危险。

中国受欧美政治力的压迫，将及百年。百年以前，满人据有我们的国家，仍是很强盛的。当时英国灭了印度，不敢来灭中国，还恐中国去干涉印度。但是这百年以来，中国便失去许多领土。由最近推到从前，我们最近失去的领土是威海卫、旅顺、大连、青岛、九龙、广州湾。欧战以后，列强想把最近的领土送回，象最先送回的有青岛，最近将要送回的有威海卫，但这不过是中国很小的地方。从前列强的心理，以为中国永远不能振作，自己不能管理自己，所以把中国沿海的地方象大连、威海卫、九龙等处来占领，做一个根据地，以便瓜分中国。后来中国起了革命，列强知道中国还可以有为，所以才打消瓜分中国的念头。当列强想瓜分中国的时候，一般中国反革命的人，说革命足以召瓜分；不知后来革命的结果，不但不召列强瓜分，反打消列强要瓜分中国的念头。再推到前一点的失地，是高丽、台湾、澎湖。这些地方是因为日清之战才割到日本，中国因为日清一战，才引出列强要瓜分的论调。更前一点的失地，是缅甸、安南。安南之失，中国当时还稍有抵抗，镇南关一战，中国还获胜仗。后来因被法国恐吓，中国才和法国讲和，情愿把安南让与法国。但是刚在讲和之前几天，中国的军队正在镇南关、谅山大胜，法国几乎全军覆没;后来中国还是求和,法国人便以为很奇怪。尝有法国人对中国人说,“中国人做事真是不可思议,就各国的惯列,凡是战胜之国一定要表示战胜的尊荣,一定要战败的割地赔偿。你们中国战胜之日,反要割地求和,送安南到法国,定种种苛虐条件,这真是历史上战胜求和的先例。”中国之所以开这个先例的原因,是由于满清政府太糊涂。安南和缅甸本来都是中国的领土,自安南割去以后,同时英国占据缅甸,中国更不敢问了。又更拿前一点的失地说,就是黑龙江、乌苏里。又再推到前一点的失地,是伊犁流域。霍罕和黑龙江以北诸地,就是前日俄国远东政府所在的地方,中国都拱手送去外人,并不敢问。此外更有琉球、暹罗、蒲鲁尼、苏绿[1]、爪哇、锡兰、尼泊尔、布丹[2]等那些小国,从前都是来中国朝贡过的。故中国最强盛时代,领土是很大的。北至黑龙江以北,南至喜马拉雅山以南,东至东海以东,西至葱岭以西,都是中国的领土。尼泊尔到了民国元年,还到四川来进贡,元年以后,以西藏道路不通,便不再来了。象这样讲来,中国最强盛时候,政治力量也威震四邻,亚洲西南各国无不以称藩朝贡为荣。那时欧洲的帝国主义还没有侵入亚洲。当时亚洲之中,配讲帝国主义的只是中国。所以那些弱小国家,都怕中国,怕中国用政治力去压迫。至今亚洲各弱小民族,对于中国还是不大放心。这回我们国民党在广州开大会,蒙古派得有代表来,是看我们南方政府对外的主张是否仍旧用帝国主义。他们代表到了之后,看见我们大会中所定的政纲是扶持弱小民族,毫无帝国主义的意思,他们便很赞成,主张大家联络起来,成一个东方的大国。象这项要赞成我们主张的情形,不但是蒙古如此,就是其他弱小民族都是一样。现在欧洲列强,正用帝国主义和经济力量来压迫中国,所以中国的领土便逐渐缩小,就是十八行省以内也失了许多地方。

自中国革命以后,列强见得用政治力来瓜分中国是很不容易

---

① 蒲鲁尼、苏绿:今译婆罗洲、苏门答腊。

② 布丹:今译不丹。

的，以为从前满洲征服过了中国，我们也晓得革命，如果列强还再用政治力来征服中国，中国将来一定是要反抗，对于他们是很不利的。所以他们现在稍缓其政治力来征服我们，便改用经济力来压迫我们。他们以为不用政治力来瓜分中国，各国便可以免冲突。但是他们在中国的冲突虽然是免了，可是在欧洲的冲突到底还免不了。故由巴尔干半岛问题，便生出了欧洲大战。他们自己受了许多损失，许多强国象德国、奥国都倒下来了。但是他们的帝国主义，现在还没有改革，英国、法国、意大利仍旧把帝国主义继续进行。美国也抛弃"门罗主义"，去参加列强，一致行动。经过了欧战以后，他们在欧洲，或者把帝国主义一时停止进行；但是对于中国，象前几日各国派二十多只兵舰到广州来示威，还是用帝国主义的力量，来进行他们经济的力量。经济力的压迫，比较帝国主义、就是政治力的压迫还要厉害。政治力的压迫是容易看得见的，好比此次列强用二十多只兵船来示威，广州人民便立时觉得痛痒，大家生出公愤，就是全国人民也起公愤。故政治力的压迫，是容易觉得有痛痒的；但是受经济力的压迫，普通人都不容易生感觉，象中国已经受过了列强几十年经济力的压迫，大家至今还不大觉得痛痒。弄到中国各地都变成了列强的殖民地，全国人至今还只知道是列强的半殖民地。这半殖民地的名词，是自己安慰自己，其实中国所受过了列强经济力的压迫，不只是半殖民地，比较全殖民地还要厉害。比方高丽是日本的殖民地，安南是法国的殖民地；高丽人做日本的奴隶，安南人做法国的奴隶。我们动以"亡国奴"三字讥诮高丽人、安南人，我们只知道他们的地位，还不知道我们自己所处的地位实在比不上高丽人、安南人。由刚才所说的概括名义，中国是半殖民地，但是中国究竟是那一国的殖民地呢？是对于已经缔结了条约各国的殖民地，凡是和中国有条约的国家，都是中国的主人。所以中国不只做一国的殖民地，是做各国的殖民地；我们不只做一国的奴隶，是做各国的奴隶。比较起来，是做一国的奴隶好些呀，还是做各国的奴隶好些呢？如果做一国的奴隶，遇到了水旱天灾，做主人的国家，就要拨款来赈济。他们拨款赈济,以为这是自己做主人的义务,分内所当为的。做奴隶的人民,也视为这是主人应该要救济的。但是中国北方前几年受了天灾,各国不视为应该要尽的义务,拨款来赈济,只有在中国内地的各国人,来提倡捐助赈济灾民。中国人看见了,便说是各国很大的慈善。不是他们的义务,和主人的国家对于奴隶的人民,便差得很远。由此便可见中国还比不上安南、高丽。所以做一国的奴隶,比较做各国的奴隶的地位是高得多,讲到利益来又是大得多。故叫中国做半殖民地,是很不对的。依我定一个名词,应该叫做"次殖民地"。这个"次"字,是由于化学名词中得来的,如次亚磷便是。药品中有属磷质而低一等者名为亚磷,更低一等者名为次亚磷。又如各部官制,总长之下低一级的,就叫做次长一样。中国人从前只知道是半殖民地,便以为很耻辱,殊不知实在的地位还要低过高丽、安南。故我们不能说是半殖民地,应该要叫做次殖民地。

此次广东和外国争关余,关税余款本该是我们的,为什么要争呢?因为中国的海关被各国拿去了。我们从前并不知道有海关,总是闭关自守,后来英国到中国来叩关,要和中国通商,中国便闭关拒绝。英国用帝国主义和经济力量联合起来,把中国的关打开,破了中国的门户。当时英国军队已经占了广州,后来见广州站不住,就不要广州,去要香港,并且又要赔款。中国在那个时候,没有许多现钱来做赔款,就把海关押到英国,让他们去收税。当时满清政府计算,以为很长久的时间才可以还清,不料英国人得了海关,自己收税,不到数年便把要求的赔款还清了。清朝皇帝才知道清朝的官吏很腐败,从前经理征收关税有中饱的大毛病,所以就把全国海关都交给英国人管理,税务司也尽派英国人去充当。后来各国因为都有商务的关系,便和英国人争管海关的权利,英国人于是退让,依各国商务之大小为用人之比例。所以弄到现在,全国海关都在外人的手内。中国同外国每立一回条约,就多一回损失,条约中的权利总是不平等,故海关税则都是由外国所定,中国不能自由更改。中国的关税,中国人不能自收自用,所以我们便要争。

现在各国对于外来经济力的压迫,又是怎样对待呢?各国平时对于外国经济力的侵入,都是用海关作武器,来保护本国经济的发展。好比在海口上防止外来军队的侵入,便要筑炮台一样。所以,保护税法就是用关税去抵制外货,本国的工业才可以发达。象美国自白人灭了红番以后,和欧洲各国通商,当时美国是农业国,欧洲各国多是工业国,以农业国和工业国通商,自然是工业国占胜利,故美国就创出保护税法,来保护本国的工商业。保护税法的用意,是将别国的入口货特别加以重税,如进口货物值一百元的,海关便抽税一百元或八十元,各国通例都是五六十元。抽这样重的税,便可以令别国货物的价贵,在本国不能销行;本国货物无税,因之价平,便可以畅销。我们中国现在怎么样的情形呢?中国没有和外国通商以前,人民所用货物,都是自己用手工制造,古人说"男耕女织",便可见农业和纺织工业是中国所固有的。后来外国货物进口,因为海关税轻,所以外来的洋布价贱,本地的土布价贵,一般人民便爱穿洋布,不穿土布,因之土布工业就被洋布打灭了。本国的手工工业便从此失败,人民无职业,便变成了许多游民。这就是外国经济力压迫的情形。现在中国虽然仍有手工织布,但是原料还要用洋纱。近来渐有用本国棉花和外国机器来纺纱织布的。象上海有很多的大纱厂、大布厂,用这些布厂纱厂本来逐渐可抵制洋货,但是因为海关还在外国人手中,他们对于我们的土布还要抽重税,不但海关要抽重税,进到内地各处还要抽厘金。所以中国不独没有保护税法,并且是加重土货的税去保护洋货。当欧战时,各国不能制造货物输入中国,所以上海的纱厂布厂一时是很发达的,由此所得的利益便极大,对本分利,资本家极多。但欧战以后,各国货物充斥中国,上海的纱厂布厂,从前所谓赚钱的,至今都变成亏本了,土货都被洋货打败了。中国关税不特不来保护自己,并且要去保外人,好比自己挖了战壕,自己不但不能用去打敌人,并且反被敌人用来打自己。所以政治力的压迫是有形的,最愚蠢的人也容易看见的;经济力的压迫是无形的,一般人都不容易看见,自己并且还要加重力量来压迫自己。所以中国自通商以后,出入口货物之比较,有江河日下之势。前十年调查中国出入口货物,相差不过二万万元。近来检查海关报告表,一九二一年进口货超过出口货是五万万元,比较十年前已加多两倍半。若照此推算,十年后也加多两倍半,那么进口货超过出口货便要到十二万万五千万。换一句话说,就是十年之后,中国单贸易一项,每一年要进贡到外国的是十二万万五千万元。汝看这个漏卮是大不大呢!

经济力的压迫,除了海关税以外还有外国银行。现在中国人的心理,对于本国银行都不信用,对于外国银行便非常信用。好比此刻在我们广东的外国银行便极有信用,中国银行毫无信用。从前我们广东省立银行发出纸币,尚可通用,此刻那种纸币毫不能用,我们现在只用现银。从前中国纸币的信用不及外国纸币,现在中国的现银仍不及外国银行的纸币。现在外国银行的纸币,销行于广东的总数当有几千万,一般人民都情愿收藏外国纸币,不情愿收藏中国现银。推之上海、天津、汉口各通商口岸,都是一样。推究此中原因,就是因为中了经济压迫的毒。我们平常都以为外国人很有钱,不知道他们是用纸来换我们的货物,他们本来没有几多钱,好多都是我们送到他们的一样。外国人现在所用的钱,不过印出几千万纸,我们信用他,他们便有了几千万钱。那些外国银行的纸币,每印一元只费几文钱印成的纸,他的价值便称是一元或十元或一百元,所以外国人不过是用最少之价值去印几千万元的纸,用那几千万元的纸便来换我们几千万块钱的货物。诸君试想这种损失是大不大呢?为什么他们能够多印纸,我们不能够照样去印呢?因为普通人都中了外国经济压迫的毒,只信用外国,不信用自己,所以我们印的纸便不能通行。

外国纸币之外,还有汇兑。我们中国人在各通商口岸汇兑钱,也是信用外国银行,把中国的钱都交外国银行汇兑。外国银行代中国人汇兑,除汇钱的时候赚千分之五的汇水以外,并强赚两地的钱价,在交钱的时候又赚当地银元合银两的折扣。象这样钱价折扣的损失，在汇钱和交钱的两处地方总算起来，必须过百分之二三。象由广东外国银行汇一万块钱到上海，外国银行除了赚五十元汇水以外，另外由毫银算成上海规元银的钱价，他们必定把广东毫银的价格算低，把上海规元银的价格抬高，由他们自由计算，最少必要赚一二百元。到了上海交钱的时候，他们不交规元银，只肯交大洋钱，他们用规元银折成大洋钱，必压低银两的市价抬高洋钱的市价，至少又要赚一二百元。故上海、广州两地之间，汇兑一万块钱，每次至少要损失二三百元。所以用一万块钱在上海、广州两地之间汇来汇去，最多不过三十余次，便完全化为乌有。人民所以要受这些损失的原因，是因为中了外国经济压迫的毒。

外国银行在中国的势力，除了发行纸币和汇兑以外，还有存款。中国人有了钱，要存到银行内。不问中国银行的资本是大是小，每年利息是多是少，只要知道是中国人办的，便怕不安全，便不敢去存款。不问外国银行是有信用没有信用，他们所给的利息是多是少，只要听到说是外国人办的，有了洋招牌，便吃了定心丸，觉得极安全，有钱便送进去；就是利息极少，也是很满意。最奇怪的是辛亥年武昌起义以后，一般满清皇室和满清官僚怕革命党到了，要把他们的财产充公，于是把所有的金银财宝都存到各处外国银行，就是没有利息，只要外国人收存，便心满意足。甚至象清兵和革命军在武汉打仗，打败了的那几日，北京东交民巷的外国银行所收满人寄存的金银财宝不计其数，至弄到北京所有的外国银行都有钱满之患，无余地可以再存；于是后来存款的，外国银行对于存款人不但不出息钱，反要向存款人取租钱，存款人只要外国银行收存款，说到租钱，外国银行要若干便给若干。当时调查全国的外国银行所收中国人的存款，总计一二十万万。从此以后，中国人虽然取回了若干，但是十几年以来，一般军阀官僚象冯国璋、王占元、李纯、曹锟到处搜括，所发的横财，每人动辄是几千万，他们因为想那些横财很安全，供子子孙孙万世之用，也是存入外国银行。所以至今外国银行所收中国人存款的总数，和辛亥年的总数还是没有什么大加减。外国银行收了这一二十万万存款,每年付到存款人的利息是很少的,最多不过四五厘。外国银行有了这一二十万万钱,又转借到中国小商家,每年收到借款人的利息是很多的,最少也有七八厘,甚至一分以上。因此外国银行只任经理之劳,专用中国人的资本来赚中国人的利息,每年总要在数千万。这是中国人因为要存款到外国银行,无形中所受的损失。普通人要把钱存到外国银行内的心理,以为中国银行不安全,外国银行很安全,把款存进去,不怕他们闭倒。试问现在的中法银行停止营业,把中国人的存款没有归还,中法银行是不是外国银行呢?外国银行的存款是不是安全呢?外国银行既是不安全,为什么我们中国人还是甘心情愿,要把中国的钱存到外国银行,每年要损失这样大的利息呢?推究这个原因,也是中了外国经济压迫的毒。外国银行一项,在中国所获之利,统合纸票、汇兑、存款三种算之,当在一万万元左右。

外国银行之外,还有运费。中国货物运去外国固然是要靠洋船,就是运往汉口、长沙、广州各内地,也是靠洋船的多。日本的航业近来固然是很发达,但是日本最先的时候只有一个日本邮船会社,后来才有东洋汽船会社、大阪商船会社、日清汽船公司航行于中国内地,航行于全世界。日本航业之所以那样发达,是因为他们政府有津贴来补助,又用政治力特别维持。在中国看起来,国家去津贴商船,有甚么利益呢?不知日本是要和各国的经济势力相竞争,所以在水上交通一方面也和各国缔结条约,订出运货的运费,每吨有一定的价钱。比方由欧洲运货到亚洲,是先到上海,再到长崎、横滨。由欧洲到上海,比较由欧洲到长崎、横滨的路程是近得多的。但是由欧洲运货到长崎、横滨,每吨的运费,各船公司定得很平,至于由欧洲运货到上海的运费,中国无航业与他抵抗,各船公司定得很贵;故由欧洲运货到长崎、横滨,比较由欧洲运货到上海,每吨的运费还要便宜。因此,欧洲货物在日本出卖的市价,还要比在上海的平。反过来,如果中国货物由上海运去欧洲,也是比由长崎、横滨运去欧洲所费的运费贵得多。若是中国有值一万万块钱的货物运往欧洲，中国因为运费的缘故，就要加多一千万。照此计算，就是一万万之中要损失一千万，中国出入口货物的价值每年已至十余万万以上，此十余万万中，所损失也当不下一万万元了。

此外还有租界与割地的赋税、地租、地价三项，数目亦实在不少。譬如香港、台湾、上海、天津、大连、汉口那些租界及割地内的中国人，每年纳到外国人的赋税，至少要在二万万以上。象从前台湾纳到日本人的税，每年只有二千万，现在加到一万万。香港从前纳到英国人的税，每年只有几百万，现在加到三千万。以后当然照此例更行增加。其地租一项，则有中国人所收者，有外国人所收者，各得几何，未曾切实调查，不得而知，然总以外国人所收为多，则不待问了。这地租之数，总比之地税十倍。至于地价又年年增加，外人既握经济之权，自然是多财善贾，把租界之地平买贵卖。故此赋税、地租、地价三项之款，中国人之受亏每年亦当不下四五万万元。

又在中国境内外人之团体及个人营业，恃其条约之特权来侵夺我们利权的，更难以数计。单就南满铁路一个公司说，每年所赚纯利已达五千余万。其他各国人之种种营业，统而推之，当在万万以上。

更有一桩之损失，即是投机事业。租界之外人，每利用中国人之贪婪弱点，日日有小投机，数年一次大投机，尽量激发中国人之赌性热狂。如树胶的投机，马克的投机，每次之结果，则中国人之亏累至少都有数千万元。而天天之小投机事业，积少成多，更不知其数了。象这样的损失，每年亦当数千万元。

至于战败的赔款，甲午赔于日本者二万万五千万两，庚子赔于各国者九万万两，是属于政治上武力压迫的范围，当不能与经济压迫同论，且是一时的，不是永久的，尚属小事了。其他尚有藩属之损失、侨民之损失，更不知其几何矣。这样看来，此种经济的压迫，真是厉害得很了。

统共算起来：其一，洋货之侵入，每年夺我权利的五万万元；其二，银行之纸票侵入我市场，与汇兑之扣折、存款之转借等事，夺我利权者或至一万万元；其三，出入口货物运费之增加，夺我利权者约数千万至一万万元；其四，租界与割地之赋税、地租、地价三桩，夺我利权者总在四五万万元；其五，特权营业一万万元；其六，投机事业及其他种种之剥夺者当在几千万元。这六项之经济压迫，令我们所受的损失总共不下十二万万元。此每年十二万万元之大损失，如果无法挽救，以后只有年年加多，断没有自然减少之理。所以今日中国已经到了民穷财尽之地位了，若不挽救，必至受经济之压迫至于国亡种灭而后已！

当中国强盛时代，每要列邦年年进贡，岁岁来朝。而列邦的贡品，每年所值，大约也不过百数十万元，我们便以为非常的荣耀了。到了宋朝中国衰弱的时候，反要向金人进贡，而纳于金人的贡品每年大约也不过百数十万元，我们便以为奇耻大辱。我们现在要进贡到外国每年有十二万万元，一年十二万万，十年就一百二十万万，这种经济力的压迫，这样大的进贡，是我们梦想不到的，不容易看见的，所以大家还不觉得是大耻辱。如果我们没有这样大的进贡，每年有十二万万一宗大款，那么，我们应该做多少事业呢？我们的社会要如何进步呢？因为有了这种经济力的压迫，每年要受这样大的损失，故中国的社会事业都不能发达，普通人民的生机也没有了。专就这一种压迫讲，比用几百万兵来杀我们还要厉害。况且外国背后更拿帝国主义来实行他们经济的压迫，中国人民的生机自然日蹙，游民自然日多，国势自然日衰了！

中国近来一百年以内，已经受了人口问题的压迫。中国人口总是不加多，外国人口总是日日加多。现在又受政治力和经济力一齐来压迫。我们同时受这三种力的压迫，如果再没有办法，无论中国领土是怎么样大，人口是怎么样多，百年之后一定是要亡国灭种的。我们四万万人的地位是不能万古长存的。试看美洲的红番，从前到处皆有，现在便要全数灭亡。所以我们晓得政治压迫的厉害，还要晓得经济的压迫更厉害。不能说我们有四万万人，就不容易被人消灭。因为中国几千年以来，从没有受过这三个力量一齐来压迫的。

故为中国民族的前途设想,就应该要设一个什么方法,去打消这三个力量。

第三讲

(二月十日)

民族主义这个东西,是国家图发达和种族图生存的宝贝。中国到今日已经失去了这个宝贝。为什么中国失去了这个宝贝呢?我在今天所讲的大意,就是把中国为什么失去了民族主义的原故来推求,并且研究我们中国的民族主义是否真正失去。

依我的观察,中国的民族主义是已经失去了,这是很明白的,并且不只失去了一天,已经失去了几百年。试看我们革命以前,所有反对革命很厉害的言论,都是反对民族主义的。再推想到几百年前,中国的民族思想完全没有了。在这几百年中,中国的书里头简直是看不出民族主义来,只看见对于满洲的歌功颂德。什么"深仁厚泽",什么"食毛践土",从没有人敢说满洲是什么东西。近年革命思想发生之后,还有许多自命为中国学士文人的,天天来替满洲说话。譬如从前在东京办《民报》时代,我们提倡民族主义,那时候驳我们民族主义的人,便说满洲种族入主中华,我们不算是亡国:因为满洲受过了明朝龙虎将军的封号,满洲来推翻明朝,不过是历代朝廷相传的接替,可说是易朝,不是亡国。然则从前做过中国税务司的英国人赫德,他也曾受过了中国户部尚书的官衔,比如赫德来灭中国,做中国的皇帝,我们可不可以说中国不是亡国呢?这些人不独是用口头去拥护满洲,还要结合一个团体叫做保皇党,专保护大清皇帝,来消灭汉人的民族思想的。所有保皇党的人,都不是满洲人,完全是汉人。欢迎保皇党的人,多是海外华侨。后遇革命思想盛行之时,那些华侨才渐渐变更宗旨,来赞成革命。华侨在海外的会党极多，有洪门三合会，即致公堂。他们原来的宗旨，本是反清复明，抱有种族主义的；因为保皇主义流行到海外以后，他们就归化保皇党，专想保护大清皇室的安全。故由有种族主义的会党，反变成了去保护满洲皇帝。把这一件事看来，便可证明中国的民族主义完全亡了。

我们讲到会党，便要知道会党的起源。会党在满清康熙时候最盛。自顺治打破了明朝，入主中国，明朝的忠臣义士在各处起来抵抗，到了康熙初年还有抵抗的。所以中国在那个时候，还没有完全被满洲征服。康熙末年以后，明朝遗民逐渐消灭，当中一派是富有民族思想的人，觉得大事去矣，再没有能力可以和满洲抵抗，就观察社会情形，想出方法来结合会党。他们的眼光是很远大的，思想是很透澈的，观察社会情形也是很清楚的。他们刚才结合成种种会党的时候，康熙就开"博学鸿词科"，把明朝有知识学问的人几乎都网罗到满洲政府之下。那些有思想的人，知道了不能专靠文人去维持民族主义，便对于下流社会和江湖上无家可归的人，收罗起来，结成团体，把民族主义放到那种团体内去生存。这种团体的分子，因为是社会上最低下的人，他们的行动很鄙陋，便令人看不起，又用文人所不讲的言语，去宣传他们的主义，便令人不大注意。所以那些明朝遗老实在有真知灼见。至于他们所以要这样保存民族主义的意思，好比在太平时候，富人的宝贝自然要藏在很贵重的铁箱里头。到了遇着强盗入室的时候，主人恐怕强盗先要开贵重的铁箱，当然要把宝贝藏在令人不注意的地方；如果遇到极危急的时候，或者要投入极污秽之中，也未可知。故当时明朝遗老，想保存中国的宝贝，便不得不把他藏在很鄙陋的下流社会中。所以满洲二百多年以来，无论是怎样专制，因为是有这些会党口头的遗传，还可以保存中国的民族主义。当日洪门会中要反清复明，为什么不把他们的主义保存在知识阶级里头呢？为什么不做文章来流传，如太史公所谓"藏之名山，传之其人"呢？因为当时明朝的遗老看见满洲开博学鸿词科，一时有知识有学问的人差不多都被收罗去了，便知道那些有知识阶级的靠不住，不能“藏之名山，传之其人”。所以，要在下流社会中藏起来，便去结合那些会党。在会党里头，他们的结纳是很容易、很利便的。他们结合起来，在满洲专制之下保存民族主义，是不拿文字来传，拿口头来传的。所以我们今天要把会党源源本本讲起来，很为困难。因为他们只有口头传下来的片段故事，就是当时有文字传下来，到了乾隆时候也被销毁了。在康熙、雍正时候，明朝遗民排满之风还是很盛。所以康熙、雍正时候便出了多少书，如《大义觉迷录》等，说汉人不应该反对满洲人来做皇帝。他所持的理由，是说舜是东夷之人，文王是西夷之人，满洲人虽是夷狄之人，还可以来做中国的皇帝。由此便可见康熙、雍正还自认为满洲人，还忠厚一点。到了乾隆时代，连满汉两个字都不准人提起了，把史书都要改过，凡是当中关于宋元历史的关系和明清历史的关系，都通通删去。所有关于记载满洲、匈奴、鞑靼的书，一概定为禁书，通通把他消灭，不准人藏，不准人看。因为当时违禁的书，兴过了好几回文字狱之后，中国的民族思想保存在文字里头的，便完全消灭了。

到了清朝中叶以后，会党中有民族思想的，只有洪门会党。当洪秀全起义之时，洪门会党多来相应，民族主义就复兴起来。须注意：洪门不是由洪秀全而得此称；当是由朱洪武或由朱洪祝（康熙时有人奉朱洪祝起义）而得此称谓，亦未可定。洪秀全失败以后，民族主义更流传到军队，流传到游民。那时的军队如湘军、淮军多属会党，即如今日青帮、红帮等名目，也是由军队流传而来。明朝遗老宣传民族主义到下流社会里头，但是下流社会的知识太幼稚，不知道自己来利用这种主义，反为人所利用。比方在洪秀全时代，反清复明的思想已经传到了军队里头，但因洪门子弟不能利用他们，故他们仍然是清兵。又有一段故事，也可以引来证明。当时左宗棠带兵去征新疆，由汉口起程到西安，带了许多湘军、淮军，经过长江。那时会党散在珠江流域的叫做三合会，散在长江的叫做哥老会。哥老会的头目，叫做“大龙头”。有一位大龙头在长江下游犯了法，逃到汉口。那时清朝的驿站通消息固然很快，但是哥老会的马头通消息更快。左宗棠在途上,有一天忽然看见他的军队自己移动集中起来,排起十几里的长队,便觉得非常诧异。不久接到一件两江总督的文书,说有一个很著名的匪首,由汉口逃往西安,请他拿办。左宗棠当时无从拿办,只算是官样文章,把这件事搁起来。后来看见他的军队移动得更厉害,排的队更长,个个兵士都说去欢迎大龙头,他还莫名其妙。后来知道了兵士要去欢迎的大龙头,就是两江总督要他拿办的匪首,他便慌起来了。当时问他的幕客某人说:"什么是哥老会呢?哥老会的大龙头和这个匪首有什么关系呢?"幕客便说:"我们军中自兵士以至将官,都是哥老会。那位拿办的大龙头,就是我们军中哥老会的首领。"左宗棠说:"如果是这样,我们的军队怎样可以维持呢?"幕客说:"如果要维持这些军队,便要请大帅也去做大龙头。大帅如果不肯做大龙头,我们便不能出新疆。"左宗棠想不到别的方法,又要利用那些军队,所以便赞成幕客的主张,也去开山堂做起大龙头来,把那些会党都收为部下。由此便可见左宗棠后来能够平定新疆,并不是利用清朝的威风,还是利用明朝遗老的主义。中国的民族主义,自清初以来保存了很久。从左宗棠做了大龙头之后,他知道其中的详情,就把马头破坏了,会党的各机关都消灭了。所以到我们革命的时候,便无机关可用。这个洪门会党都被人利用了,所以中国的民族主义,真是老早亡了。

中国的民族主义既亡,今天就把亡的原因拿来说一说。此中原因是很多的。尤其以被异族征服的原因为最大。凡是一种民族征服别种民族,自然不准别种民族有独立的思想。好比高丽被日本征服了,日本现在就要改变高丽人的思想,所有高丽学校里的教科书,凡是关于民族思想的话都要删去;由此三十年后,高丽的儿童便不知有高丽了,便不知自己是高丽人了。从前满洲对待我们也是一样。所以民族主义灭亡的头一个原因,就是我们被异族征服。征服的民族,要把被征服的民族所有宝贝,都要完全消灭。满洲人知道这个道路,从前用过了很好的手段,康熙时候兴过了文字狱,但是康熙还不如乾隆狡猾,要把汉人的民族思想完全消灭。康熙说他是天生来做中国皇帝的，劝人不可逆天；到了乾隆便更狡猾，就把满汉的界限完全消灭。所以自乾隆以后，知识阶级的人多半不知有民族思想，只有传到下流社会。但是下流社会虽然知道要杀鞑子，只知道当然，不知道所以然。所以中国的民族思想便消灭了几百年，这种消灭是由于满洲人的方法好。

中国民族主义之所以消灭，本来因为是亡国，因为被外国人征服。但是世界上民族之被人征服的，不只中国人，犹太人也是亡国。犹太人在耶稣未生之前，已经被人征服了。及耶稣传教的时候，他的门徒当他是革命，把耶稣当作革命的首领，所以当时称他为犹太人之王。耶稣门徒的父母，曾有对耶稣说："若是我主成功，我的大儿子便坐在主的左边，二儿子便坐在主的右边。"俨然以中国所谓左右丞相来相比拟。所以犹太人亡了国之后，耶稣的门徒以为耶稣是革命。当时耶稣传教，或者是含有政治革命也未可知，但是他的十二位门徒中，就有一个以为耶稣的政治革命已经失败了，就去卖他的老师。不知耶稣的革命，是宗教革命，所以称其国为天国。故自耶稣以后，犹太的国虽然灭亡，犹太的民族至今还在。又象印度也是亡国，但是他们的民族思想，就不象中国的民族思想一样，一被外国的武力压服了，民族思想便随之消灭。再象波兰从前也亡国百多年，但是波兰的民族思想永远存在，所以到欧战之后，他们就把旧国家恢复起来，至今成了欧洲的二三等国。象这样讲来，中国和犹太、印度、波兰比较，都是一样的亡国，何以外国亡国，民族主义不至于亡，为什么中国经过了两度亡国，民族思想就灭亡了呢？这是很奇怪的，研究当中的道理是很有趣味的。

中国在没有亡国以前，是很文明的民族，很强盛的国家，所以常自称为"堂堂大国"，声名"文物之邦"，其他各国都是"蛮夷"。以为中国是居世界之中，所以叫自己的国家做"中国"，自称"大一统"。所谓"天无二日，民无二王"，所谓"万国衣冠拜冕旒"，这都是由于中国在没有亡国以前，已渐由民族主义而进于世界主义。所以历代总是用帝国主义去征服别种民族，象汉朝的张博望、班定远灭过了三十多国,好象英国印度公司的经理卡来呼把印度的几十国都收服了一样。中国几千年以来总是实行“平天下”的主义,把亚洲的各小国完全征服了。但是中国征服别国,不是象现在的欧洲人专用野蛮手段,而多用和平手段去感化人,所谓“王道”,常用王道去收服各弱小民族。由此推寻,便可以得到我们民族思想之所以灭亡的道理出来。从什么方面知道别的种族如犹太亡了国二千年,他们的民族主义还是存在;我们中国亡国只有三百多年,就把民族主义完全亡了呢?考察此中原因,好象考察人受了病一样。一个人不论是受了什么病,不是先天不足,就是在未受病之前身体早起了不健康的原因。中国在没有亡国以前,已经有了受病的根源,所以一遇到被人征服,民族思想就消灭了。这种病的根源,就是在中国几千年以来都是帝国主义的国家。

如现在的英国和没有革命以前的俄国,都是世界上顶强盛的国家;到了现在,英国的帝国主义还是很发达。我们中国从前的帝国主义,或者还要驾乎英国之上。英俄两国现在生出了一个新思想,这个思想是有知识的学者提倡出来的,这是什么思想呢?是反对民族主义的思想。这种思想说民族主义是狭隘的,不是宽大的;简直的说,就是世界主义。现在的英国和以前的俄国、德国,与及中国现在提倡新文化的新青年,都赞成这种主义,反对民族主义。我常听见许多新青年说,国民党的三民主义不合现在世界的新潮流,现在世界上最新最好的主义是世界主义。究竟世界主义是好是不好呢?如果这个主义是好的,为甚么中国一经亡国,民族主义就要消灭呢?世界主义,就是中国二千多年以前所讲的天下主义。我们现在研究这个主义,他到底是好不好呢?照理论上讲,不能说是不好。从前中国知识阶级的人,因为有了世界主义的思想,所以满清入关,全国就亡。康熙就是讲世界主义的人,他说:舜,东夷之人也;文王,西夷之人也,东西夷狄之人都可以来中国做皇帝,就是中国不分夷狄华夏。不分夷狄华夏,就是世界主义。大凡一种思想,不能说是好不好,只看他是合我们用不合我们用。如果合我们用便是好,不合我们用便是不好;合乎全世界的用途便是好,不合乎全世界的用途便是不好。世界上的国家,拿帝国主义把人征服了,要想保全他的特殊地位,做全世界的主人翁,便是提倡世界主义,要全世界都服从。中国从前也想做全世界的主人翁,总想站在万国之上,故主张世界主义。因为普通社会有了这种主义,故满清入关便无人抵抗,以致亡国。当满清入关的时候,人数是很少的,总数不过十万人。拿十万人怎么能够征服数万万人呢?因为那时候,中国大多数人很提倡世界主义,不讲民族主义,无论什么人来做中国皇帝都是欢迎的。所以史可法虽然想反对满人,但是赞成他的人数太少,还是不能抵抗满人。因全国的人都欢迎满人,所以满人使得做中国安稳皇帝。当那个时候,汉人不但是欢迎满人,并且要投入旗下,归化于满人,所以有所谓"汉军旗"。

现在世界上顶强盛的国家,是英国、美国。世界上不只一个强国,有几个强国,所谓列强。但是列强的思想性质,至今还没有改变。将来英国、美国或者能够打破列强成为独强。到那个时候,中国或者被英国征服。中国的民族变成英国民族,我们是好是不好呢?如果中国人入英国籍或美国籍,帮助英国或美国来打破中国,便说我们是服从世界主义,试问我们自己的良心是安不安呢?如果我们的良心不安,便是因为有了民族主义。民族主义能够令我们的良心不安,所以民族主义就是人类图生存的宝贝。好比读书的人,是拿什么东西来谋生呢?是拿手中的笔来谋生的。笔是读书人谋生的工具,民族主义便是人类生存的工具。如果民族主义不能存在,到了世界主义发达之后,我们就不能生存,就要被人淘汰。中国古时说"窜三苗于三危",汉人把他们驱逐到云南、贵州的边境,现在几几乎要灭种,不能生存。说到这些三苗,也是中国当日原有的土民。我们中国民族的将来情形,恐怕也要象三苗一样。

讲到中国民族的来源,有人说百姓民族是由西方来的,过葱岭到天山,经新疆以至于黄河流域。照中国文化的发祥地说,这种议论,似乎是很有理由的。如果中国文化不是外来,乃由本国发生的,则照天然的原则来说,中国文化应该发源于珠江流域,不应该发源于黄河流域。因为珠江流域气候温和,物产丰富,人民很容易谋生,是应该发生文明的。但是考究历史,尧舜禹汤文武时候,都不是生在珠江流域,都是生在西北。珠江流域在汉朝还是蛮夷。所以中国文化是由西北方来的,是由外国来的。中国人说人民是"百姓",外国人说西方古时有一种"百姓"民族,后来移到中国,把中国原来的苗子民族或消灭或同化,才成中国今日的民族。

照进化论中的天然公例说:适者生存,不适者灭亡;优者胜,劣者败。我们的民族到底是优者呢,或是劣者呢;是适者呢,或是不适者呢?如果说到我们的民族要灭亡要失败,大家自然不愿意,要本族能够生存能够胜利,那才愿意。这是人类的天然思想。现在我们民族处于很为难的地位,将来一定要灭亡。所以灭亡的缘故,就是由于外国人口增加和政治、经济三个力量一齐来压迫。我们现在所受政治力、经济力两种压迫已达极点,惟我们现在的民族还大,所受外国人口增加的压迫还不容易感觉;要到百年之后,才能感觉。我们现在有这样大的民族,可惜失去了民族思想。因为失去了民族思想,所以外国的政治力和经济力才能打破我们。如果民族思想没有失去,外国的政治力和经济力一定打不破我们。

但是我们何以失去民族主义呢?要考究起来是很难明白的,我可以用一件故事来比喻。这个比喻或者是不伦不类,和我们所讲的道理毫不相关,不过借来也可以说明这个原因。这件故事是我在香港亲见过的:从前有一个苦力,天天在轮船码头,拿一枝竹杠和两条绳子去替旅客挑东西。每日挑东西,就是那个苦力谋生之法。后来他积存了十多块钱,当时吕宋彩票盛行,他就拿所积蓄的钱买了一张吕宋彩票。那个苦力因为无家可归,所有的东西都没有地方收藏,所以他买得的彩票也没有地方收藏。他谋生的工具只是一枝竹杠和两条绳子,他到什么地方,那枝竹杠和两条绳子便带到什么地方。所以他就把所买的彩票,收藏在竹杠之内。因为彩票藏在竹杠之内,不能随时拿出来看,所以他把彩票的号数死死记在心头,时时刻刻都念着。到了开彩的那一日,他便到彩票店内去对号数,一见号单,知道是自己中了头彩,可以发十万元的财。他就喜到上天,几几乎要发起狂来,以为从此便可不用竹杠和绳子去做苦力了,可以永久做大富翁了。由于这番欢喜,便把手中的竹杠和绳子一齐投入海中。用这个比喻说,吕宋彩票好比是世界主义,是可以发财的。竹杠好比是民族主义,是一个谋生的工具。中了头彩的时候,好比是中国帝国主义极强盛的时代,进至世界主义的时代。我们的祖宗以为中国是世界的强国,所谓“天无二日,民无二王”,“万国衣冠拜冕旒”,世界从此长太平矣。以后只要讲世界主义,要全世界的人都来进贡,从此不必要民族主义。所以不要竹杠,要把他投入海中。到了为满洲所灭的时候,不但世界上的大主人翁做不成,连自己的小家产都保守不稳,百姓的民族思想一齐消灭了,这好比是竹杠投入了海中一样。所以满清带兵入关,吴三桂便作向导。史可法虽然想提倡民族主义,拥戴福王,在南京图恢复,满洲的多尔衮便对史可法说:“我们的江山,不是得之于大明,是得之于闯贼。”他的意思,以为明朝的江山,是明朝自己人失去了的,好比苦力自己丢了竹杠一样。近来讲新文化的学生,也提倡世界主义,以为民族主义不合世界潮流。这个论调,如果是发自英国、美国,或发自我们的祖宗,那是很适当的;但是发自现在的中国人,这就不适当了。德国从前不受压迫,他们不讲民族主义,只讲世界主义。我看今日的德国,恐怕不讲世界主义,要来讲一讲民族主义罢。我们的祖宗如果不把竹杠丢了,我们还可以得回那个头彩。但是他们把竹杠丢得太早了,不知道发财的彩票还藏在里面。所以一受外国的政治力和经济力来压迫,以后又遭天然的淘汰,我们便有亡国灭种之忧。

此后我们中国人如果有方法恢复民族主义,再找得一枝竹杠,那么就是外国的政治力和经济力无论怎么样来压迫,我们民族就是在千万年之后,决不至于灭亡。至于讲到天然淘汰,我们民族更是可以长存。因为天生了我们四万万人,能够保存到今日,是天从前不想亡中国。将来如果中国亡了,罪恶是在我们自己,我们就是将来世界上的罪人。天既付托重任于中国人,如果中国人不自爱,是谓逆天。所以中国到这个地位,我们是有责任可负的。现在天既不要淘汰我们,是天要发展世界的进化。如果中国将来亡了,一定是列强要亡中国,那便是列强阻止世界的进化。

昨日有一位俄国人说:列宁为什么受世界列强的攻击呢?因为他敢说了一句话,他说世界上有两种人:一种是十二万万五千万人,一种是二万万五千万人;这十二万万五千万人,是受那二万万五千万人的压迫。那些压迫人的人,是逆天行道,不是顺天行道。我们去抵抗强权,才是顺天行道。我们要能够抵抗强权,就要我们四万万人和十二万万五千万人联合起来。我们要能够联合十二万万五千万人,就要提倡民族主义,自己先联合起来,推己及人,再把各弱小民族都联合起来,共同去打破二万万五千万人,共同用公理去打破强权。强权打破以后,世界上没有野心家,到了那个时候,我们便可以讲世界主义。

第四讲

(二月十七日)

现在世界上所有的人数,大概在十五万万左右。在这十五万万人中,中国占了四分之一,就是世界上每四个人中有一个中国人。欧洲所有白种民族的人数,合计起来也是四万万。现在世界上民族最发达的是白人。白种人中有四个民族:在欧洲中、北的有条顿民族,条顿民族建立了好几个国家,最大的是德国;其次奥国、瑞典、那威、和兰、丹麦,都是条顿民族所建立的。在欧洲之东的有斯拉夫民族,也建立了好几个国家,最大的是俄国;欧战后发生的,有捷克斯拉夫和佐哥斯拉夫两个新国。在欧洲之西的有撒克逊民族,叫做"盎格鲁撒克逊",这个民族建立了两个大国,一个是英国,一个是美国。在欧洲之南的有拉丁民族，这个民族也建立了好几个国家，顶大的是法国、意大利、西班牙、葡萄牙；拉丁民族移到南美洲，也建立了几个国家，和盎格鲁撒克逊民族移到北美洲建立了加拿大和美国一样。欧洲白种民族不过是四万万人，分开成四个大民族，由这四个大民族建立了许多国家，原因是白种人的民族主义很发达。因为白种人的民族主义很发达，所以他们在欧洲住满了，便扩充到西半球的南北美洲，东半球东南方的非洲、澳洲。现在世界上的民族，占地球上领土最多的，是撒克逊民族。这个民族最初发源的地方是欧洲，但是在欧洲所占的领土不过是大不列颠三岛，象英格兰、苏格兰和爱尔兰。这三岛在大西洋的位置，好象日本在太平洋一样。撒克逊人所扩充的领土，西到北美洲，东到澳州、钮丝兰，南到非洲。所以说占世界上领土最多的是撒克逊民族，世界上最富最强的人种也是撒克逊民族。欧战以前，世界上最强盛的民族是条顿和斯拉夫，尤其以条顿民族的聪明才力为最大，所以德国能够把二十几国小邦联合起来，成立了一个大德意志联邦。成立之初，本来是农业国，后来变成工业国，因为工业发达，所以陆海军也随之强盛。

欧战之前，欧洲民族都受了帝国主义的毒。什么是帝国主义呢？就是用政治力去侵略别国的主义，即中国所谓“勤远略”。这种侵略政策，现在名为帝国主义。欧洲各民族都染了这种主义，所以常常发生战争，几几乎每十年中必有一小战，每百年中必有一大战。其中最大的战争，就是前几年的欧战，这次战争可以叫做世界的大战争。何以叫做世界的大战争呢？因为这次战事扩充、影响到全世界，各国人民都被卷入旋涡之中。这次大战争所以构成的原因：一是撒克逊民族和条顿民族互争海上的霸权。因为德国近来强盛，海军逐渐扩张，成世界上第二海权的强国，英国要自己的海军独霸全球，所以要打破第二海权的德国。英德两国都想在海上争霸权，所以便起战争。二是各国争领土。东欧有一个弱国，叫做土耳其，即突厥。土耳其百年以来，世人都说他是近东病夫，因为内政不修明，皇帝很专制，变成了很衰弱的国家。欧洲各国都要把他瓜分，百余年以来不能解决。欧洲各国要解决这个问题,所以发生战争。故欧战的原因,第一是白种人互争雄长,第二是解决世界的问题。如果战后是德国获胜,世界上的海权便要归德国占领,英国的大领土便要完全丧失,必成罗马一样,弄至四分五裂而亡。但是战争的结果,德国是打败了,德国想行帝国主义的目的便达不到。

这次欧洲的战争,是世界上有史以来最剧烈的。军队的人数有四五千万,时间经过了四年之久,到战争最后的时候两方远不能分胜负。在战争的两方面,一方叫做协商国,一方叫做同盟国。在同盟国之中,初起时有德国、奥国,后来加入土耳其、布加利亚。在协商国之中,初起时有塞维亚、法国、俄国、英国及日本,后来加入意大利及美国。美国之所以参加的原因,全为民族问题。因在战争之头一二年,都是德奥二国获胜,法国的巴黎和英国的海峡都几乎被德奥两国军队攻入。条顿民族便以为英国必亡,英国人便十分忧虑,见得美国的民族是和他们相同,于是拿撒克逊民族的关系去煽动美国。美国见得和自己相同民族的英国将要被异族的德国灭亡,也不免物伤其类,所以加入战争去帮助英国,维持撒克逊人的生存;并且恐怕自己的力量单薄,遂竭全力去鼓动全世界的中立民族,共同参加去打败德国。

当战争时,有一个大言论最被人欢迎的,是美国威尔逊所主张的"民族自决"。因为德国用武力压迫欧洲协商国的民族,威尔逊主张打灭德国的强权,令世界上各弱小民族以后都有自主的机会,于是这种主张便被世界所欢迎。所以印度虽然被英国灭了,普通人民是反对英国的,但是有好多小民族听见威尔逊说这回战争是为弱小民族争自由的,他们便很喜欢去帮英国打仗。安南虽然是被法国灭了,平日人民痛恨法国的专制,但当欧战时仍帮法国去打仗,也是因为听到威尔逊的主张是公道的原故。他若欧洲的弱小民族象波兰、捷克斯拉夫、罗米尼亚一齐加入协商国去打同盟国的原因,也是因为听见了威尔逊所主张的民族自决那一说。我们中国也受了美国的鼓动,加入战争,虽然没有出兵,但是送了几十万工人去挖战壕,做后方的勤务。协商国因为创出这项好题目，所以弄到无论欧洲、亚洲一切被压迫的民族，都联合起来去帮助他们打破同盟国。当时威尔逊主张维持以后世界的和平，提出了十四条，其中最要紧的是让各民族自决。当战事未分胜负的时候，英国、法国都很赞成。到了战胜之后开和议的时候，英国、法国和意大利觉得威尔逊所主张的民族开放和帝国主义利益的冲突太大，所以到要和议的时候，便用种种方法骗去威尔逊的主张。弄到和议结局所定出的条件，最不公平。世界上的弱小民族不但不能自决，不但不能自由，并且以后所受的压迫比从前更要厉害。由此可见，强盛的国家和有力量的民族已经雄占全球，无论什么国家和什么民族的利益，都被他们垄断。他们想永远维持这种垄断的地位，再不准弱小民族复兴，所以天天鼓吹世界主义，谓民族主义的范围太狭隘。其实他们主张的世界主义，就是变相的帝国主义与变相的侵略主义。但是威尔逊的主张提出以后，便不能收回，因为各弱小民族帮助协商国打倒同盟国，是希望战胜之后可以自由的。后来在和议所得的结果，令他们大为失望。所以安南、缅甸、爪哇、印度、南洋群岛以及土耳其、波斯、阿富汗、埃及与夫欧洲的几十个弱小民族，都大大的觉悟，知道列强当日所主张的民族自决完全是骗他们的。所以他们便不约而同，自己去实行民族自决。

欧洲数年大战的结果，还是不能消灭帝国主义。因为当时的战争，是一国的帝国主义和别国的帝国主义相冲突的战争，不是野蛮和文明的战争，不是强权和公理的战争。所以战争的结果，仍是一个帝国主义打倒别国帝国主义，留下来的还是帝国主义。但是由这一次战争，无意中发生了一个人类中的大希望。这个希望就是俄国革命。

俄国发起革命本来很早，在欧战前一千九百零五年的时候曾经起过了革命，不过没有成功；到欧战的时候，便大功告成。他们所以当欧战时再发生革命的原故，因为他们民族经过这次欧战，便生出了大觉悟。俄国本是协商国之一，协商国打德国的时候，俄国所出的兵约计有千余万,可谓出力不少。如果协商国不得俄国参加,当日欧洲西方的战线老早被德国冲破了。因为有了俄国在东方牵制,所以协商国能够和德国相持两三年,反败为胜。俄国正当战争之中,自己思索,觉得帮助协商国去打德国,就是帮助几个强权去打一个强权,料到后来一定没有好结果。所以一般兵士和人民便觉悟起来,脱离协商国,单独和德国讲和。况且说到国家的地位,俄国和德国人民的利害毫无冲突。不过讲到帝国主义的地位,彼此都想侵略,自然发生冲突;而且德国侵略太过,俄国为自卫计,不得不与英法各国一致行动。后来俄国人民觉悟,知道帝国主义不对,所以便对本国革命,先推翻本国的帝国主义;同时又与德国讲和,免去外患的压迫。不久协商国也与德国讲和,共同出兵去打俄国。为什么协商国要出兵去打俄国呢?因为俄国人民发生了新觉悟,知道平日所受的痛苦完全是由于帝国主义,现在要解除痛苦,故不得不除去帝国主义,主张民族自决。各国反对这项主张,所以便共同出兵去打他。俄国的主张和威尔逊的主张是不约而同的,都是主张世界上的弱小民族都能够自决,都能够自由。俄国这种主义传出以后,世界上各弱小民族都很赞成,共同来求自决。欧洲经过这次大战的灾害,就帝国主义一方面讲,本没有什么大利益;但是因此有了俄国革命,世界人类便生出一个大希望。

世界上的十五万万人之中,顶强盛的是欧洲和美洲的四万万白种人。白种人以此为本位,去吞灭别色人种。如美洲的红番已经消灭;非洲的黑人不久就要消灭;印度的棕色人正在消灭之中;亚洲黄色人现在受白人的压迫,不久或要消灭。但是俄国革命成功,他们一万万五千万人脱离了白种,不赞成白人的侵略行为,现在正想加入亚洲的弱小民族,去反抗强暴的民族。那么强暴的民族只剩得二万万五千万人,还是想用野蛮手段,拿武力去征服十二万万五千万人。故此后世界人类要分为两方面去决斗:一方面是十二万万五千万人,一方面是二万万五千万人。第二方面的人数虽然很少,但是他们占了世界上顶强盛的地位,他们的政治力和经济力都很大,总是用这两种力量去侵略弱小的民族。如果政治的海陆军力不够，便用经济力去压迫；如果经济力有时而穷，便用政治的海陆军力去侵略。他们的政治力帮助经济力，好比左手帮助右手一样，把多数的十二万万五千万人民压迫得很厉害。但是天不从人愿，忽然生出了斯拉夫民族的一万万五千万人去反对帝国主义和资本主义，为世界人类打不平。所以我前次说，有一位俄国人说：世界列强所以诋毁列宁的原因，是因为他敢说世界多数的民族十二万万五千万人，为少数的民族二万万五千万人所压迫。列宁不但是说出这种话，并且还提倡被压迫的民族去自决，为世界上被压迫的人打不平。列强之所以攻击列宁，是要消灭人类中的先知先觉，为他们自己求安全。但是现在人类都觉悟了，知道列强所造的谣言都是假的，所以再不被他们欺骗。这就是世界民族的政治思想进步到光明地位的情况。

我们今日要把中国失去了的民族主义恢复起来，用此四万万人的力量为世界上的人打不平，这才算是我们四万万人的天职。列强因为恐怕我们有了这种思想，所以便生出一种似是而非的道理，主张世界主义来煽惑我们。说世界的文明要进步，人类的眼光要远大，民族主义过于狭隘，太不适宜，所以应该提倡世界主义。近日中国的新青年，主张新文化，反对民族主义，就是被这种道理所诱惑。但是这种道理，不是受屈民族所应该讲的。我们受屈民族，必先要把我们民族自由平等的地位恢复起来之后，才配得来讲世界主义。我前次所讲苦力买彩票的比喻，已发挥很透辟了。彩票是世界主义，竹杠是民族主义，苦力中了头彩就丢去谋生的竹杠，好比我们被世界主义所诱惑，便要丢去民族主义一样。我们要知道世界主义是从什么地方发生出来的呢？是从民族主义发生出来的。我们要发达世界主义，先要民族主义巩固才行。如果民族主义不能巩固，世界主义也就不能发达。由此便可知世界主义实藏在民族主义之内，好比苦力的彩票藏在竹杠之内一样，如果丢弃民族主义去讲世界主义，好比是苦力把藏彩票的竹杠投入海中，那便是根本推翻。我从前说，我们的地位还比不上安南人、高丽人。安南人、高丽人是亡国的人，是做人奴隶的，我们还比不上，就是我们的地位连奴隶也比不上。在这个地位，还要讲世界主义，还说不要民族主义，试问诸君是讲得通不通呢？

就历史上说，我们四万万汉族是从那一条路走来的呢？也是自帝国主义一条路走来的。我们的祖宗从前常用政治力去侵略弱小民族；不过那个时候，经济力还不很大，所以我们向未有用经济力去压迫他民族。再就文化说，中国的文化比欧洲早几千年。欧洲文化最好的时代是希腊、罗马，到了罗马才最盛。罗马不过与中国的汉朝同时。那个时候，中国的政治思想便很高深，一般大言论家都极力反对帝国主义。反对帝国主义的文字很多，其中最著名的有《弃珠崖议》。此项文章就是反对中国去扩充领土，不可与南方蛮夷争地方。由此便可见在汉朝的时候，中国便不主张与外人战争，中国的和平思想到汉朝时已经是很充分的了。到了宋朝，中国不但不去侵略外人，反为外人所侵略，所以宋朝被蒙古所灭。宋亡之后，到明朝才复国。明朝复国之后，更是不侵略外人。

当时南洋各小国要来进贡，归化中国，是他们仰慕中国的文化，自己愿意来归顺的，不是中国以武力去压迫他们的。象巫来由及南洋群岛那些小国，以中国把他们收入版图之中，许他们来进贡，便以为是很荣耀；若是不要他们进贡，他们便以为很耻辱。象这项尊荣，现在世界上顶强盛的国家还没有做到。象美国待菲律宾：在菲律宾之内，让菲人自行组织议会及设官分治，在华盛顿的国会也让菲人选派议员；美国每年不但不要菲律宾用钱去进贡，反津贴菲律宾以大宗款项，修筑道路，兴办教育。象这样仁慈宽厚，可算是优待极了。但是菲律宾人至今还不以归化美国为荣，日日总是要求独立。又象印度的尼泊尔国：尼泊尔的民族叫做廓尔额，这种民族是很勇敢善战的，英国虽然是征服了印度，但至今还是怕廓尔额人，所以很优待他，每年总是送钱到他，象中国宋朝怕金人，常送钱到金人一样。不过宋朝送钱到金人说是进贡，英国送钱到廓尔额人，或者说是津贴罢了。但是廓尔额人对于中国，到了民国元年还来进贡。由此可见,中国旁边的小民族羡慕中国,至今还是没有绝望。十余年前,我有一次在暹罗的外交部和外交次长谈话,所谈的是东亚问题。那位外交次长说:“如果中国能够革命,变成国富民强,我们暹罗还是情愿归回中国,做中国的一行省。”我和他谈话的地点,是在暹罗政府之公署内,他又是外交次长,所以他这种说话,不只是代表他个人的意见,是代表暹罗全国人的意见。由此足见暹罗当那个时候,还是很尊重中国。但是这十几年以来,暹罗在亚洲已经成了独立国,把各国的苛酷条约都已修改了,国家的地位也提高了,此后恐怕不愿意再归回中国了。

再有一段很有趣味的故事,可以和诸君谈谈。当欧战最剧烈的时候,我在广东设立护法政府。一天,有一位英国领事到大元帅府来见我,和我商量南方政府加入协商国,出兵到欧洲。我就向那位英国领事说:“为什么要出兵呢?”他说:“请你们去打德国,因为德国侵略了中国土地,占了青岛,中国应该去打他,把领土收回来。”我说:“青岛离广州还很远,至于离广州最近的有香港,稍远一点的有缅甸、布丹、尼泊尔,象那些地方从前是那一国的领土呢?现在你们还要来取西藏。我们中国此刻没有收回领土的力量,如果有了力量,恐怕要先收回英国占去了的领土罢。德国所占去的青岛,地方还是很小,至于缅甸便比青岛大,西藏比青岛更要大。我们如果要收回领土,当先从大的地方起。”他受了我这一番反驳,就怒不可遏,便说:“我来此地是讲公事的呀!”我立刻回他说:“我也是讲公事呀!”两人面面相对,许久不能下台。后来我再对他说:“我们的文明已经比你们进步了二千余年,我们现在是想你们上前,等你们跟上来。我们不可退后,让你们拖下去。因为我们二千多年以前,便丢去了帝国主义,主张和平,至今中国人思想已完全达到这种目的。你们现在战争所竖的目标,也是主张和平,我们本来很欢迎的。但是实际上,你们还是讲打不讲和,专讲强权不讲公理。我以为你们专讲强权的行为,是很野蛮的,所以让你们去打,我们不必参加。等到你们打厌了,将来或者有一日是真讲和平,到了那个时候,我们才参加到你们的一方面,共求世界的和平。而且我反对中国参加出兵,还有一层最大的理由,是我很不愿意中国也变成你们一样不讲公理的强国。如果依你的主张,中国加入协商国,你们便可以派军官到中国来练兵,用你们有经验的军官,又补充极精良的武器,在六个月之内,一定可以练成三五十万精兵,运到欧洲去作战,打败德国。到了那个时候,便不好了。”英国领事说:“为什么不好呢?”我说:“你们从前用几千万兵和几年的时候都打不败德国,只要加入几十万中国兵便可以打败德国,由此便可以提起中国的尚武精神。用这几十万兵做根本,可以扩充到几百万精兵,于你们就大大的不利了。现在日本加入你们方面,已经成了世界上列强之一,他们的武力雄霸亚洲,他们的帝国主义和列强一样,你们是很怕他的。说的日本的人口和富源,不及中国远甚。如果依你今天所说的办法,我们中国参加你们一方面,中国不到十年便可以变成日本;照中国的人口多与领土大,中国至少可以变成十个日本。到了那个时候,以你们全世界的强盛,恐怕都不够中国人一打了。我们因为已经多进步了二千多年,脱离了讲打的野蛮习气,到了现在才是真和平。我希望中国永远保守和平的道德,所以不愿意加入这次大战。”那位英国领事,半点钟前几几乎要和我用武,听了这番话之后,才特别佩服,并且说:“如果我也是中国人,一定也是和你的思想相同。”

诸君知道革命本是流血的事,象汤武革命,人人都说他们是顺乎天应乎人,但是讲到当时用兵的情况,还有人说他们曾经过了血流漂杵。我们辛亥革命推翻满洲,流过了多少血呢?所以流血不多的原因,就是因为中国人爱和平。爱和平就是中国人的一个大道德,中国人才是世界中最爱和平的人。我从前总劝世界人要跟上我们中国人。现在俄国斯拉夫民族也是主张和平的,这就是斯拉夫人已经跟上了我们中国人。所以俄国的一万万五千万人,今日就要来和我们合作。

我们中国四万万人不但是很和平的民族,并且是很文明的民族。近来欧洲盛行的新文化和所讲的无政府主义与共产主义,都是我们中国几千年以前的旧东西。譬如黄老的政治学说，就是无政府主义。列子所说华胥氏之国，“其人无君长，无法律，自然而已”，是不是无政府主义呢？我们中国的新青年，未曾过细考究中国的旧学说，便以为这些学说就是世界上顶新的了。殊不知道在欧洲是最新的，在中国就有了几千年了。从前俄国所行的，其实不是纯粹共产主义，是马克斯主义。马克斯主义不是真共产主义，蒲鲁东、巴古宁所主张的，才是真共产主义。共产主义在外国只有言论，还没有完全实行，在中国，洪秀全时代便实行过了。洪秀全所行的经济制度，是共产的事实，不是言论。欧洲之所以驾乎我们中国之上的，不是政治哲学，完全是物质文明。因为他们近来的物质文明很发达，所以关于人生日用的衣食住行种种设备，便非常便利，非常迅速；关于海陆军的种种武器弹药便非常完全，非常猛烈。所有这些新设备和新武器，都是由于科学昌明而来的。那种科学就是十七八世纪以后培根、纽顿那些大学问家，所主张用观察和实验研究万事万物的学问。所以说到欧洲的科学发达、物质文明的进步，不过是近来二百多年的事。在数百年以前，欧洲还是不及中国。我们现在要学欧洲，是要学中国没有的东西。中国没有的东西是科学，不是政治哲学。至于讲到政治哲学的真谛，欧洲人还要求之于中国。诸君都知道世界上学问最好的是德国，但是现在德国研究学问的人，还要研究中国的哲学，甚至于研究印度的佛理，去补救他们科学之偏。

世界主义在欧洲是近世才发表出来的，在中国，二千多年以前便老早说过了。我们固有的文明，欧洲人到现在还看不出。不过讲到政治哲学的世界文明，我们四万万人从前已经发明了很多；就是讲到世界大道德，我们四万万人也是很爱和平的。但是因为失了民族主义，所以固有的道德文明都不能表彰，到现在便退步。至于欧洲人现在所讲的世界主义，其实就是有强权无公理的主义。英国话所说的能力就是公理，就是以打得的为有道理。中国人的心理，向来不以打得为然，以讲打的就是野蛮。这种不讲打的好道德，就是世界主义的真精神。我们要保守这种精神，扩充这种精神，是用什么做基础呢？是用民族主义做基础。象俄国的一万万五千万人是欧洲世界主义的基础，中国四万万人是亚洲世界主义的基础，有了基础，然后才能扩充。所以我们以后要讲世界主义，一定要先讲民族主义，所谓欲平天下者先治其国。把从前失去了的民族主义从新恢复起来，更要从而发扬光大之，然后再去谈世界主义，乃有实际。

第五讲

（二月二十四日）

今天所讲的问题，是要用什么方法来恢复民族主义。照以前所讲的情形，中国退化到现在地位的原因，是由于失了民族的精神。所以我们民族被别种民族所征服，统治过了两百多年。从前做满洲人的奴隶，现在做各国人的奴隶。现在做各国人的奴隶所受的痛苦，比从前还要更甚。长此以往，如果不想方法来恢复民族主义，中国将来不但是要亡国，或者要亡种。所以我们要救中国，便先要想一个完善的方法，来恢复民族主义。

今天所讲恢复民族主义的方法有两种：头一种是要令四万万人皆知我们现在所处的地位。我们现在所处的地位是生死关头，在这个生死关头须要避祸求福，避死求生。要怎么能够避祸求福、避死求生呢？须先要知道很清楚了，那便自然要去行。诸君要知道知难行易的道理，可以参考我的学说。中国从前因为不知道要亡国，所以国家便亡，如果预先知道或者不至于亡。古人说："无敌国外患者国恒亡。"又说："多难可以兴邦。"这两句话完全是心理作用。譬如就头一句话说，所谓"无敌国外患"，是自己心理上觉得没有外患，自以为很安全，是世界中最强大的国家，外人不敢来侵犯，可以不必讲国防，所以一遇有外患，便至亡国。至于"多难可以兴邦"，也就是由于自己知道国家多难，故发奋为雄，也完全是心理作用。照从前四次所讲的情形,我们要恢复民族主义,就要自己心理中知道现在中国是多难的境地,是不得了的时代,那末已经失了的民族主义才可以图恢复。如果心中不知,要想图恢复,便永远没有希望,中国的民族不久便要灭亡。统结从前四次所讲的情形,我们民族是受什么祸害呢?所受的祸害是从那里来的呢?是从列强来的。所受的祸害,详细的说,一是受政治力的压迫,二是受经济力的压迫,三是受列强人口增加的压迫。这三件外来的大祸已经临头,我们民族处于现在的地位,是很危险的。

譬如就第一件的祸害说,政治力亡人的国家,是一朝可以做得到的。中国此时受列强政治力的压迫,随时都可以亡,今日不知道明日的生死。应用政治力去亡人的国家,有两种手段:一是兵力,一是外交。怎么说兵力一朝可以亡国呢?拿历史来证明,从前宋朝怎么样亡国呢?是由于崖门一战,便亡于元朝。明朝怎么样亡国呢?是由于扬州一战,便亡于清朝。拿外国来看,华铁路①一战,那破仑第一之帝国便亡;斯丹②一战,那破仑第三之帝国便亡。照这样看,只要一战便至亡国,中国天天都可以亡。因为我们的海陆军和各险要地方没有预备国防,外国随时可以冲入,随时可以亡中国。最近可以亡中国的是日本。他们的陆军,平常可出一百万,战时可加到三百万。海军也是很强的,几乎可以和英美争雄。经过华盛顿会议之后,战斗舰才限制到三十万吨,日本的大战船象巡洋舰、潜水艇、驱逐舰都是很坚固,战斗力都是很大的。譬如日本此次派到白鹅潭来的两只驱逐舰,中国便没有更大战斗力的船可以抵抗。象这种驱逐舰在日本有百几十只,日本如果用这种战舰来和我们打仗,随时便可以破我们的国防,制我们的死命。而且我们沿海各险要地方,又没有很大的炮台可以巩固国防,所以,日本近在东邻,他们的海陆军随时可以长驱直入。日本或者因为时机未至,暂不动手;如果要

---

① 华铁路:今译滑铁卢。
② 斯丹:今译色当。

动手,便天天可以亡中国。从日本动员之日起,开到中国攻击之日止,最多不过十天;所以中国假若和日本绝交,日本在十天以内便可以亡中国。再由日本更望太平洋东岸,最强的是美国。美国海军从前多过日本三倍,近来因为受华盛顿会议的束缚,战斗舰减少到五十万吨,其他潜水艇、驱逐舰种种新战船都要比日本多。至于陆军,美国的教育是很普及的,小学教育是强迫制度,通国无论男女都要进学校去读书,全国国民多数受过中学教育及大学教育。他们国民在中学、大学之内,都受过军事教育,所以美国政府随时可以加多兵。当参加欧战的时候,不到一年便可以出二百万兵。故美国平时常备军虽然不多,但是军队的潜势力非常之大,随时可以出几百万兵。假若中美绝交,美国自动员之日起,到攻击中国之日止,只要一个月;故中美绝交,在一个月之后美国便可以亡中国。再从美国更向东望,位于欧洲大陆与大西洋之间的,便是英伦三岛。英国从前号称海上的霸王,他们的海军是世界上最强的。自从华盛顿会议之后,也限制战斗舰不得过五十万吨,至于普通巡洋舰、驱逐舰、潜水艇都比美国多。英国到中国不过四五十天,且在中国已经有了根据地。象香港已经经营了几十年,地方虽然很小,但是商务非常发达,这个地势,在军事上掌握中国南方几省的咽喉。练得有陆军,驻得有海军,以香港的海陆军来攻,我们一时虽然不至亡国,但是没有力量可以抵抗。除了香港以外,还有极接近的印度、澳洲,用那些殖民地的海陆军一齐来攻击,自动员之日起,不过两个月都可以到中国。故中英两国如果绝交,最多在两个月之内,英国便可以亡中国。再来望到欧洲大陆,现在最强的是法国。他们的陆军是世界上最强的,现在有了两三千架飞机,以后战时还可以增加。他们在离中国最近的地方,也有安南的根据地,并且由安南筑成了一条铁路,通到云南省城。假若中法绝交,法国的兵也只要四五十日便可以来攻击中国。所以法国也和英国一样,最多不过两个月便可以亡中国。

照这样讲来,专就军事上的压迫说,世界上无论那一个强国都可以亡中国。为什么中国至今还能够存在呢?中国到今天还能够存在的理由,不是中国自身有力可以抵抗,是由于列强都想亡中国,彼此都来窥伺,彼此不肯相让。各国在中国的势力成了平衡状态,所以中国还可以存在。中国有些痴心妄想的人,以为列强对于中国的权利,彼此之间总是要妒忌的,列强在中国的势力总是平均,不能统一的,长此以往,中国不必靠自己去抵抗便不至亡国。象这样专靠别人,不靠自己,岂不是望天打卦吗?望天打卦是靠不住的,这种痴心妄想是终不得了的,列强还是想要亡中国。不过,列强以为专用兵力来亡中国,恐怕为中国的问题又发生象欧洲从前一样的大战争,弄到结果,列强两败俱伤,于自身没有大利益。外国政治家看到很明白,所以不专用兵力。就是列强专用兵力来亡中国,彼此之间总免不了战争。其余权利上平均不平均的一切问题,或者能免冲突,到了统治的时候,还是免不了冲突。既免不了冲突,于他们自身还是有大大的不利。列强把这层利害看得也很清楚,所以他们现在便不主张战争,主张减少军备。日本的战斗舰只准三十万吨的海军,英美两国海军的战斗舰只准各五十万吨。那次会议,表面上为缩小军备问题,实在是为中国问题。要瓜分中国的权利,想用一个什么方法彼此可以免去冲突,所以才开那次会议。

我刚才已经说过了,用政治力亡人国家,本有两种手段:一是兵力,二是外交。兵力是用枪炮,他们用枪炮来,我们还知道要抵抗。如果用外交,只要一张纸和一枝笔。用一张纸和一枝笔亡了中国,我们便不知道抵抗。在华盛顿会议的时候,中国虽然派了代表,所议关于中国之事,表面都说为中国谋利益。但是华盛顿散会不久,各国报纸便有共管之说发生。此共管之说,以后必一日进步一日,各国之处心积虑,必想一个很完全的方法来亡中国。他们以后的方法,不必要动陆军、要开兵船,只要用一张纸和一枝笔,彼此妥协,便可以亡中国。如果动陆军、开兵船,还要十天或者四五十天,才可以亡中国。至于用妥协的方法,只要各国外交官坐在一处,各人签一个字,便可以亡中国。签字只是一朝,所以用妥协的方法来亡中国,只要一朝。一朝可以亡人国家,从前不是没有先例的。譬如从前的波兰,是俄国、德国、奥国瓜分了的。他们从前瓜分波兰的情形,是由于彼此一朝协商停妥之后,波兰便亡。照这个先例,如果英、法、美、日几个强国一朝妥协之后,中国也要灭亡。故就政治力亡人国家的情形讲,中国现在所处的地位是很危险的。

就第二件的祸害说,中国现在所受经济压迫的毒,我前说过,每年要被外国人夺去十二万万元的金钱。这种被夺去的金钱,还是一天增多一天。若照海关前十年出入口货相抵亏蚀二万万元,现在出入口货相抵亏蚀五万万元,每十年增加两倍半,推算比例起来,那么十年之后,我们每年被外国人夺去金钱应为三十万万元。若将此三十万万元分担到我们四万万人身上,我们每年每人应担七元五角。我们每年每人要担七元五角与外国人,换一句话说,就是我们每年每人应纳七元五角人头税与外国。况且四万万人中除了二万万是女子,照现在女子能力状况而论,不能担负此项七元五角之人头税,甚为明白。则男子方面应该多担一倍,当为每年每人应担十五元。男子之中又有三种分别,一种是老弱的,一种是幼稚的,此二种虽系男子,但是只能分利,不能生利,更不能希望其担负此项轮到男子应担之十五元人头税。除去三分二不能担负,则担负的完全系中年生利之男子。此中年生利之男子,应将老幼应担之十五元一齐担下,则一中年生利之男子每年每人应担四十五元之人头税。试想我们一中年生利之男子,应担负四十五元之人头税与外国,汝说可怕不可怕呢?这种人头税还是有加无已的。所以依我看起来,中国人再不觉悟,长此以往,就是外国的政治家天天睡觉,不到十年便要亡国。因为现在已经是民穷财尽,再到十年,人民的困穷更可想而知,还要增加比较现在的负担多两倍半。汝想中国要亡不要亡呢?

列强经过这次欧洲大战之后,或者不想再有战争,不想暴动,以后是好静恶动,我们由此可以免去军事的压迫,但是外交的压迫便不能免去。就令外交的压迫可以徼幸免去,专由这样大的经济压迫天天侵入,天天来吸收,而我们大家犹在睡梦之中,如何可免灭亡呢!

再就第三件的祸害说，我们中国人口在已往一百年没有加多。以后一百年若没有振作之法，当然难得加多。环看地球上，那美国增多十倍，俄国增多四倍，英国、日本增多三倍，德国增多两倍半，至少的法国还有四分之一的增多。若他们逐日的增多，我们却仍然故我，甚或减少。拿我国的历史来考查，汉族大了，原来中国的土人苗、傜、僚、僮等族便要灭亡。那么我们民族，被他们的人口增加的压迫，不久亦要灭亡，亦是显然可见的事。

故中国现在受列强的政治压迫，是朝不保夕的；受经济的压迫，刚才算出十年之后便要亡国；讲到人口增加的问题，中国将来也是很危险的。所以中国受外国的政治、经济和人口的压迫，这三件大祸是已经临头了，我们自己便先要知道。自己知道了这三件大祸临头，便要到处宣传，使人人都知道亡国惨祸，中国是难逃于天地之间的。到了人人都知道大祸临头，应该要怎么样呢？俗话说“困兽犹斗”，逼到无可逃免的时候，当发奋起来和敌人拚一死命。我们有了大祸临头，能斗不能斗呢？一定是能斗的。但是要能斗，便先要知道自己的死期将至。知道了自己的死期将至，才能够奋斗。所以我们提倡民族主义，便先要四万万人都知道自己的死期将至。知道了死期将至，困兽尚且要斗，我们将死的民族是要斗不要斗呢！诸君是学生，是军人，是政治家，都是先觉先知，要令四万万人都知道我们民族现在是很危险的。如果四万万人都知道了危险，我们对于民族主义便不难恢复。

外国人常说，中国人是一片散沙。中国人对于国家观念，本是一片散沙，本没有民族团体。但是除了民族团体之外，有没有别的团体呢？我从前说过了，中国有很坚固的家族和宗族团体，中国人对于家族和宗族的观念是很深的。譬如中国人在路上遇见了，交谈之后，请问贵姓大名，只要彼此知道是同宗，便非常之亲热，便认为同姓的伯叔兄弟。由这种好观念推广出来，便可由宗族主义扩充到国族主义。我们失了的民族主义要想恢复起来，便要有团体，要有很大的团体。我们要结成大团体，便先要有小基础，彼此联合起来，才容易做成功。我们中国可以利用的小基础，就是宗族团体。此外还有家乡基础，中国人的家乡观念也是很深的。如果是同省同县同乡村的人，总是特别容易联络。依我看起来，若是拿这两种好观念做基础，很可以把全国的人都联络起来。要达到这个目的，便先要大家去做。中国人照此做去，恢复民族主义比较外国人是容易得多。因为外国是以个人为单位，他们的法律，对于父子、兄弟、姊妹、夫妇各个人的权利都是单独保护的。打起官司来，不问家族的情形是怎么样，只问个人的是非是怎么样。再由个人放大便是国家，在个人和国家的中间，再没有很坚固很普遍的中间社会。所以说，国民和国家结构的关系，外国不如中国。因为中国个人之外注重家族，有了什么事便要问家长。这种组织，有的说是好，有的说是不好。依我看起来，中国国民和国家结构的关系，先有家族，再推到宗族，再然后才是国族，这种组织一级一级的放大，有条不紊，大小结构的关系当中是很实在的；如果用宗族为单位，改良当中的组织，再联合成国族，比较外国用个人为单位当然容易联络得多。若是用个人做单位，在一国之中，至少有几千万个单位，象中国便有四万万个单位；要想把这样多数的单位都联络起来，自然是很难的。如果用宗族做单位，中国人的姓普通都说是百家姓，不过经过年代太久，每姓中的祖宗或者有不同，由此所成的宗族或者不只一百族，但是最多不过四百族。各族中总有连带的关系，譬如各姓修家谱，常由祖宗几十代推到从前几百代，追求到几千年以前。先祖的姓氏，多半是由于别姓改成的，考求最古的姓是很少的。象这样宗族中穷源极流的旧习惯，在中国有了几千年，牢不可破。在外国人看起来，或者以为没有用处，但是敬宗收族的观念入了中国人的脑，有了几千年。国亡他可以不管，以为人人做皇帝，他总是一样纳粮；若说到灭族，他就怕祖宗血食断绝，不由得不拚命奋斗。闽粤向多各姓械斗的事，起因多是为这一姓对于那一姓名分上或私人上小有凌辱侵占，便不惜牺牲无数金钱生命，求为姓中吐气。事虽野蛮，义至可取。若是给他知了外国目前种种压迫，民族不久即要亡，民族亡了，家族便无从存在。譬如中国原来的土人苗、傜等族,到了今日祖宗血食早断绝了;若我们不放大眼光,合各宗族之力来成一个国族以抵抗外国,则苗、傜等族今日祖宗之不血食,就是我们异日祖宗不能血食的样子。那么,一方可以化各宗族之争而为对外族之争,国内野蛮的各姓械斗可以消灭;一方他怕灭族,结合容易而且坚固,可以成就极有力量的国族。用宗族的小基础,来做扩充国族的工夫,譬如中国现有四百族,好象对于四百人做工夫一样。在每一姓中,用其原来宗族的组织,拿同宗的名义,先从一乡一县联络起,再扩充到一省一国,各姓便可以成一个很大的团体。譬如姓陈的人,因其原有组织,在一乡一县一省中专向姓陈的人去联络,我想不过两三年,姓陈的人便有很大的团体。到了各姓有很大的团体之后,再由有关系的各姓互相联合起来,成许多极大的团体。更令各姓的团体都知道大祸临头,死期将至,都结合起来,便可以成一个极大中华民国的国族团体。有了国族团体,还怕什么外患,还怕不能兴邦吗!《尚书》所载尧的时候,"克明俊德,以亲九族;九族既睦,平章百姓;百姓昭明,协和万邦。黎民于变时雍。"他的治平工夫,亦是由家族入手,逐渐扩充到百姓,使到万邦协和,黎民于变时雍,岂不是目前团结宗族造成国族以兴邦御外的好榜样吗?如果不从四百个宗族团体中做工夫,要从四万万人中去做工夫,那么,一片散沙便不知道从那里联络起。从前日本用藩阀诸侯的关系,联络成了大和民族。当时日本要用藩阀诸侯那些关系的原因,和我主张联成中国民族要用宗族的关系是一样。

大家如果知道自己是受压迫的国民,已经到了不得了的时代,把各姓的宗族团体先联合起来,更由宗族团体结合成一个民族的大团体。我们四万万人有了民族的大团体,要抵抗外国人,积极上自然有办法。现在所以没有办法的原因,是由于没有团体。有了团体,去抵抗外国人不是难事。譬如印度现在受英国人的压迫,被英国人所统治,印度人对于政治的压迫没有办法,对于经济的压迫,便有康第[1]主张“不合作”。什么是不合作呢?就是英国人所需要的,印度人不供给;英国人所供给的,印度人不需要。好比英国人需要工人,印度人便不去和他们作工;英国人供给印度许多洋货,印度人不用他们的洋货,专用自制的土货。康第这种主张,初发表的时候,英国人以为不要紧,可以不必理他。但是久而久之,印度便有许多不合作的团体出现,英国经济一方面便受极大的影响,故英国政府捕康第下狱。推究印度所以能够收不合作之效果的原因,是由于全国国民能够实行。但是印度是已经亡了的国家,尚且能够实行不合作;我们中国此刻还没有亡,普通国民对于别的事业不容易做到,至于不做外国人的工,不去当洋奴,不用外来的洋货,提倡国货,不用外国银行的纸币,专用中国政府的钱,实行经济绝交,是很可以做得到的。他若人口增加的问题,更是容易解决。中国的人口向来很多,物产又很丰富。向来所以要受外国压迫的原因,毛病是由于大家不知,醉生梦死。假若全体国民都能够和印度人一样的不合作,又用宗族团体做基础联成一个大民族团体,无论外国用什么兵力、经济和人口来压迫,我们都不怕他。所以救中国危亡的根本方法,在自己先有团体,用三四百个宗族的团体来顾国家,便有办法。无论对付那一国,都可以抵抗。抵抗外国的方法有两种:一是积极的,这种方法就是振起民族精神,求民权、民生之解决,以与外国奋斗。二是消极的,这种方法就是不合作。不合作是消极的抵制,使外国的帝国主义减少作用,以维持民族的地位,免致灭亡。

① 康第:今译甘地,下同。

第六讲

（三月二日）

今天所讲的问题，是怎么样可以恢复我们民族的地位。

我们想研究一个什么方法去恢复我们民族的地位，便不要忘却前几次所讲的话。我们民族现在究竟是处于什么地位呢？我们民族和国家在现在世界中究竟是什么情形呢？一般很有思想的人所谓先知先觉者，以为中国现在是处于半殖民地的地位，但是照我前次的研究，中国现在不止是处于半殖民地的地位。依殖民地的情形讲，比方安南是法国的殖民地，高丽是日本的殖民地；中国既是半殖民地，和安南、高丽比较起来，中国的地位似乎要高一点，因为高丽、安南已经成了完全的殖民地。到底中国现在的地位，和高丽、安南比较起来究竟是怎么样呢？照我的研究，中国现在还不能够到完全殖民地的地位，比较完全殖民地的地位更要低一级。所以我创一个新名词，说中国是“次殖民地”，这就是中国现在的地位。这种理论，我前次已经讲得很透彻了，今天不必再讲。

至于中国古时在世界中是处于什么地位呢？中国从前是很强盛很文明的国家，在世界中是头一个强国，所处的地位比现在的列强象英国、美国、法国、日本还要高得多。因为那个时候的中国，是世界中的独强。我们祖宗从前已经达到了那个地位，说到现在还不如殖民地，为什么从前的地位有那么高，到了现在便一落千丈呢？此中最大的原因，我从前已经讲过了，就是由于我们失了民族的精神，所以国家便一天退步一天。我们今天要恢复民族的地位，便先要恢复民族的精神。

我们想要恢复民族的精神，要有两个条件：第一个条件是要我们知道现在处于极危险的地位；第二个条件是我们既然知道了处于很危险的地位,便要善用中国固有的团体,象家族团体和宗族团体,大家联合起来,成一个大国族团体。结成了国族团体,有了四万万人的大力量,共同去奋斗,无论我们民族是处于什么地位,都可以恢复起来。所以,能知与合群,便是恢复民族主义的方法。大家先知道了这个方法的更要去推广,宣传到全国的四万万人,令人人都要知道;到了人人都知道了,那末,我们从前失去的民族精神便可以恢复起来。从前失去民族精神,好比是睡着觉;现在要恢复民族精神,就要唤醒起来。醒了之后,才可以恢复民族主义。到民族主义恢复了之后,我们便可以进一步去研究怎么样才可以恢复我们民族的地位。

中国从前能够达到很强盛的地位,不是一个原因做成的。大凡一个国家所以能够强盛的原故,起初的时候都是由于武力发展,继之以种种文化的发扬,便能成功。但是要维持民族和国家的长久地位,还有道德问题,有了很好的道德,国家才能长治久安。亚洲古时最强盛的民族,莫过于元朝的蒙古人,蒙古人在东边灭了中国,在西边又征服欧洲。中国历代最强盛的时代,国力都不能够过里海的西岸,只能够到里海之东,故中国最强盛的时候,国力都不能达到欧洲。元朝的时候,全欧洲几乎被蒙古人吞并,比起中国最强盛的时候还要强盛得多,但是元朝的地位没有维持很久。从前中国各代的国力虽然比不上元朝,但是国家的地位各代都能够长久,推究当中的原因,就是元朝的道德不及中国其余各代的道德那样高尚。从前中国民族的道德因为比外国民族的道德高尚得多,所以在宋朝,一次亡国到外来的蒙古人,后来蒙古人还是被中国人所同化;在明朝,二次亡国到外来的满洲人,后来满洲人也是被中国人同化。因为我们民族的道德高尚,故国家虽亡,民族还能够存在;不但是自己的民族能够存在,并且有力量能够同化外来的民族。所以穷本极源,我们现在要恢复民族的地位,除了大家联合起来做成一个国族团体以外,就要把固有的旧道德先恢复起来。有了固有的道德,然后固有的民族地位才可以图恢复。

讲到中国固有的道德，中国人至今不能忘记的，首是忠孝，次是仁爱，其次是信义，其次是和平。这些旧道德，中国人至今还是常讲的。但是，现在受外来民族的压迫，侵入了新文化，那些新文化的势力此刻横行中国。一般醉心新文化的人，便排斥旧道德，以为有了新文化，便可以不要旧道德。不知道我们固有的东西，如果是好的，当然是要保存，不好的才可以放弃。

此刻中国正是新旧潮流相冲突的时候，一般国民都无所适从。前几天我到乡下进了一所祠堂，走到最后进的一间厅堂去休息，看见右边有一个“孝”字，左边一无所有，我想从前一定有个“忠”字。象这些景象，我看见了的不止一次，有许多祠堂或家庙都是一样的。不过我前几天所看见的“孝”字是特别的大，左边所拆去的痕迹还是很新鲜。推究那个拆去的行为，不知道是乡下人自己做的，或者是我们所驻的兵士做的，但是我从前看到许多祠堂庙宇没有驻过兵，都把“忠”字拆去了。由此便可见现在一般人民的思想，以为到了民国，便可以不讲忠字；以为从前讲忠字是对于君的，所谓忠君；现在民国没有君主，忠字便可以不用，所以便把他拆去。这种理论，实在是误解。因为在国家之内，君主可以不要，忠字是不能不要的。如果说忠字可以不要，试问我们有没有国呢？我们的忠字可不可以用之于国呢？我们到现在说忠于君固然是不可以，说忠于民是可不可呢？忠于事又是可不可呢？我们做一件事，总要始终不渝，做到成功，如果做不成功，就是把性命去牺牲亦所不惜，这便是忠。所以古人讲忠字，推到极点便是一死。古时所讲的忠，是忠于皇帝，现在没有皇帝便不讲忠字，以为什么事都可以做出来，那便是大错。现在人人都说，到了民国什么道德都破坏了，根本原因就是在此。我们在民国之内，照道理上说，还是要尽忠，不忠于君，要忠于国，要忠于民，要为四万万人去效忠。为四万万人效忠，比较为一人效忠，自然是高尚得多。故忠字的好道德还是要保存。讲到孝字，我们中国尤为特长，尤其比各国进步得多。《孝经》所讲孝字，几乎无所不包，无所不至。现在世界中最文明的国家讲到孝字，还没有象中国讲到这么完全。所以孝字更是不能不要的。国民在民国之内,要能够把忠孝二字讲到极点,国家便自然可以强盛。

仁爱也是中国的好道德。古时最讲爱字的莫过于墨子。墨子所讲的"兼爱",与耶稣所讲的"博爱"是一样的。古时在政治一方面所讲爱的道理,有所谓"爱民如子",有所谓"仁民爱物",无论对于什么事,都是用爱字去包括。所以古人对于仁爱究竟是怎么样实行,便可以知道。中外交通之后,一般人便以为中国人所讲的仁爱不及外国人,因为外国人在中国设立学校,开办医院,来教育中国人、救济中国人,都是为实行仁爱的。照这样实行一方面讲起来,仁爱的好道德,中国现在似乎远不如外国。中国所以不如的原故,不过是中国人对于仁爱没有外国人那样实行,但是仁爱还是中国的旧道德。我们要学外国,只要学他们那样实行,把仁爱恢复起来,再去发扬光大,便是中国固有的精神。

讲到信义。中国古时对于邻国和对于朋友,都是讲信的。依我看来,就信字一方面的道德,中国人实在比外国人好得多。在什么地方可以看得出来呢?在商业的交易上便可以看得出。中国人交易,没有什么契约,只要彼此口头说一句话,便有很大的信用。比方外国人和中国人订一批货,彼此不必立合同,只要记入帐簿便算了事。但是中国人和外国人订一批货,彼此便要立很详细的合同。如果在没有律师和没有外交官的地方,外国人也有学中国人一样只记入帐簿便算了事的,不过这种例子很少,普通都是要立合同。逢着没有立合同的时候,彼此定了货,到交货的时候如果货物的价格太贱,还要去买那一批货,自然要亏本。譬如定货的时候那批货价订明是一万元,在交货的时候只值五千元,若是收受那批货,便要损失五千元。推到当初订货的时候没有合同,中国人本来把所定的货可以辞却不要,但是中国人为履行信用起见,宁可自己损失五千元,不情愿辞去那批货。所以外国在中国内地做生意很久的人,常常赞美中国人,说中国人讲一句话比外国人立了合同的,还要守信用得多。但是外国人在日本做生意的,和日本人订货,纵然立了合同,日本人也常不履行。譬如定货的时候那批货订明一万元,在交货的时候价格跌到五千元,就是原来有合同,日本人也不要那批货、去履行合同,所以外国人常常和日本人打官司。在东亚住过很久的外国人,和中国人与日本人都做过了生意的,都赞美中国人,不赞美日本人。至于讲到义字,中国在很强盛的时代也没有完全去灭人国家。比方从前的高丽,名义上是中国的藩属,实在是一个独立国家;就是在二十年以前,高丽还是独立。到了近来一二十年,高丽才失去自由。从前有一天,我和一位日本朋友谈论世界问题,当时适欧战正剧,日本方参加协商国去打德国。那位日本朋友说,他本不赞成日本去打德国,主张日本要守中立,或者参加德国来打协商国。但说因为日本和英国是同盟的,订过了国际条约的,日本因为要讲信义,履行国际条约,故不得不牺牲国家的权利,去参加协商国,和英国共同去打德国。我就问那位日本人说:"日本和中国不是立过了马关条约吗?该条约中最要之条件不是要求高丽独立吗?为什么日本对于英国能够牺牲国家权利去履行条约,对于中国就不讲信义,不履行马关条约呢?对于高丽独立是日本所发起、所要求、且以兵力胁迫而成的,今竟食言而肥,何信义之有呢?简直是说,日本对于英国主张履行条约,对于中国便不主张履行条约,因为英国是很强的,中国是很弱的。日本加入欧战,是怕强权,不是讲信义罢!"中国强了几千年而高丽犹在,日本强了不过二十年便把高丽灭了,由此便可见日本的信义不如中国,中国所讲的信义,比外国要进步得多。

中国更有一种极好的道德,是爱和平。现在世界上的国家和民族,止有中国是讲和平;外国都是讲战争,主张帝国主义去灭人的国家。近年因为经过许多大战,残杀太大,才主张免去战争,开了好几次和平会议,象从前的海牙会议,欧战之后的华赛尔会议、金那瓦[①]会议、华盛顿会议,最近的洛桑会议。但是这些会议,各国人共同去讲和平,是因为怕战争,出于勉强而然的,不是出于一般国民的天

---

① 金那瓦:今译日内瓦。

性。中国人几千年酷爱和平,都是出于天性。论到个人便重谦让,论到政治便说“不嗜杀人者能一之”,和外国人便有大大的不同。所以中国从前的忠孝仁爱信义种种的旧道德,固然是驾乎外国人,说到和平的道德,更是驾乎外国人。这种特别的好道德,便是我们民族的精神。我们以后对于这种精神不但是要保存,并且要发扬光大,然后我们民族的地位才可以恢复。

我们旧有的道德应该恢复以外,还有固有的智能也应该恢复起来。我们自被满清征服了以后,四万万人睡觉,不但是道德睡了觉,连知识也睡了觉。我们今天要恢复民族精神,不但是要唤醒固有的道德,就是固有的知识也应该唤醒他。中国有什么固有的知识呢?就人生对于国家的观念,中国古时有很好的政治哲学。我们以为欧美的国家近来很进步,但是说到他们的新文化,还不如我们政治哲学的完全。中国有一段最有系统的政治哲学,在外国的大政治家还没有见到,还没有说到那样清楚的,就是《大学》中所说的“格物、致知、诚意、正心、修身、齐家、治国、平天下”那一段的话。把一个人从内发扬到外,由一个人的内部做起,推到平天下止。象这样精微开展的理论,无论外国什么政治哲学家都没有见到,都没有说出,这就是我们政治哲学的知识中独有的宝贝,是应该要保存的。这种正心、诚意、修身、齐家的道理,本属于道德的范围,今天要把他放在知识范围内来讲,才是适当。我们祖宗对于这些道德上的功夫,从前虽然是做过了的,但是自失了民族精神之后,这些知识的精神当然也失去了。所以普通人读书,虽然常用那一段话做口头禅,但是多是习而不察,不求甚解,莫名其妙的。正心、诚意的学问是内治的功夫,是很难讲的。从前宋儒是最讲究这些功夫的,读他们的书,便可以知道他们做到了什么地步。但是说到修身、齐家、治国那些外修的功夫,恐怕我们现在还没有做到。专就外表来说,所谓修身、齐家、治国,中国人近几百年以来都做不到,所以对于本国便不能自治。外国人看见中国人不能治国,便要来共管。

我们为什么不能治中国呢?外国人从什么地方可以看出来呢?

依我个人的眼光看，外国人从齐家一方面或者把中国家庭看不清楚，但是从修身一方面来看，我们中国人对于这些功夫是很缺乏的。中国人一举一动都欠检点，只要和中国人来往过一次，便看得很清楚。外国人对于中国的印象，除非是在中国住过了二三十年的外国人，或者是极大的哲学家象罗素那一样的人有很大的眼光，一到中国来，便可以看出中国的文化超过于欧美，才赞美中国。普通外国人，总说中国人没有教化，是很野蛮的。推求这个原因，就是大家对于修身的功夫太缺乏。大者勿论，即一举一动，极寻常的功夫都不讲究。譬如中国人初到美国时候，美国人本来是平等看待，没有什么中美人的分别。后来美国大旅馆都不准中国人住，大的酒店都不许中国人去吃饭，这就是由于中国人没有自修的功夫。我有一次在船上和一个美国船主谈话，他说："有一位中国公使前一次也坐这个船，在船上到处喷涕吐痰，就在这个贵重的地毡上吐痰，真是可厌。"我便问他："你当时有什么办法呢？"他说："我想到无法，只好当他的面，用我自己的丝巾把地毡上的痰擦干净便了。当我擦痰的时候，他还是不经意的样子。"象那位公使在那样贵重的地毡上都吐痰，普通中国人大都如此，由此一端，便可见中国人举动缺乏自修的功夫。孔子从前说"席不正不坐"，由此便可见他平时修身虽一坐立之微，亦很讲究的。到了宋儒时代，他们正心、诚意和修身的功夫，更为谨严。现在中国人便不讲究了。

为什么外国的大酒店都不许中国人去吃饭呢？有人说：有一次，一个外国大酒店当会食的时候，男男女女非常热闹、非常文雅，济济一堂，各乐其乐。忽然有一个中国人放起屁来，于是同堂的外国人哗然哄散，由此店主便把那位中国人逐出店外。从此以后，外国大酒店就不许中国人去吃饭了。又有一次，上海有一位大商家请外国人来宴会，他也忽然在席上放起屁来，弄到外国人的脸都变红了。他不但不检点，反站起来大拍衫裤，且对外国人说："嗌士巧士咪。”[①]这种举动，真是野蛮陋劣之极！而中国之文人学子，亦常有此鄙陋行为，实在难解。或谓有气必放，放而要响，是有益卫生，此更为恶劣之谬见。望国人切当戒之，以为修身的第一步功夫。此外中国人每爱留长指甲，长到一寸多长都不剪去，常以为要这样便是很文雅。法国人也有留指甲的习惯，不过法国人留长指甲，只长到一两分，他们以为要这样，便可表示自己是不做粗工的人。中国人留长指甲也许有这个意思，如果人人都不想做粗工，便和我们国民党尊重劳工的原理相违背了。再者中国人牙齿是常常很黄墨的，总不去洗刷干净，也是自修上的一个大缺点。象吐痰、放屁、留长指甲、不洗牙齿，都是修身上寻常的功夫，中国人都不检点。所以我们虽然有修身、齐家、治国、平天下的大知识，外国人一遇见了便以为很野蛮，便不情愿过细来考察我们的知识。外国人一看到中国，便能够知道中国的文明，除非是大哲学家象罗素一样的人才能见到；否则，便要在中国多住几十年，方可以知道中国几千年的旧文化。假如大家把修身的功夫做得很有条理，诚中形外，虽至举动之微亦能注意，遇到外国人，不以鄙陋行为而侵犯人家的自由，外国人一定是很尊重的。所以今天讲到修身，诸位新青年便应该学外国人的新文化。只要先能够修身，便可来讲齐家、治国。现在各国的政治都进步了，只有中国是退步，何以中国要退步呢？就是因为受外国政治经济的压迫，推究根本原因，还是由于中国人不修身。不知道中国从前讲修身，推到正心、诚意、格物、致知，这是很精密的知识，是一贯的道理。象这样很精密的知识和一贯的道理，都是中国所固有的。我们现在要能够齐家、治国，不受外国的压迫，根本上便要从修身起，把中国固有知识一贯的道理先恢复起来，然后我们民族的精神和民族的地位才都可以恢复。

我们除了知识之外，还有固有的能力。现在中国人看见了外国的机器发达，科学昌明，中国人现在的能力当然不及外国人。但是

---

① 嗌士巧士咪：英文 Excuse me 的音译，意思是“对不起”。

在几千年前,中国人的能力是怎么样呢?从前中国人的能力还要比外国人大得多。外国现在最重要的东西,都是中国从前发明的。比如指南针,在今日航业最发达的世界,几乎一时一刻都不能不用他。推究这种指南针的来源,还是中国人几千年以前发明的。如果从前的中国人没有能力,便不能发明指南针。中国人固老早有了指南针,外国人至今还是要用他。可见中国人固有的能力还是高过外国人。其次,在人类文明中最重要的东西,便是印刷术。现在外国改良的印刷机,每点钟可以印几万张报纸,推究他的来源,也是中国发明的。再其次,在人类中日用的磁器更是中国发明的,是中国的特产。至今外国人极力仿效,犹远不及中国之精美。近来世界战争用到无烟火药,推究无烟药的来源,是由于有烟黑药改良而成的,那种有烟黑药也是中国发明的。中国发明了指南针、印刷术和火药这些重要的东西,外国今日知道利用他,所以他们能够有今日的强盛。至若人类所享衣食住行的种种设备,也是我们从前发明的。譬如就饮料一项说,中国人发明茶叶,至今为世界之一大需要,文明各国皆争用之。以茶代酒,更可免了酒患,有益人类不少。讲到衣一层,外国人视为最贵重的是丝织品。现在世界上穿丝的人一天多过一天,推究用蚕所吐的丝而为人衣服,也是中国几千年前发明的。讲到住一层,现在外国人建造的房屋自然是很完全,但是造房屋的原理和房屋中各重要部分都是中国人发明的,譬如拱门就是以中国的发明为最早。至于走路,外国人现在所用的吊桥,便以为是极新的工程、很大的本领。但是外国人到中国内地来,走到川边、西藏,看见中国人经过大山,横过大河,多有用吊桥的。他们从前没有看见中国的吊桥,以为这是外国先发明的,及看见了中国的吊桥,便把这种发明归功到中国。由此可见中国古时不是没有能力的,因为后来失了那种能力,所以我们民族的地位也逐渐退化。现在要恢复固有的地位,便先要把我们固有的能力一齐都恢复起来。

但是恢复了我们固有的道德、知识和能力,在今日之世,仍未能进中国于世界一等的地位,如我们祖宗之当时为世界之独强的。恢复我一切国粹之后，还要去学欧美之所长，然后才可以和欧美并驾齐驱。如果不学外国的长处，我们仍要退后。我们要学外国到底是难不难呢？中国人向来以为外国的机器很难，是不容易学的。不知道外国所视为最难的是飞上天，他们最新的发明的飞机，现在我们天天看见大沙头的飞机飞上天，飞上天的技师是不是中国人呢；中国人飞上天都可以学得到，其余还有什么难事学不到呢？因为几千年以来，中国人有了很好的根底和文化，所以去学外国人，无论什么事都可以学得到。用我们的本能，很可以学外国人的长处。外国的长处是科学，用了两三百年的功夫去研究发明，到了近五十年来，才算是十分进步。因为这种科学进步，所以人力可以巧夺天工，天然所有的物力，人工都可以做得到。最新发明的物力是用电。从前物力的来源是用煤，由于煤便发动汽力，现在进步到用电。所以外国的科学，已经由第一步进到第二步。现在美国有一个很大的计划，是要把全国机器厂所用的动力即马力都统一起来。因为他们全国的机器厂有几万家，各家工厂都有一个发动机，都要各自烧煤去发生动力，所以每大各厂所烧的煤和所费的人工都是很多。且因各厂用煤太多，弄到全国的铁路虽然有了几十万英里，还不敷替他们运煤之用，更没有工夫去运农产，于是各地的农产便不能运出畅销。因为用煤有这两种的大大不利，所以美国现在想做一个中央电厂，把几万家工厂用电力去统一。将来此项计划如果成功，那几万家工厂的发动机都统一到一个总发动机，各工厂可以不必用煤和许多工人去烧火，只用一条铜线，便可以传导动力，各工厂便可以去做工。行这种方法的利益，好比现在讲堂内的几百人，每一个人单独用锅炉去煮饭吃，是很麻烦的，是很浪费的；如果大家合拢起来，只用一个大锅炉去煮饭吃，就便当得多，就节省得多。现在美国正是想用电力去统一全国工厂的计划。如果中国要学外国的长处，起首便应该不必用煤力而用电力，用一个大原动力供给全国。这样学法，好比是军事家的迎头截击一样，如果能够迎头去学，十年之后，虽然不能超过外国，一定可以和他们并驾齐驱。

我们要学外国,是要迎头赶上去,不要向后跟着他。譬如学科学,迎头赶上去,便可以减少两百多年的光阴。我们到了今日的地位,如果还是睡觉,不去奋斗,不知道恢复国家的地位,从此以后便要亡国灭种。现在我们知道了跟上世界的潮流,去学外国之所长,必可以学得比较外国还要好,所谓"后来者居上"。从前虽然是退后了几百年,但是现在只要几年便可以赶上,日本便是一个好榜样。日本从前的文化是从中国学去的,比较中国低得多。但是日本近来专学欧美的文化,不过几十年便成世界中列强之一。我看中国人的聪明才力不亚于日本,我们此后去学欧美,比较日本还要容易。所以这十年中,便是我们的生死关头。如果我们醒了,象日本人一样,大家提心吊胆去恢复民族的地位,在十年之内,就可以把外国的政治、经济和人口增加的种种压迫和种种祸害都一齐消灭。日本学欧美不过几十年便成世界列强之一,但是中国的人口比日本多十倍,领土比日本大三十倍,富源更是比日本多,如果中国学到日本,就要变成十个列强。现在世界之中,英、美、法、日、意大利等不过五大强国,以后德、俄恢复起来,也不过六七个强国;如果中国能够学到日本,只要用一国便变成十个强国。到了那个时候,中国便可以恢复到头一个地位。

但是中国到了头一个地位,是怎么样做法呢?中国古时常讲"济弱扶倾",因为中国有了这个好政策,所以强了几千年,安南、缅甸、高丽、暹罗那些小国还能够保持独立。现在欧风东渐,安南便被法国灭了,缅甸被英国灭了,高丽被日本灭了。所以,中国如果强盛起来,我们不但是要恢复民族的地位,还要对于世界负一个大责任。如果中国不能够担负这个责任,那末中国强盛了,对于世界便有大害,没有大利。中国对于世界究竟要负什么责任呢?现在世界列强所走的路是灭人国家的;如果中国强盛起来,也要去灭人国家,也去学列强的帝国主义,走相同的路,便是蹈他们的覆辙。所以我们要先决定一种政策,要济弱扶倾,才是尽我们民族的天职。我们对于弱小民族要扶持他,对于世界的列强要抵抗他。如果全国人民都立定这个志愿,中国民族才可以发达。若是不立定这个志愿,中国民族便没有希望。我们今日在没有发达之先,立定扶倾济弱的志愿,将来到了强盛时候,想到今日身受过了列强政治经济压迫的痛苦,将来弱小民族如果也受这种痛苦,我们便要把那些帝国主义来消灭,那才算是治国平天下。

我们要将来能够治国平天下,便先要恢复民族主义和民族地位。用固有的道德和平做基础,去统一世界,成一个大同之治,这便是我们四万万人的大责任。诸君都是四万万人的一份子,都应该担负这个责任,便是我们民族的真精神!

民权主义

第一讲

(三月九日)

诸君:

今天开始来讲民权主义。什么叫做民权主义呢?现在要把民权来定一个解释,便先要知道什么是民。大凡有团体有组织的众人,就叫做民。什么是权呢?权就是力量,就是威势。那些力量大到同国家一样,就叫做权。力量最大的那些国家,中国话说"列强",外国话便说"列权"。又机器的力量,中国话说是"马力",外国话说是"马权"。所以权和力实在是相同,有行使命令的力量,有制服群伦的力量,就叫做权。把民同权合拢起来说,民权就是人民的政治力量。什么是叫做政治的力量呢?我们要明白这个道理,便先要明白什么是政治。许多人以为政治是很奥妙、很艰深的东西,是通常人不容易明白的。所以中国的军人常常说,我们是军人,不懂得政治。为什么不懂得政治呢?就是因为他们把政治看作是很奥妙、很艰深的,殊不知道政治是很浅白、很明了的。如果军人说不干涉政治,还可以讲得通,但是说不懂得政治,便讲不通了。因为政治的原动力便在军人,所以军人当然要懂得政治,要明白什么是政治。政治两字的意思,浅而言之,政就是众人的事,治就是管理,管理众人的事便是政治。有管理众人之事的力量,便是政权。今以人民管理政事,便叫做民权。

现在民权的定义既然是明白了,便要研究民权是什么作用的。环观近世,追溯往古,权的作用,简单的说,就是要来维持人类的生存。人类要能够生存,就须有两件最大的事:第一件是保,第二件是养。保和养两件大事,是人类天天要做的。保就是自卫,无论是个人或团体或国家,要有自卫的能力,才能够生存。养就是觅食。这自卫和觅食,便是人类维持生存的两件大事。但是人类要维持生存,他项动物也要维持生存;人类要自卫,他项动物也要自卫;人类要觅食,他项动物也要觅食。所以人类的保养和动物的保养冲突,便发生竞争。人类要在竞争中求生存,便要奋斗,所以奋斗这一件事,是自有人类以来天天不息的。由此便知权是人类用来奋斗的。

人类由初生以至于现在,天天都是在奋斗之中。人类奋斗可分作几个时期:第一个时期,是太古洪荒没有历史以前的时期。那个时期的长短,现在虽然不知道,但是近来地质学家由石层研究起来,考查得有人类遗迹凭据的石头不过是两百万年,在两百万年以前的石头便没有人类的遗迹。普通人讲到几百万年以前的事,似乎是很渺茫的,但是近来地质学极发达,地质学家把地球上的石头分成许多层,每层合成若干年代,那一层是最古的石头,那一层是近代的石头,所以用石头来分别。在我们说到两百万年,似乎是很长远,但是在地质学家看起来,不过是一短时期。两百万年以前还有种种石层,更自两百万年以上,推到地球没有结成石头之先,便无可稽考。普通都说没有结成石头之先,是一种流质;更在流质之先,是一种气体。所以照进化哲学的道理讲,地球本来是气体,和太阳本是一体的。始初太阳和气体都是在空中,成一团星云,到太阳收缩的时候,分开许多气体,日久凝结成液体,再由液体固结成石头。最老的石头有几千万年,现在地质学家考究得有凭据的石头是二千多万年。所以他们推定地球当初由气体变成液体要几千万年,由液体变成石头的固体又要几千万年。由最古之石头至于今日,至少有二千万年。在二千万年的时代,因为没有文字的历史,我们便以为很久远,但是地质学家还以为很新鲜。我要讲这些地质学,和我们今日的讲题有什么关系呢?因为讲地球的来源,便由此可以推究到人类的来源。地质学家考究得人类初生在二百万年以内,人类初生以后到距今二十万年,才生文化。二十万年以前,人和禽兽没有什么大分别,所以哲学家说人是由动物进化而成,不是偶然造成的。人类庶物由二十万年以来,逐渐进化,才成今日的世界。现在是什么世界呢?就是民权世界。

民权之萌芽虽在二千年前之希腊、罗马时代,但是确立不摇,只有一百五十年。前此仍是君权时代。君权之前便是神权时代。而神权之前便是洪荒时代,是人和兽相斗的时代。在那个时候,人类要图生存,兽类也要图生存。人类保全生存的方法,一方面是觅食,一方面是自卫。在太古时代,人食兽,兽亦食人,彼此相竞争。遍地都是毒蛇猛兽,人类的四周都是祸害,所以人类要图生存,便要去奋斗。但是那时的奋斗,总是人兽到处混乱的奋斗,不能结合得大团体,所谓各自为战。就人类发生的地方说,有人说不过是在几处地方。但是地质学家说,世界上有了人之后,便到处都有人,因为无论自什么地方挖下去,都可以发见人类的遗迹。至于人和兽的竞争,至今还没有完全消灭。如果现在走到南洋很荒野的地方,人和兽斗的事还可以看见。又象我们走到荒山野外没有人烟的地方,便知道太古时代人同兽是一个什么景象。

象这样讲,我们所以能够推到古时的事,是因为有古代的痕迹遗存;如果没有古迹遗存,我们便不能够推到古时的事。普通研究古时的事,所用的方法是读书看历史。历史是用文字记载来的,所以人类文化,是有了文字之后才有历史。有文字的历史,在中国至今不过五六千年，在埃及不过一万多年。世界上考究万事万物，在中国是专靠读书，在外国人却不是专靠读书。外国人在小学、中学之内，是专靠读书的，进了大学便不专靠读书，要靠实地去考察。不专看书本的历史，要去看石头、看禽兽和各地方野蛮人的情状，便可推知我们祖宗是一个什么样的社会。比方观察非洲和南洋群岛的野蛮人，便可知道从前没有开化的人是一个什么情形。所以近来大科学家考察万事万物，不是专靠书。他们所出的书，不过是由考察的心得贡献到人类的记录罢了。他们考察的方法有两种：一种是用观察，即科学；一种是用判断，即哲学。人类进化的道理，都是由此两学得来的。

古时人同兽斗，只有用个人的体力，在那个时候只有同类相助。比方在这个地方有几十个人同几十个猛兽奋斗，在别的地方也有几十个人同几十个猛兽奋斗，这两个地方的人类见得彼此都是同类的，和猛兽是不同的，于是同类的就互相集合起来，和不同类的去奋斗。决没有和不同类的动物集合，共同来食人的，来残害同类的。当时同类的集合，不约而同去打那些毒蛇猛兽。那种集合是天然的，不是人为的。把毒蛇猛兽打完了，各人还是散去。因为当时民权没有发生，人类去打那些毒蛇猛兽，各人都是各用气力，不是用权力。所以在那个时代，人同兽争是用气力的时代。

后来毒蛇猛兽差不多都被人杀完了，人类所处的环境较好，所住的地方极适于人类的生存，人群就住在一处，把驯伏的禽兽养起来，供人类的使用。故人类把毒蛇猛兽杀完了之后，便成畜牧时代，也就是人类文化初生的时代，差不多和现在中国的蒙古同亚洲西南的阿剌伯人还是在畜牧时代一样。到了那个时代，人类生活的情形便发生一个大变动。所以人同兽斗终止，便是文化初生。这个时代可以叫做太古时代。到了那个时代，人又同什么东西去奋斗呢？是同天然物力去奋斗。

简而言之，世界进化，当第一个时期是人同兽争，所用的是气力，大家同心协力杀完毒蛇猛兽；第二个时期是人同天争。

在人同兽争的时代,因为不知道何时有毒蛇猛兽来犯,所以人类时时刻刻不知生死,所有的自卫力只有双手双足。不过在那个时候,人要比兽聪明些,所以同兽奋斗,不是用双手双足,还晓得用木棍和石头。故最后的结果,人类战胜,把兽类杀灭净尽,人类的生命才可以一天一天的计算。在人同兽斗的时期,人类的安全几乎一时一刻都不能保。到了没有兽类的祸害,人类才逐渐蕃盛,好地方都被人住满了。

当那个时代,什么是叫做好地方呢?可以避风雨的地方便叫做好地方,就是风雨所不到的地方。象埃及的尼罗河两旁和亚洲马斯波他米亚[①]地方,土地极其肥美,一年四季都不下雨。尼罗河水每年涨一次,水退之后,把河水所带的肥泥都散布到沿河两旁的土地,便容易生长植物,多产谷米。象这种好地方,只有沿尼罗河岸和马斯波他米亚地方,所以普通都说尼罗河和马斯波他米亚是世界文化发源的地方。因为那两岸的土地肥美,常年没有风雨,既可以耕种,又可以畜牧,河中的水族动物又丰富,所以人类便很容易生活,不必劳心劳力便可以优游度日,子子孙孙便容易蕃盛。

到了人类过于蕃盛之后,那些好地方便不够住了。就是在尼罗河与马斯波他米亚之外,稍为不好的地方也要搬到去住。不好的地方就有风雨的天灾。好比黄河流域,是中国古代文化发源的地方。在黄河流域,一来有风雨天灾,二来有寒冷,本不能够发生文化,但是中国古代文化何以发生于黄河流域呢?因为沿河两岸的人类是由别处搬来的。比方马斯波他米亚的文化,便早过中国万多年,到了中国的三皇五帝以前,便由马斯波他米亚搬到黄河流域,发生中国的文明。在这个地方,驱完毒蛇猛兽之后,便有天灾,便要受风雨的祸患。遇到天灾,人类要免去那种灾害,便要与天争。因为要避风雨,就要做房屋;因为要御寒冷,就要做衣服。人类到了能够做房屋做衣服,便进化到很文明。

---

① 马斯波他米亚:今译美索不达米亚。

但是,天灾是不一定的,也不容易防备。有时一场大风便可把房屋推倒,一场大水便可把房屋淹没,一场大火便可把房屋烧完,一场大雷便可把房屋打坏。这四种——水、火、风、雷的灾害,古人实在莫名其妙。而且古人的房屋都是草木做成的,都不能抵抗水、火、风、雷四种天灾。所以古人对于这四种天灾,便没有方法可以防备。说到人同兽争的时代,人类还可用气力去打,到了同天争的时代,专讲打是不可能的,故当时人类感觉非常的困难。后来便有聪明的人出来替人民谋幸福,象大禹治水,替人民除去水患;有巢氏教民在树上做居室,替人民谋避风雨的灾害。自此以后,文化便逐渐发达,人民也逐渐团结起来。又因为当时地广人稀,觅食很容易,他们单独的问题只有天灾,所以要和天争。但是和天争,不比是和兽争可以用气力的,于是发生神权。极聪明的人便提倡神道设教,用祈祷的方法去避祸求福。他们所做祈祷的工夫,在当时是或有效或无效,是不可知。但是既同天争,无法之中,是不得不用神权,拥戴一个很聪明的人做首领。好比现在非洲野蛮的酋长,他的职务便专是祈祷。又象中国的蒙古、西藏都奉活佛做皇帝,都是以神为治。所以古人说:“国之大事,在祀与戎。”说国家的大事,第一是祈祷,第二是打仗。

中华民国成立了十三年,把皇帝推翻,现在没有君权。日本至今还是君权的国家,至今还是拜神,所以日本皇帝,他们都称天皇。中国皇帝,我们从前亦称天子。在这个时代,君权已经发达了很久,还是不能脱离神权。日本的皇帝,在几百年以前已经被武人推倒了。到六十年前明治维新,推翻德川,恢复天皇,所以日本至今还是君权、神权并用。从前罗马皇帝也是一国的教主,罗马亡了之后,皇帝被人推翻,政权也被夺去了;但是教权仍然保存,各国人民仍然奉为教主,好比中国的春秋时候列国尊周一样。

由此可见人同兽争以后,便有天灾,要和天争,便发生神权。

由有历史到现在,经过神权之后,便发生君权。有力的武人和大政治家把教皇的权力夺了,或者自立为教主,或者自称为皇帝。

于是由人同天争的时代,变成人同人争。到了人同人相争,便觉得单靠宗教的信仰力不能维持人类社会,不能够和人竞争,必要政治修明、武力强盛才可以和别人竞争。世界自有历史以来都是人同人争。从前人同人争,一半是用神权,一半是用君权。后来神权渐少,罗马分裂之后,神权渐衰,君权渐盛,到了法王路易十四便为极盛的时代。他说:"皇帝和国家没有分别,我是皇帝,所以我就是国家。"把国家的什么权都拿到自己手里,专制到极点,好比中国秦始皇一样。君主专制一天厉害一天,弄到人民不能忍受。到了这个时代,科学也一天发达一天,人类的聪明也一天进步一天,于是生出了一种大觉悟,知道君主总揽大权,把国家和人民做他一个人的私产,供他一个人的快乐,人民受苦他总不理会。人民到不能忍受的时候,便一天觉悟一天,知道君主专制是无道,人民应该要反抗。反抗就是革命。所以百余年来,革命的思潮便非常发达,便发生民权的革命。民权革命是谁同谁争呢?就是人民同皇帝相争。所以推求民权的来源,我们可以用时代来分析。

再概括的说一说:第一个时期,是人同兽争,不是用权,是用气力。第二个时期,是人同天争,是用神权。第三个时期,是人同人争,国同国争,这个民族同那个民族争,是用君权。到了现在的第四个时期,国内相争,人民同君主相争。

在这个时代之中,可以说是善人同恶人争,公理同强权争。到这个时代,民权渐渐发达,所以叫做民权时代。这个时代是很新的。我们到了这个很新的时代,推倒旧时代的君权,究竟是好不好呢?从前人类的知识未开,赖有圣君贤相去引导,在那个时候君权是很有用的。君权没有发生以前,圣人以神道设教去维持社会,在那个时候神权也是很有用的。现在神权、君权都是过去的陈迹,到了民权时代。就道理上讲起来,究竟为什么反对君权,一定要用民权呢?因为近来文明很进步,人类的知识很发达,发生了大觉悟。好比我们在做小孩子的时候,便要父母提携,但是到了成人谋生的时候,便不能依靠父母,必要自己去独立。但是现在还有很多学者要拥护君权,排斥民权。日本这种学者是很多,欧美也有这种学者,中国许多旧学者也是一样。所以一般老官僚至今还是主张复辟,恢复帝制。现在全国的学者有主张君权的,有主张民权的,所以弄到政体至今不能一定。我们是主张民权政治的,必要把全世界各国民权的情形,考察清楚才好。

从二十万年到万几千年以前是用神权,神权很适宜于那个时代的潮流。比如现在西藏,如果忽然设立君主,人民一定是要反对的;因为他们崇信教主,拥戴活佛,尊仰活佛的威权,服从活佛的命令。欧洲几千百年前也是这样。中国文化发达的时期早过欧洲,君权多过神权,所以中国老早便是君权时代。民权这个名词是近代传进来的。大家今天来赞成我的革命,当然是主张民权的;一般老官僚要复辟要做皇帝,当然是反对民权、主张君权的。君权和民权,究竟是那一种和现在的中国相宜呢?这个问题很有研究的价值。根本上讨论起来,无论君权和民权,都是用来管理政治,为众人办事的,不过政治上各时代的情形不同,所用的方法也各有不同。到底中国现在用民权是适宜不适宜呢?有人说,中国人民的程度太低,不适宜于民权。美国本来是民权的国家,但是在袁世凯要做皇帝的时候,也有一位大学教授叫做古德诺,到中国来主张君权,说中国人民的思想不发达,文化赶不上欧美,所以不宜用民权。袁世凯便利用他这种言论,推翻民国,自己称皇帝。现在我们主张民权,便要对于民权认得很清楚。中国自有历史以来,没有实行过民权,就是中国十三年来也没有实行过民权。但是我们的历史经过了四千多年,其中有治有乱,都是用君权。到底君权对于中国是有利或有害呢?中国所受君权的影响,可以说是利害参半。但是根据中国人的聪明才智来讲,如果应用民权,比较上还是适宜得多。所以,两千多年前的孔子、孟子便主张民权。孔子说:“大道之行也,天下为公。”便是主张民权的大同世界。又“言必称尧舜”,就是因为尧舜不是家天下。尧舜的政治,名义上虽然是用君权,实际上是行民权,所以孔子总是宗仰他们。孟子说:“民为贵,社稷次之,君为轻。”又说:“天视自我民视，天听自我民听。”又说“闻诛一夫纣矣，未闻弑君也。”他在那个时代，已经知道君主不必一定是要的，已经知道君主一定是不能长久的，所以便判定那些为民造福的就称为“圣君”，那些暴虐无道的就称为“独夫”，大家应该去反抗他。由此可见，中国人对于民权的见解，二千多年以前已经早想到了。不过那个时候还以为不能做到，好象外国人说“乌托邦”是理想上的事，不是即时可以做得到的。

至于外国人对于中国人的印象，把中国人和非洲、南洋的野蛮人一样看待，所以中国人和外国人讲到民权，他们便极不赞成，以为中国何以能够同欧美同时来讲民权！这些见解的错误，都是由于外国学者不考察中国的历史和国情，所以不知道中国实在是否适宜于民权。中国在欧美的留学生，也有跟外国人一样说中国不适宜于民权的。这种见解实在是错误。依我看来，中国进化比较欧美还要在先，民权的议论在几千年以前就老早有了。不过当时只是见之于言论，没有形于事实。现在欧美既是成立了民国，实现民权，有了一百五十年，中国古人也有这种思想，所以我们要希望国家长治久安，人民安乐，顺乎世界的潮流，非用民权不可。但是民权发生至今还不甚久，世界许多国家还有用君权的。各国实行民权，也遭过了许多挫折、许多失败的。民权言论的发生在中国有了两千多年，在欧美恢复民权不过一百五十年，现在风行一时。

近代事实上的民权，头一次发生是在英国。英国在那个时候发生民权革命，正当中国的明末清初。当时革命党的首领叫做格林威尔[1]，把英国皇帝查理士第一杀了。此事发生以后，便惊动欧美一般人，以为这是自有历史以来所没有的，应该当作谋反叛逆看待。暗中弑君，各国是常有的；但是格林威尔杀查理士第一，不是暗杀，是把他拿到法庭公开裁判，宣布他不忠于国家和人民的罪状，所以便把他杀了。当时欧洲以为英国人民应该赞成民权，从此民权便可以发达。谁知英国人民还是欢迎君权，不欢迎民权。查理士第一虽然

---

① 格林威尔：今译克伦威尔。

是死了,人民还是思慕君主,不到十年,英国便发生复辟,把查理士第二迎回去做皇帝。那个时候,刚是满清入关,明朝还没有亡,距今不过两百多年。所以两百多年以前,英国发生过一次民权政治,不久便归消灭,君权还是极盛。

一百年之后,便有美国的革命,脱离英国独立,成立美国联邦政府,到现在有一百五十年。这是现在世界中头一个实行民权的国家。

美国建立共和以后不到十年,便引出法国革命。法国当时革命的情形,是因为自路易十四总揽政权,厉行专制,人民受非常的痛苦。他的子孙继位,更是暴虐无道,人民忍无可忍,于是发生革命,把路易十六杀了。法国人杀路易十六,也是和英国人杀查理士第一一样,把他拿到法庭公开审判,宣布他不忠于国家和人民的罪状。法国皇帝被杀了之后,欧洲各国为他复仇,大战十多年。所以那次的法国革命还是失败,帝制又恢复起来了。但是法国人民民权的思想,从此更极发达。

讲到民权史,大家都知道法国有一位学者叫做卢梭。卢梭是欧洲主张极端民权的人。因有他的民权思想,便发生法国革命。卢梭一生民权思想最要紧的著作,是《民约论》。《民约论》中立论的根据,是说人民的权利是生而自由平等的,各人都有天赋的权利,不过人民后来把天赋的权利放弃罢了。所以这种言论,可以说民权是天生出来的。但就历史上进化的道理说,民权不是天生出来的,是时势和潮流所造就出来的。故推到进化的历史上,并没有卢梭所说的那种民权事实,这就是卢梭的言论没有根据。所以反对民权的人,便拿卢梭没有根据的话去做材料。但是我们主张民权的不必要先主张言论,因为宇宙间的道理,都是先有事实然后才发生言论,并不是先有言论然后才发生事实。

比方陆军的战术学现在已经成了有系统的学问,研究这门学问的成立,是先有学理呢,或是先有事实呢?现在的军人都是说入学校,研究战术学,学成了之后为国家去战斗。照这种心理来讲,当然是先有言论,然后才有事实。但是照世界进化的情形说,最初人同兽斗,有了百几万年,然后那些毒蛇猛兽才消灭。在那个时候,人同兽斗,到底有没有战术呢?当时或者有战术,不过因为没有文字去记载,便无可稽考,也未可知。后来人同人相争,国同国相争,有了两万多年,又经过了多少战事呢?因为没有历史记载,所以后世也不知道。就中国历史来考究,二千多年前的兵书有十三篇,那十三篇兵书便是解释当时的战理。由于那十三篇兵书,便成立中国的军事哲学。所以照那十三篇兵书讲,是先有战斗的事实,然后才成那本兵书。就是现在的战术,也是本于古人战斗的事实,逐渐进步而来。自最近发明了无烟枪之后,我们战术便发生一个极大的变更。从前打仗,是兵士看见了敌人,尚且一排一排的齐进;近来打仗,如果见了敌人,便赶快伏在地下放枪。到底是不是因为有了无烟枪,我们才伏在地下呢?是不是先有了事实,然后才有书呢?还是先有书,然后才有事实呢?外国从前有这种战术,是自南非洲英波之战始。当时英国兵士同波人[①]打仗,也是一排一排去应战,波人则伏在地下,所以英国兵士便受很大的损失。"伏地战术"是由波人起的。波人本是由荷兰搬到非洲的,当时的人数只有三十万,常常和本地的土人打仗。波人最初到非洲和本地的土人打仗,土人总是伏在地下打波人,故波人从前吃亏不少,便学土人伏地的战术。后来学成了,波人和英国人打仗,英国人也吃亏不少,所以英国人又转学波人的伏地战术。后来英国兵士回本国,转教全国,更由英国传到全世界,所以现在各国的战术学都采用他。

由此可见,是先有事实才发生言论,不是先有言论才发生事实。卢梭《民约论》中所说民权是由天赋的言论,本是和历史上进化的道理相冲突,所以反对民权的人便拿他那种没有根据的言论来做口实。卢梭说民权是天赋的,本来是不合理;但是反对他的人,便拿他那一句没有根据的言论来反对民权,也是不合理。我们要研究宇宙

① 波人:今译布尔人(Boer)。

间的道理，须先要靠事实，不可专靠学者的言论。卢梭的言论既是没有根据，为什么当时各国还要欢迎呢？又为什么卢梭能够发生那种言论呢？因为他当时看见民权的潮流已经涌到了，所以他便主张民权。他的民权主张刚合当时人民的心理，所以当时的人民便欢迎他。他的言论虽然是和历史进化的道理相冲突，但是当时的政治情形已经有了那种事实；因为有了那种事实，所以他引证错了的言论还是被人欢迎。至于说到卢梭提倡民权的始意，更是政治上千古的大功劳。

世界上自有历史以来，政治上所用的权，因为各代时势的潮流不同，便各有不得不然的区别。比方在神权时代，非用神权不可；在君权时代，非用君权不可。象中国君权到了秦始皇的时候，可算是发达到了极点。但是后来的君主还要学他，就是君权无论怎么样大，人民还是很欢迎。

现在世界潮流到了民权时代，我们应该要赶快去研究，不可因为前人所发表民权的言论稍有不合理，象卢梭的《民约论》一样，便连民权的好意也要反对；也不可因为英国有格林威尔革命之后仍要复辟，和法国革命的延长，便以为民权不能实行。法国革命经过了八十年，才能够成功。美国革命不过八年，便大功告成。英国革命经过了二百多年，至今还有皇帝。但是就种种方面来观察，世界一天进步一天，我们便知道现在的潮流已经到了民权时代，将来无论是怎么样挫折，怎么样失败，民权在世界上总是可以维持长久的。所以在三十年前，我们革命同志便下了这个决心，主张要中国强盛，实行革命，便非提倡民权不可。但是当时谈起这种主张，不但是许多中国人反对，就是外国人也很反对。当中国发起革命的时候，世界上还有势力很大的专制君主，把君权、教权统在一个人身上的，象俄国皇帝就是如此。其次，把很强的海陆军统在一个人身上的，便有德国、奥国的皇帝。当时大家见得欧洲还有那样强大的君权，亚洲怎么样可以实行民权呢？所以袁世凯做皇帝，张勋复辟，都容易发动出来。但是最有力的俄国、德国皇帝，现在都推翻了，俄德两国都变成了共和国家，可见世界潮流实在到了民权时代。中国人从前反对民权，常常问我们革命党有什么力量可以推翻满清皇帝呢？但是满清皇帝在辛亥年一推就倒了，这就是世界潮流的效果。

世界潮流的趋势，好比长江、黄河的流水一样，水流的方向或者有许多曲折，向北流或向南流的，但是流到最后一定是向东的，无论是怎么样都阻止不住的。所以世界的潮流，由神权流到君权，由君权流到民权；现在流到了民权，便没有方法可以反抗。如果反抗潮流，就是有很大的力量象袁世凯，很蛮悍的军队象张勋，都是终归失败。现在北方武人专制，就是反抗世界的潮流；我们南方主张民权，就是顺应世界的潮流。虽然南方政府的力量薄弱，军队的训练和饷弹的补充都不及北方，但是我们顺着潮流做去，纵然一时失败，将来一定成功，并且可以永远的成功。北方反抗世界的潮流，倒行逆施，无论力量是怎么样大，纵然一时侥幸成功，将来一定是失败，并且永远不能再图恢复。现在供奉神权的蒙古已经起了革命，推翻活佛，神权失败了。将来西藏的神权，也一定要被人民推翻。蒙古、西藏的活佛，便是神权的末日，时期一到了，无论是怎么样维持都不能保守长久。现在欧洲的君权也逐渐减少，比如英国是用政党治国，不是用皇帝治国，可以说是有皇帝的共和国。由此可见，世界潮流到了现在，不但是神权不能够存在，就是君权也不能够长久。

现在之民权时代，是继续希腊、罗马之民权思想而来。自民权复兴以至于今日，不过一百五十年，但是以后的时期很长远，天天应该要发达。所以我们在中国革命，决定采用民权制度，一则为顺应世界之潮流，二则为缩短国内之战争。因为自古以来，有大志之人多想做皇帝。如刘邦见秦皇出外，便曰："大丈夫当如是也。"项羽亦曰："彼可取而代也。"此等野心家代代不绝。当我提倡革命之初，其来赞成者，十人之中，差不多有六七人是有一种皇帝思想的。但是我们宣传革命主义，不但是要推翻满清，并且要建设共和，所以十中之六七人都逐渐化除其皇帝思想了。但是其中仍有一二人，就是到了民国十三年，那种做皇帝的旧思想还没有化除，所以跟我革命党的人也有自相残杀,即此故也。我们革命党于宣传之始,便揭出民权主义来建设共和国家,就是想免了争皇帝之战争。惜乎尚有冥顽不化之人,此亦实在无可如何!

从前太平天国便是前车之鉴。洪秀全当初在广西起事,打过湖南、湖北、江西、安徽,建都南京,满清天下大半归他所有。但是太平天国何以终归失败呢?讲起原因有好几种。有人说他最大的原因是不懂外交。因为当时英国派了大使波丁渣到南京,想和洪秀全立约,承认太平天国,不承认大清皇帝。但是波丁渣到了南京之后,只能见东王杨秀清,不能见天王洪秀全,因为要见洪秀全,便要叩头。所以波丁渣不肯去见,便到北京和满清政府立约,后来派戈登带兵去打苏州,洪秀全便因此失败。所以有人说他的失败,是由于不懂外交。这或者是他失败的原因之一,也未可知。又有人说洪秀全之所以失败,是由于他得了南京之后,不乘势长驱直进去打北京。所以洪秀全不北伐,也是他失败的原因之一。但是依我的观察,洪秀全之所以失败,这两个原因都是很小的。最大的原因,是他们那一班人到了南京之后,就互争皇帝,闭起城来自相残杀。第一是杨秀清和洪秀全争权。洪秀全既做了皇帝,杨秀清也想做皇帝。杨秀清当初带到南京的基本军队有六七万精兵,因为发生争皇帝的内乱,韦昌辉便杀了杨秀清,消灭他的军队。韦昌辉把杨秀清杀了之后,也专横起来,又和洪秀全争权。后来大家把韦昌辉消灭。当时石达开听见南京发生了内乱,便从江西赶进南京,想去排解;后来见事无可为,并且自己也被人猜疑,都说他也想做皇帝,他就逃出南京,把军队带到四川,不久也被清兵消灭。因为当时洪秀全、杨秀清争皇帝做,所以太平天国的洪秀全、杨秀清、韦昌辉、石达开那四部分基本军队都完全消灭,太平天国的势力便由此大衰。推究太平天国势力之所以衰弱的原因,根本上是由于杨秀清想做皇帝一念之错。洪秀全当时革命尚不知有民权主义,所以他一起义时便封了五个王。后来到了南京,经过杨秀清、韦昌辉内乱之后,便想不再封王了。后因李秀成、陈玉成屡立大功,有不得不封之势,而洪秀全又恐封了王,他们或靠不住,于是同时又封了三四十个王,使他们彼此位号相等,可以互相牵掣。但是从此以后,李秀成、陈玉成等对于各王便不能调动,故洪秀全便因此失败。所以那种失败,完全是由于大家想做皇帝。

陈炯明前年在广州造反,他为什么要那样做法呢?许多人以为他只是要割据两广,此实大不然。当陈炯明没有造反之先,我主张北伐,对他剀切说明北伐的利害,他总是反对。后来我想他要争的是两广,或者恐怕由于我北伐,和他的地盘有妨碍,所以我最后一天老实不客气,明白对他说:“我们北伐如果成功,将来政府不是搬到武汉,就是搬到南京,一定是不回来的;两广的地盘当然是付托于你,请你做我们的后援。倘若北伐不幸失败,我们便没有脸再回来。到了那个时候,任凭你用什么外交手段和北方政府拉拢,也可以保存两广的地盘。就是你投降北方,我们也不管汝,也不责备你。”他当时似还有难言之隐。由此观之,他之志是不只两广地盘的。后来北伐军进了赣州,他就造起反来。他为什么原因要在那个时候造反呢?就是因为他想做皇帝,先要消灭极端与皇帝不相容之革命军,彼才可有办法去做成其基础,好去做皇帝。此外尚有一件事实证明陈炯明是有皇帝思想的:辛亥革命以后他常向人说,他少年时常常做梦,一手抱日,一手抱月;他有一首诗,内有一句云,“日月抱持负少年”,自注这段造梦的故事于下,遍以示人。他取他的名字,也是想应他这个梦的。你看他的部下,象叶举、洪兆麟、杨坤如、陈炯光那一般人,没有一个是革命党,只有邓铿一个人是革命党,他便老早把邓铿暗杀了。陈炯明是为做皇帝而来附和革命的,所以想做皇帝的心至今不死。此外还有几个人从前也是想做皇帝的,不知道到了民国十三年他们的心理是怎么样,我现在没有工夫去研究他。

我现在讲民权主义,便要大家明白民权究竟是什么意思。如果不明白这个意思,想做皇帝的心理便永远不能消灭。大家若是有了想做皇帝的心理,一来同志就要打同志,二来本国人更要打本国人。全国长年相争相打,人民的祸害便没有止境。我从前因为要免去这种祸害，所以发起革命的时候便主张民权，决心建立一个共和国。共和国家成立以后，是用谁来做皇帝呢？是用人民来做皇帝，用四万万人来做皇帝。照这样办法，便免得大家相争，便可以减少中国的战祸。就中国历史讲，每换一个朝代，都有战争。比方秦始皇专制，人民都反对他，后来陈涉、吴广起义，各省都响应，那本是民权的风潮；到了刘邦、项羽出来，便发生楚汉相争。刘邦、项羽是争什么呢？他们就是争皇帝。汉唐以来，没有一朝不是争皇帝的。中国历史常是一治一乱，当乱的时候，总是争皇帝。外国尝有因宗教而战、自由而战的，但中国几千年以来所战的都是皇帝一个问题。我们革命党为免将来战争起见，所以当初发起的时候，便主张共和，不要皇帝。现在共和成立了，但是还有想做皇帝的，象南方的陈炯明是想做皇帝的，北方的曹锟也是想做皇帝的，广西的陆荣廷是不是想做皇帝呢？此外还更有不知多少人，都是想要做皇帝的。中国历代改朝换姓的时候，兵权大的就争皇帝，兵权小的就争王争侯，现在一般军人已不敢“大者王，小者侯”，这也是历史上竞争的一个进步了。

第二讲

（三月十六日）

民权这个名词，外国学者每每把他和自由那个名词并称，所以在外国很多的书本或言论里头，都是民权和自由并列。欧美两三百年来，人民所奋斗的所竞争的，没有别的东西，就是为自由，所以民权便由此发达。法国革命的时候，他们革命的口号是“自由、平等、博爱”三个名词；好比中国革命，用民族、民权、民生三个主义一样。由此可说自由、平等、博爱是根据于民权，民权又是由于这三个名词然后才发达。所以我们要讲民权，便不能不先讲自由、平等、博爱这三个名词。

近来革命思潮传到东方之后，自由这个名词也传进来了。许多学者志士提倡新思潮的，把自由讲到很详细，视为很重要。这种思潮，在欧洲两三百年以前占很重要的地位。因为欧洲两三百年来的战争，差不多都是为争自由，所以欧美学者对于自由看得很重要，一般人民对于自由的意义也很有心得。但是这个名词近来传进中国，只有一般学者曾用工夫去研究过的，才懂得什么叫做自由。至于普通民众，象在乡村街道上的人，如果我们对他们说自由，他们一定不懂得。所以中国人对于自由两个字，实在是完全没有心得。因为这个名词传到中国不久，现在懂得的，不过是一般新青年和留学生，或者是留心欧美政治时务的人。常常听到和在书本上看见这两个字，但是究竟什么是自由，他们还是莫名其妙。所以外国人批评中国人，说中国人的文明程度真是太低，思想太幼稚，连自由的知识都没有，自由的名词都没有。但是外国人一面既批评中国人没有自由的知识，一面又批评中国人是一片散沙。外国人的这两种批评，在一方面说中国人是一片散沙，没有团体；又在一方面说中国人不明白自由。这两种批评，恰恰是相反的。为什么是相反的呢？比方外国人说中国人是一片散沙，究竟说一片散沙的意思是什么呢？就是个个有自由和人人有自由。人人把自己的自由扩充到很大，所以成了一片散沙。什么是一片散沙呢？如果我们拿一手沙起来，无论多少，各颗沙都是很活动的，没有束缚的，这便是一片散沙。如果在散沙内参加士敏土，便结成石头，变为一个坚固的团体。变成了石头，团体很坚固，散沙便没有自由。所以拿散沙和石头比较，马上就明白，石头本是由散沙结合而成的，但是散沙在石头的坚固团体之内，就不能活动，就失却自由。自由的解释，简单言之，在一个团体中能够活动，来往自如，便是自由。因为中国没有这个名词，所以大家都莫名其妙。但是我们有一种固有名词，是和自由相仿佛的，就是"放荡不羁"一句话。既然是放荡不羁，就是和散沙一样，各个有很大的自由。所以外国人批评中国人，一面说没有结合能力，既然如此，当然是散沙，是很自由的；又一面说中国人不懂自由。殊不知大家都有自由,便是一片散沙;要大家结合成一个坚固团体,便不能象一片散沙。所以外国人这样批评我们的地方,就是陷于自相矛盾了。

最近二三百年以来,外国用了很大的力量争自由。究竟自由是好不好呢?到底是一个什么东西呢?依我看来,近来两三百年,外国人说为自由去战争,我中国普通人也总莫名其妙。他们当争自由的时候,鼓吹自由主义,说得很神圣,甚至把"不自由,毋宁死"的一句话成了争自由的口号。中国学者翻译外国人的学说,也把这句话搬进到中国来,并且拥护自由,决心去奋斗,当初的勇气差不多和外国人从前是一样。但是中国一般民众,还是不能领会什么是叫做自由。大家要知道,自由和民权是同时发达的,所以今天来讲民权,便不能不讲自由。我们要知道欧美为争自由,流了多少血,牺牲了许多性命,我前一回讲过了的。现在世界是民权时代,欧美发生民权已经有了一百多年。推到民权的来历,由于争自由之后才有的。最初欧美人民牺牲性命,本来是为争自由,争自由的结果才得到民权。当时欧美学者提倡自由去战争,好比我们革命提倡民族、民权、民生三个主义的道理是一样的。由此可见,欧美人民最初的战争是为自由,自由争得之后,学者才称这种结果为民权。所谓"德谟克拉西",此乃希腊之古名词。而欧美民众至今对这个名词亦不大关心,不过视为政治学中之一句术语便了;比之自由二个字,视为性命所关,则相差远了。民权这种事实,在希腊、罗马时代已发其端。因那个时候的政体是贵族共和,都已经有了这个名词,后来希腊、罗马亡了,这个名词便忘记了。最近二百年内为自由战争,又把民权这个名词再恢复起来。近几十年来讲民权的人更多了,流行到中国也有很多人讲民权。但是欧洲一二百多年以来的战争,不是说争民权,是说争自由。提起自由两个字,全欧洲人便容易明白。当时欧洲人民听了自由这个名词容易明白的情形,好象中国人听了"发财"这个名词一样,大家的心理都以为是很贵重的。现在对中国人说要他去争自由,他们便不明白,不情愿来附和;但是对他要说请他去发财,便有很多人要跟上来。欧洲当时战争所用的标题是争自由,因为他们极明白这个名词,所以人民便为自由去奋斗、为自由去牺牲,大家便很崇拜自由。何以欧洲人民听到自由便那样欢迎呢?现在中国人民何以听道自由便不理会,听道发财便很欢迎呢?其中有许多道理,要详细去研究才可以明白。中国人听到说发财就很欢迎的原故,因为中国现在到了民穷财尽的时代,人民所受的痛苦是贫穷;因为发财是救穷独一无二的方法,所以大家听到了这个名词便很欢迎。发财有什么好处呢?就是发财便可救穷,救了穷便不受苦,所谓救苦救难。人民正是受贫穷的痛苦时候,忽有人对他们说发财把他们的痛苦可以解除,他们自然要跟从,自然拼命去奋斗。欧洲一二百年前为自由战争,当时人民听道自由便象现在中国人听道发财一样。

他们为什么要那样欢迎自由呢?因为当时欧洲的君主专制发达到了极点。欧洲的文明和中国周末列国相同,中国周末的时候是和欧洲罗马同时,罗马统一欧洲正在中国周、秦、汉的时代。罗马初时建立共和,后来变成帝制。罗马亡了之后,欧洲列国并峙,和中国周朝亡了之后变成东周列国一样。所以很多学者,把周朝亡后的七雄争长和罗马亡后变成列国的情形相提并论。罗马变成列国,成了封建制度。那个时候,大者王,小者侯,最小者还有伯、子、男,都是很专制的。那种封建政体,比较中国周朝的列国封建制度还要专制得多。欧洲人民在那种专制政体之下所受的痛苦,我们今日还多想不到,比之中国历朝人民所受专制的痛苦还要更厉害。这个原故,由于中国自秦朝专制直接对于人民"诽谤者族,偶语者弃市",遂至促亡,以后历朝政治,大都对于人民取宽大态度,人民纳了粮之外几乎与官吏没有关系。欧洲的专制,却一一直接专制到人民,时间复长,方法日密。那专制的进步,实在比中国厉害得多。所以欧洲人在二百年以前,受那种极残酷专制的痛苦,好象现在中国人民受贫穷的痛苦是一样。人民受久了那样残酷的专制,深感不自由的痛苦,所以他们唯一的方法,就是要奋斗去争自由,解除那种痛苦;一听道有人说自由,便很欢迎。

中国古代封建制度破坏之后,专制淫威不能达到普通人民。由秦以后历代皇帝专制的目的，第一是要保守他们自己的皇位，永远家天下，使他们子子孙孙可以万世安享。所以对于人民的行动，于皇位有危险的，便用很大的力量去惩治。故中国一个人造反，便连到诛九族。用这样严重的刑罚去禁止人民造反，其中用意，就是专制皇帝要永远保守皇位。反过来说，如果人民不侵犯皇位，无论他们是做什么事，皇帝便不理会。所以中国自秦以后，历代的皇帝都只顾皇位，并不理民事；说道人民的幸福，更是理不到。现在民国有了十三年，因为政体混乱，还没有功夫去建设，人民和国家的关系还没有理会。我们回想民国以前，清朝皇帝的专制是怎么样呢？十三年以前，人民和清朝皇帝有什么关系呢？在清朝时代，每一省之中，上有督抚，中有府道，下有州县佐杂，所以人民和皇帝的关系很小。人民对于皇帝只有一个关系，就是纳粮，除了纳粮之外，便和政府没有别的关系。因为这个原故，中国人民的政治思想便很薄弱。人民不管谁来做皇帝，只要纳粮，便算尽了人民的责任。政府只要人民纳粮，便不去理会他们别的事，其余都是听人民自生自灭。由此可见，中国人民直接并没有受过很大的专制痛苦，只有受间接的痛苦。因为国家衰弱，受外国政治经济的压迫，没有力量抵抗，弄到民穷财尽，人民便受贫穷的痛苦。这种痛苦，就是间接的痛苦，不是直接的痛苦。所以当时人民对于皇帝的怨恨还是少的。

但是欧洲的专制就和中国的不同。欧洲由罗马亡后到两三百年以前，君主的专制是很进步的，所以人民所受的痛苦也是很厉害的，人民是很难忍受的。当时人民受那种痛苦，不自由的地方极多，最大的是思想不自由、言论不自由、行动不自由。这三种不自由，现在欧洲是已经过去了的陈迹，详细情形是怎么样，我们不能看见，但是行动不自由还可以知道。譬如现在我们华侨在南洋荷兰或法国的领土，所受来往行动不自由的痛苦，便可以知道。象爪哇本来是中国的属国，到中国来进过了贡的，后来才归荷兰。归荷兰政府管理之后，无论是中国的商人，或者是学生，或者是工人，到爪哇的地方，轮船一抵岸，便有荷兰的巡警来查问，便把中国人引到一间小房子,关在那个里头,脱开衣服,由医生从头到脚都验过,还要打指模、量身体,方才放出,准他们登岸。登岸之后,就是住在什么地方,也要报明。如果想由所住的地方到别的地方去,便要领路照。到了夜晚九时以后,就是有路照也不准通行,要另外领一张夜照,并且要携手灯。这就是华侨在爪哇所受荷兰政府的待遇,便是行动不自由。象这种行动不自由的待遇,一定是从前欧洲皇帝对人民用过了的,留存到今日,荷兰人就用来对待中国华侨。由于我们华侨现在受这种待遇,便可想见从前欧洲的专制是怎么样情形。此外还有人民的营业工作和信仰种种都不自由。譬如就信仰不自由说,人民在一个什么地方住,便强迫要信仰一种什么宗教,不管人民是情愿不情愿。由此人民都很难忍受。欧洲人民当时受那种种不自由的痛苦,真是水深火热,所以一听到说有人提倡争自由,大家便极欢迎,便去附和。这就是欧洲革命思潮的起源。欧洲革命是要争自由,人民为争自由流了无数的碧血,牺牲了无数的身家性命,所以一争得之后,大家便奉为神圣,就是到今日也还是很崇拜。

这种自由学说近来传进中国,一般学者也很热心去提倡,所以许多人也知道在中国要争自由。今天我们来讲民权,民权的学说是由欧美传进来的,大家必须明白民权是一件什么事,并且还要明白民权同类的自由又是一件什么事。从前欧洲人民受不自由的痛苦,忍无可忍,于是万众一心去争自由,达到了自由目的之后,民权便随之发生。所以我们讲民权,便不能不先讲明白争自由的历史。近年欧美之革命风潮传播到中国,中国新学生及许多志士都发起来提倡自由。他们以为欧洲革命象从前法国都是争自由,我们现在革命,也应该学欧洲人来争自由。这种言论,可说是人云亦云,对于民权和自由没有用过心力去研究,没有彻底了解。

我们革命党向来主张三民主义去革命,而不主张以革命去争自由,是很有深意的。从前法国革命的口号是自由,美国革命的口号是独立。我们革命的口号就是三民主义,是用了很多时间、做了很多工夫才定出来的,不是人云亦云。为什么说一般新青年提倡自由是不对呢？为什么当时欧洲讲自由是对呢？这个道理已经讲过了。因为提出一个目标，要大家去奋斗，一定要和人民有切肤之痛，人民才热心来附和。欧洲人民因为从前受专制的痛苦太深，所以一经提倡自由，便万众一心去赞成。假若现在中国来提倡自由，人民向来没有受过这种痛苦，当然不理会。如果在中国来提倡发财，人民一定是很欢迎的。我们的三民主义，便是很象发财主义。要明白这个道理，要辗转解释才可成功。我们为什么不直接讲发财呢？因为发财不能包括三民主义，三民主义才可以包括发财。俄国革命之初实行共产，是和发财相近的，那就是直接了当的主张。我们革命党所主张的不止一件事，所以不能用发财两个字简单来包括，若是用自由的名词更难包括了。

近来欧洲学者观察中国，每每说中国的文明程度太低，政治思想太薄弱，连自由都不懂，我们欧洲人在一二百年前为自由战争，为自由牺牲，不知道做了多少惊天动地的事。现在中国人还不懂自由是什么，由此便可见我们欧洲人的政治思想比较中国人高得多。由于中国人不讲自由，便说是政治思想薄弱。这种言论，依我看起来是讲不通的。因为欧洲人既尊重自由，为什么又说中国人是一片散沙呢？欧洲人从前要争自由的时候，他们自由的观念自然是很浓厚；得到了自由之后，目的已达，恐怕他们的自由观念也渐渐淡薄；如果现在再去提倡自由，我想一定不象从前那样的欢迎。而且欧洲争自由的革命，是两三百年前的旧方法，一定是做不通的。就一片散沙而论，有什么精采呢？精采就是在有充分的自由，如果不自由，便不能够成一片散沙。从前欧洲在民权初萌芽的时代，便主张争自由，到了目的已达，各人都扩充自己的自由。于是，由于自由太过，便发生许多流弊。所以英国有一个学者叫做弥勒氏的便说：一个人的自由，以不侵犯他人的自由为范围，才是真自由；如果侵犯他人的范围，便不是自由。欧美人讲自由从前没有范围，到英国弥勒氏才立了自由的范围，有了范围，便减少很多自由了。由此可知，彼中学者已渐知自由不是一个神圣不可侵犯之物,所以也要定一个范围来限制他了。若外国人批评中国人,一方面说中国人不懂自由,一方面又说中国人是一片散沙,这两种批评实在是互相矛盾。中国人既是一片散沙,本是很有充分自由的。如果成一片散沙,是不好的事,我们趁早就要参加水和士敏土,要那些散沙和士敏土彼此结合来成石头,变成很坚固的团体,到了那个时候,散沙便不能够活动,便没有自由。所以中国人现在所受的病,不是欠缺自由。如果一片散沙是中国人的本质,中国人的自由老早是很充分了。不过中国人原来没有"自由"这个名词,所以没有这个思想。但是中国人没有这个思想,和政治有什么关系呢?到底中国人有没有自由呢?我们拿一片散沙的事实来研究,便知道中国人有很多的自由,因为自由太多,故大家便不注意去理会,连这个名词也不管了。

这是什么道理呢?好比我们日常的生活,最重要是衣食,吃饭每天最少要两餐,穿衣每年最少要两套。但是还有一件事比较衣食更为重要,普通人都以为不吃饭便要死,以吃饭是最重大的事,但是那一件重要的事比较吃饭还要重大过一万倍,不过大家不觉得,所以不以为重大。这件事是什么呢?就是吃空气,吃空气就是呼吸。为什么吃空气比较吃饭重要过一万倍呢?因为吃饭在一天之内,有了两次或者一次就可以养生;但是我们吃空气,要可以养生,每一分钟最少要有十六次才可舒服。如果不然,便不能忍受。大家不信,可以实地试验,把鼻孔塞住一分钟,便停止了十六次的呼吸,象我现在试验不到一分钟,便很难忍受。一天有二十四点钟,每点钟有六十分,每分钟要吃空气十六次,每点钟便要吃九百六十次,每天便要吃二万三千零四十次。所以说吃空气比较吃饭是重要得一万倍,实在是不错的。象这样要紧,我们还不感觉的原因,就是由于天中空气到处皆有,取之不尽,用之不竭,一天吃到晚都不用工夫,不比吃饭要用人工去换得来。所以我们觉得找饭吃是很难的,找空气吃是很容易的。因为太过容易,大家便不注意。个人闭住鼻孔,停止吃空气,来试验吃空气的重要,不过是小试验。如果要行大试验,可以把这个讲堂四围的窗户都关闭起来,我们所吃的空气便渐渐减少,不过几分钟久,现在这几百人便都不能忍受。又把一个人在小房内关闭一天,初放出来的时候,便觉得很舒服,也是一样的道理。中国人因为自由过于充分,便不去理会,好比房中的空气太多,我们便不觉得空气有什么重要;到了关闭门户,没有空气进来,我们才觉得空气是个很重要的。欧洲人在两三百年以前受专制的痛苦,完全没有自由,所以他们人人才知道自由可贵,要拚命去争。没有争到自由之先,好象是闭在小房里一样;既争到了自由之后,好比是从小房内忽然放出来,遇着了空气一样。所以大家便觉得自由是很贵重的东西。所以他们常常说"不自由,毋宁死"那一句话。但是中国的情形就不同了。

中国人不知自由,只知发财。对中国人说自由,好象对广西深山的傜人说发财一样。傜人常有由深山中拿了熊胆、鹿茸到外边的圩场去换东西,初时圩场中的人把钱和他交换,他常常不要,只要食盐或布匹,乃乐于交换。在我们的观念内,最好是发财。在傜人的观念,只要合用东西便心满意足。他们不懂发财,故不喜欢得钱。中国一般的新学者对中国民众提倡自由,就好象和傜人讲发财一样。中国人用不着自由,但是学生还要宣传自由,真可谓不识时务了。欧美人在一百五十年以前,因为难得自由,所以拚命去争。既争到了之后,象法国、美国是我们所称为实行民权先进的国家,在这两个国家之内,人人是不是都有自由呢?但是有许多等人,象学生、军人、官吏和不及二十岁未成年的人,都是没有自由的。所以欧洲两三百年前的战争,不过是三十岁以上的人,和不做军人、官吏、学生的人来争自由。争得了之后,也只有除了他们这几等人以外的才有自由;在这几等人以内的,至今都不得自由。

中国学生得到了自由思想,没有别的地方用,便拿到学校内去用。于是生出学潮,美其名说是争自由。欧美人讲自由,是有很严格界限的,不能说人人都有自由。中国新学生讲自由,把什么界限都打破了。拿这种学说到外面社会,因为没有人欢迎,所以只好搬回学校内去用，故常常生出闹学风潮。此自由之用之不得其所也。外国人不识中国历史，不知道中国人民自古以来都有很充分的自由，这自是难怪。至于中国的学生，而竟忘却了"日出而作，日入而息，凿井而饮，耕田而食，帝力于我何有哉"这个先民的自由歌，却是大可怪的事！由这个自由歌看起来，便知中国自古以来，虽无自由之名，而确有自由之实，且极其充分，不必再去多求了。

我们要讲民权，因为民权是由自由发生的。所以不能不讲明白欧洲人民当时争自由的情形。如果不明白，便不知道自由可贵。欧洲人当时争自由，不过是一种狂热。后来狂热渐渐冷了，便知道自由有好的和不好的两方面，不是神圣的东西。所以外国人说中国人是一片散沙，我们是承认的；但是说中国人不懂自由，政治思想薄弱，我们便不能承认。中国人为什么是一片散沙呢？由于什么东西弄成一片散沙呢？就是因为是各人的自由太多。由于中国人自由太多，所以中国要革命。中国革命的目的与外国不同，所以方法也不同。到底中国为什么要革命呢？直接了当说，是和欧洲革命的目的相反。欧洲从前因为太没有自由，所以革命要去争自由。我们是因为自由太多，没有团体，没有抵抗力，成一片散沙。因为是一片散沙，所以受外国帝国主义的侵略，受列强经济商战的压迫，我们现在便不能抵抗。要将来能够抵抗外国的压迫，就要打破各人的自由，结成很坚固的团体，象把士敏土参加到散沙里头，结成一块坚固石头一样。中国人现在因为自由太多，发生自由的毛病，不但是学校内的学生是这样，就是我们革命党里头也有这种毛病。所以从前推倒满清之后，至今无法建设民国，就是错用了自由之过也。我们革命党从前被袁世凯打败亦是为这个理由。当民国二年袁世凯大借外债，不经国会通过，又杀宋教仁，做种种事来破坏民国。我当时催促各省马上去讨袁，但因为我们同党之内，大家都是讲自由，没有团体。譬如在西南，无论那一省之内，自师长、旅长以至兵士，没有不说各有各的自由，没有彼此能够团结的。大而推到各省，又有各省的自由，彼此不能联合。南方各省，当时乘革命的余威，表面虽然是轰轰烈烈，内容实在是四分五裂，号令不能统一。说到袁世凯，他有旧日北洋六镇的统系，在那六镇之内，所有的师长、旅长和一切兵士都是很服从的，号令是一致的。简单的说，袁世凯有很坚固的团体，我们革命党是一片散沙，所以袁世凯打败革命党。由此可见，一种道理在外国是适当的，在中国未必是适当。外国革命的方法是争自由，中国革命便不能说是争自由。如果说争自由，便更成一片散沙，不能成大团体，我们的革命目的便永远不能成功。

外国革命是由争自由而起，奋斗了两三百年，生出了大风潮，才得到自由，才发生民权。从前法国革命的口号，是用自由、平等、博爱。我们革命的口号，是用民族、民权、民生。究竟我们三民主义的口号，和自由、平等、博爱三个口号有什么关系呢？照我讲起来，我们的民族可以说和他们的自由一样，因为实行民族主义就是为国家争自由。但欧洲当时是为个人争自由，到了今天，自由的用法便不同。在今天，自由这个名词究竟要怎么样应用呢？如果用到个人，就成一片散沙。万不可再用到个人上去，要用到国家上去。个人不可太过自由，国家要得完全自由。到了国家能够行动自由，中国便是强盛的国家。要这样做去，便要大家牺牲自由。当学生的能够牺牲自由，就可以天天用功，在学问上做工夫，学问成了，知识发达，能力丰富，便可以替国家做事。当军人能够牺牲自由，就能够服从命令，忠心报国，使国家有自由。如果学生、军人要讲自由，便象中国自由的对待名词，成为放任、放荡，在学校内便没有校规，在军队内便没有军纪。在学校内不讲校规，在军队内不讲军纪，那还能够成为学校、号称军队吗？我们为什么要国家自由呢？因为中国受列强的压迫，失去了国家的地位，不只是半殖民地，实在已成了次殖民地，比不上缅甸、安南、高丽。缅甸、安南、高丽不过是一国的殖民地，只做一个主人的奴隶；中国是各国的殖民地，要做各国的奴隶。中国现在是做十多个主人的奴隶，所以现在的国家是很不自由的。要把我们国家的自由恢复起来,就要集合自由成一个很坚固的团体。要用革命的方法,把国家成一个大坚固团体,非有革命主义不成功。我们的革命主义,便是集合起来的士敏土,能够把四万万人都用革命主义集合起来,成一个大团体。这一个大团体能够自由,中国国家当然是自由,中国民族才真能自由。

用我们三民主义的口号和法国革命的口号来比较,法国的自由和我们的民族主义相同,因为民族主义是提倡国家自由的。平等和我们的民权主义相同,因为民权主义是提倡人民在政治之地位都是平等的,要打破君权、使人人都是平等的,所以说民权是和平等相对待的。此外还有博爱的口号,这个名词的原文是“兄弟”的意思,和中国“同胞”两个字是一样解法,普通译成博爱,当中的道理,和我们的民生主义是相通的。因为我们的民生主义是图四万万人幸福的,为四万万人谋幸福就是博爱。这个道理,等到讲民生主义的时候,再去详细解释。

第三讲

民权两个字,是我们革命党的第二个口号,同法国革命口号的平等是相对待的。因为平等是法国革命的第二个口号,所以今天专拿平等做题目来研究。

平等这个名词,通常和自由那个名词都是相提并论的。欧洲各国从前革命,人民为争平等和争自由,都是一样的出力,一样的牺牲,所以他们把平等和自由都是看得一样的重大。更有许多人以为要能够自由,必要得到平等;如果得不到平等,便无从实现自由。用平等和自由比较,把平等更是看得重大的。

什么是叫做平等呢?平等是从那里来的呢?欧美的革命学说,

都讲平等是天赋到人类的。譬如美国在革命时候的《独立宣言》、法国在革命时候的《人权宣言》,都是大书特书,说平等、自由是天赋到人类的特权,他人不能侵夺的。天生人究竟是否赋有平等的特权呢?请先把这个问题拿来研究清楚。

从前在第一讲中,推溯民权的来源,自人类初生几百万年以前推到近来民权萌芽时代,从没有见过天赋有平等的道理。譬如用天生的万物来讲,除了水面以外,没有一物是平的,就是拿平地来比较,也没有一处是真平的。好象坐粤汉铁路,自黄沙到银盏坳一段本来是属于平原,但是从火车窗外过细考察沿路的高低情况,没有那一里路不是用人工修筑,才可以得平路的。所谓天生的平原,其不平的情形已经是这样。再就眼前而论,拿桌上这一瓶的花来看,此刻我手内所拿的这枝花,是槐花。大概看起来,以为每片叶子都是相同,每朵花也是相同。但是过细考察起来,或用显微镜试验起来,没有那两片叶子完全是相同的,也没有那两朵花完全是相同的。就是一株槐树的几千万片叶中,也没有完全相同的。推到空间、时间的关系,此处地方的槐叶和彼处地方的槐叶更是不相同的,今年所生的槐叶和去年所生的槐叶又是不相同的。由此可见,天地间所生的东西总没有相同的。既然都是不相同,自然不能够说是平等。自然界既没有平等,人类又怎么有平等呢?天生人类本来也是不平等的,到了人类专制发达以后,专制帝王尤其变本加厉,弄到结果,比较天生的更是不平等了。这种由帝王造成的不平等,是人为的不平等。人为的不平等究竟是什么情形,现在可就讲坛的黑板上绘一个图来表明。

第一图　不平等

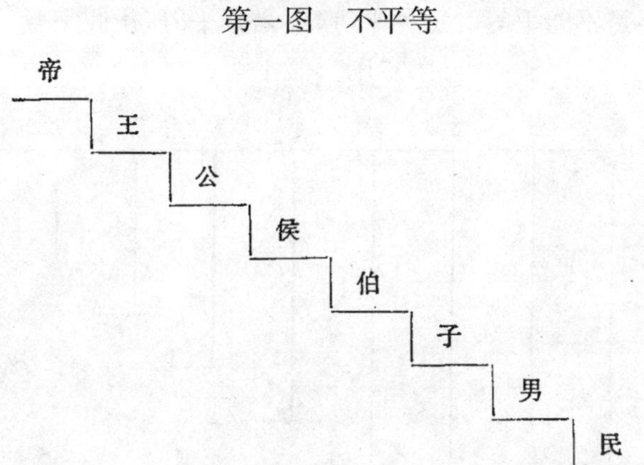

请诸君细看第一图,便可明白。因为有这种人为的不平等,在特殊阶级的人过于暴虐无道,被压迫的人民无地自容,所以发生革命的风潮来打不平。革命的始意,本是在打破人为的不平等,到了平等以后便可了事。但是占了帝王地位的人,每每假造天意做他们的保障,说他们所处的特殊地位是天所授与的,人民反对他们便是逆天。无知识的民众,不晓得研究这些话是不是合道理,只是盲从附和,为君主去争权利,来反对有知识的人民去讲平等自由。因此赞成革命的学者,便不得不创天赋人权的平等自由这一说,以打破君主的专制。学者创造这一说,原来就是想打破人为之不平等的。但是天下的事情,的确是行易知难。当时欧洲的民众都相信帝王是天生的,都是受了天赋之特权的,多数无知识的人总是去拥戴他们。所以少数有知识的学者,无论用什么方法和力量,总是推不倒他们。到了后来,相信天生人类都是平等自由的,争平等自由是人人应该有的事,然后欧洲的帝王便一个一个不推自倒了。不过专制帝王推倒以后,民众又深信人人是天生平等的这一说,便日日去做工夫,想达到人人的平等,殊不知这种事是不可能的。到了近来科学昌明,人类大觉悟了,才知道没有天赋平等的道理。假若照民众相信的那一说去做,纵使不顾真理勉强做成功,也是一种假平等。象第二图一样,必定要把位置高的压下去,成了平头的平等,至于立脚点还是弯曲线，还是不能平等。这种平等，不是真平等，是假平等。

第二图 假平等

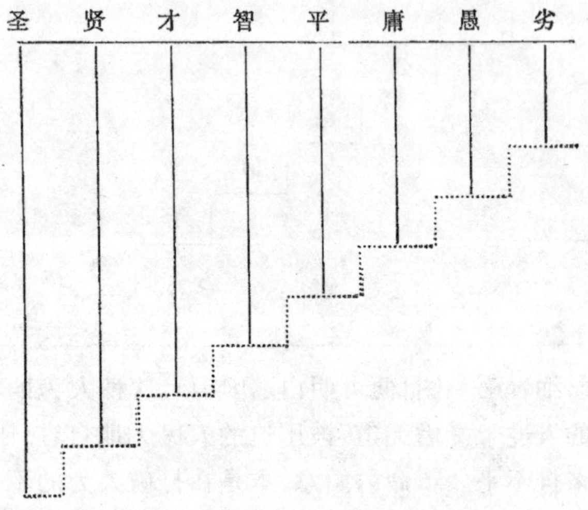

说到社会上的地位平等，是始初起点的地位平等，后来各人根据天赋的聪明才力自己去造就，因为各人的聪明才力有天赋的不同，所以造就的结果当然不同。造就既是不同，自然不能有平等。象这样讲来，才是真正平等的道理。如果不管各人天赋的聪明才力，就是以后有造就高的地位，也要把他们压下去，一律要平等，世界便没有进步，人类便要退化。所以我们讲民权平等，又要世界有进步，是要人民在政治上的地位平等。因为平等是人为的，不是天生的；人造的平等，只有做到政治上的地位平等。故革命以后，必要各人在政治上的立足点都是平等，好象第三图的底线，一律是平的，那才是真平等，那才是自然之真理。

欧洲从前革命，人民争平等自由，出了很大的力量，费了很大的牺牲。我们现在要知道他们为什么要那样出力、那样牺牲，便先要知道欧洲在没有革命以前是怎样不平等的情形。上面所绘的第一图，是表示欧洲在没有革命以前，政治上是怎么样不平等的事实。图中所示帝、王、公、侯、伯、子、男等一级一级的阶梯，就是从前欧洲政治地位上的阶级。这种阶级，中国以前也是有的。到十三年前发生革命,推翻专制,才铲平这种不平的阶级。但是中国以前的不平等,没有从前欧洲的那么厉害。欧洲两百多年以前,还是在封建时代,和中国两千多年以前的时代相同。因为中国政治的进化早过欧洲,所以中国两千多年以前便打破了封建制度。欧洲就是到现在还不能完全打破封建制度,在两三百年之前才知道不平等的坏处,才发生平等的思想。中国在两千多年以前便有了这种思想,所以中国政治的进步是早过欧洲。但是在这两百年以来,欧洲的政治进步不但是赶到中国,并且超过中国,所谓后来者居上。

第三图　真平等

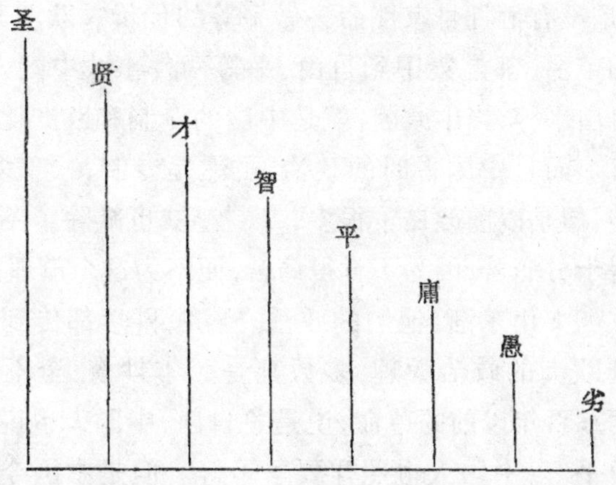

欧洲没有革命以前的情形,和中国比较起来,欧洲的专制要比中国厉害得多。原因是在什么地方呢?就是在世袭制度。当时欧洲的帝王公侯那些贵族,代代都是世袭贵族,不去做别种事业;人民也代代都是世袭一种事业,不能够去做别种事业。比方耕田的人,他的子子孙孙便要做农夫;做工的人,他的子子孙孙便要做苦工。祖父做一种什么事业,子孙就不能改变。这种职业上不能够改变,就是当时欧洲的不自由。中国自古代封建制度破坏以后,这种限制也完全打破。由此可见,从前中国和外国都是有阶级制度,都是不平等。中国的好处是只有皇帝是世袭,除非有人把他推翻,才不能世袭,如果不被人推翻,代代总是世袭,到了改朝换姓,才换皇帝;至于皇帝以下的公侯伯子男，中国古时都是可以改换的，平民做宰相、封王侯的极多，不是代代世袭一种事业的。欧洲平民间或也有做宰相、封王侯的，但是大多数的王侯都是世袭，人民的职业不能自由，因为职业不自由，所以失了平等。不但是政治的阶级不平等，就是人民彼此的阶级也不平等。由于这个原故，人民一来难到公侯伯子男的那种地位，二来自己的职业又不能自由改变，更求上进，于是感觉非常痛苦，不能忍受。所以不得不拚命去争自由，解除职业不自由的束缚，以求上进；拚命去争平等，打破阶级专制的不平等。那种战争，那种奋斗，在中国是向来没有的。中国人虽然受过了不平等的界限，但是没有牺牲身家性命去做平等的代价。欧洲人民在两三百年以前的革命，都是集中到自由、平等两件事。中国人向来不懂什么是争自由平等，当中原因，就是中国的专制和欧洲比较，实在没有什么厉害。而且中国古时的政治，虽然是专制，二千多年以来虽然没有进步，但是以前改良了很多，专制淫威也减除了不少，所以人民便不觉得十分痛苦，因为不觉得痛苦，便不为这个道理去奋斗。

近来欧洲文化东渐，他们的政治、经济、科学都传到中国来了。中国人听到欧洲的政治学理，多数都是照本抄誊，全不知道改变。所以欧洲两三百年以前的革命，说是争自由，中国人也说要争自由；欧洲从前争平等，中国人也照样要争平等。但是中国今日的弊病，不是在不自由、不平等的这些地方。如果专拿自由、平等去提倡民气，便是离事实太远，和人民没有切肤之痛，他们便没有感觉；没有感觉，一定不来附和。至于欧洲在两三百年以前，人民所受不自由、不平等的痛苦真是水深火热，以为非争到自由平等，什么问题都不能解决，所以拚命去争自由、打平等。因为有这种风潮，所以近两三百年来，一次发生英国革命，二次发生美国革命，三次发生法国革命。美国、法国的革命都是成功的。英国革命算是没有成功，所以国体至今没有改变。英国革命的时候，正当中国明末清初，当时英国人民把皇位推倒，杀了一个皇帝；不到十年，又发生复辟；一直到现在，他们的国体仍旧是君主，贵族阶级也还是存在。美国自脱离英国独立以后,把从前政治的阶级完全打破,创立共和制度。以后法国革命,也是照美国一样,把从前的阶级制度根本推翻。延到现在六年以前,又发生俄国革命,他们也打破阶级制度,变成共和国家。美国、法国、俄国都是世界上很强盛的国家,推原他们强盛的来历,都是由于革命成功的。就这三个革命成功的国家比较,发起最后的是俄国,成功最大的也是俄国。俄国革命的结果,不但是把政治的阶级打到平等,并且把社会上所有资本的阶级都一齐打到平等。

我们再拿美国来讲。美国革命的时候,人民所向的目标是在独立。他们为什么要独立呢?因为他们当时的十三州都是英国的领土,归英国管理。英国是一个专制国家,压迫美国人民比压迫本国人民还要严厉得多。美国人民见得他们自己和英国人民都是同归一个英国政府管理,英国政府待本国人民是那样宽大,待美国人民是这样刻薄,便觉得很不平等,所以要脱离英国,自己去管理自己,成一个独立国家。他们因为独立,反抗英国,和英国战争了八年。后来独立成功,所有在美国的白色人种,政府都一律看待,一律平等。但是对待别色人种便大不相同,比方在美国的非洲黑人,他们便视为奴隶。所以美国独立之后,白人的政治地位虽然是平等,但是黑人和白人比较便不是平等。这种事实,和美国的宪法及独立的宣言便不相符合。因为《独立宣言》开宗明义便说人人是生而平等的,天赋有一定不能少的权利,那些权利便是生命自由和求幸福。后来订定宪法,也是根据这个道理。美国注重人类平等的宪法既然成立以后,还要黑人来做奴隶,所以美国主张平等自由的学者,见到那种事实和立国的精神大相矛盾,便反对一个平等自由的共和国家里头还用许多人类来做奴隶。美国当时对待黑人究竟是怎么样的情形呢?美国人从前对待黑人是很刻薄的,把黑人当作牛马一样,要他们做奴隶、做苦工,每日做很多的工,辛辛苦苦做完了之后,没有工钱,只有饭吃。那种残酷情形,全国人民看见了,觉得是很不公道、很不平等的,和开国宪法的道理太不相容,所以大家提倡人道主义，打破这种不平等的制度。后来这种主张愈传愈广，赞成这种主张的人便非常之多。于是有许多热心的人，调查当时黑奴所受的痛苦，做成了许多记录。其中最著名的一本书，是把黑奴受痛苦的种种事实编成一本小说，令人人看到了之后，都很有趣味。这本小说是叫做《黑奴吁天录》。自这本书做出之后，大家都知道黑奴是怎么样受苦，便替黑奴来抱不平。当时全美国之中，北方各省没有畜黑奴的，便主张放奴。南方各省所畜的黑奴是很多的，因为南方各省有许多极大的农场，平常都是专靠黑奴去耕种，如果放黑奴，便没有苦工，便不能耕种。南方的人由于自私自利的思想，便反对放奴，说黑奴制度不是一人造起来的。美国人从前运非洲的黑人去做奴隶，好象几十年前欧洲人运中国人到美洲和南洋去做"猪仔"一样，黑奴便是当时非洲的"猪仔"。南方各省反对放奴，说黑奴是他们的本钱，如果要解放，他们一定要收回本钱。当时一个黑奴，差不多要值五六千元，南方各省的黑奴有几百万，总算起来要值几百万万元。因为那种价值太大，国家没有那样多钱去偿还黑奴的东家，所以放黑奴的风潮虽然是发生了很久，但是酝酿复酝酿，到了六十年前才爆发出来，构成美国的南北战争。那次战争，两方死了几十万人，打过了五年仗，双方战争是非常激烈的，是世界最大战争之一。那次战争，是替黑奴打不平、替人类打不平等的。可以说是争平等的战争。欧美从前为争平等的问题，都是本身觉悟，为自己的利害去打仗。美国的南北战争，为黑奴争平等，不是黑人自己懂得要争。因为他们做奴隶的时候太久，没有别的知识，只知道主人有饭给他们吃，有衣给他们穿，有屋给他们住，他们便很心满意足。当时主人间或也有很宽厚的，黑奴只知道要有好主人，不致受十分的虐待；并不知道要反抗主人，要求解放，有自己做主人的思想。所以那次美国的南北战争，所争平等的人，是白人替黑人去争，是自己团体以外的人去争，不是本身的觉悟。那次战争的结果，南方打败了，北方打胜了，联邦政府就马上发一个命令，要全国放奴。南方各省因为打败了仗，只有服从那个命令。自此以后，便不理黑奴，从解放的日起便不给饭与黑奴吃,不给衣与黑奴穿,不给屋与黑奴住。黑人从那次以后,虽然是被白人解放,有了自由,成了美国的共和国民,在政治的平等自由上有很大的希望;但是因为从前替主人做工,便有饭吃,有衣穿,有屋住;解放以后不替主人做工,便没有饭吃,没有衣穿,没有屋住,一时青黄不接,黑奴觉得失了泰山之靠,便感非常的痛苦。因此就怨恨放奴的各省份,尤其怨恨北方那位主张放奴的大总统。那位主张放奴的总统是谁呢?大家都知道,美国有两个极有名的大总统。一位是开国的大总统,叫做华盛顿。现在世界上的人说起开国元勋,便数到华盛顿,因为那位大总统在争人类平等的历史上是很有功劳的。其余一位大总统就是林肯,他就是当时主张放奴最出力的人。因为他解放黑奴,为人类求平等立了很大的功劳,所以世界上的人至今都称颂他。但是当时解放了的黑奴,因为一时没有衣食住的痛苦,便非常怨恨他。现在还有一种歌谣是骂林肯的,说他是洪水猛兽。那些骂林肯的人之心理,好象中国现在反对革命的人来骂革命党一样。现在有知识的黑人,知道解放的好处,自然是称颂林肯;但是无知识的黑人,至今还是恨林肯,学他们的祖宗一样。解放黑奴,是美国历史上一件争平等的事业。所以讲美国最好的历史,第一个时期是由于受英国不平等的待遇,人民发起独立战争,打过了八年仗,才脱离英国,得到平等,成一个独立国家。第二个时期是在六十年前发生南北战争,那次战争的理由,和头一次的独立战争是相同的,打过了五年仗。五年战争的时间,和八年战争的时间虽然是差不多,但是说起损失来,那次五年的战争比较八年的战争牺牲还要大,流血还要多。简单的说起来,美国第一次的大战争,是美国人民自己求独立,为自己争平等。第二次的大战争,是美国人民为黑奴求自由,为黑奴争平等;不是为自己争平等,是为他人争平等。为他人争平等,比较为自己争平等所受的牺牲还要大,流血还要多。所以美国历史是一种争平等的历史。这种争平等的历史,是世界历史中的大光荣。

美国争得平等之后,法国也发生革命,去争平等。当中反复了好几次，争了八十年才算成功。但是平等争成功之后，他们人民把平等两个字走到极端，要无论那一种人都是平等。象第二图所讲的平等，把平等地位不放在立足点，要放在平头点，那就是假平等。

中国的革命思潮是发源于欧美，平等自由的学说也是由欧美传进来的。但是中国革命党不主张争平等自由，主张争三民主义。三民主义能够实行，便有自由平等。欧美为平等自由去战争，争得了之后，常常被平等自由引入歧路。我们的三民主义能够实行，真有自由平等，要什么方法才能够归正轨呢？象第二图，把平等线放在平头上，是不合乎平等正轨的；要象第三图，把平等线放在立足点，才算合乎平等的正轨。所以我们革命，要知道所用的主义是不是适当，是不是合乎正轨，非先把欧美革命的历史源源本本来研究清楚不成功。人民要彻底明白我们的三民主义是不是的的确确有好处，是不是合乎国情。要能够信仰我们的三民主义始终不变，也非把欧美革命的历史源源本本来研究清楚不成功。

美国为平等、自由两个名词，经过了两次战争，第一次争了八年，第二次争了五年，才达到目的。中国向来没有为平等自由起过战争。几千年来，历史上的战争，都是大家要争皇帝；每次战争，人人都是存一个争皇帝的思想。只有此次我们革命，推倒满清，才是不争皇帝的第一次。但是这种不争皇帝的思想，只限于真革命党以内的人才是。说到革命党以外，象北方的曹锟、吴佩孚，名义上虽然赞成共和，但是主张武力统一，还是想专制。如果他们的武力统一成功，别人不能够反抗，他们一定是想做皇帝的。譬如袁世凯在辛亥年推倒满清的时候，他何尝不赞成共和呢？他又何曾主张帝制呢？当时全国的人民便以为帝制不再发生。到了民国二年，袁世凯用武力打败革命党，把革命党赶出海外，便改变国体，做起皇帝来。这般军阀的思想腐败不堪，都是和袁世凯相同的，将来没有人敢担保这种危险不发生。所以中国的革命至今没有成功，就是因为做皇帝的思想没有完全铲除，没有一概肃清。我们要把这种做皇帝的思想完全铲除，一概肃清，便不得不再来奋斗，再来革命。

中国现在有许多青年志士,还是主张争平等自由。欧洲在一两百年以来,本是争平等自由,但是争得的结果,实在是民权。因为有了民权,平等自由才能够存在;如果没有民权,平等自由不过是一种空名词。讲到民权的来历,发源是很远的,不是近来才发生的。两千多年以前,希腊、罗马便老早有了这种思想。当时希腊、罗马都是共和国家。同时地中海的南方有一个大国叫做克塞支[①],也是一个共和国。后来有许多小国继续起来,都是共和国家。当时的希腊、罗马名义上虽然是共和国家,但是事实上还没有达到真正的平等自由,因为那个时候,民权还没有实行。譬如希腊国内便有奴隶制度,所有贵族都是畜很多的奴隶,全国人民差不多有三分之二是奴隶;斯巴达的一个武士,国家定例要给五个奴隶去服侍他。所以希腊有民权的人是少数,无民权的是大多数。罗马也是一样的情形。所以二千多年以前,希腊、罗马的国家名义虽然是共和,但是由于奴隶制度,还不能够达到平等自由的目的。到六十年前美国解放黑奴,打破奴隶制度,实行人类的平等以后,在现在的共和国家以内才渐渐有真平等自由的希望。但是真平等自由是在什么地方立足呢?要附属到什么东西呢?是在民权上立足的,要附属于民权。民权发达了,平等自由才可以长存;如果没有民权,什么平等自由都保守不住。所以中国国民党发起革命,目的虽然是要争平等自由,但是所定的主义和口号还是要用民权。因为争得了民权,人民方有平等自由的事实,便可以享平等自由的幸福。所以平等自由,实在是包括于民权之内。因为平等自由是包括在民权之内,所以今天研究民权的问题,便附带来研究平等自由的问题。

欧美革命,为求平等自由的问题来战争,牺牲了无数的性命,流了很多的碧血。争到平等自由之后,到了现在,把平等自由的名词应该要看得如何宝贵,把平等自由的事实应该要如何审慎,不能够随便滥用。但是到现在究竟是怎么样呢?就自由一方面的情形说,

---

① 克塞支:今译迦太基。

前次已经讲过了,他们争得自由之后,便生出自由的许多流弊。美国、法国革命至今有了一百多年,把平等争得了,到底是不是和自由一样,也生出许多流弊呢?依我看起来,也是一样的生出许多流弊。由于他们已往所生流弊的经验,我们从新革命,便不可再蹈他们的覆辙,专为平等去奋斗,要为民权去奋斗。民权发达了,便有真正的平等;如果民权不发达,我们便永远不平等。

欧美平等的流弊究竟是怎么样呢?简单的说,就是他们把平等两个字认得太呆了。欧美争得平等以后,为什么缘故要发生流弊呢?就是由于民权没有充分发达,所以自由平等还不能够向正轨道去走。因为自由平等没有归到正轨,所以欧美人民至今还是要为民权去奋斗。因为要奋斗,自然要结团体。人民因为知道结团体的重要,所以由于奋斗的结果,便得到集会、结社的自由。由于得到这种自由,便生出许多团体,在政治上有政党,在工人中有工党。现在世界团体中最大的是工党。工党是在革命以后,人民争得了自由,才发生出来。发生的情形是怎么样呢?最初的时候,工人没有知识,没有觉悟,并不知道自己是处于不平等的地位,也不知道受资本家有很大的压迫;好象美国黑奴只知道自祖宗以来都是做人的奴隶,并不知道奴隶的地位是不好,也不知道除了奴隶以外另外还有自由平等一样。当时各国工人本来不知道自己是处于什么地位,后来于工人之外,得了许多好义之士替工人抱不平,把工人和资本家不平等的道理宣传到工人里头,把他们唤醒了,要他们固结团体和贵族及资本家抵抗,于是世界各国才发生工党。工党和贵族及资本家抵抗,是拿什么做武器呢?工人抵抗的唯一武器,就是消极的不合作,不合作的举动就是罢工。这种武器,比较军人打仗的武器还要厉害得多。如果工人对于国家或资本家有要求不遂的,便大家联合起来,一致罢工。那种罢工,影响到全国人民,比较普通的战争也不相上下。因为在工人之外,有知识极高的好义之士做领袖,去引导那些工人,教他们固结团体,去怎么样罢工。所以他们的罢工一经发动,便在社会上发生很大的力量。因为有了很大的力量,工人自己才感觉起来,要讲平等。英国、法国的工人,由于这种感觉,要讲平等,看见团体以内引导指挥的领袖都不是本行的工人,不是贵族便是学者,都是从外面来的;所以他们到了团体成功,便排斥那些领袖。这种排斥领袖的风潮,在欧洲近数十年来渐渐发生了。所以起这种风潮的原故,便是由于工人走入平等的迷途,成了平等的流弊。由于这种流弊发生以后,工党便没有好领袖去引导指挥他们,工人又没有知识去引导自己,所以虽然有很大的团体,不但是没有进步,不能发生大力量,并且没有人去维持。于是工党内部渐渐腐败,失却了大团体的力量。

工人的团体不但是在外国很多,近十多年来中国也成立了不少。中国自革命以后,各行的工人都联合起来,成立团体。团体中的领袖,也有很多不是工人的。那些团体中的领袖,固然不能说个个都是为工人去谋利益的,其中假借团体的名义、利用工人为自己图私利的当然是很多,但是真为大义去替工人出力的也是不少。所以工人应该要明白,应该要分别领袖的青红皂白。现在中国的工人讲平等,也是发生平等的流弊。譬如前几天我收到由汉口寄来的一种工报,当中有两个大标题,第一个标题是"我们工人不要穿长衣的做领袖",第二个标题是"我们工人奋斗,只求面包,不问政治"。由于这种标题,便可知和欧美工党排斥非工人做领袖的口调是一样。欧美工人虽然排斥非工人的领袖,但是他们的目标还是要问政治。所以汉口工人的第二个标题,便和欧美工人的口调不能完全相同。因为一国之内,人民的一切幸福都是以政治问题为依归的。国家最大的问题就是政治,如果政治不良,在国家里头无论什么问题都不能解决。比方中国现在受外国政治经济的压迫,一年之内损失十二万万元,这就是由于中国政治不良,经济不能发达,所以每年要受这样大的损失。在这种损失里头,最大的是进口货超过出口货每年有五万万元,这五万万元的货都是工人生产的,因为中国工业不发达,才受这种损失。我们拿这个损失的问题来研究。中国工人所得工价是世界中最便宜的,所做的劳动又是世界中最勤苦的,一天能够做十多点钟工。中国的工价既是最便宜,工人的劳动又是最勤苦,和外国工业竞争,照道理讲,当然可以操胜算。为什么中国工人所生产的出口货,不能敌外国工人所生产的进口货呢?为什么我们由于工业的关系,每年要损失五万万元呢?此中最大的原因,就是中国政治不良,我们的政府没有能力。如果政府有了能力,便可以维持这五万万元的损失;我们能够维持这五万万元的损失,便是每年多了五万万元的面包。中国政府有能力,怎么样可以维持五万万元的损失呢?如果政府有能力,便可以增加关税,关税加重,外国的洋货自然难得进口,中国的土货便可以畅销,由此全国的工人每年便可以多进五万万元。但是照汉口工人寄来报纸上的标题讲,工人不问政治,既然不问政治,自然不要求政府增加关税,抵制洋货,提倡土货;不抵制洋货,提倡土货,中国就不制造土货;不制造土货,工人便没有工做;工人连工都没有做,那里还有面包呢?由此可见,工人无好领袖,总是开口便错。这样的工人团体断不能发达,不久必归消灭。因其太无知识了,不知道面包问题就是经济问题。政治和经济两个问题,总是有连带关系的,如果不问政治,怎么样能够解决经济的面包问题来要求面包呢?汉口工人的那种标题,便是由于错讲平等生出来的流弊。

所以,我们革命不能够单说是争平等,要主张争民权。如果民权不能够完全发达,就是争到了平等,也不过是一时,不久便要消灭的。我们革命主张民权,虽然不拿平等做标题,但是在民权之中便包括得有平等。如果平等有时是好,当然是采用;如果不好,一定要除去。象这样做去,才可以发达民权,才是善用平等。

我从前发明过一个道理,就是世界人类其得之天赋者约分三种:有先知先觉者,有后知后觉者,有不知不觉者。先知先觉者为发明家,后知后觉者为宣传家,不知不觉者为实行家。此三种人互相为用,协力进行,则人类之文明进步必能一日千里。天之生人虽有聪明才力之不平等,但人心则必欲使之平等,斯为道德上之最高目的,而人类当努力进行者。但是要达到这个最高之道德目的,到底要怎么样做法呢？我们可把人类两种思想来比对，便可以明白了。一种就是利己，一种就是利人。重于利己者，每每出于害人亦有所不惜。此种思想发达，则聪明才力之人专用彼之才能，去夺取人家之利益，渐而积成专制之阶级，生出政治上之不平等。此民权革命以前之世界也。重于利人者，每每至到牺牲自己亦乐而为之。此种思想发达，则聪明才力之人专用彼之才能，以谋他人的幸福，渐而积成博爱之宗教慈善之事业。惟是宗教之力有所穷，慈善之事有不济，则不得不为根本之解决，实行革命，推翻专制，主张民权，以平人事之不平了。从此以后，要调和三种之人使之平等，则人人当以服务为目的，而不以夺取为目的。聪明才力愈大者，当尽其能力而服千万人之务，造千万人之福。聪明才力略小者，当尽其能力以服十百人之务，造十百人之福。所谓"巧者拙之奴"，就是这个道理。至于全无聪明才力者，亦当尽一己之能力，以服一人之务，造一人之福。照这样做去，虽天生人之聪明才力有不平等，而人之服务道德心发达，必可使之成为平等了。这就是平等之精义。

第四讲

（四月十三日）

照前几次所讲，我们知道欧美人民争民权已经有了两三百年。他们争过了两三百年，到底得到了多少民权呢？今天所讲的题目，就是欧美人民在近来两三百年之中所争得民权多少，和他们的民权现在进步到什么地方。

民权思想已经传到中国来了。中国人知道民权的意思，是从书本和报纸中得来的。主张民权的书本和报纸，一定是很赞成民权那一方面的；大家平日研究民权，自然都是从赞成一方面的书本和报纸上观察。照赞成一方面的书本和报纸上所说的话，一定是把民权的风潮说得是怎样轰轰烈烈，把民权的思想说得是怎么蓬蓬勃勃。我们看见了这些书报，当然受他们的鼓动，发生民权的思想。以为欧美人民争民权，争过了两三百年，每次都是得到最后的胜利；照这样看起来，以后世界各国的民权一定是要发达到极点，我们中国处在这个世界潮流之中，也当然是应该提倡民权，发达民权。并且，有许多人以为提倡中国民权能够象欧美那一样的发达，便是我们争民权已达到目的了；以为民权能够发达到那个地步，国家便算是很文明，便算是很进步。

但是，从书报中观察欧美的民权，和事实上有很多不对的。考察欧美的民权事实，他们所谓先进的国家象美国、法国，革命过了一百多年，人民到底得了多少民权呢？照主张民权的人看，他们所得的民权还是很少。当时欧美提倡民权的人，想马上达到民权的充分目的，所以牺牲一切，大家同心协力，一致拚命去争。到了胜利的时候，他们所争到的民权，和革命时候所希望的民权两相比较起来，还是差得很多，还不能达到民权的充分目的。

现在可以回顾美国对于英国的独立战争，是一个什么情形。那个战争，打过了八年仗，才得到最后的胜利，才达到民权的目的。照美国《独立宣言》来看，说平等和自由是天赋到人类的，无论什么人都不能夺去人人的平等自由。当时美国革命本想要争到很充分的自由平等，但是争了八年，所得的民权还是很少。为什么争了八年之久只得到很少的民权呢？当初反对美国民权的是英国皇帝，美国人民受英国皇帝的压迫，才主张独立，和英国战争。所以那个战争，是君权和民权的战争。战争的结果，本是民权胜利，照道理讲，应该得到充分的民权。为什么不能达到充分的目的呢？因为独立战争胜利之后，虽然打破了君权，但是主张民权的人便生出民权的实施问题，就是要把民权究竟应该行到什么程度？由于研究这种问题，主张民权的同志之见解各有不同，因为见解不同，便生出内部两大派别的分裂。大家都知道美国革命有一个极著名的首领叫做华盛顿，他是美国的开国元勋。当时帮助他去反抗英国君权的人，还有许多英雄豪杰,象华盛顿的财政部长叫做哈美尔顿[①],和国务部长叫做遮化臣[②]。那两位大人物对于民权的实施问题,因为见解各有不同,彼此的党羽又非常之多,便分成为绝对不相同的两大派。

遮氏一派,相信民权是天赋到人类的。如果人民有很充分的民权,由人民自由使用,人民必有分寸,使用民权的时候一定可以做许多好事,令国家的事业充分进步。遮氏这种言论,是主张人性是善的一说。至于人民有了充分的民权,如果有时不能充分发达善性去做好事,反误用民权去作恶,那是人民遇到了障碍,一时出于不得已的举动。总而言之,人人既是有天赋的自由平等,人人便应该有政权;而且人人都是有聪明的,如果给他们以充分的政权,令个个都可以管国事,一定可以做出许多大事业;大家负起责任来,把国家治好,国家便可以长治久安。那就是遮化臣一派对于民权的信仰。

至于哈美尔顿一派所主张的,恰恰和遮氏的主张相反。哈氏以为人性不能完全都是善的,如果人人都有充分的民权,性恶的人便拿政权去作恶。那些恶人拿到了国家大权,便把国家的利益自私自利分到自己同党,无论国家的什么道德,法律、正义、秩序都不去理会。弄到结果,不是一国三公,变成暴民政治;就是把平等自由走到极端,成为无政府。象这样实行民权,不但是不能令国家进步,反要捣乱国家,令国家退步。所以哈氏主张,国家政权不能完全给予人民,要给予政府;把国家的大权都集合于中央,普通人只能够得到有限制的民权。如果给予普通人以无限制的民权,人人都拿去作恶,那种作恶的影响对于国家,比较皇帝的作恶还要厉害得多。因为皇帝作恶,还有许多人民去监视防止;一般人若得到了无限制的民权,大家都去作恶,便再没有人可以监视防止。故哈美尔顿说:“从前的君权要限制,现在的民权也应该要限制。”由此创立一派,叫做“联邦派”,主张中央集权,不主张地方分权。

① 哈美尔顿:今译汉密尔顿。

② 遮化臣:今译杰斐逊。

美国在独立战争以前，本有十三邦，都归英国统辖，自己不能统一。后来因为都受英国专制太过，不能忍受，去反抗英国，是大家有同一的目标，所以当时对英国作战便联同一气。到战胜了英国以后，各邦还是很分裂，还是不能统一。在革命的时候，十三邦的人口不过三百万。在那三百万人中，反抗英国的只有二百万人，还有一百万仍是赞成英国皇帝的。就是当时各邦的人民，还有三分之一是英国的保皇党，只有三分之二才是革命党。因为有那三分之一的保皇党在内部捣乱，所以美国独立战争费过了八年的长时间，才能够完全战胜。到了战胜以后，那些著名的保皇党无处藏身，便逃到北方，搬过圣罗伦士河[①]以北，成立了加拿大殖民地，至今仍为英国属地，忠于英国。美国独立之后，国内便没有敌人。但是那三百万人分成十三邦，每邦不过二十多万人，各不相下，大家不能统一。美国的国力还是很弱，将来还是很容易被欧洲吞灭，前途的生存是很危险的。于是各邦的先知先觉想免去此种危险，要国家永远图生存，便不得不加大国力；要加大国力，所以主张各邦联合起来，建设一个大国家。当时所提倡联合的办法，有主张专行民权的，有主张专行国权的。头一派的主张，就是地方分权。后一派的主张，就是中央集权。限制民权，把各邦的大权力都联合起来，集中于中央政府，又可以说是“联邦派”。这两派彼此用口头文字争论，争了很久，并且是很激烈。最后是主张限制民权的“联邦派”占胜利，于是各邦联合起来，成立一个合众国，公布联邦的宪法。美国自开国一直到现在，都是用这种宪法。这种宪法就是三权分立的宪法，把立法权、司法权和行政权分得清清楚楚，彼此不相侵犯。这是世界上自有人类历史以来第一次所行的完全宪法。美国就是实行三权分立的成文宪法的第一个国家。世界上有成文宪法的国家，美国就是破天荒的头一个。这个宪法，我们叫做《美国联邦宪法》。美国自结合联邦、成立宪法以后，便成世界上顶富的国家；经过欧战以后，更成世界上顶

---

① 圣罗伦士河：今译圣劳伦斯河（Saint Lawrence R.）。

强的国家。因为美国达到了今日这样富强,是由于成立联邦宪法,地方人民的事让各邦分开自治。

十多年来,我国一般文人志士想解决中国现在的问题,不根本上拿中美两国的国情来比较,只就美国富强的结果而论。以为中国所希望的,不过是在国家富强;美国之所以富强,是由于联邦,中国要象美国一样的富强,便应该联省;美国联邦制度的根本好处,是由于各邦自定宪法、分邦自治,我们要学美国的联邦制度变成联省,根本上便应该各省自定宪法,分省自治;等到省宪实行了以后,然后再行联合成立国宪。质而言之,就是将本来统一的中国变成二十几个独立的单位,象一百年以前的美国十几个独立的邦一样,然后再来联合起来。这种见解和思想,真是谬误到极点。可谓人云亦云,习而不察。象这样只看见美国行联邦制度便成世界顶富强的国家,我们现在要中国富强也要去学美国的联邦制度,就是象前次所讲的欧美人民争民权,不说要争民权,只说要争自由平等,我们中国人此时来革命也要学欧美人的口号说去争自由平等,都是一样的盲从!都是一样的莫名其妙!

主张联省自治的人,表面上以为美国的地方基础有许多小邦,各邦联合,便能自治,便能富强;中国的地方基础也有许多行省,也应该可以自治,可以富强。殊不知道美国在独立时候的情形究竟是怎么样。美国当独立之后为什么要联邦呢?是因为那十三邦向来完全分裂,不相统属,所以不能不联合起来。至于我们中国的情形又是怎么样呢?中国本部形式上向来本分作十八省,另外加入东三省及新疆,一共是二十二省;此外还有热河、绥远、青海许多特别区域,及蒙古、西藏各属地。这些地方,在清朝二百六十多年之中,都是统属于清朝政府之下。推到明朝时候,各省也很统一。再推到元朝时候,不但是统一中国的版图,且几几乎统一欧、亚两洲。推到宋朝时候,各省原来也是很统一的;到了南渡以后,南方几省也是统一的。更向上推到唐朝、汉朝,中国的各省没有不是统一的。由此便知中国的各省在历史上向来都是统一的,不是分裂的,不是不能统属的;而且统一之时就是治,不统一之时就是乱的。美国之所以富强,不是由于各邦之独立自治,还是由于各邦联合后的进化所成的一个统一国家。所以美国的富强,是各邦统一的结果,不是各邦分裂的结果。中国原来既是统一的,便不应该把各省再来分开。中国眼前一时不能统一,是暂时的乱象,是由于武人的割据。这种割据,我们要铲除他,万不能再有联省的谬主张,为武人割据作护符。若是这些武人有口实来各据一方,中国是再不能富强的。如果以美国联邦制度就是富强的原因,那便是倒果为因。

外国人现在对于中国为什么要来共管呢?是从什么地方看出中国的缺点呢?就是由于看见中国有知识阶级的人所发表的言论、所贡献的主张,都是这样的和世界潮流相反,所以他们便看中国不起,说中国的事中国人自己不能管,列强应该来代我们共管。我们现在东亚处于此时的潮流,要把"联邦"二个字用得是恰当,便应该说中国和日本要联合起来,或者中国和安南、缅甸、印度、波斯、阿富汗都联合起来。因为这些国家向来都不是统一的。此刻要亚洲富强,可以抵抗欧洲,要联成一个大邦,那才可以说得通。至于中国的十八省和东三省以及各特别区,在清朝时候已经是统一的,已经是联属的。我们推翻清朝,承继清朝的领土,才有今日的共和国,为什么要把向来统一的国家再来分裂呢?提倡分裂中国的人一定是野心家,想把各省的地方自己去割据。象唐继尧割据云南、赵恒惕割据湖南、陆荣廷割据广西、陈炯明割据广东,这种割据式的联省,是军阀的联省,不是人民自治的联省;这种联省不是有利于中国的,是有利于个人的,我们应该要分别清楚。

美国独立时候的十三邦毫不统一,要联成一个统一国家,实在是非常的困难。所以哈氏和遮氏两派的争论便非常之激烈。后来制成联邦宪法,付之各邦自由投票,最后是哈氏一派占胜利,遮氏一派的主张渐渐失败。因为联邦宪法成立之前,全国人有两大派的主张,所以颁布的宪法弄成两派中的一个调和东西。把全国的大政权,如果是属于中央政府的,便在宪法之内明白规定;若是在宪法所规定以外的,便属于地方政府。比方币制,应该中央政府办理,地方政府不能过问。象外交,是规定由中央政府办理,各邦不能私自和外国订约。其余象关于国防上海陆军的训练与地方上民团的调遣等那些大权,都是归中央政府办理。至于极复杂的事业,在宪法未有划归中央政府的,便归各邦政府分别办理。这种划分,便是中央和地方的调和办法。

美国由于这种调和办法,人民究竟得到了多少民权呢?当时所得的民权,只得到一种有限制的选举权,在那个时候的选举权,只是限于选举议员和一部分的地方官吏;至于选举总统和上议院的议员,还是用间接选举的制度,由人民选出选举人,再由选举人才去选总统和那些议员。后来民权逐渐发达,进步到了今日,总统和上议院的议员以及地方上与人民有直接利害关系的各官吏,才由人民直接去选举,这就叫做普通选举。所以美国的选举权,是由限制的选举渐渐变成普通选举。但是这种普通选举,只限于男人才能够享受,至于女子,在一二十年前还是没有这种普通选举权。欧美近二十年以来,女子争选举权的风潮非常激烈。大家都知道,当时欧美的女子争选举权,许多人以为不能成功。所持的理由,就是女子的聪明才力不及男子,男子所能做的事女子不能够做,所以很多人反对。不但是男人很反对,许多女子自己也是很反对,就是全国的女人都争得很激烈,还料不到可以成功。到了七八年以前,英国女子才争成功,后来美国也争成功。这个成功的缘故,是由于当欧战的时候男子通同去当兵,效力战场,在国内的许多事业没有男人去做。象兵工厂内的职员、散工,街上电车内的司机、卖票,和后方一切勤务事宜,男子不敷分配,都是靠女子去补充。所以从前反对女子选举权的人,说女子不能做男子事业,,到了那个时候便无法证明,便不敢反对,主张女子有选举权的人才完全占胜利。所以欧战之后,女子的选举权才是确定了。

由此便知,欧美革命的目标本是想达到民权,象美国独立战争就是争民权。战争成功之后,主张民权的同志又分出两派,一派是主张应该实行充分的民权，一派是主张民权应该要限制，要国家应该有极大的政权。后来发生许多事实，证明普通人民的确是没有知识、没有能力去行使充分的民权。譬如遮化臣争民权，他的门徒也争民权，弄到结果，所要争的民权还是失败，便可以证明普通民众不知道运用政权。由于这个原故，欧美革命有了两三百多年，向来的标题都是争民权，所争得的结果，只得到男女选举权。

讲到欧洲的法国革命，当时也是主张争民权。所以主张民权的学者，象卢梭那些人，便说人人有天赋的权利，君主不能侵夺。由于卢梭的学说，便发生法国革命。法国革命以后，就实行民权。于是一般贵族皇室都受大害，在法国不能立足，便逃亡到外国。因为法国人民当时拿充分的民权去做头一次的试验，全国人都不敢说民众没有知识、没有能力，如果有人敢说那些话，大家便说他是反革命，马上就要上断头台。所以那个时候便成暴民专制，弄到无政府，社会上极为恐慌，人人朝不保夕。就是真革命党，也有时因为一言不慎，和大众的意见不对，便要受死刑。故当法国试验充分民权的时期，不但是王公贵族被人杀了的是很多，就是平时很热心的革命志士，象丹顿一流人物一样，因为一言不合，被人民杀了的也是很不少。后来法国人民看到这样的行为是过于暴虐，于是从前赞成民权的人反变成心灰意冷，来反对民权，拥护拿破仑做皇帝，因此生出民权极大的障碍。这种障碍，不是由君权发生的。在一百年以前，民权的风潮便已经是很大，象前几次所讲的情形。现在世界潮流已达到了民权的时代，照道理推测，以后应该一天发达一天，为什么到民权把君权消灭了以后，反生出极大的障碍呢？是什么原因造成的呢？一种原因，是由于赞成民权所谓稳健派的人，主张民权要有一定的限制。这派是主张国家集权，不主张充分民权。这派对于民权的阻力还不甚大，阻碍民权的进步也不很多。最为民权障碍的人，还是主张充分民权的人。象法国革命时候，人民拿到了充分的民权，便不要领袖，把许多有知识、有本事的领袖都杀死了，只剩得一班暴徒。那般暴徒，对于事物的观察既不明了，又很容易被人利用。

全国人民既是没有好耳目,所以发生一件事,人民都不知道谁是谁非,只要有人鼓动,便一致去盲从附和。象这样的现象,是很危险的。所以后来人民都觉悟起来,便不敢再主张民权。由于这种反动力,便生出了民权的极大障碍,这种障碍是由于主张民权的人自招出来的。

欧洲自法国以外,象丹麦、荷兰、葡萄牙、西班牙那些小国,于不知不觉之中也发生民权的风潮。民权的风潮在欧美虽然遇了障碍,得到君权的反抗,还是不能消灭;遇到了民权自身的障碍,也是自然发达,不能阻止。那是什么原故呢?因为大势所趋,潮流所至,没有方法可以阻止。由于这个道理,故许多专制国家都是顺应潮流,去看风行事。譬如英国从前革命,杀了皇帝,不到十年再复辟起来,但是英国的贵族知机善变,知道民权的力量太大,不能反抗,那些皇室贵族便不和民权去反抗,要和他去调和。讲到民权的起源,本来是发生于英国的。英国自复辟之后,推翻了民权,便成贵族执政,只有贵族可以理国事,别界人都不能讲话;到了一千八百三十二年以后,在贵族之外,才准普通平民有选举权;到了欧战以后,才许女子也有选举权。至于英国对待属地,更是善用退让的手段,顺应民权的潮流。象爱尔兰是英国三岛中的土地,英国始初本是用武力压迫,后来见到民权的风潮扩大,便不去压迫,反主退让,准爱尔兰独立。英国不独对于三岛的内部是如此,就是对于外部,象对付埃及,也是退让。埃及当欧战时候,为英国是很出力的。英国当时要埃及人去助战,也允许过了埃及许多权利,准他们以后独立。到欧战之后,英国食言,把所许的权利都不履行。埃及便要求独立,履行前约,风潮扩大,英国也是退让,许埃及独立。又象印度现在要求英国扩充选举,英国也是一概允许。至于现在英国国内,容纳工党组织内阁,工人执政,便更足以证明英国贵族的退让,民权的进步。英国贵族知道世界民权的大势,能够顺应潮流,不逆反潮流,所以他们的政体至今还可以维持,国家的现状还是没有大危险。

世界上经过了美国、法国革命之后,民权思想便一日发达一日。

但是根本讲起来,最新的民权思想还是发源于德国。德国的人心向来富于民权思想,所以国内的工党便非常之多,现在世界上工党团体中之最大的还是在德国。德国的民权思想发达本早,但到欧战以前,民权的结果还不及法国、英国。这个理由,是因为德国对付民权所用的手段和英国不同,所以得来的结果也是不同。从前德国对付民权是用什么手段呢?德国是谁阻止民权的发达呢?许多学者研究,都说是由于丕士麦。

丕士麦是德国很有名望、很有本领的大政治家。在三四十年前,世界上的大事业都是由于丕士麦造成的。世界上的大政治家都不能逃出丕士麦的范围。所以在三四十年前,德国是世界上顶强的国家。德国当时之所以强,全由丕士麦一手造成。在丕士麦没有执政之先,德国是一个什么景象呢?德国在那个时候有二十几个小邦,那二十几个小邦的民族虽然是相同,但是各自为政,比较美国的十三邦还要分裂,加以被拿破仑征服之后,人民更是穷苦不堪。后来丕士麦出来,运用他的聪明才力和政治手腕,联合附近民族相同的二十几邦,造成一个大联邦,才有后来的大富强。在十年以前,德国是世界上顶强的国家,美国是世界上顶富的国家,他们那两国都是联邦。许多人以为我们中国要富强,也应该学德国、美国的联邦。殊不知德国在三四十年前,根本上只有一个普鲁士,因丕士麦执政以后,拿普鲁士做基础,整军经武,刷新内政,联合其余的二十多邦,才有后来的大德意志。当丕士麦联合各邦的时候,法国、奥国都极力反对。奥国所以反对德国联邦的缘故,是因为奥国和德国虽然是同一条顿民族,但是奥皇也想争雄欧洲,故不愿德国联邦,再比奥国还要强盛。无如丕士麦才智过人,发奋图强,于一千八百六十六年用很迅速手段和奥国打仗,一战便打败奥国。德国战胜了以后,本来可以消灭奥国,惟丕士麦以为奥国虽然反对德国,但是奥国民族还是和德国相同,将来不至为德国的大患。丕士麦的眼光很远大,看到将来足为德国大患的是英国、法国,所以丕士麦战胜了奥国以后,便马上拿很宽大的条件和奥国讲和。奥国在新败之余,复得德国的宽大议和,便很感激他。从此只有四年,到一千八百七十年,德国便去打法国,打破拿破仑第三,占领巴黎。到讲和的时候,法国便把阿尔赛士①和罗伦②两处地方割归德国。从这两次大战以后,德国的二十几个小邦便联合得很巩固,成立一个统一国家。德国自联邦成立了之后,到欧战以前,是世界上最强的国家,执欧洲的牛耳;欧洲各国的事,都惟德国马首是瞻。德国之所以能够达到那个地位,全由丕士麦一手缔造而成。

因为丕士麦执政不到二十年,把很弱的德国变成很强的国家,有了那种大功业,故德国的民权虽然是很发达,但是没有力量去反抗政府。在丕士麦执政的时代,他的能力不但是在政治、军事和外交种种方面战胜全世界,就是对于民权风潮,也有很大的手段战胜一般民众。譬如到了十九世纪的后半,在德法战争以后,世界上不但是有民权的战争,并且发生经济的战争。在那个时候,民权的狂热渐渐减少,另外发生一种什么东西呢?就是社会主义。这种主义,就是我所主张的民生主义。人民得了这种主义,便不热心去争民权,要去争经济权。这种战争,是工人和富人的阶级战争。工人的团体在德国发达最早,所以社会主义在德国也是发达最先。世界上社会主义最大的思想家都是德国人,象大家都知道有一位大社会主义家叫做马克思,他就是德国人。从前俄国革命就是实行马克思主义,俄国的老革命党都是马克思的信徒。德国的社会主义,在那个时候便非常之发达。社会主义本来是和民权主义相连带的,这两个主义发生了以后,本来应该要同时发达的。欧洲有了民权思想,便发生民权的革命;为什么有了那样发达的社会主义,在那个时候不发生经济的革命呢?因为德国发生社会主义的时候,正是丕士麦当权的时候。在别人一定是用政治力去压迫社会主义,但是丕士麦不用这种手段。他以为德国的民智很开通,工人的团体很巩固,如

---

① 阿尔赛士:今译阿尔萨斯。

② 罗伦:今译洛林。

果用政治力去压迫,便是徒劳无功。当时丕士麦本是主张中央集权的独裁政治,他是用什么方法去对付社会党呢?社会党提倡改良社会,实行经济革命,丕士麦知道不是政治力可以打消的,他实行一种国家社会主义,来防范马克思那般人所主张的社会主义。比方铁路是交通上很重要的东西,国内的一种基本实业,如果没有这种实业,什么实业都不能够发达。象中国津浦铁路没有筑成以前,直隶、山东和江北一带地方都是很穷苦的,后来那条铁路筑成功了,沿铁路一带便变成很富饶的地方。又象京汉铁路没有筑成以前,直隶、湖北、河南那几省也是很荒凉的,后来因为得了京汉铁路交通的利便,沿铁路的那几省便变成很富庶。当丕士麦秉政的时候,英国、法国的铁路多半是人民私有,因为基本实业归富人所有,所以全国实业都被富人垄断,社会上便生出贫富不均的大毛病。丕士麦在德国便不许有这种毛病,便实行国家社会主义,把全国铁路都收归国有,把那些基本实业由国家经营;对于工人方面,又定了作工的时间,工人的养老费和保险金都一一规定。这些事业,本来都是社会党的主张,要拿出去实行的;但是丕士麦的眼光远大,先用国家的力量去做了,更用国家经营铁路、银行和各种大实业,拿所得的利益去保护工人,令全国工人都是心满意足。德国从前每年都有几十万工人到外国去做工,到了丕士麦经济政策成功时候,不但没有工人出外国去做工,并且有许多外国工人进德国去做工。丕士麦用这样方法对待社会主义,是用先事防止的方法,不是用当冲打消的方法。用这种防止的方法,就是在无形中消灭人民要争的问题。到了人民无问题可争,社会自然不发生革命。所以这是丕士麦反对民权的很大手段。

现在就世界上民权发达一切经过的历史讲:第一次是美国革命,主张民权的人分成哈美尔顿和遮化臣两派,遮化臣主张极端的民权,哈美尔顿主张政府集权,后来主张政府集权派占胜利,是民权的第一次障碍。第二次是法国革命,人民得到了充分的民权,拿去滥用,变成了暴民政治,是民权的第二次障碍。第三次是丕士麦,用最巧的手段去防止民权,成了民权的第三次障碍。这就是民权思想在欧美发达以来所经过的一切情形。但是民权思想虽然经过了三个障碍,还是不期然而然,自然去发达,非人力所能阻止,也非人力所能助长。民权到了今日,便成世界上的大问题。世界上的学者,无论是守旧派,或者是革新派,都知道民权思想是不能消灭的。不过在发达的时候,民权的流弊还是免不了的,象从前讲平等自由也生出流弊一样。总而言之,欧美从前争平等自由,所得的结果是民权;民权发达了之后,便生出许多流弊。在民权没有发达之先,欧美各国都想压止他,要用君权去打消民权。君权推倒了之后,主张民权的人便生出民权的障碍;后来实行民权,又生出许多流弊,更为民权的障碍。最后丕士麦见到人民主张民权,知道不能压止,便用国家的力量去替代人民,实行国家社会主义,这也是民权的障碍。欧战以后,俄国、德国的专制政府都推倒了,女子选举权也有好几国争到手了,所以民权到了今日更是一个大问题,更不容易解决。

推到实行民权的原始,自美国革命之后,人民所得的头一个民权,是选举权。当时,欧美人民以为民权就是选举权算了,如果人民不论贵贱、不论贫富、不论贤愚都得到了选举权,那就算民权是充分的达到了目的。至于欧战后三四年以来,又究竟是怎么样呢?当中虽然经过了不少的障碍,但是民权仍然是很发达,不能阻止。近来瑞士的人民,除了选举权以外,还有创制权和复决权。人民对于官吏有权可以选举,对于法律也应该有权可以创造、修改。创制权和复决权便是对于法律而言的。大多数人民对于一种法律,以为很方便的,便可以创制,这便是创制权;以为很不方便的,便可以修改,修改便是复决权。故瑞士人民比较别国人民多得了两种民权,一共有三种民权,不只一种民权。近来美国西北几邦新开辟地方的人民,比较瑞士人民更多得一种民权,那种民权是罢官权。在美洲各邦之中,这种民权虽然不能普遍,但有许多邦已经实行过了。所以美国许多人民现在得到了四种民权:一种是选举权,二种是罢官权,三种是创制权,四种是复决权。这四种权在美国西北几州已经行得很有成绩,将来或者可以推广到全美国,或者全世界。将来世界各国要有充分的民权,一定要学美国的那四种民权。由此四种民权实行下去,将来能不能够完全解决民权的问题呢?现在世界学者看见人民有了这四种民权的思想,还不能把民权的问题完全来解决,都以为是时间的问题,以为这种直接的民权思想发生尚不久。从前的神权经过了几万年。君权经过了几千年,现在此刻各国的君权,象英国、日本和意大利的君权还有多少问题,不过这种君权将来一定是消灭的。这些直接的民权,新近发生不过是几十年,所以在今日还是一个不能解决的大问题。

照现在世界上民权顶发达的国家讲,人民在政治上是占什么地位呢?得到了多少民权呢?就最近一百多年来所得的结果,不过是一种选举和被选举权。人民被选成议员之后,在议会中可以管国事。凡是国家的大事,都要由议会通过,才能执行;如果在议会没有通过,便不能行。这种政体叫做“代议政体”,所谓“议会政治”。但是成立了这种代议政体以后,民权是否算得充分发达呢?在代议政体没有成立之先,欧美人民争民权,以为得到了代议政体便算是无上的民权。好象中国革命党希望中国革命以后,能够学到日本或者学到欧美,便以为大功告成一样。如果真是学到了象日本、欧美一样,可不可以算是止境,还要听下文分解。欧美人民从前以为争到了代议政体,便算是心满意足。我们中国革命以后,是不是达到了代议政体呢?所得民权的利益究竟是怎么样呢?大家都知道,现在的代议士都变成了“猪仔议员”,有钱就卖身,分赃贪利,为全国人民所不齿。各国实行这种代议政体都免不了流弊,不过传到中国,流弊更是不堪问罢了。大家对于这种政体如果不去闻问,不想挽救,把国事都付托到一般猪仔议员,让他们去乱作乱为,国家前途是很危险的。所以外国人所希望的代议政体,以为就是人类和国家的长治久安之计,那是不足信的。民权初生本经过了许多困难,后来实行又经过了许多挫折,还是一天一天的发达,但是得到的结果不过是代议政体。各国到了代议政体就算是止境。近来俄国新发生一种政体,这种政体不是代议政体,是“人民独裁”的政体。这种人民独裁的政体究竟是怎么样呢?我们得到的材料很少,不能判断其究竟,惟想这种人民独裁的政体,当然比较代议政体改良得多。但是我们国民党提倡三民主义来改造中国,所主张的民权,是和欧美的民权不同。我们拿欧美已往的历史来做材料,不是要学欧美,步他们的后尘;是用我们的民权主义,把中国改造成一个“全民政治”的民国,要驾乎欧美之上。我们要达到这种大目的,便先要把民权主义研究到清清楚楚。

今天所讲的大意,是要诸君明白欧美的先进国家把民权实行了一百多年,至今只得到一种代议政体。我们拿这种制度到中国来实行,发生了许多流弊。所以民权的这个问题,在今日还是很难解决。我以后对于民权主义还要再讲两次,便把这个问题在中国求一个根本解决的办法。我们不能解决,中国便要步欧美的后尘;如果能够解决,中国便可以驾乎欧美之上。

第五讲

(四月二十日)

中国人的民权思想都是由欧美传进来的。所以我们近来实行革命,改良政治,都是仿效欧美。我们为什么要仿效欧美呢?因为看见了欧美近一百年来的文化,雄飞突进,一日千里,种种文明都是比中国进步得多。

比方就武器一项说,欧美近年的武器便是一天改良一天,要比中国进步得多。中国的武器,几千年以来都是弓箭刀戟,在二三十年以前还是用那几种东西。象庚子年发生义和团,他们的始意是要排除欧美势力的,因为他们要排除欧美的势力,所以和八国联军打仗,当时所用的武器便是大刀。要用大刀去抵抗联军的机关枪和大炮，那种举动就是当时中国人对于欧美的新文化之反动，对于他们的物质进步之抵抗，不相信欧美的文化是比中国进步，并且想表示中国的文化还要好过欧美。甚至于象欧美的洋枪大炮那些精利武器，也不相信比较中国的大刀还要利害，所以发生义和团来反抗欧美。义和团的勇气始初是锐不可当的，在杨村一战，是由于英国提督西摩带了三千联军，想从天津到北京去救那些公使馆，经过杨村就被义和团围住了。当时战斗的情形，义和团没有洋枪大炮，只有大刀；所围住的联军，有很精利的枪炮。在义和团一方面，可说是肉体相搏。西摩因为被他们包围了，便用机关枪去扫射义和团。义和团虽然是被机关枪打死了很多的人，血肉横飞，但是还不畏惧，还不退却，总是前仆后继，死死的把联军围住。弄到西摩带那三千联军，终不敢通过杨村直进北京，便要退回天津等候，另外请了大兵来帮助，才能够到达北京，解各国公使馆的围。就那次战争的情形而论，西摩有几句批评说：照当时义和团之勇气，如果他们所用的武器是西式的枪炮，那些联军一定是全军覆没的。但是他们始终不相信外国的新式武器，总是用大刀、肉体和联军相搏，虽然被联军打死了几万人，伤亡枕籍，还是前仆后继，其勇锐之气殊不可当，真是令人惊奇佩服。所以经过那次血战之后，外国人才知道中国还有民族思想，这种民族是不可消灭的。不过庚子年的义和团，是中国人的最后自信思想和最后自信能力去同欧美的新文化相抵抗。由于那次义和团失败以后，中国人便知道从前的弓箭刀戟不能够和外国的洋枪大炮相抵抗，便明白欧美的新文明的确是比中国的旧文明好得多。用外国的新东西和中国的旧东西比较，就武器一项效力，自然是很明显的。至于除了武器之外，象交通上的铁路、电报，也要比中国的挑伕、驿站好得多。我们要转运东西，火车当然是快过挑伕、便利过挑伕；要通消息，电报当然是迅速过驿站、灵通过驿站。再推到其余种种关于人类日常生活的机器，和农工商所用的种种方法，也没有不是比中国进步得多的。

所以，从那次义和团失败以后，中国一般有思想的人，便知道要中国强盛,要中国能够昭雪北京城下之盟的那种大耻辱,事事便非仿效外国不可。不但是物质科学要学外国,就是一切政治社会上的事都要学外国。所以经过义和团之后,中国人的自信力便完全失去,崇拜外国的心理便一天高过一天。由于要崇拜外国、仿效外国,便得到了很多的外国思想;就是外国人只才想到、还没有做到的新思想,我们也想拿来实行。十三年前革命,仿效外国改革政治,成立民主政体,目的是在取法乎上,所以把外国很高的政治哲理和最新的政治思想都拿来实行。这是中国政治思想上一个最大的变动。在义和团以前,中国和外国已经通了商,早知道外国的好处也是很多,但是全国人的心理还不相信外国是真有文明;所以当义和团的时候,便把仿效外国的铁路和电报都毁坏了,就是外国的枪炮也不信仰,在打仗的时候还是要用中国的弓刀。以后因为失败,又反过来信仰外国。在中国所用的无论什么东西,都是要仿效外国。由此可见,中国从前是守旧,在守旧的时候总是反对外国,极端信仰中国要比外国好;后来失败,便不守旧,要去维新,反过来极端的崇拜外国,信仰外国是比中国好。因为信仰外国,所以把中国的旧东西都不要,事事都是仿效外国;只要听到说外国有的东西,我们便要去学,便要拿来实行。对于民权思想也有这种流弊。革命以后举国如狂,总是要拿外国人所讲的民权到中国来实行,至于民权究竟是什么东西,也不去根本研究。

前几次所讲的情形,是把外国争民权的历史和胜利之后所得的什么结果,详细的说明。由于那几次的研究,便知民权政治在外国也不能够充分实行,进行民权在中途也遇到了许多障碍。现在中国主张实行民权,要仿效外国,便要仿效外国的办法。但是民权问题在外国政治上至今没有根本办法,至今还是一个大问题。就是外国人拿最新发明的学问来研究民权、解决民权问题,在学理一方面根本上也没有好发明,也没有得到一个好解决的方法。所以外国的民权办法不能做我们的标准,不足为我们的师导。

自义和团以后,一般中国人的思想,时时刻刻、件件东西总是要学外国。外国的东西到底可不可以学呢？比方用武器讲，到底是外国的机关枪厉害呢，还是中国的弓刀厉害呢？这两种东西没有比较，一定是外国的机关枪要厉害得多。不但是外国的武器要比中国的厉害，就是其他各种东西，外国都是比中国进步得多。就物质一方面的科学讲，外国驾乎中国，那是不可讳言的。但是外国在政治一方面究竟是怎么样呢？外国的政治哲学和物质科学两种学问的进步，又是那一种最快呢？政治的进步远不及科学。譬如兵学就是一种军事科学，专就兵学讲，外国的战术随时发明，随时改良，所谓日新月异。所以拿一百多年以前的外国兵书，今日有没有人还拿去用呢？那是没有的。不但是一百年以前的兵书没有人拿去用，就是十年以前的兵书，到了今日也是无用。外国的武器和战术，每过十年便成一个大变动。换句话讲，就是外国的武器和战术，每过十年便有一次革命。外国最大的武器和价值最贵的武器，就是水上所用的战斗舰。现在外国的战斗舰，每艘要值五千万元以至于一万万元，能够值这些钱的船，才叫做一只兵船。外国物质的进步以武器为最快；武器的进步又以战斗舰为最快。战斗舰的变动最多不过十年，在欧战以前的战斗舰，至今已成废物。不但是海军的战斗舰有这样的大变动，就是陆军的枪炮也是日日进步，每十年一次变动，每十年一次革命，每十年一翻新。现在我们所用的枪，在外国已经成了无用的废物；欧战时各国所用的大炮，到了今日也算是旧式。不但是武器在欧美是日日进步、件件翻新，就是其他机器物品也是天天改良、时时发明。所以外国在物质文明上的进步，真是日新月异，一天比一天的不同。至于在政治上，外国比较中国又是进步了多少呢？欧美两三百年来经过许多次数的革命，政治上的进步虽然是比中国快得多，但是外国的政治书本，象二千多年以前在希腊有一位大政治哲学家叫做柏拉图，他所著的《共和政体》①那本书至今还有学者去研究，对于现在的政体还以为有多少价值可以供参考；不象

① 《共和政体》：今译《理想国》。

兵船操典，过了十年便成无价值的废物。由此便知外国的物质科学，每十年一变动，十年之前和十年之后大不相同，那种科学的进步是很快的。至于政治理论，在二千年以前，柏拉图所写的《共和政体》至今还有价值去研究，还是很有用处。所以外国政治哲学的进步，不及物质进步这样快的。他们现在的政治思想，和二千多年以前的思想根本上还没有大变动。如果我们仿效外国的政治，以为也是象仿效物质科学一样，那便是大错。

外国的物质文明一天和一天不同，我们要学他，便很不容易赶上。至于外国政治的进步，比较物质文明的进步是差得很远的，速度是很慢的。象美国革命实行民权有了一百五十多年，现在能够实行的民权，和一百多年以前所实行的民权便没有大分别。现在法国所行的民权，还不及从前革命时候所行的民权。法国在从前革命的时候，所行的民权是很充分的。当时一般人民以为不对，大家要去反抗，所以至今有了一百多年，法国的民权还是没有大进步。我们要学外国，便要把这些情形分别清楚。至于外国民权所以没有大进步的原因，是由于外国对于民权的根本办法没有解决。由前几次所讲的情形，便知道欧美的民权政治至今还是没有办法，民权的真理还是没有发明；不过近两三百年以来民权思想逐渐澎涨，在人事上想不通的问题，大家便听其自然，顺着潮流去做罢了。所以近来民权的发达，不是学者从学理上发明出来的，是一般人民顺其自然做出来的。因为总是顺其自然去做，预先没有根本办法，前后没有想过，所以欧美实行民权在中途便遭了许多挫折，遇了许多障碍。中国革命以后，要仿效欧美实行民权，欧美的民权现在发达到了代议政体，中国要跟上外国实行民权，所以也有代议政体。但是欧美代议政体的好处，中国一点都没有学到；所学的坏处却是百十倍，弄到国会议员变成猪仔议员，污秽腐败，是世界各国自古以来所没有的。这真是代议政体的一种怪现象。所以中国学外国的民权政治，不但是学不好，反且学坏了！

照前几回所讲，大家便知道欧美的民权政治根本上还没有办法,所以我们提倡民权,便不可完全仿效欧美。我们不完全仿效欧美,究竟要怎么样去做呢?现在中国还有守旧派,那些守旧派的反动力是很大的。他们的主张是要推翻民国,恢复专制,去图复辟。以为要这样的办法才可以救中国。我们明白世界潮流的人,自然知道这个办法是很不对的,所以要反对这个办法,顺应世界潮流,去实行民权,走政治的正轨。我们要走政治的正轨,便先要知道政治的真意义。什么是叫做政治呢?照民权第一讲的定义说,政是众人的事,治是管理众人的事。中国几千年以来社会上的民情风土习惯,和欧美的大不相同。中国的社会既然是和欧美的不同,所以管理社会的政治自然也是和欧美不同,不能完全仿效欧美,照样去做,象仿效欧美的机器一样。欧美的机器,我们只要是学到了,随时随地都可以使用。譬如电灯,无论在中国的什么房屋,都可以装设,都可以使用。至于欧美的风土人情和中国不同的地方是很多的,如果不管中国自己的风土人情是怎么样,便象学外国的机器一样,把外国管理社会的政治硬搬进来,那便是大错。虽然管理人类之政治法律条理,也是一种无形的机器,所以我们称行政组织为机关。但是有形的机器是本于物理而成的,而无形的机器之政治是本于心理而成的。物理之学近数百年来已发明得甚多,而心理之学近二三十年始起首进步,至今尚未有大发明。此所以有别也,是以管理物的方法,可以学欧美;管理人的方法,当然不能完全学欧美。因欧美关于管理物的一切道理已经老早想通了,至于那些根本办法他们也老早解决了,所以欧美的物质文明,我们可以完全仿效,可以盲从,搬进中国来也可以行得通。至于欧美的政治道理至今还没有想通,一切办法在根本上还没有解决,所以中国今日要实行民权,改革政治,便不能完全仿效欧美,便要重新想出一个方法。如果一味的盲从附和,对于国计民生是很有大害的。因为欧美有欧美的社会,我们有我们的社会,彼此的人情风土各不相同。我们能够照自己的社会情形,迎合世界潮流做去,社会才可以改良,国家才可以进步;如果不照自己社会的情形,迎合世界潮流去做,国家便要退化,民族便受危险。

我们要中国进步、民族的前途没有危险，自己来实行民权，自己在根本上便不能不想出一种办法。

我们对于民权政治到底能不能够想出办法呢？我们要能够想出办法，虽然不能完全仿效欧美，但是要借鉴于欧美，要把欧美已往的民权经验研究到清清楚楚。因为欧美民权虽然没有充分发达、根本解决，但是已经有了很多的学者对于民权天天去研究，常常有新学理的发明，而且在实行上也有了一百多年，所得的经验也是很多的。那些经验和学理，根本上都是应该拿来参考的。如果不参考欧美已往的经验、学理，便要费许多冤枉工夫，或者要再蹈欧美的覆辙。

现在各国学者研究已往民权的事实，得到了许多新学理，那是些什么学理呢？最新的对于政治问题的，有一位美国学者说；"现在讲民权的国家，最怕的是得到了一个万能政府，人民没有方法去节制他；最好的是得一个万能政府，完全归人民使用，为人民谋幸福。"这一说是最新发明的民权学理。但所怕、所欲，都是在一个万能政府。第一说是人民怕不能管理的万能政府，第二说是为人民谋幸福的万能政府。要怎么样才能够把政府成为万能呢？变成了万能政府，要怎么样才听人民的话呢？在民权发达的国家，多数的政府都是弄到无能的；民权不发达的国家，政府多是有能的。象前次所讲，近几十年来欧洲最有能的政府，就是德国俾士麦当权的政府。在那个时候的德国政府，的确是万能政府。那个政府本是不主张民权的，本是要反对民权的，但是他的政府还是成了万能政府。其他各国主张民权的政府，没有那一国可以叫做万能政府。

又有一位瑞士学者说："各国自实行了民权以后，政府的能力便行退化。这个理由，就是人民恐怕政府有了能力，人民不能管理，所以人民总是防范政府，不许政府有能力，不许政府是万能。所以实行民治的国家，对于这个问题便应该想方法去解决。想解决这个问题，人民对于政府的态度就应该要改变。"从前人民对于政府总是有反抗态度的缘故，是由于经过了民权革命以后，人民所争得的自由平等过于发达,一般人把自由平等用到太没有限制,把自由平等的事做到过于充分,政府毫不能够做事。到了政府不能做事,国家虽然是有政府,便和无政府一样。这位瑞士学者看出了这个流弊,要想挽救,便主张人民要改变对于政府的态度。他究竟要人民变成什么态度呢?人民的态度对于政府有什么关系呢?譬如就中国几千年的历史说,中国人在这几千年中对于政府是什么样的态度呢?我们研究历史,总是看见人称赞尧舜禹汤文武;尧舜禹汤文武的政府是中国人常常羡慕的政府,中国人无论在那个时代,总是希望有那样的政府,替人民来谋幸福。所以欧美的民权思想没有传进中国以前,中国人最希望的就是尧舜禹汤文武,以为有了尧舜禹汤文武那些皇帝,人民便可以得安乐,便可以享幸福,这就是中国人向来对于政府的态度。近来经过了革命以后,人民得到了民权思想,对于尧舜禹汤文武那些皇帝便不满意,以为他们都是专制皇帝,虽美亦不足称。由此便知民权发达了以后,人民便有反抗政府的态度,无论如何良善,皆不满意。如果持这种态度,长此以往,不想办法来改变,政治上是很难望进步的。现在世界上要改变人民对于政府的态度,究竟是用什么办法呢?欧美学者只想到了人民对于政府的态度应该要改变,至于怎么样改变的办法,至今还没有想出。

我们革命主张实行民权,对于这个问题,我想到了一个解决的方法。我的解决方法,是世界上学理中第一次的发明。我想到的方法就是解决这个问题的一个根本办法。我的办法就是象瑞士学者近日的发明一样,人民对于政府要改变态度。近日有这种学理之发明,更足以证明我向来的主张是不错。这是什么办法呢?就是"权"与"能"要分别的道理。这个权能分别的道理,从前欧美的学者都没有发明过。究竟什么是叫做权与能的分别呢?要讲清楚这个分别,便要把我从前对于人类分别的新发明再拿来说一说。

我对于人类的分别,是何所根据呢?就是根据于各人天赋的聪明才力。照我的分别,应该有三种人:第一种人叫做先知先觉。这种人有绝顶的聪明,凡见一件事,便能够想出许多道理;听一句话,便能够做出许多事业。有了这种才力的人,才是先知先觉。由于这种先知先觉的人预先想出了许多办法,做了许多事业,世界才有进步,人类才有文明。所以先知先觉的人是世界上的创造者,是人类中的发明家。第二种人叫做后知后觉。这种人的聪明才力比较第一种人是次一等的,自己不能够创造发明,只能够跟随摹仿,第一种人已经做出来了的事,他便可以学到。第三种人叫做不知不觉。这种人的聪明才力是更次的,凡事虽有人指教他,他也不能知,只能去行。照现在政治运动的言词说,第一种人是发明家,第二种人是宣传家,第三种人是实行家。天下事业的进步都是靠实行,所以世界上进步的责任,都在第三种人的身上。譬如建筑一间大洋楼,不是一种寻常人能够造成的,先要有一个工程师,把想做的洋楼,关于各种工程材料都要通盘计算;等到通盘计算好了,便绘一个很详细的图,再把那个图交给工头去看;等到工头把图看清楚了,才叫工人搬运材料,照那个图样去做。做洋楼的工人,都是不能够看图样的,只有照工头的吩咐,听工头的指挥,或者是某处放一块砖,某处加一片瓦,做那种最简单的事。工头又是不能够通盘计算去绘图的,只有照工程师所绘的图,吩咐工人去砌砖盖瓦。所以绘图的工程师,是先知先觉;看图的工头,是后知后觉;砌砖盖瓦的工人,是不知不觉。现在各城市的洋楼;都是靠工人、工头和工程师三种人共同做出来的。就是世界上的大事,也都是全靠那三种人来做成的。但是其中大部分的人都是实行家,都是不知不觉,次少数的人便是后知后觉,最少数的人才是先知先觉。世界上如果没有先知先觉,便没有发起人;如果没有后知后觉,便没有赞成人;如果没有不知不觉,便没有实行的人。世界上的事业,都是先要发起人,然后又要许多赞成人,再然后又要许多实行者,才能够做成功。所以世界上的进步,都是靠这三种人,无论是缺少了那一种人都是不可能的。现在世界上的国家实行民权、改革政治,那些改革的责任应该是人人都有份的,先知先觉的人要有一份,后知后觉的人要有一份,就是不知不觉的人也要有一份。我们要知道民权不是天生的,是人造成的。我们应该造成民权,交到人民,不要等人民来争才交到他们。

前几天有一位在高丽做官的日本人来见我,和我谈天,谈了颇久之后,我顺便问他一句话说:“现在高丽的革命是什么样情形呢?能不能够成功呢?”那位日本人没有什么话可答。我又问他说:“日本在高丽的官吏,对于高丽的民权态度又是怎么样呢?”他说:“只看高丽人将来的民权思想,究竟是怎么样。如果高丽人都晓得来争民权,我们一定是把政权交还他们的。但是现在的高丽人还不晓得争民权,所以我们日本还是不能不代他们治理高丽。”这种说话未尝不冠冕堂皇,但是我们革命党对待全国人民,就不可象日本对待高丽一样,要等到人民晓得争民权的时候才去给他。因为中国人民都是不知不觉的多,就是再过几千年,恐怕全体人民还不晓得要争民权。所以自命为先知先觉和后知后觉的人,便不可象日本人一样专是为自己打算,要预先来替人民打算,把全国的政权交到人民。

照以前所讲的情形,欧美对于民权问题还没有解决的办法。今日我们要解决民权问题,如果仿效欧美,一定是办不通的。欧美既无从仿效,我们自己便应该想一种新方法来解决这个问题。这个新方法,是象瑞士的学者最新的发明,人民对于政府要改变态度,但要改变态度,就是要把权与能来分开。权与能要怎么样分开呢?我们要把他研究到清楚,便应该把前几次所讲的情形,重提起来再说。第一件,什么是叫做民权呢?简单的说,民权便是人民去管理政治。详细推究起来,从前的政治是谁人管理呢?中国有两句古语说:“不在其位,不谋其政”;又说“庶人不议”。可见从前的政权完全在皇帝掌握之中,不关人民的事。今日我们主张民权,是要把政权放在人民掌握之中。那么,人民成了一个什么东西呢?中国自革命以后,成立民权政体,凡事都是应该由人民作主的,所以现在的政治又可以叫做“民主政治”。换句话说,在共和政体之下,就是用人民来做皇帝。

照中国几千年的历史看,实在负政治责任为人民谋幸福的皇帝,只有尧舜禹汤文武;其余的那些皇帝,都是不能负政治责任为人民谋幸福的。所以中国几千年的皇帝,只有尧舜禹汤文武能够负政治责任,上无愧于天,下无怍于民。他们所以能够达到这种目的,令我们在几千年之后都来歌功颂德的原因,是因为他们有两种特别的长处:第一种长处是他们的本领很好,能够做成一个良政府,为人民谋幸福;第二种长处是他们的道德很好,所谓"仁民爱物","视民如伤","爱民若子",有这种仁慈的好道德。因为他们有这两种长处,所以对于政治能够完全负责,完全达到目的。中国几千年来,只有这几个皇帝令后人崇拜,其余的皇帝不知道有多少,甚至于有许多皇帝后人连姓名都不知道。历代的皇帝,只有尧舜禹汤文武有很好的本领、很好的道德,其余都是没有本领、没有道德的多。那些皇帝虽然没有本领、没有道德,但是很有权力的。

大家都把中国历史看得是很多的,尤其是《三国演义》,差不多人人都看过了。我们可以拿《三国演义》来证明。譬如诸葛亮是很有才学的,很有能干的。他所辅的主,先是刘备,后是阿斗。阿斗是很庸愚的,没有一点能干。因为这个原因,所以刘备临死的时候,便向诸葛亮说:"可辅则辅之,不可辅则取而代之。"刘备死了以后,诸葛亮的道德还是很好,阿斗虽然没有用,诸葛亮依然是忠心辅佐,所谓"鞠躬尽瘁,死而后已"。由这样看来,在君权时代,君主虽然没有能干,但是很有权力,象三国的阿斗和诸葛亮便可以明白。诸葛亮是有能没有权的,阿斗是有权没有能的。阿斗虽然没有能,但是把什么政事都付托到诸葛亮去做;诸葛亮很有能,所以在西蜀能够成立很好的政府,并且能够六出祁山去北伐,和吴魏鼎足而三。用诸葛亮和阿斗两个人比较,我们便知道权和能的分别。专制时代,父兄做皇帝,子弟承父兄之业,虽然没有能干也可以做皇帝,所以没有能的人也是很有权。现在成立共和政体,以民为主,大家试看这四万万人是那一类的人呢?这四万万人当然不能都是先知先觉的人,多数的人也不是后知后觉的人,大多数都是不知不觉的人。现在民权政治是要靠人民作主的,所以这四万万人都是很有权的;全国很有权力能够管理政治的人,就是这四万万人。大家想想,现在的四万万人,就政权一方面说是象什么人呢?照我看起来,这四万万人都是象阿斗。中国现在有四万万个阿斗,人人都是很有权的。阿斗本是无能的,但是诸葛亮有能,所以刘备死了以后,西蜀还能够治理。现在欧美人民反对有能的政府,瑞士学者要挽救这种流弊,主张人民改变态度,不可反对有能的政府。但是改变了态度以后,究竟是用什么办法呢?他们还没有发明。我现在所发明的,是要权与能分开,人民对于政府的态度才可以改变。如果权与能不分开,人民对于政府的态度总是不能改变。当时阿斗知道自己无能,把国家全权托到诸葛亮,要诸葛亮替他去治理。所以诸葛亮上"出师表",便献议到阿斗把宫中和府中的事要分开清楚:宫中的事,阿斗可以去做;府中的事,阿斗自己不能去做。府中的事是什么事呢?就是政府的事。诸葛亮把宫中和府中的事分开,就是把权和能分开。所以我们治理国家,权和能一定是要分开的。究竟要怎么样才可以分开呢?大家要拿一个远大眼光和冷静见解来看世界上的事,才可以把他分别清楚。

大家此时对于政府有一种特别观念,这种观念是怎么样发生的呢?是由于几千年专制政体发生的。因为几千年的专制政体,多是无能力的人做皇帝,人民都是做皇帝的奴隶。在中国的四万万人,就做过了几千年奴隶。现在虽然是推翻专制,成立共和政体,表面上固然是解放,但是人民的心目中还有专制的观念,还怕有皇帝一样的政府来专制。因为再怕有皇帝一样的政府来专制,想要打破他,所以生出反对政府的观念,表示反抗政府的态度。所以现在人民反抗政府的态度,还是由于从前崇拜皇帝的心理反动生出来的。换句话说,人民对于政府的态度,就是由于从前崇拜皇帝的心理,一变而为排斥政府的心理。从前崇拜皇帝的心理固然是不对,现在排斥政府的心理也是不对的。我们要打破这种不对的心理,便要回顾到几万年和几千年以前的政治历史,才可以看破。

比方在专制皇帝没有发达以前,中国尧舜是很好的皇帝,他们都是公天下,不是家天下。当时的君权还没有十分发达,中国的君权是从尧舜以后才发达的。推到尧舜以前更没有君权之可言,都是奉有能的人做皇帝,能够替大家谋幸福的人才可以组织政府。譬如从前所讲人同兽争的野蛮时代,国家的组织没有完全,人民都是聚族而居,靠一个有能的人来保护。在那个时候,人民都怕毒蛇猛兽来侵害,所以要奉一个有能的人负保护的责任。当时保护的任务,就是在有能力去打;能够打胜毒蛇猛兽的人,就是当时很有能干的人。当时人同兽打,没有武器,都是靠赤手空拳,要个人体魄很强壮,所以在当时体魄很强壮的人,大家便奉他做皇帝。除了会打的人可以做皇帝以外,中国还有例外。譬如燧人氏钻木取火,教人火食,既可避去生食动植物的危险,复可制出种种美味,适于口腹之欲,所以世人便奉他做皇帝。钻木取火,教人火食,是什么人的事?就是厨子的事。所以燧人氏钻木取火、教人火食便做皇帝,就可以说厨子做皇帝。神农尝百草,发明了许多药性,可以治疾病,可以起死回生,便是一件很奇怪、很有功劳的事,所以世人便奉他做皇帝。尝百草是什么人的事呢?就是医生的事。所以神农由于尝百草便做皇帝,就可以说医生做皇帝。更推到轩辕氏教民做衣服也是做皇帝,那就是裁缝做皇帝;有巢氏教民营宫室也做皇帝,那就是木匠做皇帝。所以由中国几千年以前的历史看起来,都不是专以能够打得的人才做皇帝,凡是有大能干、有新发明、在人类立了功劳的人,都可以做皇帝,都可以组织政府。象厨子、医生、裁缝、木匠那些有特别能干的人,都是做过了皇帝的。

从前有一位美国教授,叫做丁韪良,有一天到北京西山去游玩,遇到了一个农夫,和农夫谈起话来。那个农夫便问丁韪良说:“外国人为什么不到中国来做皇帝呢?”丁韪良反问农夫说:“外国人可以来做皇帝吗?”那个农夫便指田边所挂的电线说:“能做这种东西的人,便可以做中国皇帝了。”那个农夫的思想,以为只有一根铁线便可以通消息、传书信,做这种铁线通消息的人当然是很有本领的,有这样大本领的人当然可以做皇帝。由此便可以证明中国人的一般心理,都以为是大本领的人便可以做皇帝。中国自尧舜以后,那些皇帝便渐渐变成专制，都要家天下，不许人民自由拥戴有本领的人去做皇帝。假若现在四万万人用投票的方法选举皇帝，如果给以充分的民权，人民能够自由投票，丝毫不受别种势力的干涉，同时又有尧舜复生，究竟是选举谁来做皇帝呢？我想一定是选举尧舜来做皇帝。中国人对于皇帝的心理，不象欧美人对于皇帝的那样深恶痛绝，因为中国皇帝的专制没有欧洲皇帝的那么厉害。

欧洲在两三百年以前，皇帝专制达到了极点，人民都视为洪水猛兽，非常的怕他，所以人民不但是对于皇帝要去排斥，就是和皇帝很相近的东西象政府一样，也是一齐要排斥。欧美现在实行了民权，人民有了大权，要排斥政府实在是很容易的。象西蜀的阿斗要排斥诸葛亮，那还不容易吗？如果阿斗要排斥诸葛亮，试问西蜀的政府能不能够长久呢？能不能够六出祁山去北伐呢？阿斗见到了这一层，所以便把政治的全权都付托到诸葛亮，无论是整顿内部是由他，南征是由他，就是六出祁山去北伐也是由他。我们现在行民权，四万万人都是皇帝，就是有四万万个阿斗，这些阿斗当然是应该欢迎诸葛亮来管理政事，做国家的大事业。欧美现在实行民权，人民所持的态度总是反抗政府，根本原因就是由于权和能没有分开。中国要不蹈欧美的覆辙，便应该要照我所发明的学理，要把权和能划分清楚。人民分开了权与能，才不致反对政府，政府才可以望发展。中国要分开权与能是很容易的事，因为中国有阿斗和诸葛亮的先例可援。如果政府是好的，我们四万万人便把他当作诸葛亮，把国家的全权都交到他们；如果政府是不好的，我们四万万人可以实行皇帝的职权，罢免他们，收回国家的大权。欧美人民对于政府不知道分别权与能的界限，所以他们的民权问题发生了两三百年，至今还不能解决。

我们现在主张要分开权与能，再拿古时和现在的事实比较的来说一说。在古时能打的人，大家便奉他做皇帝。现在的富豪家庭也请几位打师来保护，好象上海住的军阀官僚，在各省铲了地皮、发了大财之后，搬到上海的租界之内去住，因为怕有人去打他、和他要钱,他便请几个印度巡捕在他的门口保护。照古时的道理讲,能保护人的便可以做皇帝,那末保护那些官僚军阀的印度巡捕,便应该做那些官僚军阀的皇帝。但是现在的印度巡捕,决不能问那些官僚军阀的家事。从前赤手空拳的打师都是做皇帝,现在有长枪的印度巡捕更是应该要做皇帝。那些官僚军阀不把他当作皇帝,只把他当作奴隶。那种奴隶有了枪,虽然是很有能力,那般官僚军阀只能够在物质一方面给些钱,不能够在名义上叫他做皇帝。象这样讲,古时的皇帝,便可以看作现在守门的印度巡捕;现在守门的印度巡捕,就是古时的皇帝。再进一层说,保护人民的皇帝,既是可以看作守门的印度巡捕,大家又何必要排斥他呢?

现在有钱的那些人组织公司、开办工厂,一定要请一位有本领的人来做总办,去管理工厂。此总办是专门家,就是有能的人,股东就是有权的人。工厂内的事,只有总办能够讲话,股东不过监督总办而已。现在民国的人民,便是股东;民国的总统,便是总办。我们人民对于政府的态度,应该要把他们当作专门家看。如果有了这种态度,股东便能够利用总办整顿工厂,用很少的成本出很多的货物,可以令那个公司发大财。现在欧美民权发达的国家,人民对于政府都没有这种态度,所以不能利用有本领的人夫管理政府。因为这个原因,所以弄到在政府之中的人物都是无能,所以弄到民权政治的发达反是很迟,民主国家的进步反是很慢,反不及专制国家的进步,象日本和德国那一样的迅速。从前日本维新,只有几十年便富强起来。从前德国也是很贫弱的国家,到了威廉第一和俾士麦执政,结合联邦,励精图治,不到几十年便雄霸欧洲。其他实行民权的国家,都不能象日本和德国的进步,一日千里。推究此中原因,就是由于民权问题的根本办法没有解决。如果要解决这个问题,便要把国家的大事付托到有本领的人。

现在欧美人无论做什么事,都要用专门家。譬如练兵打仗便要用军事家,开办工厂便要用工程师,对于政治也知道要用专门家。至于现在之所以不能实行用政治专门家的原因,就是由于人民的旧习惯还不能改变。但是到了现在的新时代,权与能是不能不分开的,许多事情一定是要靠专门家的,是不能限制专门家的。象最新发明,在人生日用最便利的东西,是街上的汽车。在二十多年前初有汽车的时候,没有驾驶的车夫,没有修理的工匠。我从前有一个朋友,买了一架汽车,自己一方面要做驾驶的汽车夫,又一方面要做修理的机器匠。那是很麻烦的,是很难得方方面面都做好的。到了现在,有许多的汽车夫和机器匠,有汽车的主人,只要出钱雇他们来,便可以替自己来驾驶,替自己来修理。这种汽车夫和机器匠,就是驾驶汽车和修理汽车的专门家,没有他们,我们的汽车便不能行动,便不能修理。国家就是一辆大汽车,政府中的官吏就是一些大车夫。欧美人民始初得到了民权,没有相当的专门家,就象二十多年以前有钱的人得了一辆汽车一样,所以事事便非靠自己去修理、自己去驾驶不可。到了现在,有了许多有本领的专门家,有权力的人民便应该要聘请他们,不然就要自己去驾驶、自己去修理,正所谓自寻烦恼,自找痛苦。就这个比喻,更可分别驾驶汽车的车夫是有能而无权的,汽车的主人是无能而有权的,这个有权的主人便应该靠有能的专门家去代他驾驶汽车。民国的大事,也是一样的道理。国民是主人,就是有权的人,政府是专门家,就是有能的人。由于这个理由,所以民国的政府官吏,不管他们是大总统、是内阁总理、是各部总长,我们都可以把他们当作汽车夫。只要他们是有本领,忠心为国家做事,我们就应该把国家的大权付托于他们,不限制他们的行动,事事由他们自由去做,然后国家才可以进步,进步才是很快。如果不然,事事都是要自己去做,或者是请了专门家,一举一动都要牵制他们,不许他们自由行动,国家还是难望进步,进步还是很慢。

要明白这个道理,我有一段很好的故事,可以引来证明。我从前住在上海的时候,有一天和一个朋友约定了时间,到虹口去商量一件事。到了那一天,把所约定的时间忽然忘记了,一直到所约定的时间十五分钟之前才记忆起来。当时我所住的地方是法国租界,由法国租界到虹口是很远的,用十五分钟的时间很不容易赶到。我便着急起来,找着汽车夫,慌忙的问他说:"在十五分钟之内,可以不可以赶到虹口呢?"那个车夫答应说:"一定可以赶到。"我便坐上车,由车夫自由去驾驶,向目的地出发。上海的道路我是很熟悉的,由法国租界到虹口,好比由广州沙基到东山一样,一定要经过长堤和川龙口,才是捷径。但是我的汽车夫从开车以后所走的路,便不经过长堤和川龙口,他先由丰宁路再绕道德宣路,走小北门然后才到大东门,才抵东山。当时汽车走得飞快,声音很大,我不能够和车夫说话,心里便很奇怪,便非常的恨那个车夫,以为车夫和我捣乱,是故意的走弯曲路阻迟时候。此时的情形,好比是政府有特别缘故,要做非常的事,国民不知道,便生出许多误会来非难政府一样。至于那个车夫选择那一条路走,不过十五分钟便到了虹口,我的忿气才平,便问那个车夫说:"为什么要这样弯弯曲曲走这一条路呢?"那个车夫答应说;"如果走直路,便要经过大马路,大马路的电车、汽车、人力车和行人货物的来往是很拥挤的,是很不容易走通的。"我才明白从前误会的道理,才晓得我所要走的大马路和外摆渡桥是从空间上着想。那个车夫是有经验的,知道汽车能够走得很快,每小时可以走三四十英里,虽然走弯一点,多走几里路,但是把汽车的速度加快一点,还是在限定钟点以内可以赶到。他的这样打算,是从时间上着想。那个车夫不是哲学家,本不知道用什么时间、空间去打算,不过他是专门家,知道汽车有缩地的能力,如果把汽车的速度加快,就是多走弯路,还能够于十五分钟之内赶到虹口。假若当时我不给车夫以全权,由他自由去走,要依我的走法一定是赶不到。因为我信他是专门家,不掣他的肘,他要走那一条路便走那一条路,所以能够在预约时间之内,可以赶到。不过我不是这种专门家,所以当时那个车夫走弯路,我便发生误会,便不知道他何以要走弯路的道理。民国的人民都是国家的主人,对于政府的态度,应该要学我那次到虹口对于车夫的态度一样,把他当作是走路的车夫。能够有这样的眼光,人民对于政府的态度才可以改变。

欧美人民现在对于政府持反对的态度，是因为权与能没有分开，所以民权的问题至今不能解决。我们实行民权，便不要学欧美，要把权与能分得清清楚楚。民权思想虽然是由欧美传进来的，但是欧美的民权问题至今还没有办法。我们现在已经想出了办法，知道人民要怎么样才对于政府可以改变态度。但是人民都是不知不觉的多，我们先知先觉的人便要为他们指导，引他们上轨道去走，那才能够避了欧美的纷乱，不蹈欧美的覆辙。欧美学者现在只研究到了人民对于政府的态度不对，应该要改变，但是用什么方法来改变，他们还没有想到。我现在把这个方法已经发明了，这个方法是要权与能分开。讲到国家的政治，根本上要人民有权；至于管理政府的人，便要付之于有能的专门家。把那些专门家不要看作是很荣耀很尊贵的总统、总长，只把他们当作是赶汽车的车夫，或者是当作看门的巡捕，或者是弄饭的厨子，或者是诊病的医生，或者是做屋的木匠，或者是做衣的裁缝，无论把他们看作是那一种的工人，都是可以的。人民要有这样的态度，国家才有办法，才能够进步。

第六讲

（四月二十六日）

现在欧美的政治家同法律学者，都说政府是机器，法律是机器之中的工具。中国很多的政治法律书籍都是从日本译过来的，日本人把政治组织译作"机关"。这个机关的意思，就是中国人所常说的机器一样。我们中国人从前说机关，是机会的意思，从日本人把政治组织译成了机关之后，就和机器的意思相同。所以从前说政府衙门，现在说是行政机关、财政机关、军事机关、教育机关。这种种机关的意思，和日本人所说的政府机关是一样的解释，没有丝毫分别。现在说机关就是机器，好比说机关枪就是机器枪一样。由此便知道机关和机器两个名词，是一样的意思。因为机关和机器的意思相同,所以行政机关就可以说是行政机器。至于行政机器和制造机器,有什么分别呢?制造机器完全是用物质做成的,譬如用木料、钢铁和皮带种种东西凑合起来,便做成制造机器。行政机器完全是用人组织成的,种种动作都是靠人去活动,不是靠物去活动。所以行政机器和制造机器有大大的分别。最要紧的分别,就是行政机器是靠人的能力去发动的,制造机器是靠物的能力去发动的。

照前几次所讲的民权情形,便知道近来的欧美文化是很发达的,文明是很进步的。分析起来说,他们的物质文明,象制造机器那些东西的进步,是很快的。至于人为机器,象政府机关这些东西的进步,是很慢的。这个理由,是在什么地方呢?就是物质机器做成了之后易于试验,试验之后,不好的易于放弃,不备的易于改良。人为机器成立了之后很不容易试验,试验之后,很不容易改良。假若是要改良,除非起革命不可。如果不然,要把他当作不好的物质机器看待,变成废铁,那是做不来的。因为这个理由,所以欧美的制造机器进步很快,行政机器进步很慢。譬如民权风潮,在欧美发生了之后,各国都想实行民权。最早的是美国,美国自开国至今有了一百四十多年,开国时所行的民权,和现在所行的差不多相同。现在所用的宪法,就是开国时候的联邦宪法。那种联邦宪法经过了一百多年,根本上没有大更改,至今还是应用他。至于大多数的制造机器,发明的年代也不过一百多年。在一百多年以前的旧机器,现在有没有人去用他呢?从前的旧机器老早变成了废铁,现在农工商业中所有的机器,没有十年以前的旧东西。因为每过十年,便有此很多的新发明,很多的新改良,没有那一年不是有进步的。说到一百多年以前的行政机关,至今还是应用他。这便是由于用人活动的机关,当中活动的人固然可以随时改换,但是全体组织不容易根本改造。因为习惯太久,陈陈相因,如果不想革命,要在平时去改造,把旧组织完全废弃,那是做不到的。由于这个道理,欧美的物质机器近来很容易进步,进步是很快的;人为机器向来便难于进步,进步是很慢的。

我在前两次讲演民权,便说欧美对于民权政治至今没有根本办法。他们为什么没有办法呢？就是因为他们把人为的机器,没有精良去试验。说到物质的机器,自最初发明时代以至于现在,不知道古人经过了几千次的试验和几千次的改良,才有今日我们所见的机器。由现在所见的机器回顾到最初发明时代,是什么情形呢？如果大家读过了机器史,便知道有一段很有趣味的故事。譬如就发动机的历史说,在最初发明的时候,只有一个方向的动力,没有和现在一样的两个方向之动力。现在做种种工作的机器,象火车、轮船,都是有来回两个方向的动力。那个动力的来源,是把水盛在锅内,再用煤在炉底烧很大的火,把水烧到沸腾,变成蒸汽,到了水变蒸汽之后,便有很大的膨胀力,用一个汽管把蒸汽由锅中导入一个机器箱,这个机器箱,中国话叫做“活塞”,外国话叫做“比士顿”。这个活塞就是令机器发动的东西,是机器全体中最要紧的一部分。机器之所以发动,是由于活塞之一端接收了蒸汽以后,由蒸汽之膨胀力,便推动活塞,令活塞前进。蒸汽力在活塞之一端用尽了以后,更由他端注入新蒸汽,再把活塞推回。由是蒸汽推动活塞,来往不息,机器的全体便运动不已。运动的原料从前用水,现在用油,叫做瓦斯油,就是很容易挥发的油,化为气体去推动活塞。各种机器发动的原料,不管他是用水或者是用油,都是一样的道理。由于活塞的运动,往返不已,便旋转机器。我们要想用来做什么工作,便可以做什么工作。譬如行船拉车,就是走路的机器,一天可以走几千里;就是运输的机器,要运多少货物,便可以载多少货物。到现在看起来,是妙极了的东西。但是推到最初发明的时候,是什么情形呢？最初发明的活塞,构造极简单,只能够在一端接收蒸汽,把活塞推过去,再不能够在他端接收蒸汽,把活塞推回来。所以当初活塞的运动,只有一个前进的方向,再没有回头的方向。因为这个原因,从前用机器做工便有许多的不方便。譬如最初用新发明的机器去弹棉花,每用一架机器,便要用一个小孩子站在机器的旁边,等到活塞前进了之后,小孩子便要用手把活塞棒拉回来,然后才由蒸汽再把活塞推过去。

所以一往一返,便要用小孩子来帮助。比较现在的活塞往返自如,不要人帮助,该是何等的不利便呢!后来是怎么样造成现在这样便利的活塞呢?当中所经过的阶级是什么情形呢?当时做那种机器的工程师,毫不知道要怎么样才能够把活塞拉回来。至于在那个时候的棉花工厂本不很大,所用的机器力,虽然是只有一个方向,但是在一个工厂之内,只有十多架机器。不过一架机器要用一个小孩子去帮助,有了十多架机器,便要用十几个小孩子。那些小孩子天天去拉那种机器,时时刻刻做一个动作,便觉得很无趣味,很觉得讨厌。因为那些小孩子觉得那种工作讨厌,所以要有工头去监视,那些小孩子才不躲懒。工头一离开了工厂,那些小孩子便不拉机器,便去玩耍。其中有一个很聪明又很懒怠的小孩子,不情愿总是用手去拉那架机器,想用一个方法代手去拉,于是乎用一条绳和一根棍绑在那架机器的上面,令活塞推过去了之后,又可以自动的拉回来。那个小孩子不必动手去拉他,便可以自动的来回,运转不已。由于那一个小孩子的发明,便传到那十几个小孩子的全体。那些全体的小孩子,因为都得了棍和绳的帮助,机器都可以自动,所以大家都去玩耍,不管机器的工作。等到工头回厂之后,看见那些小孩子都在玩耍,都没有站在机器旁边去拉回活塞棒,便惊讶起来说:“为什么这些小孩子不拉机器,机器还能够自动的来往,继续工作呢?这些小孩子是玩的什么把戏呢?这真是奇怪的很呀!”工头在当时因为觉得很奇怪,便去考察机器之所以自动来回的缘故,更把考察的结果去报告工程师。后来工程师明白那个小孩子的方法是很奇妙的,便照他的方法逐渐改良,做成了今日来回自如的机器。

民权政治的机器,至今有了一百多年,没有改变。我们拿现在民权政治的机器来看,各国所行的民权,只有一个选举权。这就是人民只有一个发动力,没有两个发动力。只能够把民权推出去,不能够把民权拉回来,这好象始初的发动机一样。但是从前有一个帮助机器的懒小孩子,知道了加一条绳和一根棍,借机器本体的力量,可以令机器自动的来回;至于现在的民权政治中,还没有这种懒小孩子发明那种拉回民权的方法。因为这个原因,所以民权政治的机器用过了一百多年,至今还只有一个选举权。从有了选举权以后,许久都没有别的进步。选举出来的人究竟是贤与不肖,便没有别的权去管他。象这种情形,就是民权政治的机器不完全。因为这种机器不完全,所以民权政治至今还没有好办法,还没有大进步。我们要这种机器进步,是从什么地方做起呢?照前一次所进的道理,是要把权和能分清楚。

现在还是用机器来比喻,机器里头各部的权和能,是分得很清楚的。那一部是做工,那一部是发动,都有一定的界限。譬如就船上的机器说,现在最大的船有五六万吨,运动这样大船的机器,所发出来的力量有超过十万匹马力的机器,只用一个人便可以完全管理。那一个管理的人,要全船怎么样开动,便立刻开动;要全船怎么样停止,便立刻停止。现在机器的进步,到了这种妙境。在最初发明机器的时候,如果一种机器发出来的力量到了几百匹或者几千匹马力,便不敢用他。因为马力太大,便没有人能够管理。通常说机器的大小,都是用马力做标准。一匹马力是多少呢?八个强壮人的力合拢起来,便是一匹马力。如果说一万匹马力,便是有八万个人的力。现在大商船和兵船上的机器所发出的原动力,有从十万匹到二十万匹马力的。象这样大力的机器,是没有别样东西可以抵当得住的。在寻常的机器,一万匹马力便有八万个人的力。若是那么样大力的机器,管理的方法不完全,那么机器全体一经发动之后,便不能收拾,所谓能发不能收。因为这个理由,所以从前发明机器的人去试验机器,常常自己打死自己。由于这种结果,在机器界打死的发明家,世界历史中不知道有了多少。外国有一个名词叫做"化兰京士丁",就是能发不能收的机器。到了后来,机器的构造天天改良,天天进步,虽然有十万匹或者二十万匹马力的机器,只用一个人便可以从容去管理,没有一点危险。说到十万匹马力,便是有八十万个人的力,二十万匹马力,便是有一百六十万个人的力,若是专有这样大的人力,是不是容易管理呢?现在军队的力量,到了一两万人便不容易管理。机器的力量，就是有一百六十万人之多，一个人还可以从容管理。由此便可见近来的机器是很进步的，管理的方法是很完全的。

现在的政治家和法律学者，都以政府为机器，以法律为工具。此刻的民权时代，是以人民为动力。从前的君权时代，是以皇帝为动力，全国的动作是发源于皇帝。在那个时代，政府的力量越大，皇帝越显尊严；有了强有力的政府，皇帝的号令才容易实行。因为皇帝是发动机器的人，所以政府的力越大，皇帝高高在上，便可以为所欲为。譬如修内治、勤远略，整军经武，他要想做什么，便可以做什么。故在君权时代，政府的力越大，对于皇帝只有利而无害。到了民权时代，人民就是政府的原动力，为什么人民不愿意政府的能力太大呢？因为政府的力量过大，人民便不能管理政府，要被政府来压迫。从前被政府的压迫太过，所受的痛苦太多，现在要免去那种压迫的痛苦，所以不能不防止政府的能力。在最初发明机器的时代，一个机器推过去了以后，只用一个小孩子便可以拉回来，由此便知道在那个时候，一个机器的力量是很小的，最大的不过是几匹马力；如果有了一万匹马力以上的机器，当然不是一个小孩子可以拉得回来的。当时因为管理机器的方法不完全，一定要有那样小力的机器，人民才是敢用他。现在是民权初发达的时代，管理政府的方法也是不完全。政府的动力固然是发源于人民，但是人民发出了动力之后，还要随时可以收回来，象那样小力的政府，人民才是敢用他。若是有了几万匹马力的政府，人民不能够管理，便不敢用他。所以现在欧美各国的人民恐怕强有力的政府，好比从前的工厂怕有大马力的机器是一样的道理。当初那种小力的机器，如果不想方法来改良，那种机器一定是永远没有进步，一定是永远还要人去拉。但是后来日日求改良，一直到现在，便可以不必用人力去拉，只要机器的自身便可以来回自动。至于政治的机器，人民总不知道想方法来改良，总是怕政府的能力太大，不能拉回，反常常想方法去防止，所以弄到政治不能发达，民权没有进步。照现在世界的潮流说，民权思想是一天一天的进步,管理民权政治的机器还是丝毫没有进步。所以欧美的民权政治至今没有根本办法,就是这个理由。

照我前一次所讲的根本办法说,权与能要分别清楚,用机器来做比喻,什么是有能力的东西呢?机器的本体,就是有能力的东西。譬如十万匹马力的机器,供给了相当的煤和水之后,便可以发生相当的能力。什么是有权的人呢?管理机器的工程师,就是有权的人。无论机器是有多少马力,只要工程师一动手,要机器开动,便立刻开动;要机器停止,便立刻停止。工程师管理机器,想要怎么样,便可以怎么样。好象轮船火车,一开机器,便可以要轮船火车走得很快,一停机器,马上就可以要他不走。所以机器是很有能的东西,工程师是很有权的人。人民管理政府,如果把权和能分开了,也要象工程师管理机器一样。在民权极盛的时代,管理政府的方法很完全,政府就是有大力,人民只要把自己的意见在国民大会上去发表,对于政府加以攻击,便可以推翻,对于政府加以颂扬,便可以巩固。但是现在的权与能不分,政府过于专横,人民没有方法来管理。不管人民是怎么样攻击,怎么样颂扬,政府总是不理,总是不能发生效力。现在世界上的政治不进步,民权思想很发达,无论那一国的人民,对于政治机关的现状总是不合他们心理上的用法。

中国此刻正是改革时代,我们对于政治主张实行民权。这种民权思想,是由欧美传进来的。我们近来想学欧美的新思想,造成一个完全的民治国家。最初想造成这种国家的时候,一般革命志士都以为完全仿效欧美,步欧美的后尘,把欧美的东西完全抄过来,中国的民权便算是很发达,便可以算是止境。当初的这种思想,并不是全错。因为中国从前的专制政体过于腐败,我们如果实行改革,打破了专制以后做建设的事业,能够学到象欧美,就比较上说当然是很好。但是欧美人民对于自己国家社会的现状是不是心满意足呢?如果我们细心考察欧美的政治社会,所谓革命的先进国家象美国、法国的人民,现在还是主张改良政治,还是想要再来革命。他们革命不过一百多年,为什么还要再来革命呢?由此便可以证明我们从前以为学到了象欧美便算是止境,那便是不对。由此便知就令是我们学到了象美国、法国一样,法国、美国现在还是要革命,我们到了百十年之后一定也是免不了再起革命的。因为法国、美国现在的政治机器还是有很多的缺点,还是不能满足人民的欲望,人民还是不能享圆满的幸福。象这样讲来,所以我们现在提倡改革,决不能够说学到了象现在的欧美便算是止境,便以为心满意足。我们步他们的后尘,岂不是一代更不如一代,还再要起革命吗?若是再起革命,那么此次的革命岂不是徒劳无功吗?

我们要现在的革命不是徒劳无功,想存一个长治久安之计,所谓一劳永逸,免将来的后患。要怎么样才可以做得到呢?欧美的方法可不可以完全搬到中国来行呢?我们试拿欧美最新的物质文明说,譬如交通上最要紧的东西是铁路。东方国家仿造铁路最早的是日本,中国近来才知道铁路的重要,才知道要建筑铁路。所以中国仿造铁路,是在日本之后。但是用中国和日本现在的铁路来比较,中国和日本的火车,大家如果都是坐过了的,便知道日本的铁轨是很窄的,车是很小的;中国的沪宁和京汉铁路,那些铁轨都是很宽的,车是很大的。为什么中国建筑铁路在日本之后,所做的车和轨还是比日本的宽大呢?就是因为中国所学的是欧美的新发明,日本所学的是欧美的旧东西,若是中国建筑铁路,不照欧美的新发明,只学日本的旧东西;可不可以算是满足呢?欧美从前只有那样的窄铁路和小火车。日本最初去学他,便在无形之中上了大当。我们现在建筑铁路,可不可以也学那种不便利的旧东西呢?但是中国近来建筑铁路,不学日本不便利的旧东西,要学欧美很便利的新发明。所以中国现在的铁路好过日本,这所谓是后来者居上。因为这个缘故,我们现在改良政治,便不可学欧美从前的旧东西,要把欧美的政治情形考察清楚,看他们政治的进步究竟是到了什么程度,我们要学他们的最新发明,才可以驾乎各国之上。

我在前一次讲过了,欧美对于民权问题的研究,还没有彻底。因为不彻底,所以人民和政府日日相冲突。因为民权是新力量,政府是旧机器。我们现在要解决民权问题,便要另造一架新机器,造成这种新机器的原理,是要分开权和能。人民是要有权的,机器是要有能的。现在有大能的新机器用人去管理,要开动就开动,要停止就停止。这是由于欧美对于机器有很完全的发明,但是他们对于政治还是没有很完全的发明。我们现在要有很完全的改革,无从学起,便要自己想出一个新办法。要我们自己想出一个新办法,可不可以做得到呢?中国人从经过了义和团之后,完全失掉了自信力,一般人的心理总是信仰外国,不敢信仰自己。无论什么事,以为要自己去做成、单独来发明是不可能的,一定要步欧美的后尘,要仿效欧美的办法。至于在义和团之前,我们的自信力是很丰富的。一般人的心理,都以为中国固有的文明、中国人的思想才力是超过欧美,我们自己要做到什么新发明都是可能的事。到了现在,便以为是不可能的事。殊不知欧美的文明,只在物质的一方面,不在其他的政治各方面。专就物质文明的科学说,欧美近来本是很发达的。一个人对于一种学问固然是有特长,但是对于其余的各科学问未必都是很精通的,还有许多都是盲然的。他们的物质科学,一百多年以来发明到了极点,许多新发明真是巧夺天工,是我们梦想不到的。如果说政治学问,他们从前没有想到的我们现在也想不到,那便是没有理由。欧美的机器近来本有很完全的进步,但是不能说他们的机器是进步,政治也是进步。因为近两百多年以来,欧美的特长只有科学,大科学家对于本行的学问固然是有专长,对于其余的学问象政治哲学等,未必就有兼长。有一段很好的故事,可以引来证明一证明。

英国从前有一位大科学家,在近来世界上的学问家之中,没有那一个能够驾乎他之上的,是叫做纽顿。纽顿是什么人呢?他是一个很聪明、很有学问的人。他在物理学中,有很多超前绝后的发明,最著名的是“万有引力”。纽顿推出来的“万有引力”,是世界上头一次的发明,是至今科学中的根本原理。近来世界上许多科学原理的新发明,没有那一种能够驾乎万有引力学说之上的。纽顿对于科学既是有这样的特别聪明,试看他对于别的事情是不是一样的聪明呢?照我看起来,却有大大的不然。有一件很有趣味的故事,可以证明纽顿做事,不是件件事都是很聪明的。纽顿一生除了读书、试验之外,还有一种嗜好,他的嗜好是爱猫。他养了大小不同的两个猫,出入总是跟着他。因为他很爱那两个猫,所以猫要怎样行动,他便怎么样去侍候。譬如他在房内读书、试验,猫要出门,他便停止一切工作,亲自去开门让猫出去。如果猫要进到房内,他又停止一切工作,去打开房门让猫进来。那两个猫终日总是出出入入,弄到纽顿开门关门,是麻烦不堪的。所以有一天,纽顿便要想一个方法,让那两个猫自己出入自由,不致扰乱他的工作,总是去开门关门,他所想出来的是什么方法呢?就是把房门开两个孔,一个是很大的,一个是很小的。在纽顿的思想,以为在门上所开的大孔,便可以令大猫出入;在门上所开的小孔,便可以令小猫出入。象这种思想还是大科学家的聪明,这件事实还是大科学家做出来的。照普通的常识讲,开一个大孔,大猫可以出入,小猫也当然是可以出入,那么开一个大孔便够了,又何必要枉费工夫多开一个小孔呢?在常人都知道只要开一个孔,大科学家的纽顿偏要开两个孔,这是不是可笑呢?科学家做事,是不是件件事都是很聪明呢?由此便可以证明,科学家不是对于件件事都是很聪明的,科学家有了一艺的专长,未必就有种种学问的兼长。

欧美科学在近几十年以来,本来是进步到了极点,所以做出来的物质机器有往返的两面动力,来回可以自动。但是做成的政治机器,还只有一面的动力,人民对于政府的权力只能够发出去,不能够收回来。我们现在主张民权,来改造民国,将来造成的新民国一定是要彻底。要造成彻底的新民国,在欧美的先进国家无从完全仿效,我们自己便要另想一个新办法。这种新办法,欧美还没有完全想到,我们能不能够想到呢?要答复这个问题,自己便不可以轻视自己,所谓妄自菲薄。此刻民权潮流传进中国来了,我们欢迎这种潮流,来改造国家,自己的新办法是不是完全的想到了呢?中国几千年以来都是独立国家,从前政治的发达,向来没有假借过外国材料的。中国在世界之中,文化上是先进的国家,外国的材料向来无可完全仿效。欧美近来的文化才比中国进步,我们羡慕他们的新文明,才主张革命。此刻实行革命,当然是要中国驾乎欧美之上,改造成世界上最新、最进步的国家。我们要达到这种目的,实在是有这种资格。不过欧美现在的民权政府,还是不能完全仿效。他们的政府已经成了旧机器,我们要另外造出一架新机器,才可以达到我们的目的。此刻想要造出一架新机器,世界上有没有新材料呢?现在散在各国的新材料是很多的,不过要先定一个根本办法。我在前一次所主张的分开权与能,便是这一种的根本办法。根本办法定了之后,去实行民权,还要分开国家的组织与民权的行使。欧美的根本办法没有想通,不能分开权与能,所以政府能力不能扩充。我们的根本办法已经想通了,更进一步,就是分开政治的机器。要分开政治的机器,先要明白政治的意义。

我在第一讲中,已经把政治这个名词下了一个定义,说:政是众人之事,治是管理众人之事。现在分开权与能,所造成的政治机器就是象物质的机器一样。其中有机器本体的力量,有管理机器的力量。现在用新发明来造新国家,就要把这两种力量分别清楚。要怎么样才可以分别清楚呢?根本上还是要再从政治的意义来研究。政是众人之事,集合众人之事的大力量,便叫做政权;政权就可以说是民权。治是管理众人之事,集合管理众人之事的大力量,便叫做治权;治权就可以说是政府权。所以政治之中,包含有两个力量:一个是政权,一个是治权。这两个力量,一个是管理政府的力量,一个是政府自身的力量。这是什么意思呢?好比有十万匹马力的轮船机器,那架机器能够发生十万匹马力来运动轮船,这便是机器本体的力量。这种力量,就好比是政府自身的力量一样,这种自身的力量就是治权。至于这样大的轮船,或者是要前进,或者是要后退,或者是要向左右转,或者是要停止,以及所走的速度或者是要快,或者是要慢,更要有很好的工程师,用很完全的机器,才可以驾驶,才可以管理。有了很完全的驾驶、管理之力量,才可以令那样大力的轮船,要怎么样开动便是怎么样开动,要怎么停止便是怎么样停止。这种开动、停止的力量,便是管理轮船的力量。这种力量,就好比是管理政府的力量一样,这种管理的大力量就是政权。我们造新国家,好比是造新轮船一样,船中所装的机器,如果所发生的马力很小,行船的速度当然是很慢,所载的货物当然很少,所收的利息当然是很微。反过来说,如果所发生的马力很大,行船的速度当然是极快,所载的货物当然是极多,所收的利息也当然是极大。假设有一只大轮船,其中所装的机器可发生十万匹马力,每小时可以走二十海里,来往广州、上海一次,在两个星期之内可以赚十万块钱。如果是另造一只极大的轮船,其中装一架新机器可以发生一百万匹马力,每小时可以走五十海里,照比例算起来,那么来往广州、上海一次,只要一个星期便可赚一百万块钱。现在世界上最快的大轮船,每小时不过走二三十海里,如果我们所造的新轮船每小时可以走五十海里,世界上便没有别的轮船能够来比赛。我们的轮船,就是世界上最快最大的新轮船。创造国家也是一样的道理。如果在国家之内,所建设的政府只要他发生很小的力量,是没有力的政府,那么这个政府所做的事业当然是很小,所成就的功效当然是很微。若是要他发生很大的力量,是强有力的政府,那么这个政府所做的事业当然是很大,所成就的功效也当然是极大。假设在世界上的最大国家之内,建设一个极强有力的政府,那么,这个国家岂不是驾乎各国之上的国家,这个政府岂不是无敌于天下的政府?

欧美到了今日,为什么还是只造有大马力的机器之轮船,不造极强有力的政府之国家呢?因为他们现在的人民,只有方法来管理大马力的机器,没有方法来管理强有力的政府。而且不要小马力的旧船,另外造一只大马力的新船,是很容易的事。至于国家,已经是根深蒂固,有了没有力的旧政府,要另外造成一个强有力的新政府,那是很不容易的事。说到我们中国人口,有了四万万,是世界上人口最多的国家;领土宽阔,物产丰富,都要在美国之上。美国成了现在世界上最富最强的国家,没有那一国可以和他并驾齐驱。就天然的富源来比较,中国还应该要驾乎美国之上。但是现在的实情,不但是不能驾乎美国之上,并且不能够和美国相提并论。此中原因,就是我们中国只有天然的资格,缺少人为的工夫,从来没有很好的政府。如果用这种天然的资格,再加以人为的工夫,建设一个很完全、很有力的政府,发生极大力量运动全国,中国便可以和美国马上并驾齐驱。

中国有了强有力的政府之后,我们便不要象欧美的人民,怕政府的力量太大,不能够管理。因为在我们的计划之中,想造成的新国家,是要把国家的政治大权分开成两个。一个是政权,要把这个大权完全交到人民的手内,要人民有充分的政权可以直接去管理国事。这个政权,便是民权。一个是治权,要把这个大权完全交到政府的机关之内,要政府有很大的力量治理全国事务。这个治权,便是政府权。人民有了很充分的政权,管理政府的方法很完全,便不怕政府的力量太大,不能够管理。欧美从前不敢造十万匹马力以上的机器,只敢造十万匹马力以下的机器,就是因为机器的构造不完全,管理的方法不周密,所以便怕机器的力量太大,不敢管理。到了现在,机器很进步,机器本体的构造既是很完全,管理机器的方法又是很周密,所以便造极大马力的机器。我们要造政治的机器,要政治的机器进步,也是要跟这一样的路走,要有构造很完全和有大力的政府机关,同时又要有管理这个机关很周密的民权方法。欧美对于政府因为没有管理很周密的方法,所以他们的政治机关至今还是不发达。我们要不蹈他们的覆辙,根本上要人民对于政府的态度,分开权与能。把政治的大权分开成两个:一个是政府权,一个是人民权。象这样的分开,就是把政府当作机器,把人民当作工程师。人民对于政府的态度,就好比是工程师对于机器一样。

现在机器的构造很进步,不但是有机器知识的人可以来管理,就是没有机器知识的小孩子也可以来管理。譬如现在所用的电灯,从前发明的时候是什么情形呢?因为电是和雷一样,是很危险的东西,如果管理的方法不好,便打死人。因为这个缘故,从前发明电的科学家不知道受过了多少牺牲。因为所受牺牲太多,危险太大,所以发明了电光很久,还不敢拿来做灯用。后来发明了管理电的方法很周密,只要一转接电钮,便可以开闭。这样一转手之劳,是很便利很安全的,无论是那一种没有电学知识的人,不管他是城市的小孩子,或者是乡下极无知识愚民,都可以用手来转他。所以现在便把极危险的电光拿来做灯用。其他各种机器的进步,也是和这一样的情形。比方最新发明大机器,是飞天的机器,也是一种很危险的东西,最初发明的时候不知道死了多少人。象从前广东的冯如,他是什么人呢?就是制造飞机的人,就是驾驶飞机跌死了的人。在从前发明飞机的时候,没有人知道用这个机器去飞,所以制造飞机的人又要做飞机师。最初做飞机师的人,一来由于管理这种机器的方法不周密,二来由于向来没有经验,不知道怎么样来用这种机器。所以飞到天空之中,常常跌到地下,死了许多人。因为死了很多的人,所以普通人便不敢去坐飞机。现在管理这种机器的方法很周密,许多人都知道飞到了天空之中,象鸟雀一样,来往上下,非常的便利,非常的安全。所以就是普通人都敢去坐飞机。因为普通人都敢去坐这种机器,所以近来便把他用作交通的机器。好象我们由广东到四川,道路很远,当中又有敌人,水陆路的交通很不便利,便可坐飞机,由天空之中一直飞到四川。

现在中国有了民权的思想,但是关于这种思想的机器,世界上还没有发明完全,一般人民都不知道用他。我们先知先觉的人,便应该先来造好这种机器,做一个很便利的放水制,做一个很安全的接电钮,只要普通人一转手之劳便知道用他,然后才可以把这种思想做成事实。中国人得到民权思想本是在欧美之后,好象筑铁路是在日本之后一样。日本筑铁路虽然是在我们之先,但是所筑的铁路是旧东西,不合时用,我们新筑成的铁路是很合时用的东西。至于我们在欧美之后,要想有什么方法才可以来使用民权呢?这种方法想通了,民权才可以供我们的使用。若是这种方法没有想通,民权便不能供我们的使用。如果一定要去使用,便是很危险,便要打死人。现在世界上有没有这种方法呢?在欧洲有一个瑞士国,已经有了这几部分的方法,已经试验了这几部分的方法。这是彻底的方法,是直接的民权,不过不大完全罢了。至于欧洲的那些大国,就是这不完全的方法还是没有试验。因为试验这几部分之方法的国家,只有瑞士的一个小国,没有别的大国,所以许多人便怀疑起来,说这几部分的方法只有在小国能够使用,在大国不能够用。欧洲的大国为什么不用这几部分的方法呢?这个理由,就是象日本已经有了小铁路,再要改造大铁路,便要费很久的时间,花很多的钱,是很不经济的事。因为畏难苟安,注重经济,所以他们的先进国家就是知道了这些新式的发明,还是不采用他。说到我们中国,关于民权的机器,从前没有旧东西,现在很可以采用最近最好的新发明。

关于民权一方面的方法,世界上有了一些什么最新式的发明呢?第一个是选举权。现在世界上所谓先进的民权国家,普遍的只实行这一个民权。专行这一个民权,在政治之中是不是够用呢?专行这一个民权,好比是最初次的旧机器,只有把机器推到前进的力,没有拉回来的力。现在新式的方法除了选举权之外,第二个就是罢免权。人民有了这个权,便有拉回来的力。这两个权是管理官吏的,人民有了这两个权,对于政府之中的一切官吏,一面可以放出去,又一面可以调回来,来去都可以从人民的自由。这好比是新式的机器,一推一拉,都可以由机器的自动。国家除了官吏之外,还有什么重要东西呢?其次的就是法律。所谓有了治人,还要有治法。人民要有什么权,才可以管理法律呢?如果大家看到了一种法律,以为是很有利于人民的,便要有一种权,自己决定出来,交到政府去执行。关于这种权,叫做创制权,这就是第三个民权。若是大家看到了从前的旧法律,以为是很不利于人民的,便要有一种权,自己去修改,修改好了之后,便要政府执行修改的新法律,废止从前的旧法律。关于这种权,叫做复决权,这就是第四个民权。人民有了这四个权,才算是充分的民权;能够实行这四个权,才算是彻底的直接民权。从前没有充分民权的时候,人民选举了官吏、议员之后便不能够再问,这种民权,是间接民权。间接民权就是代议政体,用代议士去管理政府,人民不能直接去管理政府。要人民能够直接管理政府,便要人民能够实行这四个民权。人民能够实行四个民权,才叫做全民政治。全民政治是什么意思呢?就是从前讲过了的,用四万万人来做皇帝。四万万人要怎么样才可以做皇帝呢?就是要有这四个民权来管理国家的大事。所以这四个民权,就是四个放水制,或者是四个接电钮。我们有了放水制,便可以直接管理自来水;有了接电钮,便可以直接管理电灯;有了四个民权,便可以直接管理国家的政治。这四个民权,又叫做政权,就是管理政府的权。

至于政府自己办事的权,又可以说是做工权,就是政府来替人民做工夫的权。人民有了大权,政府能不能够做工夫,要做什么样的工夫,都要随人民的志愿。就是政府有了大权,一经发动做工夫之后,可以发生很大的力量,人民随时要他停止,他便要停止。总而言之,要人民真有直接管理政府之权,便要政府的动作随时受人民的指挥。好象外国的旧兵船,从前如果是装了十二门大炮,便分成六个炮台,要瞄准放炮打什么敌人,都是由许多炮手去分别执行,做指挥的人不能直接管理。现在的新兵船,要测量敌人的远近,在桅顶便有测量机;要瞄准放炮,在指挥官的房中便有电机直接管理。如果遇到了敌人,不必要许多炮手去瞄准放炮,只要做指挥官的人,坐在房中,就测量机的报告,按距离的远近拨动电机,要用那一门炮,打那一方的敌人,或者是要十二门炮同时瞄准,同时放炮,都可以如愿,都可以命中。象这样才叫做是直接管理。但是要这样来直接管理,并不是要管理的人自己都来做工夫,不要自己来做工夫的机器,才叫做灵便机器。

人民有了这四个大权来管理政府,要政府去做工夫,在政府之中要用什么方法呢?要政府有很完全的机关,去做很好的工夫,便要用五权宪法。用五权宪法所组织的政府,才是完全政府,才是完全的政府机关。有了这种的政府机关去替人民做工夫,才可以做很好很完全的工夫。从前说美国有一位学者,对于政治学理上的最新发明,是说在一国之内,最怕的是有了一个万能政府,人民不能管理;最希望的是要一个万能政府,为人民使用,以谋人民的幸福。有了这种政府,民治才算是最发达。我们现在分开权与能,说人民是工程师,政府是机器。在一方面要政府的机器是万能,无论什么事都可以做;又在他一方面要人民的工程师也有大力量,可以管理万能的机器。那么,在人民和政府的两方面彼此要有一些什么的大权,才可以彼此平衡呢?在人民一方面的大权刚才已经讲过了,是要有四个权,这四个权是选举权、罢免权、创制权、复决权。在政府一方面的,是要有五个权,这五个权是行政权、立法权、司法权、考试权、监察权。用人民的四个政权来管理政府的五个治权,那才算是一个完全的民权政治机关。有了这样的政治机关,人民和政府的力量才可以彼此平衡。我们要详细明白这两种大权的关系,可以用一个图来说明。

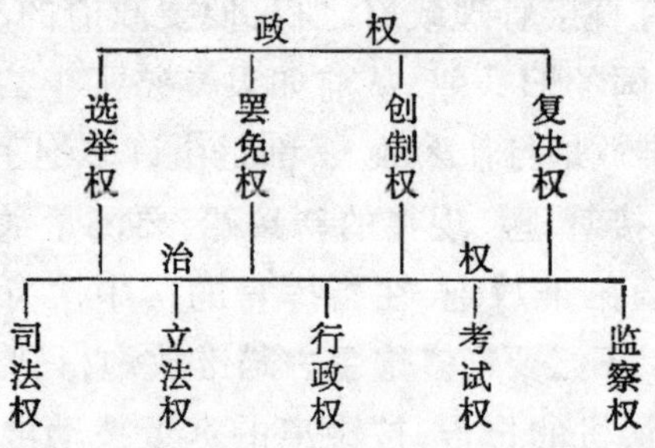

就这个图看,在上面的政权,就是人民权,在下面的治权,就是政府权。人民要怎么样管理政府,就是实行选举权、罢免权、创制权和复决权;政府要怎么样替人民做工夫,就是实行行政权、立法权、司法权、考试权和监察权。有了这九个权,彼此保持平衡,民权问题才算是真解决,政治才算是有轨道。

至于这九个权的材料,并不是今日发明的。譬如就政权说,在瑞士已经实行过了三个权,不过是没有罢官权。在美国的西北几省,现在除采用瑞士的三个政权以外,并加入一个罢免权。至于选举权,更是世界上各国最通行的民权。所以就世界上民权的情形说,瑞士已经实行过了三权,美国有四分之一的省份已经实行过了四权。他们在那几部分的地方实行这四个民权,有了很周密的办法,得了很好的成绩。就是这四个民权,实在是经验中的事实,不是假设来的理想。我们现在来采用,是很稳健的,并没有什么危险。至于说到政府权,从前都是由皇帝一个人垄断,革命之后才分开成三个权。象美国独立之后便实行三权分立,后来得了很好的成绩,各国便都学美国的办法。

不过,外国从前只有三权分立,我们现在为什么要五权分立呢?其余两个权是从什么地方来的呢?这两个权是中国固有的东西。中国古时举行考试和监察的独立制度,也有很好的成绩。象满清的御史,唐朝的谏议大大,都是很好的监察制度。举行这种制度的大权,就是监察权。监察权就是弹劾权。外国现在也有这种权,不过把他放在立法机关之中,不能够独立成一种治权罢了。至于历代举行考试,拔取真才,更是中国几千年的特色。外国学者近来考察中国的制度,便极赞美中国考试的独立制度,也有仿效中国的考试制度去拔取真才。象英国近来举行文官考试,便是说从中国仿效过去的。不过英国的考试制度,只考试普通文官,还没有达到中国考试权之独立的真精神。所以就中国政府权的情形讲,只有司法、立法、行政三个权是由皇帝拿在掌握之中,其余监察权和考试权还是独立的。就是中国的专制政府,从前也可以说是三权分立的,和外国从前的专制政府便大不相同。从前外国在专制政府的时候,无论是什么权都是由皇帝一个人垄断。中国在专制政府的时候,关于考试权和监察权,皇帝还没有垄断。所以分开政府的大权,便可以说外国是三权分立,中国也是三权分立。中国从前实行君权、考试权和监察权的分立,有了几千年。外国实行立法权、司法权和行政权的分立,有了一百多年。不过外国近来实行这种三权分立,还是不大完全。中国从前实行那种三权分立,更是有很大的流弊。我们现在要集合中外的精华,防止一切的流弊,便要采用外国的行政权、立法权、司法权，加入中国的考试权和监察权，连成一个很好的完璧，造成一个五权分立的政府。象这样的政府，才是世界上最完全、最良善的政府。国家有了这样的纯良政府，才可以做到民有、民治、民享的国家。

我们在政权一方面主张四权，在治权一方面主张五权，这四权和五权各有各的统属，各有各的作用，要分别清楚，不可紊乱。现在许多人都不能分别，不但是平常人不能分别，就是专门学者也是一样的不能分别。象近来我会见了一个同志，他是从美国毕业回来的。我问他说："你对于革命的主义是怎么样呢？"他说："我是很赞成的。"我又问他说："你是学什么东西呢？"他说："我是学政治法律。"我又问他说："你对于我所主张的民权，有什么意见呢？"他说："五权宪法是很好的东西呀，这是人人都欢迎的呀！"象这位学政治法律的专门学者，所答非所问，便可以知道他把四权和五权还没有分别清楚，对于人民和政府的关系还是很糊涂。殊不知道五权是属于政府的权，就他的作用说，就是机器权。一个极大的机器，发生了极大的马力，要这个机器所做的工夫很有成绩，便要把他分成五个做工的门径。民权就是人民用来直接管理这架大马力的机器之权，所以四个民权，就可以说是机器上的四个节制。有了这四个节制，便可以管理那架机器的动静。政府替人民做事，要有五个权，就是要有五种工作，要分成五个门径去做工。人民管理政府的动静，要有四个权，就是要有四个节制，要分成四方面来管理政府。政府有了这样的能力，有了这些做工的门径，才可以发出无限的威力，才是万能政府。人民有了这样大的权力，有了这样多的节制，便不怕政府到了万能没有力量来管理。政府的一动一静，人民随时都是可以指挥的。象有这种情形，政府的威力便可以发展，人民的权力也可以扩充。有了这种政权和治权，才可以达到美国学者的目的，造成万能政府，为人民谋幸福。中国能够实行这种政权和治权，便可以破天荒在地球上造成一个新世界。

至于民权之实情与民权之行使，当待选举法、罢免法、创制法和复决法规定之后,乃能悉其真相与底蕴。在讲演此民权主义之中,固不能尽述也。阅者欲知此中详细情形,可参考廖仲恺君所译之《全民政治》。

民生主义

第一讲

(十三年八月三日)

诸君:

今天来讲民生主义。什么叫做民生主义呢?"民生"两个字是中国向来用惯的一个名词。我们常说什么"国计民生",不过我们所用这句话恐怕多是信口而出,不求甚解,未见得涵有几多意义的。但是今日科学大明,在科学范围内拿这个名词来用于社会经济上,就觉得意义无穷了。我今天就拿这个名词来下一个定义,可说民生就是人民的生活——社会的生存、国民的生计、群众的生命便是。我现在就是用民生二字,来讲外国近百十年来所发生的一个最大问题,这个问题就是社会问题。故民生主义就是社会主义,又名共产主义,即是大同主义。欲明白这个主义,断非几句定义的话可以讲得清楚的;必须把民生主义的演讲从头听到尾,才可以彻底明白了解的。

民生问题,今日成了世界各国的潮流。推到这个问题的来历,发生不过一百几十年。为什么近代发生这个问题呢?简单言之,就是因为这几十年来,各国的物质文明极进步,工商业很发达,人类的生产力忽然增加。着实言之,就是由于发明了机器,世界文明先进的人类便逐渐不用人力来做工,而用天然力来做工,就是用天然的汽力、火力、水力及电力来替代人的气力,用金属的铜铁来替代人的筋骨。机器发明之后,用一个人管理一副机器,便可以做一百人或一千人的工夫,所以机器的生产力和人工的生产力便有大大的分别。在没有机器以前，一个最勤劳的人，最多不过是做两三个人的工夫，断不能做得十个人以上的工夫。照此推论起来，一个人的生产力，就本领最大、体魄最强和最勤劳的人说，也不过是大过普通人十倍。平常人的生产力都是相等的，没有什么大差别。至于用机器来做工的生产力，和用人做工的生产力两相比较，便很不相同。用人来做工，就是极有能干而兼勤劳的人，只可以驾乎平常人的十倍；但是用机器来做工，就是用一个很懒惰和很寻常的人去管理，他的生产力也可以驾乎一个人力的几百倍，或者是千倍。所以这几十年来机器发明了之后，生产力比较从前就有很大的差别。我们拿眼前可以证明的事实来说一说。比方在广州市街上所见最多的人，莫如运送的苦力，这种苦力就叫做挑夫。这种挑夫的人数，占广州市工人中一大部分。挑夫中之体魄最强壮的人，最重只可以挑二百斤东西，每日不过是走几十里路远，这种挑夫是很不容易得的。寻常的挑夫，挑了几十斤重，走了几十里路远，便觉得很辛苦。如果拿挑夫和运送的机器来比较，是怎么样的情形呢？象广州市黄沙的火车运送货物，一架火车头可以拖二十多架货车，一架货车可以载几百担重的货物，一架货车能够载几百担，二十多架货车便能够载一万担。这一万担货物，用一架火车头去拉，只要一两个人管理火车头的机器，或者要几个人管理货车，一日便可以走几百里。譬如广东的粤汉铁路，由黄沙到韶关约有五百里的路程，象从前专用人力去运货物，一个人挑一担，一百个人一百担，如果有一万担货物，就要有一万个工人。用工人所走的路程计算，一个人一天大概只能够走五十里，五百里的路程就要走十天的时间。所以一万担货物，从前专用人工去运送，就要一万工人，走十天之久。现在用火车去运送，只要八点钟的时间，一直便由黄沙到韶关，所用的工人最多不过是十个人。由此便知道用十个人所做的工便可以替代一万人，用八点钟便可以替代十天。机器和人工比较的相差，该是有多少呢！用火车来运送的工，不但是用一个人可以替代一千人，用一点钟可以替代一日，是很便利迅速的。就是以运货的工钱来说，一个工人挑一担货物，走五十里路远，每天大约要一元；要用一万工人，挑一万担货物，走十天的路，统共就要十万元。如果用火车来运送，顶多不过是几千元。机器和人工的比较，单拿挑夫来讲便有这样的大差别。其他耕田、织布、做房屋以及种种工作，也是有几百倍或千倍的差别。所以机器发明了之后，世界的生产力便生出一个大变动。这个大变动，就是机器占了人工，有机器的人便把没有机器人的钱都赚去了。再象广州，没有经过鸦片战争以前，是中国独一的通商口岸，中国各省的货物都是先运来广州，然后再由广州运去外洋；外国的货物也是先运到广州，然后再由广州运进各省。所以中国各省的进出口货物，都是经过湖南、江西，走南雄、乐昌，才到广州。因为这个原因，所以南雄、乐昌到韶关的这两条路，在当时沿途的挑夫是很多的，两旁的茶馆饭店也是很热闹的。后来海禁大开，各省的货物或者是由海船运到广东，或者是由上海、天津直接运送到外洋，都不经过南雄、乐昌到韶关的这两条路。所以由南雄、乐昌到韶关两条路的工人，现在都减少了。从前那两条路的繁盛，现在都变成很荒凉了。到了粤汉铁路通了火车之后，可以替代人工，由广州到韶关的挑夫更是绝迹。其他各地各国的情形都是一样。所以从机器发明了之后，便有许多人一时失业，没有工做，没有饭吃。这种大变动，外国叫做“实业革命”。因为有了这种实业革命，工人便受很大的痛苦。因为要解决这种痛苦，所以近几十年来便发生社会问题。

这个社会问题，就是今天所讲的民生主义。我今天为什么不学外国直接来讲社会主义，要拿民生这个中国古名词来替代社会主义呢？这是很有道理，我们应该要研究的。因为机器发明以后，经过了实业革命，成为社会问题，便发生社会主义。所以社会主义之发生已经有了几十年。但是这几十年中，欧美各国对于社会主义，还没有找出一个解决方法，现在还是在剧烈战争之中。这种学说和思想现在流入中国来了，中国一班新学者也是拿他来研究。因为社会主义，现在中国很流行，所以共产主义现在中国也是很流行。中国学者拿社会主义和共产主义来研究，想寻出一个解决方法，也是很艰难的。因为外国发明这种学理已经有了几十年,到现在还不能够解决,此时传入中国,我们就想要解决,当然是不容易的。我们要研究这个问题,便要先把他的源委、性质和定义来研究清楚。共产主义和社会主义两个名词,现在外国是一样并称的,其中办法虽然各有不同,但是通称的名词都是用社会主义。现在中国有人把社会主义同社会学两个名词作一样的看待,这实在是混乱。这种混乱,不但专是中国人有的,就是外国人也是一样有的。因为社会这个名词在英文是"梳西乙地",社会学是"梳西柯罗之",社会主义是"梳西利甚"。这三个字头一半的英文串字都是相同的,所以许多人便生出混乱。其实英文中的社会主义"梳西利甚"那个字,是从希腊文变出来的。希腊文社会主义的原意是"同志",就象中国俗话说是"伙计"两个字一样。至于说到社会学的范围,是研究社会的情状、社会的进化和群众结合的现象;社会主义的范围,是研究社会经济和人类生活的问题,就是研究人民生计问题。所以我用民生主义来替代社会主义,始意就是在正本清源,要把这个问题的真性质表明清楚。要一般人一听到这个名词之后,便可以了解。

因为社会主义已经发生了几十年,研究这种学理的学者不知道有千百家,所出的书籍也不知道有千百种。其中关于解决社会问题的学说之多,真是聚讼纷纷。所以外国的俗语说,社会主义有五十七种,究竟不知那一种才是对的。由此便可见普通人对于社会主义无所适从的心理了。欧战发生了之后,社会的进步很快,世界潮流已经到了解决社会问题的时期。凡是从前不理会社会主义的人,在此时也跟上社会主义的路来走。就时势的机会讲,社会党应该可以做很多事,应该可以完全解决社会问题。但是社会党的内部,便生出许多纷争。在各国的社会党,一时风起云涌,发生种种派别,其中最著名的有所谓共产党、国家社会党和社会民主党。各党派之复杂,几乎不止五十七种。所以从前旁观者对于社会党派别复杂的批评,至此时正所谓不幸而言中。至于欧战没有发生以前,世界各国只有赞成社会主义和反对社会主义的两种人。反对的那种人,大多数都是资本家。所以从前只有反对社会主义的资本家同社会党来战争。到欧战发生了之后,反对的人都似降服了,社会党似乎可以乘机来解决社会问题。不过当时赞成社会主义的人在事前没有想到好办法,所以社会党内部便临时生出许多纷争。这种纷争,比较从前反对派和赞成派的纷争,更要厉害。所以社会问题至今不能解决,我们到了今日还是要来研究。在从前资本家、工人和学者反对社会主义的时候,所有世界各国赞成社会主义的人,不论是本国外国,都是认为同志。到了近来,不但是德国的社会党反对俄国的社会党,或者是俄国的社会党反对英国、美国的社会党,有国际的纷争;就是一国的社会党内部,也演出种种纷争。所以社会问题愈演愈纷乱,到现在还找不出一个好方法来解决。

今天我所讲的民生主义,究竟和社会主义有没有分别呢?社会主义中的最大问题,就是社会经济问题。这种问题,就是一班人的生活问题。因为机器发明以后,大部分人的工作都是被机器夺去了,一班工人不能够生存,便发生社会问题。所以社会问题之发生,原来是要解决人民的生活问题。故专就这一部分的道理讲,社会问题便是民生问题,所以民生主义便可说是社会主义的本题。现在各国的社会主义,各有各的主张,所以各国解决社会问题的方法也是各有不同。社会主义到底是民生主义中的一部分呀,或者是民生主义是社会主义中的一部分呢?实业革命以后,研究社会问题的人不下千百家,其中研究最透彻和最有心得的,就是大家所知道的马克思。马克思对于社会问题,好象卢骚对于民权问题一样,在一百多年以前欧美研究民权问题的人,没有那一个不是崇拜卢骚为民权中的圣人,好象中国崇拜孔子一样;现在研究社会问题的人,也没有那一个不是崇拜马克思做社会主义中的圣人。

在马克思的学说没有发表以前,世界上讲社会主义的,都是一种陈义甚高的理论,离事实太远。而马克思专从事实与历史方面用功,原原本本把社会问题的经济变迁,阐发无遗。所以后来学者把社会主义的人分作两派:一是叫做“乌托邦派”,这个乌托邦和中国黄老所说的华胥氏之国意思相同;一是叫做"科学派",专从科学方法去研究社会问题之解决。至于乌托邦派是专从理想上来把社会来改良成一个安乐的国家,便有这种子虚乌有的寄托。这种寄托是由于人类受了很多痛苦,那些极有道德和悲天悯人的人,见了很不忍心但是又没有力量去改良,所以只好说理想上的空话,作一种寄托。中国俗话说:"天生一条虫,地生一片叶;天生一只鸟,地生一条虫。"这几句话的意思,就是说有了虫就有叶来养,有了鸟就有虫来养。但是人类的天然形体不完全,生来没有羽毛,必需衣以御寒,必需食以养生。在太古吃果实的时候,地广人稀,人人都是很容易觅食,不必做很多的工就可以生活。到了渔猎时代,人民就要打鱼猎兽,才可以有鱼肉吃,才可以生活,就是要做工才有饭吃。到了游牧时代,人类要从事畜牧才可以生活,当时人人都是逐水草而居,时常迁徙,所有的工作便是很辛苦勤劳。至于农业时代,人类要树艺五谷才可以生活,彼时人类的生活更是复杂,所有的工作更是辛苦勤劳。到了工商时代,遇事都是用机器,不用人力,人类虽然有力也没有用处,想去卖工,找不到雇主。在这个时候,便有很多人没有饭吃,甚至于饿死,所受的痛苦不是一言可尽。一般道德家,见得天然界的禽兽不用受痛苦尚且可以得衣食,人类受了痛苦反不容易得衣食,这是很可悯的;想要减少这些痛苦,令人人都可以得衣食,便发明了社会主义的学说,来解决这个问题。所以从前一般讲社会主义的人多半是道德家,就是一般赞成的人,也是很有良心、很有道德的。只有在经济上已经成功、自私自利、不顾群众生活的资本家才去反对,才不理社会问题。这个问题既然是为世界大多数人谋生活的问题,先知先觉的人发明了这个道理之后,自然可以得多数人的同情心来表示赞成。所以这个学说一经出世之后,便组织得有社会党。社会党一经成立之后,团体便一天发达一天,一天加大一天,扩充到各国。但是从前讲社会主义的人都是乌托邦派,只希望造一个理想上的安乐世界,来消灭人类的痛苦;至于怎么样去消灭的具体方法,他们毫没有想到。

到了马克思出世之后，便用他的聪明才智和学问经验，对于这些问题作一种极透彻的研究，把古人所不知道和所不能解决的都通通发明出来。他的发明是全凭着经济原理。他照经济原理作透彻的研究之后，便批评从前主张社会主义的人，不过是有个人的道德心和群众的感情作用；其实经济问题，不是道德心和感情作用可以解决得了的，必须把社会的情状和社会的进化研究清楚了之后，才可以解决。这种解决社会问题的原理，可以说是全凭事实，不尚理想。至于马克思所著的书和所发明的学说，可说是集几千年来人类思想的大成。所以他的学说一出来之后，便举世风从，各国学者都是信仰他，都是跟住他走；好象卢骚发明了民权主义之后，凡是研究民权的人都信仰卢骚一样。从马克思以后，社会主义里头便分两派，一个是乌托邦派，一个是科学派。乌托邦派的情形，刚才已经讲过了。至于科学派，是主张用科学的方法来解决社会问题。因为近几十年来，物质文明极发达，科学很昌明，凡事都是要凭科学的道理才可以解决，才可以达到圆满的目的。就是讲到社会问题的解决方法，也是要从科学一方面研究清楚了之后，才可以得出结果。

讲到这地，便要归宿到我的学说——知难行易。天下事情，如果真是知道了，便容易行得到。比方今天讲堂里很热，我们不用人力，只用电气风扇便可以解热。这件事如果是古人或者是乡下毫没有知识的人看见了，一定以为是神鬼从中摇动，所谓巧夺天工，对于这种奇怪的风扇一定要祈祷下拜。现在大家虽然不明白电气风扇的详细构造，但是已经明白电磁吸引的道理，因为由电能够吸引风扇，所以风扇能够转动，决不以为是很奇怪的事。难道古人的聪明不及我们吗？推论这个原因，就是由于古人不知道科学，故不能发明风扇，不是古人没有本领，不能用风扇。近来因为知道科学，有了科学家能够发明风扇，所以大家便能够用这种风扇来享清凉。如果古人知道科学，以古人的聪明才智所做出来的东西，或者要比我们做的还要巧妙得多。

讲到社会问题，在马克思以前，以为是一种希望，是做不到的事。到马克思本人,也以为单靠社会主义的理想去研究,还是一种玄想,就令全世界人都赞成,也是做不成功;一定要凭事实,要用科学的方法去研究清楚,才可以做得到。所以他一生研究社会主义,便在科学方法上去做工夫。他研究社会主义的工作,更是很辛苦的。当他亡命在英国的时候,英国是近代世界上顶文明的国家,没有那一国可以驾乎英国之上的,所以英国在当时关于文化的设备也是很齐备。有一间图书馆,其中所藏的书籍总有好几百万种,无论关于什么问题的书籍都是很丰富的。马克思便每天在那间图书馆内去研究,用了二三十年的功,费了一生的精力,把关于社会主义的书籍——不管他是古人著作的,或者是时人发表的——都搜集在一处,过细参考比较,想求出一个结果。这种研究社会问题的办法,就是科学方法。故马克思所求出解决社会问题的方法,就是科学的社会主义。由于他这种详细深奥的研究,便求出一个结果,说世界上各种人事的动作,凡是文字记载下来令后人看见的,都可以作为历史。他在这种历史中所发明的最重要之一点,就是说世界一切历史都是集中于物质,物质有变动,世界也随之变动。并说人类行为都是由物质的境遇所决定,故人类文明史,只可说是随物质境遇的变迁史。马克思的这种发明,有人比之牛顿发明天文学之重心学说一样。现在马克思发明物质是历史的重心,因为他的研究透彻,理由充足,所以从前许多反对社会主义的人,后来都变为赞成社会主义。如果是过细研究了马克思学说的人,更是信仰他。

经过欧战以后,世界上差不多没有反对社会主义的人,社会党可以为所欲为,本来可以解决各国的社会问题。当时势力最大的社会党是马克思派。马克思派是科学派,从前的是乌托邦派。在当时各国的社会,秩序一乱,社会党内的科学派和乌托邦派固然是发生了冲突,就是科学派的社会党也是互相冲突。因为内部有冲突,所以欧战之后,至今还不能解决社会问题。

至于推到社会党的圣人马克思,以物质为历史的重心,这个道理究竟是怎么样呢?马克思的门徒,于一千八百四十八年在比利时开了一个国际社会党大会,定了许多办法。现在各国马克思派的社会党所用的办法,许多还是奉行那年所定的大纲。当欧战发生以后,俄国便拿那种主义去实行,现在俄国已经把那种主义改变了,其中理由到底是怎么样,我们研究俄国的情形不多,不敢判断。但是照俄国人自己说,俄国从前所行的革命办法并不是马克思主义,是一种战时政策。这种战时政策并不是俄国独行的,就是英国、德国和美国当欧战的时候,把全国的大实业象铁路、轮船和一切大制造厂都收归国有。同是一样的办法,为什么英国、美国实行出来就说是战时政策,在俄国实行出来大家便说是马克思主义呢?理由就是由于俄国革命党是信仰马克思主义,而欲施之实行的原故。照俄国人说,俄国现在的实业和经济还没有大发达,实在够不上实行马克思主义;要象英国、美国之实业经济的那样发达,才可以实行马克思主义。所以在理论一方面讲,马克思的信徒在欧战以后便大家争论起来。德国、法国和俄国的社会党,本来都是服从马克思主义,成了"国际派";但是到了争论的时候,彼此互相击攻,互相诋毁,攻击的人总是说被攻击的人不是服从马克思主义。这一派攻击那一派,这一国的社会党攻击那一国的社会党。由于这些攻击诋毁,马克思的学说便发生了问题。就是物质到底是不是历史的重心呢?牛顿考究得太阳在宇宙之间,是我们的中心。照天文学和各种科学去研究,那个道理是很对的。马克思发明物质是历史的重心,到底这种道理是对不对呢?经过欧战后几年的试验以来,便有许多人说是不对。到底什么东西才是历史的重心呢?我们国民党提倡民生主义已经有了二十多年,不讲社会主义,只讲民生主义。社会主义和民生主义的范围是什么关系呢?近来美国有一位马克思的信徒威廉氏,深究马克思的主义,见得自己同门互相纷争,一定是马克思学说还有不充分的地方,所以他便发表意见,说马克思以物质为历史的重心是不对的,社会问题才是历史的重心,而社会问题中又以生存为重心,那才是合理。民生问题就是生存问题,这位美国学者最近发明适与吾党主义若合符节。这种发明就是民生为社会进化的重心,社会进化又为历史的重心,归结到历史的重心是民生,不是物质。我们提倡民生主义二十多年,当初详细研究,反覆思维,总是觉得用“民生”这两个字来包括社会问题,较之用“社会”或“共产”等名词为适当,切实而且明了,故采用之。不图欧战发生之后,事理更明,学问更进,而马克思宗徒亦有发明相同之点。此足见吾党之提倡民生主义正合夫进化之原理,非同时髦学者之人云亦云也。

照这位美国学者主张,他说古今人类的努力,都是求解决自己的生存问题;人类求解决生存问题,才是社会进化的定律,才是历史的重心。马克思的唯物主义,没有发明社会进化的定律,不是历史的重心。我们要明白这两家的学说,究竟那一家的主张是对的,便要详细研究他们的主义和近世社会进化的事实是不是相符合。马克思研究社会问题,是专注重物质的。要讲到物质,自然不能不注重生产;没有过量的生产,自然不至有实业革命。所以生产是近世经济上头一件事,要知道近世的经济情形,必先要知道近世的生产情形。近世的生产情形是怎么样呢?生产的东西都是用工人和机器,由资本家与机器合作,再利用工人,才得近世的大生产。至于这种大生产所得的利益,资本家独得大分,工人分得少分。所以工人和资本家的利益常常相冲突,冲突之后,不能解决,便生出阶级战争。照马克思的观察,阶级战争不是实业革命之后所独有的,凡是过去的历史都是阶级战争史。古时有主人和奴隶的战争,有地主和农奴的战争,有贵族和平民的战争,简而言之,有种种压迫者和被压迫者的战争。到了社会革命完全成功,这两个互相战争的阶级才可以一齐消灭。由此便可知马克思认定要有阶级战争,社会才有进化;阶级战争是社会进化的原动力。这是以阶级战争为因,社会进化为果。我们要知道这种因果的道理是不是社会进化的定律,便要考察近来社会进化的事实。

近几十年来社会是很进化的,各种社会进化的事实更是很复杂的。就是讲到经济一方面的事实,也不是一言可尽。但是用概括的方法来讲,欧美近年来之经济进化可以分作四种:第一是社会与工业之改良；第二是运输与交通事业收归公有；第三是直接征税；第四是分配之社会化。这四种社会经济事业，都是用改良的方法进化出来的。从今以往，更是日日改良，日日进步的。这四种社会经济事业是些什么详细情形呢？

譬如就第一种，就是要用政府的力量改良工人的教育，保护工人的卫生，改良工厂和机器，以求极安全和极舒服的工作。能够这样改良，工人便有做工的大能力，便极愿意去做工，生产的效力便是很大。这种社会进化事业在德国施行最早，并且最有成效。近来英国、美国也是一样的仿行，也是一样的有成效。

就第二种的情形说，就是要把电车、火车、轮船以及一切邮政、电政、交通的大事业都由政府办理，用政府的大力量去办理那些大事业，然后运输才是很迅速，交通才是很灵便。运输迅速，交通灵便，然后各处的原料才是很容易运到工厂内去用。工厂内制造的出品，才是很容易运到市场去卖，便不至多费时间，令原料与出品在中道停滞，受极大的损失。如果不用政府办，要用私人办，不是私人的财力不足，就是垄断的阻力极大。归结到运输一定是不迅速，交通一定是不灵便，令全国的各种经济事业都要在无形之中受很大的损失。这种事业的利弊，在德国明白最早，所以他们的各种大运输交通事业老早就是由国家经营。就是美国私有的大运输交通事业，在欧战期内也是收归政府办理。

至于第三种直接征税，也是最近进化出来的社会经济方法。行这种方法，就是累进税率，多征资本家的所得税和遗产税。行这种税法，就可以令国家的财源多是直接由资本家而来。资本家的入息极多，国家直接征税，所谓多取之而不为虐。从前的旧税法只是钱粮和关税两种，行那种税法，就是国家的财源完全取之于一般贫民，资本家对于国家只享权利、毫不尽义务，那是很不公平的。德国、英国老早发现这种不公平的事实，所以他们老早便行直接征税的方法。德国政府的岁入，由所得税和遗产税而来的，占全国收入约自百分之六十至百分之八十。英国政府关于这种收入，在欧战开始的时候也到百分之五十八。美国实行这种税法较为落后,在十年之前才有这种法律,自有了这种法律以后,国家的收入便年年大形增加。在一千九百一十八年,专就所得税一项的收入而论,便约有美金四十万万。欧美各国近来实行直接征税,增加了大财源,所以更有财力来改良种种社会事业。

第四种分配之社会化,更是欧美社会最近的进化事业。人类自发明了金钱,有了买卖制度以后,一切日常消耗货物多是由商人间接买来的。商人用极低的价钱,从出产者买得货物,再卖到消耗者,一转手之劳便赚许多佣钱。这种货物分配制度,可以说是买卖制度,也可以说是商人分配制度。消耗者在这种商人分配制度之下,无形之中受很大的损失。近来研究得这种制度可以改良,可以不必由商人分配,可以由社会组织团体来分配,或者是由政府来分配。譬如英国所发明的消费合作社,就是由社会组织团体来分配货物。欧美各国最新的市政府,供给水电、煤气以及面包、牛奶、牛油等食物,就是用政府来分配货物。象用这种分配的新方法,便可以省去商人所赚的佣钱,免去消耗者所受的损失。就这种新分配方法的原理讲,就可以说是分配之社会化,就是行社会主义来分配货物。

以上所讲的社会与工业之改良、运输与交通收归公有、直接征税与分配之社会化,这四种社会经济进化,便打破种种旧制度,发生种种新制度。社会上因为常常发生新制度,所以常常有进化。

至于这种社会进化是由于什么原因呢?社会上何以要起这种变化呢?如果照马克思的学说来判断,自然不能不说是由于阶级战争。社会上之所以要起阶级战争的原故,自然不能不说是资本家压制工人。资本家和工人的利益总是相冲突,不能调和,所以便起战争。社会上因为有这种战争,所以才有进化。但是照欧美近几十年来社会上进化的事实看,最好的是分配之社会化,消灭商人的垄断,多征资本家的所得税和遗产税,增加国家的财富,更用这种财富来把运输和交通收归公有,以及改良工人的教育、卫生和工厂的设备,来增加社会上的生产力。因为社会上的生产很大,一切生产都是很丰富,资本家固然是发大财,工人也可以多得工钱。象这样看来,资本家改良工人的生活,增加工人的生产力,工人有了大生产力,便为资本家多生产,在资本家一方面可以多得出产,在工人一方面也可以多得工钱。这是资本家和工人的利益相调和,不是相冲突。社会之所以有进化,是由于社会上大多数的经济利益相调和,不是由于社会上大多数的经济利益有冲突。社会上大多数的经济利益相调和,就是为大多数谋利益。大多数有利益,社会才有进步。社会上大多数的经济利益之所以要调和的原因,就是因为要解决人类的生存问题。古今一切人类之所以要努力,就是因为要求生存;人类因为要有不间断的生存,所以社会才有不停止的进化。所以社会进化的定律,是人类求生存。人类求生存,才是社会进化的原因。阶级战争不是社会进化的原因,阶级战争是社会当进化的时候所发生的一种病症。这种病症的原因,是人类不能生存。因为人类不能生存,所以这种病症的结果,便起战争。马克思研究社会问题所有的心得,只见到社会进化的毛病,没有见到社会进化的原理。所以马克思只可说是一个"社会病理家",不能说是一个"社会生理家"。

再照马克思阶级战争的学说讲,他说资本家的盈余价值都是从工人的劳动中剥夺来的。把一切生产的功劳完全归之于工人的劳动,而忽略社会上其他各种有用分子的劳动。譬如中国最新的工业是上海、南通州和天津、汉口各处所办的纱厂布厂,那些纱厂布厂,当欧战期内纺纱织布是很赚钱的,各厂每年所剩的盈余价值少的有几十万,多的有几百万。试问这样多的盈余价值,是属于何人的功劳呢?是不是仅仅由于纱厂布厂内纺纱织布的那些工人的劳动呢?就纺纱织布而论,我们便要想想布和纱的原料,由此我们便要推及于棉花。因为要研究棉花的来源,我们便要推到种种农业问题。要详细讲到棉花的农业问题,便不能不推及到研究好棉花种子和怎么种植棉花的那些农学家。当未下棉种之初,便不能不用各种工具和机器去耕耘土地,及下棉种之后,又不能不用肥料去培养结棉花的枝干。我们一想到那些器械和肥料,便不能不归功到那些器械和肥料的制造家和发明家。棉花收成之后，再要运到工厂内来纺纱织布，布和纱制成之后，再运到各处市场去卖，自然要想到那些运输的轮船火车。要研究到轮船火车之何以能够运动，首先便要归功到那些蒸汽和电气的发明家。要研究到构造轮船火车是些什么材料，自然不能不归功于金属的采矿家、制造家和木料的种植家。就是布和纱制成之后，社会上除了工人之外，假若其余各界的人民都不穿那种布、用那种纱，布和纱当然不能畅销。布和纱没有大销路，纱厂布厂的资本家怎么样可以多赚钱，可以多取盈余价值？就这种种情形设想，试问那些纱厂布厂的资本家所取得的盈余价值，究竟是属于谁的呢？试问纱厂布厂内的工人，怎么能够说专以他们的劳动便可以生出那些布和纱的盈余价值呢？不徒是纱布工业盈余价值的情形是这样，就是各种工业盈余价值的情形都是一样。由此可见，所有工业生产的盈余价值，不专是工厂内工人劳动的结果，凡是社会上各种有用有能力的分子，无论是直接间接，在生产方面或者是在消费方面，都有多少贡献。这种有用有能力的分子，在社会上要占大多数。如果专讲工人，就是在工业极发达的美国，工人的数目也不过是二千多万，只占全美国人口五分之一。至于其他工业不发达的国家，象我们中国做工的人数，更是很少。象这样讲，就令在一个工业极发达的国家，全国的经济利益不相调和，发生冲突，要起战争，也不是一个工人阶级和一个资本阶级的战争，是全体社会大多数有用有能力的分子和一个资本阶级的战争。这些社会上大多数有用有能力的分子，因为都要求生存，免去经济上的战争，所以才用公家来分配货物，多征资本家的所得税、遗产税，来发达全国的运输和交通事业，以及改良工人的生活和工厂的工作，做种种大多数的经济利益相调和的事业。欧美各国从这种种经济利益相调和的事业发达以后，社会便极有进化，大多数便很享幸福。所以马克思研究社会问题，只求得社会上一部分的毛病，没有发明社会进化的定律。这位美国学者所发明的人类求生存才是社会进化的定律，才是历史的重心。人类求生存是什么问题呢？就是民生问题。所以民生问题才可说是社会进化的原动力。我们能够明白社会进化的原动力,再来解决社会问题,那才很容易。

马克思认定阶级战争才是社会进化的原因,这便是倒果为因。因为马克思的学说颠倒因果,本源不清楚,所以从他的学说出世之后,各国社会上所发生的事实便与他的学说不合,有的时候并且相反。譬如他的门徒在一千八百四十八年开过一次国际共产大会,发表了种种主张,这次所组织的国际共产党,在普法战争的时候就被消灭了。后来又成立第二次的国际共产党。第二次国际共产党和第一次国际共产党不同的地方,是第一次国际共产党要完全本阶级战争的原理,用革命手段来解决社会问题,主张不与资本家调和,所谓不妥协。至于党员加入国会去活动是共产党所不许可的,以为这不是科学的方法。但是后来德国的共产党通同走到国会去活动,延到今日,英国工党又在君主立宪政府之下组织内阁。照这些事件来看,世界上所发生许多的政治经济变动,都不是第一次国际共产党所定的办法。因为第一次国际共产党和第二次国际共产党的主张太不相同,所以后来马克思党徒的纷争更是厉害。这都是马克思在当时所没有料到的。由于这些不能料到的事情,便知道我的学说是知难行易。马克思主张用科学来解决社会问题,他致力最大的地方,在第一次国际共产党没有成立以前,用很多工夫把从前的历史和当时的事实都研究得很清楚。由于他研究从前的历史和当时的事实所有的心得,便下一个判断,说将来资本制度一定要消灭。他以为资本发达的时候,资本家之中彼此因为利害的关系,大资本家一定吞灭小资本家。弄到结果,社会上便只有两种人:一种是极富的资本家,一种是极穷的工人。到资本发达到了极点的时候,自己便更行破裂,成一个资本国家,再由社会主义顺着自然去解决,成一个自由社会式的国家。依他的判断,资本发达到极点的国家,现在应该到消灭的时期,应该要起革命。但是从他至今有了七十多年,我们所见欧美各国的事实和他的判断刚刚是相反。当马克思的时代,英国工人要求八点钟的工作时间,用罢工的手段向资本家要挟。

马克思便批评以为这是一种梦想,资本家一定是不许可的,要得到八点钟的工作时间,必须用革命手段才可以做得到。到了后来,英国工人八点钟的要求,不但是居然成为事实,并且由英国国家定为一种通行的法律,令所有全国的大工厂、银行、铁路中的工人都是作工八点钟。其他许多事实,在马克思当时自以为是料到了的,后来都是不相符合,令马克思自己也说"所料不中"。别的事实不说,只就资本一项来讲,在马克思的眼光,以为资本发达了之后便要互相吞并,自行消灭。但是到今日,各国的资本家不但不消灭,并且更加发达,没有止境,便可以证明马克思的学理了。

我们再来讲德国社会问题的情形。德国当俾士麦执政的时代,用国家力量去救济工人的痛苦,作工时间是由国家规定了八点钟;青年和妇女作工的年龄与时间,国家定了种种限制;工人的养老费和保险费,国家也有种种规定,要全国的资本家担任去实行。当时虽然有许多资本家反对,但是俾士麦是一位铁血宰相,他便有铁血的手腕去强制执行。当实行的时候,许多人以为国家保护工人的办法改良,作工的时间减少,这是一定于工人有利、于资本家有损的。再照比例的理想来推,从前十六点钟工作的生产力,自然要比八点钟的生产力大得多。但是行了之后的结果是怎么样呢?事实上,八点钟的工作比较十六点钟的工作还要生产得多。这个理由,就是因为工人一天作八点钟的工作,他的精神体魄不至用尽,在卫生上自然是健康得多。因为工人的精神体魄健康,管理工厂内的机器自然是很周到,机器便很少损坏;机器很少损坏,便不至于停工修理,便可以继续的生产,生产自然是加多。如果工人一天做十六点钟的工,他们的精神体魄便弄到很衰弱,管理机器不能周到,机器便时常损坏,要停工修理,不能继续生产,生产力自然要减少。如果大家不信,我可举一个比喻,请诸君各人自己去试验。比方一个人一日要读十五六点钟的书,弄到精神疲倦,就是勉强读得多,也不容易记清楚。如果一日只读八点钟的书,其余的时间便去休息游戏,保养精神,我想读过了的书一定是很容易记得,很容易了解。讲到时间的关系,马克思在当时所想到了的,以为作工八点钟,生产力一定要减少。后来德国实行时间减少政策,生产力反为加多,驾乎各国之上。于是英国、美国便奇怪起来,以作工时间减少,工人保护费加多,生产力应该要减少,何以德国行这种政策,生产力反加多呢?因为奇怪,便去考察德国的情形。后来英国、美国也明白这个道理,便仿效德国的办法。马克思在当时总是不明白这个道理,所以他便断错了。

再照马克思的研究,他说资本家要能够多得盈余价值,必须有三个条件:一是减少工人的工钱;二是延长工人作工的时间;三是抬高出品的价格。这三个条件是不是合理,我们可以用近来极赚钱的工业来证明。大家知道美国有一个福特汽车厂,那个厂极大,汽车的出品极多,在世界各国都是很销行的,该厂内每年所赚的钱有过万万。至于那个厂内制造和营业的情形是怎么样呢?不管是制造厂或者是办事房,所有一切机器陈设都是很完备,都是很精致,很适合工人的卫生。工人在厂内做事,最劳动的工作,最久不过是做八点钟。至于工钱,虽极不关重要的工夫,每日工钱都有美金五元,合中国钱便有十元;稍为重要的职员,每日所得的薪水更不止此数。厂内除了给工人的工钱薪水以外,还设得有种种游戏场,供工人的娱乐;有医药卫生室,调治工人的疾病;开设得有学校,教育新到的工人和工人的子弟;并代全厂的工人保人寿险,工人死亡之后,遗族可以得保险费,又可以得抚恤金。说到这个厂所制出来的汽车的价格,这是大家买过汽车的人都是很知道的,凡是普通汽车要值五千元的,福特汽车最多不过是值一千五百元。这种汽车价值虽然是很便宜,机器还是很坚固,最好的是能够走山路,虽使用极久还不至于坏。因为这个车厂的汽车有这样的价廉物美,所以风行全球。因为这种汽车销路极广,所以这个厂便发大财。我们用这个发财车厂所持的工业经济原理,来和马克思盈余价值的理论相比较,至少有三个条件恰恰是相反。就是马克思所说的是资本家要延长工人作工的时间,福特车厂所实行的是缩短工人作工的时间;马克思所说的是资本家要减少工人的工钱，福特车厂所实行的是增加工人的工钱；马克思所说的是资本家要抬高出品的价格，福特车厂所实行的是减低出品的价格。象这些相反的道理，从前马克思都是不明白，所以他从前的主张便大错特错。马克思研究社会问题，用功几十年，所知道的都是已往的事实。至于后来的事实，他一点都没有料到。所以他的信徒，要变更他的学说，再推到马克思社会主义的目的，根本上主张要推倒资本家。究竟资本家应该不应该推倒，还要后来详细研究才能够清楚。由此更可见，知是很艰难的，行是很容易的。

马克思盈余价值的精华，是说资本家所得的钱是剥夺工人的盈余，由此便推到资本家生产要靠工人，工人生产要靠物质，物质买卖要靠商人。凡是一种生产，资本家同商人总是从中取利，剥夺工人的血汗钱。由此便知资本家和商人，都是有害于工人，有害于世界的，都应该要消灭。不过马克思的判断，以为要资本家先消灭，商人才能够消灭。现在世界天天进步，日日改良，如前所讲之分配社会化就是新发明，这种发明叫做合作社。这种合作社是由许多工人联合起来组织的。工人所需要的衣服饮食，如果要向商人间接买来，商人便从中取利，赚很多的钱，工人所得的物品一定是要费很多的钱。工人因为想用贱价去得好物品，所以他们便自行凑合，开一间店子，店子内所卖的货物都是工人所需要的。所以工人常年需要货物，都是向自己所开的店子内去买，供给既便利，价值又便宜。到了每年年底，店中所得的盈利，便依顾主消费的多少分派利息。这种店子分利，因为是根据于顾主消费的比例，所以就叫做消费合作社。现在英国许多银行和生产的工厂，都是由这种消费合作社去办理。由于这种合作社之发生，便消灭了许多商店，所以从前视此种合作社为不关重要的商店，现在便看作极有效力的组织。英国因为这种组织很发达，所以国内的大商家现在都变成生产家。就是象美国的三达火油公司，在中国虽然是一家卖油的商店，在美国便是制造火油的生产家。其他英国的各种大商家，现在都有变成生产家的趋势。用这种合作社来解决社会问题,虽然是旁枝的事情,但是马克思当时的判断,以为要资本家先消灭,商人才可以消灭;现在合作社发生,商人便先消灭。马克思的判断和这种事实又是不相符合。马克思的判断既然是和事实不对,可见我的学说——知难行易,是的确不能磨灭的。

再照马克思的学理说,世界上的大工业要靠生产,生产又要靠资本家。这几句话的意思,就是有了好生产和大资本家,工业便可以发展,便可以赚钱。就我们中国工业的情形来证明,是怎么样呢?中国最大的工业是汉冶萍公司。汉冶萍公司是专制造钢铁的大工厂。这个公司内最大的资本家,从前是盛宣怀。这个工厂每年所出的钢铁,在平常的时候,或者是运到美洲舍路[①]埠去卖,或者是运到澳洲去卖;当欧战的时候,都是运到日本去卖。钢铁本来是中国的大宗进口货,中国既是有了汉冶萍可以制造钢铁,为什么还要买外国的钢铁呢?因为中国市面所需要的钢铁都是极好的建筑钢、枪炮钢和工具钢,汉冶萍所制造的只是钢轨和生铁,不合市面的用途,所以市面要买外来的进口货,不买汉冶萍的钢铁。至于美国每年所出的钢有四千万吨、铁有四五千万吨,中国只有汉冶萍每年出铁二十万吨、出钢十几万吨,中国所出这样少数的钢铁,为什么还要运到美国去卖呢?美国出那样多的钢铁,为什么还可以消受中国的钢铁呢?就是因为汉冶萍没有好炼钢厂,所出的生铁要经过许多方法的制造才可以有用,在中国不合用途,所以要运到外国去卖。美国有极多的制钢厂,只要有便宜铁,不管他是那里来的,便可以消纳,便可以制造好钢来赚钱。所以本国虽然出很多的钢铁,就是中国运去的便宜铁,还可以买。汉冶萍公司所出的钢铁,因为是运到外国去卖,所以在欧战的时候,对于工人减时间、加工价,还是很赚钱;现在是亏本,许多工人失业。照马克思的学理讲,汉冶萍公司既是有钢铁的好出产,又有大资本,应该要赚钱,可以大发展,为什么总是要

---

① 舍路:今译西雅图。

亏本呢？由汉冶萍这一个公司的情形来考究，实业的中心是在什么地方呢？就是在消费的社会，不是专靠生产的资本。汉冶萍虽然有大资本，但是生产的钢铁在中国没有消费的社会，所以不能发展，总是不能赚钱。因为实业的中心要靠消费的社会，所以近来世界上的大工业，都是照消费者的需要来制造物品。近来有知识的工人，也是帮助消费者。消费是什么问题呢？就是解决众人的生存的问题，也就是民生问题。所以工业实在是要靠民生。民生就是政治的中心，就是经济的中心和种种历史活动的中心，好象天空以内的重心一样。

从前的社会主义错认物质是历史的中心，所以有了种种纷乱。这好象从前的天文学错认地球是宇宙的中心，所以计算历数，每三年便有一个月的大差；后来改正太阳是宇宙的中心，每三年后的历数，才只有一日之差一样。我们现在要解除社会问题中的纷乱，便要改正这种错误，再不可说物质问题是历史中的中心，要把历史上的政治、社会、经济种种中心都归之于民生问题，以民生为社会历史的中心。先把中心的民生问题研究清楚了，然后对于社会问题才有解决的办法。

第二讲

（八月十日）

民生主义这个问题，如果要从学理上详细来讲，就是讲十天或二十天也讲不完全。况且这种学理，现在还是没有定论的。所以单就学理来讲，不但是虚耗很多时间，恐怕讲演理论，越讲越难明白。所以我今天先把学理暂且放下不说，专拿办法来讲。

民生主义的办法，国民党在党纲里头老早是确定了。国民党对于民生主义定了两个办法：第一个是平均地权，第二个是节制资本。只要照这两个办法，便可以解决中国的民生问题。至于世界各国，因为情形各不相同，资本发达的程度也是各不相同，所以解决民生问题的办法,各国也是不能相同。我们中国学者近来从欧美得到了这种学问,许多人以为解决中国民生问题,也要仿效欧美的办法。殊不知欧美社会党解决社会问题的办法,至今还是纷纷其说,莫衷一是。

照马克思派的办法,主张解决社会问题要平民和生产家即农工专制,用革命手段来解决一切政治经济问题,这种是激烈派。还有一派社会党主张和平办法,用政治运动和妥协的手段去解决。这两派在欧美常常大冲突,各行其是。用革命手段来解决政治经济问题的办法,俄国革命时候已经采用过了。不过俄国革命六年以来,我们所看见的,是他们用革命手段,只解决政治问题。用革命手段解决政治问题,在俄国可算是完全成功。但是说到用革命手段来解决经济问题,在俄国还不能说是成功。俄国近日改变一种新经济政策,还是在试验之中。由此便知纯用革命手段不能完全解决经济问题。因为这个原因,欧美许多学者便不赞成俄国专用革命的手段去解决经济问题的方法,主张要用政治运动去解决这种问题。行政治运动去解决政治经济问题,不是一日可以做得到的,所以这派人都主张缓进。这派主张缓进的人,就是妥协家同和平派。他们所想得的方法,以为英美资本发达的国家,不能用马克思那种方法立时来解决社会问题,要用和平的方法才可以完全解决。这种方法就是前一次已经讲过了的四种方法:第一是社会与工业之改良;第二运输与交通事业收归公有;第三直接征税,就是收所得税;第四为分配之社会化,就是合作社。这四种方法,都是和马克思的办法不同;要主张行这种方法来改良经济问题,就是反对马克思用革命手段来解决经济问题。欧美各国已经陆续实行这四种方法,不过还没有完全达到所期望的目的。但是大家都以为用这四种方法,社会问题便可以解决,所以英美便有许多社会党很赞成这四种方法。这四种方法都是和平手段,所以他们便很反对马克思革命手段。俄国当初革命的时候,本来想要解决社会问题,政治问题还在其次。但是革命的结果,政治问题得了解决,社会问题不能解决,和所希望的恰恰是相反。由于这种事实,反对马克思的一派便说:“俄国行马克思办法,经过这次试验,已经是办不通,归于失败。”至于马克思的党徒便答复说:“俄国行革命手段来解决社会问题,不是失败,是由于俄国的工商业还没有发达到英美那种程度,俄国的经济组织还没有成熟,所以不能行马克思的方法。如果在工商业极发达、经济组织很成熟的国家,一定可以行马克思的办法。所以马克思的方法若是在英美那种国家去实行,一定是能够成功的,社会问题一定是可以根本解决的。”照这两派学说比较起来,用马克思的方法,所谓是“快刀斩乱麻”的手段;反对马克思的方法,是和平手段。我们要解决社会问题,究竟是用快刀斩乱麻的手段好呀,还是用和平手段、象上面所讲的四种政策好呢?这两派的办法,都是社会党所主张的,和资本家相反对的。

现在欧美的工商业进步到很快,资本发达到极高,资本家专制到了极点,一般人民都不能忍受。社会党想为人民解除这种专制的痛苦,去解决社会问题,无论是采用和平的办法或者是激烈的办法,都被资本家反对。到底欧美将来解决社会问题是采用什么方法,现在还是看不出,还是料不到。不过主张和平办法的人,受了资本家很多的反对、种种的激烈,以为用和平手段来改良社会,于人类极有利益,于资本家毫无损害,尚且不能实行,便有许多人渐渐变更素来的主张,去赞成激烈的办法,也一定要用革命手段来解决社会问题。照马克思的党徒说:“如果英国工人真能够觉悟,团结一致,实行马克思的办法来解决社会问题,在英国是一定可以成功的。美国的资本发达和英国相同,假若美国工人能行马克思主义,也可以达到目的。”但是现在英美各国的资本家专制到万分,总是设法反对解决社会问题的进行,保守他们自己的权利。现在资本家保守权利的情形,好象从前专制皇帝要保守他们的皇位一样。专制皇帝因为要保守他们的皇位,恐怕反对党来摇动,便用很专制的威权、极残忍的手段来打消他们的反对党;现在资本家要保守自己的私利,也是用种种专制的方法来反对社会党,横行无道。欧美社会党将来为势所迫,或者都要采用马克思的办法来解决经济问题,也是未可定的。

共产这种制度,在原人时代已经是实行了。究竟到什么时代才打破呢?依我的观察,是在金钱发生之后。大家有了金钱,便可以自由买卖,不必以货易货,由交易变成买卖,到那个时候共产制度便渐渐消灭了。由于有了金钱,可以自由买卖,便逐渐生出大商家。当时工业还没有发达,商人便是资本家。后来工业发达,靠机器来生产,有机器的人便成为资本家。所以从前的资本家是有金钱,现在的资本家是有机器。由此可见,古代以货易货,所谓"日中为市"、"交易而退,各得其所"的时候,还没有金钱,一切交换都不是买卖制度,彼此有无相通,还是共产时代。后来有了货币,金钱发生,便以金钱易货,便生出买卖制度,当时有金钱的商人便成为资本家。到近世发明了机器,一切货物都靠机器来生产,有机器的人更驾乎有金钱的人之上。所以由于金钱发生,便打破了共产;由于机器发明,便打破了商家。现在资本家有了机器,靠工人来生产,掠夺工人的血汗,生出贫富极相悬殊的两个阶级。这两个阶级常常相冲突,便发生阶级战争。一般悲天悯人的道德家,不忍见工人的痛苦,要想方法来解除这种战争,减少工人的痛苦,是用什么方法呢?就是想把古代的共产制度恢复起来。因为从前人类顶快活的时代,是最初脱离禽兽时代所成的共产社会,当时人类的竞争,只有和天斗,或者是和兽斗。后来工业发达,机器创出,便人与人斗。从前人类战胜了天同兽之后,不久有金钱发生,近来又有机器创出,那些极聪明的人把世界物质都垄断起来,图他个人的私利,要一般人都做他的奴隶,于是变成人与人争的极剧烈时代。这种争斗要到什么时候才可以解决?必要再回复到一种新共产时代,才可以解决。所谓人与人争,究竟是争什么呢?就是争面包,争饭碗。到了共产时代,大家都有面包和饭吃,便不至于争,便可以免去人同人争。所以共产主义就是最高的理想来解决社会问题的。我们国民党所提倡的民生主义,不但是最高的理想,并且是社会的原动力,是一切历史活动的重心。民生主义能够实行,社会问题才可以解决;社会问题能够解决,人类才可以享很大的幸福。我今天来分别共产主义和民生主义,可以说共产主义是民生的理想，民生主义是共产的实行；所以两种主义没有什么分别，要分别的还是在方法。

我们国民党在中国所占的地位、所处的时机，要解决民生问题应该用什么方法呢？这个方法，不是一种玄妙理想，不是一种空洞学问，是一种事实。这种事实不是外国所独有的，就是中国也是有的。我们要拿事实做材料，才能够定出方法；如果单拿学理来定方法，这个方法是靠不住的。这个理由，就是因为学理有真的有假的，要经过试验才晓得对与不对。好象科学上发明一种学理，究竟是对与不对，一定要做成事实，能够实行，才可以说是真学理。科学上最初发明的许多学理，一百种之中有九十九种是不能够实行的，能够实行的学理不过是百分之一。如果通通照学理去定办法，一定是不行的。所以我们解决社会问题，一定是要根据事实，不能单凭学理。

在中国的这种事实是什么呢？就是大家所受贫穷的痛苦。中国人大家都是贫，并没有大富的特殊阶级，只有一般普通的贫。中国人所谓"贫富不均"，不过在贫的阶级之中，分出大贫与小贫。其实中国的顶大资本家，和外国资本家比较，不过是一个小贫，其他的穷人都可说是大贫。中国的大资本家在世界上既然是不过一个贫人，可见中国人通通是贫，并没有大富，只有大贫小贫的分别。我们要把这个分别弄到大家平均，都没有大贫，要用什么方法呢？大概社会变化和资本发达的程序，最初是由地主，然后由地主到商人，再由商人才到资本家。地主之发生，是由于封建制度。欧洲现在还没有脱离封建制度。中国自秦以后，封建制度便已经打破了。当封建制度的时候，有地的贵族便是富人，没有地的人便是贫民。中国到今日脱离封建制度虽然有了二千多年，但是因为工商业没有发达，今日的社会情形还是和二千多年以前的社会情形一样。中国到今日，虽然没有大地主，还有小地主。在这种小地主时代，大多数地方还是相安无事，没有人和地主为难。

不过，近来欧美的经济潮流一天一天的侵进来了，各种制度都是在变动，所受的头一个最大的影响，就是土地问题。比方现在广州市的土地在开辟了马路之后，长堤的地价，和二十年以前的地价相差是有多少呢？又象上海黄浦滩的地价，比较八十年前的地价相差又是有多少呢？大概可说相差一万倍。就是从前的土地大概一块钱可以买一方丈，现在的一方丈便要卖一万块钱，好象上海黄浦滩的土地现在每亩要值几十万，广州长堤的土地现在每亩要值十几万。所以中国土地先受欧美经济的影响，地主便变成了富翁，和欧美的资本家一样了。经济发达、土地受影响的这种变动，不独中国为然，从前各国也有这种事实。不过各国初时不大注意，没有去理会，后来变动越大才去理会，便不容易改动，所谓积重难返了。我们国民党对于中国这种地价的影响，思患预防，所以要想方法来解决。

讲到土地问题，在欧美社会主义的书中，常说得有很多有趣味的故事。象澳洲有一处地方，在没有成立市场以前，地价是很平的。有一次政府要拍卖一块土地，这块土地在当时是很荒芜的，都是作垃圾堆之用，没有别的用处，一般人都不愿意出高价去买。忽然有一个醉汉闯入拍卖场来。当时拍卖官正在叫卖价，众人所还的价，有一百元的，有二百元的，有还到二百五十元的；到了还到二百五十元的时候，便没有人再加高价。拍卖官就问有没有加到三百元的？当时那个醉汉，醉到很糊涂，便一口答应，说我出价三百元。他还价之后，拍卖官便照他的姓名定下那块地皮。地既卖定，众人散去，他也走了。到第二天，拍卖官开出账单，向他要地价的钱。他记不起昨天醉后所做的事情，便不承认那一笔账；后来回忆他醉中所做的事，就大生悔恨。但对于政府既不能赖账，只可费了许多筹划，尽其所有，才凑够三百元来给拍卖官。他得了那块地皮之后，许久也没有能力去理会。相隔十多年，那块地皮的周围都建了高楼大厦，地价都是高到非常。有人向他买那块地皮，还他数百万的价钱，他还不放手。他只是把那块地分租与人，自己总是收地租。更到后来，这块地便涨价到几千万，这个醉汉便成澳洲第一个富家翁。推到这位澳洲几千万元财产的大富翁，还是由三百元的地皮来的。

讲到这种事实，在变成富翁的地主当然是很快乐，但是考究这位富翁原来只用三百元买得那块地皮，后来并没有加工改良，毫没有理会，只是睡觉，便坐享其成，得了几千万元。这几千万元是谁人的呢？依我看来，是大家的。因为社会上大家要用那处地方来做工商事业的中心点，便去把他改良，那块地方的地价才逐渐增加到很高。好象我们现在用上海地方做中国中部工商业的中心点，所以上海的地价比从前要增涨几万倍。又象我们用广州做中国南部工商业的中心点，广州的地价也比从前要增涨几万倍。上海的人口不过一百多万，广州的人口也是一百多万，如果上海的人完全迁出上海，广州的人完全迁出广州，或者另外发生天灾人祸，令上海的人或广州的人都消灭，试问上海，广州的地价还值不值现在这样高的价钱呢？由此可见，土地价值之能够增加的理由，是由于众人的功劳，众人的力量；地主对于地价涨跌的功劳，是没有一点关系的。所以外国学者认地主由地价增高所获的利益，名之为“不劳而获”的利，比较工商业的制造家要劳心劳力，买贱卖贵，费许多打算、许多经营才能够得到的利益，便大不相同。工商业家垄断物质的价值来赚钱，我们已经觉得是不公平；但是工商业家还要劳心劳力，地主只要坐守其成，毫不用心力，便可得很大的利益。但是地价是由什么方法才能够增涨呢？是由于众人改良那块土地，争用那块土地，地价才是增涨。地价一增涨，在那块地方之百货的价钱都随之而涨。所以就可以说，众人在那块地方经营工商业所赚的钱，在间接无形之中都是被地主抢去了。

至于中国社会问题，现在到了什么情形呢？一般研究社会问题和提倡解决社会问题的人，所有的这种思想学说，都是从欧美得来的。所以讲到解决社会问题的办法，除了欧美各国所主张的和平办法和马克思的激烈办法以外，也没有别的新发明。此刻讲社会主义，极时髦的人是赞成马克思的办法。所以一讲到社会问题，多数的青年便赞成共产党，要拿马克思主义在中国来实行。到底赞成马克思主义的那般青年志士，用心是什么样呢？他们的用心是很好的。他们的主张是要从根本上解决，以为政治、社会问题要正本清源,非从根本上解决不可。所以他们便极力组织共产党,在中国来活动。

我们国民党的旧同志,现在对于共产党生出许多误会,以为国民党提倡三民主义是与共产主义不相容的。不知道我们一般同志,在二十年前都是赞成三民主义互相结合。在没有革命以前,大多数人的观念只知道有民族主义,譬如当时参加同盟会的同志,各人的目的都是在排满。在进会的时候,我要他们宣誓,本是赞成三民主义;但是他们本人的心理,许多都是注意民族主义,要推翻清朝,以为只要推翻满清之后,就是中国人来做皇帝,他们也是欢迎的。就他们宣誓的目的,本是要实行三民主义,同时又赞成中国人来做皇帝,这不是反对民权主义吗?就是极有思想的同志,赞成三民主义,明白三民主义是三个不同的东西,想用革命手段来实行主义,在当时以为只要能够排满,民族主义能够达到目的,民权主义和民生主义便自然跟住做去,没有别样枝节。所以他们对于民权主义和民生主义,在当时都没有过细研究。在那个时候,他们既是不过细研究,所以对于民权主义固然是不明白,对于民生主义更是莫名其妙。革命成功以后,成立民国,采用共和制度,此时大家的思想,对于何以要成立民国,都是不求甚解。就是到现在,真是心悦诚服实行民权、赞成共和的同志,还是很少。大家为什么当初又来赞成民国,不去反对共和呢?这个顶大的原因,是由于排满成功以后,各省同志——由革命所发生的新军人,或者满清投降革命党的旧军人,都是各据一方,成了一个军阀,做了一个地方的小皇帝,想用那处地盘做根本,再行扩充。象拿到了广东地盘的军人,便想把广东的地盘去扩充;拿到云南、湖南地盘的军人,便想把云南、湖南的地盘去扩充;拿到了山东、直隶的军人,也想把山东、直隶的地盘去扩充。扩充到极大的时候,羽毛丰满了之后,他们便拿自己的力量来统一中国,才明目张胆来推翻共和。这种由革命所成的军阀,或由满清投降到民国的军阀,在当时都是怀抱这种心事。他们以为自己一时的力量不能统一中国,又不愿意别人来统一中国,大家立心便沉机观变,留以有待。所以这种军阀,在当时既不明白共和,又来赞成民国,实在是想做皇帝;不过拿赞成民国的话来做门面,等待他们的地盘扩充到极大之后,时机一到,便来反对民国,解决国家问题。因为这个原因,所以当初的民国还能够成立。在这十三年之中的民国,便有许多人想来推翻,但是他们的力量都不甚大,所以民国的名义还能够苟延残喘,继续到现在。由此便可见当时同盟会人的心理,对于民权主义便有许多都是模棱两可,对于民生主义更是毫无心得。

现在再来详细剖解。革命成功之后,改大清帝国为中华民国,我们国民党至今还是尊重民国。一般革命同志对于国民党的三民主义,是什么情形呢?民国政治上经过这十三年的变动和十三年的经验,现在各位同志对于民族、民权那两个主义,都是很明白的;但是对于民生主义的心理,好象革命以后革命党有兵权的人对于民权主义一样无所可否,都是不明白的。为什么我敢说我们革命同志对于民生主义还没有明白呢?就是由于这次国民党改组,许多同志因为反对共产党,便居然说共产主义和三民主义不同,在中国只要行三民主义便够了,共产主义是决不能容纳的。然则民生主义到底是什么东西呢?我在前一次讲演有一点发明,是说社会的文明发达、经济组织的改良和道德进步,都是以什么为重心呢?就是以民生为重心。民生就是社会一切活动中的原动力。因为民生不遂,所以社会的文明不能发达,经济组织不能改良,和道德退步,以及发生种种不平的事情。象阶级战争和工人痛苦,那些种种压迫,都是由于民生不遂的问题没有解决。所以社会中的各种变态都是果,民生问题才是因。照这样判断,民生主义究竟是什么东西呢?民生主义就是共产主义,就是社会主义。所以我们对于共产主义,不但不能说是和民生主义相冲突,并且是一个好朋友,主张民生主义的人应该要细心去研究的。

共产主义既是民生主义的好朋友,为什么国民党员要去反对共产党员呢?这个原因,或者是由于共产党员也有不明白共产主义为何物,而尝有反对三民主义之言论,所以激成国民党之反感。但是这种无知妄作的党员,不得归咎于全党及其党中之主义,只可说是他们个人的行为。所以我们决不能够以共产党员个人不好的行为,便拿他们来做标准去反对共产党。既是不能以个人的行为便反对全体主义,那么,我们同志中何以发生这种问题呢?原因就是由于不明白民生主义是什么东西。殊不知民生主义就是共产主义,这种共产主义的制度,就是先才讲过并不是由马克思发明出来的。照生物进化家说,人类是由禽兽进化而来的。先由兽类进化之后,便逐渐成为部落。在那个时候,人类的生活便与兽类的生活不同。人类最先所成的社会,就是一个共产社会。所以原人时代,已经是共产时代。那个原人时代的情形究竟是怎么样,我们可以考察现在非洲和南洋群岛的土人生番毫未有受过文明感化的社会,是什么制度。那些土人生番的社会制度,通通是共产。由于现在那些没有受过文明感化的社会都是共产,可见我们祖先的社会一定也是共产的。

近来欧美经济的潮流侵入中国,最先所受的影响就是土地。许多人把土地当作赌具,做投机事业,俗语说是炒地皮。原来有许多地皮毫不值钱,要到了十年、二十年之后才可以值高价钱的;但是因为有投机的人从中操纵,便把那块地价预先抬高。这种地价的昂贵,更是不平均。

由于土地问题所生的弊病,欧美还没有完善方法来解决。我们要解决这个问题,便要趁现在的时候,如果等到工商业发达以后,更是没有方法可以解决。中国现在受欧美的影响,社会忽生大变动,不但是渐渐成为贫富不齐,就是同是有土地的人也生出不齐。比方甲有一亩地是在上海黄浦滩,乙有一亩地是在上海乡下。乙的土地,如果是自己耕种,或者每年可以得一二十元;如果租与别人,最多不过得五元至十元。但是甲在上海的土地,每亩可租得一万几千元。由此便可见上海的土地可以得几千倍,乡下的土地只能够得一倍。同是有一亩土地,便生出这样大的不平。我们国民党的民生主义,目的就是要把社会上的财源弄到平均。所以民生主义就是社会主义,也就是共产主义,不过办法各有不同。我们的头一个办法,是解决土地问题。

解决土地问题的办法,各国不同,而且各国有很多繁难的地方。现在我们所用的办法是很简单很容易的,这个办法就是平均地权。讲到解决土地问题,平均地权,一般地主自然是害怕;好象讲到社会主义,一般资本家都是害怕,要起来反对一样。所以说到解决土地问题,如果我们的地主是象欧洲那种大地主,已经养成了很大的势力,便很不容易做到。不过中国今日没有那种大地主,一般小地主的权力还不甚大,现在就来解决,还容易做到。如果现在失去了这个机会,将来更是不能解决。讲到了这个问题,地主固然要生一种害怕的心理,但是照我们国民党的办法,现在的地主还是很可以安心的。

这种办法是什么呢?就是政府照地价收税和照地价收买。究竟地价是什么样定法呢?依我的主张,地价应该由地主自己去定。比方广州长堤的地价,有值十万元一亩的,有值一万元一亩的,都是由地主自己报告到政府。至于各国土地的税法,大概都是值百抽一,地价值一百元的抽税一元,值十万元的便抽一千元,这是各国通行的地价税。我们现在所定的办法,也是照这种税率来抽税。地价都是由地主报告到政府,政府照他所报的地价来抽税。许多人以为地价由地主任意报告,他们以多报少,政府岂不是要吃亏么?譬如地主把十万元的地皮,到政府只报告一万元,照十万元的地价,政府应该抽税一千元,照地主所报一万元的地价来抽税,政府只抽得一百元,在抽税机关一方面,自然要吃亏九百元。但是政府如果定了两种条例,一方面照价抽税,一方面又可以照价收买。那么地主把十万元的地皮,只报一万元,他骗了政府九百元的税,自然是占便宜;如果政府照一万元的价钱去收买那块地皮,他便要失去九万元的地,这就是大大的吃亏。所以照我的办法,地主如果以多报少,他一定怕政府要照价收买,吃地价的亏;如果以少报多,他又怕政府要照地价抽税,吃重税的亏。在利害两方面互相比较,他一定不情愿多报,也不情愿少报,要定一个折中的价值,把实在的市价报告到政府。地主既是报折中的市价,那么政府和地主自然是两不吃亏。

地价定了之后,我们更有一种法律的规定。这种规定是什么呢?就是从定价那年以后,那块地皮的价格再行涨高,各国都是要另外加税,但是我们的办法,就要以后所加之价完全归为公有。因为地价涨高,是由于社会改良和工商业进步。中国的工商业几千年都没有大进步,所以土地价值常常经过许多年代都没有大改变。如果一有进步,一经改良,象现在的新都市一样,日日有变动,那种地价便要增加几千倍,或者是几万倍了。推到这种进步和改良的功劳,还是由众人的力量经营而来的;所以由这种改良和进步之后所涨高的地价,应该归之大众,不应该归之私人所有。比方有一个地主,现在报一块地价是一万元,到几十年之后那块地价涨到一百万元,这个所涨高的九十九万元,照我们的办法都收归众人公有,以酬众人改良那块地皮周围的社会和发达那块地皮周围的工商业之功劳。这种把以后涨高的地价收归众人公有的办法,才是国民党所主张的平均地权,才是民生主义。这种民生主义就是共产主义。所以国民党员既是赞成了三民主义,便不应该反对共产主义。因为三民主义之中的民生主义,大目的就是要众人能够共产。不过我们所主张的共产,是共将来,不是共现在。这种将来的共产,是很公道的办法,以前有了产业的人决不至吃亏;和欧美所谓收归国有,把人民已有了的产业都抢去政府里头,是大不相同。地主真是明白了我们平均地权办法的道理,便不至害怕。因为照我们的办法,把现在所定的地价还是归地主私有。土地问题能够解决,民生问题便可以解决一半了。

文明城市实行地价税,一般贫民可以减少负担,并有种种利益。象现在的广州市,如果是照地价收税,政府每年便有一宗很大的收入。政府有了大宗的收入,行政经费便有着落,便可以整理地方。一切杂税固然是可以豁免,就是人民所用的自来水和电灯费用,都可由政府来负担,不必由人民自己去负担。其他马路的修理费和警察的给养费，政府也可向地税项下拨用，不必另外向人民来抽警捐和修路费。但是广州现在涨高的地价，都是归地主私人所有，不是归公家所有。政府没有大宗收入，所以一切费用便不能不向一般普通人民来抽种种杂捐。一般普通人民负担的杂捐太重，总是要纳税，所以便很穷，所以中国的穷人便很多。这种穷人负担太重的原故，就是由于政府抽税不公道，地权不平均，土地问题没有解决。如果地价税完全实行，土地问题可以解决，一般贫民便没有这种痛苦。

外国的地价虽然是涨得很高，地主的收入固然是很多，但是他们科学进步、机器发达，有机器的资本家便有极大的生产，这种资本家所有极大生产的收入，比较地主的收入更要多得厉害。中国现在最大收入的资本家，只是地主，并无拥有机器的大资本家。所以我们此时来平均地权，节制资本，解决土地问题，便是一件很容易的事。

讲到照价抽税和照价收买，就有一重要事件要分别清楚，就是地价是单指素地来讲，不算人工之改良及地面之建筑。比方有一块地价值是一万元，而地面的楼宇是一百万元，那么照价抽税，照值百抽一来算，只能抽一百元。如果照价收买，就要给一万元地价之外，另要补回楼宇之价一百万元了。其他之地，若有种树、筑堤、开渠各种人工之改良者，亦要照此类推。

我们在中国要解决民生问题，想一劳永逸，单靠节制资本的办法是不足的。现在外国所行的所得税，就是节制资本之一法。但是他们的民生问题究竟解决了没有呢？中国不能和外国比，单行节制资本是不足的。因为外国富，中国贫，外国生产过剩，中国生产不足。所以中国不单是节制私人资本，还是要发达国家资本。我们的国家现在四分五裂，要发达资本，究竟是从那一条路走？现在似乎看不出、料不到，不过这种四分五裂是暂时的局面，将来一定是要统一的。统一之后，要解决民生问题，一定要发达资本，振兴实业。振兴实业的方法很多：第一是交通事业，象铁路、运河都要兴大规模的建筑；第二是矿产，中国矿产极其丰富，货藏于地，实在可惜，一定是要开辟的;第三是工业,中国的工业非要赶快振兴不可。中国工人虽多,但是没有机器,不能和外国竞争。全国所用的货物,都是靠外国制造输运而来,所以利权总是外溢。我们要挽回这种利权,便要赶快用国家的力量来振兴工业,用机器来生产,令全国的工人都有工作。到全国的工人都有工做,都能够用机器生产,那便是一种很大的新财源。如果不用国家的力量来经营,任由中国私人或者外国商人来经营,将来的结果也不过是私人的资本发达,也要生出大富阶级的不平均。所以我们讲到民生主义,虽然是很崇拜马克思的学问,但是不能用马克思的办法到中国来实行。这个理由很容易明白,就是俄国实行马克思的办法,革命以后行到今日,对于经济问题还是要改用新经济政策。俄国之所以要改用新经济政策,就是由于他们的社会经济程度还比不上英国、美国那样的发达,还是不够实行马克思的办法。俄国的社会经济程度尚且比不上英国、美国,我们中国的社会经济程度怎么能够比得上呢?又怎么能够行马克思的办法呢?所以照马克思的党徒,用马克思的办法来解决中国的社会问题,是不可能的。

我记得三十多年前,我在广州做学生的时候,西关的富家子弟一到冬天便穿起皮衣。广州冬天的天气本来不大冷,可以用不着皮衣的,但是那些富家子弟每年到冬天总是要穿皮衣,表示他们的豪富。在天气初冷的时候,便穿小毛;稍为再冷,便穿大毛;在深冬的时候,无论是什么天气,他们都是穿大毛。有一天,他们都是穿了大毛皮衣,到一个会场,天气忽然变暖,他们便说道:“现在这样的天气,如果不翻北风,便会坏人民了。”照这样说法,以“不翻北风,便坏人民”,在他们的心理以为社会上大家都是有皮衣穿,所以不翻北风,大家便要受热,是于大家卫生有害的。其实社会上那里个个人有皮衣穿呢?广州人民在冬天,有的穿棉衣,有的是穿夹衣,甚至于有许多人只是穿单衣,那里还怕“不翻北风”呢!现在一般青年学者信仰马克思主义,一讲到社会主义,便主张用马克思的办法来解决中国社会经济问题,这就是无异“不翻北风就坏人民”一样的口调。

不知中国今是患贫,不是患不均。在不均的社会,当然可用马克思的办法,提倡阶级战争去打平他;但在中国实业尚未发达的时候,马克思的阶级战争、无产专制便用不着。所以我们今日师马克思之意则可,用马克思之法则不可。我们主张解决民生问题的方法,不是先提出一种毫不合时用的剧烈办法,再等到实业发达以求适用;是要用一种思患预防的办法来阻止私人的大资本,防备将来社会贫富不均的大毛病。这种办法才是正当解决今日中国社会问题的方法,不是先穿起大毛皮衣,再来希望翻北风的方法。

我先才讲过,中国今日单是节制资本,仍恐不足以解决民生问题,必要加以制造国家资本,才可解决之。何谓制造国家资本呢?就是发展国家实业是也。其计划已详于《建国方略》第二卷之《物质建设》,又名曰《实业计划》,此书已言制造国家资本之大要。前言商业时代之资本为金钱,工业时代之资本为机器,故当由国家经营,设备种种之生产机器为国家所有。好象欧战时候各国所行的战时政策,把大实业和工厂都收归国有一样,不过他们试行这种政策不久便停止罢了。中国本来没有大资本家,如果由国家管理资本,发达资本,所得的利益归人民大家所有,照这样的办法,和资本家不相冲突,是很容易做得到的。

照美国发达资本的门径,第一是铁路,第二是工业,第三是矿产。要发达这三种大实业,照我们中国现在的资本、学问和经验都是做不来的,便不能不靠外国已成的资本。我们要拿外国已成的资本,来造成中国将来的共产世界,能够这样做去,才是事半功倍。如果要等待我们自己有了资本之后才去发展实业,那便是很迂缓了。中国现在没有机器,交通上不过是六七千英里的铁路,要能够敷用,应该要十倍现在的长度,至少要有六七万英里才能敷用。所以,不能不借助外资来发展交通运输事业,又不能不借用外国有学问经验的人材来经营这些实业。至于说到矿产,我们尚未开辟。中国的人民比美国多,土地比美国大,美国每年产煤有六万万吨、钢铁有九千万吨,中国每年所产的煤铁不及美国千分之一。所以要赶快开采矿产,也应该借用外资。其他建造轮船、发展航业和建设种种工业的大规模工厂,都是非借助外国资本不可。如果交通、矿产和工业的三种大实业都是很发达,这三种收入每年都是很大的。假若是由国家经营,所得的利益归大家共享,那么全国人民便得享资本的利,不致受资本的害,象外国现在的情形一样。外国因为大资本是归私人所有,便受资本的害,大多数人民都是很痛苦,所以发生阶级战争来解除这种痛苦。

我们要解决中国的社会问题,和外国是有相同的目标。这个目标,就是要全国人民都可以得安乐,都不致受财产分配不均的痛苦。要不受这种痛苦的意思,就是要共产。所以我们不能说共产主义与民生主义不同。我们三民主义的意思,就是民有、民治、民享。这个民有、民治、民享的意思,就是国家是人民所共有,政治是人民所共管,利益是人民所共享。照这样的说法,人民对于国家不只是共产,一切事权都是要共的。这才是真正的民生主义,就是孔子所希望之大同世界。

第三讲

(八月十七日)

今天所讲的是吃饭问题。大家听到讲吃饭问题,以为吃饭是天天做惯了的事。常常有人说,天下无论什么事都没有容易过吃饭的。可见吃饭是一件很容易的事,是一件常常做惯了的事。为什么一件很容易又是做惯了的事还有问题呢?殊不知道吃饭问题就是顶重要的民生问题。如果吃饭问题不能够解决,民生主义便没有方法解决。所以民生主义的第一个问题,便是吃饭问题。古人说:"国以民为本,民以食为天。"可见吃饭问题是很重要的。

未经欧战以前,各国政治家总没有留意到吃饭问题。在这个十年之中,我们留心欧战的人,研究到德国为什么失败呢?正当欧战剧烈的时候,德国都是打胜仗,凡是两军交锋,无论是陆军的步队、炮队和骑兵队,海军的驱逐舰、潜水艇和一切战斗舰,空中的飞机、飞艇,都是德国战胜,自始至终,德国没有打过败仗。但是欧战结果,德国终归于大败,这是为什么原因呢?德国之所以失败,就是为吃饭问题。因为德国的海口都被联军封锁,国内粮食逐渐缺乏,全国人民和兵士都没有饭吃,甚至于饿死,不能支持到底,所以终归失败。可见吃饭问题,是关系国家之生死存亡的。

近来有饭吃的国家,第一个是美国,美国每年运送许多粮食去接济欧洲。其次是俄国,俄国地广人稀,全国出产的粮食也是很多。其他象澳洲、加拿大和南美洲阿根廷那些国家,都是靠粮食做国家的富源,每年常有很多粮食运到外国去卖,补助各国粮食之不足。不过当欧战时候,平时许多供运输的轮船都是被国家收管,作军事的转运,至于商船是非常缺乏。所以澳洲和加拿大、阿根廷那些地方多余的粮食,便不能运到欧洲,欧洲的国家便没有饭吃。中国当欧战的时候,幸而没有水旱天灾,农民得到了好收成,所以中国没有受到饥荒。如果在当时遇着象今年的水灾,农民没有收成,中国一定也是没有饭吃。当时中国能够逃过这种灾害,不至没有饭吃,真是一种天幸了。现在世界各国有几国是有饭吃的,有许多国是没有饭吃的。象西方三岛的英国,一年之中所出的粮食只够三个月吃,有九个月所吃的粮食都是靠外国运进去的。所以当欧战正剧烈的时候,德国的潜水艇把英国的海口封锁了,英国便几乎没有饭吃。东方三岛的日本国,每年也是不够饭吃,不过日本所受粮食缺乏的忧愁,没有象英国那些厉害。日本本国的粮食,一年之中可以供给十一个月,不够的约有一个月。德国的粮食,一年之中可以供给十个月,还相差约两个月。其他欧洲各小国的粮食,有许多都是不够的。德国的粮食在平时已经是不够,当欧战时候许多农民都是去当兵士,生产减少,粮食更是不够。所以大战四年,归到结果,便是失败。由此可见全国的吃饭问题是很重要的。

如果是一个人没有饭吃,便容易解决;一家没有饭吃,也很容易解决。至于要全国人民都有饭吃,象要中国四万万人都是足食,提到这个问题便是很重要,便不容易解决。到底中国的粮食是够不够呢?中国人有没有饭吃呢?象广东地方每年进口的粮食要值七千万元,如果在一个月之内外间没有米运进来,广东便马上闹饥荒,可见广东是不够饭吃的。这是就广东一省而言,其他有许多省分都是有和广东相同的情形。至于中国土地的面积是比美国大得多,人口比美国多三四倍,如果就吃饭这个问题用中国和美国来讨论,中国自然比不上美国。但是和欧洲各国来比较,德国是不够饭吃的,故欧战开始之后两三年国内便有饥荒。法国是够饭吃的,故平时不靠外国运进粮食,还可足食。用中国和法国来比较,法国的人口是四千万,中国的人口是四万万,法国土地的面积为中国土地面积的二十分之一;所以中国的人口比法国是多十倍,中国的土地是比法国大二十倍。法国四千万人口,因为能够改良农业,所以得中国二十分一的土地,还能够有饭吃。中国土地的面积比法国大二十倍,如果能够仿效法国来经营农业,增加出产,所生产的粮食至少要比法国多二十倍。法国现在可以养四千万人,我们中国至少也应该可以养八万万人,全国人口不但是不怕饥荒,并且可以得粮食的剩余,可以供给他国。但是中国现在正是民穷财尽,吃饭问题的情形到底是怎么样呢?全国人口现在都是不够饭吃,每年饿死的人数大概过千万。这还是平时估算的数目,如果遇着了水旱天灾的时候,饿死的人数更是不止千万了。照外国确实的调查,今年中国的人数只有三万万一千万。中国的人数在十年以前是四万万,现在只有三万万一千万,这十年之中便少了九千万,这是一件很可怕的事,是应该要研究的一个大问题。中国人口在这十年之中所以少了九千万的原故,简而言之,就是由于没有饭吃。

中国之所以没有饭吃,原因是很多的,其中最大的原因就是农业不进步,其次就是由于受外国经济的压迫。在从前讲民族问题的时候,我曾说外国用经济势力来压迫中国,每年掠夺中国的利权,现在有十二万万元。就是中国因为受外国经济的压迫,每年要损失十二万万元。中国把这十二万万元,是用什么方法贡献到外国呢?是不是把这十二万万元的金钱运送到外国呢?这十二万万元的损失,不是完全用金钱,有一部分是用粮食。中国粮食供给本国已经是不足,为什么还有粮食运送到外国去呢?从什么地方可以看得出来呢?照前几天外国的报告,中国出口货中,以鸡蛋一项,除了制成蛋白质者不算,只就有壳的鸡蛋而论,每年运进美国便有十万万个;运进日本及英国的也是很多。大家如果是到过了南京的,一抵下关便见有一所很宏伟的建筑,那所建筑是外国人所办的制肉厂,把中国的猪、鸡、鹅、鸭各种家畜都在那个制肉厂内制成肉类,运送到外国。再象中国北方的大小麦和黄豆,每年运出口的也是不少。前三年中国北方本是大旱,沿京汉、京奉铁路一带饿死的人民本是很多,但是当时牛庄、大连还有很多的麦、豆运出外国。这是什么原故呢?就是由于受外国经济的压迫。因为受了外国经济的压迫,没有金钱送到外国,所以宁可自己饿死,还要把粮食送到外国去。这就是中国的吃饭问题还不能够解决。

现在我们讲民生主义,就是要四万万人都有饭吃,并且要有很便宜的饭吃。要全国的个个人都有便宜饭吃,那才算是解决了民生问题。要能够解决这个问题,究竟是从什么地方来研究起呢?吃饭本来是很容易的事,大家天天都是睡觉吃饭,以为没有什么问题。中国的穷人常有一句俗话说:“天天开门七件事,柴米油盐酱醋茶。”可见吃饭是有问题的。我们要解决这个问题,便要详细来研究。

我们人类究竟是吃一些什么东西才可以生存呢?人类所吃的东西有许多是很重要的材料,我们每每是忽略了。其实我们每天所靠来养生活的粮食,分类说起来,最重要的有四种。第一种是吃空气。浅白言之,就是吃风。我讲到吃风,大家以为是笑话,俗语说“你去吃风”——是一句轻薄人的话,殊不知道吃风比较吃饭还要重要得多。第二种是吃水。第三种是吃动物,就是吃肉。第四种是吃植物,就是吃五谷果蔬。这个风、水、动、植四种东西,就是人类的四种重要粮食。现在分开来讲。第一种吃风,大家不可以为是笑话。如果大家不相信吃风是一件最重要的事,大家不妨把鼻孔、口腔都闭住起来,一分钟不吃风,试问要受什么样的感觉呢?可不可以忍受呢?我们吃风每分钟是十六次,就是每分钟要吃十六餐。每天吃饭最多不过是三餐,象广东人吃饭,连宵夜算起来,也不过每天吃四餐;至于一般穷人吃饭,大概都是两餐,没有饭吃的人就是一餐也可以渡生活。至于吃风,每日就要吃二万三千零四十餐,少了一餐便觉得不舒服,如果数分钟不吃,必定要死。可见风是人类养生第一种重要的物质。第二种是吃水,我们单独靠吃饭不吃水,是不能够养生的。一个人没有饭吃,还可以支持过五六天,不至于死;但是没有水吃,便不能支持过五天,一个人有五天不吃水便要死。第三种是吃植物,植物是人类养生之最要紧的粮食,人类谋生的方法很进步之后,才知道吃植物。中国是文化很老的国家,所以中国人多是吃植物。至于野蛮人多是吃动物,所以动物也是人类的一种粮食。风、水、动、植这四种物质,都是人类养生的材料。不过风和水是随地皆有的。有人居住的地方,无论是在河边或者是在陆地,不是有河水,便有泉水,或者是井水,或者是雨水,到处皆有水;风更是无处不有。所以风和水虽然是很重要的材料,很急需的物质,但是因为取之无尽、用之不竭,是天给与人类,不另烦人力的,所谓是一种天赐。因为这个情形,风和水这两种物质不成问题。但是动植物质便成为问题。原始时代的人类和现在的野蛮人都是在渔猎时代,谋生的方法只是打鱼猎兽,捉水陆的动物做食料。后来文明进步,到了农业时代便知道种五谷,便靠植物来养生。中国有了四千多年的文明,我们食饭的文化是比欧美进步得多,所以我们的粮食多是靠植物。植物虽然是靠土地来生长,但是更要费许多功夫,经过许多生产方法才可以得到。所以要解决植物的粮食问题,便先要研究生产问题。

中国自古以来都是以农立国,所以农业就是生产粮食的一件大工业。我们要把植物的生产增加,有什么方法可以达到目的呢?中国的农业从来都是靠人工生产，这种人工生产在中国是很进步的，所收获的各种出品都是很优美的，所以各国学者都极力赞许中国的农业。中国的粮食生产既然是靠农工，中国的农民又是很辛苦勤劳，所以中国要增加粮食的生产，便要在政治、法律上制出种种规定来保护农民。中国的人口，农民是占大多数，至少有八九成，但是他们由很辛苦勤劳得来的粮食，被地主夺去大半，自己得到手的几乎不能够自养，这是很不公平的。我们要增加粮食生产，便要规定法律，对于农民的权利有一种鼓励、有一种保障，让农民自己可以多得收成。我们要怎么样能够保障农民的权利，要怎么样令农民自己才可以多得收成，那便是关于平均地权问题。前几夫，我们国民党在这个高师学校开了一个农民联欢大会，做农民的运动，不过是想解决这个问题的起点。至于将来民生主义真是达到目的，农民问题真是完全解决，是要"耕者有其田"，那才算是我们对于农民问题的最终结果。中国现在的农民，究竟是怎么样的情形呢？中国现在虽然是没有大地主，但是一般农民有九成都是没有田的。他们所耕的田，大都是属于地主的。有田的人自己多不去耕。照道理来讲，农民应该是为自己耕田，耕出来的农品要归自己所有。现在的农民都不是耕自己的田，都是替地主来耕田，所生产的农品大半是被地主夺去了。这是一个很重大的问题，我们应该马上用政治和法律来解决，如果不能够解决这个问题，民生问题便无从解决。农民耕田所得的粮食，据最近我们在乡下的调查，十分之六是归地主，农民自己所得到的不过十分之四，这是很不公平的。若是长此以往，到了农民有知识，还有谁人再情愿辛辛苦苦去耕田呢？假若耕田所得的粮食完全归到农民，农民一定是更高兴去耕田的。大家都高兴去耕田，便可以多得生产。但是现在的多数生产都是归于地主，农民不过得回四成。农民在一年之中辛辛苦苦所收获的粮食，结果还是要多数归到地主，所以许多农民便不高兴去耕田，许多田地便渐成荒芜，不能生产了。

我们对于农业生产，除了上说之农民解放问题以外，还有七个加增生产的方法要研究:第一是机器问题,第二是肥料问题,第三是换种问题,第四是除害问题,第五是制造问题,第六是运送问题,第七是防灾问题。

第一个方法就是机器问题。中国几千年来耕田都是用人工,没有用过机器。如果用机器来耕田,生产上至少可以加多一倍,费用可减轻十倍或百倍。向来用人工生产,可以养四万万人,若是用机器生产,便可以养八万万人。所以我们对于粮食生产的方法,若用机器来代人工,则中国现在有许多荒田不能耕种,因为地势太高、没有水灌溉,用机器抽水,把低地的水抽到高地,高地有水灌溉,便可以开辟来耕种。已开辟的良田,因为没有旱灾,更可以加多生产。那些向来不能耕种的荒地,既是都能够耕种,粮食的生产自然是大大增加了。现在许多耕田抽水的机器,都是靠外国输运进来的,如果大家都用机器,需要增加,更要我们自己可以制造机器,挽回外溢的利权。

第二个方法就是肥料问题。中国向来所用的肥料,都是人与动物的粪料和各种腐败的植物,没有用过化学肥料的。近来才渐渐用智利硝做肥料,象广东河南有许多地方近来都是用智利硝来种甘蔗。甘蔗因为得了智利硝的肥料,生长的速度便加快一倍,长出来的甘蔗也加大几倍;凡是没有用过智利硝做肥料的甘蔗,不但是长得很慢,并且长得很小。但是智利硝是由南美洲智利国运来的,成本很高,卖价很贵,只有种甘蔗的人才能够买用,其他普通的农业都用不起。除了智利硝之外,海中各种甲壳动物的磷质和矿山岩石中的铱质,也是很好的肥料。如果硝质、磷质和铱质三种东西再混合起来,更是一种很好的肥料,栽培甚么植物都很容易生长,生产也可以大大的增加。比方耕一亩田,不用肥料的可以收五箩谷,如果用了肥料便可以多收二三倍。所以要增加农业的生产,便要用肥料;要用肥料,我们便要研究科学,用化学的方法来制造肥料。

制造肥料的原料,中国到处都有,象智利硝那一种原料,中国老早便用来造火药。世界向来所用的肥料,都是由南美洲智利国所产；近来科学发达，发明了一种新方法，到处可以用电来造硝，所以现在各国便不靠智利运进来的天然硝，多是用电去制造人工硝。这种人工硝和天然硝的功用相同，而且成本又极便宜，所以各国便乐于用这种肥料。但是电又是用什么造成的呢？普通价钱极贵的电，都是用蒸汽力造成的；至于近来极便宜的电，完全是用水力造成的。近来外国利用瀑布和河滩的水力来运动发电机，发生很大的电力，再用电力来制造人工硝。瀑布和河滩的天然力是不用费钱的，所以发生电力的价钱是很便宜。电力既然是很便宜，所以由此制造出来的人工硝也是很便宜。

这种瀑布和河滩，在中国是很多的。象西江到梧州以上，便有许多河滩。将近南宁的地方有一个伏波滩，这个滩的水力是非常之大，对于来往船只是很阻碍危险的；如果把滩水蓄起来，发生电力，另外开一条航路给船舶往来，岂不是两得其利吗？照那个滩的水力计算，有人说可以发生一百万匹马力的电。其他象广西的抚河、红河也有很多河滩，也可以利用来发生电力。再象广东北部之翁江，据工程师的测量说，可以发生数万匹马力的电力，用这个电力来供给广州各城市的电灯和各工厂中的电机之用，甚至于把粤汉铁路照外国最新的方法完全电化，都可以足用。又象扬子江上游夔峡的水力，更是很大。有人考察由宜昌到万县一带的水力，可以发生三千余万匹马力的电力，象这样大的电力，比现在各国所发生的电力都要大得多；不但是可以供给全国火车、电车和各种工厂之用，并且可以用来制造大宗的肥料。又象黄河的龙门，也可以生几千万匹马力的电力。由此可见，中国的天然富源是很大的。如果把扬子江和黄河的水力，用新方法来发生电力，大约可以发生一万万匹马力。一匹马力是等于八个强壮人的力，有一万万匹马力便是有八万万人的力。一个人力的工作，照现在各国普通的规定，每天是八点钟。如果用人力作工多过了八点钟，便于工人的卫生有碍，生产也因之减少。这个理由，在前一回已经是讲过了。用人力作工，每天不过八点钟，但是马力作工，每天可以作足二十四点钟。照这样计算，一匹马力的工作,在一日夜之中便是等于二十四个人的工作。如果能够利用扬子江和黄河的水力发生一万万匹马力的电力,那便是有二十四万万个工人来做工,到了那个时候,无论是行驶火车汽车、制造肥料和种种工厂的工作,都可以供给。韩愈说,“工之家一,而用器之家六”,国家便一天穷一天。中国四万万人到底有多少人做工呢?中国年轻的小孩和老年的人固然是不作工,就是许多少年强壮的人,象收田租的地主,也是靠别人做工来养他们。所以中国人大多数都是不做工,都是分利,不是生利,所以中国便很穷。如果能够利用扬子江和黄河的水力发生一万万匹马力,有了一万万匹马力,就是有二十四万万个人力,拿这么大的电力来替我们做工,那便有很大的生产,中国一定是可以变贫为富的。所以对于农业生产,要能够改良人工,利用机器,更用电力来制造肥料,农业生产自然是可以增加。

第三个方法就是换种问题。象一块地方,今年种这种植物,明年改种别种植物;或者同是一样的植物,在今年是种广东的种子,明年是种湖南的种子,后年便种四川的种子。用这样交换种子的方法,有什么好处呢?就是土壤可以交替休息,生产力便可以增加。而种子落在新土壤,生于新空气,强壮必加,结实必夥。所以能换种,则生产增加。

第四个方法是除物害问题。农业上还有两种物害:一是植物的害,一是动物的害。象稻田本来是要种谷,但是当种谷的时候,常常生许多秕和野草。那些草和秕比禾生长得快,一面阻止禾的生长,一面吸收田中的肥料,于禾稻是很有害的。农民应用科学的道理,研究怎么样治疗那些草秕,以去植物之灾害;同时又要研究怎么样去利用那些草秕,来增加五谷的结实。至于动物的害是些什么呢?害植物的动物很多,最普通的是蝗虫和其他各种害虫。当植物的成熟时候,如果遇着了害虫,便被虫食坏了,没有收成。象今年广东的荔枝,因为结果的时候遇着了毛虫,把那些荔枝花都食去了,所以今年荔枝的出产是非常之少。其他害植物的虫是很多的,国家要用专门家对于那些害虫来详细研究,想方法来消除。象美国现在把这种事当作是一个大问题,国家每年耗费许多金钱来研究消除害虫的方法。美国农业的收入,每年才可以增加几万万元。现在南京虽然是设了一个昆虫局来研究消除这种灾害,但是规模太小,没有大功效。我们要用国家的大力量,仿美国的办法来消除害虫,然后全国农业的灾害才可以减少,全国的生产才可以增加。

第五个方法就是制造问题。粮食要留存得长久,要运送到远方,就必须要经过一度之制造方可。我国最普通的制造方法就有两种:一是晒干,一是硷咸。好象菜干、鱼干、肉干、咸菜、咸鱼、咸肉等便是。近来外国制造新法,就有将食物煮熟或烘熟,入落罐内而封存之,存留无论怎么长久,到时开食,其味如新。这是制造食物之最好方法。无论什么鱼肉果蔬饼食,皆可制为罐头,分配全国或卖出外洋。

第六个方法就是运送问题。粮食到了有余的时候,我们还要彼此调剂,拿此地的有余去补彼地的不足。象东三省和北方是有豆有麦没有米,南方各省是有米没有豆和麦,我们就要把北方、东三省多余的豆、麦拿来供给南方,更要把南方多余的米拿去供给北方和东三省。要这样能够调剂粮食,便要靠运输。现在中国最大的问题就在运输,因为运输不方便,所以生出许多耗费。现在中国许多地方,运送货物都是靠挑夫。一个挑夫的力量,顶强壮的每日只能够挑一百斤,走一百里路远,所需要的工钱总要费一元。这种耗费,不但是空花金钱,并且空费时间,中国财富的大部分于无形中便在运输这一方面消耗去了。讲到中国农业问题,如果真是能够做到上面所说的五种改良方法,令生产加多,但是运输不灵又要成什么景象呢?象前几年我遇着了一位云南土司,他是有很多土地的,每年收入很多租谷。他告诉我说:“每年总要烧去几千担谷。”我说:“谷是很重要的粮食,为什么要把他来烧去呢?”他说:“每年收入的谷太多,自己吃不完,在附近的人民都是足食,又无商贩来买。转运的方法,只能够挑几十里路远,又不能运去远方去卖。因为不能运到远地去卖,所以每年总是新谷压旧谷,又没有多的仓库可以储蓄,等到新谷上了市,人民总是爱吃新谷,不爱吃旧谷,所以旧谷便没有用处。因为没有用处,所以每年收到新谷的时候,只好烧去旧谷,腾出空仓来储新谷。"这种烧谷的理由,就是由于生产过剩、运输不灵的原故。中国向来最大的耗费,就是在挑夫。象广州这个地方从前也有很多挑夫,现在城内开了马路,有了手车,许多事便可以不用挑夫。一架手车可以抵得几个挑夫,可以省几个挑夫的钱;一架自动车更可以抵得十几个挑夫,可以省十几个挑夫的钱。有手车和自动车来运送货物,不但是减少耗费,并可省少时间。至于西关没有马路的地方,还是要用挑夫来搬运。若是在乡下,要把一百斤东西运到几十里路远,更是不可不用挑夫。甚至于有钱的人走路,都是用轿夫。中国从前因为这种运输方法不完全,所以就是极重要的粮食还是运输不通,因为粮食运输不通,所以吃饭问题便不能解决。

中国古时运送粮食最好的方法,是靠水道及运河。有一条运河是很长的,由杭州起,经过苏州、镇江、扬州、山东、天津以至北通州,差不多是到北京,有三千多里路远,实为世界第一长之运河。这种水运是很利便的,如果加多近来的大轮船和电船,自然更加利便。不过近来对于这条运河都是不大理会。我们要解决将来的吃饭问题,可以运输粮食,便要恢复运河制度。已经有了的运河,便要修理;没有开辟运河的地方,更要推广去开辟。在海上运输,更是要用大轮船,因为水运是世界上运输最便宜的方法。其次便宜的方法就是铁路,如果中国十八行省和新疆,满洲、青海、西藏、内外蒙古都修筑了铁路,到处联络起了,中国粮食便可以四处交通,各处的人民便有便宜饭吃。所以铁路也是解决吃饭问题的一个好方法。但是铁路只可以到繁盛的地方才能够赚钱,如果到穷乡僻壤的地方去经过,便没有什么货物可以运输,也没有很多的人民来往。在铁路一方面,不但是不能够赚钱,反要亏本了。所以在穷乡僻壤的地方便不能够筑铁路,只能够筑车路,有了车路,便可以行驶自动车。在大城市有铁路,在小村落有车路,把路线联络得很完全,于是在大城市运粮食便可以用大火车，在小村落运粮食便可以用自动车。象广东的粤汉铁路，由黄沙到韶关，铁路两旁的乡村是很多的。如果这些乡村都是开了车路，和粤汉铁路都是联络起来，不但是粤汉铁路可以赚许多钱，就是各乡村的交通也是很方便。假若到两旁的各乡村也要筑许多支铁路，用火车去运送，不用自动车去输送，那就一定亏本。所以现在外国乡下就是已经筑成了铁路，火车可以通行，但是因为没有多生意，便不用火车，还是改用自动车。因为每开一次火车要烧许多煤，所费成本太大，不容易赚钱；每开一次自动车，所费的成本很少，很容易赚钱，这是近来办交通事业的人不可不知道的。又象由广州到澳门向来都是靠轮船，近来有人要筹办广澳铁路，但是由广州到澳门不过二百多里路程远，如果筑了铁路，每天来往行车能开三次，还不能够赚钱，至于每天只开车两次，那便要亏本了。而且为节省经费，每天少开几次车，对于交通还是不大方便。所以由广州到澳门，最好是筑车路，行驶自动车。因为筑车路比筑铁路的成本是轻得多。而且火车开行一次，一个火车头至少要拖七八架车，才不致亏本，所费的人工和煤炭的消耗是很多的，如果乘客太少，便不能够赚钱。不比在车路行驶自动车，随便可以开多少架车，乘客多的时候便可开一架大车，更多的时候可多开两三架大车，乘客少的时候可以开一架小车。随时有客到，便可以随时开车，不比火车开车的时候有一定，如果不照开车的一定时候，便有撞车的危险。所以由广州到澳门筑车路和筑铁路比较起来，筑车路是便宜得多。有了车路之后，更有穷乡僻壤，是自动车不能到的地方，才用挑夫。由此可见，我们要解决运输粮食的问题，第一是运河，第二是铁路，第三是车路，第四是挑夫。要把这四个方法做到圆满的解决，我们四万万人才有很便宜的饭吃。

第七个方法就是防天灾问题。象今年广东水灾，在这十几天之内便可以收头次谷，但是头次谷将成熟的时候，便完全被水淹没了。一亩田的谷最少可以值十元，现在被水淹浸了，便是损失了十元。今年广东全省受水灾的田该是有多少亩呢？大概总有几百万亩，这种损失便是几千万元。所以要完全解决吃饭问题,防灾便是一个很重大的问题。关于这种水灾是怎样去防呢?现在广东防水灾的方法,设得有治河处,已经在各江两岸低处地方修筑了许多高堤。那种筑堤的工程都是很坚固的,所以每次遇到大水,便可以抵御,便不至让大水泛滥到两岸的田中。我去年在东江打仗,看见那些高堤都是筑得很坚固,可以防水患,不至被水冲破。这种筑堤来防水灾的方法,是一种治标的方法;只可以说是防水灾的方法之一半,还不是完全治标的方法。完全治标的方法,除了筑高堤之外,还要把河道和海口一带来浚深,把沿途的淤积沙泥都要除去。海口没有淤积来阻碍河水,河道又很深,河水便容易流通,有了大水的时候,便不至泛滥到各地,水灾便可以减少。所以浚深河道和筑高堤岸两种工程要同时办理,才是完全治标方法。

至于防水灾的治本方法是怎么样呢?近来的水灾为什么是一年多过一年呢?古时的水灾为什么是很少呢?这个原因,就是由于古代有很多森林,现在人民采伐木料过多,采伐之后又不行补种,所以森林便很少。许多山岭都是童山,一遇了大雨,山上没有森林来吸收雨水和阻止雨水,山上的水便马上流到河里去,河水便马上泛涨起来,即成水灾。所以要防水灾,种植森林是很有关系的,多种森林便是防水灾的治本方法。有了森林,遇到大雨时候,林木的枝叶可以吸收空中的水,林木的根株可以吸收地下的水;如果有极隆密的森林,便可以吸收很大量的水;这些大水都是由森林蓄积起来,然后慢慢流到河中,不是马上直接流到河中,便不至于成灾。所以防水灾的治本方法,还是森林。所以对于吃饭问题,要能够防水灾,便先要造森林,有了森林便可以免去全国的水祸。我们讲到了种植全国森林的问题,归到结果,还是要靠国家来经营;要国家来经营,这个问题才容易成功。今年中国南北各省都有很大的水灾,由于这次大水灾,全国的损失总在几万万元。现在已经是民穷财尽,再加以这样大的损失,眼前的吃饭问题便不容易解决。

水灾之外,还有旱灾,旱灾问题是用什么方法解决呢?象俄国在这次大革命之后有两三年的旱灾,因为那次大旱灾,人民饿死了甚多,俄国的革命几乎要失败,可见旱灾也很厉害的。这种旱灾,从前以为是天数不能够挽救,现在科学昌明,无论是什么天灾都有方法可以救。不过,这种防旱灾的方法,要用全国大力量通盘计划来防止。这种方法是什么呢?治本方法也是种植森林。有了森林,天气中的水量便可以调和,便可以常常下雨,旱灾便可以减少。至于地势极高和水源很少的地方,我们更要用机器抽水,来救济高地的水荒。这种防止旱灾的方法,好象是筑堤防水灾,同是一样的治标方法。有了这种的治标方法,一时候的水旱天灾都可以挽救。所以我们研究到防止水灾与旱灾的根本方法,都是要造森林,要造全国大规模的森林。至于水旱两灾的治标方法,都是要用机器来抽水和建筑高堤与浚深河道。这种治标与治本两个方法能够完全做到,水旱天灾可以免,那么粮食之生产便不致有损失之患了。

中国如果能解放农民和实行以上这七个增加生产之方法,那么吃饭问题到底是解决了没有呢?就是以上种种的生产问题能够得到了圆满解决的时候,吃饭问题还是没有完全解决。大家都知道欧美是以工商立国,不知道这些工商政府对于农业上也是有很多的研究。象美国对于农业的改良和研究,便是无微不至;不但对于本国的农业有很详细的研究,并且常常派专门家到中国内地并满洲、蒙古各处来考察研究,把中国农业工作的方法和一切种子都带回美国去参考应用。美国近来是很注重农业的国家,所有关于农业运输的铁路、防灾的方法和种种科学的设备,都是很完全的。但是美国的吃饭问题到底是解决了没有呢?依我看起来,美国的吃饭问题还是没有解决。美国每年运输很多粮食到外国去发卖,粮食是很丰足的,为什么吃饭问题还没有解决呢?这个原因,就是由于美国的农业还是在资本家之手,美国还是私人资本制度。在那些私人资本制度之下,生产的方法太发达,分配的方法便完全不管,所以民生问题便不能够解决。

我们要完全解决民生问题,不但是要解决生产的问题,就是分配的问题也是要同时注重的。分配公平方法,在私人资本制度之下是不能够实行的。因为在私人资本制度之下,种种生产的方法都是向往一个目标来进行,这个目标是什么呢?就是赚钱。因为粮食的生产是以赚钱做目标,所以粮食在本国没有高价的时候,便运到外国去卖,要赚多钱。因为私人要赚多钱,就是本国有饥荒,人民没有粮食,要饿死很多人,那些资本家也是不去理会。象这样的分配方法,专是以赚钱为目标,民生问题便不能够完全解决。我们要实行民生主义,还要注重分配问题。我们所注重的分配方法,目标不是在赚钱,是要供给大家公众来使用。中国的粮食现在本来是不够,但是每年还有数十万万个鸡蛋和很多谷米、大豆运到日本和欧美各国去,这种现象是和印度一样的。印度不但是粮食不够,且每年都是有饥荒,但是每年运到欧洲的粮食数目,印度还占了第三个重要位置。这是什么原因呢?这个原因就是由于印度受了欧洲经济的压迫,印度尚在资本制度时代,粮食生产的目标是在赚钱。因为生产的目标是在赚钱,印度每年虽是有饥荒,那般生产的资本家知道拿粮食来救济饥民是不能够赚钱的,要把他运到欧洲各国去发卖便很可以赚钱,所以那些资本家宁可任本地的饥民饿死,也要把粮食运到欧洲各国去卖。我们的民生主义,目的是在打破资本制度。中国现在已经是不够饭吃,每年还要运送很多的粮食到外国去卖,就是因为一般资本家要赚钱。如果实行民生主义,便要生产粮食的目标不在赚钱,要在给养人民。我们要达到这个目的,便要把每年生产有余的粮食都储蓄起来,不但是今年的粮食很足,就是明年、后年的粮食都是很足,等到三年之后的粮食都是很充足,然后才可以运到外国去卖;如果在三年之后还是不大充足,便不准运出外国去卖。要能够照这样做去,来实行民生主义,以养民为目标,不以赚钱为目标,中国的粮食才能够很充足。

所以,民生主义和资本主义根本上不同的地方,就是资本主义是以赚钱为目的,民生主义是以养民为目的。有了这种以养民为目的的好主义,从前不好的资本制度便可以打破。但是我们实行民生主义来解决中国的吃饭问题,对于资本制度只可以逐渐改良,不能够马上推翻。我们的目的,本是要中国的粮食很充足,等到中国粮食充足了之后,更进一步便容易把粮食的价值弄到很便宜。现在中国正是米珠薪桂,这个米珠薪桂的原因,就是由于中国的粮食被外国夺去了一部分,进出口货的价值不能相抵,受外国的经济压迫,没有别的货物可以相消,只有拿人民要吃的粮食来作抵。因为这个道理,所以现在中国有很多人没有饭吃,因为没有饭吃,所以已生的人民要死亡,未生的人民要减少。全国人口逐渐减少,由四万万减到三万万一千万,就是由于吃饭问题没有解决,民生主义没有实行。

对于吃饭的分配问题,到底要怎么样呢?吃饭就是民生的第一个需要。民生的需要,从前经济学家都是说衣、食、住三种;照我的研究,应该有四种,于衣食住之外,还有一种就是行。行也是一种很重的需要;行就是走路。我们要解决民生问题,不但是要把这四种需要弄到很便宜,并且要全国的人民都能够享受。所以我们要实行三民主义来造成一个新世界,就要大家对于这四种需要都不可短少,一定要国家来担负这种责任。如果国家把这四种需要供给不足,无论何人都可以来向国家要求。国家对于人民的需要固然是要负责任,至于人民对于国家又是怎么样呢?人民对于国家应该要尽一定的义务,象做农的要生粮食,做工的要制器具,做商的要通有无,做士的要尽才智。大家都能各尽各的义务,大家自然可以得衣食住行的四种需要。我们研究民生主义,就要解决这四种需要的问题。

今天先讲吃饭问题,第一步是解决生产问题,生产问题解决之后,便在粮食的分配问题。要解决这个问题,便要每年储蓄,要全国人民有三年之粮,等到有了三年之粮以后,才能够把盈余的粮食运到外国去卖。这种储蓄粮食的方法,就是古时的义仓制度。不过这种义仓制度,近来已经是打破了。再加以欧美的经济压迫,中国就变成民穷财尽。所以这是解决民生问题最着急的时候,如果不趁这个时候来解决民生问题,将来再去解决便是更难了。我们国民党主张三民主义来立国，现在讲到民生主义，不但是要注重研究学理，还要注重实行事实。在事实上头一个最重要的问题，就是吃饭。我们要解决这个吃饭问题，是先要粮食的生产很充足，次要粮食的分配很平均；粮食的生产和分配都解决了，还要人民大家都尽义务。人民对于国家能够大家尽义务，自然可以得到家给人足，吃饭问题才算是真解决。吃饭问题能够先解决，其余的别种问题也就可以随之而决。

第四讲

（八月二十四日）

今天所讲的是穿衣问题。在民生主义里头，第一个重要问题是吃饭，第二个重要问题是穿衣。所以在吃饭问题之后，便来讲穿衣问题。

我们试拿进化的眼光来观察宇宙间的万物，便见得无论什么动物植物都是要吃饭的，都是要靠养料才能够生存，没有养料便要死亡。所以吃饭问题，不但是在动物方面是很重要，就是在植物那方面也是一样的重要。至于穿衣问题，宇宙万物之中，只是人类才有衣穿，而且只是文明的人类才是有衣穿。他种动物植物都没有衣穿，就是野蛮人类也是没有衣穿。所以吃饭是民生的第一个重要问题，穿衣就是民生的第二个重要问题。现在非洲和南洋各处的野蛮人都是没有衣穿，可见我们古代的祖宗也是没有衣穿。由此更可见，穿衣是随文明进化而来，文明愈进步，穿衣问题就愈复杂。原人时代的人类所穿的衣服是"天衣"。什么叫做天衣呢？象飞禽走兽，有天生的羽毛来保护身体，那种羽毛便是禽兽的天然衣服，那种羽毛是天然生成的，所以叫做天衣。原人时代的人类，身上也生长得有许多毛，那些毛便是人类的天衣。后来人类文明进化，到了游牧时代,晓得打鱼猎兽,便拿兽皮做衣。有了兽皮来做衣,身上生长的毛渐渐失了功用,便逐渐脱落。人类文明愈进步,衣服愈完备,身上的毛愈少。所以文明愈进步的人类,身上的毛便是很少;野蛮人和进化不久的人,身上的毛才是很多。拿中国人和欧洲人来比较,欧洲人身上的毛都是比中国人多,这个原因,就是欧洲人在天然进化的程度还不及中国人。由此可见,衣的原始,最初是人类身上天然生长的毛。后来人类进化,便打死猛兽,拿兽肉来吃,拿兽皮来穿,兽皮便是始初人类的衣。有一句俗语说:"食肉寝皮。"这是一句很古的话。这句话的意思,本是骂人做兽类,但由此便可证明古代人类打死兽类之后,便拿他的肉来做饭吃,拿他的皮来做衣穿。后来人类渐多,兽类渐少,单用兽皮便不够衣穿,便要想出别种材料来做衣服,便发明了别种衣服的材料。什么是做衣服的材料呢?我前一回讲过,吃饭的普通材料,是靠动物的肉和植物的果实。穿衣的材料和吃饭的材料是同一来源的,吃饭材料要靠动物和植物,穿衣材料也是一样的要靠动物和植物。除了动物和植物以外,吃饭穿衣便没有别的大来源。

我们现在要解决穿衣问题,究竟达到什么程度呢?穿衣是人类的一种生活需要。人类生活的程度,在文明进化之中可以分作三级。第一级是需要,人生不得需要,固然不能生活,就是所得的需要不满足,也是不能充分生活,可说是半死半活。所以第一级的需要,是人类的生活不可少的。人类得了第一级需要生活之外,更进一步便是第二级,这一级叫做安适。人类在这一级的生活,不是为求生活的需要,是于需要之外更求安乐,更求舒服。所以在这一级的生活程度,可以说是安适。得了充分安适之后,再更进一步,便想奢侈。比方拿穿衣来讲,古代时候的衣服所谓是夏葛冬裘,便算了满足需要;但是到了安适程度,不只是夏葛冬裘,仅求需要,更要适体,穿到很舒服;安适程度达到了之后,于适体之外,还要再进一步,又求美术的雅观,夏葛要弄到轻绡幼绢,冬裘要取到海虎貂鼠。这样穿衣由需要一进而求安适,由安适再进而求雅观。便好象是吃饭问题，最初只求清菜淡饭的饱食，后来由饱食便进而求有酒有肉的肥甘美味，更进而求山珍海味。好象现在广东的酒席，飞禽走兽，燕窝鱼翅，无奇不有，无美不具，穷奢极欲，这就是到了极奢侈的程度。我们现在要解决民生问题，并不是要解决安适问题，也不是要解决奢侈问题，只要解决需要问题。这个需要问题，就是要全国四万万人都可以得衣食的需要；要四万万人都是丰衣足食。

我在前一回讲过，中国人口的数目是由四万万减到三万万一千万，我们现在对于这三万万一千万人的穿衣问题，要从生产上和制造上通盘计划，研究一种方法来解决。如果现在没有方法来解决，这三万万一千万人恐怕在一两年之后还要减少几千万。今年的调查已经只有三万万一千万，再过几年，更是不足。现在只算三万万人，我们对于这三万万人便要统筹一个大计划，来解决这些人数的穿衣问题。要求解决这种问题的方法，首先当要研究是材料的生产。就穿衣问题来讲，穿衣需要的原料是靠动物和植物，动物和植物的原料一共有四种。这四种原料，有两种是从动物得来的，有两种是从植物得来的。这四种原料之中，第一种是丝，第二种是麻，第三种是棉，第四种是毛。棉和麻是从植物得来的原料，丝和毛是从动物得来的原料。丝是由于一种虫叫做蚕吐出来的，毛是由于羊和骆驼及他种兽类生出来的。丝、毛、棉、麻这四种物件，就是人生穿衣所需要的原料。

现在先就丝来讲。丝是穿衣的一种好材料。这种材料是中国最先发明的，中国人在极古的时候便穿丝。现在欧美列强的文化虽然是比我们进步得多，但是中国发明丝的那个时候，欧美各国还是在野蛮时代，还是茹毛饮血。不但是没有丝穿，且没有衣穿；不但是没有衣穿，并且身上还有许多毛，是穿着“天衣”，是一种野蛮人。到近两三百年来，他们的文化才是比我们进步，才晓得用丝来做好衣服的原料。他们用丝不只是用来做需要品，多是用来做奢侈品。中国发明丝来做衣服的原料，虽然有了几千年，但是我们三万万人的穿衣问题，还不是在乎丝的问题。我们穿衣的需要品并不是丝，全国人还有许多用不到丝的。我们每年所产的丝，大多数都是运到外国，供外国做奢侈品。在中国最初和外国通商的时候，出口货物之中第一大宗便是丝。当时中国出口的丝很多，外国进口的货物很少。中国出口的货物和外国进口的货物价值比较，不但是可以相抵，而且还要超过进口货。中国出口货物，除了丝之外，第二宗便是茶。丝、茶这两种货物，在从前外国都没有这种出产，所以便成为中国最大宗的出口货。外国人没有茶以前，他们都是喝酒，后来得了中国的茶，便喝茶来代酒，以后喝茶成为习惯，茶便成了一种需要品。因为从前丝和茶，只有中国才有这种出产，外国没有这种货物，当时中国人对于外国货物的需要也不十分大，外国出产的货物又不很多，所以通商几十年，和外国交换货物，我们出口丝茶的价值便可以和外国进口货物的价值相抵消，这就是出口货和进口货的价值两相平均。但是近来外国进口的货物天天加多，中国出口的丝茶天天减少，进出口货物的价值便不能相抵消。中国所产的丝近来被外国学去了，象欧洲的法兰西和意大利现在就出产许多丝。他们对于养蚕、纺丝和制丝种种方法，都有很详细的研究，很多的发明，很好的改良。日本的丝业不但是仿效中国的方法，而且采用欧洲各国的新发明，所以日本丝的性质便是很进步，出产要比中国多，品质又要比中国好。由于这几个原因，中国的丝茶在国际贸易上便没有多人买，便被外国的丝茶夺去了。现在出口的数量，更是日日减少。中国丝茶的出口既是减少，又没有别的货物可以运去外国来抵消外国进口的价值，所以每年便要由通商贸易上进贡于各国者约五万万元大洋，这就是受了外国经济的压迫。中国受外国的经济压迫愈厉害，民生问题愈不能够解决。中国丝在国际贸易上，完全被外国丝夺去了。品质没有外国丝的那么好，价值也没有外国丝那么高，但是因为要换外国的棉布棉纱来做我们的需要品，所以自己便不能够拿丝来用，要运去外国换更便宜的洋布和洋纱。

至于讲到丝的工业，从前发明的生产和制造方法都是很好的，但是一成不易，总不知道改良。后来外国学了去，加以近来科学昌明,更用科学方法来改良,所以制出的丝便驾乎中国之上,便侵占中国蚕丝的工业。我们考究中国丝业之所以失败的原因,是在乎生产方法不好。中国所养的蚕很多都是有病的,一万条蚕虫里头,大半都是结果不良,半途死去;就是幸而不死,这些病蚕所结的茧,所出的丝,也是品质不佳,色泽不好。而且缫丝的方法不完全,断口太多,不合外国织绸机器之用。由于这些原因,中国丝便渐渐失败,便不能敌外国丝。在几十年以前,外国养蚕的方法也是和中国一样。中国农民养蚕,有时成绩很优,有时完全失败;这样结果,一时好一时不好,农民没有别的方法去研究,便归之于命运。养蚕的收成不好,便说是"命运不佳"。外国初养蚕的时候,也有许多病蚕,遇着失败没有方法去挽救,也是安于命运。后来科学家发明生物学,把一切生物留心考察,不但是眼所能看得见的生物要详细考究,就是眼看不见、要用几千倍显微镜才能看见的生物,也要过细去考究。由于这样考究,法国有一位科学家叫做柏斯多,便得了一个新发明。这个发明就是:一切动物的病,无论是人的病或是蚕的病,都是由于一种微生物而起;生了这种微生物,如果不能够除去,受病的动物便要死。他用了很多功夫,经过了许多研究,把微生物考究得很清楚,发明了去那种微生物来治疗蚕疾的方法,传到法国、意国的养蚕家。法国、意国人民得了这个方法,知道医蚕病,于是病蚕便少了很多,到缫丝的时候成绩便很好,丝业便很进步。后来日本学了这个方法,他们的丝业也是逐渐进步。中国的农家一向是守旧,不想考究新法,所以我们的丝业便一天一天的退步。现在上海的丝商设立了一间生丝检查所,去考究丝质,想用方法来改良。广东岭南大学也有用科学方法来改良蚕种,把蚕种改良了之后,所得丝的收成是很多,所出丝的品质也是很好。但是这样用科学方法去改良蚕种,还只是少数人才知道,大多数的养蚕家还没有知道。中国要改良丝业来增加生产,便要一般养蚕家都学外国的科学方法,把蚕种和桑叶都来改良,蚕种和桑叶改良之后,更要把纺丝的方法过细考究,把丝的种类、品质和色泽都分别改良,中国的丝业便可以逐渐进步,才可以和外国丝去竞争。如果中国的桑叶、蚕种和丝质没有改良，还是老守旧法，中国的丝业不止是失败，恐怕要归天然的淘汰，处于完全消灭。现在中国自己大多数都不用丝，要把丝运出口去换外国的洋布洋纱，如果中国的丝质不好，外国不用中国丝，中国丝便没有销路，不但是失了一宗大富源，而且因为没有出口的丝去换外国洋布洋纱，中国便没有穿衣的材料。所以中国要一般人有穿衣的材料，来解决穿衣问题，便要保守固有的工业，改良蚕种、桑叶，改良纺丝的方法。至于中国丝织的绫罗绸缎，从前都是很好，是外国所不及的。现在外国用机器纺织所制出的丝织品，比中国更好得多；近来中国富家所用顶华美的丝织品，都是从外国来的。可见我们中国的国粹工业，现在已经是失败了。我们要解决丝业问题，不但是要改良桑叶、蚕种，改良养蚕和纺丝方法来造成很好的丝，还要学外国用机器来织造绸缎，才可以造成顶华美的丝织品，来供大众使用。等到大众需要充足之后，才把有余的丝织品运去外国，去换别种货物。

穿衣所需要的材料除了丝之外，第二种便是麻。麻也是中国最先发明的。中国古代时候，便已经发明了用麻制布的方法，到今日大家还是沿用那种旧方法。中国的农工业总是没有进步，所以制麻工业近来也被外国夺去了。近日外国用新机器来制麻，把麻制成麻纱，这种用机器制出来的麻纱，所有的光泽都和丝差不多。外国更把麻和丝混合起来织成种种东西，他们人民都是很乐用的。这种用麻、丝混合织成的各种用品，近来输入中国很多，中国人也是很欢迎，由此便夺了中国的制麻工业。中国各省产麻很多，由麻制出来的东西，只供夏天衣服之用，只可以用一季。我们要改良制麻工业，便要根本上从农业起，要怎么样种植，要怎么样施用肥料，要怎么样制造细麻线，都要过细去研究，麻业才可以进步，制得的出品才是很便宜。中国制麻工业完全是靠手工，没有用机器来制造。用手工制麻，不但是费许多工夫，制出的麻布不佳，就是成本也是很贵。我们要改良麻业，造出好麻，一定要用一种大计划。这种计划，是先从农业起首来研究，自种植起以至于制造麻布，每步工夫都要采用科学的新方法。要能够这样改良，我们才可以得到好麻，才可以制出很便宜的衣料。

丝、麻这两种东西用来做穿衣的材料，是中国首先发明的。但是现在穿衣的材料，不只是用丝、麻，大多数是用棉，现在渐渐用毛。棉、毛这两种材料，现在都是人人穿衣所需要的。中国本来没有棉，此种吉贝棉是由印度传进来的。中国得了印度的棉花种子，各处种植起来，便晓得纺纱织布，成了一种棉花工业。近来外国的洋布输入中国，外国洋布比中国的土布好，价钱又便宜，中国人便爱穿洋布，不爱穿土布，中国的土布工业便被洋布打销了。所以中国穿衣的需要材料便不得不靠外国，就是有些土布小工业，也是要用洋纱来织布。由此可见中国的棉业，根本上被外国夺去了。中国自输入印度棉种之后，各处都是种得很多，每年棉花的出产也是很多。世界产棉的国家，第一个是美国，其次是印度，中国产棉花是世界上的第三等国。中国所产的棉虽然是不少，天然品质也是很好，但是工业不进步，所以自己不能够用这种棉花来制成好棉布棉纱，只可将棉花运到外国去卖。中国出口的棉花大多数是运到日本，其余运到欧美各国。日本和欧美各国来买中国棉花，是要拿来和本国的棉花混合，才能够织成好布。所以日本大阪各纺纱织布厂所用的原料，不只一半是中国的棉花。他们拿中国的棉花织成布之后，再把布又运到中国来赚钱。本来中国的工人是顶多的，工钱也是比各国要便宜的，中国自己有棉花，又有贱价的工人，为什么还要把棉花运到日本去织布呢？为什么自己不来织布呢？日本的工人不多，工价又贵，为什么能够买中国棉花，织成洋布，运回中国来赚钱呢？推究这个原因，就是由于中国的工业不进步，不能够制造便宜布；日本的工业很进步，能够制造很便宜的布。

所以要解决穿衣问题，便要解决农业和工业的两个问题。如果农业和工业两个问题不能够解决，不能够增加生产，便没有便宜衣穿。中国自己既是不能织造便宜布，便要靠外国运布进来。外国运布来中国，他们不是来尽义务，也不是来进贡，他们运货进来是要赚钱的,要用一块钱的货,换两块中国钱。中国的钱被外国赚去了,就是要受外国的经济压迫。追究所以受这种压迫的原因,还是由于工业不发达。因为工业不发达,所以中国的棉花都要运去外国,外国的粗棉布还要买进来。,中国人天天穿的衣服都是靠外国运进来,便要出很高的代价;这种很高的代价,便是要把很贵重的金银、粮食运到外国去抵偿。这样情形,便很象破落户的败家子孙自己不知道生产,不能够谋衣食,便要把祖宗留传下的珍宝玩器那些好东西卖去换衣食一样。这就是中国受外国经济压迫的现状。

我从前在民族主义中已经是讲过了,中国受外国经济的压迫,每年要被外国夺去十二万万至十五万万元。这个十五万万元的损失之中,顶大的就是由于进口货同出口货不相比对。照这两三年海关册的报告,出口货比进口货要少三万万余两。这种两数是海关秤,这种海关秤的三万万余两,要折合上海大洋便有五万万元,若果折合广东毫银便有六万万元。这就是出口货同进口货不能相抵销的价值。进口货究竟是些什么东西呢?顶大的是洋纱洋布,这种洋纱洋布都是棉花织成的,所以中国每年进口的损失,大多数是由于棉货。据海关册的报告,这种进口棉货的价值,每年要有二万万海关两,折合上海大洋便有三万万元。这就是中国用外国的棉布每年要值三万万元,拿中国近来人口的数目比较起来,就是每一个人要用一块钱来穿洋布。由此可见现在中国民生的第二个需要,都是用外国材料。中国本来有棉花,工人很多,工钱又贱,但是不知道振兴工业来挽回利权,所以就是穿衣便不能不用洋布,便不能不把许多钱都送到外国人。要送钱到外国人,就是受外国的经济压迫,没有方法来解决。我们直接穿衣的民生问题,更是不能解决。大家要挽回利权,先解决穿衣问题,便要减少洋纱洋布的进口。要解决这个问题,有什么好方法呢?

当欧战的时候,欧美各国没有洋布运进中国,到中国的洋布都是从日本运来的。日本在那个时候,供给欧洲协约国的种种军用品,比较运洋布来中国还要赚钱得多,所以日本的大工厂都是制造军用品去供给协约国,只有少数工厂才制造洋纱洋布运到中国来卖。中国市面上的布便不够人民穿,布价便是非常之贵。当时中国的商人要做投机事业,便发起设立许多纱厂布厂,自己把棉花来纺成洋纱,更用洋纱织成洋布。后来上海设立几十家工厂,都是很赚钱,一块钱的资本差不多要赚三四块钱,有几倍的利息。一般资本家见得这样的大利,大家更想发大财,便更投许多资本去开纱厂布厂,所以当时在上海的纱厂布厂真是极一时之盛。那些开纱厂布厂新发财的资本家,许多都称为棉花大王。但是到现在,又是怎么样情形呢?从前有几千万的富翁,现在都是亏大本,变成了穷人。从前所开的纱厂布厂,现在因为亏了本,大多数都是停了工。如果再不停工,还更要亏本,甚至于要完全破产。

这是什么原因呢?一般人以为外国的洋布洋纱之所以能够运到中国来的原故,是由于用机器来纺纱织布。这种用机器来纺纱织布,比较用手工来纺纱织布,所得的品质是好得多,成本是轻得多;所以外国在中国买了棉花,运回本国织成洋布之后,再运来中国,这样往返曲折,还能够赚钱。推究他们能够赚钱的原因,是由于用机器。由于他们都是用机器,所以中国一般资本家都是学他们,也是用机器来织布纺纱,开了许多新式的大纱厂大布厂,所投的资本大的有千万,小的也有百几十万。那些纱厂和布厂在欧战的时候本赚了许多钱,但是现在都是亏本,大多数都是停工,从前的棉花大王现在多变成了穷措大。推到我们现在的纱厂和布厂也是用机器,同是一样的用机器,为什么他们外国人用机器织布纺纱便赚钱,我们中国人用机器织布纺纱便要亏本呢?而且外国织布的棉花还是从中国买回去的,外国买到棉花运回本国去,要花一笔运费;织成洋布之后再运来中国,又要花一笔运费。一往一返,要花多两笔运费。再者,外国工人的工钱又比中国高得多。中国用本地的土产来制造货物,所用的机器和外国相同,而且工价又便宜,照道理是应该中国的纱厂布厂能够赚钱,外国的纱厂布厂要亏本。为什么所得结果恰恰是相反呢?

这个原因,就是中国的棉业受了外国政治的压迫。外国压迫中国,不但是专用经济力。经济力是一种天然力量,就是中国所说的“王道”。到了经济力有时而穷,不能达到目的的时候,便用政治来压迫。这种政治力,就是中国所说的“霸道”。当从前中国用手工和外国用机器竞争的时代,中国的工业归于失败,那还是纯粹经济问题;到了欧战以后,中国所开纱厂布厂也学外国用机器去和他们竞争,弄到结果是中国失败,这便不是经济问题,是政治问题。外国用政治力来压迫中国是些什么方法呢?从前中国满清政府和外国战争,中国失败之后,外国便强迫中国立了许多不平等的条约,外国至今都是用那些条约来束缚中国。中国因为受了那些条约的束缚,所以无论什么事都是失败。中国和外国如果在政治上是站在平等的地位,在经济一方面可以自由去和外国竞争的,中国还可以支持,或不至于失败。但是外国一用到政治力,要拿政治力量来做经济力量的后盾,中国便没有方法可以抵抗、可以竞争。

外国束缚中国的条约,对于棉业问题是有什么关系呢?现在外国运洋纱到中国,在进口的时候,海关都是要行值百抽五的关税;进口之后,通过中国内地各处,再要行值百抽二五的厘金。统计起来,外国的洋纱洋布只要纳百分之七五的厘税,便可以流通中国各处,畅行无阻。至于中国纱厂布厂织成的洋布,又是怎么样呢?在满清的时候,中国人都是做梦,糊糊涂涂,也是听外国人主持。凡是中国在上海等处各工厂所出的布匹,都要和外国的洋布一样,要行值百抽五的关税;经过内地各处的时候,又不能和外国洋布一样只纳一次厘金,凡是经过一处地方便要更纳一次厘金,经过几处地方便要纳几次厘金。讲到中国土布纳海关税是和外国洋布一样,纳厘金又要比外国洋布多几次,所以中国土布的价钱便变成非常之高。土布的价钱太高,便不能流通各省,所以就是由机器织成的布,还是不能够和外国布来竞争。外国拿条约来束缚中国的海关厘金,厘金厂对于外国货不能随便加税,对于中国货可以任意加税。好象广东的海关,不是中国人管理,是外国人管理,我们对于外国货物便不能自由加税。中国货物经过海关,都由外国人任意抽税,通过各关卡更要纳许多次数厘金。外国货物纳过一次税之后,便通行无阻。这就是中外货物的税率不平均。因为中外货物的税率不平均,所以中国的土布便归失败。

至于欧美平等的独立国家,彼此的关税都是自由,都没有条约的束缚,各国政府都是可以自由加税。这种加税的变更,是看本国和外国的经济状态来定税率的高下。如果外国有很多货物运进来,侵夺本国的货物,马上便可以加极重的税来压制外国货;压制外国货就是保护本国货。这种税法,就叫做"保护税法"。譬如中国有货运到日本,日本对于中国货物最少也要抽值百分之三十的税;他们本国的货物便不抽税。所以日本货物原来成本是一百元的,因为不纳税,仍是一百元,日本货物如果卖一百二十元,便有二十元的利。中国货运到日本去,若卖了一百二十元,便要亏十元的血本。由此日本便可以抵制中国货,可以保护本国货。这种保护本国货物的发达,抵制外国货物的进口,是各国相同的经济政策。

我们要解决民生问题,保护本国工业不为外国侵夺,便先要有政治力量,自己能够来保护工业。中国现在受条约的束缚,失了政治的主权,不但是不能保护本国工业,反要保护外国工业。这是由于外国资本发达,机器进步,经济方面已经是占了优胜;在经济力量之外,背后还有政治力量来做后援。所以中国的纱厂布厂,当欧战时候没有欧美的洋布洋纱来竞争,才可以赚钱;欧战之后,他们的洋布洋纱都是进中国来竞争,我们便要亏本。讲到穿衣问题里头,最大的是棉业问题,我们现在对于棉业问题没有方法来解决。中国棉业还是在幼稚时代,机器没有外国的那么精良,工厂的训练和组织又没有外国的那么完备,所以中国的棉业就是不抽厘金关税,也是很难和外国竞争。如果要和外国竞争,便要学欧美各国的那种政策。

欧美各国对于这种政策是怎么样呢?在几十年以前,英国的工业是占世界上第一个地位,世界所需要的货物都靠英国来供给。当时美国还是在农业时代，所有的小工业完全被英国压迫，不能够发达。后来美国采用保护政策，实行保护税法，凡是由英国运到美国的货物，便要行值百抽五十或者值百抽一百的重税。因此英国货物的成本便变成极大，便不能够和美国货物去竞争，所以许多货物便不能运去美国。美国本国的工业便由此发达，现在是驾乎英国之上。德国在数十年之前也是农业国，人民所需要的货物也是要靠英国运进去，要受英国的压迫。后来行了保护政策，德国的工业也就逐渐发达，近来更驾乎各国之上。由此可见，我们要发达中国的工业，便应该仿效德国、美国的保护政策，来抵制外国的洋货，保护本国的土货。

现在欧美列强都是把中国当做殖民地的市场，中国的主权和金融都是在他们掌握之中。我们要解决民生问题，如果专从经济范围来着手，一定是解决不通的。要民生问题能够解决得通，便要先从政治上来着手，打破一切不平等的条约，收回外人管理的海关，我们才可以自由加税，实行保护政策。能够实行保护政策，外国货物不能侵入，本国的工业自然可以发达。中国要提倡土货、抵制洋货，从前不知道运动了好几次，但是全国运动不能一致，没有成功；就令全国运动能够一致，也不容易成功。这个原因，就是由于国家的政治力量太薄弱，自己不能管理海关。外国人管理海关，我们便不能够自由增减税率；不能够自由增减税率，没有方法令洋布的价贵，土布的价贱，所以现在的洋布便是便宜过土布。洋布便宜过土布，无论是国民怎么样提倡爱国，也不能够永久不穿洋布来穿土布。如果一定要国民永久不穿洋布来穿土布，那便是和个人的经济原则相反，那便行不通。比方一家每年要用三十元的洋布，如果抵制洋布、改用土布，土布的价贵，每年便不止费三十元，要费五六十元，这就是由于用土布每年便要多费二三十元。这二三十元的耗费，或者一时为爱国心所激动，宁可愿意牺牲。但是这样的感情冲动，是和经济原则相反，决计不能够持久。我们要合乎经济原则，可以持久，便要先打破不平等的条约，自己能够管理海关，可以自由增减税率，令中国货和外国货价钱平等。譬如一家每年穿洋布要费三十元,穿土布也只费三十元,那才是正当办法,那才可以持久。我们如果能够更进一步,能令洋布贵过土布,令穿外国洋布的人一年要费三十元,穿本国土布的人一年只费二十元,那便可以战胜外国的洋布工业,本国的土布工业便可以大发达。由此可见我们讲民生主义,要解决穿衣问题,要全国穿土布、不准外国洋布进口,便要国家有政治权力,穿衣问题才可以解决。

讲到民生主义的穿衣问题,现在最重要的材料就是丝、麻、棉、毛四种。这四种材料之中的毛,中国也是出产好多,品质也是比外国好。不过中国的这种工业不发达,自己不制造,便年年运到外国去卖。外国收中国的毛,制成绒呢,又再运回中国来卖,赚中国的钱。如果我们恢复主权,用国家的力量来经营毛业,也可以和棉业同时来发达。毛工业能够发达,中国人在冬天所需要的绒呢,便可以不用外国货。有盈余的时候,更可以象丝一样,推广到外国去销行。现在中国的制毛工业不发达,所以只有用带皮的毛;脱皮的散毛在中国便没有用处,便被外国用贱价收买,织成绒呢和各种毡料,运回中国来赚我们的钱。由此可见,中国的棉业和毛业,同是受外国政治经济的压迫。所以我们要解决穿衣问题,便要用全国的大力量统筹计划,先恢复政治的主权,用国家的力量来经营丝、麻、棉、毛的农业和工业;更要收回海关来保护这四种农业和工业,加重原料之出口税及加重洋货之入口税。我国之纺织工业必可立时发达,而穿衣材料之问题方能解决。

衣服的材料问题可以解决,我们便可来讲穿衣之本题。穿衣之起源前已讲过,就系用来御寒,所以穿衣之作用第一就系用来保护身体。但是后来文明渐进,就拿来彰身,所以第二之作用就系要来好看,叫做壮观瞻。在野蛮时代的人无衣来彰身,就有图腾其体的,就是用颜色涂画其身,即古人所"文身"是也。至今文明虽进,而穿衣作用仍以彰身为重,而御寒保体的作用反多忽略了。近代穷奢斗侈,不独材料时时要花样翻新,就衣裳之款式也年年有宽狭不同。

而习俗之好尚，又多有视人衣饰以为优劣之别，所以有“衣冠文物”就是文化进步之别称。迨后君权发达，则又以衣服为等级之区别，所以第三个作用，衣服即为阶级之符号。至今民权发达，阶级削平，而共和国家之陆海军，亦不能除去以衣饰为等级之习尚。照以上这三个衣服之作用，一护体、二彰身、三等差之外，我们今天以穿衣为人民之需要，则在此时阶级平等、劳工神圣之潮流，为民众打算穿衣之需要，则又要加多一个作用，这个作用就是要方便。故讲到今日民众需要之衣服之完全作用，必要能护体、能美观、又能方便不碍于作工，乃为完美之衣服。

国家为实行民生主义，当本此三穿衣之作用，来开设大规模之裁缝厂于各地。就民数之多少，寒暑之节候，来制造需要之衣服，以供给人民之用。务使人人都得到需要衣服，不致一人有所缺乏。——此就是三民主义国家之政府对于人民穿衣需要之义务。而人民对于国家，又当然要尽足国民之义务，否则失去国民之资格。凡失去国民之资格者，就是失去主人之资格。此等游惰之流氓，就是国家人群之蠹贼，政府必当执行法律以强迫之，必使此等流氓渐变为神圣之劳工，得以同享国民之权利。如此，流氓尽绝，人人皆为生产之分子，则必丰衣足食，家给人足，而民生问题便可以解决矣。

中国国民党北伐宣言

（一九二四年九月十八日）

国民革命之目的，在造成独立自由之国家，以拥护国家及民众之利益。辛亥之役，推倒君主专制政体暨满州征服阶级，本已得所藉手，以从事于目的之贯彻。假使吾党当时能根据于国家及民众之利益，以肃清反革命势力，则十三年来政治根本当已确定，国民经济、教育荦荦诸端当已积极进行。革命之目的纵未能完全达到，然不失正鹄，以日跻于光明，则有断然者。

原夫反革命之发生，实继承专制时代之思想，对内牺牲民众利益，对外牺牲国家利益，以保持其过去时代之地位。观于袁世凯之称帝，张勋之复辟，冯国璋、徐世昌之毁法，曹锟、吴佩孚之窃位盗国，十三年来连属不绝，可知其分子虽有新陈代谢，而其传统思想则始终如一。此等反革命之恶势力，以北京为巢窟，而流毒被于各省。间有号称为革命分子，而其根本思想初非根据于国家及民众之利益者，则往往志操不定，受其吸引，与之同腐，以酿成今日分崩离析之局。此其可为太息痛恨者矣！

反革命之恶势所以存在，实由帝国主义卵翼之使然。证之民国二年之际，袁世凯将欲摧残革命党以遂其帝制自为之欲，则有五国银行团大借款于此时成立，以二万万五千万元供其战费。自是厥后，历冯国璋、徐世昌诸人，凡一度用兵于国内以摧残异己，则必有一度之大借款以资其挥霍。及乎最近曹锟、吴佩孚加兵于东南，则久悬不决之金佛郎案即决定成立。由此种种，可知十三年来之战祸，直接受自军阀，间接受自帝国主义，明明白白，无可疑者。

今者，浙江友军为反抗曹锟、吴佩孚而战，奉天亦将出于同样之决心与行动，革命政府已下明令出师北向，与天下共讨曹锟、吴佩孚诸贼。于此有当郑重为国民告且为友军告者：此战之目的不在覆灭曹吴，尤在曹吴覆灭之后永无同样继起之人，以持续反对革命之恶势；换言之，此战之目的不仅在推倒军阀，尤在推倒军阀所赖以生存之帝国主义。盖必如是，然后反革命之根株乃得永绝，中国乃能脱离次殖民地之地位，以造成自由独立之国家也。

中国国民党之最终目的在于三民主义，本党之职任即为实行主义而奋斗。故敢谨告于国民及友军曰；吾人颠覆军阀之后，必将要求现时必需之各种具体条件之实现，以为实行最终目的三民主义之初步。此次爆发之国内战争，本党因反对军阀而参加之，其职任首在战胜之后，以革命政府之权力扫荡反革命之恶势力，使人民得解放而谋自治；尤在对外代表国家利益，要求从新审订一切不平等之条约，即取消此等条约中所定之一切特权，而重订双方平等互尊主权之条约，以消灭帝国主义在中国之势力。盖必先令中国出此不平等之国际地位，然后下列之具体目的方有实现之可能也。

（一）中国蹈于国际平等地位以后，国民经济及一切生产力方得充分发展。

（二）实业之发展，使农村经济得以改良，而劳动农民之生计有改善之可能。

（三）生产力之充分发展，使工人阶级之生活状况，得因其团结力之增长而有改善之机会。

（四）农工业之发达，使人民之购买力增加，商业始有繁盛之动机。

（五）文化及教育等问题，至此方不落于空谈。彼经济之发展使知识能力之需要日增，而国家富力之增殖，可使文化事业及教育之经费易于筹措；一切知识阶级之失学问题、失业问题，方有解决之端绪。

（六）中国之法律，更因不平等条约之废除，而能普及于全国领土,实行于一切租界,然后阴谋破坏之反革命势力无所凭藉。

凡此一切,当能造成巩固之经济基础,以统一全国,实现真正之民权制度,以谋平民群众之幸福。故国民处此战争之时,尤宜急起而反抗军阀,求此最少限度之政纲实现,以为实行三民主义之第一步。

制定《建国大纲》宣言

（一九二四年九月二十四日）

自辛亥革命以至于今日，所获得者仅中华民国之名。国家利益方面，既未能使中国进于国际平等地位。国民利益方面，则政治经济荦荦诸端无所进步。而分崩离析之祸，且与日俱深。穷其至此之由，与所以救济之道，诚今日当务之急也。夫革命之目的，在于实行三民主义。而三民主义之实行，必有其方法与步骤。三民主义能及影响于人民，俾人民蒙其幸福与否，端在其实行之方法与步骤如何。文有见于此，故于辛亥革命以前，一方面提倡三民主义，一方面规定实行主义之方法与步骤。分革命、建设为军政、训政、宪政三时期，期于循序渐进，以完成革命之工作。辛亥革命以前，每起一次革命，即以主义与建设程序宣布于天下，以期同志暨国民之相与了解。辛亥之役，数月以内即推倒四千余年之君主专制政体暨二百六十余年之满洲征服阶级，其破坏之力不可谓不巨。然至于今日，三民主义之实行犹茫乎未有端绪者，则以破坏之后，初未尝依豫定之程序以为建设也。盖不经军政时代，则反革命之势力无繇扫荡。而革命之主义亦无由宣传于群众，以得其同情与信仰。不经训政时代，则大多数之人民久经束缚，虽骤被解放，初不瞭知其活动之方式，非墨守其放弃责任之故习，即为人利用陷于反革命而不自知。前者之大病在革命之破坏不能了彻，后者之大病在革命之建设不能进行。辛亥之役，汲汲于制定《临时约法》，以为可以奠民国之基础。而不知乃适得其反。论者见《临时约法》施行之后，不能有益利民国，甚至并《临时约法》之本身效力亦已消失无余，则纷纷然议《临时约法》之未善，且斤斤然从事于宪法之制定，以为藉此可以救《临时约法》之穷。曾不知症结所在，非由于《临时约法》之未善，乃由于未经军政、训政两时期，而即入于宪政。试观元年《临时约法》颁布以后，反革命之势力，不惟不因以消灭，反得凭藉之以肆其恶，终且取《临时约法》而毁之。而大多数人民对于《临时约法》，初未曾计及其于本身利害何若，闻有毁法者不加怒，闻有护法者亦不加喜。可知未经军政、训政两时期，《临时约法》决不能发生效力。夫元年以后，所恃以维持民国者，惟有《临时约法》。而《临时约法》之无效如此，则纲纪荡然，祸乱相寻，又何足怪！本政府有鉴于此，以为今后之革命，当赓续辛亥未完之绪，而力矫其失。即今后之革命，不但当用力于破坏，尤当用力于建设，且当规定其不可逾越之程序。爰本此意，制定《国民政府建国大纲》二十五条，以为今后革命之典型。建国大纲第一条至第四条，宣布革命之主义及其内容。第五条以下，则为实行之方法与步骤。其在第六、七两条，标明军政时期之宗旨，务扫除反革命之势力，宣传革命之主义。其在第八条至第十八条标明训政时期之宗旨，务指导人民从事于革命建设之进行。先以县为自治之单位，于一县之内，努力于除旧布新，以深植人民权力之基本，然后扩而充之，以及于省。如是则所谓自治，始为真正之人民自治，异于伪托自治之名，以行其割据之实者。而地方自治已成，则国家组织始臻完密，人民亦可本其地方上之政治训练以与闻国政矣。其在第十九条以下，则由训政递嬗于宪政所必备之条件与程序。综括言之，则建国大纲者，以扫除障碍为开始，以完成建设为依归。所谓本末先后，秩然不紊者也。夫革命为非常之破坏，故不可无非常之建设以继之。积十三年痛苦之经验，当知所谓人民权利与人民幸福，当务其实，不当徒袭其名。傥能依建国大纲以行，则军政时代已能肃清反侧，训政时代已能扶植民治。虽无宪政之名，而人民所得权利与幸福，已非藉口宪法而行专政者所可同日而语。且由此以至宪政时期，所历者皆为坦途，无颠蹶之虑。为民国计，为国民计，莫善于此。本政府郑重宣布：今后革命势力所及之地，凡秉承本政府之号令者，即当以实行建国大纲为唯一之职任。

在黄埔军官学校的告别演说

（一九二四年十一月三日）

诸君：

诸君今天在这地听讲的，有文学生，又有武学生。我今天到黄埔来讲话，是暂时和黄埔的学生辞别。辞别的原因，就是因为我要到北京去。这回北京事变没有发生以前的五六个月，便有几位同志从北京来许多信，催我先到天津去等候，说不久他们便可在北京发起中央革命。筹划这回事变的人数很少，真是本党同志的不上十个人。他们的见解，以为本党革命二十多年，总是不成功，就是辛亥年推翻满清，成立民国，还不算是本党的主张完全成功。推究此中原因，就是由于从前革命，都是在各省，效力很小，要在首都革命，那个效力才大。所以他们在二三年前，便在北京宣传主义，布置一切。到五六个月以前，便来了一个很详细的报告，说进行的成绩很好，军人表同情的很多，应该集合各省有力的同志，在北京附近进行，只要几个月便可成功。当时各省有力的同志，都是在本省奋斗，没有人能够到北京附近去进行；而且当时北京表面很安宁，一讲到首都革命，在几个月之后便可成功，真是没有一个人敢信。就是我自己也看到很渺茫，也不敢相信。到江浙战事发生之后，他们又来催促，要我赶快放弃广东，到天津去等，说首都革命，很有把握，发动的时期，就在目前。这个时期，是千载一时的机会，万不可失。如果就广东的计划，由韶关进兵，先得江西，再取武汉，然后才想方法去定北京，那是很迂缓、很艰难的；假若放弃广东，一直到天津去发动一个中央革命，成功是很迅速、很容易的。我在当时，以为要北京有事变发生，才可以去；如果放弃广东的军队不用，先到天津去等候，恐怕空费时间，不大合算。所以约定他们，只要北京有事变发生之后，我马上便可以到北方去。并且一面把广东的军队，集合到韶关，我也亲自到韶关，督率各军前进，收复江西。我们已经有了一部份的军队，进到万安、吉安了。现在大家都知道，北京发生了事变，当这次事变最初发生的时候，很象一个中央革命。我们对于以前的情况不明瞭，现在就发生事变时候的情形而论，可以决定是我们同志的筹划。但是最近中央的大力量，不是在革党之手，还是在一般官僚军人之手。拿这次变动的结果看，毫不能算是中央革命，这次变动毫没有中央革命的希望；既是没有中央革命的希望，我何以还要到北京去呢？我因为践成约起见，所以不能不去。他们在北京奋斗，费了许多大力，才有这次的变化。变化之后，对于本党表同情的，只有几个师长旅长，普通兵士都是莫明其妙。以少数的师长旅长来做极重大的中央革命，一定是很难成功的。就是在事变发生之初，我便进京同他们合作，想造成一个宏大的中央革命，也不容易做到。不过经过这次事变之后，可信北京首都之地，的确是有军队来欢迎革命主义的。从今以后，只要有人在北京筹划中央革命，一定可以望天天进步。这次虽然不能造成一个中央革命，以后进步，可以望造成一个大规模的中央革命。并且知道北方的军队和人民，也有天良与爱国心；有了天良与爱国心，就可以受革命党的感化。我们从前看到北方的空气龌龊，官僚卑下，武人野蛮，人民没有知识，以为那些人用革命主义的力量，不能够感化。但是在今天看起来，从前的观察实在是错误。北京也可以做革命的策源地，造成一个革命的基础。现在的事变，虽然不是完全的革命举动，不能说将来便不能再起革命。只要此时用功去做，以后或者可以得好结果。就是能不能得好结果，此时不能预先知道，但是可以推测彻底的革命，一定可以在北京发生。因为有这种希望，所以我为答北方同志的欢迎起见，决定去北京。我这次到北京，不但是本党同志欢迎，就是各省的反直派也是很欢迎的。我相信一定可以自由行动。将来自由行动的结果，究竟是怎么样,虽然不能逆料,但为前途发展起见,此时也不能不去。大家又不可以为我到北京之后,马上就能发起一个中央革命。不过借这个机会,可以做宣传的工夫,联络各省同志,成立一个国民党部,从党部之内,成立革命基础。能不能够达到这个目的,预先固然不能断定,但是只要有革命的方法,便可以进行。今天到此地来听讲的,有文学生,又有武学生。便可以借这个机会,研究革命的方法。我也可以借这个机会,把革命的方法拿来和诸君谈谈。诸君现在都负得有革命的责任,在外面奋斗,应该用什么方法才可以成功呢?要革命成功,中外古今在中央进行的,当然是很容易;就是在各地方进行,也有成功的。地方革命也算是一种办法。所以研究革命方法,要除去空间问题,另外从旁方面着想。

近二三十年来,革命风潮是从什么地方发生呢?是从什么地方传进中国来的呢?中国感受这种风潮,是些什么人呢?革命的这种风潮,是欧美近来传进中国来的。中国人感受这种风潮,都是爱国志士,有悲天悯人的心理,不忍国亡种灭,所以感受欧美的革命思想,要在中国来革命。但是欧美的革命思想,一传到中国来,便把中国的旧思想打破。试看近二三十年来,中国革命党在各地奋斗,成功的机会该有多少?而每次成功之后,又再失败,原因是在什么地方呢?我们的革命失败,是被什么东西打破的呢?大家知不知道呢?是不是敌人的大武力打破的呢?是不是旧官僚的阴谋打破的呢?又是不是中国的旧思想打破的呢?这都不是的。究竟是什么东西打破的呢?大家做学生的人,大概都不知道。依我看起来,就是欧美的新思想打破的。中国的革命思想,本来是由欧美的新思想发生的,为什么欧美的新思想,发生了中国的革命,又能够打破中国的革命呢?这个理由非常幽微奥妙,不是详细研究,很难得明白。欧美的革命思想是什么呢?这就是大家所知道的自由、平等。自由、平等是欧美近一百多年来最大的两个革命思想。在法国革命的时候,另外加了一个口号,叫做博爱。由于自由、平等与博爱的思想,便发生法国革命。中国近来也感受了自由、平等的思想,所以也起了革命;革命成了事实之后,又被这种思想打破,故革命常常失败。我们革命之失败,并不是被官僚武人打破的,完全是被平等、自由这两个思想打破的。革命思想既是由于平等、自由才发生,何以又再被平等、自由来打破呢?这个道理,从前毫不明白,由于近十几年来所发生的事实,便可以证明。大家知道革命本是政治的变动,说到政治究竟是做些什么事呢?就"政治"两个字讲,"政"者众人之事也,"治"者管理众人之事也。管理众人的事,就是"政治";换而言之,管理众人的事,就是管理国家的事。这个道理,许多军人多不明白。譬如这次北方发生事变,本是少数军人的举动。这种事变,本来就是革命。他们发动了革命,就是发生了政治变动,他们在事前储蓄得有这种大动力,能够发生政治变动。政治变动已经发生了,而他们通电,还是说不懂政治。这好比是一架发电机,能够发生大电力的部份就是磨打,如果一个大磨打能发生几万匹马力的电,用这样大的电力去行船,每小时便可走几十英里;用这样大的电力去做工,便可运动很多机器,制造很多货物;用这样大的电力去发光,便可装成无数电灯,照很大的城市。像这样磨打,如果能够知道他所发生电力的用处,又用之得当,便可以做种种有利益的事业;若是不知道他所发生电力的用处,或者是用之失当,便要杀人,到处都是很危险。现在北京有政治原动力的军人,已经发生了政治变动,尚且说不懂政治,这好比是磨打自已发生了电力之后,不知道用处,当然是有极大的危险。至于有大原动力的军人,日日在政治范围中活动,而没有政治的知识,那种对于众人的危险,比较磨打,当然是更大,又更利害。大家现在如果还不明白这个道理,可以读我的民权主义,便能够了解。

中国革命之所以失败,是误于错解平等、自由。革命本来是政治事业。如果当军人的说不懂政治,又好比是常人说不懂食饭、穿衣、睡觉一样。食饭、穿衣、睡觉,都是做人的常事,是人人应该有的事,试问一个人可不可以不知道做人的常事呢?无论那一个人,都是应该要知道做人的常事的。大家都能够知道做人的常事,就是政治。大家能够公共团结起来做人,便是在政治上有本领的人民;有本领的人民,组织成强有力的国家,便是列强;没有本领的人民所组织成的国家,便是弱小。弱小都是被列强压迫的。无论那一个国家,不管他是不是强有力,只要号称国家,都是政治团体。有了国家,没有政治,国家便不能运用;有了政治,没有国家,政治便无从实行。政治是运用国家的;国家是实行政治的。可以说国家是体,政治是用。根据这个解释,便知道政治的道理,简而易明,并非是很奥妙的东西。大家结合起来,改革公共的事业,便是革命。所以说革命,就是政治事业。中国近来何以要革命呢?就是因为从前的政治团体不好,国家处在贫弱的地位,爱国之士,总想要改良不好的旧团体,变成富强的地位。这种改良,要在短时间或者是一朝一夕之内成功,便是革命。我们发生了革命,为什么又被平等、自由的思想打破呢?因为做人的事,在普通社会中有平等、自由,在政治团体中,便不能有平等、自由。政治团体中的分子有平等、自由,便打破政治的力量,分散了政治团体。所以民国十三年来革命不能成功,就是由于平等、自由的思想,冲破了政治团体。就政治团体的范围讲,或者是国家,或者是政党。就平等、自由的界限说,或者是本国与外国相竞争,或者是本党与他党相竞争,都应该有平等、自由。不能说在本国之内,或者是在本党之内,人人都要有平等、自由。我们中国人讲平等、自由,恰恰是相反。无论什么人在那一种团体之中,不管团体先有没有平等、自由,总是要自己个人有平等、自由。这种念头,最初是由学生冲动,一现成事实之初,不知道拿到别的地方去用,先便拿到自己家内用,去发生家庭革命,反对父兄,脱离家庭。再拿到学校内去用,闹起学潮来。这种事实,在大家当然是见得很多,做得也很多。大家要闹学潮,或者自以为很有理由,所持的理由,总不外乎说先生管理不好,侵犯学生的平等、自由,学生要自己的平等、自由不被先生侵犯,要争回来为自己保留,所以才开会演说,通电罢课,驱逐先生。拿这个理由来闹风潮,口口声声总是说革命,实在不知道革命究竟是一回什么事,不过拿学校做自己的试验场,用先生供自己的试验品罢了。我们革命党内的情形,也是这一样。革命的始意,本来是为人民在政治上争平等、自由。殊不知所争的是团体和外界的平等、自由,不是个人自己的平等、自由。中国现在革命,都是争个人的平等、自由,不是争团体的平等、自由。所以每次革命,总是失败。中国革命风潮发生最早的地方,是在日本东京。当时都是以留学生为基础,留学生最盛的时代,有两万多人。那些留学生都是初由中国各县,到日本东京,头脑极新鲜,很容易感受革命的思想,一感受了革命思想之后,便集会结社,要争平等、自由。但是他们那种争平等、自由的目的,都不知道为团体去用,只知道为自己个人来用。所以当时结成的团体,虽然是风起云涌,有百十之多,但是不久,所有的团体,便烟消云散。团结存在最久的,不过是一两年,短时间的,都只有几个月,便无形消灭。那些团体为什么那样容易消灭呢?我以为很奇怪,便过细考查那些团体的内容,始知道那些团体,当初结合,并没有什么特别主张,只知道争个人的平等、自由;甚至于在团体之中,并没有什么详细章程,凡事都是乱杂无章,由各人自己意气用事,想要怎样做,便是怎样去做,所谓人自为战。真是强有力的人,或者能够做成一两件事。大多数都是一事无成,只开一个成立会,大家到会说些争平等、自由的空话,便已了事。因为大家都是为个人争自由、平等,不为团体去争自由、平等;只有个人的行动,没有团体的行动;所以团体便为思想所打破,不久就无形消灭。学生在求学的时代,便是这种行动。到了后来为国家做事,一切行动,不问可知。更有许多无路可走的学生,毫不知道政治社会的道理及中国的国情,又想在社会上出风头,便标奇立异,采欧美没有根据的新学说,主张革命,要无政府,自称为无政府党。殊不知道革命的目的,就是要造成一个好政府。他们这种主张,在政治原理上自相矛盾,真是可笑已极。推到无政府的学说之来源,是发生于俄国。俄国学者之所以要主张无政府,就是因为从前俄国的旧政府太专制,为万恶之源,人民痛苦难堪,所以社会上便发生无政府学说的反抗。俄国创造无政府学说的祖宗,就是大家所知道的巴枯宁。其后又有一个王子,叫做克鲁泡特金,用科学的道理,把无政府的学说,推到极端。这种无政府的学说,在俄国可算是极发达。从前俄国应用这种学说来革命,许久都不能成功。俄国发生这种革命,是继法国革命之后,有了一百多年,都不能成功。到七年之前,再发生一种革命,一经发动,便大功告成。我们中国革命,以前的不讲,只说最近的到今日也有了十三年。这十三年的革命,还是不成功。推到俄国从前一百多年的革命,不能成功,我们中国,近十三年的革命,也是不成功。俄国七年前的革命,便彻底成功,这个原因,是在什么地方呢?简而言之,俄国近来革命之所以成功的道理,就是由于打消无政府的主张,把极端平等、自由的学说完全消灭。因为俄国有这种好主张,所以他们近来革命的效力,比较美国、法国一百多年以前的革命之效力还要宏大,成绩还要圆满。他们之所以能够有这种美满成绩的原因,就是由于俄国出了一个革命圣人,这个圣人便是大家所知道的列宁,他组织了一个革命党,主张要革命党要有自由,不要革命党员有自由。各位革命党员都赞成他的主张,便把各位个人的自由,都贡献到党内,绝对服从革命党的命令。革命党因为集合许多党员的力量,能够全体一致,自由行动,所以发生的效力便极大,俄国革命的成功便极快。俄国的这种革命方法,就是我们的好模范。中国革命,十三年来都是不成功,你们黄埔的武学生,都是从各省不远数百里或者是数千里而来,到这个革命学校来求学,对于革命都是有很大希望,很大抱负的;广大的文学生,今日也是不远数十里到黄埔来听革命的演说,研究革命的方法,对于革命的前途,也当然是很希望成功的。大家要希望革命成功,便先要牺牲个人的自由,个人的平等。把各人的自由、平等,都贡献到革命党内来。凡是党内的纪律,大家都要遵守;党内的命令,大家都要服从。全党运动,一致进行,只全党有自由,个人不能自由,然后我们的革命,才可以望成功。如果不然,像这次北京发生事变之后,有了好机会,当初我以为少数同志发动,便可以成功。但是他们不知道革命的道理和方法,所以虽得机会,亦恐空白错过了。假若在这次北京事变发生以前,大家早向北方去活动,或者可以做成功,到现在已经成了没有希望。以后要革命成功,还要另外研究方法。从前革命之失败,是由于各位同志讲错了平等、自由。从今而后,要革命成功,便要各位同志改正从前的错误,结成一个大团体,牺牲个人的平等、自由,才能够达到目的。现在想要造成这种团体,便要有好党员。诸位文学生同武学生,都是有知识的阶级,都应该明白这个道理。

中国把社会上的人,分作士、农、工、商四大类,商人居于最末级地位,知识极简单,他们独一无二的欲望,总是惟利是图,想组织大公司,赚多钱。但是股东一投资之后,不能就说要分红利。商人在当初组织公司,参加合股的时候,就想要分红利,要达到赚钱的目的,是决计没有的事。无论甚么愚蠢的商人,先也知道要拿本钱去附股;附股之后,究竟可以赚多少钱,也不能预先决定,不过希望要将来能够赚钱,现在就不能不投资;希望要将来能够赚多钱,现在就不能不多投资。我们革命党都是有知识阶级的,都是聪明过商人,结成一个团体来革命,是不是应该先就要把本钱拿出来呢?这个道理,不必详细讲,诸君当然可以明白。商人做生意的资本是钱,我们革命的资本是什么东西呢?商人附股是拿出钱来,我们参加革命党,要贡献甚么东西呢?我们参加革命党,要贡献的东西,就是自己的平等、自由。把自己所有的平等、自由,都贡献到党内,让党中有全权处理,然后全党革命,才有成功的希望。全党革命成功之后,自己便可以享自由、平等的权利。中国发大财的实业,有汉冶萍公司,有开滦公司,有招商局。他们那些公司,在组织之初,各股东都是有很大的牺牲,投了很大资本的。好像革命党要先拿出个人的平等、自由一样。假若那些资本家不先拿出多本钱,现在何以能够多分红利呢?他们因为想到了要现在多分红利,所以从前便多投资本,牺牲一切。革命的道理,不管大家知道不知道,只要能够学商人,便能够成功。商人本是多财善贾,根本上还是要有本钱才成。没有本钱,什么生意都不能做。许多革命党不肯牺牲个人的平等、自由,就是没有本钱。他们以为一参加革命，就是为争自己眼前的平等、自由。商人要分红利，必须有时间问题。以商人的思想简单，尚知道有时间问题，尚知道要等候，难道我们有知识的阶级，尚且不如商人吗？党员在党内不能任意平等、自由，好像股东在公司之内，不能任意收回本钱一样。大家要来参加革命，头一步的方法，就是要学商人拿出大本钱来。我今天到此地讲话，是要离开广东北上，临别赠言。没有别的话，就是要大家拿出本钱来，牺牲自己的平等、自由，更把自己的聪明才力，都贡献到党内来革命，来为全党奋斗。大家能够不负我的希望，革命便可以指日成功。

在上海招待新闻记者的演说

（一九二四年十一月十九日）

诸君：

兄弟向来是主张和平统一的人，曹锟、吴佩孚都是主张武力统一的人。这回曹、吴的武力统一，被国民军推翻了。兄弟以为到了讲和平统一的机会，所以离开西南到上海来。兄弟这次到西南有二年之久，虽然因种种障碍未有成就，但是对于反对曹、吴的武力统一，很有计划，很有筹备。近来筹备将及成功，忽然遇到国民军推翻曹、吴，我在西南所做的两年工夫可以不用，所筹备反对武力的计划可以放弃；不但是放弃反对武力的计划，并且放弃西南的地盘，单骑来上海。再过几日就往北京。这次单骑到北京，就是以极诚恳的意思，去同全国人民谋和平统一。至于要达到这个目的，还要有办法。这个办法的头一步，就要靠报界诸君鼓吹，来指导民众。

现在中国号称民国，要名符其实，必要这个国家真是以人民为主，要人民都能够讲话，的确是有发言权。象这个情形，才是真民国；如果不然，就是假民国。我们中国以前十三年，徒有民国之名，毫无民国之实，实在是一个假民国。这两三年来，曹、吴更想用武力来征服民众，统一中国。他们这种妄想，到近日便完全失败。这个失败事实发生了之后，就是我们人民讲话的极好机会。我们人民应该不可错过这个机会、放弃这种权利；若是我们放弃这种权利，便难怪他们武人讲话，霸占这种权利。我这次决心到北方去，就是想不失去这个机会。至于所有的办法，已经在宣言中发表过了。大概讲起来，是要开一个国民会议，用全国已成的团体做基础，派出代表来共同组织会议,在会议席上公开的来解决全国大事。说到中国人数,向来都是号称四万万,但是真正户口册总没有调查清楚。如果用的确人数做基础,不是短时间办得到的事;在短时间内办不到,便失去了这个机会。我们国民若还要失去这个机会,还不讲话,便是放弃主人翁的权利,以后再没有机会便不能怪别人了。我从前因为没有这个机会,所以筹谋计划,反抗武力,来造成这个机会。现在已经得到了这个机会,从前的筹谋都没有用处,所以抛弃一切,亲到上海来同诸君相见。

今天在这地同诸君讲话,是用人民的资格,是处于国民的地位。你们报界诸君,在野指导社会,也是一样。诸君都是先觉先知,应该以先知觉后知,以先觉觉后觉,尽自己的能力为国民的向导。我主张组织国民会议的团体,已经列入宣言之中的,一共有九种。这九种团体都是现在已经有了的大团体,另外没有列入的团体还是很多,譬如新闻界的团体便没有列入。现在各处新闻界的团体,内容、组织是不是完全,还要诸君仔细去调查;如果调查之后,认定是很完全,当然可以参加会议,讨论一切大问题。但是不管新闻界是不是参加会议,都负得有指导民众的责任,都要竭力宣传,令民众知道自己的地位,中国现在要和平统一的重要,以尽自己的责任。诸君此刻宣传国民会议,或者一时未能普遍传入全国民众之中。但是可以传入有知识的各种大团体,好象学会、商会、教育会以及农团、工团一样。诸君在这个时期内来讲和平统一,是十三年以来一个最难得的机会。如果在这个机会还不讲话来推倒军阀,那末,这次北方事变便不能促成和平统一,或者要酿成大乱,也未可知。

我们在这个时机,要问是全国大乱的终结,还是和平统一的开始,就全靠我们国民。我们国民要想是和平统一,便应该万众一心,全国各团体都派出代表来加入国民会议,研究现在时局的弊病,讨论补救的方法。所有加入的团体,不论他是有没有军队,不管他是属于那一界,都要照国民会议所决定的办法,服从国民会议的主张。

我所发表的宣言,要能够完全实行,固然需要种种筹备,但是要民众赞成国民会议，首先便要民众明白国民会议的性质和国民会议的力量。如果这个会议可以解决国家的纠纷，诸君在新闻界便应该竭力鼓吹这个会议，俾民众明白这个会议的性质、实行这个会议的办法。从前国会之所以没有用处，是由于根本上选举议员的方法太草率。当时只要愿意做人民代表的人，到各省四乡去运动，人民因为不知道国会的重大，便不问想做代表人的学问道德如何，便举他们做议员，成立第一次国会。从前国会因为议员的本体不好，复受外界武力的压迫，所以在当时总是不能行使职权。后来北方政府毁法，解散国会，国会更是没有用处。西南政府护法，在广州、四川召集国会，以维法统而与武力相持。前年曹、吴也赞成护法，召集议员到北京开会。但是那些议员总是不顾民利，只顾私利，到北京之后，不做别事，只要有钱，便去卖身，造成曹锟的贿选。现在全国国民对于那般议员完全失望。要解决国事，便不能靠那些议员，要靠我们国民自己。所以我才发起这个会议，要人民明白国家现在的地位，知道政治和人民利害的关系，用正派分子来维持中华民国。

我们现在组织这个团体，普通人或者疑惑有力量的人不赞成，没有力量的人徒托空言。殊不知我既是发起这个会议，自然要担负这个责任，对于有力量的人一定要他们赞成这个会议的主张；若是他们不赞成，我就明告于天下，说他们是以暴易暴。现在中国既是定名为民国，总要以人民为主，要让人民来讲话。如果是帝国，才让他们去讲话。假若一天不改国号，他们一天总要听人民的话。那些有十万或者二十万兵的人，我们不能把他当作特别伟人，只可以当作国民守门的巡捕。譬如我的门口，现在有两个持枪的巡捕来保护我家。上海凡是有钱的人，或者是在各省做过了大官的，都用有巡捕守门。那些守门的巡捕都是有枪阶级，那些主人只能在物质上多给钱，决不能够让那些巡捕来管家事，反对主人。照道理讲，那些有大兵权的人，所有的任务就是和守门的巡捕一样，不能以为他们是有枪阶级，我们主人便放弃权利，连家中大事也让他们来管。他们这次推翻曹锟、吴佩孚，固然是很有功劳，我们只可以在会议之中特别设法酬谢，不能说会议的经国大事便由他们把持。他们在带兵的时候，一方面是军人；但是在不带兵的时候，一方面还是国民。用国民的资格，在会议席上本来可以讲话。如果用军人的资格，在会议席上专横，不让大家公平讨论，我便马上出京，请他们直捷了当去做皇帝。带兵的人，只可以看作巡捕，不能看作皇帝。若是他们自己真要看作皇帝，这次会议开不成，国事还不能解决，中国还不能和平统一。那末，国家的大事只可以暂时让他们去胡行乱为。这次推翻曹、吴，他们极有功劳，我们国民不讲话，他们当然可以讲话。不过他们推翻了大武人，还更有小武人发生；大武人要做皇帝，小武人当然可以称霸。所谓“大者王，小者侯”，以后中国的乱事当更没有止境，国民的痛苦更不能解除。我们要现在解除国民的痛苦，以止中国的乱源，便要大家集合各团体，组织大机关，来对武人讲话，求一个和平解决的办法。若是武人还执迷不悟，我们国民只可以宣布他们的横暴，等他们武人再互相推翻，或者总有觉悟之一日。这次北方的事变，是武人推翻武人，有大兵权的人也可以打破，足见武人不足恃。有了这回事变，一般野心家看见了，或者可以敛迹。但是要我们力争，他们才敛迹。如果目前无人力争，他们便不顾是非，为所欲为，以后的乱事便不知道要到一个什么地步了！

有了这次北方事变发生之后，究竟能不能够收束？以后中国究竟是治或者是乱？究竟是和平的开始，或者是大乱的开始？没有别的办法可以决定，只有开国民会议，用大家来解决之一法。若是专由武人去解决，便由他们彼此瓜分防地，争端没有止境，好比从前的督军团会议，各武人分争巡阅使一样。至于收束目前的军事，全国军队如何改编、如何遣散、如何化兵为工来开路，那都是将来会议中的条目。现在所应该注重的大纲，一共只有两点：第一点是国内人民的生活，究竟要用什么方法可以救济；第二点是中国受外国的种种压迫，究竟要用什么方法可以挽救。

就第一点说，大家常听得说中国有四万万人，但照我按最近各国科学家同宗教家对于中国人口精确的调查，前二年只有三万万一千万，去年不足三万万。在从前，各国教士同科学家调查中国人口，确有四万万。何以从前的人数有四万万多，近年便减少到三万万一千万，到去年便更形减少，连三万万的数目也是不足呢？何以在这十几年中便减少了一万万，在前年一年之中便减少一千多万呢？我们人口这样减少，真是可惊可怕！这样可惊可怕的事，是受什么大影响呢？依我看起来，最大的影响是受国内的变乱。以后乱是再不停止，全国人口当更要减少，推到极端，真有亡国灭种之忧。这就是民生主义中的一个大问题。我们要中国前途不至亡国灭种，便要赶快解决这种民生问题。中国近来人口死亡，不止是在战争。在战场中死亡的人数最多不过十万，其余大多数的死亡，都是在战场附近冻死饿死，或受其他各种兵灾的影响，生活不遂而死。我们要和平统一，防止乱源就是救亡的最重要问题。

就第二点说，是对外问题。中国从和外国通商以来，便立了许多条约，那些条约中所载的极不平等。现在中国已失去国际上的平等自由，已经不是一个完全独立的国家。一般人都说是一个半殖民地，依我看，中国还赶不上半殖民地！好比高丽是日本的殖民地，菲利宾是美国的殖民地，中国若是半殖民地，照道理上讲起来，中国比较高丽、安南和菲利宾所受待遇当然好些。但事实上是怎样呢？高丽做日本的殖民地，高丽所奉承的主人只有一个日本；日本做高丽的主人，所得到的权利固然是很大，但是所尽的义务也不少。如果高丽有了水旱天灾，日本设尽种种方法去赈济，常常费到几百万，日本人都自以为是应该做的事。至于美国之待菲利宾，不但是急时赈济灾害，平时并且费很多的人工、金钱，办理教育、交通和一切善政。中国平时要改良社会，急时要赈济水旱天灾，有什么人来尽义务呢？只有几位传教的慈善家，本悲天悯人的心理来救济；如果费了几十万，便到处宣传，视为莫大的功德。而且高丽和菲利宾所奉承的主人都只有一国的人，做奴隶的要得到一国主人的欢心，当然很容易。中国现在所奉承的主人有十几国，如果专得英国人的欢心，美国、日本和其他各国人便不喜欢；若是专得日本和美国人的欢心，英国和其他各国人便不喜欢。正是俗话所说:“顺得姑来失嫂意。”要得到众主人的欢心,是很艰难的。

今日《大陆报》上发表了一篇论文,叫做《条约神圣》。这篇论文所以发表的原因,大概是由于我在吴淞登岸的时候,有一位日本新闻记者见我说:“英国想抵制先生在上海登岸。”我说;“上海是我们中国的领土,我是这个领土的主人,他们都是客人。主人行使职权,在这个领土之内,想要怎么样便可以怎么样。我登岸之后,住在租界之内,只要不犯租界中的普通条例,无论什么政治运动我都可以做。”那位日本记者昨日发表了我的这言论,所以该报今日便有这篇论文。大家知道,不平等的条约是什么东西呢?就是我们的卖身契!我这次到北京去,讲到对外问题,一定要主张废除中外一切不平等条约,收回海关、租界和领事裁判权。

废除国际间的不平等条约,东亚有两国已经行过了的,一个是日本,一个是暹罗。东亚只有两个完全独立的国家,就是日本、暹罗。日本、暹罗之所以能够完全独立,就是由于废除从前和外国所立的不平等条约。日本废除条约,是用兵威;暹罗国小,没有大武力,废除条约,是用公理向各国力争。所以国际间强大国家束缚弱小国家的不平等条约,是可以废除的,不是不能废除的,只看我们所用废除的方法是怎么样罢了。我们常常笑高丽、安南是亡国奴,他们都只有一国的主人,做一国的亡国奴;我们和许多国家立了不平等的条约,有十几个主人,做十几国的亡国奴。最近新发生了一个俄国,自动的废除了中俄一切不平等的条约,交回俄国从前在中国所得的特别权利,放弃主人的地位,不认我们是奴隶,认我们是朋友。除了俄国之外,还有德国、奥国也废除从前在中国所立的不平等条约,交回一切特别权利。德国、奥国都是欧战打败了的国家。

那些欧战打胜了的国家,见得打败了的国家还可以放弃中国的特别权利,为什么打胜了的国家不可放弃呢?他们因为研究到这个问题,自己问良心不过,所以便主张把从前束缚中国的不平等条约,要放松一点;因为研究放松条约的办法,所以才有华盛顿会议。但是他们一面会议,主张放松条约;又一面说中国常常内乱,不能随便实行,总是口头上的主张。外人在口头上放松束缚中国的条约,不是从今日起的。譬如庚子年北京起了义和团之后,各国联军打到北京,赶走中国政府,逼成城下之盟,外国人在北京为所欲为,立了许多不平等的条约。当时英国是世界上头一个强国,国内极文明,有许多人看到各国在中国太野蛮,太对中国不住,便出来讲公道话,主张要把英国所占的特别权利送回中国。英国政府在当时也赞成这种主张,但是又附带了一个条件,必须各国一致退回在中国所占的特别权利,然后英国才可以实行。所以英国一方面赞成那种公道的主张,又一方面使许多小国象西班牙、葡萄牙来反对。弄到结果,彼此推诿,至今不能实行。这还是二十年以前的事。外国人在二十年以前便有了这种动机,我们不争,他们自己自然是不管。中国一般普通人的心理,以为外国人废除不平等的条约,必须要中国有力量;如果中国一日没有力量,那些旧约便一日不能废除。这个道理,殊不尽然。要问外国能不能废除旧条约,就问我们有没有决心去力争。如果大家决心去力争,那些条约便可以废除。好象最近的华盛顿会议,外国人便主张放松;从前的凯马约契,外国人也主张实行,我们中国人都是不争,都是不要。假若全国国民一致要求,这种目的一定是可以达得到的。

中国现在祸乱的根本,就是在军阀和那援助军阀的帝国。我们这次来解决中国问题,在国民会议席上,第一点就要打破军阀,第二点就要打破援助军阀的帝国。打破了这两个东西,中国才可以和平统一,才可以长治久安。军阀的祸害是人人所深知的。至于帝国主义的祸害,在中国更是一言难尽。

譬如就通商而论,这本是两利的事,但是中外通商,每年进口货极多,出口货极少,进出口货总是不能抵销。据最近的海关报告,进口货要超过出口货五万万,这就是中国损失了五万万。换言之,就是中国由于通商,每年对于外国要进贡五万万。就我们所住的租界而论,租界是什么人的主权呢?都是归外国人管理的。中国人住在租界之内,每日纳税、买货以及缴种种保护费,又是多少钱呢?再就货物在中国内地销行的情形而论,外国货物入口,先抽百分之五的海关税,再运入内地,抽百分之二点五的厘金;抽过了百分之七点五之后的外国货物,无论运到什么地方去卖,都不必再抽税,都可以畅销。如果有中国货物由上海运到四川重庆去卖,先在上海要抽百分之五的海关税,以后经过镇江、南京、芜湖、安庆、九江、汉口、沙市、宜昌、夔府等处,总有十多处厘金关卡。每经过一个关卡,就要抽一次的厘金。总算起来,经过这些关卡,商家该当纳多少税呢?中国商人因为要免除这种重税,所以许多商人便请一个外国人出面运货,说是外国的货物,每批货物只抽百分之七点五的税便可以了事。中国商人请外国人保护货物的这种举动,好比是请保镳一样。外国压迫中国,除利用经济势力来直接干涉以外,另外更用种种方法,间接来吸收中国人的钱。不过中国最大批的损失,还是进口货的五万万。我们受这样大的损失,在外国人美其名说是通商;就事实上论起来,何异强夺豪取!

更就洋布洋纱而论,当欧战的时候,本是中国商人最赚钱的生意。当时之所以赚钱,是由于洋货不能入口,没有洋货来竞争。我这次进吴淞口的时候,沿途看见纱厂布厂的烟筒,多是不出烟,我便奇怪起来,问那些由上海来接我的人。他们都说那些工厂在这几年中极亏本,早已停工。亏本的原因,是由于和洋纱洋布相竞争,在上海所做的布和纱都不能赚钱。当这个时候,假若海关是归我们中国人管理,我们便可以把进口的洋布洋纱抽重税;如果在中国所织的布每匹是值五元的,我们加抽洋布的税,便要弄到他每匹的价钱要高过五元,至少也要和中国布的价钱一样,然后中国布才可以同洋布相竞争。这种抽税的方法,是保护税法,是用来保护本国货物的。中国现在因为受国外压迫,不能行这种保护税法,所以上海纺出来的纱、织出来的布,便不能和洋布洋纱相竞争,便要亏本,纱厂便因此停工。工厂停工,工人自然是失业。当布纱生意极盛的时代,这种工厂在上海之内的工人至少有十万人,这十万人现在因为停工失业，谋生无路，总有多少是饿死的。那些饿死的工人，就是间接受了不平等条约和国际经济压迫的影响。

中国当革命之初，外国人不知道内情，以为中国人忽然知道共和，必然是程度很高，不可轻视，所以赞成中国统一。后来查得内情，知道中国的官僚军阀都是爱钱，不顾国家，所以便帮助军阀，借钱给军阀。军阀有了多钱，于是摧残民气，无恶不作。象袁世凯借到了大批外债，便杀革命党，做皇帝。吴佩孚借到了大批外债，便专用武力，压服民众。吴佩孚这次在山海关打败仗以后，退到天津，本是穷途末路，国民军本可以一网打尽，战事本可以结束。但是有某国人对吴佩孚说："长江是我们的势力，如果你再退到那里，我们帮助你，你还是很有希望。"所以吴佩孚才再退回长江。我说这些话，不是空造的，的确是有证据的。大家不信，只看前几个月某国人在香港的言论，大吹特吹，说"陈廉伯是华盛顿"，"广州不久便有法西斯蒂的政府发生"。他们总是在新闻纸上挑战，要商团打政府，说商团如果不打政府，政府便马上实行共产。最近更助陈廉伯在香港发行两百万元的债票，由他们的银行担保。象这种种举动，无非要延长中国内乱，他们才可以从中取利。象这样的帝国主义还不打倒，不但在北帮助吴佩孚，在南帮助陈廉伯，就是吴佩孚、陈廉伯以外的人都可帮助，中国的祸乱便永远没有止境。外国人初次打败中国、和中国通商以后，以为中国很野蛮，没有用处，想自己来瓜分中国。及遇义和团之变，中国人竟用肉体和外国相斗，外国虽用长枪大炮打败了中国，但是见得中国的民气还不可侮，以为外国就是一时用武力瓜分了中国，以后还不容易管理中国。所以现在便改变方针，想用中国人来瓜分中国，譬如在南方便利用陈廉伯，在北方便利用吴佩孚。

我们这次解决中国问题，为求一劳永逸起见，便同时断绝这两个祸根。这两个祸根，一个是军阀，一个是帝国主义。这两个东西和我们人民的福利是永远不能并立的。军阀现在已经被我们打破了，所残留的只有帝国主义。要打破帝国主义，便要全国一致，在国民会议中去解决。诸君既是新闻记者，是国民发言的领袖，就一定要提倡国民会议。国民会议开得成，中国的乱事便可以终止；若是开不成，以后还要更乱，大乱便更无穷期。中国每次有大乱，我总是首当其冲。譬如从前的袁世凯，现在的吴佩孚，都是身拥雄兵、气盖一时的人，我总是身先国民，与他们对抗。这次推倒了吴佩孚，我也放弃两年的经营，只身往北方去，以为和平统一的先导。我这次往北方去，所主张的办法，一定是和他们的利益相冲突，大家可以料得我狠有危险。但是我为救全国同胞、求和平统一、开国民会议去冒这种危险，大家做国民的人便应该做我的后盾。中国以后之能不能够统一，能不能够和平统一，就在这个国民会议能不能够开成。所以中国前途的一线生机，就在此一举。如果这个会议能够开得成，得一个圆满结果，真是和平统一，全国人民便可以享共和的幸福，我的三民主义便可以实行，中国便可以造成一个民有、民治、民享的国家。造成了这种国家，就是全国人民子子孙孙万世的幸福。我因为要担负这种责任，所以才主张国民会议。我今天招待诸位新闻记者，就是要借这个机会，请诸君分担这个责任，来赞成国民会议，鼓吹国民会议。

入京宣言

（一九二四年十二月三十一日）

中华民国主人诸君：

兄弟此来，承诸君欢迎，实在感谢！

兄弟此来，不是为争地位，不是为争权利，是为特来与诸君救国的。十三年前，兄弟与诸君推翻满洲政府，为的是求中国人的自由平等。然而，中国人的自由平等已被满洲政府从不平等条约里卖与各国了，以致我们仍然处于次殖民地之地位。所以我们必要救国。

关于救国的道理很长，方法亦很多，成功也很容易，兄弟本想和诸君详细的说，如今因为抱病，只好留待病好再说。如今先谢诸君的盛意。

中华民国十三年十二月三十一日

孙　文

复段祺瑞电

（一九二五年一月十七日）

段执政赐鉴：

东电敬悉。溯自去岁十一月十三日文发广州，曾对于时局发表宣言，主张以国民会议为和平统一之方法，而以预备会议谋国民会议之产生。迨十七日抵上海，二十一日向神户，三十日向天津，途中在各报电闻栏内，获知执事于十一月二十一日发表召集善后会议及国民代表会议之主张，而未得其详。及十二月四日抵天津，为肝病所困，许君世英造访病榻，出示马电全文及《善后会议条例》，并云："此条例已于国务会议通过。"当时曾就鄙见所及，竭诚相告，想承转达。自是屡思于入京晤对之际，继续抒其衷曲，无如病久未愈，迁延至今。屈指自接东电至今已逾半月，距善后会议开会之期已近，失今不言，虽欲张皇补苴，亦将无及，故强支病体，罄其所欲言，惟垂察焉。

善后会议于诞生国民代表会议之外，尚兼及于财政、军事之整理，其权限自较预备会议为宽，而构成分子则预备会议所列人民团体无一得与。夫十四年来会议之开屡矣，其最大者有六年之督军会议、八年之南北会议，而皆无良果。揆其原因，实由于会议构成分子皆为政府所指派，而国民对于会议无过问之权，既不能选举代表参列议席，甚至求会议公开而不可得。坐是会议与人民漠无关系，人民不得不仍守其漠视国事之故习，而人民利害绝不能于会议中求其表现。且政府所指派之人物，类皆为所谓实力派之代表，其各自之利害情感，杂然互殊，往往苦于无调剂之术，故会议之不能得良果，亦固其所。说者谓会议若不为实力派所左右,恐会议之结果不能实行;文则以为会议之能收效与否,全视实力派能听命于会议与否为断。设以巴黎会议言之:法国福煦将军战时统法国之兵不下四百余万,协约国陆军亦归指挥,英国海克将军统兵三百余万,美国巴星将军统兵二百余万,其实力在国内洵无伦比;然一旦战事平息,释兵归伍,对于和平会议绝无干与。其权限分明如此,故能大有造于国家。由是言之,此次共同反对曹、吴各军,诚为劳苦功高,苟于会议之际,退处无权,将益增其荣誉。谓必欲左右会议,夫岂其然?惟当国是纷扰期间,不能以欧美先进为例,且当国民革命之初步,有赖于武力与民意相结合,故预备会议,以共同反对曹、吴各军及政党与人民团体平等同列,此即求吻合于武力与民意相结合之言也。

使预备会议而能实现,则国内知识阶级如教育会、大学校学生联合会等,生产阶级如实业团体、农、工、商会等,皆得与有军事、政治之实力者相聚于一堂,以共谋国家建设之大计,既可使此会议能表示全民之利害情感,复可导国民于通力合作之途,民治前途必有良果。善后会议所列构成分子,则似偏于实力一方面,而于民意方面未免忽略,恐不能矫往辙、成新治,此鳃鳃之虑所为不安者也。固知于善后会议之后,尚有国民代表会议在;然国民代表会议由善后会议所诞生,则善后会议安可不慎之于始,况其所论议者尚广及军制、财政乎?

文筹思再三,敢竭愚诚,为执事告:文不必坚持预备会议名义,但求善后会议能兼纳人民团体代表,如所云现代实业团体、商会、教育会、大学、各省学生联合会、工、商、农会等,其代表由各团体之机关派出,人数宜少,以期得迅速召集。如是则文对于善后会议及《善后会议条例》,当表赞同。至于会议事项,虽可涉及军制、财政,而最后决定之权,不能不让之国民会议。良以民国以民为主人,政府官吏及军人不过人民之公仆。曹、吴祸国,挟持势力压制人民,诚所谓冠履倒置。今欲改弦更张,则第一着当令人民回复主人之地位,而使一切公仆各尽所能,以为人民服役,然后民国乃得名副其实也。

凡此所陈,固以为国家前途计,亦以执事与文久同患难,敢附于知无不言、言无不尽之义,尚祈俯察为幸。

孙文　篠

国事遗嘱*

（一九二五年三月十一日）

余致力国民革命凡四十年，其目的在求中国之自由平等。积四十年之经验，深知欲达到此目的，必须唤起民众及联合世界上以平等待我之民族，共同奋斗。

现在革命尚未成功，凡我同志，务须依照余所著《建国方略》、《建国大纲》、《三民主义》及《第一次全国代表大会宣言》，继续努力，以求贯彻。最近主张开国民会议及废除不平等条约，尤须于最短期间促其实现。是所至嘱！

中华民国十四年二月二十四日

孙　文　　　　三月十一日补签

笔记者　汪精卫

证明者　宋子文　邵元冲　戴恩赛

孙　科　吴敬恒　何香凝

孔祥熙　戴季陶　邹　鲁

* 孙中山于三月十二日在北京逝世。此遗嘱及下件家嘱，“孙文”系三月十一夜九时由孙中山亲笔签署。

家事遗嘱

（一九二五年三月十一日）

余因尽瘁国事，不治家产。其所遗之书籍、衣物、住宅等，一切均付吾妻宋庆龄，以为纪念。余之儿女已长成，能自立，望各自爱，以继余志。此嘱。

中华民国十四年二月二十四日

孙　文　　　　三月十一日补签

笔记者　汪精卫

证明者　宋子文　邹　鲁　邵元冲

孔祥熙　吴敬恒　何香凝

孙　科　戴季陶　戴恩赛

致苏俄遗书*

（一九二五年三月十一日）

苏维埃社会主义共和国大联合中央执行委员会亲爱的同志：

我在此身患不治之症，我的心念此时转向于你们，转向于我党及我国的将来。

你们是自由的共和国大联合之首领。此自由的共和国大联合，是不朽的列宁遗与被压迫民族的世界之真遗产。帝国主义下的难民，将藉此以保卫其自由，从以古代奴役战争偏私为基础之国际制度中谋解放。

我遗下的是国民党。我希望国民党在完成其由帝国主义制度解放中国及其他被侵略国之历史的工作中，与你们合力共作。命运使我必须放下我未竟之业，移交与彼谨守国民党主义与教训而组织我真正同志之人。故我已嘱咐国民党进行民族革命运动之工作，俾中国可免帝国主义加诸中国的半殖民地状况之羁缚。为达到此项目的起见，我已命国民党长此继续与你们提携。我深信，你们政府亦必继续前此予我国之援助。

亲爱的同志，当此与你们诀别之际，我愿表示我热烈的希望，希望不久即将破晓，斯时苏联以良友及盟国而欣迎强盛独立之中国，两国在争世界被压迫民族自由之大战中，携手并进，以取得胜利。

谨以兄弟之谊，祝你们平安！

孙逸仙（签字）

---

* 原稿为英文，孙中山于三月十一日签字。

中国文库·哲学社会科学类

（已出书目）

【第一辑】

马克思主义哲学纲要　韩树英主编……………………人民出版社
中国哲学史新编(上中下册)　冯友兰著………………人民出版社
中国哲学史大纲(卷上)　胡适著……………………东方出版社
科学与哲学　张东荪著………………………………商务印书馆
知识论(上下册)　金岳霖著…………………………商务印书馆
法相唯识学(上下册)　太虚著………………………商务印书馆
大众哲学　艾思奇著…………………………………人民出版社
中国伦理学史　蔡元培著……………………………商务印书馆
中国近三百年学术史　梁启超著……………………东方出版社
西方美学史(上下册)　朱光潜著………………人民文学出版社
通货新论　马寅初著…………………………………商务印书馆
资本主义的起源　厉以宁著…………………………商务印书馆
改革:我们正在过大关
　吴敬琏著……………………………生活·读书·新知三联书店
发展的道理　樊纲著…………………生活·读书·新知三联书店
价值体系的历史选择　李从军著……………………人民出版社
汉语史稿　王力著………………………………………中华书局
音韵丛稿　何九盈著…………………………………商务印书馆
中国修辞学史　周振甫著……………………………商务印书馆
中国翻译简史(五四以前部分)
　马祖毅著…………………………………中国对外翻译出版公司

【第二辑】

马克思主义哲学史(修订本)(共九卷)
　黄楠森等主编………………………………………北京出版社
文化与人生　贺麟著…………………………………商务印书馆
中国佛教哲学要义(上下卷)　方立天著……中国人民大学出版社
中国哲学史方法论发凡　张岱年著……………………中华书局
基督教哲学年　赵敦华著……………………………人民出版社

海德格尔哲学概论　陈嘉映著 ········ 生活·读书·新知三联书店
现象学及其效应——胡塞尔老生代德国哲学
　　倪梁康著 ································ 生活·读书·新知三联书店
东西文化及其哲学　梁漱溟著 ································ 商务印书馆
形式逻辑　金岳霖主编 ·· 人民出版社
论逻辑经验主义　洪谦著 ···································· 商务印书馆
德国古典美学　蒋孔阳著 ···································· 商务印书馆
美学概论　王朝闻主编 ·· 人民出版社
两汉经学今古文平议　钱穆著 ································ 商务印书馆
汉代学术史略　顾颉刚著 ···································· 东方出版社
中国资本主义发展史(全五册)
　　许涤新　吴承明主编 ·· 人民出版社
中国官僚政治研究　王亚南著 ···················· 中国社会科学出版社
江村经济——中国农民的生活　费孝通著 ················ 商务印书馆
微观经济学纵横谈　梁小民著 ········ 生活·读书·新知三联书店
用辩证的眼光看市场经济
　　董辅著 ································ 生活·读书·新知三联书店
刑法学原理(共三卷)　高铭暄等主编 ········ 中国人民大学出版社
物权法研究　王利明著 ···························· 中国人民大学出版社
汉语语法史　王力著 ·· 商务印书馆
语法修辞讲话　吕叔湘　朱德熙著 ························ 辽宁教育出版社
汉语现象论丛　启功著 ·· 中华书局
启功讲学录　启功著 ································ 北京师范大学出版社
中国学术思想史随笔　曹聚仁著 ······ 生活·读书·新知三联书店
外国教育史(修订本)(上下册)
　　王天一等编著 ································ 北京师范大学出版社
当代翻译理论　刘宓庆著 ···················· 中国对外翻译出版公司
财政学与中国财政——理论与现实(上下册)
　　马寅初著 ·· 商务印书馆
英语史　李赋宁著 ·· 商务印书馆

【第三辑】

毛泽东哲学著作五篇　毛泽东著 ···························· 人民出版社
胡适选集　胡适著 ···································· 吉林人民出版社
论道　金岳霖著 ···································· 中国人民大学出版社
中国政治史　周谷城著 ·· 中华书局
中国近百年政治史(1840～1926)　李剑农著 ······ 复旦大学出版社

中国文化史(上中下册)　柳诒徵著…………………… 东方出版中心
生育制度　费孝通著…………………………………………… 商务印书馆
中国文化与中国的兵　雷海宗著………………………… 商务印书馆
中国法律与中国社会　瞿同祖著…………………………… 中华书局
20 世纪西方哲学东渐史(1－4)
　　汤一介主编………………………………… 首都师范大学出版社
老庄新论　陈鼓应著………………………………………… 商务印书馆
通俗哲学　韩树英主编……………………………… 中国青年出版社
晚清政治思想史论　王尔敏著……………… 广西师范大学出版社
中国传统政治哲学　周桂钿主编………………… 河北人民出版社
哲学通论　孙正聿著………………………………… 复旦大学出版社
简帛古书与学术源流　李零著……… 生活·读书·新知三联书店
中国反贪史(上下卷)　王春瑜主编……………… 四川人民出版社
中国现代化历程(三卷)　虞和平主编…………… 江苏人民出版社
竞争法论　徐士英著……………………………… 世界图书出版公司
金翼　林耀华著…………………… 生活·读书·新知三联书店
马氏文通　马建忠著………………………………………… 商务印书馆
乾嘉学派研究　陈祖武　朱彤窗著……………… 河北人民出版社
科学翻译学　黄忠廉　李亚舒著　……… 中国对外翻译出版公司
禅宗思想渊源　吴言生著…………………………………… 中华书局
丝绸之路宗教研究　李进新著……………………… 新疆人民出版社

【第四辑】

中国伦理思想研究　张岱年著…………………… 江苏教育出版社
中国古代哲学的逻辑发展　冯契著………………… 东方出版中心
魏晋玄学论稿(增订版)
　　汤用彤著………………………… 生活·读书·新知三联书店
易学哲学史　朱伯崑著……………………………………… 昆仑出版社
儒家辩证法研究　庞朴著…………………………………… 中华书局
唯物辩证法大纲　李达主编……………………………… 人民出版社
郭象与魏晋哲学(增订本)　汤一介著……………… 北京大学出版社
逻辑经验主义的认识论　当代西方科学哲学
　　江天骥著…………………………………………… 武汉大学出版社
中国古代思想史论　中国近代思想史论　中国现代思想史论
　　李泽厚著………………………… 生活·读书·新知三联书店
思·史·诗——现象学和存在哲学研究
　　叶秀山著……………………………………………… 人民出版社

中国思想史　葛兆光著 ………………………………… 复旦大学出版社
有无之境　陈来著 ……………………… 生活·读书·新知三联书店
中国社会主义经济问题研究　薛暮桥著 ………………… 人民出版社
社会主义经济论稿　孙冶方著 …………… 中国大百科全书出版社
中国经济体制改革的模式研究
　刘国光著 …………………………………… 中国社会科学出版社
农业与工业化　张培刚著 ………………………… 华中科技大学版社
财政信贷综合平衡导论　黄达著 …………… 中国人民大学出版社
非均衡的中国经济　厉以宁著 …………… 中国大百科全书出版社
论竞争性市场体制
　吴敬琏　刘吉瑞著 ……………………… 中国大百科全书出版社
中国奇迹:回顾与展望　林毅夫主编 …………… 北京大学出版社
版权法(修订本)　郑成思著………………… 中国人民大学出版社
国际法　周鲠生著 ………………………………… 武汉大学出版社
国际私法新论　韩德培主编 ……………………… 武汉大学出版社
刑法哲学　陈兴良著 …………………………… 中国政法大学出版社
法理学(第二版)　沈宗灵　张文显主编………… 高等教育出版社
民法解释学　梁慧星著 …………………………………… 法律出版社
民俗学概论　钟敬文主编 ………………………… 上海文艺出版社
中国心理学史　高觉敷主编 ……………………… 人民教育出版社
心理学简札　潘菽著 ……………………………… 人民教育出版社
冷眼向洋　资中筠等著 ……………… 生活·读书·新知三联书店